COURS

DE

DROIT ADMINISTRATIF

OUVRAGES DU MÊME AUTEUR.

I. — DROIT ADMINISTRATIF ET ÉCONOMIE POLITIQUE.

TRAITÉS des édifices publics d'après la législation civile, administrative et criminelle; **des ventes domaniales** avant et depuis la loi du 1er juin 1864, qui règle l'aliénation des biens du domaine de l'État; **des partages de biens communaux et sectionnaires.** Un volume in-8°, avec tables générales, et l'Éloge de FOUCART; 1865.

De la Monnaie au point de vue de l'économie politique et du droit, et du Service monétaire de la France comparé à celui des principaux États Européens; 1865.

Des Églises et autres édifices du culte catholique; 1866.

Des Expropriants et du droit de poursuite appartenant à chacun d'eux; 1866.

Théorie de l'extradition; 1867.

Le Conseil d'État et son histoire; 1867.

La Cour des Comptes et son histoire; 1867.

Rapports à la Société des antiquaires de l'Ouest pour sa reconnaissance comme établissement d'utilité publique (*Bulletins de la Société*, 1875. 3e trimestre).

II. — DROIT CIVIL.

Théorie des Fautes dans les contrats, quasi-contrats, délits et quasi-délits, en droit romain et en droit français (Thèse de doctorat); 1854.

III. — NUMISMATIQUE.

(Extraits des Mémoires et Bulletins de la *Société des antiquaires de l'Ouest*.)

Le Trésor de Vernon (monnaies romaines consulaires et monnaies gauloises); 1874.

Le Sesterce et l'Histoire de sa fabrication dans le monnayage romain, à propos du Sesterce du trésor de Vernon; 1875.

Note sur un dépôt de 3700 petits bronzes frappés sous le règne de Constantin, trouvé à Prinçay près Monts (Vienne), en 1876.

Observations sur le monnayage anglo-français de l'Aquitaine, dans les ateliers de Bordeaux et de Poitiers, et dans l'atelier probable de Périgueux; 1876.

COURS
DE
DROIT ADMINISTRATIF

CONTENANT

L'EXPOSÉ ET LE COMMENTAIRE
DE LA LÉGISLATION ADMINISTRATIVE DANS SON DERNIER ÉTAT
AVEC LA REPRODUCTION DES PRINCIPAUX TEXTES,
DANS UN ORDRE MÉTHODIQUE,

PAR

M. TH. DUCROCQ,

PROFESSEUR DE DROIT ADMINISTRATIF A LA FACULTÉ DE DROIT,
BATONNIER DE L'ORDRE DES AVOCATS A LA COUR D'APPEL DE POITIERS,
PRÉSIDENT DU BUREAU D'ASSISTANCE JUDICIAIRE DE LA COUR,
VICE-PRÉSIDENT DE LA SOCIÉTÉ DES ANTIQUAIRES DE L'OUEST,
OFFICIER DE L'INSTRUCTION PUBLIQUE, CHEVALIER DE LA LÉGION-D'HONNEUR.

CINQUIÈME ÉDITION,

Considérablement augmentée,
mise au courant de la Doctrine, de la Jurisprudence, de la Statistique
des Programmes pour les Concours à l'auditorat du Conseil d'État et de la Cour des comptes,
pour ceux de l'institution des attachés de la Chancellerie et des Parquets,
du Ministère de l'intérieur, du Ministère des finances, du Ministère de la marine,
et de diverses administrations publiques.

TOME PREMIER.

PARIS,
ERNEST THORIN, ÉDITEUR,
LIBRAIRE DU COLLÉGE DE FRANCE ET DE L'ÉCOLE NORMALE SUPÉRIEURE,
DES ÉCOLES FRANÇAISES D'ATHÈNES ET DE ROME.
RUE DE MÉDICIS, 7.

1877

AVERTISSEMENT DE L'ÉDITEUR.

A la fin de l'année 1873 nous avons publié le premier volume de la quatrième édition du *Cours de droit administratif*, et dans le courant de l'année 1874 le second volume a paru. Le succès de cette édition a été si rapide, que depuis un an nous avons dû en demander une nouvelle à l'auteur, et qu'avant la fin de l'année 1876 nous devons publier cette cinquième édition pour satisfaire aux demandes qui nous sont adressées.

Nous faisons paraître ensemble les deux volumes qui la composent. Afin de pouvoir, suivant le titre de l'ouvrage, donner « l'exposé et le commentaire de la législation admi- » nistrative dans son dernier état », nous n'avons même imprimé certaines feuilles du tome Ier qu'en même temps que les dernières du tome II. C'est ainsi qu'ont pu être placées suivant « l'ordre méthodique » de l'ouvrage les lois les plus récentes ; un petit nombre seulement et d'une importance secondaire, intervenues depuis l'impression des parties de l'ouvrage qu'elles concernent, ont été réunies à la fin du second volume dans un 17me et dernier appendice.

Ces appendices, jugés fort utiles aux candidats aux diverses fonctions publiques, sont encore augmentés dans cette édition, notamment du décret du 29 mai 1876 contenant le programme du concours et les règles de l'institution des attachés de la chancellerie et des parquets.

Le *Cours de droit administratif*, en se développant à chacune de ses éditions successives, pour répondre aux besoins des divers ordres de lecteurs auxquels il s'adresse, continue par ses tables nombreuses (analytiques, alphabétique, par chapitres) et par les renvois des appendices-programmes aux numéros de l'ouvrage, de rendre facile pour tous la recherche des parties nécessaires ou utiles à chacun. C'est ainsi que les étudiants des Facultés de droit, en se reportant au 4me appendice, contenant le programme officiel des cours de droit administratif dans les Facultés de droit, trouvent dans les renvois aux numéros de l'ouvrage qui accompagnent ce programme, l'indication des parties qui doivent faire l'objet de leur étude.

Le plus haut témoignage a été rendu aux travaux de l'auteur, par le Décret inséré au *Bulletin officiel du Ministère de l'Instruction publique*, année 1876, n° 378, page 114, dans les termes suivants : « Services exceptionnels ; 18 ans de
» services comme professeur à la Faculté de droit de Poi-
» tiers ; bâtonnier des avocats ; auteur d'un *Cours de droit*
» *administratif* et de plusieurs ouvrages très-estimés ».

Non-seulement cette cinquième édition ajoute aux précédentes le commentaire et le texte des lois constitutionnelles et organiques, électorales, municipales, sur la presse, l'enseignement, etc., votées depuis 1874 ; elle a été en outre augmentée dans toutes ses parties, comme l'attestent le développement matériel de ces deux volumes et le nombre des numéros portés, de moins de 1,300, à 1,600.

Nous soumettons avec confiance au jugement du public cette cinquième édition du principal ouvrage de l'auteur.

Paris, le 20 octobre 1876.

Ernest THORIN,
éditeur.

EXTRAIT DE L'AVERTISSEMENT

DE LA QUATRIÈME ÉDITION.

Cette quatrième édition du *Cours de Droit administratif* que l'auteur, sur nos instances, a bien voulu nous mettre à même d'offrir au public, a reçu de tels développements, que l'ouvrage, à l'étroit déjà dans le gros et compact volume de la troisième édition épuisée, a dû cette fois être publié en deux forts volumes contenant la matière d'un plus grand nombre. Ce n'est plus un résumé du droit administratif, comme dans les premières éditions ; c'est un traité qui, tout en se développant par le commentaire des lois, par la discussion de la doctrine et de la jurisprudence, par des aperçus nouveaux, a conservé la forme, le plan, la méthode qui ont assuré le rapide succès des éditions précédentes.

Ces améliorations et cet accroissement s'étendent à l'ensemble de l'ouvrage ; mais en outre, les lois administratives nouvelles, si nombreuses depuis 1870, sur le Conseil d'État et le Tribunal des conflits, le Conseil supérieur de l'instruction publique, les conseils généraux et leurs commissions départementales, les commissions administratives des établissements hospitaliers et de bienfaisance, le recrutement et l'organisation générale de l'armée, les impôts nouveaux et les impôts modifiés, le régime de la presse, etc., trouvent dans cette quatrième édition la place importante qui leur appartient.

Les questions multiples de compétence et d'indemnité pour faits de guerre que les douloureux événements de 1870-71 ont fait naître ; celles non moins graves et délicates qui résultent de l'abrogation de l'article 75 de la Constitution de l'an VIII dans ses relations avec le principe tutélaire de la séparation de l'autorité administrative et de l'autorité judiciaire ; les controverses relatives à la délimitation du domaine public, à la compétence en matière de dettes de l'État, aux conseils de préfecture, à la juridiction ministérielle, sont toutes l'objet d'une étude attentive. Des développements étendus sont consacrés aux questions économiques, monétaires, financières, et domaniales.

Le nombre des appendices placés à la fin du tome deuxième et qui reproduisent avec renvoi aux diverses parties de l'ouvrage les programmes d'examens et de concours pour l'entrée dans les fonctions publiques se rattachant à l'ensemble ou à certaines branches de l'administration, est encore augmenté, notamment de ceux qui relèvent du ministère de la marine et des colonies et du ministère des affaires étrangères.

Paris, le 1er octobre 1873.

Ernest THORIN, éditeur.

EXTRAIT DE L'AVERTISSEMENT
DE LA TROISIÈME ÉDITION.

...... Cette publication, en se développant, continue à répondre aux besoins des divers ordres de lecteurs auxquels est dû le rapide épuisement de deux éditions successives, et à justifier les témoignages que leur donnaient, entre autres, le savant professeur de droit administratif à la Faculté de droit de Paris, et un éminent administrateur au nom du ministère de l'intérieur, dans les deux lettres suivantes :

Paris, 20 décembre 1862. — Mon cher collègue, vous m'annoncez que vous préparez une seconde édition de votre ouvrage sur le Droit administratif. Je vous félicite du beau succès que vous avez obtenu, et je suis heureux d'y avoir contribué pour une bien faible part, en recommandant votre ouvrage à mes élèves comme pouvant leur présenter une doctrine solide, une grande clarté dans l'exposé des principes et leur être fort utile pour la préparation de leurs examens de fin d'année. J'ai eu à m'applaudir d'une publication qui a pu faciliter le travail de mes élèves, et j'espère que votre seconde édition aura le même succès que la première. Veuillez, mon cher collègue, recevoir l'assurance de mes sentiments affectueux. Vuatrin.

Paris, le 11 mai 1863. — Monsieur, je m'empresse de vous remercier de l'hommage que vous voulez bien m'offrir de la seconde édition de votre ouvrage intitulé *Cours de Droit administratif*. J'ai déjà eu à constater le mérite et l'utilité de cette publication, et je suis heureux de voir que le succès ait répondu à vos travaux. J'ai donné l'ordre de prendre pour le service des bureaux des exemplaires de votre seconde édition, qui sera, comme la première, signalée à l'attention de MM. les fonctionnaires par la voie du *Bulletin officiel* du Ministère. Agréez, Monsieur, l'assurance de ma considération distinguée. Pour le Ministre de l'intérieur, *le conseiller d'Etat, directeur général*, Thuillier.

Paris, le 6 avril 1868.

E. THORIN, *éditeur*.

EXTRAIT DE LA PRÉFACE

DE LA PREMIÈRE ÉDITION.

..... Ce but de mes efforts, consistant à vulgariser le vaste ensemble du Droit administratif, j'ai cherché à le réaliser par trois moyens : la méthode suivie dans l'exposition, la reproduction des textes principaux, et l'ordre dans lequel ont été placés les développements.....

La connaissance des textes est aussi indispensable à l'étude du Droit administratif qu'à celles des autres parties de la science juridique ; cependant, par suite de l'absence de codification des lois administratives, les textes les plus essentiels restent souvent inconnus du lecteur, qui éprouve, pour les trouver, toujours de l'embarras et parfois une impossibilité complète, tandis qu'il rencontre à coup sûr l'article du Code Napoléon ou de tout autre Code dont il veut connaître la disposition.

J'ai cru satisfaire un besoin réel en publiant dans le corps même du livre un certain nombre de textes. Non-seulement je m'attache sur chaque matière à indiquer par leurs dates les lois, ordonnances ou décrets en vigueur et le numéro des articles qui contiennent les solutions données ; j'ai soin en outre d'insérer, quand il y a lieu, dans l'ordre d'exposition du livre, non les lois entières, sauf exceptions rares, mais les textes qui me paraissent essentiels, à moins qu'ils ne soient l'objet d'une analyse complète rendant cette reproduction superflue.

J'y insère également des textes législatifs moins indispensables, mais qui, par leur nature, échappent à l'analyse, des avis du Conseil d'État, et un petit nombre d'actes réglementaires qui présentent une grande importance pratique. Ces divers textes se distinguent du corps de l'ouvrage par des caractères plus fins, qui ont le double avantage de n'occuper, quoique assez nombreux, qu'une partie moins étendue de la publication, et de prévenir l'œil du lecteur.

En ce qui concerne le plan général des développements, j'ai cru devoir en chercher les bases dans les entrailles mêmes du Droit administratif, et non dans des analogies, plus spécieuses que fondées, puisées dans le Droit civil et peu réalisables dans le Droit administratif. Une division du livre en trois parties ou titres, d'égale importance, après des notions préliminaires principalement consacrées aux rapports qui existent entre le Droit administratif et le Droit constitutionnel, m'a permis d'embrasser d'une manière complète tout l'ensemble de la législation administrative.

Le premier titre traite des Autorités, des Conseils et des Tribunaux administratifs, considérés au point de vue de leur organisation, de leurs attributions et de leurs formes de procéder. Il embrasse par conséquent l'ensemble des organes qui forment, à des titres divers, le vaste et puissant édifice administratif de la France.

Le second titre est consacré à la Réglementation administrative des Principes du droit public de la France. C'est dans ce titre que nous traitons, entre autres, du principe de l'indépendance de l'autorité administrative et de sa séparation d'avec l'autorité judiciaire, ainsi que des deux institutions qui le complètent, celle des conflits et celle de la garantie administrative des agents du gouvernement. C'est aussi dans ce titre que se placent les principes qui président à l'organisation des cultes, aux droits de l'État dans ses rapports avec l'autorité ecclésiastique et sur l'exercice public du culte extérieur, et la sanction administrative de ces principes par l'antique institution du recours pour abus. Là se place encore le principe de l'inviolabilité de la propriété, avec son cortége de restrictions commandées par l'intérêt social : expropriation pour cause d'utilité publique, servitudes légales d'utilité publique, limitations du droit de propriété en matière de mines, marais, bois et forêts, etc.

Le titre troisième et dernier est consacré aux Personnes morales du Droit administratif. Nous y traitons de l'État envisagé sous six aspects divers : 1° comme gardien du domaine public, et c'est là que se place, à l'occasion de l'une des dépendances de ce domaine, un parallèle entre le régime des cours d'eau qui en font partie et le régime de ceux qui sont en dehors du domaine public ; 2° comme propriétaire du domaine dit domaine de l'État ; 3° comme nu propriétaire du domaine de la couronne ; 4° comme débiteur de dettes ordinaires et courantes, de rentes, d'obligations, de bons du Trésor, de pensions de retraite ; 5° comme créancier des acquéreurs ou fermiers de ses biens, des comptables, des fournisseurs, des entrepreneurs de travaux publics, etc. ; et 6° comme créancier des impôts destinés à entrer dans ses caisses et pour le recouvrement desquels la loi accorde à l'État créancier des contribuables, des garanties que nous faisons soigneusement connaître. Après l'État, nous envisageons ainsi successivement les Départements, les Communes, les Sections de commune, tous les Établissements publics et les Établissements d'utilité publique, comme propriétaires, débiteurs et créanciers ; c'est aussi là que se placent les développements importants que comportent les Communautés religieuses.

Puisse ce plan méthodique qui, mis en pratique dans l'enseignement oral, m'a paru facilement suivi et donner de bons résultats, contribuer à l'œuvre de vulgarisation que j'ai tentée, pour payer mon tribut à la science, à la jeunesse studieuse et à mes concitoyens !

Poitiers, le 6 novembre 1861.

Théophile DUCROCQ.

EXPLICATION DES ABRÉVIATIONS.

Const. ou *Ch.*, ou *C.*   Constitution ou Charte.
S.-C.   Sénatus-Consulte.
L.   Loi.
C. c.   Code civil.
C. p.   Code pénal.
C. pr. civ.   Code de procédure civile.
O.   Ordonnance.
D.   Décret.
D. ou *O. régl.*   Décret ou Ordonnance réglementaire.
D. décentr. tabl. A.   Décret de décentralisation de 1852, tableau A.
A.   Arrêté du gouvernement.
C. d'Ét.   Conseil d'État.
Trib. confl.   Tribunal des conflits.
c. cass.   Cour de Cassation.
c. ch. req.   Cour de Cassation, chambre des requêtes.
c. ch. civ.   Cour de Cassation, chambre civile.
c. ch. crim.   Cour de Cassation, chambre criminelle.
c. ch. réun.   Cour de Cassation, chambres réunies.
S. 73, 1, 100.   Recueil d'arrêts de Sirey-Devilleneuve-Carette, volume de 1873, première partie, page 100.
D. 73, 1, 100.   Recueil d'arrêts de Dalloz, volume de 1873, première partie, p. 100.
P. 73, 1, 100.   Journal du Palais, id., id.

Nota bene. — Tous les arrêts du Conseil d'État cités dans cet ouvrage se trouvent, à leur date, dans le Recueil des arrêts du Conseil d'État, fondé par Macarel, continué par Lebon, par M. Hallays-Dabot, et actuellement par M. Panhard.

COURS
DE
DROIT ADMINISTRATIF.

INTRODUCTION.

NOTIONS PRÉLIMINAIRES
DE DROIT CONSTITUTIONNEL.

SOMMAIRE.

1. Définition et division du droit public ; ses rapports avec le droit privé.
2. Droit public externe ; droit public interne.
3. Droit constitutionnel ; définition et domaine du Droit administratif.
4. Plan du *Cours de Droit administratif*; sa division en trois parties ou titres.
5. Rapport général entre ces deux branches du droit public interne, le droit constitutionnel et le droit administratif.
6. Fixation des principes du droit public par la première ; leur application par la seconde : renvoi à la deuxième partie du Cours.
7. Autre point de contact : principe de la séparation des pouvoirs.
8. Triple point de vue de l'étude de ce principe ; points de vue rationnel ou spéculatif et historique réunis ; point de vue du droit positif actuel.

1. Le *Droit* se divise, d'une manière générale, en deux grandes branches : le droit public et le droit privé.

Le *Droit privé* est celui qui règle les rapports des individus entre eux ; il se subdivise en droit civil, droit commercial, droit de procédure, tous compris dans l'œuvre de la codification des lois françaises accomplie au commencement du XIXe siècle.

Le *Droit public*, au contraire, sauf la partie comprise dans les codes pénal et d'instruction criminelle, n'est pas codifié ; il a pour objet de régler les rapports de l'État soit avec les autres États, soit avec les individus, citoyens ou non citoyens, habitant le territoire de cet État ; il se subdivise ainsi en droit public *interne* et droit public *externe*.

Ces deux grandes branches du droit, le droit public et le droit privé, ont plus d'un rapport entre elles ; c'est ainsi que Bacon a pu dire : « Le droit privé repose sous la sauvegarde du droit public [1] », et « le droit public est placé près du droit privé comme le gardien » chargé d'en empêcher la violation et d'arrêter les injustices [2] » ; et Rossi, que « c'est dans le droit public que se trouvent les têtes » de chapitres du droit privé [3] ».

2. Le droit public externe, celui qui règle les rapports de l'État avec les autres États, forme le *droit international* ou *droit des gens*. Le mot *droit public* a été souvent employé, par Montesquieu [4] par exemple, pour désigner exclusivement cette première branche du droit public ; d'Aguesseau [5] fait au contraire la distinction entre le droit public *extérieur* et *intérieur*.

Le droit public interne, qui règle les rapports de l'État avec les individus, comprend, en outre du droit pénal déjà mentionné, deux parties principales : le *droit constitutionnel* et le *droit administratif*. Si l'illustre président au parlement de Bordeaux, au XVIII⁰ siècle, a trop restreint le terme de droit public pris comme synonyme de droit de gens, Domat [6], au contraire, s'occupant surtout du droit public interne, l'avait employé, au XVII⁰ siècle, d'une manière trop compréhensive en mêlant aux véritables éléments du droit public, non-seulement les lois pénales et de procédure criminelle, mais aussi les lois commerciales et de procédure civile ; confusion qu'expliquent toutefois, dans notre ancienne jurisprudence, la différence des institutions et l'absence du principe de séparation des pouvoirs et des autorités.

3. Le *Droit administratif*, qui fait seul l'objet du présent ouvrage,

---

[1] At jus privatum, sub tutela juris publici, latet (*Exemplum tractatus de justitia universali, sive de fontibus juris, in uno titulo per aphorismos*; Aphorismus III).

[2] Neque tamen jus publicum, ad hoc tantum spectat, ut addatur tanquam custos juri privato, ne illud violetur, atque ut cessent injuriæ ; sed extenditur etiam ad religionem, et arma, et disciplinam, et ornamenta, et opes, denique ad omnia circa *bene esse* civitatis (Aphorismus IV).

[3] *Cours de droit constitutionnel*, t. I⁰ʳ, p. LVIII.

[4] *Lettres persanes*, lettres 95 et 96 (dans les deux leçons de cette dernière lettre); l'*Esprit des Lois*, liv. X, ch. III. — [5] *Institution au droit public*.

[6] *Le Droit public contenant les matières qui se rapportent à l'ordre général d'un État, et les règles des fonctions et des devoirs de toutes sortes de professions par rapport à cet ordre*; par Domat, avocat du Roi au présidial de Clermont. — Ce traité fait antithèse à son premier ouvrage, consacré au droit privé sous ce titre bien connu : *Les Lois civiles dans leur ordre naturel*.

est donc, comme le droit constitutionnel, une des branches du droit public interne. Ainsi se trouve déterminée la place qu'il occupe dans la législation, ainsi que dans l'ensemble des sciences morales et politiques.

Il faut en outre le définir, en le considérant en lui-même et dans ses rapports avec le droit constitutionnel.

Le *droit constitutionnel* comprend les règles, écrites ou traditionnelles, relatives à la formation et à la transmission des grands pouvoirs de l'État, au gouvernement politique de la société, et à la détermination des principes de droit public qui servent de base à son organisation.

Le *droit administratif* est l'ensemble des principes et des règles qui résultent des lois d'intérêt général et de celles qui président au fonctionnement de tous les organes, non judiciaires, du pouvoir exécutif, chargés de leur application.

Ce droit comprend, par conséquent, dans les vastes limites de cette définition : 1° toute l'organisation administrative de la France, composée d'agents, de conseils et de tribunaux administratifs ; 2° la réglementation par les lois administratives, ayant pour objet de les appliquer, de les étendre ou de les restreindre, des principes de droit public qui consacrent les droits et les devoirs des citoyens et individus dans leurs rapports avec l'intérêt général ; 3° la création et la mise en œuvre des personnes morales dont l'existence présente un intérêt de cette sorte.

Il résulte de cette définition et du développement dont nous venons de la faire suivre que le domaine du droit administratif, quoique exactement déterminé, est immense ; aussi, bien qu'il soit restreint, au point de vue de l'enseignement, par les programmes officiels, celui-ci, au sein de nos Facultés, est mal à l'aise dans le cadre trop étroit d'un cours annuel. Sans vouloir, par conséquent, dépasser les bornes d'une science si riche dans ses limites naturelles et de sa propre grandeur, nous devons dire cependant qu'il existe entre ces deux branches du droit public interne, le droit administratif et le droit constitutionnel, de telles affinités que le droit administratif doit supposer connues ou doit préalablement exposer certaines notions de droit constitutionnel.

4. De ce qui précède découlent aussi, et la nécessité de cet exposé préliminaire qui tient à la fois du droit constitutionnel et du droit administratif, et la division rationnelle du droit administratif et du présent ouvrage.

Le *Cours de droit administratif*, dégagé des éléments de droit constitutionnel qui s'y rattachent, mais ne doivent pas être confondus avec lui, se divise naturellement, comme on vient de le voir [n° 3 et aussi pages 6 et 7] en trois parties, formant chacune après cette introduction [et à partir du n° 53] un titre du présent ouvrage.

Le titre premier comprendra l'organisation et les attributions des Autorités administratives, des Conseils administratifs et des Tribunaux administratifs.

Le second sera consacré à l'étude des lois administratives, qui appliquent, limitent et réglementent les principes de droit public, d'ordre politique, d'ordre religieux, d'ordre naturel ou civil.

Dans le troisième et dernier titre, il sera traité de l'État, des Départements et des Communes considérés comme propriétaires, débiteurs et créanciers, ainsi que des nombreuses personnes morales qui relèvent du droit administratif, soit à titre d'Établissements publics, soit à titre d'Établissements d'utilité publique.

5. Après avoir formulé la définition du droit administratif, la division synthétique et rationnelle des vastes matières qu'il embrasse, sa séparation d'avec le droit constitutionnel, dans le domaine du droit public interne, auquel ils appartiennent l'un et l'autre, nous avons à préciser ici les rapports immédiats, théoriques et pratiques qui, en outre, existent entre eux.

C'est au droit constitutionnel qu'il appartient de déterminer les principes qui forment la base du droit public d'un pays et qui garantissent aux citoyens et aux individus la jouissance et l'exercice des droits d'ordre politique, d'ordre religieux, d'ordre naturel ou civil. Mais ce sont des lois administratives qui mettent ces principes en œuvre et fixent leurs conditions d'application.

Aussi le mot heureux, employé pour signaler les rapports du droit public et du droit privé par Rossi (qui avait donné du droit public la même division [1]), est-il encore plus absolument vrai, si on l'applique aux liens qui rattachent l'une à l'autre ces deux branches du droit public interne; c'est bien dans le droit constitutionnel que se trouvent les têtes de chapitres du droit administratif. L'éminent publiciste le dit lui-même [2] sous une autre forme :

---

[1] « Le droit des gens, le droit constitutionnel et le droit administratif sont » trois grandes parties du même tout, le droit public (*Cours de droit constitutionnel*, par Rossi, t. Ier, p. LVIII) ».

[2] *Cours de droit constitutionnel*, t. Ier, p. LVIII.

« Le droit constitutionnel nous fait connaître à grands traits l'or-
» ganisation sociale et politique du pays ; le droit administratif
» nous expose la machine politique dans ses moindres détails et
» dans ses nombreuses applications. Il nous apprend à la faire
» fonctionner, à en suivre la marche, à en recueillir les résultats.
» Le droit constitutionnel et le droit administratif se tiennent par
» un rapport assez analogue à celui qui existe entre le droit pro-
» prement dit et la loi de procédure ».

Dans le même ordre d'idées, un très-savant professeur [1] a pu dire : « Le droit administratif s'occupe de cette partie du droit pu-
» blic qui comprend les rapports des gouvernants et des gouvernés
» dans les détails de l'exécution des mesures qui les régissent. Il
» est placé sur les bas degrés du droit public ; celui-ci pose les
» principes, et l'autre embrasse les règles qui regardent l'exécu-
» tion et les conséquences. Il s'agit d'une même échelle occupée
» par un seul pouvoir sous des noms différents ; il s'appelle *gou-*
» *vernement* dans les degrés supérieurs, et *administration* dans les
» degrés inférieurs ».

Le lien entre ces deux branches distinctes du droit public interne est si intime que, parfois, il ne serait pas facile de dire où finit le droit constitutionnel et où le droit administratif commence, si, dans un pays témoin de tant de ruines, on ne voyait, heureusement, malgré des contre-coups inévitables et parfois d'utiles améliorations, la généralité de ses lois administratives survivre à l'effondrement successif de ses lois constitutionnelles tour à tour déchirées par les révolutions.

6. Nous venons de dire, en définissant le droit administratif [n° 3], que les lois qui ont pour objet direct la réglementation des principes du droit public sont une portion considérable de ce droit ; et dans la division du droit administratif et de cet ouvrage en trois parties [n° 4], nous avons vu que l'étude de cette réglementation formera toute la seconde partie. Il suffit donc d'indiquer ici d'une manière succincte ce point de contact étroit entre le droit constitutionnel et le droit administratif.

Pour ne citer que quelques exemples, il suffit de dire que c'est le droit constitutionnel qui a donné pour base à l'organisation politique de la France le principe de la souveraineté nationale, et que

---

[1] *Traité du droit public des Français*, par M. Serrigny ; *Introduction sur les fondements des sociétés politiques*, page 96.

les lois relatives aux élections faites en exécution de ce principe sont, pour la plus grande partie, dans la sphère du droit administratif. C'est encore un principe constitutionnel, remontant à 1789, que celui en vertu duquel nul impôt non voté pour l'année ne peut être perçu; mais les impôts sont réglés par de très-nombreuses lois administratives, et la législation financière de la France occupe une place considérable dans son droit administratif. De même, l'obligation nationale au service militaire est un principe de droit public du domaine constitutionnel; mais les lois successives sur le recrutement et sur l'organisation de l'armée sont des lois administratives. Au droit constitutionnel il appartient de poser les principes de la liberté des cultes, de l'égalité civile, de la liberté individuelle, de l'inviolabilité de la propriété ; mais ce sont des lois administratives qui règlent la haute police des cultes, le droit du chef de l'État d'autoriser les changements ou les modifications de noms de famille et de conférer des titres, la formalité des passeports, les droits de l'administration vis-à-vis des aliénés dangereux, l'expropriation pour cause d'utilité publique, et les nombreuses et diverses limitations du droit de propriété dans l'intérêt général et public.

7. En outre de ce point de contact général entre le droit constitutionnel et le droit administratif qu'il suffit de signaler ici, et dont le développement occupera la seconde partie du Cours de droit administratif, il en est un autre dont l'examen fait le principal objet de cette introduction.

De tous les principes du nouveau droit public de la France depuis 1789, le principe de la *séparation des pouvoirs* est celui qui exerce sur l'ensemble du droit national la plus puissante et la plus générale influence. Elle se produit dans toutes les branches de ce droit ; elle domine toutes les autorités, tous les conseils, toutes les juridictions de tous les ordres.

Aussi, bien que ce principe fondamental soit au premier chef un principe de droit constitutionnel, bien que son histoire, sa portée rationnelle, ses développements, ses applications diverses, forment la première part et la plus considérable de ce droit, le droit administratif trouve, dans la donnée de ce principe qui le domine, son véritable point de départ ; sans son étude préalable, sommaire pour ne pas empiéter sur un autre domaine, le droit administratif serait décapité.

Envisagé dans son sens le plus large, le principe de la séparation des pouvoirs comprend, d'une part, les règles qui président à la séparation des grands pouvoirs publics, et, d'autre part, celles qui président à la séparation des autorités administrative et judiciaire. En le considérant sous ce double aspect, il est même plus exact, suivant nous et malgré des habitudes de langage contraires, de voir là deux principes de droit public distincts, bien que se rattachant l'un à l'autre [*voir* n° 33].

Le second, celui de la séparation des autorités, est plus exclusivement réglé par les lois administratives. Le droit administratif peut même revendiquer son étude tout entière; nous devrons en faire une analyse approfondie dans la seconde partie de cet ouvrage [n°s 648 à 696]; nous devrons suivre partout ses données, et faire son application dans toutes les parties du droit administratif.

Le premier de ces principes, au contraire, celui de la séparation des grands pouvoirs publics, relève tout entier du droit constitutionnel; mais c'est à lui qu'il appartient de déterminer exactement la place de l'administration ou autorité administrative et celle de l'autorité judiciaire au sein de ces pouvoirs, leurs conditions d'existence, la nature de leurs actes dont l'application est confiée pour partie aux divers organes de l'administration. C'est pour cela que le principe constitutionnel de la séparation des pouvoirs doit former la tête de chapitres du droit administratif tout entier.

8. Ce principe fondamental du droit public de la France peut, sans sortir du domaine, assez vaste pour notre enseignement, du droit national, être envisagé sous un triple aspect : au point de vue spéculatif et rationnel, en le considérant en lui-même pour en déterminer les conditions d'application et la portée; au point de vue historique, dans l'exposé de ses applications successives; au point de vue des textes constitutionnels en vigueur.

Bien que ces trois points de vue soient distincts les uns des autres, ils se touchent cependant de si près qu'il n'est pas facile d'isoler l'étude rationnelle du principe de la séparation des pouvoirs, de son étude historique, et réciproquement; sauf à faire ensuite au droit positif existant la place due aux textes en vigueur, selon que le pays possède ou non, suivant les crises qu'il traverse, l'ensemble d'un droit constitutionnel, écrit ou traditionnel, qui organise la séparation des pouvoirs.

C'est à ce point de vue, dans cet ordre, et en ayant toujours le droit administratif pour objectif, que nous allons traiter du principe de la séparation des pouvoirs. Nous abordons, en premier lieu, la partie spéculative ou rationnelle et la partie historique de cette étude, en les réunissant. Elles formeront le commentaire anticipé de la troisième partie consacrée au droit positif actuel, contenu dans les lois constitutionnelles existantes.

I.

Principe de la séparation des pouvoirs considéré aux points de vue spéculatif et historique.

9. Idée de pouvoir inhérente à celle de société.
10. Pouvoir constituant.
11. Pouvoirs constitués; ils doivent être séparés.
12. Origines du principe de la séparation des pouvoirs constitués.
13. Onze Constitutions ou Chartes qui ont successivement en France organisé et réparti les pouvoirs, de 1789 à 1871.
14. Éclipses du principe de séparation des pouvoirs : décrets-lois.
15. *Pouvoir législatif*; participation possible du pouvoir exécutif à l'œuvre législative; diverses phases de la confection des lois.
16. Initiative des lois; intervention du conseil d'État.
17. Discussion et vote des lois; amendements.
18. Examen de la constitutionnalité des lois admis par certaines constitutions, avec division des actes législatifs en lois et sénatus-consultes.
19. Sanction des lois, admise ou rejetée selon les constitutions.
20. De la date des lois.
21. Promulgation des lois.
22. Transition naturelle de la théorie du pouvoir législatif à l'étude du pouvoir exécutif, également faite au point de vue spéculatif.
23. *Pouvoir exécutif*; éléments d'une étude rationnelle de ce pouvoir.
24. Division du pouvoir exécutif en trois branches.
25. 1re branche : le gouvernement.
26. Ses règles diverses au point de vue de sa composition,
27. — — de sa durée et de sa transmission,
28. — — des conditions constitutionnelles de son fonctionnement.
29. Responsabilité ministérielle.
30. Suite; régime parlementaire; participation du pouvoir législatif à l'œuvre du pouvoir exécutif.
31. Observations relatives à cette première branche du pouvoir exécutif.
32. 2me branche : l'administration.
33. 3me branche : la justice : justice retenue ou déléguée; juridiction judiciaire ou administrative; séparation des autorités administrative et judiciaire.
34. L'autorité judiciaire ne constitue pas un troisième pouvoir, dit pouvoir judiciaire; elle est une branche du pouvoir exécutif distincte des deux autres.
35. Suite de la démonstration de ce principe.
36. Tableau historique des diverses solutions données par les constitutions successives de la France aux questions d'organisation et de séparation du pouvoir législatif et du pouvoir exécutif.

9. L'idée de *pouvoir* est inhérente à celle de société ; l'expérience

des siècles n'a fait que justifier l'éloquente affirmation de Cicéron [1], s'inspirant de Platon : « Rien n'est plus approprié au droit et à la » condition de la nature que le pouvoir ; la famille, la cité, la » nation, le genre humain, la nature entière, le monde lui-même » ne peuvent subsister sans lui ; car le monde obéit à Dieu, à lui » sont soumises et la terre et la mer, et la vie de l'homme défère » aux injonctions d'une loi suprême ».

Montesquieu [2] exprime ainsi la même vérité : « Une société ne » saurait subsister sans un gouvernement ». Il n'y a pas « de na- » tion acéphale », suivant le mot de d'Aguesseau [3].

Le pouvoir, considéré en soi, se subdivise en pouvoir constituant et en pouvoirs constitués.

10. Le pouvoir *constituant* est un. Il est l'expression complète et directe de la souveraineté. Il réside dans la nation qui l'exerce par voie de délégation ou de ratification, et parfois par ces deux procédés cumulativement employés. Il a pour objet de créer les pouvoirs *constitués*, auxquels il attribue l'exercice de la souveraineté, en fixant la forme politique du gouvernement, dans un acte généralement appelé *Constitution* ou *Charte*. Ce principe de souveraineté nationale n'est l'apanage exclusif d'aucune forme politique de gouvernement, ne peut en imposer une obligatoirement (ce qui serait la négation même du principe), ni limiter le droit du pays librement consulté ou légalement représenté d'organiser celle de son choix, dans les conditions fixées par la loi.

11. Les pouvoirs *constitués*, créés par le pouvoir constituant, au lieu d'être par leur nature soumis à la règle de l'unité, sont au contraire soumis à celle de la dualité ou de la pluralité. Tous les publicistes sont d'accord pour reconnaître l'existence de deux pouvoirs de cette nature ; nous dirons plus loin pourquoi nous ne reconnaissons pas, contrairement à une théorie divergente sur ce point, l'existence d'un troisième pouvoir principal dans l'État, qui puisse, au point de vue rationnel, être considéré comme l'égal des deux autres [nos 33 à 36]. Les deux pouvoirs constitués, reconnus

---

[1] Nihil tam aptum est ad jus conditionemque naturæ quam imperium, sine quo nec domus ulla, nec civitas, nec gens, nec hominum universum genus stare, nec rerum natura omnis, nec ipse mundus potest; nam et hic Deo paret, et huic obediunt maria terræque, et hominum vita jussis supremæ legis obtemperat (Cicero, *De Legibus*, lib. III, 1).

[2] *L'Esprit des lois*, l. Ier, ch. III. — [3] *Institution au droit public*, 2e partie.

par tous, sont le *pouvoir législatif* et le *pouvoir exécutif*. Le premier a pour mission de faire la loi, le second de l'appliquer.

C'est cette diversité propre aux pouvoirs constitués qui exige leur répartition en des mains différentes et donne lieu au principe fondamental de la *séparation des pouvoirs*. Le pouvoir législatif et le pouvoir exécutif, distincts par la nature de leur mission, doivent être séparés par les lois positives et dans l'application, sous peine de laisser la place au pouvoir absolu ou dictature, soit d'un seul homme, soit de plusieurs, soit même d'un grand nombre, ce qui peut se produire avec la forme républicaine aussi bien qu'avec la forme monarchique du gouvernement.

Le principe de la séparation des pouvoirs exige donc que le pouvoir chargé de l'exécution des lois n'ait pas mission de les faire, et que le pouvoir chargé de faire les lois ne soit pas cumulativement investi de la mission d'exécution. Mais ce principe n'impose pas une division tellement absolue, qu'il fasse obstacle à une certaine participation du pouvoir exécutif dans l'œuvre législative, et du pouvoir législatif dans l'œuvre de l'exécutif; sauf à déterminer cette répartition, dans des conditions de nature à éviter la confusion des deux pouvoirs ou la domination de l'un par l'autre, et à maintenir chacun d'eux dans ses limites naturelles, en arrêtant, sans les paralyser, le pouvoir par le pouvoir.

12. Ce principe fondamental du nouveau droit public de la France date, comme ce droit lui-même, de 1789. La règle contraire de la concentration de tous les pouvoirs dans la main du roi formait l'un des traits essentiels de ce que l'on appelle l'ancien régime. On avait bien vu jadis des réunions d'États généraux ; mais leurs prérogatives n'étaient pas déterminées ; leurs actes ne participaient pas de la souveraineté ; ils étaient rarement convoqués, et depuis 1614, c'est-à-dire depuis cent soixante-quinze ans, ils avaient cessé de l'être. C'est dans la Déclaration des droits de l'homme et du citoyen du 26 août 1789 [1], dont le principe fut voté dans la nuit justement célèbre du 4 août (et qu'il faut bien se garder de confondre avec une autre déclaration de quatre ans posté-

---

[1] Le principe de toute souveraineté réside essentiellement dans la nation ; nul corps, nul individu ne peut exercer d'autorité qui n'en émane expressément (*Déclaration des droits de l'homme et du citoyen* du 26 août 1789, servant de préambule à la Constitution de 1791, art. 3). — Toute société dans laquelle la garantie des droits n'est pas assurée, ni *la séparation des pouvoirs* déterminée, n'a point de constitution (art. 16).

rieure), que l'Assemblée constituante a donné à la France, qu'elle ne séparait pas de la monarchie, son nouveau droit public, reposant sur le double principe de la souveraineté nationale et de la division des pouvoirs.

13. Onze *Constitutions* ou *Chartes*, tour à tour détruites, ont successivement organisé en France, depuis cette époque et jusqu'au droit constitutionnel positif actuellement en vigueur, le principe de la séparation des pouvoirs législatif et exécutif, dans des conditions d'application bien différentes les unes des autres.

Malgré le sentiment douloureux qu'éveille chez tous les cœurs dévoués à la patrie cette longue nomenclature, il faut la présenter ici, puisqu'elle offre à la fois l'histoire du principe de la séparation des pouvoirs dans notre pays, et le plus ample objet d'études pour la solution des vastes et périlleux problèmes que son application soulève.

Voici la nomenclature de ces Constitutions :

1° Constitution monarchique des 3-14 septembre 1791, votée par l'Assemblée constituante, qui plaçait entre les mains du Roi un pouvoir exécutif affaibli, en présence d'une Assemblée législative unique et toute-puissante.

2° Constitution républicaine du 24 juin 1793, qui semblait avoir la prétention d'organiser l'anarchie, et ne fut jamais mise à exécution par la Convention, désireuse de répondre par elle au reproche d'usurpation.

3° Constitution directoriale du 5 fructidor an III (22 août 1795), votée par la Convention dans la dernière partie de son existence, qui organisait la forme républicaine en confiant le pouvoir exécutif à cinq Directeurs, et le pouvoir législatif aux deux Conseils des Anciens et des Cinq-Cents.

4° Constitution consulaire du 22 frimaire an VIII (13 décembre 1799), qui remettait la plénitude du pouvoir exécutif au Premier Consul, et répartissait la puissance législative entre ce premier magistrat de la République assisté d'un conseil d'État et de ministres ne dépendant que de lui seul, le Tribunat chargé de la discussion des lois, le Corps législatif chargé de les voter, et le Sénat investi du droit de les annuler, ainsi que tous autres actes, pour cause d'inconstitutionnalité.

5° Sénatus-consulte organique du Consulat à vie des 14 et 16 thermidor an X (2 et 4 août 1802), et sénatus-consulte organique de l'Empire du 28 floréal an XII (18 mai 1804), l'un et l'autre modifiant la Constitution du 22 frimaire de l'an VIII en se combinant avec elle, ainsi que le sénatus-consulte du 19 août 1807 portant suppression du Tribunat.

6° Charte constitutionnelle du 4 juin 1814, que, dans son préambule, la Restauration rattachait au droit public antérieur et contraire à celui de 1789, mais qui faisait la répartition du pouvoir législatif et du pouvoir exécutif entre le Roi et deux Chambres, l'une héréditaire, la Chambre des Pairs, l'autre élective par un suffrage très-restreint, celle des Députés; cette Charte organisait en France le régime parlementaire et la monarchie constitutionnelle, avec la responsabilité ministérielle.

7° Acte additionnel aux Constitutions de l'Empire du 22 avril 1815, qui organisait aussi le système parlementaire, et dont l'existence éphémère eut pour terme les désastres qui mirent fin à la courte période dite des *Cent-Jours*, et amenèrent le rétablissement de la Restauration et de la Charte de 1814.

8° Charte constitutionnelle du 14 août 1830, qui, dégageant du mélange d'ancien régime qui se trouvait dans la Charte de 1814 le principe de la séparation des pouvoirs, le constitua sur des bases analogues à celles de la Charte précédente, avec des lois organiques proscrivant l'hérédité de la Chambre des Pairs, et formant un corps électoral plus étendu, mais encore restreint à 200,000 électeurs.

9° Constitution républicaine du 4 novembre 1848, qui avait investi un président de la République du pouvoir exécutif et confié le pouvoir législatif à une Assemblée législative unique, l'un et l'autre issus du suffrage universel.

10° Constitution du 14 janvier 1852, d'abord modifiée par le sénatus-consulte organique de l'Empire du 7 novembre 1852, ratifié par le plébiscite des 21 et 22 novembre 1852, qui répartissait le pouvoir législatif entre l'Empereur, d'une part, assisté du conseil d'État et de ministres indépendants des chambres, et, d'autre part, le Sénat et le Corps législatif; elle ne donnait au Sénat que l'examen de la constitutionnalité des lois sans lui en attribuer ni la discussion ni le vote, mais en lui réservant la législation constitutionnelle et la faculté d'interpréter et de modifier la Constitution par voie de sénatus-consultes. De là les sénatus-consultes des 2 février 1861, 31 décembre 1861, 18 juillet 1866, 14 mars 1867, qui ont apporté à cette Constitution des modifications successives, et surtout celui du 8 septembre 1869, qui allait jusqu'à l'extrême limite des modifications qu'il était possible d'apporter à la Constitution de 1852, dans le sens du régime parlementaire, sans toucher à ses bases fondamentales qu'un plébiscite pouvait seul transformer (art. 32).

11° Constitution du 21 mai 1870, promulguée en vertu du plébiscite du 8 mai, qui supprimait le pouvoir constituant du Sénat, le transformait en chambre législative, comme les anciennes Chambres des Pairs, organisait le régime parlementaire avec le partage de l'initiative législative entre l'Empereur, le Corps législatif et le Sénat, et la responsabilité des ministres, et n'a duré que jusqu'à la révolution du 4 septembre 1870.

L'assemblée nationale élue en février 1871, investie du pouvoir constituant, a voté les lois constitutionnelles de 1875 [n°s 37 à 52].

14. Le principe de la séparation des pouvoirs s'oppose, par le motif que nous avons signalé [n° 11], à ce que le même homme ou les mêmes hommes puissent faire et exécuter la loi. Aussi, dans les temps de crises et de révolution, pendant lesquels on a vu tous les pouvoirs momentanément réunis dans les mains de gouvernements de fait, ceux de leurs actes rendus sur des matières législatives, et pour lesquels une ratification formelle est parfois intervenue (tel est l'article 58 § 2 de la Constitution de 1852), sont-ils désignés sous cette dénomination, dont les deux termes contradictoires indiquent bien leur caractère exorbitant, de *décrets législatifs* ou *décrets-lois*.

Quelques gouvernements réguliers, des assemblées concentrant tous les pouvoirs dans leurs mains, ou des chefs d'État empiétant sur les attributions législatives par des décrets inconstitutionnels, ont aussi rendu des *décrets-lois* ou *décrets législatifs*.

15. Le pouvoir législatif peut être exercé ou par une assemblée unique, ou par deux assemblées, électives l'une et l'autre ou provenant de sources diverses ; on a même vu l'adjonction d'une troisième assemblée. La mission de chaque assemblée n'a pas non plus été toujours la même pour chacune d'elles. Enfin, le pouvoir exécutif peut, comme nous l'avons dit [n° 11], être appelé à participer à la loi, par ce que nous allons appeler l'initiative ou même la sanction, mais jamais, suivant nous, sous peine d'atteinte capitale et directe au principe lui-même, par la participation personnelle du dépositaire immédiat du pouvoir exécutif, quels que soient son titre et la forme monarchique ou républicaine du gouvernement, à la discussion et au vote de la loi [n°s 17 et 47].

Ainsi, l'œuvre de la confection des lois est complexe, et les constitutions ont pu répartir de manières bien diverses les opérations multiples de leur élaboration. Elle comprend : 1° l'*initiative* de la loi ; 2° la *discussion* ; 3° le *vote* de loi. Il peut y avoir, en outre, 4° l'*examen de la constitutionnalité de la loi*, et surtout 5° la *sanction* de la loi.

16. 1° L'*initiative* de la loi est le droit de proposer un projet de loi. Trois systèmes principaux sont possibles ; ils ont été successivement appliqués en France ; et, malgré la pratique contraire de de la république des États-Unis d'Amérique, et même de la monarchie constitutionnelle d'Angleterre, c'est principalement sous le rapport de l'initiative que l'on a vu en France, soit sous le régime monarchique, soit sous le régime républicain, le pouvoir exécutif participer à l'œuvre législative. Les trois systèmes constitutionnels signalés consistent, l'un à donner l'initiative législative au pouvoir exécutif seul ; le second à l'attribuer aux assemblées ou à l'une seule des assemblées, à l'exclusion du pouvoir exécutif ; le troisième, qui paraît plus rationnel, partage l'initiative entre le pouvoir exécutif et les assemblées législatives. On verra dans le tableau synthétique des constitutions de la France [n° 36 et n° 39], comment chacun de ces trois systèmes a successivement pris place dans nos lois constitutionnelles.

La grande institution du conseil d'État [n°s 39 et 50, 74 à 88] assure au pouvoir exécutif un utile auxiliaire pour la préparation et la rédaction des projets de loi et de leur exposé de motifs, lorsque ce pouvoir est investi en totalité ou pour partie de l'initiative des lois ; le conseil d'État fonctionne alors, moins comme conseil administratif, que comme conseil de gouvernement. Il en en est de même lorsque les assemblées politiques, jugeant utile de recourir à ses lumières, renvoient à son examen des projets de loi émanés de l'initiative parlementaire (Loi du 24 mai 1872, art. 8 § 1 [n° 74]). Mais l'interprétation législative des lois est avec raison enlevée au conseil d'État et au pouvoir exécutif depuis 1814 [n° 76].

Il faut, en outre, noter que l'initiative législative emporte pour l'auteur ou les auteurs des projets de loi dont ils ont saisi les assemblées, le droit de les retirer à tous les moments de la discussion et jusqu'au vote, sauf, à quiconque est également investi de cette initiative, le droit de les reprendre en son propre nom.

17. 2° et 3° La *discussion* et le *vote* de la loi sont choses distinctes,

mais unies entre elles par un lien si étroit, qu'il est contre nature de les disjoindre pour investir une assemblée, comme l'était le Corps législatif de la Constitution du 22 frimaire de l'an VIII, du droit de voter la loi sans la discuter, et une autre assemblée, comme l'était alors le Tribunat, du droit de discuter la loi sans la voter. Aussi toutes les autres constitutions françaises ont-elles réuni sous ce rapport la discussion et le vote de la loi ; mais les unes n'ont admis qu'une assemblée législative unique, les autres deux assemblées législatives.

Nous avons déjà dit [n° 15] que le pouvoir exécutif, monarchique ou républicain, concentré dans les mains d'un seul homme, quel que soit son titre, ou collectivement exercé par plusieurs, ne peut pas, sans atteinte directe au principe de la séparation des pouvoirs, participer par lui-même à la discussion et au vote de la loi. L'une des conséquences pratiques de ce principe de droit public doit donc être l'incompatibilité absolue de l'exercice du mandat législatif, dans l'une quelconque des assemblées législatives, avec l'investiture de la puissance exécutive.

Mais, si le principe de la séparation des pouvoirs s'oppose à ce que le pouvoir exécutif discute et vote *personnellement* la loi, il ne fait pas obstacle à la participation de ses ministres à ces deux phases constitutionnelles de l'œuvre législative. Cette participation n'était pas admise par les Constitutions de l'an VIII et de 1852 qui la remplaçaient, au point de vue de la discussion de la loi, par l'intervention du conseil d'État, chargé de porter la parole au nom du pouvoir exécutif devant les assemblées, où il ne remplit plus ce rôle qu'accidentellement [n° 74]. La participation des ministres à la discussion et au vote de la loi est une conséquence de la responsabilité ministérielle [n°s 29 et 54], et, loin de porter atteinte, comme l'intervention personnelle du pouvoir exécutif dans les débats législatifs, à l'indépendance du parlement, elle est le moyen d'influence le plus actif dont il puisse être investi.

Le droit d'*amendement* doit être ici mentionné ; son usage nécessaire n'est pas sans inconvénient pour la bonne rédaction des lois, et il a besoin d'être sauvegardé, soit par l'intervention successive de deux assemblées, soit, dans le système d'une seule chambre, par la règle des trois lectures, contre les dangers de la surprise ou de l'entraînement.

L'analyse exacte du droit d'amendement le rattache également à l'initiative, à la discussion et au vote de la loi.

18. 4° L'*examen de la constitutionnalité de la loi* n'a existé, comme phase distincte de la confection de la loi, que dans les Constitutions de l'an VIII et de 1852. Dans celle de l'an VIII, le Sénat formait une troisième assemblée, dans celle de 1852 une seconde assemblée, l'une et l'autre étrangères à la discussion et au vote de la loi, mais investies d'un pouvoir d'ordre constituant, auquel se rattachait l'examen de la constitutionnalité des lois. Le Sénat de l'an VIII et des sénatus-consultes organiques de l'Empire de 1802 et 1804, ne statuait sur la constitutionnalité des lois qu'autant qu'elles lui étaient déférées comme inconstitutionnelles par le gouvernement, ou le Tribunat, et, après la suppression du Tribunat en 1807, par les citoyens, les législateurs ou les sénateurs. Le Sénat de 1852 était saisi de plein droit sans recours, aucune loi ne pouvant être promulguée sans lui avoir été préalablement soumise et sans que le Sénat ait déclaré « *ne pas s'opposer à sa promulgation* » pour cause d'inconstitutionnalité.

Les sénatus-consultes organiques de 1802 et 1804 avaient introduit une distinction entre la législation ordinaire, votée par le Corps législatif et qui conservait le nom de *lois*, et la législation constitutionnelle placée dans les attributions exclusives du Sénat et qui prenait la dénomination de *sénatus-consultes*. La Constitution de 1852 avait reproduit cette division de la législation en lois et en sénatus-consultes ; ce droit du Sénat de faire des sénatus-consultes se rattachait à son droit d'examen de la constitutionnalité des lois, et la Constitution de 1870 les avait supprimés l'un et l'autre.

19. 5° La *sanction* est l'acte complémentaire de la loi, qui transforme le projet en loi. La sanction émane du pouvoir qui n'a pas le droit de voter la loi ; par la sanction, il est armé d'un moyen constitutionnel d'empêcher le projet discuté et voté par l'autre pouvoir de devenir loi ; il échappe ainsi à l'obligation constitutionnelle d'assurer l'exécution des mesures contraires à ses vues.

Le choix de la forme monarchique ou républicaine du gouvernement doit naturellement exercer une influence directe sur la solution de cette partie du problème. Toutes les constitutions monarchiques de la France, et celles de l'an VIII et de 1852 dès leur origine, ont donné la sanction législative au pouvoir exécutif, moins celle de 1791 qui ne conférait au Roi que le *veto* suspensif pendant deux législatures. La Constitution républicaine de l'an III refusait absolument la sanction et tout ce qui eût pu en tenir lieu au directoire exécutif, mais l'attribuait au conseil des Anciens ; la

Constitution de 1848 donnait au président de la République non la sanction, mais le droit de provoquer une nouvelle délibération du pouvoir législatif [n°s 39 et 49].

Il faut remarquer que même, dans les constitutions qui ont accordé la sanction au pouvoir exécutif, elle a une importance qui varie, moins grande dans celles (an VIII, 1802-1804, 1814, 1815, 1852) qui donnaient l'initiative au pouvoir exécutif seul, plus grande dans celles (1830, 1870) qui partageaient cette initiative entre le pouvoir exécutif et les chambres.

20. Il résulte de l'analyse que nous venons de faire des opérations multiples de la confection des lois, que la date des lois varie suivant les constitutions qui règlent ces opérations législatives. En effet, la loi doit toujours prendre date du jour où elle est complète. Dans les constitutions qui admettent la sanction, le projet, même voté, ne devient loi que par la sanction [n° 20], et doit en prendre la date. Dans celles au contraire qui n'admettent pas la sanction, et dans lesquelles la loi est achevée par le vote, la loi prendra la date du jour du vote ; si ce vote appartient cumulativement à deux assemblées législatives, ce sera la date du dernier vote qui deviendra celle de la loi ; si le pouvoir exécutif est investi du droit de provoquer un nouvel examen de la loi, la date de la loi sera celle du vote définitif, soit qu'il confirme, soit qu'il modifie le précédent ; enfin si, comme on le voit surtout dans le système d'unité d'assemblée législative, la loi est soumise à deux ou trois lectures, c'est toujours le vote en dernière lecture qui imprimera à la loi sa date officielle. En un mot, la date de la loi est celle de la sanction dans les constitutions qui l'admettent, et celle du dernier vote législatif dans les autres [n°s 39, 49, 190 note 1].

21. Sous la plupart des constitutions conférant la sanction au pouvoir exécutif, les mêmes actes, ordonnances royales, décrets impériaux, décrets ou arrêtés du gouvernement, sanctionnaient et promulguaient à la fois la loi sous cette formule consacrée : « Avons sanctionné et sanctionnons, promulgué et promulguons, » la loi dont la teneur suit ». Malgré leur réunion dans le même acte et dans la même phrase, la sanction et la promulgation n'en ont pas moins toujours été deux choses distinctes.

Nous venons de voir que, par la sanction, le pouvoir exécutif est admis à coopérer, *parte in quâ*, à l'œuvre législative, pour y adhérer ou pour l'empêcher de se parachever, sans toutefois pouvoir en modifier les dispositions ; ainsi par la sanction le pouvoir exécutif participe réellement de la puissance législative.

La *promulgation*, au contraire, est un attribut du pouvoir exécutif ; elle suppose la loi complète ; elle est l'acte par lequel le pouvoir exécutif rend la loi exécutoire, c'est-à-dire le premier acte d'exécution de la loi. Portalis l'a définie : « l'édition solennelle de » la loi, le moyen de constater son existence, et de lier le peuple » à son exécution ». Ainsi la loi existe avant la promulgation, mais elle n'acquiert que par elle la force coercitive [n° 49].

22. Ce que nous venons de dire de la promulgation, premier acte d'exécution de la loi, forme une transition naturelle entre l'étude spéculative et résumée que nous venons de présenter du pouvoir chargé de faire la loi, et celle que nous allons également entreprendre pour le pouvoir chargé de faire exécuter la loi, en le considérant en lui-même, au même point de vue rationnel, et indépendamment du droit positif.

23. Nous venons de voir que le pouvoir exécutif, considéré 1° au point de vue de sa participation plus ou moins étendue à l'œuvre législative, pouvait présenter les diversités les plus grandes, suivant la solution donnée à ces problèmes par la constitution du pays. Les diversités et les difficultés augmentent encore lorsque, sortant de la théorie de la confection des lois, on envisage le pouvoir exécutif au point de vue de son organisation propre, relativement : 2° à sa composition, 3° à sa durée et à sa transmission, 4° aux conditions de son fonctionnement.

Sans revenir sur ce qui a été dit ci-dessus relativement au 1er point en traitant du pouvoir législatif, nous avons à présenter ici de rapides aperçus sur les 2e, 3e et 4e points.

Mais il convient de les raprocher d'un 5e point d'étude, relatif à l'analyse du pouvoir exécutif et à sa division en diverses branches qui lui sont inhérentes, sous tous les régimes politiques. Sous ce rapport l'étude théorique et rationnelle du pouvoir exécutif que nous entreprenons ici, avec son étude historique, appartient en même temps au droit positif de la France.

24. Lorsqu'en se plaçant à ce 5e point de vue, on analyse le pouvoir exécutif en lui-même, indépendamment des formes et des conditions politiques sous lesquelles il peut se produire, on recon-

naît qu'il se subdivise en un certain nombre de branches. Suivant nous, ces branches, distinctes du pouvoir exécutif, sont au nombre de trois : le *gouvernement*, l'*administration*, la *justice*.

Cette portion de l'étude du principe de la séparation des pouvoirs va mettre en lumière un point de contact étroit entre le droit constitutionnel et le droit administratif, en déterminant la place qui appartient à l'*administration* ou *autorité administrative* dans l'ensemble des pouvoirs, scientifiquement réduits à deux, et en nous montrant qu'elle est une branche du pouvoir exécutif.

25. Les attributs du *gouvernement*, première branche du pouvoir exécutif, relèvent entièrement du droit constitutionnel. Il a en effet pour objet la direction des intérêts généraux du pays [n° 32].

C'est surtout en vue de cette première partie de son rôle, de sa mission gouvernementale, que le pouvoir exécutif peut être et a été soumis à une grande variété de régime en ce qui touche les conditions de son organisation ci-dessus indiquée, concernant sa composition, sa durée, sa transmission, son fonctionnement.

26. Au point de vue de sa composition, le pouvoir exécutif, chargé de gouverner le pays, peut être confié à un seul homme ou à plusieurs.

Suivant une règle, que nous trouverons partout dans l'ensemble de notre organisation administrative, qu'elle domine depuis l'année 1800, « délibérer est le fait de plusieurs, agir est le fait d'un seul »; exacte dans l'ordre administratif, cette idée ne cesse pas de l'être, transportée dans l'ordre constitutionnel ; si l'exercice collectif convient à la puissance législative, l'unité d'action est le propre de la puissance exécutive.

Néanmoins le pouvoir exécutif peut, suivant les inspirations plus ou moins heureuses du pouvoir constituant, être soumis soit à cette règle de l'unité, soit à celle de la pluralité.

Dans l'état monarchique, le pouvoir exécutif est nécessairement concentré dans la main d'un seul, empereur ou roi ; mais ce n'est pas ce qui caractérise cet état, car, dans une république, ce pouvoir peut également être confié à un seul homme, premier consul ou président de république. Il peut aussi, dans l'état républicain, être confié à plusieurs, et, sans aller jusqu'aux vingt-quatre membres du conseil exécutif de la Constitution démagogique de 1793, et même aux gouvernements de fait composés de douze membres qui se sont produits en France à des époques plus rapprochées de nous, nous avons eu les cinq Directeurs de la Constitution de l'an III, et une commission exécutive de cinq membres momentanément instituée par l'assemblée constituante de 1848. La composition multiple du pouvoir exécutif paraît avoir toujours eu pour conséquence, dans notre pays, son impuissance à sauvegarder l'ordre social en péril.

27. Lorsque le pouvoir exécutif est remis à un seul homme, il faut faire de nouvelles distinctions, et trois hypothèses principales se produisent. Le pouvoir exécutif est-il remis à cet homme pour un temps court et déterminé, ou jusqu'à l'époque fixe d'une nouvelle élection ? la forme du gouvernement est républicaine. Si le dépositaire unique du pouvoir exécutif en est investi pour un temps illimité ou viager, mais sans l'hérédité, l'État n'est républicain que de nom, sans avoir la réalité de la monarchie. Lorsque le dépositaire du pouvoir exécutif en est investi pour toute sa vie, et qu'en outre ce pouvoir est héréditaire et transmissible à sa descendance, l'État est monarchique ; sauf à distinguer les monarchies admettant l'hérédité des femmes, comme en Angleterre, de celles qui, comme en France, suivant la loi salique, les ont toujours exclues de l'ordre de succession à la couronne.

Enfin, au cas d'éligibilité du pouvoir exécutif en dehors de la transmission monarchique, il faut résoudre l'embarrassant problème consistant à fixer les conditions mêmes de cette élection du pouvoir exécutif. Sera-t-elle confiée à une assemblée ? à deux assemblées ? à un congrès ? ou bien au suffrage populaire ?

Sous ces formes variées se dressent autant de difficultés qu'il suffit ici de montrer, et que soulève la mise en œuvre constitutionnelle du principe de la séparation des pouvoirs.

28. Ce n'est pas seulement au point de vue de son admission à participer au pouvoir législatif, de sa composition, de sa durée et de sa transmission, que le pouvoir exécutif peut être soumis aux règles constitutionnelles les plus diverses ; c'est aussi au point de vue de ses conditions organiques de fonctionnement.

En effet, le pouvoir exécutif peut être plus ou moins fortement constitué par rapport aux assemblées, et peu importe à cet égard l'étiquette républicaine ou monarchique de chaque constitution. La Constitution monarchique de 1791 donne l'exemple d'un pouvoir royal asservi en présence d'une assemblée unique et toute-puissante, et la Constitution républicaine de l'an VIII offre dans le

Consulat un pouvoir exécutif énergiquement organisé en présence d'assemblées nombreuses et systématiquement affaiblies.

Les assemblées législatives peuvent avoir, sur la direction du gouvernement, remis au pouvoir exécutif, monarchique ou républicain, une influence presque nulle, si les ministres, agents politiques de ce pouvoir, ne sont pas en contact avec ces assemblées, n'en dépendent à aucun titre et ne peuvent même pas en faire partie ; réelle, s'ils y ont entrée, même sans en faire partie, pour la discussion des lois et des actes du gouvernement ; plus importante, et pouvant devenir prépondérante, s'ils peuvent et surtout s'ils doivent faire partie de ces assemblées, et sont soumis à la responsabilité ministérielle dans toute son étendue.

29. Le principal moyen d'action des assemblées sur le gouvernement se trouve dans la *responsabilité ministérielle*, c'est-à-dire dans la responsabilité des ministres, dont nous venons de parler au point de vue de leur mise en contact avec les assemblées législatives. Nous nous occuperons, dans le cours de cet ouvrage, et spécialement en parlant de l'administration centrale, des ministres considérés comme administrateurs [n°s 67 à 73], et, plus loin, des ministres considérés comme juges administratifs [n°s 427 à 437] ; nous ne traitons ici que de leur rôle gouvernemental en tant qu'agents politiques immédiats du pouvoir exécutif.

La responsabilité ministérielle peut offrir des aspects divers.

Il y a, d'une part, et nécessairement, la responsabilité du ministre vis-à-vis du pouvoir exécutif qui le nomme et qu'il représente ; il y a, d'autre part, et celle-là n'existe pas dans tous les systèmes constitutionnels, la responsabilité des ministres vis-à-vis des assemblées politiques.

Lorsqu'on l'envisage sous un autre aspect, il y a, d'une part, la responsabilité individuelle de chaque ministre pour ses actes personnels, et, d'autre part, la responsabilité *collective* des ministres qui suppose la solidarité de tous les ministres pour les actes du ministère ; c'est une solidarité de droit constitutionnel, en vertu de laquelle tout ministre qui ne se retire pas d'un cabinet accepte la responsabilité des actes du ministère, alors même qu'ils ne lui sont pas personnels ; alors seulement la responsabilité ministérielle se produit dans toute sa réalité.

30. Considérée enfin au point de vue de ses effets, la responsabilité ministérielle est pénale et politique.

Le principe de la responsabilité pénale des ministres a été posé, mais n'a jamais été organisé en dehors des principes du droit commun par la loi française, toujours soucieuse d'entourer la mise en accusation des ministres de garanties constitutionnelles.

La responsabilité politique des ministres doit produire la retraite d'un ministère devant un vote contraire de la majorité des chambres ; elle assure ainsi aux assemblées une participation importante à l'exercice de cette partie plus particulièrement politique du pouvoir exécutif, appelée le *gouvernement* et dont nous faisons ici l'étude théorique. Elle forme le caractère distinctif de ce *régime parlementaire*, auquel les races anglo-saxonnes doivent leur prospérité et que tant de révolutions, de natures différentes, sont venues traverser au sein des races latines. C'est cette intervention des assemblées dans le gouvernement par la faculté de renverser un ministère et, par suite, d'obliger le pouvoir exécutif à la formation d'un ministère nouveau, disposé à agir suivant leurs vues, qui a fait appeler ce régime de liberté politique « le gouvernement du pays par le pays ».

Considéré *in abstracto*, ce régime peut se produire, quelle que soit la forme monarchique ou républicaine du gouvernement, et peut s'associer à toutes, ainsi que le prouve l'adage connu de la monarchie constitutionnelle : « le roi règne et ne gouverne pas » ; considéré en fait et dans ses applications, on n'a pas vu que les difficultés de sa mise en œuvre fussent amoindries par l'une plus que par l'autre. L'un de ses périls, celui de pousser à l'opposition, en raison de la compétition même des ministères, varie suivant le tempérament des races, et peut trouver son remède dans l'éducation politique du pays. L'autre péril, celui de pouvoir créer des conflits entre les deux pouvoirs, a trouvé, dans les constitutions monarchiques de la France (sauf celle de 1791), comme dans celle d'Angleterre, un remède dans le droit de la couronne de prononcer la dissolution des assemblées électives, et d'en appeler au suffrage des citoyens chargés d'élire un nouveau parlement. Mais les unes ont placé l'irresponsabilité de la couronne comme corollaire de la responsabilité ministérielle ; une autre a admis à la fois les deux responsabilités. Dans les constitutions républicaines, cette question vient se confondre avec le grave problème des conditions de la nomination du pouvoir exécutif, de sa durée et de ses modes de remplacement ; et dans la constitution actuelle de la France nous trouverons transportée, avec certain tempérament, la règle indiquée comme propre jusqu'alors dans notre pays aux monarchies.

31. Il ne saurait échapper que les règles relatives à la formation du corps électoral appelé à procéder à l'élection des assemblées politiques ne peuvent rester étrangères à la solution de ces problèmes ardus qu'il appartient au droit constitutionnel positif et au pouvoir constituant de résoudre. Ce lien étroit d'une influence réciproque enchaîne ainsi, dans l'ordre de la théorie, comme dans le domaine de l'application, la fixation du droit électoral [n°s 545 à 565] et la solution des problèmes constitutionnels [n°s 40 à 42].

En terminant cet exposé, placé sur le seul terrain des idées spéculatives et en dehors de toute polémique contraire au caractère général de ce travail, nous devons faire une dernière observation. On vient de voir ici que, de même que le principe de la séparation des pouvoirs n'exclut pas fatalement une certaine participation du pouvoir exécutif à la confection des lois [n°s 11, 15, 16, 19 à 22], de même il ne fait pas obstacle à une certaine intervention du pouvoir législatif dans la direction générale de l'exécutif, au moyen de la responsabilité ministérielle et du régime parlementaire [n°s 29 et 30].

Enfin nous faisons observer que tous ces problèmes sont d'ordre constitutionnel, de nature à être réglés par les lois constitutionnelles de la France, et que, dans l'étude générale du pouvoir exécutif, ils se rattachent directement à ce que nous appelons la première de ses trois branches, le gouvernement.

32. L'étude de la seconde branche du pouvoir exécutif, l'*administration* ou *autorité administrative*, de son organisation, de ses attributions, des règles qui président à ses rapports avec les citoyens, forme l'objet principal du droit administratif tout entier.

Nous devons dire ici toutefois qu'une doctrine opposée veut absorber l'administration dans le gouvernement, et affirme que gouvernement et administration sont une seule et même chose.

Nous pensons, en sens contraire, que le gouvernement est la portion du pouvoir exécutif qui a mission de diriger le pays dans les voies de son développement intérieur et de ses relations extérieures, tandis que l'administration en est le complément et l'action vitale. « Il est la tête, elle est le bras de la société », a dit avec raison Macarel, qui s'est également posé la question de savoir si l'un se distingue de l'autre, et lui donne la même solution affirmative. « Il s'agit d'une même échelle occupée par un seul pouvoir, sous » des noms différents », a dit un autre savant auteur déjà cité [n° 5] ; « il s'appelle *gouvernement* dans les degrés supérieurs, et *administration* dans les degrés inférieurs ». Cette distinction n'est pas seulement conforme à la nature des choses, elle résulte aussi de l'esprit et des textes de la législation. Elle est notamment écrite dans le préambule du décret-loi du 25 mars 1852 sur la décentralisation administrative [n^rs 113 à 123], ainsi conçu : « Considérant » qu'on peut *gouverner* de loin, mais qu'on n'*administre* bien que » de près ; qu'en conséquence autant il importe de centraliser » l'*action gouvernementale* de l'État, autant il est nécessaire de » décentraliser l'*action purement administrative* ».

Nous nous bornons ici à déterminer la place de l'administration dans l'organisation des pouvoirs constitués, en tant que seconde branche du pouvoir exécutif, et à la définir « l'ensemble des services publics destinés à concourir à l'exécution des actes du gouvernement et à l'exécution des lois d'intérêt général ». Les diverses parties de cet ouvrage montreront à l'œuvre l'autorité administrative ; toute autre explication ferait ici double emploi.

Toutefois nous constatons que le pouvoir exécutif *gouverne* et *administre* à la fois, ce qui peut expliquer, sans la légitimer, la confusion du gouvernement et de l'administration, contre laquelle nous venons de nous élever ; ce sont en effet des lois distinctes, des lois constitutionnelles qui ont modifié dans le pays depuis le commencement du siècle les conditions de son action gouvernementale, et des lois administratives, non politiques, qui ont apporté des modifications dans son action purement administrative. Enfin, dans cet ordre d'idées, toutes les constitutions ont fait du pouvoir exécutif, quel qu'il fût, l'administrateur suprême de l'État [n° 64] ; il a la plénitude de l'autorité administrative ; il administre par lui-même au degré le plus élevé de la hiérarchie ; mais, dans le plus grand nombre des cas, il délègue son autorité, soit immédiatement, soit médiatement, aux degrés inférieurs de la hiérarchie. Quand il agit lui-même, ses actes, tour à tour nommés *ordonnances* ou *décrets*, se divisent en décrets administratifs, réglementaires, et gouvernementaux [n°s 62 à 65 et 248].

33. La troisième branche du pouvoir exécutif, que nous venons d'appeler la *justice*, n'est pas la moins étendue. Elle peut être l'objet de distinctions et de divisions diverses, et, sous ce rapport, les lois positives peuvent varier.

Ainsi la justice peut se diviser en justice *retenue* et justice *déléguée*. Nous aurons à donner des notions approfondies sur les deux hypothèses dans lesquelles il y avait toujours eu en France,

sauf de 1849 à 1851, justice retenue par le pouvoir exécutif :
1° pour le jugement du contentieux administratif au second degré
de la juridiction administrative [n°s 269 et 270], et 2° pour le jugement des conflits positifs d'attribution entre l'autorité administrative et l'autorité judiciaire [n°s 658 à 662]. Nous dirons comment
la justice retenue par le pouvoir exécutif était une fiction légale,
et comment la loi du 24 juin 1872 sur le conseil d'État l'a fait disparaître. De sorte que, d'après la législation en vigueur, il n'y a
plus de justice retenue ; toute la justice est *déléguée* à des tribunaux divers.

Considérée au point de vue de l'organisation et de la hiérarchie
de ces tribunaux, la justice, sans parler des *hautes cours de justice* organisées par la plupart des constitutions monarchiques ou
républicaines [n° 45], se divise en justice *administrative* et justice
judiciaire, ou mieux, car la justice est une, en justice rendue par
des tribunaux administratifs et justice rendue par des tribunaux
judiciaires. Cette division ne correspondait pas à la précédente ; la
juridiction judiciaire appartenait bien tout entière, depuis 1789,
à la justice déléguée, mais la juridiction administrative n'était retenue que dans les deux hypothèses indiquées. Ces deux points de
vue ne doivent donc pas être confondus. La première division
seule a disparu depuis la loi du 24 juin 1872 ; cette loi a respecté
et consacré la seconde, qui possède en elle-même ses motifs et sa
raison d'être. Nous nous expliquerons [n°s 256, 260, 289 et 290] sur
l'institution de la juridiction administrative, parallèle à la juridiction judiciaire, sur ses origines, sa nécessité, et les garanties
qu'elle donne aux citoyens.

Les tribunaux de l'ordre judiciaire forment ce qu'on appelle
l'*autorité judiciaire*, par opposition à l'*autorité administrative*,
laquelle comprend dans un sens large l'administration proprement
dite, dont s'occupe spécialement le numéro qui précède, et la juridiction administrative dont nous venons de parler.

L'autorité judiciaire est suivant nous une troisième branche du
pouvoir exécutif, parallèle à l'autorité administrative. Il en est
ainsi parce qu'elles ont l'une et l'autre pour mission l'exécution
des lois, qu'elles ne diffèrent que par la nature des lois dont l'application est confiée à chacune d'elles, et que cette mission les
rattache nécessairement l'une et l'autre au pouvoir chargé de
l'exécution de la loi.

Mais cette théorie ne signifie pas que le pouvoir exécutif a le
droit de peser sur les décisions de l'autorité judiciaire ou de les

lui dicter. La loi, en déléguant la justice à des tribunaux hiérarchiquement constitués et en les investissant d'un pouvoir propre, a eu pour but d'y mettre obstacle, et cela pour les tribunaux administratifs comme pour ceux de l'ordre judiciaire.

Cette théorie, d'après laquelle l'autorité judiciaire est une branche du pouvoir exécutif, ne signifie pas davantage qu'elle puisse être confondue avec les autres branches de ce pouvoir. Nous disons, au contraire, qu'un second principe de droit public, déjà annoncé [n° 7], parfois confondu avec celui de la séparation des pouvoirs, et qui ne fait que se souder à lui, ainsi que le prouvent ces développements, a pour objet de proclamer la séparation de l'autorité administrative et de l'autorité judiciaire. De même qu'il doit y avoir séparation des *deux pouvoirs* législatif et exécutif, de même il doit y avoir séparation des *deux autorités* administrative et judiciaire, formant deux branches parallèles et distinctes du pouvoir exécutif. Le droit constitutionnel vient de nous montrer comment il pouvait être pourvu par les constitutions à la séparation des deux pouvoirs; au droit administratif il appartiendra [n°s 648 à 696] de faire connaître les règles, relatives au principe de la séparation des deux autorités, ayant pour objet d'assurer leur mutuelle indépendance.

34. Ce que nous venons de dire de la nécessité de la séparation des diverses branches du pouvoir exécutif enlève tout intérêt pratique à la question de savoir si l'autorité judiciaire est, comme nous venons de le dire, une branche distincte du pouvoir exécutif, ou si elle est, au contraire, un troisième pouvoir primordial dans l'État. Malgré cette absence d'intérêt pratique, la controverse doctrinale est telle qu'il n'est pas possible de l'omettre. Une opinion contraire conteste, en effet, la double théorie que nous venons d'exposer et qui consiste : 1° à n'admettre que deux pouvoirs constitués, le pouvoir législatif et le pouvoir exécutif; 2° à distinguer trois branches dans le pouvoir exécutif : le gouvernement, l'administration, la justice; tout en proclamant que l'autorité administrative et l'autorité judiciaire, quoique faisant partie l'une et l'autre du pouvoir exécutif, doivent toujours demeurer séparées.

Le système opposé nie que l'autorité judiciaire soit un des éléments du pouvoir exécutif, et prétend l'élever au rang de *troisième pouvoir* principal dans l'État; il y aurait, suivant lui, *trois* pouvoirs constitués, le *pouvoir judiciaire* se plaçant à titre égal à côté du pouvoir législatif et du pouvoir exécutif.

Suivant nous, le pouvoir exécutif, par sa nature même, quelle que puisse être la loi positive à ce sujet, se compose nécessairement des trois branches que nous avons indiquées. L'esprit ne peut concevoir que deux puissances : celle qui crée la loi, et celle qui la fait exécuter; de sorte qu'il n'y a pas de place pour une troisième puissance à côté des deux premières. Or l'autorité judiciaire est chargée de l'exécution des lois de droit privé et d'ordre pénal, de même que l'autorité administrative est chargée de l'exécution des lois d'intérêt général [n°s 1 à 3]; dans un cas comme dans l'autre, il s'agit au même titre d'appliquer la loi et d'assurer son exécution, ce qui est la mission du pouvoir exécutif.

L'autorité administrative et l'autorité judiciaire, tout en demeurant séparées, sont donc des autorités parallèles, chargées l'une et l'autre, dans une sphère déterminée, de concourir à l'application et à l'exécution des lois; il n'est pas au pouvoir des constitutions de faire violence, à cet égard, à la nature des choses, et même celles qui ont à tort conféré à la hiérarchie judiciaire le titre ambitieux de *pouvoir judiciaire,* n'ont pas pu faire que sa mission ne fût pas une partie de celle de la puissance exécutive.

La théorie des trois pouvoirs s'appuie sur l'autorité de Montesquieu, qui commence effectivement son célèbre chapitre sur *la Constitution de l'Angleterre* (*De l'Esprit des lois,* liv. XI, ch. IV) par ces mots : « Il y a dans chaque État trois sortes de pouvoirs »; il conserve cette locution des *trois pouvoirs*; mais il en donne immédiatement l'énumération suivante : « la puissance législative, » la puissance *exécutrice* des choses qui dépendent du droit des » gens, et la puissance *exécutrice* de celles qui dépendent du droit » civil ». De sorte que, d'après Montesquieu lui-même, c'est une partie distincte de la puissance exécutrice qu'il appelle plus loin la *puissance de juger,* et il reconnaît que ce prétendu troisième pouvoir n'est qu'une portion de l'exécutif. Ainsi l'illustre magistrat établit lui-même que l'autorité judiciaire n'est bien qu'une branche distincte de l'exécutif, et l'appellation de *pouvoir judiciaire* n'engage pas, d'après lui, une question de principe, mais une question de mots [1]; aussi dit-il plus loin dans le même cha-

---

[1] Plusieurs auteurs, tout en employant l'expression si répandue de *pouvoir judiciaire*, ne considèrent pas plus que nous l'autorité judiciaire comme un troisième pouvoir principal, et sont d'accord avec nous pour n'y voir qu'une branche du pouvoir exécutif. Ainsi M. Blanche (*Dict. général d'administration,* v° autorité judiciaire) dit : « *La partie du pouvoir exécutif* dont la mission est » de rendre la justice, est ordinairement déléguée à des fonctionnaires inamo-

pitre : « Des trois puissances dont nous avons parlé, celle de juger
» est en quelque façon nulle [1] ».

35. On a tiré argument, dans le sens de la qualification de pouvoir judiciaire, de l'inamovibilité des magistrats de l'ordre judiciaire. Ce privilége consacré par la loi, non dans l'intérêt du juge, mais dans celui du justiciable, est impuissant à élever les juridictions inamovibles au rang de troisième pouvoir dans l'État ; il ne peut modifier la nature de leur mission, qui reste la même que celle des autres juridictions ; et, d'ailleurs, si ce privilége pouvait être la cause efficiente de ce troisième pouvoir, on serait condamné non-seulement à distinguer entre les diverses sortes de juridictions, mais même à exclure de ce pouvoir les nombreux magistrats de l'ordre judiciaire qui ne participent pas de l'inamovibilité, et à y placer au contraire l'un des tribunaux administratifs [*voir* n°s 258 et 453], à qui cette garantie a été également donnée par la loi.

Si l'on recherche les données de l'histoire, on reconnaît que l'ancienne maxime : « Toute justice émane du roi », née, sous l'an-

---

» vibles et prend le nom de pouvoir judiciaire ». — Trolley (*La Hiérarchie administrative*, t. I, p. 6 et suiv.): « Le pouvoir judiciaire est une branche,
» une division du pouvoir exécutif... Le pouvoir judiciaire n'est donc pas,
» comme on l'a soutenu, un troisième pouvoir dans l'État... Au surplus, le
» *pouvoir judiciaire* a une organisation séparée, distincte du *pouvoir administratif*... Le pouvoir administratif se divise encore en *pouvoir militaire* et *pouvoir civil*. » — *Sic* Serrigny (*Traité de la compétence et de la procédure adm.*, 2e éd., t. I, p. 17). — C'est dans le même sens que Dufour (*Traité de droit adm.*, 2e éd., t. I, p. 97, et t. VII [table], p. 578) parle du *pouvoir administratif*. — Les mots *autorité administrative* et *autorité judiciaire* ont l'avantage de ne donner prise à aucune équivoque.

[1] Mably (*Des Droits et des Devoirs du citoyen*, lettre 7e) nous paraît avoir été mieux inspiré lorsqu'il traite « De la puissance législative et du partage de la
» puissance exécutrice en différentes branches ». — Un passage du discours de Mirabeau à l'Assemblée constituante sur le *renvoi des ministres*, est tout particulièrement digne d'être cité dans cette controverse, si retentissante et si peu utile, sans que nous voulions dire que ce grand orateur ait toujours été, sur ce point, conséquent avec lui-même : « Nous aurons bientôt occasion, dit-il,
» d'examiner cette théorie des trois pouvoirs, laquelle, exactement examinée,
» montrera peut-être la facilité de l'esprit humain à prendre des mots pour
» des choses, des formules pour des arguments, et à se routiner vers un certain ordre d'idées, sans revenir jamais à examiner l'inintelligible définition
» qu'il a prise pour un axiome. Les valeureux champions des trois pouvoirs
» tâcheront alors de nous faire comprendre ce qu'ils entendent par cette grande
» locution « des trois pouvoirs », et, par exemple, *comment ils conçoivent le*
» *pouvoir judiciaire distinct du pouvoir exécutif,* ou même le pouvoir législatif sans aucune participation au pouvoir exécutif. »

cien régime, des luttes de la justice royale contre les justices féodales, dans sa reproduction par les Chartes de 1814 (art. 57) et de 1830 (art. 48), sous la monarchie constitutionnelle, sous le régime de la séparation des pouvoirs, y consacrait cette vérité : que l'autorité judiciaire est une branche du pouvoir exécutif.

En outre, toutes les constitutions républicaines ou monarchiques, même celles qui ont appelé l'autorité judiciaire un pouvoir, ont été obligées par la force des choses de rattacher cette autorité au pouvoir exécutif, par la nomination des magistrats ou par leur institution, lorsqu'elle ne l'est pas par la formule exécutoire destinée à revêtir leurs décisions.

Le droit d'accorder les amnisties dans les nombreuses constitutions qui l'ont laissé au pouvoir exécutif, celui de faire grâce que même les autres lui reconnaissent, celui de délivrer les lettres de réhabilitation, sont dans notre droit public autant d'hommages, volontaires ou involontaires, du législateur à la vérité du principe que nous avons posé, et à la réalité du lien qui rattache la justice au pouvoir exécutif. Il en est de même des articles 127 § 1 et 130 § 1 du Code pénal punissant également de la dégradation civique, le premier les juges, le second les administrateurs, qui viendraient s'immiscer dans l'exercice du pouvoir législatif ; ces textes, en souvenir des anciennes usurpations des parlements, dont la doctrine que nous combattons semble être un dernier écho, protégent ainsi le pouvoir législatif contre les empiétements des divers éléments de la puissance exécutive, et les assimilent dans la qualification du fait incriminé comme dans la répression.

L'esprit et l'ensemble de la législation, l'histoire et la nature des choses, refusent donc à l'autorité judiciaire le rang et la qualification de troisième pouvoir ; et la théorie constitutionnelle, qui n'admet que deux pouvoirs dans l'État, en divisant le second en trois branches séparées, nous paraît seule exacte.

36. Nous achevons ici notre analyse du pouvoir exécutif, et avec elle la partie rationnelle et la partie historique de notre étude du principe de la séparation des pouvoirs.

Toutefois, pour compléter la partie historique de ces développements, nous allons présenter ici un tableau d'ensemble, commun au pouvoir législatif et au pouvoir exécutif, considérés au point de vue des applications multiples et variées qui ont été faites en France du principe de la séparation des pouvoirs par les onze Constitutions ou Chartes ci-dessus énumérées [n° 13] et que nous n'indiquerons dans ce tableau synthétique que par le millésime de leur date.

Ce tableau ne contient et ne doit rien contenir se référant à l'analyse des trois branches [nos 23, 24, 32 à 36] qui, suivant nous, constituent le pouvoir exécutif en dehors de toutes dispositions de lois positives, et sont également de son essence sous des conditions de fonctionnement diverses.

Voici ce tableau :

Formes du gouvernement. — De ces onze Constitutions, 7 sont monarchiques (1791, 1804, 1814, 1815, 1830, 1852, 1870), 4 sont républicaines (1793, an III, an VIII, 1848). Sauf les Chartes de 1814 et 1830, les 9 autres ont prévu et réglé les conditions de leur révision ; 6 ont été faites en vertu d'une délégation du pouvoir constituant (1791, 1793, an III, 1848, 1852, 1870) ; 5 ont été soumises à la ratification nationale (1793, an III, an VIII, 1802-1804, 1870) ; une (1830) a particulièrement présenté la forme d'un contrat intervenu entre les Chambres et le Roi ; une (1814) fut l'œuvre exclusive de la Royauté.

Organisation du pouvoir législatif. — 8 constitutions se sont prononcées pour le système de pluralité des assemblées législatives (an III, an VIII, 1802-1804, 1814, 1815, 1830, 1852, 1870) ; 3 pour le système d'unité d'assemblée législative (1791, 1793, 1848) ; 5 ont appliqué à la formation des assemblées électives le système du suffrage à deux degrés (1791, 1793, an III, an VIII, 1802-1804) ; 6 le suffrage direct (1814, 1815, 1830, 1848, 1852, 1870). — La Constitution de l'an III soumettait les assemblées électives au renouvellement partiel ; les autres au renouvellement intégral. Les 8 premières constitutions dans l'ordre des dates, jusqu'en 1848, ont toutes exigé comme condition du droit de suffrage un cens électoral plus ou moins élevé ; les 3 dernières (1848, 1852, 1870) ont admis le suffrage universel, la première avec le scrutin de liste et le vote au chef-lieu de canton, les deux autres sans scrutin de liste et avec le vote à la commune.

Organisation du pouvoir exécutif. — 9 constitutions ont consacré l'unité du pouvoir exécutif : les 7 constitutions monarchiques et 2 constitutions républicaines (an VIII, 1848) ; les deux autres constitutions républicaines (1793, an III) ont appliqué le système de la pluralité au pouvoir exécutif. 7 ont admis, avec l'intervention des ministres dans les assemblées et leur responsabilité vis-à-vis d'elles, le système parlementaire (1791, an III, 1814, 1815, 1830, 1848, 1870) ; 3 ont fait dépendre les ministres du pouvoir exécutif seul (an VIII, 1802-1804, 1852).

Confection des lois. — Sur ces onze constitutions, 2 seulement (1802-1804, 1852) ont divisé les actes du pouvoir législatif en deux classes soumises à des règles différentes, les lois proprement dites et les sénatus-consultes ; les autres n'ont admis qu'une seule et même classe de lois. Elles ont toutes pourvu aux diverses opérations de l'œuvre législative, ci-dessus décrites [nos 15 à 21], de la manière suivante : — 1° *Initiative législative.* 3 l'ont donnée au pouvoir législatif seul (1791, 1793, an III), cette dernière au seul Conseil des Cinq-Cents ; 5 au pouvoir exécutif seul (an VIII, 1802-1804, 1814, 1815, 1852) ; 3 au pouvoir législatif et au pouvoir exécutif (1830, 1848, 1870). — 2° et 3° *Discussion et vote des lois.* Par une seule assemblée (1791, 1793, 1848); par plusieurs assemblées dans les 8 autres constitutions, suivant le système admis sur la question d'unité ou de dualité des assemblées législatives. Encore faut-il faire les observations suivantes : 1° l'une des 3 premières (1793) appelait les électeurs eux-mêmes, réunis en assemblées primaires, à discuter et à voter la loi; 2° d'après l'une des 8 autres (an III), une des assemblées (Conseil des Cinq-Cents) avait l'initiative, la discussion et le vote de la loi, et l'autre assemblée (Conseil des Anciens) en avait la sanction; 3° deux autres constitutions (an VIII, 1802-1804) ont divisé la discussion et le vote entre deux assemblées, le Tribunat et le Corps législatif; 4° enfin il faut ajouter à ce qui vient d'être dit, au point de vue de la discussion et du vote des lois par une ou plusieurs assemblées, ce qui va être dit de l'examen de la constitutionnalité des lois. — 4° *Examen de la constitutionnalité de la loi.* Par une troisième assemblée appelée le Sénat, pouvant être saisie de cet examen par le recours du gouvernement ou du Tribunat, et même, après 1807, des citoyens, des législateurs et des sénateurs (an VIII, 1802-1804); par une seconde assemblée également appelée Sénat, nécessairement saisie, sans recours, de l'examen de la constitutionnalité de toutes les lois (1852). Cette phase de la confection des lois n'existe pas dans les autres constitutions. — 5° *Sanction de la loi.* Donnée au pouvoir exécutif par 7 constitutions (an VIII, 1802-1804, 1814, 1815, 1830, 1852, 1870); remplacée dans une (1791) par le *veto* suspensif pendant deux législatures, et dans une autre (1848) par le droit de provoquer une nouvelle délibération du pouvoir législatif; entièrement refusée au pouvoir exécutif dans une autre (an III).

De l'étude historique et rationnelle du principe de la séparation des pouvoirs, nous allons passer à son étude dans les lois positives.

II.

Principe de la séparation des pouvoirs considéré au point de vue du droit positif en vigueur.

37. Lois constitutionnelles de la République française, du 25 février 1875 relative à l'organisation des pouvoirs publics, du 24 février sur l'organisation du Sénat, et du 16 juillet sur les rapports des pouvoirs publics.
38. A ces lois seules s'applique l'article 8 de la première de ces trois lois; clause de révision; organisation constitutionnelle du pouvoir constituant.
39. Répartition du pouvoir législatif entre deux assemblées et le président de la République; mode de confection des lois.
40. Composition et organisation du Sénat.
41. Sa durée et son mode de renouvellement; il ne peut être dissous.
42. Composition et organisation de la Chambre des députés; règles relatives à son renouvellement et à sa dissolution.
43. Attributions, règles et prérogatives communes aux deux Chambres.
44. Attributions spéciales au Sénat, et règles qui lui sont propres.
45. Ses attributions comme cour de justice.
46. Attributions spéciales à la Chambre des députés.
47. Pouvoir exécutif remis au président de la République; formes de son élection; durée de son pouvoir.
48. Attributions constituantes et législatives du président de la République.
49. Promulgation et publication des lois.
50. Attributions gouvernementales du président de la République; intervention des Chambres dans l'action du pouvoir exécutif.
51. Suite; responsabilité ministérielle.
52. Siége des pouvoirs publics à Versailles.

37. L'organisation actuelle des pouvoirs publics en France, sous la forme républicaine, est l'œuvre de l'Assemblée nationale de 1871, qui, avant de terminer sa carrière, a voté les trois lois constitutionnelles suivantes : 1° la loi du 25 février 1875 *relative à l'organisation des pouvoirs publics*, qui se compose de neuf articles; 2° la loi du 24 février 1875 *relative à l'organisation du Sénat*, votée un jour avant la précédente, mais dont l'article 11 et dernier disposait que « la présente loi ne pourra être promulguée qu'après » le vote définitif de la loi sur les pouvoirs publics »; et 3° la loi du 16 juillet 1875 *sur les rapports des pouvoirs publics*, composée de quatorze articles.

Nous devons reproduire ici ces trois lois, qui forment le droit constitutionnel du pays et qu'il est nécessaire de connaître dans leur texte et dans leur ensemble.

Leur réunion forme la Constitution de 1875; elles seules, sauf celle du 20 novembre 1873 (citée au numéro suivant), sont des lois constitutionnelles et émanent du pouvoir constituant de l'Assemblée nationale. Ce caractère ne doit même pas être étendu à la loi du 2 août 1875 sur les élections des sénateurs [reproduite et analysée n° 565] et à la loi du 30 novembre 1875 sur l'élection des députés [reproduite et analysée n°⁸ 556 à 564]; ces deux lois sont des lois organiques, mais non des lois constitutionnelles.

Elles appartiennent au droit administratif, dans ses rapports avec le droit constitutionnel [n°⁸ 5 à 7], tandis que les trois autres forment le droit constitutionnel même de la France.

C'est à ces lois constitutionnelles et aux institutions qu'elles consacrent que l'article 1ᵉʳ de la loi du 29 décembre 1875, ci-dessous rapporté, donne une sanction pénale.

En outre, un très-grand intérêt pratique d'ordre constitutionnel s'attache à cette distinction; les lois organiques, comme les lois administratives et toutes les autres (sauf les lois constitutionnelles), peuvent être abrogées ou modifiées par l'action ordinaire du pouvoir législatif; les trois seules lois constitutionnelles des 24, 25 février, et 16 juillet 1875 ne peuvent être modifiées que dans les conditions déterminées par l'article 8 de la première de ces lois.

Loi du 29 décembre 1875, *sur la répression des délits qui peuvent être commis par la voie de la presse ou par tout autre moyen de publication, et sur la levée de l'état de siége*; article 1ᵉʳ : Toute attaque par l'un des moyens énoncés en l'article 1ᵉʳ de la loi du 17 mai 1819, soit contre les lois constitutionnelles, soit contre les droits et les pouvoirs du gouvernement de la République qu'elles ont établi, sera punie des peines édictées par l'article 1ᵉʳ du décret du 11 août 1848. L'article 463 du Code pénal sera applicable dans les cas prévus par le paragraphe précédent. — [Voir les autres dispositions de cette loi n⁰ˢ 778 et 783.]

1º. — *Loi constitutionnelle du 25 février 1875, relative à l'organisation des pouvoirs publics.*

Article premier. — Le pouvoir législatif s'exerce par deux assemblées : la Chambre des députés et le Sénat.

La Chambre des députés est nommée par le suffrage universel, dans les conditions déterminées par la loi électorale.

La composition, le mode de nomination et les attributions du Sénat seront réglés par une loi spéciale.

Art. 2. — Le président de la République est élu à la majorité absolue des suffrages par le Sénat et par la Chambre des députés réunis en Assemblée nationale. Il est nommé pour sept ans ; il est rééligible.

Art. 3. — Le président de la République a l'initiative des lois, concurremment avec les membres des deux Chambres ; il promulgue les lois lorsqu'elles ont été votées par les deux Chambres ; il en surveille et en assure l'exécution.

Il a le droit de faire grâce ; les amnisties ne peuvent être accordées que par une loi.

Il dispose de la force armée.

Il nomme à tous les emplois civils et militaires.

Il préside aux solennités nationales ; les envoyés et les ambassadeurs des puissances étrangères sont accrédités auprès de lui.

Chacun des actes du président de la République doit être contresigné par un ministre.

Art. 4. — Au fur et à mesure des vacances qui se produiront à partir de la promulgation de la présente loi, le président de la République nomme, en conseil des ministres, les conseillers d'État en service ordinaire.

Les conseillers d'État ainsi nommés ne pourront être révoqués que par décision prise en conseil des ministres.

Les conseillers d'État nommés en vertu de la loi du 24 mai 1872 ne pourront, jusqu'à l'expiration de leurs pouvoirs, être révoqués que dans la forme déterminée par cette loi.

Après la séparation de l'Assemblée nationale, la révocation ne pourra être prononcée que par une résolution du Sénat.

Art. 5. — Le président de la République peut, sur l'avis conforme du Sénat, dissoudre la Chambre des députés avant l'expiration légale de son mandat.

En ce cas, les colléges électoraux sont convoqués pour de nouvelles élections dans le délai de trois mois.

Art. 6. — Les ministres sont solidairement responsables devant les Chambres de la politique générale du gouvernement, et individuellement de leurs actes personnels.

Le président de la République n'est responsable que dans le cas de haute trahison.

Art. 7. — En cas de vacance par décès, ou par toute autre cause, les deux Chambres réunies procéderont immédiatement à l'élection d'un nouveau président. Dans l'intervalle, le conseil des ministres est investi du pouvoir exécutif.

Art. 8. — Les Chambres auront le droit, par délibérations séparées, prises dans chacune à la majorité absolue des voix, soit spontanément, soit sur la demande du président de la République, de déclarer qu'il y a lieu de réviser les lois constitutionnelles.

Après que chacune des deux Chambres aura pris cette résolution, elles se réuniront en Assemblée nationale pour procéder à la révision.

Les délibérations portant révision des lois constitutionnelles, en tout ou partie, devront être prises à la majorité absolue des membres composant l'Assemblée nationale.

Toutefois, pendant la durée des pouvoirs conférés par la loi du 20 novembre 1873 à M. le maréchal de Mac-Mahon, cette révision ne peut avoir lieu que sur la proposition du président de la République.

Art. 9. — Le siége du pouvoir exécutif et des deux Chambres est à Versailles.

2°. — *Loi constitutionnelle du 24 février 1875, sur l'organisation du Sénat.*

Article premier. — Le Sénat se compose de trois cents membres :

Deux cent vingt-cinq élus par les départements et les colonies, et soixante-quinze élus par l'Assemblée nationale.

Art. 2. — Les départements de la Seine et du Nord éliront chacun cinq sénateurs;

Les départements de la Seine-Inférieure, Pas-de-Calais, Gironde, Rhône, Finistère, Côtes-du-Nord, chacun quatre sénateurs;

Les départements de la Loire-Inférieure, Saône-et-Loire, Ille-et-Vilaine, Seine-et-Oise, Isère, Puy-de-Dôme, Somme, Bouches-du-Rhône, Aisne, Loire, Manche, Maine-et-Loire, Morbihan, Dordogne, Haute-Garonne, Charente-Inférieure, Calvados, Sarthe, Hérault, Basses-Pyrénées, Gard, Aveyron, Vendée, Orne, Oise, Vosges, Allier, chacun trois sénateurs;

Tous les autres départements, chacun deux sénateurs.

Le territoire de Belfort, les trois départements de l'Algérie, les quatre colonies de la Martinique, de la Guadeloupe, de la Réunion et des Indes françaises éliront chacun un sénateur.

Art. 3. — Nul ne peut être sénateur s'il n'est Français, âgé de quarante ans au moins, et s'il ne jouit de ses droits civils et politiques.

Art. 4. — Les sénateurs des départements et des colonies sont élus à la majorité absolue, et, quand il y a lieu, au scrutin de liste, par un collége réuni au chef-lieu du département ou de la colonie et composé: 1° des députés; 2° des conseillers généraux; 3° des conseillers d'arrondissement; 4° des délégués élus, un par chaque conseil municipal, parmi les électeurs de la commune.

Dans l'Inde française, les membres du conseil colonial ou des conseils locaux sont substitués aux conseillers d'arrondissement et aux délégués des conseils municipaux.

Ils votent au chef-lieu de chaque établissement.

Art. 5. — Les sénateurs nommés par l'Assemblée sont élus au scrutin de liste et à la majorité absolue des suffrages.

Art. 6. — Les sénateurs des départements et des colonies sont élus pour neuf années et renouvelables par tiers, tous les trois ans.

Au début de la première session, les départements seront divisés en trois séries, contenant chacune un nombre égal de sénateurs; il sera procédé, par la voie du tirage au sort, à la désignation des séries qui devront être renouvelées à l'expiration de la première et de la deuxième période triennale.

Art. 7. — Les sénateurs élus par l'Assemblée sont inamovibles.

En cas de vacance par décès, démission ou autre cause, il sera, dans les deux mois, pourvu au remplacement par le Sénat lui-même.

Art. 8. — Le Sénat a, concurremment avec la Chambre des députés, l'initiative et la confection des lois. Toutefois les lois de finances doivent être, en premier lieu, présentées à la Chambre des députés et votées par elle.

Art. 9. — Le Sénat peut être constitué en cour de justice pour juger soit le président de la République, soit les ministres, et pour connaître des attentats commis contre la sûreté de l'État.

Art. 10. — Il sera procédé à l'élection du Sénat un mois avant l'époque fixée par l'Assemblée nationale pour sa séparation.

Le Sénat entrera en fonctions et se constituera le jour même où l'Assemblée nationale se séparera.

3º. — *Loi constitutionnelle du 16 juillet 1875, sur les rapports des pouvoirs publics.*

Article premier. — Le Sénat et la Chambre des députés se réunissent chaque année, le second mardi de janvier, à moins d'une convocation antérieure faite par le président de la République.

Les deux Chambres doivent être réunies en session cinq mois au moins chaque année. La session de l'une commence et finit en même temps que celle de l'autre.

Le dimanche qui suivra la rentrée, des prières publiques seront adressées à Dieu dans les églises et dans les temples pour appeler son secours sur les travaux des Assemblées.

Art. 2. — Le président de la République prononce la clôture de la session. Il a le droit de convoquer extraordinairement les Chambres.

Il devra les convoquer si la demande en est faite, dans l'intervalle des sessions, par la majorité absolue des membres composant chaque Chambre.

Le président peut ajourner les Chambres. Toutefois, l'ajournement ne peut excéder le terme d'un mois, ni avoir lieu plus de deux fois dans la même session.

Art. 3. — Un mois au moins avant le terme légal des pouvoirs du président de la République, les Chambres devront être réunies en Assemblée nationale pour procéder à l'élection du nouveau président.

A défaut de convocation, cette réunion aurait lieu de plein droit le quinzième jour avant l'expiration de ces pouvoirs.

En cas de décès ou de démission du président de la République, les deux Chambres se réunissent immédiatement et de plein droit.

Dans le cas où, par application de l'article 5 de la loi du 25 février 1875, la Chambre des députés se trouverait dissoute au moment où la présidence de la République deviendrait vacante, les colléges électoraux seraient aussitôt convoqués, et le Sénat se réunirait de plein droit.

Art. 4. — Toute assemblée de l'une des deux Chambres qui serait tenue hors du temps de la session commune est illicite et nulle de plein droit, sauf le cas prévu par l'article précédent et celui où le Sénat est réuni comme cour de justice, et, dans ce dernier cas, il ne peut exercer que des fonctions judiciaires.

Art. 5. — Les séances du Sénat et celles de la Chambre des députés sont publiques.

Néanmoins chaque Chambre peut se former en comité secret, sur la demande d'un certain nombre de ses membres fixé par le règlement.

Elle décide ensuite, à la majorité absolue, si la séance doit être reprise en public sur le même sujet.

Art. 6. — Le président de la République communique avec les Chambres par des messages qui sont lus à la tribune par un ministre.

Les ministres ont leur entrée dans les deux Chambres et doivent être entendus quand ils le demandent. Ils peuvent se faire assister par des commissaires désignés pour la discussion d'un projet de loi déterminé, par décret du président de la République.

Art. 7. — Le président de la République promulgue les lois dans le mois qui suit la transmission au gouvernement de la loi définitivement adoptée. Il doit promulguer dans les trois jours les lois dont la promulgation, par un vote exprès dans l'une et l'autre Chambre, aura été déclarée urgente.

Dans le délai fixé pour la promulgation, le président de la République peut, par un message motivé, demander aux deux Chambres une nouvelle délibération, qui ne peut être refusée.

Art. 8. — Le président de la République négocie et ratifie les traités. Il en donne connaissance aux Chambres aussitôt que l'intérêt et la sûreté de l'État le permettent.

Les traités de paix, de commerce, les traités qui engagent les finances de l'État, ceux qui sont relatifs à des personnes et au droit de propriété des Français à l'étranger, ne sont définitifs qu'après avoir été votés par les deux Chambres. Nulle cession, nul échange, nulle adjonction de territoire ne peut avoir lieu qu'en vertu d'une loi.

Art. 9. — Le président de la République ne peut déclarer la guerre sans l'assentiment préalable des deux Chambres.

Art. 10. — Chacune des Chambres est juge de l'éligibilité de ses membres et de la régularité de leur élection; elle peut seule recevoir leur démission.

Art. 11. — Le bureau de chacune des deux Chambres est élu chaque année pour la durée de la session, et pour toute session extraordinaire qui aurait lieu avant la session ordinaire de l'année suivante.

Lorsque les deux Chambres se réunissent en Assemblée nationale, leur bureau se compose des président, vice-présidents et secrétaires du Sénat.

Art. 12. — Le président de la République ne peut être mis en accusation que par la Chambre des députés et ne peut être jugé que par le Sénat.

Les ministres peuvent être mis en accusation par la Chambre des députés, pour crimes commis dans l'exercice de leurs fonctions. En ce cas, ils sont jugés par le Sénat.

Le Sénat peut être constitué en cour de justice par un décret du président de la République, rendu en conseil des ministres, pour juger toute personne prévenue d'attentat commis contre la sûreté de l'État.

Si l'instruction est commencée par la justice ordinaire, le décret de convocation du Sénat peut être rendu jusqu'à l'arrêt de renvoi.

Une loi déterminera le mode de procéder pour l'accusation, l'instruction et le jugement.

Art. 13. — Aucun membre de l'une ou de l'autre Chambre ne peut être poursuivi ou recherché à l'occasion des opinions ou votes émis par lui dans l'exercice de ses fonctions.

Art. 14. — Aucun membre de l'une ou de l'autre Chambre ne peut, pendant la durée de la session, être poursuivi ou arrêté en matière criminelle ou correctionnelle qu'avec l'autorisation de la Chambre dont il fait partie, sauf le cas de flagrant délit.

La détention ou la poursuite d'un membre de l'une ou de l'autre Chambre est suspendue pendant la session, et pour toute sa durée, si la Chambre le requiert.

38. L'article 8 de la loi du 25 février 1875 que nous avons cité [n° 37] comme constituant l'une des différences fondamentales existant entre les lois constitutionnelles et toutes les autres lois, contient une disposition d'une haute importance, qui dès l'origine a reçu le nom de *clause de révision*. La plupart des constitutions françaises, excepté les Chartes de 1814 et de 1830, ont prévu et réglé les conditions de leur révision; il est surtout logique qu'il en soit ainsi dans les constitutions républicaines. Celle de 1875 donne au droit de révision une étendue illimitée, sous la réserve du respect des formes constitutionnelles prescrites par l'article 8; le texte de cet article admet la révision des lois constitutionnelles « en tout ou en partie »; dans la discussion de la loi, des membres de l'assemblée ont obtenu de la commission cette déclaration formelle faite par son rapporteur, que celui-ci a rappelée dans la séance du Sénat du 24 mai 1876 [1] : « Nous entendons formellement » que toutes les lois constitutionnelles dans leur ensemble pourront » être modifiées, que la forme même du gouvernement pourra » être l'objet d'une révision; il ne peut, il ne doit y avoir à cet » égard aucune équivoque ». Le gouvernement ne s'est pas exprimé autrement, en assurant l'exécution [2] de l'article 1er de la loi du 29 décembre 1875 sur la presse, reproduit au numéro qui précède.

Mais, suivant une distinction, sur laquelle nous reviendrons souvent [nos 75, 76, 254, 654 et 655], entre l'interprétation par voie de doctrine et l'interprétation par voie d'autorité, il est bien évident que, si son interprétation par voie de doctrine est toujours permise, l'article 8, émanant du pouvoir constituant, ne peut au contraire être interprété par voie d'autorité que par une autre émanation du pouvoir constituant, c'est-à-dire par l'assemblée, qui a seule qualité, aux termes de l'article 8, pour modifier les lois constitutionnelles : *cujus est condere, ejusdem est interpretari* [n° 655]. C'est ce que, sous une autre forme, le gouvernement et le Sénat ont unanimement reconnu dans la séance déjà signalée du 24 mai 1876 [3].

[1,3] *Journal officiel* du 25 mai 1876, pages 3584 à 3587.

[2] « L'article 1er punit toute attaque, non-seulement contre chacun des pouvoirs établis par les lois constitutionnelles, mais aussi contre ces pouvoirs considérés dans leur ensemble et contre les lois mêmes dont ils tirent leur

La clause de révision est en effet l'organisation constitutionnelle en permanence du pouvoir constituant [n°s 10 et 545].

Il est même remarquable que, tandis que pour la législation ordinaire la loi constitutionnelle du 25 février 1875 consacre le système des deux chambres, elle admet la révision de la Constitution, par une assemblée unique, composée de 834 membres (534 députés et 300 sénateurs), au sein de laquelle l'infériorité numérique du Sénat assure dans le vote à la Chambre des députés la prépondérance. Mais cette unique assemblée ne peut se réunir que si chacune des deux chambres, le Sénat et la Chambre des députés, déclare à la majorité absolue des voix qu'il y a lieu de procéder à la révision; et cette assemblée nationale de révision, ou congrès investi par l'article 8 du pouvoir constituant, ne peut modifier la constitution qu'à la majorité absolue de ses membres, présents ou non, votants ou non, c'est-à-dire par 418 voix au moins.

En outre, et par respect pour la loi du 20 novembre 1873 dite du *septennat*, jusqu'au 20 novembre 1880, la révision, aux termes du § 4 et dernier de l'article 8, ne peut avoir lieu que sur la proposition du président de la République. D'où suit que cette loi du 20 novembre 1873 et les pouvoirs conférés par elle au maréchal de Mac-Mahon sont restés en dehors et au-dessus de la révision elle-même.

Le pouvoir exécutif est confié pour sept ans au maréchal de Mac-Mahon, duc de Magenta, à partir de la promulgation de la présente loi; ce pouvoir continuera à être exercé avec le titre de président de la République et dans les conditions actuelles, jusqu'aux modifications qui pourraient y être apportées par les lois constitutionnelles (Loi du 20 novembre 1873, *qui proroge pour sept ans les pouvoirs du maréchal de Mac-Mahon*, art. 1er).

39. Le *pouvoir législatif* est réparti par les lois constitutionnelles de 1875 entre deux assemblées, le Sénat et la Chambre des députés, et le président de la République.

L'initiative des lois appartient concurremment au président de

origine. Je n'ai pas besoin de vous dire qu'en mettant le pacte constitutionnel à l'abri des attaques des partis, le législateur n'a pas voulu le soustraire à une calme discussion et à une critique loyale. Il reste permis à chacun de signaler avec modération et bonne foi les imperfections qu'il croit y reconnaître, d'en réclamer l'amélioration ou même le changement dans le temps et par les moyens déterminés par la Constitution elle-même. Mais ces discussions permises n'ont rien de commun avec les attaques violentes et passionnées..... (Circulaire de M. Dufaure, garde des sceaux, ministre de la justice, aux procureurs généraux, du 7 janvier 1876) ».

la République et aux membres des deux chambres (L. 25 février, art. 3 § 1 ; L. 24 février, art. 8 § 1).

La discussion et le vote des lois appartiennent également aux deux chambres (L. 25 février, art. 1 § 1, et art. 3 § 1 ; L. 24 février, art. 8 § 1), sauf que les lois de finances doivent être en premier lieu présentées à la Chambre des députés et votées par elle (L. 24 février, art. 8 § 2), le droit du Sénat restant entier et parfaitement égal à celui de la Chambre des députés, comme sous les Chartes et Constitutions de 1814, 1815, 1830 et 1870 qui contenaient la même disposition. Afin d'éviter le grave inconvénient résultant en fait de cette circonstance que la loi du budget [n°s 566 à 580] de chaque année ne lui arriverait qu'au terme de la session, et en quelque sorte *in extremis* suivant l'expression employée au Sénat par l'auteur de la proposition [1], le Sénat, après une discussion approfondie, a introduit dans son règlement une disposition aux termes de laquelle il nomme, avant qu'il en soit saisi, celle de ses commissions chargée de l'examen du budget et des lois de finances [2].

Le droit d'initiative, de discussion et de vote comprend également pour les membres des deux chambres, sans distinction entre les lois de finances et les autres lois, le droit d'amendement.

Les lois constitutionnelles de 1875, s'inspirant exactement du principe de la séparation des pouvoirs, n'admettent pas que le président de la République puisse faire partie de l'une ou de l'autre des deux chambres et par suite voter les lois, ni qu'il puisse participer personnellement à leur discussion ; il n'est admis à y intervenir que par ses ministres ou des commissaires adjoints désignés par décrets, et pouvant être pris parmi les conseillers d'État [n° 74], ou par voie de messages lus à la tribune par un ministre (L. 16 juillet 1875, art. 6).

Le président de la République n'a pas non plus la sanction de la loi ; il peut seulement, « dans le délai fixé pour la promulgation » [n° 49], par un message motivé, demander aux deux chambres

---

[1,2] « Les bureaux, au commencement de chaque session ordinaire, nomment pour toute la durée de la même session une commission de dix-huit membres chargée de l'examen : 1° de tous projets de lois portant demande de crédits supplémentaires ou extraordinaires afférents aux exercices courants clos ou périmés; 2° de tous projets de lois ou propositions qui peuvent avoir pour effet de modifier la situation du Trésor; 3° de la loi des recettes et des dépenses (Règlement du Sénat du 10 juin 1876, art. 20) ». — *Journal officiel* des 8 juin et 19 juillet 1876.

» une nouvelle délibération, qui ne peut être refusée (L. 16 juillet, art. 7 § 2) », les chambres pouvant réitérer leur vote primitif.

Il résulte de cette organisation du pouvoir législatif que les lois doivent actuellement en France prendre pour date le jour du vote de la dernière assemblée appelée à les voter définitivement ; ce sera tantôt le vote du Sénat, tantôt celui de la Chambre des députés, suivant celle des deux assemblées qui aura été primitivement saisie du projet de loi, et suivant que la seconde aura ou non amendé le projet de loi voté par la première.

Nous savons en effet [n°s 20 et 21] que les lois ne doivent pas être datées de leur promulgation. La promulgation, contrairement à la sanction, suppose en effet une loi déjà existante et n'est que son premier acte d'exécution [*voir* n°s 49 et 190 *note* 1].

40. Le Sénat est une assemblée élective composée de 300 membres : 225 élus par les départements et les colonies, et 75 élus au scrutin de liste et à la majorité absolue des suffrages par l'Assemblée nationale de 1871 qui a voté les lois constitutionnelles ; ces derniers sont remplacés dans la même forme, en cas de décès, démission ou autre cause, par le Sénat lui-même dans le délai de deux mois (L. 24 février, art. 1, 5, et 7 § 2 ; loi organique du 2 août 1875, art. 24 et 25 [n° 565]).

L'élection des 225 sénateurs des départements et des colonies est faite au scrutin de liste, à la majorité absolue et au chef-lieu du département ou de la colonie, par un collège électoral spécial, qui procède du suffrage universel à des degrés divers, et se compose de deux éléments distincts : 1° d'électeurs sénatoriaux de droit (députés, conseillers généraux et conseillers d'arrondissement), qui, en tant qu'électeurs sénatoriaux, représentent l'élection à deux degrés, et 2° d'électeurs sénatoriaux élus, un par chaque conseil municipal, parmi les électeurs de la commune, y compris les conseillers municipaux sans distinction entre eux (L. 24 février, art. 3, et L. 2 août 1875, art. 3 [n° 565]), qui représentent l'élection à trois degrés [n°s 549 *in fine* et 550], et forment l'immense majorité du collège électoral [n°s 42, 56, 130, 179, 219 et 1143].

La loi organique du 2 août 1875 sur les élections des sénateurs ne détermine pas seulement tout ce qui concerne l'élection des délégués des conseils municipaux ou électeurs sénatoriaux de la seconde catégorie qui vient d'être désignée, et de leurs suppléants (art. 1 à 11), l'indemnité de déplacement qu'ils peuvent réclamer (art. 17), l'obligation qui leur est imposée, sauf empêchement légitime, de prendre part à tous les scrutins (art. 18), les formes des élections sénatoriales (art. 12 à 16) ; cette loi contient même les dispositions relatives aux incompatibilités avec les fonctions de sénateur (art. 20) et aux inéligibilités (art. 21), qui auraient pu trouver place dans les lois constitutionnelles, mais ont été laissées par la Constitution dans le domaine de la loi. Nous rapportons cette loi organique en traitant de la législation électorale [n° 563]. La Constitution se borne à exiger des sénateurs la qualité de Français [n° 563], l'âge de quarante ans au moins, et la jouissance des droits civils et politiques (L. 24 février 1875, art. 3).

Mais la loi constitutionnelle a fixé elle-même le nombre des sénateurs à élire par chaque département ; deux départements (la Seine et le Nord) nomment chacun 5 sénateurs, six départements nomment chacun 4 sénateurs, vingt-sept départements en nomment 3, cinquante départements en nomment 2 ; le territoire de Belfort, les trois départements de l'Algérie et les quatre grandes colonies, nomment chacun 1 sénateur (L. 24 février, art. 2).

41. Les 75 sénateurs élus par l'assemblée ou remplacés par le Sénat lui-même sont inamovibles (L. 24 février, art. 7) ; les 225 sénateurs des départements sont élus pour neuf années et renouvelables par tiers tous les trois ans, suivant une division en trois séries faite par le Sénat lui-même, comprenant chacune 75 sénateurs, et dont l'ordre de renouvellement a été désigné par la voie du sort en séance publique (L. 24 février 1875, art. 6, et procès-verbal de la séance du Sénat du 29 mars 1876).

La série B, formée des 29 départements compris par ordre alphabétique entre la Garonne (Haute-) et l'Oise inclusivement, du département de Constantine en Algérie et de la Martinique, sort la première ; la série C, formée des 28 derniers départements dans l'ordre alphabétique, de l'Orne inclusivement jusqu'à l'Yonne, du département d'Oran et des Indes françaises, sort la seconde ; et la série A, formée des 30 premiers départements dans l'ordre alphabétique, de l'Ain au Gard inclusivement, du département d'Alger, de Constantine et de la Réunion, sort la troisième.

Ainsi la règle constitutionnelle adoptée pour le Sénat est celle du renouvellement partiel ; d'autre part le Sénat, contrairement à la règle admise pour la Chambre des députés, ne peut être dissous.

42. En ce qui concerne la Chambre des députés, la loi constitutionnelle du 25 février 1875 (art. 1 § 2) se borne à poser le prin-

cipe fondamental qu' « elle est nommée par le suffrage universel », assurant ainsi l'homogénéité de sa composition, mais en laissant à la loi électorale le soin de déterminer les conditions de son élection, même en ce qui concerne le mode d'élection par scrutin de liste ou scrutin individuel, la durée de son mandat, les conditions de son renouvellement.

Tous ces points sont réglés par la loi organique du 30 novembre 1875 sur l'élection des députés, qui occupe une place considérable dans notre étude d'ensemble sur la législation électorale [n°s 545 à 564]. Nous nous bornons à constater ici que l'article 14 de cette loi [n° 564] consacre la règle de l'élection des députés au scrutin individuel par arrondissement, avec fractionnement des arrondissements dont la population dépasse cent mille habitants et leur division en circonscriptions électorales établies par une loi du 24 décembre 1875, portant sur cette base le nombre des députés, avec ceux des colonies, à 534, et ne pouvant être modifiées, comme la loi organique elle-même, que par une autre loi.

Aux termes de l'article 15 de la loi organique du 30 novembre 1875, « les députés sont élus pour quatre ans ; la Chambre se re- » nouvelle intégralement [n° 564] », et l'âge d'éligibilité est fixé par l'article 6 à vingt-cinq ans.

La loi constitutionnelle du 25 février 1875 (art. 5) donne au président de la République le droit, admis au profit de la couronne dans les monarchies, de dissoudre la Chambre des députés avant l'expiration légale de son mandat, à charge de faire procéder à de nouvelles élections dans le délai de trois mois ; l'exercice de ce droit de dissolution est toutefois subordonné à l'avis conforme du Sénat, doté de cette importante prérogative.

43. Une règle capitale commune aux deux chambres organisées par les lois constitutionnelles de 1875, est qu'elles ne sont pas permanentes ; qu'elles ne peuvent siéger qu'ensemble et en session d'une durée *minima* de cinq mois chaque année ; qu'elles sont soumises aux mêmes règles pour leur réunion, leur convocation, leur ajournement et leur clôture par le président de la République (L. 16 juillet, art. 1, 2 et 4), sauf les réserves de l'article 4.

Nous avons vu que les deux chambres avaient les mêmes attributions législatives [n° 39] et les mêmes attributions constituantes éventuelles pour former ensemble l'assemblée nationale de révision [n° 38] ; elles forment également l'assemblée nationale chargée de procéder à l'élection du président de la République [n° 47] ;

mais nous avons déjà fait remarquer [n° 38] l'avantage qui, au cas de réunion des deux assemblées en une seule, résulte pour la Chambre des députés du nombre plus considérable de ses membres qui en forment près des deux tiers ; il n'est pas compensé par les honneurs de la présidence dévolus au Sénat [n° 44 3°].

Nous verrons, en traitant du pouvoir exécutif, les conditions communes dans lesquelles les lois constitutionnelles admettent l'intervention des chambres dans l'action de ce pouvoir [n° 50].

Les deux chambres siègent en séance publique et ont le droit de se former en comité secret (L. 16 juillet, art. 5), nomment elles-mêmes leurs bureaux chaque année (id., art. 11), font leurs règlements (publiés au *Journal officiel* du 19 juillet 1876), vérifient les pouvoirs de leurs membres et peuvent seules recevoir leurs démissions (id., art. 10).

Les membres des deux chambres reçoivent la même indemnité (L. 30 novembre 1875, art. 17 [n° 562], et L. 2 août 1875, art. 26 [n° 565]). Tout mandat impératif est nul et de nul effet (L. 30 novembre 1875, art. 13). Les cas d'indignité et d'incapacité sont les mêmes (L. 2 août 1875, art. 27) ; mais, au point de vue des incompatibilités, il en est autrement [n° 44 6°].

Les membres des deux chambres jouissent au même titre de l'immunité de toute recherche ou poursuite en raison des opinions ou votes émis par eux dans l'exercice de leurs fonctions (L. 16 juillet 1875, art. 13, et L. 17 mai 1819 [n° 695]) ; ils ne peuvent être poursuivis ou arrêtés, pendant la durée de la session, et sauf le cas de flagrant délit, qu'avec l'autorisation de la chambre dont ils font partie (L. 16 juillet 1875, art. 14).

44. Les attributions et règles propres au Sénat à l'exclusion de la Chambre des députés, en outre de celles qui tiennent à leurs modes divers de formation et déjà expliquées [n°s 39 à 42], sont les suivantes : 1° le remplacement des sénateurs inamovibles en cas de vacance [n° 40] ; 2° le droit de révoquer les conseillers d'État élus par l'assemblée nationale avant la loi du 25 février 1875 (L. 25 février, art. 4 *in fine*] ; 3° lorsque les deux chambres se réunissent en assemblée nationale pour la révision de la constitution ou l'élection du président de la République, le bureau de cette assemblée est celui du Sénat (L. 16 juillet, art. 11 § 2) ; 4° le Sénat ne peut être dissous [n° 41] ; 5° c'est sur son avis conforme que le président de la République peut dissoudre la Chambre des députés [n° 42] ; 6° tandis que l'incompatibilité du mandat de

député avec une fonction publique est la règle, n'admettant que des exceptions limitativement déterminées (L. 30 novembre 1875, art. 8 à 12 [n° 562]), cette règle devient au contraire l'exception en ce qui concerne les fonctions de sénateur (L. 2 août 1875, art. 20 [n° 565]); 7° le Sénat peut siéger sans que la Chambre des députés soit en session, dans deux cas exceptionnels prévus par les articles 3 *in fine* et 4 *in fine* de la loi du 16 juillet 1875; 8° le Sénat peut seul être constitué en cour de justice.

45. Cette dernière attribution est conférée au Sénat par l'article 9 de la loi du 24 février et l'article 12 de la loi du 16 juillet 1875; aux termes de ces articles, le Sénat peut être constitué en cour de justice : 1° pour juger le président de la République; 2° pour juger les ministres; et 3° pour juger toute personne prévenue d'attentat commis contre la sûreté de l'État. Le Sénat est saisi, dans les deux premiers cas, par la mise en accusation que peut seule prononcer la Chambre des députés [n°ˢ 46 et 51]. Dans le troisième cas, le Sénat est saisi par un décret présidentiel, rendu en conseil des ministres, et qui, si la justice ordinaire est saisie, peut intervenir jusqu'à l'arrêt de renvoi devant la cour d'assises. Une loi, ou, à défaut de loi, le Sénat, détermine le mode de procéder pour l'accusation, l'instruction et le jugement. [*Voir*, à propos des *priviléges de juridiction*, n°ˢ 746 et 747.]

Toutes les constitutions monarchiques ou républicaines ont reconnu, comme celle de 1875, la nécessité de constituer une juridiction plus élevée, investie d'une double compétence *ratione personæ* ou *ratione dignitatis*, et *ratione materiæ*, en raison soit de la position politique élevée des accusés, soit de la gravité et de la portée politique du crime. Mais le législateur de 1875 avait le choix entre deux systèmes : celui des Chartes de 1814 et de 1830, qu'il a imité, et qui donnait à la Chambre des pairs, c'est-à-dire à un corps également politique, cette haute attribution judiciaire; et celui des hautes cours de justice, composées, sur le modèle des cours d'assises, de magistrats appartenant à la cour de cassation, et de hauts jurés pris par la voie du sort dans tous les conseils généraux, système qui était organisé par les Constitutions de 1791, de l'an III, de l'an VIII, de 1848 et de 1852.

46. La Chambre des députés possède aussi, en outre des attributions législatives, constituantes et électives, qui lui sont communes avec le Sénat, deux attributions qui n'appartiennent qu'à elle seule :

1° les lois de finances doivent d'abord lui être présentées et être votées par elle, avant d'être soumises au Sénat, sans préjudice du pouvoir de celui-ci de rejeter ou d'amender ces lois comme toutes les autres [n° 39] ; 2° si le Sénat a seul le droit de juger le président de la République et les ministres, la Chambre des députés a seule le droit de les mettre en accusation [n° 45]. [*Voir aussi* n°s 38 et 43 2°.]

47. Suivant la règle de l'unité d'action gouvernementale et administrative [n° 26], le pouvoir exécutif est confié aux mains d'un seul homme ; il porte le titre de président de la République, et, conformément à l'institution républicaine, il est électif, renouvelable par l'élection et par périodes fixes. L'élection du président a lieu à la majorité absolue des suffrages par le Sénat et par la Chambre des députés réunis en assemblée nationale ; la durée de son pouvoir est de sept ans ; il est indéfiniment rééligible. S'il y a solution de continuité et vacance par décès ou par toute autre cause, dans l'intervalle très-court qui doit s'écouler avant une nouvelle et immédiate élection, le conseil des ministres est investi du pouvoir exécutif (L. 25 février, art. 2 et 7 ; L. 16 juillet, art. 3).

48. Nous avons déjà vu quelles sont les attributions constituantes et législatives du président de la République. — Il partage avec les chambres le droit de demander la révision des lois constitutionnelles en tout ou en partie, et jusqu'en 1880 le président de la République a même seul le droit de demander la révision (L. 25 février, art. 8 [n° 38]). — Il partage avec les chambres l'initiative législative et peut exiger des deux chambres une nouvelle délibération, sans pouvoir jamais ni faire partie des assemblées, ni participer personnellement au vote et même à la discussion des lois, conformément au principe de la séparation des pouvoirs (L. 25 février, art. 3 § 1 ; L. 16 juillet, art. 6 et art. 7 § 2 [n° 39]).

49. L'article 3 § 1 *in fine* de la loi du 25 février 1875 dispose que le président de la République « promulgue les lois lorsqu'elles » ont été votées par les deux chambres ; il en surveille et en as- » sure l'exécution ». L'article 7 § 1 de la loi du 16 juillet 1875 fixe le délai de la promulgation, à un mois de la date de la transmission au gouvernement de la loi définitivement adoptée, et à trois jours en cas de déclaration d'urgence par les deux chambres.

Un décret du 6 avril 1876 a pourvu à l'exécution de ces dispositions, en réglant la formule de promulgation des lois ; il y a lieu de regretter qu'il n'oblige pas à insérer dans le décret de promulgation la date du dernier vote législatif, qui constitutionnellement donne sa date à la loi [*voir* n⁰ˢ 20, 21, 39 et 190 *note* 1].

Un décret-loi du gouvernement de la défense nationale du 5 novembre 1870, toujours en vigueur, a modifié la législation antérieure en ce qui concerne la publication des lois qui résulte actuellement de leur insertion au *Journal officiel* ou au *Bulletin des lois* pour les actes non insérés au *Journal officiel*. Ce décret a confondu la *promulgation*, qui s'opère par la signature du décret dont nous donnons la formule, et la *publication* qui ne peut consister que dans son insertion dans un organe officiel de publicité.

Les délais prescrits par l'article 7 de la loi constitutionnelle du 16 juillet 1875 s'appliquent à la promulgation légalement publiée; mais ni la date du décret de promulgation, ni la date de sa publication au *Journal officiel* ou au *Bulletin des lois*, ne peuvent, *ex post facto*, donner la date de la loi. Elle préexiste à sa promulgation et à sa publication.

Le décret-loi du 5 novembre 1870 a encouru en outre des critiques au point de vue des inconvénients résultant d'un double mode de publication des lois, contrairement à l'article 1 du Code civil.

A l'avenir les lois sont promulguées dans la forme suivante : « LE SÉNAT ET LA CHAMBRE DES DÉPUTÉS ONT ADOPTÉ, LE PRÉSIDENT DE LA RÉPUBLIQUE PROMULGUE LA LOI dont la teneur suit : (Texte de la loi). — La présente loi, délibérée et adoptée par le Sénat et la Chambre des députés, sera exécutée comme loi de l'État ». (Décret du 6 avril 1876, *qui règle la formule de promulgation des lois.*)

Décret-loi du 5 novembre 1870. — Le gouvernement de la défense nationale, considérant qu'il importe de prévenir les difficultés que peut faire naître le mode actuel de promulgation des lois et des décrets, et d'établir d'une manière certaine l'époque où les actes législatifs sont obligatoires, décrète : — Art. 1. Dorénavant la promulgation des lois et des décrets résultera de leur insertion au *Journal officiel de la République française*, lequel, à cet égard, remplacera le *Bulletin des lois*. Le *Bulletin des lois* continuera à être publié, et l'insertion qui y sera faite des actes non insérés au *Journal officiel* en opérera promulgation. — Art. 2. Les lois et les décrets seront obligatoires, à Paris, un jour franc après la promulgation, et partout ailleurs dans l'étendue de chaque arrondissement, un jour franc après que le *Journal officiel* qui les contient sera parvenu au chef-lieu de cet arrondissement. Le gouvernement, par une disposition spéciale, pourra ordonner l'exécution immédiate d'un décret. — Art. 3. Les préfets et sous-préfets prendront les mesures nécessaires pour que les actes législatifs soient imprimés et affichés partout où besoin sera. — Art. 4. Les tribunaux et les autorités administratives et militaires pourront, selon les circonstances, accueillir l'exception d'ignorance alléguée par les contrevenants, si la contravention a eu lieu dans le délai de trois jours francs après la promulgation.

50. Le président de la République est investi des attributions gouvernementales propres au pouvoir exécutif, même de quelques-unes de celles dont le pouvoir exécutif est armé dans les monarchies. Il possède le droit de dissolution de la Chambre des députés, mais sur l'avis conforme du Sénat [n°s 42 et 44]; le droit de convoquer extraordinairement les deux chambres, de les ajourner et de clore leurs sessions [n° 43]; le droit de constituer le Sénat en cour de justice [n° 45]; le droit de commander et de disposer directement des troupes, de nommer à tous les emplois civils et militaires, de présider aux solennités nationales; d'avoir accrédités auprès de sa personne les envoyés et les ambassadeurs des puissances étrangères (L. 25 février 1875, art. 3), de nommer et de révoquer en conseil des ministres les conseillers d'État en service ordinaire (*id.*, art. 4 [n° 77]).

Les lois constitutionnelles placent l'intervention des assemblées législatives à côté de quelques-unes des attributions les plus importantes du pouvoir exécutif. Il a le droit de grâce, mais les amnisties ne peuvent être accordées que par une loi (L. 25 février, art. 3 § 2); il négocie et ratifie les traités, mais il doit en donner connaissance aux chambres, aussitôt que l'intérêt et la sûreté de l'État le permettent; les traités de paix et de commerce, les traités qui engagent les finances de l'État, ceux qui sont relatifs à des personnes et au droit de propriété des Français à l'étranger, ne sont définitifs qu'après avoir été votés par les deux chambres; nulle cession, nul échange, nulle adjonction de territoire ne peut avoir lieu qu'en vertu d'une loi (L. 16 juillet 1875, art. 8); enfin il ne peut déclarer la guerre qu'avec l'assentiment préalable des deux chambres (*id.*, art. 9).

51. Indépendamment, d'une part, de ces réserves et des actes de gouvernement ainsi placés en tout ou en partie dans la sphère d'action de la puissance législative, et, d'autre part, de leur action sur le pouvoir exécutif par le droit de l'élire qui leur est dévolu [n°s 43 et 47], les deux chambres peuvent en outre, en vertu des lois constitutionnelles de 1875, exercer leur influence sur la direction du gouvernement par la responsabilité ministérielle. Nous avons étudié l'institution en elle-même [n°s 28 à 31]; il nous suffit ici, pour éviter des redites, de signaler les textes qui la consacrent dans le droit actuel.

Le président de la République n'est responsable que dans le cas de haute trahison (L. 25 février, art. 6 § 2); dans ce cas seulement il peut être mis en accusation par la Chambre des députés et jugé par le Sénat [n⁰ˢ 45 et 46] ; en dehors de cette hypothèse, il est constitutionnellement irresponsable de la politique générale et des actes de son gouvernement ; c'est la règle des Chartes et des monarchies constitutionnelles de 1814 et de 1830.

Les ministres au contraire « sont solidairement responsables de- » vant les chambres de la politique générale du gouvernement et » individuellement de leurs actes personnels (L. 25 février, art. 6 § 1) ». A cette règle fondamentale des lois constitutionnelles de 1875, se rattache celle que « chacun des actes du président de la Ré- » publique doit être contresigné par un ministre (L. 25 février, art. 3 *in fine* [n° 71]) ». Le principe de la responsabilité ministérielle reçoit sa sanction pénale de l'article 12 § 2 de la loi du 16 juillet 1875 [n⁰ˢ 45 et 46]. Il est mis en œuvre au point de vue politique par les dispositions de l'article 6 de la même loi, qui assure aux ministres l'entrée des deux chambres, le droit d'être entendus quand ils le demandent et d'y représenter le pouvoir exécutif [n° 39].

52. Enfin le législateur constituant de 1875, mettant à profit l'expérience acquise et les enseignements de l'histoire contemporaine, a maintenu la situation créée par une décision de l'assemblée nationale en 1871, en écrivant dans l'article 9 de la loi constitutionnelle du 25 février 1875, que « le siége du pouvoir exé- » cutif et des deux chambres est à Versailles ».

TITRE PREMIER.

AUTORITÉS, CONSEILS ET TRIBUNAUX ADMINISTRATIFS.

53. Division du titre en deux chapitres.

53. L'administration et la justice administrative sont choses distinctes, bien qu'elles contribuent l'une et l'autre à l'application des lois administratives et au règlement des droits et des intérêts individuels dans leurs points de contact avec les intérêts généraux. Aussi cette première partie du Cours se divise naturellement en deux chapitres : l'un consacré à étudier l'organisation et les attributions des autorités et conseils administratifs, formant l'*administration active* et l'*administration délibérante*; l'autre ayant pour objet l'organisation, la compétence et la procédure des tribunaux administratifs, composant la *juridiction* ou *justice administrative*.

CHAPITRE PREMIER.

AUTORITÉS ET CONSEILS ADMINISTRATIFS.

54. Anciennes divisions territoriales et administratives de la France.
55. Systèmes d'administration des pays d'élections et des pays d'états.
56. Division administrative depuis 1789; circonscriptions, unités administratives.
57. Organisation administrative de 1790 et de l'an III.
58. Organisation administrative de la France depuis l'an VIII; *action, délibération* et *juridiction* administratives.
59. Division du chapitre en deux sections.

54. Dans notre ancienne France, avant 1789, le territoire était l'objet de divisions diverses. Au point de vue militaire, il était partagé en 40 *gouvernements*, dont 32 grands gouvernements ou *provinces*, et 8 petits gouvernements militaires; au point de vue financier et administratif, en 35 *généralités* ou *intendances*. Non-seulement ces deux grandes divisions générales ne pouvaient coïncider entre elles, mais en outre elles se superposaient à une troisième division de la France, en *pays d'élections* et *pays d'états*, formés, comme les provinces, par le développement historique du territoire, mais distincts au point de vue spécial du système d'administration appliqué à chacun.

55. Dans les pays d'élections, qui étaient les plus nombreux, Poitou, Touraine, Aunis, Saintonge et Angoumois, Marche, Limousin, etc., il y avait un système d'administration générale et centrale, aux mains de l'*intendant*, successivement devenu l'administrateur unique du pays au nom du roi, par lui-même et ses *subdélégués* dans chacune des *élections* dont sa généralité était composée. Il y avait au contraire, dans les 14 pays d'états, les derniers réunis à la France et qui avaient alors conservé leurs priviléges, Bretagne, Bourgogne, Franche-Comté, etc., un système d'administration locale et provinciale, par les *états* de la province ou assemblée d'évêques, de seigneurs et de représentants des villes, votant et faisant lever, sous leur propre autorité, l'impôt qui leur était demandé pour le roi, par l'intendant réduit dans ces pays à certaines attributions de police.

L'uniformité et l'unité administratives ne purent non plus résulter de l'édit du roi du mois de juin 1787, complété par le règlement du 12 août de la même année, qui établit dans tous les pays d'élections des *assemblées provinciales*, déjà essayées depuis 1778 dans le Berry et la haute Guyenne. Ces assemblées provinciales ne se réunirent guère qu'une fois à la fin de 1787 ; et jusqu'à la division de la France en départements et l'établissement du régime départemental au milieu de 1790, on ne voit fonctionner, non sans beaucoup de désordres et de conflits avec les intendants, que les commissions intermédiaires, élues par les assemblées provinciales et destinées à les suppléer pendant l'intervalle des sessions.

56. Le territoire de la France est aujourd'hui divisé en 87 départements (en y comprenant le territoire de Belfort), 362 arrondissements, 2,865 cantons et 35,989 communes [*voir* n° 1143].

Ce mode de division est dû à l'Assemblée constituante, qui l'a réalisé dans la loi du 22 décembre 1789, savamment conçue par Sieyès, justement appelé « l'auteur de toutes les circonscriptions de la France » ; ainsi a disparu la division des pays d'états et des pays d'élections, l'uniformité de législation administrative a été réalisée et l'unité administrative rendue possible. Le législateur de 1789, et plus tard le premier Consul, firent de ces divisions du territoire la base de l'organisation administrative de la France.

Le département, l'arrondissement et la commune forment autant de *circonscriptions* administratives ; le canton, circonscription judiciaire, est seulement utilisé par diverses lois administratives. Division fondamentale du territoire français depuis 1790, le département n'est pas seulement une circonscription administrative générale, il est en outre la base de toutes les divisions spéciales provenant des diverses branches des services publics : commandements militaires, arrondissements maritimes, archevêchés et évêchés, ressorts judiciaires, académies, conservations forestières. Il se subdivise en arrondissements, et ceux-ci en communes.

Mais il n'y a que trois *unités* administratives, ayant chacune leur administration propre : l'État, le département et la commune. Comme l'*élection* d'avant 1789, et le *district* de 1790, l'arrondissement de l'an VIII n'est qu'une simple circonscription, dont l'administration est absorbée dans celle du département. Pour l'État, première unité administrative, il y a l'*administration centrale*; pour le département, seconde unité administrative, formée de tous les arrondissements du même département, il y a l'*administration départementale*; pour la commune, troisième et dernière unité administrative, il y a l'*administration communale*.

Nous verrons dans la dernière partie de cet ouvrage que l'État, le département et la commune, envisagés sous un autre aspect, sont, en outre, et toujours à l'exclusion de l'arrondissement, des êtres juridiques, *personnes morales* ou *civiles*.

57. Pour chacune des trois unités administratives, il faut pourvoir à trois sortes de besoins : à l'action, à la délibération, à la juridiction. Pour y satisfaire, l'Assemblée constituante par la loi du 22 décembre 1789, et la Convention, sous une forme différente, par la Constitution du 5 fructidor de l'an III et la loi organique du 21 du même mois, organisèrent des administrations collectives élues : en 1790, *administrations* et *directoires* de départements et de districts, et *municipalités*; en l'an III, ces administrations de département réduites et modifiées, et des *administrations municipales de canton*, imaginées dans le but de remédier au mal et qui l'aggravèrent. Leur vice commun et capital était de réunir confondues entre leurs mains, l'action, la délibération et la juridiction; un autre vice bien fait pour engendrer l'anarchie, était l'absence presque complète de liens entre ces administrations et l'administration centrale.

58. En l'an VIII (1800), la Constitution du 22 frimaire et la grande loi d'administration qui l'a suivie, la loi du 28 pluviôse de l'an VIII [n° 91], ont séparé l'*action*, la *délibération* et la *juridiction* administratives. Aussi, à côté des *autorités* ou *agents* chargés de

l'administration active, se trouvent des *conseils* chargés de la délibération ; et nous verrons plus loin qu'à cette époque furent aussi créés des *tribunaux* chargés de la juridiction administrative.

A la place du système des administrations collectives créées par l'Assemblée constituante, et conservé sous une forme différente par la Convention, la Constitution du 22 frimaire et la loi du 28 pluviôse de l'an VIII ont donc introduit le principe de l'unité d'agent : « *agir est le fait d'un seul* ». Ce principe est appliqué aux quatre degrés hiérarchiques de l'administration active, occupés : 1° par le chef de l'État, qui préside à l'administration générale de toute la France ; 2° les ministres, qui dirigent chaque grand service administratif; 3° les préfets, qui administrent les départements ; 4° les maires, qui administrent les communes; tous relevant du chef de l'État par des liens étroits pour les ministres et les préfets, réels bien qu'affaiblis dans certains cas pour les maires.

La législation consulaire de l'an VIII, qui a fondé l'action sur l'unité, a fondé la délibération sur le nombre, en plaçant près du fonctionnaire unique qui agit, un ou plusieurs conseils chargés de pourvoir à la délibération qui prépare, éclaire ou contrôle l'action. Ainsi, près du chef de l'État et des ministres se trouvent placés le conseil d'État, et, dans chaque ministère, des conseils spéciaux afférents à chaque branche de service ; près du préfet, le conseil général du département, en son absence et élue par lui, la commission départementale créée par la loi du 10 août 1871, et le conseil de préfecture dans les cas nombreux où celui-ci fonctionne, non comme tribunal, mais comme conseil administratif; près du maire, est aussi placé le conseil municipal.

59. Nous traiterons concurremment des autorités actives et des conseils administratifs, en exposant sous trois sections différentes : 1° l'administration centrale ; 2° l'administration départementale ; 3° l'administration communale.

SECTION PREMIÈRE. — Administration centrale.

60. Objet et division de la section en trois paragraphes.

60. L'administration centrale est composée du chef de l'État, et des ministres chacun pour son département ministériel ; près d'eux se trouve placé le conseil d'État, comme grand conseil administratif. Nous parlerons successivement du chef de l'État, des ministres, et du conseil d'État.

§ I*er*. — LE PRÉSIDENT DE LA RÉPUBLIQUE ADMINISTRATEUR DU PAYS.

61. Nature et divers modes d'exercice de l'autorité administrative dans la personne du chef de l'État; division des décrets.
62. Décrets généraux ou actes réglementaires du chef de l'État ; décrets portant règlement d'administration publique.
63. Décrets spéciaux : leur division en deux classes.
64. Décrets gouvernementaux ; renvois.
65. Décrets spéciaux administratifs.
66. Voies de recours ouvertes contre les décrets.

61. Tous les agents administratifs opèrent par délégation médiate ou immédiate du président de la République investi de la plénitude de l'autorité administrative, en tant qu'exerçant le pouvoir exécutif. Cette règle fondamentale s'élève à la hauteur d'un principe indépendant des formes mêmes du gouvernement.

Le chef de l'État, considéré comme administrateur suprême du pays tout entier, ne se borne pas à déléguer et procurer l'action administrative, sur toute la surface du pays, à des fonctionnaires nommés par lui ou en son nom ; il agit par lui-même, et nous avons déjà dit que les actes du pouvoir exécutif reçoivent actuellement le nom de *décrets*. Les décrets se divisent en décrets *généraux* ou *réglementaires* et décrets *spéciaux*; ces deux classes comportent elles-mêmes des subdivisions.

62. Les décrets généraux comprennent: 1° les *décrets portant règlement d'administration publique*, pour lesquels la délibération préalable de l'assemblée générale du conseil d'État est une condition de légalité, dont l'exécution doit être mentionnée par ces mots : « Le conseil d'État entendu » ; 2° les *décrets réglementaires proprement dits*, rendus sur le rapport d'un ou plusieurs ministres, sans l'intervention du conseil d'État.

Ces deux sortes d'actes réglementaires ont pour trait distinctif de présenter les mêmes caratères que la loi dont ils sont le complément : ils ont comme elle la force obligatoire, la généralité de disposition, la réglementation de l'avenir, la sanction pénale (celle de l'article 471 n° 15 du Code pénal, à défaut d'une peine différente et d'une juridiction plus élevée, établies par un autre texte de loi); comme elle enfin, ils ne commandent que dans l'intérêt général, et sont d'ordre public. Nonobstant ces ressemblances, l'acte réglementaire diffère de la loi, non-seulement en ce qu'il émane d'un autre pouvoir, mais aussi en ce qu'il ne doit tendre qu'à l'exécution de la loi, sans pouvoir se mettre en contradiction ni avec son texte ni avec son esprit (L. 25 février 1875, art. 3 § 1 [n°s 37 et 49]).

Le chef de l'État exerce cette autorité réglementaire dans trois conditions différentes : — 1° en vertu du droit inhérent à la puissance exécutive, comprenant l'établissement des règlements pour l'exécution des lois ; — 2° en vertu d'un mandat spécial donné par des lois très-nombreuses relativement à certains objets déterminés ; — et 3° en vertu de lois plus rares, qui délèguent à l'autorité réglementaire du chef de l'État de véritables attributions législatives ; tels sont l'article 615 du Code de commerce relatif à l'institution des tribunaux de commerce, l'article 38 de la loi du 22 ventôse an XII relatif aux frais d'études dans les facultés de droit, l'article 147 de la loi du 28 avril 1816 et l'article 8 de la loi du 24 juillet 1867 [n°s 1463 et 1465] relatifs à l'établissement des octrois, et (d'après l'ordonnance réglementaire du 28 juillet 1822 et deux arrêts de la cour de cassation du 12 août 1835) l'article 10 de la loi du 27 juillet 1822 relatif aux fraudes en matière de douanes.

Un document historique important, dont il sera ci-après parlé [n° 83], indique la haute portée de l'autorité réglementaire inhérente au pouvoir d'administration du chef de l'État : « C'est au » moyen des règlements d'administration publique que les ser- » vices publics ont été organisés en France depuis 1800 ; et cette » législation secondaire, si je puis ainsi parler, n'est pas la partie » des travaux du conseil d'État qui ait été la moins consultée et la » moins imitée par les divers gouvernements de l'Europe. »

63. Les décrets spéciaux se subdivisent actuellement en deux catégories : les *décrets gouvernementaux* et les *décrets administratifs*.

64. Les décrets *gouvernementaux* appartiennent plus particulièrement au droit constitutionnel et correspondent à la première branche du pouvoir exécutif, s'appliquant aux objets très-divers soumis à son action [n°s 21 à 32, 38, 39, 47 à 51]. Ce n'est pas comme administrateur que le chef de l'État signe les décrets de cette nature, c'est comme chargé du gouvernement de la France. Aussi ces actes ne donnent pas lieu au contentieux administratif, et nous avons soin de les distinguer des diverses sortes d'actes administratifs particulièrement au point de vue des questions de compétence [n° 248]. Toutefois la distinction entre les décrets gouvernementaux, non susceptibles d'être attaqués par la voie contentieuse devant les tribunaux administratifs, et les décrets administratifs soumis à ce recours, présente certaines difficultés d'application.

Le conseil d'État, appelé à juger ces questions, a classé dans la sphère des décrets gouvernementaux ceux relatifs aux faits suivants : faits de guerre (c. d'Ét. 11 mai 1854, *Civili*; 6 juillet 1854,

Bacri ; 18 août 1857, *Paolo* ; 4 juillet 1862, *Simon* ; 8 février 1864, *Chevalier* ; 19 mai 1864, *Héraclidis* ; 19 décembre 1868, *Barron*) ; actes concernant les relations diplomatiques (c. d'Ét. 5 janvier 1847, *Courson et autres* ; 1er février 1851, *Lucas* ; 26 mai 1866, *Laymond* ; 30 avril 1867, *Dubois* ; 18 novembre 1869, *Jecker* ; 12 février 1870, *Casaurane*, et six arrêts semblables du même jour ; 12 février 1870, *Limantour*) ; mesures de sûreté publique (c. d'Ét. 5 janvier 1855, *Boulé* ; 10 janvier 1856, *Dautreville* ; 26 février 1857, *Cohen*) ; mesures d'ordre politique (c. d'Ét. 31 mai 1866, *Gazette de France* ; 9 mai 1867, *duc d'Aumale*) ; actes de souveraineté, tels que la collation ou la reconnaissance des titres de noblesse (c. d'Ét. 28 mars 1866, *de Montmorency* ; 11 août 1866, *Hamilton*). — La même règle a été appliquée par le conseil d'État dans plusieurs arrêts du 8 novembre 1872 (*de Bellemare et autres*), portant que les décisions de la commission instituée par l'assemblée nationale pour la révision des grades dans l'armée, ne sont pas susceptibles d'être attaquées par la voie contentieuse.

65. Les décrets *administratifs* varient à l'infini ; à chaque pas l'étude des matières administratives en présente l'application.

Dans cette classe de décrets spéciaux administratifs, il faut ranger même ceux qui statuent, après délibération du conseil d'État en assemblée générale ou en sections, sur les recours pour abus, les prises maritimes et les autorisations de plaider accordées aux communes et aux établissements publics.

De nombreux décrets spéciaux administratifs, sans appartenir à la classe des actes réglementaires, doivent être rendus *dans la forme des règlements d'administration publique,* c'est-à-dire le conseil d'État en assemblée générale entendu, tels que les décrets portant délimitation des rivages de la mer [*voir* n° 961], déclaration d'utilité publique [n° 814], inscription d'office dans un budget départemental de l'une des quatre dépenses déterminées par l'article 61 de la loi du 10 août 1871 sur les conseils généraux [n° 141], annulation d'une délibération définitive des conseils généraux d'après l'article 46 de la même loi [n° 145], transformation des anciennes sociétés anonymes en sociétés anonymes dans les termes de la loi du 24 juillet 1867 sur les sociétés (art. 46 de cette loi), autorisation des associations de la nature des tontines et des sociétés d'assurances sur la vie (loi du 24 juillet 1867 sur les sociétés, articles 66 et 67, combinés avec les avis du conseil d'État des 29 mars-1er avril 1809 et 15 octobre 1809 seulement publié par ordonnance royale du 14 novembre 1821 ; décret du 22 janvier 1868, portant règlement d'administration publique pour la constitution des sociétés d'assurances, et avis du conseil d'État du 10 octobre 1872, S. Lois 72, 3, 290 et *note*). [*Voir*, n° 74, L. 24 mai 1872, art. 8; et, n° 86, D. 21 août 1872, art. 5 § 27.]

Sous toutes les Constitutions (an VIII, 1802-1804, 1814, 1815, 1830, 1852, 1870), qui faisaient du second degré de la juridiction administrative contentieuse et du jugement des conflits d'attributions, des applications de la fiction constitutionnelle en vertu de laquelle il y avait, dans ces deux hypothèses, *justice retenue* par le pouvoir exécutif, il existait pour ces deux cas une troisième sorte d'ordonnances ou de décrets, les *décrets rendus au contentieux et en matière de conflits*; mais la loi du 24 mai 1872, en donnant, comme en 1848, un pouvoir propre au conseil d'État et au tribunal des conflits, a supprimé par là même cette troisième sorte de décrets [n°^s 269 et 270, 659 à 662].

66. Contre tous les décrets il y a deux voies de recours toujours ouvertes : le recours par la voie gracieuse au chef de l'État lui-même, et le recours par voie de pétition aux assemblées constitutionnellement investies du droit de statuer sur les pétitions.

Une troisième voie, le recours contentieux au conseil d'État, non ouverte contre les décrets généraux rendus par le chef de l'État en vertu de l'autorité réglementaire dont il possède la plénitude, est permise, au contraire, contre les décrets spéciaux administratifs, parce qu'ils constituent des actes administratifs proprement dits [n°^s 247 et 248]; il n'en est ainsi toutefois qu'autant qu'ils portent atteinte à un droit acquis, résultant soit des lois et règlements, soit des engagements pris par l'administration, ce qui, suivant une règle générale dominant tout le droit administratif, interdit ce recours même contre ceux de ces décrets qui ne font que froisser un *intérêt* sans léser un *droit* [n° 249]. Nous verrons enfin [n°^s 254, 255, 274, 654 et 655] que les demandes en interprétation des décrets doivent être portées au conseil d'État au contentieux.

Une quatrième voie de recours est également ouverte contre tous les décrets, sans distinction, devant le conseil d'État délibérant au contentieux, mais seulement pour *excès de pouvoir* et pour *incompétence*. Nous aurons à signaler de rechef [n° 252] ce principe général, tutélaire de tous les droits, d'après lequel tout acte d'un organe quelconque de l'administration française peut être, *de plano* et sans frais, déféré au conseil d'État délibérant au contentieux pour excès de pouvoir et pour incompétence.

Un cinquième mode de recours, d'une nature particulière, est ouvert contre les décrets rendus sur l'avis du conseil d'État en matière non contentieuse, par l'article 40 du décret du 22 juillet 1806.

§ II. — Des ministres.

67. Triple rôle des ministres.
68. Départements ministériels.
69. Composition de l'administration centrale de chaque ministère.
70. Diverses attributions administratives des ministres.
71. Du contre-seing.
72. Des attributions d'administration proprement dites et des actes des ministres.
73. De leur droit de contrôle sur les arrêtés réglementaires des préfets.

67. Les ministres remplissent trois rôles différents : 1° ils participent à l'action du gouvernement ; 2° ils administrent ; et 3° ils jugent.

Les fonctions politiques et gouvernementales des ministres relèvent plus particulièrement du droit constitutionnel ; elles sont expliquées ci-dessus, dans l'étude générale que nous avons faite du principe de la séparation des pouvoirs.

Comme administrateurs et comme juges, les ministres appartiennent au droit administratif.

Leurs attributions contentieuses donnent lieu à de sérieuses controverses, qui trouveront leur place naturelle dans le chapitre II, consacré aux juridictions administratives [n°s 427 à 437].

Leurs attributions d'administration active font seules l'objet du présent paragraphe. Les ministres, considérés comme administrateurs, sont les chefs des grandes divisions de l'administration publique qui portent le nom de *départements ministériels*. Placés au second degré de la hiérarchie, immédiatement après le chef de l'État, les ministres étendent comme lui leur action administrative sur le pays tout entier; mais, tandis que le premier degré de la hiérarchie embrasse tous les services publics, le second est limité à ceux qui composent chaque département ministériel.

68. La répartition des diverses branches de l'administration publique en départements ministériels, dans toutes les Constitutions monarchiques excepté celle de 1791, a toujours été placée dans les attributions du pouvoir exécutif ; mais la loi organique des ministères des 27 avril-25 mai 1791, qui n'établissait que six ministères, et les Constitutions républicaines de l'an III et de 1848, réservaient le droit de faire cette répartition au pouvoir législatif; celui-ci a d'ailleurs toujours été appelé, même aux autres époques, à voter les crédits nécessaires aux remaniements de départements minis-

tériels intéressant le budget. Dans le silence de la législation en vigueur, ce droit, sauf la ratification budgétaire, appartient au chef de l'État.

Depuis 1791, le nombre et la composition des départements ministériels a beaucoup varié suivant les circonstances et les régimes politiques. Il existe actuellement neuf ministères : — Ministère de la Justice (avec la présidence du conseil d'État et du tribunal des conflits), — des Affaires étrangères, — de l'Intérieur, — des Finances, — de la Guerre, — de la Marine et des Colonies, — de l'Instruction publique, des Cultes et des Beaux-Arts, — des Travaux publics, — de l'Agriculture et du Commerce.

Suivant une règle ancienne, les ministres prennent rang entre eux d'après l'ancienneté déterminée par la durée de leurs services en qualité de membres du conseil des ministres, et à défaut de différence de durée par leur ordre de nomination, à l'exception du ministre auquel un décret confère le titre de vice-président du conseil des ministres (D. 2 septembre 1871), auquel appartient toujours la préséance.

69. Les ministres sont aidés dans l'exercice de leurs fonctions par de nombreux auxiliaires qui, si haut placés que soient quelques-uns d'entre eux, n'ont aucun pouvoir propre de décision; ils forment, dans chaque ministère, des divisions, des sections, des bureaux, entre lesquels sont réparties les affaires. Aux termes de l'article 7 de la loi du 23 juillet 1843, cette organisation intérieure, qui était antérieurement réglée par décisions ministérielles, ne peut plus l'être que par un acte du chef de l'État. En outre, les branches principales des services publics sont confiées à des agents spéciaux organisés hiérarchiquement et formant des administrations particulières, qualifiées directions, qui dépendent des divers ministères. Enfin, il existe près de chaque ministère un ou plusieurs conseils administratifs ou comités administratifs destinés à éclairer le ministre et à préparer quelques-uns de ses actes.

C'est la réunion de tous ces auxiliaires de chaque ministre qui constitue, dans chaque département ministériel, l'administration centrale, ainsi nommée parce que c'est d'elle, dominée par le chef de l'État, que part la direction administrative des intérêts généraux dans tout le pays.

Près des ministres, qui sont aussi appelés *ministres secrétaires d'État*, peuvent se trouver des *sous-secrétaires d'État*, ou des *secrétaires généraux*.

70. Les ministres ont deux sortes d'attributions comme administrateurs : des attributions spéciales propres à chaque département ministériel, et des attributions générales communes à chacun d'eux ; les premières varient d'un ministère à l'autre, sont indiquées par la dénomination même de chaque ministère et rentrent dans sa spécialité ; les dernières, présentant un caractère général, sont le *contre-seing*, l'*administration* et le *contrôle*.

71. Le contre-seing des actes du pouvoir exécutif par les ministres était obligatoire sous les Chartes et Constitutions, de 1791 jusqu'en 1852 ; l'usage s'en était également conservé depuis, malgré le silence de la Constitution du 14 janvier 1852 ; cet usage était même confirmé, bien avant les réformes constitutionnelles ultérieures, par le décret-loi du 22 janvier 1852. Il n'a donc jamais cessé d'exister. La loi du 25 février 1875, relative à l'organisation des pouvoirs publics (art. 3 *in fine*), consacre cette règle. Le contre-seing ministériel est une conséquence nécessaire de la responsabilité ministérielle ; en outre il a une double utilité : il certifie la signature du chef de l'État, et il constate que l'acte est conforme aux règles de la branche d'administration confiée à ce ministre.

72. Aux termes de l'article 54 de la Constitution du 22 frimaire an VIII, « les ministres procurent l'exécution des lois et des règle- » ments d'administration publique ». Cette définition des attributions administratives des ministres est encore vraie, à condition de la compléter par ces mots : « et de tous autres actes du pouvoir » exécutif ». Chaque ministre, dans son département, est le délégué immédiat et exclusif du chef de l'État, au-dessous duquel il forme le second degré hiérarchique de l'administration active ; sa sphère d'activité embrasse également tout le pays, avec cette différence, déjà signalée, qu'elle est restreinte aux services publics composant son département ministériel.

Les ministres accomplissent cette mission au moyen de la correspondance directe avec les fonctionnaires subordonnés ; et leurs principaux actes, dans leurs relations avec eux, reçoivent le nom d'*ordres*, d'*instructions circulaires* ou *individuelles*, et de *décisions*. Ces trois sortes d'actes ministériels ne lient que les divers agents de l'administration ; ils n'ont qu'une autorité doctrinale à l'encontre des administrés ; ceux-ci, par suite, ne peuvent jamais exercer de recours gracieux ou contentieux, selon la distinction déjà indiquée [n° 66] entre l'intérêt froissé et le droit violé, que contre l'application à eux faite de l'acte ministériel.

Par des décisions qui reçoivent plus particulièrement le nom d'*arrêtés ministériels*, le ministre exerce directement son action sur les administrés; il en est de même lorsqu'il statue sur l'appel que les citoyens ont toujours le droit de former devant lui contre les actes de ses inférieurs immédiats; il faut remarquer que le ministre connaît des actes de ses subordonnés comme administrateur et non comme juge. L'article 6 du décret du 25 mars 1852 et l'article 7 du décret du 13 avril 1861 sur la décentralisation administrative [reproduits n° 122] n'ont fait que maintenir cette règle générale que doit respecter toute décentralisation administrative bien entendue; mais de même que du préfet on peut appeler au ministre, du ministre on peut appeler au pouvoir exécutif.

Enfin, les ministres, comme représentants légaux de l'État, passent des traités au nom de l'État avec les particuliers pour assurer les divers services compris dans leurs départements.

C'est encore en cette qualité que chaque ministre est l'ordonnateur supérieur des dépenses qui regardent ces mêmes services [n°s 454 et 1063]. C'est aussi à ce titre que chaque ministre plaide au nom de l'État devant le conseil d'État, dans les affaires contentieuses relatives aux services de son département.

73. Le droit de contrôle des ministres s'exerce principalement sur les arrêtés réglementaires des préfets [n° 110]. Ce n'est pas là une autorité d'action, et le mot de contrôle est exact, car le pouvoir du ministre est borné dans ce cas à la faculté d'opposition, sans comprendre le droit de modifier. Le pouvoir exécutif réglemente pour tout l'État, le préfet pour son département, le maire pour sa commune : il n'y a pas de place pour l'autorité réglementaire du ministre; et ce droit de contrôle suffit pour lui permettre de veiller à la conciliation de l'ordre local avec l'ordre général.

La loi sur la police des chemins de fer présente, suivant nous [n°s 942 et 943], une application remarquable, bien que contestée, de cette règle qui refuse aux ministres l'exercice direct de l'autorité réglementaire.

§ III. — Conseil d'État.

74. Définition, rôle et attributions générales du conseil d'État.
75. Ses origines dans l'ancien *conseil du roi* et le conseil d'État de l'an VIII.
76. Son histoire de 1814 à 1872; comparaison avec l'institution actuelle.

77. Sa composition en vertu des lois du 24 mai 1872 et du 25 février 1875.
78. Conditions d'âge et incompatibilités.
79. Président, vice-président, et présidents de section.
80. Nomination et situation des auditeurs au conseil d'État.
81. Concours pour l'auditorat de 2me classe.
82. Concours pour l'auditorat de 1re classe.
83. Organisation du conseil d'État en sections, assemblée générale, et assemblée du contentieux.
84. Des sections ; leur division et leurs attributions.
85. Statistique des travaux des sections, de 1852 à 1865.
86. De l'assemblée générale ; son organisation ; ses attributions : article 5 du décret du 21 août 1872.
87. Statistique des travaux de l'assemblée générale, de 1852 à 1865.
88. Dispositions générales communes à l'ensemble du conseil d'État.

74. Le conseil d'État présente toujours l'application la plus élevée du principe, qui, à chaque degré de la hiérarchie, place la délibération confiée à des conseils administratifs à côté de l'action administrative, remise à des agents uniques. C'est surtout à ce titre qu'en matière d'administration pure le conseil d'État fonctionne près du chef de l'État et des ministres, et qu'indépendamment et au-dessus des divers conseils ou comités consultatifs attachés à chaque ministère, il complète l'administration centrale.

Le conseil d'État, en outre de sa participation à la confection des lois qui appartient au droit constitutionnel et fait de lui 1° un conseil de gouvernement, est de plus : 2° un grand conseil d'administration (ce n'est que sous ce point de vue qu'il doit être considéré dans ce chapitre), et 3° la plus haute des juridictions administratives en matière contentieuse.

Ce triple caractère du conseil d'État est consacré par les articles 8 et 9 de la loi du 24 mai 1872 portant réorganisation du conseil d'État. La loi constitutionnelle du 16 juillet 1875 a modifié implicitement l'article 8 *in fine* de la loi de 1872, en permettant au gouvernement de prendre des commissaires pour la défense de tous les projets de loi, dans le conseil d'État comme ailleurs. En outre, l'article 4 de la loi constitutionnelle du 25 février 1875 [n°s 76 et 77] a consacré constitutionnellement l'existence du conseil d'État.

L'antithèse des articles 8 et 9 montre que le conseil d'État continue à n'avoir pas de pouvoir propre en matière administrative, mais qu'il reçoit de la grave disposition de l'article 9, qui fait ainsi disparaître la fiction légale de la justice retenue, le droit de statuer souverainement sur le contentieux administratif. D'autre part, il n'a plus le jugement des conflits d'attributions entre l'autorité administrative et l'autorité judiciaire [*voir* n°s 657 à 678].

> Loi du 24 mai 1872, *portant réorganisation du conseil d'État.* — Titre II : *Fonctions du conseil d'État.* — Art. 8. Le conseil d'État donne son avis : 1° sur les projets d'initiative parlementaire que l'Assemblée nationale juge à propos de lui renvoyer; 2° sur les projets de loi préparés par le gouvernement, et qu'un décret spécial ordonne de soumettre au conseil d'État ; 3° sur les projets de décret et, en général, sur toutes les questions qui lui sont soumises par le président de la République ou par les ministres. Il est appelé nécessairement à donner son avis sur les règlements d'administration publique et sur les décrets en forme de règlements d'administration publique. Il exerce, en outre, jusqu'à ce qu'il en soit autrement ordonné, toutes les attributions qui étaient conférées à l'ancien conseil d'État par les lois ou règlements qui n'ont pas été abrogés. Des conseillers d'État peuvent être chargés par le gouvernement de soutenir devant l'Assemblée les projets de loi qui ont été renvoyés à l'examen du conseil. — Art. 9. Le conseil d'État statue souverainement sur les recours en matière contentieuse administrative, et sur les demandes d'annulation pour excès de pouvoirs formées contre les actes des diverses autorités administratives.

75. Le conseil d'État a une double origine : par l'une, l'ancien *conseil du roi*, il est une de nos plus antiques institutions; par l'autre, le conseil d'État de l'an VIII, qui a mis l'ancien corps en harmonie avec le nouveau droit public de la France, il est devenu non-seulement, comme autrefois, l'une des plus grandes, mais aussi l'une des plus vitales institutions du pays, survivant à chaque commotion politique, sinon dans son personnel, du moins dans son organisme.

En 1789, le conseil du roi, qui avait subi des vicissitudes et des changements divers, était divisé, bien qu'il fût un et indivisible, en cinq *conseils royaux* : le *conseil des affaires étrangères* (ou *conseil d'en haut*, dit aussi le *conseil d'État*), le *conseil des dépêches*, le *conseil des finances*, le *conseil du commerce*, le *conseil privé* ou *conseil des parties*. Par les quatre premiers, l'ancien conseil du roi correspond aux conseils d'État modernes, divisés en comités ou sections; mais par le dernier de ces conseils royaux, il correspond à la cour de cassation de nos jours. Dans un régime qui n'admettait ni la division des pouvoirs, ni la séparation des autorités, il était logique qu'il présentât la réunion du législatif et de l'exécutif, de l'administratif et du judiciaire. En toutes matières du reste, le conseil, dépouillé de pouvoir propre, auxiliaire du roi, ne faisait que préparer les actes du roi, qui était *toujours réputé présent en son conseil*. En 1789, le conseil du roi se composait de 30 conseillers d'État, dont 3 d'église, 3 d'épée et 24 de robe, de 80 maîtres des requêtes, et des ministres secrétaires d'État, présidents des divers conseils royaux, ainsi que de *ministres d'État* ayant entrée au conseil des affaires étrangères.

Bien que l'Assemblée constituante ait employé [*voir* n° 272] le mot de conseil d'État, elle eut le tort de supprimer l'institution elle-même avec l'ancien conseil du roi ; et la solution de continuité s'est prolongée jusqu'en 1800.

Le conseil d'État apparaît alors dans la Constitution consulaire du 22 frimaire de l'an VIII et le règlement du 5 nivôse de la même année, avec un degré de force considérable. Auxiliaire du pouvoir exécutif, préparant la plupart de ses actes d'administration, rendant la justice administrative, rédigeant sous l'autorité des consuls toutes les lois, les soutenant devant le pouvoir législatif, y ajoutant les règlements nécessaires à leur exécution, rendant même des avis interprétatifs obligatoires comme la loi elle-même, le conseil d'État de l'an VIII s'est illustré par l'œuvre immense de la codification des lois françaises et de la rédaction des grandes lois d'organisation administrative, religieuse et judiciaire de la France.

76. Ce grand corps, actuellement organisé par la loi du 24 mai 1872, diffère du conseil d'État du Consulat et du premier Empire, en ce qu'il ne peut pas être exclusivement investi comme lui, indépendamment de ses attributions administratives et contentieuses, de la préparation, de la rédaction officielle, de l'amendement des projets de loi, ainsi que de leur défense au sein des assemblées ; il ne fait qu'y participer dans la mesure déterminée par l'article 8, ci-dessus rapporté [n° 74] ; il en diffère aussi, comme tous les autres conseils d'État, en ce qu'il n'a pas comme lui l'interprétation législative par voie d'autorité, rendue depuis 1814 au pouvoir législatif, qui seul doit la posséder en vertu du principe de la séparation des pouvoirs.

Il diffère aussi des conseils d'État qui furent organisés, dans le silence des Chartes, en 1814 et en 1830, surtout du premier qui était dépouillé de presque toute attribution de l'ordre législatif et constitutionnel. « Sous la Restauration, dit un document officiel [que
» nous analysons au n° 83], le conseil d'État, dont la Charte n'avait
» pas consacré l'existence, même par une simple mention, et qui
» n'avait pas recouvré sans contestation ses anciennes attributions
» en matière administrative, n'eut plus aucun rôle politique et ne
» fut que rarement appelé à donner son avis sur les projets de loi.
» La monarchie de Juillet mit à profit les lumières du conseil
» d'État pour la préparation des projets de loi d'intérêt local rela-

» tifs aux affaires des départements et des communes et de plu-
» sieurs projets d'intérêt général : aussi la loi du 19 juillet 1845
» énumérait, parmi les attributions du conseil, l'étude des projets
» de loi qui lui étaient renvoyés par le gouvernement. »

La Constitution du 4 novembre 1848 rendit au conseil d'État organisé par elle une partie de ses attributions législatives, sans lui rendre aucune participation à la défense des projets de loi devant les Chambres, qui avait illustré le conseil d'État de 1800 à 1810. Le conseil d'État actuel, formé par la loi du 24 mai 1872, diffère du conseil d'État de 1848 en ce que l'article 8 *in fine* [reproduit n° 74], lui confère aujourd'hui cette attribution, bien que limitée aux cas déterminés. Mais, sous deux rapports essentiels, ce conseil d'État ressemble à celui de 1848 : en ce qu'il possède comme lui, en matière contentieuse, un pouvoir propre dont le conseil d'État moderne, créé en 1800, aussi bien que l'ancien conseil du roi, n'a été investi à aucune autre époque de son histoire; en ce que, comme le conseil d'État de 1848, il est privé de la préparation du jugement des conflits, qui, sous tous les autres régimes, a appartenu au conseil d'État. Ces points de ressemblance entre le conseil d'État de 1848 et celui de 1872 sont assez naturels, puisque ces deux conseils d'État sont également appropriés à la forme républicaine du gouvernement de ces deux époques. Il existait entre eux une autre ressemblance, d'après la loi du 24 mai 1872 (art. 3) qui réservait au pouvoir législatif l'élection des conseillers d'État en service ordinaire; mais la loi du 25 février 1875 (art. 4), imitant en cela les constitutions monarchiques, a rattaché le conseil d'État, par le droit de nomination de ses membres, au pouvoir exécutif dont il est l'auxiliaire.

Enfin, si l'on compare le conseil d'État actuel au conseil d'État organisé par la Constitution de 1852, on voit qu'il en diffère sous les deux rapports qui le rapprochent de celui de 1848, que son personnel est beaucoup moins nombreux, et que dans son ensemble il a moins d'attributions, car le document déjà cité, comparant les diverses périodes, constatait que « la Constitution du 14 janvier 1852 et les décrets organiques de cette Constitution conféraient au conseil d'État d'alors des attributions plus considérables que celles qui lui avaient été données jusque-là, même sous le premier Empire ». Le conseil d'État de la loi de 1872 présente au contraire, sauf les deux points ci-dessus signalés, moins de dissemblances avec le conseil d'État de la Constitution du 21 mai 1870, dans laquelle la situation du conseil se conciliait avec le régime parlementaire et l'initiative législative appartenant au gouvernement et aux deux Chambres.

77. Le conseil d'État organisé par la loi du 24 mai 1872 se compose de quatre catégories de fonctionnaires :

Les *conseillers d'État en service ordinaire,* dont le nombre est fixé à vingt-deux par l'article 1er de la loi du 24 mai 1872. Ils sont nommés par décrets rendus en conseil des ministres (L. 25 février 1875, art. 4), à l'exclusion des députés même démissionnaires qui ne peuvent être nommés conseillers d'État pendant les six mois qui suivent leur démission. Ils sont renouvelés par tiers tous les trois ans ; les membres sortants peuvent être indéfiniment renommés (L. 24 mai 1872, art. 3). Ils sont révocables dans la même forme, par décrets rendus en conseil des ministres, sauf les conseillers d'État élus par l'Assemblée nationale en 1872, qui, jusqu'à l'expiration de leurs pouvoirs, ne peuvent être révoqués que par le Sénat (L. 25 février 1875, art. 4 § 3).

Les *conseillers d'État en service extraordinaire*, dont le nombre est fixé à quinze, nommés par décrets du chef de l'État, et choisis parmi les hauts fonctionnaires de l'ordre administratif ou judiciaire ; ils perdent leur titre de conseiller d'État, de plein droit, dès qu'ils cessent d'appartenir à l'administration active (L. 1872, art. 5). Ils ont voix délibérative, soit à l'assemblée générale, soit aux sections, dans les affaires qui dépendent du département ministériel auquel ils appartiennent, et voix consultative dans les autres affaires (art. 11). Ils ne peuvent être attachés à la section du contentieux (art. 10). Ils ne reçoivent aucun traitement en tant que conseillers d'État.

Les *maîtres des requêtes,* au nombre de vingt-quatre, ayant voix consultative dans toutes les affaires, et voix délibérative dans celles dont ils font le rapport (art. 11). Ils sont nommés par décrets, après des présentations du vice-président et des présidents de section. Ils ne peuvent être révoqués que par un décret individuel, et après avis des présidents (art. 5).

Un décret du 7 octobre 1870, relatif aux membres de la commission provisoire chargée de remplacer le conseil d'État du 19 septembre 1870 jusqu'à l'installation du nouveau conseil nommé en vertu de la loi du 24 mai 1872, a posé le principe de l'assimilation du traitement des conseillers d'État avec celui des conseillers à la cour de cassation, au chiffre de 18,000 francs, qui a été maintenu au budget. Le traitement des maîtres des requêtes est de 8,000 fr.

Les *auditeurs*, au nombre de trente (L. 24 mai 1872, art. 1er), sont divisés en deux classes, la première de dix auditeurs et la seconde de vingt, tous nommés au concours (art. 5). Ils ont voix délibérative à leur section, et voix consultative à l'assemblée générale, seulement dans les affaires dont ils sont les rapporteurs (art. 11 § 3).

Il résulte des chiffres qui précèdent que le service ordinaire, qui est le véritable conseil d'État, compte aujourd'hui soixante-seize membres : 22 conseillers d'État, 24 maîtres des requêtes et 30 auditeurs. Sous la Charte de 1830, la loi du 19 juillet 1845 avait admis cent huit membres ; sous le gouvernement républicain, la loi du 3 mars 1849 l'avait réduit à quatre-vingt-huit; sous la Constitution de 1852, il s'élevait à cent soixante-dix membres : 50 conseillers d'État, 40 maîtres des requêtes et 80 auditeurs; mais un décret du 3 novembre 1869 avait réduit à 48 le nombre de ces derniers.

78. Les dispositions suivantes sont relatives aux conditions d'âge et aux incompatibilités propres aux diverses classes de fonctionnaires du conseil d'État.

Nul ne peut être nommé conseiller d'État, s'il n'est âgé de trente ans accomplis; maître des requêtes, s'il n'est âgé de vingt-sept ans; auditeur de deuxième classe, s'il a moins de vingt et un ans et plus de vingt-cinq ; auditeur de première classe, s'il a *moins de vingt-cinq* et plus de trente ans (L. 24 mai 1872, art. 6). — Est supprimé le minimum de vingt-cinq ans d'âge exigé, par l'article 6 de la loi du 24 mai 1872, des auditeurs de deuxième classe pour être admis au concours de la première (L. 1er août 1874, art. 2). — Les fonctions de conseiller en service ordinaire et de maître des requêtes sont incompatibles avec toute fonction publique salariée. Néanmoins, les officiers généraux ou supérieurs de l'armée de terre et de mer, les inspecteurs et ingénieurs des ponts et chaussées, des mines et de la marine, les professeurs de l'enseignement supérieur, peuvent être détachés au conseil d'État. Ils conservent, pendant la durée de leurs fonctions, les droits attachés à leurs positions, sans pouvoir toutefois cumuler leur traitement avec celui de conseiller d'État. Les fonctions de conseiller, de maître des requêtes, sont incompatibles avec celles d'administrateur de toute compagnie privilégiée ou subventionnée. Les conseillers d'État et les maîtres des requêtes, lorsqu'ils quittent leurs fonctions, peuvent être nommés conseillers ou maîtres des requêtes honoraires. Est supprimé le titre d'auditeur et de maître des requêtes en service extraordinaire (L. 24 mai 1872, art. 7).

79. Le président du conseil d'État est le garde des sceaux, ministre de la justice; il préside l'assemblée générale et, lorsqu'il le juge convenable, les sections administratives, à l'exclusion de la section du contentieux (L. 24 mai 1872, art. 4 et 10). Il y a un vice-président et quatre présidents de sections nommés par décrets du pouvoir exécutif parmi les vingt-deux conseillers d'État du service

ordinaire élus par l'assemblée (L. 1872, art. 4 et 10; L. 1ᵉʳ août 1874, art. 1ᵉʳ). Un secrétaire général du conseil d'État, qui a rang et titre de maître des requêtes, est placé à la tête des bureaux du conseil; un secrétaire spécial est attaché au contentieux, l'un et l'autre nommés par décrets sur la présentation des présidents, et révocables après leur avis (L. 1872, art. 4 et 5).

Les ministres ont rang et séance à l'assemblée générale du conseil d'État; chacun d'eux y a voix délibérative pour les affaires qui dépendent de son ministère; mais le garde des sceaux, président du conseil d'État, a toujours voix délibérative, aussi bien dans les sections (moins celle du contentieux) qu'à l'assemblée générale, lorsqu'il les préside (L. 1872, art. 2).

80. Les conditions de nomination des auditeurs de deuxième et de première classe au conseil d'État et leur situation, sont déterminées par les textes qui vont être rapportés. La loi du 24 mai 1872 a maintenu pour l'auditorat au conseil d'État l'institution du concours; elle l'a même étendue à la nomination des auditeurs de première classe, contrairement à la règle suivie de 1852 à 1870, mais conformément à celle de 1848; elle remettait purement et simplement en vigueur le règlement du 9 mai 1849, malgré les inconvénients de son article 20. La loi du 1ᵉʳ août 1874 (art. 3) a modifié sous ce rapport celle de 1872. Il faut remarquer que la réunion du vice-président du conseil d'État et des présidents de sections, chargée par l'article 7 de l'ancien règlement de 1849 et l'article 7 du règlement du 14 octobre 1872, d'arrêter la liste des candidats à l'auditorat, constitue une autorité administrative dont les décisions sont soumises à la règle générale du recours par la voie contentieuse au conseil d'État, pour excès de pouvoir et pour incompétence (C. d'Ét. 21 mars 1873, *Trubert* c. *Marquès di Braga*, Lebon, 73, p. 271).

Les auditeurs sont divisés en deux classes, dont la première se compose de dix et la deuxième de vingt. Les auditeurs de deuxième classe sont nommés au concours dans les formes et aux conditions qui seront déterminées dans un règlement que le conseil d'État sera chargé de faire. Ils ne restent en fonctions que pendant quatre ans, et ne reçoivent aucune indemnité. Les auditeurs de première classe seront nommés au concours dans les formes et conditions *déterminées par le règlement du 9 mai 1849 (abrogé)*. Ne seront admis à concourir que les auditeurs de deuxième classe... Les auditeurs de première classe reçoivent un traitement égal à la moitié de celui des maîtres des requêtes; la durée de leurs fonctions n'est pas limitée. Le tiers au moins des places de maîtres des requêtes sera réservé aux auditeurs de première classe... (L. 24 mai 1872, art. 5 §§ 5, 6, 7, 8 et 9). — Les auditeurs ont voix délibérative à leur section, et voix consultative à l'assemblée générale, seulement dans les affaires dont ils sont les rapporteurs (L. 1872, art. 11 § 3). — Le concours pour l'auditorat de première classe aura lieu dans les formes qui seront déterminées par un règlement que le conseil d'État sera chargé de faire. Les concurrents subiront deux sortes d'épreuves : des épreuves par écrit qui seront subies sous la surveillance d'un membre du jury, et des épreuves orales qui auront lieu en séance publique. Le jury, après discussion, pourra tenir compte, dans ses appréciations, des titres et des services antérieurs des candidats (L. 1er août 1874, *sur le conseil d'État,* art. 3).

81. *Décret du 14 octobre 1872, portant règlement du concours pour la nomination des auditeurs de* DEUXIÈME CLASSE *au conseil d'État* (promulgué au *Journal officiel* du 15 octobre 1872, inséré au *Bulletin des lois* n° 109, page 381).

Le président de la République française, vu l'article 5 § 6 de la loi du 24 mai 1872, sur le conseil d'État; le conseil d'État entendu; Décrète :

Titre Ier : *Annonce du concours et formation de la liste des candidats.* — Art. 1er. Pour la première nomination des auditeurs au conseil d'État et pour les nominations ultérieures aux places qui deviendront vacantes, le président du conseil d'État indiquera, par un arrêté, le nombre des places à mettre au concours, et déterminera l'époque à laquelle le concours devra s'ouvrir. — Art. 2. L'arrêté du président du conseil d'État sera inséré au *Journal officiel* avec le texte des articles 4, 5, 6, 7 et 11 du présent règlement et adressé immédiatement aux préfets des départements, ainsi qu'aux recteurs des académies. — Art. 3. Le délai entre l'insertion de l'arrêté au *Journal officiel* et le jour fixé pour l'ouverture du concours sera de deux mois. Dans le cas où des places deviendraient vacantes pendant cet intervalle, elles pourront être ajoutées, par un nouvel arrêté pris avant l'ouverture du concours, au nombre de celles précédemment indiquées. — Art. 4. Les aspirants se feront inscrire au secrétariat du conseil d'État dans les vingt jours à partir de l'insertion de l'arrêté au *Journal officiel*; ils déposeront au secrétariat leur acte de naissance, ainsi que les pièces justificatives des conditions énoncées dans l'article suivant. Les aspirants auront aussi la faculté de se faire inscrire et de produire les pièces au secrétariat de la préfecture de leur résidence, dans le même délai. La liste des inscriptions et les pièces seront transmises, dans les dix jours, par les préfets, au secrétariat du conseil d'État. — Art. 5. Nul ne pourra se faire inscrire en vue du concours : 1° s'il n'est Français jouissant de ses droits; 2° s'il a, au 1er janvier de l'année du concours, moins de vingt et un ans ou plus de vingt-cinq ans; 3° s'il ne produit soit un diplôme de licencié en droit, ès sciences ou ès lettres, obtenu dans une des facultés de la République, soit un diplôme de l'école des chartes, soit un certificat attestant qu'il a satisfait aux examens de sortie de l'école polytechnique, de l'école nationale des mines, de l'école nationale des ponts et chaussées, de l'école centrale des arts et manufactures, de l'école forestière, de l'école spéciale militaire ou de l'école navale, soit un brevet d'officier dans les armées de terre et de mer. — Art. 6. La liste des inscriptions sera close par le secrétaire général du conseil d'État cinq jours après l'expiration du délai fixé par l'article 4 pour l'envoi des pièces. — Art. 7. La liste des candidats qui seront admis à concourir sera dressée et arrêtée définitivement par le vice-président du conseil d'État, assisté des présidents de section. Cinq jours au moins avant l'ouverture du concours, elle sera déposée au secrétariat du conseil d'État, où toute personne pourra en prendre communication. = Titre II : *Organisation du jury.* — Art. 8. Le jury du concours se composera de trois conseillers d'État, dont un faisant les fonctions de président, et d'un maître des requêtes choisi par le président du conseil d'État. Le président du jury aura la direction et la police du concours; il aura voix prépondérante, en cas de partage, sauf pour la nomination des candidats. — Art. 9. Le nombre des juges présents jusqu'à la fin des épreuves ne pourra être moindre de trois. — Art. 10. Il sera dressé procès-verbal de chaque séance, et le procès-verbal sera signé par chacun des juges. = Titre III : *Matière des épreuves.* — Art. 11. Les épreuves du concours porteront : 1° sur les principes du droit politique et constitutionnel français ; 2° sur les principes généraux du droit des gens ; 3° sur les principes généraux du droit civil français et l'organisation judiciaire de la France ; 4° sur l'organisation administrative et sur les matières administratives indiquées dans le programme joint au présent règlement [1] ; 5° sur les éléments de l'économie politique. = Titre IV : *Nature et mode des épreuves.* — Art. 12. Il y aura une épreuve préparatoire et des épreuves définitives. — Art. 13. L'épreuve préparatoire consistera en une composition par écrit sur un sujet relatif à la législation administrative. — Art. 14. Le sujet de composition commun à tous les candidats sera tiré au sort entre trois sujets qui auront été choisis, séance tenante, par le jury, et mis sous enveloppe cachetée. Le tirage au sort sera fait par le président en présence des candidats. — Art. 15. Tous les candidats seront immédiatement renfermés de manière à n'avoir aucune communication avec le dehors. La surveillance sera confiée à l'un des juges désignés par le président du jury. Les candidats ne pourront s'entr'aider dans leur travail, ni se procurer d'autres secours que les lois françaises. Le temps accordé pour la composition sera de six heures. — Art. 16. Les compositions seront faites sur un papier délivré aux candidats, et en tête duquel ils inscriront leurs nom et prénoms. Lors du dépôt de la composition sur le bureau, le juge surveillant placera en tête un numéro d'ordre qui sera répété sur le manuscrit. Les têtes des compositions seront détachées à l'instant et réunies sous une enveloppe cachetée, laquelle ne sera ouverte qu'après l'examen et le jugement. — Art. 17. La liste des candidats admis aux épreuves définitives sera dressée par ordre alphabétique ; elle sera déposée au secrétariat général du conseil d'État, où les concurrents pourront en prendre communication. — Art. 18. Les épreuves définitives consisteront en une épreuve par écrit et une épreuve orale. — Art. 19. Pour l'épreuve par écrit, les concurrents feront une composition sur un sujet tiré au sort par le président du jury, ainsi qu'il a été dit en l'article 14. Ce sujet, commun à tous les candidats, pourra porter sur les diverses matières indiquées en l'article 11. Il sera donné vingt-quatre heures avant la composition. Les candidats devront rédiger leur travail dans les conditions fixées par l'article 15. Ils ne devront avoir à leur disposition ni notes, ni collection de lois. — Art. 20. Après la remise des compositions, il sera procédé en séance publique à l'épreuve orale. — Art. 21. L'épreuve orale durera trois quarts d'heure. Elle consistera : 1° en une exposition de principes faite par chaque candidat sur une matière tirée au sort ; 2° en un examen. L'exposition ne durera pas plus d'un quart d'heure. L'examen portera sur toutes les matières indiquées en l'article 11 ci-dessus. Le sujet de l'exposition, contenu dans une enveloppe cachetée, sur laquelle le président et le candidat apposeront leur signature, sera remis à celui-ci une heure avant le commencement de

[1] *Voir* dans le premier appendice, à la fin de cet ouvrage, LE PROGRAMME DÉTAILLÉ DES MATIÈRES ADMINISTRATIVES, arrêté tant pour le concours de l'auditorat de la deuxième classe que pour celui de la première classe.

son épreuve. Les interrogations seront faites par les membres du jury, sans argumentation entre les concurrents. — Art. 22. Dans l'épreuve orale, l'ordre à suivre entre les candidats sera indiqué par un tirage au sort. = Titre V : *Jugement*. — Art. 23. Lorsque les épreuves seront terminées, le président prononcera la clôture du concours et le jury procédera immédiatement, et en séance secrète, à la délibération. — Art. 24. Si, d'après le résultat du concours, le jury estime qu'il n'y a pas lieu à nomination, ou qu'il n'y a pas lieu de nommer à toutes les places vacantes, il en sera fait déclaration en séance publique. — Art. 25. La liste des nominations sera dressée par ordre de mérite. — Art. 26. Le jury pourra faire procéder à une nouvelle épreuve orale entre les candidats qui se trouveraient placés sur le même rang. — Art. 27. Le jugement sera rendu sans désemparer et le résultat du concours proclamé en séance publique. Extrait du procès-verbal, signé par le président et tous les juges, sera transmis immédiatement au président de la République. = Titre VI : *Dispositions transitoires*. — Art. 28. Pour le premier concours des auditeurs de deuxième classe, les candidats seront admis à concourir s'ils ont vingt et un ans et s'ils n'ont pas vingt-sept ans accomplis au moment de l'ouverture du concours. — Art. 29. Les anciens auditeurs au conseil d'État et ceux qui ont été attachés à la commission provisoire instituée par le décret du 15 septembre 1870 seront dispensés de l'épreuve préparatoire. — Art. 30. Pour le prochain concours, les candidats qui n'auraient pu déposer, dans les délais fixés par l'article 4, les diplômes exigés par le paragraphe 3 de l'article 5, seront admis à produire ces diplômes ou les certificats constatant leur réception jusqu'au dixième jour avant l'ouverture du concours. — Art. 31. Le garde des sceaux, ministre de la justice, est chargé de l'exécution du présent décret, qui sera inséré au *Bulletin des lois*.

82. *Règlement d'administration publique* du 12 août 1874, *sur le concours pour la nomination des auditeurs de* PREMIÈRE CLASSE *au conseil d'État*.

Le président de la République française, vu la loi du 24 mai 1872, article 5 § 7, et la loi du 1er août 1874, article 3 ; le conseil d'État entendu ; Décrète :

Titre Ier : *Annonce du concours*. — Art. 1er. Le président du conseil d'État indique par un arrêté le nombre des places vacantes d'auditeur de première classe à mettre au concours et détermine l'époque à laquelle ce concours devra s'ouvrir. — Art. 2. L'arrêté du président du conseil d'État est porté à la connaissance des auditeurs de deuxième classe par une lettre du secrétaire général. — Art. 3. Le délai entre la notification de cet arrêté et l'ouverture du concours est d'un mois. Dans le cas où des places deviendraient vacantes pendant cet intervalle, elles peuvent être ajoutées, par un nouvel arrêté pris avant l'ouverture du concours, au nombre de celles qui avaient été précédemment indiquées. — Art. 4. Les auditeurs de deuxième classe qui veulent se présenter au concours doivent se faire inscrire au secrétariat général du conseil d'État, cinq jours au moins avant l'ouverture du concours. = Titre II : *Organisation du jury*. — Art. 5. Le jury du concours se compose d'un président de section, de quatre conseillers d'État pris dans chacune des sections du conseil et désignés par le président du conseil d'État. Le président du jury a la direction et la police du concours. Il a voix prépondérante en cas de partage, sauf pour la nomination des candidats. — Art. 6. Le nombre des juges présents jusqu'à la fin des épreuves ne peut être moindre de trois. — Art. 7. Il est dressé procès-verbal de chaque séance, et le procès-verbal est signé par chacun des juges. = Titre III : *Des épreuves*. — § 1er. *De l'épreuve écrite*. — Art. 8. L'épreuve écrite consiste dans un rapport exposant la législation et la jurisprudence sur une question importante de droit administratif. — Art. 9. Le sujet de composition commun à tous les candidats est tiré au sort entre trois sujets qui auront été choisis, séance tenante, par le jury, et mis sous enveloppe cachetée. Le tirage au sort est fait par le président en présence des candidats. — Art. 10. Tous les candidats sont immédiatement renfermés de manière à n'avoir aucune communication avec le dehors. La surveillance est confiée à l'un des juges désigné par le président du jury. Les candidats ne peuvent s'entr'aider dans leur travail, ni se procurer d'autres secours que les lois françaises. Le temps accordé pour la composition est de six heures. — § 2. *De l'épreuve orale.* — Art. 11. L'épreuve orale dure trois quarts d'heure. Elle consiste : 1° en une exposition de principes faite par chaque candidat sur une matière tirée au sort; 2° en un examen. L'exposition peut porter sur toutes les matières indiquées dans le programme annexé au décret du 14 octobre 1872 relatif au concours pour la nomination aux places d'auditeur de deuxième classe. Elle ne dure pas plus d'un quart d'heure. Le sujet de l'exposition, contenu dans une enveloppe cachetée, sur laquelle le président et le candidat apposeront leur signature, est remis à celui-ci une heure avant le commencement de son épreuve. L'examen porte sur les matières qui rentrent dans les attributions de la section à laquelle le candidat appartient. Toutefois, si le candidat n'est pas resté six mois dans cette section, il est interrogé sur les matières rentrant dans les attributions de la section à laquelle il appartenait antérieurement. Les interrogations sont faites par les membres du jury sans argumentation entre les concurrents. — Art. 12. Dans l'épreuve orale, l'ordre à suivre entre les candidats est indiqué par un tirage au sort. = Titre IV : *Jugement.* — Art. 13. Lorsque les épreuves sont terminées, le président prononce la clôture du concours, et le jury procède immédiatement, et en séance secrète, à la délibération et à l'appréciation du mérite des candidats, conformément à l'article 3 de la loi du 1er août 1874. — Art. 14. Si, d'après le résultat du concours, le jury estime qu'il n'y a pas lieu à nomination, ou qu'il n'y a pas lieu de nommer à toutes les places vacantes, il en est fait déclaration en séance publique. — Art. 15. La liste des nominations est dressée par ordre de mérite. — Art. 16. Le jugement sera rendu sans désemparer, et le résultat du concours proclamé en séance publique. Extrait du procès-verbal, signé par le président et tous les juges, sera transmis immédiatement au ministre de la justice. — Art. 17. Le garde des sceaux, ministre de la justice, est chargé de l'exécution du présent décret, qui sera inséré au *Bulletin des lois* [1].

83. Le conseil d'État a trois modes de délibération qui représentent l'ensemble de son organisation, en *Sections,* en *Assemblée générale,* et en *Assemblée du contentieux.*

Il en est ainsi du conseil d'État organisé par la loi du 24 mai 1872, comme du conseil d'État qui a fonctionné de 1852 à 1870. Aussi les statistiques officielles sur les travaux du conseil d'État pendant la période précédente présentent-elles toujours, même au

---

[1] Par suite d'oubli ce règlement d'administration publique n'a pas été inséré au *Bulletin des lois*; il est au *Journal officiel* du 14 août 1874.

point de vue de l'institution actuelle, un grand intérêt; elles mettent en lumière la variété infinie et le nombre considérable des affaires soumises à ce grand corps dont l'intervention forme, sous tous les régimes politiques, pour les citoyens et pour l'État, la plus puissante garantie. Aussi, dans le cours de cet ouvrage, nous recourrons fréquemment et nous avons eu déjà recours à ces documents remarquables et féconds en enseignements statistiques et juridiques.

Les comptes généraux des travaux du dernier conseil d'État sous ces diverses formes de procéder, sont au nombre de deux; le premier, publié en 1862, comprend la période de neuf années écoulées du 25 janvier 1852 au 31 décembre 1860; le second, publié en 1868, comprend les cinq années écoulées du 1er janvier 1861 jusqu'au 31 décembre 1865; de sorte que ces deux statistiques embrassent quatorze années successives des travaux de l'ancien conseil d'État.

Ces deux comptes généraux se divisent en trois grandes parties, consacrées : 1° aux travaux législatifs, 2° aux travaux administratifs du conseil, 3° aux affaires contentieuses. Cette division justifie bien la définition que nous avons donnée du conseil d'État, en l'appelant : 1° un grand conseil de gouvernement (c'est en cette qualité qu'il accomplissait et qu'il accomplit encore ses *travaux législatifs*, aujourd'hui moins étendus); 2° un grand conseil d'administration (*travaux administratifs*); 3° la plus haute juridiction administrative (*affaires contentieuses*).

Le rapport du ministre qui précédait le premier compte rendu se termine par le résumé suivant : « Les travaux du conseil d'État
» pendant la période de neuf années, comprise de 1852 à 1860,
» peuvent se résumer ainsi : — le conseil a délibéré sur 21 projets
» de sénatus-consultes, sur 1,804 projets de loi et sur 1,100 amen-
» dements proposés par les commissions du Corps législatif. —
» 149,965 affaires administratives ont été examinées, soit dans le
» sein des sections, soit en assemblée générale du conseil. — Enfin
» la section du contentieux et l'assemblée du conseil délibérant
» au contentieux ont préparé 9,053 projets de décrets statuant sur
» les conflits d'attributions et sur les affaires contentieuses. » —
Le second compte rendu et le rapport qui le précède, pour les cinq années de 1861 à 1865, constatent, pour ne parler que des travaux administratifs et contentieux, 93,989 affaires administratives examinées, soit dans le sein des sections, soit en assemblée générale, et 5,874 affaires contentieuses jugées pendant ces cinq années.

C'est en *Assemblée du conseil délibérant au contentieux* que le conseil d'État forme toujours le haut tribunal administratif, dont il sera parlé dans le chapitre suivant consacré à la justice administrative [n⁰ˢ 264 à 286].

Nous devons, au contraire, traiter, dans la présente partie de l'ouvrage, des *Sections* et de l'*Assemblée générale du conseil d'État*, investies des attributions administratives du conseil. Elles ne procèdent jamais (sauf une exception déterminée plus loin [n⁰ˢ 265 à 267] relative à la section du contentieux) en tant que tribunaux administratifs ; elles sont des conseils et non des tribunaux ; à ce titre les séances de l'assemblée générale et de toutes les sections ne sont jamais publiques, et il n'y a jamais de débat contradictoire entre les parties intéressées.

84. *Sections.* Le nombre, la dénomination, la composition et les attributions des sections du conseil d'État sont déterminés par les textes suivants, extraits de la loi du 24 mai 1872 et du décret réglementaire du 21 août 1872, et que l'analyse la plus exacte ne suppléerait qu'imparfaitement. Il faut remarquer que, si le pouvoir législatif a posé le principe d'existence de quatre sections (au lieu de six dans la législation antérieure), dont trois sections administratives et la section du contentieux, il a laissé au pouvoir exécutif (comme dans la période précédente) le droit de faire et changer la répartition des services administratifs entre les sections, et par suite de dénommer les trois sections administratives ; en l'état actuel elles ressortissent chacune à trois départements ministériels. On remarquera que les vingt-deux conseillers d'État du service ordinaire, sauf le vice-président et y compris les quatre présidents de section, sont ainsi répartis dans les sections : six dans la section du contentieux et cinq dans chacune des trois sections administratives (L. 1872, art. 10 modifié par la loi du 1ᵉʳ août 1874, art. 1ᵉʳ [n° 263]).

Le conseil d'État est divisé en quatre sections, dont trois seront chargées d'examiner les affaires d'administration pure, et une de juger les recours contentieux. La section du contentieux sera composée de six conseillers d'État *et du vice-président du conseil d'État (abrogé)*; les autres sections se composeront de quatre conseillers et d'un président. Les présidents de section sont nommés par décrets du président de la République et choisis parmi les conseillers en service ordinaire. Le ministre de la justice a le droit de présider les sections hormis la section du contentieux. Les conseillers en service ordinaire sont répartis entre les sections par décrets du président de la République. Les conseillers en service extraordinaire, les maîtres des requêtes et les auditeurs sont distribués entre les sections par arrêtés du ministre de la justice, suivant les besoins du service. Les conseillers en service extraordinaire ne peuvent pas être attachés à la section du contentieux. Un règlement d'administration publique statuera sur l'ordre intérieur des travaux du conseil, sur la répartition des affaires entre les sections, sur la nature des affaires qui devront être portées à l'assemblée générale, sur le mode de roulement des membres entre les sections et sur les mesures d'exécution non prévues par la présente loi (Loi du 24 mai 1872, art. 10).

Décret *portant règlement intérieur du conseil d'État*, du 21 août 1872. = Titre Ier : *De l'organisation intérieure du conseil d'État*. — Art. 1er (modifié par le décret du 8 février 1873). Les projets de loi renvoyés au conseil d'État soit par l'Assemblée nationale, soit par le gouvernement, et les affaires administratives ressortissant aux différents ministères, sont répartis entre les trois sections suivantes : 1° section de l'intérieur, de la justice, de l'instruction publique, des cultes et des beaux-arts; 2° section des finances, de la guerre, de la marine et des colonies ; 3° section des travaux publics, de l'agriculture, du commerce et des affaires étrangères. Les projets de loi et les affaires administratives concernant l'Algérie sont examinés par les différentes sections, suivant la nature du service auquel ils se rattachent. — Art. 2. Le nombre des maîtres des requêtes et des auditeurs attachés à chaque section sera fixé par le ministre de la justice, sur la proposition du vice-président du conseil et des présidents de section. — Art. 3. Tous les trois ans, après le renouvellement partiel des conseillers d'État en service ordinaire par l'Assemblée nationale, il est fait une nouvelle répartition des conseillers d'État et des maîtres des requêtes entre les diverses sections. Cette répartition est faite par décret du président de la République, en ce qui concerne les conseillers d'État, et par arrêté du ministre de la justice, sur la proposition du vice-président et des présidents de section, en ce qui concerne les maîtres des requêtes. En dehors des époques fixées pour le roulement, les conseillers d'État ne peuvent être déplacés par décret du président de la République que sur leur demande et de l'avis du vice-président du conseil d'État. Chaque année, au 15 octobre, le ministre de la justice arrête, sur la même proposition, la répartition des auditeurs entre les sections.

La section du contentieux est chargée de diriger l'instruction écrite et de préparer le rapport des affaires contentieuses qui doivent être jugées par le conseil d'État. Elle ne peut délibérer que si trois au moins de ses membres ayant voix délibérative sont présents. En cas de partage, on appellera le plus ancien des maîtres des requêtes présents à la séance. Tous les rapports au contentieux sont faits par écrit (Loi du 24 mai 1872, art. 15). — La section du contentieux ne peut statuer, en exécution de l'article 19 de la loi du 24 mai 1872 sur les affaires introduites sans le ministère d'un avocat au conseil, que si trois conseillers d'État au moins sont présents (Décret du 21 août 1872, art. 22). — Trois maîtres des requêtes sont désignés par le président de la République pour remplir au contentieux les fonctions de commissaires du gouvernement. Ils assisteront aux délibérations de la section du contentieux (Loi du 24 mai 1872, art. 16).

Les sections administratives ne peuvent délibérer valablement que si trois conseillers en service ordinaire sont présents. En cas de partage, la voix du président est prépondérante (Loi du 24 mai 1872, art. 12 § 2). — Les décrets rendus après délibération d'une ou de plusieurs sections mentionnent que ces sections ont été entendues (L. 1872, art. 13 § 2).

Décret *portant règlement intérieur du conseil d'État*, du 21 août 1872. = Art. 6. Les recours pour abus et les recours en matière d'autorisation de plaider sont examinés par la section de l'intérieur, justice, instruction publique, cultes et beaux-arts. Les affaires de prises maritimes sont soumises à la section des travaux publics, agriculture et commerce, et affaires étrangères. = Titre III : *De l'ordre intérieur des travaux.* — § 1ᵉʳ. *Assemblées de sections.* — Art. 7. Il est tenu dans chaque section un rôle sur lequel toutes les affaires sont inscrites d'après leur ordre de date. Le président de la section distribue les affaires entre les rapporteurs. Il désigne celles des affaires qui sont réputées urgentes, soit par leur nature, soit par des circonstances spéciales. — Art. 8. La date de la distribution des affaires, avec l'indication de leur nature, est inscrite sur un registre particulier qui reste à la disposition du président de la section. — Art. 9. Le secrétaire de chaque section tient note sur un registre spécial des affaires délibérées à chaque séance et de la décision prise par la section. Il y fait mention de tous les membres présents. — Art. 10. En l'absence du président de la section, la présidence appartient à celui des conseillers d'État qui est le premier inscrit sur le tableau. — Art. 11. Pour l'examen préparatoire des projets de loi ou des règlements d'administration publique, la section compétente peut, avec l'agrément du garde des sceaux, appeler dans son sein ceux des conseillers d'État ou des maîtres des requêtes des autres sections dont elle croit devoir réclamer le concours. La section ainsi composée peut former une commission dont elle désigne les membres et qui lui fait un rapport. — Art. 12. Lorsque plusieurs sections sont réunies, soit sur la demande du gouvernement, soit en vertu d'une décision du ministre de la justice, la présidence appartient, en l'absence du ministre de la justice, au vice-président ou aux présidents des sections réunies dans l'ordre du tableau. Les lettres de convocation contiennent l'indication des affaires qui doivent être traitées dans ces réunions.

85. Les deux comptes généraux des travaux du conseil d'État pendant les quatorze années écoulées de 1852 à 1865, fixent ainsi qu'il suit la part de chacune des cinq sections administratives qui existaient alors, dans le chiffre de 150,000 affaires administratives, dans les neuf premières années, et de 100,000 dans les cinq dernières, qui ont été examinées par le conseil d'État de cette époque.

La section de législation, justice et affaires étrangères a statué seule sur 260 pourvois formés en matière d'autorisation de plaider par les communes et autres personnes morales ; sur 1,045 demandes en changement ou addition de noms ; quelques affaires en petit nombre ont été en outre soumises à la section seule par le ministère de la justice et par le ministère des affaires étrangères ; mais la plupart des affaires placées dans ses attributions étaient soumises pour leur solution à l'assemblée générale après avoir été examinées par la section.

La section de l'intérieur, de l'instruction publique et des cultes a délibéré sur un nombre bien plus considérable d'affaires non ensuite soumises à l'assemblée générale. Quoique la décentralisation administrative opérée par le décret du 25 mars 1852, dont il sera ci-après parlé [nᵒˢ 97, 113 et suivants], ait considérablement diminué les attributions de cette section, en restreignant celles de l'administration centrale, la section de l'intérieur, de l'instruction publique et des cultes a cependant statué, pendant ces quatorze années, sur 68,434 affaires.

La section des travaux publics, de l'agriculture et du commerce a vu aussi diminuer par les décrets de décentralisation administrative le nombre des affaires agricoles, commerciales ou industrielles soumises d'abord à son examen ; elle n'en a pas moins examiné pendant ces quatorze ans 10,702 affaires ; on peut en signaler 322 relatives aux chemins de fer ; 2,324 relatives aux ponts, routes, quais et ports ; 542 relatives aux mines, forges et carrières ; 557 relatives à des sociétés anonymes, et, pendant la seule période de 1861 à 1865, 688 affaires concernant les cours d'eau navigables et non navigables.

La section de la guerre et de la marine « est surtout occupée, portent les comptes rendus du président du conseil d'État, de la révision des pensions de l'armée et des pensions de toute nature liquidées par le ministère de la marine et des colonies. Elle a révisé la liquidation de 52,247 pensions préparées au ministère de la guerre, et de 57,143 préparées au ministère de la marine. Le montant de ces pensions est, pour les premières, de 34,773,104 fr.; pour les secondes, de 13,734,277 francs. »

La section des finances est chargée de réviser les liquidations des pensions des fonctionnaires et employés de tous les ministères, sauf les pensions de l'armée de terre et celles liquidées par le ministère de la marine et des colonies ; les révisions faites par la section des finances pendant ces quatorze années embrassent 39,763 pensions. Cette section a eu encore à donner son avis sur des affaires ou des questions qui lui ont été soumises par les diverses branches de l'administration des finances : dette inscrite, comptabilité, contributions directes, contributions indirectes, enregistrement et domaines, forêts, postes, ces affaires montent au total de 1,978.

86. *Assemblée générale du conseil d'État.* Les règles relatives à la composition de cette assemblée, qui réunit dans son sein les divers éléments du conseil, sont formulées dans les articles 12, 13 et 14 de la loi du 24 mai 1872 ci-dessous rapportés. Le tableau

général de ses hautes attributions est contenu dans l'article 5 du décret réglementaire, que nous reproduisons également, et qui codifie et complète de nombreuses dispositions de lois et de règlements ; il remplace, en les mettant en harmonie avec la législation nouvelle, les divers numéros de l'article 13 de l'ancien décret réglementaire du 30 janvier 1852. Ces dispositions trouveront leur commentaire dans les parties de l'ouvrage consacrées aux matières auxquelles elles se réfèrent ; mais, vu dans son ensemble et rapproché de ceux qui concernent les sections, ce texte met en lumière la diversité des attributions administratives du conseil d'État, presque aussi multipliées que les actes mêmes de l'administration centrale. Après cet article 5 du décret portant règlement d'administration publique du 21 août 1872, nous reproduisons les dispositions purement réglementaires du même décret, relatives à l'ordre intérieur des travaux de l'assemblée générale.

Le conseil d'État, en assemblée générale, ne peut délibérer si treize au moins de ses membres, ayant voix délibérative, ne sont présents. En cas de partage, la voix du président est prépondérante (Loi 24 mai 1872, art. 12 § 1). — Les décrets rendus après délibération de l'assemblée générale mentionnent que le conseil d'État a été entendu (art. 13 § 1). — Le gouvernement peut appeler à prendre part aux séances de l'assemblée ou des sections, avec voix consultative, les personnes que leurs connaissances spéciales mettraient en mesure d'éclairer la discussion (art. 14).

Décret portant règlement intérieur du conseil d'État. = Titre II : *De l'attribution des affaires à l'assemblée générale et aux sections.* — Art. 5. Sont portés à l'assemblée générale du conseil d'État : les projets de loi renvoyés au conseil et les projets de règlement d'administration publique ; les projets de décret qui ont pour objet : 1° l'enregistrement des bulles et autres actes du Saint-Siège ; 2° les recours pour abus ; 3° les autorisations des congrégations religieuses et la vérification de leurs statuts ; 4° l'autorisation ou la création d'établissements publics et d'établissements d'utilité publique ; 5° l'autorisation à ces établissements, aux congrégations religieuses, aux communes et départements d'accepter des dons et legs dont la valeur excéderait 50,000 fr. ; 6° l'annulation ou la suspension des délibérations prises par les conseils généraux des départements, dans les cas prévus par les articles 33, 47 et 49 de la loi du 10 août 1871 ; 7° les impositions d'office établies sur les départements, dans le cas prévu par l'article 61 de la loi du 10 août 1871 ; 8° les recours formés par les conseils municipaux en vertu de l'article 23 de la loi du 5 mai 1855, dans le cas d'annulation de leurs délibérations ; 9° l'autorisation des impositions extraordinaires et des emprunts votés par les conseils municipaux, dans le cas prévu par l'article 7 de la loi du 24 juillet 1867, et des emprunts contractés par les hospices et autres établissements charitables, dans le cas prévu par l'article 12 de la même loi ; 10° les impositions d'office établies sur les communes ; 11° les traités passés par les communes ayant plus de trois millions de revenu, pour les objets énumérés dans l'article 16 de la loi du 24 juillet 1867 ; 12° les changements apportés à la circonscription territoriale des communes ; 13° les caisses des retraites des employés des administrations municipales ; 14° la création des octrois ou l'autorisation des taxes pour une durée supérieure à cinq ans ; 15° la création des tribunaux de commerce et des conseils de prud'hommes, la création ou la prorogation des chambres temporaires dans les cours et tribunaux ; 16° la création des chambres de commerce ; 17° la naturalisation des étrangers accordée à titre exceptionnel, en vertu de l'article 2 de la loi du 29 juin 1867 ; 18° les prises maritimes ; 19° la délimitation du rivage de la mer ; 20° les concessions de portions du domaine de l'État et les concessions de mines, soit en France, soit en Algérie ; 21° l'exécution des travaux publics à la charge de l'État, qui peuvent être autorisés par décrets du pouvoir exécutif ; 22° l'exécution des chemins de fer d'intérêt local ; 23° la concession du desséchement de marais, les travaux d'endiguement et ceux de redressement des cours d'eau non navigables ; 24° l'approbation des tarifs de ponts à péage et des bacs ; 25° l'autorisation des sociétés d'assurances sur la vie, des tontines, et les modifications des statuts des sociétés anonymes autorisées avant la loi du 24 juillet 1867 ; 26° le classement des établissements dangereux, incommodes et insalubres, la suppression de ces établissements dans les cas prévus par le décret du 15 octobre 1810 ; 27° toutes les affaires non comprises dans cette nomenclature sur lesquelles il doit être statué, en vertu d'un texte de loi ou de règlement, par décret rendu dans la forme des règlements d'administration publique ; 28° enfin les affaires qui, à raison de leur importance, sont renvoyées à l'examen de l'assemblée générale, soit par les ministres, soit par les présidents de section, d'office ou sur la demande de la section. = Titre III : *De l'ordre intérieur des travaux*... — § 2. *Des assemblées générales.* — Art. 13. Les jours et heures des assemblées générales sont fixés par le conseil d'État, sur la proposition du ministre de la justice. En cas d'urgence, le conseil est convoqué par le vice-président. — Art. 14. Il est dressé par le secrétaire général, pour chaque séance, un rôle des affaires qui doivent être délibérées en assemblée générale. Ce rôle mentionne le nom du rapporteur et contient la notice de chaque affaire rédigée par le rapporteur. Il est divisé en deux parties, sous les noms de *grand ordre* et de *petit ordre*. Le rôle du *grand ordre* comprend les projets de loi et de règlement d'administration publique et toutes les affaires désignées dans un règlement arrêté par le ministre de la justice, sur la proposition du vice-président et des présidents de section. — Art. 15. Le rôle du *grand ordre* est imprimé et adressé aux conseillers d'État, maîtres des requêtes et auditeurs, deux jours au moins avant la séance. Sont imprimés et distribués en même temps que le rôle du *grand ordre*, s'ils n'ont pu l'être antérieurement, les projets de loi et de règlement d'administration publique, les avis proposés par les sections, ainsi que les documents à l'appui desdits projets dont l'impression aura été jugée nécessaire par les sections. Les documents non imprimés sont déposés au secrétariat général le jour où a lieu la distribution du rôle et des impressions, et ils y sont tenus à la disposition des membres du conseil, sauf les cas d'urgence. — Art. 16. Le procès-verbal contient les noms des conseillers d'État présents. Les conseillers d'État et les maîtres des requêtes qui sont empêchés de se rendre à la séance doivent en prévenir d'avance le vice-président du conseil d'État. Il en est de même des auditeurs qui sont chargés de rapports inscrits à l'ordre du jour. En cas d'urgence, les rapporteurs empêchés doivent, de l'agrément du président de leur section, remettre l'affaire dont ils sont chargés à un de leurs collègues. — Art. 17. Le président a la police de l'assemblée ; il dirige les débats, résume la discussion, pose les questions à résoudre. Nul ne peut prendre la parole sans l'avoir obtenue. — Art. 18. Les votes ont lieu par assis et levé ou par appel nominal. Toutes les élections ont lieu au scrutin secret, à la majorité absolue des membres présents et sur convocation spéciale. Le président proclame le résultat des votes. — Art. 19. Après le vote des projets de loi ou des projets de règlement d'administration publique, le conseil peut décider qu'il sera procédé à une seconde délibération.

87. D'après les comptes généraux des travaux du conseil d'État pour les quatorze années écoulées du 25 janvier 1852 au 31 décembre 1865, l'assemblée générale du conseil, investie, à peu de chose près, des mêmes attributions que le conseil d'État actuel, avait eu à statuer sur 121,417 affaires. Ces affaires administratives, les plus graves de toutes, environnées par la loi de la plus haute garantie, se répartissaient de la manière suivante :

1,665 affaires résolues par l'assemblée générale sur le rapport de la section de législation, justice et affaires étrangères : dont 601 demandes de naturalisation, 839 demandes en autorisation de poursuites, 95 recours pour abus, 17 affaires de prises maritimes ;

3,179 affaires résolues par l'assemblée générale sur le rapport de la section de l'intérieur, de l'instruction publique et des cultes ;

3,086 affaires sur le rapport de la section des travaux publics, de l'agriculture et du commerce, parmi lesquelles 34 règlements d'administration publique, rendus pour la plupart afin de pourvoir à l'exécution de lois d'intérêt général, et en vertu de la délégation donnée au gouvernement par le pouvoir législatif ;

495 affaires sur le rapport de la section de la guerre et de la marine, dont 131 du ministère de la marine, parmi lesquelles les plus nombreuses avaient pour objet la délimitation des rivages de la mer; la plupart des autres affaires étaient relatives à l'administration de l'Algérie et à la législation des colonies ;

3,350 affaires sur le rapport de la section des finances; les plus nombreuses concernant l'établissement ou la prorogation d'octrois municipaux, et la modification des tarifs ou des règlements d'octroi; 410 relatives aux caisses de retraite pour les employés des administrations départementales et municipales.

90 affaires ont été examinées en assemblée générale de l'ancien conseil sur le rapport de sections réunies, pendant cette même période de quatorze années de 1852 à 1865.

Ces données statistiques, quoique s'appliquant à une autre législation organique du conseil d'État, n'ont pas cessé de présenter le même intérêt que par le passé, parce que les attributions de l'assemblée générale du conseil d'État ont été maintenues, comme le prouve l'article 5 ci-dessus rapporté [n° 86] du décret réglementaire du 21 août 1872.

88. Sous cet intitulé *Dispositions générales*, le titre quatrième et dernier de ce décret du 21 août 1872 portant règlement d'administration publique sur l'organisation intérieure du conseil, édicte un certain nombre de prescriptions qui intéressent l'ensemble du conseil d'État.

> Titre IV : *Dispositions générales.* — Art. 27. Les présidents de section et les conseillers d'État siègent dans l'ordre du tableau. Le tableau comprend : 1° le vice-président ; 2° les présidents de section, d'après l'ordre de leur nomination par le gouvernement ; 3° les conseillers d'État en service ordinaire, dans l'ordre de leur élection par l'Assemblée, conformément à la liste officielle insérée au *Bulletin des lois ;* 4° les conseillers d'État en service extraordinaire, dans l'ordre de leur nomination. Lors des renouvellements prévus par l'article 3 de la loi du 24 mai 1872, les conseillers d'État réélus conservent leur rang parmi les anciens membres. Les maîtres des requêtes et les auditeurs siègent dans l'ordre de leur nomination. — Art. 28. Les conseillers d'État ne peuvent s'absenter sans un congé donné par le ministre de la justice, après avoir pris l'avis du vice-président et du président de leur section. Les maîtres des requêtes et les auditeurs ne peuvent s'absenter sans un congé donné par le vice-président, après avoir pris l'avis du président de la section dont ils font partie. — Art. 29. Dans le cas où, par suite de vacance, d'absence ou d'empêchement d'un ou plusieurs conseillers d'État, une section ne se trouve pas en nombre pour délibérer, le vice-président du conseil, de concert avec les présidents de section, la complète par l'appel de conseillers pris dans les autres sections. En cas d'urgence, la décision est prise par le président de la section. — Art. 30. Tout conseiller d'État, maître des requêtes ou auditeur, qui s'absente sans congé, ou qui excède la durée du congé qu'il a obtenu, subit la retenue intégrale de la portion de son traitement afférente au temps pendant lequel a duré son absence non autorisée. Si l'absence non autorisée dure plus d'un mois, le ministre de la justice en informe le président de la République. — Art. 31. Au procès-verbal des sections et des assemblées générales du conseil d'État est annexée une analyse sommaire des discussions relatives aux projets de loi, aux règlements d'administration publique et aux affaires pour lesquelles, à raison de leur importance, le président jugerait que la discussion doit être recueillie. Cette analyse est faite par un auditeur désigné à cet effet par le président et assisté d'un rédacteur spécial. Elle reproduit sommairement les discussions ; elle est soumise à la révision du président ou de l'un des conseillers d'État ou maîtres des requêtes présents à la séance, délégué par le président. — Art. 32. L'époque des vacances du conseil d'État est fixée, chaque année, par un décret du président de la République. Le même décret forme deux sections pour délibérer sur les affaires urgentes et désigne sept conseillers d'État en service ordinaire, six maîtres des requêtes et huit auditeurs pour composer ces sections. L'assemblée générale ne peut délibérer pendant les vacations qu'autant que sept au moins de ses membres ayant voix délibérative sont présents. Les conseillers d'État désignés pour faire partie de la section des vacations peuvent se faire remplacer, de l'agrément du président, par un autre conseiller d'État.

SECTION II. — Administration départementale.

89. Caractères du département.
90. Divers éléments de l'administration départementale; division de la section en sept paragraphes.
91. Loi du 28 pluviôse de l'an VIII.
92. Centralisation et décentralisation administrative.
93. Première période importante de décentralisation de 1831 à 1838.
94. On peut distinguer, depuis 1852, trois autres périodes de décentralisation.
95. Généralisation des neuf règles principales résultant des textes décentralisateurs de 1852, 1861, 1866, 1867 et 1871.
96. 1re règle : maintien de l'unité administrative et des créations de l'an VIII.
97. 2me, 3me et 4me règles : mesures de déconcentration.
98. 5me règle : maintien du droit de recours hiérarchique et d'annulation d'office par l'administration centrale.
99. 6me et 7e règles : extension des attributions des conseils électifs.
100. 8me règle : maintien du droit de contrôle du gouvernement sur les délibérations des conseils généraux et municipaux.
101. 9me règle : création de la commission départementale.
102. Résumé.
103. Titre Ier de la loi du 10 août 1871 sur les conseils généraux.

89. Nous avons déjà dit que le département est la plus grande des trois *circonscriptions* administratives de la France divisée en départements, arrondissements et communes. Nous savons aussi qu'il forme, après l'État, une seconde *unité* administrative, dans laquelle se trouve comprise l'administration des arrondissements.

Enfin le département est de plus, depuis 1811, une *personne civile* ou *morale,* constituant à ce titre, comme les communes, les hôpitaux, les hospices, etc., un véritable établissement public ; ce troisième caractère sera l'objet d'une étude particulière dans la dernière partie de cet ouvrage [nos 1340 à 1363].

90. L'administration départementale se compose de sept éléments dont l'importance est loin d'être la même ; nous ne les classons pas à ce point de vue, mais seulement en continuant, comme nous l'avons fait pour l'administration centrale, à traiter, en premier lieu, des dépositaires de l'action administrative et de leurs auxiliaires, et, en second lieu, des conseils administratifs, d'abord au chef-lieu du département, et ensuite dans les arrondissements. Les préfets, — les secrétaires généraux de préfecture, — les conseils de préfecture, — les conseils généraux, — les commissions

départementales élues par les conseils généraux, — les sous-préfets, — les conseils d'arrondissement, — constituent les sept organes de l'administration départementale.

Ils vont faire l'objet de sept paragraphes distincts.

Dans le premier de ces paragraphes, nous traiterons, d'une manière générale, de certaines mesures de décentralisation administrative, en même temps que de l'organisation des préfectures et des attributions des préfets, auxquelles elles se rattachent.

Nous devons aussi faire observer que dans le troisième paragraphe, consacré aux conseils de préfecture, ces corps ne seront considérés qu'au point de vue des attributions administratives non contentieuses dont ils sont investis, c'est-à-dire comme conseils administratifs et non comme tribunaux.

91. Toutefois, avant d'examiner chacune de ces sept parties de l'organisation administrative du département, et aussi avant d'aborder l'étude de l'organisation administrative des communes, nous croyons utile de placer ici le texte de la loi justement célèbre du 28 pluviôse de l'an VIII (17 février 1800), qui a fondé l'administration départementale et l'administration communale de la France. Cette loi a créé tous les organes administratifs du département et de l'arrondissement que nous venons d'énumérer, excepté les commissions départementales élues par les conseils généraux et qui n'ont été introduites qu'en 1871 dans l'organisme départemental.

Nous analyserons ensuite, dans une généralisation sommaire, les lois de décentralisation administrative qui sont venues modifier cette loi fondamentale, tout en maintenant les bases essentielles de l'organisation administrative créée par elle au commencement du siècle.

Les explications historiques données au début de ce chapitre nous permettent de prendre ici l'étude de l'administration départementale à partir de la loi organique de l'an VIII.

Nous signalerons par des caractères italiques ou même nous supprimerons, en indiquant ces suppressions, les parties de cette loi, aussi brève que considérable, qui sont aujourd'hui abrogées.

LOI CONCERNANT LA DIVISION DU TERRITOIRE FRANÇAIS ET L'ADMINISTRATION.

TITRE Ier. — DIVISION DU TERRITOIRE. — Art. 1er. Le territoire européen de la République sera divisé en départements et en arrondissements, conformément au tableau annexé à la présente loi.

TITRE II. — ADMINISTRATION. — § I. *Administration de département.* — Art. 2.

Il y aura dans chaque département un préfet, un conseil de préfecture et un conseil général de département, lesquels rempliront les fonctions exercées maintenant par les administrations et commissions de département. Le conseil de préfecture sera composé de..., et le conseil général de... (Nota. *Suit une division des départements en trois classes, dans lesquelles varie le nombre des membres de ces conseils, disposition actuellement abrogée.*) — Art. 3. Le préfet sera seul chargé de l'administration. — Art. 4. Le conseil de préfecture prononcera sur... (Nota. *Ce texte est reproduit n°s 128 et 313.*) — Art. 5. Lorsque le préfet assistera au conseil de préfecture, il présidera; en cas de partage, il aura voix prépondérante. — Art. 6. Le conseil général de département s'assemblera chaque année; l'époque de *sa réunion sera déterminée par le gouvernement*; la durée de la session ne pourra excéder quinze jours. Il nommera un de ses membres pour président, un autre pour secrétaire. Il fera la répartition des contributions directes entre les arrondissements du département. Il statuera sur les demandes en réduction faites par les conseils d'arrondissement, les villes, bourgs et villages. Il déterminera, dans les limites fixées par la loi, le nombre des centimes additionnels, dont l'imposition sera demandée pour les dépenses du département. Il entendra le compte annuel que le préfet rendra de l'emploi des centimes additionnels qui auront été destinés à ces dépenses. Il exprimera son opinion sur l'état et les besoins du département, et l'adressera au ministre de l'intérieur. — Art. 7. Un secrétaire général de préfecture aura la garde des papiers et signera les expéditions.

§ II. *Administration de l'arrondissement.* — Art. 8. Dans chaque arrondissement, il y aura un sous-préfet et un conseil d'arrondissement *composé de onze membres.* — Art. 9. Le sous-préfet remplira les fonctions exercées maintenant par les administrations municipales et les commissaires de canton, à la réserve de celles qui sont attribuées ci-après aux conseils d'arrondissement et aux municipalités. — Art. 10. Le conseil d'arrondissement s'assemblera chaque année; l'époque de sa réunion sera déterminée par le gouvernement; la durée de sa session ne pourra excéder quinze jours. Il nommera un de ses membres pour président, et un autre pour secrétaire. Il fera la répartition des contributions directes entre les villes, bourgs et villages de l'arrondissement. Il donnera son avis motivé sur les demandes en décharge qui seront formées par les villes, bourgs et villages. Il entendra le compte annuel que le sous-préfet rendra de l'emploi des centimes additionnels destinés aux dépenses de l'arrondissement. Il exprimera une opinion sur l'état et les besoins de l'arrondissement et l'adressera aux préfets. — Art. 11. Dans les arrondissements où sera situé le chef-lieu du département, il n'y aura point de sous-préfet.

§ III. *Municipalités.* — Art. 12. Dans les villes, bourgs et autres lieux pour lesquels il y a maintenant un agent municipal et un adjoint, *et dont la population n'excédera pas 2,500 habitants*, il y aura un maire et un adjoint; dans les villes ou bourgs *de 2,500 à 5,000 habitants*, un maire et deux adjoints; dans les villes *de 5,000 habitants à 10,000*, un maire, deux adjoints et un commissaire de police; dans les villes dont la population excédera 10,000 habitants, outre le maire, deux adjoints et un commissaire de police, il y aura un adjoint par 20,000 habitants d'excédant et un commissaire par 10,000 d'excédant. — Art. 13. Les maires et les adjoints rempliront les fonctions administratives exercées maintenant par l'agent municipal et l'adjoint; relativement à la police et à l'état civil, ils rempliront les fonctions exercées maintenant par les administrations municipales de canton, les agents municipaux et adjoints.

— Art. 14. Dans *les villes de 100,000 habitants et au dessus* il y aura un maire et un adjoint *à la place de chaque administration municipale*; il y aura de plus un commissaire *général* de police auquel des commissaires de police seront subordonnés, et qui sera subordonné au préfet; néanmoins il exécutera les ordres qu'il recevra immédiatement du ministre chargé de la police. — Art. 15. Il y aura un conseil municipal dans chaque ville, bourg ou autre lieu pour lequel il existe un agent municipal et un adjoint. Le nombre de ses membres sera de..... (Nota. *Variable suivant la population*; abrogé.) *Ce conseil s'assemblera chaque année, le 15 pluviôse, et pourra rester assemblé quinze jours.* Il pourra être convoqué extraordinairement par ordre du préfet. Il entendra et pourra débattre le compte des recettes et dépenses municipales. Il réglera le partage des affouages, pâtures, récoltes et fruits communs. Il réglera la répartition des travaux nécessaires à l'entretien et aux réparations des propriétés qui sont à la charge des habitants. Il délibérera sur les besoins particuliers et locaux de la municipalité, sur les emprunts, sur les octrois ou contributions en centimes additionnels qui pourront être nécessaires pour subvenir à ces besoins, sur les procès qu'il conviendra d'intenter ou de soutenir pour l'exercice ou la conservation des droits communs. — Art. 16. A Paris, dans chacun des arrondissements municipaux, un maire et deux adjoints seront chargés *de la partie administrative* et des fonctions relatives à l'état civil. Un préfet de police sera chargé de ce qui concerne la police, et aura sous ses ordres des commissaires distribués dans les *douze municipalités*. — Art. 17. A Paris, le conseil de département remplira les fonctions de conseil municipal.

§ IV. *Des nominations.* — Art. 18. Le premier Consul nommera les préfets, les conseillers de préfecture, *les membres des conseils généraux de département*, le secrétaire général de préfecture, les sous-préfets, *les membres des conseils d'arrondissement*, les maires et adjoints *des villes de plus de 5,000 habitants*, les commissaires *généraux* de police et préfets de police dans les villes où il en sera établi. — Art. 19. *Les membres des conseils généraux de département et ceux des conseils d'arrondissement seront nommés pour trois ans; ils pourront être continués.* — Art. 20. *Les préfets nommeront et pourront suspendre de leurs fonctions les membres des conseils municipaux. Ils nommeront* et pourront suspendre les maires et adjoints *dans les villes dont la population est au-dessous de 5,000 habitants. Les membres des conseils municipaux sont nommés pour trois ans; ils pourront être continués.*

§ V. *Des traitements.* — Art. 21. (Nota. *Article qui divise les préfectures en six classes au point de vue du traitement du préfet*; abrogé.) — Art. 22. Le traitement des conseillers de préfecture sera, dans chaque département, le dixième de celui du préfet. — Art. 23. (Nota. *Article relatif au traitement des sous-préfets*; abrogé.) — Art. 24 (et dernier). Le gouvernement fixera, pour chaque département, la somme des frais de bureau qui sera employée pour l'administration.

Ces vingt-quatre articles de la loi sont suivis du *tableau* (visé dans l'art. 1er) *des départements et des arrondissements de la France*, alors au nombre de 98 départements et 403 arrondissements; ce tableau est, à peu de chose près, conforme à la répartition actuelle des départements et des arrondissements, pour les départements formant aujourd'hui le territoire continental de la France. [*Voir* à la fin de l'ouvrage, 2me volume, avant-dernier appendice.]

92. Auprès de ces dispositions de la loi du 28 pluviôse de l'an VIII, dont les bases sont restées debout depuis 1800 dans un pays où les révolutions politiques ont, depuis cette même époque, accumulé tant de ruines successives, il est utile de placer le tableau sommaire des lois ultérieures d'administration départementale et communale qui sont venues se greffer tour à tour, et parfois en dépit même de leurs protestations, sur cette législation organique.

Cette loi, qu'il faut comparer aux systèmes administratifs, de l'ancienne France, de 1790 et de l'an III, exposés au début de ce chapitre, constituait l'unité et la centralisation administratives. Elle contenait toutefois dans celles de ses dispositions qui conféraient au pouvoir exécutif ou aux préfets la nomination des conseils départementaux et communaux, et dans celles qui refusaient toute initiative à ces conseils, des exagérations de centralisation qui pouvaient s'expliquer historiquement, en présence des désordres de la période révolutionnaire, mais que l'avenir devait faire disparaître. D'autre part, la portée de quelques autres dispositions de cette loi fut altérée, par des actes divers et successifs, au profit de l'administration centrale.

Ainsi le préfet, en qualité de représentant du gouvernement, administrateur *jure proprio* du département, était investi, par le texte général et sans réserve de l'article 3 de la loi du 28 pluviôse de l'an VIII, d'attributions immenses, soit pour l'application des lois d'intérêt général, soit pour l'application des lois d'intérêt local. De nombreuses lois, des actes du pouvoir exécutif plus nombreux encore, dont il serait peu utile d'entreprendre la nomenclature, sont venus presque aussitôt après (quoi qu'on en ait dit), régler l'autorité préfectorale dans le nombre infini des matières administratives; leur tendance était de resserrer cette autorité dans des limites plus étroites en réservant presque toujours à l'administration centrale la solution des affaires.

La réaction s'est faite contre cet abus de l'unité; et, sous le nom de *décentralisation administrative,* il s'est produit dans la presse et dans la doctrine, dans les discours des Assemblées politiques, des théories qui ont réclamé un système départemental et communal, d'après lequel les administrations locales eussent la libre gestion de leurs intérêts et fussent affranchies de la surveillance et du contrôle de l'autorité supérieure.

Sous ce nom de décentralisation administrative, les idées les plus diverses se sont produites, les plus sages comme les plus menaçantes pour l'unité politique et administrative du pays. Entre les données extrêmes, celle de la pratique antérieure qui exagérait le principe de la centralisation administrative et celle des publicistes qui sacrifient complétement ce principe protecteur de notre organisation administrative et de la grandeur du pays, le législateur a pris le sage parti d'introduire dans la loi un système intermédiaire ayant pour objet de faire disparaître les excès de la centralisation, tout en maintenant notre unité administrative et même en conservant l'organisation de l'an VIII.

93. Une injustice, contre laquelle nous avons toujours protesté, consiste à revendiquer d'une façon trop exclusive pour les diverses mesures intervenues, soit en 1852 et depuis, soit en 1871, la qualification de lois ou décrets de décentralisation administrative. Les premières mesures de décentralisation sont intervenues en 1833, 1837 et 1838, et quelques-unes d'entre elles étaient déjà discutées par les pouvoirs publics avant 1830.

La loi du 22 juin 1833 et celle du 21 mars 1831, qui a reçu également sa complète exécution en 1833, en rendant électifs les conseils généraux de département, les conseils d'arrondissement et les conseils municipaux, ont accompli la première et la plus importante mesure de décentralisation. Les lois, du 10 mai 1838 sur les attributions des conseils généraux et des conseils d'arrondissement, et du 18 juillet 1837 sur l'organisation municipale, en donnant aux conseils électifs l'initiative des affaires locales, en les rendant libres d'empêcher tout acte de la vie civile du département ou de la commune non consenti par eux, introduisaient aussi dans la législation et dans l'administration du pays un élément décisif de décentralisation.

L'ensemble de ces lois forme ainsi, de 1831 à 1838, une première période de décentralisation administrative dans l'histoire de l'administration française depuis le commencement du XIXe siècle.

94. On peut diviser en trois autres parties ou périodes les mesures de décentralisation ultérieures; ce qui fait en tout, depuis 1830, quatre périodes de décentralisation.

Ainsi, dans la première période dont nous venons de caractériser la haute importance, de 1831 à 1838, on rend les conseils locaux électifs et on leur donne l'initiative.

Dans la seconde, à partir de 1852, on décentralise en déconcentrant; le décret-loi du 25 mars 1852, le décret du 13 avril 1861, plusieurs autres décrets et quelques dispositions des lois ultérieures, s'inspirant de la même idée, reportent de l'administration centrale aux préfets la solution de très-nombreuses affaires administratives.

Dans la troisième, à partir de 1866, dans les lois sur les conseils généraux du 18 juillet 1866 et du 10 août 1871, et, à un degré beaucoup moindre, dans celle du 24 juillet 1867 sur les conseils municipaux, on décentralise en élargissant les pouvoirs des corps électifs et en les émancipant d'une façon plus ou moins complète de ce qu'on appelle à tort [n° 99] la *tutelle administrative*.

Enfin, 4° par la même loi du 10 août 1871, et c'est là l'œuvre capitale qui lui est absolument propre, le législateur a créé ce nouvel organe, étranger à la loi du 28 pluviôse de l'an VIII, la *commission départementale*, élue par le conseil général, pour le remplacer dans l'intervalle des sessions.

95. Tous ces actes successifs intervenus depuis 1830 contiennent ainsi des mesures diverses de décentralisation administrative. Après avoir indiqué la large part qui appartient aux lois de 1831, 1833, 1837 et 1838 dans l'œuvre de décentralisation, et ne nous occupant plus que des décrets ou lois ultérieurs de 1852, 1861, 1866, 1867, 1871, nous allons présenter une généralisation de leurs dispositions. On en peut déduire neuf règles principales. L'énoncé de ces neuf règles va préciser les caractères constitutifs de la décentralisation administrative, telle que ces textes, par des procédés divers, l'ont réalisée.

96. — 1re *règle*. — On décentralise tout en maintenant les bases fondamentales de l'organisation administrative consacrée par la législation de l'an VIII; il faut décentraliser en supprimant les exagérations de la centralisation; mais on maintient résolûment, dans l'intérêt de la puissance de la France et du bon ordre à l'intérieur, le principe d'unité administrative cherché sous l'ancienne monarchie et voulu par la révolution française. Le principe, proclamé en l'an VIII, de la répartition de l'action, de la délibération et de la juridiction administratives en des mains différentes, est aussi conservé. Tous les organes administratifs créés par la loi du 28 pluviôse de l'an VIII sont maintenus. On crée seulement un nouvel organe, en modifiant la répartition du pouvoir entre quelques-uns de ceux créés au commencement du siècle.

97. — 2ᵉ *règle*. — On décentralise en enlevant à l'administration centrale la solution du plus grand nombre des affaires locales, mais en conservant au pouvoir exécutif, ou même au pouvoir législatif, la solution de certaines affaires locales, en raison de leur importance et comme se liant plus étroitement aux intérêts de l'État. C'est l'application de l'idée reproduite dans le préambule du décret-loi du 25 mars 1852 en ces termes : « Considérant qu'on » peut gouverner de loin, mais qu'on n'administre bien que de » près ; qu'en conséquence, autant il importe de centraliser l'action » gouvernementale de l'État, autant il est nécessaire de décentra- » liser l'action purement administrative, etc. » En un mot, on enlève, en principe, à l'administration centrale la solution des affaires locales, mais cependant on lui laisse, à titre d'exception, la solution des plus graves.

On a donné d'abord (décrets de 1852 et 1861) la solution des affaires décentralisées aux préfets, et elle est restée entre leurs mains pour un nombre considérable d'affaires. Cette mesure de *déconcentration*, plus encore que de décentralisation, a l'avantage d'abréger les délais et les formalités, en rapprochant l'autorité compétente des populations ; elle eût été pleine d'inconvénients et de dangers sans le principe maintenu par la règle 5ᵉ ; elle laissait aussi des progrès à réaliser par les 6ᵉ, 7ᵉ et 9ᵉ règles.

3ᵉ *règle*. — Pour quelques affaires peu nombreuses et d'un intérêt secondaire, plutôt pour des formalités à remplir que pour des solutions à rendre, on a décentralisé par voie d'augmentation des attributions des sous-préfets (Décret du 13 avril 1861, art. 6 [n° 177]), fonctionnaires encore plus rapprochés des populations que les préfets.

4ᵉ *règle*. — Toute une classe d'affaires est, en raison de sa nature, exceptée des mesures de décentralisation : ce sont les affaires religieuses [n° 119]. Il en doit être ainsi dans l'intérêt des familles, dans l'intérêt politique et dans l'intérêt économique de l'État contraires à l'extension de la propriété de mainmorte, et peut-être aussi dans l'intérêt bien entendu de la religion elle-même. Des exceptions très-restreintes ont été seules apportées à ce principe par les décrets du 13 avril 1861 et du 15 février 1862.

98. — 5ᵉ *règle*. — On applique à toutes les affaires décentralisées le principe fondamental du droit des parties lésées de recourir à l'autorité administrative supérieure et du droit de celle-ci de réformer ou d'annuler d'office ; de sorte que l'administration centrale, en perdant le droit de décision directe, a conservé sur les actes de ses délégués le droit de contrôle qui représente le maintien de la centralisation administrative dans ce qu'elle a de réellement protecteur pour les populations et d'indispensable aux intérêts généraux du pays (D. 1852, art. 6 ; D. 1861, art. 7), sans parler de la puissante garantie qu'offre aux citoyens le recours toujours ouvert au conseil d'État pour excès de pouvoir et pour incompétence [n° 252].

99. — 6ᵉ et 7ᵉ *règles*. — Ce n'était pas assez, pour opérer une décentralisation effective, de rapprocher des populations, avec le droit de recours et de contrôle hiérarchique, l'autorité chargée d'exercer sur les départements et les communes ce qu'on appelle la *tutelle administrative* (expression très-impropre, car, d'après le droit civil, le tuteur gère seul et directement les affaires du mineur, tandis que, d'après les lois de 1837 et de 1838, les départements et les communes, représentés par leurs conseils électifs, avaient déjà la plénitude de l'initiative, l'autorité supérieure n'exerçant qu'un simple droit de surveillance et de *veto*). Il pouvait convenir de diminuer, et même, dans quelques cas, de supprimer cette soi-disant tutelle, c'est-à-dire la nécessité de l'autorisation ; avant les décrets de déconcentration, elle devait émaner généralement de l'administration centrale (pouvoir exécutif, conseil d'État, ministres, et parfois même du pouvoir législatif), et, depuis ces décrets, elle émanait le plus souvent des préfets. Cette substitution du préfet au pouvoir central était bien un moyen d'accélérer la marche des affaires, mais elle n'affranchissait dans aucun cas les conseils électifs de l'autorisation nécessaire pour l'exécution de leurs délibérations. Il fallait pour cela augmenter les attributions de ces conseils ; déjà libres de ne pas faire, on pouvait les rendre libres pour faire : c'était le pas le plus considérable à réaliser dans la voie de la décentralisation administrative.

C'est (6ᵉ règle), en ce qui concerne les départements, l'œuvre largement commencée par la loi du 18 juillet 1866 sur les conseils généraux, continuée et complétée par la loi du 10 août 1871, qui a remplacé la précédente et supprimé, sauf certains cas, la mesure dite de tutelle administrative pour la réalisation des actes de la vie civile des départements.

C'est (7ᵉ règle), en ce qui concerne les communes, l'œuvre bien plus délicate et plus redoutable, prudemment ébauchée par la loi du 24 juillet 1867 sur les conseils municipaux.

En outre ces lois, dans quelques-unes de celles de leurs dispositions qui maintiennent la nécessité de l'autorisation, continuent le procédé de décentralisation ou de déconcentration des décrets de 1852 et 1861, en confiant le droit d'autoriser dans les cas où elles l'ont maintenu, surtout celle de 1867, à des autorités plus rapprochées des populations que l'autorité centrale.

100. — *8e règle.* – De même que les décrets de 1852 et de 1861 avaient stipulé (5e règle ci-dessus) le maintien du droit de contrôle et de réformation de l'administration centrale relativement aux attributions nouvelles des préfets, de même les lois du 18 juillet 1866 et du 10 août 1871 ont réservé le droit de contrôle du pouvoir exécutif sur toutes les délibérations des conseils généraux. C'est ainsi que la loi du 10 août 1871, en supprimant en principe la tutelle administrative relativement aux conseils généraux, a réservé au gouvernement pour leurs délibérations non définitives le droit de suspension (art. 49 [n° 146]), et à l'égard de leurs délibérations définitives le droit d'annulation pour excès de pouvoir, violation d'une loi ou d'un règlement d'administration publique (art. 47 [n° 143]). Ces réserves écrites dans les lois de décentralisation sont le maintien de la centralisation administrative dans ce qu'elle a d'essentiel.

101. — *9e règle.* — L'augmentation de pouvoir des conseils électifs, et la suppression de l'autorisation pour les affaires départementales, ont reçu un complément, destiné à assurer la réalisation effective de ces mesures décentralisatrices, par la création de la *commission départementale*, élue par chaque conseil général dans son sein, chargée de représenter le conseil général dans l'intervalle des sessions, et faisant ainsi de lui un corps permanent. C'est là l'œuvre capitale et vraiment nouvelle de la loi du 10 août 1871 ; c'est aussi le plus grand pas qui ait été fait depuis la loi du 28 pluviôse de l'an VIII dans la voie de la décentralisation administrative. Malgré de vives discussions, la défiance et l'opposition du gouvernement d'alors, et le vote contraire du ministre de l'intérieur de 1871, la commission départementale, née de l'initiative parlementaire, a été créée par la majorité de l'Assemblée nationale, jalouse sans doute, à sa première heure, de donner un démenti à cette parole de A. de Tocqueville : « La plupart de ceux mêmes
» qui, en France, parlent contre la centralisation ne veulent point,
» au fond, la détruire : les uns, parce qu'ils tiennent le pouvoir ;
» les autres, parce qu'ils comptent le posséder ».

102. C'est par ces divers procédés, c'est par l'ensemble de ces règles multiples que les pouvoirs publics en France ont cherché successivement, de nos jours, à résoudre ce grave problème du maintien de la centralisation nécessaire, c'est-à-dire de l'unité administrative, œuvre de l'Assemblée constituante et du Consulat, avec la suppression de ses excès. On a dû chercher, d'une part, à laisser à l'autorité locale et aux conseils électifs l'initiative et la gestion dans l'administration des affaires qui n'intéressent que la localité ; et, d'autre part, à réserver à l'autorité supérieure (centrale ou préfectorale) un droit de surveillance et de contrôle qui lui permette de réprimer les excès de pouvoir, de faire respecter les lois et les règlements, d'arrêter les abus qui pourraient léser soit l'intérêt général, soit l'intérêt de la communauté ou de ses membres, et violenter les individus et les minorités en les opprimant.

103. Après avoir placé, en tête de ces prolégomènes sur l'administration départementale, la loi du 28 pluviôse de l'an VIII, il convient de les terminer par le texte même des trois premiers articles de la loi du 10 août 1871 sur les conseils généraux. Ces trois articles forment son titre Ier, sous la rubrique *Dispositions générales* ; ils posent le principe du nouvel organe, la *commission départementale*, créé par le législateur de 1871. Ils montrent comment son œuvre se concilie avec celle du législateur de l'an VIII. Le préfet subsiste à côté du conseil général et de la commission départementale ; à eux la décision, à lui l'instruction et l'exécution ; de sorte qu'il n'y a point là un retour aux administrations collectives de 1790 et de l'an III, qui réunissaient l'action, la délibération et la juridiction.

Il y a dans chaque département un conseil général (L. 10 août 1871, art. 1er).
— Le conseil général élit dans son sein une commission départementale (art. 2).
— Le préfet est le représentant du pouvoir exécutif dans le département. Il est en outre chargé de l'instruction préalable des affaires qui intéressent le département, ainsi que de l'exécution des décisions du conseil général et de la commission départementale, conformément aux dispositions de la présente loi (art. 3).

§ Ier. — Préfets.

104. Nomination, remplacement et classement des préfets.
105. Exceptions aux règles de l'organisation préfectorale dans le département de la Seine.
106. Caractères légaux du préfet.
107. Du préfet agent du gouvernement.

108. Du préfet représentant du gouvernement et de l'administration centrale, administrateur *jure proprio* du département.
109. Arrêtés préfectoraux *spéciaux*.
110. Arrêtés préfectoraux *réglementaires*.
111. Du préfet représentant des intérêts départementaux, au point de vue de l'instruction préalable des affaires départementales et de l'exécution des décisions du conseil général et de la commission départementale.
112. Du préfet considéré comme juge ; renvoi.
113. Décret législatif du 25 mars 1852 sur la décentralisation administrative et décret réglementaire du 13 avril 1861, toujours en vigueur dans leur ensemble, malgré certaines abrogations implicites et partielles.
114. Différence de nature légale entre ces deux décrets.
115. Articles 1 des deux décrets et tableau A ; affaires départementales et communales.
116. Articles 2 et tableau B ; police agricole, industrielle et sanitaire.
117. Articles 3 et tableau C ; affaires commerciales et financières.
118. Articles 4 du décret de 1852 et 2 du décret de 1861, tableau D ; affaires relatives aux cours d'eau et aux travaux publics.
119. Article 4 du décret de 1861 et décret du 15 février 1862 ; matières relatives à l'administration et à la police des cultes ; affaires connexes et mixtes.
120. Article 5 de chaque décret ; extension du droit de nomination des préfets à divers emplois.
121. Article 6 du décret de 1861 relatif à l'extension de la décentralisation administrative au profit des sous-préfets ; renvoi.
122. Articles 6 du décret de 1852 et 7 du décret de 1861 ; maintien du droit de contrôle et de réformation de l'administration supérieure sur toutes les affaires décentralisées par les deux décrets.
123. Abrogation de l'article 7 du décret du 25 mars 1852, qui exceptait de ses dispositions l'administration du département de la Seine.

104. Les préfets sont des fonctionnaires publics chargés d'administrer les départements ; créés par la loi du 28 pluviôse de l'an VIII, ils ont reçu d'elle l'action administrative, que l'Assemblée constituante et la Convention avaient confiée à des administrations collectives, successivement organisées sous les noms d'*administrations* et *directoires du département*, et d'*administrations centrales de département*.

Comme les ministres, les préfets sont nommés par le pouvoir exécutif sans qu'aucune condition, même d'âge, entrave la liberté de son choix, pourvu qu'ils réunissent les conditions requises pour être citoyens français ; ils sont révocables par lui.

Le préfet doit résider au chef-lieu administratif du département. Ses fonctions ne doivent jamais cesser d'être remplies, à cause de leur importance ; une ordonnance royale du 29 mars 1821, à la suite de divers arrêtés gouvernementaux qui avaient eu le même objet, a pourvu au remplacement des préfets en cas d'absence, d'empêchement ou de vacance de la préfecture. Dans les deux premiers cas, le préfet délègue son autorité au secrétaire général ou à un membre du conseil de préfecture ; dans le troisième, et à défaut de délégation dans les deux premiers, ou lorsque le fonctionnaire délégué manque lui-même, l'administration passe de droit au premier membre du conseil dans l'ordre du tableau. La délégation peut être faite par le préfet, lorsqu'il ne sort pas du département, et doit l'être dans le cas contraire par le ministre.

Les préfectures sont divisées en trois classes, qui se distinguent par le traitement des préfets, fixé à 35,000, 24,000 et 18,000 fr. par le décret du 23 décembre 1872, en exécution de la loi du budget du 20 décembre 1872. Ce classement des préfectures, fait par le décret du 27 mars 1852 (sauf la diminution des traitements de 5,000, 6,000 et 2,000 fr.), a reçu et peut encore recevoir des modifications partielles de décrets ultérieurs [1], ayant pour objet de faire passer certaines préfectures de la troisième à la seconde classe, ou de la seconde à la première. Le même décret, modifié à cet égard par celui du 25 juillet 1855, permet au gouvernement, sans déplacer le fonctionnaire, lorsque ce serait contraire aux intérêts de l'administration, de tenir compte de ses services par deux augmentations successives de traitement, de 5,000 fr. chacune, après chaque période de cinq ans d'exercice.

La préfecture de la Seine et la préfecture de police sont hors classe ; pour la première, le traitement est fixé par le décret du 23 décembre 1872 à 50,000 fr., et pour la seconde à 40,000 fr.

Un décret du 27 mars 1854 dispose que les préfets et sous-préfets qui, au moment où ils cesseront d'être en activité, ne réuniront pas les conditions voulues, pourront, s'ils comptent six ans de service rétribués par l'État, obtenir une pension de retraite, dont la durée ne pourra s'étendre au-delà de six ans, ni le montant être cumulé avec aucun traitement, ni pension de retraite non militaire.

D'après un décret rendu en conseil d'État le 28 février 1863 (art. 1 et 2), le titre de *préfet honoraire* peut être conféré par décret aux préfets placés hors des cadres d'activité ou admis à la retraite et qui ont bien mérité dans l'exercice de leurs fonctions. Les préfets honoraires doivent, aux termes de ce décret, porter dans les cérémonies publiques le costume de préfet [2], moins

---

[1] Voir, à la fin du tome II, l'avant-dernier APPENDICE contenant la classification actuelle des préfectures et sous-préfectures en trois classes.

[2] Le costume officiel des préfets, sous-préfets, secrétaires généraux et cou-

l'écharpe qui est le signe de l'autorité ; ils prennent rang immédiatement avant les membres du conseil de préfecture.

105. L'autorité préfectorale est organisée telle que nous venons de la décrire, et procède suivant les mêmes règles dans tous les départements du territoire européen de la France, sauf une exception fondée sur l'importance exceptionnelle de Paris.

Dans le département de la Seine, les fonctions préfectorales sont partagées entre deux préfets : le *préfet de la Seine* a de moins que les autres préfets la police du département, et de plus qu'eux la gestion économique de la ville en qualité de maire central de Paris, indépendamment des maires de chacun des vingt arrondissements municipaux ; le *préfet de police*, créé comme le préfet de la Seine par l'article 16 de la loi du 28 pluviôse an VIII, est à la fois chargé de la police départementale et municipale, conformément à l'arrêté des consuls du 12 messidor de l'an VIII, dont l'application a été étendue par la loi du 10 juin 1853 à toutes les communes du département de la Seine.

Cette exception considérable au droit commun provient de la cause ci-dessus indiquée, comme celles relatives au conseil général du département de la Seine [n° 194], au conseil municipal et aux fonctions municipales de la ville de Paris [n° 223].

Nous indiquerons [n°⁸ 194, 195, 224] une extension des attributions préfectorales dans la ville de Lyon, et [n° 196], dans les villes chef-lieux de département ayant plus de 40,000 âmes, une autre extension de même nature qui, après avoir été fort étendue, est désormais très-restreinte par l'article 23 de la loi du 24 juillet 1867 sur les conseils municipaux.

106. Le préfet relève plus particulièrement du ministre de l'intérieur, dans les attributions duquel se trouvent le personnel des préfectures et sous-préfectures et toute l'administration départementale et communale ; néanmoins le préfet correspond directement avec tous les ministres pour les affaires ressortissant à chaque ministère. Ses fonctions s'étendent à tous les services administratifs proprement dits, ce qui fait de lui, sous l'autorité des ministres, le représentant direct du pouvoir exécutif dans le départe-

---

seillers de préfecture est toujours réglé par les arrêtés des consuls des 17 ventôse, 17 floréal et 8 messidor an VIII, avec les écharpes qui sont toutes aux couleurs nationales (Arrêté du ministre de l'intérieur du 10 avril 1873, *Bulletin officiel du ministère de l'intérieur*, pages 205 à 207).

ment. Nul autre fonctionnaire dans le département, bien que le décret des préséances puisse lui donner le pas sur lui, ne possède ce titre d'une manière aussi complète et aussi absolue que le préfet.

L'autorité préfectorale revêt un triple caractère, d'après les attributions administratives très-diverses dont le préfet est investi; il est : 1° l'agent du gouvernement et de l'administration centrale; 2° leur délégué ou représentant, chargé à ce titre de l'administration départementale; et 3° le représentant des intérêts départementaux au point de vue de l'action.

107. 1° Le préfet, *agent du gouvernement*, agent politique et administratif, chargé de transmettre et de faire exécuter les lois, décrets, instructions ministérielles et tous les actes de l'administration centrale, est contraint d'obéir aux ordres qu'il reçoit ou de se démettre.

Pour remplir cette fonction de transmission et d'exécution, le préfet agit personnellement ou fait agir ses subordonnés, exerçant alors ce que Rœderer, dans l'exposé des motifs de la loi du 28 pluviôse de l'an VIII, appelle la *procuration d'action*, dont il fait une analyse trop compliquée, trop subtile et trop compréhensive pour être exacte.

Le préfet, dans ce cas, procède principalement par lettres missives adressées à ses subordonnés; il peut prendre aussi des arrêtés pour l'exécution des actes de l'autorité centrale.

C'est aussi comme agent du gouvernement que le préfet est l'intermédiaire obligé de toute demande ou réclamation adressée par les particuliers à l'administration centrale, de même qu'il transmet à celle-ci tous les renseignements locaux qui lui sont demandés.

108. 2° Comme *délégué* et *représentant du gouvernement*, le préfet est investi d'une autorité qui lui est propre, et administre *jure proprio* le département à la tête duquel il est placé.

Cette partie des attributions préfectorales découle aussi bien de l'article 3 § 1 de la loi du 10 août 1871 : « le préfet est le re- » présentant du pouvoir exécutif dans le département », que de la disposition laconique de l'article 3 de la loi du 28 pluviôse de l'an VIII : « le préfet sera seul chargé de l'administration ».

Ce fonctionnaire est, dans le département, le dépositaire de la portion du pouvoir exécutif, appelée l'autorité administrative ; à ce titre, il agit directement sur les personnes et sur les choses ; il règle par lui-même toute affaire administrative d'intérêt général, qui n'est pas spécialement réservée à l'autorité supérieure ; il réglemente pour le département ; c'est aussi à ce titre qu'il exerce, dans les cas où les lois de décentralisation administrative, départementale et communale, l'ont laissée subsister, et lorsqu'elle n'a pas été réservée à une autre autorité, la faculté d'accorder ou de refuser les autorisations nécessaires aux communes et aux établissements publics. Enfin, c'est encore à ce titre qu'indépendamment des pouvoirs d'officier de police judiciaire ou répressive que lui confèrent les termes absolus de l'article 10 du Code d'instruction criminelle, le préfet exerce de plus la police administrative ou préventive dans tout le département.

L'action du préfet, en qualité de représentant ou délégué de l'autorité centrale, se manifeste à l'égard des tiers par des *arrêtés préfectoraux* ; les uns émanent du préfet sans qu'il ait eu aucun avis à prendre, les autres sont rendus par lui *en conseil de préfecture*, c'est-à-dire après avoir pris l'avis, qu'il est toujours libre de ne pas suivre, de son conseil de préfecture.

109. Parmi ces divers arrêtés, les uns sont *individuels* et *spéciaux* : quelques-uns portent des nominations d'agents ; la plupart, contenant des permissions ou autorisations, des injonctions ou interdictions, constituent des actes administratifs proprement dits. Ils suivent, quant au recours dont ils peuvent être l'objet, les règles indiquées relativement aux arrêtés ministériels et aux décrets [n°s 66 et 72], d'après la distinction établie entre le recours par la voie gracieuse toujours ouvert, et le recours par la voie contentieuse qui ne l'est que dans certains cas, lorsqu'il s'agit, non d'un intérêt froissé, mais d'un droit violé. Il faut observer toutefois que le recours direct au conseil d'État n'est jamais ouvert contre les arrêtés préfectoraux, à moins qu'ils ne soient argués d'incompétence ou d'excès de pouvoir [*voir* n° 252].

110. Les autres arrêtés préfectoraux sont *généraux* ou *réglementaires*. Nous avons déjà dit [n° 73] que le préfet est investi du droit de prendre des arrêtés réglementaires pour les besoins particuliers du département sous le contrôle du ministre ; à part ce droit de contrôle, leur application restreinte au département et leur obligation de respecter les lois et décrets, les arrêtés réglementaires préfectoraux présentent les mêmes caractères distinctifs

et suivent les mêmes règles que les décrets réglementaires du pouvoir exécutif.

Il faut soigneusement remarquer que, d'après le principe même de l'autorité préfectorale, les règlements de police pris par les préfets doivent remplir les deux conditions suivantes : 1° être également applicables dans toutes les communes du département ; 2° avoir pour objet des mesures de sûreté générale et de sécurité publique.

La cour de cassation décide invariablement (28 août 1858, 23 novembre 1860, 28 juin 1861) que le règlement préfectoral est illégal et non obligatoire, comme manquant de ce dernier caractère, toutes les fois qu'il prescrit des mesures de salubrité rentrant exclusivement dans les attributions municipales, telles que la fixation du mode de transport des animaux de boucherie ou l'heure du balayage de la voie publique, ou la réglementation du commerce des engrais même dans le but d'assurer la fidélité du débit (c. c. 6 novembre 1863 [1]), ou l'échardonnage (ch. crim. 27 janvier 1866). Le conseil d'État juge de même que des arrêtés de cette nature pris par les préfets sont entachés d'excès de pouvoir, tels que les arrêtés préfectoraux prescrivant des mesures de police rurale, comme l'éloignement des ruches d'abeilles de la voie publique et des habitations (C. d'Ét. 30 mars 1867, *Leneveu*).

Les préfets sont en outre investis par des lois spéciales du droit de faire des règlements pour leur exécution : telles sont les lois sur la police de la pêche, de la chasse, des chemins de fer [n°⁸ 948 et 949], des chemins vicinaux [n° 1372]. Ces règlements ne doivent, sous aucun prétexte, excéder les pouvoirs que ces lois confèrent à l'autorité préfectorale ou méconnaître leurs dispositions. Ainsi l'arrêté préfectoral qui restreint à la seule chasse à courre, à cor et à cri, le droit de chasser à tir et à courre que l'article 9 de la loi du 3 mai 1844 confère à celui qui est muni d'un permis de chasse, n'est pas légal et ne saurait entraîner l'application d'aucune peine, bien que cet arrêté soit pris dans un département occupé par l'ennemi (la Marne), et malgré l'article 8 du traité entre la France et la Prusse (ch. crim. 16 mars 1872, cassant arrêt de Paris du 25 novembre 1871, *Contet*).

111. 3° Le préfet est, au point de vue de l'action, le *représentant des intérêts départementaux*, en ce sens, exactement déterminé par

---

[1] Cette jurisprudence a contribué à rendre nécessaire la loi du 27 juillet 1867, relative à la répression des fraudes dans la vente des engrais.

la disposition formelle de l'article 3 § 2 [n° 103] de la loi du 10 août 1871, qu'il est l'exécuteur des délibérations du conseil général et de la commission départementale. A ces corps délibérants appartient la décision ; au préfet, l'instruction préalable et l'exécution. Dans cet ordre d'idées, le département apparaît comme une personne morale, propriétaire, débitrice, créancière, pouvant acquérir, contracter, aliéner, comparaître en justice. La mission du préfet, comme représentant actif de cette personnalité, se borne à instruire et à passer l'acte de la vie civile du département après le vote du conseil général, et sous le contrôle de la commission départementale. Toutefois, comme c'est la qualité de représentant de l'État qui domine dans le préfet, il agirait au nom de l'État si celui-ci était en procès contre le département, et le département serait alors représenté par un membre de la commission départementale. Les actes du préfet, en qualité de représentant des intérêts locaux, sont moins des actes de la puissance publique que des actes de gestion.

Chacun des faits de la vie civile du département, indépendamment de l'exposé général, dans lequel tous doivent figurer plus loin [n°s 140 à 150] à propos des attributions anciennes et nouvelles des conseils généraux, sera l'objet d'une étude particulière dans le titre troisième de cet ouvrage [n°s 1340 à 1363] ; aussi nous a-t-il suffi d'indiquer la nature des attributions qui appartiennent de ce chef au préfet et de reproduire ici la disposition de l'article 54, qui met en œuvre le principe posé par l'article 3 § 3 de la loi du 10 août 1871 [rapporté ci-dessus n° 103].

Le préfet intente les actions en vertu de la décision du conseil général, et il peut, sur l'avis conforme de la commission départementale, défendre à toute action intentée contre le département. Il fait tous actes conservatoires et interruptifs de déchéance. En cas de litige entre l'État et le département, l'action est intentée ou soutenue, au nom du département, par un membre de la commission départementale, désigné par elle. Le préfet, sur l'avis conforme de la commission départementale, passe les contrats au nom du département (L. 10 août 1871, art. 54).

112. Une quatrième catégorie d'attributions appartient au préfet : il exerce, en dehors de l'administration pure, des attributions contentieuses qui font de lui un juge administratif dans des cas spéciaux qui seront indiqués au chapitre suivant [n° 438].

113. Il est utile d'examiner ici les décrets de décentralisation ou de déconcentration du 25 mars 1852 et du 13 avril 1861, parce

qu'ils sont directement relatifs aux attributions préfectorales, bien qu'intéressant presque toutes les matières administratives.

Ils contiennent chacun sept articles que nous allons examiner, en faisant observer que la plupart des dispositions du second de ces décrets correspondent exactement aux dispositions du premier, dont elles n'ont fait généralement qu'augmenter les nomenclatures d'affaires décentralisées. Ces nomenclatures se trouvent comprises dans des tableaux annexés aux différents articles du décret de 1852, tableaux inséparables de ces articles qui ne seraient rien sans eux, et qui ont été l'objet d'une nouvelle insertion au *Bulletin des lois*, en raison des adjonctions apportées par le décret du 13 avril 1861.

Un certain nombre des dispositions de ces décrets ont été abrogées ou modifiées par les lois ultérieures de 1866 et 1867, et surtout par la loi du 10 août 1871. Mais, d'une part, tandis que cette dernière loi, dans son article 92 [n° 129], abroge formellement et nominativement les lois antérieures sur les conseils généraux, elle se borne à comprendre *implicitement* les décrets de décentralisation relatifs aux fonctions préfectorales dans la formule ordinaire et générale abrogeant « les dispositions de lois ou de règlements contraires à la présente loi »; d'autre part, ce sont surtout les quarante premiers numéros du tableau A [n° 115], relatifs à des affaires départementales, qui, déjà modifiés par la loi de 1866, sont atteints par les dispositions de la loi du 10 août 1871 [n°s 145 et 146]; cette loi et celle du 24 juillet 1867 ont seulement modifié quelques dispositions, soit du tableau A, soit des tableaux suivants, relatives à certaines affaires communales; enfin pour l'ensemble des affaires d'intérêt général énumérées, soit dans le tableau A lui-même, soit surtout dans les tableaux B, C et D, les lois ultérieures n'ont apporté que fort peu de modifications à ces textes, bien faits pour donner une idée de l'ensemble des fonctions préfectorales, et de la multiplicité des affaires administratives, qui d'ailleurs n'y sont pas limitativement indiquées.

114. Il existe entre ces deux décrets une profonde différence : celui du 25 mars 1852, émané du chef de l'État, alors qu'il réunissait dans ses mains les pouvoirs législatif et exécutif, a force de loi, pour toutes celles de ses dispositions d'ordre législatif, modifiant ou abrogeant des textes de lois; tandis que le décret du 13 avril 1861, n'émanant que du pouvoir exécutif, n'a pu modifier que des ordonnances, arrêtés, décrets, règlements ou déci-

sions ministérielles, sans avoir la puissance nécessaire pour abroger les lois antérieures. Cette règle résulte du principe de la séparation des pouvoirs. Les pouvoirs publics ont eux-mêmes reconnu cette différence, à l'occasion de l'abrogation de l'article 7 du décret même du 25 mars 1852 relatif à l'administration de la ville de Paris [n° 123]. La cour de cassation a fait implicitement l'application de la même règle, par arrêt du 2 août 1861 (chambre criminelle), jugeant que le certificat d'indigence, destiné à suppléer à la consignation de l'amende exigée par les articles 419 et 420 du Code d'instruction criminelle, est nul, même depuis l'article 6 1° lettre B du décret du 13 avril 1861 [rapporté n° 177], s'il n'est revêtu que du visa ou même de l'approbation du préfet exigée par l'article 420 du Code d'instruction criminelle.

115. L'article 1er du décret du 25 mars 1852 est spécialement relatif aux affaires départementales et communales, selon qu'elles concernent plus spécialement l'intérêt général ou l'intérêt local ; dans la première hypothèse, la solution continue à appartenir au chef de l'État ou au ministre de l'intérieur ; dans la seconde, le décret décentralise, ce qui signifie, suivant le sens de cet acte législatif, qu'il donne au préfet le droit de solution.

Cette répartition des affaires est contenue dans un tableau A annexé à cet article 1er ; la première partie de ce tableau énumère les matières décentralisées, et la seconde celles qui ne le sont pas, le droit du préfet devenant la règle, et la nécessité de recourir à l'administration centrale l'exception. L'article 1er du décret du 13 avril 1861 est venu, à la suite de doutes et de difficultés qui s'étaient produits, augmenter les attributions des préfets, en élargissant le premier élément de ce tableau, inséré comme suit au *Bulletin des lois* en conséquence de ce second décret. Nous le reproduisons sous le bénéfice de l'observation déjà présentée [n° 113], et sauf la détermination que nous ferons, dans la dernière partie de cet ouvrage, des règles relatives à l'accomplissement de chacun des actes de la vie civile des départements, des communes et des établissements publics.

Tableau A. 1° Acquisitions, aliénations et échanges de propriétés départementales non affectées à un service public ; 2° affectation d'une propriété départementale à un service d'utilité départementale, lorsque cette propriété n'est déjà affectée à aucun service ; 3° mode de gestion des propriétés départementales ; 4° baux de biens donnés ou pris à ferme et à loyer par le département ; 5° autorisation d'ester en justice ; 6° transactions qui concernent les droits des départements ; 7° acceptation ou refus des dons au département, sans charge ni affectation immobilière, et des legs qui présentent le même caractère, ou qui ne donnent pas lieu à réclamation ; 8° contrats à passer pour l'assurance des bâtiments départementaux ; 9° projets, plans et devis de travaux exécutés sur les fonds du département, et qui n'engageraient pas la question de système ou de régime intérieur, en ce qui concerne les maisons départementales d'arrêt, de justice ou de correction, ou les asiles d'aliénés ; 10° adjudication des travaux dans les mêmes limites ; 11° adjudication des emprunts départementaux dans les limites fixées par les lois d'autorisation ; 12° acceptation des offres faites par des communes, des associations ou des particuliers pour concourir à la dépense des travaux à la charge des départements ; 13° concession à des associations, à des compagnies, ou à des particuliers, des travaux d'intérêt départemental ; 14° acquisitions de meubles pour la préfecture, réparations à faire au mobilier ; 15° achat, sur les fonds départementaux, d'ouvrages administratifs destinés aux bibliothèques des préfectures et des sous-préfectures ; 16° distribution d'indemnités ordinaires et extraordinaires allouées sur le budget départemental aux ingénieurs des ponts et chaussées ; 17° emploi du fonds de réserve inscrit à la deuxième section des budgets départementaux pour dépenses imprévues ; 18° règlement de la part des dépenses des aliénés, enfants trouvés et abandonnés et orphelins pauvres, à mettre à la charge des communes, et base de la répartition à faire entre elles ; 19° traités entre les départements et les établissements publics ou privés d'aliénés ; 20° règlements des budgets et des asiles publics ; 21° règlement des frais de transport, de séjour provisoire et du prix de pension des aliénés ; 22° dispenses de concours à l'entretien des aliénés réclamés par les familles ; 23° mode et condition d'admission des enfants trouvés dans les hospices ; tarifs des mois de nourrice et de pension, indemnités aux nourriciers et gardiens ; prix des layettes et vêtures ; 24° marchés de fournitures pour les asiles d'aliénés et tous les établissements départementaux ; 25° transfèrement des détenus d'une maison départementale d'arrêt, de justice ou de correction, dans une autre maison du même département ; 26° approbation, dans les maisons d'arrêt, de justice ou de correction, des dépenses suivantes : rations et fournitures supplémentaires, registres, imprimés, fournitures de bureau, secours de route aux libérés, frais de traitement dans les hospices et asiles, frais de chaussures aux détenus voyageant à pied, ferrement et déferrement des forçats ; 27° approbation, dans les maisons centrales, des dépenses suivantes : indemnités à raison du prix des grains, rations supplémentaires, fournitures d'école, indemnités aux moniteurs, allocation de frais de transport en voiture aux infirmes libérés et sans ressources, travaux de réparations aux bâtiments et logements jusqu'à trois cents francs ; 28° congés n'excédant pas quinze jours aux employés des maisons centrales, d'arrêt, de justice et de correction ; 29° création d'asiles départementaux pour l'indigence, la vieillesse, et règlements intérieurs de ces établissements ; 30° règlements intérieurs des dépôts de mendicité ; 31° règlements, budgets et comptes des sociétés de charité maternelle ; 32° acceptation ou refus des dons et legs faits à ces sociétés, quand ils ne donnent point lieu à réclamation ; 33° examen et rectification des statuts présentés par les sociétés de secours mutuels qui demandent l'approbation ; 34° autorisation des versements votés par ces sociétés pour la création ou l'accroissement de leurs fonds de retraite ; 35° rapatriement des aliénés étrangers soignés en France et *vice versa* ; 36° dépenses faites pour les militaires et les marins aliénés, et provisoirement pour les forçats libérés ; 37° autorisation d'établir des asiles privés d'aliénés ; 38° rapatriement d'enfants abandonnés à l'étranger ou d'enfants d'origine étrangère abandonnés en France ; 39° autorisation de transport de corps d'un département dans un autre département et à l'étranger ; 40° congés aux commissaires de police n'excédant pas quinze jours ; 41° tarifs des droits de location de place dans les halles et marchés, et des droits de pesage, jaugeage et mesurage ; 42° budgets et comptes des communes, lorsque ces budgets ne donnent pas lieu à des impositions extraordinaires ; 43° approbation des conditions des souscriptions à ouvrir, et des traités de gré à gré à passer pour la réalisation des emprunts des villes qui n'ont pas cent mille francs de recettes ordinaires ; 44° pension de retraite aux employés et agents des communes et établissements charitables ; 45° pensions de retraite aux sapeurs-pompiers communaux ; 46° répartition du fonds commun des amendes de police correctionnelle ; 47° mode de jouissance en nature des biens communaux, quelle que soit la nature de l'acte primitif qui ait approuvé le mode actuel ; 48° aliénations, acquisitions, échanges, partages de biens de toute nature, quelle qu'en soit la valeur ; 49° dons et legs de toute sorte de biens, lorsqu'il n'y a pas réclamation des familles ; 50° transactions sur toutes sortes de biens, quelle qu'en soit la valeur ; 51° baux à donner ou à prendre, quelle qu'en soit la durée ; 52° distraction de parties superflues de presbytères communaux, lorsqu'il n'y a pas opposition de l'autorité diocésaine ; 53° tarifs des pompes funèbres ; 54° tarif des concessions dans les cimetières ; 55° approbation des marchés passés de gré à gré ; 56° approbation des plans et devis des travaux, quel qu'en soit le montant ; 57° plan d'alignement des villes ; 58° assurances contre l'incendie ; 59° tarif des droits de voirie dans les villes ; 60° établissements de trottoirs dans les villes ; 61° fixation de la durée des enquêtes qui doivent avoir lieu, en vertu de l'ordonnance du 18 février 1834, pour les travaux de construction de chemins vicinaux, d'intérêt commun et de grande communication, ou de ponts à péage situés sur ces voies publiques, quand ils n'intéressent que les communes du même département ; 62° règlement des indemnités pour dommages résultant d'extraction de matériaux destinés à la construction des chemins vicinaux de grande communication ; 63° règlement des frais d'expertise mis à la charge de l'administration, notamment en matière de subventions spéciales pour dégradations extraordinaires causées aux chemins vicinaux de grande communication ; 64° secours aux agents des chemins vicinaux de grande communication ; 65° gratification aux mêmes agents ; 66° affectation du fonds départemental à des achats d'instruments ou à des dépenses d'impressions spéciales pour les chemins vicinaux de grande communication ; 67° enfin, tous les autres objets d'administration départementale, communale et d'assistance publique, sauf les exceptions ci-après : — *a.* changements proposés à la circonscription du territoire du département, des arrondissements, des cantons, des communes, et à la désignation des chefs-lieux ; *b.* contributions extraordinaires à établir et emprunts à contracter dans l'intérêt du département ; *c.* répartition du fonds commun affecté aux dépenses ordinaires des départements ; *d.* règlement des budgets départementaux ; approbation des virements de crédits d'un sous-chapitre à un autre sous-chapitre de la première section du budget, quand il s'agit d'une dépense nouvelle à introduire, et des virements de la seconde et de la troisième section ; *e.* règlement du report des fonds libres départementaux d'un exercice sur un exercice ultérieur, et règlement des comptes départementaux ; *f.* changement de destination des édifices départementaux affectés à un service public ; *g.* fixation du taux maximum du mobilier des hôtels de préfecture ; *h.* acceptation ou refus des dons ou legs faits aux départements, qui donnent lieu à réclamation; *i.* classement, direction et déclassement des routes départementales ; *j.* approbation des règlements d'administration et de discipline des maisons départementales d'arrêt, de justice et de correction; *k.* approbation des projets, plans et devis des travaux à exécuter aux maisons départementales d'arrêt, de justice et de correction, ou aux asiles publics d'aliénés, quand des travaux engagent la question de système ou de régime intérieur, quelle que soit d'ailleurs la quotité de la dépense; *l.* fixation de la part contributive du département aux travaux exécutés par l'État, et qui intéressent le département ; *m.* fixation de la part contributive du département aux dépenses et aux travaux qui intéressent à la fois le département et les communes; *n.* organisation des caisses de retraite ou de tout autre mode de rémunération ou de secours aux employés des préfectures ou sous-préfectures, et des autres services départementaux ; *o.* règlement du domicile de secours pour les aliénés et les enfants trouvés, lorsque la question s'élève entre deux ou plusieurs départements; *p.* suppression des tours actuellement existants ; ouverture de tours nouveaux; *q.* approbation des taxes d'octroi; *r.* frais de casernement à la charge des villes; leur abonnement ; *s.* impositions extraordinaires pour dépenses facultatives, et impositions à établir d'office pour dépenses obligatoires ; *t.* emprunts des communes; *u.* expropriation pour cause d'utilité publique, sans préjudice des concessions déjà faites en faveur de l'autorité préfectorale par la loi du 21 mai 1836, relative aux chemins vicinaux ; *v.* legs, lorsqu'il y a réclamation de la famille ; *x.* ponts communaux à péage; *y.* création d'établissements de bienfaisance (hôpitaux, hospices, bureaux de bienfaisance, monts-de-piété).

116. L'article 2 du décret de 1852 confère au préfet le droit de statuer seul, sans l'autorisation du ministre de l'agriculture et du commerce, sur divers objets qui concernent les subsistances, les encouragements à l'agriculture, la police industrielle, commerciale et sanitaire. Le tableau B, qui contient l'énumération de ces objets, a été augmenté par l'article 2 du décret du 13 avril 1864, en vertu duquel il est désormais conçu comme ci-dessous ; nous le faisons suivre de deux décrets des 1er et 13 août 1864 qui l'ont modifié. Ces textes doivent être combinés avec la loi sur les conseils généraux [n°s 145 et suivants].

TABLEAU B. 1° Autorisation d'ouvrir des marchés, sauf pour les bestiaux ; 2° réglementation complète de la boucherie, boulangerie et vente de comestibles sur les foires et marchés; 3° primes pour la destruction des animaux nuisibles ; 4° règlement des frais de traitement des épizooties ; 5° approbation des tableaux de marchandises à vendre aux enchères par le ministère des courtiers; 6° examen et approbation des règlements de police commerciale pour les foires, marchés, ports et autres lieux publics ; 7° autorisation des établissements insalubres de première classe, dans les formes déterminées pour cette nature d'établissements, et avec les recours existant aujourd'hui pour les établissements de deuxième classe ; 8° autorisation de fabriques et ateliers dans le rayon des douanes, sur l'avis conforme du directeur des douanes ; 9° règlement des frais des visites annuelles des pharmacies payables sur les fonds départementaux; 10° autorisation des fabriques d'eaux minérales artificielles; 11° autorisation de dépôts d'eau minérale naturelle et artificielle. =

Vu l'ordonnance du 15 avril 1838; — Vu le décret du 25 mars 1852; — Vu l'avis de notre conseil d'État en date du 2 avril 1853; — Notre conseil d'État entendu, — Avons décrété et décrétons ce qui suit : — Art. 1er. Les préfets statueront sur les propositions d'établir des abattoirs. — Art. 2. Les taxes d'abattage seront calculées de manière à ne pas dépasser les sommes nécessaires pour couvrir les frais annuels d'entretien et de gestion des abattoirs, et pour tenir compte à la commune de l'intérêt du capital dépensé pour leur construction et de la somme qui serait affectée à l'amortissement de ce capital. — Art. 3. Ces taxes ne pourront dépasser le maximum de 0 fr. 015 (1 centime 5 millimes) par kilogramme de viande de toute espèce. — Art. 4. Toutefois, lorsque les communes seront forcées de recourir à un emprunt ou à une concession temporaire pour couvrir les frais de construction des abattoirs, les taxes pourront être portées à 0 fr. 02 c. (2 centimes) par kilogramme de viande nette, si ce taux est nécessaire pour pourvoir à l'amortissement de l'emprunt ou indemniser le concessionnaire de ses dépenses. — Art. 5. Lorsque l'amortissement indiqué dans les articles 2 et 4 sera effectué, les taxes seront ramenées au taux nécessaire pour couvrir seulement les frais d'entretien et de gestion. — Art. 6. Si des circonstances exceptionnelles nécessitaient des taxes supérieures à celles qui ont été indiquées, elles ne pourront être autorisées que par décret impérial rendu en conseil d'État. (Décret du 1er août 1864.)

Vu l'arrêté des consuls du 7 thermidor an VIII; — Vu l'ordonnance du 26 novembre 1814; — Vu la loi du 10 mai 1838; — Notre conseil d'État entendu, — Avons décrété et décrétons ce qui suit : — Art. 1er. Les préfets statuent par des arrêtés spéciaux, après les enquêtes et avis prescrits par les lois et règlements, sur l'établissement, la suppression ou le changement des foires ou des marchés aux bestiaux. Lorsque les enquêtes s'étendent sur le territoire d'un département voisin, le préfet de ce département est consulté. Si ce dernier ne fait pas d'opposition, la décision est prise par le préfet du département dans lequel se trouve la commune en instance pour obtenir la foire ou le marché aux bestiaux. Si les deux préfets sont d'avis différents, il est statué définitivement par le ministère de l'agriculture, du commerce et des travaux publics (Décret du 13 août 1864).

117. L'article 3 du décret de 1852 confère au préfet l'autorisation toute nouvelle de statuer sur certaines affaires placées dans les attributions du ministre des finances; le préfet statue sans l'autorisation de ce ministre, mais sur l'avis ou la proposition des chefs de service, et seulement en conseil de préfecture. L'article 3 du décret du 13 avril 1861 est également venu augmenter l'énumération de ces affaires donnée par le tableau C, dont voici le nouvel état :

Tableau C. 1° Transactions ayant pour objet les contraventions en matière de poudre à feu, lorsque la valeur des amendes et confiscations ne s'élève pas au delà de mille francs; 2° location amiable, après estimation contradictoire de la valeur locative des biens de l'État, lorsque le prix annuel n'excède pas cinq cents francs; 3° concessions de servitudes à titre de tolérance temporaire et révocables à volonté ; 4° concessions autorisées par les lois des 20 mai 1836 et 19 juin 1847 des biens usurpés, lorsque le prix n'excède pas deux mille francs [1] ; 5° cessions de terrains domaniaux compris dans le tracé des routes nationales, départementales et des chemins vicinaux ; 6° échange de terrains provenant de déclassement de routes, dans le cas prévu par l'article 4 de la loi du 20 mai 1836 ; 7° liquidation de dépenses, lorsque les sommes liquidées ne dépassent pas deux mille francs ; 8° demandes en autorisation concernant les établissements et constructions mentionnés dans les articles 151, 152, 153, 154 et 155 du Code forestier ; 9° vente sur les lieux des produits façonnés provenant des bois des communes et des établissements publics, quelle que soit la valeur de ces produits ; 10° travaux à exécuter dans les forêts communales ou d'établissements publics, pour la recherche ou la conduite des eaux, la construction des récipients et autres ouvrages analogues, lorsque ces travaux auront un but d'utilité communale ; 11° approbation des adjudications pour la mise en ferme des bacs ; 12° règlement, dans le cas où il n'est pas dérogé au tarif municipal, des remises allouées aux percepteurs-receveurs des associations de dessèchement.

118. L'article 4 du décret du 25 mars 1852 confère au préfet le droit de statuer, sur l'avis et la proposition des ingénieurs en chef, mais sans l'autorisation du ministre des travaux publics, en se conformant aux règlements et aux instructions ministérielles, sur certaines questions concernant les cours d'eau et les travaux publics. L'article 2 du décret de 1861 a étendu également la nomenclature du tableau D, dont voici la composition nouvelle :

TABLEAU D. 1° Autorisation sur les cours d'eau navigables ou flottables des prises d'eau faites au moyen de machines, et qui, eu égard au volume du cours d'eau, n'auraient pas pour effet d'en altérer sensiblement le régime ; 2° autorisation des établissements temporaires sur lesdits cours d'eau, alors même qu'ils auraient pour effet de modifier le régime ou le niveau des eaux ; fixation de la durée de la permission ; 3° autorisation sur les cours d'eau non navigables ni flottables de tout établissement nouveau, tel que moulin, usine, barrage, prise d'eau d'irrigation, patouillet, bocard, lavoir à mines ; 4° régularisation de l'existence desdits établissements lorsqu'ils ne sont pas encore pourvus d'autorisation régulière, ou modification des règlements déjà existants ; 5° établissement de prises d'eau pour fontaines publiques, dans les cours d'eau non navigables ni flottables, sous la réserve des droits des tiers ; 6° dispositions pour assurer le curage et le bon entretien des cours d'eau non navigables ni flottables de la manière prescrite par les anciens règlements ou d'après les usages locaux ; réunion, s'il y a lieu, des propriétaires intéressés en associations syndicales ; 7° répartition, entre l'industrie et l'agriculture, des eaux des cours d'eau non navigables ni flottables, de la manière prescrite par les anciens règlements ou les usages locaux ; 8° constitution, en associations syndicales, des propriétaires intéressés à l'exécution et à l'entretien des travaux d'endiguement

---

[1] Ces concessions ne sont plus possibles depuis 1857 ; ce texte, les articles 1, 2 et 3 de la loi du 20 mai 1836 et la loi du 10 juin 1847 ont cessé d'exister depuis cette époque (voir notre Traité des ventes domaniales, p. 162 à 166).

contre la mer, les fleuves, rivières et torrents navigables ou non navigables, de canaux d'arrosage ou de canaux de desséchement, lorsque ces propriétaires sont d'accord pour l'exécution desdits travaux et la répartition des dépenses; 9° autorisation et établissement des débarcadères sur les bords des fleuves et rivières pour le service de la navigation; fixation des tarifs et des conditions d'exploitation de ces débarcadères; 10° approbation de la liquidation des plus-values ou des moins-values en fin de bail du matériel des bacs affermés au profit de l'État; 11° autorisation et établissement des bateaux particuliers; 12° fixation de la durée des enquêtes à ouvrir, dans les formes déterminées par l'ordonnance du 18 février 1834, lorsque ces enquêtes auront été autorisées en principe par le ministre, et sauf le cas où les enquêtes doivent être ouvertes dans plusieurs départements sur un même projet; 13° approbation des adjudications autorisées par le ministre, pour les travaux imputables sur les fonds du Trésor ou des départements, dans tous les cas où les soumissions ne renferment aucune clause extraconditionnelle, et où il n'aurait été présenté aucune réclamation ou protestation; 14° approbation des prix supplémentaires pour des parties d'ouvrages non prévues au devis, dans le cas où il ne doit résulter de l'exécution de ces ouvrages aucune augmentation dans la dépense; 15° approbation, dans la limite des crédits ouverts, des dépenses dont la nomenclature suit: *a*. acquisition de terrains, d'immeubles, etc., dont le prix ne dépasse pas vingt-cinq mille francs; *b*. indemnités mobilières; *c*. indemnités pour dommages; *d*. frais accessoires aux acquisitions d'immeubles, aux indemnités mobilières et aux dommages ci-dessus désignés; *e*. loyers de magasins, terrains, etc.; *f*. secours aux ouvriers réformés, blessés, etc., dans les limites déterminées par les instructions; 16° approbation de la répartition rectifiée des fonds d'entretien et des décomptes définitifs des entreprises, quand il n'y a pas d'augmentation sur les dépenses autorisées; 17° autorisation de la mainlevée des hypothèques prises sur les biens des adjudicataires ou de leurs cautions, et du remboursement des cautionnements après la réception définitive des travaux; autorisation de la remise à l'administration des domaines des terrains devenus inutiles au service.

119. L'article 4 du décret du 13 avril 1861, entrant dans une voie que n'avait pas abordée celui de 1852, confère au préfet le soin de statuer sur deux classes d'affaires qui relèvent actuellement du seul ministère de l'instruction publique et des cultes: 1° la répartition de la moitié du fonds de secours alloué au budget pour les écoles, les presbytères et les salles d'asile [*voir* n° 148]; 2° l'autorisation donnée aux établissements religieux de placer en rentes sur l'État les sommes sans emploi provenant de remboursement de capitaux. Sauf cette dernière disposition, d'une importance très-secondaire, le décret de 1861, comme celui de 1852, s'est bien gardé, dans l'intérêt des familles, de l'État et de la religion elle-même, d'opérer, en ce qui touche les affaires religieuses et la police de cultes, une décentralisation qu'aucun gouvernement jusqu'à ce jour n'a jamais voulu tenter.

Cette absence de décentralisation des affaires relatives aux cultes et aux établissements religieux, résultant du silence volontaire et souverainement sage des décrets de 1852 et 1861, sera plusieurs fois rappelée dans le cours de cet ouvrage [n°ˢ 1441, 1513, 1537]; nous l'avons déjà signalée [n° 97] comme une des règles capitales de la matière ; elle s'applique tant aux établissements religieux qui tiennent, comme les fabriques et les consistoires, à l'organisation des cultes reconnus par l'État et sont des établissements publics, qu'aux congrégations religieuses, auxquelles l'autorisation gouvernementale donne l'existence légale, tout en les laissant en dehors de cette organisation, à titre de simples établissements d'utilité publique.

Toutefois une exception à cette règle de la matière a été introduite, en ce qui concerne les fabriques seulement, par un décret impérial du 15 février 1862 [rapporté n° 1521]. Ce décret permet aux préfets d'autoriser, sur l'avis préalable des évêques, l'acceptation des dons et legs faits aux fabriques, lorsque ces libéralités n'excèdent pas la valeur de 1,000 francs, ne donnent lieu à aucune réclamation, et ne sont grevées d'autres charges que l'acquit de fondations pieuses dans les églises paroissiales ou de dispositions charitables au profit des pauvres, des hospices ou des bureaux de bienfaisance. En dehors de cette exception restreinte dans ses termes et limitée en outre par le droit général de réformation appartenant au ministre, la non-décentralisation est demeurée le principe en matière religieuse.

Le conseil d'État (avis du 27 décembre 1855), s'inspirant exactement de l'esprit de la loi, a décidé que, dans les questions mixtes ou connexes se rattachant à la fois aux affaires religieuses non décentralisées et aux affaires communales décentralisées, la centralisation l'emporte, et le gouvernement seul est investi du droit de statuer. Le rapport du ministre de l'intérieur, qui a provoqué le décret du 13 avril 1861, maintient cette règle de la manière la plus formelle : « C'est une raison de gouvernement qui exige que la
» décision des affaires connexes soit réservée au pouvoir central.
» Quand un legs est fait en même temps à une commune ou à
» une institution de charité et à un établissement religieux, de
» graves intérêts sont souvent engagés à côté de questions tou-
» jours délicates auxquelles se trouvent mêlées la politique et la
» religion. Lorsqu'on lui demande d'autoriser l'extension de la
» propriété de mainmorte, l'État ne peut pas abdiquer, ne doit pas
» même déléguer ce droit de contrôle dont l'ancienne royauté se
» montra toujours si justement jalouse. » Nous dirons [n°ˢ 1349 et

1441] les distinctions résultant des lois nouvelles de 1866, 1867 et 1871 entre les affaires *connexes*, d'une part, et, d'autre part, les affaires *collectives, mixtes* ou *complexes*, en ce qui concerne les départements et les communes et non les établissements publics communaux [n° 1497].

120. L'article 5 du décret du 25 mars 1852 augmente le nombre des fonctions ou emplois auxquels les préfets pouvaient directement nommer d'après les lois antérieures ; cet article donne la nomenclature de vingt-six emplois pour lesquels le droit de nomination appartient au préfet. L'article 5 du décret du 13 avril 1861 en énumère quinze; pour quelques-uns de ces derniers, le décret de 1861 ne fait que confirmer le précédent. Ces diverses nominations sont faites sans l'intervention du gouvernement, mais sur la présentation des divers chefs de service, et conformément aux prescriptions de l'article 45 de la loi du 10 août 1871 [n° 148]. Il convient d'observer que ces textes se taisent relativement au droit de révocation, et que le droit de nommer n'emporte pas nécessairement celui de révoquer.

1° (*Supprimé par décret du 12 août 1856*); 2° les gardiens des maisons d'arrêt et prisons départementales ; 3° les membres des commissions de surveillance de ces établissements; 4° les médecins et comptables des asiles publics d'aliénés ; 5° les médecins des eaux thermales dans les établissements privés ou communaux; 6° les directeurs et agents de dépôts de mendicité ; 7° les architectes départementaux ; 8° les archivistes départementaux ; 9° les administrateurs, directeurs et receveurs des établissements de bienfaisance ; 10° les vérificateurs des poids et mesures ; 11° les directeurs et professeurs des écoles de dessin et les conservateurs des musées des villes ; 12° les percepteurs surnuméraires ; 13° les receveurs municipaux des villes dont le revenu ne dépasse pas trois cent mille francs ; 14° les débitants de poudres à feu ; 15° les titulaires des débits de tabacs simples dont le produit ne dépasse pas mille francs ; 16° les préposés en chef des octrois des villes ; 17° les lieutenants de louveterie ; 18° les directeurs des bureaux de poste aux lettres dont le produit n'excède pas mille francs ; 19° les distributeurs et facteurs des postes ; 20° les gardes forestiers des départements, des communes et des établissements publics ; 21° les gardes champêtres ; 22° les commissaires de police des villes de six mille âmes et au dessous; 23° les membres des jurys médicaux ; 24° les piqueurs des ponts et chaussées et cantonniers du service des routes ; 25° les gardes de navigation, cantonniers, éclusiers, barragistes et pontonniers ; 26° les gardiens de phares, les canotiers du service des ports maritimes de commerce, baliseurs et surveillants de quais (Décret du 25 mars 1852, art. 5). — 1° Les membres des commissions de surveillance des maisons d'arrêt, de justice et de correction ; 2° les employés de ces établissements, aumôniers, médecins, gardiens chefs et gardiens; 3° les archivistes départementaux, dans les conditions déterminées par l'article 1er du décret du 4 février 1850; 4° les surnuméraires de l'administration des lignes télégraphiques, dans les conditions déterminées par les règlements; 5° les commissaires de police des villes de six mille âmes et au dessous; 6° le tiers des percepteurs de la dernière classe; 7° les surnuméraires contrôleurs des contributions directes, dans les conditions déterminées par les règlements; 8° les surnuméraires des contributions indirectes, dans les conditions déterminées par les règlements; 9° les directeurs des bureaux publics pour le conditionnement des soies et laines; 10° les médecins des épidémies; 11° les membres des commissions chargées de la surveillance du travail des enfants dans les manufactures; 12° les titulaires des débits de tabacs dont le produit ne dépasse pas mille francs; 13° les gardiens des salines; 14° les canotiers de la navigation; 15° les ouvriers employés dans les manufactures de tabacs (Décret du 13 avril 1861, art. 5).

121. L'article 6 du décret du 13 avril 1861 contient l'innovation dont nous avons parlé ci-dessus, comme formant la troisième des règles caractéristiques du système de décentralisation admis par les pouvoirs publics [n° 97]. Cet article 6 du décret de 1861 a, dans une certaine mesure, élargi les bases de la décentralisation administrative au profit des sous-préfets en augmentant quelque peu leurs attributions; nous le ferons connaître en traitant des sous-préfets [n° 177].

122. L'article 6 du décret du 25 mars 1852 et l'article 7 du décret du 13 avril 1861 font l'application de la cinquième règle, énoncée ci-dessus [n° 98], du système de décentralisation admis par le législateur français. L'œuvre des décrets de décentralisation de 1852 et 1861 eût été, sans aucun doute, une œuvre regrettable, si les préfets investis de ces nouveaux pouvoirs eussent en même temps reçu, avec le droit de solution directe, la souveraineté de décision; l'unité administrative du pays eût été profondément atteinte, les intérêts des administrés et des minorités privés d'une utile sauvegarde, et les principes fondamentaux de l'administration française compromis. Nous avons vu en effet que tout acte administratif est, de plein droit, soumis au recours des parties intéressées devant l'autorité supérieure [n° 72], investie en outre du droit de l'annuler ou de le réformer d'office. Les articles 6 et 7 des décrets de 1852 et 1861 n'ont fait qu'appliquer aux matières décentralisées au profit des préfets et sous-préfets ce principe général, indispensable à l'unité politique et administrative du pays. Nous pensons aussi que, dans le silence des décrets de décentralisation sur ce point, même alors que les articles 6 et 7 ci-dessous reproduits n'existeraient pas, le droit de recours des intéressés et le droit d'annulation et de réformation de l'administration centrale n'en auraient pas moins existé en vertu du principe fondamental et supérieur que nous venons de rappeler.

Les préfets rendront compte de leurs actes aux ministres compétents dans les formes et pour les objets déterminés par les instructions que ces ministres leur adresseront. Ceux de ces actes qui seraient contraires aux lois et règlements, ou qui donneraient lieu aux réclamations des parties intéressées, pourront être annulés ou réformés par les ministres compétents (Décret du 25 mars 1852, *sur la décentralisation administrative*, art. 6). — L'article 6 du décret du 25 mars 1852 est applicable aux décisions prises par les préfets en vertu du présent décret. Les sous-préfets rendront compte de leurs actes aux préfets, qui pourront les annuler ou les réformer, soit pour violation des lois et règlements, soit sur la réclamation des parties intéressées, sauf recours devant l'autorité compétente (D. 13 avril 1861, art. 7).

123. L'article 7 et dernier du décret législatif du 25 mars 1852 sur la décentralisation déclarait les dispositions de ce décret non applicables au département de la Seine, en ce qui concerne l'administration départementale proprement dite et celle de la ville et des établissements de bienfaisance de la ville de Paris. Mais la loi du 18 juillet 1866 sur les conseils généraux (art. 13) et la loi du 24 juillet 1867 sur les conseils municipaux (art. 17) ont prononcé l'abrogation de cette disposition, qu'avait déjà tenté de rapporter un décret du 9 janvier 1861, dont la constitutionnalité était contestée en raison du caractère législatif du décret du 25 mars 1852. La loi spéciale au conseil général du département de la Seine du 16 septembre 1871 [n° 131] maintient formellement les dispositions de la loi du 18 juillet 1866, relative aux attributions de ce conseil général, et, par suite, l'article 13 ci-dessus indiqué.

§ II. — Secrétaires généraux de préfecture.

124. Institution.
125. Attributions.

124. La loi du 28 pluviôse de l'an VIII avait attaché des secrétaires généraux à toutes les préfectures. A différentes reprises, cette institution fut supprimée ou restreinte ; en 1848, un arrêté du gouvernement ne laissa même subsister de secrétaire général de préfecture que dans le département de la Seine. Des décrets des 2 juillet 1852, 29 décembre 1854 et 1ᵉʳ mai 1858, avaient institué des secrétaires généraux en titre dans vingt-quatre départements, et dans les autres ces fonctions étaient remplies par un conseiller de préfecture désigné à cet effet. La loi du 21 juin 1865 sur les conseils de préfecture dispose (art. 5 § 1) : « Il y a dans chaque » préfecture un secrétaire général titulaire ».

Les secrétaires généraux de préfecture sont répartis, dans

l'ordre des préfectures, en trois classes, avec des traitements de 7,000 francs (D. 23 décembre 1872), 6,000 et 4,500 fr. Le traitement du secrétaire général de la préfecture de la Seine est de 18,000 fr., du secrétaire général de la préfecture de police de 15,000 fr., et des commissaires du gouvernement près le conseil de préfecture de la Seine de 6,000 fr. (D. 23 décembre 1872).

Les secrétaires généraux de préfecture placés hors des cadres d'activité ou admis à la retraite peuvent obtenir par décret le titre de secrétaire général de préfecture *honoraire*; dans ce cas, ils ont le droit de porter, moins l'écharpe, signe de l'autorité, le costume attribué à leurs anciennes fonctions; ils prennent rang, dans les cérémonies publiques, avec les membres du conseil de préfecture (D. 28 février 1863, art. 3 et 4).

Aux termes du décret du 24 messidor an XII sur les préséances (art. 8), le secrétaire général en activité de service accompagne le préfet dans les cérémonies publiques. Mais, en cas d'absence du préfet, le secrétaire général ou le conseiller de préfecture chargé de le remplacer n'auraient pas le droit de prendre son rang, en vertu du principe général que « les honneurs ne se délèguent pas (C. d'Ét. 11 avril 1859) ».

125. Les attributions du secrétaire général de préfecture sont de diverses natures.

« Un secrétaire général de préfecture aura la garde des papiers » et signera les expéditions, » porte l'article 7 de la loi du 28 pluviôse de l'an VIII. Cette disposition est aujourd'hui complétée, au point de vue des attributions du secrétaire général, par l'ordonnance du 6 avril 1817 et la loi du 21 juin 1865.

Le secrétaire général a, comme les conseillers de préfecture, aptitude à être désigné pour remplacer provisoirement le préfet; il peut, de plus, être chargé par délégation et sous la direction du préfet, avec l'approbation du ministre de l'intérieur, d'une partie de l'administration départementale. La loi de 1865, en plaçant dans toutes les préfectures des secrétaires généraux titulaires, n'a pas changé sous ce rapport la situation, n'a pas créé à leur profit de droit exclusif à la suppléance des préfets. Cependant il semble, en fait, devoir résulter de cette loi que les secrétaires généraux sont les suppléants naturels des préfets, et quelques lois spéciales les désignent à ce titre pour remplir certaines fonctions préfectorales [n° 484].

Le décret du 30 décembre 1862 (art. 3) avait déjà conféré une nouvelle et très-importante attribution aux secrétaires généraux de préfecture, en les chargeant, à titre de commissaires du gouvernement, de remplir les fonctions du ministère public créées par ce décret près des conseils de préfecture lorsqu'ils statuent au contentieux. La loi du 21 juin 1865 a donné à cette innovation considérable la confirmation législative, par son article 5 § 2, ainsi conçu : « Il (le secrétaire général) remplit les fonctions de com- » missaire du gouvernement ; il donne ses conclusions dans les » affaires contentieuses ». Il résulte de cette disposition que le secrétaire général n'est que partie jointe dans les affaires contentieuses, et, par suite, sa mission est soumise aux règles qui président aux attributions du ministère public auprès des tribunaux judiciaires dans les affaires civiles ; dans les affaires répressives, il a les droits du ministère public dans les affaires correctionnelles. Aussi serait-il logique de combler une lacune de la loi du 21 juillet 1865, en exigeant au moins des secrétaires généraux les conditions d'aptitude exclusivement imposées par cette loi [n° 293] aux conseillers de préfecture.

§ III. — Conseils de préfecture.

126. Le caractère de conseil administratif n'est que secondaire dans les conseils de préfecture.
127. Leurs attributions consultatives en matière d'administration ; arrêtés du préfet en conseil de préfecture.
128. Les conseils de préfecture procèdent aussi comme conseils administratifs, mais avec un pouvoir propre, lorsqu'ils statuent sur les demandes en autorisation de plaider.

126. Les conseils de préfecture, dont nous ferons connaître plus loin [n°s 292 et suiv.] la composition et l'organisation, ne doivent être considérés ici qu'au point de vue de leurs attributions administratives non contentieuses. D'après la loi de leur création, celle du 28 pluviôse de l'an VIII, ces conseils n'étaient, à une exception près, que des tribunaux administratifs ; ce n'est que plus tard et successivement, qu'ils ont été investis d'attributions consultatives qui en font aussi des conseils administratifs placés près des préfets, comme le conseil d'État près du pouvoir exécutif et des ministres.

127. Le préfet peut prendre l'avis du conseil de préfecture sur toutes les questions intéressant l'administration départementale ; cette faculté devient une obligation lorsque la loi porte que le *préfet*

statuera en conseil de préfecture. Dans cette hypothèse, le préfet, tout en restant libre de s'écarter de l'avis de son conseil, est tenu, sous peine de commettre un excès de pouvoir, de le demander, et l'arrêté préfectoral doit en contenir la mention. Les cas dans lesquels les lois prescrivent au préfet de consulter les conseils de préfecture sont très-nombreux; les lois du 21 mai 1836 sur les chemins vicinaux (art. 14 § 5), du 3 mai 1841 sur l'expropriation pour cause d'utilité publique (art. 13 § 4), des 18 juillet 1837 (art. 39, 46 et 59) et 5 mai 1855 (art. 7, 23 et 24) sur les attributions des conseils municipaux et l'organisation municipale, le décret législatif du 25 mars 1852 sur la décentralisation administrative (art. 3), etc., etc., en offrent d'importants exemples.

Dans quelques cas la loi exige, comme garantie de publicité, que le préfet agisse en conseil de préfecture, sans que celui-ci ait aucun avis à donner.

128. Il faut aussi placer, parmi les fonctions administratives des conseils de préfecture, « les autorisations de plaider aux villes, » bourgs et villages (Loi du 28 pluviôse an VIII, art. 4 § 6) » et aux établissements publics, avec cette différence qu'en cette matière le conseil n'exerce pas seulement un simple droit d'avis, mais un droit de décision qui lui est propre [*voir* n° 171]. Cette importante attribution du conseil de préfecture, agissant non comme tribunal jugeant au contentieux, mais comme conseil administratif exceptionnellement investi, en ce cas, du droit improprement dit de tutelle administrative, sera l'objet d'une étude particulière dans les parties de l'ouvrage consacrées aux actions communales, à celles des établissements publics communaux et autres, et des établissements religieux qui se rattachent à l'organisation même des cultes reconnus par l'État, et forment, à ce titre, des établissements publics [n°s 1471 à 1476, 1499, 1535 et 1536].

§ IV. — Conseils généraux de département.

129. Définition des conseils généraux; loi du 10 août 1871; et division du paragraphe en trois parties.

129. Tandis que le conseil de préfecture a pour mission d'assister le préfet dans ses fonctions d'agent et représentant de l'autorité centrale, et n'a, comme conseil administratif, sauf dans un cas, qu'un pouvoir consultatif, le conseil général, au contraire, est un conseil administratif chargé principalement de délibérer sur les

intérêts du département; si le préfet représente le département dans la sphère de l'action, le conseil général est le représentant du département dans la sphère de la délibération, et, à ce titre, il possède l'initiative et la solution, sous la réserve du droit de contrôle du gouvernement; le préfet, dans le domaine des intérêts départementaux, n'est que l'exécuteur de ses décisions et de celles de la commission départementale [n°s 103 et 111].

La législation relative aux conseils généraux se trouve actuellement dans la loi du 10 août 1871, dont l'article 92 abroge toutes les dispositions des lois antérieures relatives aux conseils généraux, « les titres premier et second de la loi du 22 juin 1833, le » titre premier de la loi du 10 mai 1838, la loi du 18 juillet 1866, » et généralement toutes les dispositions de lois ou de règlements » contraires à la présente loi ».

L'étude que nous avons à faire des conseils généraux se divise naturellement en deux parties principales, heureusement rapprochées dans la loi du 10 août 1871, l'une relative à *l'organisation* des conseils généraux [n°s 130 à 137]; et l'autre leurs *attributions* [n°s 138 à 157].

En raison de l'étendue des développements qu'elles comportent, nous en traiterons successivement, et ferons connaître ensuite les règles relatives à la sanction des autres [n°s 158, 159 et 160]; ce paragraphe se trouvera de la sorte divisé en trois parties.

A. *Composition et organisation des conseils généraux.*

130. Composition des conseils généraux.
131. Exception dans le département de la Seine.
132. Conditions d'éligibilité; incompatibilités.
133. Contentieux des élections des conseils généraux; loi du 31 juillet 1875.
134. Loi du 7 juin 1873 relative à un cas de démission déclarée par le conseil d'État.
135. Démissions déclarées par le conseil général; option au cas de double élection.
136. Sessions ordinaires et extraordinaires des conseils généraux.
137. Du bureau et des séances des conseils généraux.

130. Formés par la nomination directe du chef de l'État en vertu de la loi du 28 pluviôse de l'an VIII, sous le Consulat, sous l'Empire et sous la Restauration, les conseils généraux, depuis la loi du 22 juin 1833, sont des assemblées essentiellement électives; elles sont nommées, depuis 1848, par le suffrage universel; les élections aux conseils généraux ont lieu sur les listes électorales municipales (L. 10 août 1871, art. 5).

Chaque canton élit un membre du conseil général pour six ans ; le conseil est renouvelable par moitié tous les trois ans. Il est divisé à cet effet en deux séries, formées par le conseil lui-même dans la session qui a suivi l'élection primitive ; les cantons de chaque arrondissement sont répartis, dans une proportion égale, dans chacune des séries ; et le conseil procède ensuite à un tirage au sort des séries, pour régler entre elles l'ordre du renouvellement (L. 1871, art. 21).

Si, dans l'intervalle des renouvellements triennaux, il y a lieu de pourvoir à des vacances accidentelles survenues par option (art. 17), décès, démission volontaire (art. 20) ou déclarée (art. 19), perte des droits civils ou politiques, les électeurs doivent être convoqués dans le délai de trois mois, à partir du jour où la vacance est constatée. Toutefois, si le renouvellement légal de la série à laquelle appartient le siège vacant doit avoir lieu avant la prochaine session ordinaire du conseil général, l'élection partielle se fera à la même époque. La commission départementale est chargée de veiller à l'exécution de ces dispositions. Elle adresse ses réquisitions au préfet et, s'il y a lieu, au ministre de l'intérieur (Loi du 10 août 1871, art. 22).

Chaque canton du département élit un membre du conseil général (L. 1871, art. 4). — L'élection se fait au suffrage universel, dans chaque commune, sur les listes dressées pour les élections municipales (art. 5). — Les colléges électoraux sont convoqués par le pouvoir exécutif. Il doit y avoir un intervalle de quinze jours francs, au moins, entre la date du décret de convocation et le jour de l'élection, qui sera toujours un dimanche. Le scrutin est ouvert à sept heures du matin et clos le même jour à six heures. Le dépouillement a lieu immédiatement. Lorsqu'un second tour de scrutin est nécessaire, il y est procédé le dimanche suivant (art. 12). — Nul n'est élu membre du conseil général au premier tour de scrutin, s'il n'a pas réuni : 1° la majorité absolue des suffrages exprimés ; 2° un nombre de suffrages égal au quart de celui des électeurs inscrits. Au second tour de scrutin, l'élection a lieu à la majorité relative, quel que soit le nombre des votants. Si plusieurs candidats obtiennent le même nombre de suffrages, l'élection est acquise au plus âgé (art. 14).

131. Le conseil général du département de la Seine a toujours été soumis à des règles exceptionnelles, en dehors du droit commun de l'organisation et des attributions des conseils généraux des autres départements. Conformément à la règle posée dans l'article 17 de la loi du 28 pluviôse de l'an VIII [n° 91], c'est toujours le conseil municipal de Paris qui fonctionne comme conseil général de la Seine, avec l'adjonction d'un petit nombre de membres représentant les arrondissements de Saint-Denis et de

Sceaux. La loi provisoire du 16 septembre 1871, d'abord prorogée par la loi du 21 mai 1873, a été rendue définitive par celle du 19 mars 1875.

La loi générale du 10 août 1871 n'est pas applicable au département de la Seine, de sorte que son conseil général n'a pas de commission départementale, et les lois de 1838 et 1866 règlent toujours ses attributions [*voir* n° 105, et aussi n°s 194 et 223].

La présente loi n'est pas applicable au département de la Seine. Il sera statué à son égard par une loi spéciale (Loi du 10 août 1871, art. 94).

Provisoirement, et, au plus tard, jusqu'au 31 décembre 1872, le conseil général du département de la Seine sera composé : des quatre-vingts membres du conseil municipal de Paris ; plus de huit membres élus dans les arrondissements de Sceaux et de Saint-Denis, à raison d'un membre par canton, conformément à la loi du 20 avril 1834 (L. 16 septembre 1871, art. 1). — Les lois des 22 juin 1833, 10 mai 1838 et 18 juillet 1866 sont applicables au département de la Seine, en ce qu'elles n'ont rien de contraire à la présente loi. La loi du 15 avril 1871 et le titre II de celle du 10 août 1871 sont applicables au conseil général de la Seine concernant les conditions de l'électorat et de l'éligibilité. Le titre II de la loi du 22 juin 1833 est applicable à la tenue des sessions du conseil général de la Seine. Sont maintenues les dispositions des lois des 10 mai 1838 et 18 juillet 1866, en ce qui regarde les attributions du conseil général de la Seine (art. 2).

Les dispositions de la loi provisoire du 16 septembre 1871, relative à l'organisation et aux attributions du conseil général du département de la Seine, continueront à être observées jusqu'à ce qu'une loi définitive ait été votée par l'Assemblée nationale, ou, au plus tard, jusqu'à l'expiration des pouvoirs des membres du conseil municipal de Paris actuellement en fonctions. Les pouvoirs des membres du conseil général, constitués en exécution de ladite loi, expireront à la même époque (L. 21 mai 1873, art. unique).

L'organisation et les attributions du conseil général du département de la Seine continueront à être régies par la loi du 16 septembre 1871 (Loi du 19 mars 1875, art. 1). — Les représentants au conseil général des huit cantons des arrondissements de Sceaux et de Saint-Denis seront nommés pour une période de trois ans. Toutefois le mandat des conseillers généraux premiers élus en vertu de la présente loi expirera le 30 novembre 1877 (art. 2 et dernier).

Sont applicables à l'administration du département de la Seine les dispositions de la présente loi, celles de la loi du 10 mai 1838 et celles du décret du 25 mars 1852 (Loi du 18 juillet 1866 *sur les conseils généraux*, art. 13). — Nonobstant les dispositions de l'article précédent, le département de la Seine ne pourra établir aucune imposition extraordinaire ni contracter aucun emprunt sans y être autorisé par une loi (art. 14).

132. Pour l'éligibilité au conseil général, la loi du 10 août 1871 (art. 6), comme les lois antérieures, exige d'abord trois premières conditions, qu'elle détermine de la manière suivante : 1° l'âge de 25 ans ; 2° l'inscription sur une liste d'électeurs, ou la justification que l'on devait y être inscrit avant le jour de l'élection ; 3° le do-

micile dans le département, avec cette restriction que, pour un quart du nombre total des membres dont le conseil doit être composé, la condition de domicile peut être suppléée par l'inscription au rôle de l'une des contributions directes dans le département au 1ᵉʳ janvier de l'année dans laquelle se fait l'élection, ou la justification qu'on devait y être inscrit à ce jour, ou que, depuis la même époque, l'on a hérité (ce qui exclut toute dévolution testamentaire sans titre successoral) d'une propriété foncière dans le département.

En outre, il faut : 4° n'être pas dans les deux cas d'inéligibilité prévus par la loi [nᵒˢ 134 et 158] ; 5° n'être pas pourvu d'un conseil judiciaire ; et 6° n'être dans aucun des cas d'incompatibilité déterminés par les articles ci-dessous. Les incompatibilités écrites dans les numéros 1, 8, 13, 14 et 15 de l'article 8 de la loi de 1871, dans l'article 10 § 1, et dans l'article 11, sont reproduites de la loi du 22 juin 1833 ; celle du n° 4 de l'article 8 était déjà formulée dans l'article 4 de la loi du 23 juillet 1870 ; les autres sont nouvelles.

Ne peuvent être élus au conseil général les citoyens qui sont pourvus d'un conseil judiciaire (L. 10 août 1871, art. 7). — Ne peuvent être élus membres du conseil général : 1° les préfets, sous-préfets, secrétaires généraux et conseillers de préfecture, dans le département où ils exercent leurs fonctions ; 2° les procureurs généraux, avocats généraux et substituts du procureur général près les cours d'appel, dans l'étendue du ressort de la cour ; 3° les présidents, vice-présidents, juges titulaires, juges d'instruction et membres du parquet des tribunaux de première instance, dans l'arrondissement du tribunal ; 4° les juges de paix, dans leurs cantons ; 5° les généraux commandant les divisions ou les subdivisions territoriales, dans l'étendue de leurs commandements ; 6° les préfets maritimes, majors généraux de la marine et commissaires de l'inscription maritime, dans les départements où ils résident ; 7° les commissaires et agents de police, dans les cantons de leur ressort ; 8° les ingénieurs en chef de département et les ingénieurs ordinaires d'arrondissement, dans le département où ils exercent leurs fonctions ; 9° les ingénieurs du service ordinaire des mines, dans les cantons de leur ressort ; 10° les recteurs d'académie, dans le ressort de l'académie ; 11° les inspecteurs d'académie et les inspecteurs des écoles primaires, dans le département où ils exercent leurs fonctions ; 12° les ministres des différents cultes, dans les cantons de leur ressort ; 13° les agents et comptables de tout ordre employés à l'assiette, à la perception et au recouvrement des contributions directes ou indirectes, et au paiement des dépenses publiques de toute nature, dans le département où ils exercent leurs fonctions ; 14° les directeurs et inspecteurs des postes, des télégraphes et des manufactures de tabacs, dans le département où ils exercent leurs fonctions ; 15° les conservateurs, inspecteurs et autres agents des eaux et forêts, dans les cantons de leur ressort ; 16° les vérificateurs des poids et mesures, dans les cantons de leur ressort (art. 8). — Le mandat de conseiller général est incompatible, dans toute la France, avec les fonctions énumérées aux numéros 1 et 7 de l'art. 8 (art. 9). — Le mandat de conseiller général est incompatible, dans le département, avec les fonctions d'architecte départemental, d'agent voyer, d'employé des bureaux de la préfecture ou d'une sous-préfecture, et généralement de tous les agents salariés ou subventionnés sur les fonds départementaux. La même incompatibilité existe à l'égard des entrepreneurs des services départementaux (art. 10). — Nul ne peut être membre de plusieurs conseils généraux (art. 11). — Le conseiller général élu dans plusieurs cantons est tenu de déclarer son option au président du conseil général dans les trois jours qui suivront la vérification de ses pouvoirs. A défaut d'option dans ce délai, le conseil général détermine, en séance publique et par la voie du sort, à quel canton le conseiller appartiendra. Lorsque le nombre des conseillers non domiciliés dans le département dépasse le quart du conseil, le conseil général procède de la même façon pour désigner celui ou ceux dont l'élection doit être annulée (art. 17).

133. Les élections au conseil général peuvent être arguées de nullité par tout électeur du canton, les candidats et les membres du conseil général. Si la réclamation n'a pas été consignée au procès-verbal, elle doit être déposée dans les dix jours qui suivent l'élection, soit au secrétariat de la section du contentieux du conseil d'État, soit au sécrétariat général de la préfecture du département où l'élection a eu lieu.

Dans la précédente édition de cet ouvrage nous avions apprécié comme il suit la disposition de la loi de 1871 relative aux contestations dirigées contre les élections au conseil général : « La disposition laconique de l'article 16 de la loi du 10 août 1871, qui supprime l'une des attributions des tribunaux administratifs, contient une des plus graves innovations de la loi : « Le conseil général vérifie » les pouvoirs de ses membres ; il n'y a pas de recours contre ses » décisions » ; et l'article 30 § 3 dispose que « les votes sur les » validations d'élections contestées ont toujours lieu au scrutin » secret ». Ce pouvoir absolu conféré au conseil général en matière de vérification des pouvoirs de ses membres, comprenant même le droit de statuer sur les réclamations relatives aux questions d'état, est plein de dangers. Le législateur de 1871 a supposé que jamais il ne deviendrait, aux mains d'une majorité, une arme oppressive pour annuler les élections régulières de ses adversaires et maintenir les élections illégales de ses amis politiques. C'est sans doute à tort que déjà l'on cite, dans un département du midi de la France, une même élection qui aurait été trois fois annulée sans motif sérieux et malgré une majorité importante trois fois renouvelée ; et dans une autre, la validation immédiate de l'élection d'un candidat inéligible. La pensée du législateur a été d'assimiler, à cet égard, les conseils généraux aux assemblées politiques ; mais la différence du nombre et de la mission devait en justifier une au point de vue des pouvoirs du conseil général en cette matière. »

Une loi du 31 juillet 1875 est venue enlever aux conseils généraux ce pouvoir dangereux, et l'a restitué au contentieux administratif, avec l'ancienne réserve à l'autorité judiciaire du jugement des questions d'état préjudicielles, toujours écrite dans les lois relatives au contentieux des élections [n°ˢ 401 et 402]. Mais le législateur de 1875, cédant encore sur ce point à certaines idées préconçues [n°ˢ 239, 289 et 290], n'a point rendu aux conseils de préfecture l'attribution que leur avait enlevée l'article 16 de la loi du 10 août 1871 ; en abrogeant cet article, et bien que les conseils de préfecture n'aient pas cessé de statuer sur le contentieux des élections aux conseils d'arrondissement et aux conseils municipaux, et que la même assemblée, par l'article 8 de la loi du 2 août 1875 sur les élections des sénateurs, ait chargé les conseils de préfecture de statuer sur les réclamations relatives à l'élection des délégués municipaux, la loi du 31 juillet 1875, s'écartant, sous ce rapport, du projet présenté par le gouvernement, et s'inspirant de certains précédents [n° 134], n'a pas admis en cette matière le premier degré de juridiction ; elle saisit directement le conseil d'État au contentieux des réclamations formées contre les élections au conseil général.

La réclamation peut émaner aussi du préfet, mais seulement pour inobservation des conditions et formalités prescrites par les lois ; le délai pour lui est de vingt jours.

Les articles 15, 16 et 17 de la loi du 10 août 1871 sont modifiés ainsi qu'il suit : — Art. 15. Les élections pourront être arguées de nullité par tout électeur de canton, par les candidats et par les membres du conseil général. Si la réclamation n'a pas été consignée dans le procès-verbal, elle doit être déposée dans les dix jours qui suivent l'élection, soit au secrétariat de la section du contentieux du conseil d'État, soit au secrétariat général de la préfecture du département où l'élection a eu lieu. Il en sera donné récépissé. La réclamation sera, dans tous les cas, notifiée à la partie intéressée dans le délai d'un mois à compter du jour de l'élection. Le préfet transmettra au conseil d'État, dans les dix jours qui suivront leur réception, les réclamations consignées au procès-verbal ou déposées au secrétariat général de la préfecture. Le préfet aura, pour réclamer contre les élections, un délai de vingt jours à partir du jour où il aura reçu les procès-verbaux des opérations électorales ; il enverra sa réclamation au conseil d'État ; elle ne pourra être fondée que sur l'inobservation des conditions et formalités prescrites par les lois. — Art. 16. Les réclamations seront examinées au conseil d'État suivant les formes adoptées pour le jugement des affaires contentieuses. Elles seront jugées sans frais, dispensées du timbre et du ministère des avocats au conseil d'État ; elles seront jugées dans le délai de trois mois à partir de l'arrivée des pièces au secrétariat du conseil d'État. Lorsqu'il y aura lieu à renvoi devant les tribunaux, le délai de trois mois ne courra que du jour où la décision judiciaire sera devenue définitive. Le débat ne pourra porter que sur les griefs relevés dans les réclamations, à l'exception des moyens d'ordre public, qui pourront être produits en tout état de cause. Lorsque la réclamation est fondée sur l'incapacité légale de l'élu, le conseil d'État sursoit à statuer jusqu'à ce que la question préjudicielle ait été jugée par les tribunaux compétents, et fixe un bref délai dans lequel la partie qui aura élevé la question préjudicielle doit justifier de ses diligences. S'il y a appel, l'acte d'appel doit, sous peine de nullité, être notifié à la partie dans les dix jours du jugement, quelle que soit la distance des lieux. Les questions préjudicielles seront jugées sommairement par les tribunaux et conformément au paragraphe 4 de l'article 33 de la loi du 19 avril 1831 [*rapporté ci-dessous*, n° 402]. (Loi du 31 juillet 1875, *relative à la vérification des pouvoirs des membres des conseils généraux*, art. 1 §§ 1 et 2.) — Pour les élections qui ont eu lieu avant la présente loi, les réclamations pourront être faites par les électeurs du canton, les candidats, les membres du conseil général et le préfet dans les vingt jours à partir de la promulgation (art. 2). — Les conseils généraux sont dessaisis des réclamations qui ont été portées devant eux dans les sessions précédentes. Les ayants droit pourront se pourvoir au conseil d'État dans les délais de l'article précédent (art. 3).

134. Des lois diverses ont conféré aux membres des conseils généraux [*voir* n° 294], à ceux des conseils d'arrondissement et des conseils municipaux, des fonctions spéciales attachées à leur titre. Ainsi, aux termes de la loi du 17 août 1872, ils continuent à faire partie des conseils de révision [n°s 484 et 496], et, aux termes de l'article 11 de la loi du 24 novembre 1872 sur le jury en matière criminelle, tous les conseillers généraux de l'arrondissement composent, avec les juges de paix, sous la présidence et sur la convocation du président du tribunal civil, la commission chargée d'arrêter pour chaque arrondissement la liste annuelle du jury. En cas d'empêchement, le conseiller général d'un canton est remplacé par le conseiller d'arrondissement ou, s'il y en a deux dans le canton, par le plus âgé des deux. De même, aux termes de l'article 8 de cette loi, les maires, et, dans les communes divisées en plusieurs cantons ou formant un canton, deux conseillers municipaux, désignés par le conseil municipal, font partie de la commission qui, sous la présidence du juge de paix, dresse une liste préparatoire de la liste annuelle du jury dont il vient d'être parlé. Or il est arrivé que des membres des conseils électifs, surtout des conseillers généraux, ont refusé avec tout l'éclat de la publicité de siéger dans ces commissions. Pour empêcher le retour de ces faits, une loi spéciale du 7 juin 1873 a conféré en pareil cas, au conseil d'État, le droit de déclarer démissionnaire le conseiller général, d'arrondissement ou municipal, et le frappe d'inéligibilité pendant un an (*voir*, art. 35 [n° 158], un autre cas d'inéligibilité). Dans l'hypothèse dont il s'agit ici, le projet primitif, plus en har-

monie avec les règles du contentieux administratif, proposait de saisir préalablement le conseil de préfecture; diverses considérations, et entre autres la pensée que la menace écrite dans la loi suffirait et la rendrait sans application, ont fait préférer la rédaction qui institue le conseil d'État unique degré de juridiction dans ces affaires.

Tout membre d'un conseil général de département, d'un conseil d'arrondissement ou d'un conseil municipal qui, sans excuse valable, aura refusé de remplir une des fonctions qui lui sont dévolues par les lois, sera déclaré démissionnaire (Loi du 7 juin 1873, *relative aux membres des conseils généraux, des conseils d'arrondissement et des conseils municipaux, qui se refusent à remplir certaines de leurs fonctions*, art. 1). — Le refus résultera soit d'une déclaration expresse à qui de droit ou rendue publique par son auteur, soit de l'abstention persistante après avertissement de l'autorité chargée de la convocation (art. 2). — Le membre ainsi démissionnaire ne pourra être réélu avant le délai d'un an (art. 3). — Les dispositions qui précèdent seront appliquées par le conseil d'État, sur l'avis transmis au préfet par l'autorité qui aura donné l'avertissement suivi de refus. Le ministre de l'intérieur devra saisir le conseil d'État dans le délai de trois mois, à peine de déchéance. La contestation sera instruite et jugée sans frais dans le délai de trois mois (art. 4).

135. Les articles 18 et 19 de la loi du 10 août 1871 donnent au conseil général la mission, qui antérieurement ne lui appartenait pas, de déclarer démissionnaires ceux de ses membres qui se trouvent dans les deux cas prévus par ces articles. L'article 17 lui confère également, en cas d'élection d'un conseiller général par plusieurs cantons, un pouvoir qui appartenait autrefois au préfet en conseil de préfecture; cet article 17 de la loi de 1871 a été mis en harmonie par la loi du 31 juillet 1875 avec la restitution au contentieux administratif et au contentieux judiciaire des diverses difficultés relatives à l'élection des membres des conseils généraux.

Tout conseiller général qui, par une cause survenue postérieurement à son élection, se trouve dans un des cas prévus par les articles 7, 8, 9 et 10, ou se trouve frappé de l'une des incapacités qui font perdre la qualité d'électeur, est déclaré démissionnaire par le conseil général, soit d'office, soit sur la réclamation de tout électeur (L. 1871, art. 18).

Lorsqu'un conseiller général aura manqué à une session ordinaire sans excuse légitime admise par le conseil, il sera déclaré démissionnaire par le conseil général, dans la dernière séance de la session (art. 19).

Le conseiller général élu dans plusieurs cantons est tenu de déclarer son option au président du conseil général dans les trois jours qui suivront l'ouverture de la session, et, en cas de contestation, à partir de la notification de la décision du conseil d'État. A défaut d'option dans ce délai, le conseil général déterminera, en séance publique et par la voie du sort, à quel canton le conseiller appartiendra. Lorsque le nombre des conseillers non domiciliés dans le département dépasse le quart du conseil, le conseil général procède de la même façon pour désigner celui ou ceux dont l'élection doit être annulée. Si une question préjudicielle s'élève sur le domicile, le conseil général sursoit et le tirage au sort est fait par la commission départementale pendant l'intervalle des sessions (L. 1871, art. 17, modifié par l'article 1 § 3 de la loi du 31 juillet 1875 *relative à la vérification des pouvoirs des membres des conseils généraux*).

136. Les sessions des conseils généraux sont de deux sortes : les sessions ordinaires, et les sessions extraordinaires.

Les sessions *ordinaires* sont au nombre de deux chaque année (art. 23). La première session, dans laquelle sont délibérés le budget et les comptes, « commence de plein droit le premier lundi » qui suit le 15 août et ne pourra être retardée que par une loi »; ce qui prouve qu'une loi même ne peut retarder l'ouverture de l'autre session. L'ouverture de cette seconde session a lieu au jour fixé par le conseil général dans la session du mois d'août précédent. Dans le cas où le conseil général se serait séparé sans avoir pris aucune décision à cet égard, le jour sera fixé et la convocation sera faite par la commission départementale, qui en donnera avis au préfet. La durée de la session d'août ne pourra excéder un mois; celle de l'autre session ordinaire ne pourra excéder quinze jours. L'article 4 et dernier de la loi du 31 juillet 1875 [n°s 133 et 135] dispose que, par dérogation à l'article 23 de la loi de 1871, la sesion d'août « commencera de plein droit, dans le département » de la Corse, le deuxième lundi de septembre ».

Les sessions *extraordinaires* (art. 24) ont lieu quand les besoins du service l'exigent ; la réunion s'opère, dans ce cas, ou en vertu d'un décret du pouvoir exécutif, ou sur la convocation que le préfet est tenu d'adresser d'urgence aux membres du conseil, chaque fois que le président du conseil général lui donne l'avis que les deux tiers des membres du conseil lui en ont adressé la demande écrite. La durée des sessions extraordinaires ne peut excéder huit jours.

137. Les articles 25, 26, 31 § 1, et 32 § 3 de la loi du 10 août 1871, reproduisent les articles 1, 2 et 3 de la loi du 23 juillet 1870, conférant : au conseil général, le droit d'élire son bureau et de faire son règlement intérieur ; aux électeurs, celui de prendre copie des délibérations et procès-verbaux ; aux journaux du département, le droit de prendre communication et de reproduire un compte rendu sommaire et officiel des séances, qui doit être tenu dans les quarante-huit heures à leur disposition.

La prescription de l'article 31 § 2 qui interdit aux journaux d'apprécier une discussion d'un conseil général, sans reproduire en même temps la portion du compte rendu officiel afférente à cette discussion, est générale et absolue; en conséquence, elle s'applique non-seulement aux journaux du département, mais à tous les journaux sans distinction de lieu de publication, et s'étend aux rapports présentés au conseil général aussi bien qu'aux discussions qui ont lieu sur ces rapports (c. cass. ch. crim. 11 janvier 1873, *Jeantit et Veron*).

L'article 32 § 2 et surtout l'article 28 modifient les dispositions antérieures de la loi de 1833 : le premier, en portant que les procès-verbaux doivent contenir les noms des membres qui ont pris part à la discussion; le second, en rendant publiques les séances des conseils généraux.

L'article 29 qui confère au président du conseil général, seul, la police de l'assemblée, a donné lieu, dans le département des Bouches-du-Rhône, à un conflit entre le président et le préfet. Un avis du conseil d'État, en date du 3 décembre 1874, sur les questions posées par le ministre de l'intérieur, estime que « l'article 29
» de la loi du 10 août 1871, ni aucun autre texte, ne confère au
» président du conseil général le droit de requérir directement la
» force publique; que s'il juge nécessaire la présence des agents
» de la force publique dans la salle des séances, il doit les de-
» mander au préfet, qui apprécie dans quelle mesure et de quelle
» manière il déférera à cette demande ; qu'il peut adresser aux
» agents mis à sa disposition dans la salle des séances des ordres
» directs, mais seulement dans la limite de la mission qui lui est
» confiée par l'article 29, pour faire expulser et arrêter tout indi-
» vidu qui dans l'auditoire troublerait l'ordre ; qu'au surplus le
» droit du président ne peut faire obstacle au droit qui appartient
» partout et toujours au préfet, soit comme représentant du pou-
» voir exécutif, soit comme officier de police judiciaire, de prendre
» sous sa responsabilité les mesures qu'il jugerait nécessaires pour
» maintenir l'ordre public et faire respecter la loi ».

A l'ouverture de la session d'août, le conseil général, réuni sous la présidence du doyen d'âge, le plus jeune membre faisant fonctions de secrétaire, nomme au scrutin secret et à la majorité absolue son président, un ou plusieurs vice-présidents et ses secrétaires. Leurs fonctions durent jusqu'à la session d'août de l'année suivante (L. 1871, art. 25). — Le conseil général fait son règlement intérieur (art. 26). — Le préfet a entrée au conseil général; il est entendu quand il le demande, et assiste aux délibérations, excepté lorsqu'il s'agit de l'apurement de ses comptes (art. 27). — Les séances des conseils généraux sont publiques. Néanmoins, sur la demande de cinq membres, du président ou du préfet, le conseil général, par assis et levé, sans débats, décide s'il se formera en comité secret (art. 28). — Le président a seul la police de l'assemblée. Il peut faire expulser de l'auditoire ou arrêter tout individu qui trouble l'ordre. En cas de crime ou de délit, il en dresse procès-verbal, et le procureur de la République en est immédiatement saisi (art. 29). — Le conseil général ne peut délibérer si la moitié plus un des membres dont il doit être composé n'est présente. Les votes sont recueillis au scrutin public, toutes les fois que le sixième des membres présents le demande. En cas de partage, la voix du président est prépondérante. Néanmoins, les votes sur les nominations *et sur les validations d'élections contestées* (*abrogé* [n° 133]) ont toujours lieu au scrutin secret. Le résultat des scrutins publics, énonçant les noms des votants, est reproduit au procès-verbal (art. 30). — Les conseils généraux devront établir jour par jour un compte rendu sommaire et officiel de leurs séances, qui sera tenu à la disposition de tous les journaux du département, dans les quarante-huit heures qui suivront la séance. Les journaux ne pourront apprécier une discussion du conseil général sans reproduire en même temps la portion du compte rendu afférente à cette discussion. Toute contravention à cette disposition sera punie d'une amende de 50 à 500 fr. (art. 31). — Les procès-verbaux des séances, rédigés par un des secrétaires, sont arrêtés au commencement de chaque séance, et signés par le président et le secrétaire. Ils contiennent les rapports, les noms des membres qui ont pris part à la discussion et l'analyse de leurs opinions. Tout électeur ou contribuable du département a le droit de demander la communication sans déplacement, et de prendre copie de toutes les délibérations du conseil général, ainsi que des procès-verbaux des séances publiques, et de les reproduire par la voie de la presse (art. 32).

B. *Attributions des conseils généraux.*

138. Divisions des attributions des conseils généraux, d'après l'étendue de leur pouvoir.
139. Division de ces attributions, d'après la nature de leur mission.
140. 1° Attributions de répartition de l'impôt appartenant au conseil général, comme *délégué du pouvoir législatif.*
141. 2° Attributions de *contrôle de l'administration départementale* (et de représentant du département) par l'apurement des comptes d'administration du préfet et le vote du budget départemental.
142. 3° Attributions du conseil général comme *représentant le département*; étendue de cette classe d'attributions du conseil général sous l'empire de la loi du 10 mai 1838.
143. Division des délibérations prises à ce titre par les conseils généraux, en deux classes, d'après la loi du 18 juillet 1866.
144. Économie de la loi du 10 août 1871 à ce point de vue; division actuelle de ces délibérations des conseils généraux en trois classes.
145. Délibérations par lesquelles les conseils généraux *statuent définitivement*, sauf annulation par le pouvoir exécutif pour violation de la loi.
146. Délibérations du conseil général soumises au droit de *veto* suspensif du pouvoir exécutif.
147. Délibérations, au nombre de trois, soumises à la nécessité de l'*autorisation*, l'une gouvernementale et les deux autres législatives.
148. De certaines attributions nouvelles des conseils généraux.

149. Entente entre plusieurs conseils généraux sur des objets d'utilité commune à plusieurs départements.
150. 4° Attributions du conseil général comme *chargé du contrôle de la situation et de l'administration financière des communes*.
151. Autre attribution de cette nature d'après une loi du 5 avril 1851.
152. Autres attributions de même nature.
153. Extension de ce contrôle relativement aux sections électorales.
154. 5° Attributions du conseil général comme *comité consultatif* de l'administration centrale.
155. Avis; loi de 1871, article 50.
156. Vœux; loi de 1871, article 51.
157. 6° Attributions relatives *au rôle éventuel des conseils généraux dans des circonstances exceptionnelles*; loi du 15 février 1872.

138. Les attributions des conseils généraux sont réglées par les titres 4 et 5 de la loi du 10 août 1871 (art. 37 à 69). Elles peuvent être divisées à un double point de vue, d'après l'étendue du pouvoir attaché à leurs actes, et d'après la nature de leur mission. Sous le premier rapport, les actes des conseils généraux se divisent en cinq catégories : 1° ces conseils *statuent définitivement*; 2° ils *délibèrent*, sous la réserve du droit de *veto* du pouvoir exécutif; 3° ils *délibèrent à charge d'une autorisation*, qui doit être donnée par le pouvoir exécutif dans un cas, par le pouvoir législatif dans deux cas; 4° ils donnent des *avis*; 5° ils expriment des *vœux*. Cette division résulte directement de la loi du 10 août 1871, qui a considérablement élargi les attributions des conseils généraux, non-seulement en complétant la loi du 15 juillet 1866 par la suppression en principe de l'autorisation administrative, mais aussi en étendant l'autorité des conseils généraux à des matières placées jusqu'alors en dehors de leur intervention.

139. La seconde division des attributions du conseil général, au point de vue de la nature de sa mission, restée vraie après la loi du 10 août 1871, comme après celle du 18 juillet 1866, a été ainsi indiquée en 1838, dans le rapport de M. Vivien à la chambre des députés : « Le conseil général prononce sur les questions qui lui » sont soumises, tantôt comme délégué du pouvoir législatif, » tantôt comme représentant légal du département, tantôt enfin » comme simple conseil du gouvernement... » Cette distinction rationnelle du législateur de 1838 demeure vraie; seulement les lois ultérieures ont ajouté des attributions présentant de nouveaux caractères. Sous ce rapport, nous croyons devoir diviser en six classes les attributions des conseils généraux suivant la nature de

la mission qui leur est confiée, chacune d'elles montrant dans le conseil général un caractère distinct. Il faut toutefois remarquer que le caractère qui domine tous les autres dans les lois d'attributions du conseil général est celui de représentant légal, dans la sphère de la délibération, des intérêts départementaux, et qu'il n'est pas une de ses attributions qui ne s'y rattache dans une certaine mesure. Ce n'est que sous le bénéfice de cette observation nécessaire, et en rappelant que le caractère de représentant du département se lie d'une façon plus ou moins étroite à tous les autres, que nous divisons de la manière suivante les attributions du conseil général en six classes :

1° Attributions de répartition de l'impôt en qualité de *délégué du pouvoir législatif* ;

2° Attributions de *contrôle de l'administration préfectorale*, notamment par l'apurement des comptes ;

3° Attributions en tant que *représentant légal et direct du département*, prenant à ce titre des délibérations de trois sortes, définitives, ou soumises au droit de *veto* du pouvoir exécutif, ou soumises à l'autorisation du pouvoir législatif et, dans un cas, du pouvoir exécutif ;

4° Attributions en tant que *chargé du contrôle de la situation et de l'administration financières des communes* ;

5° Attributions en qualité de *comité consultatif* de l'administration centrale et de l'administration locale ;

6° Attributions *éventuelles dans des circonstances exceptionnelles*.

Tandis que les cinq premières sortes d'attributions des conseils généraux sont actuellement réglées par la loi du 10 août 1871, c'est une loi spéciale du 15 février 1872 qui détermine la sixième.

140. 1° En qualité de *délégué du pouvoir législatif*, le conseil général règle, par des *votes souverains*, la répartition ou le répartement entre les arrondissements des impôts directs de répartition [*voir*, n°ˢ 1126 et 1127, la description des quatre degrés de répartition], les demandes en réduction formées par les conseils d'arrondissement, celles formées par les communes et qui ont été préalablement soumises au conseil d'arrondissement. La loi de 1871 ne fait à cet égard que reproduire les dispositions de la loi du 10 mai 1838 ; seulement elle cesse de mentionner les conseils d'arrondissement, le législateur ayant voulu, en 1871, ne pas préjuger la question du maintien des conseils d'arrondissement, en présence de certaines demandes relatives à leur suppression.

Le conseil général répartit chaque année, à sa session d'août, les contributions directes, conformément aux règles établies par les lois. Avant d'effectuer cette répartition, il statue sur les demandes délibérées par les conseils compétents en réduction de contingent (Loi du 10 août 1871, *relative aux conseils généraux*, art. 37). — Le conseil général prononce définitivement sur les demandes en réduction de contingent formées par les communes, et préalablement soumises au conseil compétent (art. 38). — Si le conseil général ne se réunissait pas, ou s'il se séparait sans avoir arrêté la répartition des contributions directes, les mandements des contingents seront délivrés par le préfet, d'après les bases de la répartition précédente, sauf les modifications à porter dans le contingent en exécution des lois (art. 39).

141. 2° Le conseil général *contrôle l'administration préfectorale*. C'est à ce titre qu'il est chargé par la loi nouvelle, comme par celle de 1838, d'arrêter provisoirement les comptes d'administration qui lui sont annuellement présentés par le préfet, et ses observations sont directement adressées par son président au ministre de l'intérieur (art. 66). A ce titre aussi, sa commission vérifie l'état des archives et du mobilier appartenant au département [n° 168].

Le conseil général est naturellement appelé à exercer ce contrôle, lorsqu'il procède à un acte plus grave, le plus important de tous, et pour lequel il est investi de pouvoirs beaucoup plus étendus : nous voulons parler du vote du budget départemental ; seulement, le conseil général y procède à la fois comme chargé du contrôle de l'administration active du département, confiée au préfet, et comme représentant légal du département, c'est-à-dire en vertu du troisième caractère dont le conseil général est investi.

Sous l'empire de la loi du 10 mai 1838, le budget voté par le conseil général n'était que provisoire, en ce sens que le décret, qui réglait ce budget, pouvait y inscrire d'office de nombreuses dépenses auxquelles cette loi donnait un caractère obligatoire, pouvait y changer et modifier de nombreuses allocations. Les articles 10 et 11 de la loi du 18 juillet 1866 avaient étendu le droit du conseil général, en réduisant à trois sortes de dépenses les pouvoirs de modification et d'inscription d'office du décret qui continue à régler le budget du département comme d'après la loi de 1838. La loi du 10 août 1871 a suivi la disposition de la loi de 1866, en étendant ce droit d'inscription d'office à une quatrième sorte de dépenses ; de sorte que les dépenses obligatoires se trouvent ainsi réduites à quatre, et toutes autres sauf les dettes exigibles sont facultatives pour le conseil général. C'est au même titre que le conseil général est saisi des rapports que le préfet est tenu de lui soumettre dans les délais déterminés par l'article 56 de la loi nouvelle [*voir*, n°ˢ 1355 à 1363, l'ensemble des règles relatives au budget départemental et des dispositions financières de la loi du 10 août 1871].

À la session d'août, le préfet rend compte au conseil général, par un rapport spécial et détaillé, de la situation du département et de l'état des différents services publics. À l'autre session ordinaire, il présente au conseil général un rapport sur les affaires qui doivent lui être soumises pendant cette session. Ces rapports sont imprimés et distribués à tous les membres du conseil général huit jours au moins avant l'ouverture de la session (Loi du 10 août 1871, *relative aux conseils généraux*, art. 56). — Les chefs de service des administrations publiques dans le département sont tenus de fournir verbalement ou par écrit tous les renseignements qui leur seraient réclamés par le conseil général sur les questions qui intéressent le département (art. 52).

Le conseil général entend et débat les comptes d'administration qui lui sont présentés par le préfet, concernant les recettes et les dépenses du budget départemental. Les comptes doivent être communiqués à la commission départementale, avec les pièces à l'appui, dix jours au moins avant l'ouverture de la session d'août. Les observations du conseil général sur les comptes présentés à son examen sont adressées directement par son président au ministre de l'intérieur. Ces comptes, provisoirement arrêtés par le conseil général, sont définitivement réglés par décret (Loi du 10 août 1871, art. 66 §§ 1, 2, 3 et 4).

Le projet de budget du département est préparé et présenté par le préfet, qui est tenu de le communiquer à la commission départementale, avec les pièces à l'appui, dix jours au moins avant l'ouverture de la session d'août. Le budget, délibéré par le conseil général, est définitivement réglé par décret. Il se divise en budget ordinaire et budget extraordinaire (L. 1871, art. 57). — Le budget ordinaire comprend les dépenses suivantes : 1° loyer, mobilier et entretien des hôtels de préfecture et de sous-préfecture, du local nécessaire à la réunion du conseil départemental d'instruction publique et du bureau de l'inspecteur d'académie ; 2° casernement ordinaire des brigades de gendarmerie ; 3° loyer, entretien, mobilier et menues dépenses des cours d'assises, tribunaux civils et tribunaux de commerce, et menues dépenses des justices de paix ; 4° frais d'impression et de publication des listes pour les élections consulaires, frais d'impression des cadres pour la formation des listes électorales et des listes du jury ;... (art. 60 §§ 1, 2, 3 et 4). — Si un conseil général omet d'inscrire au budget un crédit suffisant pour l'acquittement des dépenses énoncées aux numéros 1, 2, 3 et 4 de l'article précédent ou pour l'acquittement des dettes exigibles, il y est pourvu au moyen d'une contribution spéciale portant sur les quatre contributions directes, et établie par un décret, si elle est dans les limites du maximum fixé annuellement par la loi de finances, ou par une loi, si elle doit excéder ce maximum. Le décret est rendu dans la forme des règlements d'administration publique et inséré au *Bulletin des lois*. Aucune autre dépense ne peut être inscrite d'office dans le budget ordinaire, et les allocations qui y sont portées par le conseil général ne peuvent être ni changées ni modifiées par le décret qui règle le budget (art. 61).

142. 3° *Représentant légal du département*, comme le préfet avec lequel il partage ce caractère, ayant la délibération et la décision,

tandis qu'au préfet appartient l'exécution, le conseil général *délibère* sur tout ce qui tient à la propriété, aux droits, intérêts et actions du département. Pour faire mieux comprendre quelles sont, sous ce rapport, les nouvelles attributions du conseil général depuis la loi du 10 août 1871, il est nécessaire de rendre bon compte de la portée des attributions dont le conseil général était investi antérieurement d'après la loi du 10 mai 1838, et des modifications déjà apportées à cette loi par celle du 18 juillet 1866 ; nous dirons ensuite quelle est l'économie de la loi du 10 août 1871 à ce point de vue.

Dans cette sphère d'attributions, comme dans la précédente, le conseil général n'était jamais souverain avant la loi de décentralisation de 1866. Il était subordonné, en ce sens que ses délibérations étaient toujours soumises, d'après les lois, décrets et règlements, à la nécessité d'une *autorisation*. Pour les unes, l'autorisation devait émaner du pouvoir législatif ; pour d'autres, du pouvoir exécutif, avec ou sans l'intervention du conseil d'État ; d'autres étaient soumises à l'autorisation du ministre, et les plus nombreuses, depuis le décret-loi du 25 mars 1852, qui en avait fait la règle générale, à l'autorisation du préfet.

Dans ce dernier cas, il faut remarquer que le préfet faisait deux choses distinctes : 1° il accordait ou refusait l'autorisation dont la délibération du conseil général avait besoin : sous ce rapport, il exerçait ce qu'on a appelé à tort la tutelle administrative [n° 99] ; 2° il accomplissait l'acte de la vie civile du département, tel qu'il avait été arrêté dans la délibération du conseil général approuvée régulièrement.

Dans toutes les hypothèses, le droit d'approuver n'impliquait pas celui de modifier : d'où il suit que l'initiative appartenait déjà au conseil général d'une manière absolue en vertu de la loi du 10 mai 1838, et que son consentement était nécessaire pour que l'acte soumis à sa délibération pût être réalisé par l'administration active. Le conseil général était déjà libre de ne pas faire ou d'empêcher les actes de la vie civile du département ; il n'était pas libre de les accomplir, en raison de la nécessité de l'autorisation, improprement appelée l'acte de tutelle.

En un mot encore, et pour exprimer la même idée sous une autre forme, il y avait, dans le système de la loi de 1838, à distinguer toujours ces trois choses : 1° la délibération du conseil général, nécessaire pour l'accomplissement de l'acte; 2° l'approbation ou autorisation, nécessaire pour l'exécution de la délibération du conseil ; 3° l'action administrative, ayant pour objet la réalisation de l'acte.

Telles étaient, sous ce rapport, les attributions des conseils généraux d'après les articles 4 et 5 de la loi du 10 mai 1838, qui était bien déjà, comme nous l'avons dit ci-dessus [n° 93], une loi de décentralisation ainsi que celle de 1833.

143. La loi du 18 juillet 1866 n'avait pas abrogé, mais avait modifié d'une façon très-importante la loi de 1838, en ce sens que ces deux lois devaient être combinées ; il en résultait l'existence de deux sortes de délibérations du conseil général procédant à titre de représentant direct des intérêts départementaux : 1° des délibérations par lesquelles le conseil général *statuait définitivement* sur un assez grand nombre d'affaires déterminées par la loi du 18 juillet 1866 ; 2° des délibérations du conseil général qui restaient soumises à la nécessité d'une autorisation dans les conditions de la loi du 10 mai 1838 et du décret-loi du 25 mars 1852.

144. La loi du 10 août 1871, qui abroge et remplace les lois antérieures sur les conseils généraux, admet désormais trois sortes de délibérations des conseils généraux : 1° des délibérations *définitives* seulement sujettes au droit d'annulation pour violation de la loi ; 2° des délibérations subordonnées au droit de *veto* du pouvoir exécutif ; et 3° des délibérations soumises à l'*autorisation* de la puissance législative ou du pouvoir exécutif ; cette troisième sorte de délibérations est exceptionnelle et rare dans l'économie de la loi nouvelle ; il n'y en a que trois applications [n° 147].

Dans les deux premiers cas au contraire, contenant la généralité des délibérations du conseil général, il y a suppression de l'autorisation ; c'est la règle de la loi du 18 juillet 1866, étendue et généralisée. Il n'y a plus, comme nous le disions tout à l'heure de la législation de 1838, trois phases à distinguer dans l'opération ; il n'y en a plus que deux : la délibération du conseil général, et l'acte que doit réaliser, en conséquence, le préfet chargé de l'exécution. Il n'y a plus, entre ces deux faits, la nécessité d'une autorisation. L'acte dit de tutelle est supprimé. C'est en ce sens qu'il y a décentralisation et émancipation des conseils généraux. La délibération du conseil général devient, dans ce cas, une décision, à peu près comme lorsqu'il répartit l'impôt. Il faut toutefois remarquer que si la nécessité de l'autorisation, soit législative, soit gouvernementale, soit préfectorale, est supprimée ; s'il y a, sous ce rapport, un système nouveau substitué à celui de la loi de 1838, du décret de 1852, et des dispositions de la loi de 1866 qui maintenaient dans certains cas l'autorisation, la loi du 10 août 1871, dans l'intérêt de l'unité et de la conciliation des intérêts locaux avec l'ordre général et les besoins de l'État, a réservé à l'administration centrale certains pouvoirs. Nulle approbation n'est nécessaire pour ramener à exécution la décision du conseil général, mais il pourra intervenir un décret du pouvoir exécutif qui annule les délibérations de la première catégorie [n° 145], ou qui suspende les délibérations de la seconde [n° 146]; c'est la huitième règle de décentralisation ci-dessus posée [n° 100].

145. Les *délibérations définitives* des conseils généraux interviennent sur les matières considérables et nombreuses énumérées dans les vingt-six paragraphes de l'article 46 de la loi de 1871. Cet article emprunte à la loi de 1866, presque entièrement, les seize paragraphes de l'article 1er de cette loi, la dénomination même de *délibérations définitives*, et la suppression de l'acte d'autorisation. Sous ce rapport la loi de 1871 étend et complète l'idée qui avait déjà reçu du législateur de 1866 une somme considérable d'application. Les délibérations de cette première sorte ne peuvent être atteintes que par un décret rendu en la forme des règlements d'administration publique prononçant leur annulation, dans le délai de deux mois et vingt jours après la clôture de la session, et seulement pour excès de pouvoir ou pour violation d'une disposition de la loi ou d'un règlement d'administration publique. Telle est la prescription de l'article 47, et il faut bien remarquer qu'elle s'applique non-seulement aux délibérations prises par les conseils généraux sur les matières énumérées dans l'article 46, mais encore à toutes les délibérations définitives prises par ces conseils en vertu d'autres dispositions de la loi [n°s 148, 153, etc.].

Le conseil général *statue définitivement* sur les objets ci-après désignés, savoir: 1° acquisition, aliénation et échange des propriétés départementales mobilières ou immobilières, quand ces propriétés ne sont pas affectées à l'un des services énumérés au n° 4; 2° mode de gestion des propriétés départementales; 3° baux de biens donnés ou pris à ferme ou à loyer, quelle qu'en soit la durée; 4° changement de destination des propriétés et des édifices départementaux autres que les hôtels de préfecture et de sous-préfecture, et des locaux affectés aux cours d'assises, aux tribunaux, aux écoles normales, au casernement de la gendarmerie et aux prisons; 5° acceptation ou refus de dons et legs faits au département, quand ils ne donnent pas lieu à réclamation; 6° classement et direction des routes départementales; projets, plans et devis des travaux à exécuter pour la construction, la rectification ou l'entretien desdites routes; désignation des services qui seront chargés de leur construction et de leur entretien; 7° classement et direction des chemins vicinaux de grande communication et d'intérêt commun ; désignation des communes qui doivent concourir à la construction et à l'entretien desdits chemins, et fixation du contingent annuel de chaque commune; le tout sur l'avis des conseils compétents ; répartition des subventions accordées, sur les fonds de l'État ou du département, aux chemins vicinaux de toute catégorie ; désignation des services auxquels sera confiée l'exécution des travaux sur les chemins vicinaux de grande communication et d'intérêt commun, et mode d'exécution des travaux à la charge du département; taux de la conversion en argent des journées de prestation; 8° déclassement des routes départementales, des chemins vicinaux de grande communication et d'intérêt commun ; 9° projets, plans et devis de tous autres travaux à exécuter sur les fonds départementaux, et désignation des services auxquels ces travaux seront confiés; 10° offres faites par les communes, les associations ou les particuliers pour concourir à des dépenses quelconques d'intérêt départemental ; 11° concessions à des associations, à des compagnies ou à des particuliers, de travaux d'intérêt départemental; 12° direction des chemins de fer d'intérêt local, mode et conditions de leur construction, traités et dispositions nécessaires pour en assurer l'exploitation ; 13° établissement et entretien des bacs et passages d'eau sur les routes, et chemins à la charge du département; fixation des tarifs de péage; 14° assurances des bâtiments départementaux ; 15° actions à intenter ou à soutenir au nom du département, sauf les cas d'urgence, dans lesquels la commission départementale pourra statuer; 16° transactions concernant les droits des départements; 17° recettes de toute nature et dépenses des établissements d'aliénés appartenant au département ; approbation des traités passés avec des établissements privés ou publics pour le traitement des aliénés du département; 18° service des enfants assistés ; 19° part de la dépense des aliénés et des enfants assistés, qui sera mise à la charge des communes, et bases de la répartition à faire entre elles; 20° créations d'institutions départementales d'assistance publique, et service de l'assistance publique dans les établissements départementaux ; 21° établissement et organisation des caisses de retraite ou de tout autre mode de rémunération en faveur des employés des préfectures et des sous-préfectures et des agents salariés sur les fonds départementaux ; 22° part contributive du département aux dépenses des travaux qui intéressent à la fois le département et les communes; 23° difficultés élevées relativement à la répartition de la dépense des travaux qui intéressent plusieurs communes du département; 24° délibérations des conseils municipaux ayant pour but l'établissement, la suppression ou les changements de foires et marchés; 25° délibérations des conseils municipaux ayant pour but la prorogation des taxes additionnelles d'octroi actuellement existantes, ou l'augmentation des taxes principales au delà d'un décime, le tout dans les limites du maximum des droits et de la nomenclature des objets fixés par le tarif général établi conformément à la loi du 24 juillet 1867; 26° changements à la circonscription des communes d'un même canton et à la désignation de leurs chefs-lieux, lorsqu'il y a accord entre les conseils municipaux (L. 10 août 1871, *relative aux conseils généraux*, art. 46). — Les délibérations par lesquelles les conseils généraux statuent définitivement sont exécutoires si, dans le délai de vingt jours à partir de la clôture de la session, le préfet n'en a pas demandé l'annulation pour excès de pouvoir ou pour violation d'une disposition de la loi ou d'un règlement d'administration publique. Le recours formé par le préfet doit être notifié au président de la commission départementale. Si, dans le délai de deux mois à partir de la notification, l'annulation n'a pas été prononcée, la délibération est exécutoire. Cette annulation n· peut être prononcée que par un décret rendu dans la forme des règlements d'administration publique (art. 47).

146. Les *délibérations* non définitives, prises par les conseils généraux en vertu de l'article 48 de la loi de 1871, ressemblent aux précédentes, en ce qu'elles sont également dispensées de toute autorisation gouvernementale ou législative ; mais elles en diffèrent en ce sens que ce n'est pas seulement pour excès de pouvoir, violation de loi ou de règlement qu'elles peuvent être atteintes ; alors même qu'elles ne sont entachées d'aucun de ces vices, l'exécution de ces délibérations peut être suspendue par un décret motivé ; il faut que ce décret, pour lequel l'intervention du conseil d'État n'est pas exigée, intervienne dans le délai de trois mois à partir de la clôture de la session, aux termes de l'article 49. De nombreux décrets ont fait depuis 1871 l'application de cette disposition ; tel est un décret qui a suspendu, sur le recours du préfet, l'exécution d'une délibération du conseil général de l'Hérault prise en vertu de l'article 48 de la loi (*Bulletin officiel du ministère de l'intérieur*, année 1872, p. 351).

Tandis qu'il n'y a, dans la catégorie des délibérations définitives des conseils généraux, que les matières qui y sont nominativement placées, cette seconde catégorie embrasse d'une manière générale toutes les délibérations que le conseil est appelé à prendre sur tous objets d'intérêt départemental, non classés dans la première ou dans la troisième qui n'en contient que trois. En un mot, tandis que l'énumération de l'article 48 n'est qu'énonciative, ainsi que cela résulte de son § 5, celle de l'article 46 ci-dessus [n° 145] et la disposition de l'article 44, ci-dessous reproduite [n° 147], sont limitatives.

Le conseil général *délibère* : 1° sur l'acquisition, l'aliénation et l'échange des propriétés départementales affectées aux hôtels de préfecture et de sous-préfecture, aux écoles normales, aux cours d'assises et tribunaux, au casernement de la gendarmerie et aux prisons ; 2° sur le changement de destination des propriétés départementales affectées à l'un des services ci-dessus énumérés ; 3° sur la part contributive à imposer au département dans les travaux exécutés par l'État qui intéressent le département ; 4° sur les demandes des conseils municipaux : 1 pour l'établissement ou le renouvellement d'une taxe d'octroi sur les matières non comprises dans le tarif général indiqué à l'article 46 ; 2 pour l'établissement ou le renouvellement d'une taxe excédant le maximum fixé par ledit tarif ; 3 pour l'assujettissement à la taxe d'objets non encore imposés dans le tarif local ; 4 pour les modifications aux règlements ou aux périmètres existants; 5° sur tous les autres objets sur lesquels il est appelé à délibérer par les lois et règlements, et généralement sur tous les objets d'intérêt départemental dont il est saisi, soit par une proposition du préfet, soit sur l'initiative d'un de ses membres (L. 10 août 1871, art. 48). — Les délibérations prises par le conseil général sur les matières énumérées à l'article précédent sont exécutoires si, dans le délai de trois mois à partir de la clôture de la session, un décret motivé n'en a pas suspendu l'exécution (art. 49).

147. Dans trois cas seulement les délibérations du conseil général sont soumises à la nécessité d'une autorisation. Dans l'un de ces cas, au mot *autorisation* l'article 53 de la loi nouvelle a substitué le mot *décision du gouvernement*; mais le décret réglementaire sur le conseil d'État, article 5 § 5 [n° 86], a rétabli le vrai mot; il s'agit de l'acceptation des dons et legs faits au département, lorsqu'il y a opposition de la famille [n° 1348]. Dans les deux autres cas, l'autorisation est donnée par le pouvoir législatif [n° 1351]; ces deux cas sont ceux : 1° du vote de centimes extraordinaires au delà du maximum fixé annuellement par la loi de finances ; et 2° du vote d'un emprunt départemental remboursable dans un délai excédant quinze années (l'article 2 de la loi du 18 juillet 1866 disait douze années); en deçà de ces limites, la délibération du conseil général est dispensée d'autorisation, ainsi que le tout résulte des articles suivants. Il faut remarquer que la loi de finances, fixant le maximum de centimes extraordinaires que le conseil général peut librement voter aux termes de l'article 40, place ainsi une sorte d'autorisation législative générale et par conséquent moins directe, *avant* la délibération du conseil général; tandis que la véritable autorisation exigée par l'article 41, *après* la délibération du conseil général, permet seule au pouvoir législatif d'apprécier les circonstances spéciales à chaque département et à chaque acte.

Le conseil général vote les centimes additionnels dont la perception est autorisée par les lois. Il peut voter des centimes extraordinaires dans la limite du maximum fixé annuellement par la loi de finances. Il peut voter également les emprunts départementaux remboursables dans un délai qui ne pourra excéder quinze années sur les ressources ordinaires et extraordinaires (L. 1871, art. 40). — Dans le cas où le conseil général voterait une contribution extraordinaire ou un emprunt au delà des limites déterminées dans l'article précédent, cette contribution ou cet emprunt ne pourrait être autorisé que par une loi (art. 41).

148. Les articles suivants de la loi du 10 août 1871 ont doté les conseils généraux d'attributions nouvelles ; ils présentent toutefois cette différence que c'est le conseil général qui statue

définitivement dans le premier cas et le ministre dans le second. Il faut, en outre, remarquer que le conseil général commettrait un excès de pouvoir, s'il étendait le droit de révocation que lui confère le premier de ces textes, à des fonctions non exclusivement rétribuées sur les fonds départementaux, comme les agents voyers [n° 1369], ou s'il en usait avant d'avoir pris l'avis motivé des chefs d'établissement d'enseignement et bureaux désignés par cet article 45 (C. d'Ét. quatre arrêts du 8 août 1873), et s'il déléguait à sa commission départementale le droit que lui confère le second de ces textes [n° 167].

Le conseil général, sur l'avis motivé du directeur et de la commission de surveillance, pour les écoles normales, du proviseur ou du principal et du bureau d'administration, pour les lycées ou collèges, du chef d'institution, pour les institutions d'enseignement libre, nomme et révoque les titulaires des bourses entretenues sur les fonds départementaux. L'autorité universitaire ou le chef d'institution libre peut prononcer la révocation dans les cas d'urgence; ils en donnent avis immédiatement au président de la commission départementale et en font connaître les motifs. Le conseil général détermine les conditions auxquelles seront tenus de satisfaire les candidats aux fonctions rétribuées exclusivement sur les fonds départementaux et les règles des concours d'après lesquels les nominations devront être faites. Néanmoins, sont maintenus les droits des archivistes paléographes, tels qu'ils sont réglés par le décret du 4 février 1850 (L. 1871, art. 45). — Les secours pour travaux concernant les églises et presbytères, les secours généraux à des établissements et institutions de bienfaisance, les subventions aux communes pour acquisition, construction et réparation de maisons d'école et de salles d'asile, les subventions aux comices et associations agricoles, ne pourront être alloués par le ministre compétent que sur la proposition du conseil général du département. A cet effet, le conseil général dressera un tableau collectif des propositions en les classant par ordre d'urgence (art. 68).

149. C'est aussi comme représentants directs de leurs départements respectifs que deux ou plusieurs conseils généraux, et non leurs commissions départementales (C. d'Ét. avis du 10 avril 1873), ont reçu du titre 7 de la loi du 10 août 1871, intitulé « *des intérêts communs à plusieurs départements* », le droit de provoquer et d'établir entre eux une entente et des conventions relatives à des ouvrages ou des institutions d'utilité commune, à l'aide de conférences interdépartementales. Ces conférences sont soumises aux règles tracées par ce dernier titre de la loi, et prouvent la volonté du législateur de 1871 de maintenir l'unité administrative, tout en décentralisant.

Deux ou plusieurs conseils généraux peuvent provoquer entre eux, par l'entremise de leurs présidents, et après en avoir averti les préfets, une entente sur les objets d'utilité départementale compris dans leurs attributions et qui intéressent à la fois leurs départements respectifs. Ils peuvent faire des conventions à l'effet d'entreprendre ou de conserver à frais communs des ouvrages ou des institutions d'utilité commune (L. 1871, art. 89). — Les questions d'intérêt commun seront débattues dans des conférences où chaque conseil général sera représenté, soit par sa commission départementale, soit par une commission spéciale nommée à cet effet. Les préfets des départements intéressés pourront toujours assister à ces conférences. Les décisions qui y seront prises ne seront exécutoires qu'après avoir été ratifiées par tous les conseils généraux intéressés, et sous les réserves énoncées aux articles 47 et 49 de la présente loi (art. 90). — Si des questions autres que celles que prévoit l'article 89 étaient mises en discussion, le préfet du département où la conférence a lieu déclarerait la réunion dissoute. Toute délibération prise après cette déclaration donnerait lieu à l'application des dispositions et pénalités énoncées à l'article 34 de la présente loi (art. 91).

150. 4° Le conseil général est *chargé du contrôle de la situation et de l'administration financières des communes.*

Il s'agit là d'un nouveau caractère dont le conseil général a été investi pour la première fois, sauf la disposition exceptionnelle de la loi du 5 avril 1851 expliquée au numéro suivant, par la loi du 18 juillet 1866 (art. 4), et qu'a développé la loi du 10 août 1871.

Le conseil général fixe chaque année le maximum du nombre des centimes extraordinaires que les conseils municipaux sont autorisés, par la loi du 24 juillet 1867, à voter pour en affecter le produit à des dépenses d'utilité communale. Mais ce pouvoir n'était pas de nature à être délégué d'une manière absolue; le conseil général ne peut fixer un maximum supérieur à la limite déterminée chaque année par la loi de finances (L. 1871, art. 42). Dans cette limite, le conseil général pourra varier le nombre des centimes extraordinaires que les communes du département auront la faculté de s'imposer; il pourra restreindre ce maximum suivant le degré de l'aisance publique dans chaque commune, la différence des besoins, et l'importance des charges grevant déjà les contribuables.

Dans un ordre d'idées analogue, l'article 5 de la loi de 1866, reproduit par l'article 66 § 4 de la loi du 10 août 1871, conforme d'ailleurs à la pratique antérieurement établie, exige que le préfet rende compte au conseil général de l'emploi des ressources municipales affectées aux chemins vicinaux de grande communication et d'intérêt commun. Les articles 5, 6, 7, 8 et 9 de la loi du 21 mai 1836 mettent ces ressources à la disposition du préfet; il n'en peut rendre compte à chaque conseil municipal; mais il est tenu d'en rendre compte au conseil général considéré, sous ce rapport, comme le représentant de tous les conseils municipaux du département.

C'est en allant bien au delà dans cette voie que le législateur de 1871, modifiant cette loi de 1836, a doté les conseils généraux d'attributions nouvelles et considérables en matière de chemins vicinaux de grande communication et d'intérêt commun (art. 44 [n°s 1370 et suivants]). Dans cet ordre d'idées se placent aussi les attributions nouvelles conférées par l'article 48 § 4 [n°s 149 et 1466] de la loi de 1871 aux conseils généraux en matière d'octrois municipaux.

Le conseil général arrête, chaque année, à sa session d'août, dans les limites fixées annuellement par la loi de finances, le maximum du nombre des centimes extraordinaires que les conseils municipaux sont autorisés à voter, pour en affecter le produit à des dépenses extraordinaires d'utilité communale. Si le conseil général se sépare sans l'avoir arrêté, le maximum fixé pour l'année précédente est maintenu jusqu'à la session d'août de l'année suivante (L. 1871, art. 42). — A la session d'août, le préfet soumet au conseil général le compte annuel de l'emploi des ressources municipales affectées aux chemins de grande communication et d'intérêt commun (art. 66 § 4).

151. On peut voir dans une loi spéciale du 5 avril 1851 une première application de l'idée mise en œuvre par les dispositions des lois de 1866 et de 1871, qui ont investi les conseils généraux d'une mission de contrôle de l'administration financière des communes.

Les incendies [n° 1479] peuvent avoir pour conséquence de mettre à la charge de la commune dans laquelle ils se produisent une espèce particulière de dettes, celle de secours ou de pensions temporaires ou à vie, parfois réversibles sur la tête des enfants, au profit des sapeurs-pompiers qui, dans leur service, auront reçu des blessures ou contracté des maladies entraînant une incapacité de travail. En cas de mort dans les mêmes conditions, les secours ou pensions peuvent être attribués aux veuves et aux enfants. Ces secours ou pensions sont liquidés par délibérations du conseil municipal de la commune débitrice ; mais il faut remarquer le recours ouvert contre cette délibération du conseil municipal, par l'article 6 de la loi du 5 avril 1851, devant le conseil général du département. Ces mots : « *qui statuera en dernier ressort et comme jury d'équité* », indiquent bien que le législateur n'a pas entendu transformer le conseil général en tribunal administratif relevant du conseil d'État délibérant au contentieux ; mais ils montrent le législateur de 1851 appliquant sur un point isolé le principe développé en 1866 et en 1871.

Dans le mois, au plus tard, de la constatation de la mort, des blessures ou de la maladie, le conseil municipal de la commune débitrice sera réuni pour procéder à la liquidation des secours ou des pensions (Loi du 5 avril 1851 *sur les secours et pensions à accorder aux sapeurs-pompiers municipaux ou gardes nationaux victimes de leur dévouement dans les incendies, à leurs veuves et à leurs enfants*, art. 4). — Les secours et pensions seront accordés dans la proportion des besoins de celui ou de ceux qui les réclameront et des ressources de la commune, sauf ce qui sera dit aux articles 7 et 8 (art. 5). — La délibération du conseil municipal pourra être attaquée par toute partie intéressée, ainsi que par le maire, au nom de la commune, ou d'office par le préfet. Le recours sera porté devant le conseil général du département, qui statuera en dernier ressort et comme jury d'équité, après avoir entendu le rapport du préfet. Jusqu'à la décision définitive du conseil général, la délibération du conseil municipal sera provisoirement exécutée, sauf règlement ultérieur (art. 6). — Les secours et pensions, liquidés comme il est dit ci-dessus, seront portés au budget de la commune comme dépenses obligatoires. Les conseils généraux pourront accorder, sur les fonds du département applicables aux dépenses facultatives d'utilité départementale, une subvention aux communes pour lesquelles le service de ces secours et pensions paraîtrait une charge trop onéreuse (art. 7). — Sur la demande du conseil municipal, et par décret du président de la République, il pourra en outre être établi, pour le même objet, dans les communes où seront organisés des bataillons, compagnies ou subdivisions de compagnies de sapeurs-pompiers, une caisse communale de secours et pensions en faveur des sapeurs-pompiers victimes de leur dévouement dans les incendies, de leurs veuves et de leurs enfants (art. 8). — Seront versés à cette caisse : 1° les dons et subventions volontaires et le produit des souscriptions provenant des compagnies d'assurances contre l'incendie ou des particuliers ; 2° le produit des donations ou legs que la caisse pourra recevoir, avec l'autorisation du gouvernement, comme établissement d'utilité publique (art. 9). — Les caisses établies en vertu de l'article précédent seront la propriété exclusive des communes, et non d'aucuns corps ni individus. Elles seront gérées comme les autres fonds des communes, et soumises à toutes les règles de la comptabilité municipale (art. 10). — Les secours et pensions accordés en vertu de la présente loi seront incessibles et insaisissables. Les lois sur le cumul ne leur seront pas applicables (art. 11).

152. Dans le même ordre d'idées, il faut placer encore la disposition de la loi du 2 mai 1855, aux termes de laquelle le tarif de la taxe municipale sur les chiens est arrêté dans chaque commune après avis du conseil général du département [n° 1469], et celle de l'article 7 de la loi du 24 mai 1873 relative aux commissions administratives des établissements de bienfaisance qui permet aux hospices et hôpitaux de porter du quart au tiers « *avec l'assentiment » du conseil général* » la portion de leurs revenus qu'ils peuvent employer en distribution de secours à domicile [n° 1500].

153. Enfin l'article 43 de la loi du 10 août 1871, étendant ce contrôle des conseils généraux sur les intérêts communaux en dehors des questions exclusivement financières, leur a conféré le droit de

fixer, en respectant les limites des cantons (L. 7 juillet 1874, art. 1 § 3 [n° 555]), les sections électorales appelées à élire un nombre de conseillers municipaux proportionné à leur population, mais non d'établir des sections ou bureaux de vote uniquement destinés à faciliter l'accès du scrutin, objet toujours réservé à la compétence du préfet (D. 19 mars 1872, annulant délibération du conseil général de la Lozère; *Bull. offic. min. int.*, 1872, p. 239).

Lorsqu'un conseil général a divisé une commune en sections électorales et réparti entre elles les conseillers à élire sans proportionner le nombre des conseillers à la population de chaque section, sa délibération, contenant excès de pouvoir ou violation de la loi, peut être annulée par décret, en vertu de l'article 47 [n° 145] (D. 9 janvier 1875 annulant une délibération du conseil général de l'Ardèche, *Bulletin off. minist. int.*, 1875, p. 120). Mais l'article 47 n'ouvre ce recours qu'au préfet; aussi doit-on reconnaître aux intéressés le droit d'attaquer lesdites délibérations devant le conseil d'État par la voie contentieuse pour excès de pouvoir [n° 252], droit que semblent leur refuser en principe deux arrêts du conseil d'État du 9 avril 1875 (*Testelin, ville de Lille; ville de Roubaix*). Nous n'admettrions la doctrine de ces arrêts que s'ils se bornaient à baser le rejet du recours sur l'exécution de la décision attaquée par suite de l'adhésion donnée à cette exécution, en laissant faire les élections en vertu de la délibération du conseil général, sans avoir réclamé régulièrement contre elles.

Chaque année, dans sa session d'août, le conseil général, par un travail d'ensemble comprenant toutes les communes du département, procède à la révision des sections électorales et en dresse le tableau (L. 10 août 1871, art. 43). — Lorsque la commune est divisée en plusieurs cantons, le sectionnement devra être opéré de telle sorte qu'une section électorale ne puisse comprendre des portions de territoires appartenant à plusieurs cantons (L. 7 juillet 1874, *relative à l'électorat municipal*, art. 1 § 3). — [*Voir aussi*, n° 222, L. 14 avril 1871, art. 3].

154. 5° Le conseil général agit souvent en qualité de *comité consultatif* de l'administration centrale; à ce titre, il ne prend de délibérations ni définitives ni subordonnées : il donne simplement des *avis* que l'administration peut toujours, et que parfois elle doit demander; ou il exprime spontanément des *vœux*.

155. La loi du 18 juillet 1866 n'avait apporté aucune modification aux articles 6 et 7 de la loi du 10 mai 1838, relatifs à cette portion des attributions du conseil général. La loi de 1871 a peu modifié la situation antérieure en ce qui concerne les *avis* des con-

seils généraux, ainsi que cela résulte de l'article suivant. Il faut remarquer toutefois le dernier paragraphe de l'article 50 et l'antithèse qu'il semble faire avec l'article 77 § 2 [n° 166], l'un faisant consulter le conseil général *par les ministres*, et l'autre la commission départementale par le préfet.

Le conseil général donne son avis : 1° sur les changements proposés à la circonscription du territoire du département, des arrondissements, des cantons et des communes, et la désignation des chefs-lieux, sauf le cas où il statue définitivement, conformément à l'article 46 n° 26 ; 2° sur l'application des dispositions de l'article 90 du code forestier, relative à la soumission au régime forestier des bois, taillis ou futaies appartenant aux communes, et à la conversion en bois de terrains en pâturages ; 3° sur les délibérations des conseils municipaux relatives à l'aménagement, au mode d'exploitation, à l'aliénation et au défrichement des bois communaux ; et généralement sur tous les objets sur lesquels il est appelé à donner son avis en vertu des lois et règlements, et sur lesquels il est consulté par les ministres (L. 10 août 1871, art. 50).

156. L'article 51 de la loi de 1871 reproduit complétement, dans son premier paragraphe, la disposition de l'article 7 de la loi de 1838, relative au droit des conseils généraux d'exprimer des *vœux* dans l'intérêt spécial du département. Mais deux dispositions nouvelles, formant les paragraphes 2 et 3 de cet article, lui confèrent l'une le droit de charger un ou plusieurs de ses membres de recueillir sur les lieux les renseignements qui lui sont nécessaires, et l'autre le droit d'émettre *des vœux sur toutes les questions économiques et d'administration générale*. C'est en raison de cette disposition que les conseils généraux ont pu, dès leurs sessions de 1871 et 1872, émettre des vœux sur les graves questions de l'obligation générale au service militaire et de la suppression du remplacement, de la gratuité ou de l'obligation de l'enseignement primaire, des divers systèmes d'impôts, etc.

Comme par le passé, *tous vœux politiques sont interdits* au conseil général, c'est-à-dire tous les vœux directs, indirects ou déguisés, qui seraient relatifs aux formes du gouvernement, à la répartition des pouvoirs publics, au droit constitutionnel du pays, à la direction politique, à la durée, à l'étendue du mandat, à l'approbation des actes du gouvernement et des assemblées ; aux questions d'état de siége, d'amnistie, de guerre, de relations extérieures, comme de politique intérieure, de législation électorale ou municipale. Cette interdiction, formellement écrite dans le texte de la loi de 1871, montre qu'elle n'a pas voulu transformer les conseils généraux en assemblées politiques. Toute violation de cette disposition donne lieu à une déclaration de nullité dans les formes prescrites par l'article 33 [n° 158 ; *voir* aussi n°s 238 à 240].

Le conseil général peut adresser directement au ministre compétent, par l'intermédiaire de son président, les réclamations qu'il aurait à présenter dans l'intérêt spécial du département, ainsi que son opinion sur l'état et les besoins des différents services publics, en ce qui touche le département. Il peut charger un ou plusieurs de ses membres de recueillir sur les lieux les renseignements qui lui sont nécessaires pour statuer sur les affaires qui sont placées dans ses attributions. Tous vœux politiques lui sont interdits ; néanmoins il peut émettre des vœux sur toutes les questions économiques et d'administration générale (L. 1871, art. 51).

157. 6° En outre des cinq caractères différents que l'ensemble des dispositions de la loi organique du 10 août 1871 a consacrés dans l'institution des conseils généraux, et que nous venons d'étudier, en passant successivement en revue toutes les attributions normales que cette loi leur a conservées ou qu'elle a ajoutées à leurs attributions primitives, une loi spéciale du 15 février 1872 est venue leur conférer un sixième caractère.

Ils ne sont plus seulement, d'après cette loi, les représentants de leurs départements respectifs ; ils sont *éventuellement* appelés par elle, *dans des circonstances exceptionnelles*, à représenter le pays lui-même. Dans l'hypothèse, heureusement rendue plus difficile par l'éloignement de Paris des assemblées politiques (L. 25 février 1875, art. 9), d'un acte de violence faisant disparaître les pouvoirs constitués, cette loi appelle les conseils généraux à les remplacer momentanément et dans les conditions que déterminent ses six articles. Dans cette hypothèse, il est manifeste que les conseils généraux sont transportés dans un domaine qui n'est pas le leur ; ils deviennent de véritables corps politiques, mais ce n'est que pour un moment et dans une éventualité déterminée ; leurs délégués vont se former en assemblée politique, en raison de l'effondrement des assemblées constituées et des pouvoirs légaux.

C'est aussi en dehors de leur mission normale que nous avons vu dans notre étude de droit constitutionnel, au début de cet ouvrage, l'article 4 de la loi du 24 février 1875 relative à l'organisation du Sénat, faire des membres des conseils administratifs électifs des électeurs sénatoriaux.

Si l'assemblée nationale ou celles qui lui succéderont viennent à être illégalement dissoutes ou empêchées de se réunir, les conseils généraux s'assemblent immédiatement, de plein droit, et sans qu'il soit besoin de convocation spéciale, au chef-lieu de chaque département. Ils peuvent s'assembler partout ailleurs dans le département, si le lieu habituel de leurs séances ne leur paraît pas offrir de garanties suffisantes pour la liberté de leurs délibérations. Les conseils ne sont valablement constitués que par la présence de la majorité de leurs membres (L. 15 février 1872, *relative au rôle éventuel des conseils généraux*, art. 1). — Jusqu'au jour où l'assemblée, dont il sera parlé à l'article 3, aura fait connaître qu'elle est régulièrement constituée, le conseil général pourvoira d'urgence au maintien de la tranquillité publique et de l'ordre légal (art. 2). — Une assemblée composée de deux délégués élus par chaque conseil général, en comité secret, se réunit dans le lieu où se seront rendus les membres du gouvernement légal et les députés qui auront pu se soustraire à la violence. L'assemblée des délégués n'est valablement constituée qu'autant que la moitié des départements, au moins, s'y trouve représentée (art. 3). — Cette assemblée est chargée de prendre, pour toute la France, les mesures urgentes que nécessite le maintien de l'ordre, et spécialement celles qui ont pour objet de rendre à l'Assemblée nationale la plénitude de son indépendance et l'exercice de ses droits. Elle pourvoit provisoirement à l'administration générale du pays (art. 4). — Elle doit se dissoudre aussitôt que l'Assemblée nationale se serait reconstituée par la réunion de la majorité de ses membres sur un point quelconque du territoire. Si cette reconstitution ne peut se réaliser dans le mois qui suit les événements, l'assemblée des délégués doit décréter un appel à la nation pour des élections générales. Ses pouvoirs cessent le jour où la nouvelle Assemblée nationale est constituée (art. 5). — Les décisions de l'assemblée des délégués doivent être exécutées, à peine de forfaiture, par tous les fonctionnaires, agents de l'autorité et commandants de la force publique (art. 6).

C. *Sanction des règles précédentes.*

158. Sanction des règles relatives à l'organisation et aux attributions des conseils généraux.
159. Application aux délibérations des conseils généraux du recours pour excès de pouvoir.
160. Réglementation du droit de dissolution.

158. Les articles 33 et 34 de la loi du 10 août 1871 reproduisent avec quelques différences de rédaction les dispositions des articles 14 et 15 de la loi de 1833, destinées à servir de sanction aux règles relatives soit aux réunions du conseil général, soit aux limites de leur pouvoir; et il faut bien remarquer que ce sont là des dispositions d'ordre public qui dominent l'ensemble des dispositions de la loi du 10 août 1871, de même qu'elles dominaient, dans la législation antérieure, et les règles relatives à l'organisation, et celles relatives aux attributions des conseils généraux, bien que ces règles fussent écrites alors dans deux lois différentes.

Pour l'entente exacte de ces textes, il est utile d'en rapprocher les dispositions analogues, des lois communales qui ont également pour objet de maintenir les conseils municipaux dans leurs limites légales [n°s 238 à 240].

La violation de l'article 51 de la loi de 1871, qui interdit aux conseils généraux « tous vœux politiques [n° 156] », a donné lieu à de nombreux décrets d'annulation de délibérations de conseils généraux, rendus en exécution de l'article 33 de la loi de 1871 (Décrets des 14 mai 1872, 25 juin 1873, 24 décembre 1873, 26 janvier, 2 juin, 23 juin, 4 août 1874, annulant des délibérations des conseils généraux du Var, *Bull. off.* 72, p. 235; des Ardennes, 73, p. 326; du Rhône, 74, p. 153; de la Côte-d'Or, 74, p. 154; des Pyrénées-Orientales, 74, p. 554 et 555; de la Gironde, 74, p. 556; etc.).

Un décret du 6 février 1875, rendu sur l'avis conforme du conseil d'État (*Bull. off.* 1875, p. 179), a très-juridiquement déclaré nulle et illégale une délibération du conseil général du Rhône invitant le préfet à mandater le complément de subventions votées aux ouvriers délégués à l'exposition de Vienne, même en ce qui concerne ceux qui dans leurs rapports avaient traité de questions politiques et sociales.

Un décret du 2 juillet 1874, rendu encore sur l'avis conforme du conseil d'État (*Bull. off.* 1874, p. 549), a annulé une délibération du conseil général du Gard, pour violation de cette règle « qu'aucune disposition légale n'autorise ni le conseil général ni » la commission départementale à entrer en relations avec les » municipalités, ni à se concerter avec elles ».

Plusieurs décrets ont annulé des délibérations de conseils généraux pour avoir statué sur des affaires de sa compétence, mais sans qu'elles aient été préalablement instruites par le préfet, nonobstant l'article 3 de la loi du 10 août 1871 [n° 103] qui charge le préfet de l'instruction préalable des affaires intéressant le département (D. 2 janvier 1875 annulant une délibération du conseil général du Cantal en matière de foires et marchés; D. 16 janvier 1875, Isère, en matière de concession de chemins de fer d'intérêt local; *Bull. off.* 1875, p. 124 à 125); ou comme contraires à la mission confiée au préfet d'assurer l'exécution des décisions de l'assemblée départementale (D. 8 janvier 1875, annulant une délibération du conseil général des Vosges revendiquant pour son bureau le droit exclusif de surveiller l'impression du volume de ses délibérations en détenant, jusqu'à ce que l'impression soit terminée, les minutes des procès-verbaux de ses séances, contrairement à l'article 7 de la loi du 28 pluviôse de l'an VIII; *Bull. off.* 1875, p. 118).

Enfin un assez grand nombre de décrets, rendus en exécution de l'article 33 de la loi de 1871, ont annulé des délibérations de conseils généraux qui revendiquaient pour eux-mêmes, ou le plus souvent pour leurs commissions départementales par interprétation jugée fausse de l'article 84 § 2, le droit de faire la répartition ou distribution de crédits ouverts au budget pour secours ou gratifications [n° 169], ou le droit de décerner des récompenses honorifiques (D 25 juin 1874, *Bull. off.* 1874, p. 537).

Tout acte et toute délibération d'un conseil général relatifs à des objets qui ne sont pas légalement compris dans ses attributions sont nuls et de nul effet. La nullité est prononcée par un décret rendu dans la forme des règlements d'administration publique (L. 1871, art. 33). — Toute délibération prise hors des réunions du conseil prévues ou autorisées par la loi, est nulle et de nul effet. Le préfet, par un arrêté motivé, déclare la réunion illégale, prononce la nullité des actes, prend toutes les mesures nécessaires pour que l'assemblée se sépare immédiatement, et transmet son arrêté au procureur général du ressort pour l'exécution des lois et l'application, s'il y a lieu, des peines déterminées par l'article 258 du code pénal. En cas de condamnation, les membres condamnés sont déclarés, par le jugement, exclus du conseil, et inéligibles pendant les trois années qui suivront la condamnation (art. 34).

159. Indépendamment de la sanction directe que les articles 33 et 34 donnent aux dispositions de la loi du 10 août 1871, et de celle qui résulte, soit du droit d'annulation par décret des délibérations définitives des conseils généraux contenant violation de la loi ou d'un règlement d'administration publique, écrit dans l'article 47, soit du droit de *veto* pour les délibérations non définitives écrit dans l'article 49, une autre sanction résulte du droit de recours général pour excès de pouvoir et pour incompétence [n°s 252 et 253]. Toute partie intéressée peut demander au conseil d'État, par la voie contentieuse, l'annulation pour excès de pouvoir des délibérations diverses irrégulièrement prises par les conseils généraux. La disposition finale de l'article 88 [n°s 170 et 173], relative à l'ouverture de ce recours en ce qui concerne les décisions de la commission départementale, ne saurait l'exclure en ce qui touche celles du conseil général. L'application de ce principe général est d'autant plus nécessaire que les autres sanctions ci-dessus indiquées sont exclusivement concentrées dans les mains de l'administration, tandis que celle résultant du recours pour excès de pouvoir est seule à la disposition des intéressés. Le conseil d'État a reconnu avec raison que les membres du conseil général avaient intérêt, et par suite qualité, pour obtenir par la voie contentieuse l'annulation pour excès de pouvoir des délibérations du conseil général dont ils font partie (c. d'Ét. 8 août 1872, *Laget*; 16 juillet 1873, *Billot, Latrade et autres*).

160. Le droit de dissolution d'un conseil général est une sanction d'ordre plus grave, puisqu'elle met fin au mandat résultant

de l'élection. Le législateur de 1871, tout en conservant au pouvoir exécutif cette faculté, a voulu l'environner de garanties résultant, soit de l'obligation de motiver le décret de dissolution, soit de l'intervention d'une loi, soit de l'obligation de convoquer à bref délai les électeurs, soit de l'expresse défense de « jamais » rendre de décrets de dissolution par voie de mesure générale ». Ces dispositions des articles 35 et 36 de la loi manifestent énergiquement la volonté du législateur de condamner et d'empêcher tout retour à des actes analogues au décret rendu à Bordeaux le 25 décembre 1870, qui non-seulement avait dissous tous les conseils généraux et d'arrondissement de France, mais qui les remplaçait par des commissions dites départementales « *instituées* » *par le gouvernement sur la proposition d'urgence des préfets* », alors qu'il est de l'essence de ces conseils, depuis 1833, d'être électifs, et que depuis cette époque ils n'avaient jamais cessé de l'être.

Un décret du 26 mai 1874 a fait l'application de l'article 35 en prononçant la dissolution du conseil général des Bouches-du-Rhône, et une loi du 29 juin suivant, en exécution du même texte, a fixé l'époque des élections en même temps que celles qui ont eu lieu en septembre 1874 pour le renouvellement partiel des conseils généraux dans toute la France, et a autorisé le remplacement de la commission départementale.

Pendant les sessions de l'assemblée nationale, la dissolution d'un conseil général ne peut être prononcée par le chef du pouvoir exécutif que sous l'obligation expresse d'en rendre compte à l'assemblée dans le plus bref délai possible. En ce cas, une loi fixe la date de la nouvelle élection, et décide si la commission départementale doit conserver son mandat jusqu'à la réunion du nouveau conseil général, ou autorise le pouvoir exécutif à en nommer provisoirement une autre (L. 1871, art. 35). — Dans l'intervalle des sessions de l'assemblée nationale, le chef du pouvoir exécutif peut prononcer la dissolution d'un conseil général pour des causes spéciales à ce conseil. Le décret de dissolution doit être motivé. Il ne peut jamais être rendu par voie de mesure générale. Il convoque en même temps les électeurs du département pour le quatrième dimanche qui suivra sa date. Le nouveau conseil général se réunit de plein droit le deuxième lundi après l'élection, et nomme sa commission départementale (art. 36).

§ V. — Commissions départementales.

161. Institution de la commission départementale élue par chaque conseil général de département.
162. Division : règles d'organisation ; règles d'attributions.
163. Composition de la commission départementale.
164. Présidence ; délibérations.

165. Séances de la commission.
166. Des quatre sortes de fonctions de la commission départementale ; examen de celles qu'elle exerce comme comité consultatif du préfet et comme chargée de soulever toute question d'intérêt départemental.
167. Affaires déléguées à la commission par le conseil général ; étendue et conditions du droit de délégation.
168. Affaires déférées à la commission par la loi.
169. Difficultés et jurisprudence relatives à la répartition des subventions départementales et des secours individuels ou gratifications.
170. Autres affaires déférées à la commission par la loi.
171. Dispositions écartées du projet primitif relatives à la soi-disant tutelle administrative des communes et des établissements publics.
172. Règlement, par le conseil général, des conflits entre la commission départementale et le préfet.
173. De l'application du recours pour excès de pouvoir et de l'article 33 de la loi de 1871 aux décisions des commissions départementales.
174. Applications diverses du droit d'annulation.

161. Nous avons déjà dit que la création de la commission départementale était l'œuvre capitale de la loi du 10 août 1871 sur les conseils généraux. Telle a été aussi la pensée de ses auteurs : « L'organisation et les attributions de la commission départemen» tale forment, dit le rapport de la commission, le sujet de ce titre » sixième, qui est le plus important du projet de loi, et en cons» titue la principale originalité ». La création de ce nouvel organe administratif, représentant et délégué du conseil général, élu par lui pour fonctionner dans l'intervalle de ses sessions, est, en effet, nous l'avons déjà constaté ci-dessus [n° 101], le pas le plus considérable qui ait été accompli depuis le commencement du siècle dans la voie de la décentralisation administrative.

Comme toute loi créatrice d'une institution nouvelle, les dispositions qui régissent la commission départementale présentent des imperfections et des lacunes, surtout au point de vue de la détermination de ses attributions ; mais le principe même de cette intervention plus grande des représentants élus du département dans la gestion de ses intérêts, est de nature à produire, en des mains prudentes et dévouées à l'intérêt public, de salutaires effets. Dans la plupart des départements, la première expérience de ces dispositions a montré qu'elles pouvaient s'exécuter sans produire, entre la commission départementale et l'administration préfectorale, l'antagonisme, les difficultés dans leurs rapports et les conflits dont on craignait que le germe ne fût renfermé nécessairement dans l'institution même de la commission départementale. Mais les commissions départementales n'ont pas d'ennemis plus dangereux pour l'avenir de l'institution, que ceux de leurs membres qui ne respecteraient pas les limites qui leur sont tracées par la loi.

162. Les dispositions de la loi du 10 août 1871 relatives à la commission départementale se divisent naturellement, comme celles qui concernent les conseils généraux eux-mêmes, en deux parties : les unes règlent l'organisation de la commission, et les autres ses attributions. Nous allons parler d'abord de son organisation [n°s 163 à 165]; nous traiterons ensuite des attributions de la commission départementale [n°s 166 à 171]; nous indiquerons en troisième lieu [n°s 172 à 174] les règles qui forment leur sanction commune.

163. De même que le conseil général élit son bureau au commencement de la session ordinaire d'août pour toute l'année, de même, à la fin de la même session et pour toute l'année, il élit également dans son sein sa commission départementale. Il fixe le nombre de ses membres dans les limites déterminées par la loi (quatre au moins, sept au plus); mais il ne lui appartient, ni d'adjoindre à la commission départementale ainsi composée, ni de l'autoriser à s'adjoindre, pour un objet déterminé, d'autres membres du conseil général, ne fût-ce qu'avec voix consultative (D. 28 février 1872, annulant délibération du conseil général de l'Hérault, *Bull. off. min. int.* p. 236); cette intervention de membres étrangers à la commission départementale altérerait son caractère légal et sa responsabilité. L'incompatibilité écrite pour les députés ne s'étend pas aux sénateurs.

La commission départementale est élue chaque année, à la fin de la session d'août. Elle se compose de quatre membres au moins et de sept au plus, et elle comprend un membre choisi, autant que possible, parmi les conseillers élus ou domiciliés dans chaque arrondissement. Les membres de la commission sont indéfiniment rééligibles (L. 10 août 1871, *relative aux conseils généraux,* art. 69). — Les fonctions de membre de la commission départementale sont incompatibles avec celles de maire du chef-lieu du département et avec le mandat de député (art. 70).

164. D'après le projet de loi, le président de la commission départementale devait être choisi chaque année par le conseil général parmi les membres de la commission, et cette disposition, après le rejet d'un amendement qui voulait donner cette présidence au préfet, avait été adoptée par 428 voix contre 128. Mais lors de la troisième délibération, « la commission, dit le rapport supplémen-
» taire du 25 juillet 1871, a, sur les instances pressantes de M. le
» président du conseil, consenti, quoique à regret, à proposer la
» rédaction actuelle ». C'est ainsi que le privilége de l'âge, qui

peut n'être pas toujours une cause d'aptitude, exclut pour la dévolution de cette présidence le choix, soit de la commission départementale, soit du conseil général lui-même. Mais, si la loi a privé ainsi le conseil général du droit de choisir directement le président de la commission, elle n'a pu lui enlever celui de le faire d'une manière indirecte, par l'élimination parfois regrettable de membres plus âgés, que le conseil aurait aimé à placer dans la commission, sans les croire les plus aptes à la présidence et vouloir qu'ils en fussent investis.

Le sentiment de défiance qui a inspiré cette illogique disposition explique aussi l'une des lacunes de la loi, qui n'a pas défini les pouvoirs du président de la commission départementale, isolé dans l'intervalle des séances de la commission, ayant cependant, sans atteinte au droit d'instruction et d'exécution des affaires départementales réservé au préfet par l'article 3 [n°s 103, 158 et 174], à les préparer, à suivre la transmission de ses décisions, et à tenir une importante correspondance. La loi ne lui donne expressément l'autorité que pour présider les délibérations de la commission, avec voix prépondérante en cas de partage.

La commission se compose de cinq ou de sept membres, mais il suffit de la présence de trois ou quatre d'entre eux pour lui permettre de délibérer ; à cet effet on a supprimé le mot majorité *plus un*.

La commission n'élit que son secrétaire ; le conseil général peut lui adjoindre un ou plusieurs employés rétribués sur les fonds départementaux. Il résulte du silence de la loi que les procès-verbaux des séances de la commission départementale ne peuvent être publiés ; il en est ainsi parce que la commission, qui tient exclusivement ses pouvoirs du conseil, n'a de compte à rendre qu'à lui seul et non au suffrage universel (Décrets des 11 juillet 1873, Tarn ; 25 octobre 1873, Allier ; Seine-et-Marne, Seine-et-Oise, *Bull. off.* 1873, p. 530 ; 24 juin 1874, Drôme, *Bull. off.* 1874, p. 521).

<small>La commission départementale est présidée par le plus âgé de ses membres. Elle élit elle-même son secrétaire. Elle siège à la préfecture, et prend, sous l'approbation du conseil général et avec le concours du préfet, toutes les mesures nécessaires pour assurer son service (L. 1871, art. 71). — La commission départementale ne peut délibérer si la majorité de ses membres n'est présente. Les décisions sont prises à la majorité absolue des voix. En cas de partage, la voix du président est prépondérante. Il est tenu procès-verbal des délibérations. Les procès-verbaux font mention du nom des membres présents (art. 72).</small>

163. La loi oblige la commission départementale à se réunir au moins une fois par mois. Elle peut se réunir aussi fréquemment

qu'elle le juge à propos, suivant ses propres fixations, en dehors desquelles son président et le préfet peuvent aussi la convoquer. En raison de ces occupations et des dérangements qui en étaient la conséquence, le projet avait admis le principe d'une indemnité *facultative* à déterminer dans chaque département par le conseil général ; l'assemblée l'a repoussé avec raison, ainsi que celui d'une indemnité de *déplacement,* qui aurait également entraîné des distinctions pleines d'inconvénients ; elle a repoussé aussi la règle générale de l'indemnité pour tous, et maintenu le principe de la gratuité absolue.

Contrairement au projet primitif, et sur la demande du gouvernement, le préfet a reçu le droit d'entrée à la commission départementale comme au conseil général, dont elle est la représentation dans l'intervalle des sessions. L'instruction du ministère de l'intérieur en date du 18 octobre 1871, adressée aux préfets pour l'exécution des dispositions de la loi du 10 août 1871 relatives à la tenue des conseils généraux et des commissions départementales, recommande aux préfets une « participation active » aux travaux de la commission, comme à ceux de l'assemblée départementale. Toutefois, cette présence du préfet ou de son représentant aux séances de la commission départementale constitue pour lui une faculté et non une obligation (Décret du 4 juin 1872, annulant une délibération du conseil général des Bouches-du-Rhône, qui imposait cette obligation au préfet ou à son représentant ; *Bull. off.* 1872, p. 237).

Un décret du 23 juin 1874 (*Bull. off.*, p. 522) a annulé une délibération du conseil général de la Drôme pour avoir revendiqué pour lui et sa commission départementale le droit de communiquer directement avec l'agent voyer en chef sans l'intermédiaire du préfet ; il n'est pas chef de service d'administration publique dans le sens des articles 52 et 76 de la loi du 10 août 1871.

La commission départementale se réunit au moins une fois par mois, aux époques et pour le nombre de jours qu'elle détermine elle-même, sans préjudice du droit qui appartient à son président et au préfet de la convoquer extraordinairement (L. 1871, art. 73). — Tout membre de la commission départementale qui s'absente des séances pendant deux mois consécutifs, sans excuse légitime admise par la commission, est réputé démissionnaire. Il est pourvu à son remplacement à la plus prochaine session du conseil général (art. 74). — Les membres de la commission départementale ne reçoivent pas de traitement (art. 75). — Le préfet ou son représentant assiste aux séances de la commission; ils sont entendus quand ils le demandent. Les chefs de service des administrations publiques dans le département sont tenus de fournir, verbalement ou par écrit, tous les renseignements qui leur seraient réclamés par la commission départementale sur les affaires placées dans ses attributions (art. 76).

166. Les attributions de la commission départementale sont de quatre sortes; nous mentionnons les deux premières, et expliquons immédiatement les deux suivantes.

1° Elle *règle* les affaires qui lui sont renvoyées par le conseil général dans les limites de la délégation qui lui est faite; — 2° elle *délibère* sur toutes les questions qui lui sont déférées par la loi.

3° Elle donne son *avis* au préfet sur toutes les questions qu'il lui soumet ou sur lesquelles elle croit devoir appeler son attention dans l'intérêt du département. Dans les hypothèses où la solution appartient au préfet, la commission départementale est ainsi substituée au conseil général comme comité consultatif de l'administration préfectorale, les ministres étant spécialement investis par l'article 50 [n° 155] du droit de *consulter* le conseil général. La commission départementale, agissant ainsi comme comité consultatif du préfet, peut lui donner ses avis spontanément, même lorsque le préfet ne la consulte pas ; les avis non demandés de la commission départementale ressemblent, par là, aux vœux des conseils généraux.

4° Elle a le droit de faire au conseil général des propositions concertées dans le sein de la commission, et des recommandations sur toutes les questions qui se rattachent à l'intérêt du département. Son droit à cet égard résulte des dispositions qui lui permettent de soulever toutes les questions de cet ordre, et particulièrement de l'article 79 § 1. Les rapports que cet article 79 charge la commission départementale de faire au conseil général doivent être arrêtés dans une réunion régulière de la commission et signés par tous les membres (Décret du 27 juin 1874, Rhône, *Bull. off.* 1874, p. 551), et doivent s'abstenir de toute appréciation politique (Décret du 9 juillet 1874, Ain, *Bull. off.*, p. 553).

La commission départementale règle les affaires qui lui sont renvoyées par le conseil général, dans les limites de la délégation qui lui est faite. Elle délibère sur toutes les questions qui lui sont déférées par la loi, et elle donne son avis au préfet sur toutes les questions qu'il lui soumet ou sur lesquelles elle croit devoir appeler son attention dans l'intérêt du département (L. 1871, art. 77). — A l'ouverture de chaque session ordinaire du conseil général, la commission départementale lui fait un rapport sur l'ensemble de ses travaux et lui soumet toutes les propositions qu'elle croit utiles. A l'ouverture de la session d'août, elle lui présente dans un rapport sommaire ses observations sur le budget proposé par le préfet. Ces rapports sont imprimés et distribués, à moins que la commission n'en décide autrement (art. 79). — La commission départementale peut charger un ou plusieurs de ses membres d'une mission relative à des objets compris dans ses attributions (art. 84).

167. La première catégorie d'attributions de la commission départementale qui vient d'être indiquée, et dont le principe est posé dans les deux lignes qui forment le § 1er de l'article 77 de la loi du 10 août 1871, peut être, suivant la volonté du conseil général et l'étendue de sa confiance, ou nulle ou très-vaste. Elle comprend les affaires dont la solution ou le règlement a été délégué par le conseil général à sa commission départementale ; elles peuvent ainsi former, par la nature variée des sujets auxquels elles s'appliquent, une partie très-importante de la mission confiée aux commissions départementales, mais dépendent de la détermination des conseils généraux et des limites de leur délégation. Cette source d'attributions peut grandement varier d'un département à l'autre, et échappe par sa nature à toute énumération.

Toutefois cet article 77 § 1 de la loi du 10 août 1871 doit être entendu en ce sens, que le conseil général ne peut renvoyer, par délégation générale, à la commission départementale, l'examen de toute une catégorie d'affaires non spécifiées, non déterminées, ni *limitées* par la délégation ; de telles délégations générales constitueraient, de la part des conseils généraux, une sorte d'entreprise législative ou réglementaire pour donner à la commission départementale des attributions que la loi ne lui a pas conférées. Plusieurs applications de cette règle ont été faites en matière d'octroi : l'une sur avis du conseil d'État du 13 mars 1873 (octroi de la commune de Peynier, Bouches-du-Rhône, *Bull. off. min. int.*, 1873, p. 416) ; une autre par décret du 31 mai 1873 (octroi de la commune de Tarascon, Bouches-du-Rhône) ; d'autres sont rapportées dans la partie de cet ouvrage consacrée aux octrois municipaux [n° 1466]. La même règle est posée d'une manière générale dans un avis du conseil d'État et une instruction du ministre de l'agriculture et du commerce du 1er février 1873, relatifs à l'application de l'article 46 § 24 de la loi du 10 août 1871 concernant les pouvoirs des conseils généraux en matière de foires et marchés (*Bull. off.* 1873, p. 60 à 66 [n° 182, *note*], et dans un décret du 27 juin 1874, annulant une délibération du conseil général d'Ille-et-Vilaine (*Bull. off.* 1874, p. 546), contenant, entre autres dispositions annulées, une délégation du soin de statuer sur les baux des biens pris à ferme ou à loyer par le département.

En outre, d'après un rapport du ministre de l'intérieur, confirmé par des avis du conseil d'État, « malgré la généralité apparente des termes de l'article 77, le conseil général ne peut se dessaisir en faveur de la commission départementale de toutes les attributions que la loi lui confie ; sont exceptées notamment les attributions en matière de budget; les propositions pour la répartition des subventions de l'État, aux termes de l'article 68 [n° 148] (c. d'Ét. avis du 26 février 1874, *Bull. off.* 1874, p. 157); les budgets et comptes des asiles d'aliénés, au moins d'une manière permanente (Décret sur avis conforme du conseil d'État du 27 juin 1874 ci-dessus cité, *Bull. off.*, p. 546) ».

168. Les attributions de la seconde catégorie, déférées par la loi elle-même aux commissions départementales, sont, au contraire des précédentes, les mêmes dans tous les départements. Leur nomenclature est même facile à dresser, car, à cet égard, le cercle de leurs attributions est assez restreint et comprimé dans des limites légales. En voici la liste :

1° Comptabilité départementale (art. 78) ;

2° Examen préalable du budget départemental (art. 57 et 79 § 2 [n°ˢ 141, 166, 1355 à 1362]) ;

3° Fixation de l'époque et du mode de réalisation des emprunts départementaux (art. 81 § 3);

4° Ordre et adjudication des travaux d'utilité départementale (art. 81 §§ 2 et 4);

5° Vérification de l'état des archives et du mobilier appartenant au département (art. 83) ;

6° Autorisation au préfet de défendre aux actions intentées contre le département (art. 54 § 1 [n°ˢ 1353 et 1354]) ;

7° Approbation des contrats passés par le préfet, au nom du département, en vertu des délibérations du conseil général (art. 54 § 4 [n° 111]) ;

8° Assignation à chaque membre du conseil général et aux membres des autres conseils électifs, du canton pour lequel ils devront siéger dans la tournée du conseil de révision (art. 82), et désignation des trois membres du conseil général et du conseiller d'arrondissement qui doivent siéger au chef-lieu du département pour l'accomplissement de la dernière partie de la mission des conseils de révision (L. 27 juillet 1872 sur le recrutement de l'armée, art. 27 [n° 484] et 32 [n° 496]) ;

9° Répartition par arrondissement et par canton du nombre des jurés devant former la liste annuelle du jury en matière criminelle (Loi du 24 novembre 1872 sur le jury, art. 7 [*voir* 1° ce texte rapporté à la suite de ce numéro, et 2° le n° 134]);

10° Réquisitions pour l'exécution de l'article 22 relatif aux vacances par décès, option, démission, etc. [n° 130];

11° Tirage au sort du canton que représentera à défaut d'option un conseiller général élu par plusieurs cantons, dans le cas prévu par l'article 17 § 3 de la loi de 1871 modifié par la loi du 31 juillet 1875 [n° 135];

12° Fixation de l'époque de la seconde session ordinaire du conseil général, au cas où le conseil se serait séparé sans avoir pris de décision à cet égard (art. 23 [n° 136]).

Le préfet est tenu d'adresser à la commission départementale, au commencement de chaque mois, l'état détaillé des ordonnances de délégation qu'il a reçues et des mandats de paiement qu'il a délivrés pendant le mois précédent, concernant le budget départemental. La même obligation existe pour les ingénieurs en chef, sous-ordonnateurs délégués (L. 10 août 1871, art. 78). — Chaque année, à la session d'août, la commission départementale présente au conseil général le relevé de tous les emprunts communaux et de toutes les contributions extraordinaires communales qui ont été votées depuis la précédente session d'août, avec indication du chiffre total des centimes extraordinaires et des dettes dont chaque commune est grevée (art. 80). — La commission départementale, après avoir entendu l'avis ou les propositions du préfet : 1°... [*n° 169*]; 2° détermine l'ordre de priorité des travaux à la charge du département, lorsque cet ordre n'a pas été fixé par le conseil général; 3° fixe l'époque et le mode d'adjudication ou de réalisation des emprunts départementaux, lorsqu'ils n'ont pas été fixés par le conseil général; 4° fixe l'époque de l'adjudication des travaux d'utilité départementale (art. 81). — La commission départementale assigne à chaque membre du conseil général et aux membres des autres conseils électifs le canton pour lequel ils devront siéger dans le conseil de révision (art. 82). — La commission départementale vérifie l'état des archives et celui du mobilier appartenant au département (art. 83).

La liste annuelle du jury comprend : pour le département de la Seine, 3,000 jurés; pour les autres départements, un juré par 500 habitants, sans toutefois que le nombre des jurés puisse être inférieur à 400, et supérieur à 600. La liste ne peut comprendre que des citoyens ayant leur domicile dans le département (Loi du 24 novembre 1872 *sur le jury*, art. 6). — Le nombre des jurés pour la liste annuelle est réparti, par arrondissement et par canton, proportionnellement au tableau officiel de la population. Cette répartition est faite par arrêté du préfet *pris sur l'avis conforme de la commission départementale*, et, pour le département de la Seine, sur l'avis conforme du bureau du conseil général, au mois de juillet de chaque année. A Paris, la répartition est faite entre les arrondissements et les quartiers (art. 7 §§ 1 et 2).

169. L'attribution conférée par l'article 81 § 1 de la loi de 1871 à la commission départementale a donné lieu à de sérieuses difficultés; il s'agit :

13° De la répartition des subventions diverses portées au budget départemental et dont le conseil général ne s'est pas réservé la distribution ; etc.

Les conseils généraux pouvaient facilement s'y tromper et interpréter ce texte dans un sens large, que la jurisprudence du ministère de l'intérieur s'est attachée à restreindre aux allocations à des êtres collectifs. « Le terrain de la discussion est celui-ci (porte un
» des rapports du ministre de l'intérieur au conseil d'État sur la
» question) : l'article 84 de la loi, qui donne à la commission dé-
» partementale le droit de répartir les subventions départemen-
» tales, ne concerne pas les secours individuels, parce que dans
» le langage administratif il y a une distinction très-nette entre
» les subventions et les secours individuels. La loi du 10 août 1871
» a donné à la commission départementale la répartition des sub-
» ventions inscrites au budget du département, comme elle a
» donné au conseil général le droit de proposition pour les sub-
» ventions à allouer sur les fonds de l'État [n° 148] ; mais elle n'a
» pas plus enlevé au préfet le droit de répartir les secours indi-
» viduels à accorder sur les fonds départementaux, qu'elle n'a
» enlevé au ministre la disposition absolue des crédits inscrits au
» budget de l'État pour secours individuels, et si elle ne l'a pas fait,
» c'est que la distribution des secours individuels a un caractère
» purement administratif. » Cette doctrine a triomphé, et de nombreux décrets rendus sur l'avis conforme du conseil d'État, pour violation de l'article 84 et de l'article 3 de la loi de 1871 qui charge le préfet de l'exécution des délibérations du conseil général, annulent, par application de l'article 33 [n° 158], les nombreuses délibérations de conseils généraux qui avaient confié à leurs commissions départementales des distributions de crédits inscrits au budget départemental : pour secours individuels (Décrets des 8 novembre 1873, Rhône, *Bull. off.*, p. 545 ; 18 mars 1874, Pyrénées-Orientales ; 23 juin 1874, Drôme ; *Bull. off.*, p. 154, 532), pour secours thermaux (D. 26 juin 1874, Saône-et-Loire, *Bull. off.* p. 533), pour secours aux épileptiques indigents (D. 15 janvier 1875, Rhône, *Bull. off.* 1875, p. 176), pour secours à domicile (D. 15 janvier 1875, Rhône, *Bull. off.* 1875, p. 174), pour gratifications aux employés des préfectures (Décrets du 8 novembre 1873, Haute-Savoie, Drôme, *Bull. off.* 1873, p. 541, 543), pour gratifications aux agents du service vicinal (D. 8 novembre 1873, Haute-Loire, *Bull. off.* 1873, p. 532 ; 23 juin 1874, Drôme, *Bull. off.* 1874, p. 533), pour gratifications et secours en faveur des instituteurs ou anciens instituteurs (D. 9 janvier 1875, Eure, *Bull. off.* 1875, p. 172), ou pour

dépenses imprévues (D. 21 décembre 1874, Vosges, *Bull. off.* 1875, p. 177, et instruction générale du ministre de l'intérieur aux préfets sur la comptabilité départementale du 28 avril 1874, *Bull. off.* 1874, p. 280).

En ce qui concerne la répartition des fonds provenant des amendes de police correctionnelle, le même article 84 § 1 de la loi de 1871, en la transférant du préfet à la commission départementale, n'a pas modifié la destination de ces fonds, que la commission doit répartir entre les communes qui ont le plus de besoins, aux termes de l'ordonnance du 30 décembre 1823, et de manière que l'allocation profite aux *communes* (D. 9 juin 1874, Rhône, *Bull. off.* 1874, p. 540 à 545).

La commission départementale, après avoir entendu l'avis ou les propositions du préfet : 1° répartit les subventions diverses portées au budget départemental, et dont le conseil général ne s'est pas réservé la distribution, les fonds provenant des amendes de police correctionnelle, et les fonds provenant du rachat des prestations en nature sur les lignes que ces prestations concernent (L. 1871, art. 81 § 1).

170. Quatre autres sortes d'attributions conférées par la loi aux commissions départementales sont, en raison de leur gravité même, soumises par l'article 88 ci-dessous à des règles de procédure et de recours particulières, l'un au conseil général, l'autre au conseil d'État ; l'article 88 fait, sous ce dernier rapport, une application spéciale et exceptionnelle, au point de vue de ses conditions et de ses effets [n° 173], du droit général de recours pour excès de pouvoir [n° 252]. Il s'agit des matières suivantes qui terminent la liste des attributions directement déférées par la loi aux commissions départementales :

14° Chemins vicinaux ordinaires (art. 86 §§ 1 et 2 [*voir* n°s 1370 et suivants]) ;

15° Abonnements relatifs aux subventions spéciales pour dégradations de tous chemins vicinaux (art. 86 § 3 [n° 396]) ;

16° Approbation du tarif des évaluations cadastrales (art. 87) ;

17° Nomination des membres des commissions syndicales, mais seulement en cas d'entreprises subventionnées par le département (art. 87 § 2).

La commission départementale prononce, sur l'avis des conseils municipaux, la déclaration de vicinalité, le classement, l'ouverture et le redressement des chemins vicinaux ordinaires, la fixation de la largeur et de la limite desdits chemins. Elle exerce à cet égard les pouvoirs conférés au préfet par les articles 15 et 16 de la loi du 21 mai 1836. Elle approuve les abonnements relatifs aux subventions spéciales pour la dégradation des chemins vicinaux, conformément au dernier paragraphe de l'article 14 de la même loi (L. 1871, art. 86). — La commission départementale approuve le tarif des évaluations cadastrales, et elle exerce à cet égard les pouvoirs attribués au préfet en conseil de préfecture par la loi du 15 septembre 1807 et le règlement du 15 mars 1827. Elle nomme les membres des commissions syndicales dans le cas où il s'agit d'entreprises subventionnées par le département, conformément à l'article 23 de la loi du 21 juin 1865 (art. 87). — Les décisions prises par la commission départementale sur les matières énumérées aux articles 86 et 87 de la présente loi seront communiquées aux préfets en même temps qu'aux conseils municipaux ou autres parties intéressées. Elles pourront être frappées d'appel devant le conseil général, pour cause d'inopportunité ou de fausse appréciation des faits, soit par le préfet, soit par les conseils municipaux ou par toute autre partie intéressée. L'appel doit être notifié au président de la commission, dans le délai d'un mois à partir de la communication de la décision. Le conseil général statuera définitivement à sa plus prochaine session. Elles pourront aussi être déférées au conseil d'État, statuant au contentieux, pour cause d'excès de pouvoir ou de violation de la loi ou d'un règlement d'administration publique. Le recours au conseil d'État doit avoir lieu dans le délai de deux mois à partir de la communication de la décision attaquée. Il peut être formé sans frais, et il est suspensif dans tous les cas (art. 88).

171. Deux autres articles du projet de loi préparé par la commission de l'Assemblée nationale conféraient à la commission départementale ce qui eût formé la plus grave de ses attributions légales : il s'agit de ce qu'on appelle improprement la tutelle administrative des communes et des établissements publics. La commission départementale était investie, par ce projet, du droit d'autoriser la plupart des actes de leur vie civile. Le gouvernement a revendiqué ce droit d'autorisation pour l'État, à l'exclusion du conseil général et de la commission départementale ; une autre opinion a insisté pour que la question de la soi-disant tutelle des communes et établissements communaux fût réglée dans la loi communale ; c'est dans ces circonstances que la commission a consenti à la suppression de ces dispositions. « Les articles relatifs
» à la tutelle des communes, dit le rapport supplémentaire du
» 25 juillet 1872, sont abandonnés sur la demande du gouverne-
» ment. Votre commission, sans renoncer au principe qu'elle avait
» adopté à une grande majorité, a reconnu que ces questions,
» complexes et délicates de leur nature, pouvaient être l'objet d'un
» examen plus approfondi et mieux placé lors de la discussion de
» la loi municipale. » Un de ces articles étendait la même règle aux autorisations de plaider [n°s 1472 et suivants], qui sont bien plus logiquement placées, depuis la loi du 28 pluviôse de l'an VIII, entre les mains des conseils de préfecture et du conseil d'État qu'en toutes autres.

172. Enfin l'article 85 de la loi du 10 août 1871 règle la marche à suivre en cas de désaccord ou de conflit survenu entre la commission départementale et le préfet. L'exécution des résolutions de la commission départementale peut alors être suspendue conformément au § 1ᵉʳ de l'article 85, et l'affaire renvoyée à la plus prochaine session du conseil général, qui apprécie. Dans les cas graves, le conseil général pourrait être réuni extraordinairement pour statuer sur le conflit, soit par un décret de convocation que le préfet peut également provoquer dans le cas où la commission départementale excéderait ses pouvoirs (art. 85 § 2), soit par la convocation d'urgence du préfet lorsque le président du conseil général l'a mis en demeure de le faire, en l'avisant de la demande écrite formée à cet effet par les deux tiers des membres du conseil (art. 24 [n° 136]). Les délibérations du conseil général statuant ainsi sur les conflits élevés entre la commission départementale et le préfet peuvent être annulées en vertu de l'article 47 [n° 145], et de l'article 33 [n° 158] de la loi de 1871, frappant de nullité tout acte et toute délibération portant sur un objet étranger aux attributions légales des conseils généraux. Plusieurs décrets déjà mentionnés sont intervenus dans les circonstances prévues par cet article, entre autres le décret ci-dessus indiqué [n° 165] du 4 juin 1872 annulant une délibération du conseil général des Bouches-du-Rhône prise en vertu de l'article 85 de la loi du 10 août 1871. Des décrets des 27 juin et 9 juillet 1874, annulant des délibérations des conseils généraux du Rhône et de l'Aisne, décident que le refus opposé par le conseil général de statuer sur un désaccord existant entre le préfet et la commission départementale, équivaut à une approbation des prétentions de ladite commission et ouvre les mêmes voies de recours (*Bull. off.* 1874, p. 551 et 554).

En cas de désaccord entre la commission départementale et le préfet, l'affaire peut être renvoyée à la plus prochaine session du conseil général, qui statuera définitivement. En cas de conflit entre la commission départementale et le préfet, comme aussi dans le cas où la commission aurait outrepassé ses attributions, le conseil général sera immédiatement convoqué conformément aux dispositions de l'article 24 de la présente loi, et statuera sur les faits qui lui auront été soumis. Le conseil général pourra, s'il le juge convenable, procéder dès lors à la nomination d'une nouvelle commission départementale (L. 1871, art. 85).

173. Cette sanction spéciale des règles relatives à l'organisation et aux attributions de la commission départementale aurait été insuffisante, si celles du droit commun avaient cessé d'être applicables : 1° le droit, appartenant aux intéressés d'attaquer devant

le conseil d'État par la voie contentieuse les actes des commissions départementales pour excès de pouvoir ; et 2° le droit d'annulation dérivant, au profit de l'administration, de l'article 33 de la loi de 1871.

Les actes des commissions départementales, en tant qu'elles constituent des conseils administratifs, sont en effet soumis au principe général du recours pour excès de pouvoir et pour incompétence [n° 252]. L'article 88 de la loi de 1871 [n° 170] a fait une application spéciale de ce droit de recours à certaines décisions de la commission départementale ; mais ce texte n'exclut pas, en ce qui concerne les autres actes de la commission, l'application du droit commun : il eût fallu à cet effet un texte formel d'exclusion. La disposition de l'article 88 a, d'ailleurs, un caractère exceptionnel, en ce qu'elle étend le recours, de l'excès de pouvoir, à la violation de la loi ou d'un règlement d'administration publique, en ce qu'il limite le délai à deux mois (c. d'Ét. 6 février 1874, *commune de Confracourt*), et le fait courir même d'une simple communication du texte exact de la décision attaquée (c. d'Ét. 21 novembre 1873, *Baudoin*), tandis que le délai normal du recours pour excès de pouvoir est de trois mois à partir de la notification de la décision ; et enfin en ce que ce recours, contrairement à la règle générale [n° 280], est suspensif de l'exécution. C'est à ces règles du droit commun, opposées à celles de l'article 88, que reste soumis le recours pour excès de pouvoir contre toute décision de la commission départementale autre que celles auxquelles s'applique l'article 88; ces exceptions expliquent l'introduction de ce texte dans la loi, d'une manière plus rationnelle qu'une pensée d'exclusion du principe général pour tous les autres cas non visés par lui.

De même que les intéressés, y compris les membres du conseil général et même de la commission départementale [n° 159], devaient avoir une sauvegarde contre les excès de pouvoir des commissions départementales, de même l'administration devait être armée, même en dehors du cas de conflit réglé par l'article 85, des moyens légaux de faire respecter par ces commissions la loi de leur institution. Ce moyen se trouve dans l'article 33 de la loi de 1871; il est vrai que ce texte, emprunté à la loi de 1833, ne parle que des conseils généraux ; mais d'une part l'esprit de sa disposition s'étend à la loi tout entière, et, d'autre part, les commissions départementales tenant leurs pouvoirs des conseils généraux, ayant pour mission de les représenter dans l'intervalle des sessions, ce texte leur est applicable par voie de conséquence (Décret du 26 décembre 1873 qui déclare nulle une délibération de la commission départementale de Saône-et-Loire, *Bull. off.* 1874, p. 156 ; autre décret du 9 juillet 1874 [mentionné n° 166]).

174. De nombreuses applications du pouvoir d'annulation par décrets des délibérations des commissions départementales se sont produites dans la partie de leurs attributions relatives à des intérêts communaux, en ce qui concerne les chemins vicinaux [n°s 148, 165, 169 et surtout 1092], et relativement au droit de communiquer directement avec les municipalités ; il a été décidé que les commissions départementales ne peuvent pas notifier directement aux conseils municipaux les décisions qu'elles prennent dans la limite de leurs pouvoirs propres ; que ces communications, comme toutes instructions aux agents administratifs, sont réservées au préfet, à titre de mesures d'exécution, par l'article 3 de la loi de 1871 (C. d'Ét. avis du 16 janvier 1873 ; décrets d'annulation du 30 juin 1873, Ariége, Aude, Gironde, Pyrénées-Orientales, Rhône ; *Bull. off.* 1873, p. 361; décret du 2 juillet 1874, Gard [mentionné n° 158]).

§ VI. — Sous-préfets.

175. Nomination et classement.
176. Caractères légaux du sous-préfet et de l'arrondissement.
177. Cas exceptionnels, augmentés par le décret du 13 avril 1861, dans lesquels le sous-préfet est investi d'un pouvoir propre.

175. Il y a un sous-préfet par arrondissement, sauf l'arrondissement chef-lieu, pour lequel le préfet remplit les fonctions de sous-préfet (L. 28 pluviôse an VIII, art. 11 [n° 91]).

Comme les préfets, les sous-préfets sont nommés par le pouvoir exécutif, sans être soumis à aucune condition spéciale d'aptitude, et révocables par lui ; ils sont également divisés en trois classes (sauf en Algérie où il y en a quatre classes [n° 535]), d'après l'importance des sous-préfectures et le chiffre des traitements de 7,000 (D. 23 décembre 1872), 6,000 et 4,500 fr., avec faculté d'élévation au traitement de la classe supérieure au bout de cinq ans sans changement de résidence (D. 25 juillet 1855).

Les sous-préfets, en cessant de remplir leurs fonctions, peuvent recevoir le titre de *sous-préfet honoraire*, qui leur confère le droit de porter le costume [1] de leurs anciennes fonctions, moins l'écharpe signe de l'autorité (D. 28 février 1863, art. 3 et 4).

---

[1] Le costume officiel des préfets, sous-préfets, secrétaires généraux et conseillers de préfecture est toujours réglé par les arrêtés des consuls des 17 ventôse,

Le décret du 27 mars 1854 relatif au traitement de non-activité des préfets [n° 104] concerne également les sous-préfets.

176. Le sous-préfet est le représentant de l'administration active dans l'arrondissement ; cependant le droit d'action et de décision ne lui appartient qu'exceptionnellement. En règle générale, il n'administre pas et n'est qu'un intermédiaire placé entre les préfets et les maires ; sa mission est celle d'un agent de transmission, d'information et de surveillance ; il n'y a pas d'administration de l'arrondissement, en ce sens qu'elle est légalement absorbée par l'administration départementale. Il en est ainsi par suite du caractère propre à l'arrondissement ; tandis que le département et la commune sont à la fois des circonscriptions territoriales, des unités administratives et des personnes civiles ; l'arrondissement, comme le district de 1790, n'est purement et simplement qu'une circonscription, sans individualité administrative et sans personnalité civile.

177. Toutefois, dans trois circonstances, le sous-préfet agit et décide : lorsque le préfet lui a délégué ses pouvoirs ; en cas d'urgence, lorsqu'il est impossible d'attendre la délégation ; lorsqu'une disposition législative ou réglementaire lui confère le droit d'action. Ces dispositions étaient rares ; le décret du 13 avril 1861, sur la décentralisation administrative augmentée, a pris l'initiative du développement des fonctions des sous-préfets, en leur conférant, dans l'intérêt de la rapidité des affaires et des administrés, le droit de décision dans des cas plus nombreux [n° 97 3°].

Les sous-préfets statueront désormais, soit directement, soit par délégation des préfets, sur les affaires qui, jusqu'à ce jour, exigeaient la décision préfectorale, et dont la nomenclature suit : 1° légalisation, sans les faire certifier par les préfets, des signatures données dans les cas suivants : A. actes de l'état civil, chaque fois que la légalisation du sous-préfet est requise ; B. certificats d'indigence ; C. certificats de bonnes vie et mœurs ; D. certificats de vie ; E. libération du service militaire ; F. pièces destinées à constater l'état de soutien de famille ; 2° délivrance des passeports ; 3° délivrance des permis de chasse ; 4° autorisation de mise en circulation des voitures publiques ; 5° autorisation des loteries de bienfaisance jusqu'à concurrence de deux mille francs ; 6° autorisation de changement de résidence dans l'arrondissement des condamnés libérés ; 7° autorisation des débits de boisson temporaires ; 8° approbation des polices d'assurance contre l'incendie des édifices communaux ; 9° homologation des tarifs des concessions dans les cimetières, quand ils sont établis d'après les conditions fixées par arrêté préfectoral ; 10° homologation des tarifs des

---

17 floréal et 8 messidor an VIII, avec les écharpes qui sont toutes aux couleurs nationales (Arrêté du ministre de l'intérieur du 10 avril 1873, *Bulletin officiel*, pages 205 à 207).

droits de place dans les halles, foires et marchés, lorsqu'ils sont établis d'après les conditions fixées par arrêté préfectoral; 11° homologation des tarifs des droits de pesage, jaugeage et mesurage, lorsqu'ils sont établis d'après les conditions fixées par arrêté préfectoral; 12° autorisation des battues pour la destruction des animaux nuisibles dans les bois des communes et des établissements de bienfaisance; 13° approbation des travaux ordinaires et de simple entretien des bâtiments communaux dont la dépense n'excède pas mille francs, et dans la limite des crédits ouverts au budget; 14° budgets et comptes des bureaux de bienfaisance; 15° conditions des baux et fermes des biens des bureaux de bienfaisance, lorsque la durée n'excède pas dix-huit ans; 16° placement des fonds des bureaux de bienfaisance; 17° acquisitions, ventes et échanges d'objets mobiliers des bureaux de bienfaisance; 18° règlement du service intérieur de ces établissements; 19° acceptation par les bureaux de bienfaisance des dons et legs d'objets mobiliers ou de sommes d'argent, lorsque leur valeur n'excède pas trois mille francs et qu'il n'y a pas réclamations des héritiers. — Les sous préfets nommeront les simples préposés d'octroi (Décret du 13 avril 1861, art. 6).

L'article 6 du décret du 25 mars 1852 est applicable aux décisions prises par les préfets en vertu du présent décret. Les sous-préfets rendront compte de leurs actes aux préfets, qui pourront les annuler ou les réformer, soit pour violation des lois et règlements, soit sur la réclamation des parties intéressées, sauf recours devant l'autorité compétente (art. 7).

§ VII. — Conseils d'arrondissement.

178. Projets divers de suppression des conseils d'arrondissement.
179. Organisation de ces conseils; conditions d'éligibilité.
180. Loi du 30 juillet 1874.
181. Leurs attributions de répartition de l'impôt.
182. Avis et vœux.

178. La loi sur les conseils généraux du 10 août 1871 est demeurée intentionnellement étrangère aux conseils d'arrondissement; elle a même évité de prononcer leur nom pour mieux réserver la question de leur suppression ou de leur maintien. Cette question n'est pas nouvelle : c'est en effet l'adoption, dans la séance du 8 avril 1829, par la gauche de la chambre des députés (formant, contre les centres, la majorité de l'assemblée, par suite de l'abstention volontaire de la droite), d'un amendement ainsi conçu : « Les conseils d'arrondissement sont supprimés », qui amena dans cette séance même l'ordonnance du roi Charles X portant retrait de deux projets de loi soumis à la chambre sur l'organisation communale et départementale, et bientôt après la chute du ministère libéral de MM. de Martignac, de Vatisménil, Portalis, Hyde de Neuville, Roy et Feutrier. Les conseils d'arrondissement n'en furent pas moins conservés par les lois de 1833 et de 1838; et, malgré la question posée de nouveau par le législa-

teur de 1871, cet organe administratif secondaire, créé par la loi du 28 pluviôse de l'an VIII, n'a pas cessé d'exister, et semble avoir plus de vitalité que d'importance.

L'on a agité la question ou de leur suppression pure et simple, ou de leur remplacement par des conseils cantonaux, ou de leur maintien avec ces conseils cantonaux qu'avait proposé le projet de 1829, qu'avait repris un projet de loi délibéré en conseil d'État dans les derniers mois de 1869, et qui a l'inconvénient d'ajouter aux conseils d'arrondissement, déjà peu occupés, de nouveaux conseils administratifs qui auraient encore moins à faire.

179. Les conseils d'arrondissement sont régis par les lois du 22 juin 1833 et du 10 mai 1838, qui n'ont été abrogées par la loi du 10 août 1871 que dans la partie relative aux conseils généraux; cette loi, comme celle du 18 juillet 1866, ne contient aucune disposition relative aux conseils d'arrondissement. Comme les conseils généraux, les conseils d'arrondissement sont des assemblées électives, issues du suffrage universel. Pour être éligible au conseil d'arrondissement, il faut, en outre de la jouissance des droits civils et politiques, être âgé de 25 ans au moins, être domicilié dans l'arrondissement ou y payer une contribution directe (L. 3 juillet 1848, art. 14), et ne pas remplir une des fonctions déclarées incompatibles par la loi du 22 juin 1833, art. 5 et 23. Le contentieux des élections aux conseils d'arrondissement appartient aux conseils de préfecture [n°s 400 à 405].

Les sessions des conseils d'arrondissement se divisent en sessions ordinaires et sessions extraordinaires; ils n'ont qu'une session annuelle ou ordinaire, partagée en deux parties, dont la première précède et la seconde suit la session d'août du conseil général et dont les époques sont fixées par décret (L. 10 mai 1838, art. 39).

Chaque conseil d'arrondissement est composé d'autant de membres que l'arrondissement a de cantons, sans que le nombre des conseillers puisse être au-dessous de neuf. Un décret impérial du 20 février 1867, rendu en exécution des articles 20 et 21 de la loi du 22 juin 1833, modifié pour quelques départements, en raison des changements territoriaux par les décrets des 16 septembre et 10 octobre 1871, et du dénombrement de 1872 par le décret du 21 février 1873, fixe le nombre des conseillers d'arrondissement que chaque canton doit élire dans les arrondissements de sous-préfecture où il y a moins de neuf cantons.

Les conseillers d'arrondissement sont élus pour six ans et renouvelés par moitié tous les trois ans (L. 22 juin 1833, art. 25). En cas de vacance par option, décès, démission, annulation d'élection, perte des droits civils ou politiques, les électeurs doivent être convoqués dans le délai de deux mois (L. 1833, art. 11 et 26).

Les président, vice-présidents et secrétaires sont nommés par le conseil, aux termes de la loi du 23 juillet 1870 (art. 6).

Le sous préfet a entrée dans le conseil; il est entendu quand il le demande, et assiste aux délibérations (L. 22 juin 1833, art. 27).

180. Par suite du défaut d'application de la loi du 10 août 1871 aux conseils d'arrondissement, il existait entre leur législation électorale et celle des conseils généraux une anomalie regrettable. L'élection aux conseils d'arrondissement continuait à avoir lieu sur les listes électorales politiques (L. 7 juillet 1852, art. 3) et le scrutin restait ouvert deux jours dans certaines communes, tandis que la loi de 1871 imposait à l'élection des conseils généraux des règles contraires. L'autorité chargée de convoquer les électeurs et le délai qui doit séparer le décret de convocation de la date de l'élection variaient également (L. 22 juin 1833, art. 34).

Une loi du 30 juillet 1874 a effacé ces distinctions par une disposition ainsi conçue et qui forme son article 3 : « Sont applicables » aux élections du conseil d'arrondissement les articles 5 et 12 » [rapportés ci-dessus n° 130] de la loi du 10 août 1871 ».

181. Les attributions des conseils d'arrondissement diffèrent de celles des conseils généraux autant que les attributions des sous-préfets diffèrent de celles des préfets, les mêmes motifs produisant ici les mêmes effets. Ces conseils n'ont de pouvoir propre qu'en tant que chargés de la répartition des contributions directes au troisième degré, entre les communes de l'arrondissement; ils forment devant le conseil général les demandes en réduction du contingent de l'arrondissement, et ils délibèrent sur les demandes en réduction de contributions formées par les communes, la solution définitive de ces demandes appartenant au conseil général. Cette matière, la seule sur laquelle le conseil procède par voie de délibération proprement dite, est de beaucoup la plus importante de ses attributions.

Dans la première partie de sa session, le conseil d'arrondissement délibère sur les réclamations auxquelles donnerait lieu la fixation du contingent de l'arrondissement dans les contributions directes. Il délibère également sur les demandes en réduction de contributions formées par les communes (Loi du

10 mai 1838, *sur les attributions des conseils généraux et des conseils d'arrondissement*, art. 40). — Dans la seconde partie de sa session, le conseil d'arrondissement répartit entre les communes les contributions directes (art. 45). — Le conseil d'arrondissement est tenu de se conformer, dans la répartition de l'impôt, aux décisions rendues par le conseil général sur les réclamations des communes. Faute par le conseil d'arrondissement de s'y être conformé, le préfet, en conseil de préfecture, établit la répartition d'après lesdites décisions. En ce cas, la somme dont la contribution de la commune déchargée se trouve réduite est répartie, au centime le franc, sur toutes les autres communes de l'arrondissement (art. 46).

182. En dehors de l'attribution qui vient d'être signalée, le conseil d'arrondissement n'exerce aucune autorité; il n'a que des attributions consultatives qui se produisent sous la forme d'*avis* (art. 41 et 42). Ces avis sont de trois sortes : ceux qui doivent être demandés au conseil par l'administration; ceux qu'elle peut lui demander; ceux que le conseil d'arrondissement peut donner spontanément. Il peut en outre exprimer des *vœux* sur des objets d'intérêt exclusivement local (art. 44). Aux termes de l'article 28 de la loi du 22 juin 1833, les articles 13, 14, 15, 16, 17, 18 et 19 de cette loi relatifs aux envahissements possibles des conseils généraux et qui, pour ces conseils, ont en partie passé dans la loi du 10 août 1871, sont restés applicables dans leur texte primitif aux conseils d'arrondissement. Aussi toute immixtion de leur part, sous quelque forme que ce soit, dans les questions politiques ou même d'administration générale, constitue une violation de la loi frappée de nullité (D. 28 décembre 1872, portant annulation d'une adresse signée par les membres d'un conseil d'arrondissement, *Bull. off. min. int.* 1873, p. 55), et pouvant, selon les cas, donner lieu à l'application de l'article 258 du Code pénal.

Le conseil d'arrondissement *donne son avis* : 1° sur les changements proposés à la circonscription du territoire de l'arrondissement, des cantons et des communes, et à la désignation de leurs chefs-lieux ; 2° sur le classement et la direction des chemins vicinaux de grande communication; 3° sur l'établissement et la suppression ou le changement des foires et marchés [1]; 4° sur les réclamations élevées au sujet de la part contributive des communes respectives dans les travaux intéressant à la fois plusieurs communes et le département; 5° et généralement sur tous les objets sur lesquels il est appelé à donner son avis en vertu des lois et règlements, *ou sur lesquels il serait consulté par l'administration* (Loi du 10 mai 1838, art. 41). — Le conseil d'arrondissement *peut*

---

[1] Abrogé, en ce qui concerne les *marchés d'approvisionnements* ou de menues denrées, par l'article 11 de la loi du 24 juillet 1867 sur les conseils municipaux [n° 235] ; mais non relativement aux foires et marchés aux bestiaux (D. 13 août 1864 [n° 116]; L. 10 août 1871, art. 46 § 24 [n° 145] ; avis du conseil d'État et circulaire du ministre de l'agriculture et du commerce du 1er février, 1873, *Bull. off. min. int.*, 1873, p. 60).

donner son avis : 1° sur les travaux de routes, de navigation et autres objets qui intéressent l'arrondissement; 2° sur le classement et la direction des routes départementales qui intéressent l'arrondissement; 3° sur les acquisitions, aliénations, échanges, constructions des édifices et bâtiments destinés à la sous-préfecture, au tribunal de première instance, à la maison d'arrêt ou à d'autres services publics spéciaux à l'arrondissement, ainsi que sur les changements de destination de ces édifices; 4° et généralement sur tous les objets sur lesquels le conseil général est appelé à délibérer, en tant qu'ils intéressent l'arrondissement (art. 42).

Le conseil d'arrondissement peut adresser directement au préfet, par l'intermédiaire de son président, son opinion sur l'état et les besoins des différents services publics, en ce qui touche l'arrondissement (art. 44).

SECTION III. — Administration communale.

183. Caractères distinctifs de la commune.
184. Dispositions des lois de 1837, 1867 et 1871 relatives à la détermination et à la modification des circonscriptions communales.
185. Solution des difficultés que présente la combinaison de ces textes.
186. Composition du corps municipal; division de la section en quatre paragraphes.

183. La commune présente les trois caractères dont la réunion a été signalée dans le département; elle est à la fois une circonscription administrative, une unité administrative et une personne morale. Mais elle diffère du département en ce que celui-ci, aussi bien que l'arrondissement, est une création artificielle de la loi, dont l'existence est même relativement récente (1790); tandis que la commune, préexistante à la loi, n'a pas été créée, mais seulement reconnue, consacrée et réglementée par la législation moderne.

Cela tient à cette vérité démontrée par l'histoire que la commune n'a rien d'artificiel et a sa raison d'être dans les faits, en ce qu'elle forme une association d'individus naturellement unis par les intérêts communs qui naissent de leur rapprochement sur un même point du territoire.

Ce fait remarquable domine l'histoire et le régime de l'association communale, dans le passé aux diverses époques de sa transformation, comme dans le présent : au XII° siècle, au moment de l'émancipation des communes nées du régime municipal romain et surtout des chartes d'affranchissement; au XVII° siècle, lorsque l'indépendance communale, après sa lutte heureuse contre le pouvoir féodal, subit l'unité politique imposée par le pouvoir royal; en 1789, dans l'institution des municipalités au sein des villes et des campagnes au moyen d'administrations collectives, et depuis 1800, avec l'organisation nouvelle que la commune a reçue de la loi du 28 pluviôse an VIII sur le modèle de l'administration départementale.

184. Une loi seule peut modifier le territoire du département, de l'arrondissement et même du canton.

En ce qui concerne la commune, il en est autrement; des distinctions sont nécessaires; il faut combiner avec les textes ci-dessous l'article 46 § 26 de la loi du 10 août 1871 sur les conseils généraux, qui donne à ces conseils le droit de statuer définitivement sur « les changements à la circonscription des communes » d'un même canton et à la désignation de leurs chefs-lieux, lors- » qu'il y a accord entre les conseils municipaux ».

Toutes les fois qu'il s'agira de réunir plusieurs communes en une seule, ou de distraire une section d'une commune, soit pour la réunir à une autre, soit pour l'ériger en commune séparée, le préfet prescrira préalablement, dans les communes intéressées, une enquête, tant sur le projet en lui-même que sur ses conditions. Les conseils municipaux, assistés des plus imposés en nombre égal à celui de leurs membres, les conseils d'arrondissement et le conseil général donneront leur avis (Loi du 18 juillet 1837, *sur l'administration municipale*, art. 2). — Les réunions et distractions de communes qui modifieront la composition d'un département, d'un arrondissement ou d'un canton, ne pourront être prononcées que par une loi. Toutes autres réunions et distractions de communes pourront être prononcées par ordonnance du roi, en cas de consentement des conseils municipaux, délibérant avec les plus imposés, conformément à l'article 2 ci-dessus, et, à défaut de ce consentement, pour les communes qui n'ont pas trois cents habitants, sur l'avis affirmatif du conseil général du département. Dans tous les autres cas, il ne pourra être statué que par une loi (art. 4).

Les changements dans la circonscription territoriale des communes faisant partie du même canton sont définitivement approuvés par les préfets, après accomplissement des formalités prévues au titre Ier de la loi du 18 juillet 1837, en cas de consentement des conseils municipaux et sur avis conforme du conseil général. Si l'avis du conseil général est contraire, ou si les changements proposés dans les circonscriptions communales modifient la composition d'un département, d'un arrondissement ou d'un canton, il est statué par une loi. Tous autres changements dans la circonscription territoriale des communes sont autorisés par des décrets rendus dans la forme des règlements d'administration publique (Loi du 24 juillet 1867 *sur les conseils municipaux*, art. 13).

185. La combinaison de ces textes a donné lieu à diverses difficultés résolues en sens contraire par des instructions du ministère de l'intérieur des 8 octobre 1871, 20 mars 1872 et 13 mars 1873. Cette dernière circulaire et deux avis du conseil d'État des 17 octobre 1872 et 18 février 1873 donnent à ces textes

réunis des lois de 1837, 1867 et 1871, l'interprétation suivante pour chacune des cinq hypothèses qui peuvent intéresser les circonscriptions communales.

1° Les changements de chefs-lieux des communes sont définitivement approuvés : *par le conseil général*, sur l'avis conforme du conseil municipal ; *par décret*, lorsque l'avis du conseil municipal est contraire (L. 10 août 1871). Les changements de chefs-lieux de canton, d'arrondissement ou de département sont autorisés par *décret* (L. 8 pluviôse an IX ; arrêté du 17 ventôse an VIII). Un *décret* est également nécessaire pour les changements de *noms* des communes, alors même que la commune n'est ni chef-lieu de canton ni chef-lieu d'arrondissement.

2° Les changements à la circonscription des communes déjà existantes d'un même canton sont approuvés : *par le conseil général*, s'il y a accord entre les conseils municipaux, tant sur la nouvelle délimitation que sur les conditions auxquelles le changement est subordonné (L. 10 août 1871) ; *par décret* rendu en conseil d'État, lorsque l'avis d'un conseil municipal, ou de plusieurs conseils municipaux, ou d'une commission syndicale, est contraire ou accompagné de réserves (L. 24 juillet 1867) ; *par une loi*, lorsque l'avis du conseil général est contraire (L. 1867).

3° Les réunions de communes sont traitées comme de simples changements à la circonscription des communes déjà existantes (Avis du conseil d'État du 18 février 1873).

4° La création d'une commune nouvelle est approuvée : *par décret*, lorsque le conseil municipal ou les conseils municipaux intéressés consentent à la mesure projetée, et que l'avis du conseil général est favorable, ou, s'il s'agit d'une commune de moins de trois cents habitants, lorsque l'avis du conseil général est favorable (L. 18 juillet 1837, art. 4 ; avis du conseil d'État du 17 octobre 1872) ; *par une loi*, lorsqu'il y a opposition soit du conseil général (L. 24 juillet 1867), soit d'un conseil municipal, soit d'une commission syndicale (L. 18 juillet 1837, art. 4 ; C. d'Ét. même avis du 17 octobre 1872).

5° Enfin tout projet qui modifie les limites d'un canton, d'un arrondissement ou d'un département, doit être soumis à la sanction législative (L. 24 juillet 1867 ; L. 10 août 1871, art. 50 [n° 155]).

186. « Le corps municipal de chaque commune se compose du » maire, d'un ou de plusieurs adjoints et du conseil municipal », porte l'article 1er de la loi du 5 mai 1855 sur l'organisation mu-

nicipale; elle conserve à cet égard le fond du système heureusement introduit par les articles 12, 13, 14 et 15, formant le paragraphe 3 du titre II de la loi du 28 pluviôse de l'an VIII, dont nous avons reproduit ci-dessus [n° 91] toutes les dispositions. Le maire, les adjoints, le conseil municipal feront l'objet de trois paragraphes de cette section. Nous en ajouterons un quatrième, consacré aux commissaires de police, que les mêmes articles de la loi de l'an VIII rattachent à l'organisation des corps municipaux.

§ 1er. — MAIRES.

187. Importance et difficulté de la question de nomination des maires.
188. Exposé de onze systèmes légalement appliqués ou proposés.
189. Loi du 20 janvier 1874 sur la nomination des maires et adjoints.
190. Circulaire du ministre de l'intérieur du 23 janvier 1874.
191. Révocation et suspension des maires et adjoints.
192. Conditions d'aptitude et incompatibilités.
193. Gratuité des fonctions municipales.
194. Exceptions aux règles d'organisation et d'attributions du maire et des adjoints dans la ville de Paris.
195. .... dans la ville de Lyon.
196. Exception relative à la police dans les villes chefs-lieux de département dont la population excède 40,000 âmes.
197. Règlement des attributions de police municipale dans les autres communes.
198. Attributions non administratives des maires.
199. Attributions administratives des maires; leurs caractères légaux.
200. Du maire considéré comme représentant de l'administration centrale.
201. Du maire considéré comme chef de l'association communale; subdivision de ses attributions à ce titre.
202. Attributions du maire en qualité de magistrat municipal.
203. Attributions de police municipale.
204. Suite.
205. Attributions de police rurale; bans de vendanges et autres; Code rural de 1791.
206. (Suite.) Glanage, râtelage et grappillage.
207. Projet de Code rural de 1868.
208. Du maire considéré comme représentant la personnalité civile de la commune; il préside le conseil municipal et toutes ses commissions.
209. Des divers actes des maires, et principalement de leurs actes d'autorité.
210. Arrêtés municipaux individuels et spéciaux.
211. Arrêtés municipaux réglementaires.
212. Règlements permanents.
213. Règlements temporaires.
214. Arrêtés portant publication des anciens règlements.

187. La nomination des maires soulève une des questions législatives les plus importantes et les plus difficiles du droit adminis-

tratif. Sa gravité est manifeste, puisqu'il s'agit de décider comment seront nommés les administrateurs des 35,989 communes de France. Mais le principe électif est, sur ce point, en lutte avec le principe contraire de la nomination directe par le pouvoir exécutif ; et la difficulté réelle du problème, au point de vue exclusivement administratif, tient à la nature complexe des attributions administratives dévolues au maire par notre législation, non-seulement par celle de l'an VIII, mais aussi par celle de 1789 [n° 199].

Le maire est à la fois, d'une part, *magistrat municipal et chef de l'association communale*, ce qui justifierait l'élection du maire, sauf à la réglementer, et, d'autre part, *le représentant et l'agent du gouvernement*, ce qui autorise le pouvoir exécutif à revendiquer le droit de le choisir. Aussi comprend-on sans peine : que la législation ait souvent varié jusqu'à ce jour, sans pouvoir trouver la solution définitive de cette difficulté ; que l'application du suffrage universel en cette matière l'augmente au lieu de la simplifier ; qu'elle s'accroisse aussi du contre-coup des révolutions politiques, qui ne peuvent rester sans influence sur une question de cette nature ; que des esprits sages aient cherché à combiner les deux idées en lutte ; et qu'enfin on puisse compter jusqu'à douze systèmes, qui tous se sont produits dans les discussions des assemblées législatives, et dont la plupart ont été à leur heure sanctionnés par la loi.

188. Nous allons présenter le tableau résumé de chacun des douze systèmes proposés ou appliqués relativement à la nomination des maires.

1° Nomination directe par le pouvoir exécutif, sans obligation légale de choisir le maire dans le conseil municipal (Loi du 28 pluviôse de l'an VIII, art. 18 et 20 [*voir* n° 94], en vigueur jusqu'en 1831 ; Constitution du 14 janvier 1852, art. 57 ; Loi du 5 mai 1855, art. 2 ; Loi du 20 janvier 1874 [*voir* n° 189]).

2° Nomination par le pouvoir exécutif, avec obligation de choisir le maire dans le sein du conseil municipal (L. 20 mars 1831, art. 3, s'appliquant à des conseils municipaux issus du suffrage restreint ; Loi du 22 juillet 1870 [1], art. 1ᵉʳ, s'appliquant à des con-

---

[1] Extrait du rapport présenté au Corps législatif dans la séance du 15 juin 1870, au nom de la commission chargée d'examiner le projet de loi, par M. Bourbeau, ancien maire de Poitiers, ancien ministre, député de la Vienne :
« Les idées de décentralisation ont sans doute leur valeur et doivent tenir
» une place dans les préoccupations de l'homme d'État. Mais convient-il de substituer l'isolement à cette solidarité qui unit toutes les parties du territoire,
» de compromettre l'unité de nos principes d'administration, et de prendre

seils municipaux issus du suffrage universel ; en outre, il résulte des statistiques officielles que, de 1863 à 1870, les maires et adjoints, en fait, étaient presque tous membres des conseils municipaux, sauf 692 sur 36,468 maires, et 578 sur 38,266 adjoints).

3° Nomination par le pouvoir exécutif, sur une liste de présentation de candidats dressée par le conseil municipal (Édit de Louis XIV de mai 1765, article 54 ainsi conçu : « Le maire sera » nommé dans les villes et bourgs par le roi, sur une liste de trois » candidats désignés *par les notables* »).

4° Élection du maire par les habitants.

Ce système absolu a été proposé, mais il n'a jamais pénétré dans la loi depuis l'an VIII, pas plus avec le suffrage restreint qu'avec le suffrage universel, pas plus en république qu'en monarchie. Ce serait une erreur d'invoquer à l'appui, soit l'exemple des communes du moyen âge, dans lesquelles le maire, investi de fonctions exclusivement municipales, était élu par les *notables* habitants ; soit la loi du 14 décembre 1789, qui faisait concourir tous les *citoyens actifs* à l'élection du maire, comme des autres officiers municipaux et des notables formant ensemble le *conseil général de la commune*, dont le maire n'était que le président, sans pos-

» modèle sur ces communes de l'ancien régime qui avaient cherché dans l'or-
» ganisation qu'elles s'étaient donnée à elles-mêmes un moyen de protection
» contre la violence et les abus que le pouvoir social était impuissant à répri-
» mer ? Et même, en ne tenant aucun compte des nécessités de l'unité admi-
» nistrative, il faut reconnaître que la nomination du maire par le gouverne-
» ment sera, surtout dans les communes rurales, un incontestable bienfait. On
» trouve souvent, dans les plus petites communes, des partis hostiles entre
» eux, des inimitiés implacables. La minorité subirait l'oppression si l'autorité
» du maire ne remontait pas au choix émané d'un pouvoir impartial et mo-
» déré parce qu'il ne s'associe pas aux passions locales. Enfin, si l'on considère
» la situation du maire vis-à-vis du conseil municipal, on reconnaîtra que sa
» nomination par le suffrage universel lui donnerait dans le conseil municipal
» une prépondérance exagérée, et peut-être, dans l'exercice de sa magistrature
» vis-à-vis des habitants, une certaine faiblesse. Que si, au contraire, le maire
» était élu par le conseil municipal, il serait dans sa dépendance, et le pouvoir
» exécutif se confondrait dans le pouvoir délibérant. Chacun des deux sys-
» tèmes ayant des inconvénients graves, il faut les rejeter pour maintenir la
» nomination par le gouvernement. Cette nomination, restreinte par l'obliga-
» tion de choisir le maire et les adjoints dans le sein du conseil municipal,
» donne satisfaction à la pensée qui a inspiré la proposition de M. d'Andelarre.
» Ce n'est pas le conseil municipal qui présente les candidats, mais ce sont les
» électeurs qui, en nommant les conseillers municipaux, leur confèrent l'apti-
» tude à remplir les fonctions de maire ; et le droit de nomination ainsi exercé
» est la consécration de la confiance manifestée par la population et de l'assen-
» timent du pouvoir central. »

séder à lui seul, comme depuis l'an VIII, l'action administrative ; soit enfin, par le même motif et, de plus, en raison du vice inhérent au transport de la commune au canton, la Constitution directoriale de l'an III, qui faisait nommer par les assemblées primaires (art. 27, 180 et 181) le président de l'*administration municipale du canton* et les *agents municipaux.*

5° Élection du maire par le conseil municipal et parmi ses membres dans toutes les communes de France.

Au lieu d'être l'élection directe du maire, ce système offre une application de l'élection à deux degrés, avec ses avantages et ses inconvénients. Il ne tient pas compte de la dualité des fonctions municipales ; mais la forme politique du gouvernement ne saurait être sans influence sur son adoption. Il n'a pas pris place d'une manière générale dans la loi française, mais peu s'en est fallu. Au cours de la discussion de la loi du 14 avril 1871, dans la séance du 8 avril, l'assemblée nationale l'avait adopté par une majorité de 285 votants contre 275. Certaines déclarations[1] du chef du pouvoir exécutif déterminèrent l'assemblée à revenir sur sa décision, par l'adoption d'un amendement qui l'a modifiée, en indiquant que la réserve n'était admise qu'en raison des circonstances, non à titre définitif, mais *provisoirement.*

6° Nomination des maires par le pouvoir exécutif, dans le sein du conseil municipal, dans les villes ayant 6,000 âmes de population et dans les chefs-lieux de département ou d'arrondissement quelle que soit leur population ; élection par le conseil municipal dans les autres ; dans les deux cas, avec choix du maire parmi les conseillers municipaux (Loi du 3 juillet 1848, art. 10). C'était aussi

---

[1] Voici les paroles prononcées par M. Thiers, chef du pouvoir exécutif, à la tribune de l'assemblée nationale dans la séance du 8 avril 1871, au cours de ce grave incident législatif : « Comment ! vous nous demandez, et vous êtes sin-
» cères, j'en suis bien convaincu, vous nous demandez de maintenir l'ordre et
» vous nous en ôtez les moyens... J'ai trop à cœur l'intérêt de mon pays et
» l'accomplissement de la mission accablante dont vous m'avez chargé, pour hé-
» siter à déclarer nettement que, si l'article que vous venez de voter n'était pas
» amendé, je ne pourrais pas conserver le fardeau du pouvoir ».

Deux ans plus tard, en avril 1873, un ministre de l'intérieur du même président de la République préparait même un projet de loi, que sa retraite, bientôt suivie le 24 mai de la démission du président, empêcha seule de déposer sur la tribune de l'assemblée, et qui proposait de rendre le droit de nomination des maires au pouvoir exécutif dans toutes les communes de France, sous la seule condition de les prendre dans le conseil municipal, c'est-à-dire le retour au 2me système ci-dessus exposé, que consacrait la loi du 22 juillet 1870.

la disposition du projet de la commission de 1871, rejetée par la majorité de l'assemblée, dans sa séance du 8 avril.

7° Nomination par le pouvoir exécutif dans les villes de plus de 20,000 âmes et dans les chefs-lieux de département et d'arrondissement quelle qu'en soit la population ; élection par le conseil municipal dans les autres communes ; avec choix du maire, dans les deux cas, parmi les conseillers municipaux. C'est le système qui avait été consacré par la loi du 14 avril 1871, art. 9, dans les circonstances qui viennent d'être rappelées. L'idée et sa réalisation sont presque identiques dans cette hypothèse et dans celle qui précède ; il s'agit également de la distinction des communes en deux catégories : de l'application du principe électif dans les plus nombreuses, et du principe opposé dans les plus importantes. Au point de vue de la statistique, il convient de dire qu'il y a en France 362 villes chefs-lieux de département et d'arrondissement ; mais en dehors d'elles, nous ne connaissons que les deux seules villes de Roubaix (75,987 habitants) et de Tourcoing (43,322) qui aient une population supérieure à 20,000 habitants.

8° Nomination des maires par le pouvoir exécutif dans les communes chefs-lieux de département, d'arrondissement *et de canton*; élection par le conseil municipal dans les autres; avec obligation, dans les deux cas, de choisir le maire parmi les conseillers municipaux. C'est, avec l'extension du droit de nomination du gouvernement aux communes chefs-lieux de canton, la même idée de distinction des communes en deux catégories, qui a inspiré les deux systèmes précédents ; c'est la règle consacrée par la loi du 14 août 1876 [n° 190].

9° Élection du maire par le conseil municipal, avec adjonction des plus fort imposés dans toutes les communes où cette adjonction est exigée par la loi, pour le vote des emprunts et de certains impôts [n°ˢ 234, 1134, 1435 et 1456]; nomination par le gouvernement dans toutes les autres communes; toujours parmi les membres du conseil, dans les deux cas. C'est le système qui avait été admis par la commission de décentralisation, en mai 1873, pour être soumis à l'assemblée dans les projets de modification aux lois municipales ; il avait au moins le mérite, du moment que l'on admettait la prédominance du principe électif en cette matière, d'assurer à la propriété, qui peut être exclue du conseil municipal par le suffrage universel, une certaine influence sur l'élection du maire.

10° Élection par le conseil municipal avec institution par le pouvoir exécutif. Ce système a été proposé, mais n'a jamais été admis par la loi, ainsi que les suivants.

11° Élection par le conseil municipal d'un président, autre que le maire qui serait nommé par le pouvoir exécutif.

12° Division des attributions actuelles du maire [n°s 187 et 199], entre un représentant des intérêts locaux élu par les électeurs ou le conseil municipal, et un représentant de l'autorité centrale nommé par le pouvoir exécutif.

Cette idée fort grave de la division des fonctions municipales telles qu'elles existent depuis 1789, semble, dans des termes moins absolus, avoir inspiré le rapport de la commission de l'assemblée nationale en 1871, où il est dit : « Cette distinction (des communes) » n'a été admise qu'à titre provisoire, et avec l'espoir qu'une loi » nouvelle, *en remaniant les attributions*, permettra d'appliquer » sans distinction l'élection du maire à toutes les communes ». L'article 18 de la loi du 14 avril 1871, et d'importants amendements signalés dans les rapports présentés au Sénat et à la Chambre des députés sur la loi du 12 août 1876, se placent dans cet ordre d'idées du dédoublement des fonctions des maires.

Ce tableau des divers systèmes produits sur la question de la nomination des maires, est le commentaire historique et général, tant de la loi qui la résout en ce moment, que de toutes les solutions ultérieures que l'avenir pourrait lui donner.

189. La loi du 20 janvier 1874 avait reproduit le premier système ci-dessus exposé, en donnant au pouvoir exécutif ou à ses délégués le droit de nommer les maires dans toutes les communes de France, même en dehors du conseil municipal ; seulement, dans ce cas, le décret devait être rendu en conseil des ministres, et la délégation du pouvoir exécutif passait du préfet au ministre de l'intérieur dans les communes non chefs-lieux de département, d'arrondissement et de canton. Cette loi ne contenait que quatre articles ; le troisième [*voir* n° 197], relatif aux attributions de police municipale, est toujours en vigueur ; le quatrième et dernier accusait le caractère provisoire de cette loi. C'est, du reste, par une nouvelle loi provisoire [n° 190] que ses deux premiers articles, qui contenaient les dispositions que nous venons d'analyser, ont été abrogés et remplacés.

Un commentaire spécial et d'une grande énergie avait été donné de cette loi dans la circulaire adressée aux préfets le 23 janvier 1874 pour son exécution (*Bulletin officiel du ministère de l'intérieur*, 1874, p. 32).

190. Nous avons déjà dit [n° 188 8°] ce qui caractérise la loi actuelle du 12 août 1876 [1]; comme les lois du 3 juillet 1848 et du 14 avril 1871, elle applique le principe électif dans les communes les moins importantes et les plus nombreuses (environ 33,000 et les neuf dixièmes des communes de France), et le principe de la nomination par le pouvoir exécutif aux plus importantes, en l'étendant non-seulement aux chefs-lieux de département et d'arrondissement, mais même aux chefs-lieux de canton. Deux circulaires du ministre de l'intérieur aux préfets pour l'exécution de cette loi, ont suivi de près sa promulgation. La première, du 29 août 1876 (*Journal officiel* du 30 août), a prescrit la convocation des électeurs municipaux à l'effet de pourvoir aux vacances dans les communes où le conseil municipal appelé à élire le maire, en exécution de la loi nouvelle, n'était pas au complet; la seconde (insérée au *Journal officiel* du 13 septembre 1876) est relative à l'élection même des maires par les conseils municipaux, et contient sur les conditions légales de cette élection, en outre de celles contenues dans le texte même de l'article 2 de la loi nouvelle, d'utiles recommandations empruntées à la jurisprudence du conseil d'État.

Loi relative à la nomination des maires et des adjoints. — Le Sénat et la Chambre des députés ont adopté, le président de la République promulgue la loi dont la teneur suit :

Art. 1er. Les articles 1 et 2 de la loi du 20 janvier 1874, relatifs à la nomination des maires et des adjoints, sont abrogés. — Art. 2. Provisoirement, et jusqu'au vote de la loi organique municipale, il sera procédé à la nomination des maires et adjoints, conformément aux règles suivantes. Le conseil municipal élit le maire et les adjoints parmi ses membres, au scrutin secret et à la majorité absolue. Si après deux scrutins, aucun candidat n'a obtenu la majorité, il est procédé à un scrutin de ballottage entre les deux candidats qui ont obtenu le plus de suffrages. En cas d'égalité de suffrages, le plus âgé est nommé. La séance dans laquelle il est procédé à l'élection du maire est présidée par le plus âgé des membres du conseil municipal. Dans les communes chefs-lieux de département, d'arrondissement et de canton, les maires et adjoints sont nommés parmi les membres du conseil municipal, par décret du président de la République. — Art. 3. La présente loi est applicable à l'Algérie, sous réserve des dispositions du décret du 27 décembre 1866, relatives à la nomination des adjoints indigènes musulmans.

La présente loi, délibérée et adoptée par le Sénat et par la Chambre des députés, sera exécutée comme loi de l'État. — Fait à Versailles, le 12 août 1876.

---

[1] Les deux circulaires ministérielles du 29 août et du 12 septembre 1876 l'appellent ainsi la loi du 12 août, et en effet cette date résulte seule du décret de promulgation que nous reproduisons à dessein, tel qu'il est publié au *Journal officiel* du 13 août 1876. Mais cette date n'est que celle du décret de promulgation; cette loi devrait être appelée la loi du 11 août 1876, parce que le dernier vote

191. Dans toutes les communes, les maires et adjoints peuvent être révoqués par décret, et suspendus par arrêté préfectoral qui cesse d'avoir son effet s'il n'est confirmé dans le délai de deux mois par le ministre de l'intérieur ; les maires et adjoints élus par les conseils municipaux ne sont pas rééligibles pendant une année à partir du décret qui a prononcé leur révocation (L. 5 mai 1855, art. 2 *in fine*; L. 14 avril 1871, art. 9).

192. Les conditions exigées pour la nomination des maires et des adjoints sont au nombre de quatre ; il faut : être âgé de vingt-cinq ans accomplis, jouir de ses droits civils et politiques, être membre du conseil municipal ou électeur dans la commune (L. 20 janvier 1874, art. 2 § 2 [nos 189 et 220], et n'être dans aucun des cas d'incompatibilité énumérés dans l'article 5 de la loi du 5 mai 1855, ainsi conçu :

> Ne peuvent être ni maires, ni adjoints : 1° les préfets, sous-préfets, secrétaires généraux et conseillers de préfecture ; 2° les membres des cours, des tribunaux de première instance et des justices de paix ; 3° les ministres des cultes ; 4° les militaires et employés des armées de terre et de mer en activité de service ou en disponibilité ; 5° les ingénieurs des ponts et chaussées et des mines en activité de service, les conducteurs des ponts et chaussées et les agents voyers ; 6° les agents et employés des administrations financières et des forêts, ainsi que les gardes des établissements publics et des particuliers ; 7° les commissaires et agents de police ; 8° les fonctionnaires et employés des colléges communaux et les instituteurs primaires communaux ou libres ; 9° les comptables et les fermiers des receveurs communaux et les agents salariés par la commune. Néanmoins, les juges suppléants aux tribunaux de première instance et les suppléants de juges de paix peuvent être maires ou adjoints. Les agents salariés du maire ne peuvent être ses adjoints.

193. L'article 19 de la loi du 14 avril 1871 porte : « Les fonctions » de maire, d'adjoints et conseillers municipaux sont essentielle-

---

législatif la concernant a été celui de la Chambre des députés dans sa séance du 11 août (*Journal officiel* du 12 août, pages 6300 et 6301). Nous avons établi [nos 20, 21, 39 et 49], en traitant du pouvoir législatif et des lois constitutionnelles, que la promulgation, même avec le droit conféré au pouvoir exécutif par l'article 7 § 2 de la loi constitutionnelle du 16 juillet 1875, de demander aux Chambres une nouvelle délibération, n'est pas un acte législatif complétant la loi, comme l'était la sanction sous les constitutions monarchiques. Elle n'est que le premier acte d'exécution d'une loi ayant déjà l'existence qu'elle tient du pouvoir législatif, et ayant aussi par conséquent une date antérieure à sa promulgation. Cette observation n'est pas spéciale à cette loi, et s'applique à toutes celles votées et promulguées en exécution des lois constitutionnelles de 1875, à tort désignées jusqu'à ce jour dans les actes officiels par la date de la promulgation. [*Voir* les lois reproduites au 17e appendice.]

» ment gratuites ». Ce principe était déjà écrit dans l'article 1ᵉʳ § 2 de la loi du 5 mai 1855, et, cette loi n'étant pas abrogée dans ses parties non contraires à la loi nouvelle et provisoire de 1871, l'article 19 de cette dernière loi serait inutile. Mais il a sa raison d'être dans cette circonstance que la loi existante n'était pas partout fidèlement observée, et qu'un décret du gouvernement de la défense nationale avait alloué aux maires et adjoints de Paris une indemnité mensuelle de 300 francs.

194. Les lois d'organisation et d'attributions des maires sont les mêmes pour toutes les communes de France, sauf en ce qui touche les villes de Paris et de Lyon, et certaines restrictions au droit commun pour quelques chefs-lieux de départements [n° 196].

Tandis que chacune des 35,987 autres communes de France a son maire et ses adjoints, la ville de Paris, conformément au principe posé dans la loi du 28 pluviôse de l'an VIII, article 16 [n° 94], maintenu par la loi du 14 avril 1871, n'a pas un maire unique, mais vingt maires, assistés chacun de trois adjoints, répartis dans les vingt arrondissements communaux déterminés par la loi du 16 juin 1859 (art. 2 et 3) et le décret du 1ᵉʳ novembre 1859 rendu pour son exécution. Le maire de chaque arrondissement de Paris n'a des fonctions municipales que certaines attributions déterminées et restreintes, concernant l'état civil, les élections, le jury en matière criminelle, l'instruction primaire, les cultes, l'assistance publique et les contributions directes.

Nous avons déjà dit [n° 105, *voir* aussi n°ˢ 131 et 223] que c'est, d'une part, au préfet de la Seine, véritable maire central de Paris et seul représentant au point de vue de l'action de la personnalité civile de cette immense commune, et, d'autre part, au préfet de police, exerçant seul dans le département de la Seine la police municipale, qu'appartient la généralité des attributions inhérentes ailleurs au titre de maire, et qui forment le droit commun de l'organisation municipale.

Il y a un maire et trois adjoints pour chacun des vingt arrondissements de Paris. Ils sont choisis par le chef du pouvoir exécutif de la République. Les maires d'arrondissement n'auront d'autres attributions que celles qui leur sont conférées par des lois spéciales (L. 14 avril 1871, art. 16). — Il y a incompatibilité entre les fonctions de maire ou d'adjoint d'arrondissement et celles de conseiller municipal de la ville de Paris (art. 17).

195. L'organisation municipale de la ville de Paris a été étendue provisoirement à celle de Lyon par la loi du 4 avril 1873.

A partir de la promulgation de la présente loi, et jusqu'à ce qu'il ait été statué par l'assemblée nationale, conformément aux articles 8 et 18 de la loi du 14 avril 1871 sur l'organisation des municipalités, la ville de Lyon sera administrée comme la ville de Paris. Le préfet du département du Rhône aura, pour la ville de Lyon, les attributions et y exercera les fonctions qui appartiennent au préfet de la Seine et au préfet de police pour la ville de Paris (Loi du 4 avril 1873, *relative à l'organisation municipale de la ville de Lyon*, art. 1er). — Il y a un maire et deux adjoints pour chacun des six arrondissements municipaux de la ville de Lyon. Ils sont choisis par le président de la République ; ils sont chargés de la tenue des registres de l'état civil, et ont les mêmes attributions que celles expressément conférées par des lois spéciales aux maires et adjoints de la ville de Paris. L'article 17 de la loi du 14 avril 1871 leur est applicable (art. 2). — Les articles 12, 13 et 14 de la loi du 14 avril 1871 relatifs au conseil municipal de Paris sont également applicables au conseil municipal de Lyon (art. 3). — Les fonctions de maire, d'adjoints et conseillers municipaux sont essentiellement gratuites (art. 4). — Les actes inscrits sur les registres de l'état civil de Lyon, depuis le 4 septembre 1870, jusqu'au jour de la mise à exécution de la présente loi, ne pourront être annulés à raison du seul défaut de qualité des personnes qui les ont reçus, pourvu que ces personnes aient eu à ce moment l'exercice public des fonctions municipales ou de celles d'officiers de l'état civil (art. 5). — Au jour de sa première réunion, le conseil municipal de Lyon élira son bureau, conformément à l'article 3 de la présente loi (art. 6).

196. Une autre exception, gravement restrictive des pouvoirs du maire, résultait de l'article 50 de la loi du 5 mai 1855 sur l'administration municipale pour les communes chefs-lieux de départements, dont toute la population recensée, fixe et flottante, excède 40,000 âmes [1]. Cet article investissait le préfet, dans ces départements, des fonctions attribuées au préfet de police à Paris par l'arrêté du gouvernement du 12 messidor an VIII, sauf certaines réserves au profit des maires de ces localités. Mais la loi du 24 juillet 1867 a rendu aux maires de ces villes les attributions qui appar-

---

[1] D'après les tableaux de recensement de 1872, arrêtés par le décret du 31 décembre 1872 [n° 1143], cette disposition est applicable à vingt-trois chefs-lieux de départements : Marseille (population 312,864), Bordeaux (194,055), Lille (158,117), Toulouse (124,852), Nantes (118,517), Saint-Étienne (110,814), Rouen (102,470), Amiens (63,747), Nîmes (62,394), Versailles (61,686), Angers (58,464), Montpellier (57,727), Limoges (55,134), Nancy (52,978), Nice (52,377), Rennes (52,044), Besançon (49,401), Orléans (48,976), Le Mans (46,981), Tours (43,368), Grenoble (42,660), Dijon (42,573), Caen (41,210). — D'après les mêmes tableaux, la population des villes de Paris et de Lyon (dont l'administration est soumise au régime exceptionnel indiqué aux nos 105, 123, 131, 194, 195, 223 et 1460) est pour Paris de 1,851,792, et pour Lyon de 323,417 habitants. — *Voir* au n° 219 le classement par groupes, en raison de leur population, des 35,989 communes de France.

tiennent aux maires des autres communes, comme les choses avaient lieu avant la loi de 1855. Ils sont redevenus les seuls directeurs, sous l'autorité et la surveillance du préfet, conformément à la loi du 18 juillet 1837, du service de la police municipale, avec les seules réserves établies dans l'article 23 de la loi du 24 juillet 1867. En exécution de cet article, un décret portant règlement d'administration publique sur l'organisation du personnel chargé de la police dans lesdites villes, a été rendu le 30 mai 1868.

L'article 50 de la loi du 5 mai 1855 est abrogé. Toutefois, dans les villes chefs-lieux de départements ayant plus de quarante mille âmes de population, l'organisation du personnel chargé des services de la police est réglée, sur l'avis du conseil municipal, par un décret impérial, le conseil d'État entendu. Les inspecteurs de police, les brigadiers, sous-brigadiers et agents de police sont nommés par le préfet sur la présentation du maire. Si un conseil municipal n'allouait pas les fonds exigés pour la dépense ou n'allouait qu'une somme insuffisante, l'allocation nécessaire serait inscrite au budget par décret impérial, le conseil d'État entendu (L. 24 juillet 1867, *sur les conseils municipaux*, art. 23).

197. Dans toutes les autres communes où ne s'appliquaient ni l'article 50 de la loi de 1855, ni l'article 23 de la loi du 24 juillet 1867, la loi du 20 janvier 1874 (art. 3) a appelé le préfet à concourir avec le maire au choix et à la révocation de tous les agents de la police municipale. La circulaire ministérielle du 23 janvier 1874, ci-dessus signalée [n° 189], donne dans sa partie finale les motifs de cette disposition.

Dans toutes les communes où l'organisation de la police n'est pas réglée par la loi du 24 juillet 1867 ou par des lois spéciales, le maire nomme les inspecteurs de police, les brigadiers, sous-brigadiers et agents de police. Ils doivent être agréés par les préfets. Ils peuvent être suspendus par le maire, mais le préfet peut seul les révoquer (L. 20 janvier 1874, *relative aux maires et aux attributions de police municipale*, art. 3).

198. Les attributions du maire sont très-diverses. Il est officier de l'état civil, officier de police judiciaire, officier du ministère public près le tribunal de simple police dans certaines communes; à ces divers titres, il est placé sous la surveillance du ministère public et appartient à l'ordre judiciaire. Nous ne devons le considérer ici que comme administrateur de la commune ; nous dirons, dans le chapitre consacré aux tribunaux administratifs, qu'il fonctionne aussi, dans certains cas rares, comme juge investi d'attributions contentieuses administratives [n° 441].

199. Les attributions purement administratives du maire sont tracées par la loi du 18 juillet 1837 sur l'organisation municipale.

Elles se divisent en deux catégories : il exerce les unes en qualité d'agent et de représentant de l'administration centrale, et les autres comme chef de l'association communale. La réunion de ces deux qualités dans la personne du maire forme le trait caractéristique de la commune moderne, et la différencie complétement de la commune du moyen âge ; elle concilie la protection des intérêts locaux avec le besoin social de l'unité administrative. Les municipalités créées par l'Assemblée constituante étaient investies de ce double caractère par l'article 49 de la loi du 14 décembre 1789 ainsi conçu : « Les corps municipaux auront deux espèces de fonc-
» tions à remplir : les unes, propres au pouvoir municipal; les
» autres, propres à l'administration générale de l'État et déléguées
» par elle aux municipalités ».

La loi du 28 pluviôse de l'an VIII, en donnant au maire seul l'action administrative collectivement exercée dans la législation de 1790 par la municipalité, a conservé au maire cette double qualité ; et en plaçant la nomination du maire dans les attributions du pouvoir exécutif, elle avait donné plus de réalité à son caractère d'agent et de représentant du gouvernement.

En raison de cette fonction que la loi de l'Assemblée constituante avait voulu donner aux administrations collectives des communes, et que la loi de l'an VIII et les lois ultérieures ont jusqu'à ce jour [n° 188 12°] conservée au maire, les attributions administratives du maire se divisent en deux grandes classes : il exerce les unes en qualité de *représentant de l'administration centrale* ; il exerce les autres en qualité de *chef de l'association communale*, et celles-là se subdivisent elles-mêmes en deux catégories indiquées plus loin.

200 Comme *agent* et *représentant de l'administration centrale*, le maire est entièrement subordonné à son autorité ; il en reçoit des ordres et doit les exécuter ou se démettre. « Le maire, porte
» l'article 9 de la loi du 18 juillet 1837, est chargé, sous l'*autorité*
» de l'administration supérieure : 1° de la publication et de l'exé-
» cution des lois et règlements ; 2° de l'exécution des mesures de
» sûreté générale ; 3° des fonctions spéciales qui lui sont attribuées
» par les lois. »

Ces attributions spéciales, auxquelles se réfère ce dernier paragraphe, sont très-variées : elles touchent aux impôts, aux élections, aux intérêts de l'ordre, à l'exercice du culte, à l'organisation et à la réquisition de la force publique.

C'est à cette catégorie d'attributions conférées au maire comme

agent de l'autorité centrale, que se réfère l'article 15 de la loi de 1837, d'après lequel, « dans le cas où le maire refuserait ou né-
» gligerait de faire un des actes qui lui sont prescrits par la loi, le
» préfet, après l'en avoir requis, pourra y procéder d'office par
» lui-même ou par un délégué spécial » [*voir* n° 208].

201. Le maire, en tant que *chef de l'association communale*, exerce ses attributions « sous la *surveillance* de l'administration
» supérieure (loi du 18 juillet 1837, art. 10) », et non sous son autorité. Dans cet ordre d'attributions, l'initiative n'appartient plus au préfet ou au ministre, mais au maire chef de la commune ; seul il a le droit d'agir ; il administre *jure proprio* ; ses actes sont soumis au contrôle de l'administration supérieure, qui n'a que le droit de les annuler, sans pouvoir ni les modifier ni les accomplir à sa place, parce qu'ils ont leur source dans l'autorité municipale et non dans une délégation du pouvoir exécutif.

Ces attributions du maire inhérentes au pouvoir municipal, et qu'il exerce en qualité de chef de l'association communale, se subdivisent en deux catégories. — Dans l'exercice des unes, le maire fonctionne comme *magistrat municipal* ; il est complétement indépendant du conseil municipal (L. 1837, art. 10 § 1er). — Dans l'exercice des autres, il est, mais seulement au point de vue de l'action, *le représentant de la personnalité civile de la commune* (L. 1837, art. 10 §§ 2 et suivants), que le conseil municipal représente dans la sphère de la délibération ; celui-ci délibère, et le maire exécute.

202. Les attributions du maire, en tant que *magistrat municipal*, impliquent entre ses mains le dépôt d'une portion de la puissance publique, qu'il tient directement de la loi. Aussi est-ce dans cette sphère d'attributions que le maire a le droit de faire les règlements dont il sera parlé plus bas [n° 211]. La pensée du législateur est d'assurer à l'association communale, par cette délégation législative d'autorité, entre les mains du maire, une certaine somme d'indépendance. Il faut remarquer que l'action du maire, appliquée à cet ordre de faits, est libre aussi de toute délibération du conseil municipal, contrairement à ce qui a lieu lorsque le maire agit à titre de représentant de la personnalité civile de la commune.

C'est le maire, considéré comme magistrat municipal, que l'article 10 de la loi de 1837, dans son § 1er, investit des attributions suivantes : — 1° la *police municipale*, dont les attributs sont indiqués au numéro suivant ; — 2° la *police rurale*, régie par des dispositions dont nous faisons aussi connaître plus loin la situation particulière ; — 3° la *voirie municipale*, qui embrasse les rues et places des villes, bourgs ou villages, et fait partie de la petite voirie dont il sera parlé ultérieurement [n°⁸ 333, 1369 à 1398] ; c'est en vertu de cette attribution que le maire est investi du droit d'ordonner la démolition des bâtiments qui menacent ruine [dont il sera parlé n° 335], et de celui de donner les alignements [n°⁸ 857 et 858] ; — 4° le soin de pourvoir à l'exécution des mesures de police générale prescrites par l'autorité supérieure, dans leurs rapports avec l'intérêt local.

Le maire est chargé, sous la *surveillance* de l'administration supérieure : 1° de la police municipale, de la police rurale et de la voirie municipale, et de pourvoir à l'exécution des actes de l'autorité supérieure qui y sont relatifs (Loi du 18 juillet 1837, art. 10 § 1ᵉʳ).

203. Les attributs très-divers de la *police municipale* sont presque tous énumérés dans l'article 3, toujours en vigueur, du titre XI de la loi des 16-24 août 1790 sur l'organisation judiciaire, l'un des textes les plus pratiques de toute la législation française.

Les objets de police confiés à la vigilance et à l'autorité des corps municipaux sont : 1° tout ce qui intéresse la sûreté et la commodité du passage dans les rues, quais, places et voies publiques ; ce qui comprend le nettoiement, l'illumination, l'enlèvement des encombrements, la démolition ou la réparation des bâtiments menaçant ruine, l'interdiction de rien exposer aux fenêtres ou autre partie des bâtiments, qui puisse nuire par sa chute, et celle de ne rien jeter qui puisse blesser ou endommager les passants, ou causer des exhalaisons nuisibles ; 2° le soin de réprimer ou de punir les délits contre la tranquillité publique, tels que les rixes et disputes accompagnées d'ameutement dans les rues, le tumulte excité dans les lieux d'assemblées publiques, les bruits et attroupements nocturnes qui troublent le repos des citoyens ; 3° le maintien du bon ordre dans les endroits où il se fait de grands rassemblements d'hommes, tels que les foires, marchés, réjouissances et cérémonies publiques, spectacles, jeux, cafés, églises et autres lieux publics ; 4° l'inspection sur la fidélité du débit des denrées qui se vendent au poids, à l'aune et à la mesure, et sur la salubrité des comestibles exposés en vente publique ; 5° le soin de prévenir par des précautions convenables, et le soin de faire cesser, par la distribution des secours nécessaires, les accidents et fléaux calamiteux, tels que les incendies, les épizooties, en provoquant aussi dans ces deux derniers cas l'autorité des administrations de département et de district ; 6° le soin d'obvier ou de remédier aux événements fâcheux qui pourraient être occasionnés par les insensés ou les furieux laissés en liberté, et par la divagation des animaux malfaisants ou féroces (Loi des 16-24 août 1790, titre XI, *de la police municipale*, art. 3).

204. Il faut joindre à ce texte, qui présente le tableau du plus grand nombre des fonctions de police municipale du maire, quelques autres dispositions législatives, et notamment l'article 30 du

titre Iᵉʳ de la loi des 19-22 juillet 1791, conférant au maire le droit de taxer le pain et la viande de boucherie, disposition législative condamnée à disparaître par les principes économiques, mais que n'a pu ni voulu abroger (c. cass. 21 et 29 novembre 1867 ; 29 mai 1868) le décret réglementaire du 22 juin 1863 sur la liberté de la boulangerie [rapporté ci-dessous, n° 793].

La taxe des subsistances ne pourra, provisoirement, avoir lieu dans aucune ville ou commune du royaume que sur le pain et la viande de boucherie, sans qu'il soit permis, en aucun cas, de l'étendre sur le vin, sur le blé, les autres grains, ni autres espèces de denrées (Loi des 19-22 juillet 1791, *relative à l'organisation d'une police municipale et correctionnelle*, titre Iᵉʳ, art. 30).

205. Les attributions du maire relatives à la *police rurale* résultent principalement des dispositions de la loi des 28 septembre-6 octobre 1791, connue sous le nom de Code rural, mais qui ne devait en former que la première partie. Quoique fort incomplète, cette loi rendait un immense service ; elle proclamait la liberté du sol et de la culture, ainsi que l'égalité des charges. Nous reproduisons quelques-unes de ses dispositions ; l'une d'elles, aggravée par le regrettable article 475 1° du Code pénal, que la jurisprudence applique aux bans de moisson, fauchaison, et troupeau commun, en conservant certains vestiges des *banalités* de l'ancien régime, est en désaccord avec le principe du Code rural de 1791 et les saines notions de l'économie politique ; elle permet à tort à l'autorité administrative de se substituer à l'action du propriétaire, qui doit être toujours, et sans exception, *libre de faire sa récolte, de quelque nature qu'elle soit, avec tout instrument et au moment qui lui conviendra, pourvu qu'il ne cause aucun dommage aux propriétaires voisins,* suivant le principe si sagement proclamé par l'Assemblée constituante.

La police des campagnes est spécialement sous la juridiction des juges de paix et des officiers municipaux (Loi des 28 septembre-6 octobre 1791, *concernant les biens et usages ruraux et la police rurale*, titre II, art. 1ᵉʳ). — Les officiers municipaux veilleront généralement à la tranquillité, à la salubrité et à la sûreté des campagnes (Même loi, art. 9).

Chaque propriétaire sera libre de faire sa récolte, de quelque nature qu'elle soit, avec tout instrument, et au moment qui lui conviendra, pourvu qu'il ne cause aucun dommage aux propriétaires voisins. Cependant, dans les pays où le ban des vendanges est en usage, il pourra être fait à cet égard un règlement chaque année par le conseil général de la commune, mais seulement pour les vignes non closes (Même loi, titre Iᵉʳ, section v, art. 1ᵉʳ). — Seront punis d'amende depuis 6 fr. jusqu'à 10 fr. inclusivement : 1° ceux qui auront contrevenu au ban des vendanges ou autres bans autorisés par les règlements (Code pénal, art. 475 1°).

206. Les maires, en vertu de leurs attributions de police rurale, ont le droit de réglementer le glanage, le râtelage et le grappillage, là où, en raison des anciens usages, le Code rural de 1791 et le Code pénal les ont maintenus au profit des seuls indigents, « gens » âgés, débiles, petits enfants, infirmes, sous peine d'être punis » comme voleurs (Ordonnance de 1554) », sans pouvoir porter atteinte au droit absolu du propriétaire de ramasser ou faire ramasser par ses gens les épis épars et les grappes oubliées.

Les glaneurs, les râteleurs et les grappilleurs, dans les lieux où les usages de glaner, de râteler et de grappiller sont reçus, n'entreront dans les champs, prés et vignes récoltés et ouverts qu'après l'enlèvement entier des fruits. Le glanage, le râtelage et le grappillage sont interdits dans tout enclos rural (L. 28 septembre-6 octobre 1791, titre II, art. 21). — Dans les lieux de parcours ou de vaine pâture, comme dans ceux où ces usages ne sont point établis, les pâtres et les bergers ne pourront mener des troupeaux d'aucune espèce dans les champs moissonnés et ouverts que deux jours après la récolte entière (art. 22). — L'héritage sera réputé clos lorsqu'il sera entouré d'un mur de quatre pieds de hauteur, avec barrières ou portes, ou lorsqu'il sera exactement fermé et entouré de palissades ou de treillages, ou d'une haie vive, ou d'une haie sèche faite avec des pieux ou cordelée avec des branches, ou de toute autre manière de faire les haies dans chaque localité, ou enfin d'un fossé de quatre pieds de large au moins à l'ouverture et de deux pieds de profondeur (titre Ier, sect. VI, art. 4). — Seront punis d'une amende de 1 à 5 francs ceux qui auront glané, râtelé ou grappillé dans les champs non encore entièrement dépouillés et vidés de leurs récoltes, ou avant le moment du lever ou après celui du coucher du soleil (Code pénal, art. 471 § 10).

207. L'insuffisance du Code rural de 1791 est depuis longtemps reconnue; un nouveau code rural a été souvent l'objet des vœux des populations et des préoccupations des pouvoirs publics. Dans le cours des années 1856, 1857 et 1858, trois rapports successifs, sur trois titres distincts d'un projet de code rural, furent soumis à l'empereur Napoléon III, à titre de projet de loi d'un grand intérêt national, par le sénat, en vertu de l'article 30 de la Constitution de 1852. Ce projet de code rural fut depuis élaboré par le conseil d'État. D'importants détails furent donnés par le ministre présidant le conseil d'État dans la séance du sénat du 10 février 1866, sur ces travaux, qui présentaient une difficulté considérable, intéressant à la fois les matières civiles et les matières administratives. Un décret impérial du 10 juillet 1868 ordonna l'envoi au corps législatif du livre premier (*régime du sol*) du projet de code rural délibéré en assemblée générale du conseil d'État. Les événements politiques ont laissé cet important travail à l'état de projet [n° 1010]. Il contenait dix titres relatifs aux chemins ruraux

[n° 1393], au parcours et à la vaine pâture, à l'exploitation rurale, etc. Il faut souhaiter que le pouvoir législatif reprenne ce projet. Plusieurs dispositions intéressent la *police rurale*; mais le troisième livre devait lui être exclusivement consacré ; le second livre de ce projet de code rural traitait du *régime des eaux*.

208. Le maire, en sa qualité de chef de l'association communale, est en outre, ainsi que nous l'avons dit [au n° 201], le *représentant de la personnalité civile de la commune*, au point de vue de l'action.

A ce titre, le maire préside le conseil municipal avec voix délibérative et prépondérante en cas de partage ; il préside au même titre toutes les commissions nommées dans le sein du conseil municipal (*Bull. off. min. int.*, 1855, p. 97, et 1874, p. 488), sans que ce conseil ait jamais le droit de nommer de commissions permanentes [n° 228]

A ce titre encore, le maire accomplit tous les actes de gestion et de conservation qui touchent aux intérêts pécuniaires de l'association ; il est le mandataire de la commune, considérée comme propriétaire, créancière ou débitrice.

Dans les diverses parties de l'administration communale, nous faisons l'application de ce principe, en ce qui concerne le droit de poursuite appartenant, suivant nous, au maire seul dans les expropriations pour cause d'utilité publique communale [n° 826], et en matière d'actions communales [n°s 1471 à 1484], de dons et legs faits aux communes [n°s 1439 à 1453], etc.

C'est le conseil municipal qui décide dans la sphère de la délibérations, et c'est le maire, sous la surveillance de l'autorité supérieure, qui réalise, dans la sphère de l'action, tous les actes de la vie civile de la commune, dont les règles spéciales à chacun d'eux seront exposées dans la troisième partie de cet ouvrage [n°s 1421 à 1485].

En cette matière, et c'est là une règle générale pour tous les actes de la vie civile des communes, le maire est lié par la délibération du conseil municipal dans les conditions déterminées par la loi [n°s 233 à 236]. Dans cette sphère d'attributions, le maire n'est que l'exécuteur des résolutions de ce conseil. Tout en établissant ce point de droit, nous ne pouvons adhérer néanmoins à une décision ministérielle (insérée au *Bulletin du ministère de l'intérieur*, 1862, n° 35) portant que si le maire ne fait pas exécuter la délibération du conseil municipal, il doit être considéré comme refusant de faire des actes qui lui sont prescrits par la loi, et que le préfet a le droit, en vertu de l'article 15 de la loi du 18 juillet 1837, de faire exécuter la délibération par un délégué. Nous avons indiqué [n° 200] la véritable application de cet article 15 ; la loi n'admet pas l'exercice par un tiers d'une portion quelconque de l'autorité inhérente à la qualité de chef de l'association municipale (c. cass. ch. c. 30 novembre 1863, *commune de Job*). Le maire, dans l'espèce, manque à son devoir ; mais la loi n'offre pas d'autre ressource que sa suspension ou sa révocation.

L'article 10 de la loi du 18 juillet 1837, dans ses §§ 2 et suivants, donne, des attributions du maire en cette qualité, l'énumération que nous allons reproduire :

> Le maire est chargé, sous la *surveillance* de l'administration supérieure : 1°......; 2° de la conservation et de l'administration des propriétés de la commune et de faire, en conséquence, tous actes conservatoires de ses droits ; 3° de la gestion des revenus, de la surveillance des établissements communaux et de la comptabilité communale ; 4° de la proposition du budget et de l'ordonnancement des dépenses ; 5° de la direction des travaux communaux ; 6° de souscrire les marchés, de passer les baux des biens et les adjudications de travaux communaux, dans les formes établies par les lois et règlements ; 7° de souscrire dans les mêmes formes les actes de vente, échange, partage, acceptation de dons ou legs, acquisition, transaction, lorsque ces actes ont été autorisés conformément à la loi ; 8° de représenter la commune en justice, soit en demandant, soit en défendant.

209. Les actes par lesquels le maire agit, soit comme représentant de l'administration supérieure, soit comme magistrat municipal, sont des actes de la puissance publique : ce sont des *actes d'autorité*, qui portent le nom d'*arrêtés municipaux*.

Les actes par lesquels les maires fonctionnent comme représentant la personnalité civile de la commune, sont principalement des *actes de gestion*, dont nous aurons à parler d'une manière spéciale, en traitant des actes de la vie civile des communes et dans quelques autres parties de cet ouvrage [n°^{s} 1421 et suivants].

Mais nous devons nous occuper ici des actes d'autorité des maires, ou arrêtés municipaux, auxquels s'applique l'article 11 de la loi du 18 juillet 1837, ainsi conçu :

> Le maire prend des arrêtés à l'effet : 1° d'ordonner les mesures locales sur les objets confiés à sa vigilance et à son autorité ; 2° de publier de nouveau les lois et règlements de police et de rappeler les citoyens à leur observation. Les arrêtés pris par le maire sont immédiatement adressés au sous-préfet ; le préfet peut les annuler ou en suspendre l'exécution. Ceux de ces arrêtés qui portent règlement permanent ne seront exécutoires qu'un mois après la remise de l'ampliation constatée par les récépissés donnés par le sous-préfet.

Les arrêtés municipaux pris par le maire en conséquence de

cette disposition se divisent en deux classes : en arrêtés individuels et spéciaux, et en arrêtés généraux ou réglementaires, suivant une distinction déjà faite en ce qui concerne les actes du pouvoir exécutif [n⁰ˢ 63 à 65] et les actes des préfets [n⁰ˢ 108 à 110]. [*Voir* aussi, n° 247, la division générale des actes administratifs].

210. Les arrêtés municipaux de la première classe, arrêtés *individuels et spéciaux*, se subdivisent eux-mêmes en deux catégories. Les uns portent des nominations ou révocations d'un petit nombre d'employés, agents auxiliaires de l'administration municipale, dont les plus importants sont l'architecte de la ville ou le directeur des travaux communaux, les conservateurs de bibliothèque et de musée, et le secrétaire de la mairie. La loi des 2-14 décembre 1789 (art. 32) avait donné aux secrétaires des mairies le caractère de véritables fonctionnaires, agents directs de l'administration pour la signature des expéditions des actes de l'état civil. Mais la loi du 28 pluviôse de l'an VIII leur a implicitement retiré ce caractère, suivant un avis du conseil d'État du 2 juillet 1817.

Il a même été jugé que les secrétaires de mairie, simples employés, ne sont ni des fonctionnaires publics (Agen, 10 mai 1850; Lyon, 3 février 1872; Poitiers, 12 février 1873, *Bureau c. Chauvineau*), ni des agents chargés d'un service public dans le sens des articles 224 et 330 du Code pénal (Poitiers, 24 décembre 1875, *Gautry*) [*voir* n° 1481].

Les autres arrêtés municipaux contiennent des autorisations, injonctions ou prohibitions diverses; ils constituent *des actes administratifs proprement dits*, qualification dont l'étude du contentieux administratif fait connaître toute la portée [n° 248].

Les arrêtés municipaux de cette catégorie ne deviennent obligatoires que par la notification qui en est faite aux parties intéressées. Comme constituant des actes administratifs proprement dits, ils sont susceptibles, lorsqu'ils lèsent des droits acquis, de recours au conseil d'État par la voie contentieuse, après que le recours par la voie gracieuse devant les supérieurs hiérarchiques du maire a été épuisé. Le recours au conseil d'État est même ouvert *de plano* toutes les fois que l'acte est attaqué pour excès de pouvoir ou incompétence [n⁰ˢ 252 et 253].

Ces arrêtés, fort divers et très-nombreux, pris par les maires *sur les objets confiés à leur vigilance et à leur autorité*, peuvent concerner notamment la police municipale, la police rurale et la voirie municipale (Loi du 18 juillet 1837, art. 10 § 1ᵉʳ [*voir* n⁰ˢ 202 à 207]); une des sources les plus fécondes d'arrêtés individuels et spéciaux des maires est la matière de l'alignement, dont les règles appartiennent à la voirie municipale. Tous ces arrêtés des maires peuvent, en vertu de l'article 11 ci-dessus, et indépendamment de tout caractère contentieux, être annulés par l'autorité préfectorale, seule compétente à cet égard, lorsqu'ils ne violent aucun droit (arrêt du conseil du 14 décembre 1854); et ce droit d'annulation est tellement absolu et indéfini, que le conseil d'État a pu reconnaître implicitement (arrêt du 11 août 1859) qu'il peut toujours être exercé, même nonobstant une approbation antérieure du préfet.

211. La seconde classe d'arrêtés municipaux se compose des arrêtés généraux ou *réglementaires*, par lesquels le maire exerce l'autorité réglementaire dont il est investi en matière de police municipale, de police rurale et de voirie municipale.

Le maire réglemente pour la commune, troisième unité administrative, comme le préfet pour le département, et le pouvoir exécutif pour toute la France; mais il y a cette différence que l'autorité réglementaire du maire est limitée par la loi, par les règlements généraux du pouvoir exécutif et par les règlements départementaux du préfet, tandis que celle du préfet n'est bornée que par la loi et les règlements généraux, et que le pouvoir exécutif, au sommet de la hiérarchie administrative, ne connaît d'autre limite que la loi dans l'exercice de son autorité réglementaire. En outre, de même que les règlements préfectoraux sont soumis au contrôle ministériel [nos 73 et 140], les arrêtés réglementaires du maire sont soumis à l'approbation du préfet, qui peut les annuler; nous pensons, avec une circulaire du ministre de l'intérieur du 1er juillet 1840, que le préfet ne peut y faire aucun changement même partiel, et, contrairement à cette circulaire, que le préfet n'a pas le droit de prendre par lui-même un arrêté de police municipale en cas de refus du maire.

Ces arrêtés réglementaires se subdivisent eux-mêmes, ainsi que cela résulte de l'article 11 § 3, en deux catégories.

212. Les arrêtés portant *règlement permanent* ne sont exécucutoires qu'un mois après avoir été remis au sous-préfet, à moins que le préfet ne les ait, avant l'expiration de ce délai, revêtus de son approbation expresse. Nous pensons, contrairement à la jurisprudence de la cour de cassation (14 mars 1850; 15 novembre 1860; 12 mars 1868, *Hardy*), mais conformément à la circulaire

ministérielle du 1er juillet 1840, que le délai d'un mois n'a été établi qu'afin de donner au préfet le temps de faire un mûr examen, et que, par suite, il peut, dès son examen achevé, renoncer à ce délai et rendre le règlement municipal immédiatement exécutoire en l'approuvant. Nous adhérons au contraire, sur un autre point, à la jurisprudence de la cour de cassation, en ce que, conformément aux principes ci-dessus exposés, elle décide (25 novembre 1859) que le droit des préfets d'annuler les arrêtés municipaux ou d'en suspendre l'exécution existe même à l'égard des règlements permanents, et encore bien que ces règlements aient été déjà revêtus de l'approbation préfectorale.

213. Les arrêtés portant *règlement temporaire* sont pris en vue de circonstances transitoires dont la cessation abrogera virtuellement le règlement, tels que les arrêtés qui fixent la taxe du pain en vertu de la loi ci-dessus appréciée de 1791 (c. cass. ch. crim. 21 et 29 novembre 1867, S. 68, 1, 276); ceux-ci sont exécutoires immédiatement, c'est-à-dire le lendemain du jour de leur publication, avant toute approbation préfectorale expresse ou tacite, sauf l'annulation que le préfet pourra ultérieurement prononcer, en respectant les faits accomplis dans l'intervalle.

214. A côté des arrêtés municipaux réglementaires, participant de leur nature, se placent ceux par lesquels, aux termes de l'article 11 § 2 de la loi de 1837, le maire, sans pouvoir modifier les actes d'une autorité supérieure à la sienne, « publie de nouveau » les lois et règlements de police et rappelle les citoyens à leur ob- » servation »; ce qui s'entend des anciens règlements antérieurs à 1789, aussi bien que de ceux postérieurs à cette époque ou au Code pénal de 1810, sans que leur force obligatoire, quelle que soit la période à laquelle ils appartiennent, dépende d'une publication nouvelle faite par les soins du maire. Cette solution, contestée dans la doctrine, résulte de l'article 484 du Code pénal législativement interprété par l'avis du conseil d'État du 8 février 1812, ci-dessous rapporté.

D'un très-important arrêt de la cour de cassation (ch. crim.) du 1er décembre 1866, rendu sur l'application de l'ordonnance de police pour la ville de Paris du 6 novembre 1778, enjoignant aux aubergistes et logeurs de ne souffrir dans leurs hôtels, maisons et chambres, aucunes gens sans aveu, femmes ni filles de débauche, sous peine de 200 francs d'amende, il résulte que les lois et règlements de police statuant sur des matières confiées par la loi des 16-24 août 1790 à la vigilance et à l'autorité des corps municipaux, et antérieurs à cette loi, n'ont plus aujourd'hui pour sanction que des peines de simple police (art. 471 n° 15, C. p.), et que, par suite, le tribunal de simple police, à l'exclusion du tribunal de police correctionnelle, est seul compétent pour connaître de la poursuite.

Considérant que l'article 484 du Code pénal de 1810, en ne chargeant les cours et tribunaux de continuer d'observer les lois et règlements particuliers non renouvelés par ce Code que dans les matières qui n'ont pas été réglées par ce Code même, fait clairement entendre que l'on doit tenir pour abrogées toutes les anciennes lois, tous les anciens règlements, qui portent sur des matières que le Code a réglées, quand même ces lois et règlements prévoiraient des cas qui se rattachent à ces matières, mais sur lesquels ce Code est resté muet ; qu'à la vérité, on ne peut pas regarder comme réglées par le Code pénal de 1810, dans le sens attaché à ce mot *réglées* par l'article 484, les matières relativement auxquelles ce Code ne renferme que quelques dispositions éparses, détachées, et ne formant pas un système complet de législation; et que c'est par cette raison que subsistent encore, quoique non renouvelées par le Code pénal de 1810, toutes celles des dispositions des lois et règlements antérieurs à ce Code, qui sont relatives à la police rurale... et autres objets semblables que ce Code ne traite que dans quelques-unes de leurs branches (C. d'Ét. avis du 8 février 1812).

§ II. — Adjoints.

215. Nomination et nombre des adjoints.
216. Adjoints spéciaux.
217. Attributions des adjoints.

215. L'article 2 de la loi du 5 mai 1855 sur l'organisation municipale et les articles 9 et 18 de la loi du 14 avril 1871 appliquent aux adjoints les règles relatives à la nomination, la suspension, la révocation des maires, la durée et la gratuité de leurs fonctions. Le nombre des adjoints varie proportionnellement à la population ; il y a un adjoint dans les communes de 2,500 habitants et au dessous, deux dans les communes de 2,500 à 10,000 habitants, et, dans les communes d'une population supérieure à 10,000 habitants, *il peut être nommé* un adjoint de plus par chaque excédant de 20,000 habitants.

216. L'institution des adjoints *spéciaux*, introduite par une loi du 18 floréal an X, et successivement maintenue par toutes les lois d'organisation municipale, est actuellement réglée par la loi du 22 juillet 1870, article 1er § 2, dans les termes suivants : « Lorsque » la mer ou quelque autre obstacle rend difficiles, dangereuses ou

» momentanément impossibles les communications entre le chef-
» lieu et une portion de commune, un *adjoint spécial*, pris parmi
» les habitants de cette fraction, peut être nommé en sus du
» nombre ordinaire, pour remplir les fonctions d'officier de l'état
» civil, et pourvoir à l'exécution des lois et règlements de police
» dans cette partie de commune ».

De 1830 à 1845, cette mesure a été prise dans 40 communes; de 1852 à 1860, 28 décrets de même nature ont été rendus d'après les statistiques du conseil d'État, et 27 de 1860 à 1866.

217. Les adjoints sont les remplaçants du maire : en cas d'absence, empêchement, démission ou révocation de celui-ci, le premier adjoint, par ordre de nomination, le remplace de plein droit; c'est le second adjoint lorsque le premier fait défaut, et ainsi de suite; puis les conseillers municipaux dans l'ordre d'élection, si les adjoints manquent et si le préfet n'a pas désigné un conseiller municipal pour remplir les fonctions de maire (L. 1855, art. 4). Ces règles ont pour objet de faire que l'autorité municipale soit toujours présente au sein des populations.

Les adjoints peuvent être aussi les délégués du maire : « Le maire
» est chargé seul de l'administration (porte l'article 14 de la loi du
» 18 juillet 1837); mais il peut déléguer une partie de ses fonc-
» tions à un ou plusieurs de ses adjoints ».

Enfin ils sont les auxiliaires du maire, exerçant certaines fonctions concurremment avec lui, sans délégation, en vertu d'une attribution directe de la loi.

§ III. — Conseils municipaux.

218. Composition des conseils municipaux.
219. Statistique des communes.
220. Conditions d'éligibilité.
221. Causes d'incapacité et d'incompatibilité.
222. Élection au scrutin de liste; sections électorales.
223. Exceptions relatives au conseil municipal de Paris.
224. — — au conseil municipal de Lyon.
225. Renouvellement des conseils municipaux.
226. Situation actuelle; conseils municipaux élus en conséquence de la loi du 25 mars 1874.
227. Suspension et dissolution de ces conseils.
228. Leurs sessions, et interdiction des commissions permanentes.
229. Séances et votes.
230. Non-publicité des séances; communication des délibérations.
231. Législation relative aux attributions des conseils municipaux; lois de 1837 et de 1867; circulaire du 3 août 1867.

232. Diverses sortes d'attributions des conseils municipaux.
233. 1° Délibérations réglementaires d'après la loi de 1837.
234. 2° Délibérations réglementaires d'après la loi de 1867.
235. 3° Délibérations proprement dites.
236. 4° Avis.
237. 5° Vœux; et certaines fonctions spéciales des conseils municipaux.
238. Sanction et prescriptions diverses.
239. Jurisprudence administrative, gouvernementale et parlementaire.
240. Jurisprudence judiciaire.

248. Tandis que le maire représente l'association communale dans la sphère de l'action et de l'exécution, le conseil municipal la représente dans la sphère de la délibération : il est à la commune ce que le conseil général est au département.

Nommés par les préfets, en vertu de la loi du 28 pluviôse de l'an VIII, les conseils municipaux sont électifs depuis 1831 et présentent depuis 1848 l'une des applications du suffrage universel. Les règles relatives aux élections des conseils municipaux, fixées par la loi du 7 juillet 1874 sur l'électorat municipal, sont exposées avec l'ensemble des règles sur le droit électoral [n⁰ˢ 554 et suivants]. Ils se composent d'un nombre de membres qui varie d'après la population municipale totale constatée par le dernier recensement officiel de la commune, suivant un tableau contenu dans l'article 6 de la loi du 5 mai 1855 sur l'organisation municipale.

Chaque commune a un conseil municipal composé de 10 membres, dans les communes de 500 habitants et au dessous ; — de 12 dans celles de 501 à 1,500 ; — de 16 dans celles de 1,501 à 2,500 ; — de 21 dans celles de 2,501 à 3,500 ; — de 23 dans celles de 3,501 à 10,000 ; — de 27 dans celles de 10,001 à 30,000 ; — de 30 dans celles de 30,001 à 40,000 ; — de 32 dans celles de 40,001 à 50,000 ; — de 34 dans celles de 50,001 à 60,000 ; — de 36 dans celles de 60,001 et au dessus (Loi du 5 mai 1855, *sur l'organisation municipale*, art. 6).

249. La statistique suivante, résultant des derniers tableaux de recensement arrêtés par le décret du 31 décembre 1872 [n° 1143], donne une idée complète de la portée pratique de cette disposition (*voir* aussi, n° 196, note relative à la population de certains chefs-lieux de départements).

Nombre des communes ayant moins de 100 habitants   603
Ayant de	100 habitants à	200	. . . . .	3,175
—	201	—	300	4,574
—	301	—	400	4,488
—	401	—	500	3,743
—	501	—	1,000	10,807
—	1,001	—	1,500	4,074
—	1,501	—	2,000	1,957
—	2,001	—.	2,500	800

Nombre des communes
ayant de 2,501 habitants à 3,000 551
— 3,001 — 3,500 307
— 3,501 — 4,000 211
— 4,001 — 5,000 232
— 5,001 — 10,000 281
— 10,001 — 20,000 117
— 20,001 — 30,000 26
— 30,001 — 40,000 . . . . . 11 [Boulogne, Clermont-Ferrand, Lorient, Cherbourg, Avignon, Troyes, Saint-Quentin, Dunkerque, Béziers, Bourges (31,312) et Poitiers (30,036)].
— 40,001 — 50,000 . . . . . 9 [Tourcoing (43,302); les huit autres au n° *196*.]
— 50,001 — 60,000 . . . . . 6 [au n° *196*].
— 60,001 — 100,000 . . . . . 8 [Brest (66,272), Toulon (69,127), le Havre (86,825), Roubaix (75,987), Reims (71,994); les trois autres au n° *196*].
— 100,001 — et au dessus. . . . 9 [au n° *196*].
Total. . . . 35,989.

220. Pour être éligible au conseil municipal d'une commune, il faut réunir les cinq conditions suivantes : être âgé de 25 ans accomplis, jouir de ses droits civils et politiques, n'être dans aucun cas d'incapacité prévu par la loi, avoir depuis une année au moins son domicile réel dans la commune ou, pour le quart seulement des membres du conseil municipal, payer dans ladite commune l'une des quatre contributions directes, et enfin n'être dans aucun des cas d'incompatibilité déterminés par la loi. L'article 4 de la loi provisoire du 14 avril 1871, dont le § 1er est seul abrogé, au point de vue de l'électorat municipal, par la loi du 7 juillet 1874, fixe ces règles de la manière suivante dans son paragraphe 2 :

Sont électeurs (*abrogé*) tous les citoyens français âgés de vingt et un ans accomplis, jouissant de leurs droits civils et politiques, n'étant dans aucun cas d'incapacité prévu par la loi et, de plus, ayant, depuis une année au moins, leur domicile réel dans la commune. Sont éligibles au conseil municipal d'une commune tous les électeurs âgés de vingt-cinq ans, réunissant les conditions prévues par le paragraphe précédent, sauf les cas d'incapacité et d'incompatibilité prévus par les lois en vigueur et l'article 5 de la présente loi. Toutefois, il pourra être nommé au conseil municipal d'une commune, sans condition de domicile, un quart des membres qui le composeront, à la condition de payer dans ladite commune une des quatre contributions directes.

221. Les causes d'incapacité et d'incompatibilité sont indiquées par les textes suivants :

Ne peuvent être conseillers municipaux : 1° les comptables de deniers communaux et les agents salariés de la commune ; 2° les entrepreneurs de services communaux ; 3° les domestiques attachés à la personne ; 4° les individus dispensés de subvenir aux charges communales, et ceux qui sont secourus par les bureaux de bienfaisance (Loi du 5 mai 1855, *sur l'organisation municipale*, art. 9).— Les fonctions de conseiller municipal sont incompatibles avec celles : 1° de préfets, sous-préfets, secrétaires généraux, conseillers de préfecture ; 2° de commissaires et d'agents de police ; 3° de militaires ou employés des armées de terre et de mer en activité de service ; 4° des ministres des divers cultes en exercice dans la commune. Nul ne peut être membre de plusieurs conseils municipaux (art. 10).— Dans les communes de 500 âmes et au dessus, les parents au degré de père, de fils, de frère, et les alliés au même degré, ne peuvent être en même temps membres du conseil municipal (art. 11). — [*Voir* l'art. 12 de la même loi du 5 mai 1855, au n° 406.]— Ne pourront être élus membres des conseils municipaux : 1° les juges de paix titulaires dans les cantons où ils exercent leurs fonctions ; 2° les membres amovibles des tribunaux de première instance dans les communes de leur arrondissement (Loi du 14 avril 1871, *relative aux élections municipales*, art. 5).

222. L'élection pour le conseil municipal a lieu en principe au scrutin de liste pour toute la commune. Toutefois nous avons déjà vu [n° 153] que l'article 43 de la loi du 10 août 1871 donne au conseil général le droit de déroger à cette règle en établissant des sections électorales destinées à assurer, lorsqu'il y a lieu, à certaines fractions de la commune des représentants de ses intérêts dans le conseil municipal. L'article 3 de la loi du 14 avril 1871, sur les élections municipales, s'harmonise avec l'article 43 de la loi sur les conseils généraux, en substituant seulement les mots « *dans sa session d'août* » à ceux-ci « *dans sa session ordinaire* ». Nous avons examiné [n° 153] les difficultés d'application que soulève cette attribution nouvelle du conseil général.

Les élections auront lieu au scrutin de liste pour toute la commune. Néanmoins la commune pourra être divisée en sections, dont chacune élira un nombre de conseillers proportionnel au chiffre de la population. En aucun cas ce fractionnement ne pourra être fait de manière qu'une section ait à élire moins de deux conseillers. Le fractionnement sera fait par le conseil général, sur l'initiative soit du préfet, soit d'un membre du conseil général, ou enfin du conseil municipal de la commune intéressée. Chaque année, dans sa session ordinaire, le conseil général procédera, par un travail d'ensemble comprenant toutes les communes du département, à la révision des sections et en dressera un tableau qui sera permanent pour les élections municipales à faire dans l'année (L. 14 avril 1871, art. 3).

223. C'est aussi à la règle générale de l'élection du conseil municipal par tous les électeurs de la commune, que dérogent d'une manière absolue les dispositions de cette même loi du 14 avril 1871, en ce qui concerne le conseil municipal de la ville de Paris.

Nous avons déjà vu les exceptions faites dans le département de la Seine au droit commun de l'organisation et des attributions des préfets, des conseils généraux et des maires [nos 105, 123, 131 et 194]; il en est de même du conseil municipal de la ville de Paris. On reconnaît que l'application pure et simple du droit commun lui est impossible. La loi du 14 avril 1871 l'a cependant, pour la première fois depuis 1848 et l'introduction du suffrage universel dans notre droit public, rendu électif. Mais elle a vainement cherché dans une autre dérogation au droit commun établissant des élections de quartiers, à éviter que les passions politiques ne se servissent de l'intérêt communal comme d'un prétexte.

Au point de vue des attributions, le droit commun, tel qu'il est ci-dessous exposé, est entièrement applicable au conseil municipal de Paris, sauf certaines dispositions particulières, écrites dans l'article 17 [déjà mentionné n° 123 et reproduit n° 1460] de la loi du 24 juillet 1867 sur les conseils municipaux.

Les vingt arrondissements de la ville de Paris nomment chacun quatre membres du conseil municipal. Ces quatre membres seront élus, par scrutin individuel, à la majorité absolue, à raison d'un membre par quartier (L. 14 avril 1871, art. 10). — Le conseil municipal de Paris tiendra, comme les conseils des autres communes, quatre sessions ordinaires, dont la durée ne pourra pas excéder dix jours, sauf la session ordinaire où le budget sera discuté, et qui pourra durer six semaines (art. 11). — Au commencement de chaque session ordinaire, le conseil nommera au scrutin secret et à la majorité son président, ses vice-présidents et ses secrétaires. Pour les sessions extraordinaires qui seront tenues dans l'intervalle, on maintiendra le bureau de la dernière session ordinaire (art. 12). — Le préfet de la Seine et le préfet de police ont entrée au conseil. Ils sont entendus toutes les fois qu'ils le demandent (art. 13). — Le conseil municipal de Paris ne pourra s'occuper, à peine de nullité de ses délibérations, que des matières d'administration communale, telles qu'elles sont déterminées par les lois en vigueur sur les attributions municipales. En cas d'infraction, l'annulation sera prononcée par décret du chef du pouvoir exécutif (art. 14). — Les incapacités et incompatibilités établies par l'article 22 de la loi du 22 juin 1833 sur les conseils généraux sont applicables aux conseillers municipaux de Paris, indépendamment de celles qui sont établies par la loi en vigueur sur l'organisation municipale (art. 15).

224. Nous avons vu [n° 195] qu'une loi du 4 avril 1873 a étendu à la ville de Lyon l'organisation municipale de la ville de Paris. En vertu de cette loi, et jusqu'à ce qu'il en soit autrement ordonné, c'est le préfet du Rhône qui exerce les fonctions de maire central de la commune de Lyon, et la ville est divisée en six arrondissements communaux ayant chacun un maire et deux adjoints, nommés par décrets en dehors du conseil municipal, et n'ayant que les attributions restreintes des vingt maires de Paris; en outre, cette loi applique à la ville de Lyon, pour l'élection de son conseil municipal, la règle exceptionnelle suivie à Paris, de l'élection par quartier ; le scrutin y est même individuel dans chacune des trente-six sections légalement établies dans la ville, suivant un tableau arrêté par décret rendu en conseil d'État. Ce conseil municipal élit son président.

<small>Lorsqu'il y aura lieu de procéder au renouvellement du conseil municipal, la ville de Lyon sera divisée, pour les élections municipales, en trente-six sections nommant chacune, au scrutin individuel et à la majorité absolue, un membre du conseil municipal. Le tableau des sections sera arrêté par un décret délibéré en conseil d'État et ne pourra être modifié que dans la même forme (Loi du 4 avril 1873, art. 7).</small>

225. La question de la durée et du mode de renouvellement des conseils municipaux est l'une des plus difficiles à résoudre de l'organisation municipale, et depuis 1789 elle a reçu les solutions les plus diverses : *deux* ans sous la loi de 1789 ; *une* année sous la constitution de 1793 ; *deux* ans sous la constitution de l'an III, avec renouvellement par moitié chaque année ; *trois* ans d'après la loi de l'an VIII ; *vingt* ans, avec renouvellement par moitié tous les *dix* ans, d'après le sénatus-consulte du 16 thermidor an X ; du reste, de l'an VIII à 1830, les conseils municipaux étant nommés par l'administration, la question de leur durée n'était que très-secondaire. La loi du 21 mars 1831, qui les rendit électifs, fixa leur durée à *six* ans, avec renouvellement par moitié tous les *trois* ans. La loi du 5 mai 1855 adopta le renouvellement intégral tous les *cinq* ans, et la loi du 24 juillet 1867 le renouvellement intégral tous les *sept* ans ; la loi du 22 juillet 1870 (art. 4) était revenue au renouvellement intégral tous les *cinq* ans.

Le projet de loi arrêté par le conseil d'État et présenté par le gouvernement en 1867, s'inspirant de la législation alors existante pour les conseils généraux, proposait de porter à *neuf* ans la durée des fonctions des conseils municipaux, avec renouvellement par *tiers* tous les *trois* ans. La commission du corps législatif, puis le corps législatif, avaient repoussé cette combinaison comme entraînant de trop fréquentes élections ; mais le remarquable rapport présenté au sénat par le président Bonjean (que le dévouement aux intérêts communaux, dont il fit preuve dans l'examen de cette loi de 1867, semble avoir désigné au massacre des otages par l'insurrection de la *commune de Paris* de 1871) laisse voir que l'opinion contraire aurait sans doute prévalu dans cette assemblée. « Votre » commission, dit-il, regrette que le système du projet primitif » n'ait pas obtenu la préférence. »

En cas de vacance dans l'intervalle des élections, la loi de 1855 continuait à n'obliger à procéder au remplacement que lorsque le conseil municipal se trouvait réduit aux trois quarts de ses membres.

226. La loi provisoire du 14 avril 1871, votée par l'assemblée nationale pendant la lutte qu'elle soutenait contre la *commune de Paris* insurgée, s'est bornée à réserver ces questions, en limitant à trois années la durée du mandat des conseils municipaux élus en vertu de ses dispositions. Une loi du 25 mars 1874 a prorogé leurs pouvoirs jusqu'au 1er janvier 1875; et la loi organique annoncée (et dont le besoin ne se ferait sentir, suivant nous, que sur cette question de durée des pouvoirs municipaux, toujours non résolue en l'état actuel de la législation) n'étant pas intervenue, le gouvernement a dû faire procéder, le 22 novembre 1874, au renouvellement des conseils municipaux dans toute la France; mais on voit, par ces deux dispositions législatives de 1871 et 1874, qu'aucun texte ne fixe directement la durée du mandat de ces nouvelles assemblées, qui cependant ne peut être illimité. Dans ces circonstances, et en présence de l'article 8 § 2 de la loi de 1871, il serait difficile de reconnaître à ces conseils un mandat de plus de trois années.

Les conseils municipaux nommés resteront en fonctions jusqu'à la promulgation de la loi organique sur les municipalités. Néanmoins, la durée de ces fonctions ne pourra excéder trois ans. Dans l'intervalle, on ne procédera à de nouvelles élections que si le nombre des conseillers avait été réduit de plus d'un quart. Toutefois, dans les communes divisées en sections ou arrondissements, il y aura toujours lieu à faire des élections partielles toutes les fois que, par suite de décès ou perte des droits politiques, la section n'aurait plus aucun représentant dans le conseil (L. 14 avril 1871, art. 8).

Les conseils municipaux élus en exécution de la loi du 14 avril 1871 resteront en fonctions jusqu'à ce que l'Assemblée ait statué sur les projets de lois relatifs à l'organisation municipale, et au plus tard jusqu'au 1er janvier 1875 (Loi du 25 mars 1874, *qui proroge les pouvoirs des conseils municipaux*, article unique).

227. Les conseils municipaux peuvent être suspendus par le préfet pour deux mois, et par le ministre de l'intérieur pour une année; pendant la suspension, le conseil est remplacé par une commission immédiatement nommée par le préfet. La dissolution ne peut être prononcée que par décret; la commission est alors nommée par le pouvoir exécutif ou par le préfet, selon que le droit de nomination du maire appartient à l'un ou à l'autre. Le nombre des membres de cette commission ne peut être inférieur à la moitié

de celui des conseillers municipaux. L'article 13 de la loi du 5 mai 1855, qui contient ces dispositions, ajoutait en outre que la commission municipale ainsi nommée pouvait être maintenue jusqu'au renouvellement des conseils municipaux ; l'article 22 de la loi du 24 juillet 1867 dispose qu'elle ne peut être maintenue en fonctions que pendant trois ans.

228. Les conseils municipaux ont quatre sessions ordinaires au commencement des mois de février, mai, août et novembre (L. 5 mai 1855, art. 15); elles sont de dix jours. Les sessions extraordinaires ne peuvent être tenues qu'avec la permission spéciale du préfet ou du sous-préfet; le conseil ne peut pas y délibérer, comme dans les sessions ordinaires, sur tous les objets de sa compétence, mais seulement sur ceux pour lesquels il a été expressément convoqué. La convocation pour les sessions extraordinaires doit être faite cinq jours avant, au lieu de trois jours pour les autres, sauf au maire à obtenir du sous-préfet en cas d'urgence la réduction de ces délais. Une circulaire du ministre de l'intérieur du 12 juin 1875 (*Bull. off.* 1875, p. 273) rappelle que la règle de l'article 15 de la loi de 1855 ne comporte aucune dérogation, et ajoute : « Les » maires abuseraient du droit qui leur appartient de fixer le jour » de l'ouverture de la session en reculant l'époque de cette ses- » sion au delà de la première quinzaine du mois où elle doit se » tenir, et à plus forte raison en laissant écouler ce mois tout entier » sans réunir le conseil ».

L'économie de toutes les lois municipales, leurs dispositions qui fixent l'époque et la durée des sessions, celles qui remettent l'action administrative au maire, font obstacle à l'institution de commissions permanentes au sein des conseils municipaux (Décret du 8 juillet 1875, portant annulation d'une délibération du conseil municipal de Lyon chargeant une commission de cinq membres d'étudier, dans l'intervalle de ses sessions, les améliorations à apporter au régime de l'octroi).

229. A chaque session le conseil, dont nous savons déjà que le maire est président [n° 208], nomme au scrutin secret son secrétaire ; les conseillers siègent dans l'ordre du tableau, c'est-à-dire d'après leur rang d'élection. Les résolutions sont prises à la majorité absolue des suffrages; il est voté au scrutin secret toutes les fois que trois des membres présents le réclament. Le conseil municipal ne peut délibérer que lorsque la majorité des membres en exer-

cice assiste à la séance, sauf à la troisième convocation, si deux convocations précédentes n'ont pas amené le nombre fixé [*voir*, n° 406, la sanction écrite dans l'article 20].

L'article 21 de la loi de 1855 contient cette règle de délicatesse et de droit, que « les membres du conseil municipal ne peuvent » prendre part aux délibérations relatives aux affaires dans les- » quelles ils ont un intérêt, soit en leur nom personnel, soit » comme mandataires »; les préfets peuvent annuler les délibérations prises en violation de cette prescription (c. d'Ét. 4 mars 1865, *Fabregeat*; *voir* aussi c. d'Ét. 11 janvier 1866, *Barioz*).

Aucun texte spécial ne déroge au droit commun en ce qui concerne les poursuites qui pourraient être dirigées contre les membres des conseils municipaux à l'occasion soit de leurs discours et rapports, soit de leurs délibérations; il en est ainsi pour les membres des conseils généraux et d'arrondissement [*voir* n° 695].

230. Les séances des conseils municipaux ne sont pas publiques (L. 5 mai 1855, art. 22 § 1er). Un décret du 6 novembre 1871 a maintenu l'annulation prononcée par arrêté préfectoral d'une délibération par laquelle le conseil municipal d'Angers avait, en violation de cette disposition, voté la publicité de ses séances (*Bull. off. du min. int.*, 1872, p. 240). Le législateur a pu établir la publicité des séances des conseils généraux, sans que la logique l'obligeât à l'étendre aux autres conseils administratifs. Déjà, en 1848, les séances des premiers avaient été rendues publiques, sans que cette règle fût étendue aux conseils municipaux; la règle, applicable à 86 assemblées, peut ne pas l'être à 35,989.

Mais, en dehors de cette introduction matérielle du public, d'autres règles de publicité et de publication sont admises. Les délibérations du conseil municipal, signées par tous les membres qui y ont pris part, sont inscrites sur un registre coté et paraphé par le sous-préfet, et copie de chacune lui est adressée dans la huitaine. Tout habitant ou contribuable de la commune a droit de demander communication sans déplacement et de prendre copie des délibérations du conseil municipal de sa commune (L. 1855, art. 22). Les débats ne peuvent être publiés officiellement qu'avec l'approbation de l'autorité supérieure (L. 18 juillet 1837, art. 29; circ. min. 16 septembre 1865).

231. Les attributions des conseils municipaux ont été successivement développées. Placés à l'origine, par les lois de l'Assem-

blée constituante, par la Constitution directoriale de l'an III et par la loi du 28 pluviôse de l'an VIII, dans une dépendance presque absolue, soit de l'administration départementale, soit de l'administration centrale, les conseils municipaux n'ont reçu des pouvoirs plus complets et mieux définis que de la loi du 18 juillet 1837, dans laquelle nous avons déjà trouvé les règles relatives aux attributions des maires. Cette loi fut pour les communes, au point de vue des attributions de leurs conseils, un bienfait considérable, comme la loi du 21 mars 1831 au point de vue de l'organisation de ces mêmes conseils, qu'elle rendait électifs et dont la loi du 5 mai 1855 a mis les dispositions en harmonie avec l'institution du suffrage universel.

Le caractère distinctif de la loi d'attributions du 18 juillet 1837 était d'investir les conseils municipaux d'un droit exclusif d'initiative dans la plupart des cas, en réservant presque toujours le droit d'autorisation à l'administration centrale (transporté le plus souvent depuis 1852 au préfet par les décrets de décentralisation) [*voir* n°s 93 à 98].

La loi du 24 juillet 1867, qui, comme la loi de 1837, est une loi d'attributions, et dont nous avons déjà signalé le caractère décentralisateur [n° 99], est venue, dans cet ordre d'idées, élargir les pouvoirs des conseils municipaux, en apportant de nombreuses modifications à la loi de 1837; mais néanmoins elle la laisse subsister, ainsi que le rappelle avec soin la circulaire du ministre de l'intérieur du 3 août 1867 [1] relative à l'exécution de

---

[1] « Monsieur le préfet, une loi en date du 24 juillet 1867 vient d'apporter des modifications importantes aux dispositions qui régissent l'administration des communes, et notamment à celles qui déterminent les attributions des conseils municipaux. Déjà le décret du 25 mars 1852, sur la décentralisation administrative, et celui du 13 avril 1861, en confiant aux préfets et aux sous-préfets la décision d'un grand nombre d'affaires communales, en ont rendu l'instruction plus simple et l'expédition plus rapide. Mais la loi nouvelle réalise un progrès plus important. Inspirée par la même pensée que la loi rendue l'année dernière sur les attributions des conseils généraux, elle confère, dans des cas nombreux, aux représentants des communes une autorité propre; elle réserve seulement à l'administration supérieure l'approbation des mesures qui, par leur importance exceptionnelle, peuvent atteindre les intérêts généraux du pays, ou sont de nature à engager gravement l'avenir des communes et à compromettre leur situation financière. Vous remarquerez néanmoins, monsieur le préfet, que la loi nouvelle a laissé subsister les règles fondamentales sur lesquelles repose, depuis de longues années, la législation communale. La loi du 18 juillet 1837 n'est pas abrogée, et si considérables que soient les modifications qu'elle a reçues, cette loi demeure applicable en tous ceux de ses articles auxquels une

la loi du mois précédent, dont l'article 24 n'abroge les dispositions des lois antérieures qu'en ce qu'elles ont de contraire. C'est donc dans la combinaison des deux lois de 1837 et 1867 qu'il faut trouver le tableau des attributions des conseils municipaux.

232. Les attributions des conseils municipaux, divisées en quatre classes par la loi de 1837, présentent désormais cinq catégories : 1° les *délibérations réglementaires* d'après la loi de 1837 ; 2° les *délibérations réglementaires* d'après la loi de 1867 ; 3° les *délibérations proprement dites* ; 4° les *avis*, et 5° les *vœux*.
Nous allons indiquer d'une manière générale le caractère et l'objet de ces diverses sortes d'attributions, en renvoyant l'étude particulière des principaux actes de la vie communale à la troisième partie de cet ouvrage [n°s 1421 à 1485].

233. 1° *Délibérations réglementaires d'après la loi de* 1837.
Le caractère propre à ces délibérations, appelées aussi *règlements*, est, d'une part, d'avoir par elles-mêmes force exécutoire, sans approbation de l'autorité supérieure, après un délai de trente jours, si elles n'ont pas été annulées par le préfet dans cet intervalle, et, d'autre part, de ne s'appliquer qu'à de simples jouissances. C'est ce qui a été expliqué par M. Vivien, rapporteur à la chambre des députés de la loi de 1837 : « Les règlements, dit-il, ne » concernent que le présent ; ils ne s'appliquent qu'à de simples » jouissances qui ne peuvent ni engager un long avenir ni compro- » mettre le fonds de la propriété communale ». Il faut ajouter que la loi énumère limitativement les objets qui peuvent être ainsi réglés par le conseil municipal.

Les conseils municipaux *règlent* par leurs délibérations les objets suivants : 1° le mode d'administration des biens communaux ; 2° les conditions des baux à ferme ou à loyer, dont la durée n'excède pas dix-huit ans pour les biens ruraux, et neuf ans pour les autres biens ; 3° le mode de jouissance et la répartition des pâturages et fruits communaux autres que les bois, ainsi que les conditions à imposer aux parties prenantes ; 4° les affouages, en se conformant aux lois forestières (Loi du 18 juillet 1837, *sur l'administration municipale*, art. 17). —Expédition de toute délibération sur un des objets annoncés en l'article précédent est immédiatement adressée par le maire au sous-préfet, qui en délivre ou fait délivrer récépissé. La délibération est exécutoire si, dans les

disposition postérieure n'a pas porté atteinte. Ces explications vous permettront de saisir l'esprit et la portée de la loi, dont vous trouverez ci-joint le texte, et sur laquelle je crois nécessaire de vous donner des instructions destinées à en rendre l'application plus facile et plus régulière. . . » (*Circulaire du ministre de l'intérieur du 3 août* 1867.)

trente jours qui suivent la date du récépissé, le préfet ne l'a pas annulée, soit d'office pour violation d'une disposition de loi ou d'un règlement d'administration publique, soit sur la réclamation de toute partie intéressée. Toutefois le préfet peut suspendre l'exécution de la délibération pendant un autre délai de trente jours (art. 18).

234. 2° *Délibérations réglementaires d'après la loi de 1867.*

La loi du 24 juillet 1867 a créé une catégorie nouvelle de *délibérations réglementaires* bien plus nombreuses, portant sur des objets beaucoup plus importants, qui ne s'appliquent plus seulement à de simples jouissances, et qui, d'après la loi de 1837, donnaient lieu à des délibérations proprement dites soumises à la nécessité d'une autorisation. Nous reproduisons les articles 1, 2, 3 et 6 de la loi de 1867, qui donnent cette extension aux attributions des conseils municipaux, en laissant à la fois l'initiative de ces mesures au maire et aux conseillers municipaux également investis du droit de faire la proposition.

Ces délibérations réglementaires, comme les quatre délibérations réglementaires de l'article 17 de la loi de 1837, sont, en vertu de l'article 6 de la loi nouvelle, soumises à l'article 18 de la loi de 1837, c'est-à-dire qu'elles sont dispensées, pour leur exécution, de l'autorisation de l'administration supérieure à l'expiration du délai de trente jours après leur réception à la sous-préfecture, sauf le droit de suspension pendant un autre délai de trente jours ou même d'annulation pour les causes déterminées par cet article 18 de la loi de 1837. A ce point de vue, il y a complète uniformité de régime entre les délibérations réglementaires de la loi de 1867 et celles de la loi de 1837 ; le législateur de 1867 n'a fait, sous ce rapport, qu'augmenter le nombre des objets pouvant donner lieu à cette sorte de délibérations.

Cette uniformité est absolue au cas de l'article 2 de la loi de 1867, qui permet aux conseils municipaux, dans le cas prévu par cet article, de disposer souverainement, et sans la condition d'accord avec le maire, des excédants de leurs recettes ordinaires sur les dépenses obligatoires [n°s 1457 à 1461].

Mais il n'en est pas ainsi au cas des articles 1 et 3 de la loi de 1867 ; comme il s'agit alors d'affaires plus graves, pouvant engager l'avenir et le fond même du droit communal, le législateur a stipulé comme garantie correspondante à la liberté d'initiative des conseillers municipaux la condition de l'accord du conseil municipal et du maire. C'est à cette condition particulière qu'est subordonnée, aux cas des articles 1 et 3, et aussi de l'article 9 relatif aux octrois [n°ˢ 1465 et 1466], la dispense de toute autorisation pour l'exécution de la délibération du conseil municipal, c'est-à-dire l'abrogation collective de la loi de 1837 et des textes correspondants du décret de 1852. S'il y a désaccord entre le conseil municipal et le maire, la délibération cesse d'être *réglementaire*; elle reste dans la catégorie des délibérations proprement dites soumises à la nécessité d'une approbation; dans ce cas, la loi nouvelle se borne à procéder comme les décrets de déconcentration, en donnant l'approbation au préfet.

Une autre condition est exigée par le paragraphe 2 de l'article 6 de la loi du 24 juillet 1867, en ce qui concerne le vote des contributions extraordinaires et des emprunts : c'est l'assistance des plus imposés en nombre égal à celui des conseillers municipaux, aux termes de l'article 42 de la loi du 18 juillet 1837.

Nous rappelons que l'article 3 § 1ᵉʳ de la loi de 1867, qui se référait à l'article 4 de la loi du 18 juillet 1866, se réfère aujourd'hui à l'article 42 de la loi du 10 août 1871 [n° 150]; nous avons vu que cette disposition associe les conseils généraux « à l'exercice du » droit de surveillance et de contrôle, considéré jusqu'ici, portait » le rapport de M. Bonjean au Sénat, comme un des attributs » essentiels des pouvoirs législatif et exécutif ».

Les conseils municipaux *règlent*, par leurs délibérations, les affaires ci-après désignées, savoir : 1° les acquisitions d'immeubles, lorsque la dépense, totalisée avec celle des autres acquisitions déjà votées dans le même exercice, ne dépasse pas le dixième des revenus ordinaires de la commune; 2° les conditions des baux à loyer, des maisons et bâtiments appartenant à la commune, pourvu que la durée du bail ne dépasse pas dix-huit ans; 3° les projets, plans et devis de grosses réparations et d'entretien, lorsque la dépense totale afférente à ces projets et aux autres projets de la même nature, adoptés dans le même exercice, ne dépasse pas le cinquième des revenus ordinaires de la commune, ni, en aucun cas, une somme de 50,000 francs; 4° le tarif des droits de place à percevoir dans les halles, foires et marchés; 5° les droits à percevoir pour permis de stationnement et de locations sur les rues, places et autres lieux dépendant du domaine public communal; 6° le tarif des concessions dans les cimetières; 7° les assurances des bâtiments communaux; 8° l'affectation d'une propriété communale à un service communal, lorsque cette propriété n'est encore affectée à aucun service public, sauf les règles prescrites par des lois particulières; 9° l'acceptation ou le refus de dons ou legs faits à la commune sans charges, conditions ni affectation immobilière, lorsque ces dons ou legs ne donnent pas lieu à réclamation. En cas de désaccord entre le maire et le conseil municipal, la délibération ne sera exécutoire qu'après approbation du préfet (Loi du 24 juillet 1867, *sur les conseils municipaux*, art. 1ᵉʳ).

Lorsque le budget communal pourvoit à toutes les dépenses obligatoires et qu'il n'applique aucune recette extraordinaire aux dépenses soit obligatoires, soit facultatives, les allocations portées audit budget par le conseil municipal pour des dépenses facultatives ne peuvent être ni changées, ni modifiées par l'arrêté du préfet ou par le décret impérial qui règle le budget (art. 2). — Les conseils municipaux peuvent voter, dans la limite du maximum fixé chaque année par le conseil général, des contributions extraordinaires n'excédant pas cinq centimes pendant cinq années, pour en affecter le produit à des dépenses extraordinaires d'utilité communale. Ils peuvent aussi voter trois centimes extraordinaires, exclusivement affectés aux chemins vicinaux ordinaires. Les conseils municipaux votent et règlent, par leurs délibérations, les emprunts communaux remboursables sur les centimes extraordinaires votés, comme il vient d'être dit au premier paragraphe du présent article, ou sur les ressources ordinaires, quand l'amortissement, en ce dernier cas, ne dépasse pas douze années. En cas de désaccord entre le maire et le conseil municipal, la délibération ne sera exécutoire qu'après approbation du préfet (art. 3). — L'article 18 de la loi du 18 juillet 1837 est applicable aux délibérations prises par les conseils municipaux, en exécution des articles 1, 2 et 3 qui précèdent. L'article 42 de la même loi est applicable aux contributions extraordinaires et aux emprunts votés par les conseils municipaux en exécution des articles 3 et 5 (art. 6).

235. 3° *Délibérations proprement dites.*

La loi de 1837 avait laissé dans cette catégorie toutes les délibérations des conseils municipaux autres que celles régies par son article 17. « Après les délibérations portant règlement, et qui ne » touchent qu'à la jouissance et au temps présent, se trouvent » (avait dit le rapport de M. Vivien) celles susceptibles d'engager » l'avenir ou d'altérer la fortune communale, et qui, à ce titre, » ne peuvent valoir par elles-mêmes ; ces délibérations ne sont » exécutoires qu'avec l'approbation de l'autorité supérieure ». On vient de voir que, parmi ces délibérations, le législateur de 1867 a fait un choix : il a fait passer les unes dans la catégorie des délibérations réglementaires, en les dispensant, à des conditions déterminées, de la nécessité de l'autorisation de l'administration supérieure ; il a laissé les autres dans la catégorie (où la loi de 1837 les avait placées) des délibérations pour lesquelles le conseil municipal possède également l'initiative et le vote, mais qui sont soumises à la nécessité d'une autorisation.

La loi de 1837 a donné l'énumération non limitative des matières qui faisaient l'objet de ces délibérations proprement dites des conseils municipaux, pour lesquelles ils sont investis d'un véritable droit d'autorité, sous la réserve de l'autorisation dont il vient d'être parlé. Nous avons dit [n° 208] quel est, en cette matière, le véritable rôle du maire.

Nous reproduisons textuellement le tableau des affaires soumises aux délibérations proprement dites des conseils municipaux tel qu'il est formulé par l'article 19 de la loi de 1837, en faisant observer : 1° que, au cas de désaccord entre le maire et le conseil municipal, aucune partie de ce tableau n'est modifiée par la loi de 1867 ; 2° que, dans le cas contraire, plusieurs dispositions de cet article 19 doivent être combinées avec les dispositions de la loi nouvelle contenues au numéro qui précède ; 3° que ces dispositions et les articles 5 et 7 de la même loi de 1867 ci-dessous reproduits augmentent le nombre des cas dans lesquels, d'après les décrets de décentralisation [n°s 113 à 123], l'autorité supérieure chargée d'autoriser est le préfet et non l'administration centrale ; 4° que l'article 11 de la loi de 1837, relatif à l'établissement des marchés d'approvisionnement, autrement dit de menues denrées, supprime l'avis préalable du conseil général et du conseil d'arrondissement qu'exigeait le paragraphe 3 de l'article 6 de la loi du 10 mai 1838 (non reproduit par l'article 50 de la loi du 10 août 1871), mais en laissant subsister la nécessité de l'autorisation du préfet [n°s 116, 155, 182]. — [*Voir* aussi, pour les délibérations des conseils municipaux en matière d'octroi, les n°s 1465 et 1466.]

Le conseil municipal *délibère* sur les objets suivants : 1° le budget de la commune, et en général toutes les recettes et dépenses soit ordinaires, soit extraordinaires ; 2° les tarifs et règlements de perceptions de tous les revenus communaux ; 3° les acquisitions, aliénations et échanges des propriétés communales, leur affectation aux différents services publics, et en général tout ce qui intéresse leur conservation et leur amélioration ; 4° la délimitation ou le partage des biens indivis entre deux ou plusieurs communes ou sections de commune ; 5° les conditions des baux à ferme ou à loyer dont la durée excède dix-huit ans pour les biens ruraux, et neuf ans pour les autres biens, ainsi que celles des baux des biens pris à loyer par la commune, quelle qu'en soit la durée ; 6° les projets de constructions, de grosses réparations et de démolitions, et en général tous les travaux à entreprendre ; 7° l'ouverture des rues et places publiques et les projets d'alignement de voirie municipale ; 8° le parcours et la vaine pâture ; 9° l'acceptation des dons et legs faits à la commune et aux établissements communaux ; 10° les actions judiciaires et transactions, *et tous les autres objets sur lesquels les lois et règlements appellent les conseils municipaux à délibérer* (Loi du 18 juillet 1837, *sur l'administration municipale*, art. 19). — Les délibérations des conseils municipaux sur les objets énoncés à l'article précédent sont adressées au sous-préfet. Elles sont exécutoires sur l'approbation du préfet, sauf les cas où l'approbation par le ministre compétent ou par ordonnance royale est prescrite par les lois ou par les règlements d'administration publique (art. 20).

Les conseils municipaux votent, sauf approbation du préfet : 1° les contributions extraordinaires qui dépasseraient 5 centimes, sans excéder le maximum fixé par le conseil général, et dont la durée ne serait pas supérieure à douze années ; 2° les emprunts remboursables sur ces mêmes contributions extraordinaires ou sur les revenus ordinaires dans un délai excédant douze années

(Loi du 24 juillet 1867, *sur les conseils municipaux*, art. 5). — Toute contribution extraordinaire dépassant le maximum fixé par le conseil général et tout emprunt remboursable sur ressources extraordinaires dans un délai exédant douze années sont autorisés par décret impérial. Le décret est rendu en conseil d'État, s'il s'agit d'une commune ayant un revenu supérieur à 100,000 francs. Il est statué par une loi, si la somme à emprunter dépasse 1 million, ou si ladite somme, réunie au chiffre d'autres emprunts non encore remboursés, dépasse 1 million (art. 7). — Les conseils municipaux délibèrent sur l'établissement des marchés d'approvisionnements dans leur commune. Le paragraphe 3 de l'article 6 et le paragraphe 3 de l'article 41 de la loi du 10 mai 1838 sont abrogés en ce qui concerne lesdits marchés (art. 11).

236. 4° *Avis*. — La loi de 1867 n'a rien changé à la législation antérieure sur ce point. « Il est une troisième espèce de questions, » disait M. Vivien dans le rapport déjà cité, à l'égard desquelles » les conseils municipaux *sont seulement consultés*; leurs délibé- » rations n'aboutissent qu'à *un simple avis*. Cette catégorie com- » prend les objets qui n'intéressent qu'indirectement la commune, » dont l'initiative est confiée à d'autres pouvoirs, et dont la déci- » sion appartient à l'administration. » Ce droit d'avis reçoit deux applications : en premier lieu, le conseil municipal *peut* être consulté par l'administration toutes les fois qu'elle le juge à propos ; en second lieu, il *doit* être consulté dans certains cas, à peine de nullité de l'acte émané de l'administration, libre de ne pas suivre l'avis, mais tenue de le prendre.

Le conseil municipal est toujours appelé à *donner son avis* sur les objets suivants : 1° les circonscriptions relatives au culte; 2° les circonscriptions relatives à la distribution des secours publics ; 3° les projets d'alignement de grande voirie dans l'intérieur des villes, bourgs et villages ; 4° l'acceptation des dons et legs faits aux établissements de charité et de bienfaisance ; 5° les autorisations d'emprunter, d'acquérir, d'échanger, d'aliéner, de plaider ou de transiger, demandées par les mêmes établissements et par les fabriques des églises et autres administrations préposées à l'entretien des cultes dont les ministres sont salariés par l'État ; 6° les budgets et les comptes des établissements de charité et de bienfaisance ; 7° les budgets et les comptes des fabriques et autres administrations préposées à l'entretien des cultes dont les ministres sont salariés par l'État, lorsqu'elles reçoivent des secours sur les fonds communaux ; 8° enfin tous les objets sur lesquels les conseils municipaux sont appelés par les lois et règlements à donner leur avis ou seront consultés par le préfet (Loi du 18 juillet 1837, art. 21).

237. 5° *Vœux*. — Enfin la règle relative aux vœux est écrite dans l'article 24 § 1 de la loi de 1837, ainsi conçu : « Le conseil » municipal peut exprimer son *vœu* sur tous les objets d'intérêt » local ». Les vœux sont spontanés, tandis que les avis sont provoqués.

En dehors de ces cinq classes d'attributions, les conseils municipaux possèdent : 1° le droit de réclamer devant le conseil d'arrondissement [n° 181] et le conseil général [n° 140] contre le contingent assigné à la commune dans l'établissement des impôts de répartition par le conseil d'arrondissement (L. 1837, art. 22) ; 2° la mission de délibérer sur les comptes d'administration annuellement présentés par le maire, et d'arrêter les comptes de deniers des receveurs municipaux (art. 23 et 25), dont les fonctions sont remplies par le percepteur dans les communes qui ont un revenu n'excédant pas trente mille francs (art. 65).

238. A titre de sanction des règles qui précèdent, et indépendamment des dispositions relatives au droit de suspension et de dissolution de ces conseils, l'article 24 § 2 de la loi du 18 juillet 1837 et les articles 23, 24, 25 et 26 de la loi du 5 mai 1855 contiennent des dispositions diverses ayant pour but d'empêcher et d'arrêter tout envahissement et toute entreprise politique émanant des conseils municipaux. Les mêmes règles sont *a fortiori* applicables aux commissions municipales appelées à remplacer provisoirement les conseils municipaux et nommées par les préfets; ces commissions n'ont pas et ne sauraient avoir plus de pouvoir que les conseils électifs dont elles occupent accidentellement la place.

Un arrêt du conseil d'État du 27 février 1874 (*Odon-Périer*) a résolu affirmativement la question de savoir si la disposition de l'article 23 de la loi du 5 mai 1855 fait obstacle à l'exercice du droit général de recours au conseil d'État pour excès de pouvoir [n°s 252 et 253], en ce qui concerne l'arrêté préfectoral prononçant la nullité d'une délibération du conseil municipal portant sur un objet étranger à ses attributions. L'article 28 de la loi du 21 mars 1831 disait : « le préfet en conseil de préfecture prononcera la nul» lité; le conseil municipal pourra appeler au roi de cette déci» sion ». Dans l'article 23 de la loi de 1855, cette dernière phrase est remplacée par celle-ci : « en cas de réclamation du conseil muni» cipal, il est statué par un décret de l'empereur, le conseil d'État » entendu ». L'arrêt susvisé du conseil d'État considère cette formule comme excluant formellement le recours par la voie contentieuse, et décide « que l'arrêté attaqué, ayant été pris par application de l'article précité et dans la forme qu'il a prescrite, ne pouvait être déféré au conseil d'État que par la voie administrative ».

Cet arrêt ne tranche pas la question en ce qui concerne le cas prévu par l'article 24, mais décide que le recours ne peut, dans tous les cas, être recevable que formé par le conseil municipal. [*Voir* aussi c. d'Ét. 4 avril 1856, *Rivière*.]

Le conseil municipal ne peut faire ni publier aucune protestation ni adresse (Loi du 18 juillet 1837, art. 24 § 2). — Toute délibération d'un conseil municipal portant sur un objet étranger à ses attributions est nulle de plein droit. Le préfet, en conseil de préfecture, en déclare la nullité. En cas de réclamation du conseil municipal, il est statué par un décret de l'empereur, le conseil d'État entendu (Loi du 5 mai 1855, *sur l'organisation municipale*, art. 23). — Sont également nulles de plein droit toutes les délibérations prises par un conseil municipal hors de sa réunion légale. Le préfet, en conseil de préfecture, déclare l'illégalité de la réunion et la nullité des délibérations (art. 24). — Tout conseil municipal qui se mettrait en correspondance avec un ou plusieurs autres conseils, ou qui publierait des proclamations ou adresses, sera immédiatement suspendu par le préfet (art. 25). — Tout éditeur, imprimeur, journaliste ou autre, qui rendra publics les actes interdits au conseil municipal par les articles 24 et 25 de la présente loi, sera passible des peines portées en l'article 123 du Code pénal (art. 26).

239. Dans les époques troublées, on a vu de nombreuses et très-graves violations de ces règles. Même dans les temps plus soumis à la légalité, les préfets ont trop souvent l'occasion de remplir la mission d'annulation que ces textes leur confient en conseil de préfecture, et, à leur défaut, au ministre. Le conseil d'État peut aussi prononcer cette annulation pour excès de pouvoir [nos 252, 253, 270 et 272] (c. d'Ét. 24 janvier 1872, *maire de Toulon*). Un décret du 6 novembre 1871, mentionné ci-dessus [n° 230], montre l'application du même droit, faite par le pouvoir exécutif en cas de recours d'un conseil municipal.

Une circulaire du ministre de l'intérieur du 5 avril 1872 a rappelé aux préfets que « les assemblées communales ne sauraient, » sans violer la loi, discuter ou apprécier, sous quelque forme que » ce fût, les documents publiés d'après les ordres de l'assemblée » nationale », en les invitant à user des pouvoirs répressifs que leur donne l'article 23 de la loi du 5 mai 1855.

Dans sa séance du 30 novembre 1872, l'assemblée nationale a rappelé solennellement ces articles par le vote d'un ordre du jour motivé, dont les conséquences politiques n'ont pas à occuper l'enseignement administratif, mais qui l'intéresse à titre d'application des textes ; il est ainsi conçu : « L'Assemblée nationale, considé- » rant que plusieurs conseils municipaux ont violé la loi en trans- » mettant directement à M. le président de la République des » adresses d'un caractère essentiellement politique ; considérant » que l'article 24 de la loi du 18 juillet 1837 et les articles 23 et 25

» de la loi du 5 mai 1855 ¹ imposaient au ministre de l'intérieur
» l'obligation de réprimer ces manifestations coupables, dont plu-
» sieurs conseils généraux avaient déjà donné l'exemple ; rappelle
» M. le ministre de l'intérieur à la pratique de la loi, et passe à
» l'ordre du jour ».

240. Les tribunaux et les cours ont également eu à faire l'application de l'article 26 de la loi du 5 mai 1855, qui punit la publication des délibérations ou adresses émanant des conseils municipaux et portant sur des objets étrangers à leurs attributions (jugement du tribunal correctionnel de Marseille du 23 décembre 1872, condamnant le propriétaire-gérant du journal le *Sémaphore*; arrêt de la cour de Nîmes du 24 janvier 1873, condamnant les imprimeur et gérant du journal le *Réveil de l'Ardèche* pour publication d'adresses au président de la République émanant de conseils municipaux). Cet article 26 de la loi du 5 mai 1855 prévoit non pas un délit commis par la voie de la presse, mais une infraction purement matérielle aux lois, décrets et règlements sur la presse ; en conséquence, et aux termes de l'article 2 de la loi du 15 avril 1871 [n° 775], cette infraction est de la compétence des tribunaux correctionnels. Il n'est pas nécessaire, pour qu'elle existe, que les adresses incriminées présentent aucun des caractères de la *délibération*, tels qu'ils sont précisés par les articles 15 et suivants de la loi du 5 mai 1855 ; notamment le juge peut déclarer l'existence de cette contravention, même si les adresses sont signées par des conseillers municipaux, en nombre variable, déclarant qu'ils sont réunis hors session et qu'ils agissent en leur nom personnel ; il appartient au juge du fait d'apprécier souverainement si l'intention des conseillers municipaux a été d'agir *ut singuli* ou comme corps constitué, et si, par conséquent, la publication réunit toutes les conditions du délit prévu par l'article 26 (c. cass. ch. crim. 16 mai 1873, *Boulan et Lépice*).

¹ C'est aux mêmes textes que fait allusion la note suivante, insérée au *Journal officiel* du 6 juin 1873, après l'élection, par l'assemblée nationale, d'un nouveau président de la République : — « Un certain nombre de conseils munici-
» paux ont cru devoir féliciter le maréchal de Mac-Mahon à l'occasion de son
» élection à la présidence de la République. Le maréchal est sensible aux
» témoignages de confiance qui lui sont donnés par les municipalités. Mais,
» chargé de veiller à la stricte observation des lois, il ne saurait encourager ni
» approuver des adresses dont la légalité peut être contestée. »

§ IV. — COMMISSAIRES DE POLICE.

241. Fonctions des commissaires de police.
242. Leur répartition.

241. Ces fonctionnaires sont les auxiliaires et les subordonnés des maires dans l'exercice de la police municipale et des préfets pour la police générale. L'article 23 de la loi du 24 juillet 1867 [n° 196] soumet l'organisation du personnel chargé de ces services à des règles particulières, dans les communes chefs-lieux de départements dont la population excède 40,000 âmes. Le traitement des commissaires de police est toujours à la charge de la commune où ils sont établis. Indépendamment de leurs fonctions de police administrative ou de prévention, le Code d'instruction criminelle fait de ces fonctionnaires des officiers de police judiciaire ou de répression, et les organes du ministère public près le tribunal de simple police du chef-lieu de canton.

242. D'après l'article 12 de la loi du 28 pluviôse de l'an VIII [n° 91], il y a un commissaire de police dans toutes les villes de 5,000 à 10,000 habitants, et dans celles d'une population supérieure un commissaire de police de plus par chaque excédant de 10,000 habitants. Les commissaires de police cantonaux, qui pouvaient être établis, aux termes d'un décret du 28 mars 1852, au chef-lieu de canton avec juridiction sur toutes les communes qui le composent, ont successivement disparu, surtout depuis un arrêté ministériel du 10 septembre 1870, dans les communes de moins de 5,000 habitants. Mais une circulaire du ministre de l'intérieur en date du 9 mai 1872 invite les préfets à lui faire connaître les communes de cette catégorie dans lesquelles il y aurait lieu de rétablir des commissariats de police communaux ou spéciaux, en profitant des nouveaux crédits alloués à cet effet.

En outre, il existe dans les villes importantes un commissaire central de police, qui a sous ses ordres les commissaires de police de la commune où il siège, et qui est directement nommé et révoqué par le pouvoir exécutif. Un décret du 15 mai 1864 fait une position exceptionnelle, en leur attribuant un supplément de traitement payé sur les fonds de l'État, aux commissaires centraux de police des villes chefs-lieux d'une préfecture de première classe. Tous les autres commissaires de police sont répartis en cinq classes, d'après le principe posé par le décret législatif du 28 mars 1852, dont les prescriptions ont été réalisées par le décret portant règlement d'administration publique du 27 février 1853, sauf l'application à la ville de Paris des décrets spéciaux du 23 novembre 1853 et du 17 septembre 1854.

CHAPITRE DEUXIÈME.

TRIBUNAUX ADMINISTRATIFS.

243. Division du chapitre.

243. Ce chapitre se divise en trois sections ; dans la première, il sera traité des caractères propres et de l'historique du contentieux administratif, ainsi que du conseil d'État considéré comme haut tribunal administratif ; dans la seconde, des tribunaux administratifs généraux ; et dans la troisième, des tribunaux administratifs spéciaux.

SECTION PREMIÈRE. — Du contentieux administratif et du conseil d'État délibérant au contentieux.

La division de cette section en deux paragraphes résulte de son intitulé même.

§ Ier. — Du contentieux administratif.

244. Définition et domaine du contentieux administratif.
245. 1° Affaires placées par un texte dans le contentieux administratif.
246. 2° Affaires appartenant par leur nature au contentieux administratif.
247. Division en trois classes des actes de l'administration.
248. Les actes gouvernementaux ne rentrent pas dans le contentieux administratif et sont distincts des actes de l'administration.
249. Distinction entre le droit acquis violé et l'intérêt lésé.
250. Comment le contentieux administratif se distingue du contentieux judiciaire.
251. Comment il se distingue des matières du ressort de la juridiction gracieuse administrative.
252. 3° Des recours pour incompétence ou excès de pouvoir devant le conseil d'État délibérant au contentieux.
253. Suite.
254. 4° Interprétation par la voie contentieuse des actes administratifs.

255. Statistique, du 25 janvier 1852 au 31 décembre 1865, relative à ces deux dernières classes de recours.
256. Motifs de la juridiction contentieuse administrative, instituée parallèlement à la juridiction judiciaire.
257. Ses origines et son institution; exclusion de la dénomination de juridiction d'exception appliquée aux tribunaux administratifs.
258. Amovibilité, sauf une exception, des juges administratifs; motifs.
259. Insuccès successifs et mérités, des attaques dirigées contre la juridiction administrative.
260. Division des tribunaux administratifs.

244. On appelle contentieux administratif l'ensemble des matières de la compétence des tribunaux administratifs ou du domaine de la juridiction administrative. Ce contentieux, envisagé d'une manière générale et dans son ensemble, peut se décomposer en branches diverses au nombre de quatre. La première comprend les affaires qu'un texte formel de loi a soumises à la juridiction contentieuse administrative; la seconde celles qui relèvent de cette juridiction à raison de leur nature, qu'il existe ou non une disposition légale; ce sont là les deux branches essentielles du contentieux administratif. La troisième comprend les recours pour excès de pouvoir et pour incompétence; et la quatrième les recours pour interprétation des actes administratifs. Ces deux dernières branches du contentieux administratif diffèrent des deux premières en ce que le pouvoir du juge administratif y est plus circonscrit et plus restreint.

245. 1° Les affaires de la première classe, appartenant au contentieux administratif, non pas en vertu de leur nature, mais en vertu d'un *texte* législatif qui les place dans le domaine de la juridiction administrative, consistent, — soit en réclamations élevées contre certains actes de l'administration active qui ne blessent que des intérêts, mais auxquels la loi a exceptionnellement ouvert le recours par la voie contentieuse, — soit en contestations qui, par leur nature, relèveraient plutôt de la juridiction judiciaire, telles que les difficultés d'interprétation ou d'exécution de certains *actes contractuels*, passés par l'administration avec des particuliers dans l'intérêt d'un service public national, départemental ou communal, et que divers motifs ont déterminé le législateur à placer expressément dans les attributions de la juridiction administrative. La question de compétence, en ce qui concerne ces réclamations ou contestations, ne soulève que les difficultés ordinaires d'interprétation, puisqu'elle suppose un texte formel et nécessaire.

246. 2° Il en est autrement des affaires contentieuses administratives de la seconde classe, celles qui sont de la compétence des tribunaux administratifs en raison de leur *nature* même et abstraction faite des textes. Ces affaires sont les plus nombreuses ; elles forment l'apanage essentiel de la juridiction administrative ; mais, pour fixer leur caractère, la jurisprudence savante du conseil d'État a dû venir en aide à l'insuffisance et au laconisme des textes. On reconnaît ces affaires à la réunion des deux conditions suivantes, constitutives du contentieux administratif.

Il faut 1° que le litige soit suscité par un *acte administratif proprement dit*, 2° que la réclamation, à laquelle donne lieu l'acte administratif, soit fondée sur la *violation d'un droit* et non pas seulement sur la simple lésion d'un intérêt.

Nous allons expliquer chacun de ces deux termes.

247. Pour bien comprendre l'expression d'*actes administratifs proprement dits*, il faut, en premier lieu, constater avec soin que tous les actes de l'administration française se divisent en trois classes : 1° les *actes réglementaires*, décrets, arrêtés préfectoraux ou municipaux portant règlement, dont les dispositions ne sauraient donner lieu, au fond, à un recours contentieux, parce qu'ils sont faits par l'autorité administrative en vertu d'une délégation partielle du pouvoir législatif [n°^{s} 64, 73, 110 et 211], et constituent des faits de législation plutôt que d'administration ; 2° les *actes contractuels* émanés de l'administration, dans lesquels elle ne figure que comme partie contractante ; 3° les *actes administratifs proprement dits*, qui se distinguent des deux premières catégories d'actes émanant également de l'administration, en ce qu'au lieu d'être généraux comme les règlements ils sont individuels et spéciaux, et qu'au lieu d'être des actes de gestion comme les contrats passés par l'administration, ils constituent des actes d'autorité et de commandement et sont des actes de la puissance publique. Ce sont les réclamations élevées contre ces derniers actes qui appartiennent de plein droit au contentieux administratif, lorsque ces actes violent les droits acquis aux citoyens en vertu des lois, règlements ou contrats.

248. En second lieu, il ne faut pas, avec les actes de l'administration, qui seuls peuvent donner lieu au contentieux administratif, confondre les *actes gouvernementaux*, sur lesquels il n'appartient pas à la juridiction administrative de statuer ; ils relèvent directement des corps politiques et de l'opinion publique, et engagent les questions politiques de responsabilité ministérielle et autres. Ici se présente la séparation du droit constitutionnel et du droit administratif, du gouvernement et de l'administration, expliquée au début de cet ouvrage.

Les tribunaux de l'ordre judiciaire ne sont sans doute pas plus compétents que les tribunaux administratifs pour annuler ou blâmer ces actes gouvernementaux [n° 650 3°], non plus que pour connaître de l'exécution des conventions diplomatiques (Trib. des conflits, 14 décembre 1872, *Goulet* c. *maire de Reims*). Mais comme l'autorité judiciaire est instituée gardienne de la propriété, de la liberté individuelle et de l'état civil des citoyens, et que les litiges de cet ordre sont au premier chef dans le contentieux judiciaire, il appartient aux tribunaux judiciaires, sans annuler ou critiquer l'acte gouvernemental, de reconnaître le droit contesté, lorsque cet acte gouvernemental, émané soit du chef de l'État, soit d'un ministre, constitue contre la propriété, la liberté ou l'état civil d'un citoyen, une voie de fait ne rentrant pas dans l'exercice des pouvoirs constitutionnels ou légaux du gouvernement (conclusions de M. Aucoc, commissaire du gouvernement, dans l'affaire *Hamilton*, jugée par le conseil d'État le 11 août 1866, et dans l'affaire du *duc d'Aumale*, ainsi que l'arrêt du conseil du 9 mai 1867 dans cette dernière affaire).

Mais en ce qui concerne la juridiction administrative, aucun texte ne lui confère, à propos d'actes gouvernementaux, le droit de statuer sur ces matières placées dans le contentieux judiciaire. La jurisprudence constante du conseil d'État sur ce point est en complète harmonie avec les textes. L'article 9 de la loi du 24 mai 1872, comme toutes les lois précédentes de 1852, 1849, 1845, ne confère au conseil d'État que le droit de statuer « sur les recours » en matière contentieuse *administrative* », et, conformément aussi à la législation précédente et à la jurisprudence antérieure du conseil, « sur les demandes d'annulation pour excès de pouvoir » formées contre les actes des diverses autorités *administratives* », toutes expressions exclusives de l'action *gouvernementale*.

Nous avons dit, en traitant du principe de la séparation des pouvoirs, au début de cet ouvrage, que le gouvernement et l'administration sont deux branches du pouvoir exécutif réunies dans les mêmes mains, et que par suite au premier degré de la hiérarchie administrative, la distinction entre les décrets gouvernementaux, non susceptibles d'être attaqués par la voie contentieuse devant les tribunaux administratifs, et les décrets administratifs soumis à ce recours, peut présenter certaines difficultés d'application; nous en avons cité de nombreux exemples auxquels nous renvoyons.

249. Il vient d'être dit que, pour appartenir au contentieux administratif, il faut que la réclamation dirigée contre un acte administratif proprement dit soit fondée sur la *violation d'un droit acquis*, et non sur la lésion d'un simple intérêt. Il y a droit acquis chaque fois que l'acte ou le fait contre lequel on réclame a été accompli au mépris d'une obligation de l'administration, résultant d'un texte de loi, de règlement, ou d'un contrat, sous la protection duquel le réclamant peut se placer; alors seulement la voie contentieuse est ouverte contre l'acte administratif. Il en est ainsi parce que, si l'on ne peut opposer à l'administration un droit qu'elle soit tenue de respecter, une obligation légale, réglementaire ou contractuelle qui la lie, elle est autorisée par la loi à répondre : « *jure feci* ».

Un exemple entre mille mettra pleinement en lumière cette distinction fondamentale entre le *droit acquis* et le *simple intérêt*, dont nous avons déjà dit [au n° 66] l'immense importance dans le droit administratif. Nous empruntons cet exemple à la législation relative aux noms de famille. La loi du 11 germinal an XI, par raison de police, a interdit à tout citoyen de changer de nom sans l'autorisation du chef de l'État [n°ˢ 743 et 744]; le décret qui intervient est dans tous les cas un acte administratif proprement dit. Mais ce changement de nom sollicité ne constitue, pour celui qui le demande, qu'un simple intérêt; en le refusant, l'administration supérieure ne viole aucun droit; par suite, le refus d'autorisation ne peut être l'objet d'un recours au contentieux. Mais, en cas d'autorisation, il peut en être autrement à l'égard des tiers; un nom de famille est une propriété qui ne se transmet que par filiation; le tiers qui le porte est lésé non-seulement dans son intérêt, mais dans son droit, lorsqu'un décret autorise un autre que lui à le prendre; aussi la voie du recours contentieux, sous forme d'opposition au décret d'autorisation, est-elle ouverte devant le conseil d'État aux tiers, particuliers ou communes (c. d'Ét. 16 août 1862), ainsi lésés. L'article 7 de la loi du 11 germinal an XI exige seulement que l'opposition soit formée dans le délai d'un an à partir de l'insertion au *Journal officiel* du décret d'autorisation. Ces règles se concilient d'ailleurs avec celle de la compétence exclusive des tribunaux de l'ordre judiciaire pour connaître des contestations qui s'élèvent sur la propriété des noms de famille (c. d'Ét. 12 mai 1819, *Caumont*; c. cass. 8 mars 1841, *d'Adhémar*), alors même que l'une des parties prétendrait au nom contesté comme constituant une qualification nobiliaire (c. cass. 15 juin 1863, *Hibon c. de Brancas*).

250. Si la première de ces circonstances manque, c'est-à-dire si ce n'est pas *un acte administratif proprement dit* qui donne lieu au procès, alors même que l'administration y est partie, la matière est comprise dans le contentieux judiciaire (sauf le cas d'un texte spécial [n° 245]) ; c'est en ce sens qu'il faut dire « que le contentieux judiciaire embrasse les luttes entre les droits purement privés, tandis que le contentieux administratif comprend celles où l'intérêt général est en présence d'un droit privé ».

La mission de l'administration active est de donner satisfaction aux besoins de l'intérêt général ; et, dans les litiges administratifs, cet intérêt général est représenté par l'acte administratif proprement dit qui a heurté les droits ou les intérêts privés réclamant contre lui. C'est pourquoi la compétence des tribunaux administratifs n'a plus de raison d'être, et fait place à celle des tribunaux judiciaires, à moins d'un texte contraire, du moment que l'action à introduire ne constitue pas une attaque dirigée contre un acte de l'administration et une entrave apportée à l'accomplissement de sa mission.

Il convient aussi de constater ici qu'en principe, sauf ce qui a été dit ci-dessus [n°s 245, 248, 249], les contrats, la propriété mobilière ou immobilière, et l'état civil des citoyens, appartiennent au domaine de l'autorité judiciaire. Dans ces questions sont comprises celles relatives à la propriété des noms de famille, celles de nationalité, d'extranéité, de domicile, et de jouissance des droits civils et politiques.

Les actes réglementaires sont, encore plus que les actes contractuels de l'administration, en dehors du contentieux administratif : ils ne sont soumis qu'au recours général pour excès de pouvoir et incompétence, dont il est parlé plus bas [n°s 252 et 253], ouvert contre tous les actes de l'administration. Mais nous avons déjà dit [n°s 64, 110, 247] que l'autorité judiciaire est compétente pour réprimer la violation des règlements légalement faits par l'autorité administrative et apprécier dans ce but leur légalité [n° 652].

251. Si, au contraire, la première circonstance existe, mais que

la seconde fasse défaut, c'est-à-dire s'il n'y a pas lésion d'un droit acquis, mais simple froissement d'un intérêt par l'acte administratif intervenu, la matière ne fait partie ni du contentieux administratif ni du contentieux judiciaire : elle est de la compétence de la *juridiction gracieuse* ou *discrétionnaire*. Ce recours, au lieu de saisir les tribunaux administratifs, sera porté devant les dépositaires de l'action administrative ou administration pure, maires, préfets, ministres, et enfin devant le pouvoir exécutif ; au lieu d'être soumis à des formalités de rigueur, à des délais de déchéance, à l'application du principe de la chose jugée, le recours n'est assujetti à aucune règle, et pourra être reproduit.

Il ne peut être porté devant le conseil d'État, ce qui constitue la différence pratique la plus considérable entre les deux voies de recours, contentieuse et gracieuse.

252. 3° Ces actes d'administration pure, tenant au pouvoir discrétionnaire, n'échappent pas entièrement au contrôle du conseil d'État, auquel ils peuvent toujours, comme tous autres actes de l'*administration* (à l'exclusion des actes *gouvernementaux* [n° 248]), être déférés *pour incompétence* et *excès de pouvoir*.

Ce recours pour excès de pouvoir et pour incompétence constitue une branche particulière du contentieux administratif. Il ne permet pas d'examiner le fond de l'affaire, mais seulement la question d'incompétence ou d'excès de pouvoir. Il y a incompétence quand l'agent a accompli un acte dans une matière dont il n'avait pas le droit de connaître, et toute espèce d'incompétence constitue un excès de pouvoir. Il y a excès de pouvoir lorsque l'agent investi du droit de connaître de l'affaire sur laquelle il a statué a pris une résolution qui lui était interdite ; il y a aussi excès de pouvoir lorsque l'acte a été rendu en violation des formes substantielles, et encore lorsque l'agent administratif a usé de son pouvoir pour un cas et des motifs autres que ceux en vue desquels ce pouvoir lui a été attribué (c. d'Ét. 25 février 1864 et 7 juin 1865, *Lesbats* ; 2 août 1870, *Bouchardon* ; 19 mars 1868, *Dubur* ; 3 mai 1866, *Letellier-Delafosse* ; 22 novembre 1866, *Guéret* ; 11 janvier 1866, *Chabannes* ; 23 janvier 1868, *Vogt*).

Ce droit de recours au conseil d'État pour incompétence ou excès de pouvoir est général ; il s'applique indistinctement à tous les actes émanés d'un agent administratif quel qu'il soit, quelle que soit la nature de cet acte [n° 66], administratif proprement dit ou réglementaire (nonobstant certaine restriction admise sur ce dernier point par un arrêt du conseil d'État du 4 février 1869, *boulangers de Montluçon*, et judicieusement critiqué ¹), d'un conseil administratif (c. d'Ét. 24 janvier 1872, *conseil municipal de Toulon*), ou d'un tribunal administratif. Ce recours s'applique ainsi à tout acte émané d'un organe quelconque de l'administration active, délibérante ou contentieuse, et ne s'arrête que devant un texte qui l'exclut [n° 238], le défaut d'intérêt des réclamants (1ᵉʳ février 1866, *Catusse*; 26 mai 1866, *Moly*; 14 août 1871, *Fargein*; 30 août et 21 octobre 1871; 13 février 1874, *Dussaussoy c. ville de Lille*), l'expiration des délais du recours, comme il est dit ci-dessous, ou l'exécution de la décision attaquée [n° 153]. Il est ouvert à tout intéressé [nᵒˢ 159 et 173]. Mais on rappelle itérativement que, si cette règle s'étend, en principe, à tous les actes de l'*administration*, les actes de *gouvernement* ne s'y trouvent pas compris [n° 248].

Ce recours général, pour incompétence ou excès de pouvoir, au conseil d'État par la voie contentieuse, n'était primitivement fondé que sur la loi des 7-14 octobre 1790, rapportée ci-dessous [n° 270], dont la jurisprudence libérale du conseil d'État a développé le principe de la manière la plus large ; l'article 9 de la loi du 24 mai 1872 l'a formellement consacré [nᵒˢ 74 et 274].

Une application formelle de ce principe, en ce qui concerne les décisions des conseils administratifs, se trouve écrite dans l'article 88 *in fine* de la loi du 10 août 1871, relatif aux commissions départementales des conseils généraux [nᵒˢ 170 et 173].

La loi du 27 juillet 1872 sur le recrutement de l'armée (art. 30 [n° 495]) en fait une application relative aux conseils de révision.

Nous avons indiqué [nᵒˢ 80, 153, 159, 170 et 173, 238, etc.] d'autres applications remarquables de ce principe.

253. Ce recours pour incompétence ou excès de pouvoir offre ce caractère particulier, qu'il peut toujours, parce qu'il y a urgence de rétablir l'ordre troublé au sein de l'organisation administrative, être porté *de plano et omisso medio* devant le conseil d'État, alors même que l'acte émane d'une autorité qui ne relève pas directement du conseil d'État, et quelle que soit la nature de cette autorité, fonctionnaire administratif, conseil délibérant ou tribunal administratif, pourvu que le recours soit formé dans les

---

¹ Par M. Rozy, professeur de droit administratif à la faculté de droit de Toulouse, *Revue critique de législation*, t. XXXVII, p. 97.

trois mois de la notification de l'acte attaqué (c. d'Ét. 20 mars 1862, *Châlons-sur-Marne* c. *Navarre*; 5 juin 1862, *d'Andigné de Resteau*; 6 juillet 1863; 31 août 1863), sans préjudice des recours hiérarchiques qui peuvent être encore ouverts nonobstant l'expiration de ce délai, et permettre de saisir le conseil d'État de la décision rendue par l'autorité supérieure (c. d'Ét. 9 février 1865, *d'Andigné de Resteau*).

Nous avons déjà fait remarquer que le délai du recours est réduit au cas spécial de l'article 88 de la loi du 10 août 1871 [n°s 170, 173 et 279]. — [*Voir* aussi n°s 266 à 267, et 286].

254. 4° Une dernière branche du contentieux administratif comprend l'interprétation des actes administratifs par la voie contentieuse, dans le cas où cette interprétation est nécessaire pour la solution d'un litige administratif ou judiciaire [*voir* n°s 274, 654 et 655].

255. De 1852 à 1865, le conseil d'État a été saisi de 508 recours pour incompétence et excès de pouvoir, sur lesquels 251 ont été admis en totalité, 21 partiellement, 226 ont été rejetés, et 10 ont été suivis de désistement ou sont devenus sans objet. Dans la même période, le conseil d'État a été saisi de 55 demandes d'interprétation de décrets administratifs : 49 interprétations ont été données, et 6 refusées.

256. Le législateur a dû investir de la connaissance du contentieux administratif des tribunaux autres que ceux auxquels il attribuait le contentieux judiciaire. Les motifs de l'établissement de ces deux classes de tribunaux sont : que les procès administratifs ont un caractère d'urgence demandant des formes plus brèves; qu'ils exigent des connaissances spéciales; qu'il faut que le jugement de ces litiges, tout en sauvegardant d'une manière rigoureuse les droits privés, ne perde jamais de vue l'intérêt général et le droit de tous; que l'analogie entre le contentieux administratif et le contentieux judiciaire n'est qu'apparente : entre deux particuliers, la lutte n'engage, en principe, que leurs intérêts personnels et privés, tandis que l'administration n'agit que dans un intérêt public et général et jamais dans un intérêt personnel; c'est enfin que l'indépendance nécessaire à l'administration par rapport à l'autorité judiciaire eût été vainement proclamée, si le contentieux administratif n'avait pas été confié à des magistrats de l'ordre administratif. La juridiction contentieuse administra-

tive est le complément nécessaire de l'action administrative, ce qui n'implique ni confusion entre elles, ni subordination de l'une à l'autre. Mêler le contentieux administratif aux matières d'administration pure, ce serait exagérer la puissance des agents de l'administration active et enlever aux administrés leur plus efficace garantie contre les abus de pouvoir. Mêler le contentieux administratif au contentieux judiciaire entre les mains des tribunaux de cet ordre, ce serait détruire sûrement le principe de la séparation des autorités administrative et judiciaire [n°s 648 et suivants], au triple détriment des intérêts privés des justiciables, de la juridiction judiciaire et de la chose publique.

257. Le législateur, en créant ces deux justices parallèles, l'une judiciaire, l'autre administrative, n'a établi aucun lien de dépendance entre elles, n'a pas fait, en principe, de délibation de l'une à l'autre. Après avoir existé concurremment sous l'ancienne monarchie, même au milieu des envahissements des parlements, à côté desquels se trouvaient les intendants et le conseil du roi, les bureaux d'élections et les cours des aides, la table de marbre, les bureaux de finances, la cour des monnaies, les chambres des comptes, et autres tribunaux administratifs, ces deux juridictions, dans le nouveau droit public de la France, ont été instituées en même temps, à trois semaines d'intervalle : la juridiction civile, par la loi d'organisation judiciaire des 16-24 août 1790 ; la juridiction administrative, par la loi des 7-11 septembre 1790 et par les autres lois d'organisation administrative de l'Assemblée constituante.

Qu'on les considère au point de vue de leur objet différent ou de l'historique de leur institution contemporaine, on voit que la justice administrative n'est pas plus un démembrement de la justice judiciaire que celle-ci ne l'est de la première, et il faut répudier la qualification de tribunaux ou juridictions d'exception, fréquemment donnée aux tribunaux administratifs. « Si la com-
» pétence de l'autorité judiciaire, dit Henrion de Pansey, ne
» s'étend pas aux matières qui font essentiellement partie du con-
» tentieux administratif, ce n'est pas que ces matières en aient
» été distraites, c'est que la compétence du juge civil ne s'est ja-
» mais étendue jusque-là, par suite du principe de la séparation
» des pouvoirs ».

L'Assemblée constituante, dans les lois des 7-11 septembre 1790 et des 27 avril-24 mai 1791, en conférant la connaissance des litiges administratifs aux municipalités, aux directoires de district, aux directoires de département et au conseil des ministres, avait à la fois confondu l'*action*, la *délibération* et la *juridiction* administratives dans les mêmes mains. La législation consulaire de l'an VIII, en séparant l'action de la délibération, a fait aussi une part distincte à la juridiction. La Constitution du 22 frimaire (art. 52) a créé le conseil d'État, tribunal administratif supérieur ; la loi du 28 pluviôse a créé les conseils de préfecture, investis par elle de la connaissance des litiges administratifs les plus nombreux ; puis d'autres tribunaux administratifs ont été institués, tels que la cour des comptes en 1807, le conseil impérial de l'Université en 1808 ; toutefois il est resté entre les mains des agents de l'administration active, maires, sous-préfets, préfets, ministres, certaines parties de la juridiction contentieuse.

258. Il existe un caractère commun à tous les tribunaux administratifs (sauf la cour des comptes [n° 453]) : c'est que les magistrats qui les composent ne jouissent pas du bénéfice de l'inamovibilité [*voir* n°[s] 77 et 297] qui appartient aux magistrats de l'ordre judiciaire. Le motif de cette différence est dans la difficulté de donner cette garantie aux justiciables, sans compromettre l'indépendance de l'administration active, dont les tribunaux administratifs sont appelés à juger les actes pour les annuler ou les maintenir. Le conseil de préfecture, inamovible et investi d'un pouvoir de décision qui lui est propre, pourrait dominer le préfet amovible ; le conseil d'État, inamovible, pourvu ou non d'un pouvoir propre, s'imposerait aux ministres et pourrait entraver l'action même du chef de l'État dans ce qu'elle a de plus nécessaire et de plus légitime. On pourrait se demander à quoi servirait d'avoir rendu l'administration active indépendante des corps judiciaires, si on la soumettait aux entraves que peuvent créer des corps administratifs inamovibles ? Toutefois, mieux vaudrait leur inamovibilité que leur suppression [n°[s] 259, 289, et notes]. D'ailleurs l'amovibilité n'exclurait pas des garanties particulières données aux juges administratifs et qu'une loi pourrait leur assurer. Enfin ce nous paraît être une grave erreur que de tirer argument de ce défaut d'inamovibilité des juges administratifs, pour attaquer la justice administrative et en demander la suppression au nom d'un libéralisme faisant fausse route. Telle qu'elle est, la justice administrative, et surtout le conseil d'État, forme la seule garantie efficace qui puisse, en France, être donnée à l'administré

contre l'administrateur. Elle contrôle l'administration, et offre aux droits privés la plus sérieuse protection contre ses abus de pouvoir.

259. Cette vérité et les raisons de décider données dans les numéros qui précèdent expliquent l'insuccès des attaques dirigées contre la juridiction administrative chaque fois que la question a été soumise au législateur. Elle avait été soulevée dans la presse par un article resté célèbre, publié en 1828 dans la *Revue française* par un homme d'État éminent, devenu ministre de l'instruction publique et président du conseil d'État après 1830. Dans les discussions auxquelles donnèrent lieu les sept projets de loi successivement présentés aux chambres, et qui aboutirent à la loi sur le conseil d'État du 19 juillet 1845 [1], après 1848, dans les travaux préparatoires de la loi organique sur le conseil d'État du 9 mars 1849 [2], en 1851, dans les rapports du conseil d'État [3] et de la com-

---

[1] Rapports de M. Portalis à la chambre des pairs en 1833, de M. Lacave-Laplagne à la chambre des députés en 1835, de M. Vatout en 1837 ; et dans la séance de la chambre des députés du 10 juin 1840, un rapport de M. Dalloz, présenté au nom d'une commission, dont étaient membres MM. de Tocqueville, Isambert et Odillon-Barrot, constate « que la commission avait été *unanime* » pour repousser l'idée de renvoyer aux tribunaux le contentieux de l'adminis- » tration en tout ou en partie ».

[2] Le rapport de M. Vivien au nom de la commission, consacré par les votes *presque unanimes* de l'Assemblée constituante dans la séance du 23 janvier 1849, s'exprime ainsi : « Dans l'opinion de la commission, le contentieux administratif ne saurait, en aucune façon, être soumis aux tribunaux ordinaires. Les lois et les contrats administratifs appartiennent à un ordre de principes, d'idées et d'intérêts complétement étranger aux juridictions civiles ; il faut, pour les appliquer, des connaissances pratiques, des études légales qu'on ne trouverait pas auprès de ces juridictions. Il y aurait danger pour l'administration à la soumettre à des juges qui ne sont pas initiés à ses nécessités, à ses usages, à ses besoins ; qui, par devoir, se préoccupent presque exclusivement du droit privé, et dont l'invasion dans le domaine administratif aurait bientôt détruit le principe tutélaire de la séparation des pouvoirs. La création de juridictions spéciales répondrait à une partie de ces objections. Des juridictions spéciales pourraient être composées de manière à offrir les garanties de lumière et d'expérience nécessaires au jugement des contestations administratives. Mais, placées en dehors de l'administration, elles seraient exposées à s'en séparer bientôt par l'esprit et les tendances que leur imprimerait l'habitude d'une juridiction indépendante ; elles seraient tentées à leur tour d'absorber dans leur autorité celle du gouvernement, et bientôt l'administration tout entière pourrait devenir leur subordonnée, pour ne pas dire leur vassale. »

[3] Le rapport de M. Boulatignier, conseiller d'État, est un véritable traité sur la juridiction administrative et son histoire. — Après avoir reproduit le texte

mission de l'assemblée législative [1], sur un projet de loi relatif à l'administration intérieure pour la partie concernant les conseils de préfecture, en 1865 [2], lors de la discussion de la loi sur ces conseils, les attaques dirigées contre la juridiction administrative ont été sans succès. Nous espérons, dans l'intérêt des affaires judiciaires aussi bien que des affaires administratives, qui ne sauraient sans dommage être l'objet d'une confusion contre nature dans un seul et unique contentieux, qu'il en sera toujours ainsi. Le vote par l'assemblée nationale de la loi du 24 mai 1872 sur le

de la loi des 16-24 août 1790 [ci-dessous n°s 649 et suivants] qui consacre le principe de la séparation des autorités administrative et judiciaire, il dit : « L'Assemblée constituante ne pouvait pas ne pas apercevoir que renvoyer aux tribunaux la connaissance des contestations qui naîtraient de l'exécution des actes administratifs, c'était subordonner l'administration à l'autorité judiciaire et, par suite, enlever au pouvoir législatif la prérogative dont il se montrait si jaloux d'imprimer la direction au pouvoir exécutif et de contrôler sa marche... Loin de songer à supprimer la juridiction administrative, les auteurs de la loi sur l'organisation judiciaire proposèrent de constituer *dans chaque département un tribunal d'administration*... La juridiction qu'on voulait accorder à ce tribunal fut donnée aux corps administratifs eux-mêmes... L'existence d'une juridiction administrative parallèle à la juridiction des tribunaux civils se trouve ainsi constatée, à l'origine même de la constitution de l'ordre judiciaire dans la France moderne ».

[1] Extrait du rapport de M. de Larcy : « Quel est le sens de ce respect pour l'institution, uni au désir de la voir réformée et perfectionnée ? C'est que le principe d'une juridiction spéciale pour les questions administratives est *universellement* accepté. On sent le besoin de voir ces matières si délicates, qui touchent par tant de points aux intérêts généraux, réglées par des hommes en contact habituel avec l'administration, pénétrés de son esprit et se dégageant, dans une certaine mesure, du point de vue de l'intérêt individuel et privé qui préside plus particulièrement aux décisions judiciaires. Mais en admettant sa spécialité, on voudrait aussi que cette juridiction présentât les garanties de suffisante indépendance qui sont inhérentes à toute justice. »

[2] Extrait du discours prononcé par M. le conseiller d'État Boulatignier, en qualité de commissaire du gouvernement, dans la séance du corps législatif du 26 mai 1865 : « On a eu raison de vous dire, il y a deux jours, au nom de votre commission, que les conseils de préfecture avaient vu leur institution confirmée sans contestation sous les divers gouvernements qui ont eu à gérer les affaires de la France depuis l'an VIII. J'ajouterai que leurs attributions ont été sans cesse en s'étendant... La juridiction des conseils de préfecture, confirmée et agrandie par toutes les assemblées délibérantes qui ont fait des lois pour la France depuis soixante et quelques années, a-t-elle besoin d'être longuement défendue ? est-elle sérieusement menacée dans cette Chambre ? J'en demande pardon à quelques honorables orateurs ; mais il me paraît résulter de la discussion générale que, loin d'être compromise, elle est *généralement* acceptée » (assentiment).

conseil d'État (art. 9, 15 à 24), confirmant le second degré de la juridiction administrative [1], était déjà d'un heureux augure, nonobstant certaines réserves, pour l'insuccès des attaques en apparence dirigées contre le premier degré de juridiction [*voir* nos 289 et 290], mais en réalité subversives et destructives de la juridiction administrative tout entière.

260. A d'autres points de vue au contraire, les tribunaux administratifs diffèrent entre eux d'une manière notable.

Les uns forment des corps délibérants composés d'un nombre plus ou moins considérable de membres ; les autres sont des juges isolés qui, par une exception au principe de l'an VIII, cumulent certaines attributions contentieuses avec les fonctions de l'administration active.

Les uns jugent en premier, les autres en dernier ressort, et l'un d'eux est le régulateur suprême des compétences duquel relèvent tous les autres tribunaux administratifs.

Les uns connaissent de matières diverses, les autres ne jugent que des matières spéciales.

Ce sont ces dernières différences qui permettent de faire la division des tribunaux administratifs en trois catégories, que nous avons annoncée, et qui sert de base principale au plan de ce chapitre. La première classe ne comprend que le conseil d'État, qui occupe entre tous les tribunaux administratifs une situation excep-

---

[1] Extrait du rapport présenté au nom de la commission par M. Batbie, membre de l'assemblée nationale ; *annexe* à la séance du 29 janvier 1872 : « Est-il vrai que l'administration soit, comme on le lui a souvent reproché, juge dans sa propre cause ? Il faudrait, pour que l'objection fût fondée, que le jugement du contentieux appartînt aux agents administratifs. Mais les conseillers d'État qui statuent sur les pourvois ne sont pas les auteurs des faits dont les administrés se plaignent. L'administration, en effet, n'est pas un tout confus où l'action et la juridiction soient mêlées ; on y distingue, au contraire, avec soin l'action, la délibération et le jugement, et il n'y a pas solidarité entre les autorités qui agissent et celles qui connaissent des réclamations....... La justice et l'administration sont deux pouvoirs dont il faut assurer la séparation ; cette séparation est désirable pour deux raisons : 1° parce que le jugement des procès administratifs exige des connaissances spéciales qu'on ne trouverait que rarement chez des magistrats absorbés par l'examen des contestations privées ; 2° parce que le pouvoir judiciaire pourrait servir à des magistrats inamovibles pour arrêter l'action administrative et mettre, sinon le gouvernement, au moins l'administration au greffe..... Perfectionnons ce qui est imparfait, mais gardons-nous d'abolir une juridiction dont, jusqu'à présent, les décisions ont mérité l'approbation de tous ceux qui l'ont de près vue à l'œuvre ».

tionnelle, non-seulement en ce qu'il est pour beaucoup d'entre eux le tribunal d'appel, mais surtout en ce que tous relèvent de lui, à certains points de vue, comme tribunal de cassation. Considérés sous un autre rapport, les autres se divisent en tribunaux administratifs *généraux*, tels que les ministres et les conseils de préfecture dont la compétence embrasse des matières administratives très-variées, et en tribunaux administratifs *spéciaux*, dont la compétence est circonscrite à un ordre spécial d'affaires administratives, tels que la cour des comptes, le conseil supérieur de l'instruction publique, les conseils de révision, etc.

§ II. — Conseil d'État délibérant au contentieux.

261. Organisation de l'assemblée du conseil d'État délibérant au contentieux.
262. Origines et précédents historiques.
263. Présidence de cette assemblée.
264. Commissaires du gouvernement et débats publics.
265. Jugement par la section du contentieux seule.
266. Des huit classes d'affaires dispensées de la constitution d'avocat au conseil.
267. Caractère facultatif de la dispense, et du renvoi à l'assemblée du contentieux.
268. Affaires jugées par l'assemblée du contentieux et par la section du contentieux, du 25 janvier 1852 au 31 décembre 1865.
269. Absence de pouvoir propre du conseil d'État avant la loi de 1872.
270. Pouvoir propre du conseil d'État en matière contentieuse, en vertu de la loi du 24 mai 1872.
271. Des six classes d'affaires contentieuses de la compétence du conseil.
272. Affaires qu'il juge comme régulateur des compétences administratives et tribunal de cassation,
273. — comme tribunal d'appel,
274. — comme unique degré de juridiction.
275. Statistique des décisions rendues au contentieux de 1852 à 1860,
276. — — — — — de 1861 à 1865.
277. Code de procédure du conseil d'État; décret du 22 juillet 1806.
278. Formes du recours au conseil d'État délibérant au contentieux.
279. Délais du recours.
280. Effets du recours.
281. Instruction de l'affaire; ordonnance de soit communiqué; requêtes.
282. Formes de l'arrêt.
283. Voies de recours.
284. Arrêt revêtu de la formule exécutoire.
285. Autres effets de l'arrêt du conseil d'État.
286. Des condamnations aux dépens.

261. L'assemblée du conseil d'État délibérant au contentieux forme un troisième mode de délibération du conseil, distinct de la

délibération en assemblée générale et de celle en section [n° 83] ; c'est sous ce mode de procéder que le conseil d'État forme le tribunal administratif suprême.

Depuis le décret organique du 25 janvier 1852 (art. 19), cette assemblée se compose de deux éléments : l'un permanent, représenté par les membres de la section du contentieux, est destiné à porter, au sein de ce tribunal administratif supérieur, les principes juridiques et la fixité de jurisprudence ; l'autre mobile, destiné à y porter les connaissances propres à chaque spécialité administrative, est représenté par des conseillers d'État, pris en nombre égal dans chacune des sections administratives et renouvelés tous les deux ans par moitié.

La loi du 24 mai 1872 a conservé cette organisation ingénieuse de l'assemblée du conseil d'État délibérant au contentieux, composée des sept membres de la section du contentieux et de membres adjoints dont le nombre est seulement abaissé de dix à six, en raison de la réduction des sections administratives de cinq à trois [*voir*, n°s 74 à 88, l'organisation générale du nouveau conseil d'État].

Le rapport est fait, au nom de la section du contentieux, à l'assemblée publique du conseil d'État statuant au contentieux. Cette assemblée se compose : 1° des membres de la section ; 2° de six conseillers en service ordinaire pris dans les autres sections et désignés par le vice-président du conseil délibérant avec les présidents de section. Les conseillers adjoints à la section du contentieux ne peuvent y être remplacés que par une décision prise dans la forme qui est suivie pour leur désignation (Loi du 24 mai 1872, *sur le conseil d'État*, art. 17). — Les membres du conseil d'État ne peuvent participer au jugement des recours dirigés contre les décisions qui ont été préparées par les sections auxquelles ils appartiennent, s'ils ont pris part à la délibération (art. 20). — L'assemblée du conseil d'État délibérant au contentieux ne peut délibérer qu'en nombre impair ; elle ne décide valablement que si neuf membres au moins ayant voix délibérative sont présents. Pour compléter l'assemblée, les conseillers d'État absents ou empêchés peuvent être remplacés par d'autres conseillers en service ordinaire, suivant l'ordre du tableau (art. 21).

262. Cette heureuse combinaison est une innovation du décret organique de 1852. Sous le Consulat, le premier Empire et la Restauration, c'était l'assemblée générale qui statuait au contentieux ; sous la Monarchie de 1830, l'examen des affaires contentieuses fut soumis à une assemblée générale d'une nature spéciale où siégeaient seulement les membres du conseil en service ordinaire ; ce jugement fut attribué, sous la Constitution du 4 novembre 1848, à la section du contentieux, qui, dans la législation de 1852, comme dans notre droit actuel, ne statue pas et prépare seulement le

rapport, sauf l'exception dont il va être parlé plus bas, établie pour des affaires très-nombreuses, il est vrai, mais offrant moins d'importance ou requérant plus de célérité.

263. La loi du 24 mai 1872 attribuait au vice-président du conseil d'État la présidence de la section du contentieux (art. 10 § 2 [n° 84]), et, par suite, la présidence de l'assemblée du conseil délibérant au contentieux ; le décret réglementaire du 21 août 1872 (art. 24) ne faisait que pourvoir à cette présidence, en cas d'empêchement du vice-président du conseil. Cette combinaison était défectueuse à divers égards, et la loi du 1er août 1874 y a remédié par la création d'un quatrième président de section.

La section du contentieux sera présidée par un président de section, qui sera nommé dans les conditions et les formes déterminées par l'article 10 de la loi du 24 mai 1872. Il n'aura la présidence de l'assemblée publique du conseil d'État au contentieux qu'en l'absence du vice-président (L. 1er août 1874, *sur le conseil d'État*, art. 1er).

264. Le gouvernement se fait entendre par ses commissaires au sein de l'assemblée du conseil délibérant au contentieux ; les avocats des parties ont aussi la faculté de présenter préalablement leurs observations orales ; pour compléter ce système de garanties, le rapport, les plaidoiries, les conclusions et le jugement se produisent en audience publique. Ces trois règles de l'intervention d'un ministère public, de la défense orale et de la publicité des audiences, qui forment autant de garanties précieuses pour les droits privés, ont été introduites pour la première fois par les ordonnances royales du 2 février et du 12 mars 1831, et depuis ont toujours été maintenues.

Après le rapport, les avocats des parties présentent leurs observations orales. Les questions posées par les rapports sont communiquées, sans déplacement, aux avocats quatre jours au moins avant la séance. Le commissaire du gouvernement donne ses conclusions dans chaque affaire (Loi du 24 mai 1872, art. 18). — Trois maîtres des requêtes sont désignés par le président de la République pour remplir au contentieux les fonctions de commissaires du gouvernement. Ils assisteront aux délibérations de la section du contentieux (art. 16). — Le président de la section du contentieux distribue les affaires entre les trois maîtres des requêtes, qui remplissent les fonctions du ministère public (Décret réglementaire du 21 août 1872, art. 21). — Le rôle de chaque séance publique du conseil d'État est préparé par le commissaire du gouvernement chargé de porter la parole dans la séance ; il est arrêté par le président. Ce rôle, imprimé et contenant sur chaque affaire une notice sommaire rédigée par le rapporteur, est distribué quatre jours au moins avant la séance à tous les conseillers d'État de service à l'assemblée du conseil délibérant au contentieux, ainsi qu'aux maîtres des requêtes et auditeurs de la section du contentieux. Il est également remis aux avocats dont les affaires doivent être appelées (art. 23).

265. Cette organisation ne subit d'exception que pour certaines affaires dont le jugement, par crainte de l'abus des recours qui peuvent avoir lieu *sans frais*, est réservé à la section du contentieux par l'article 19 de la loi du 24 mai 1872, suivant encore sur ce point la législation de 1852 ; ce texte laisse aussi subsister la possibilité du renvoi à l'assemblée, s'il plaît aux membres de la section ou au commissaire du gouvernement de le demander, ou aux parties de constituer un avocat au conseil.

<small>Les affaires pour lesquelles il n'y a pas de constitution d'avocat ne sont portées à l'audience publique que si ce renvoi a été demandé par l'un des conseillers d'État de la section ou par le commissaire du gouvernement à qui elles sont préalablement communiquées. Si le renvoi n'a pas été demandé, ces affaires sont jugées par la section du contentieux sur le rapport de celui de ses membres que le président en a chargé, et d'après les conclusions du commissaire du gouvernement (L. 1872, art. 19). — La section du contentieux ne peut statuer, en exécution de l'article 19 de la loi du 24 mai 1872, sur les affaires introduites sans le ministère d'un avocat au conseil, que si trois conseillers d'État au moins sont présents (D. régl. 21 août 1872, art. 22).</small>

266. Il résulte de ces dispositions que la section du contentieux peut connaître définitivement des pourvois relatifs : 1° aux contributions directes et aux taxes établies au profit de l'État ou des communes, qui sont recouvrées dans les mêmes formes que ces contributions ; 2° aux élections des membres des conseils municipaux (L. 5 mai 1855, art. 45 et 46), des conseils d'arrondissement (L. 22 juin 1833, art. 53 [n° 402]), et des conseils généraux (L. 31 juillet 1875, art. 1 [n° 133]) ; 3° aux membres des mêmes conseils déclarés démissionnaires pour refus de remplir certaines de leurs fonctions (L. 7 juin 1873, art. 4 [n° 134]) ; 4° aux contraventions à certaines dispositions de la loi et des règlements sur la police du roulage ; 5° aux recours [dont il est parlé n°ˢ 252 et 253] portés devant le conseil d'État contre les actes des autorités administratives pour incompétence ou excès de pouvoir (D. 2 novembre 1864, art. 1 § 1, et L. 10 août 1871 sur les conseils généraux, art. 88 *in fine* [n°ˢ 170 et 173] ; 6° aux recours pour violation de la loi ou d'un règlement d'administration publique dirigés contre une décision des commissions départementales indiquées dans ce même article 88 [n° 170] ; 7° aux recours contre les décisions portant refus de liquidation ou contre les liquidations de pension (id., art. 1 § 2) ; 8° aux recours contre les arrêtés des conseils de préfecture relatifs à toutes les contraventions dont la répression leur est confiée par la loi (L. 21 juin 1865, art. 12).

Seront jugés sans autres frais que les droits de timbre et d'enregistrement : les recours portés devant le conseil d'État, en vertu de la loi des 7-14 octobre 1790, contre les actes des autorités administratives, pour incompétence ou excès de pouvoir; les recours contre les décisions portant refus de liquidation ou contre les liquidations de pension. Le pourvoi peut être formé sans l'intervention d'un avocat au conseil d'État, en se conformant d'ailleurs aux prescriptions de l'article 1er du décret du 22 juillet 1806 (D. 2 novembre 1864, art. 1er). — Le recours au conseil d'État contre les arrêtés des conseils de préfecture relatifs aux contraventions dont la répression leur est confiée par la loi, peut avoir lieu par simple mémoire déposé au secrétariat général de la préfecture ou de la sous-préfecture, et sans l'intervention d'un avocat au conseil d'État. Il est délivré au déposant récépissé du mémoire, qui doit être transmis immédiatement, par le préfet, au secrétaire général du conseil d'État (Loi du 21 juin 1865, *relative aux conseils de préfecture*, art. 12).

267. Ces huit classes d'affaires, la quatrième rentrant du reste dans les dispositions plus compréhensives de la huitième et dernière, sont les seules dans lesquelles les parties soient dispensées de constituer avocat devant le conseil d'État délibérant au contentieux [n° 278]; si elles usent de la dispense, la section du contentieux juge seule, sauf le droit de renvoi sur la demande d'un seul des magistrats de la section ou du ministère public ; si les parties ne veulent pas en user et constituent avocat au conseil, c'est l'assemblée qui doit juger : ainsi il dépend d'elles de ne pas renoncer aux garanties du débat public.

L'article 19 ci-dessus est aussi appliqué à des affaires pour lesquelles les parties devraient employer l'intermédiaire des avocats, dans le cas où c'est un ministre qui a saisi le conseil, et lorsque les parties n'ont pas défendu à son recours.

268. L'assemblée du conseil délibérant au contentieux a examiné, de 1852 à 1860, 3,630 affaires, et 2,033 de 1861 à 1865; en moyenne, 400 chaque année pendant l'une et l'autre période.

La section du contentieux a statué seule, de 1852 à 1860, sur 5,220 pourvois, et de 1861 au 31 décembre 1865 sur 3,753, dont le plus grand nombre était relatif aux contributions directes, et principalement à la contribution des patentes, pourvois fréquemment rejetés, par le motif même que les contribuables, dispensés en ces matières du ministère des avocats au conseil, et mal servis par leur inexpérience, forment des réclamations dénuées de tout fondement.

Le nombre total des affaires jugées tant par l'assemblée du contentieux que par la section seule se trouve ainsi avoir été, pendant la première période, de 8,849, et pendant la seconde de 5,786 affaires.

269. Dans la législation de 1852 (Constitution art. 50; D. org. 25 juin 1852, art. 1ᵉʳ § 2 et 24), le conseil d'État délibérant au contentieux ne rendait pas par lui-même les jugements; il les préparait, et ceux-ci n'avaient de force que par la volonté et la signature du chef de l'État : c'étaient des *décrets rendus au contentieux*. En fait, les projets proposés par le conseil d'État devenaient toujours les décrets, ce qui suffisait pour justifier la dénomination d'*arrêts* que leur appliquait un usage constant et unanime, auquel se sont conformés les auteurs du *Recueil des arrêts du conseil*, fondé dès 1821 par Macarel [1]. Mais, en droit, le décret pouvait n'être pas conforme à l'avis du conseil d'État, qui n'avait pas de pouvoir propre; légalement, ce n'était pas lui qui jugeait et statuait; il ne faisait que préparer l'exercice de la justice *retenue* par le pouvoir exécutif. Il en était autrement du conseil d'État de 1848; mais le principe de 1852 était conforme à la tradition des Monarchies constitutionnelles de 1830 et de 1814, du premier Empire et, quoique le contraire ait été allégué, du Consulat.

Il faut reconnaître que, dans la pratique, cette règle se réduisait à une pure théorie; et puisque l'intervention du chef de l'État ne s'exerçait que par l'apposition, toujours accordée, de sa signature sur le projet de décret préparé par le conseil d'État, il était exact de dire que ce grand corps était juge du contentieux, et qu'il était bien réellement un tribunal administratif.

Toutefois, s'il est sans exemple que le pouvoir exécutif ait usé de son droit de rendre un décret contraire au projet du conseil d'État, on a vu dans deux affaires le gouvernement en user pour

---

[1] Ce recueil (continué après Lebon par M. Hallays-Dabot) paraît par livraisons, et forme, chaque année, un volume contenant *tous* les arrêts rendus dans l'année par l'assemblée du conseil d'État délibérant au contentieux et la section du contentieux; tous les arrêts du conseil, cités dans le cours de notre ouvrage, se trouvent, à leurs dates, dans ce recueil. — Chaque volume contient, en outre, quatre suppléments comprenant les décrets rendus dans l'année en certaines matières non contentieuses, sous les rubriques suivantes : 1ᵉʳ supplément, *Autorisations de plaider* aux communes et autres personnes morales (décrets préparés par la section de l'intérieur, justice, instruction publique); 2ᵉ supplément, *Appels comme d'abus* (décrets préparés par l'assemblée générale); 3ᵉ supplément, *Prises maritimes et terrestres* (assemblée générale); 4ᵉ supplément (jusqu'au 4 septembre 1870), *Mises en jugement* des agents du gouvernement.

ajourner sa décision. — Dans l'une, remontant à 1842, l'intendant de la liste civile avait déterminé le roi à refuser son homologation à un projet délibéré par le conseil d'État, qui reconnaissait au ministre des finances le droit d'intervenir, à titre de représentant de l'État, pour la nue propriété, dans les instances relatives aux biens du domaine de la couronne. Après de nouveaux débats devant le conseil d'État, un décret conforme au projet adopté par le conseil est intervenu le 18 août 1856. — Dans la seconde affaire, un projet de décret, arrêté en 1852 par le conseil d'État, sur une action en répétition d'arrérages de traitements intentée par des magistrats révoqués ou suspendus en 1848 par le gouvernement provisoire et réintégrés depuis, n'a reçu la signature de l'empereur que le 4 mai 1861, sans que de nouveaux débats aient été nécessaires.

270. L'article 9 de la loi du 24 mai 1872, en donnant au conseil d'État le droit de « statuer souverainement », a fait disparaître la *justice retenue*, et conféré au conseil, en matière contentieuse, le pouvoir propre que cette loi, comme les lois précédentes, sauf celle de 1848, lui a refusé en matière administrative. Nous reproduisons en note les motifs de cette solution, tels que les a déduits, dans son savant travail, le rapporteur [1] de la commission de l'as-

---

[1] « En ce qui touche la délégation du pouvoir de juger, la commission, d'accord avec le projet du gouvernement, a modifié la législation qui jusqu'à présent avait le plus souvent prévalu, celle que notamment avaient consacrée la loi de l'an VIII, l'ordonnance du 12 septembre 1839, la loi du 19 juillet 1845, et enfin la loi du 25 janvier 1852. Au lieu de n'attribuer au conseil d'État que la préparation des projets de décret et d'exiger, pour les rendre exécutoires, la signature du chef du pouvoir exécutif, nous avons délégué à l'assemblée délibérant au contentieux, et même à la section du contentieux, le droit de décider par de véritables arrêts. Cette innovation a été combattue par plusieurs membres de la commission qui ont demandé le maintien d'une tradition fort ancienne d'après laquelle le conseil d'État, comme l'ancien conseil du Roi, n'est que *l'organe de la justice retenue*. La délégation, d'ailleurs, ont-ils ajouté, n'est qu'un premier pas fait vers l'inamovibilité, et certainement la consécration du principe ne tarderait pas à être suivie de ses conséquences logiques. — La majorité de la commission n'a pas pensé que la délégation eût nécessairement l'inamovibilité pour corollaire. Depuis qu'ils ont été institués en l'an VIII, les conseils de préfecture rendent des arrêtés exécutoires, et cependant leurs membres n'ont pas cessé d'être amovibles. Nous ne faisons donc qu'appliquer au second degré ce qui, pendant plus de soixante-dix ans, a été pratiqué au premier. Pourquoi, en effet, la justice administrative serait-elle déléguée pour la première instance et retenue en appel ? Il y a là une disparate inexplicable, et nous croyons qu'il faut la supprimer. Au reste, l'expé-

semblée nationale. Nous n'hésitons pas à considérer cette question, ainsi que celle relative à la nomination des membres du conseil d'État, et bien d'autres, comme subissant naturellement le contre-coup des formes diverses de gouvernement.

Le conseil d'État statue souverainement sur les recours en matière contentieuse administrative, et sur les demandes d'annulation pour excès de pouvoir formées contre les actes des diverses autorités administratives (Loi du 24 mai 1872, art. 9).

Toutes les décisions prises par l'assemblée du conseil d'État délibérant au contentieux et par la section du contentieux sont lues en séance publique, transcrites sur le procès-verbal des délibérations et signées par le président, le rapporteur et le secrétaire du contentieux. Il y est fait mention des membres ayant délibéré. Les expéditions qui sont délivrées par le secrétaire portent la formule exécutoire (art. 22).

271. Les attributions contentieuses du conseil d'État ne sont classées dans aucun texte législatif; pour obtenir cette nomenclature, il faut combiner un certain nombre de lois anciennes sur l'organisation administrative et de lois spéciales, avec la jurisprudence du conseil d'État. C'est ce qu'avait fait, dans son article 19, que nous allons suivre comme simple autorité doctrinale, un projet de loi sur le conseil d'État présenté à la chambre des pairs le 5 janvier 1839, à la chambre des députés le 1er février 1840, et qui n'a pas abouti. Six sortes d'affaires sont actuellement de la compétence du conseil d'État délibérant au contentieux.

272. Dans les trois premières il statue comme régulateur des compétences administratives et tribunal de cassation. Ce sont :

1° Les règlements de compétence ou conflits de juridiction entre les diverses autorités administratives en matière contentieuse ;

rience a démontré que les projets de décret préparés par le conseil d'État délibérant au contentieux sont, en fait, de véritables arrêts; si bien qu'on a de la peine à citer des cas où l'homologation ait été refusée par le chef du pouvoir exécutif. Pourquoi, dès lors, maintenir une fiction, et ne pas mettre dans la loi une disposition qui soit conforme à la réalité? Nous le comprendrions si la faculté de refuser l'approbation pouvait influer utilement sur les décisions du conseil d'État; mais il est reconnu que si le chef du pouvoir exécutif usait de ce droit, la bonne administration de la justice y perdrait beaucoup. Il y aurait à craindre que le caprice ou la passion politique ne fussent plus écoutés que l'avis mûrement délibéré par le conseil d'État; ce pouvoir pourrait être aussi, avant le vote, un moyen de pression pour obtenir, par la menace d'une réformation, une majorité factice. Nous avons brisé une arme dont il serait possible de faire un si dangereux usage » (*Rapport* de M. Batbie, député à l'assemblée nationale).

2° Les recours dirigés pour incompétence ou excès de pouvoir contre *toutes* les décisions administratives [*voir*, n°s 252 et 253, la définition de l'incompétence et de l'excès de pouvoir et les règles de ces recours, et, n° 255, leur statistique].

Dans ces 1er et 2e cas, le conseil d'État connaît de l'affaire en qualité de tribunal supérieur, régulateur des compétences administratives, avec cette différence que, dans la première hypothèse, le conseil d'État ne connaît que des décisions émanées des tribunaux administratifs, tandis que, dans la seconde, il connaît également des décisions des tribunaux administratifs, des conseils administratifs et des agents de l'administration active, qui lui sont déférées pour incompétence ou excès de pouvoir. Cette double attribution reposait, avant l'article 9 de la loi du 24 mai 1872 [n° 270], sur les dispositions écrites en 1790 par l'Assemblée constituante, en vue d'un conseil d'État qu'elle composait du roi et des ministres, auquel ont succédé, en 1800, le premier consul et le nouveau conseil d'État.

Les réclamations d'incompétence à l'égard des corps administratifs ne sont, en aucun cas, du ressort des tribunaux; elles seront portées au roi, chef de l'administration générale (Loi des 7-14 octobre 1790, art. 3). — Il y aura un conseil d'État composé du roi et des ministres (Loi des 27 avril - 25 mai 1791, art. 15). — Seront au nombre des fonctions du conseil d'État... 4° la discussion des questions de compétence entre les départements du ministère, et de toutes les autres qui auront pour objet les forces ou secours réclamés d'une section du ministère à l'autre (art. 17).

3° Les recours dirigés pour violation des formes ou de la loi contre certaines décisions administratives rendues en dernier ressort en matière contentieuse. C'est comme véritable tribunal de cassation que le conseil d'État exerce cette attribution, mais elle ne lui appartient qu'autant qu'il existe un texte de loi qui l'en investisse d'une manière formelle et spéciale : il en est ainsi pour la cour des comptes [n°s 464 et 663], en vertu du texte ci-dessous, et pour les conseils de révision en vertu de l'article 30 de la loi du 27 juillet 1872 sur le recrutement de l'armée [n° 495]. Il en était aussi de même, en vertu de l'article 30 de la loi du 13 juin 1851 actuellement abrogée [n° 499], relativement aux jurys de révision de la garde nationale.

Dans le cas où un comptable se croirait fondé à attaquer un arrêt pour violation des formes ou de la loi, il se pourvoira dans les trois mois pour tout délai, à compter de la notification de l'arrêt au conseil d'État, conformément au règlement sur le contentieux. Le ministre des finances et tout autre ministre, pour ce qui concerne son département, pourront faire dans le même délai leur rapport à l'empereur, et lui proposer le renvoi au conseil d'État de leurs demandes en cassation des arrêts qu'ils croiraient devoir être cassés pour violation des formes et de la loi (L. 16 septembre 1807, sur la cour des comptes, art. 17).

273. Dans la quatrième sorte d'affaires de sa compétence le conseil d'État statue comme tribunal d'appel ; ce sont :

4° Les recours dirigés contre les décisions contentieuses non rendues en dernier ressort, telles que les arrêtés des conseils de préfecture, des ministres, des juridictions de l'Algérie et des colonies, et de diverses commissions spéciales. Cette source d'attributions, qui fait du conseil d'État non plus un tribunal de cassation, mais un tribunal d'appel, est de beaucoup la plus étendue de toutes celles de l'assemblée du conseil délibérant au contentieux. En étudiant les attributions contentieuses des conseils de préfecture et celles des ministres, on verra la variété et la multiplicité des litiges administratifs sur lesquels le conseil d'État est appelé à juger à ce titre.

Ce sont les longs développements qui seront donnés alors, surtout en ce qui concerne les conseils de préfecture [n°ˢ 343 à 426], qui permettent de se borner ici à une simple mention de cette attribution du conseil d'État, en vertu de laquelle il peut être saisi de toute affaire contentieuse jugée en première instance par un conseil de préfecture ou par un ministre.

274. Dans les deux dernières hypothèses le conseil d'État statue comme unique degré de juridiction ; ce sont :

5° Les recours formés contre les décrets et les demandes en interprétation de ces décrets [n° 254]. C'est la jurisprudence du conseil d'État qui, en l'absence de textes précis, a développé cette double attribution. Il faut observer : 1° qu'en traitant des diverses classes de décrets [n° 66], nous avons déjà dit que le recours par la voie contentieuse devant le conseil d'État est ouvert contre les décrets administratifs proprement dits, attaqués comme constituant la violation d'un droit, et qu'il n'a rien de commun avec le recours en matière non contentieuse ouvert par l'article 40 du règlement du 22 juillet 1806 ; 2° que le droit d'interprétation est considéré comme une conséquence du droit d'annulation.

6° Les affaires administratives contentieuses qui, en vertu d'un texte, doivent être directement soumises au conseil d'État. Il en est ainsi : 1° lorsque, en outre de ce qui vient d'être dit des actes du pouvoir exécutif, le recours par la voie contentieuse est ouvert contre l'acte d'une autorité administrative ; que ce soit le préfet, comme au cas où il refuse d'autoriser un établissement insalubre [n°⁸ 358 et 359]; que ce soit le ministre, statuant directement sur une des matières où nous ne reconnaissons plus à ses actes le caractère de jugements [n°⁸ 430 à 433], ou statuant sur le recours d'un arrêté préfectoral non contentieux [n° 434]; 2° lorsqu'en l'absence de tout acte de l'administration active qui lui soit déféré, le conseil est saisi par un texte spécial de la connaissance d'une affaire déterminée. Nous avons signalé [n°⁸ 133 et 134] deux textes de ce genre dans l'article 4 de la loi du 7 juin 1873 et dans la loi du 31 juillet 1875. Jusque-là, nous ne connaissons que l'article 21 de la loi de 1806 sur la banque de France, dont M. de Cormenin écrivait en 1840 qu'il n'avait jamais reçu son application; nous croyons qu'en 1876 il en est encore de même, d'autant plus qu'un arrêt de la cour de cassation du 9 novembre 1872 (*Ourson* et *Bouly*) décide que cet article ne soustrait pas à la compétence des tribunaux de l'ordre judiciaire les contraventions de police imputées aux agents de la banque de France (arrêt de la chambre criminelle rendu sur le pourvoi du directeur et du caissier de la succursale de la banque de France à Besançon, et déclarant illégal l'arrêté pris par le commandant d'une place assiégée pour donner cours forcé à des bons obsidionaux faisant office de monnaie).

> Le conseil d'État connaîtra, sur les rapports du ministre des finances, des infractions aux lois et règlements qui régissent la Banque et des contestations relatives à sa police et administration intérieure. Le conseil d'État prononcera de même, définitivement et sans recours, entre la Banque et les membres de de son conseil général, ses agents ou employés, toute condamnation civile, y compris les dommages-intérêts, et même soit la destitution, soit la cessation des fonctions (Loi du 22 avril 1806, *relative à la Banque de France*, art. 21).

275. Il est utile de faire suivre cet exposé doctrinal des attributions contentieuses du conseil d'État, des données de la statistique qui montrent l'application pratique qui en a été faite pendant une assez longue période. Nous avons vu [n° 268] que, pendant les neuf années écoulées de 1852 à 1860, le nombre total des pourvois jugés, soit par l'assemblée du conseil délibérant au contentieux, soit par la section, s'élevait à 8,849. Le nombre de ceux qui ont été accueillis en totalité ou en partie s'élève à 4,139; celui des pourvois rejetés, soit au fond, soit pour vice de forme, soit parce que la décision déférée au conseil n'était pas susceptible d'être attaquée par la voie contentieuse, est de 4,266. Au compte général des travaux du conseil, publié le 30 mars 1862, nous emprun-

STATISTIQUE ET PROCÉDURE.   243

tons aussi le tableau suivant du nombre des décisions diverses qui ont été infirmées ou confirmées par le conseil d'État.

DÉCISIONS.	DÉCRETS impériaux.	DÉCISIONS ministérielles.	ARRÊTÉS de préfets.	ARRÊTÉS des conseils de préfecture.	DÉCISIONS de juridictions de l'Algérie et des colonies.	DÉCISIONS de juridictions diverses.	ARRÊTÉS de sous-préfets.	ARRÊTÉS de maires.
Infirmées.	39	176	115	3781	53	82	1	3
Confirmées.	110	383	137	3447	38	45	»	2
Totaux.	149	559	252	7228	91	127	1	5

276. Pour les 5,786 affaires [n° 268] jugées pendant la période de cinq années écoulées du 1er janvier 1861 au 31 décembre 1865, nous empruntons le tableau correspondant au compte général des travaux du conseil d'État et au rapport à l'empereur publié en janvier 1868. On y voit un résultat déjà constaté pour la période ultérieure, le nombre des décisions des conseils de préfecture infirmées dépassant celui des décisions confirmées ; pour les décisions émanant des autres autorités administratives, le chiffre des confirmations est supérieur à celui des infirmations.

DÉCISIONS.	DÉCRETS impériaux.	DÉCISIONS ministérielles.	ARRÊTÉS de préfets.	ARRÊTÉS des conseils de préfecture.	DÉCISIONS de juridictions des colonies.	DÉCISIONS de juridictions diverses.	ARRÊTÉS de sous-préfets.	ARRÊTÉS de maires.
Infirmées.	36	122	145	2421	4	14	1	3
Confirmées.	49	196	150	2379	5	11	»	1
Totaux.	85	318	295	4800	9	25	1	4

277. La procédure à suivre devant le conseil d'État est déterminée par le décret du 22 juillet 1806, *contenant règlement sur les affaires contentieuses portées au conseil d'État*, auquel il faut ajouter les articles 1, 2, 3, 4 et 8 du décret réglementaire du 2 novembre 1864, les articles 13 à 24 de la loi du 24 mai 1872 et les articles 20 à 26 du décret portant règlement d'administration publique du 21 août 1872.

Les règles principales de ce véritable code de procédure du conseil d'État se réfèrent à la forme, aux délais et aux effets du recours, à l'instruction, aux formes spéciales de l'arrêt à intervenir, aux voies de recours dont il est susceptible, et aux effets qu'il produit.

L'article 24 § 1ᵉʳ de la loi du 24 mai 1872 confirme cette réglementation de la manière suivante :

> Le décret du 22 juillet 1806, les lois et règlements relatifs à l'instruction et au jugement des affaires contentieuses continueront à être observés devant la section et l'assemblée du conseil d'État statuant au contentieux. Sont applicables à l'assemblée les dispositions des articles 88 et suivants du Code de procédure civile sur la police des audiences.

278. Aux termes de l'article 1ᵉʳ du décret du 22 juillet 1806, les recours des parties doivent être produits par le ministère d'un avocat au conseil d'État et à la cour de cassation. Ils s'introduisent par requête signée de l'avocat, cette signature valant constitution et élection de domicile chez lui. Cette requête est adressée aux membres du conseil, et c'est là l'un des traits distinctifs de la procédure administrative [nᵒˢ 306 et 308]. Le juge est saisi directement par le demandeur en recours, et le défendeur n'en est prévenu qu'après [nᵒ 281], contrairement à ce qui se passe devant les juridictions de l'ordre judiciaire.

Le ministère des avocats au conseil est obligatoire comme celui des avoués devant les tribunaux civils, à moins que l'affaire ne rentre dans l'une des huit classes d'affaires qui en sont exceptionnellement dispensées en raison de leur nature, ainsi qu'il a été dit [nᵒ 265], ou en raison de la qualité des parties, lorsque l'instance est formée par les ministres, représentants légaux de l'administration devant le conseil. Dans le premier cas, la requête est présentée par la partie elle-même, avec légalisation de sa signature par le maire de sa commune; dans le second, le conseil d'État est saisi par l'envoi au président d'un rapport signé du ministre, et même, dans la pratique, par simple lettre.

Le recours n'est formé que par le dépôt de la requête au secrétariat général du conseil d'État, avant l'expiration du délai légal.

279. Ce délai du recours est de trois mois, à partir du jour de la *notification* de la décision attaquée, faite par huissier entre particuliers ou personnes morales assimilées, administrativement entre l'administration et les particuliers; c'est la disposition formelle de l'article 11 du décret de 1806, ainsi conçu : « Le recours » ne sera pas recevable après trois mois à partir du jour où la dé- » cision aura été notifiée ». Cette notification fait courir le délai

du recours contre la partie qui l'a faite aussi bien que contre celle à qui elle est adressée. Dans le délai de trois mois, on ne compte pas le jour de la notification, mais on compte le jour de l'échéance, contrairement à l'article 1033 du Code de procédure civile.

Une ancienne jurisprudence du conseil justement critiquée, et qui remonte à 1839, faisait courir le délai, pour ou contre l'administration, du jour où il y a eu connaissance acquise et prouvée de la décision ; il semble résulter, au contraire, de l'article 11 que la partie ne peut avoir légalement connaissance de la décision que par la notification. La jurisprudence du conseil, mieux inspirée, a cessé de se contenter de la connaissance acquise de la décision (c. d'Ét. 22 janvier 1863, 26 août 1867, 30 avril 1868, *Desauges*), même lorsqu'elle remonte à dix années s'il n'y a pas eu acquiescement (c. d'Ét. 18 novembre 1869, *Henquel*), même lorsque le réclamant a retiré lui-même des bureaux de la préfecture la décision qui ne lui a pas été notifiée (c. d'Ét. 22 août 1868, *de Grammont*). Toutefois la jurisprudence du conseil admet encore que le délai de trois mois court contre une commune du jour où son conseil municipal a pris une délibération habilitant le maire à former le pourvoi (c. d'Ét. 15 juin 1870, *Catusse-Gras*), ou ayant pour objet cette éventualité (c. d'Ét. 10 décembre 1870, *com. de Lugo di Nazza*), et du jour où la décision a été exécutée contre l'auteur du recours (c. d'Ét. 5 juin 1862 ; 23 juin 1864 ; 26 août 1865 ; 11 juin 1868, *Coppens*).

L'article 11 du décret de 1806 s'applique également au recours pour excès de pouvoir et pour incompétence [n° 253], comme à tous les recours au conseil d'État par la voie contentieuse. Mais nous avons vu [n°s 170 et 173] que, dans des cas spécialement déterminés, l'article 88 de la loi du 10 août 1871 réduit le délai à deux mois et le fait partir de la *communication* de la décision attaquée.

280. L'effet du recours au conseil d'État est dévolutif ; il n'est pas suspensif, par suite de l'urgence des litiges administratifs ; mais l'assemblée du conseil délibérant au contentieux peut, sur le rapport de la section et aux termes de l'article 3 du décret de 1806, accorder un sursis à l'exécution. Le conseil ordonne assez rarement le sursis ; un arrêt du 10 juillet 1861 en offre cependant un exemple ; en fait, dès que l'administration sait qu'il y a pourvoi, elle sursoit à l'exécution de la décision attaquée ; les parties qui en poursuivent l'exécution nonobstant le recours doivent, en cas de

réformation, être condamnées au paiement des sommes indûment payées et des intérêts à 5 0|0 à partir de l'exécution (c. d'Ét. 22 février 1866 ; 7 juin 1866). L'article 24 § 2 de la loi du 24 mai 1872 sur le conseil d'État a confirmé le principe du décret de 1806, mais en permettant aux conseils de préfecture de subordonner l'exécution de leurs décisions, en cas de recours, à certaines conditions constitutives de garanties pour la partie qui forme le recours. L'article 54 de la loi du 22 juin 1833, abrogé par l'article 16 de la loi du 10 août 1871 [n° 400] et non rétabli par la loi du 31 juillet 1875 [n° 133], déclarait suspensif le recours formé par le conseiller général élu ; mais la même loi du 10 août 1871 sur les conseils généraux, qui a fait disparaître cette exception, en a apporté une autre à la règle que le recours au conseil d'État n'est pas suspensif de l'exécution ; cette nouvelle exception est écrite dans l'article 88 *in fine* de la loi du 10 août 1871 [n°s 170 et 173], relatif à diverses décisions des commissions départementales déférées au conseil d'État pour cause d'excès de pouvoir et de violation de la loi.

Les recours formés contre les décisions des autorités administratives continueront à n'être pas suspensifs. Néanmoins, les conseils de préfecture pourront subordonner l'exécution de leurs décisions, en cas de recours, à la charge de donner caution ou de justifier d'une solvabilité suffisante. Les formalités édictées par les articles 440 et 441 du Code de procédure civile seront observées pour la présentation de la caution (L. 1872, art. 24 § 2).

281. L'instruction de l'affaire est confiée à la section du contentieux. Cette règle est confirmée par l'article 15 de la loi du 24 mai 1872 [n° 84] et par l'article 20 du décret du 21 août 1872 portant règlement intérieur du conseil d'État, ainsi conçu :

La communication des recours aux parties intéressées et aux ministres, s'il y a lieu, les demandes de pièces, les mises en cause et tous les autres actes d'instruction sont délibérés par la section du contentieux, sur l'exposé du rapporteur. Les décisions relatives aux actes d'instruction sont signées par le président de la section.

C'est en effet un principe de la procédure administrative qu'elle est dirigée par le juge. Une autre règle propre à cette procédure, c'est qu'elle est essentiellement écrite nonobstant la défense orale [n° 305]. L'instruction commence après l'enregistrement de la requête introductive au secrétariat de la section du contentieux ; un usage constant permet de former le recours et d'éviter la déchéance qui résulterait de l'expiration du délai, par le dépôt d'une *requête provisoire*, contenant l'indication des noms et qualités des parties et l'exposé sommaire des faits, à condition de la compléter dans la quinzaine par une *requête ampliative*, qui présente les moyens sur lesquels le recours est fondé et les conclusions du demandeur.

Le président de la section nomme un rapporteur, et depuis 1831 il est toujours tenu de signer une *ordonnance de soit communiqué*, indispensable pour permettre au demandeur d'assigner son adversaire « à comparaître devant le conseil d'État pour s'y défendre ». Cette notification de l'ordonnance de soit communiqué doit, à peine de déchéance, être faite dans le délai de deux mois (D. 2 novembre 1864, art. 3) ; le même exploit doit aussi contenir notification de la requête introductive.

Le défendeur ainsi ajourné doit notifier sa *requête en défense* par ministère d'avocat, dans le délai (D. 1806, art. 4) de quinze jours pour Paris et un rayon de cinq myriamètres ; d'un mois, au delà, dans le ressort de la cour de Paris et des sept cours d'appel les plus rapprochées (Orléans, Rouen, Amiens, Douai, Nancy, Dijon et Bourges) ; de deux mois pour les autres et pour l'Algérie ; et dans un délai spécialement déterminé par l'ordonnance de soit communiqué, en ce qui concerne les colonies ou les pays étrangers. Dans la quinzaine après cette requête en défense, le demandeur est autorisé à signifier une *requête en réponse*.

L'affaire est ensuite examinée par la section du contentieux ; et conformément à son avis, celui de ses membres qui sera chargé de faire en son nom le rapport de l'affaire au sein de l'assemblée du contentieux, rédige un projet de décision ; ce projet est destiné à servir de base, non au débat public dont les règles ont été ci-dessus retracées [n° 264] et dont nous avons vu que l'introduction est très-postérieure au décret de 1806, mais à la délibération secrète qui doit le suivre.

Il n'y a pas d'ordonnance de soit communiqué à rendre lorsqu'il s'agit d'un recours formé pour ou contre un ministre au nom de l'État. Si le ministre est défendeur, le dépôt au secrétariat du conseil de la requête et des pièces, et l'envoi qui lui en est fait par les soins du président de la section du contentieux, suffisent pour qu'il soit averti du recours. Si le ministre est demandeur, son adversaire est prévenu par lettre de l'introduction du recours.

Dans tous les cas où des ministres introduisent ou défendent à un recours, ou même sont seulement appelés par le conseil à donner leur avis, celui-ci peut fixer le délai dans lequel ces avis ou défenses doivent être produits (D. 2 novembre 1864, art. 8).

282. Les arrêts du conseil doivent contenir, comme autrefois les décrets rendus au contentieux, tous les éléments juridiques propres aux jugements et arrêts rendus par les tribunaux de l'ordre judiciaire : les visas, réglés par le texte ci-dessous reproduit et qui tiennent lieu des *qualités* dans les jugements de la procédure civile, les considérants, et le dispositif.

Toutes les décisions rendues par le conseil d'État statuant au contentieux ou par la section du contentieux contiennent les noms et demeures des parties, leurs conclusions, le vu des pièces principales et des lois appliquées (D. 21 août 1872, *portant règlement intérieur du conseil d'État*, art. 25 § 1er).

283. L'arrêt, lu en audience publique, acquiert par lui-même l'autorité de la chose jugée, sauf l'exercice des trois voies de recours ouvertes par le décret de 1806 : — 1° l'opposition, recevable pendant deux mois (D. 2 novembre 1864, art. 4 § 1er) à partir de la notification, contre les arrêts rendus par défaut, s'introduit, comme le recours, par requête déposée au secrétariat du conseil ; le président de la section du contentieux ordonne la communication de l'opposition à la partie adverse, afin qu'elle se défende tant sur la forme qu'au fond, et l'assemblée du conseil délibérant au contentieux prononce sur le tout par une même décision ; — 2° la tierce opposition, ouverte pendant trente ans aux tiers que lèse l'arrêt, et introduite dans la forme ordinaire des recours ; — 3° la demande en révision ou requête civile, ouverte pendant le délai de deux mois (D. 2 novembre 1864, art. 4 § 2), contre les décisions contradictoires dans les cas prévus par l'article 32 du décret de 1806 et l'article 22 de la loi du 24 mai 1872.

Défenses sont faites, sous peine d'amende et même, en cas de récidive, sous peine de suspension ou de destitution, aux avocats en notre conseil d'État de présenter requête en recours contre une décision contradictoire, si ce n'est en ces deux cas : si elle a été rendue sur pièces fausses ; si la partie a été condamnée faute de représenter une pièce décisive qui était retenue par son adversaire (Décret du 22 juillet 1806, art. 32). — Ce recours devra être formé dans le même délai et admis de la même manière que l'opposition à une décision par défaut (art. 33). — Le procès-verbal des séances de la section et de l'assemblée du conseil d'État statuant au contentieux, mentionne l'accomplissement des dispositions contenues dans les articles 15, 17, 18, 19, 20, 21 et 22. [*Nota. Ces textes sont reproduits et commentés sous les numéros 84, 261, 264, 265 et 270.*] Dans le cas où ces dispositions n'ont pas été observées, la décision peut être l'objet d'un recours en révision qui est introduit dans les formes établies par l'article 33 du décret du 22 juillet 1806, et dans les délais fixés par le décret du 2 novembre 1864 (Loi du 24 mai 1872, *relative au conseil d'État*, art. 23).

284. L'arrêt rendu par le conseil d'État produit un autre effet direct que l'autorité de la chose jugée : il a la force exécutoire après avoir été signifié à avocat ; ses expéditions, qui sont déli-

vrées par le secrétaire du conseil, portent la formule exécutoire, aux termes de l'article 22 *in fine* de la loi du 24 mai 1872 [n° 270], et des dispositions ci-dessous du décret portant règlement intérieur du conseil d'État.

... Elles portent en tête la mention suivante : *Au nom du peuple français, le conseil d'État statuant au contentieux, ou la section du contentieux au conseil d'État* (D. 21 août 1872, art. 25 § 2). — L'expédition des décisions, délivrée par le secrétaire du contentieux, porte la formule suivante : « La République mande » et ordonne aux ministres de (*ajouter le département ministériel désigné par* » *la décision*), en ce qui les concerne, et à tous huissiers à ce requis, en ce qui » concerne les voies de droit commun contre les parties privées, de pourvoir à » l'exécution de la présente décision » (art. 26).

285. L'arrêt du conseil d'État produit en outre, à charge d'inscription, l'hypothèque judiciaire, ainsi que le décide un avis du conseil d'État du 16 thermidor an XII, approuvé le 25, interprétatif de l'article 2123 du Code civil, et s'appliquant à tous les jugements et arrêts rendus par les tribunaux administratifs. Ce premier avis du conseil a été confirmé par un second en date du 29 octobre 1811, approuvé le 12 novembre suivant, qui prescrit l'insertion au *Bulletin des lois*, de l'avis du 16 thermidor de l'an XII [*voir* n° 1102].

286. Les décrets réglementaires de 1806 et de 1872, ainsi que la loi relative au conseil d'État, gardent le silence sur la condamnation aux dépens ; la disposition équitable de l'article 130 du Code de procédure civile, aux termes duquel « toute partie qui succombe est condamnée aux dépens », a toujours été appliquée par le conseil d'État, sauf deux exceptions : l'une, au cas où le recours a lieu sans frais, et, si l'on se trouve dans une des hypothèses où il y a dispense de tous autres frais, moins les droits de timbre et d'enregistrement, comme au cas de recours pour excès de pouvoir [n°s 252 et 253], il ne peut être alloué d'autres dépens (c. d'Ét. 13 février 1874, *Dussaussoy et autres c. ville de Lille*), et, dans les cas où la dispense de frais est absolue, comme en matière de contributions directes ou de taxes assimilées, il ne peut être prononcé aucune condamnation de dépens (c. d'Ét. 13 juin 1873, *de Floraz* ; 13 juin 1873, *bur. bienf. de Saint-Étienne-de-Rouvray*) ; l'autre, que la loi du 3 mars 1849 avait fait disparaître et qui a été l'objet de très-sérieuses critiques, au profit de l'État dans les contestations où il figure. Une satisfaction importante, mais partielle, a été donnée à ces critiques par l'article 2 du décret réglementaire du

2 novembre 1864, dont il faut bien remarquer la formule dont le caractère limitatif a été consacré par la jurisprudence du conseil d'État (c. d'Ét. 31 mars 1865, *Delafoy* ; 30 mars 1867, *de Croix* ; 15 mai 1869, *Rion* ; 29 juin 1869, *Beau* ; 22 décembre 1869, *consistoire de Caen* ; 29 juin 1870, *Authon* ; 27 juillet 1870, *Serrigny* ; 27 juillet 1870, *Crétée*). Le silence des lois et décrets de 1872 autorise le maintien de cette jurisprudence du conseil conforme aux prescriptions du décret de 1864 (c. d'Ét. 30 mai 1873, *Burgues*).

Les articles 130 et 131 du Code de procédure civile sont applicables dans les contestations où l'administration agit comme représentant le domaine de l'État et dans celles qui sont relatives soit aux marchés de fournitures, soit à l'exécution des travaux publics, aux cas prévus par l'article 4 de la loi du 28 pluviôse an VIII (D. 2 novembre 1864, art. 2).

SECTION II. — Tribunaux administratifs généraux.

287. Division de la section en trois paragraphes.

287. Les tribunaux administratifs compris sous cette dénomination, comme embrassant dans la sphère de leur compétence des matières administratives diverses, sont : les conseils de préfecture, qui feront l'objet d'un premier paragraphe ; les ministres, qui feront l'objet du second ; et les préfets, sous-préfets et maires, dont nous grouperons les rares attributions contentieuses dans un troisième paragraphe.

§ Ier. — Conseils de préfecture.

288. Objet et subdivision de ce paragraphe en trois parties.
289. Critique du projet de 1872 relative à la suppression des conseils de préfecture.
290. Défense de l'institution des conseils de préfecture.
291. Statistique des décisions des conseils de préfecture de 1867 à 1875.

288. En traitant du premier de tous les tribunaux administratifs, du conseil d'État, nous avons pu [nos 271 à 275] nous borner à présenter un tableau d'ensemble de ses attributions contentieuses, sans expliquer les matières administratives auxquelles elles se réfèrent ; mais il ne pouvait en être ainsi qu'à la condition de réserver ces explications pour le moment où nous parlerions des attributions des tribunaux administratifs formant le premier degré de juridiction. Aussi ce paragraphe comporte-t-il, à ce point de vue, des développements considérables par suite de la multipli-

cité et de l'importance des affaires contentieuses jugées en premier ressort par les conseils de préfecture.

En raison de son étendue, nous diviserons ce paragraphe en trois parties, dans lesquelles nous traiterons successivement : 1° de l'organisation et de la procédure des conseils de préfecture ; 2° de leur compétence en vertu de la loi du 28 pluviôse de l'an VIII ; 3° de leur compétence en vertu d'autres dispositions législatives. — Nous rappelons que, si les conseils de préfecture sont principalement des tribunaux, ils sont aussi des conseils administratifs, et nous les avons déjà signalés à ce titre [n°ˢ 126 à 128].

289. Nous avons indiqué ci-dessus [n°ˢ 256 à 260] les motifs qui nécessitent l'institution de tribunaux administratifs distincts des tribunaux judiciaires ; ces motifs s'appliquent également au premier comme au second degré de la juridiction administrative, et nous avons vu comment, jusqu'à ce jour, ont été successivement repoussées par les mêmes raisons, leur cause étant solidaire, les attaques dirigées contre l'existence, soit du conseil d'État statuant au contentieux, soit des conseils de préfecture.

Toutefois l'assemblée nationale avait été saisie, le 14 juin 1872, par sa commission de décentralisation, d'un projet de loi [1] qui proposait la suppression des conseils de préfecture. Ce projet de loi en douze articles ne nous avait pas paru remplacer heureusement l'institution qu'il voulait anéantir. Nous avons déjà dit notre avis sur l'idée de donner aux tribunaux judiciaires le contentieux administratif en tout ou en partie ; relativement à la portion du contentieux qui aurait été enlevée aux conseils de préfecture supprimés, pour être donnée nominalement aux préfets et en réalité à leurs bureaux, il faut avouer que le projet de la *commission de décentralisation* centralisait sous prétexte de décentraliser, et diminuait les garanties des justiciables en cherchant sans doute à les augmenter.

290. La critique du projet de loi du 14 juin 1872, contenue dans le numéro qui précède, est empruntée à la précédente édition de cet ouvrage, préparée sous le coup de l'émotion que pouvait causer cette périlleuse proposition. Toutefois nous ajoutions dès lors, en fortifiant en notes notre opinion de l'autorité d'opinions communes et d'une haute compétence :

[1] Assemblée nationale, annexes aux procès-verbaux des séances du 24 juin et du 3 décembre 1872.

« Nous avons, comme bien d'autres [1], la confiance que la comparaison entre le droit actuel et le projet proposé sera profitable à l'institution menacée, qui sortira de cette épreuve confirmée, peut-être améliorée et fortifiée. Si, contre toute vraisemblance, il sur-

---

[1] « En supprimant les conseils de préfecture, on porte le trouble dans toute l'administration à laquelle soixante-douze années de législature les ont associés; on modifie une trentaine de lois, on ne trouble pas moins la jurisprudence civile où rien n'est prêt pour recevoir cette extension d'attributions..... On augmente le pouvoir personnel des préfets et des ministres, c'est-à-dire des bureaux ; on augmente notablement les frais, et on attire à Paris un grand nombre de réclamations qui se jugeaient sur place. Aussi la lecture de ce document inspire un sentiment de tristesse à ceux qui ont l'habitude des affaires. La commission affirme, par l'organe de son rapporteur, qu'elle a décidé sans parti pris, qu'elle a longtemps étudié; nous en sommes convaincu, mais l'impression pénible soulagée quant à la certitude de l'honnêteté dans les intentions, subsiste tout entière » (*Les conseils de préfecture*, par M. Migneret, ancien conseiller d'État; *Revue critique de législation*, janvier 1873).

« L'institution des conseils de préfecture, dit-on, n'est ni utile, ni capable de satisfaire aux conditions d'une bonne justice. Nous croyons, au contraire, qu'elle est très-utile et qu'il y a peu de chose à faire pour l'organiser d'une manière satisfaisante. Elle est utile parce qu'elle permet d'expédier rapidement, et à peu de frais, une immense quantité d'affaires dont les tribunaux civils seraient encombrés, et parce qu'elle réserve à des juges spéciaux une classe d'affaires qui ont toutes un caractère spécial. Quant à l'organisation actuelle, elle laisse à désirer en ce que le préfet est président du conseil de préfecture, et en ce que le recrutement des membres de ce conseil n'est pas soumis à des conditions assez rigoureuses. Mais rien n'est plus facile que de modifier la loi sur ces deux points. Cela fait, le juge civil ne différera plus du juge administratif que par l'inamovibilité. Mais rien n'empêche d'accorder aux conseillers de préfecture soit l'inamovibilité, soit des garanties équivalentes... — Une dernière réflexion : On dit que devant les conseils de préfecture l'administration comparaît devant ses propres agents, et se trouve à la fois juge et partie. Ce reproche n'est pas nouveau, mais il n'en est pas plus fondé. Les conseillers de préfecture ne sont pas plus les agents de l'administration que ne le sont les juges d'un tribunal civil. Les uns et les autres sont nommés par le gouvernement, et, à ce compte, on pourrait dire avec autant de raison que l'État est juge et partie lorsqu'il plaide devant les tribunaux. Tout se réduit au point de savoir si les deux juridictions offrent les mêmes garanties aux justiciables ; or, à part quelques modifications que nous avons nous-mêmes indiquées comme utiles, on peut affirmer que le recours à la justice administrative est plus efficace que tout autre, et surtout plus protecteur du droit et de la propriété. Il suffit, pour s'en convaincre, de comparer sur les questions les plus ordinaires de la pratique la jurisprudence du conseil d'État et celle de la cour de cassation. Peut-être la justice administrative n'est-elle si fort attaquée que parce qu'elle n'est pas assez connue. Ceux qui la pratiquent le plus, les entrepreneurs de travaux publics par exemple, ne s'en plaignent pas, et, si on les consultait, ils n'hésiteraient pas à demander le maintien de l'état de choses actuel... » (*Observations de l'Ordre*

DES CONSEILS DE PRÉFECTURE. 253

venait une solution contraire, dont la sagesse de l'assemblée nationale, comparant avec impartialité et sans parti pris, voudra épargner au pays les graves inconvénients et les dangers, il serait facile de prévoir le rétablissement des conseils de préfecture par

des avocats au conseil d'État et à la cour de cassation, présentées par le conseil de l'Ordre, à l'occasion de la proposition relative à la suppression des conseils de préfecture).

« Pour apprécier le mérite de cette prétendue réforme, qui, du reste, n'a rallié qu'une faible majorité dans la commission dont il s'agit, il ne serait peut-être pas sans intérêt de retracer brièvement l'origine des conseils de préfecture et les raisons diverses qui en ont déterminé la création. Mais ce travail, qui pourrait avoir le mérite de la nouveauté pour une notable partie des membres de l'assemblée nationale, ne l'aurait pas pour les lecteurs du *Droit*. Il suffit, quant à eux, de rappeler le double caractère de ces conseils, qui, dans l'état actuel des choses, sont investis d'attributions 1° administratives, 2° contentieuses. ... En ce qui touche d'abord les attributions administratives, leur système est simple et radical : il ne remplace pas l'avis du conseil de préfecture, il autorise et oblige le préfet à s'en passer et à statuer seul..... Sous ce premier rapport donc, le projet de loi constituerait assurément un changement, mais il prouverait une fois de plus qu'il y a des changements qui ne sont pas des progrès. — Quant aux attributions contentieuses des conseils de préfecture, il est permis de les trouver trop étendues et d'en désirer ou d'en provoquer la diminution. Nul ne contesterait, par exemple, l'abrogation du § 7 de l'article 4 de la loi du 28 pluviôse an VIII, et la restitution du contentieux des domaines nationaux à l'autorité judiciaire ; d'autres litiges encore pourraient être également renvoyés aux tribunaux civils. Mais il y a loin de ce système à celui de la commission ; deux observations, entre beaucoup d'autres, vont faire apprécier celui-ci. Dans l'état actuel des choses, les réclamations qui s'élèvent, en matière d'ateliers insalubres ou dangereux, soit de la part de l'industriel à qui le sous-préfet a refusé l'autorisation, soit de la part des tiers qui contestent l'autorisation accordée, sont jugées par le conseil de préfecture en audience publique, sur le rapport d'un membre du conseil et les conclusions d'un commissaire du gouvernement, et avec faculté pour les parties de se défendre elles-mêmes ou de se faire défendre par un avocat, en d'autres termes avec les formes et les garanties judiciaires, et sauf recours devant le conseil d'État où se retrouvent les mêmes formes et les mêmes garanties. Désormais, selon le projet de la commission, il sera statué sur ces affaires par le préfet, sauf recours au ministre de l'agriculture et du commerce, qui devra prendre préalablement l'*avis* du conseil d'État ; mais le rapport public d'un membre du conseil de préfecture ou du conseil d'État, la plaidoirie orale, les conclusions d'un organe du ministère public seront purement et simplement supprimés. Ici, encore, il y aura changement, je le reconnais, il n'y aura certes pas progrès. Prenons maintenant un exemple parmi les affaires dont le projet de loi dessaisirait les conseils de préfecture au profit des tribunaux. Il range dans cette catégorie les demandes en décharge ou en réduction de contributions directes ; le rapport cependant n'ose pas aller jusqu'à soutenir qu'elles seront mieux instruites et jugées ; il se contente d'affirmer que les contribuables n'y perdront rien. On serait peut-être tenté de se demander si c'est la peine de réformer pour ne pas

une législature ultérieure. » Aujourd'hui nous pouvons constater l'accomplissement de la partie essentielle de nos prévisions premières; l'assemblée nationale, au sein de laquelle le projet de supprimer l'institution des conseils de préfecture a trouvé la majorité d'une commission, a disparu, et les conseils de préfecture sont toujours debout. Le projet du 14 juin 1872 est resté dans l'ombre et le silence. Il s'est trompé en prenant « le changement pour le progrès », en négligeant l'occasion d'améliorer parce qu'il voulait détruire; il ne resterait qu'à lui souhaiter l'oubli s'il ne laissait derrière lui dans notre législation administrative, comme conséquences des défiances qu'il propageait, deux dispositions contraires aux principes et aux intérêts des parties qu'elles privent d'un degré de juridiction, écrites contrairement aux propositions du gouvernement, dans les lois du 7 juin 1873 et du 31 juillet 1875 [n°s 133 et 134].

Cependant l'assemblée nationale elle-même, à quelques jours de là, a fait bon marché de ces défiances et de ces projets de suppression de l'institution, en dotant les conseils de préfecture d'une attribution nouvelle dans l'article 7 de la loi du 2 août 1875 sur les élections des sénateurs [n° 407].

291. Le *Bulletin officiel du ministère de l'intérieur* publie à la fin de chaque année des documents statistiques et des tableaux résumant, soit par nature d'affaires, soit par département, les travaux des conseils de préfecture pendant l'année précédente. Nous donnons le résumé des statistiques des sept dernières années, pour lesquelles cette publication a eu lieu. On remarquera que dans les chiffres affaiblis de 1870 se font sentir les conséquences des malheurs de l'année, l'incendie du greffe du conseil de préfecture du département de la Seine (plus de 40,000 affaires manquant de ce chef à la statistique), et le déficit relatif aux affaires des départements de la Moselle, du Haut et du Bas-Rhin non comprises dans les tableaux à partir de l'année 1870. On remarquera, malgré ce dé-

---

améliorer; mais, même réduite à ces termes modestes, c'est-à-dire à l'espoir de changer pour ne pas faire plus mal, la prétention ne résiste pas à l'examen. Aucune juridiction n'aura, en cette matière, les avantages de simplicité, de célérité, d'économie, que présente celle des conseils de préfecture, sans parler des perturbations qu'une juridiction nouvelle apportera nécessairement dans la jurisprudence établie » (M. Reverchon, ancien membre du conseil d'État, avocat général à la cour de cassation, le *Droit* du 10 décembre 1872). — Voir aussi un très-bon article publié par la *Gazette des tribunaux* le 29 novembre 1872.

licit, le chiffre très-considérable des affaires des années suivantes. Ce tableau permet de mieux saisir l'importance de la juridiction des conseils de préfecture et la place considérable qu'elle occupe dans le pays.

DÉSIGNATION.		1867.	1868.	1869.	1870.
Affaires contentieuses portées en séance publique.	introduites...	316,878	»	326,237	295,835
	jugées.......	310,890	322,711	320,102	284,300
Comptes de gestion....	introduites...	72,160	»	64,191	57,016
	jugées.......	64,991	61,033	57,122	48,394
Affaires administratives	introduites...	34,998	»	36,167	14,127
	terminées.....	34,746	35,344	35,924	13,931
TOTAL des affaires....	introduites...	424,036	435,387	426,595	366,978
	jugées.......	410,627	419,088	413,148	346,625

DÉSIGNATION.		1871.	1872.	1873.	1874.
Affaires contentieuses portées en séance publique.	introduites...	352,493	329,972	349,632	336,943
	jugées.......	336,681	323,364	346,427	343,546
Comptes de gestion....	introduites...	56,270	67,618	64,678	63,069
	jugées.......	47,572	57,983	70,447	71,085
Affaires administratives	introduites...	19,971	39,644	33,116	34,337
	terminées....	19,689	39,150	33,349	34,356
TOTAL des affaires....	introduites...	428,734	437,234	447,426	434,349
	jugées.......	403,942	420,497	450,223	448,987

1° *Organisation et procédure des conseils de préfecture.*

292. Décret du 30 décembre 1862; loi du 21 juin 1865.
293. Composition et organisation des conseils de préfecture.
294. De la suppléance.
295. De la présidence.
296. Organisation du conseil de préfecture du département de la Seine.
297. Amovibilité et traitement des conseillers de préfecture.
298. Parallèle entre la juridiction des conseils de préfecture et celle des tribunaux d'arrondissement.
299. Règles du débat public devant les conseils de préfecture.
300. État de la législation relativement à leur procédure.
301. Projet de loi du 10 juin 1870, *relatif à la procédure devant les conseils de préfecture.*
302. Économie de ce projet.
303. Objet du décret du 12 juillet 1865.
304. Divisions des affaires soumises aux conseils de préfecture au point de vue de leur procédure.

305. Caractères de cette procédure.
306. Introduction des instances et règles diverses.
307. Mesures d'ordre prescrites par le décret du 12 juillet 1865.
308. Texte du décret.
309. Circulaire ministérielle du 21 juillet 1865 relative à son exécution.
310. Formes des arrêtés des conseils de préfecture.
311. Leurs effets.
312. Voies de recours.

292. Les conseils de préfecture, créés dans chaque département par la loi du 28 pluviôse de l'an VIII [n° 94], ont été déjà l'objet d'améliorations, commencées par le décret du 30 décembre 1862, confirmées et augmentées par la loi du 21 juin 1865. Cette loi contient quatorze articles dont les sept premiers sont relatifs à l'organisation des conseils de préfecture.

293. Dans les dispositions ci-dessous reproduites, la loi du 21 juin 1865 : 1° fixe le nombre des conseillers de préfecture à quatre dans vingt-huit départements, à trois dans les autres, selon l'importance des départements, celui de la Seine excepté (art. 1er); 2° détermine les conditions d'aptitude aux fonctions de conseiller de préfecture (art. 2); 3° proclame leur incompatibilité avec tout emploi et toute profession (art. 3); 4° crée, par un retour rendu nécessaire aux dispositions de la loi de l'an VIII, un secrétaire général titulaire dans chaque préfecture [n°s 124 et 125], et l'investit des fonctions de commissaire du gouvernement près les conseils de préfecture (art. 5); 5° confirme la création du greffe du conseil de préfecture sagement institué par le décret du 30 décembre 1862 (art. 7).

Le conseil de préfecture est composé de huit membres, y compris le président, dans le département de la Seine; de quatre membres dans les départements suivants : Aisne, Bouches-du-Rhône, Calvados, Charente-Inférieure, Côtes-du-Nord, Dordogne, Eure, Finistère, Gard, Haute-Garonne, Gironde, Hérault, Ille-et-Vilaine, Isère, Loire, Loire-Inférieure, Maine-et-Loire, Manche, Meurthe (et Moselle), Morbihan, Nord, Orne, Pas-de-Calais, Puy-de-Dôme, Rhône, Saône-et-Loire, Seine-Inférieure, Seine-et-Oise ; et de trois membres dans les autres départements (L. 21 juin 1865, *relative aux conseils de préfecture,* art 1er). — Nul ne peut être nommé conseiller de préfecture s'il n'est âgé de 25 ans accomplis, s'il n'est, en outre, licencié en droit ou s'il n'a rempli, pendant dix ans au moins, des fonctions rétribuées dans l'ordre administratif ou judiciaire ; ou bien s'il n'a été, pendant le même espace de temps, membre d'un conseil général ou maire (art. 2). — Les fonctions de conseiller de préfecture sont incompatibles avec un autre emploi public et avec l'exercice d'une profession (art. 3). — Il y a dans chaque préfecture un secrétaire général titulaire. Il remplit les fonctions de commissaire du gouvernement. Il donne ses conclusions dans les affaires contentieuses. Les auditeurs au conseil d'État attachés à une préfecture peuvent y être chargés des fonctions du ministère public (art. 5). — Il y a auprès de chaque conseil un secrétaire-greffier nommé par le préfet, et choisi parmi les employés de la préfecture (art. 7).

294. L'article 6 de la loi du 21 juin 1865 maintient pour la suppléance des membres empêchés, malgré ses inconvénients, le système antérieurement suivi, dont l'application est désormais rendue plus rare par suite de l'augmentation de personnel résultant des articles 1 et 5 § 1, qui assurent généralement la présence des trois membres nécessaires, d'après la loi de l'an VIII, pour composer le conseil. Ce système consiste à appeler des conseillers généraux, désignés par les membres présents du conseil de préfecture, avec voix prépondérante au préfet ou au vice-président ; s'il s'agissait, par impossible, de remplacer momentanément tout le conseil de préfecture, la désignation des conseillers généraux serait faite par le ministre de l'intérieur sur la proposition du préfet. Le projet de loi proposait de créer près de chaque conseil un ou deux conseillers suppléants non rétribués ; le corps législatif a reculé devant cette augmentation du nombre des fonctionnaires. La loi du 7 juin 1873 [n° 134] s'applique à cette hypothèse, comme à toute autre fonction spéciale conférée aux membres des conseils généraux.

En cas d'insuffisance du nombre des membres nécessaires pour délibérer, il y est pourvu conformément à l'arrêté du 19 fructidor an IX et au décret du 16 juin 1808 (L. 21 juin 1865, *relative aux conseils de préfecture*, art. 6).

Les conseils de préfecture ne pourront prendre aucune délibération si les membres ne sont au moins au nombre de trois. Le préfet, lorsqu'il assistera à la séance, comptera pour compléter les membres nécessaires pour délibérer (Arrêté des consuls du 19 fructidor an IX, art. 1er). — En cas de partage ou d'insuffisance du nombre des membres du conseil, ils sont remplacés de la manière suivante (art. 2). — Les membres restant au conseil de préfecture désigneront, à la pluralité des voix, un membre du conseil général de département, qui siégera avec ceux du conseil de préfecture, soit qu'il faille compléter le nombre nécessaire pour délibérer, ou vider un partage. Le choix ne pourra jamais tomber sur les membres des tribunaux qui font partie des conseils généraux de département (art. 3). — En cas de partage sur le choix du suppléant, la voix du préfet, s'il assiste à la séance, ou du plus ancien d'âge des conseillers, si le préfet n'est pas à la séance du conseil, aura la prépondérance (art. 4). — Si le préfet est absent du chef-lieu ou du département, celui qui le remplacera aura, dans tous les cas, la voix prépondérante, comme le préfet lui-même (art. 5). — Le service des suppléants au conseil de préfecture sera gratuit, en cas de récusation, maladie ou partage. En cas d'absence, le suppléant aura droit, proportionnellement au temps de son service, à la moitié du traitement de celui qu'il remplacera (art. 6).

Les membres des conseils de préfecture qui, tous à la fois, seraient forcément empêchés d'exercer leurs fonctions, seront suppléés par un égal nombre de membres du conseil général, autres que ceux qui seraient en même temps juges dans nos tribunaux (Décret du 16 juin 1808, art. 1er). — Seront désignés par notre ministre de l'intérieur les membres du conseil général, sur la présentation du préfet (art. 2).

295. Après de vifs débats, l'article 4 de la loi du 21 juin 1865 a maintenu au préfet la présidence du conseil de préfecture, avec voix prépondérante, que lui conférait l'article 5 de la loi du 28 pluviôse de l'an VIII [n° 94], et dispose que chaque année un décret désignera un vice-président pour remplacer le préfet en cas d'empêchement. Il n'est que juste de constater qu'en fait les préfets ont rarement usé du droit que la loi leur confère. Néanmoins l'opinion des hommes politiques s'était à ce point formée dans ce sens qu'au sein du corps législatif, en 1870, une proposition ayant pour objet d'enlever aux préfets la présidence du conseil de préfecture fut votée sans discussion, à l'unanimité de 194 votants [1]; mais la révolution du 4 septembre 1870 survint avant que ce projet fût voté par le sénat et pût être promulgué.

Les dispositions de la loi du 24 mai 1872 [nos 269 et 270], qui ont enlevé au pouvoir exécutif toute participation à la juridiction du conseil d'État, ont pour conséquence logique la disparition des préfets du sein des conseils de préfecture.

Chaque année, un décret de l'empereur désigne, pour chaque département, celui de la Seine excepté, un conseiller de préfecture qui devra présider le conseil en cas d'absence ou d'empêchement du préfet (L. 21 juin 1865, art. 4).

296. « Le conseil de préfecture du département de la Seine a été organisé par un décret impérial du 17 mars 1863; on a considéré, à cette époque, qu'il y avait lieu de pourvoir, par des mesures spéciales, à la prompte expédition des affaires très-nombreuses ressortissant à cette juridiction, et, dans ce but, on a décidé qu'un président dirigerait l'ensemble du travail et qu'il serait créé deux sections présidées chacune par un conseiller désigné à cet effet. Cette

---

[1] Cette proposition était ainsi conçue :

L'article 4 de la loi du 21 juin 1865 est remplacé par les dispositions suivantes: « Il y a dans chaque conseil de préfecture un président nommé par l'empereur. Il est compris dans le nombre des membres du conseil fixé par l'article 1er. Il doit être âgé de trente ans accomplis, et avoir rempli pendant cinq ans au moins les fonctions de conseiller de préfecture, de secrétaire général ou de sous-préfet. Il préside dans toutes les affaires contentieuses, et, en cas d'absence ou d'empêchement, est remplacé par le membre le plus ancien. L'article 5 de la loi du 28 pluviôse an VIII est abrogé. »

organisation n'a donné que d'excellents résultats... » Ainsi s'exprime un rapport du ministre de l'intérieur au président de la République, en date du 12 novembre 1871. On vient de voir [n° 293] que la loi de 1865 confirmait cette institution d'un président du conseil de préfecture de la Seine (art. 1 et 4) en fixant à huit, lui compris, le nombre des membres de ce conseil. Un décret du gouvernement de la défense nationale du 14 septembre 1870 prononça la suppression de la présidence du conseil de préfecture dans le département de la Seine. Après la réunion de l'assemblée nationale, un décret du président de la République du 12 novembre 1871, rendu sur le rapport qui vient d'être mentionné, a rétabli cette présidence, en réduisant à sept le chiffre des membres du conseil de préfecture de la Seine que la loi de 1865, article 1er, fixait à huit [n° 293]. Le rapport de la commission de l'assemblée nationale chargée de l'examen des décrets législatifs du gouvernement de la défense nationale (*Journal officiel* du 18 avril 1872, page 2617, annexe à la séance de l'assemblée du 24 février 1872), critique le décret du 12 novembre 1871 comme contraire au principe de la séparation des pouvoirs, notamment en ce qu'il modifie l'article 1er de la loi du 21 juin 1865 dans la partie fixant à huit le nombre des membres du conseil de préfecture de la Seine. Un décret du 3 février 1874 a rétabli ce chiffre de huit membres.

Le président de la République française; vu le décret du 14 septembre 1870; sur le rapport et les propositions du ministre de l'intérieur; décrète : Art. 1er (*abrogé*). Le nombre des membres du conseil de préfecture de la Seine est fixé à sept, y compris le président. — Art. 2. M. *** est nommé président du conseil de préfecture de la Seine. Il jouira, en cette qualité, d'un traitement de quinze mille francs. — Art. 3. Le conseil de préfecture est divisé en deux sections qui seront présidées, en l'absence du président, par deux conseillers désignés par M. le préfet de la Seine. Les autres membres du conseil seront répartis dans les deux sections par le président, suivant les besoins du service. — Art. 4. Le ministre de l'intérieur est chargé de l'exécution du présent décret. — Fait à Versailles, le 12 novembre 1871.

Le président de la République française; vu le décret en date du 17 mars 1863, qui avait fixé à huit le nombre des membres du conseil de préfecture de la Seine, y compris le président; vu la loi du 21 juin 1865 relative à l'organisation des conseils de préfecture; vu le décret du 12 novembre 1871 qui a réduit à sept le nombre des membres du conseil de préfecture, y compris le président; sur la proposition du vice-président du conseil, ministre de l'intérieur; décrète : Art. 1er. Le nombre des membres du conseil de préfecture de la Seine est fixé à huit, y compris le président. — Art. 2. Le vice-président du conseil, ministre de l'intérieur, est chargé de l'exécution du présent décret. — Fait à Versailles, le 3 février 1874.

297. Aux termes de l'article 18 de la loi du 28 pluviôse de l'an VIII, les conseillers de préfecture sont nommés et révocables par le chef de l'État [n° 258].

Un décret du 25 décembre 1861, faisant application d'une autre règle écrite dans l'article 22 de la loi de l'an VIII [n° 91], et reproduit dans cette partie par un décret du 23 décembre 1872, fixe le traitement des conseillers de préfecture ainsi qu'il suit : 2,000 fr. dans les préfectures de troisième classe ; 3,000 fr. dans celles de deuxième classe ; 4,000 fr. dans celles de première classe. Le décret du 23 décembre 1872 fixe à 8,000 fr. le traitement des conseillers de préfecture dans le département de la Seine, et à 15,000 fr. celui du président de ce conseil.

298. La juridiction d'un conseil de préfecture s'étend sur tout le département, ce qui justifie le rang assigné à ces conseils avant les tribunaux civils d'arrondissement, par le décret des préséances du 23 messidor de l'an XII (art. 8).

Les conseils de préfecture ne forment jamais qu'un premier degré de juridiction ; quel que soit le peu d'importance du litige, leurs arrêtés sont toujours susceptibles d'appel devant le conseil d'État, sans même qu'il faille admettre l'exception unique paraissant résulter du texte mal rédigé cité au n° 365 ; l'appel est porté devant la cour des comptes en matière de comptabilité [n°s 398 et 399].

Ils diffèrent sous un troisième rapport des tribunaux civils, en ce que leur compétence respective n'est déterminée ni par le caractère de l'action, ni par le domicile des parties, mais toujours par la situation, en ce sens que le conseil de préfecture compétent est celui du département où se sont passés les actes ou les faits qui font l'objet du procès.

En quatrième lieu, il faut dire que, tandis que les tribunaux de première instance sont les tribunaux ordinaires ou de droit commun pour les matières civiles et correctionnelles, les conseils de préfecture n'ont pas ce caractère : ils constituent des tribunaux d'attribution, qui ne peuvent statuer que sur des matières administratives dont un texte exprès leur a donné le droit de connaître. Ce point, vivement controversé, se représentera [n° 429] lorsqu'en traitant des attributions contentieuses des ministres, nous dirons qu'ils sont les juges de droit commun en matière administrative, à l'exclusion des conseils de préfecture.

Sous un dernier point de vue, les conseils de préfecture se rapprochent au contraire des tribunaux de l'ordre judiciaire, en ce que leur juridiction a toujours fait partie, comme la leur, de la justice *déléguée*. Quoique relevant du conseil d'État à titre de juridiction du premier degré, ils ont toujours possédé le pouvoir propre de jugement qui manquait à ce grand corps sous les législations antérieures qui le chargeaient de préparer l'exercice de la justice *retenue*. Les arrêtés des conseils de préfecture ont au contraire toujours eu force par eux-mêmes sans être soumis à aucune approbation.

299. C'est au décret impérial du 30 décembre 1862 que revient l'honneur d'avoir fait pour les conseils de préfecture ce que les ordonnances royales de 1831 ont fait pour le conseil d'État au contentieux, en introduisant au sein de ces conseils les règles du débat public. Les dispositions de ce décret sont reproduites par celles de la loi du 21 juin 1865 qui consacrent : 1° la publicité de l'audience (art. 8), sauf pour le jugement des comptes qui relève de la cour des comptes et non du conseil d'État (art. 10); 2° la nécessité d'un rapport fait dans chaque affaire par un membre du conseil (art. 9 § 1); 3° la faculté pour les parties de présenter leurs observations, soit en personne, soit par mandataire (art. 9 § 1); 4° les observations du commissaire du gouvernement, qui viennent après le rapport du juge et la plaidoirie des parties, ainsi qu'il résulte déjà de l'article 5; 5° la nécessité, depuis longtemps imposée par la jurisprudence du conseil d'État avant de l'être par le décret de 1862, de motiver les arrêtés des conseils de préfecture; 6° l'application des dispositions coercitives qui assurent la police et la dignité de l'audience publique (art. 13).

Les séances des conseils de préfecture statuant sur les affaires contentieuses sont publiques (L. 21 juin 1865, *relative aux conseils de préfecture*, art. 8). — Après le rapport qui est fait sur chaque affaire par un des conseillers, les parties peuvent présenter leurs observations, soit en personne, soit par mandataire. La décision motivée est prononcée en audience, après délibéré, hors la présence des parties (art. 9). — Les comptes des receveurs des communes et des établissements de bienfaisance ne sont pas jugés en séance publique (art. 10). — Sont applicables aux conseils de préfecture les dispositions de l'article 85 et des articles 88 et suivants du titre V du Code de procédure civile, et celles de l'article 1036 du même Code (art. 13).

300. Tandis que le conseil d'État possède depuis 1806 son Code de procédure, les conseils de préfecture attendent encore le leur. Jusqu'en 1865 cette procédure était réglée, soit par quelques dispositions législatives ou réglementaires relatives à certaines procédures spéciales, telles qu'en matière de contributions directes, et qui subsistent toujours; soit, dans le silence des textes, par la

jurisprudence du conseil d'État, s'inspirant quelquefois des dispositions du décret du 22 juillet 1806 et du Code de procédure civile; soit enfin, depuis le décret du 30 décembre 1862, par des arrêtés préfectoraux contenant des mesures d'ordre provoquées par une circulaire ministérielle du 17 janvier 1863 et soumis à l'approbation du ministre de l'intérieur.

La loi du 21 juin 1865 avait voulu mettre un terme à cet état de choses, en posant dans l'article 14 et dernier de la loi le principe de la rédaction de ce Code de procédure des conseils de préfecture par le conseil d'État, et de sa transformation en loi dans un délai de cinq ans.

Un règlement d'administration publique déterminera provisoirement : 1° les délais et les formes dans lesquels les arrêtés contradictoires ou non contradictoires des conseils de préfecture peuvent être attaqués; 2° les règles de la procédure à suivre devant le conseil de préfecture, notamment pour les enquêtes, les expertises et les visites de lieux ; 3° ce qui concerne les dépens. Il sera statué par une loi dans un délai de cinq ans (L. 21 juin 1865, art. 14).

301. C'est en exécution de cette prescription que, dans sa séance du 10 juin 1870, le sénat fut saisi d'un projet de loi *relatif à la procédure à suivre devant les conseils de préfecture*, délibéré en assemblée générale du conseil d'État, précédé du décret impérial de présentation, et de l'exposé des motifs [1]. Les événements ont enlevé à ce projet de loi son caractère officiel, mais il demeure avec une autorité doctrinale très-considérable, et comme la base et l'espoir d'améliorations et de la réglementation de la procédure devant les conseils de préfecture.

302. Ce projet de 1870 contenait soixante-sept articles, divisés en six titres ; le premier réglait l'*introduction des instances et les mesures générales d'instruction* (art. 1 à 12); le second, les *différents moyens de vérification*, expertises (art. 13 à 24), visites de lieux (art. 25), enquêtes et interrogatoires (art. 26 à 36), vérification d'écritures et inscriptions de faux (art. 37 et 38) ; le troisième, *des incidents* (art. 39 à 42); le quatrième, *du jugement* (art. 43 à 51) ; le cinquième, *de l'opposition et du recours devant le conseil d'État* (art. 52 à 61); le sixième, *des dépens* (art. 62 à 67).

303. Indépendamment des règles de procédure ayant une portée considérable et exerçant une grande influence sur les droits des parties, auxquelles se réfèrent l'article 14 de la loi de 1865 et les

---

[1] Signé à la minute par M. Aucoc, conseiller d'État rapporteur.

principales dispositions du projet de loi de 1870, il est des règles plus simples constituant des mesures d'ordre et auxquelles le gouvernement a sagement pourvu, sans attendre davantage, par un décret, délibéré en conseil d'État, du 12 juillet 1865, qui remplace les arrêtés préfectoraux pris dans chaque département pour l'exécution du décret du 30 décembre 1862.

Nous indiquerons rapidement les règles actuellement consacrées pour l'introduction et l'instruction des affaires devant le conseil de préfecture; ensuite nous ferons connaître le décret du 12 juillet 1865.

304. Dans l'état actuel des choses, les affaires soumises aux conseils de préfecture se divisent, au point de vue de la procédure : 1° en affaires soumises à des procédures spéciales par des lois ou règlements, procédures complètes en matière de contributions directes, élections, police du roulage, servitudes militaires, ou partielles en matière de travaux publics ; et 2° en affaires soumises à la procédure de droit commun, dont les sources sont indiquées ci-dessus [n° 300], et qu'a consacrée la jurisprudence du conseil d'État. C'est de cette procédure ordinaire que nous voulons donner une idée générale.

305. Devant les conseils de préfecture comme devant le conseil d'État [n° 281], l'instruction se fait par écrit, non-seulement au point de vue du dispositif des conclusions comme dans l'ordre judiciaire, mais aussi au point de vue des moyens invoqués à leur appui; la défense orale, ajoutée aux éléments de la procédure en 1831 et en 1862, n'a point altéré ce caractère fondamental de la procédure administrative. Ainsi que le fait au conseil d'État la section du contentieux, le conseil de préfecture, c'est-à-dire le juge lui-même, dirige l'instruction; l'on voit dans le décret ci-dessous [n° 308], du 12 juillet 1865, l'application de cette règle. Enfin devant le conseil de préfecture, bien plus encore que devant le conseil d'État, la procédure est de forme plus simple et beaucoup plus économique que la procédure judiciaire dont ces trois caractères la différencient profondément.

306. Le conseil de préfecture est saisi, en règle générale, par une pétition ou requête que le demandeur adresse directement [sic n° 278] aux membres du conseil de préfecture; elle doit, à peine de nullité, être faite sur papier timbré, par application de l'article 12 de la loi du 13 brumaire de l'an VII, rigoureusement

interprété par la jurisprudence constante du conseil d'État, qui n'en excepte pas même l'État plaidant pour ses domaines (c. d'Ét. 6 mars 1864, *directeur des domaines d'Indre-et-Loire*) ; il n'y a d'exception qu'en matière électorale et en matière de contributions directes pour les cotes au-dessous de trente francs.

La demande est enregistrée au greffe du conseil de préfecture. Si la partie avait intérêt à prouver qu'elle a réclamé avant l'expiration d'un délai, elle aurait le droit d'exiger un récépissé, et, dans tous les cas, elle pourrait faire notifier sa demande par huissier. Mais elle n'y est pas tenue. C'est le juge qui ordonne, par l'intermédiaire du greffe, la communication de la demande à l'adversaire, simple particulier ou administration publique. Il doit régler également les communications des réponses entre les parties.

Le conseil de préfecture peut ordonner, soit d'office, soit à la demande du rapporteur ou des parties, toutes les mesures d'instruction préalables nécessaires pour former sa religion, apport de pièces, levée de plans, vérification de lieux, enquête, et surtout une expertise qui, dans certains cas, est prescrite à peine de nullité de la décision qui doit intervenir [n°⁸ 331 et 1185].

307. Le décret du 12 juillet 1865, dont la promulgation a suivi de si près celle de la loi de réorganisation des conseils de préfecture, a été pris par le chef de l'État en dehors des dispositions de l'article 14 de cette loi, et, selon l'expression du rapport déjà cité, « en vertu des pouvoirs qu'il tenait de l'article 6 de la Constitu- » tion ». Ce décret, que nous reproduisons, prescrit des mesures d'ordre relatives : 1° à tout ce qui concerne l'introduction des affaires devant le conseil de préfecture (art. 1 et 2) ; 2° à la formation des dossiers (art 3) ; 3° aux communications aux administrations et aux parties intéressées (art. 4, 5, 6 et 7) ; 4° aux formalités à suivre en matière de contraventions, lorsqu'il n'y en a pas d'autres tracées par des lois spéciales (art. 8) ; 5° à l'organisation de la séance publique (art. 9, 10, 11 et 12) ; 6° à la rédaction, l'expédition et la conservation des décisions prises par le conseil (art. 13, 14, 15, 16 et 17).

308. Nous croyons utile, en outre de cette analyse, de reproduire les termes mêmes du décret du 12 juillet 1865 *concernant le mode de procéder devant les conseils de préfecture.*

Les requêtes et mémoires introductifs d'instance et, en général, toutes les pièces concernant les affaires sur lesquelles le conseil de préfecture est appelé à statuer par la voie contentieuse doivent être déposés au greffe du conseil.

Ces pièces sont inscrites, à leur arrivée, sur le registre d'ordre qui doit être tenu par le secrétaire-greffier ; elles sont, en outre, marquées d'un timbre qui indique la date de l'arrivée (Décret du 12 juillet 1865 *concernant le mode de procéder devant les conseils de préfecture*, art. 1er). — Immédiatement après l'enregistrement des requêtes et mémoires introductifs d'instance, le préfet ou le conseiller qui le remplace désigne un rapporteur auquel le dossier de l'affaire est transmis dans les vingt-quatre heures (art. 2). — Le rapporteur est chargé, sous l'autorité du conseil de préfecture, de diriger l'instruction de l'affaire ; il propose les mesures et les actes d'instruction. Avant tout, il doit vérifier si les pièces dont la production est nécessaire pour le jugement de l'affaire sont jointes au dossier (art. 3). — Sur la proposition du rapporteur, le conseil de préfecture règle les communications à faire aux parties intéressées, soit des requêtes et mémoires introductifs d'instance, soit des réponses à ces requêtes et mémoires. Il fixe, eu égard aux circonstances de l'affaire, le délai qui est accordé aux parties pour prendre communication des pièces et fournir leurs défenses ou réponses (art. 4). — Les décisions prises par le conseil pour l'instruction des affaires dans les cas prévus par l'article précédent sont notifiées aux parties dans la forme administrative. Il est donné récépissé de cette notification. A défaut de récépissé, il est dressé procès-verbal de la notification par l'agent qui l'a faite. Le récépissé ou le procès-verbal est transmis immédiatement au greffe du conseil de préfecture (art. 5). — Lorsque les parties sont appelées à fournir des défenses sur les requêtes ou mémoires introductifs d'instance, comme il est dit en l'article 4 ci-dessus, ou à fournir des observations en vertu de l'article 29 de la loi du 21 avril 1832, elles doivent être invitées en même temps à faire connaître si elles entendent user du droit de présenter des observations orales à la séance publique où l'affaire sera portée pour être jugée (art. 6). — La communication aux parties se fait au greffe sans déplacement des pièces (art. 7). — Lorsqu'il s'agit de contraventions, il est procédé comme il suit, à moins qu'il n'ait été établi d'autres règles par la loi. Dans les cinq jours qui suivent la rédaction d'un procès-verbal de contravention et son affirmation quand elle est exigée, le sous-préfet fait faire au contrevenant notification de la copie du procès-verbal ainsi que de l'affirmation, avec citation devant le conseil de préfecture. La notification et la citation sont faites dans la forme administrative. La citation doit indiquer au contrevenant qu'il est tenu de fournir ses défenses écrites dans le délai de quinzaine à partir de la notification qui lui est faite, et l'inviter à faire connaître s'il entend user du droit de présenter des observations orales. Il est dressé acte de la notification et de la citation. Cet acte doit être envoyé immédiatement au sous-préfet ; il est adressé par lui, sans délai, au préfet, pour être transmis au conseil de préfecture et y être enregistré, comme il est dit en l'article 1er. Lorsque le rapporteur a été désigné, s'il reconnaît que les formalités prescrites dans les 3e et 4e alinéas du présent article n'ont pas été remplies, il en réfère au conseil pour assurer l'accomplissement de ces formalités (art. 8). — Lorsque l'affaire est en état de recevoir une décision, le rapporteur prépare le rapport et le projet de décision (art. 9). — Le dossier, avec le rapport et le projet de décision, est remis au secrétaire-greffier, qui le transmet immédiatement au commissaire du gouvernement (art. 10). — Le rôle de chaque séance publique est arrêté par le préfet ou par le conseiller qui le remplace, sur la proposition du commissaire du gouvernement (art. 11). — Toute partie qui a fait connaître l'intention de présenter des observations orales doit être avertie, par lettre non affranchie, à son domicile ou à celui de son mandataire ou défenseur, lorsqu'elle en a désigné un, du jour où l'affaire sera appelée en séance publique. Cet avertissement sera donné quatre jours au moins avant la séance (art. 12). — Les arrêtés pris par les conseils de préfecture dans les affaires contentieuses mentionnent qu'il a été statué en séance publique. Ils contiennent les noms et conclusions des parties, le vu des pièces principales et des dispositions législatives dont ils font l'application. Mention y est faite que le commissaire du gouvernement a été entendu. Ils sont motivés. Les noms des membres qui ont concouru à la décision y sont mentionnés. La minute est signée par le président, le rapporteur et le secrétaire-greffier (art. 13). — La minute des décisions des conseils de préfecture est conservée au greffe, pour chaque affaire, avec la correspondance et les pièces relatives à l'instruction. Les pièces qui appartiennent aux parties leur sont remises sur récépissé, à moins que le conseil de préfecture n'ait ordonné que quelques-unes de ces pièces resteraient annexées à sa décision (art. 14). — L'expédition des décisions est délivrée aux parties intéressées par le secrétaire général. Le préfet fait transmettre aux administrations publiques expédition des décisions dont l'exécution rentre dans leurs attributions (art. 15). — Les décisions des conseils de préfecture doivent être transcrites, par ordre de date, sur un registre dont la tenue et la garde sont confiées au secrétaire-greffier. Tous les trois mois, le président du conseil s'assure que ce registre est à jour (art. 16). — Lorsque la section du contentieux du conseil d'État pense qu'il est nécessaire, pour l'instruction d'une affaire dont l'examen lui est soumis, de se faire représenter des pièces qui sont déposées au greffe d'un conseil de préfecture, le président de la section fait la demande de ces pièces au préfet. Le secrétaire de la section adresse au secrétaire-greffier un récépissé des pièces communiquées; il sera fait renvoi du récépissé lorsque les pièces auront été rétablies au greffe du conseil de préfecture (art. 17).

309. Le meilleur commentaire de ce décret se trouve dans la circulaire suivante, adressée le 21 juillet 1865 par le ministre de l'intérieur aux préfets, à l'effet d'assurer l'exécution de ses prescriptions.

Monsieur le préfet, le *Moniteur* a porté à votre connaissance le décret du 12 juillet dernier, qui détermine un certain nombre de règles relatives à la procédure des conseils de préfecture, et qui doit désormais remplacer l'arrêté que vous avez pris à titre provisoire, sur le même objet, à la suite du décret du 30 décembre 1862. Bien que les dispositions du nouveau décret s'expliquent d'elles-mêmes, et que la portée en soit facile à saisir, je crois néanmoins devoir appeler votre attention sur l'idée générale qui y a présidé et sur quelques-unes des mesures qui y sont prescrites. Il a été longtemps d'usage que l'instruction des affaires contentieuses sur lesquelles les conseils de préfecture avaient à statuer fût dirigée presque en entier par le préfet sur la proposition de ses bureaux. Ce mode de procéder, qui s'expliquait par l'absence d'un greffe auprès de ces conseils, a dû cesser avec l'institution du secrétaire-greffier, chargé, par le décret du 30 décembre 1862, de recevoir toutes les affaires soumises au conseil de préfecture. La réforme, déjà inaugurée sur ce point par plusieurs préfets, a reçu du décret du 12 juillet dernier une consécration définitive. Désormais, les demandes des parties doivent être déposées au greffe, et c'est au conseil de préfecture à ordonner les divers actes de procédure dont ce dépôt est le point de départ. Les bureaux n'ont plus à intervenir dans l'instruction des affaires; ils n'en connaîtront que sur le renvoi qui peut leur en être fait par le conseil de préfecture, soit pour fournir des renseignements, soit pour produire des défenses. — L'article 1er du décret porte que les pièces sont, à leur arrivée, inscrites sur un registre d'ordre, et marquées d'un timbre qui indique la date de leur entrée. Je ne saurais trop vous recommander l'observation de cette formalité, si importante au point de vue des délais fixés par la loi. C'est au rapporteur désigné par le préfet ou par le conseiller qui le remplace que les pièces, aussitôt enregistrées, doivent être adressées. Le rapporteur propose au conseil de préfecture les communications qu'il juge devoir être faites, et les mesures d'instruction qui lui paraissent nécessaires. Les décisions que rend à cet égard le conseil de préfecture n'ont pas le caractère de décisions juridiques : elles sont prises en chambre du conseil, en dehors des parties, sans publicité et sans débat contradictoire. Elles n'ont donc pas besoin d'être libellées comme des arrêtés, ni conservées en minute. Le rapporteur se bornera, après avoir pris les ordres du conseil, à inscrire sur la feuille devant contenir le dossier de l'affaire la série des formalités à remplir, dans ces termes : par exemple : « *Donner à M.... un délai de... pour la production de telles ou telles pièces* ». — « *Communiquer ensuite à N.... en l'invitant à présenter ses défenses dans un délai de...* » etc. Ces simples mentions, signées du rapporteur, serviront de base aux notifications que le secrétaire-greffier doit adresser aux parties. — Aux termes de l'article 7, la communication aux parties se fait au greffe, sans déplacement de pièces. Les choses devront, en effet, se passer ainsi dans le plus grand nombre des cas. Il peut arriver toutefois, dans certaines affaires, que l'étendue des pièces rende difficile une communication sur place. Dans ce cas, et si les parties sont représentées par des officiers publics, le déplacement des pièces pourra, exceptionnellement et à la condition de ne pas excéder un très-court délai, être autorisé par le président. J'appelle toute votre attention, monsieur le préfet, sur la disposition des articles 9 et 10, aux termes desquels le rapporteur doit, une fois l'affaire en état, préparer son rapport et un projet de décision, et les transmettre au commissaire du gouvernement. Dans les affaires de contributions et de contraventions, qui forment la très-grande majorité des instances soumises au conseil de préfecture, la feuille d'instruction pourra, le plus souvent, servir de rapport, et le rapporteur n'aura à préparer que le projet de décision, tâche qu'il pourra abréger encore en groupant toutes les affaires semblables pour en faire l'objet d'un rapport collectif. Mais, dans toutes les autres natures d'affaires, vous devrez tenir à ce qu'un rapport écrit soit rédigé. Cette disposition du décret se justifie par des avantages sur lesquels je n'ai pas besoin d'insister. Appelé à proposer une décision, le rapporteur sent la nécessité de compléter l'instruction, et ne néglige la production d'aucune des pièces qui peuvent être utiles à la solution de l'affaire. C'est le caractère essentiel de la procédure contentieuse que l'instruction y soit écrite ; les observations orales n'y tiennent qu'une place accessoire et doivent toujours se restreindre aux points qui ont été développés dans les mémoires. Du moment, en effet, où les parties ne sont pas astreintes à se présenter à la barre, et que souvent l'une des deux y vient seule, il n'est pas bon qu'il s'y produise des moyens nouveaux qui ne pourraient pas être contredits par l'adversaire. — Une observation qu'il importe de ne pas perdre de vue dans l'application de ce décret, c'est qu'il ne modifie en rien la procédure établie par des lois spéciales, dans certaines matières, notamment les contributions et les contraventions. Les règles nouvelles doivent se concilier avec les anciennes, comme l'indiquent les articles 6 et 8. C'est ainsi que, lorsque les parties sont appelées à fournir des observations, en vertu de l'article 29 de la loi du 21 avril 1832, par suite de l'avis du directeur des contributions directes contraire à leur réclamation, elles doivent être en même temps invitées à faire connaître si elles entendent user du droit de présenter des observations orales à la séance publique. Vous devrez vous concerter, pour l'exécution de cette nouvelle règle, avec le directeur des contributions directes de votre département. Je signale enfin à votre intention spéciale l'article 13 relatif à la rédaction des arrêtés. Il est essentiel que les décisions portent avec elles la preuve de l'accomplissement de toutes les formalités prescrites par la loi. — Tels sont, monsieur le préfet, l'esprit et les dispositions principales du nouveau règlement. Il s'est proposé d'introduire, dans la procédure des conseils de préfecture, la simplicité des formes, la rapidité de l'instruction et la modicité des frais. En même temps, il développe et confirme, au profit des parties, les deux grandes règles de la publicité et de la défense orale. De telles mesures ne peuvent qu'augmenter les garanties d'une bonne justice et, par là même, la confiance que les conseils de préfecture inspirent aux justiciables. C'est à vous, monsieur le préfet, qu'il appartient, comme président de cette juridiction et comme chef de l'administration locale, d'en surveiller et d'en assurer la stricte observation. — Recevez, monsieur le préfet...

310. Les arrêtés des conseils de préfecture contiennent trois parties distinctes : 1° les *visas*, correspondant aux *qualités* des jugements émanés des tribunaux de l'ordre judiciaire; ils comprennent, suivant l'article 13 du décret du 12 juillet 1865, les noms et conclusions des parties, le vu des pièces principales et des dispositions législatives dont l'arrêté fait l'application ; 2° les *motifs*, désormais exigés par la loi, ainsi qu'il est dit ci-dessus [n° 299]; et 3° le *dispositif*, qui contient la décision même.

311. Les arrêtés des conseils de préfecture ne sont pas obligatoirement revêtus de la formule exécutoire, d'après un avis du conseil d'État du 5 février 1826 critiqué avec raison, et dont s'écarte, en matière de comptabilité, l'article 434 du décret réglementaire du 31 mai 1862 ; mais rien ne s'oppose à ce que les conseils de préfecture en revêtent tous leurs arrêtés. Dans tous les cas, ce sont de véritables jugements produisant tous les effets propres aux décisions de justice, énumérés ci-dessus [n°s 283 à 286] relativement aux arrêts du conseil d'État, et pouvant être ramenés à exécution par les mêmes voies de droit commun, bien que sans intitulé ni mandement.

312. Dans l'état actuel de la législation et en attendant la réalisation des prescriptions de l'article 14 de la loi du 21 juin 1865, il existe contre les arrêtés des conseils de préfecture trois voies de

recours : l'opposition recevable tant que l'arrêté par défaut n'a pas été mis à exécution, sauf au cas de condamnation pour contravention à la police du roulage, l'opposition devant alors être formée dans le délai de quarante jours de la date de la notification; la tierce opposition, ouverte aux tiers auxquels l'arrêté préjudicie ; le recours au conseil d'État, que déjà nous avons indiqué [n° 273], et qui comprend à la fois le pourvoi pour mal jugé, soit en fait, soit en droit, par voie d'appel ouvert contre tout arrêté des conseils de préfecture, quelles que soient la nature et l'importance de l'affaire, et le pourvoi pour incompétence ou excès de pouvoir. Les arrêtés des conseils de préfecture n'étant jamais rendus en dernier ressort, la requête civile n'est point ouverte contre eux.

2° *Compétence des conseils de préfecture en vertu de la loi du 28 pluviôse de l'an VIII.*

313. Texte de l'article 4 de la loi du 28 pluviôse de l'an VIII.
314. Renvoi relatif au contentieux des contributions directes. Division du sujet en trois parties.

313. La loi du 28 pluviôse de l'an VIII, en créant les conseils de préfecture, leur a conféré leurs principales attributions contentieuses dans son article 4, qui sert de base à la compétence de ces conseils, sauf les lois ultérieures qui sont venues en élargir le cercle. Il est essentiel de citer, moins le § 6 expliqué ailleurs [n°s 128 et 1473] et qui est étranger au contentieux administratif, le texte même de cette disposition, l'une des plus pratiques de tout le droit administratif.

Le conseil de préfecture prononcera :
1° Sur les demandes des particuliers tendant à obtenir la décharge ou la réduction de leur cote de contributions directes;
2° Sur les difficultés qui pourraient s'élever entre les entrepreneurs de travaux publics et l'administration concernant le sens ou l'exécution des clauses de leurs marchés ;
3° Sur les réclamations des particuliers qui se plaindront de torts et dommages procédant du fait personnel des entrepreneurs, et non du fait de l'administration ;
4° Sur les demandes et contestations concernant les indemnités dues aux particuliers, à raison des terrains pris ou fouillés pour la confection des chemins, canaux et autres ouvrages publics;
5° Sur les difficultés qui pourront s'élever en matière de grande voirie;
6° . . . .
Enfin, 7° sur le contentieux des domaines nationaux.

314. Nous renvoyons, pour traiter de la première des attributions que ce texte confère aux conseils de préfecture, les *contributions directes*, à la matière des impôts [n° 1184]; mais nous donnerons ici aux trois autres (*travaux publics, grande voirie, domaines nationaux*) les développements qu'elles comportent d'après le cadre de cet ouvrage.

Elles divisent naturellement le sujet en trois parties.

A. Travaux publics.

315. Définition des *travaux publics*.
316. Division du contentieux et de la législation des travaux publics en deux catégories.
317. Modes d'exécution des travaux publics : diverses régies; concessions; marchés de travaux publics.
318. Des formes diverses des marchés : adjudication; traité de gré à gré.
319. Des différentes espèces de marchés de travaux publics.
320. Des diverses pièces constitutives du marché.
321. Cahiers des clauses et conditions générales; cahier du 16 novembre 1866.
322. Devis ou cahier des charges; bordereau des prix; sous-détail ; détail estimatif; avant métré.
323. Caractères généraux et règles de ces marchés.
324. Origine de la compétence administrative en cette matière.
325. Étendue de la compétence du conseil de préfecture en vertu du § 2.
326. Étendue de cette compétence en vertu des §§ 3 et 4.
327. Suite. Difficultés relatives aux dommages causés aux personnes.
328. Caractères du dommage donnant lieu à indemnité.
329. Règles relatives à l'indemnité.
330. Indemnités pour fouilles, extractions et occupations temporaires.
331. Expertises.
332. Modifications proposées par le projet de loi de 1870.

315. Les paragraphes 2, 3 et 4 de l'article ci-dessus rapporté se réfèrent au contentieux des *travaux publics*. On reconnaît unanimement aujourd'hui, après une longue résistance de la cour de cassation qui a cessé par un arrêt du 28 juin 1853, que cette dénomination (L. 16 septembre 1807, art. 30 [n° 526]; L. 3 mai 1841, art. 3) appartient non-seulement aux travaux nationaux et départementaux, mais aussi aux travaux communaux, et à ceux des établissements publics (c. d'Ét. 29 nov. 1855 ; 21 fév. 1873 ; [n°s 1339, 1574 et 1576]). On considère le caractère du travail et non l'origine des deniers avec lesquels on le paie. Aussi les travaux exécutés dans l'intérêt privé de l'État, des départements, communes et établissements publics, tels que ceux ayant pour objet l'amélioration de leurs propriétés rurales ou urbaines et le seul intérêt de la personne morale, ne constituent pas des travaux publics (c. cass. 10 décembre 1866 ; 15 avril 1872, *Saint-Pierre c. Chiron*). D'autre part, ce serait une erreur de ne considérer comme travaux publics que ceux qui seraient exécutés sur des biens dépendant du domaine public, non susceptible de propriété privée : ainsi des travaux entrepris par l'État pour la reconstruction des bâtiments d'un établissement d'eaux thermales, bien que dépendance du domaine privé, sont des travaux publics (c. d'Ét. 8 mars 1866, *Lafond*, et observations du commissaire du gouvernement).

Le signe distinctif des travaux publics est leur but d'utilité publique : aussi l'idée de *travaux publics* et l'idée d'*expropriation pour cause d'utilité publique* se confondent-elles à ce point de vue ; de sorte que chaque fois que, pour exécuter des travaux, on pourrait (au cas où l'État, le département, la commune ou l'établissement public ne seraient pas propriétaires du sol) recourir à l'expropriation *pour cause d'utilité publique*, ces travaux sont des *travaux publics*. Mais il n'y a pas de synonymie entre ces idées et celle de *domanialité publique* : les premières sont plus larges ; celle-ci est plus restreinte [*voir* n°s 807, 909 à 926].

316. La législation des travaux publics a reçu des perfectionnements successifs : aussi est-elle éparse dans des dispositions diverses, se divisant en deux catégories, suivant les deux sortes de rapports qu'engendrent les travaux publics : 1° entre l'administration qui commande le travail et les entrepreneurs qui l'exécutent ; 2° entre ceux qui font le travail et les tiers étrangers aux marchés et à l'exécution du travail. Le contentieux des travaux publics comprend également deux catégories d'affaires.

Les principales règles relatives aux marchés de travaux publics, considérés en eux-mêmes, sont actuellement rassemblées, pour les travaux communaux, dans l'ordonnance du 14 novembre 1837, et pour ceux qui intéressent l'État dans les articles 68 à 81 [*voir* n° 318] du décret impérial portant règlement général sur la comptabilité publique du 31 mai 1862. Ce décret a remplacé l'ordonnance du 31 mai 1838 et l'ordonnance du 4 décembre 1836, portant règlement sur les marchés passés au nom de l'État, faites en exécution de l'article 12 de la loi de finances du 31 janvier 1833, ainsi conçu : « Une ordonnance royale réglera les formalités » à suivre à l'avenir dans tous les marchés passés au nom du » gouvernement ».

Les relations juridiques que l'exécution des travaux publics crée entre les tiers et ceux qui les font, sont réglées par la loi du 16 septembre 1807, incomplétement nommée *loi relative au desséchement des marais*, et qui est encore, sous ce rapport, le code des travaux publics.

317. Il y a cinq modes d'exécution des travaux publics : l'exécution *à la journée*, comme pour l'empierrement des routes par les cantonniers et ouvriers auxiliaires payés à la journée ; — l'exécution en *régie simple* ou *par économie*, sous la direction d'un préposé de l'État, tel qu'un conducteur des ponts et chaussées ; — l'exécution en *régie intéressée*, dans laquelle l'intermédiaire ou régisseur n'est plus un agent de l'administration ; — la *concession*, ou exécution du travail par une ou plusieurs personnes substituées au droit de l'administration, qui, au lieu de payer directement le concessionnaire, le substitue au droit qu'elle aurait elle-même de percevoir, par exemple, un péage ou un prix de transport, de ceux qui profiteront du travail ; les règles relatives au contrat de concession de travaux publics se trouvent généralement dans les cahiers des charges propres à chaque concession ; elle a lieu, ou de gré à gré, ou par adjudication : un arrêté du ministre des travaux publics, en date du 19 avril 1862, détermine les formes à suivre pour les adjudications publiques des concessions de chemins de fer.

Le cinquième et dernier mode d'exécution est l'*entreprise* ou *marché* de travaux publics, qui consiste, de la part de l'administration, à contracter avec un entrepreneur, s'engageant moyennant un prix convenu, et en courant certaines chances de gain ou de perte, à exécuter un travail déterminé. C'est de ce mode usuel d'exécution des travaux publics que nous allons plus particulièrement résumer les règles.

318. Les marchés ou entreprises de travaux publics, dont nous venons de donner la définition par rapport aux autres modes d'exécution de ces travaux, peuvent se produire sous deux formes différentes : 1° le contrat peut être conclu par voie d'adjudication publique au rabais, soumise aux règles de la concurrence et de la publicité, avec la garantie du *prix limite* fixé à l'avance par l'administration, et sous la condition de son approbation ; 2° le contrat peut être passé de gré à gré. Mais l'adjudication est le principe ; le traité de gré à gré l'exception, seulement admise dans les cas

déterminés par les règlements. Nous reproduisons les textes qui consacrent ces règles en faisant observer qu'ils s'appliquent également aux marchés de travaux publics et aux marchés de fournitures [n°s 432 et 433].

Tous les marchés au nom de l'État sont faits avec concurrence et publicité, sauf les exceptions mentionnées en l'article suivant (Décret du 31 mai 1862, *portant règlement général sur la comptabilité publique*, art. 68).

Il peut être traité de gré à gré : 1° pour les fournitures, transports et travaux dont la dépense totale n'excède pas 10,000 francs, ou, s'il s'agit d'un marché passé pour plusieurs années, dont la dépense annuelle n'excède pas 3,000 fr.; 2° pour toute espèce de fournitures, de transports ou de travaux, lorsque les circonstances exigent que les opérations du gouvernement soient tenues secrètes : ces marchés doivent préalablement avoir été autorisés par l'empereur sur un rapport spécial ; 3° pour les objets dont la fabrication est exclusivement attribuée à des porteurs de brevets d'invention ou d'importation ; 4° pour les objets qui n'auraient qu'un possesseur unique ; 5° pour les ouvrages et les objets d'art et de précision dont l'exécution ne peut être confiée qu'à des artistes éprouvés; 6° pour les exploitations, fabrications et fournitures qui ne sont faites qu'à titre d'essai ; 7° pour les matières et denrées qui, à raison de leur nature particulière et de la spécialité de l'emploi auquel elles sont destinées, sont achetées et choisies au lieu de production, ou livrées sans intermédiaire par les producteurs eux-mêmes ; 8° pour les fournitures, transports ou travaux qui n'ont été l'objet d'aucune offre aux adjudications, ou à l'égard desquels il n'a été proposé que des prix inacceptables; toutefois, lorsque l'administration a cru devoir arrêter et faire connaître un maximum de prix, elle ne doit pas dépasser ce maximum ; 9° pour les fournitures, transports et travaux qui, dans le cas d'urgence évidente amenée par des circonstances imprévues, ne peuvent pas subir les délais des adjudications ; 10° pour les affrétements passés aux cours des places par l'intermédiaire des courtiers, et pour les assurances sur les chargements qui s'ensuivent ; 11° pour les achats de tabac ou de salpêtre indigène, dont le mode est réglé par une législation spéciale ; 12° pour le transport des fonds du Trésor (art. 69). — Les marchés de gré à gré sont passés par les ministres ou par les fonctionnaires qu'ils délèguent à cet effet. Ils ont lieu : 1° soit sur un engagement souscrit à la suite du cahier des charges ; 2° soit sur une soumission souscrite par celui qui propose de traiter ; 3° soit sur correspondance, suivant l'usage du commerce. Il peut y être suppléé par des travaux sur simple mémoire ou par des achats faits sur simple facture, pour les objets qui sont livrés immédiatement, quand la valeur n'excède pas 1,000 francs. Les marchés de gré à gré passés par les délégués d'un ministre, et les achats ou travaux exécutés dans la limite qui vient d'être déterminée, sont toujours subordonnés à son approbation, à moins soit de nécessité résultant de force majeure, soit d'une autorisation spéciale ou dérivant des règlements : circonstances qui sont relatées dans lesdits marchés ou dans les décisions approbatives des achats ou des travaux (art. 80).

Les cahiers des charges déterminent la nature et l'importance des garanties que les fournisseurs ou entrepreneurs produisent, soit pour être admis aux adjudications, soit pour répondre de l'exécution de leurs engagements. Ils déterminent aussi l'action que l'administration exerce sur ces garanties, en cas d'inexécution des engagements (art. 73). — L'avis des adjudications à passer est publié, sauf le cas d'urgence, un mois à l'avance, par la voie des affiches et par tous les moyens ordinaires de publicité. Cet avis fait connaître : 1° le lieu où l'on pourra prendre connaissance du cahier des charges ; 2° les autorités chargées de procéder à l'adjudication ; 3° le lieu, le jour et l'heure fixés pour l'adjudication (art. 74). — Les soumissions sont remises cachetées, en séance publique. Lorsqu'un maximum de prix ou un minimum de rabais a été arrêté d'avance par le ministre ou par le fonctionnaire qu'il a délégué, ce maximum ou ce minimum est déposé cacheté sur le bureau à l'ouverture de la séance (art. 75). — Dans le cas où plusieurs soumissionnaires offriraient le même prix, et où ce prix serait le plus bas de ceux qui sont portés dans les soumissions, il est procédé, séance tenante, à une réadjudication, soit sur de nouvelles soumissions, soit à l'extinction des feux, entre ces soumissionnaires seulement (art. 76). — Les résultats de chaque adjudication sont constatés par un procès-verbal relatant toutes les circonstances de l'opération (art. 77). — Il est fixé par le cahier des charges un délai pour recevoir des offres de rabais sur le prix de l'adjudication. Si, pendant ce délai, qui ne doit pas dépasser trente jours, il est fait une ou plusieurs offres de rabais d'au moins 10 % chacune, il est procédé à une réadjudication entre le premier adjudicataire et l'auteur ou les auteurs des offres de rabais, pourvu que ces derniers aient, préalablement à leurs offres, satisfait aux conditions imposées par le cahier des charges pour pouvoir se présenter aux adjudications (art. 78). — Les adjudications et réadjudications sont toujours subordonnées à l'approbation du ministre ou du préfet, suivant les cas, et ne sont valables et définitives qu'après cette approbation, sauf les exceptions spécialement autorisées et rappelées par le cahier des charges (art. 79).

Les adjudications publiques relatives à des fournitures, à des travaux, à des exploitations ou fabrications qui ne peuvent être sans inconvénient livrés à une concurrence illimitée sont soumises à des restrictions qui n'admettent à concourir que des personnes préalablement reconnues capables par l'administration, et produisant des garanties exigées par les cahiers des charges (art. 71).

Aucune stipulation d'intérêts ou de commissions de banque ne peut être consentie au profit d'un entrepreneur, fournisseur ou régisseur, en raison d'emprunts temporaires ou d'avances de fonds pour l'exécution et le paiement des services publics (art. 12). — Aucun marché, aucune convention pour travaux et fournitures ne doit stipuler d'acompte que pour un service fait. Les acomptes ne doivent pas excéder les cinq sixièmes des droits constatés par pièces régulières présentant le décompte du service fait, à moins que des règlements spéciaux n'aient exceptionnnellement déterminé une autre limite (art. 13).

349. Ce n'est pas seulement au point de vue de la forme des conventions que l'on distingue différentes espèces de marchés ou entreprises de travaux publics, c'est aussi au point de vue du fond, c'est-à-dire des conditions et de la nature des engagements respectifs de l'administration et des entrepreneurs.

Sous ce rapport on distingue : 1° le *marché à forfait*, dans lequel l'entrepreneur s'engage à exécuter, moyennant un prix fixé en bloc et invariable, l'ouvrage définitivement déterminé à l'avance par l'administration ; 2° le *marché sur série de prix*, dans lequel le prix total des travaux ne peut être connu qu'après l'exécution et d'après leur métré, les prix de chaque nature d'ouvrage étant seuls fixés par le contrat sans détermination des quantités ; 3° le *marché à l'unité de mesure*, dans lequel on fixe à la fois la série des prix de chaque ouvrage et la quantité des ouvrages à exécuter, tout en réservant à l'administration le droit de l'augmenter dans certaines proportions.

Ce troisième mode est le plus usité, mais chacun d'eux est appliqué suivant la diversité des circonstances et des services publics chargés de la direction des travaux.

320. Dans tous les cas, quel que soit la forme ou le fond du contrat, les conditions des marchés de travaux publics sont insérées dans un certain nombre de documents ou de pièces, à savoir : le cahier des clauses et conditions générales applicables à toutes les entreprises de même nature ; le devis ou cahier des charges de l'entreprise ; le bordereau des prix ; parfois un avant-métré, et aussi un détail estimatif.

321. Chaque service public chargé de pourvoir à l'exécution des divers travaux de l'État a un cahier des clauses et conditions générales qu'il impose à tous ses entrepreneurs. Ces conditions obligatoires dans toutes les entreprises du même service, en forment le droit commun. Le *cahier des clauses et conditions générales imposées aux entrepreneurs des travaux des ponts et chaussées*, dressé d'abord en 1811, puis en 1833, est actuellement fixé par un arrêté du ministre des travaux publics, en date du 16 novembre 1866, prescrivant de soumettre aux dispositions de ce cahier tous les marchés relatifs à l'exécution des travaux dépendant de l'administration des ponts et chaussées. Il existe des cahiers analogues pour les travaux des bâtiments civils, du génie militaire, de la marine ; et certains départements ont aussi des cahiers des clauses et conditions générales des travaux publics départementaux ; il y a aussi dans chaque département *le cahier des clauses et conditions générales imposées aux entrepreneurs des chemins vicinaux* [n° 1372].

Dans les départements qui n'ont pas de semblables cahiers, et pour les autres travaux des communes et des établissements publics, et d'une manière générale pour tous les travaux publics auxquels ne s'applique pas directement un cahier de clauses et conditions générales, il y est pourvu par le *cahier des charges* de l'entreprise, qui stipule alors, soit des clauses particulières, soit la totalité, soit une partie des clauses et conditions écrites dans l'un de ces cahiers ; cela peut se faire, ou en reproduisant le texte de ces clauses dans le cahier des charges, ou en les stipulant applicables d'une manière générale par un simple renvoi. Ce dernier procédé ne doit être permis que pour les cahiers de charges non abrogés ; pour rendre les autres applicables (tel que celui des ponts et chaussées de 1833 depuis 1866), il faut en reproduire les clauses (argument tiré de l'art. 1390 C. civ.).

Le cahier des clauses et conditions générales du 16 novembre 1866, plus favorable aux entrepreneurs des ponts et chaussées que ceux de 1811 et de 1833, contient 52 articles répartis en cinq titres : le titre Ier détermine les conditions auxquelles les entrepreneurs doivent satisfaire pour être admis d'une manière générale à soumissionner les entreprises de travaux des ponts et chaussées ; le titre II, relatif à l'exécution des travaux, est le plus étendu, et contient à lui seul vingt-neuf articles ; le titre III au règlement des dépenses ; le titre IV au paiement ; et le titre V indique la marche à suivre en cas de contestation.

322. Les conditions particulières de chaque entreprise se trouvent dans le *devis* ou *cahier des charges*, qui indique les travaux à faire, les délais d'exécution, la qualité et la provenance des matériaux, les procédés de mesurage ; et dans le *bordereau des prix* alloués à l'entrepreneur, qui indique d'une part, comme base du marché, les prix d'application, à tant par mètre cube ou superficiel ; et dans le *sous-détail* de la composition de ces prix, à titre de renseignement (Circulaire du ministre des travaux publics du 10 juillet 1858). Désormais le *détail estimatif* dans tous les cas, et dans la plupart l'*avant-métré*, contenant l'évaluation des quantités d'ouvrage à faire exécuter, ne forment pas des éléments du marché, mais des documents destinés à éclairer l'administration, sauf stipulation contraire du devis relativement aux chiffres de l'avant-métré (c. d'Ét. 23 janvier, 13 février, 26 décembre 1868).

323. En outre des conventions écrites dans celles de ces pièces constitutives du contrat, les règles du marché d'entreprise de travaux publics sont écrites dans la loi. Ce marché est un contrat de louage d'ouvrage, dont les effets généraux sont réglés par la loi civile, sauf les modifications que l'administration introduit dans

les clauses et conditions générales, devis ou cahier des charges qui, connus à l'avance de l'entrepreneur et acceptés par lui lorsqu'il soumissionne, forment la loi des parties.

L'ancien cachier des clauses et conditions générales des ponts et chaussées apportait une dérogation considérable au droit commun, en réservant à l'administration le droit de résilier, sans autre indemnité pour l'entrepreneur que le remboursement des dépenses faites par lui et rendues inutiles par la cessation des travaux ; le cahier de 1866 (art. 34 et 43), au cas de cessation absolue des travaux, prononce la résiliation immédiate de l'entreprise, et, pour les cas d'ajournement de plus d'une année, permet à l'entrepreneur de demander la résiliation ; dans l'un et dans l'autre cas, une indemnité peut lui être allouée s'il y a lieu. Du reste, l'entrepreneur est, en principe, et quelles que soient les modifications apportées, obligé d'exécuter, sauf augmentation de prix désormais fixée de suite, en cas de désaccord, par le conseil de préfecture (art. 29); il ne peut se départir du contrat que dans des cas exceptionnellement mais plus équitablement déterminés par le cahier des clauses et conditions générales de 1866 (art. 30, 31, 32, 33, 34). S'il ne remplit pas ses obligations, l'entrepreneur s'expose, dix jours après la notification d'un arrêté préfectoral de mise en demeure (art. 35), soit à la mesure rigoureuse (mais souvent indispensable pour empêcher la violation du contrat par l'entrepreneur) de la *mise en régie*, qui consiste dans l'exécution des travaux par des agents de l'administration aux frais de l'entrepreneur, soit à la résiliation pure et simple du marché, soit à une nouvelle adjudication à sa *folle enchère*.

En principe, l'État ne doit payer les travaux qu'après leur achèvement; mais, afin de venir en aide aux entrepreneurs obligés à des avances considérables, des acomptes leur sont payés en cours d'exécution ; toutefois le solde définitif du dernier dixième du prix ne peut avoir lieu (art. 44, 47 et 48) qu'après l'expiration du délai de garantie, dont nous parlerons en traitant de la responsabilité des entrepreneurs et de la créance éventuelle de l'État [n° 1112].

324. Tels sont en substance ces *marchés*, dont les difficultés d'*interprétation* et d'*exécution* sont jugées par les conseils de préfecture, aux termes du paragraphe 2 de l'article précité de la loi du 28 pluviôse de l'an VIII, emprunté à l'article 3 de la loi des 7-11 septembre 1790, qui investissait les administrations départementales de la connaissance des litiges relatifs à ce grand intérêt

social de la confection prompte, économique et sûre des travaux publics.

325. Cette compétence des conseils de préfecture est générale ; elle embrasse même les difficultés postérieures à la réception des travaux, y compris celles relatives à la responsabilité décennale de l'entrepreneur (c. d'Ét. 18 novembre 1852 [*voir* n° 1112]), les difficultés de l'administration avec les entrepreneurs, et avec les architectes, même pour le paiement de leurs plans non exécutés (c. d'Ét. 22 janvier 1863, *Lenormand*; 11 juillet 1867, *ville de Cannes*) ou leur traitement fixe ou proportionnel (Paris, 14 décembre 1869), et avec les ingénieurs des ponts et chaussées (c. d'Ét. 23 janvier 1864, *Mary*; 26 décembre 1867, *Le Mans c. Dupuit*; 21 janvier 1869, *Krafft*).

On considère comme marchés de travaux publics donnant lieu à la compétence du conseil de préfecture, surtout lorsque l'entrepreneur, d'après le cahier des charges, s'engage à faire certains travaux de réparation ou d'entretien, les marchés passés par l'administration, pour l'exploitation du travail des détenus et le service des prisons (c. d'Ét. 19 mai 1864, *Dupuis*; 7 février 1867, *Vidal*; 16 mars 1870, *Defaucamberge*; 10 juin 1870, *Lelong*; 20 décembre 1872, *Mélet*; 14 février 1873, *Vilorgeux*), pour le nettoyage des rues des villes (c. d'Ét. 10 février 1865, *Marseille*; 1ᵉʳ mars 1866 et 20 février 1868, *Dalbréel*), pour l'éclairage des rues par le gaz (c. d'Ét. 29 mai 1867, *Dehaguin*; 13 juin 1867, *Dôle*; 20 juillet 1867, *Schelestadt*), pour le service des pompes funèbres (Décret du 18 mai 1806, art. 15 [n° 415]).

Sont également considérées comme constituant des marchés de travaux publics toutes les conventions par lesquelles des particuliers ou des établissements s'engagent envers l'administration ou des concessionnaires à concourir à l'exécution d'un travail public, par un versement en argent et même par une cession de terrain faite en même temps (c. d'Ét. 20 avril 1839; 7 décembre 1844 ; 2 février 1854; 30 avril 1863, *chemin de fer de l'Est*; 5 mars 1864, *Christophini*; 31 janvier 1867, *la Ciotat*; 21 mai 1867, *Nice*; 4 février 1869 ; 20 février 1874, *ville d'Elbeuf*; 20 février 1874, *Dubuisson*; 30 mars 1874, *Thompson d'Abbadie*; 24 avril 1874, *ville de Fécamp*; — c. cass. 7 juin 1869; 20 avril 1870, *fabrique de Chaillé c. Roblin*; 4 mars 1872, *de la Guère c. fabrique de Port-Saint-Père*; 11 février 1874 ; — Trib. confl. 16 mai 1874, *Dubois c. commune d'Ampuis*); si l'offre ne portait que sur la cession d'un immeuble ou s'il y avait application de la loi sur l'expropriation pour cause d'utilité publique [n° 830], l'autorité judiciaire serait seule compétente (c. d'Ét. 16 août 1860, *conflit de Tarn-et-Garonne*; 17 juillet 1861, *commune de Craon*; 19 décembre 1868, *Chauvet*; trib. confl. 11 janvier 1873, *Damans*). Le conseil de préfecture est encore compétent lorsque l'État lui-même s'est engagé vis-à-vis d'un autre exécuteur de travaux publics, tel qu'une association syndicale, pour l'exécution de digues le long d'un fleuve (c. d'Ét. 20 août 1864, *syndicat de Varades*).

326. Les paragraphes 3 et 4 de l'article 4 [ci-dessus reproduit n° 313] de la loi du 28 pluviôse an VIII, envisagent les travaux publics au point de vue des rapports qu'ils créent, non plus entre l'administration et les entrepreneurs, mais entre l'exécuteur du travail d'une part, administration ou entrepreneur, et les tiers d'autre part. Les travaux publics peuvent, en effet, apporter aux tiers, soit un bénéfice (nous parlerons quelques pages plus loin [n° 329 et aussi n°s 524 à 529] des règles relatives à la plus-value), soit un préjudice.

C'est toujours au conseil de préfecture qu'il appartient d'ordonner, s'il y a lieu, la cessation de ce préjudice et d'en déterminer la réparation, lorsqu'il présente la réunion des trois conditions suivantes : 1° lorsque le dommage émane soit du fait personnel de l'entrepreneur ou du concessionnaire subrogé aux droits de l'administration, soit *a fortiori* de l'administration elle-même, si c'est elle qui exécute les travaux en régie (nonobstant le membre de phrase équivoque qui termine le § 3), soit des sous-traitants ou ouvriers dont les entrepreneurs ou concessionnaires sont responsables par application de l'article 1384 du Code civil (c. d'Ét. 13 décembre 1855, *chemin de fer de Lyon*; 16 avril 1863, *chemin de fer d'Orléans*); 2° lorsque le préjudice est occasionné, soit par l'exécution du travail public, soit par les études préalables (c. d'Ét. 10 août 1825, *Berthelot*; 22 décembre 1858, *Chavagnac*) faites en vertu d'une autorisation administrative (c. cass. 4 mars 1825, *Mayet*), soit même par l'inexécution desdits travaux (c. d'Ét. 6 décembre 1865, *Candas*; 15 mai 1869, *Maybon*); 3° lorsque le préjudice consiste en *torts* et *dommages* causés à une propriété mobilière ou immobilière, sans distinction entre les dommages temporaires et les dommages permanents, la cour de cassation, depuis un arrêt rendu par elle le 29 mars 1852, s'étant rangée, sur ce dernier point qui les divisait, à la jurisprudence du conseil d'État.

Mais, si cette troisième condition place dans la sphère de compétence des conseils de préfecture tous les simples dommages causés à la propriété par les travaux publics, y compris ceux provenant de l'apposition des fils télégraphiques sur les maisons des particuliers [n° 389], elle en exclut le cas où le préjudice consiste en la cession forcée de la propriété même [n° 330].

327. Une grave difficulté naît du § 3 de l'article 4 de la loi du 28 pluviôse de l'an VIII ; elle divise les meilleurs esprits ; les commissaires du gouvernement et le conseil d'État lui-même se sont tour à tour prononcés dans un sens différent.

Il s'agit de savoir si, aux termes de cet article, le conseil de préfecture est compétent au cas de dommages causés aux personnes, comme au cas de dommages causés aux propriétés ; si la compétence administrative est fondée seulement sur la cause du dommage (l'exécution de travaux publics), ou si elle l'est en outre sur la nature des torts et dommages, l'objet du préjudice.

Jusqu'en 1863 la jurisprudence du conseil d'État ne faisait aucune distinction, et admettait la compétence des conseils de préfecture et sa propre compétence en appel, en ce qui concerne tous les dommages résultant directement de l'exécution de travaux publics, qu'ils fussent causés aux biens, ou aux individus dans leur personne même (26 avril 1847, *Brunet* ; 19 juin 1866, *Tonnelier*). L'ancien tribunal des conflits avait aussi statué dans ce sens (17 avril 1851, *Rougier*).

A partir de 1863 jusqu'en décembre 1873, le conseil d'État a décidé au contraire que la compétence administrative ne s'appliquait pas à l'action en indemnité consistant en des dommages causés à des individus blessés ou tués par suite d'accidents attribués à la négligence ou imprudence, soit des agents de l'administration, soit de l'entrepreneur ou de ses ouvriers (22 novembre 1863, *Boisseau* ; 15 décembre 1863, *Büchi* ; 13 décembre 1866, *Auroux* ; 15 avril 1868, *Van Rysselberg* ; 12 mai 1869, *Gillens*). Ces décisions étaient fondées sur l'économie des dispositions des articles 3, 4 et 5 de la loi des 7-11 septembre 1790, textuellement reproduites dans l'article 4 de la loi du 28 pluviôse de l'an VIII.

Enfin le conseil d'État est de nouveau revenu à sa jurisprudence antérieure à 1863 et à la lettre du texte, en jugeant que les mots *torts et dommages* embrassaient dans leur généralité toutes les natures de dommages provenant de l'exécution des travaux publics, ceux causés aux personnes comme ceux causés aux choses

(26 décembre 1873, *Lambert* ; 9 janvier 1874, *Aubéry*). Il est certain qu'en cas d'accident dans l'exécution de travaux publics, frappant à la fois, et dans le même événement, la chose et son propriétaire, il serait peu rationnel et peu conforme aux intérêts des justiciables d'avoir à saisir deux juridictions différentes, le conseil de préfecture pour le préjudice occasionné à la propriété, et le tribunal civil pour celui causé au propriétaire.

Mais si c'est de la cause seule du dommage, et non de son objet, que découle, quel que soit cet objet, la compétence administrative, il ne faut pas perdre de vue qu'il est indispensable que cette cause se rattache directement au travail public ; et que le texte de la loi de l'an VIII n'embrasse pas les dommages qui n'ont fait que se produire à l'occasion d'une exécution de travaux publics, tels que les voies de fait accomplies sur les propriétés privées par des ouvriers ou agents en dehors de tout ordre régulier de l'autorité administrative (c. d'Ét. 22 janvier 1857, *Gilbert* ; 29 décembre 1858, *Lacroix*), ou les actes d'imprudence, délits ou quasi-délits, dont sont victimes, dans les mêmes conditions, les individus eux-mêmes (c. d'Ét. 22 juillet 1848, *Boyer*).

On rencontre aussi dans ces hypothèses l'action en responsabilité civile fondée sur l'article 1384 du Code civil ; la loi du 28 pluviôse de l'an VIII ne lui est pas applicable. Si l'action est exercée contre l'État, on se trouve en présence des règles de compétence spéciales à la responsabilité de l'État et au droit exclusif du ministre de le déclarer débiteur (c. d'Ét. 20 nov. 1874, *Zeig* ; [n°⁸ 1055 à 1064]) ; si l'action est exercée contre un département ou une commune, on se trouve en présence du droit commun, et l'autorité judiciaire est seule compétente pour en connaître (Trib. confl. 13 mars 1874, *veuve Desmolles* c. *préfet de la Seine*).

328. Le conseil de préfecture ne doit reconnaître le droit à indemnité et prononcer une condamnation en réparation que lorsque le dommage présente les six caractères suivants, consacrés par la jurisprudence du conseil d'État : 1° d'être *direct*, c'est-à-dire la conséquence immédiate et non éloignée du fait de l'entrepreneur ou de l'administration (c. d'Ét. 28 décembre 1854, *Bélin* ; 26 août 1858, *Crispon*) ; 2° *matériel*, c'est-à-dire consistant dans une diminution de valeur ou privation de jouissance facilement appréciable (c. d'Ét. 25 mars 1867, *chemin de fer du Midi*) ; 3° *actuel* et non éventuel (c. d'Ét. 1ᵉʳ février 1855, *Denailly* ; 15 juin 1864, *chemin de fer d'Orléans*) ; 4° portant atteinte à un droit certain et non à une jouissance précaire (c. d'Ét. 12 janvier 1860, *Babaud-Laribière* ; 6 janvier 1867, *Joanne*) ; 5° que le fait qui occasionne le dommage ne constitue pas lui-même l'usage légitime du droit qu'aurait tout propriétaire (c. d'Ét. 20 juillet 1836, *Klein* ; 14 décembre 1853, *Heudelot* ; 16 août 1860, *chemin de fer du Midi*) ; 6° qu'il ne provienne ni du fait du propriétaire (c. d'Ét. 30 novembre 1864, *Mignot*), ni de la force majeure sans mélange du fait de l'administration (c. d'Ét. 23 mars 1853 ; 17 avril 1856 ; 2 mai 1866, *Combes*; 19 mars 1868, *Julien*).

329. L'indemnité allouée par le conseil de préfecture, lorsqu'il reconnaît l'existence du dommage qui vient d'être caractérisé, doit elle-même : 1° être proportionnée au préjudice causé (c. d'Ét. 24 juin 1868, *Julien*) ; 2° être réglée en argent (c. d'Ét. 29 mars 1860, *Hagerman* ; 18 mars 1869, *chemin de fer de Lyon* ; 21 juillet 1870, *Geneste*), sauf acceptation par le créancier d'un équivalent ; 3° être compensée par le conseil de préfecture, jusqu'à due concurrence, avec toute plus-value certaine, immédiate et directe (c. d'Ét. 12 juillet 1864, *Souchay* ; 20 juin 1865 ; 3 août 1866, *May* ; 21 février 1867, *Nicolaï* ; 30 avril et 26 décembre 1868 ; 13 avril 1870, *Chanvier, Desaligny*, et quatre autres arrêts semblables) ; 4° être augmentée des intérêts à partir de leur demande en justice (c. d'Ét. 18 février 1864, *Pellerin* ; 24 juin 1868, *Julien*), et même des intérêts des intérêts échus depuis plus d'un an s'ils ont été régulièrement demandés (c. d'Ét. 13 août 1868, *Herman*) ; enfin, 5° l'indemnité qui nous occupe ici, due pour simple dommage, n'est pas et ne peut être soumise à la règle du paiement préalable (c. d'Ét. 23 juin 1857, *Gougeon*), qui n'existe que pour le cas d'expropriation [n°s 819 à 825, 833, 1834].

330. La disposition du paragraphe 4 de l'article 4 de la loi de l'an VIII, qui donne aux conseils de préfecture le droit de statuer sur les indemnités dues à raison des terrains *pris* pour la confection des travaux publics, a été abrogée, depuis 1810, par les lois relatives à l'expropriation pour cause d'utilité publique successivement promulguées en 1810, 1833 et 1841. Il en est autrement de la partie de ce paragraphe 4 relative à la fixation des indemnités dues à raison des terrains *fouillés*, dont ces conseils sont toujours restés investis jusqu'à ce jour. Cette dernière disposition se réfère à la *servitude de fouilles et d'extraction de matériaux*, dont nous traitons [n°s 867 à 871], parmi les servitudes légales d'utilité publique.

Dans ce cas, comme dans ceux prévus par les paragraphes 2 et 3 de l'article 4 de la loi du 28 pluviôse de l'an VIII, les propriétaires lésés ne peuvent pas demander qu'il leur soit fait application des lois sur l'expropriation ; c'est le conseil de préfecture, et non le jury d'expropriation, qui est compétent pour fixer l'indemnité, toutes les fois qu'il y a, non pas expropriation, c'est-à-dire dépossession et occupation définitive du sol, mais simple dommage, quelle qu'en soit la nature.

331. Dans tous les cas prévus par les §§ 3 et 4, il est procédé au règlement de l'indemnité, conformément aux textes ci-dessous de la loi du 16 septembre 1807, les conseils de préfecture ne sont jamais liés, en matière de travaux publics, par le résultat de l'expertise par eux ordonnée ; mais il y a nécessité d'expertise, et, en cas de désaccord des experts, nécessité de tierce expertise. La prestation de serment des experts est considérée comme une formalité substantielle, prescrite à peine de nullité de l'arrêté qui s'ensuivrait, sauf pour l'ingénieur en chef tiers expert de droit et ayant prêté le serment afférent à ses fonctions (c. d'Ét. 21 juin 1866). Il est aussi de jurisprudence (c. d'Ét. 19 janvier 1850 ; 21 juin 1866 ; 17 janvier 1867, *Boyron* ; 3 juin 1869, *Limozin*) que les indemnités dues *pour dommages quelconques* résultant de l'exécution de travaux publics doivent être fixées, de même que les indemnités pour occupations temporaires de terrains, d'après les règles tracées dans les articles ci-dessous de la loi du 16 septembre 1807. Mais le conseil d'État admet que l'expertise cesse d'être obligatoire lorsqu'en tenant les faits allégués pour avérés, il appert qu'ils ne peuvent servir de base à une allocation d'indemnité (c. d'Ét. 5 mai 1859, *Hubie* ; 25 février 1864, *Kégel* ; 2 mai 1866, *Bompois* ; 4 février, 10 mars, et 5 août 1869).

Les experts pour l'évaluation des indemnités relatives à une occupation de terrain dans les cas prévus au présent titre seront nommés, pour les objets de grande voirie, l'un par le propriétaire, l'autre par le préfet, et le tiers expert, s'il en est besoin, sera de droit l'ingénieur en chef du département. Lorsqu'il y aura des concessionnaires, un expert sera nommé par le propriétaire, un par le concessionnaire, et le tiers expert par le préfet. Quant aux travaux des villes, un expert sera nommé par le propriétaire, un par le maire de la ville, ou de l'arrondissement pour Paris, et le tiers expert par le préfet (Loi du 16 septembre 1807, *relative au desséchement des marais, etc.*, art. 56). — Le contrôleur et le directeur des contributions donneront leur avis sur le procès-verbal d'expertise, qui sera soumis par le préfet à la délibération du conseil de préfecture ; le préfet pourra, dans tous les cas, faire faire une nouvelle expertise (art. 57).

332. Cet article 56 de la loi du 16 septembre 1807 mérite des critiques fondées. D'une part, la tierce expertise qu'il prescrit et qui est généralement nécessaire, car il est assez rare que les experts désignés par les parties soient d'accord entre eux, constitue après l'expertise une nouvelle et seconde opération qui retarde d'autant la solution du litige ; il serait plus avantageux de ne faire procéder qu'à une opération unique. D'autre part, la désignation faite par cet article 56, de l'ingénieur en chef pour tiers expert de droit, est depuis longtemps justement combattue. Le projet de loi de 1870 relatif à la procédure à suivre devant les conseils de préfecture, et dont il a été parlé ci-dessus [n°s 300 et 302], proposait en cette matière d'importants changements contraires aux dispositions de 1807. Sur le dernier point, notamment, l'exposé des motifs s'expliquait de la manière suivante : « On a depuis longtemps fait remarquer que l'ingénieur en chef, sous la direction duquel se sont accomplis les travaux dont l'exécution donne lieu au litige, est mal placé pour émettre un avis impartial sur la réclamation, ou que du moins son impartialité peut être suspectée par les parties. Aussi beaucoup d'ingénieurs demandent eux-mêmes l'abrogation de cette disposition de loi ».

B. *Grande voirie*.

333. Définitions; *petite* et *grande* voirie; renvois.
334. Attributions de l'administration active en matière de voirie.
335. Son pouvoir d'ordonner la démolition des constructions menaçant ruine.
336. Voies de recours ; compétence administrative et judiciaire.
337. Juridiction contentieuse et répressive relativement à la grande voirie;
338. —   —   à la voirie urbaine et aux chemins vicinaux;
339. —   —   aux rues traverses des routes.
340. Nature de la contravention au cas de construction empiétant sur le sol de la voie publique; prescription; controverse.
341. Juridiction relative aux contraventions de grande voirie; loi de l'an X; décrets de 1811 sur les routes; de 1812 sur les canaux, fleuves et ports; loi de 1845 sur les chemins de fer.
342. Loi des 19-22 juillet 1791 qui maintient en vigueur les anciens règlements touchant la voirie.
343. Pénalités de ces anciens règlements.
344. Édit de décembre 1607.
345. Loi du 23 mars 1842.
346. Juridiction relative à la police du roulage.

333. Le § 5 de l'article 4 de la loi du 28 pluviôse de l'an VIII [rapporté n° 313] a pour objet la *grande voirie*.

Le régime de la *voirie* est l'ensemble des règles relatives aux voies de communication. Elle se divise, d'après la nature et le degré d'importance des voies de communication, en petite et grande voirie.

La *petite voirie* comprend les voies de circulation d'utilité communale : les chemins vicinaux et les chemins ruraux, formant la voirie rurale, et les rues et places des villes, bourgs et villages, formant la voirie urbaine ou municipale ; — la *grande voirie* embrasse les routes nationales et départementales, ainsi que les rues des villes, bourgs ou villages qui leur font suite, les chemins de fer, même ceux d'intérêt local (L. 12 juillet 1865, art. 4 ; circ. min. 12 août 1863), les fleuves, rivières navigables ou flottables, canaux de navigation, ports, havres et rades de commerce, les rues et places de Paris; le décret du 26 mars 1852, article 1er, porte : « Les rues de Paris continuent d'être soumises au régime de la » grande voirie ».

Nous ne devons nous occuper ici que de la grande voirie ; encore, ses dépendances appartenant au domaine public, ce sera dans une autre partie de l'ouvrage que nous devrons traiter de l'établissement et de la suppression de ces grandes voies de communication [n°s 928 à 931] ; c'est aussi en traitant de l'alignement et des servitudes d'utilité publique que nous traiterons de l'élargissement et des garanties légales de conservation de ces voies publiques [n°s 850 à 864 ; 867 à 871].

334. Pour commenter le paragraphe 5 de l'article 4 de la loi du 28 pluviôse de l'an VIII, en déterminant les attributions des conseils de préfecture en cette matière, nous devons d'abord les distinguer de celles qui appartiennent à l'administration active dans l'intérêt de la sûreté et de la liberté du passage. L'article 6 § 1er de la loi des 7-11 septembre 1790, suivant l'idée du temps, confondait, au contraire, le contentieux avec l'administration pure ; ce texte, qui n'offre plus qu'un intérêt historique, était ainsi conçu : « L'administration, en matière de grande voirie, appartiendra » aux corps administratifs ; et la police de conservation, tant pour » les grandes routes que pour les chemins vicinaux, aux juges de » district ».

L'administration active doit prévenir ou supprimer les accidents ou entreprises de nature à compromettre la facilité et la sécurité des communications ; elle est chargée de la police de la voirie, ayant pour objet l'intérêt général de sa conservation ; pour la grande voirie, l'autorité administrative compétente est le préfet; pour la voirie urbaine, c'est le maire (loi des 16-24 août 1790, art. 3 § 1er [*voir* n° 203]).

Le rôle de la justice administrative est de réprimer tous les actes de nature à porter atteinte à la viabilité et à la sûreté des voies publiques soumises au régime de la grande voirie, la justice judiciaire n'ayant de compétence que relativement à la petite voirie. Or l'administration active, indépendamment des pouvoirs destinés à prévenir les périls imminents dont il va être parlé, intervient principalement dans la police de la grande voirie par voie de poursuite devant la justice administrative, afin de faire respecter les interdictions écrites dans les lois et règlements.

335. L'un des plus grands périls qui menacent la sécurité et même l'existence des routes, en même temps que la sûreté des personnes, est la chute subite des constructions édifiées le long de ces voies publiques. Les préfets, comme administrateurs de la grande voirie, ont le droit et le devoir d'ordonner la démolition des maisons qui menacent ruine sur le bord des routes et sur le bord des rues qui en dépendent. Il est à remarquer que les principes de la matière et le mode de procéder sont les mêmes, sous ce rapport, pour la grande voirie et la voirie urbaine; et ce que nous allons dire des droits des préfets pour la première, s'applique à ceux des maires pour la seconde en vertu de leurs attributions de police et de voirie municipales [n° 203].

Lorsqu'un bâtiment est reconnu menacer ruine et compromettre la sûreté de la voie publique, son état est constaté par un procès-verbal dressé par un commissaire de police. Le préfet enjoint au propriétaire de réparer sa construction, dans le cas où cette réparation peut être permise, et, dans le cas contraire, il ordonne de démolir dans un délai rapproché. L'arrêté préfectoral est notifié au propriétaire, et contient désignation d'un expert chargé de procéder à la reconnaissance de la propriété dans l'intérêt de l'administration et contradictoirement avec celui de la partie, dans l'hypothèse où l'existence du danger serait contestée; si les deux experts sont d'avis différents, le préfet nomme un tiers expert; après quoi doit intervenir un nouvel arrêté préfectoral. Ces formalités d'expertise contradictoire ne sont applicables, ni en matière de petite voirie (c. d'Ét. 24 février 1860 ; c. cass. ch. crim. 2 octobre 1847 ; 6 mars 1857 ; 25 janvier 1873, *de Valin*), ni même en matière de grande voirie au cas de péril tout à fait imminent;

dans ce dernier cas, l'administration préfectorale doit pourvoir d'urgence, et sous sa responsabilité, aux intérêts de la sûreté publique; mais si le propriétaire venait à prouver devant le ministre que sa maison ne menaçait pas ruine, une indemnité lui serait due.

L'arrêté préfectoral et l'arrêté ministériel confirmatif, qui, hors le cas de péril urgent pour la sécurité publique reconnu par l'administration, ordonnent la démolition sans qu'il ait été procédé à une expertise contradictoire, doivent être annulés par le conseil d'État pour excès de pouvoir (c. d'Ét. 30 janvier 1862, *Lemarié*; 24 février 1870, *Blanc*; 4 mai 1870, *Boncorps*).

Il est admis, quant à la fixation des règles auxquelles est soumis l'exercice du droit de l'administration, qu'il y a lieu, d'après une jurisprudence ancienne et constante, d'ordonner la démolition d'un bâtiment pour cause de péril dans les cas dont l'énumération suit : — « 1° lorsque c'est par vétusté que l'une ou plusieurs jambes étrières, trumeaux ou pieds-droits sont en mauvais état; — 2° lorsque le mur de face sur rue est en surplomb de la moitié de son épaisseur, dans quelque état que se trouvent les jambes étrières, les trumeaux et pieds-droits ; — 3° si le mur sur rue est à fruit, et s'il a occasionné sur la face opposée un surplomb égal au fruit de la face sur rue ; — 4° chaque fois que les fondations sont mauvaises, quand il ne se serait manifesté dans la hauteur du bâtiment aucun fruit ni surplomb ; — 5° s'il y a un bombement égal au surplomb dans les parties inférieures du mur de face. »

Le procès-verbal dont il a été parlé ci-dessus doit constater l'existence de ces indices, et le droit de propriété trouve sa garantie dans l'accomplissement des formalités que nous avons décrites. Ces formalités sont tracées par deux déclarations royales des 18 juillet 1729 et 18 août 1730 ; la compétence, judiciaire sous l'ancien régime, d'après ces déclarations, est passée à l'administration active sous l'empire des principes nouveaux; aussi ces déclarations ne sont-elles plus aujourd'hui que des règlements d'exécution ; elles sont maintenues et observées, mais seulement sous le rapport des expertises contradictoires prescrites dans les cas ordinaires de péril. Nous donnons, à cet effet, le texte des articles 7, 8 et 9 de la déclaration du 18 août 1730, reproduisant à peu de chose près les termes des articles correspondants de celle du 18 juillet 1729.

Au cas que la partie soutienne qu'il n'y a aucun danger, elle aura la faculté de nommer un expert de sa part, pour faire la visite conjointement avec celui qui sera nommé par notre procureur audit bureau, et sera tenue, la partie, de le nommer sur-le-champ, sinon sera passé outre à la visite par l'expert seul qui aura été nommé par notre dit procureur (art. 7). — La visite sera faite dans le temps qui aura été fixé par la sentence, en présence de la partie, ou elle dûment appelée au domicile de son procureur, si elle a comparu, sinon, en la forme prescrite par l'article 4, et ce, soit que la sentence ait été donnée contradictoirement ou par défaut, soit qu'il soit nécessaire, même dans le cas de la sentence rendue par défaut, d'attendre l'expiration de la huitaine ; et en cas que la partie ait nommé un expert de sa part, et que les experts se trouvent d'avis différents, il sera nommé un tiers expert au premier jour d'audience, la partie présente ou dûment appelée au domicile de son procureur (art. 8). — Sur le vu du rapport de l'expert ou des experts, la partie ouïe à l'audience ou elle dûment appelée, et ouï le commissaire de la voirie, ensemble notre avocat audit bureau en ses conclusions, il sera ordonné, s'il y a lieu, que, dans un certain temps, le propriétaire de la maison sera tenu de faire cesser le péril et d'y mettre, à cet effet, des ouvriers ; à faute de quoi ledit temps passé, et sans qu'il soit besoin d'appeler les parties, sur le simple rapport verbal du commissaire de la voirie au bureau, portant qu'il n'y a été mis ouvriers, les juges ordonneront qu'il en sera mis à la requête de notre procureur audit bureau, poursuite et diligence dudit commissaire de la voirie, à l'effet de quoi les deniers seront avancés par le receveur des amendes, dont lui sera délivré exécutoire sur la partie, pour en être remboursé par privilège et préférence à tous autres sur le prix des matériaux provenant des démolitions, et subsidiairement sur les fonds et superficie des bâtiments desdites maisons (art. 9).

336. Sous le bénéfice de l'observation de ces règles, le droit de l'administration préfectorale ou municipale, selon les cas, d'ordonner la démolition et de la faire directement exécuter, en cas de refus du propriétaire, est absolu, et il n'y a pas lieu de recourir au conseil de préfecture à cet effet. Les frais des travaux effectués d'office sont avancés par l'administration ; ils sont ensuite prélevés sur les matériaux, et pour le surplus, il est demandé aux tribunaux judiciaires d'en ordonner le remboursement par privilège et préférence sur toutes autres créances.

L'arrêté préfectoral ordonnant la démolition à l'exclusion du conseil de préfecture est un acte d'administration pure ; il n'est susceptible que du recours par la voie gracieuse devant le ministre, et non du recours par la voie contentieuse devant le conseil d'État, auquel il ne peut être déféré que pour excès de pouvoir, si les prescriptions ci-dessus ont été méconnues. Le refus ou la négligence d'exécuter l'arrêté de réparation ou de démolition régulièrement pris par l'autorité administrative doit, en outre, être réprimé par l'autorité judiciaire, et constitue, comme on l'a vu dans les cas ci-dessus indiqués, la contravention de simple police prévue par l'article 471 § 5 du Code pénal.

337. La compétence attribuée aux conseils de préfecture, en matière de grande voirie, est à la fois *contentieuse* et *répressive*; ils ont le double pouvoir de faire cesser l'usurpation, et de punir la contravention commise en condamnant à l'amende. A ce double titre, les conseils de préfecture et le conseil d'État sont institués les gardiens du domaine public au point de vue juridictionnel, comme l'administration active au point de vue de l'action et de la police de la voirie.

Au contentieux, les conseils de préfecture prononcent définitivement la réintégration du sol à la route, lorsqu'il y a eu anticipation sur la largeur légale de la voie ; ils jugent (c. d'Ét. 20 février 1822, *Malafosse*) les contestations entre les propriétaires riverains et l'administration, pour le remboursement des frais de plantations effectuées d'office d'après les textes rapportés ci-dessous [n° 863] ; ils statuent sur les difficultés élevées entre les riverains pour la répartition des frais de pavage dans les traverses des villes, bourgs ou villages, mis à leur charge par les textes cités plus loin [n°s 1395 à 1397].

Au point de vue répressif, les conseils de préfecture fonctionnent en matière de grande voirie comme tribunaux de police correctionnels administratifs [n°s 341 à 346]. C'est une de leurs attributions les plus contestées, et dont quelques-uns de leurs défenseurs les plus autorisés seraient disposés à faire l'abandon (Rapport présenté au nom de la commission chargée d'examiner le projet de loi de 1872 sur le conseil d'État, page 11). N'est-il pas cependant plus rationnel, tant au point de vue de l'utilité pratique, qu'au point de vue du principe même de cette mission de garde du domaine public conférée à l'administration et à la juridiction administrative, de ne pas scinder cette attribution ? La question contentieuse est d'ailleurs sans cesse mêlée, en cette matière, à la question de répression ; on en voit ci-dessous [n° 340] une preuve saisissante.

338. Pour les dépendances de la voirie urbaine, cette double juridiction contentieuse et répressive appartient tout entière à l'autorité judiciaire, au tribunal de simple police.

En ce qui concerne les chemins vicinaux [n°s 395 et 1376], cette double juridiction n'est pas organisée comme elle l'est pour la grande voirie et la voirie urbaine ; elle est divisée entre les conseils de préfecture et les tribunaux de simple police. Une loi du 9 ventôse an XIII, article 8, étendant à cette dépendance de la petite voirie le principe de la loi de l'an VIII, a soumis à la juridiction contentieuse des conseils de préfecture les chemins vicinaux, en ce qui concerne les anticipations sur eux commises au moyen de plantations, disposition appliquée avec raison aux usurpations et anticipations de toute autre nature. A un autre point de vue, cette disposition a donné lieu à une controverse qui a divisé la cour de cassation et le conseil d'État. La première tenait ce texte pour abrogé par les lois ultérieures sur les chemins vicinaux, et permettait au tribunal de simple police non-seulement de punir les contraventions commises en cette matière (C. p., art. 479 § 11), mais encore d'ordonner la suppression des travaux ; le conseil d'État, au contraire, maintenait la compétence du conseil de préfecture seul investi du droit de résoudre la question d'anticipation, quel qu'en ait été le mode, en vertu de l'article 8 de la loi de l'an XIII, qu'aucun texte n'est venu remplacer relativement à la question contentieuse, et que le Code pénal (art. 479 § 11) n'a modifié, au profit du tribunal de simple police, qu'en ce qui concerne la question de répression. Le tribunal des conflits (arrêt du 21 mars 1850, *Morel Wasse*) a confirmé cette distinction, conformément à la jurisprudence du conseil d'État, en reconnaissant au conseil de préfecture le pouvoir de prononcer la restitution du terrain usurpé, et au tribunal de simple police le pouvoir de condamner à l'amende. Il faut y ajouter, pour ce dernier, le droit de prononcer la suppression de travaux confortatifs exécutés sans autorisation au mur de face d'un bâtiment faisant saillie. Cette distinction est actuellement établie par une jurisprudence administrative et judiciaire invariable (*voir* entre autres c. d'Ét. 30 janvier 1868, *préfet de la Sarthe* ; c. cass. 29 juillet 1864, *Siouret* ; 21 mars 1868, *Marie*) ; mais si la loi était à faire, il serait préférable de confier le tout à une seule et même juridiction.

339. Enfin, dans les rues empruntées par les grandes routes pour la traversée des villes, bourgs ou villages, il faut observer que la cour de cassation décide que la compétence du conseil de préfecture se rencontre avec celle du tribunal de simple police, investi de la juridiction répressive pour la petite voirie par les articles 471 § 5 et surtout 479 § 11 du Code pénal. Le même fait est considéré par elle comme constitutif d'une contravention de grande et de petite voirie, et en conséquence elle admet la concurrence des deux juridictions, sauf l'application de la maxime *non bis in idem* par la dernière juridiction saisie. Le conseil d'État, au con-

traire, tout en appliquant aussi la maxime protectrice *non bis in idem*, fait, avec raison, prédominer la juridiction du conseil de préfecture, et décide que, ces voies étant une dépendance de la grande voirie, la justice administrative est seule compétente. De même, nous avons pensé [n⁰ˢ 334 et 335] que le préfet seul, à l'exclusion du maire, avait, dans ces rues, le droit d'ordonner les démolitions en cas de péril.

340. Suivant la jurisprudence constante du conseil d'État, l'anticipation ou usurpation commise par un particulier en établissant une construction sur le sol inaliénable et imprescriptible de la voie publique, constitue une contravention continue ou permanente, dont la répression peut être poursuivie à toute époque, dans l'intérêt toujours subsistant de la grande voirie ; à ce point que lorsqu'un premier arrêté du conseil de préfecture a condamné le contrevenant à l'amende et à la démolition, mais qu'il est frappé de prescription parce qu'il n'a été suivi d'aucun acte d'exécution dans les trente ans de sa signification, la démolition peut encore être poursuivie en vertu d'un nouveau procès-verbal, et doit être prononcée par le conseil de préfecture (c. d'Ét. 13 avril 1842, *Guyard* ; 3 mai 1851, *Coulbeaux* ; 8 décembre 1857, *Mazelier* ; 31 mars 1864 et 13 avril 1870, *Dupin*).

La cour de cassation, jugeant les mêmes questions en matière de petite voirie, admet la prescription de l'action publique non-seulement pour l'amende, mais aussi pour la démolition (ch. crim. 2 juin 1865) ; toutefois, elle admet que même alors la démolition peut être poursuivie par voie d'action civile (c. cass. 1ᵉʳ août 1856 ; 11 août 1864).

341. La juridiction répressive des conseils de préfecture est régie par la loi du 29 floréal an X (19 mai 1802), relative aux contraventions en matière de grande voirie. Leur compétence ne s'étend qu'aux contraventions qui affectent l'état matériel de la voie publique, ou bien y empêchent la libre circulation ; mais le principe de compétence, écrit à cet égard dans l'article 1ᵉʳ de la loi de l'an X, n'est pas restrictif ; sa disposition est purement démonstrative ; aussi la cour de cassation et le conseil d'État l'ont-ils appliqué de la manière la plus large, même au cas de mauvaise manœuvre occasionnant l'abordage de deux bateaux à vapeur sur un fleuve (c. cass. 5 janvier 1839 et c. d'Ét. 15 août 1839, *Pagès*).

Les tribunaux judiciaires peuvent seuls punir les dégradations et vols de matériaux et en ordonner la restitution, et sont également seuls compétents pour connaître des violences, voies de fait ou réparations de dommages réclamés par les particuliers.

Le décret sur les routes du 16 décembre 1811, celui du 10 avril 1812 sur la police des canaux, fleuves, ports maritimes et de commerce, et la loi du 15 juillet 1845 sur la police des chemins de fer, ont fait à ces dépendances de la grande voirie l'application du principe de la loi de l'an X, dans des textes spéciaux que nous reproduisons à la suite de cette loi.

Les contraventions, telles que : anticipation, dépôt de fumiers et autres objets, et toutes espèces de détériorations commises sur les grandes routes, sur les arbres qui les bordent, sur les fossés, ouvrages d'art et matériaux destinés à leur entretien, sur les canaux, fleuves et rivières navigables, leurs chemins de halage, francs-bords, fossés et ouvrages d'art, seront constatées, réprimées et poursuivies par voie administrative (Loi du 29 floréal an X, *relative aux contraventions en matière de grande voirie*, art. 1er). — Les contraventions seront constatées concurremment par les maires ou adjoints, les ingénieurs des ponts et chaussées, leurs conducteurs, les agents de la navigation, les commissaires de police et par la gendarmerie : à cet effet, ceux des fonctionnaires publics ci-dessus désignés qui n'ont point prêté serment en justice le prêteront devant le préfet (art. 2). — Les procès-verbaux sur les contraventions seront adressés au sous-préfet, qui ordonnera par provision, et sauf le recours au préfet, ce que de droit pour faire cesser le dommage (art. 3). — Il sera statué définitivement en conseil de préfecture : les arrêtés seront exécutés sans visa ni mandement des tribunaux, nonobstant et sauf tout recours; et les individus condamnés seront contraints par la voie de garnisaires et saisie de meubles, en vertu desdits arrêtés qui seront exécutoires et emporteront hypothèque (art. 4 et dernier de la même loi).

A partir de la promulgation du présent décret, les cantonniers, gendarmes, gardes champêtres, conducteurs des ponts et chaussées, et autres agents appelés à la surveillance de la police des routes, pourront affirmer leurs procès-verbaux de contraventions ou de délits devant le maire ou l'adjoint du lieu (Décret réglementaire du 16 décembre 1811, *sur les routes*, titre IX, art. 112). — Ces procès-verbaux seront adressés au sous-préfet, qui ordonnera sur-le-champ, aux termes des articles 3 et 4 de la loi du 29 floréal an X, la réparation du délit par les délinquants, ou à leur charge, s'il s'agit de dégradations, dépôts de fumiers, immondices ou autres substances, et en rendra compte au préfet, en lui adressant les procès-verbaux (art. 113). — Il sera statué sans délai par les conseils de préfecture, tant sur les oppositions qui auraient été formées par les délinquants, que sur les amendes encourues par eux, nonobstant la réparation du dommage. Seront, en outre, renvoyés à la connaissance des tribunaux, les violences, vols de matériaux, voies de fait, ou réparations de dommages réclamés par des particuliers (art. 114).

Vu la loi du 29 floréal an X; vu le titre IX de notre décret du 16 décembre 1811, prescrivant des mesures répressives des délits de grande voirie et complétant la loi du 29 floréal, notre conseil d'État entendu;... Art. 1er. Le titre IX du décret précité est applicable aux canaux, rivières navigables, ports maritimes et de commerce, et travaux à la mer, sans préjudice de tous les autres moyens de surveillance ordonnés par les lois et décrets, et des fonctions des agents qu'ils instituent (Décret du 10 avril 1812).

Les chemins de fer construits ou concédés par l'État font partie de la grande voirie (Loi du 15 juillet 1845, *sur la police des chemins de fer*, art. 1er).— Sont applicables aux chemins de fer les lois et règlements sur la grande voirie, qui ont pour objet d'assurer la conservation des fossés, talus, levées et ouvrages d'art dépendant des routes, et d'interdire, sur toute leur étendue, le pacage des bestiaux et les dépôts de terre et autres objets quelconques (art. 2). — Les contraventions aux dispositions du présent titre (*voir* n° 723) seront constatées, poursuivies et réprimées comme en matière de grande voirie. Elles seront punies d'une amende de 16 à 300 fr., sans préjudice, s'il y a lieu, des peines portées au Code pénal et au titre III de la présente loi. Les contrevenants seront, en outre, condamnés à supprimer, dans le délai déterminé par l'arrêté du conseil de préfecture, les excavations, couvertures, meules ou dépôts faits contrairement aux dispositions précédentes. A défaut, par eux, de satisfaire à cette condamnation dans le délai fixé, la suppression aura lieu d'office, et le montant de la dépense sera recouvré contre eux par voie de contrainte, comme en matière de contributions publiques (art. 11).

342. Les peines encourues pour ces contraventions sont prononcées par d'anciens règlements sur la voirie maintenus par la loi des 19-22 juillet 1791 (titre Ier, art. 29 § 2), ainsi conçue : « Sont
» également confirmés provisoirement les règlements qui subsis-
» tent touchant la voirie, ainsi que ceux qui sont actuellement
» existants à l'égard de la construction des bâtiments et relative-
» ment à leur solidité ».

343. Voici l'indication de quelques-uns de ces règlements [*voir* aussi, n° 722, l'arrêt du conseil du 3 mai 1720] :

1° L'arrêt du conseil du 17 juin 1721, qui, sous peine de 500 fr. d'amende, défend d'anticiper sur la largeur des routes par des labours ou autrement que ce soit, d'y faire aucune fouille, et d'en combler les fossés ; — 2° l'ordonnance du roi du 4 août 1731, qui, sous peine de 500 fr. d'amende et de dommages-intérêts, défend d'abattre les berges ou talus des routes ; d'abattre les bornes placées pour empêcher le passage des voitures sur les accotements des chaussées, et celles qui défendent les murs de soutènement et les parapets des ponts ; et de déposer sur le sol des routes des matériaux, fumiers, gravois, immondices et tous autres objets formant empêchement au passage public ; — 3° les arrêts du conseil des 14 mars 1741 et 5 avril 1772, qui, sous peine de 300 fr. d'amende, défendent d'ouvrir des carrières ou fouilles souterraines dans le voisinage des routes, à moins de 48 mètres 47 centimètres du pied des arbres ou du bord extérieur des fossés ; le dernier de ces deux arrêts du conseil fait, en outre, aux propriétaires ou entrepreneurs des carrières, sous peine de 500 fr. d'amende, défense d'établir, pour communiquer de leurs exploitations aux routes, aucun passage entre les arbres et sur les fossés sans permission, ou d'en pratiquer d'autres que ceux autorisés par l'administration; — 4° l'ordonnance royale du mois d'août 1669, défendant de rompre les poteaux indicateurs placés aux angles des routes, ou de lacérer ou effacer les inscriptions mises sur ces poteaux, à peine de 300 fr. d'amende; — 5° l'ordonnance du bureau des finances du 17 juillet 1781, qui défend d'établir sans permission des embattoirs sur le sol des routes, à peine de 300 fr. d'amende, et interdit, à peine de 10 fr. d'amende, de déposer des charognes ou bêtes mortes sur les grands chemins ou à moins de 195 mètres de distance.

344. Il faut en outre signaler, en lui donnant une place à part, en raison de sa haute importance, l'édit de Henri IV, préparé par Sully, de décembre 1607 *sur les attributions du grand voyer, la juridiction en matière de voirie et la police des rues et chemins,* qui défend de faire ou creuser aucune cave sous le sol des rues traverses des routes; de poser des bouches d'éviers ou gargouilles plus haut que le rez-de-chaussée, à moins qu'elles ne soient totalement couvertes; de faire sécher, sur des perches s'avançant des fenêtres sur les rues, des draps, toiles, etc., pouvant incommoder ou offusquer la vue, et d'établir préaux ou jardins en saillie sur les fenêtres. Nous reproduisons les principales dispositions de ce monument de législation administrative, l'un des plus considérables que nous ait légués l'ancienne monarchie, formellement maintenu par la loi des 19-22 juillet 1791, et toujours en vigueur dans ses parties non modifiées relatives à la voirie et aux alignements [n°⁸ 858 et 859].

Henry, etc., ayant reconnu..... — Art. 3. Voulons aussi et nous plaît que, lorsque les rues et chemins seront encombrez ou incommodez, nostredict grand voyer ou ses commis enjoignent aux particuliers de faire oster lesdits empeschemens, et sur l'opposition ou différens qui en pourroient résulter, faire condamner lesdits particuliers qui n'auront obey à ses ordonnances, trois jours après la signification qui leur en sera faite, jusqu'à la somme de dix livres et au-dessous pour lesdites entreprises par eux faites, et pour cet effet, les faire assigner à sa requeste par devant ledit prévost de Paris, auquel nous donnons aussi tout pouvoir et jurisdiction. — 4. Deffendons à nostre dict grand voyer ou ses commis de permettre qu'il soit fait aucunes saillies, avances et pans de bois ou bâtimens neufs, et meme à ceux où il y en a présent, de contraindre les reédifier, ni faire ouvrages qui les puissent conforter, conserver et soutenir, n'y faire aucun encorbellement en avance pour porter aucun mur, pan de bois ou autre chose en saillie, et porter à faux sur lesdites rues, ains faire le tout continuer a plomb, depuis le rez-de-chaussée tout contremont, et pourvoir a ce que les rues s'embelissent et élargissent au mieux que faire se pourra, et en baillant par luy les allignemens, redressera les murs ou il y aura ply ou coude, et de tout sera tenu de donner par écrit son procès verbal de luy signé ou de son greffier, portant l'alignement desdits édifices de deux toises en deux toises, a ce qu'il n'y soit contrevenu : pour lesquels allignemens nous lui avons ordonné soixante sols parisis par maison, payables par les particuliers qui feront faire lesdites édifications sur ladite voyrie, encore qu'il y eût plusieurs allignemens en icelle, n'estant compté que pour un seul. — 5. Comme aussi nous deffendons à tous nosdits sujets de ladite ville, fauxbourgs, prevostés et vicomté de Paris, et autres villes de ce royaume, faire aucun édifice, pan de mur, jambes estriers, encoignures, caves ny caval, forme ronde en saillie, sieges, barrieres, contrefenestre, huis de cave, bornes, pas, marches, sièges montoirs à cheval, auvens, enseignes, establies, cages de menuiserie, chassis à verre et autres avances sur ladite voyrie, sans le congé et allignement de nostredict grand voyer ou desdits commis. Pour quoy faire nous lui avons attribué et attribuons la somme de soixante sols tournois, et après la perfection d'iceux, seront tenus lesdits particuliers d'en avertir ledit grand voyer ou son commis, afin qu'il recolle lesdits allignemens, et reconnaisse si lesdits ouvriers auront travaillé suivant iceux, sans toutesfois payer aucune chose pour ledit recollement et confrontation, et où il se trouveroit qu'ils auroient contrevenu ausdits allignemens, seront lesdits particuliers assignez par devant le prévost de Paris ou son lieutenant, pour voir ordonner que la besogne mal plantée sera abattue, et condamnez à telle amende que de raison, applicable comme dessus. — 6. Deffendons au commis de nostredict grand voyer de prendre aucuns droits pour mettre les treillis aux fenestres sur rues, pourvu qu'ils n'excedent les corps des murs qui seront tirez à plomb, et pour ceux qui sortiront hors des murs, payeront la somme de trente sols tournois. — 7. Faisons aussi défenses à toutes personnes de faire et creuser aucunes caves sous les rues, et pour le regard de ceux qui voudront faire degrez pour monter à leurs maisons, par le moyen desquels les rues estrecissent, faire siéges es dites rues, estail ou auvens, clore ou fermer aucunes rues, faire planter bornes au coin d'icelles, es entrées de maisons, poser enseignes nouvelles ou faire le tout réparer, prennent congé dudit grand voyer ou commis. Pour lesquelles choses faites de neuf, et pour la permission première, nous lui avons attribué et attribuons la somme de trente sols tournois pour la visitation d'icelles, et pour celles qu'il conviendra seulement réparer et refaire, la somme de quinze sols tournois; et ou aucuns voudroient faire telles entreprises sans lesdites permissions, les pourra faire condamner en ladite amende de dix livres, payable comme dessus, ou plus grande somme, si le chas y échet, et faire abattre lesdites entreprises; le tout au cas que lesdites entreprises incommodent le public, et pour cet effet, sera tenu le commis dudit grand voyer se transporter sur les lieux auparavant que donner la permission ou congé de faire lesdites entreprises. — 8. Pareillement, avons deffendu et deffendons à tous nosdits sujets de jeter dans les rues eaus ny ordures par les fenestres, de jour ny de nuit, faire preaux ni aucuns jardins en saillies aux hautes fenestres, ni pareillement tenir fiens, terreaux, bois ny autres choses dans les rues et voyes publiques, plus de vingt-quatre heures, et encore sans incommoder les passans ; autrement lui avons permis et permettons de les faire condamner en l'amende comme dessus, auquel voyer ou commis nous enjoignons se transporter par toutes les rues, mesmes par les maistresses, de quinze jours en quinze jours, afin de commander qu'elles soient délivrées et nettoyées, et que les passans ne puissent recevoir aucunes incommoditez. — 9. Deffendons aussi à toutes personnes de faire des eviez plus haut que rez-de-chaussée, s'ils ne sont couverts jusqu'audit rez-de-chaussée, et mesme sans la permission de nostredit grand voyer, ses lieutenants ou commis, pour laquelle permission luy sera payé trente sols indistinctement, tant pour ceux qui sont au rez-de-chaussée que pour ceux qui ne se trouveront audit rez-de-chaussée. — 10. Ordonnons à nostredict grand voyer ou commis de faire crier aux quatre fêtes annuelles de l'an, de par nous et de par luy, à ce que les rues soient nettoyées, et outre, qu'il ait à ordonner aux chartiers conduisant terreaux et gravois et autres immondices, de les porter aux champs, aux lieux destinés aux voyries ordinaires, et au défaut de luy obéir, saisira les chevaux et harnois des contrevenans, pour en faire son rapport, sans qu'il puisse donner main levée qu'il n'en soit ordonné. — 11. Enjoindra aux sculpteurs, charrons, marchands de bois et tous autres, de retirer et mettre à couvert, soit dans leurs maisons ou ailleurs, ce qu'ils tiennent d'ordinaire dans les rues, comme pierres, coches, charrettes, chariots, troncs, pièces de bois et autres choses qui peuvent empescher ou incommoder ledit libre passage desdites rues, comme aussi aux teinturiers, foullons, frippiers et tous autres, de ne mettre seicher sur perches de bois, soit es fenestres de leurs greniers ou autrement sur rues et voyes, aucuns draps, toiles et autres choses qui peuvent incommoder ou offusquer la veue desdites rues, sur les peines que dessus ; et sur les contraventions qui se feront, lesdites deffenses estant faites par ledit sieur grand voyer ou ses commis, seront les contrevenans condamnez en l'amende comme dessus. — 12. Voulons et nous plait que ledit grand voyer et ses commis ayent l'œil et connaissance du pavement desdites rues, voyes, quais et chemins, et ou il se trouvera quelques pavez cassés, rompus ou enlevez, qu'ils les fassent refaire et retablir promptement, mesme faire l'ouverture des maisons des refusans d'icelles, aux dépens des détempteurs desdites maisons, injonction prealablement faite auxdits détempteurs, et prendra garde que le pavé de neuf soit bien fait et qu'il ne se trouve plus haut élevé que celui de son voisin. — 13. Defendons au commis de nostredit grand voyer, de donner aucune permission de faire des marches dans les rues, mais seulement continuer les anciennes es lieux ou elles n'empêchent le passage. — 14. Ne pourra aussi nostredit voyer ou commis, donner permission d'auvent plus bas que de dix pieds, a prendre du rez-de-chaussée en amont, et pour ceux qu'il donnera, ensemble pour les enseignes, luy appartiendra pour les permissions nouvelles, trente sols tournois ; et pour le changement des enseignes, réfection et changement d'auvent, n'en prendra que quinze sols tournois.

343. La loi du 23 mars 1842, relative à la police de la grande voirie, est venue compléter l'œuvre déjà commencée par la jurisprudence du conseil d'État, en atténuant l'exagération de quelques-unes de ces peines et en les mettant en harmonie avec les règles du droit pénal moderne qui proscrit également les amendes arbitraires et les amendes fixes exagérées. La jurisprudence du conseil d'État a toujours décidé en outre que la peine de l'emprisonnement ne peut jamais être prononcée que par des tribunaux

judiciaires, devant lesquels les contrevenants doivent être renvoyés à cet effet, s'il y a lieu.

Indépendamment de ces dispositions, le conseil d'État pouvait encore abaisser la peine au-dessous du *minimum* fixé par la loi, ci-dessous reproduite, du 23 mars 1842; chargé de préparer l'exercice de la justice retenue sous tous les régimes monarchiques, il combinait le droit de grâce du souverain avec la puissance du juge. Le pouvoir propre conféré au conseil d'État par l'article 9 de la loi de 1872 [n° 270] met désormais obstacle à cette union de la grâce et de la peine dans le même acte, en ce qui concerne toutes les matières soumises à la juridiction répressive. Les conseils de préfecture n'ont jamais été, ni avant ni depuis la loi de 1872, en position de jouir de cette prérogative.

A dater de la promulgation de la présente loi, les amendes fixes, établies par les règlements de grande voirie antérieurs à la loi des 19-22 juillet 1791, pourront être modérées, eu égard au degré d'importance ou aux circonstances atténuantes des délits, jusqu'au vingtième desdites amendes, sans toutefois que ce minimum puisse descendre au-dessous de seize francs. A dater de la même époque, les amendes dont le taux, d'après ces règlements, était laissé à l'arbitraire du juge, pourront varier entre un minimum de seize francs et un maximum de trois cents francs (Loi du 23 mars 1842, *relative à la police de la grande voirie*, art. 1er). — Les piqueurs des ponts et chaussées et les cantonniers chefs, commissionnés et assermentés à cet effet, constateront tous les délits de grande voirie, concurremment avec les fonctionnaires ou agents dénommés dans les lois et décrets antérieurs sur la matière (art. 2 et dernier de la même loi).

346. A cette compétence répressive des conseils de préfecture en matière de grande voirie, se rattachent leurs attributions relatives à la police du roulage, actuellement régie par la loi du 30 mai 1851 sur la police du roulage et les messageries publiques, et par le règlement général du 10 août 1852, qui détermine les conditions des transports dans l'intérêt de la conservation des routes et de la sécurité des voyageurs. La police du roulage a pour objet de régler la circulation de manière à ce qu'elle ne puisse compromettre l'existence ou le bon entretien des routes. Les systèmes ont varié à cet égard. Depuis 1806 jusqu'en 1851, on limitait les chargements par le poids constaté au moyen des ponts à bascule et combiné avec la largeur des jantes, ceux qui fréquentaient les routes étant astreints à n'employer que des roues à larges bandes. De nombreuses réclamations s'étaient élevées contre ce système. La législation actuelle sur la police du roulage n'impose aucune condition de poids ou de largeur de jantes, et cherche à sauvegar-

der les intérêts de la circulation par un ensemble de prescriptions diverses : les unes (relatives à la longueur des essieux, la forme des clous des roues, la limitation de l'attelage, les barrières de dégel, la traversée des ponts suspendus, l'obligation de se ranger à droite, la défense de stationner) sont applicables à toutes les voitures ; les autres (relatives à la largeur du chargement et de l'attelage, au nombre des conducteurs et à la place qu'ils doivent occuper, à l'éclairage des voitures la nuit et à l'obligation de la plaque) sont seulement applicables aux voitures ne servant pas au transport des personnes; d'autres enfin, exclusivement applicables aux voitures publiques ou messageries, ont trait notamment à la vérification des voitures, à la fixation de largeur de la voie et de la distance à maintenir entre les essieux, aux dimensions des places et au nombre des voyageurs à admettre.

Les contraventions concernant la forme des moyeux, le maximum de la longueur des essieux et le maximum de leur saillie au delà des moyeux, la forme des bandes des roues, la forme des clous des bandes, le maximum du nombre des chevaux de l'attelage, les mesures prises pour régler momentanément la circulation pendant les jours de dégel, et les précautions ordonnées pour la protection des ponts suspendus, la largeur du chargement, la saillie des colliers des chevaux, les modes d'enrayage, sont punis d'une amende de cinq à trente francs (Loi du 30 mai 1851, *sur la police du roulage et les messageries publiques*, art. 4). — Lorsque, par la faute, la négligence ou l'imprudence du conducteur, une voiture aura causé un dommage quelconque à une route ou à ses dépendances, le conducteur sera condamné à une amende de trois à cinquante francs. Il sera, de plus, condamné aux frais de la réparation (art. 9). — Les contraventions prévues par les articles 4 et 9 sont jugées par le conseil de préfecture du département où le procès-verbal a été dressé. Tous les autres délits et contraventions prévus par la présente loi sont de la compétence des tribunaux (art. 17).

C. *Domaines nationaux.*

347. Contentieux administratif des *domaines nationaux.*
348. Sens spécial du mot.
349. Sens général.
350. Affaires domaniales de la compétence des tribunaux judiciaires.
351. Compétence attribuée aux conseils de préfecture par le Code forestier.

347. Le § 7 de l'article 4, ci-dessus reproduit [n° 313], de la loi de l'an VIII, se réfère au contentieux des *domaines nationaux.*

Cette expression a une double signification ; le cercle d'application de ce texte embrasse l'une et l'autre : le conseil de préfecture est compétent dans les deux cas, dans les limites qui vont être déterminées, pour connaître du contentieux des *domaines nationaux.*

348. On appelle ainsi, dans un sens spécial, ceux des biens de l'État qui lui ont été acquis en vertu des lois révolutionnaires, et qui ont été vendus plus tard par la nation. Ce contentieux comprenait deux classes distinctes de contestations : celles entre l'État et les acquéreurs de biens nationaux, concernant le sens et l'exécution des actes de vente; celles entre l'État et les tiers, concernant les droits réels, transformés en droits de créance contre l'État par l'article 94 de la Constitution du 22 frimaire de l'an VIII, que ces tiers pouvaient prétendre sur les biens nationalement vendus.

Cette compétence, dictée par les mêmes considérations politiques qui ont inspiré tous les actes par lesquels l'inviolabilité de ces ventes a été solennellement proclamée (Concordat de 1801, art. 13; Constitution du 22 frimaire an VIII, art. 93 § 2 et 94; Charte de 1814, art. 9; Charte de 1830, art. 8), fut la plus importante des attributions que les conseils de préfecture reçurent en l'an VIII; mais on peut la considérer comme éteinte.

349. Dans un second sens plus général, les domaines nationaux sont tous les biens qui appartiennent à l'État à un titre quelconque et font partie du domaine national défini plus loin [n° 907]. Le § 7 de l'article 4 de la loi du 28 pluviôse de l'an VIII ne distingue pas; et, malgré quelques divergences dans la doctrine et un arrêt de la cour de cassation du 8 janvier 1861 (*Pradeau*, S. 61, 1, 129) qui ne tient aucun compte de ce texte et en viole par là même la disposition, la jurisprudence constante du conseil d'État, celle du tribunal des conflits et la pratique de chaque jour, considèrent les conseils de préfecture comme investis de la connaissance des litiges élevés entre l'État et les acquéreurs relativement à l'exécution ou à l'interprétation (c. d'Ét. 14 décembre 1863, *Hesse*; 5 mai 1864 et 8 mars 1866, *Hottot*; 9 mai 1867, *Damour*; 1er août 1867, *Lesca*; 27 avril 1870, *Truffy et Pierka*) des actes anciens ou nouveaux de ventes domaniales opérées en vertu des règles tracées plus loin [n°s 1041 à 1044] et même des clauses accessoires (Trib. confl. 1er mai 1875, *Tarbé des Sablons*). Comment, du reste, les auteurs de la loi du 28 pluviôse de l'an VIII auraient-ils pu songer à formuler un texte divisant en deux catégories, l'une soumise à la compétence judiciaire, l'autre à la compétence administrative, les ventes domaniales ou *nationales*, et par conséquent les immeubles vendus, d'après leur provenance, alors que tous les textes constitutionnels contemporains ou postérieurs ont eu surtout pour but d'effacer toute distinction d'origine révolutionnaire entre les

propriétés foncières? Mais aujourd'hui toute cette attribution pourrait sans inconvénient être entièrement rendue à l'autorité judiciaire.

350. Le conseil de préfecture, compétent pour connaître de ces difficultés relatives aux contrats dans lesquels l'État joue le rôle de vendeur, ne l'est pas en ce qui concerne les contrats dans lesquels l'État a comparu comme acheteur; alors, le texte de l'article 4 de la loi de pluviôse fait défaut, et comme les actes contractuels, même passés en la forme administrative, ne constituent pas des actes administratifs proprement dits donnant lieu au contentieux administratif, les tribunaux civils sont seuls compétents à cet égard; sous ce rapport la jurisprudence de la cour de cassation, conforme au principe du droit administratif, est d'accord avec celle du conseil d'État (c. cass. 30 janvier 1860).

La jurisprudence du conseil d'État décide même que les questions de propriété soulevées contre l'administration par les tiers étrangers au contrat, à l'occasion de biens faisant partie du domaine national, ou ayant cessé par des ventes nouvelles d'en faire partie, sont, depuis l'abrogation de l'article 94 de la Constitution de l'an VIII, par l'article 66 de la Charte de 1814, rentrées dans le contentieux judiciaire. D'après cette jurisprudence (14 août 1863, *Dubourg*; 29 août 1863, *Bancal*; 19 février 1868, *Portalupi*; 12 janvier 1870, *Morel*), les conseils de préfecture n'ont aussi aucune compétence pour connaître des difficultés relatives à l'interprétation ou à l'exécution des baux des biens domaniaux, dont nous examinerons les règles [n° 1037], ainsi que des baux dans lesquels l'État joue le rôle de preneur.

351. Autour de ce § 7 de l'article 4 de la loi de pluviôse, sont venues se grouper certaines dispositions spéciales, expressément attributives de compétence aux conseils de préfecture en matière de biens domaniaux, dont plusieurs, éparses dans le Code forestier (articles 50, 64, 65 et 67), concernent les réarpentages et récolements dans les forêts de l'État, leur affranchissement des droits d'usage par cantonnement et par rachat, et leur réduction, leur possibilité et leur défensabilité [n° 1022].

Les dispositions de la loi du 6 frimaire an VII, relative aux contestations entre l'administration et les fermiers des bacs et bateaux établis pour le passage des rivières, sont, dans cet ordre d'idées, appliquées aux conseils de préfecture par la jurisprudence du conseil d'État (22 décembre 1859, *Canouet*).

Ils jugent encore, en matière domaniale, les contestations qui s'élèvent entre l'État et les fermiers des sources minérales du domaine (A. 3 floréal an VIII; L. 14 juillet 1856, art. 4).

3° *Compétence des conseils de préfecture en vertu de lois autres que celle du 28 pluviôse de l'an VIII.*

352. Division de ces attributions en cinq groupes.

352. Les attributions dont les conseils de préfecture sont investis par d'autres lois que celle du 28 pluviôse de l'an VIII, sont infiniment nombreuses et diverses par leur objet comme par leur date. Aussi, sans pouvoir suivre l'ordre même des textes, comme nous venons de le faire pour les paragraphes de l'article 4 de la loi de l'an VIII, nous allons nous borner à diviser ces matières en cinq groupes. Dans le premier nous placerons les lois qui font intervenir les conseils de préfecture dans des matières où la sûreté et la salubrité publiques sont particulièrement intéressées (*établissements dangereux, insalubres ou incommodes, et logements insalubres*). Dans le second, nous placerons les lois qui touchent directement ou indirectement à l'intérêt majeur de la défense nationale (*servitudes militaires ou défensives, défense des places de guerre, faits de guerre; servitudes autour des magasins à poudre de la guerre et de la marine; zone frontière, travaux mixtes; lignes télégraphiques*). Dans le troisième groupe, nous placerons toutes les attributions des conseils de préfecture dans les affaires se rattachant à l'intérêt communal (*biens communaux, chemins vicinaux, baux des halles, comptabilité communale et des établissements publics, élections aux conseils d'arrondissement et élections municipales*). Le quatrième comprendra l'examen des difficultés contentieuses en matière de *mines*. Enfin dans le cinquième et dernier groupe, nous réunirons toutes les autres et nombreuses attributions des conseils de préfecture, sur des matières très-diverses les unes des autres, et dont il est inutile de présenter à l'avance l'énumération.

Pour plusieurs de ces matières, afin de faire mieux comprendre les attributions des conseils de préfecture et pour ne pas reprendre à deux fois le même sujet, nous devrons l'expliquer dans son ensemble, comme nous l'avons fait ci-dessus pour les travaux publics, comme nous allons le faire pour les établissements dangereux, incommodes et insalubres. Pour quelques autres, afin de ne pas scinder des sujets ayant un lien commun, nous traiterons à la fois d'une matière pour laquelle les conseils de préfecture sont investis de la compétence, comme les servitudes militaires, et de celle de la défense des places de guerre et des faits de guerre pour lesquels ces conseils n'ont pas de juridiction.

A. *Lois relatives à un intérêt de sûreté et de salubrité publiques.*

353. *Établissements dangereux, insalubres ou incommodes.* Division de ces établissements en trois classes.
354. Leur classement par le décret et le tableau du 31 décembre 1866.
355. Décrets spéciaux du 31 janvier 1872 et du 19 mai 1873.
356. Autorisation nécessaire aux établissements classés.
357. Établissements de 1re classe; instruction des demandes.
358. Compétences administratives diverses relativement au recours contre l'arrêté qui accorde ou refuse l'autorisation.
359. Établissements de 2e classe.
360. Établissements de 3e classe.
361. Droit de police appartenant à l'administration.
362. Droit de suppression par décret.
363. Compétence des tribunaux de simple police en cette matière.
364. Compétence des tribunaux civils et de justice de paix.
365. *Logements insalubres.*

353. *Établissements dangereux, insalubres ou incommodes.*

On appelle ainsi les manufactures, usines, ateliers et tous établissements industriels, de nature à compromettre l'état des bâtiments, des récoltes, des fruits de la terre et des animaux domestiques, à menacer la sécurité et la santé des hommes, ou seulement à les incommoder. C'est un décret du 15 octobre 1810 qui forme la base de la législation relative à ces établissements, qu'il divise en trois classes, en les soumettant à des restrictions, contraires aux deux principes du droit de propriété et de la liberté du travail et de l'industrie [expliqués aux nos 787 et suivants], mais exigées par l'intérêt public. L'article 1er de ce décret pose la règle de la nécessité d'une autorisation administrative, sauf pour les établissements en activité avant le 15 octobre 1810 (art. 11 et 13 du décret); il opère cette division tripartite de la manière suivante :

A compter de la publication du présent décret, les manufactures et ateliers qui répandent une odeur insalubre ou incommode ne pourront être formés sans une permission de l'autorité administrative. Ces établissements seront divisés en trois classes. La première classe comprend ceux qui doivent être éloignés des habitations particulières; la seconde, les manufactures et ateliers dont l'éloignement des habitations n'est pas rigoureusement nécessaire, mais dont il importe néanmoins de ne permettre la formation qu'après avoir acquis la certitude que les opérations qu'on y pratique sont exécutées de manière à ne pas incommoder les propriétaires du voisinage, ni à leur causer des dommages. Dans la troisième classe seront placés les établissements qui peuvent rester sans inconvénient auprès des habitations, mais doivent rester soumis à la surveillance de la police.

354. Les préfets ont reçu d'une ordonnance du 14 janvier 1815 le pouvoir de faire des classements provisoires (art. 5); mais au gouvernement seul il appartient, aux termes du décret de 1810 (art. 10), de désigner d'une manière définitive les établissements dangereux, insalubres ou incommodes et d'en faire la division définitive en trois classes, par décrets rendus en assemblée générale du conseil d'État (D. régl. 21 août 1872, art. 5 § 26 [1]).

Les tableaux de classement annexés au décret de 1810, ceux qui leur avaient été substitués par l'ordonnance du 14 janvier 1815 et les nombreuses dispositions spéciales à diverses sortes d'industries qui les avaient complétés ou modifiés, sont tous actuellement remplacés par le tableau général de classement promulgué par le décret portant règlement d'administration publique du 31 décembre 1866. Ce nouveau tableau, préparé par le comité consultatif des arts et manufactures avant d'avoir été soumis au conseil d'État, tient compte de l'état actuel de toutes les industries sous le rapport de leurs inconvénients pour le voisinage. En conséquence des perfectionnements introduits dans les procédés industriels, et qui diminuent ou même annulent la nocuité qui avait déterminé les classements antérieurs, ce tableau « supprime les classements pour » plus de cent industries, et en descend de classe près de quatre-» vingts, tandis que quelques-unes seulement ont dû être intro-» duites dans la nomenclature ou relevées de classe »; c'est ainsi que s'exprime le rapport inséré au *Moniteur* du 18 janvier 1867 avec le décret du 31 décembre 1866 dont voici la teneur :

Sur la proposition de notre ministre de l'agriculture, du commerce et des travaux publics; — Vu le décret du 15 octobre 1810, l'ordonnance royale du 14 janvier 1815, et le décret du 25 mars 1852 sur la décentralisation administrative; — Vu les ordonnances des 29 juillet 1818, 25 juin 1823, 20 août 1824, 9 février 1825, 5 novembre 1826, 20 septembre 1828, 31 mai 1833, 5 juillet 1834, 30 octobre 1836, 27 janvier 1837, 25 mars, 15 avril et 27 mai 1838, 27 janvier

---

[1] Le texte de l'article 5 du décret du 21 août 1872 portant règlement intérieur pour le conseil d'État, est reproduit en entier ci-dessus n° 86. Le tableau B, ci-dessous mentionné, du décret du 25 mars 1852 sur la décentralisation administrative, est reproduit en entier ci-dessus n° 116, tel qu'il a été inséré de nouveau au *Bulletin des lois* en vertu du décret du 13 avril 1861.

1846, et les décrets des 6 mai 1849, 19 février 1853, 21 mai 1862, 26 août 1865, et 18 avril 1866, portant addition ou modification aux classements des établissements réputés insalubres, dangereux ou incommodes ; — Vu les avis du comité consultatif des arts et manufactures ; — Notre conseil d'État entendu, —
...Art. 1er. La division en trois classes des établissements réputés insalubres, dangereux ou incommodes aura lieu conformément au tableau annexé au présent décret. Elle servira de règle toutes les fois qu'il sera question de prononcer sur les demandes en formation de ces établissements. — Art. 2. Notre ministre de l'agriculture, du commerce et des travaux publics est chargé de l'exécution du présent décret, qui sera inséré au *Bulletin des lois*.

355. Un décret du 31 janvier 1872 est venu, dans un tableau qui lui est annexé, augmenter le nombre des ateliers insalubres, dangereux ou incommodes de chacune des trois classes ; de sorte que ce tableau supplémentaire de 1872 complète le tableau général de classement de 1866.

Il faut signaler aussi un décret portant règlement d'administration publique du 19 mai 1873, rapportant un précédent décret du 27 janvier 1872, relatif aux conditions dans lesquelles doivent avoir lieu la fabrication, l'emmagasinement, et la vente en gros et au détail du pétrole et de ses dérivés, qui a réformé (art. 4) le tableau du décret de 1866, en ce qui concerne les entrepôts ou magasins d'huiles minérales et autres hydrocarbures, et maintenu (art. 3) dans la première classe du tableau de 1866 les usines pour la fabrication, la distillation et le travail en grand des autres substances dénommées dans le décret.

356. L'autorisation nécessaire pour l'ouverture des établissements ainsi classés est donnée ou refusée, suivant les exigences de la sûreté, de la salubrité et de la commodité publiques, après une instruction administrative dont les formes varient dans chaque cas, par le préfet pour ceux de première (D. décent. tabl. B, n°s 7 et 8) et de seconde classe (D. 1810, art. 2 § 2), et par les sous-préfets pour ceux de troisième classe (Ord. 14 janvier 1815, art. 3), sauf à Paris et dans tout le ressort de la préfecture de police où c'est au préfet de police qu'il faut s'adresser pour les permissions relatives aux trois classes d'établissements.

357. *Établissements de 1re classe.* — Les demandes pour obtenir l'autorisation de former un établissement de 1re classe doivent être adressées au préfet, désigner le siège de l'atelier, la nature des opérations qu'il a pour objet, et être accompagnées d'un plan en double expédition. Comme cette classe comprend les établissements

qu'il est nécessaire d'éloigner des maisons, à raison des exhalaisons qu'ils répandent, ou des dangers d'explosions et autres accidents qu'ils peuvent engendrer, la procédure administrative sur laquelle est rendu l'arrêté préfectoral d'autorisation ou de refus, doit offrir de complètes garanties.

C'est dans ce but que les formalités suivantes sont exigées : 1° affiche de la demande dans toutes les communes à cinq kilomètres de rayon, pendant un mois ; à l'expiration de ce délai, les maires de ce rayon dressent procès-verbal de l'accomplissement de cette formalité et des oppositions formées par toute personne ou par eux-mêmes au nom de leur commune (D. 1810, art. 3) ; — 2° enquête *de commodo et incommodo*, ouverte devant le maire de la commune sur le territoire de laquelle doit fonctionner l'établissement projeté (O. 1815, art. 2) ; tout arrêté préfectoral qui interviendrait sans le strict accomplissement de cette formalité et de la précédente serait entaché d'excès de pouvoir ; — 3° avis du conseil d'hygiène et de salubrité de l'arrondissement, et, s'il est besoin, celui du comité consultatif des arts et manufactures que le ministre met toujours à la disposition du préfet ; — 4° avis du conseil de préfecture (D. 1810, art. 4), nécessaire seulement dans le cas où des oppositions ont été formées, soit pendant le délai de l'affichage, soit au cours des enquêtes. Ces oppositions antérieures à la décision, étant du ressort exclusif de la juridiction gracieuse, le préfet les juge par l'arrêté même qui accorde ou refuse l'autorisation ; il n'y a que les oppositions postérieures à l'arrêté préfectoral qui appartiennent au contentieux administratif.

358. Lorsqu'après l'accomplissement de ces formalités l'arrêté préfectoral est intervenu, il peut être attaqué par la voie contentieuse ; ce recours est soumis aux règles suivantes :

En cas de refus ou de conditions imposées à l'autorisation, le demandeur peut attaquer directement, dans les trois mois de la notification, l'arrêté préfectoral devant le conseil d'État délibérant au contentieux (D. 1810, art. 7 § 2), qui se trouve dans ce cas former l'unique degré de juridiction [n° 274 6°] appelé à statuer sur la réclamation dirigée contre cet acte administratif proprement dit. Les tiers intéressés au maintien du refus ou des conditions restrictives de l'autorisation, qu'ils aient ou non comparu à l'enquête, peuvent, durant l'instance, intervenir devant le conseil d'État soit pour demander le maintien de l'arrêté préfectoral, soit même pour conclure incidemment au refus absolu d'autorisation (c. d'Ét. 10 mars 1854, *Giraud* ; 24 juin 1870, *Vedlès*) ; après l'instance, ils peuvent attaquer l'arrêt du conseil d'État par voie de tierce opposition.

Au cas où l'arrêté préfectoral porte autorisation, et en dehors de toute réclamation du demandeur, les tiers, à toute époque, aucun délai n'étant prescrit, et même au cours de l'exploitation, peuvent attaquer cet arrêté pour en demander la réformation, sauf déclaration de déchéance s'ils avaient laissé fonctionner l'établissement pendant plusieurs années sans réclamation (c. d'Ét. 11 mars 1862, *commune de Puteaux*), et sans que cette déchéance fasse obstacle à l'application de l'article 12 du décret de 1810 [n° 362]. Ils doivent saisir le conseil de préfecture (D. 1810, art. 7 § 3) ; ceux-là seuls qui ont formé l'opposition devant le conseil de préfecture (c. d'Ét. 5 août 1868, *Dalmas*) peuvent interjeter appel au conseil d'État dans les trois mois de la notification de l'arrêté du conseil de préfecture. Les tiers, dans cette hypothèse, ne pourraient saisir directement le conseil d'État qu'en arguant l'arrêté préfectoral d'incompétence ou d'excès de pouvoir, d'après les dispositions législatives et générales qui font du conseil d'État le régulateur des compétences administratives, et sans qu'il puisse alors statuer sur le fond même de la question [*voir* n°s 252, 253 et 272 2°].

359. *Établissements de* 2e *classe.* — La demande d'autorisation doit être adressée au sous-préfet de l'arrondissement ; comme l'éloignement des lieux habités ne forme pas une condition aussi absolue pour l'autorisation de ces établissements que pour celle des établissements de la première classe, et qu'il s'agit seulement de concilier au moyen de certaines précautions les intérêts de l'industrie avec le respect dû à la propriété, les formalités sont moins nombreuses. Il n'y a pas à apposer d'affiches de la demande, et le préfet n'est jamais tenu de prendre l'avis du conseil de préfecture, même lorsque la demande a suscité des oppositions. Les autres formalités, dont l'accomplissement est prescrit pour la formation des établissements de la première classe, sont applicables à ceux de la seconde ; et les règles ci-dessus décrites sont les mêmes relativement au recours que le postulant et les tiers peuvent former par la voie contentieuse contre l'arrêté préfectoral qui refuse, accorde ou limite l'autorisation demandée (D. 1810, art. 7).

360. *Établissements de* 3e *classe.* — Pour les établissements

simplement incommodes, qui ne compromettent ni la sûreté ni la salubrité publiques, il n'y a aucune formalité à remplir, ni d'affichage, ni d'enquête, ni d'avis du conseil de préfecture. Les sous-préfets chargés de statuer sur ces demandes sont uniquement tenus de prendre l'avis des maires et de la police locale. Les recours contre l'arrêté du sous-préfet (et, dans l'arrondissement chef-lieu, du préfet) qui prononce sur la demande d'autorisation, sont tous portés devant le conseil de préfecture, aussi bien ceux formés par le demandeur que ceux émanant des tiers (D. 1810, art. 8).

361. Tous les établissements dangereux, insalubres ou incommodes, sans distinction de classe, sont soumis à la surveillance et au pouvoir de police de l'administration active représentée par le préfet. Il ordonne la fermeture des établissements non autorisés; seul, à l'exclusion des conseils de préfecture, il peut également ordonner celle des établissements autorisés (c. d'Ét. 28 janvier 1864, *Delmas* ; 5 août 1868, *Delmas* c. *Raynaud*), sauf recours au ministre de l'agriculture et du commerce (c. d'Ét. 20 juillet 1867, *de Fieux*), mais sans que le recours contentieux au conseil d'État soit ouvert contre ces décisions (c. d'Ét. 18 mai 1870, *de Fieux*) : lorsque le fabricant a méconnu les prescriptions qui lui sont imposées par les règlements sous peine de déchéance du bénéfice de l'acte d'autorisation, en laissant écouler six mois à partir de l'autorisation sans mettre son établissement en activité, en interrompant son exploitation pendant le même laps de temps, en déplaçant son établissement, en n'observant pas les conditions stipulées dans l'acte d'autorisation, ou en introduisant dans la constitution de l'atelier des modifications de nature à intéresser la sûreté, la salubrité ou la commodité publiques. Mais lorsqu'un établissement destiné à pourvoir à un service public a été créé par ordonnance, en dehors des conditions prescrites par le décret de 1810, c'est au gouvernement seul qu'il appartient de statuer sur les demandes de suppression ou de modification, sans qu'il y ait également de recours ouvert par la voie contentieuse (c. d'Ét. 2 août 1870, *voirie de Bondy*).

D'autre part, le pouvoir conféré à l'administration supérieure d'autoriser la formation des établissements dangereux, insalubres ou incommodes, et d'en déterminer les conditions d'existence, le mode d'exploitation et le régime intérieur, n'est pas exclusif du droit général de police confié à l'autorité municipale, et, dès lors, ne fait pas obstacle à ce qu'un maire ordonne certaines mesures dans l'intérêt de la salubrité publique, telles que la défense de faire écouler dans un cours d'eau des eaux infectes ou des matières nuisibles, pourvu que ces mesures ne fassent pas obstacle au bénéfice de l'autorisation donnée (c. cass. 15 mars 1861, *Hennecart*; 1er août 1862, *Renard*; 1er août 1862 et 7 février 1863, *Blanchard*), même à l'égard d'un établissement existant avant 1810 (c. cass. 1er août 1862 et 7 février 1863).

362. Il en est autrement de la suppression de l'établissement, prononcée non, comme dans l'hypothèse qui précède, pour violation des prescriptions réglementaires ou des conditions de l'acte d'autorisation, mais pour inconvénients imprévus. En accordant l'autorisation nécessaire à la création de l'établissement, l'administration a usé de son droit de police ; en vertu de ce même droit inaliénable et imprescriptible, l'administration peut le supprimer lorsque l'ordre et l'intérêt publics le réclament. Ce principe est consacré par l'article 12 du décret du 15 octobre 1810 ainsi conçu : « En cas de graves inconvénients pour la salubrité publique, la » culture ou l'intérêt général, les fabriques et ateliers de pre- » mière classe qui les causent pourront être supprimés, en vertu » d'un décret rendu en notre conseil d'État, après avoir entendu » la police locale, pris l'avis des préfets, reçu la défense des manu- » facturiers ou fabricants ». Il s'agit du pouvoir de police et, par conséquent, d'un acte d'administration pure : aussi n'est-ce pas l'assemblée du contentieux, mais l'assemblée générale du conseil d'État qui, dans ce cas, prépare le décret conformément à la disposition finale du numéro 26 de l'article 5 du décret réglementaire du 21 août 1872 [n° 86].

363. Les tribunaux judiciaires ont aussi, comme l'administration active, la juridiction gracieuse et la juridiction contentieuse administrative, leur part de compétence en cette matière.

Les tribunaux de simple police sont chargés de réprimer l'exploitation non autorisée, qui constitue la contravention prévue et punie par la disposition générale de l'article 471 § 15 du Code pénal. Il en est ainsi, parce que les décrets de classement des établissements dangereux, incommodes ou insalubres ont le caractère réglementaire. Toutefois, c'est à l'autorité administrative seule qu'appartient le droit de décider si un établissement est incommode ou insalubre, ou s'il a été fondé avant le décret du 15 octobre 1810, et, par suite, si son ouverture est soumise à la condition de l'autorisation préalable; de sorte que si l'industriel poursuivi conteste l'exactitude de la qualification donnée par la poursuite à son établissement, la justice répressive doit surseoir à statuer au fond et renvoyer à l'autorité administrative la solution de la question préjudicielle ainsi soulevée (ch. crim. 17 juillet 1863 ; 7 août 1868, *Digne*, S. 69, 1, 368). Mais le tribunal de simple police doit réprimer, comme contravention, toute modification reconnue et non autorisée à l'arrêté d'autorisation (c. cass. 20 novembre 1863, *Garnier*) ; il ne peut non plus surseoir à statuer jusqu'à la décision à intervenir sur le recours au conseil d'État formé par le prévenu contre l'arrêté du préfet portant refus d'autorisation (c. cass. 17 décembre 1864, *Priou*); enfin, il ne peut se dispenser de prononcer, indépendamment de l'amende encourue par le contrevenant, la fermeture de l'établissement non autorisé requise par le ministère public (c. cass. 26 mars 1868, *Haas*).

364. Les tribunaux civils (D. 1810, art. 11 *in fine*) peuvent allouer, par application des articles 1382 et 1383 du Code civil, des dommages-intérêts aux tiers à qui le voisinage de l'établissement autorisé, en tant qu'établissement industriel classé, ou en vertu de lois de police d'une autre nature, fait subir soit un préjudice direct et matériel, soit un simple préjudice moral consistant dans la dépréciation de la propriété et l'atteinte aux relations de bon voisinage. Le conseil d'État a abandonné, dans un arrêt sur conflit du 9 juin 1859 (*Cuesnot*), la distinction qu'il avait établie sur ce point dans deux arrêts du 15 décembre 1824 (*Lez*) et du 27 décembre 1826 (*Paris*); la cour de cassation avait refusé de l'accueillir dans un arrêt du 20 février 1849, dont la doctrine a été reproduite dans plusieurs arrêts de la même cour (3 décembre 1860, *Nélaton et Pouchouloux* c. *Cuesnot* ; 27 août 1861, *Pertuiset et Dubuisson* c. *Joly* ; 24 avril 1865, *Bourgeois et Harel* c. *Hubert* ; 16 avril 1866 ; 19 mai 1868, *Salines de l'Est* ; 25 août 1869, *Beudin*).

Si les émanations pernicieuses d'une usine altéraient des fruits et récoltes, le tribunal de justice de paix serait compétent, de pareils dommages rentrant dans la catégorie de ceux dont parle l'article 5 § 1 de la loi du 5 mai 1838; peu importe qu'ils procèdent du fait de l'homme ou d'une cause permanente ; le juge de paix ne cesserait d'être compétent que si le dommage avait été causé non aux récoltes, mais au fonds lui-même (c. cass. ch. req. 24 janvier 1866, *Prat* c. *Michel*).

Ainsi la règle que l'autorisation administrative n'est accordée que « *sous la réserve des droits des tiers* » reçoit ici une application complète et absolue ; il faut généraliser et dire qu'en matière d'établissements classés ou non classés, les tiers ont toujours le droit de réclamer des dommages-intérêts devant l'autorité judiciaire, dès qu'il est constaté que le préjudice qu'ils éprouvent excède les obligations ordinaires du voisinage.

365. *Logements insalubres.* — La loi du 13 avril 1850, relative à l'assainissement des logements insalubres (dont l'article 2 est modifié par la loi du 31 mai 1864, qui porte à trente pour la ville de Paris le nombre des membres de la commission dont il va être parlé), permet d'instituer dans toute commune où le conseil municipal l'aura déclaré nécessaire, une commission chargée de rechercher les logements insalubres et d'indiquer les mesures à prendre pour atténuer ou faire disparaître les causes reconnues d'insalubrité.

Il résulte du rapport général sur les travaux de la commission des logements insalubres de la ville de Paris pour les années 1866 à 1869 que le chiffre des affaires s'est élevé à 11,342, ce qui n'est pas un chiffre trop élevé dans une ville où l'on compte environ 68,000 maisons et 600,000 logements.

L'arrêté municipal (préfectoral à Paris) qui constate l'état d'insalubrité d'un logement et prescrit des travaux à exécuter pour y remédier, lie les tribunaux sur tous ces points, à défaut de recours en temps utile devant la juridiction administrative, et ne permet plus de les discuter devant eux, conformément au principe de la séparation des autorités [n° 630], mais laisse aux tribunaux de police correctionnelle saisis de la contravention à l'arrêté contre celui qui soutient n'être ni propriétaire ni usufruitier de l'immeuble le pouvoir de juger ces questions préjudicielles de propriété (cass. 20 novembre 1868 ; Rouen, 26 février 1869 ; *contra*, Paris, 7 février 1868, *Moynet*).

Cette loi, en étendant la juridiction des conseils de préfecture à deux cas distincts, semble avoir considéré leur décision dans le premier cas comme étant en dernier ressort ; mais il suffit que le texte ne prohibe pas expressément le recours au conseil d'État, pour qu'il soit recevable, conformément au principe même de l'institution des conseils de préfecture en qualité de tribunaux administratifs de première instance ; le législateur de 1850 a moins voulu interdire le recours dans le premier cas, que l'assurer surabondamment dans le second (c. d'Ét. 7 avril 1865, *de Madre*).

Le conseil municipal déterminera : 1° les travaux d'assainissement et les lieux où ils devront être entièrement ou partiellement exécutés, ainsi que les délais de leur achèvement ; 2° les habitations qui ne sont pas susceptibles d'assainissement (art. 5). — Un recours est ouvert aux intéressés contre ces décisions devant le conseil de préfecture, dans le délai d'un mois à dater de la notification de l'arrêté municipal ; ce recours sera suspensif (art. 6). — S'il est reconnu que le logement n'est pas susceptible d'assainissement, et que les causes d'insalubrité sont dépendantes de l'habitation elle-même, l'autorité municipale pourra, dans le délai qu'elle fixera, en interdire provisoirement la location à titre d'habitation. L'interdiction absolue ne pourra être prononcée que par le conseil de préfecture, et, dans ce cas, il y aura recours de sa décision devant le conseil d'État (art. 10).

B. *Lois relatives à un intérêt de défense nationale.*

366. Servitudes militaires ou défensives ; défense des places de guerre ; faits de guerre.
367. Définition et législation des servitudes militaires ou défensives.
368. Du pouvoir de faire construire, de classer et déclasser les places de guerre.
369. Zones des servitudes militaires ; objet de la servitude.
370. Compétence contentieuse et répressive des conseils de préfecture.
371. Défaut de droit à indemnité pour l'établissement des servitudes militaires ou défensives.
372. Cas d'ouverture à indemnité écrits dans la législation relative aux places fortes ; caractères du décret du 10 août 1853.
373. Quatre états des places de guerre relativement aux questions d'indemnité.
374. État de paix.
375. État de guerre.
376. État de siége *fictif*.
377. État de siége effectif.
378. Compétence des tribunaux civils et de simple police.
379. Compétence de l'autorité administrative pour déclarer si une ville est classée comme place de guerre ; difficulté relative à la place de Paris.
380. Autres questions de la compétence de l'autorité administrative.
381. Défaut de droit à indemnité contre l'État, le département et la commune, pour tous faits de guerre dommageables provenant de la défense nationale ou de l'ennemi.
382. Action de gestion d'affaires pouvant être exercée dans certains cas contre les communes.
383 et 383 *bis*. Lois spéciales du 6 septembre 1871 et du 7 avril 1873 qui accordent un dédommagement aux victimes des événements de 1870-71.
384. Loi du 28 juillet 1874 accordant un dédommagement en raison des travaux militaires de la défense.
385. Servitudes autour des magasins à poudre de la guerre et de la marine ; indemnité due seulement pour suppression de l'état de choses antérieur.

386. Compétence contentieuse et répressive du conseil de préfecture.
387. *Zone frontière ; travaux mixtes.*
388. Compétence du conseil de préfecture.
389. *Lignes télégraphiques.*

366. *Servitudes militaires ou défensives; défense des places de guerre; faits de guerre.* — Bien que les nombreuses et importantes réclamations auxquelles peuvent donner lieu les mesures prescrites par l'autorité militaire pour la défense des places de guerre et les faits de guerre, ne rentrent pas dans la sphère de compétence des conseils de préfecture, compétents au contraire pour l'application des lois relatives aux servitudes militaires, ces sujets se touchent de si près, que leur exposition gagne à n'être pas scindée; les n°s 367 à 372 sont plus spécialement consacrés aux servitudes militaires, les n°s 373 à 384 aux questions relatives aux dommages résultant de la défense des places de guerre et des faits de guerre.

367. On appelle servitudes militaires ou défensives les charges imposées à la propriété foncière dans l'intérêt de la défense des places de guerre. Ces places sont divisées en deux séries, la seconde comprenant tous les postes militaires, par la loi du 10 juillet 1851 relative au classement des places de guerre et aux servitudes militaires, et par le décret portant règlement d'administration publique du 10 août 1853; au point de vue du classement des places et postes, ces textes ont remplacé les lois du 10 juillet 1791, du 17 juillet 1819 et l'ordonnance du 1er août 1821; à d'autres points de vue, ils doivent être combinés avec elles.

Ces restrictions au droit de propriété se justifient par l'intérêt de la défense commune; les fortifications ne suffisent pas pour mettre une place en état de soutenir un siége, il faut en outre que la partie du sol la plus rapprochée de son enceinte soit à découvert, pour que rien ne puisse abriter l'ennemi, cacher ses mouvements, ou gêner les sorties des défenseurs de la place. Ces servitudes, auxquelles se rattache le grand nom du maréchal de Vauban, ont été introduites par les ordonnances et arrêts du conseil des 16 juillet 1670, 14 août 1680, 9 décembre 1713, 7 février 1744, 31 décembre 1776, portant défense de bâtir et de faire, sans permission, des déblais et des remblais dans un rayon déterminé en avant des fortifications.

368. Les propriétés grevées de ces servitudes sont celles situées

dans le rayon de défense des places de guerre. La législation a varié sur le point de savoir auquel des deux pouvoirs législatif ou exécutif appartient le classement et le déclassement des places de guerre. Aux termes de l'article 1er de la loi du 17 juillet 1819 et de l'article 3 du décret du 10 août 1853, en harmonie avec l'article 4 du sénatus-consulte du 25 décembre 1852, le chef de l'État était investi de cette attribution ; l'article 1er de la loi du 10 juillet 1851, reproduisant l'article 4 de la loi du 10 juillet 1791, la confère au contraire au pouvoir législatif ; et l'article 6 exige également une loi pour modifier le classement des places de guerre. C'est en exécution de ces dispositions de la loi de 1851 que sont intervenues dans ces dernières années : la loi du 3 février 1873, qui classe dans la première série des places de guerre la première enceinte nord de la place de Dunkerque ; la loi du 27 mars 1874 relative aux nouveaux forts à construire autour de Paris, avec l'avis annexé de la commission de défense conformément aux textes susvisés ; la loi du 17 juillet 1874 relative à l'amélioration des défenses des frontières de l'Est, avec le même avis, et qui classe aussi ces ouvrages de fortifications dans la première série des places de guerre ; la loi du 7 juillet 1875 relative aux faubourgs ouest de la place de Grenoble ; la loi du 3 août 1875 relative au déclassement de la place de Sedan.

Nulle construction de nouvelles places de guerre ou de nouvelles enceintes fortifiées, et nulle suppression ou démolition de celles qui existent, ne pourront être ordonnées qu'après l'avis d'une commission de défense et en vertu d'une loi (L. 10 juillet 1851, art. 1 § 1). — La loi qui ordonnera la construction d'une nouvelle place de guerre ou d'une nouvelle enceinte fortifiée spécifiera, en même temps, la série dans laquelle cette place et cette enceinte devront être rangées pour l'application des servitudes défensives. Les ouvrages qui seront ajoutés à une enceinte fortifiée, les forts, batteries ou autres ouvrages défensifs ayant un caractère permanent, ne pourront être classés ou donner lieu à une extension quelconque des servitudes existantes qu'en vertu d'une disposition législative (art. 2). — Les ouvrages détachés, c'est-à-dire ceux qui seront situés à plus de 250 mètres, seront classés séparément (art. 4 § 2). — Le classement des places de guerre ne pourra être modifié qu'en vertu d'une loi. Toutefois, lorsqu'il sera possible de réduire l'étendue des zones de servitude du côté de quelque centre important de population sans compromettre la défense ou porter atteinte aux intérêts du Trésor, cette réduction pourra être prononcée par un décret du président de la République (art. 6 §§ 1 et 2).

369. Le rayon de défense des places de guerre est divisé en trois zones, sauf exception écrite dans la loi, comme à Paris où l'enceinte et les forts possèdent une zone unique de 250 mètres de servitudes militaires (L. 3 avril 1841, art. 8 ; L. 27 mars 1874,

art. 3 [n° 379]); les zones commencent toutes à l'extrémité du terrain militaire comprenant les fortifications et leurs accessoires, et s'étendent respectivement : la 1re zone à 250 mètres, la 2e zone à 487 mètres, la 3e zone à 974 mètres pour les places de guerre et les postes militaires, sauf réduction pour ceux-ci de la 3e zone à 584 mètres.

L'importance de la servitude et de la restriction au droit de propriété varie selon la série dans laquelle la place de guerre est classée. — Dans la première zone, il y a défense de faire aucune construction ou plantation d'arbres, même des haies vives, et de faire aucune clôture autre qu'en haies sèches ou en planches à claire-voie; elle s'applique indistinctement aux deux séries de places de guerre. — Dans la deuxième zone, il faut distinguer s'il s'agit d'une place de guerre de la première ou de la seconde série : autour des places de la première série, on ne peut élever dans cette seconde zone que des constructions ou clôtures en terre ou en bois, avec obligation de les démolir sans indemnité à première réquisition de l'autorité militaire en cas de guerre; autour des places de la seconde série, il est permis au contraire d'élever des constructions quelconques dans cette seconde zone; mais, le cas arrivant où ces places sont déclarées en état de guerre, les démolitions jugées nécessaires n'entraînent aucune indemnité pour les propriétaires. — Dans la troisième zone, on peut construire et se clore librement, mais il est défendu d'établir un chemin, une chaussée, une levée, un fossé, une fouille, un dépôt de matériaux sans que leur position ou leur alignement n'aient été concertés avec le génie militaire ou le ministre de la guerre, qui peuvent rejeter purement et simplement la demande sans que la décision ministérielle puisse être déférée au conseil d'État délibérant au contentieux (c. d'Ét. 7 avril 1865, *mag. généraux de Bercy*); cette zone s'applique aux places des deux séries et, par suite, à tous les postes militaires compris dans la seconde, sauf la différence d'étendue ci-dessus indiquée. Il est également défendu dans la même zone d'exécuter aucune opération de topographie sans le consentement de l'autorité militaire. — Enfin ce n'est pas seulement aux travaux exécutés par les particuliers que s'appliquent ces servitudes ; dans l'étendue de ces trois zones, tous travaux publics de l'État, du département ou des communes constituent des *travaux mixtes*, comme ceux entrepris dans la zone frontière [n° 387], et sont subordonnés à l'action de la commission mixte dont il sera parlé plus loin.

370. La compétence du conseil de préfecture revêt ici, comme en matière de grande voirie, un double caractère. — Elle est contentieuse pour prononcer sur les réclamations formées par les propriétaires intéressés contre l'application des limites légales aux zones des servitudes défensives ; aux termes des articles 20 et 21 du décret du 10 août 1853, les parties intéressées ont trois mois à partir de l'avis donné au public du dépôt à la mairie du procès-verbal de la zone des servitudes militaires, du plan de délimitation et de ses annexes, pour se pourvoir au conseil de préfecture contre l'opération matérielle du bornage, et il doit être statué définitivement sur les réclamations avant que lesdits plans et procès-verbaux soient homologués par un décret, sauf le droit du conseil de préfecture, saisi dans le délai, de statuer nonobstant la survenance du décret fixant la délimitation (c. d'Ét. 8 février 1864, *Chanudet*). — La compétence du conseil de préfecture est répressive : pour prononcer les peines encourues pour contraventions, constatées jusqu'à inscription de faux par les procès-verbaux des gardes du génie et des gardiens de batterie (L. 24 mai 1858), et ordonner la démolition de l'œuvre nouvel aux frais du contrevenant (D. 10 août 1853, art. 40 à 49). Aux termes de l'article 48 de ce décret, reproduisant l'article 13 de la loi du 17 juillet 1849, le conseil de préfecture doit prononcer *les peines applicables aux contraventions analogues en matière de grande voirie*. C'est à ce titre que l'arrêt du conseil du roi du 27 février 1765, édictant 300 francs d'amende, est applicable en cette matière. — Dans cette hypothèse comme en matière de grande voirie, la justice administrative est instituée la gardienne de tout ce qui se rattache aux diverses dépendances du domaine public. Elle aurait compétence, si la question était soulevée par le contrevenant ou au cours du litige, pour statuer incidemment sur la question de savoir si la place est classée comme place de guerre [*voir* au numéro suivant les six arrêts du conseil d'État du 24 juillet 1856 et ceux cités au n° 379].

371. Il est admis en principe par la doctrine et la jurisprudence, dans le silence de la loi, que le seul fait de la soumission d'un terrain nu aux servitudes militaires ne donne lieu à aucune indemnité [n°ˢ 385 et 850] ; les servitudes militaires n'emportant la dépossession d'aucune partie de terrain et ne constituant pas, par conséquent, une expropriation dans le sens de la loi du 3 mai 1841 sur l'expropriation pour cause d'utilité publique et de l'article 545 du code civil, les propriétaires ne sont pas fondés à pré-

tendre que les servitudes ne peuvent leur être appliquées sans indemnité préalable (c. d'Ét. six arrêts du 24 juillet 1856 [n° 379]; c. cass. 27 décembre 1869, *Arrazat*).

372. Il n'en est autrement que dans les hypothèses limitativement déterminées où un texte reconnaît aux propriétaires qui subissent des dommages par suite de l'établissement ou de la défense des places fortes, le droit de réclamer des indemnités. Ces cas sont déterminés par le décret portant règlement d'administration publique du 10 août 1853, fait en exécution de l'article 8 de la loi du 10 juillet 1851 *relative au classement des places de guerre et aux servitudes militaires*, qui lui donnait mission « de réunir et » coordonner dans leur ensemble toutes les dispositions des lois » concernant les servitudes imposées à la propriété autour des for- » tifications et de préciser les mesures d'exécution ». Les lois contenant des dispositions relatives soit aux questions d'indemnités qui nous occupent et auxquelles les cruels événements de 1870 et 1871 ont donné un si grand intérêt pratique, soit aux circonstances diverses dans lesquelles les faits dommageables peuvent se produire, sont celles du 10 juillet 1791 (art. 18, 19, 20, 24, 33 et 38), du décret du 24 décembre 1811 (52 et 53), de la loi du 17 juillet 1819 *concernant les servitudes imposées à la propriété dans l'intérêt de la défense de l'État, la police des fortifications et les constructions projetées dans le rayon des enceintes fortifiées* (art. 15), de la loi du 30 mars 1831 *relative à l'expropriation et à l'occupation temporaire en cas d'urgence des propriétés privées nécessaires aux travaux des fortifications*. Le décret du 10 août 1853, simple acte réglementaire appelé, comme il est dit ci-dessus, à codifier les dispositions législatives existantes, les a reproduites avec plus de netteté; il n'a « ni modifié ni pu modifier » les principes qu'elles consacraient (c. d'Ét. 13 mai 1872, *Brac de la Perrière*; Trib. confl. trois arrêts du 11 janvier 1873). C'est dans le titre VI de ce décret, sous la rubrique « *dépossessions, démolitions et indemnités* », que les articles 35 à 39 déterminent les cas dans lesquels, suivant la législation existante sur les places fortes et les postes militaires, une indemnité peut être due; le premier de ces articles constate leur caractère restrictif de la manière suivante :

La construction des fortifications et les mesures prises pour la défense des places de guerre et des postes militaires peuvent donner lieu à des indemnités pour cause de dépossession, de privation de jouissance et de destruction ou de démolition *dans les cas* et suivant les conditions mentionnés dans les articles suivants (D. 10 août 1853, art. 35).

PLACES DE GUERRE ; ÉTAT DE PAIX ; ÉTAT DE GUERRE. 317

373. Si, aux éléments constitutifs de la législation existante sur les places de guerre et les postes militaires, codifiés par le décret de 1853, on ajoute la loi du 9 août 1849, qui régit l'état de siége, il résulte de ces dispositions combinées qu'une place de guerre et un poste militaire peuvent se trouver dans quatre situations distinctes : 1° *l'état de paix* ; 2° *l'état de guerre* ; 3° *l'état de siége fictif* ; 4° *l'état de siége effectif*. Les règles relatives soit à la créance d'indemnité, soit à la compétence, varient suivant que la place de guerre se trouve dans l'une ou l'autre de ces quatre situations.

374. 1° Les règles relatives à l'*état de paix* sont déterminées par l'article 37 du décret du 10 août 1853, ainsi conçu :

Il y a lieu à indemnité pour privation de jouissance, *pendant l'état de paix*, toutes les fois que, par suite de l'exécution de travaux de fortification ou de défense, d'extraction de matériaux ou pour toute autre cause, l'autorité militaire occupe ou fait occuper temporairement une propriété privée, de manière à y porter dommage ou à en diminuer le produit. Cette occupation ne peut avoir lieu que dans les circonstances et dans les formes déterminées par les lois des 16 septembre 1807 [*voir* n°˙ 326 à 332, 867 à 871], 30 mars 1831 et 3 mai 1841 [n°˙ 807 à 835], et l'indemnité est réglée en conformité des prescriptions de ces mêmes lois. L'état de paix a lieu toutes les fois que la place ou le poste n'est pas constitué en état de guerre ou de siége par un décret, par une loi ou par l'effet des circonstances prévues aux articles 38 et 39.

375. 2° L'*état de guerre*, qu'il ne faut pas confondre avec le fait de guerre, est un état exclusivement spécial aux places de guerre ou postes militaires, et limitativement défini par la loi (D. 1853, art. 38 *in fine*, d'après les lois ci-dessus rappelées). Le même article 38 du décret de 1853, dans sa première partie, indique, d'après les articles 30, 31, 32, 33, 36, 37 et 38 de la loi du 10 juillet 1791, les cas dans lesquels une indemnité est due pour dommage causé à une propriété dans l'état de guerre de la place. Il en résulte qu'indemnité est due : 1° pour les dommages causés aux propriétés situées en dehors de la zone des servitudes militaires ; 2° pour les dommages causés aux constructions élevées en temps de paix dans la zone militaire, si les propriétaires établissent que ces constructions ont été élevées à une époque où les servitudes défensives ne pouvaient les atteindre.

Lorsqu'une place ou un poste est déclaré en *état de guerre*, les inondations et les occupations de terrains nécessaires à sa défense ne peuvent avoir lieu qu'en vertu d'un décret ou, dans le cas d'urgence, des ordres du gouverneur ou du commandant de place, sur l'avis du conseil de défense, après avoir fait constater, autant que possible, l'état des lieux par des procès-verbaux des gardes du génie ou des autorités locales. Il y a urgence dès que les troupes ennemies se rapprochent à moins de trois journées de marche de la place ou du poste. L'indemnité pour les dommages causés par l'exécution de ces mesures de défense est réglée aussitôt que l'occupation a cessé. Les dispositions qui précèdent sont applicables, dans les mêmes circonstances, à la détérioration, à la destruction ou à la démolition de maisons, clôtures ou autres constructions situées sur le terrain militaire ou dans les zones de servitudes. Seulement il n'est pas dressé d'état de lieux, et il n'est alloué d'indemnité qu'aux particuliers ayant préalablement justifié sur titres que ces constructions existaient, dans leur nature et leurs dimensions actuelles, avant que le sol sur lequel elles se trouvaient fût soumis aux servitudes défensives. L'état de guerre est déclaré par une loi ou par un décret toutes les fois que les circonstances obligent à donner à la police militaire plus de force et d'action que pendant l'état de paix. Il résulte, en outre, de l'une des circonstances suivantes : 1° en temps de guerre, lorsque la place ou le poste est en première ligne ou sur la côte, à moins de cinq journées de marche des places, camps ou positions occupés par l'ennemi; 2° en tout temps, quand on fait des travaux qui ouvrent une place ou un poste situé sur la côte ou en première ligne ; 3° lorsque des rassemblements sont formés dans le rayon de cinq journées de marche, sans l'autorisation des magistrats (D. 10 août 1853, art. 38).

376. 3° L'*état de siége*, que l'on peut appeler *fictif* (bien que cette expression, non plus que celle qui lui est opposée, ne puisse se trouver dans la loi), fait antithèse à l'état de siége *effectif* des places fortes ou postes militaires, auquel s'applique exclusivement l'article 39 du décret du 10 août 1853. Cet état de siége fictif présente trois caractères : il s'applique au territoire d'un département tout entier et non pas seulement aux places de guerre qui s'y trouvent ; il ne suppose ni la présence ni l'approche de l'ennemi, alors même qu'il est suivi plus tard d'investissement ou de siége effectif ; il a un caractère plus politique que militaire. Cet état de siége est réglé, non par les lois susvisées et le décret de 1853 qui en codifie les dispositions, mais par la loi spéciale du 9 août 1849, dont l'article 11 dispose : « Les citoyens continuent, » nonobstant l'état de siége, à exercer tous ceux des droits ga- » rantis par la Constitution, dont la jouissance n'est pas suspendue » en vertu des articles précédents » ; et aucun de ces articles ne limite les droits de la propriété privée pendant l'état de siége. D'où suit que, relativement aux dommages causés pendant cet état de siége *fictif*, cet état de siége ne fait pas obstacle au droit à indemnité existant pendant l'état de paix et l'état de guerre ; il faut donc appliquer à ces questions d'indemnité les règles ci-dessus tracées soit pour l'état de paix, soit pour l'état de guerre, suivant les cas, par les articles 37 et 38, et non celles écrites dans l'article 39 du décret de 1853 pour l'état de siége effectif (c. d'Ét. 13 mai 1872, *Brac de Laperrière* ; Trib. confl. 11 janvier 1873 ; trois arrêts annu-

lant des arrêtés de conflit du préfet du Rhône; 24 janvier 1873, *Royer*; 15 mars 1873, *Fiereck*).

377. 4° Pendant l'*état de siége effectif*, supposant la présence de l'ennemi, les dommages causés par les mesures de l'autorité militaire ne donnent droit à aucune indemnité. Le silence de la loi du 10 juillet 1791 suffisait pour qu'il en fût ainsi; celui du décret du 10 août 1853 eût également suffi, après le principe de restriction posé dans son article 35 [n° 372]. Néanmoins ce décret a voulu, interprétant exactement le silence de la loi, pourvu que sa disposition ne s'applique qu'à l'état de siége *effectif*, établir en termes formels « que les mesures prises par l'autorité militaire dans une » place en *état de siége* ne donnent droit à aucune indemnité ». Dans ce cas, en présence de l'ennemi, il y a *fait de guerre*, nécessité immédiate ou conséquence de la lutte, force majeure, et, par suite, irresponsabilité.

Il en est ainsi que le fait s'accomplisse pour la défense d'une place forte ou pour la défense d'une partie quelconque du territoire : c'est un principe général et supérieur [n° 384], qui reçoit son application au cas de siége effectif d'une place de guerre ou d'un poste militaire.

Il s'applique aussi bien aux destructions de constructions, plantations, ou autres objets pendant l'investissement d'une place et en présence de l'ennemi (c. d'Ét. 7 février 1834, *Gervaise* ; 7 août 1835, *Forcatère* ; cour de Bruxelles, 14 août 1835 ; c. d'Ét. 11 mai 1872, *Bertin* ; 23 mai 1873, *Hérouard*), qu'à celles opérées avant l'investissement, mais en raison de la certitude et de l'imminence de cet investissement, et qui s'imposent également comme une nécessité immédiate de la lutte (c. d'Ét. 23 mai 1873, *de Lamotte* ; Trib. confl. 28 juin 1873, *Fritsch* ; c. d'Ét. 11 juillet 1873, *Cohen* ; 13 février 1874, *Batteux* ; 13 mars 1874, *Collot* ; 1ᵉʳ mai 1874, *Defresne* ; 1ᵉʳ mai 1874, *Thinet*).

Toute occupation, toute privation de jouissance, toute démolition, destruction et autre dommage résultant d'un fait de guerre ou d'une mesure de défense prise soit par l'autorité militaire *pendant l'état de siége*, soit par un corps d'armée ou un détachement en face de l'ennemi, *n'ouvre aucun droit à indemnité*. L'état de siége d'une place ou d'un poste est déclaré par une loi ou par un décret. Il résulte aussi de l'une des circonstances suivantes : l'investissement de la place ou du poste par des troupes ennemies qui interceptent les communications du dehors au dedans, et du dedans au dehors, à la distance de 3,500 mètres des fortifications ; une attaque de vive force ou par surprise ; une sédition intérieure ; enfin des rassemblements formés dans le rayon d'investisseme t sans l'autorisation des magistrats. Dans le cas d'une attaque régulière, l'état de siège ne cesse qu'après que les travaux de l'ennemi ont été détruits, et les brèches réparées ou mises en état de défense (D. 10 août 1853, art. 39).

378. Les questions de compétence se mêlent, en cette matière, aux questions du fond. L'autorité judiciaire est compétente dans les trois hypothèses qui suivent :

1° L'article 15 de la loi du 17 juillet 1819 est ainsi conçu : « Les indemnités prévues par les articles 18, 19, 20, 24, 33 et 38 de la loi du 10 juillet 1791 seront fixées dans les formes prescrites par la loi du 8 mars 1810 et préalablement acquittées conformément à l'article 10 de la Charte constitutionnelle ». Les lois du 30 mars 1831 et du 3 mai 1841 tiennent aujourd'hui la place de la loi du 8 mars 1810 ; c'est toujours l'autorité judiciaire, les tribunaux civils, et le jury d'expropriation relevant de cette autorité, qui reçoivent l'attribution de compétence dans les cas déterminés par ce texte : c'est-à-dire relativement à des dommages causés à la propriété privée, pendant l'état de paix ou de guerre (à l'exclusion de l'état de siège *effectif*) des places fortes ou des autres parties du territoire, sans distinction entre celles où l'état de siège dit *fictif* aurait été proclamé et celles où il ne l'aurait pas été (Trib. confl. 11 janvier 1873, *Coignet*; id. *Royer* ; id. *Charret*; Lyon, 15 mars 1873, et c. ch. req. 24 février 1874, *Brac de la Perrière*; Trib. confl. 15 mars 1873, *Fiereck* ; 28 juin 1873, *Dumont*), et lorsque les inondations ou destructions ordonnées ont le caractère de mesures de défense simplement préventives et précautionnelles, sans constituer des faits accidentels de guerre résultant de la force majeure et imposés par les nécessités immédiates de la défense (Trib. confl. 1er fév. 1873, *de Pommereu* ; c. d'Ét. 13 fév. 1874, *Batteux* ; 1er mai 1874, *Allotte*; 16 mai 1874, *de Riencourt*; 3 juillet 1874, *Maurice*).

2° L'autorité judiciaire est aussi compétente pour statuer sur les demandes d'indemnités réclamées au cas de réquisition, régulière ou non, d'immeubles en vue de la fabrication ou du dépôt d'armes, de munitions et autres engins de guerre, ou du logement des troupes. La situation juridique est celle d'un bail forcé existant entre l'État et le propriétaire ; or, dans le cas où l'État occupe une propriété privée en vertu d'un bail, même à l'effet d'y installer un service public, il n'appartient qu'à l'autorité judiciaire de statuer, par application des règles du droit civil, sur les difficultés relatives à l'exécution du bail et à ses conséquences. C'est cette jurisprudence du droit commun consacrée en matière de bail [nos 350 et 1037], qui reçoit ici son application. Elle se trouve, en outre, consacrée dans l'espèce par la disposition spéciale de l'article 4 d'un décret du gouvernement de la défense nationale en date du 12 novembre 1870, qui doit être étendu à l'ensemble du territoire français, et porte formellement que « toute difficulté relative, soit à la » prise de possession de l'atelier requis, soit à son occupation tem- » poraire, soit à sa restitution entre les mains de son propriétaire, » sera jugée par le tribunal civil » (Trib. confl. 11 janvier 1873, *Péju* ; 11 janvier 1873, *Joannon* ; 25 janvier 1873, *Planque*; 5 avril 1873, *Vettard*).

3° L'autorité judiciaire est encore compétente, suivant le droit commun, toutes les fois qu'en matière de réquisitions de guerre on invoque les principes de la gestion d'affaires (c. d'Ét. 11 mai 1872 ; Dijon, 17 juillet 1872 ; c. cass. ch. c. 25 mars 1874, *ville de Chartres c. Michard* ; ch. req. 20 avril 1874, *comm. de Savilly c. Cabot* ; et les arrêts cités n° 382).

379. L'autorité administrative est seule compétente, au contraire, pour dire, en cas de contestation, si une place est ou non classée comme place de guerre. L'article 15 de la loi de 1819 ne peut être invoqué que par les propriétaires atteints pour les besoins de la défense d'une place de guerre ; s'il y a contestation et doute sur le point de savoir si une place est classée ou non comme place de guerre, l'autorité judiciaire saisie, aux termes de l'article 15 de la loi de 1819, doit surseoir jusqu'à ce que l'autorité administrative [n°^{os} 254 et 274 3°] ait donné l'interprétation des actes de classement (Metz, 5 juillet 1835, *Delavie*).

Lorsque c'est, au contraire, le conseil de préfecture qui est saisi, par exemple, d'une poursuite dirigée contre des contrevenants aux règles relatives aux servitudes militaires, il peut juger à la fois le fond et l'exception, l'un et l'autre relevant du conseil d'État au second degré de juridiction (c. d'Ét. 30 novembre 1832, 14 juillet 1838, et les six arrêts du 24 juillet 1856 [n°^{os} 370 et 371]).

Ces six arrêts, en se prononçant dans le sens de l'application des servitudes militaires, jugeaient négativement la question de savoir si Paris était classé comme place de guerre ; la question se pose encore aujourd'hui dans les mêmes termes, bien qu'elle paraisse étrange, après les deux sièges de 1870 et 1871. L'article 7 de la loi du 3 avril 1841, spéciale aux fortifications de la ville de Paris, porte : « qu'elle ne pourra être classée parmi les places de » guerre qu'en vertu d'une loi » ; les tableaux des places de guerre, annexés à la loi du 10 juillet 1851 et au décret du 10 août 1853, portent que *l'enceinte* et *les ouvrages détachés de Paris* ne figurent aux tableaux de classement, première série, l'un *que pour mémoire*, et l'autre *que pour ordre*. De sorte que la question juridique est aujourd'hui ce qu'elle était en 1856, et peut être préjudicielle aux affaires soumises soit aux conseils de préfecture qui peuvent la résoudre, soit aux tribunaux civils qui doivent surseoir.

Il résulte de la discussion qui a précédé le vote de l'article 7 de la loi de 1841, que cet article signifie seulement que la ville de Paris ne sera soumise, au point de vue de son régime intérieur, aux lois de police et de compétence des places de guerre, que lorsqu'une loi spéciale l'aura privée du régime ordinaire de ville ouverte; mais les articles 8 et suivants [n° 369] prouvent que les servitudes militaires et toutes les charges imposées à la propriété privée pour la défense des places fortes sont applicables à Paris comme à toutes les autres places de guerre. Les six arrêts de 1856 du conseil d'État et un arrêt de la cour de cassation du 2 septembre 1870 (D. P., 70, 1, 76), loin de présenter la moindre contradiction, reposent sur cette distinction, confirmée par les arrêts ultérieurs du conseil d'État (c. d'Ét. 23 mai 1873, *de Lamotte* ; 8 août 1873, *Quidor et Quintaine* ; 18 août 1873, *Lemaire*).

La loi du 27 mars 1874 *relative aux nouveaux forts à construire autour de Paris*, étrangère à l'enceinte continue de la place de Paris, n'a rien changé à cette situation, ainsi que cela résulte des articles 1 et 3 de cette loi, ainsi conçus :

> Il sera construit de nouveaux ouvrages intérieurs autour de Paris, sur les emplacements indiqués par le comité de défense. Ces travaux sont déclarés d'utilité publique et d'urgence (L. 27 mars 1874, art. 1ᵉʳ). — Ces ouvrages de fortifications seront classés dans la première série des places de guerre. Toutefois la première zone des servitudes défensives, telle qu'elle est définie par le décret du 10 août 1853, leur sera seule appliquée. Cette zone unique de 250 mètres sera mesurée sur les capitales, à partir de la crête des glacis (art. 3).

380. L'autorité administrative est encore compétente :

1° Pour fixer les caractères des actes de l'autorité militaire, lorsqu'ils sont contestés (c. d'Ét. 19 mai 1864, *Hérauldès*; 13 mai 1872, *Brac de la Perrière*; 13 février 1874, *Batteux*, et conclusions du comm. du gouv., p. 1127 du *Recueil des arrêts du conseil*).

Les trois arrêts en date du 11 janvier 1873 [cités nᵒˢ 376 et 378], par lesquels le tribunal des conflits a annulé trois arrêtés de conflits pris par le préfet du Rhône en cette matière, prennent soin de constater aussi : « que, dans ses observations, le ministre de
» la guerre, loin de contester le caractère des travaux exécutés

» sur la propriété des demandeurs, et de réclamer pour l'autorité
» administrative le droit, en cas de doute, de déterminer préala-
» blement ce caractère, se borne à soutenir......; qu'ainsi il n'est
» pas contesté et il est constant, en fait, que les travaux dont il
» s'agit faisaient partie des travaux de défense exécutés sur les
» points du territoire qu'on supposait pouvoir être menacés par
» l'invasion, et qu'ils ne pouvaient dès lors être considérés comme
» ayant le caractère d'un fait de guerre accidentel... ».

2° Pour connaître d'une demande d'indemnité relative à une réquisition de fournitures ou objets mobiliers, on suit la règle de compétence écrite pour le cas de marché volontaire de fournitures [*voir* n° 432]; c'est ce qu'a décidé un arrêt du tribunal des conflits du 14 décembre 1872 (*Vally* c. *préfet du Rhône*).

3° Pour connaître d'une demande en indemnité, même pour dommage causé à un immeuble, mais formée en raison de faits sortant des prévisions de l'article 15 de la loi du 17 juillet 1849 (c. d'Ét. 7 avril 1835, *Guerlin-Houel*; 13 mai 1872, *Brac de la Perrière*), soit qu'il s'agisse de mesures prises par l'autorité militaire dans une place investie par l'ennemi (c. d'Ét. 18 mai 1872, *Bertin*; Paris, 1ᵉʳ juillet 1873), soit qu'il s'agisse de faits de guerre, en dehors des places fortes, nécessités par la défense nationale (c. d'Ét. 26 mars 1823), soit qu'il émane de l'ennemi [*voir* les décisions ci-dessous n° 384], soit qu'il émane de bandes armées ou non armées composées d'habitants de la ville (Trib. confl. 25 janvier 1873, *Planque et Papelard*).

Dans ces diverses hypothèses, l'affaire n'appartient pas plus au contentieux administratif qu'au contentieux judiciaire; l'autorité administrative compétente, c'est le ministre de la guerre (celui de l'intérieur dans la dernière espèce); le ministre seul doit être saisi, non comme juge, mais comme administrateur, et sa décision ne peut être l'objet d'un recours par la voie contentieuse; le droit à indemnité n'existe pas; il n'y a de possible que l'application de lois spéciales de dédommagements [nᵒˢ 377, 381, 383 à 384].

381. Nous avons dit ci-dessus [n° 377] que ce n'est pas seulement en cas d'état de siège effectif d'une place de guerre ou d'un poste militaire, que l'État est irresponsable des dommages causés par fait de guerre, en raison des mesures de défense prescrites par l'autorité militaire dans un intérêt immédiat de défense nationale. Il en est de même de tous faits de guerre pouvant se produire sur tous les points du territoire *en présence de l'ennemi*. Ces faits ne

peuvent faire naître aucune créance d'indemnité, ni contre l'État, ni contre le département, ni contre la commune. Bien que cette hypothèse soit étrangère au régime des places de guerre, l'article 39 du décret de 1853 l'a surabondamment assimilée à l'état de siège effectif, et on a vu [n° 377] que ce texte dit formellement que tout « dommage résultant d'un fait de guerre par un corps » d'armée ou un détachement en face de l'ennemi n'ouvre aucun » droit à indemnité ». C'est ce qu'a toujours reconnu la jurisprudence, soit administrative, soit judiciaire (c. d'Ét. 26 mars 1823, *Bellamy* ; 22 janvier 1824, *Deserce*; c. ch. civ. 14 juillet 1846, *de Chazournes* ; et arrêts récents cités n°s 379 et 380). Il en est encore ainsi des dispositions stratégiques, telles qu'une occupation de terrain pour le campement d'un corps de réserve, d'une armée française assiégeant une ville insurgée (c. d'Ét. 9 mai 1873, *Pesty*). L'État est également irresponsable des dégradations et destructions imputables non-seulement aux gardes nationaux et autres troupes qui se trouvaient à proximité des immeubles, mais à des maraudeurs de toute sorte (c. d'Ét. 8 août 1873, *Quidor et Quintaine*).

De même, les faits de guerre ne peuvent donner lieu à aucune action en indemnité lorsque le dommage est causé, non plus par les corps d'armée de la défense, mais par l'ennemi, au cas d'*occupation de l'ennemi*. Le principe se produit même, dans ce cas, avec un caractère plus absolu, car jamais les dommages causés par les faits de l'ennemi ne donnent droit à une indemnité à la charge soit de l'État, soit du département, soit de la commune. C'est ce qu'a toujours jugé le conseil d'État (c. d'Ét. 23 avril 1823, 11 février 1824, 27 avril 1825, 16 novembre 1825, 9 juin 1830, 30 août 1842). C'est ce que vient également de décider, avec raison, un jugement du tribunal de Chartres du 2 août 1872 (*Dutemple de Rougement c. ville de Chartres*), dont les motifs, tout en établissant ce point de droit, constatent, en fait, les actes odieux de pillage et d'exaction commis par l'invasion allemande dans la triste campagne 1870-71.

Dans un cas comme dans l'autre, il y a un fait de force majeure frappant fatalement sa victime, et les principes du décret de 1853 sont, sur tous ces points, ceux de la loi du 10 juillet 1791 [n° 377].

382. Toutefois, si la commune est irresponsable, comme l'État et le département, des destructions, vols et dommages causés par l'ennemi, elle peut être obligée à indemniser l'habitant qui aurait satisfait à lui seul à des réquisitions imposées à la commune; dans

ce cas, l'obligation de la commune dérive d'une sorte de quasi-contrat de gestion d'affaires, s'établissant entre la commune et l'habitant qui a acquitté à lui seul la charge collective (tribunal de Gray, 20 août 1871 ; Rouen, 30 janvier 1872, *Andrieux*; Orléans, 8 mars 1872, *ville de Gien* c. *Leroux*; c. c. ch. req. 31 mars, 13 et 14 mai 1873 ; ch. civ. 25 mars 1874, *ville de Chartres* c. *Michard*) ; même en dehors de toute participation de l'autorité municipale à la réquisition (Angers, 4 mars 1874, et c. c. ch. req. 23 février 1875, *ville du Mans* c. *Michel*). Il en est surtout ainsi lorsque les fournitures faites par un habitant après une réquisition de l'ennemi adressée à la commune, l'ont été en vertu d'une autorisation de l'administration municipale, qui s'est constituée ainsi *negotiorum gestor* de ses administrés (Angers, 20 juin 1872, *Desportes et autres* c. *ville du Mans*, et arrêt de rejet de la ch. des req. du 31 mars 1873; trib. Chartres, 24 décembre 1872, *Lecomte* c. *commune de Coudray*; c. c. ch. req. 5 juillet 1875, *commune d'Epagny* c. *Huot*); et à plus forte raison sur la réquisition directe du maire (c. c. ch. req. 20 avril 1874, *com. de Pavilly* c. *Cabot*).

C'est de plein droit, par la force des circonstances, que l'administration municipale, en vertu de l'article 3 § 5 du titre XI de la loi des 16-24 août 1790 [n° 203], qui la charge de faire cesser ou de prévenir les fléaux calamiteux, est investie du pouvoir de répartir entre les habitants la charge du logement et de la nourriture des soldats ennemis ; elle agit dans l'intérêt de la généralité des habitants, pour les soustraire aux violences de l'envahisseur (c. c. ch. req. 13 juillet 1875, *commune de Pesmes*). Sous le coup de réquisitions formelles de l'ennemi et pour prévenir de plus grands malheurs, l'administration municipale n'excède pas ses pouvoirs en répartissant les charges du logement des officiers et soldats ennemis suivant les facultés des habitants (c. c. ch. civ. 2 juin 1874 ; 12 août 1874 ; 12 août 1875, *de Courson* c. *ville de Vitry*). Comme *negotiorum gestor*, le maire a son recours contre les habitants absents dont il a fait l'affaire en commandant et en payant pour eux (tribunal d'Orléans, 4 février 1873, *ville d'Orléans* c. *Merlet*); les habitants qui ont fait des fournitures sur réquisitions de l'autorité locale ou de l'autorité ennemie ont le droit de se faire indemniser par la commune de ces pertes subies dans l'intérêt de tous (c. c. ch. req. 13 mai 1872, deux arrêts rejetant pourvois de la commune de *Vendresse*) ; le maire a le droit de requérir un maître d'hôtel de fournir pour le compte d'un habitant de la commune le logement et la nourriture à un certain nombre d'officiers et soldats ennemis, sauf remboursement de dépense par la commune, et recours de celle-ci, suivant les principes de la gestion d'affaires, contre l'habitant pour le compte duquel la dépense a été faite (c. c. ch. civ. 2 juin 1874, *ville de Sens c. Odot et de Bonnaire*).

Ces décisions sont fondées sur le principe que les décrets des 23 janvier - 7 avril 1790, 8-10 juillet 1791 et 23 mai 1792, 18 janvier 1793, qui règlent les mesures à prendre pour le logement des militaires français, sont sans application au logement des troupes ennemies en cas d'invasion; que, dans ce cas, les frais de logement et de nourriture des soldats ennemis doivent rester à la charge de l'habitant comme charge personnelle de guerre; mais que les fournisseurs ne doivent être astreints qu'à supporter leur part contributive comme habitants, ce qui justifie leur recours contre la commune, et le recours de celle-ci contre chaque habitant par voie de répartition.

Nous avons déjà dit que la connaissance de toutes ces questions appartient, bien entendu, à l'autorité judiciaire [n° 378 3°].

383. Ce principe de l'irresponsabilité de l'État, du département et de la commune, en raison des faits de guerre en présence de l'ennemi et par l'occupation de l'ennemi, loin d'être affaibli par la loi spéciale du 6 septembre 1871 qui alloue une première indemnité de 100 millions aux départements et de 6 millions pour la ville de Paris, y trouve sa confirmation. Si le préambule de cette loi parle de l'*obligation* de l'État de dédommager ceux qui, dans la lutte commune, ont été frappés de pertes exceptionnelles, il indique assez qu'il s'agit d'une obligation purement morale, puisqu'il dispose que cette obligation prend sa source non dans le droit, mais dans les *sentiments de nationalité qui sont dans le cœur de tous les Français* ; il maintient en outre *les principes*, ci-dessus exposés, des textes de 1791 et de 1853. De ces mots « *au prorata des pertes* » de l'article 3 § 2 de la loi et de la discussion, il résulte encore qu'il n'a point été entendu que l'indemnité dût être égale au dommage. Enfin le chef du gouvernement [1], en admettant un *dédommagement large et immédiat*, affirmait, avec raison suivant nous, que les principes du droit public ne permettaient pas de reconnaître l'existence d'une créance véritable naissant des dommages causés à la guerre ; et l'un des représentants des départements les plus éprouvés par l'invasion [2], l'un des défenseurs les

---

[1] M. Thiers, président de la République.
[2] M. Buffet, député des Vosges.

plus énergiques de l'indemnité, a dit aussi cette vérité : « Si la » créance existait, une loi ne serait pas nécessaire ». Donc, la loi du 6 septembre 1871 n'a pas admis que les victimes de l'invasion eussent une créance contre l'État et pussent exiger une réparation, comme un droit ; et, par suite, les tribunaux doivent décider que cette loi n'a point éteint les actions de ceux qui ont droit d'en exercer (tribunal de la Seine, 17 janvier 1873, *Reilhac c. chemin de fer de l'Est*), sauf à faire la déduction du dédommagement payé sur les fonds de l'État.

Loi du 6 septembre 1871, *qui fait supporter par toute la nation française les contributions de guerre, réquisitions et dommages matériels de toute nature causés par l'invasion.* — Considérant que, dans la dernière guerre, la partie du territoire envahie par l'ennemi a supporté des charges et subi des dévastations sans nombre ; que les sentiments de nationalité qui sont dans le cœur de tous les Français imposent à l'État l'obligation de dédommager ceux qu'ont frappés dans la lutte commune des pertes exceptionnelles, l'Assemblée nationale, sans entendre déroger aux principes posés dans la loi du 10 juillet 1791 et le décret du 10 août 1853, décrète : — Article 1er. Un dédommagement sera accordé à tous ceux qui ont subi, pendant l'invasion, des contributions de guerre, des réquisitions soit en argent soit en nature, des amendes et des dommages matériels..... — Art. 2. Lorsque l'étendue des pertes aura été ainsi constatée (par des commissions cantonales et départementales), une loi fixera la somme que l'état du Trésor public permettra de consacrer à leur dédommagement, et en déterminera la répartition. Une somme de cent millions sera mise immédiatement à la disposition du ministre de l'intérieur et du ministre des finances, et répartie entre les départements au prorata des pertes qu'ils ont éprouvées..... — Art. 3. Une somme de six millions de francs est également mise à la disposition des ministres des finances et de l'intérieur, pour être, sauf règlement ultérieur, répartie entre ceux qui ont le plus souffert des opérations d'attaque dirigées par l'armée française pour rentrer dans Paris. —

383 *bis*. La seconde loi, annoncée par l'article 2 de la précédente et rendue pour compléter son exécution par de nouvelles allocations, est intervenue à la date du 7 juin 1873. Elle ajoute 140 millions d'indemnité pour la ville de Paris, et 120 millions pour les départements envahis, y compris le département de la Seine, moins la ville de Paris, aux sommes distribuées en vertu de la loi du 6 septembre 1871. On a vivement reproché à cette loi d'avoir fait les parts inégales au profit de la ville de Paris, et ce n'est pas sans peine que, sur un amendement d'initiative parlementaire, le chiffre de l'indemnité des départements a été porté de 100 (chiffre proposé) à 120 millions. Relativement aux graves questions que faisaient naître pour la ville de Paris les dévastations causées par l'insurrection communale, il faut rapprocher les dispositions de cette loi, intervenues à titre de transaction, et surtout l'article 5,

des questions controversées sur l'application de la loi du 10 vendémiaire an IV [n°ˢ 1483 et 1484]. Il convient aussi de remarquer que les sommes accordées par ces deux lois des 6 septembre 1871 et 7 avril 1873, sont étrangères, sauf Paris, au remboursement des réquisitions exercées contre les particuliers pendant la guerre, par les autorités françaises civiles ou militaires ; les ministres, suivant le droit commun, ont dû être saisis de ces demandes, mais dans des formes et surtout des délais fixés par une autre loi du 15 juin 1871.

Moyennant cette allocation, la ville de Paris supportera : 1° le paiement du solde des indemnités restant dues pour la réparation des dommages matériels causés à l'intérieur ou à l'entour de Paris par le fait des opérations militaires du second siège; 2° la réparation des dommages matériels soufferts par les propriétés mobilières et immobilières de Paris et de ses alentours, et résultant de l'insurrection du 18 mars 1871. Ces deux ordres d'indemnités seront définitivement réglés par des commissions administratives présidées par le préfet de la Seine. Le paiement aura lieu comme suit : pour la première catégorie, en quinze annuités égales avec intérêt à 5 p. 100; pour la seconde catégorie, en quinze annuités égales sans intérêt. Le tout conformément à la délibération du conseil municipal en date du 19 juillet 1872 (L. 7 avril 1873, art. 2). — Au moyen de l'allocation votée dans l'article 1ᵉʳ, la ville de Paris ne pourra exercer contre l'État aucune réclamation, à raison tant du remboursement du solde de la contribution de guerre de 200 millions que du remboursement de ses dépenses de guerre et des pertes qu'elle a subies par suite de l'insurrection du 18 mars 1871 (art. 5). — Un décret rendu dans la forme des règlements d'administration publique déterminera dans quelle proportion il pourra y avoir lieu de remettre aux départements, aux communes ou aux particuliers, des bons de liquidation représentant les annuités accordées par la présente loi. Le même décret réglera la forme et les conditions de la remise des titres aux ayants droit (art. 9).

384. Une troisième loi d'indemnité a été votée le 28 juillet 1874. Ceux dont les propriétés, tant à Paris que dans les départements, ont été détruites, détériorées, ou occupées, pour les besoins de la défense nationale, n'étaient pas compris dans les allocations de 220 et 146 millions des deux lois précédentes. Nous avons vu dans les pages qui précèdent que les dommages causés par ces démolitions et travaux de défense soulèvent des questions complexes, suivant le moment et les circonstances de leur exécution, donnant droit à indemnité lorsqu'ils n'ont été que des mesures préventives et précautionnelles de défense [n°ˢ 374 à 376, 380], n'engendrant aucune action en indemnité lorsqu'ils ont constitué des faits de guerre imposés par les nécessités immédiates de la défense [n°ˢ 377, 378, 380 et 381]. Aux propriétaires qui se trouvent dans ce dernier cas, la loi du 28 juillet 1874 étend la règle de dédommagement

gracieux, écrite au profit des victimes des événements de 1870-71 dans les deux lois précédentes; aux propriétaires qui se trouvent dans le premier cas, et qui pourraient avoir un droit à faire valoir devant les tribunaux, les dispositions de la loi sont offertes à titre de transaction.

Il faut remarquer : 1° l'énergie avec laquelle les principes de droit ci-dessus exposés sont confirmés par l'article 1er ; 2° les exclusions prononcées par l'article 2; 3° la souveraineté de juridiction de la commission administrative de liquidation, constituée pour l'exécution de cette loi, comme pour les deux lois précédentes ; 4° la prescription spéciale d'une année à partir du 7 août 1874, écrite dans l'article 10 et dernier de cette loi ; et 5° le mode de paiement, déjà introduit par les lois précédentes, par voie de bons de liquidation (art. 7 à 9 [n° 1069]).

Par dérogation à la législation existante et à titre exceptionnel, il sera alloué un dédommagement à tous ceux qui justifieront avoir, comme propriétaires ou occupants, subi pendant la guerre de 1870-1871, dans les places fortes ou partout ailleurs, en dedans ou en dehors de toute zone de servitudes militaires, un préjudice matériel et direct résultant des mesures de défense qui ont été prises par l'autorité militaire française (Loi du 28 juillet 1874, *qui accorde un dédommagement aux personnes qui ont éprouvé préjudice lors des destructions opérées par le génie militaire pour les besoins de la défense nationale*, art. 1er). — Sont exclus du bénéfice de la présente loi : 1° ceux qui ne renonceraient pas à toute action devant les tribunaux judiciaires ou administratifs; 2° ceux qui n'auront pas adressé ou renouvelé leur demande à l'administration, conformément au premier paragraphe de l'article 4 ci-après ; 3° ceux qui auraient souscrit un engagement de démolir à première réquisition, ou dont les immeubles auraient été construits en contravention aux lois (art. 2). — Il sera constitué, par décret du président de la République, rendu sur la proposition des ministres de la guerre et de l'intérieur, une commission chargée d'examiner toutes les réclamations. Les demandes déjà faites devront être renouvelées et les demandes nouvelles devront être adressées : pour Paris et le département de la Seine, au ministre de l'intérieur; pour les départements, aux préfets (art. 3). — Ces renouvellements et demandes nouvelles devront avoir lieu dans un délai de deux mois, à compter de la promulgation de la présente loi. Le fait seul de la demande administrative ou du renouvellement de celle déjà faite emportera de plein droit acceptation de la décision à intervenir par la commission. Toute personne qui n'aura pas fait ou renouvelé sa demande, en conformité du présent article, dans le délai de deux mois, sera déchue de plein droit. En ce qui concerne les personnes qui n'ont pas la libre disposition de leurs biens, le fait de ces renouvellements ou de ces demandes nouvelles sera assimilé à un acte de simple administration et sera dispensé d'autorisation spéciale et de toute autre formalité judiciaire (art. 4). — La commission contrôlera ces réclamations avec les documents existants ou à l'aide de tous moyens nouveaux qu'elle croirait devoir employer. Dans le cas où ceux qui ont subi des dommages rentrant dans les catégories prévues, ci-dessus énoncées, auraient été compris dans les répartitions des indemnités votées par l'Assemblée, aux termes des lois des 6 septembre 1871 et 7 avril 1873, les sommes perçues par eux seront déduites du montant de celles qui leur reviendront en vertu de la présente loi. La commission arrêtera définitivement, souverainement et sans recours le chiffre pour lequel chaque réclamant sera par elle admis. L'indemnité sera remise au réclamant, en la valeur qui sera ci-après déterminée (art. 5). — Toute action qui pourrait être intentée devant les tribunaux judiciaires ou administratifs, pour dommages causés par l'autorité militaire pour la défense nationale, à l'occasion de la guerre de 1870, sera prescrite par le délai d'une année à partir de la promulgation de la présente loi (art. 10).

385. *Servitudes autour des magasins à poudre de la guerre et de la marine.* — Ces servitudes sont établies par une loi du 22 juin 1854, qui est venue combler une lacune de la législation antérieure, en donnant à l'administration de la guerre, dans l'intérêt de la défense du pays et de la sécurité des localités, les moyens de maintenir l'isolement des magasins à poudre. Dans une zone de 25 mètres à partir des murs d'enceinte de ces magasins (art. 1er), la servitude *non œdificandi* est absolue, sauf pour la construction des murs de clôture ; y sont également interdits la plantation d'arbres à haute tige, l'établissement des conduits de becs de gaz, des clôtures en bois et des haies sèches, l'emmagasinement et le dépôt de bois, fourrages ou matières combustibles. Le terrain grevé de la servitude s'étend lorsque les constructions présentent plus de danger ; aussi est-ce dans une zone de 50 mètres à partir des mêmes murs d'enceinte (art. 2) que sont prohibés les usines et établissements pourvus de foyer avec ou sans cheminées d'appel.

Le silence des articles 1 et 2 de la loi, constitutifs de la servitude, indique assez que, conformément au principe général déjà rappelé [n° 371, *voir* n° 850], les propriétaires des terrains grevés de la servitude n'ont aucun droit à indemnité, en raison du seul fait de son établissement. Une indemnité ne serait due que si l'administration, usant du droit que lui confère l'article 3 de la loi de 1854, ordonnait la suppression des constructions, plantations, dépôts ou établissements déjà existants au moment de l'établissement de la servitude. Au cas de suppression de constructions ou d'usines, la compétence n'appartient qu'au jury d'expropriation pour cause d'utilité publique.

386. Le conseil de préfecture a, d'après les articles 3 et 4 de la loi, une triple compétence : 1° pour allouer l'indemnité dans les autres cas de suppression dont il vient d'être parlé ; 2° pour fixer,

en cas de contestation, la limite des zones de servitude ; 3° pour réprimer les contraventions constatées par procès-verbaux des gardes d'artillerie (L. 1854, art. 4), ou gardiens de batterie (L. 21 mai 1858). La compétence du conseil de préfecture, contentieuse dans les deux premiers cas, est répressive dans le troisième, comme en matière de servitudes défensives. Si une difficulté à ce sujet était soulevée, il serait compétent pour décider la question de savoir si, dans l'espèce à lui soumise, il s'agit d'un des magasins de la guerre et de la marine, auxquels seuls la loi de 1854 est applicable [n°s 370 et 379].

La suppression des constructions, clôtures en bois, plantations d'arbres, dépôts de matières combustibles ou autres actuellement existants dans les limites ci-dessus, pourra être ordonnée, moyennant indemnité, lorsqu'ils seront de nature à compromettre la sécurité ou la conservation des magasins à poudre. Dans le cas où cette suppression s'appliquera à des constructions ou aux établissements mentionnés dans l'article 2, il sera procédé à l'expropriation, conformément aux dispositions de la loi du 3 mai 1841. Dans les autres cas, l'indemnité sera réglée conformément à la loi du 16 septembre 1807 (L. 22 juin 1854, art. 3). — Les contraventions à la présente loi seront constatées, poursuivies et réprimées, conformément à la loi du 17 juillet 1819, et suivant les formes établies au titre VII du règlement d'administration publique du 10 août 1853 concernant les servitudes imposées à la propriété autour des fortifications. A cet effet, les gardes d'artillerie, chargés de dresser les procès-verbaux, seront assimilés aux gardes du génie et dûment assermentés (art. 4).

387. *Zone frontière; travaux mixtes.* — Une troisième sorte de servitude, d'une nature particulière, et se rattachant comme les précédentes à un intérêt de défense nationale, a été introduite et développée, pour la défense du territoire, par l'ordonnance du 31 décembre 1776 concernant la zone des travaux mixtes, l'article 6 de la loi du 31 décembre 1790 - 19 janvier 1791 sur l'organisation des ponts et chaussées, et le décret du 22 décembre 1812 concernant l'organisation et le service de la commission mixte des travaux publics. Une loi ultérieure du 7 avril 1851 a changé cette législation, et un décret portant règlement d'administration publique du 16 août 1853 (sauf quelques modifications ultérieures apportées par un règlement du 15 mars 1862) a codifié en quarante-cinq articles toutes les dispositions relatives à la délimitation de la zone frontière, à l'organisation et aux attributions de la commission mixte des travaux publics.

Dans les limites de la zone frontière de terre ou de mer fixée par décrets portant règlements d'administration publique (L. 1851,

art. 3), « les travaux qui intéressent les routes et les communica-
» tions sur les frontières et les ouvrages à faire dans les ports
(L. 1791, art. 6) », peuvent, comme les travaux publics projetés
dans le rayon de défense des places de guerre [n° 369], compromettre les intérêts de la défense. Aussi ces divers travaux ne sont
exécutés qu'après avoir été soumis à l'examen de la *commission
mixte des travaux publics*. Cette commission relève du ministre de
la guerre, bien que composée de quatre conseillers d'État, de cinq
membres militaires, deux membres appartenant à la marine et
deux à l'ordre civil, nommés sur la présentation des ministres de
la guerre, de la marine et des travaux publics.

L'article 7 du décret du 16 août 1853 (modifié par les art. 2 et 8
du décret du 15 mars 1862) présente une longue énumération des
travaux mixtes, c'est-à-dire de tous les travaux qui, dans le rayon
de la zone frontière, comme dans le rayon des enceintes fortifiées,
sont de la compétence de la commission mixte.

Par dérogation à la législation antérieure, la loi du 7 avril 1851
et le décret du 16 août 1853 ont exonéré, en principe, de toute surveillance militaire les chemins vicinaux et forestiers dans l'étendue de la zone frontière ; mais elle a laissé au pouvoir exécutif,
par voie de règlements d'administration publique, le soin de déterminer dans cette zone, sous le nom de *polygones réservés*, les
portions de territoire auxquelles cette exonération ne devait pas
s'étendre ; même dans ces terrains réservés, le décret du 15 mars
1862 est venu les permettre librement, si leur largeur n'excède
pas six mètres et leur empierrement quatre. En outre, certains
travaux, tels que ceux d'entretien ou de réparation, sont exonérés
de la servitude (D. 1853, art. 8, 40 à 43 ; D. 1862, art. 3, 4 et 8).

Dans la même région, le règlement fixe les territoires réservés
dans l'intérieur desquels il peut être formé opposition au défrichement des bois des particuliers dont la conservation est reconnue
nécessaire à la défense (C. forestier, art. 220 § 5 [n° 888]).

Un décret portant règlement d'administration publique, du
3 mars 1874, est venu modifier les règlements antérieurs concernant la délimitation des territoires réservés et de la zone frontière dans l'étendue de laquelle sont applicables les règles relatives
aux travaux mixtes.

388. L'article 7 de la loi de 1851 a organisé la compétence des
conseils de préfecture, comme elle l'est en matière de servitudes
des places de guerre et des magasins à poudre. Les mots qui ter-

minent cet article donnent à l'autorité militaire un moyen qui lui manquait jusque-là d'assurer, en dépit de toute résistance, l'exécution de la loi. Aux termes de l'article 10, les actions pour contravention sont prescrites par un an à partir de la date de la réception des travaux. Des procès-verbaux des gardes du génie (art. 6 de la loi) et des gardiens de batterie (L. 21 mai 1858) constatent les contraventions.

<small>Dans le cas où, nonobstant la notification faite par les gardes du génie des procès-verbaux de contravention, les contrevenants ne rétabliraient pas l'ancien état des lieux dans le délai qui leur sera fixé, l'autorité militaire transmettra les procès-verbaux au préfet du département. Le conseil de préfecture statuera, après les vérifications qui pourront être jugées nécessaires. Toutefois, si, après la notification faite en vertu du présent article, les contrevenants poursuivent leur infraction, le conseil de préfecture ordonnera sur-le-champ la suspension des travaux, et l'autorité militaire sera chargée d'assurer cette suspension (Loi du 7 avril 1851, *relative à la délimitation de la zone frontière et à la compétence de la commission mixte des travaux publics*, art. 7). — Tout jugement de condamnation rendu en exécution de l'article précédent fixera le délai dans lequel le contrevenant sera tenu de rétablir à ses frais l'ancien état des lieux. Il sera notifié à la partie intéressée par les gardes du génie avec sommation d'exécuter, faute de quoi il y sera procédé d'office. A défaut d'exécution après l'expiration des délais, les travaux seront faits par l'autorité militaire. Le compte des dépenses sera transmis par le directeur des fortifications au préfet du département, qui l'arrêtera et en fera poursuivre le recouvrement conformément à la loi du 19 mai 1802 (art. 8).</small>

389. *Lignes télégraphiques.* — Le conseil de préfecture est juge des contraventions aux lois et règlements sur la police des lignes télégraphiques, et de leurs conséquences, dont le jugement lui est déféré par les articles 2, 7 et 12 du décret-loi du 27 décembre 1851.

Il est essentiel, à propos du texte de l'article 2, de mettre en relief trois hypothèses bien distinctes : 1° l'interruption du service par un fait matériel et la dégradation ou détérioration des appareils de télégraphie, commises par imprudence ou involontairement ; dans ce cas seulement, qui n'était pas prévu et réprimé par la loi pénale, l'article 2 donne aux faits le caractère d'une contravention de la compétence du conseil de préfecture ; 2° si les faits de dégradation ou détérioration sont volontaires et ont causé l'interruption du service télégraphique, il y a délit puni par l'article 3 du décret de 1851 d'une amende de 100 francs à 1,000 francs et d'un emprisonnement de trois mois à deux ans, de la compétence des tribunaux de police correctionnelle ; 3° si les faits de dégradation ou détérioration ont également été volontaires, mais n'ont pas occasionné d'interruption du service, l'espèce est en dehors des prévisions du décret de 1851, qui l'a laissée sous l'empire du droit commun, c'est-à-dire de l'article 257 du Code pénal, qui punit d'une amende de 100 francs à 500 francs et d'un emprisonnement d'un mois à deux ans quiconque détruit, abat, mutile ou dégrade des monuments, statues et autres objets destinés à l'utilité ou à la décoration publique et élevés par l'autorité publique ou avec son autorisation. Ainsi dans ce troisième cas, comme dans le précédent, il y a délit de police correctionnelle et compétence judiciaire, bien que le texte du décret de 1851 n'ait pas eu à statuer sur ce cas suffisamment prévu et réprimé par le Code pénal (c. ch. crim. 11 juin 1863, *Blanchard* et *Jeauneton*).

Dans un autre ordre d'idées, il convient d'observer que le décret du 27 décembre 1851, seulement relatif aux pénalités et règles de police nécessaires pour assurer le service de la télégraphie électrique, ne contient, non plus qu'aucun autre texte législatif, de règles relatives à l'établissement des fils sur les propriétés particulières. Aussi la jurisprudence du conseil d'État considère-t-elle cet établissement, non comme la conséquence d'une servitude légale d'utilité publique que des arrêtés préfectoraux seraient impuissants à créer, mais comme de simples dommages résultant de l'exécution de travaux publics et pouvant donner lieu à des demandes d'indemnité [n°ˢ 313 et 326] de la compétence des conseils de préfecture, aux termes de l'article 4 de la loi du 28 pluviôse de l'an VIII (c. d'Ét. 31 août 1861, *Appay* ; 24 mars 1865, *Arnould*).

Quiconque aura, par imprudence ou involontairement, commis un fait matériel pouvant compromettre le service de la télégraphie électrique; quiconque aura dégradé ou détérioré, de quelque manière que ce soit, les appareils des lignes de télégraphie électrique ou les machines des télégraphes aériens, sera puni d'une amende de 16 à 300 francs. La contravention sera poursuivie et jugée comme en matière de grande voirie (Décret du 27 décembre 1851, *sur les lignes télégraphiques*, art. 2). — Lorsque, sur la ligne d'un chemin de fer ou d'un canal concédé ou affermé par l'État, l'interruption du service télégraphique aura été occasionnée par l'inexécution soit des clauses du cahier des charges et des décisions rendues en exécution de ces clauses, soit des obligations imposées aux concessionnaires ou fermiers, ou par l'inobservation des règlements ou arrêtés, procès-verbal de la contravention sera dressé par les inspecteurs du télégraphe, par les surveillants des lignes télégraphiques ou par les commissaires et sous-commissaires préposés à la surveillance des chemins de fer (art. 6). — Les procès-verbaux, dans les quinze jours de leur date, seront notifiés administrativement au domicile élu par le concessionnaire ou le fermier, à la diligence du préfet, et transmis, dans le même délai, au conseil de préfecture du lieu de la contravention (art. 7). — Les contraventions prévues en l'article 6 seront punies d'une amende de 300 francs à 3,000 francs (art. 8). — L'administration pourra prendre immédiatement toutes les mesures provisoires pour faire cesser les dommages résultant des crimes, délits et contraventions, et le recouvrement des frais qu'entraînera l'exécution de ces mesures sera poursuivi administrativement, le tout ainsi qu'il est procédé en matière de grande voirie (art. 12).

C. *Lois relatives à un intérêt communal.*

390. Compétence des conseils de préfecture en matière de *biens communaux*.
391. Contentieux des biens communaux usurpés de 1793 à l'an XII.
392. Contentieux des partages actuels de biens communaux, et particulièrement en matière d'affouages.
393. Ancienne controverse relative à la participation des étrangers aux affouages; loi du 25 juin 1874.
394. Autres attributions des conseils de préfecture touchant les bois communaux d'après le Code forestier.
395. *Chemins vicinaux*. Cinq attributions du conseil de préfecture.
396. Subventions spéciales pour dégradations extraordinaires.
397. *Baux administratifs des halles appartenant à des particuliers.*
398. *Comptabilité* des communes et établissements publics.
399. Décret du 31 mai 1862 sur la comptabilité publique.
400. *Élections aux conseils d'arrondissement et municipaux.*
401. Compétence judiciaire relative aux questions d'état préjudicielles.
402. Procédure exceptionnelle pour le renvoi et le jugement de ces questions.
403. Formes et délais des protestations.
404. Délai imparti au conseil de préfecture et recours au conseil d'État.
405. Recours divers au conseil de préfecture en matière électorale.
406. Recours des conseillers municipaux déclarés démissionnaires.

390. *Biens communaux.* — La compétence des conseils de préfecture en cette matière se réfère à des objets divers : usurpations provenant de partages anciens, partages actuels de propriété ou de jouissance, application des lois forestières ; elle donne lieu à de nombreuses difficultés.

391. Ces conseils sont compétents pour connaître des contestations relatives aux anciens partages de biens communaux entre habitants permis par la loi du 10 juin 1793 [*voir*, n°s 1428 à 1438, l'histoire et les règles actuelles des partages de biens communaux]. Cette compétence des conseils de préfecture est fondée sur l'article 6, ci-dessous reproduit, de la loi du 9 ventôse de l'an XII et l'avis interprétatif du conseil d'État du 18 juin 1809. Cette loi validait tous les partages exécutés depuis 1793, et dont il avait été dressé acte (art. 1 et 2); elle permettait de régulariser les autres au

profit seulement des détenteurs ayant défriché, planté, clos ou chargé de constructions leur terrain, à charge d'une redevance à payer à la commune (art. 3); elle ordonne la remise entre les mains des communautés d'habitants de tous autres biens communaux (art. 5), et lève (art. 7) le sursis prononcé par la loi du 21 prairial de l'an IV quant aux actions et poursuites résultant de l'exécution de la loi du 10 juin 1793.

Pour que cette compétence déterminée par l'article 6 de cette loi du 9 ventôse an XII au profit des conseils de préfecture existe, il faut donc : 1° que la contestation s'élève entre la commune et l'usurpateur prétendu ou ses ayants cause ; 2° qu'il s'agisse d'une usurpation accomplie dans la période de temps comprise entre la loi du 10 juin 1793 et celle du 9 ventôse de l'an XII (c. d'Ét. 25 juin 1857 ; 18 août 1857 ; 22 décembre 1859 ; 27 mai 1863); 3° que ce terrain, communal avant 1793 et faisant l'objet du litige, soit passé entre les mains de l'usurpateur à l'occasion des partages de biens communaux entre habitants prescrits par cette loi (O. 23 juin 1819, art. 29).

Il suit de cette double règle que toutes les fois que l'usurpation alléguée est postérieure à l'an XII, si le détenteur poursuivi par la commune pour usurpation antérieure à cette date se prétend propriétaire en invoquant d'une manière précise des titres et des moyens de droit commun, tels que la prescription (c. d'Ét. 10 janvier 1856), le conseil de préfecture est incompétent pour connaître du litige ; il doit en renvoyer la connaissance aux tribunaux civils, sauf à statuer après, et selon le jugement des tribunaux, sur la demande en réintégration formée par la commune (c. d'Ét. 20 mars 1852, *Marthiens*).

Toutes les contestations relatives à l'occupation desdits biens qui pourront s'élever entre les copartageants, détenteurs ou occupants depuis la loi du 10 juin 1793, et les communes, soit sur les actes et les preuves de partage de biens communaux, soit sur l'exécution des conditions prescrites par l'article 3 de la présente loi, seront jugées par le conseil de préfecture (Loi du 9 ventôse an XII, *relative aux partages de biens communaux effectués en vertu de la loi du 10 juin 1793*, art. 6). — Le conseil d'État, qui, d'après le renvoi ordonné par Sa Majesté, a entendu le rapport de la section de l'intérieur sur celui du ministre de ce département, tendant à faire décider si les usurpateurs de biens communaux doivent, comme les détenteurs de ces biens en vertu d'un partage, être poursuivis en éviction devant le conseil de préfecture ; vu le décret du 12 juillet 1808, rendu pour la commune de Quessy, département de l'Aisne; vu les articles 6 et 8 de la loi du 9 ventôse an XII; EST D'AVIS que toutes les usurpations de biens communaux, depuis la loi du 10 juin 1793 jusqu'à la loi du 9 ventôse an XII, soit qu'il y ait ou n'y ait pas eu de partage exécuté, doivent être jugées par les conseils de préfecture, lorsqu'il s'agit de l'intérêt de la commune contre les usurpateurs; et qu'à l'égard des usurpations d'un copartageant vis-à-vis d'un autre, elles sont du ressort des tribunaux (Avis du conseil d'État du 18 juin 1809, *sur la compétence en matière d'usurpation des biens communaux*).

Conformément aux dispositions de la loi du 9 ventôse an XII et de l'avis interprétatif du 18 juin 1809, les conseils de préfecture demeureront juges des contestations sur le fait et l'étendue de l'usurpation, sauf le cas où, le détenteur niant l'usurpation et se prétendant propriétaire à tout autre titre qu'en vertu d'un partage, il s'élèverait des questions de propriété pour lesquelles les parties auraient à se pourvoir devant les tribunaux, après s'y être fait autoriser, s'il y a lieu, par les conseils de préfecture (Ordonnance royale du 23 juin 1819, *relative à la réintégration des communes dans leurs droits sur les biens communaux usurpés*, art. 6).

392. En vertu de la loi du 10 juin 1793 (section V, art. 1 et 2), les conseils de préfecture connaissent aussi des difficultés relatives au mode du partage dans les partages de propriété de biens indivis entre communes ou sections de commune, et dans les partages de jouissance de biens communaux entre habitants, seuls partages entre habitants qui puissent actuellement avoir lieu. Nous indiquerons les dispositions de la loi du 10 juin 1793 sur lesquelles la jurisprudence fonde cette compétence des conseils de préfecture, en traitant [n° 1431] des partages de biens communaux.

Sur ces derniers points se produisent aussi de vives controverses, touchant principalement les difficultés relatives à la répartition des coupes affouagères faites par le conseil municipal, lesquelles constituent des partages de jouissance des bois communaux [*voir*, n°s 233 et 1413, les règles relatives à l'*affouage*]. Après avoir suivi pendant longtemps une jurisprudence contraire, le conseil d'État, se soumettant à la doctrine du tribunal des conflits qui a préféré, sur ce point, la jurisprudence de la cour de cassation, décide actuellement que les questions d'aptitude légale doivent être jugées par les tribunaux judiciaires; tandis que le conseil de préfecture doit constater l'existence des usages locaux, prononcer sur la répartition, la quotité des parts individuelles et, en général, sur tout ce qui touche au mode de partage (Trib. confl. 5 décembre 1850; c. d'Ét. 5 mai 1861; 7 mai 1863; S. 51, 2, 292; 61, 2, 569; 63, 2, 117).

393. C'est par suite de cette distinction, toujours contestée par quelques auteurs, que les tribunaux judiciaires ont été appelés à prononcer sur la question de savoir si l'étranger chef de famille ayant feu dans une commune avait droit à l'affouage communal. Trois systèmes différents divisaient sur cette question la doctrine

et la jurisprudence; nous reproduisons en note [1] l'exposé que nous faisions de cette controverse dans la précédente édition de cet ouvrage. Une loi nouvelle du 25 juin 1874 y a mis fin dans un sens, qui, sans être celui de nos préférences, s'éloigne heureusement davantage de la jurisprudence dominante contre laquelle nous nous étions élevé. L'article unique de cette loi modifie l'article 105 du Code forestier relatif au partage des bois d'affouage [n° 1413], en ne permettant d'appeler au partage, parmi les étrangers remplissant les autres conditions d'aptitude, que l'étranger « autorisé, con- » formément à l'article 13 du Code civil, à établir son domicile en » France ».

394. Les articles 64 et 120 du Code forestier soumettent aussi aux conseils de préfecture les contestations entre l'État ou les parculiers propriétaires qui offrent, et les communes qui refusent le rachat des droits de pâturage en prétextant que l'exercice en est devenu d'une absolue nécessité pour les habitants. C'est au conseil de préfecture, et non aux tribunaux judiciaires, nonobstant quelques avis contraires, qu'il appartient de prononcer sur la question de savoir si les droits d'usage appartenant à une commune sur les bois d'un particulier sont ou non d'une nécessité absolue pour la commune, afin d'arriver à décider ensuite s'ils sont rachetables

---

[1] « D'anciens arrêts du conseil d'État (30 mars, 18 décembre 1846), antérieurs à la jurisprudence par laquelle il se reconnaît désormais incompétent pour statuer sur ces questions, et quelques cours d'appel (Colmar, 20 janvier 1840; 3 juillet 1846; 28 mai 1867, *comm. de Lembach c. Schmitt*), ont refusé absolument aux étrangers, même à ceux admis à établir leur domicile en France, le droit aux jouissances affouagères. Quelques arrêts de la chambre des requêtes de la cour de cassation (23 mars 1853) et de cours d'appel (Metz, 14 décembre 1858) ont subordonné la jouissance et l'exercice de ce droit au profit de l'étranger, à l'autorisation qu'il aurait obtenue d'établir son domicile en France. Enfin, dans un troisième système encore plus favorable à l'étranger, quelques arrêts de cours d'appel (Besançon, 14 mars 1851, 25 juin 1860; Metz, 23 novembre 1865), la chambre criminelle de la cour de cassation (21 juin 1871) et la chambre civile (31 décembre 1862 et 22 février 1869), et la chambre des requêtes abandonnant sa jurisprudence antérieure (1er juillet 1867, *comm. d'Apremont c. Dave*), accordent à l'étranger le droit de participer à la jouissance des biens communaux, toutes les fois qu'en fait il a *feu* et domicile réel et fixe dans la commune. Toutes nos préférences sont pour le premier système, et c'est avec un vif regret que nous voyons les tendances de la jurisprudence exagérer encore celles du législateur français, trop disposé jusqu'à ce jour à donner les mêmes droits à l'étranger qu'au Français sur le sol national, et poussant ainsi à un cosmopolitisme énervant, destructif de l'idée de patrie, et dont on voit les ennemis publics tirer les conséquences fatales et les profits [n° 760]. »

par le propriétaire ; il en est de ce cas comme de celui où il s'agit de droits d'usage dans les forêts de l'État (Montpellier, 18 août 1854 ; S. 55, 2, 395). Mais si le conseil de préfecture, saisi de cette question par le renvoi du tribunal, la tranche contre la commune, il doit mettre immédiatement à la charge de celle-ci les frais de l'instance spéciale poursuivie devant lui, et non les réserver pour être joints au fond (c. d'Ét. 4 juillet 1862, *Soulé*).

L'article 90 du Code forestier est aussi attributif de compétence aux conseils de préfecture, lorsque l'administration forestière propose, relativement aux bois des communes et des établissements publics, la conversion en bois et l'aménagement de terrain en pâturages, et qu'il y a contestation des conseils municipaux ou des administrateurs de l'établissement.

Les conseils de préfecture sont aussi investis du jugement des difficultés relatives à l'aliénation des biens communaux vendus en vertu de la loi de finances du 20 mars 1843.

395. *Chemins vicinaux.* — La loi du 21 mai 1836 sur les chemins vicinaux, qui provoque l'action de juridictions fort diverses [n°⁸ 1376 et 1377], donne lieu, par ses rapports avec d'autres lois, à la compétence des conseils de préfecture pour statuer dans les cinq cas suivants : 1° la réintégration du sol à la route, en cas d'usurpation ou d'anticipation, comme en matière de grande voirie, avec les restrictions ci-dessus expliquées [n° 338] ; 2° la fixation des indemnités dues pour fouilles, dépôts, enlèvement de matériaux, occupation temporaire [n° 870], à moins que le réclamant n'ait autorisé les fouilles ou occupations par suite d'une convention intervenue entre lui et la commune (c. d'Ét. 28 février 1866, *Guyet*), ou, si elles ont eu lieu avant, sans l'accomplissement des formalités prescrites (c. d'Ét. 25 février 1867, *Larribe* ; c. cass. 11 décembre 1861, *Petin*) ; 3° les réclamations relatives aux prestations en nature formant l'un des éléments constitutifs du budget de la vicinalité, exigibles en argent au choix du contribuable (art. 3 et 4 de la loi du 21 mai 1836 [n° 1378]), et jugées, ainsi que celles relatives aux autres ressources de la vicinalité et aux taxes municipales assimilées aux contributions directes, telles que la taxe sur les chiens [n° 1469], comme les demandes en décharge et en réduction de contributions directes [n°⁸ 313, 1121 et 1184] ; 4° la nomination d'experts pour fixer la valeur du terrain à céder au propriétaire riverain, usant du droit de péremption que lui confère l'article 19 de la loi du 21 mai 1836 [n° 1377], et au cas

de l'article 15 § 1 de la loi de 1836, si l'on résiste à la jurisprudence de la cour de cassation qui corrige le renvoi bizarre de cet article à l'article 17 de la même loi (c. cass. 21 décembre 1864, *commune de Mer*) ; enfin, 5° la détermination, en cas de contestations, des subventions spéciales, dont les règles vont être ici placées, dues pour dégradations extraordinaires causées aux chemins vicinaux.

396. La très-importante instruction du 24 juin 1836, adressée par le ministre de l'intérieur aux préfets pour l'exécution de cette loi, présente un commentaire étendu de l'article 14, ci-dessous reproduit, qui consacre cette attribution des conseils de préfecture en matière de dégradations extraordinaires de chemins vicinaux. La jurisprudence du conseil d'État en a souvent consacré ou développé les déductions. Les règles suivantes en résultent. Les exploitations agricoles, considérées comme ayant acquitté leur dette par la prestation en nature, ne sont pas assujetties à ces subventions spéciales ; dans ce cas sont même des transports de blé pour l'alimentation d'un commerce de grains (c. d'Ét. 26 mai 1869, *Morlet*), de betteraves destinées à une fabrique de sucre, si elles proviennent du territoire de la commune (c. d'Ét. 21 juillet 1869, *Ternynck*). Les dégradations causées par les exploitations industrielles, minières, forestières, et autres déterminées par la loi, sont toujours extraordinaires « en ce sens que les transports auxquels elles
» donnent lieu dégradent le chemin dans une proportion beau-
» coup plus forte que l'usage qu'en font les habitants de la com-
» mune » ; ces exploitations peuvent être tenues à subvention, même envers des communes autres que celle sur laquelle elles sont situées. La demande de subvention doit être formée par le préfet pour les chemins vicinaux de grande communication, par le maire pour les autres (c. d'Ét. 18 février 1864, *Watel*; 25 janvier 1865, *Pointelet*). Les subventions ne peuvent être employées que sur les chemins qui y ont donné lieu. Les agents voyers chargés de veiller à l'entretien des chemins vicinaux, et même ceux qui ont réclamé les états d'après lesquels les subventions sont réclamées, peuvent, d'après la jurisprudence du conseil d'État (14 janvier 1865, *Doré* ; 7 septembre 1869, *de Veauce*), procéder, comme experts des communes ou tiers experts, à l'expertise que doit ordonner en cette matière le conseil de préfecture.

<small>Toutes les fois qu'un chemin vicinal entretenu à l'état de viabilité par une commune sera habituellement ou temporairement dégradé par des exploitations de mines, de carrières, de forêts, ou de toute entreprise industrielle</small>

appartenant à des particuliers, à des établissements publics, à la couronne ou à l'État, il pourra y avoir lieu à imposer aux entrepreneurs ou propriétaires, suivant que l'exploitation ou les transports auront eu lieu pour les uns ou les autres, des subventions spéciales dont la quotité sera proportionnée à la dégradation extraordinaire qui devra être attribuée aux exploitations. Ces subventions pourront, au choix des subventionnaires, être acquittées en argent ou en prestations en nature, et seront exclusivement affectées à ceux des chemins qui y auront donné lieu. Elles seront réglées annuellement, sur la demande des communes, par les conseils de préfecture, après des expertises contradictoires, et recouvrées comme en matière de contributions directes. Les experts seront nommés suivant le mode déterminé par l'article 17 ci-après [n° 870]. Ces subventions pourront aussi être déterminées par abonnement; elles seront réglées, dans ce cas, par le préfet en conseil de préfecture (Loi du 21 mai 1836, *sur les chemins vicinaux*, art. 14).

397. *Baux administratifs des halles appartenant à des particuliers.* — L'attribution des conseils de préfecture en cette matière qui intéresse également les communes, est complétement expliquée par les textes et documents qui suivent.

Les droits connus sous les noms de coutume, hallage, havage, cohue, et généralement tous ceux qui étaient perçus en nature ou en argent, en raison de l'apport ou du dépôt des grains, viandes, bestiaux, poissons et autres denrées et marchandises, dans les foires, marchés, places ou halles, de quelque nature qu'ils soient, ainsi que les droits qui en seraient représentatifs, sont aussi supprimés sans indemnités. Mais les bâtiments et halles continueront d'appartenir à leurs propriétaires, sauf à eux à s'arranger à l'amiable soit pour le loyer, soit pour l'aliénation, avec les municipalités des lieux; et les difficultés qui pourraient s'élever à ce sujet seront soumises à l'arbitrage des assemblées administratives (Loi des 15-28 mars 1790, *relative aux droits féodaux*, titre II, art. 19). — La suppression des droits de havage, de coutume, de cohue et de ceux de *hallage* est devenue l'occasion d'une attribution particulière pour les assemblées administratives. Ce sont les directoires de département qui, aux termes de l'article 19, doivent terminer par voie d'arbitrage toutes les difficultés qui pourraient s'élever entre les municipalités et les ci-devant possesseurs des droits dont on vient de parler, à raison des bâtiments, halles, étaux, bancs et autres objets qui ont servi jusqu'à présent au dépôt, à l'étalage ou au débit des marchandises et denrées au sujet desquelles les droits étaient perçus. Les bâtiments, halles, étaux et bancs continuent d'appartenir à leurs propriétaires; mais ceux-ci peuvent obliger les municipalités de les acheter ou prendre à loyer; et, réciproquement, ils peuvent être contraints par les municipalités à les vendre, à moins qu'ils n'en préfèrent le louage. Cette faculté réciproque est le principe qui dirigera les directoires de département dans les difficultés qui leur seront soumises (Instruction de l'Assemblée nationale *concernant les fonctions des assemblées administratives*, chap. III, *Droits féodaux*; art. 2).

Considérant que cette indemnité peut avoir pour objet soit le prix de l'immeuble, soit le prix de sa location, selon l'option du propriétaire; que, quand le propriétaire opte pour la vente, cette aliénation exercée en vertu de la loi a tous les caractères d'une expropriation pour cause d'utilité publique: qu'elle doit donc être réglée d'après les dispositions de la loi du 7 juillet 1833 *(3 mai 1841)*, qui forme le droit commun en matière d'expropriation; que, quand le propriétaire opte pour la location, la discussion ne porte plus que sur une simple jouissance, dont il s'agit de déterminer la durée, les conditions et le prix; que, d'après la loi des 15-28 mars et 12-20 août 1790, ces contestations devaient être envoyées aux assemblées administratives, lesquelles sont remplacées, pour les matières contentieuses, par les conseils de préfecture; que, d'après la loi du 16 septembre 1807, les conseils de préfecture sont compétents pour statuer sur les contestations relatives aux simples jouissances temporaires et aux occupations de terrain pour cause d'utilité publique; qu'ainsi, lorsque le propriétaire opte pour la location, c'est aux conseils de préfecture qu'il appartient de régler les conséquences de cette opération (Avis du conseil d'État du 20 juillet 1836).

398. *Comptabilité des communes et de certains établissements publics.*—Le conseil de préfecture juge, lorsque le revenu communal n'excède pas 30,000 francs, le compte des receveurs municipaux [n° 237]; ceux de quiconque, maire, curé, ou toute autre personne qui, sans autorisation légale, s'étant ingérée dans le maniement des deniers de la commune, est constituée comptable par ce seul fait à titre de *gestion occulte* (L. 18 juillet 1837, art. 64); ceux des trésoriers des hôpitaux et autres établissements de bienfaisance (id., art. 64 et 66); ceux des receveurs d'octrois (O. 15 juin 1824, art. 1er); ceux des économes des écoles normales primaires n'excédant pas 30,000 francs de revenu (O. 7 juillet 1844, art. 1er); ceux des associations syndicales (L. 21 juin 1865 sur les associations syndicales, art. 16 § 2 [n° 421]).

Cette attribution du conseil de préfecture offre trois caractères exceptionnels, consistant : 1° en ce que l'appel de sa décision, au lieu d'être porté devant le conseil d'État, est soumis à la cour des comptes, qui doit être saisie dans les trois mois de la notification de l'arrêté du conseil de préfecture; 2° en ce que la règle de la publicité des audiences, introduite pour tout le reste du contentieux administratif confié aux conseils de préfecture, ne reçoit pas son application en cette matière, par assimilation à ce qui se passe à la cour des comptes, et d'après l'exclusion prononcée par l'article 10 de la loi du 21 juin 1865 sur les conseils de préfecture reproduisant l'article 10 du décret du 30 décembre 1862 [n° 299]; 3° en ce que les arrêtés rendus par les conseils de préfecture en cette matière sont revêtus de la formule exécutoire (art. 434 § 1 du décret du 31 mai 1862 sur la comptabilité publique).

399. Nous reproduisons les dispositions de ce décret du 31 mai

1862 portant règlement général sur la comptabilité publique, qui se réfèrent à cette attribution des conseils de préfecture.

Les conseils de préfecture, dans chaque département, sont chargés de l'apurement des comptes des receveurs des communes, des hospices et des autres établissements de bienfaisance, des associations syndicales et des économes des écoles normales primaires, dont le jugement n'est pas déféré à la cour des comptes; ils jugent aussi tous autres comptes qui leur sont régulièrement attribués (Décret du 31 mai 1862, *portant règlement général sur la comptabilité publique*, art. 427). — Les comptes doivent être présentés avant le 1er juillet de l'année qui suit celle pour laquelle le compte est rendu. En cas de défaut ou de retard des comptables, les conseils de préfecture peuvent les condamner aux amendes et aux peines prononcées par les lois et règlements. Les comptes doivent être jugés avant l'époque fixée pour la présentation des comptes de l'année suivante (art. 430). — Les arrêtés de comptes rendus par les conseils de préfecture sont provisoires ou définitifs (art. 431). — Les communes et établissements dont les comptabilités sont soumises au jugement des conseils de préfecture peuvent, ainsi que les comptables, se pourvoir par appel devant la cour des comptes, comme il est dit aux articles 530 et 535 du présent décret (*Nota :* contre tout arrêté de compte définitif rendu par les conseils de préfecture). Ils peuvent également former, devant le même conseil de préfecture, des demandes en révision des arrêtés définitifs, dans les cas spéciaux et suivant les formes déterminées par l'article 420 du présent décret. Le ministre des finances ou tout autre ministre, pour ce qui concerne son département, peut aussi, dans les mêmes formes, requérir devant les conseils de préfecture la révision des arrêtés définitifs (art. 432). — Les règles de procédure déterminées pour la cour des comptes sont suivies par les conseils de préfecture en tant qu'elles n'ont rien d'inconciliable avec l'organisation spéciale de ces conseils (art. 433). — Le secrétaire général de la préfecture signe et délivre les expéditions des arrêtés du conseil de préfecture (art. 434 § 2).

400. *Élections aux conseils d'arrondissement et aux conseils municipaux.* — C'est en traitant d'une manière générale du droit électoral que nous exposerons [nos 545 et suivants] les règles des élections; nous ne devons parler ici que du contentieux des élections. Ce contentieux est relatif, soit au droit de l'électeur d'une part, soit, d'autre part, à la qualité d'éligible, aux formes et conditions de l'élection.

Sur le premier point, les réclamations portent sur les listes électorales; elles sont jugées en premier ressort par une commission municipale, et, au deuxième degré de juridiction, par le juge de paix, sauf recours en cassation (Décret du 2 février 1852, et loi du 7 juillet 1874 relative à l'électorat municipal, art. 2 et 3).

Il n'y a que les difficultés de la seconde sorte qui peuvent appartenir au contentieux administratif. Encore, pour déterminer la compétence du conseil de préfecture en cette matière, il faut distinguer d'abord les élections législatives ou parlementaires et les élections départementales aux conseils généraux, des élections aux conseils d'arrondissement et aux conseils municipaux.

Le conseil de préfecture n'a aucune compétence, ni en matière d'élections législatives ou parlementaires : dans ce cas les opérations électorales sont vérifiées par les assemblées législatives, seules juges de leur validité ; ni, depuis la loi du 10 août 1871, en matière d'élections aux conseils généraux : d'après l'article 16 de cette loi, elles étaient appréciées par ces conseils eux-mêmes ; elles sont aujourd'hui soumises par la loi du 31 juillet 1875 à la juridiction directe du conseil d'État [n° 133].

Le conseil de préfecture est seul compétent, au contraire, en matière d'élections aux conseils d'arrondissement (L. 22 juin 1833, art. 50, 51, 52 [n° 402]) et communales (L. 5 mai 1855, art. 45, 46, 47), pour prononcer, sauf le recours de droit au conseil d'État, la nullité des opérations électorales.

Tout électeur a droit d'arguer de nullité les opérations de l'assemblée dont il fait partie. Les réclamations devront être consignées au procès-verbal ; sinon elles doivent être, à peine de nullité, déposées au secrétariat de la mairie, dans le délai de cinq jours à dater du jour de l'élection. Elles sont immédiatement adressées au préfet, par l'intermédiaire du sous-préfet. Elles peuvent aussi être directement déposées à la préfecture ou à la sous-préfecture, dans le même délai de cinq jours. Il est statué par le conseil de préfecture, sauf recours au conseil d'État. Si le conseil de préfecture n'a pas prononcé dans le délai d'un mois à compter de la réception des pièces à la préfecture, la réclamation est considérée comme rejetée. Les réclamants peuvent se pourvoir au conseil d'État, dans le délai de trois mois. En cas de recours au conseil d'État, le pourvoi est jugé sans frais (Loi du 5 mai 1855, *sur l'organisation municipale*, art. 45).— Le préfet, s'il estime que les conditions et les formes légalement prescrites n'ont pas été remplies, peut également, dans le délai de quinze jours à dater de la réception du procès-verbal, déférer les opérations électorales au conseil de préfecture. Le recours au conseil d'État contre la décision du conseil de préfecture est ouvert soit au préfet, soit aux parties intéressées, dans les délais et les formes réglés par l'article précédent (art. 46).

401. Toutefois, si les conseils de préfecture ont une compétence générale pour connaître de toutes les réclamations relatives à ces opérations et peuvent seuls les annuler, ils doivent surseoir et renvoyer à l'autorité compétente, en donnant un bref délai à l'auteur de la protestation pour justifier de ses diligences à faire juger la question préjudicielle, toutes les difficultés fondées sur l'incapacité légale du membre élu et constituant des questions d'état (L. 22 juin 1833, art. 51 ; L. 5 mai 1855, art. 47). Telles sont les questions d'âge, ou de nationalité (c. d'Ét. 17 juillet 1861 ; 10 avril

1866, ou de domicile (c. d'Ét. 13 janvier 1865 et 27 janvier 1866 ; c. d'Ét. 23 mars 1870, et cour de Poitiers 6 janvier 1869, *Boncenne c. de Coral*), ou de jouissance des droits politiques (c. d'Ét. 10 avril 1866, *Él. d'Ambérieux*), ou de parenté ou d'alliance (c. d'Ét. 3 mai et 16 juillet 1861 ; 27 février 1866, *Él. de Juvigny*; 19 juillet 1866, *Él. de Bayeux*). Mais l'autorité judiciaire ne peut être légalement saisie que par ce renvoi et non par l'action directe des parties (c. d'Ét. 8 août 1865; 31 mai 1866, *Él. de la Teste*; c. cass. ch. civ. 22 août 1866, *Sassias c. Béchade*). Le conseil de préfecture doit même statuer *de plano*, en annulant l'élection, lorsque le fait n'est pas contesté, tel par exemple que la minorité de vingt-cinq ans d'un candidat au conseil municipal prouvée par un extrait des registres de l'état civil (c. d'Ét. 8 mai 1866).

N'est pas une question d'état civil celle de savoir si un candidat élu au conseil municipal a la qualité de domestique attaché à la personne (L. 1855, art. 9 [n° 221]) ; le conseil de préfecture doit la résoudre (c. d'Ét. 24 janvier 1872, *Sterlin*).

Dans tous les cas où une réclamation formée en vertu de la présente loi implique la solution préjudicielle d'une question d'état, le conseil de préfecture renvoie les parties à se pourvoir devant les juges compétents, et fixe un bref délai dans lequel la partie qui aura élevé la question préjudicielle doit justifier de ses diligences (L. 5 mai 1855, *sur l'organisation municipale*, art. 47).

402. Dans le cas de question d'état préjudicielle au contentieux électoral, la loi du 22 juin 1833, combinée avec celle du 19 avril 1831, trace une procédure judiciaire exceptionnelle, dont s'est inspirée la loi du 31 juillet 1875 relative à la vérification des pouvoirs des membres des conseils généraux [n° 133]. Si rapide que soit cette procédure, le délai d'un mois dans lequel le conseil de préfecture doit statuer sur la validité de l'élection, rendrait presque impossible la décision du conseil de préfecture [n° 404], si le conseil ne devait, à la requête de la partie adverse, passer outre au jugement du fond pendant le délai d'appel, tant qu'on ne rapporte pas l'acte d'appel seul suspensif de l'exécution (C. pr. civ., art. 457).

Tout membre de l'assemblée électorale a le droit d'arguer les opérations de nullité. Si la réclamation n'a pas été consignée au procès-verbal, elle est déposée, dans le délai de cinq jours à partir du jour de l'élection, au secrétariat de la sous-préfecture, et jugée, sauf recours, par le conseil de préfecture, dans le délai d'un mois à compter de la réception à la préfecture (L. 22 juin 1833, art. 51). — Si la réclamation est fondée sur l'incapacité légale d'un ou de plusieurs membres élus, la question est portée devant le tribunal de l'arrondissement qui statue, sauf l'appel. L'acte d'appel devra, sous peine de nullité, être notifié dans les dix jours à la partie, quelle que soit la distance des lieux. La cause sera jugée sommairement et conformément au paragraphe 4 de l'article 33 de la loi du 19 avril 1831 (art. 52). — Le recours au conseil d'État sera exercé par la voie contentieuse, jugé publiquement et sans frais (art. 53). — La cause sera jugée sommairement, toutes affaires cessantes, et sans qu'il soit besoin du ministère d'avoué. Les actes judiciaires auxquels elle donnera lieu seront enregistrés gratis. L'affaire sera rapportée en audience publique par un des membres de la cour (*ou du tribunal*), et l'arrêt (*ou le jugement*) sera prononcé après que la partie, son défenseur et le ministère public auront été entendus. S'il y a pourvoi en cassation, il sera procédé sommairement, et toutes affaires cessantes, comme devant la cour royale, avec la même exemption du droit d'enregistrement, sans consignation d'amende (L. 19 avril 1831, art. 33 §§ 4 et 5).

403. Tout électeur a le droit d'arguer de nullité les opérations de l'assemblée dont il fait partie ; la réclamation peut être fondée sur la violation de toute condition légalement prescrite et sur toute circonstance de nature à porter atteinte à la liberté et à la sincérité de l'élection, ainsi qu'à l'inviolabilité du scrutin.

Les réclamations doivent être, à peine de nullité, ou consignées dans le procès-verbal de l'élection, ou déposées soit au secrétariat de la mairie, soit à la préfecture ou sous-préfecture, dans le délai de cinq jours à compter de la proclamation des candidats élus (c. d'Ét. 10 avril 1865, *Él. de Vallabrègue*; 25 avril 1866, *Él. de Nancy*). Ce délai de cinq jours n'est pas un délai franc ; il ne doit pas être calculé abstraction faite du jour de la clôture des opérations électorales et de celui du dépôt de la réclamation (c. d'Ét. 27 mai 1857 ; 16 mai 1866, *Él. de Mandray* ; 22 mai 1866, *Él. de Buirane-le-Sec*).

Lorsque des électeurs ont réclamé dans ce délai, le conseil de préfecture ne peut statuer que sur les chefs de demande relevés dans leur protestation, et doit déclarer non recevables les nouveaux griefs présentés après l'expiration du délai (c. d'Ét. 3 juillet 1861 ; 16 mai 1866, *Él. de Thouars*); mais il doit, au contraire, admettre et examiner une protestation complémentaire et explicative, remise après l'expiration des délais, lorsqu'elle se réfère aux chefs de demande formulés dans une protestation faite en temps utile (c. d'Ét. 31 mars 1859 ; 16 décembre 1864, *Él. de Josselin*). On ne saurait, *a fortiori*, être recevable à présenter devant le conseil d'État un grief qui n'aurait pas été produit devant le conseil de préfecture (c. d'Ét. 9 mai 1866, *Él. de Tonneins*).

Les protestations faites contre les élections aux conseils d'arrondissement (c. d'Ét. 10 janvier 1862) et municipales (c. d'Ét. 18 mai 1862) peuvent être faites sur papier libre ; elles sont dispensées du droit et de la formalité du timbre, aussi bien que celles relatives aux élections parlementaires.

404. Le conseil de préfecture doit statuer dans le délai d'un mois à compter de la réception des pièces à la préfecture (L. 22 juin 1833, art. 54 [n° 402]; L. 5 mai 1855, art. 45 [n° 400]); passé ce délai, la réclamation est considérée comme rejetée ; le conseil de préfecture ne peut plus statuer alors sans commettre un excès de pouvoir (c. d'Ét. 11 janvier et 30 août 1862), et c'est au conseil d'État qu'il appartient de prononcer sur la validité de l'élection (c. d'Ét. 7 avril 1866, *Él. de Moutier-Rozeille*; 4 février 1869, *Él. de Tarbes*; 15 novembre 1872, *Barthélemy*); il en est ainsi même au cas où le conseil de préfecture s'est vu forcé de surseoir et d'attendre la solution d'une question préjudicielle par l'autorité judiciaire (c. d'Ét. 23 mars 1870, *Boncenne*; 30 mars 1870, *Él. de Varilhes*).

Ce pourvoi doit être fait dans le délai de trois mois, soit, dans l'hypothèse qui précède, à partir de l'expiration du délai d'un mois dont il vient d'être parlé, soit à partir de la notification de l'arrêté du conseil de préfecture. Cette notification fait courir le délai contre tous, quoiqu'elle n'ait été faite qu'à l'un des électeurs signataires de la protestation (c. d'Ét. 9 juillet 1862, *Él. de L'Herm.*). Il faut, pour la recevabilité du pourvoi, qu'il ait été enregistré dans ce délai de trois mois au secrétariat de la section du contentieux. Ont seuls le droit de former ce recours les électeurs signataires de la protestation qui a saisi le conseil de préfecture (c. d'Ét. 25 avril 1862; 25 avril 1366, *Él. de Saint-Plancard*; 8 mai 1866, *Él. de Chaulac*); le maire n'a pas qualité pour former ce recours au nom des électeurs de sa commune. Le demandeur doit reproduire, à l'appui de sa requête, l'arrêté du conseil de préfecture dont il demande la réformation, ou articuler que le conseil de préfecture a laissé écouler, sans statuer, le délai d'un mois dans lequel sa décision devait intervenir aux termes des articles 54 de la loi de 1833 et 45 de la loi de 1855.

L'article 54 de la loi du 22 juin 1833, abrogé par l'article 16 de la loi du 10 août 1871 qui a supprimé la juridiction des conseils de préfecture relative au contentieux des élections aux conseils généraux [n° 133], portait que « le recours devant le conseil d'État sera » suspensif lorsqu'il sera exercé par le conseiller général élu »; mais, en matière d'élections municipales, il n'avait pas été dérogé à la règle que le pourvoi au conseil d'État n'est pas suspensif [n° 280]; par suite, le conseil d'État jugeait à bon droit qu'aucune disposition de loi n'interdisait au préfet de convoquer l'assemblée électorale aussitôt après l'annulation des premières élections communales prononcée par le conseil de préfecture (c. d'Ét. 11 avril 1866, *Él. de Campagne* ; 19 mai 1866, *Él. de Leyme*). Désormais cette règle est générale, sauf à tempérer le droit strict dans l'application en raison des circonstances.

405. Non-seulement une élection au conseil d'arrondissement ou au conseil municipal peut ainsi être attaquée par tout électeur, candidat ou non, inscrit sur la liste électorale ; cette attaque peut venir aussi du préfet, s'il estime que les conditions et les formes légalement prescrites n'ont pas été remplies (L. 5 mai 1855, art. 46 [n° 400]). Il doit alors déférer les opérations électorales au conseil de préfecture, dans le délai de quinze jours à dater de la réception du procès-verbal. Le recours au conseil d'État est ouvert au préfet et aux parties intéressées contre la décision du conseil de préfecture.

Le conseil de préfecture est, de plus, chargé de statuer, dans l'intérêt de la loi, sur le recours du préfet, lorsque les formalités et les délais prescrits pour la révision annuelle des listes électorales n'ont pas été observés (D. régl. 2 février 1852, art. 4).

En dehors des élections dont il vient d'être parlé, c'est encore le conseil de préfecture qui est juge de la validité des élections des conseils de prud'hommes (L. 1er juin 1853, art. 19).

406. Dans un ordre d'idées qui se rapproche des élections municipales [n° 134], les conseils de préfecture reçoivent également de la loi du 5 mai 1855 sur l'organisation municipale le droit de statuer dans les deux cas déterminés par les articles suivants.

Tout conseiller municipal qui, par une cause survenue postérieurement à sa nomination, se trouve dans un des cas prévus par les articles 9, 10 et 11 [n° 221], est déclaré démissionnaire par le préfet, sauf recours au conseil de préfecture (L. 5 mai 1855, art. 12). — Tout membre du conseil municipal qui, sans motifs légitimes, a manqué à trois convocations consécutives, peut être déclaré démissionnaire par le préfet, sauf recours, dans les dix jours de la notification, devant le conseil de préfecture (art. 20).

407. Il faut aussi mentionner parmi les attributions du conseil de préfecture en matière d'élections faites au sein de la commune, celle que lui confère l'article 8 de la loi organique du 2 août 1875 sur les élections des sénateurs, en ce qui concerne l'élection par

chaque conseil municipal d'un délégué et d'un suppléant pour procéder à l'élection des sénateurs au chef-lieu du département.

Tout électeur de la commune peut, dans un délai de trois jours, adresser directement au préfet une protestation contre la régularité de l'élection. Si le préfet estime que les opérations ont été irrégulières, il a le droit d'en demander l'annulation (Loi organique du 2 août 1875, *sur les élections des sénateurs*, art. 7). — Les protestations relatives à l'élection du délégué ou du suppléant sont jugées, sauf recours au conseil d'État, par le conseil de préfecture, et, dans les colonies, par le conseil privé. Le délégué dont l'élection est annulée parce qu'il ne remplit pas une des conditions exigées par la loi, ou pour vice de forme, est remplacé par le suppléant. En cas d'annulation de l'élection du délégué et de celle du suppléant, comme au cas de refus ou de décès de l'un et de l'autre après leur acceptation, il est procédé à de nouvelles élections par le conseil municipal au jour fixé par un arrêté du préfet (art. 8).

D. *Lois relatives aux mines.*

408. Renvoi pour autres parties de la législation des mines.
409. Trois sortes de difficultés de la compétence du conseil de préfecture.
410. Quatrième sorte de litiges ; article 46 de la loi du 10 avril 1810.
411. Du droit d'occupation de la surface conféré aux explorateurs et aux concessionnaires de mines.
412. Règles du droit d'occupation communes aux uns et aux autres.
413. Règles différentes pour les explorateurs et les concessionnaires.

408. *Mines.* — Dans la partie de cet ouvrage consacrée aux modifications légales que subit le droit de propriété, nous retrouverons la législation relative aux mines, minières et carrières [n°s 872 à 878] ; mais le conseil de préfecture, en cette matière, possède quatre sortes d'attributions qu'il convient de faire ici connaître ; la dernière de ces quatre attributions du conseil de préfecture nécessite, par son importance, des explications étendues.

409. Deux sont rattachées au contentieux des contributions directes ; deux au contentieux des travaux publics. A ces titres, le conseil de préfecture statue : 1° sur les demandes en dégrèvement de la redevance que les concessionnaires de mines sont tenus de payer à l'État [n° 1169] ; 2° sur les réclamations des concessionnaires contre les rôles de recouvrement des taxes d'assèchement ; 3° sur leurs réclamations relatives à l'exécution des travaux d'assèchement ; et 4° sur les indemnités à payer par les propriétaires de mines, à raison des recherches ou travaux antérieurs à l'acte de concession. Les trois premiers cas résultent des textes ci-dessous ; le quatrième fera l'objet des numéros suivants.

Les propriétaires des mines sont tenus de payer à l'État une redevance fixe et une redevance proportionnée au produit de l'extraction (Loi du 21 avril 1810, *concernant les mines, minières et carrières*, art. 33). — ... Les réclamations à fin de dégrèvement ou de rappel à l'égalité proportionnelle seront jugées par les conseils de préfecture. Le dégrèvement sera de droit quand l'exploitant justifiera que la redevance excède cinq pour cent du produit net de son exploitation (art. 37).

Les rôles des recouvrements des taxes réglées en vertu des articles précédents seront dressés par les syndics et rendus exécutoires par le préfet. Les réclamations des concessionnaires sur la fixation de leur quote-part dans lesdites taxes seront jugées par le conseil de préfecture sur mémoire des réclamants, communiquées au syndicat, et après avoir pris l'avis de l'ingénieur des mines. Les réclamations relatives à l'exécution des travaux seront jugées comme en matière de travaux publics. Le recours soit au conseil de préfecture, soit au conseil d'État, ne sera pas suspensif (L. 27 avril 1838, *relative à l'assèchement et à l'exploitation des mines*, art. 5).

410. C'est l'article 46 de la loi du 21 avril 1810 qui confère aux conseils de préfecture la quatrième attribution comprise dans l'énumération qui précède. Cet article est ainsi conçu : « Toutes » les questions d'indemnités à payer par les propriétaires des » mines, à raison des recherches ou travaux antérieurs à l'acte » de concession, seront décidées conformément à l'article 4 de la » loi du 28 pluviôse an VIII ». Rapproché de l'article 15 de la même loi, ce texte détermine en cette matière le partage de compétence entre la juridiction administrative et la juridiction judiciaire ; la date de l'acte de concession sert de limite. Toutes les questions d'indemnités pour recherches et travaux autorisés, faits antérieurement à la concession, tant celles dues par les concessionnaires aux inventeurs (L. 1810, art. 16) ou aux explorateurs non inventeurs pour travaux utiles (c. d'Ét. 13 mars 1856), que celles dues par les explorateurs aux propriétaires de la surface (c. d'Ét. 18 février 1846, *Ponelle*; 12 août 1854, *de Grimaldi*), doivent être soumises aux conseils de préfecture. Les mêmes demandes d'indemnités des propriétaires de la surface, ainsi que leurs oppositions aux travaux des mines (L. 1810, art. 15 ; c. d'Ét. 17 janvier 1867), doivent au contraire être portées devant les tribunaux civils, lorsqu'il s'agit de travaux postérieurs à la concession de la mine, « et » effectués par le concessionnaire en vertu des droits de propriété » qu'il tient de ladite concession » (c. d'Ét. 12 août 1854, *de Grimaldi*).

411. Le *droit d'occupation de la surface* nécessaire aux explorations et aux travaux des mines forme la principale cause des

demandes d'indemnités qui peuvent se produire à l'occasion des recherches et de l'exploitation des richesses minérales. Ce droit d'occupation constitue pour les fonds superficiaires une servitude légale, consacrée dans notre ancien droit dès Charles VI, par une ordonnance du 30 mai 1413, et dont les conditions et les limites sont actuellement réglées par les articles 11, 43 et 44 de la loi du 21 avril 1810. Il faut immédiatement faire observer que ces textes (dont les numéros suivants vont compléter l'explication), en faisant peser sur la surface le droit d'occupation conféré aux explorateurs concessionnaires, ne la grèvent point d'une servitude *non œdificandi*. Le propriétaire foncier reste libre de bâtir sur son fonds après comme avant la concession, et a droit à la réparation des dommages causés à son terrain bâti, comme à son terrain nu, que la construction soit antérieure ou postérieure à la concession (Dijon, 21 août 1856, *mines de Blanzy* ; c. cass. 3 février 1857, *Coste* ; 17 juin 1857, *Chagot*). D'autre part, nulle disposition de la loi de 1810 ne s'oppose à ce que le concessionnaire demande au propriétaire de la surface, devant l'autorité judiciaire, la réparation des dommages ou empêchements que lui font éprouver les travaux entrepris par ce dernier (c. c. ch. réunies, 3 mars 1841).

Nulle permission de recherches, ni concession de mines ne pourra, sans le consentement formel du propriétaire de la surface, donner le droit de faire des sondes, et d'ouvrir des puits ou galeries, ni celui d'établir des machines ou magasins dans les enclos murés, cours ou jardins, ni dans les terrains attenant aux habitations ou clôtures murées, dans la distance de cent mètres desdites clôtures ou des habitations (Loi du 21 avril 1810, *concernant les mines, minières et carrières*, art. 11). — Les propriétaires de mines sont tenus de payer les indemnités dues au propriétaire de la surface sur le terrain duquel ils établiront leurs travaux. Si les travaux entrepris par les explorateurs ou par les propriétaires de mines ne sont que passagers, et si le sol où ils ont été faits peut être mis en culture au bout d'un an comme il l'était auparavant, l'indemnité sera réglée au double de ce qu'aurait produit net le terrain endommagé (art. 43). — Lorsque l'occupation des terrains pour la recherche ou les travaux des mines prive les propriétaires du sol de la jouissance du revenu au-delà du temps d'une année, ou lorsque, après les travaux, les terrains ne sont plus propres à la culture, on peut exiger des propriétaires des mines l'acquisition des terrains à l'usage de l'exploitation. Si le propriétaire de la surface le requiert, les pièces de terre trop endommagées ou dégradées sur une trop grande partie de leur surface devront être achetées en totalité par le propriétaire de la mine. L'évaluation du prix sera faite, quant au mode, suivant les règles établies par la loi du 16 septembre 1807, sur le desséchement des marais, titre XI ; mais le terrain à acquérir sera toujours estimé au double de la valeur qu'il avait avant l'exploitation de la mine (art. 44).

412. Il résulte de ces textes que le droit d'occupation existe éga-

lement, au profit des explorateurs pour les *recherches* des mines, et au profit des concessionnaires pour les *travaux des mines* ; par cette dernière expression, il faut entendre toutes les exigences immédiates de l'exploitation de la mine, même l'établissement d'un chemin de fer avec rails à faible écartement et par chevaux (c. d'Ét. 23 février 1870), mais non l'établissement d'un chemin de fer permanent à grande voie (c. d'Ét. 23 février 1868, *Boucaud*) et tous les travaux nécessaires à sa conservation.

Les règles suivantes du droit d'occupation qui résultent des textes ci-dessus sont communes aux deux cas de recherches et d'exploitation, le premier donnant lieu à la compétence du conseil de préfecture, le second à celle du tribunal civil.

1° Au cas de recherches, l'exercice du droit d'occupation de la surface, et la compétence administrative (c. d'Ét. 16 avril 1841, *de l'Espine*; Lyon, 14 janvier 1841), sont subordonnés, à peine de dommages-intérêts supplémentaires à titre de voie de fait (c. cass. 8 novembre 1854, *Chagot c. Berrier*), à la nécessité d'une autorisation administrative de prise de possession (L. 1810, art. 10 [n° 413]) donnée, après enquête *de commodo et incommodo*, sauf le recours des parties au ministre des travaux publics (c. d'Ét. 18 février 1846). Après la concession, c'est l'acte même de concession qui confère l'autorisation administrative d'occuper tous les terrains superficiaires compris dans le périmètre. — 2° L'importante disposition de l'article 11 de la loi de 1810 vient encore atténuer, dans l'intérêt des propriétaires du sol, les inconvénients de l'exercice du droit d'occupation, soit par les explorateurs, soit par les exploitants, dans les lieux déterminés par cet article [n° 414]. Les travaux les plus graves, sondes, ouvertures de puits et de galeries, établissements de machines ou magasins, sont prohibés dans les enclos à défaut du consentement du propriétaire de la surface. — 3° Dans ces deux cas encore, recherches et exploitation, le propriétaire foncier trouve une troisième garantie, mais aussi une limite à ses prétentions dans l'intérêt de l'industrie minière, dans le mode de règlement de l'indemnité qui lui est due ; elle est, sauf convention entre les parties, fixée par la loi elle-même (art. 43 et 44) au *double*, soit du produit net, soit de la valeur vénale du terrain endommagé, suivant que l'occupation est passagère ou permanente. Toutefois le juge compétent, conseil de préfecture ou tribunal civil, suivant la distinction établie ci-dessus [n° 410], peut ajouter à cette indemnité à raison d'une plus-value causée aux parties de l'immeuble non matériellement atteintes par les travaux. La doctrine et plusieurs cours d'appel (Dijon, 29 mars 1854 ; Poitiers, 27 mai 1867) avaient d'abord pensé que les articles 43 et 44 de la loi de 1810 avaient voulu supprimer les contestations sur les difficiles questions de dépréciation ; mais la jurisprudence de la cour de cassation refuse d'appliquer ces textes aux terrains non occupés par les travaux, et laisse ceux-ci soumis au droit commun (C. c. art. 1382 [n° 413 3°]) obligeant l'auteur de tout préjudice à le réparer (c. ch. civ. 15 novembre 1869 et 14 juillet 1875, *Bailly* c. *de Lépinerays*).

413. Contrairement à celles qui précèdent, les autres règles du droit d'occupation, résultant aussi, sauf la dernière, des textes ci-dessus [n° 411], ne sont pas communes aux deux hypothèses, recherches et exploitation, et aux deux compétences administrative et judiciaire. — 1° Ce n'est qu'à l'encontre des *propriétaires des mines* que l'article 44 § 2 de la loi de 1810 confère au propriétaire du sol le droit de requérir, sans réciprocité de leur part, et sur le pied du double de leur valeur, l'acquisition forcée des terrains trop endommagés par l'exercice du droit d'occupation ; la même faculté ne leur est pas accordée à l'encontre des explorateurs, qui n'auraient que faire de ces terrains s'ils ne sont pas devenus concessionnaires. — 2° Par voie de conséquence, l'article 44 § 3 ne s'applique également qu'aux exploitants de mines, obligés de subir cette option du propriétaire foncier pour l'acquisition forcée de son terrain. Ce texte doit être entendu en ce sens que le terrain doit être estimé au double de sa valeur, non à l'origine de l'exploitation de la mine, mais à l'époque où cette exploitation nécessite l'occupation dudit terrain ; cela résulte, d'ailleurs, du renvoi fait par ce texte, pour le mode d'évaluation des prix, à la loi du 16 septembre 1807, renvoi qui se réfère, non aux règles de nomination des experts des articles 56 et 57 de la loi de 1807 [n° 331], ce qui serait en contradiction avec l'article 87 de la loi de 1810, mais à l'article 49 de la loi du 16 septembre 1807 et particulièrement à ces mots : « seront » payés à leurs propriétaires, et à dire d'experts, d'après leur va- » leur *avant l'entreprise des travaux* ». — 3° Les règles communes aux cas de recherches et d'exploitation de mines supposent exclusivement, ainsi que les textes rapportés plus haut, des dégâts occasionnés à la surface par suite de travaux *extérieurs* ; mais ces dégâts de la surface peuvent provenir aussi, dans le cas d'exploitation, des travaux *intérieurs* de la mine. Alors il n'y a application ni du droit d'occupation, ni des articles 43 et 44, ni du principe de l'indemnité au double ; l'article 1382 du Code civil et le droit

commun reprennent seuls leur empire. Un arrêt de la cour de cassation, chambres réunies, du 23 juillet 1862, suivi de deux autres arrêts (4 août 1863 ; 8 juin 1869), a répudié la jurisprudence antérieure de six arrêts de la chambre des requêtes et de la chambre civile, et décidé que la disposition des articles 43 et 44 doit être restreinte au cas d'occupation du terrain spécialement prévu par ces articles, et qu'elle ne peut être étendue au cas de dommages résultant de travaux intérieurs, le concessionnaire n'étant tenu alors qu'à la réparation des dommages, suivant le droit commun. — Enfin, 4° l'article 10, dont suit le texte, dispose que les travaux de recherches ne peuvent être faits qu'à la charge d'une *préalable* indemnité envers le propriétaire du sol. Ni l'article 44, ni aucune autre disposition (Douai, 12 mai 1857, *Deltombe c. mines d'Anzin*), n'étend aux concessionnaires cette prescription contre laquelle proteste le renvoi les concernant à la loi de 1807; la différence tenant à cette condition rigoureuse du paiement *préalable* de l'indemnité s'explique d'ailleurs naturellement par celle qui existe, entre les résultats problématiques des travaux de recherches et la base positive des travaux postérieurs à la concession, offrant un gage assuré de la créance d'indemnité.

Nul ne peut faire des recherches pour découvrir des mines, enfoncer des sondes ou tarières sur un terrain qui ne lui appartient pas, que du consentement du propriétaire de la surface, ou avec l'autorisation du gouvernement, donnée après avoir consulté l'administration des mines, à la charge d'une préalable indemnité envers le propriétaire, et après qu'il aura été entendu (L. 21 avril 1810, art. 10).

E. *Lois relatives à des matières diverses.*

414. Compétence du conseil de préfecture en matière de *menses curiales* et *épiscopales.*
415. — *Pompes funèbres.*
416. — *Marchés pour le travail et le service des prisons.*
417. — *Droit des pauvres.*
418. — *Aliénés.*
419. — *Desséchement de marais et endiguement.*
420. — *Curage des rivières.*
421. — *Associations syndicales.*
422. — *Pêche.*
423. — *Culture du tabac.*
424. — *Taxes diverses assimilées aux contributions directes.*
425. Autres matières de la compétence des conseils de préfecture.
426. Transport aux conseils de préfecture de la connaissance des affaires contentieuses que devait juger le préfet en conseil de préfecture.

414. *Menses curiales et épiscopales.* — L'article 26 du décret du 6 novembre 1813 sur l'administration des biens ecclésiastiques [n° 1529] attribue formellement aux conseils de préfecture la connaissance des contestations relatives à l'attribution des revenus pendant la vacance d'une cure ou mense curiale ; ces difficultés peuvent s'élever entre l'ancien titulaire ou ses héritiers, le nouveau et la fabrique. Les textes ci-dessous en déterminent l'objet. L'article 47 du même décret, en disant que les contestations relatives à l'attribution des revenus de la mense épiscopale [n° 1530] pendant la vacance seront produites « *devant les tribunaux com-* » *pétents* », doit s'entendre aussi des conseils de préfecture et du conseil d'État, à titre de renvoi à l'article 26 du même décret.

Dans tous les cas de vacance d'une cure, les revenus de l'année courante appartiendront à l'ancien titulaire ou à ses héritiers, jusqu'au jour de l'ouverture de la vacance, et au nouveau titulaire, du jour de sa nomination. Les revenus qui auront eu cours du jour de l'ouverture de la vacance jusqu'au jour de la nomination seront mis en réserve dans la caisse à trois clefs, pour subvenir aux grosses réparations qui surviendront dans les bâtiments appartenant à la dotation, conformément à l'article 13 (Décret du 6 novembre 1813, art. 24). — Le produit des revenus pendant l'année de la vacance sera constaté par les comptes que rendront le trésorier pour le temps de la vacance, et le nouveau titulaire pour le reste de l'année ; ces comptes porteront ce qui aurait été reçu par le précédent titulaire pour la même année, sauf reprise contre la succession, s'il y a lieu (art. 25).— Les contestations sur les comptes ou répartitions de revenus, dans les cas indiqués aux articles précédents, seront décidées par le conseil de préfecture (art. 26).

415. *Pompes funèbres.* — Un décret du 18 mai 1806 statue que les fabriques des églises [n°ˢ 1515 et 1536] feront par elles-mêmes ou feront faire par entreprise aux enchères (art. 7) toutes les fournitures nécessaires au service des morts dans l'intérieur de l'église et toutes celles qui sont relatives à la pompe des convois ; que, dans les grandes villes (art. 8), toutes les fabriques se réuniront pour ne former qu'une seule entreprise ; que le transport des indigents sera fait décemment et gratuitement, que tout autre transport sera assujetti à une taxe fixe (art. 11), et que les familles qui voudront quelque pompe traiteront avec l'entrepreneur, suivant un tarif qui sera dressé à cet effet. Aucun des quinze articles de ce décret ne nomme les conseils de préfecture et ne leur attribue directement de compétence en cette matière ; mais, l'article 15 § 1 disposant que « les adjudications seront faites selon le mode établi » par les lois et règlements pour tous les travaux publics », le conseil d'État, en visant l'article 4 de la loi du 28 pluviôse de l'an VIII, en même temps que le décret du 23 prairial de l'an XII sur les sépultures et le décret du 18 mai 1806, admet la compétence des conseils de préfecture pour statuer sur les contestations qui s'élèvent entre les fabriques et l'entrepreneur (c. d'Ét. 30 mars 1844, *Dutil* ; 8 février 1855 ; 25 juin 1857 ; trois arrêts *Pector* du 18 mars 1858 relatifs aux services ou funérailles faites aux frais de l'État des maréchaux Excelmans, Soult et Gérard).

416. *Marchés pour le travail et le service des prisons.* — Nous avons déjà vu [n° 325] que la jurisprudence du conseil d'État comprend ces marchés dans la compétence attribuée aux conseils de préfecture en matière de travaux publics. Nous avons indiqué quelques-uns des nombreux arrêts qui ont fait cette assimilation, analogue à celle qui vient d'être constatée au numéro précédent. Une mention spéciale était en outre également utile pour cette sorte de marchés, parce que la nature des contestations auxquelles ils donnent lieu ne se rapproche pas de la nature ordinaire des contestations en matière de travaux publics.

417. *Droit des pauvres.* — On appelle ainsi un impôt fixé au dixième du prix des billets d'entrée dans les spectacles et concerts quotidiens (L. 7 frimaire an V), et au quart de la recette brute des lieux de réunion ou de fête où l'on est admis en payant (L. 8 thermidor an V). C'est une des principales ressources des bureaux de bienfaisance [n° 1501], et, dans les grandes villes, son produit est considérable. Critiquable au point de vue économique et au point de vue de l'équité, en ce qu'il frappe le directeur de théâtre qui court à la faillite comme celui qui prospère, cet impôt échappe, malgré certains efforts mal inspirés, à toute contestation sérieuse au point de vue de sa légalité. Prenant sa source historique dans des précédents propres à notre ancien droit, il a été introduit dans le nouveau par la loi du 7 frimaire an V qui l'établissait pour six mois, par la loi du 2 floréal an V qui le prorogeait pour six autres mois, puis pour une année par des lois successives dont la première est celle du 8 thermidor an V qui a établi la distinction dans les bases de perception. Dans cette série d'actes annuels et successifs se trouvent l'arrêté du gouvernement du 10 thermidor de l'an XI et le décret du 8 fructidor de l'an XIII, dont les dispositions, ci-dessous rapportées et s'expliquant l'une par l'autre, ont fixé la compétence des conseils de préfecture en cette matière, et assimilé le recouvrement de ce droit à celui des contributions directes (c. d'Ét.

13 juin 1873). Ces actes annuels se sont produits jusqu'au décret du 9 décembre 1809, qui a décidé que le droit des pauvres serait *indéfiniment* maintenu, et, depuis 1817, les lois annuelles de finances ont toutes autorisé cette perception.

Le conseil de préfecture juge, sauf recours au conseil d'État, suivant la loi de son institution, les difficultés qui s'élèvent entre le bureau de bienfaisance et le directeur de théâtre ou entrepreneur sur la quotité de la recette et l'application de la taxe. Un forfait ou un abonnement intervenant entre les parties évite la nécessité du contrôle du receveur du bureau de bienfaisance, représentant des pauvres, et cette source de difficultés contentieuses.

Les fêtes soumises au droit des pauvres par les textes ci-dessus rappelés, spectacles où se donnent des pièces de théâtre, bals, feux d'artifice, concerts, courses et exercices d'animaux, y sont assujetties en tant que divertissements ayant pour but d'attirer le public et son argent ; le droit des pauvres atteint, par suite, toutes les fêtes de ce genre présentant ce caractère, bien qu'elles aient une origine postérieure à l'an V, telles que les cafés-concerts (c. d'Ét. 9 décembre 1852, *Masson*), et bien qu'offertes au public par des particuliers, des sociétés, des communes, l'État lui-même, en dehors de toute spéculation intéressée et même dans une pensée de bienfaisance. Le droit des pauvres ne s'applique pas, au contraire, aux réunions qui attirent le public, sans présenter ce caractère distinctif d'un plaisir à lui offert pour obtenir son argent, et qui sont organisées dans un but d'intérêt général et d'institution rattachée aux services publics ; telles sont les expositions des beaux-arts, de l'industrie et de l'agriculture (c. d'Ét. 7 mai 1857, pour l'exposition universelle de l'industrie et des beaux-arts de 1855), et les courses de chevaux placées sous le patronage du gouvernement dans un but d'amélioration de la race chevaline (c. d'Ét. 13 juin 1873).

Il sera perçu un dixième par franc (deux sous pour livre) en sus du prix de chaque billet d'entrée, pendant six mois, dans tous les spectacles où se donnent des pièces de théâtre, des bals, des feux d'artifice, des concerts, des courses et exercices de chevaux, pour lesquels les spectateurs paient. La même perception aura lieu sur le prix des places louées pour un temps déterminé (Loi du 7 frimaire an V, *qui ordonne la perception pendant six mois, au profit des indigents, d'un décime par franc dans tous les spectacles*, art. 1er). — Le produit de la recette sera employé à secourir les indigents qui ne sont pas dans les hospices (art. 2).

Les contestations qui pourront s'élever dans l'exécution ou l'interprétation du présent arrêté seront décidées par les préfets en conseil de préfecture [n° 426], sur l'avis motivé des comités consultatifs établis, en exécution de l'arrêté du 7 messidor an IX, dans chaque arrondissement communal, pour le contentieux de l'administration des pauvres et des hospices, sauf, en cas de réclamation, le recours au gouvernement (Arrêté du 10 thermidor de l'an XI, *sur les spectacles, bals, concerts, etc.*, art. 3).

Les poursuites à faire pour assurer le recouvrement des droits ci-dessus seront désormais dirigées suivant le mode fixé pour le recouvrement des contributions directes et l'exercice des contraintes (D. 8 fructidor de l'an XIII, *qui proroge pour l'an XIV la perception des droits sur les billets d'entrée et d'abonnements aux spectacles, etc.*, art. 2). — Les décisions rendues par les conseils de préfecture, dans les cas prévus par l'article 3 de l'arrêté du 10 thermidor an XI, seront, au surplus, exécutées provisoirement, et sauf le recours au gouvernement réservé par cet article (art. 3).

418. *Aliénés.* — La rédaction assez obscure de l'article 28 de la loi du 30 juin 1838 sur les aliénés [n°⁸ 734 et 1556] confère au conseil de préfecture le droit de statuer sur les contestations relatives à l'obligation imposée aux hospices, à défaut ou en cas d'insuffisance des ressources de l'aliéné et de ceux qui lui doivent des aliments, de fournir une indemnité proportionnée au nombre des aliénés dont le traitement et l'entretien étaient à leur charge, et qui seraient placés dans un établissement d'aliénés. Les hospices réclament alors contre une opération administrative, tandis que les contestations sur l'obligation de fournir des aliments à l'aliéné restent, comme question de droit privé, dans le contentieux judiciaire (art. 27).

Le conseil de préfecture commettrait un excès de pouvoir si, au lieu de se borner à fixer cette indemnité, proportionnellement au nombre des aliénés dont il s'agit, il déterminait la part contributive de l'hospice dans la dépense totale des aliénés de la ville (c. d'Ét. 15 avril 1846, *ville et hospices de Paris* c. *préfet de la Seine*).

La dépense du transport des personnes dirigées par l'administration sur les établissements d'aliénés sera arrêtée par le préfet, sur le mémoire des agents préposés à ce transport. La dépense de l'entretien, du séjour et du traitement des personnes placées dans les hospices ou établissements publics d'aliénés sera réglée d'après un tarif arrêté par le préfet. La dépense de l'entretien, du séjour et du traitement des personnes placées par les départements dans les établissements privés sera fixée par les traités passés par le département, conformément à l'article 1ᵉʳ (L. 30 juin 1838, *sur les aliénés*, art. 26). — Les dépenses énoncées en l'article précédent seront à la charge des personnes placées; à défaut, à la charge de ceux auxquels il peut être demandé des aliments, aux termes des articles 205 et suivants du Code civil. S'il y a contestation sur l'obligation de fournir des aliments, ou sur leur quotité, il sera statué par le tribunal compétent, à la diligence de l'administrateur désigné en exécution des articles 31 et 32. Le recouvrement des sommes dues sera poursuivi et opéré à la diligence de l'administration de l'enregistrement et des domaines (art. 27). — A défaut, ou en cas d'insuffisance des ressources énoncées en l'article précédent, il y sera pourvu sur les centimes affectés, par la loi des finances, aux dépenses ordinaires du département auquel l'aliéné appartient, sans préjudice du concours de la commune du domicile de l'aliéné, d'après les bases proposées par le conseil général, sur l'avis du préfet, et approuvées par le gouvernement. Les hospices seront tenus à une indemnité proportionnée au nombre des aliénés dont le traitement ou l'entretien était à leur charge, et qui seraient placés dans un établissement spécial d'aliénés. En cas de contestation, il sera statué par le conseil de préfecture (art. 28).

419. *Desséchements de marais et endiguements.* — Les textes ci-dessous de la loi du 16 septembre 1807 donnaient déjà en ces matières [n°ˢ 883 et 983] aux conseils de préfecture des attributions qui ont été augmentées [comme il est dit au n° 421] par la disposition générale de l'article 16 de la loi du 21 juin 1865 relative aux associations syndicales.

Le montant de la plus-value obtenue par le dessèchement sera divisé entre le propriétaire et le concessionnaire, dans les proportions qui auront été fixées par l'acte de concession. Lorsqu'un dessèchement sera fait par l'État, sa portion dans la plus-value sera fixée de manière à le rembourser de toutes ses dépenses. Le rôle des indemnités sur la plus-value sera arrêté par la commission, et rendu exécutoire par le préfet (Loi du 16 septembre 1807, *relative au dessèchement des marais, etc.*, art. 20).— La conservation des travaux de dessèchement, celle des digues contre les torrents, rivières et fleuves, et sur les bords des lacs et de la mer, est commise à l'administration publique. Toutes réparations et dommages seront poursuivis par voie administrative, comme pour les objets de grande voirie. Les délits seront poursuivis par les voies ordinaires, soit devant les tribunaux de police correctionnelle, soit devant les cours criminelles, en raison des cas (art. 27). — Tous les travaux de salubrité qui intéressent les villes et les communes seront ordonnés par le gouvernement, et les dépenses supportées par les communes intéressées (art. 35). — Tout ce qui est relatif aux travaux de salubrité sera réglé par l'administration publique; elle aura égard, lors de la rédaction du rôle de la contribution spéciale destinée à faire face aux dépenses de ce genre de travaux, aux avantages immédiats qu'acquerraient telles ou telles propriétés privées, pour les faire contribuer à la décharge de la commune dans des proportions variées et justifiées par les circonstances (art. 36). — L'exécution des deux articles précédents restera dans les attributions des préfets et des conseils de préfecture (art. 37).

420. *Curage.* — La loi du 14 floréal de l'an XI, relative au curage des canaux et rivières non navigables, rapportée ci-dessous [n° 994], investit les conseils de préfecture, non-seulement de la connaissance des contestations relatives au recouvrement des rôles assimilé au recouvrement des contributions directes, mais aussi de celles relatives *à la confection des travaux* de curage.

421. *Associations syndicales.* — La loi du 21 juin 1865 sur les associations syndicales [*voir* 996 et 997], par ses articles 16 et 26,

a étendu la compétence du conseil de préfecture aux contestations auxquelles peut donner lieu la confection de tous les travaux pour lesquels cette loi réglemente la formation des associations syndicales. Elle assimile sous ce rapport tous ces travaux aux *travaux publics*, de même que l'article 15 de la même loi, imitant encore sur ce point la loi du 14 floréal de l'an XI, assimile les rôles de répartition des taxes syndicales à ceux des contributions directes. En outre, la disposition de l'article 16, en abrogeant une disposition de la loi de 1807 sur le desséchement des marais, fait cesser une anomalie signalée de la manière suivante dans la circulaire du 12 août 1865, adressée aux préfets par le ministre des travaux publics pour l'exécution de la loi nouvelle : « L'article 16 contient
» une modification importante et réclamée depuis longtemps aux
» dispositions de la loi du 16 septembre 1807. En vertu de cette
» loi, toutes les contestations relatives à la fixation du périmètre
» des terrains intéressés à une opération de desséchement ou
» d'endiguement, au classement des propriétés en raison de leur
» intérêt aux travaux, à la répartition des taxes, sont jugées par
» une commission spéciale, établie pour chaque entreprise, par
» un décret de l'empereur; la loi du 14 floréal an XI, au contraire,
» décide que les contestations de même nature, relatives au curage
» des cours d'eau non navigables ni flottables, sont déférées au
» conseil de préfecture. L'attribution au conseil de préfecture de
» toutes les questions de ce genre, à quelque nature de travaux
» qu'elles s'appliquent, fera cesser une anomalie qui n'est motivée
» par aucune considération sérieuse, et sera en définitive un
» retour au droit commun. »

Les taxes ou cotisations sont recouvrées sur des rôles dressés par le syndicat chargé de l'administration de l'association, approuvés s'il y a lieu, et rendus exécutoires par le préfet. Le recouvrement est fait comme en matière de contributions directes (L. 21 juin 1865, *sur les associations syndicales*, art. 15). — Les contestations relatives à la fixation du périmètre des terrains compris dans l'association, à la division des terrains en différentes classes, au classement des propriétés en raison de leur intérêt aux travaux, à la répartition et à la perception des taxes, à l'exécution des travaux, sont jugées par le conseil de préfecture, sauf recours au conseil d'État. Il est procédé à l'apurement des comptes de l'association, selon les règles établies pour les comptes des receveurs municipaux (art. 16). — La loi du 16 septembre 1807 et celle du 14 floréal an XI continueront à recevoir leur exécution à défaut de formation d'associations libres ou autorisées lorsqu'il s'agira de travaux spécifiés aux numéros 1, 2 et 3 de l'article 1er de la présente loi. Toutefois il sera statué, à l'avenir, par le conseil de préfecture, sur les contestations qui, d'après la loi du 16 septembre 1807, devaient être jugées par une commission spéciale. En ce qui concerne la perception des taxes, l'expropriation, et l'établissement des servitudes, il sera procédé conformément aux articles 15, 18 et 19 de la présente loi (art. 26).

422. *Pêche*. — La loi sur la pêche du 31 mai 1865 attribue aux conseils de préfecture la fixation des indemnités dues pour l'établissement d'échelles destinées à assurer la libre circulation du poisson, et pour l'interdiction du droit de pêche prononcée par décret dans les eaux réservées pour la reproduction. Mais cette loi laisse subsister, même en ce qui concerne ces parties réservées, la compétence exclusive de l'autorité judiciaire pour prononcer sur les contraventions aux lois et règlements de la pêche (L. 15 avril 1829 [n° 745]); en conséquence c'est à cette autorité qu'il appartient de décider si telle partie ou tel bras de rivière déterminé est compris dans le périmètre d'interdiction de la pêche prononcée par décret, sauf aux intéressés à saisir le conseil de préfecture d'une demande d'indemnité pour privation du droit de pêche (c. d'Ét. 13 juin 1873, *Dufaur*; 13 juin 1873, *de Bédouich*).

Un décret réglementaire du 10 août 1875 a abrogé et remplacé le décret du 25 janvier 1868 primitivement rendu pour l'exécution de cette loi.

Des décrets rendus en conseil d'État, après avis des conseils généraux de département, détermineront : 1° les parties des fleuves, rivières, canaux et cours d'eau réservées pour la reproduction, et dans lesquelles la pêche des diverses espèces de poissons sera absolument interdite pendant l'année entière; 2° les parties des fleuves, rivières, canaux et cours d'eau dans les barrages desquels il pourra être établi, après enquête, un passage appelé *échelle*, destiné à assurer la libre circulation du poisson (Loi du 31 mai 1865, *relative à la pêche*, art. 1er). — L'interdiction de la pêche pendant l'année entière ne pourra être prononcée pour une période de plus de cinq ans. Cette interdiction pourra être renouvelée (art. 2). — Les indemnités auxquelles auront droit les propriétaires riverains qui seront privés du droit de pêche, par application de l'article précédent, seront réglées par le conseil de préfecture, après expertise, conformément à la loi du 16 septembre 1807. Les indemnités auxquelles pourra donner lieu l'établissement d'échelles dans les barrages existants seront réglées dans les mêmes formes (art. 3).

423. *Culture du tabac*. — Nous faisons connaître [n°s 1230 à 1232] le monopole réservé à l'État en cette matière; le titre V de la loi du 28 avril 1816 détermine toutes les précautions prises pour prévenir les fraudes et assurer l'observation des obligations imposées aux planteurs dans les départements où la culture du tabac est autorisée. Un compte, faisant connaître la quantité des tabacs qu'il doit produire, est ouvert à chaque cultivateur par l'administration. La répression des infractions commises à la loi de 1816 appartient aux tribunaux correctionnels; mais les textes ci-dessous font les conseils de préfecture juges des contestations sur le décompte.

> Le compte du cultivateur de tabac sera déchargé des quantités ou nombres dont la détérioration ou la destruction sur pied aura été constatée, et de ceux du tabac avarié depuis la récolte qu'il aura présenté au bureau et qui aura été détruit, conformément à l'article précédent (Loi du 28 avril 1816, *sur les finances; contributions indirectes*; art. 198). — Lors de la livraison, le compte du cultivateur de tabac sera balancé. En cas de déficit, il sera tenu de payer la valeur des quantités manquantes, d'après le mode arrêté par le préfet, aux taux du tabac de cantine (art. 199). — Les sommes dues par les cultivateurs, en vertu de l'article précédent, seront recouvrées, dans la forme des impositions directes, sur un état dressé par le directeur des contributions indirectes et rendu exécutoire par le préfet (art. 200). — Les cultivateurs seront recevables, pendant un mois, à porter devant le conseil de préfecture leurs réclamations contre le résultat de leur décompte. Le conseil de préfecture devra prononcer dans les deux mois (art. 201).

424. *Taxes diverses assimilées aux contributions directes.* — Indépendamment de celles déjà indiquées [n°^{s} 397, 409, 417, 419, 420, 421], il y a un grand nombre de taxes dont le contentieux rentre, par suite des textes qui les assimilent aux contributions directes au point de vue de leur recouvrement [n°^{s} 1154 et suivants], dans la sphère de compétence des conseils de préfecture : taxes pour le pavage des rues, l'établissement et l'entretien des trottoirs [n°^{s} 1395 à 1397]; taxe municipale sur les chiens [n° 1469]; taxe de pâturage (Loi du 18 juillet 1837, art. 44); taxe pour droits de visite chez les pharmaciens et droguistes [n° 1173]; taxe des biens de main-morte [n° 1168]; taxe d'arrosages (Loi de finances du 23 juin 1857, art. 25); taxe de vérification des poids et mesures [n° 1171]; taxe pour la dépense des bourses et chambres de commerce (L. 28 ventôse an IV; D. 23 septembre 1806); taxe de la rétribution scolaire (L. 15 mars 1850, art. 38 et 41; D. 7 octobre 1850, art. 30), etc.

Quelques-unes de ces taxes rentrent dans le système des impôts généraux et sont recouvrées, comme le principal des contributions directes, au profit de l'État ; d'autres le sont au profit des communes ; d'autres au profit d'établissements publics ; d'autres au profit d'associations syndicales, d'institutions diverses ; mais toutes ont ce caractère commun d'être soumises aux mêmes règles de recouvrement [n°^{s} 1174 à 1487] et à la compétence du conseil de préfecture.

425. *Autres matières de la compétence des conseils de préfecture.*
Il existe encore des textes nombreux, épars dans la législation administrative, d'époques très-différentes, se référant à des matières très-diverses, dont ils ont placé le contentieux dans les attributions des conseils de préfecture, et que nous allons grouper ici.

L'article 19 de la loi de finances du 4 germinal an XI, après avoir dispensé les manufactures de la contribution des portes et fenêtres [n° 1139], ajoute : « En cas de difficultés sur ce que l'on » doit considérer comme *manufactures*, il y sera statué par le con- » seil de préfecture » ; — un décret du 30 prairial an XII (art. 4) lui confère le jugement de contestations intéressant l'établissement thermal de Baréges ; — de même, une loi du 25 mars 1806 (art. 2) et un décret du 30 juin 1806 (art. 5), relativement au bureau des nourrices à Paris ; — le décret du 10 mars 1807 (art. 125), pour certaines contestations intéressant les monts-de-piété ; — le décret du 6 février 1811 relatif au commerce de la boucherie dans le département de la Seine lui conférait (art. 32) la connaissance des contestations entre la caisse de Poissy et les bouchers, herbagers, forains, employés et autres agents des marchés ou de la caisse ; un décret du 28 février 1858 (art. 8) a supprimé la caisse de Poissy ; mais cette attribution du conseil de préfecture subsiste pour la caisse de service de la boulangerie, l'article 16 du décret du 7 février 1854 portant : « la comptabilité de la caisse de service de la » boulangerie sera soumise aux formes suivies pour la caisse de » Poissy ». — [*Voir*, n° 882, une attribution reconnue aux conseils de préfecture par la jurisprudence du conseil d'État en matière de contravention à la police des carrières souterraines dans les départements de la Seine et de Seine-et-Oise.]

426. Enfin la loi du 21 juin 1865 sur les conseils de préfecture, dont nous avons déjà expliqué et reproduit les autres dispositions [n°s 293 à 296, 299, et 300], dans son article 11, a transporté du préfet au conseil de préfecture toutes les affaires contentieuses dont le préfet devait connaître *en conseil de préfecture*. La disposition de la loi est générale ; le texte du projet désignait les textes que l'on avait principalement en vue de modifier, ainsi qu'il est expliqué dans le passage suivant de l'exposé des motifs du projet de loi : « Les attributions des conseils de préfecture n'ont pas soulevé » d'objections sérieuses dans les discussions solennelles auxquelles » l'institution a donné lieu. Le projet actuellement soumis à vos » délibérations n'y touche que pour rectifier une erreur de rédac-

» tion qui s'est glissée dans le décret du 17 mai 1809 sur les oc-
» trois (art. 136), et dans la loi du 28 avril 1816 sur les contribu-
» tions indirectes (art. 49, 70 et 78). »

A l'avenir, seront portées devant les conseils de préfecture toutes les affaires contentieuses dont le jugement est attribué au préfet en conseil de préfecture, sauf recours au conseil d'État (L. 21 juin 1865, *sur les conseils de préfecture*, art. 11).

§ II. — MINISTRES CONSIDÉRÉS COMME JUGES AU CONTENTIEUX.

427. Trois controverses relatives à la juridiction des ministres.
428. 1° Ils ont une juridiction contentieuse.
429. 2° Ils sont juges de droit commun du contentieux administratif au premier degré de juridiction ; controverse relative aux ministres et aux conseils de préfecture.
430. 3° Quelle est l'étendue de leur juridiction ? troisième controverse.
431. Opinion générale, et principales matières expressément soumises à la juridiction des ministres d'après cette opinion.
432. Suite ; leur compétence en matière de *marchés de fournitures*.
433. Dans une nouvelle opinion, déjà adoptée par l'auteur, les actes des ministres en ces matières ne constituent pas des actes de juridiction.
434. Il refuse également ce caractère aux décisions des ministres sur les recours dirigés contre les arrêtés non contentieux des préfets.
435. Seules attributions des ministres en qualité de juges, dans ce système.
436. Formes de l'instruction et du jugement.
437. Dispositions du décret du 2 novembre 1864 relatives aux décisions contentieuses et non contentieuses des ministres.

427. La juridiction contentieuse des ministres donne lieu à une triple controverse portant sur chacun des points suivants :

1° Les ministres ont-ils des attributions contentieuses faisant d'eux de véritables juges ? — 2° sont-ils les juges ordinaires et de droit commun du contentieux administratif au premier degré ? — 3° enfin quelle est l'étendue de la juridiction ministérielle ?

Ces trois questions distinctes vont être examinées dans les numéros suivants.

428. 1° La juridiction contentieuse des ministres, bien que mise en doute par quelques auteurs, a toujours été reconnue par la jurisprudence du conseil d'État et l'ensemble de la doctrine. Quoique l'esprit de la législation de l'an VIII ait été de séparer la juridiction et l'administration active, pour remédier aux abus qui s'étaient produits dans l'intervalle écoulé de 1792 à 1800, aucun texte de cette époque n'a anéanti la juridiction ministérielle ; elle

a été consacrée depuis, d'une manière générale, et malgré les critiques fondées que comporte l'assimilation des autorités chargées de décerner des contraintes à de véritables juges, par l'avis du conseil d'État en date du 16 thermidor an XII [déjà cité n° 285, et reproduit n° 1102], et, d'une manière expresse, par certaines lois spéciales attribuant aux ministres la connaissance de matières contentieuses ; elle était implicitement maintenue et confirmée par l'article 22 du décret législatif du 25 janvier 1852 sur l'organisation du conseil d'État ; elle l'est également, dans une certaine mesure, par le décret du 2 novembre 1864 [n° 437], et l'article 20 de la loi du 24 mai 1872 sur le conseil d'État [n° 436], bien que le mot *ministre* n'y figure plus, la situation au fond restant ce qu'elle était sous ce rapport d'après le texte cité du décret de 1852.

429. 2° Il y a plus : non-seulement les ministres sont des juges ; ils sont en outre, chacun pour les affaires de son département, les juges ordinaires et de droit commun du contentieux administratif, au premier degré de juridiction ; à ce titre, ils sont compétents chaque fois qu'un texte n'a pas attribué la connaissance du litige à d'autres juges, et que l'acte attaqué n'émane pas du pouvoir exécutif ; dans ce dernier cas c'est le conseil d'État qui doit être saisi [n° 274 5°].

Cette solution, toutefois, est loin d'être universellement admise, et fait l'objet d'une des plus graves controverses du droit administratif ; un second et un troisième système, contraires au précédent, refusent aux ministres cette qualification de juges ordinaires et de droit commun au premier degré de la juridiction administrative.

Le second système, œuvre d'une opinion isolée, a tenté vainement d'appliquer ce caractère au conseil d'État, qui n'est le juge de droit commun du contentieux administratif qu'au second degré de juridiction.

Le troisième système, qui est admis au contraire par de très-nombreux auteurs, soutient que ce titre appartient aux conseils de préfecture, en se fondant : 1° sur un passage de l'exposé des motifs, par M. Rœderer, de la loi du 28 pluviôse de l'an VIII [1], démenti par la disposition formellement énonciative et

---

[1] « Remettre le contentieux de l'administration, *dit M. Rœderer,* à un con-
» seil de préfecture a paru nécessaire, pour ménager aux préfets le temps que
» demande l'administration, pour garantir aux personnes intéressées qu'elles
» ne seront pas jugées sur des rapports et des avis de bureaux, pour donner

par conséquent restrictive, de l'article 4 de la loi [*voir* n° 343];
2° sur un décret au contentieux du 6 décembre 1843, qui, malgré son insertion au *Bulletin des lois*, ne constitue qu'une décision d'espèce.

Le droit des ministres, consacré par le premier système, et reconnu par la jurisprudence constante du conseil d'État ainsi que par une partie de la doctrine, a sa source dans l'attribution générale de tout le contentieux administratif, faite au conseil des ministres par l'article 17 [cité au n° 272] de la loi de 27 avril-25 mai 1791, et divisée entre chaque ministre par les articles 193 et 196 de la Constitution du 5 fructidor de l'an III. Le second degré de juridiction leur a été enlevé par l'article 52 de la Constitution du 22 frimaire de l'an VIII et les dispositions du règlement du 5 nivôse, qui ont fait du conseil d'État le juge ordinaire en dernier ressort du contentieux administratif; mais le premier degré de juridiction leur a été laissé, pour toutes les matières que la loi du 28 pluviôse et les lois ultérieures n'en ont pas distraites, pour en former la compétence des conseils de préfecture.

Donc, les conseils de préfecture sont des tribunaux d'attributions aux termes de la loi même qui les a créés et de toutes celles qui ont successivement élargi le cercle de leur juridiction, et les ministres sont juges de première instance pour toutes les contestations se référant aux services administratifs de leur département ministériel, qu'un texte leur attribue, ou qu'aucun texte ne leur a retirées.

430. 3° La troisième controverse annoncée est relative à l'étendue de la juridiction ministérielle. La question se pose dans les termes suivants : Tous les actes de commandement, que nous avons appelés les actes administratifs proprement dits, et les actes de gestion des ministres, qui donnent lieu à un recours contentieux devant le conseil d'État, constituent-ils des actes de juridiction ? ou ne faut-il reconnaître ce caractère qu'aux décisions ministérielles qui prononcent sur un litige, c'est-à-dire sur un débat entre deux parties, ou sur la réclamation dirigée contre un acte d'une autorité inférieure, lorsqu'elle est fondée sur la violation d'un droit?

» à la propriété des juges accoutumés au ministère de la justice, *à ses règles*
» *et à ses formes,* pour donner tout à la fois à l'intérêt particulier et à l'intérêt
» public la sûreté qu'on ne peut guère attendre d'un jugement rendu par un
» seul homme. »

Les numéros suivants sont consacrés au développement de cette grave difficulté.

431. La première opinion est généralement admise ; elle l'a même été jusqu'à ces dernières années sans contestation, soit dans la jurisprudence, soit dans la doctrine. Dans les trois premières éditions de cet ouvrage (ainsi que l'indique le savant auteur que nous allons citer plus loin), nous l'avions suivie, non sans regretter cette large dérogation au principe de la législation de l'an VIII, qui sépare la juridiction et l'action administratives. Dans cette opinion, qui est encore l'opinion générale, les ministres statuent comme juges dans les très-importantes matières qui suivent, et dans lesquelles leurs décisions peuvent être directement attaquées devant le conseil d'État par la voie contentieuse.

1° Comme liquidateurs de la dette publique, les ministres, chacun pour son département, sont chargés de liquider les créances contre l'État et de leur appliquer les lois de déchéance (Arrêté du directoire du 2 germinal an V [*voir* n°ˢ 1061 et 1062]) ; — 2° en matière de pensions civiles ou militaires, ils sont également investis du droit de prendre toutes décisions pour les liquider, en déterminer le montant, ou rejeter les prétentions des réclamants (Décret du 13 septembre 1806, art. 1ᵉʳ; loi du 11 avril 1831, art. 25 ; loi du 18 avril 1831, art. 27 ; loi du 9 juin 1853, art. 24 [*voir* n° 1079]) ; — 3° le ministre des finances statue sur les demandes en décharge de responsabilité des trésoriers-payeurs généraux pour la gestion des receveurs particuliers de leur département, et sur celles formées par les receveurs particuliers pour la gestion des percepteurs de leur arrondissement (Décret portant règlement général sur la comptabilité publique du 31 mai 1862, art. 329, 333 à 335 [*voir* ces textes au n° 1109]).

432. Une quatrième attribution des ministres, que l'opinion générale considère aussi comme contentieuse, mérite, par son importance, une mention spéciale, et les règles de cette matière ne se reproduisant pas dans les autres parties de cet ouvrage doivent être exposées ici. Les ministres statuent, sauf recours au conseil d'État, en vertu de l'article 4 de la loi du 12 vendémiaire de l'an VIII et de l'article 14 du décret du 11 juin 1806, sur toutes les difficultés relatives à l'interprétation ou à l'exécution des *marchés de fournitures* faites au gouvernement.

Les ministres sont tenus d'arrêter les comptes des agents comptables dans les trois mois au plus tard de leur remise, et de les faire passer de suite à la trésorerie, avec les pièces justificatives, auxquels ils joindront copie des marchés et *décisions* nécessaires à leur vérification ultérieure à la comptabilité nationale (Loi du 12 vendémiaire de l'an VIII, *relative aux comptes à fournir par les entrepreneurs, fournisseurs, etc.*, art. 4). — Le conseil d'État connaîtra : ... 2° de toutes contestations ou demandes relatives soit aux marchés passés avec nos ministres, soit aux travaux ou fournitures faits pour le service de leurs départements respectifs (Décret du 11 juin 1806, *sur l'organisation et les attributions du conseil d'État*, art. 14).

Ces marchés sont de deux sortes. — Les uns ont pour objet les matériaux nécessaires à l'exécution des travaux publics, et souvent ils se combinent avec l'entreprise de travaux publics ; dans ce cas, l'opération est mixte et indivisible, en ce sens que l'on applique au marché de fournitures les règles ci-dessus tracées pour le contentieux des travaux publics [n°⁸ 318 et 324], et c'est alors le conseil de préfecture qui est compétent. Les autres sont destinés à procurer à l'État des objets de consommation, à l'effet de nourrir, équiper, remonter l'armée, construire et armer des vaisseaux, etc. Tous sont passés soit par le ministre, dans les attributions duquel se trouve placé le service administratif dont les besoins motivent le marché, soit par les chefs de service avec l'autorisation et en vertu de la délégation du ministre.

En principe, tous les marchés au nom de l'État sont faits par voie d'adjudication publique et au rabais, sauf la faculté réservée aux ministres de traiter de gré à gré dans certains cas limitativement énumérés. Il est dans l'esprit et dans la lettre de la législation administrative sur les marchés de fournitures, comme sur les marchés de travaux publics [*voir*, n° 318, les textes qui concernent ce principe], que toutes les affaires soient traitées au grand jour, que toutes les entreprises soient adjugées sous les yeux des populations et sous l'aiguillon de la liberté des enchères. La publicité et la concurrence forment en principe les règles à suivre, par ce motif, indiqué dans le rapport du ministre de l'intérieur du 13 avril 1861, « qu'il importe au plus haut degré que l'administration échappe » non-seulement à l'abus, mais encore au soupçon ».

Ce n'est qu'à ces marchés, passés au nom de l'État par les ministres ou les agents revêtus d'une délégation ministérielle, que s'applique, sauf recours au conseil d'État, le droit de décision des ministres ; c'est en l'an VIII, par la loi du 12 vendémiaire, que cette attribution de compétence au profit des ministres a été heureusement substituée à la juridiction judiciaire, proclamée en cette matière par la loi du 4 mars 1793, au détriment des fournisseurs qui jamais ne furent plus mal payés, et de l'administration dont les services trouvaient dans les lenteurs de la procédure judiciaire une cause de souffrance de plus.

Les tribunaux judiciaires sont seuls compétents si la contestation s'élève, non entre l'administration et le fournisseur, mais entre le fournisseur et un sous-traitant ; il en est de même de toutes les difficultés relatives aux marchés de fournitures passés pour le compte des départements ou des communes.

433. Dans ces divers actes des ministres, comme liquidateurs de la dette publique et des pensions de retraite, ou appliquant aux fournisseurs de l'État les mesures prévues par leurs marchés, l'opinion nouvelle que nous avons adoptée dès la précédente édition de cet ouvrage, après la remarquable discussion d'un savant auteur [1], cesse de voir des actes de juridiction. Les ministres statuent, en ces matières, non comme juges, mais comme administrateurs. Il est bien vrai qu'un recours direct au conseil d'État par la voie contentieuse est ouvert, dans ces hypothèses, contre leurs décisions ; mais, dans ces divers cas, leurs actes n'en ont pas moins la même nature que ceux qu'ils accomplissent dans les hypothèses où c'est devant l'autorité judiciaire [n°s 1057 et 1102] que doit être portée la difficulté contentieuse née de la décision ministérielle. De même, nul ne reconnaît un jugement dans le décret [n° 1079] qui accorde une pension de retraite dont le fonctionnaire trouve le chiffre inférieur à celui auquel il croit avoir droit, et nous n'avons jamais vu un jugement dans l'arrêté par lequel le préfet refuse d'autoriser la création d'un établissement industriel classé comme insalubre [n° 358], bien que, dans l'un et l'autre cas, le décret et l'arrêté préfectoral puissent être directement attaqués devant le conseil d'État par la voie contentieuse. Il est donc plus rationnel de reconnaître qu'il en est de même de l'arrêté ministériel, et que la voie de recours ouverte ne peut le transformer en acte de juridiction.

On y gagne de ne plus voir l'État juge et partie dans la personne du ministre ; on y gagne aussi, tout en diminuant les cas dans lesquels les ministres font fonction de juges, de restreindre la dérogation à la règle, suivant nous salutaire, de l'an VIII, qui sépare en principe l'action de la juridiction administrative.

---

[1] *Conférences sur le droit administratif faites à l'école des ponts et chaussées* par M. Léon Aucoc, président de section au conseil d'État, t. Ier, p. 458 à 476.

Il est vrai que ce système nouveau sur la nature des actes des ministres a pour conséquence d'élargir d'une façon très-notable le nombre des cas dans lesquels le conseil d'État est appelé à statuer comme unique degré de juridiction [n° 274].

Mais l'existence de deux degrés de juridiction en matière administrative n'est consacrée par aucune disposition générale ; et, d'autre part, les ministres n'ayant pas fait fonction de juges, rien ne s'oppose, dès lors, à ce qu'ils concluent dans ces affaires au nom de l'État devant le conseil ; et il n'y a plus à distinguer si leurs décisions, qui ne sont pas des jugements, sont contradictoires ou par défaut, le recours au conseil devant toujours être formé dans le délai de trois mois, fixé par l'article 11 du décret de 1806.

434. La doctrine qui vient d'être enseignée réduit notablement la juridiction contentieuse des ministres. Nous croyons cependant qu'elle doit l'être encore davantage. La plupart des auteurs, même celui que nous avons cité plus haut, admettent que les ministres statuent aussi comme juges, lorsqu'ils sont saisis d'un recours dirigé contre une décision non contentieuse d'un préfet comme violant un droit. Nous mentionnons ici cette opinion sans y adhérer ; nous persistons à considérer [*voir* n°ˢ 72, 98 et 122] que c'est comme administrateurs, et non comme juges, que les ministres connaissent des actes non contentieux de leurs subordonnés. Suivant nous, la décision à intervenir ne change pas plus de caractère et de nature par l'effet du recours hiérarchique, en passant du troisième au second degré de la hiérarchie administrative, que lorsque le recours s'adresse d'abord à l'auteur de l'acte lui-même mieux informé ; l'acte ministériel qui maintient ou annule l'arrêté préfectoral, n'est pas plus un jugement que le premier arrêté préfectoral ou le second qui confirme le premier. Dans cette hypothèse comme dans la précédente, le conseil d'État statuera comme unique degré de juridiction.

435. Si importantes que soient ces éliminations, la juridiction contentieuse des ministres n'en subsiste pas moins, tant qu'un texte, que nous verrions survenir sans regret, ne l'aura pas fait disparaître. Les ministres sont juges [1] dans les cas suivants :

1° Lorsque, la contestation rentrant dans le contentieux administratif, la loi n'a attribué compétence à aucune autre juridiction

---

[1] Ainsi se complète notre étude sur les ministres successivement considérés, 1° au point de vue de leurs fonctions gouvernementales, dans la partie de nos

[n° 429] et que l'acte n'émane pas du pouvoir exécutif [n° 274 5°]. Pour chaque ministre, cette règle est de nature à recevoir les applications les plus variées [n°ˢ 478, 1527, et autres].

2° Lorsqu'ils sont saisis d'un recours formé devant eux contre une décision contentieuse d'un préfet, soit qu'elle émane directement du préfet [n°ˢ 438, 439, 500], soit que celui-ci ait statué sur la décision contentieuse d'un sous-préfet [n° 440], ou d'un maire [n° 441].

3° Lorsqu'un texte confère au ministre le droit de statuer comme juge. C'est ainsi, par exemple, que la loi du 18 juillet 1860 sur l'émigration donne au ministre de l'agriculture et du commerce le droit de régler les indemnités dues aux émigrants par les agences d'émigration, dans le cas où celles-ci n'auraient pas rempli depuis le départ du navire leurs engagements envers les émigrants. C'est encore ainsi qu'une loi du 10 juillet 1850 approuve un marché passé par le ministre des finances pour l'entreprise du transport des dépêches entre Marseille et la Corse, dont l'article 53 porte : « Toutes les difficultés auxquelles pourraient donner lieu » l'exécution ou l'interprétation des clauses du présent cahier des » charges, seront jugées administrativement par le ministre des » finances, sauf recours au conseil d'État (Trib. confl. 1ᵉʳ février 1873, *État* c. *Valéry frères*) ».

436. Jusqu'au décret de 2 novembre 1864, aucune forme de procédure n'a été tracée pour l'instruction des affaires de la compétence des ministres. Elles s'instruisent, sur simples mémoires, dans les bureaux du ministère, et la décision est rendue, parfois sur le rapport d'un agent de l'administration ou d'un employé du ministère, parfois sur l'avis de la section du conseil d'État correspondant au département du ministre qui a rendu la décision ; c'est à cette dernière hypothèse que fait allusion l'article 20 de la loi du 24 mai 1872 aux termes duquel : « Les membres du conseil d'État ne » peuvent participer au jugement des recours dirigés contre les » décisions qui ont été préparées par les sections auxquelles ils » appartiennent s'ils ont pris part à la délibération ». La forme de l'arrêté ministériel n'est pas davantage déterminée, et rien ne ré-

---

prolégomènes de droit constitutionnel consacrée aux conditions de fonctionnement du pouvoir exécutif par rapport aux assemblées législatives, 2° de leurs fonctions administratives [n°ˢ 67 à 73, 431 à 434], et 3° de leurs fonctions contentieuses [n°ˢ 427 à 430, 435 à 437].

vèle extérieurement s'il est un jugement rendu au contentieux ou un acte d'administration pure.

437. Les articles 5, 6 et 7 du décret du 2 novembre 1864 ont eu pour but de hâter la décision ministérielle, et de mettre les parties intéressées en mesure de connaître les motifs des décisions rendues sur leurs réclamations. L'article 6 s'applique à la fois aux décisions contentieuses et non contentieuses des ministres ; et, à ce sujet, une révélation utile est faite, avec l'autorité qui lui appartient, par l'auteur que nous avons cité ci-dessus : « Le conseil » d'État qui a rédigé le décret a eu soin, dit-il, de ne pas qualifier » de jugements les actes auxquels il faisait allusion ; précisément » parce qu'il ne voulait pas consacrer la théorie qui attribue aux » ministres le pouvoir de juges dans tous les cas où leurs décisions » sont susceptibles de recours devant le conseil d'État ».

Les ministres font délivrer aux parties intéressées qui le demandent un récépissé constatant la date de la réception et de l'enregistrement au ministère de leur réclamation (Décret du 2 novembre 1864, art. 5). — Les ministres statuent par des décisions spéciales sur les affaires qui peuvent être l'objet d'un recours par la voie contentieuse. Ces décisions sont notifiées administrativement aux parties intéressées (art. 6). — Lorsque des ministres statuent sur des recours contre les décisions d'autorités qui leur sont subordonnées, leur décision doit intervenir dans le délai de quatre mois à dater de la réception de la réclamation au ministère. Si des pièces sont produites ultérieurement par le réclamant, le délai ne court qu'à dater de la réception de ces pièces. Après l'expiration de ce délai, s'il n'est intervenu aucune décision, les parties peuvent considérer leur réclamation comme rejetée et se pourvoir devant le conseil d'État (art. 7). — Lorsque les ministres sont appelés à produire des défenses ou à présenter des observations sur des pourvois introduits devant le conseil d'État, la section du contentieux fixe, eu égard aux circonstances de l'affaire, les délais dans lesquels les réponses et observations doivent être produites (art. 8).

§ III. — Préfets, sous-préfets et maires juges au contentieux.

438. Attributions contentieuses des préfets.
439. Devant quelle autorité et dans quel délai l'appel contre leurs décisions doit être formé.
440. Attributions contentieuses des sous-préfets.
441. Attribution contentieuse des maires relative au logement des gens de guerre.
442. Autres attributions, dont l'une relative aux courses. Règle commune.

438. Le préfet statue, tantôt en appel comme investi du droit de connaître des recours formés contre les décisions contentieuses

des sous-préfets et des maires; tantôt directement lorsqu'il est saisi du droit de juger par un texte formel.

Ces textes sont actuellement et heureusement fort rares; en effet, jusqu'ici le progrès a consisté à les restreindre de plus en plus : c'est ainsi que nous avons vu [n° 426] l'article 11 de la loi du 21 juin 1865 transporter aux conseils de préfecture la connaissance de toutes les affaires dont le *jugement* était attribué au préfet en conseil de préfecture. Un pas de plus dans la voie du progrès consisterait, suivant nous, à faire complétement disparaître les attributions contentieuses des administrateurs, et à réaliser le principe de séparation posé depuis l'an VIII entre l'action et la juridiction administrative ; et, en raison des précédents, il ne reste que peu de chose à faire pour achever l'œuvre. Mais le projet de loi dont la commission de décentralisation de l'assemblée nationale l'a saisie, pour l'inviter à décentraliser en supprimant les conseils de préfecture et en donnant une partie de leurs attributions contentieuses aux préfets [n° 289], a aussi sous ce rapport proposé le contraire de ce que nous persistons à considérer comme étant le progrès désirable.

439. Dans l'état actuel des attributions contentieuses si restreintes des préfets, il est à peine utile d'examiner les difficultés pouvant se produire relativement aux règles et aux délais des recours ouverts contre l'arrêté préfectoral contentieux : absence de délai pour réclamer devant le ministre; délai de trois mois [n° 279] à partir de la notification, pour attaquer devant le conseil d'État, soit la décision du préfet, soit celle du ministre, suivant les textes; degrés de juridiction non limités.

440. Le sous-préfet était chargé, par l'article 15 de l'arrêté du 8 prairial de l'an XI, de juger diverses contestations relatives à l'octroi de navigation ; la loi du 9 juillet 1836 (art. 21) a attribué la connaissance des questions de fond aux tribunaux judiciaires; d'après l'opinion la plus générale, les questions de formes seraient restées soumises à la décision du sous-préfet; toutefois cette division dans la compétence nous semble peu motivée, et présente un intérêt pratique presque nul.

Mais nous persistons à voir une véritable juridiction contentieuse dévolue au sous-préfet par les articles 20 du Code forestier (modifié par la loi du 4 mai 1837) et 86 de l'ordonnance du 1ᵉʳ août 1827, dans le pouvoir que ces textes lui confèrent, comme président de la séance d'adjudication des coupes de bois des forêts domaniales, de *décider* immédiatement sur toutes les contestations pouvant s'élever pendant les opérations d'adjudication, soit sur la validité desdites opérations, soit sur la solvabilité de ceux qui auront fait des offres et celle de leurs cautions.

441. Les attributions contentieuses des maires ne sont guère plus étendues. Ils statuent sur les difficultés relatives à l'indemnité due, par les officiers qui marchent sans troupes, aux habitants tenus de les recevoir sur billets de logement (L. 23 mai 1792-18 janvier 1793 ; règlement annexe, art. 26 et 52). Il faut remarquer que les lois et règlements relatifs au logement des militaires français ne s'appliquent pas au logement des soldats étrangers en temps de guerre. En réglementant, sur les injonctions des chefs d'une armée envahissante, le logement et la nourriture d'officiers et soldats étrangers, le maire d'une commune n'exerce pas les fonctions d'un magistrat administratif chargé d'assurer le maintien de l'ordre au nom du gouvernement français, et les réquisitions émanées de lui à cette occasion ne constituent pas des actes de police administrative; le maire agit, en ce cas, dans les termes de la loi des 16-24 août 1790, qui confie à la vigilance des corps municipaux le soin de prévenir et d'atténuer, dans l'intérêt de la communauté, les accidents et fléaux calamiteux. En conséquence, les tribunaux de l'ordre judiciaire ayant juridiction dans toutes les instances en paiement dirigées contre les communes en toutes matières pour lesquelles il n'y a pas de texte contraire, sont compétents pour connaître des demandes formées contre une commune en remboursement des dépenses causées à l'habitant par ces réquisitions, et du recours en garantie de la part de la commune (Paris, 8 avril 1873, *Odot et Leguay* c. *ville de Sens* ; 8 avril 1873, *Godard-Bellois*, *Courson de Villeneuve et autres* c. *ville de Vitry-le-François* [n° 382]).

442. Les maires statuent provisoirement lorsque les employés des contributions indirectes ne veulent pas, pour la perception du droit de détail, accepter le prix déclaré par le débitant (Loi du 28 avril 1816, art. 49). — Un décret du 4 juillet 1806 (art. 27 et 28) porte que les difficultés en matière de courses de chevaux sont provisoirement jugées par le maire et, définitivement, par le préfet ; il est vrai que cette juridiction est également attribuée à une commission des courses par un arrêté ministériel du 17 mai 1853;

cet arrêté n'a pu enlever au maire la compétence qu'il tient d'un décret, mais il ne heurte aucun texte, lorsque les concurrents acceptent librement la commission pour tribunal, ou lorsque dans son sein se trouve le préfet qui, juge définitif, dessaisit le maire juge provisoire, si, dans ce cas, le préfet partage l'avis de la majorité de la commission. — Il convient de remarquer que, dans chacun de ces cas, l'appel serait porté directement du maire au préfet, sans passer par l'intermédiaire du sous-préfet. — Un caractère commun à ces trois juridictions, des préfets, des sous-préfets et des maires, est l'absence de règles de procédure, déjà signalée en traitant de la juridiction contentieuse des ministres [n° 436].

SECTION III. — TRIBUNAUX ADMINISTRATIFS SPÉCIAUX.

443. Division de cette section en six paragraphes.

443. Les tribunaux dont la compétence est restreinte à des spécialités administratives sont nombreux.

Le 1er paragraphe de cette section sera exclusivement consacré à la cour des comptes ; le 2e au conseil supérieur de l'instruction publique et aux conseils académiques et départementaux ; dans le 3e, il sera traité des conseils de révision et des préfets maritimes ; dans le 4e, de l'ancienne commission et de l'administration actuelle des monnaies ; dans le 5e, des commissions de plus-value et autres commissions contentieuses ; et dans le 6e, des attributions des tribunaux administratifs de l'Algérie et des colonies, en même temps que de l'organisation des pouvoirs publics dans ces possessions françaises.

§ Ier. — COUR DES COMPTES.

444. Origines de la cour des comptes.
445. Anciennes chambres des comptes ; chambre des comptes de Paris.
446. Commissions de comptabilité nationales.
447. Création de la cour des comptes en 1807 ; son caractère et sa mission.
448. Législation qui la régit.
449. Composition de la cour des comptes.
450. Son organisation en trois chambres.
451. Référendaires.
452. Auditeurs et auditeurs-rapporteurs.

453. Juridiction et institution de la cour, comme tribunal administratif.
454. Elle ne juge ni les comptes d'administration des ordonnateurs ni les comptes de gestion des comptables de matières.
455. Elle juge les comptes de gestion des comptables de deniers ; leur énumération.
456. Comptables de fait ; gestions occultes.
457. Textes qui consacrent le principe fondamental, en matière de comptabilité publique, de la séparation des ordonnateurs et des comptables.
458. Obligations principales et responsabilité des comptables.
459. Règles de procédure de la cour des comptes.
460. Des diverses sortes d'arrêts.
461 Des voies de recours.
462. La cour des comptes, comme corps politique, rend des déclarations de conformité, et fait un rapport au pouvoir exécutif.
463. Attributions de contrôle de la cour des comptes sur les comptables de matières.

444. La cour des comptes, créée en 1807, se rattache historiquement aux *chambres des comptes* de l'ancienne monarchie, et à la *commission de comptabilité nationale* du droit intermédiaire. Ces trois sortes d'institutions correspondent à trois périodes distinctes dans l'histoire du pays et à trois systèmes différents pour le jugement des comptes ; les deux premières forment les origines historiques de l'institution actuelle.

445. Dans le principe il n'y eut qu'une seule chambre des comptes, siégeant à Paris pour toute la France. A partir du XVI° siècle il y en eut plusieurs autres dont l'existence se rattachait à la division des anciennes provinces, en pays d'états et pays d'élection. En 1789, il y avait dix chambres des comptes siégeant à Paris, Dijon, Grenoble, Aix, Nantes, Montpellier, Rouen, Metz, Nancy et Bar-le-Duc. Quatre autres, à Lille, Dôle, Blois et Pau, avaient été successivement instituées, puis supprimées et réunies à divers parlements ; elles n'existaient plus en 1789. Mais aucun lien ne rattachait les chambres des comptes des provinces à la chambre des comptes de Paris ; elles étaient souveraines comme celle-ci, qui elle-même ne l'était pas devenue sans difficulté.

A l'origine elle avait fait partie du parlement ; puis elle en fut séparée, et les deux compagnies demeurées rivales eurent de nombreux conflits, principalement relatifs au droit, que le parlement prétendait exercer, de connaître par voie d'appel des décisions de la chambre des comptes de Paris.

Deux ordonnances données, l'une par Charles VII à Bourges en décembre 1460, et l'autre par Louis XI à Saint-Jean-d'Angély le

5 février 1464, permettaient d'interjeter appel au parlement des décisions de la chambre des comptes ; bien qu'une autre ordonnance de Louis XI, rendue à Poitiers le 26 février 1464 [1], contînt une règle contraire, l'antagonisme des deux juridictions, profitant de ce conflit de décisions opposées, dura jusqu'à François Ier, qui, à l'occasion d'un appel porté au parlement par les habitants de la Rochelle contre un arrêt de la chambre des comptes, rendit, à Lameilleraie, le 2 août 1520, un mandement portant défense au parlement d'en connaître alors et à l'avenir.

La chambre des comptes de Paris avait des attributions *politiques* : à ce titre elle enregistrait les traités de paix, les contrats de mariage des rois, le serment des prélats, les lettres d'ennoblissement, etc. ; *domaniales* : les titres du domaine étaient confiés à sa garde ; elle était chargée de l'enregistrement de tous les actes relatifs au domaine ; *de comptes et finances*, qui seules font, de cette chambre et des chambres des comptes des provinces à partir du XVIe siècle, les devancières de la cour des comptes.

Mais ces chambres n'avaient pas seulement le jugement des comptes, elles avaient aussi sur les comptables, *pour tout le fait des comptes*, une juridiction criminelle allant *jusqu'à la torture*, et pouvant aller au delà avec le concours de quelques membres du parlement.

Telle était l'institution de l'ancienne monarchie. Elle a rendu de véritables services dans l'exercice de ses attributions domaniales, en se montrant la gardienne vigilante des titres du domaine ; mais, au point de vue financier, le mode de perception des deniers publics, l'absence de publicité, et l'arbitraire qui régnait dans l'administration des finances, la frappaient d'impuissance.

446. L'Assemblée constituante supprima toutes les anciennes chambres des comptes ; et la chambre des comptes de Paris, réduite à la ligne de compte, après avoir été provisoirement maintenue en fonctions, tint sa dernière séance le lundi 19 septembre 1791. L'Assemblée constituante, par la loi des 17-29 septembre 1791, déclara qu'elle se réservait à elle-même, non pas seulement le

---

[1] Cette ordonnance, dans un temps où il n'y avait pas encore de chambres des comptes dans les provinces de France, définit en effet la chambre des comptes de Paris de la manière suivante : « une cour *souveraine*, principale, » première, seule et singulière, *du dernier ressort*, en tout le fait des comptes » et finances, l'arche et le répositoire des titres et enseignements de la couronne » et du secret de l'État, gardienne de la régale et conservatrice des droits et » domaines du roi ».

contrôle de la comptabilité, mais le jugement des comptes de deniers ; elle institua seulement un *bureau de comptabilité* pour les recevoir et les vérifier provisoirement. L'assemblée législative jugeait elle-même les comptes. C'était un empiétement de la puissance législative ; elle s'attribuait une mission de juridiction, contrairement au principe de la séparation des pouvoirs par elle proclamé.

Cette mission fut bientôt confiée, en dehors de la représentation législative, à une *commission de comptabilité nationale*, successivement organisée par les Constitutions de 1793, de l'an III et de l'an VIII. D'après cette dernière Constitution, celle du 22 frimaire de l'an VIII, cette commission fut composée de sept membres choisis par le sénat dans la liste nationale d'éligibilité. Ce système était vicieux, par d'autres causes que celui antérieur à 1789. Ces commissions de comptabilité nationale n'étaient ni assez nombreuses, ni assez fortement constituées pour suffire à leur tâche ; elles laissèrent subsister un arriéré considérable. Ce système avait également fait sa preuve d'insuffisance.

447. En 1807, l'empereur Napoléon Ier et le comte Mollien, ministre du trésor, conçurent la pensée d'un troisième système [1] ; il avait pour objet la création d'un corps de magistrature spécial, dont le nombre fût proportionné à l'étendue de la tâche à remplir, haut placé, exclusivement chargé de vérifier la comptabilité et de la juger : c'était la création d'une cour des comptes.

D'après la loi de son institution, la cour des comptes a une double mission : elle juge et elle contrôle ; d'une part, elle forme un tribunal administratif chargé de la vérification et du jugement de certains comptes de gestion ; d'autre part, elle est un corps poli-

---

[1] « Une seule institution manquait encore pour que l'administration de la France ne laissât plus rien à désirer. On avait réuni dans la comptabilité centrale, comme dans un foyer où des rayons lumineux viennent se concentrer pour répandre plus d'éclat, tous les moyens de contrôle et de constatation mathématique. Mais cette comptabilité n'avait qu'une autorité purement administrative..... Il restait à créer une juridiction plus élevée, c'est-à-dire une magistrature apurant tous les comptes, déchargeant valablement les comptables dégageant leurs personnes et leurs biens hypothéqués à l'État, affirmant, après un examen fait en dehors des bureaux des finances, l'exactitude des comptes présentés, et donnant à leur règlement annuel la forme et la solennité d'un arrêt de cour suprême. Il fallait enfin créer une cour des comptes. Napoléon y avait souvent pensé, et il réalisa au retour de Tilsitt cette grande pensée. (Thiers, *Histoire du consulat et de l'Empire*, t. VIII. p. 111) ».

tique destiné, par son contrôle sur les comptes d'administration et les autres comptes de gestion, à éclairer le pouvoir exécutif et le pouvoir législatif. A ce double point de vue, elle est la gardienne de la fortune publique et des lois de finances.

Aux deux systèmes qui l'ont précédé, pour la vérification des comptes, ce troisième système a emprunté quelque chose.

Au système de l'ancienne monarchie, il a pris l'idée de la création d'un corps de magistrature, suffisamment nombreux, composé d'éléments analogues à ceux des anciennes chambres des comptes, constitué dans des conditions d'indépendance par l'inamovibilité de ses membres.

Au système de la période intermédiaire, celui des commissions de comptabilité, et en outre des principes de droit public fondamentaux en matière de finances proclamés en 1789, le système organisé en 1807 pour le jugement des comptes a emprunté trois choses principales : 1° l'unité de juridiction financière pour toute la France, en rejetant la pluralité des anciennes chambres des comptes ; 2° la restriction de compétence de la cour à la comptabilité publique, sans aucun mélange d'attributions domaniales ou autres ; et 3° la suppression de toute compétence criminelle en raison des crimes, même découverts par le jugement des comptes.

448. La cour des comptes a été créée et organisée par la loi du 16 septembre 1807, et le décret du 28 du même mois, rendu en vertu des pouvoirs conférés au gouvernement par l'article 2 de ladite loi ; ils forment encore la législation sur la matière, sauf les décrets reproduits ci-dessous et relatifs aux auditeurs créés près la cour, et à une légère augmentation du nombre des référendaires.

En effet, depuis sa création, les attributions de la cour des comptes se sont élargies : sa juridiction sur les comptables de deniers, dès les premières années qui ont suivi, est devenue plus directe en devenant individuelle ; son contrôle sur les comptes d'administration des ordonnateurs s'est développé avec les progrès du régime représentatif ; son contrôle enfin a été étendu par la loi du 6 juin 1843 sur les comptables de matières. Mais l'organisation de la cour n'a pas varié, sauf une faible augmentation de personnel. L'institution est demeurée intacte à travers les régimes politiques les plus divers, à travers les commotions, les plus profondes et les plus contraires, subies par le pays.

En outre des actes législatifs de 1807, il faut signaler comme réglant tout ce qui concerne la cour des comptes, le décret impérial du 31 mai 1862 portant règlement général sur la comptabilité publique; ce décret n'a pas moins de 883 articles, et forme un véritable code de la comptabilité française, dans lequel se trouvent coordonnées toutes les dispositions législatives de la matière, avec des dispositions réglementaires que ce décret reproduit ou modifie en les codifiant.

449. La cour des comptes se compose, sur le modèle de la chambre des comptes de Paris en 1789, d'un premier président, de trois présidents, de dix-huit conseillers-maîtres des comptes, de quatre-vingt-quatre référendaires ou conseillers référendaires, dont vingt-quatre de première et soixante de seconde classe; d'un procureur général; de vingt-cinq auditeurs, quinze de première et dix de seconde classe; et d'un greffier en chef.

Pour être nommé premier président, président, procureur général, conseiller-maître et greffier, il faut avoir trente ans.

Les traitements des membres de la cour des comptes sont fixés ainsi qu'il suit : le premier président, 35,000 fr.; les présidents de chambre, 18,000 fr.; le procureur général, 35,000 fr.; les conseillers-maîtres, 15,000 fr.; le greffier en chef, 15,000 fr.; les conseillers référendaires de première classe, 6,000 fr.; les conseillers référendaires de seconde classe, 2,400 fr. (D. 19 mars 1852).

450. La cour est divisée en trois chambres, composées chacune d'un président et de six conseillers-maîtres; chaque année, deux membres de chaque chambre sont répartis entre les deux autres, ou placés dans une seule, selon que le service l'exige. Les conseillers-maîtres et présidents composant ainsi chaque chambre ont seuls voix délibérative, et forment seuls les membres du tribunal administratif ayant mission de juger. Chaque chambre a ses attributions déterminées : la première juge les comptes relatifs aux recettes de l'État; la seconde juge ceux relatifs aux dépenses de l'État; et la troisième les comptes des recettes et des dépenses des communes et des établissements publics.

451. Les référendaires sont chargés de l'instruction et de la vérification de tous les comptes, et d'en faire le rapport aux trois chambres indistinctement; ils signent les arrêts rendus sur leur rapport, mais ils n'ont jamais voix délibérative, même dans les affaires dont ils font le rapport. Ils peuvent être suppléés dans l'ac-

complissement de leur tâche par quinze auditeurs, ayant quatre ans d'exercice et désignés nominativement par le chef de l'État; on les appelle les auditeurs-rapporteurs.

Pour être nommé référendaire de seconde classe, il faut avoir vingt-cinq ans accomplis. Nul ne peut être référendaire de première classe s'il n'a été de la seconde pendant deux ans au moins; les référendaires passent de la seconde à la première classe, moitié par l'ancienneté, moitié par le choix du gouvernement.

452. Nous reproduisons les dispositions actuellement en vigueur de cinq décrets qui ont créé et développé l'utile institution des auditeurs et des auditeurs-rapporteurs près la cour des comptes.

Décret du 23 octobre 1856. — Considérant qu'il importe de placer auprès de la cour des comptes une classe d'auditeurs qui, par ses études préparatoires, présente des garanties spéciales d'aptitude aux fonctions de conseiller référendaire à ladite cour; sur le rapport de notre ministre secrétaire d'État au département des finances, avons décrété : — Art. 1er. Il y aura près la cour des comptes des auditeurs dont le nombre ne pourra excéder *vingt*; ils seront nommés par l'empereur. — Art. 2. Les auditeurs seront placés sous la direction du premier président, qui pourra les adjoindre aux conseillers référendaires pour prendre part aux travaux d'instruction et de vérification confiés à ces magistrats. — Art. 3 (*abrogé par le décret du 25 décembre 1869, art. 4*). — Art. 4. Les auditeurs peuvent être révoqués par un décret sur la proposition du ministre des finances et sur l'avis du premier président et du procureur général.

Décret du 14 décembre 1859. — Art. 1er. Un traitement de deux mille francs est alloué aux auditeurs de première classe. — Art. 2. Sont nommés auditeurs de première classe...; sont maintenus auditeurs et rangés dans la deuxième classe par ordre d'ancienneté de service... — Art. 3. Les promotions de la deuxième à la première classe auront lieu moitié au choix, moitié à l'ancienneté. La première nomination sera faite au choix.

Décret du 12 décembre 1860. — Art. 1er. Le nombre des conseillers référendaires à la cour des comptes est porté de quatre-vingts à quatre-vingt-quatre, savoir : vingt-quatre de première classe, soixante de deuxième classe. — Art. 2. Après quatre années d'exercice, les auditeurs près la cour des comptes désignés par un décret de l'empereur pourront être autorisés à faire directement des rapports aux chambres de la cour et à signer les arrêts rendus sur leurs rapports. Ils jouiront des mêmes droits, et seront soumis aux mêmes règles de discipline que les autres membres de la cour des comptes. Une somme annuelle sera allouée pour être distribuée, à titre de préciput, aux auditeurs qui auront reçu cette autorisation ; la répartition en sera opérée dans les mêmes formes que les distributions faites tous les six mois aux conseillers référendaires. — Art. 3 et 4 (*abrogés par le décret du 11 octobre 1866 et celui du 25 décembre 1869, art. 2 et 3.*)

Décret des 19 mars 1864-11 octobre 1866. — Art. 1er. Les auditeurs de première classe près la cour des comptes sont appelés moitié par le choix, moitié par l'ancienneté, aux places que l'article 4 du décret du 12 décembre 1860 leur réserve dans l'ordre des conseillers référendaires de deuxième classe.

Décret du 25 décembre 1869.— Art. 1ᵉʳ. Le nombre des auditeurs près la cour des comptes est porté de vingt à vingt-cinq, savoir : quinze de première classe, dix de deuxième classe. — Art. 2. Le nombre des auditeurs, qui, aux termes des articles 2 et 3 de notre décret du 12 décembre 1860, peuvent, après quatre années d'exercice, être autorisés à faire directement des rapports aux chambres de la cour, et à signer les arrêts rendus sur leur rapport, est porté de dix à quinze. — Art. 3. A l'avenir, les auditeurs de première classe près la cour des comptes auront droit à la moitié des places vacantes dans l'ordre des conseillers référendaires de deuxième classe. — Art. 4. L'article 3 du décret du 23 octobre 1856 est modifié ainsi qu'il suit : « Nul ne peut être nommé auditeur de deuxième classe près la cour des comptes, s'il n'est âgé de vingt et un ans au moins, s'il n'est licencié en droit et s'il n'a été jugé admissible par une commission d'examen dont les membres sont nommés par le ministre des finances, et qui est composée d'un conseiller-maître, de deux conseillers référendaires, l'un de première classe, l'autre de deuxième, et deux fonctionnaires appartenant à l'administration centrale des finances. La liste des licenciés en droit admis à subir l'examen est arrêtée par le ministre des finances [1]. Elle ne peut comprendre que des candidats âgés de moins de vingt-huit ans ».

453. La cour des comptes, en tant que tribunal administratif, rend des *arrêts* par lesquels elle juge les comptes soumis à sa juridiction [nᵒˢ 447, 454 et 455].

Sa juridiction s'étend sur toute la France. Elle marche après la cour de cassation; elle ne relève que du conseil d'État, et seulement pour excès de pouvoir, incompétence, violation des formes et de la loi.

Elle statue toujours en dernier ressort et en règle générale comme degré unique de juridiction; ce n'est qu'exceptionnellement qu'elle est saisie sur l'appel des arrêtés des conseils de préfecture, en matière de comptabilité des communes et des établissements publics, lorsque les revenus n'excèdent pas trente mille francs [*voir* nᵒˢ 398 et 399], et des règlements faits par les conseils privés des colonies (D. 1862, art. 375 *in fine* [nᵒ 455]).

Ses séances ne sont pas publiques, la publicité étant peu profitable au jugement des comptes. Elle est placée dans le département du ministre des finances. Elle est le seul tribunal administratif dont les membres (présidents, conseillers-maîtres et référendaires) jouissent du bénéfice de l'inamovibilité; le décret législatif du 1ᵉʳ mars 1852 sur la mise à la retraite de plein droit des magistrats de l'ordre judiciaire leur est applicable, par assimilation aux membres de la cour de cassation (à 75 ans) pour les présidents et con-

---

[1] *Voir* dans le deuxième appendice, à la fin de cet ouvrage, LE PROGRAMME DU CONCOURS pour l'auditorat à la cour des comptes, avec les renvois aux parties du présent ouvrage où se trouvent traitées les questions de ce programme.

seillers-maîtres, et aux membres des cours d'appel (à 70 ans) pour les conseillers référendaires (D. lég. 19 mars 1852, art. 1er et 2). La cour peut d'office ou sur la réquisition du procureur général prononcer contre ceux de ses membres qui auraient manqué aux devoirs de leur état ou compromis la dignité de leur caractère : 1° la censure; 2° la suspension des fonctions; 3° la déchéance, cette dernière mesure ne devenant exécutoire qu'un vertu d'un décret rendu sur le rapport du ministre des finances (D. 1852, art. 3 et 4).

454. La juridiction de la cour des comptes, par suite de l'indépendance nécessaire à l'administration, ne s'étend pas sur les comptes des agents de l'administration active chargés d'ordonnancer les dépenses, c'est-à-dire de faire emploi, en donnant l'ordre de payer, des crédits régulièrement ouverts d'après les règles exposées plus loin [n°s 572 et 574]. Chaque ministre est l'*ordonnateur* supérieur de son département; il délivre des ordonnances de paiement sur le vu desquelles les fonds sont délivrés, ou des ordonnances de délégation qui autorisent les ordonnateurs secondaires, préfets, maires, chefs des divers services publics, à disposer d'une partie du crédit ouvert au ministère; ceux-ci en disposent par des mandats de paiement en vertu desquels les fonds sont obtenus par les parties prenantes [*voir* n° 1063]. Ces comptes *moraux* ou d'*administration* des *ordonnateurs* sont soumis à l'administration elle-même, puis au contrôle de la cour des comptes [n° 462], mais jamais à sa juridiction. La séparation des fonctions d'ordonnateurs de celles de comptables est un principe fondamental de la comptabilité publique consacré par la loi de 1807 [n° 457].

La juridiction de la cour des comptes ne s'étend qu'aux comptes *de gestion* présentés par les *comptables,* et seulement aux comptes de gestion de *deniers*, mais non aux comptes *matières* présentés par les comptables préposés à la garde des magasins, chantiers, arsenaux, usines, contenant des matériaux et objets appartenant à l'État, et de la conservation desquels ils sont responsables; la cour contrôle ces comptes [n° 463]; elle ne les juge pas.

455. Ses justiciables sont donc les *comptables en deniers*, ayant une caisse destinée à recevoir les deniers publics, ayant un maniement d'argent, préposés à la recette comme les receveurs des finances [*voir* n° 1131], ou préposés à la dépense comme les payeurs. Le décret réglementaire du 31 mai 1862 sur la comptabilité publique définit les *deniers publics* de la manière suivante dans son

article 1er : « Les deniers publics sont les deniers de l'État, des dé-
» partements, des communes et des établissements publics et de
» bienfaisance ». Ce décret, dans son article 375, donne des comptables, dont les comptes sont jugés par la cour, une nomenclature
non limitative qu'il faut connaître [*voir* aussi n° 398].

La cour des comptes est chargée de juger les comptes des recettes et des dépenses publiques qui lui sont présentés, chaque année, par les receveurs généraux des finances, les payeurs du trésor public, les receveurs de l'enregistrement, du timbre et des domaines, les receveurs des douanes, les receveurs
des contributions indirectes, les receveurs comptables des postes, les directeurs
des monnaies, les comptables de l'Algérie et des colonies, le directeur comptable des caisses centrales du Trésor et l'agent responsable des virements des
comptes. Elle juge aussi les comptes annuels de l'agent comptable du grand-
livre et de celui des pensions, des agents comptables des transferts et mutations à Paris et dans les départements, du caissier de la caisse d'amortissement
et de celle des dépôts et consignations, de l'imprimerie impériale, de l'agent
comptable des chancelleries consulaires, du trésorier général de la marine, de
l'agent comptable des traites des invalides de la marine, des économes des
lycées impériaux, du caissier de la caisse des travaux de Paris, des receveurs
des communes, hospices et établissements de bienfaisance dont le revenu
atteint la limite fixée par les lois et règlements, enfin tous les comptes qui
lui sont régulièrement attribués. Les comptes matières sont aussi soumis au
contrôle de la cour des comptes. Elle statue, en outre, sur les appels formés soit
contre les arrêtés rendus par les conseils de préfecture sur les comptabilités
des receveurs des communes, hospices et établissements de bienfaisance, soit
contre les règlements prononcés par les conseils privés des colonies à l'égard
des comptes annuels des comptables soumis à la juridiction de ces conseils
(D. 31 mai 1862, *portant règlement général sur la comptabilité publique*,
art. 375).

456. A ces justiciables naturels de la cour des comptes, il faut
ajouter toutes les personnes qui, sans être fonctionnaires comptables, sont devenues *comptables de fait*, en s'ingérant dans le
maniement des deniers publics : ce sont les gestions *occultes*, assimilées aux gestions *patentes* et régulièrement décrites.

Toute personne autre que le comptable qui, sans autorisation légale, se
serait ingérée dans le maniement des deniers publics, est, par ce seul fait,
constituée comptable, sans préjudice des poursuites prévues par l'article 258
du Code pénal, comme s'étant immiscée sans titre dans les fonctions publiques.
Les gestions occultes sont soumises aux mêmes juridictions et entraînent la
même responsabilité que les gestions patentes et régulièrement décrites. Peut,
néanmoins, le juge, à défaut de justifications suffisantes et lorsqu'aucune infi-
délité ne se sera révélée à la charge du comptable, suppléer, par des considérations d'équité, à l'insuffisance des justifications produites (D. 31 mai 1862,
art. 25).

457. Le principe fondamental de la comptabilité publique con-

DISTINCTION DES COMPTABLES ET DES ORDONNATEURS.

sacrant la séparation des fonctions d'ordonnateurs et de comptables [n° 454] a passé, de la loi d'institution de la cour des comptes du 16 septembre 1807, dans les textes suivants du décret portant règlement général sur la comptabilité publique.

Les *administrateurs* et les *ordonnateurs* sont chargés de l'établissement et de la mise en recouvrement des droits et produits, ainsi que de la liquidation et de l'ordonnancement des dépenses. Des comptables responsables sont préposés à la réalisation des recouvrements et des paiements (D. 31 mai 1862, art. 14). — Les administrateurs sont responsables de l'exactitude des certifications qu'ils délivrent (art. 15). — Il doit être fait recette du montant intégral des produits. Les frais de perception et de régie, ainsi que les autres frais accessoires, sont portés en dépense (art. 16). — Les fonctions d'administrateur et d'ordonnateur sont incompatibles avec celles de comptable (art. 17). — La cour ne peut, en aucun cas, s'attribuer de juridiction sur les ordonnateurs, ni refuser aux payeurs l'allocation des paiements par eux faits, sur des ordonnances revêtues des formalités prescrites et accompagnées des pièces déterminées par les lois et règlements (art. 426).

458. Les textes suivants déterminent les obligations principales et la responsabilité des comptables justiciables de la cour.

L'emploi de comptable est incompatible avec l'exercice d'une profession, d'un commerce ou d'une industrie quelconque. Les incompatibilités spéciales propres à chaque nature de fonctions sont déterminées par les règlements particuliers des différents services (D. 31 mai 1862, art. 18). — Il est interdit aux comptables de prendre intérêt dans les adjudications, marchés, fournitures et travaux concernant les services de recette ou de dépense qu'ils effectuent (art. 19). — Aucun titulaire d'un emploi de comptable de deniers publics ne peut être installé, ni entrer en exercice, qu'après avoir justifié, dans les formes et devant les autorités déterminées par les lois et règlements, de l'acte de sa nomination, de sa prestation de serment et de la réalisation de son cautionnement (art. 20). — Chaque comptable ne doit avoir qu'une seule caisse, dans laquelle sont réunis tous les fonds appartenant à ses divers services. Il est responsable des deniers publics qui y sont déposés. En cas de vol ou de perte de fonds résultant de force majeure, il est statué sur sa demande en décharge par une décision ministérielle, sauf recours au conseil d'État (art. 21). — Les écritures et les livres des comptables des deniers publics sont arrêtés le 31 décembre de chaque année, ou à l'époque de la cessation des fonctions, par les agents administratifs désignés à cet effet. La situation de leur caisse et de leur portefeuille est vérifiée aux mêmes époques, et constatée par un procès-verbal (art. 22). — Les comptes sont rendus et jugés par gestion, avec la distinction, pour les opérations budgétaires, des exercices auxquels ces opérations se rattachent. Ils présentent : 1° la situation des comptables au commencement de la gestion ; 2° les recettes et dépenses de toute nature effectuées dans le cours de cette gestion ; 3° la situation des comptables à la fin de la gestion, avec l'indication des valeurs en caisse et en portefeuille composant leur reliquat. Lorsque les comptes de gestion sont présentés en plusieurs parties, la dernière doit résumer l'ensemble de la gestion (art. 23). — Chaque comptable n'est responsable que de sa gestion personnelle. En cas de mutation, le compte de l'année est divisé suivant la durée de la gestion des différents titulaires, et chacun d'eux rend séparément à l'autorité chargée de le juger le compte des opérations qui le concernent. Toutefois, lorsqu'il y a lieu, soit de la part des comptables inférieurs, soit pour des gestions intérimaires, de rendre des comptes de clerc à maître, ces comptes engagent la responsabilité des comptables qui les ont reçus (art. 24). — Nul ne peut compter pour autrui, si ce n'est à titre d'héritier ou d'ayant cause, de mandataire ou de commis d'office nommé par l'administration. Le compte est toujours rendu au nom du titulaire de l'emploi (art. 26). — Les comptes affirmés sincères et véritables, sous les peines de droit, datés et signés par les comptables, sont présentés à l'autorité chargée du jugement, dans les formes et dans les délais prescrits par les règlements. Ces comptes doivent être en état d'examen et appuyés de pièces justificatives classées dans l'ordre méthodique des opérations. Après la présentation d'un compte, il ne peut y être fait aucun changement (art. 27). — Les comptables de deniers publics sont tenus de fournir et de déposer leurs comptes au greffe de la cour dans les délais prescrits; et, en cas de défaut ou de retard des comptables, la cour peut les condamner aux amendes et aux peines prononcées par les lois et règlements (art. 376). — Les mêmes peines sont applicables aux retards apportés par les comptables dans la production des justifications complémentaires exigées par l'autorité chargée du jugement des comptes (art. 28).

459. Les règles de procédure qui président à l'exercice de la juridiction de la cour des comptes ont pour objet principal d'exiger qu'une double vérification de chaque compte précède l'arrêt qui le concerne. — La première vérification est confiée à un référendaire ou à l'un des quinze auditeurs rapporteurs [n° 452]; ce magistrat peut entendre le comptable ou son fondé de pouvoir pour l'instruction de son compte; il lit à la chambre compétente son rapport écrit, et le dépose avec le compte et les pièces du dossier. — La seconde vérification est faite par un conseiller-maître désigné par le président; il examine et le rapport du référendaire et le compte.

Ensuite la chambre, composée de cinq membres au moins, juge après avoir entendu l'avis du référendaire qui n'a que voix consultative, et le conseiller-maître rapporteur qui opine le premier. L'arrêt est rendu par le président; la décision est inscrite par lui en marge du rapport; puis la minute de l'arrêt est rédigée par le référendaire ou l'audideur rapporteur qui la signent, ainsi que le président de la chambre et le premier président.

Nous reproduisons les dispositions du décret réglementaire du 31 mai 1862 sur la comptabilité publique, qui règlent les formes de la vérification et du jugement des comptes.

Le premier président fait entre les référendaires la distribution des comptes, et indique la chambre à laquelle le rapport doit être fait (Décret du 31 mai 1862, art. 405). — Un référendaire ne peut être chargé deux fois de suite de la vérification des comptes du même comptable (art. 406). — Les référendaires sont tenus de vérifier, par eux-mêmes, tous les comptes qui leur sont distribués (art. 407). — Ils rédigent sur chaque compte un rapport raisonné contenant des observations de deux natures : les premières concernant la ligne de compte seulement, c'est-à-dire les charges et souffrances dont chaque article du compte leur a paru susceptible, relativement au comptable qui le présente ; les deuxièmes résultant de la comparaison de la nature des recettes avec les lois, et de la nature des dépenses avec les crédits (art. 408). — Les référendaires peuvent entendre les comptables ou leurs fondés de pouvoir pour l'instruction des comptes ; la correspondance est préparée par eux et remise au président de la chambre qui doit entendre le rapport (art. 409). — Lorsque la vérification d'un compte exige le concours de plusieurs référendaires, le premier président désigne un référendaire de 1re classe qui est chargé de présider à ce travail, de recueillir les observations de chaque référendaire, et de faire le rapport à la chambre. Les référendaires qui ont pris part à la vérification assistent aux séances de la chambre pendant le rapport (art. 410). — Le compte, le rapport et les pièces sont mis sur le bureau, pour y avoir recours au besoin (art. 411). — Le président de la chambre fait la distribution du rapport du référendaire à un maître qui est tenu : 1° de vérifier si le référendaire a fait lui-même le travail et si les difficultés élevées dans le rapport sont fondées ; 2° d'examiner par lui-même les pièces au soutien de quelques chapitres du compte, pour s'assurer que le référendaire en a soigneusement vérifié toutes les parties (art. 412). — Un maître des comptes ne peut être nommé deux fois de suite rapporteur des comptes du même comptable (art. 413). — Le maître présente à la chambre son opinion motivée sur tout ce qui est relatif à la ligne de compte et aux autres observations du référendaire. La chambre prononce ses décisions sur la première partie, et renvoie, s'il y a lieu, les propositions contenues dans la seconde à la chambre du conseil chargée de statuer sur ces propositions, dans les formes déterminées (art. 414). — Le référendaire-rapporteur donne son avis, qui n'est que consultatif ; le maître rapporteur opine, et chaque maître successivement, dans l'ordre de sa nomination. Le président inscrit chaque décision en marge du rapport et prononce l'arrêt (art. 415). — La minute des arrêts est rédigée par le référendaire-rapporteur, et signée de lui et du président de la chambre ; elle est remise, avec les pièces, au greffier en chef ; celui-ci la présente à la signature du premier président, et ensuite en fait et signe les expéditions (art. 416). — Après que les arrêts sur chaque compte sont rendus, et les minutes signées, le compte et les pièces sont remis par le référendaire-rapporteur au greffier en chef, qui fait mention des arrêts sur la minute du compte, et dépose le tout aux archives (art. 418).

460. Lorsque la cour des comptes fait l'examen des comptes des préposés à la recette, elle recherche s'ils ont fait rentrer dans le délai voulu la totalité des rôles ou des états de produits qu'ils étaient chargés de recouver ; lorsqu'elle fait l'examen des comptes des préposés à la dépense, elle recherche si la dépense a été faite, et si elle l'a été régulièrement : aussi toute dépense doit-elle être appuyée des pièces justificatives propres à prouver la réalité et la légalité de la dette.

La cour peut rendre trois sortes d'arrêts définitifs. L'arrêt établit que le comptable est *quitte* ou qu'il est en *avance* ; dans ces deux hypothèses, la cour lui donne décharge, sans pouvoir, au cas d'avance, ordonner le remboursement au profit du comptable, parce qu'aux ministres seuls il appartient de constituer l'État débiteur. Ou bien l'arrêt établit que le comptable est en *debet*, et alors il le condamne à solder son débet dans le délai fixé par la loi ; les intérêts à 5 % du débet courent au profit de l'État contre le comptable à partir d'époques diverses qui varient suivant la cause du débet.

La cour, investie du droit de juger le compte, n'a pas celui de juger le comptable ; si elle découvre la preuve d'un crime de concussion ou de faux, il en est rendu compte au ministre des finances, qui en réfère au ministre de la justice ; s'il s'élève une question civile à l'occasion des comptes, elle ne peut en connaître. Sa compétence est circonscrite à la connaissance des faits de comptabilité et de ce qui s'y rattache ; elle ne lui donne, sur la personne des comptables, que le droit de les condamner aux amendes et peines prononcées par les règlements lorsqu'ils sont en retard ou qu'ils refusent de déposer leurs comptes, et sur leurs biens, que celui de prononcer les mainlevée, radiation, réduction ou translation d'hypothèques ou de priviléges qui grèvent leurs biens, aux termes des articles 2098 et 2121 du Code civil, combinés avec la loi du 16 septembre 1807, art. 15 (Décret sur la comptabilité publique du 31 mai 1862, art. 421 [*voir* n° 461]) et la loi du 5 septembre 1807 relative aux droits du trésor public sur les biens des comptables [*voir* n° 1108]. Ces sortes de demandes, ainsi que les affaires dans lesquelles un référendaire élève contre un redevable une prévention de faux, sont communicables au procureur général.

Les arrêts de la cour sont provisoires ou définitifs (Décret du 31 mai 1862, *portant règlement général sur la comptabilité publique*, art. 417). — La cour règle et apure les comptes qui lui sont présentés ; elle établit, par ses arrêts définitifs, si les comptables sont quittes, ou en avance, ou en débet. Dans les deux premiers cas, elle prononce leur décharge définitive ; et, si les comptables ont cessé leurs fonctions, ordonne mainlevée et radiation des oppositions et inscriptions hypothécaires mises ou prises sur leurs biens à raison de la gestion dont le compte est jugé. Dans le troisième cas, elle les condamne à solder leur débet dans le délai prescrit par la loi. Une expédition de ses arrêts sur les comptes des agents du Trésor est adressée au ministre des finances, pour en faire suivre l'exécution (art. 419).

Les débets avoués par les comptables lors de la présentation de leurs comptes, ou constatés soit administrativement, soit judiciairement, produisent intérêt à

5 %. l'an, au profit de l'État, à partir du jour où le versement aurait dû être effectué. Cette disposition s'exécute ainsi qu'il suit : Si les débets proviennent de soustractions de valeurs ou d'omissions de recette, ou d'un déficit quelconque dans la caisse, les intérêts courent à dater du jour où les fonds ont été détournés de leur destination par le comptable. S'ils proviennent d'erreurs de calcul qui ne peuvent être considérées comme des infidélités, les intérêts ne courent qu'à dater du jour de la notification de l'acte qui en a constaté le montant. S'ils ont pour cause l'inadmission ou la non-production de pièces justificatives dont la régularité ou l'omission engage la responsabilité des comptables, les intérêts ne commencent à courir que du jour où ces comptables ont été mis en demeure d'y pourvoir. Pour les débets constatés à la suite de circonstances de force majeure, les intérêts ne courent que du moment où le montant en a été mis par l'administration à la charge des comptables (art. 368). — Les débets définitivement constatés au profit du Trésor par les divers ministères sont notifiés au ministre des finances dans le délai de quinze jours qui suit la liquidation. Il ne peut être procédé à aucune révision de la liquidation lorsque les débets résultent des comptes acceptés par la partie, ou définitivement réglés par décisions administratives ayant acquis l'autorité de la chose jugée (art. 369). — Aucune remise totale ou partielle de débet ne peut être accordée à titre gracieux que par l'empereur, en vertu d'un décret publié au *Journal officiel* sur le rapport du ministre liquidateur, et sur l'avis du ministre des finances et du conseil d'État (art. 370). — Un état des remises de débets accordés à titre gracieux dans le cours de l'exercice est annexé à la loi du règlement définitif dudit exercice (art. 371).

464. Indépendamment du pourvoi en cassation devant le conseil d'État, signalé [n° 272 3°] parmi les attributions contentieuses de ce conseil, et qui a pour conséquence un nouveau jugement du fond par une des chambres de la cour n'en ayant pas connu, il existe une autre voie de recours contre les arrêts de la cour des comptes : c'est le recours en révision, sorte de requête civile ouverte pour erreur, omission, faux ou double emploi reconnus par la vérification d'autres comptes, et portée d'office, ou sur la réquisition du procureur général, ou sur la demande du comptable, devant la chambre même qui a rendu l'arrêt.

La cour, nonobstant l'arrêt qui aurait jugé définitivement un compte, peut procéder à sa révision soit sur la demande du comptable, appuyée de pièces justificatives recouvrées depuis l'arrêt, soit d'office, soit à la réquisition du procureur général, pour erreurs, omissions, doubles ou faux emplois reconnus par la vérification d'autres comptes. Les demandes en révision sont soumises aux mêmes règles que les pourvois, en ce qui concerne la notification de la demande à la partie adverse et la reddition de deux arrêts ou arrêtés, statuant l'un sur l'admission de cette demande, l'autre sur le fond (art. 420). — La cour prononce sur les demandes en réduction et translation d'hypothèques, formées par des comptables encore en exercice, ou par ceux hors d'exercice, dont les comptes ne sont pas définitivement apurés, en exigeant les sûretés suffisantes pour la conservation des droits du Trésor (art. 421). — Si, dans l'examen des comptes, la cour trouve des faux ou des concussions, il en est rendu compte

au ministre des finances et référé au ministre de la justice, qui fait poursuivre les auteurs devant les tribunaux ordinaires (art. 422). — (*Nota.* L'article 423 reproduit l'article 17 de la loi du 16 septembre 1807, transcrit ci-dessus n° 272 3°).
— Lorsqu'après cassation d'un arrêt de la cour des comptes, dans l'un des cas prévus par l'article précédent, le jugement du fond a été renvoyé à ladite cour, l'affaire est portée devant l'une des chambres qui n'en ont pas connu (art. 424). — Dans le cas où un ou plusieurs membres de la chambre qui a rendu le premier arrêt sont passés à la chambre nouvellement saisie de l'affaire, ils s'abstiennent d'en connaître, et ils sont, si besoin est, remplacés par d'autres conseillers maîtres, en suivant l'ordre de leur nomination (art. 425).

462. Comme corps politique investi d'une mission de contrôle destinée à éclairer les pouvoirs publics, la cour des comptes rend, non des arrêts, mais des *déclarations*. Son droit de contrôle, concernant les ordonnateurs, porte sur les comptes d'administration présentés tous les ans par chaque ministre pour son département, et sur le compte général de l'administration des finances présenté par le ministre des finances.

La cour examine s'il y a corrélation entre ces comptes, les comptes individuels des comptables qu'elle a jugés et les lois; s'il y a exactitude de corrélation, les trois chambres de la cour, selon leur compétence respective, rendent chacune une *déclaration partielle* ou *spéciale de conformité*. La cour, toutes chambres réunies, sur les conclusions du procureur général, les prend pour base des *déclarations générales de conformité* qu'elle doit prononcer en audience solennelle et publique, dans le délai prescrit par l'article 445 du décret du 31 mai 1862, c'est-à-dire avant le 1er septembre de l'année qui suit celle de la clôture de l'exercice expiré. Il ne faut pas oublier qu'aux termes du même décret, pour que les services aient le temps de recevoir leur exécution, la clôture de l'exercice n'a lieu que le 31 août de l'année suivante (D. 1862, art. 117 et suivants), c'est-à-dire, d'après ces textes, que l'exercice 1875 n'a été clos qu'au 31 août 1876, et que les déclarations générales de conformité relatives à cet exercice doivent seulement être rendues avant le 1er septembre 1877.

Ces déclarations générales sont au nombre de deux : l'une se réfère à la situation financière de l'année précédente sans distinction d'exercices, et porte le titre de *déclaration générale sur les comptes de l'année*; l'autre se réfère à la situation définitive de l'exercice expiré, et se nomme *déclaration générale sur la situation définitive de l'exercice* 18.... Cette seconde déclaration générale suit généralement la première de quatre à cinq mois; il en est ainsi, et l'existence même de ces deux déclarations de conformité a lieu, par suite de la règle de comptabilité que nous rappelions tout à l'heure relativement à la clôture définitive de chaque exercice ou année budgétaire[1].

Les déclarations de conformité sont, par les soins du ministre des finances, imprimées et distribuées aux pouvoirs publics, afin de les éclairer sur la gestion de la fortune publique, de préparer le contrôle national et de faciliter le vote de la *loi des comptes portant règlement du budget du dernier exercice clos.*

La mission de contrôle que la cour exerce sur les ordonnateurs se produit aussi par le *rapport annuel* au pouvoir exécutif, rendu public depuis 1832, dans lequel la cour expose ce qui, dans ses vérifications, lui paraît digne de fixer l'attention du gouvernement, et exprime les vues de réforme et d'amélioration dans les différentes parties de la comptabilité publique, que l'étude des faits et des lois lui suggère. Ce rapport, remis au chef de l'État par le premier président de la cour des comptes, après la dernière déclaration générale de conformité, est imprimé et distribué aux assemblées législatives.

463. Le contrôle de la cour s'étend aussi, depuis la loi du 6 juin 1843, art. 14, et l'ordonnance du 26 août 1844, sur les comptables en matières, ayant le maniement des valeurs matérielles qui appartiennent à l'État et sont à la disposition des ordonnateurs. Elle rend des déclarations sur la conformité des résultats des comptes individuels de ces comptables avec les comptes généraux des ministres dans les départements desquels (guerre, marine, travaux publics, intérieur, agriculture et commerce) ils se trouvent placés.

Les règles de la comptabilité publique en matières appartenant

---

[1] Des circonstances exceptionnelles peuvent imposer des dérogations forcées à ces prescriptions relatives aux délais; c'est ce qui a eu lieu relativement à l'exercice 1870, pour la situation définitive duquel les déclarations de la cour des comptes n'ont pu être rendues que le 25 août 1875, ainsi qu'il est expliqué dans la note suivante insérée au *Journal officiel* du lendemain 26 :

« La cour des comptes, réunie en audience solennelle, dans sa grand' chambre, au Palais-Royal, sous la présidence de M. le premier président de Royer, a prononcé, hier mercredi, 25 août 1875, sa déclaration générale sur les comptes rendus par les ministres pour l'exercice 1870 et sur la situation définitive de cet exercice. Les considérants et les réserves qui précèdent cette déclaration, dont le texte sera publié au *Journal officiel*, expliquent les causes qui n'ont pas permis à la cour de la prononcer dans les délais réglementaires. Les déclarations générales de la cour sur les comptes matières du ministère de l'intérieur (année 1867) et du ministère de l'agriculture et du commerce (année 1870) ont été prononcées dans la même audience. »

à l'État sont, comme celles de la comptabilité en deniers, codifiées dans le décret réglementaire du 31 mai 1862 ; nous reproduisons ses dispositions sur ce point, formant la deuxième partie et le titre VI du décret.

Les comptes en matières sont soumis au contrôle de la cour des comptes (Décret du 31 mai 1862, *portant règlement général sur la comptabilité publique*, art. 861). — La comptabilité des matières comprend : 1° les matières de consommation et de transformation ; 2° les valeurs mobilières ou permanentes de toute espèce (art. 862). — La comptabilité des matières de consommation et de transformation appartenant à l'État est régie par les dispositions ci-après (art. 863). — Dans chaque magasin, chantier, usine, arsenal et autre établissement appartenant à l'État et géré pour son compte, il y a un agent ou préposé responsable des matières y déposées. Cet agent est comptable de la quantité desdites matières, suivant l'unité applicable à chacune d'elles (art. 864). — Les dispositions générales concernant les comptables de deniers publics, et notamment celles des articles 18, 19 [*reproduits au n° 458*] et 29 (relatif à l'hypothèque légale de l'État [*voir nos 1108 et 1109*]), sont applicables aux comptables en matières (art. 865). — Chaque comptable est tenu d'inscrire sur les livres élémentaires l'entrée, la sortie, les transformations, les détériorations, les pertes, déchets et manquants, ainsi que les excédants de toutes les matières confiées à sa garde (art. 866). — Aux époques fixées par les règlements spéciaux de chaque département ministériel, chaque comptable forme, d'après ses livres, en observant l'ordre des nomenclatures adoptées pour le service, des relevés résumant, par nature d'entrée et de sortie, et pour chaque espèce de matière distincte ou collective, toutes ses opérations à charge ou à décharge. Ces relevés, contrôlés sur les lieux, sont adressés par la voie hiérarchique, avec les pièces justificatives, au ministre ordonnateur du service. Les matières qui, par leur nature ou leur peu de valeur, sont susceptibles d'être réunies, peuvent être présentées, dans les relevés, sous une même unité ou groupées par collection, suivant la classification établie par les nomenclatures. Dans les trois premiers mois de l'année, chaque comptable établit, en outre, et fait parvenir au ministre, le compte général de sa gestion de l'année précédente (art. 867). — Toute opération d'entrée, de transformation, de consommation ou de sortie de matières doit être appuyée, dans les comptes individuels, de pièces justificatives établissant la charge ou la décharge du comptable. Les manutentions et transformations de matières, ainsi que les déchets ou excédants, sont justifiés par des certificats administratifs. La nature des pièces justificatives ainsi que les formalités dont elles doivent être revêtues sont déterminées, pour les divers services de chaque département ministériel, par une nomenclature spéciale et d'après les bases générales ci-après, savoir :

Entrées réelles et entrées d'ordre.	Inventaires, procès-verbaux ou récépissés avec certificats de prise en charge par le comptable, factures d'expédition, connaissements ou lettres de voiture.
Sorties réelles et sorties d'ordre.	Ordres en vertu desquels les sorties ont eu lieu, factures d'expédition, procès-verbaux, récépissés, certificats administratifs tenant lieu de récépissés.
Transformations et fabrications, détériorations, déchets ou excédants.	Procès-verbaux constatant les résultats de l'opération, certificats administratifs tenant lieu de procès-verbaux (art. 868).

Dans tous les cas où, par suite de force majeure, un comptable se sera trouvé dans l'impossibilité d'observer les formalités prescrites, il sera admis à se pourvoir auprès du ministre ordonnateur du service pour obtenir, s'il y a lieu, la décharge de sa responsabilité (art. 869). — Dans les dépôts où les matières ne peuvent pas être soumises à des recensements annuels, les existants au commencement de chaque année et à chaque changement de gestion sont établis par des certificats administratifs; lesdits certificats tiennent lieu d'inventaire (art. 870). — D'après les documents fournis par les comptables, il est tenu, dans chaque ministère, une comptabilité centrale des ministères, où sont résumés, après vérification, tous les faits relatés dans ces documents. Cette comptabilité sert de base aux comptes généraux publiés chaque année par les ministres (art. 871). — Chaque ministre, après avoir fait vérifier les comptes individuels des comptables de son département, les transmet à la cour des comptes avec les pièces justificatives; il y joint un résumé général par branche de service (art. 872). — La cour des comptes, après avoir procédé à la vérification des comptes individuels, statue sur lesdits comptes par voie de déclaration. Une expédition de chaque déclaration est adressée au ministre ordonnateur, qui en donne communication au comptable. Le ministre, sur le vu de cette déclaration et des observations du comptable, arrête définitivement le compte (art. 873). — Immédiatement après l'arrêté définitif de tous les comptes de chaque année, le ministre transmet à la cour des comptes un résumé faisant connaître la suite qui a été donnée à ses déclarations, et les redressements que leur prise en considération motivera dans les comptes de la gestion suivante (art. 874). — La cour des comptes prononce chaque année, en audience solennelle, dans les formes déterminées aux articles 442, 443 et 444 du présent décret, une déclaration générale sur la conformité des résultats des comptes individuels des comptables en matières avec les résultats des comptes généraux publiés par les ministres (art. 875). — La même cour consigne dans son rapport annuel les observations auxquelles aura donné lieu l'exercice de son contrôle, tant sur les comptes individuels que sur les comptes généraux, ainsi que les vues d'amélioration et de réforme sur la comptabilité en matières (art. 876). — La comptabilité des valeurs mobilières ou permanentes embrasse les mobiliers de l'État garnissant les hôtels, pavillons, casernes, quartiers, chapelles, hôpitaux et autres établissements; les machines, engins, outils et ustensiles d'exploitation; les gabarits, modèles, types et étalons; les bibliothèques, archives, musées, cabinets et laboratoires; les dépôts de cartes et d'imprimés; les objets d'art et de science (art. 877). — La comptabilité des valeurs mobilières ou permanentes n'est point soumise au contrôle de la cour des comptes (art. 878).

§ II. — Conseil supérieur de l'instruction publique, conseils académiques, et conseils départementaux de l'instruction publique.

464. Législation sur l'enseignement.
465. Trois ordres d'enseignement, supérieur, secondaire et primaire; enseignement public ou de l'État; enseignement libre.
466. Administration; académies; surveillance.
467. Trois sortes de conseils fonctionnant à titre de conseils administratifs et à titre de tribunaux administratifs.

468. Loi du 12 juillet 1875 relative à la liberté de l'enseignement supérieur.
469. Grades et collation des grades.
469 bis. Projet de loi de 1876 relatif à l'abrogation des articles 13, 14 et 15 de la loi du 12 juillet 1875.
470. Organisation du *conseil supérieur de l'instruction publique*, en vertu de la loi du 19 mars 1873.
471. Règles relatives à ses sessions et à ses commissions.
472. Suppression de la section permanente proposée au projet primitif.
473. Comité consultatif institué par le décret du 25 mars 1873.
474. Attributions du conseil supérieur comme conseil administratif.
475. Ses attributions contentieuses et disciplinaires comme tribunal.
476. Organisation des *conseils académiques*.
477. Leurs attributions comme conseils administratifs.
478. Leurs attributions disciplinaires et contentieuses et celles du ministre, comme tribunaux administratifs ; loi du 19 mars 1873.
479. Organisation des *conseils départementaux de l'instruction publique*.
480. Leurs attributions comme conseils administratifs.
481. Leurs attributions comme tribunaux administratifs.
482. Leurs attributions à ce titre sur l'enseignement supérieur libre.

464. L'état actuel de la législation sur l'enseignement et sur l'organisation de l'Université de France (dont le nom traditionnel et honoré par de grands services rendus au pays n'a pas tardé à reparaître dans le langage officiel et les actes publics, après en avoir été quelque temps effacé après la loi du 15 mai 1850 [*voir* n° 1352]) se trouve dans la combinaison des lois suivantes, dont les deux premières ont été heureusement modifiées dans quelques-unes de leurs dispositions importantes, par celles qui ont suivi : loi du 15 mars 1850 sur l'enseignement, décret législatif du 9 mars 1852 sur l'instruction publique, loi du 14 juin et décret organique du 22 août 1854 sur l'organisation des académies, loi du 21 juin 1865 sur l'enseignement secondaire spécial et décret du 28 mars 1866, loi du 10 avril 1867 sur l'enseignement primaire, loi du 19 mars 1873 sur le conseil supérieur de l'instruction publique, loi du 10 juillet 1875 relative au traitement des instituteurs et institutrices primaires, et loi du 12 juillet 1875, relative à la liberté de l'enseignement supérieur, qui introduit dans cette partie de la législation de graves innovations.

465. Des distinctions fondamentales, au point de vue de l'objet de l'enseignement et des maîtres appelés à le donner, résultent de cette législation.
En premier lieu, il y a, d'après leur objet, trois sortes d'enseignement : *supérieur*, donné par cinq ordres de Facultés, théologie, droit, médecine, sciences, et lettres ; *secondaire*, donné dans des

lycées et colléges, et se subdivisant en enseignement secondaire classique et enseignement secondaire spécial ; *primaire*, donné dans les écoles primaires.

En second lieu, l'enseignement (supérieur, secondaire, et primaire) est, ou *public*, donné dans les établissements de l'État, ou établissements universitaires administrés par l'État, pour les deux premiers ordres d'enseignement, et des communes pour l'enseignement primaire ; ou *libre*, donné dans des établissements particuliers indépendants de l'État et seulement soumis à sa surveillance.

466. Cette législation distingue, conformément aux principes généraux, l'administration, la délibération et la juridiction en matière d'enseignement. L'administration et la direction générale dans tout le pays appartiennent au ministre de l'instruction publique, pour les trois classes d'enseignement public, supérieur, secondaire et primaire. Dans chacune des dix-sept académies (Aix, Besançon, Bordeaux, Caen, Chambéry, Clermont, Dijon, Douai, Grenoble, Lyon, Montpellier, Nancy, Paris, Poitiers, Rennes, Toulouse, Alger), l'administration appartient au recteur pour l'enseignement supérieur et secondaire ; et dans chaque département, pour l'enseignement primaire, au préfet assisté d'un inspecteur d'académie et sous l'autorité du ministre de l'instruction publique, sauf le droit du recteur au point de vue des méthodes d'enseignement. En ce qui concerne l'enseignement libre, supérieur, secondaire et primaire, l'administration n'exerce qu'une surveillance et un contrôle restreints dans des limites étroites.

467. Près de chacune de ces trois autorités, le ministre, les recteurs et les préfets, dépositaires de l'action administrative en matière d'enseignement, la loi a placé un conseil chargé de la délibération et de la juridiction, et présidé par chacun d'eux : 1° le *conseil supérieur de l'instruction publique*, 2° les *conseils académiques*, et 3° les *conseils départementaux de l'instruction publique*.

Il faut mentionner aussi près du ministre un *conseil supérieur de perfectionnement de l'enseignement secondaire spécial* institué par la loi du 21 juin 1865, et composé, comme l'était alors le conseil impérial de l'instruction publique, de trente-deux membres nommés par décret dans des catégories déterminées par la loi.

468. Bien qu'elle n'ait fait, en ce qui concerne ces tribunaux administratifs chargés du contentieux de l'enseignement, qu'ajouter une attribution nouvelle à celle dont ils étaient déjà investis

(art. 22 [n° 482]), la loi du 12 juillet 1875 relative à la liberté de l'enseignement supérieur est d'une telle gravité, qu'il convient d'en faire connaître l'économie et d'en reproduire ici les dispositions, qui ne doivent pas être examinées dans d'autres parties de l'ouvrage. Cette loi est divisée en quatre titres ; le titre Ier (art. 1 à 9 ci-dessous reproduits) est intitulé « des cours et des établissements libres d'enseignement supérieur » ; le titre II (art. 10 [n° 752], 11 et 12 [expliqués n° 1579]), « des associations formées dans un dessein d'enseignement supérieur » ; le titre III (art. 13 à 15 [n° 469]), « de la collation des grades » ; le titre IV (art. 16 à 23 reproduits ci-dessous), « des pénalités ». La loi contient en outre une *disposition transitoire*, ainsi conçue : « Art. 24. Le gouverne-
» ment présentera, dans le délai d'un an, un projet de loi ayant
» pour objet d'introduire dans l'enseignement de l'État les amé-
» liorations reconnues nécessaires » ; et l'article 25 termine la loi par la formule devenue depuis trop longtemps habituelle : « Sont
» abrogés les lois et décrets antérieurs en ce qu'ils ont de con-
» traire à la présente loi ».

L'enseignement supérieur est libre (L. 12 juillet 1875, *relative à la liberté de l'enseignement supérieur*, art. 1er). — Tout Français âgé de vingt-cinq ans, n'ayant encouru aucune des incapacités prévues par l'article 8 de la présente loi ; les associations formées légalement dans un dessein d'enseignement supérieur, pourront ouvrir librement des cours et des établissements d'enseignement supérieur, aux seules conditions prescrites par les articles suivants. Toutefois, pour l'enseignement de la médecine et de la pharmacie, il faudra justifier, en outre, des conditions requises pour l'exercice des professions de médecin ou de pharmacien. Les cours isolés dont la publicité ne sera pas restreinte aux auditeurs régulièrement inscrits resteront soumis aux prescriptions des lois sur les réunions publiques. Un règlement d'administration publique déterminera les formes et les délais des inscriptions exigées par le paragraphe précédent (art. 2). — L'ouverture de chaque cours devra être précédée d'une déclaration signée par l'auteur de ce cours. Cette déclaration indiquera les noms, qualités et domicile du déclarant, le local où seront faits les cours, et l'objet ou les divers objets de l'enseignement qui y sera donné. Elle sera remise au recteur dans les départements où est établi le chef-lieu de l'académie, et à l'inspecteur d'académie dans les autres départements. Il en sera donné immédiatement récépissé. L'ouverture du cours ne pourra avoir lieu que dix jours francs après la délivrance du récépissé. Toute modification aux points qui auront fait l'objet de la déclaration primitive devra être portée à la connaissance des autorités désignées dans le paragraphe précédent. Il ne pourra être donné suite aux modifications projetées que cinq jours après la délivrance du récépissé (art. 3). — Les établissements libres d'enseignement supérieur devront être administrés par trois personnes au moins. La déclaration prescrite par l'article 3 de la présente loi devra être signée par les administrateurs ci-dessus désignés ; elle indiquera leurs noms, qualités et domiciles, le siége et les statuts de l'établissement, ainsi que les autres énonciations mentionnées dans ledit article 3. En cas de décès ou de retraite de l'un des administrateurs, il devra être procédé à son remplacement dans le délai de six mois. Avis en sera donné au recteur ou à l'inspecteur d'académie. La liste des professeurs et le programme des cours seront communiqués chaque année aux autorités désignées dans le paragraphe précédent. Indépendamment des cours proprement dits, il pourra être fait dans lesdits établissements des conférences spéciales sans qu'il soit besoin d'autorisation préalable. Les autres formalités prescrites par l'article 3 de la présente loi sont applicables à l'ouverture et à l'administration des établissements libres (art. 4). — Les établissements d'enseignement supérieur, ouverts conformément à l'article précédent et comprenant au moins le même nombre de professeurs pourvus du grade de docteur que les facultés de l'État qui comptent le moins de chaires, pourront prendre le nom de faculté libre des lettres, des sciences, de droit, de médecine, etc., s'ils appartiennent à des particuliers ou à des associations. Quand ils réuniront trois facultés, ils pourront prendre le nom d'universités libres (art. 5). — Pour les facultés des lettres, des sciences et de droit, la déclaration signée par les administrateurs devra porter que lesdites facultés ont des salles de cours, de conférences et de travail suffisantes pour cent étudiants au moins, et une bibliothèque spéciale. Pour une faculté des sciences, il devra être établi, en outre, qu'elle possède des laboratoires de physique et de chimie, des cabinets de physique et d'histoire naturelle en rapport avec les besoins de l'enseignement supérieur. S'il s'agit d'une faculté de médecine, d'une faculté mixte de médecine et de pharmacie, ou d'une école de médecine ou de pharmacie, la déclaration signée par les administrateurs devra établir : que ladite faculté ou école dispose, dans un hôpital fondé par elle ou mis à sa disposition par l'assistance publique, de cent vingt lits au moins habituellement occupés pour les trois enseignements cliniques principaux : médical, chirurgical, obstétrical; qu'elle est pourvue : 1° de salles de dissection munies de tout ce qui est nécessaire aux exercices anatomiques des élèves; 2° des laboratoires nécessaires aux études de chimie, de physique et de physiologie; 3° de collections d'étude pour l'anatomie normale et pathologique, d'un cabinet de physique, d'une collection de matière médicale, d'une collection d'instruments et appareils de chirurgie; qu'elle met à la disposition des élèves un jardin de plantes médicinales et une bibliothèque spéciale. S'il s'agit d'une école spéciale de pharmacie, les administrateurs de cet établissement devront déclarer qu'il possède des laboratoires de physique, de chimie, de pharmacie et d'histoire naturelle, les collections nécessaires à l'enseignement de la pharmacie, un jardin de plantes médicinales et une bibliothèque spéciale (art. 6). — Les cours et établissements libres d'enseignement supérieur seront toujours ouverts et accessibles aux délégués du ministre de l'instruction publique. La surveillance ne pourra porter sur l'enseignement que pour vérifier s'il n'est pas contraire à la morale, à la Constitution et aux lois (art. 7). — Sont incapables d'ouvrir un cours et de remplir les fonctions d'administrateur ou de professeur dans un établissement libre d'enseignement supérieur : 1° les individus qui ne jouissent pas de leurs droits civils; 2° ceux qui ont subi une condamnation pour crime, ou pour un délit contraire à la probité ou aux mœurs; 3° ceux qui, par suite de jugement, se trouveront privés de tout ou partie des droits civils, civiques et de famille, indiqués dans les n°s 1, 2, 3, 5, 6, 7 et 8 de l'article 42 du Code pénal; 4° ceux contre lesquels l'incapacité aura été prononcée en vertu de l'article 16 de la présente loi (art. 8). — Les étrangers pourront être autorisés à ouvrir des cours ou à diriger des établissements libres d'enseignement supérieur dans les conditions prescrites par l'article 78 de la loi du 15 mars 1850 (art. 9). — .... Toute infraction aux articles 3, 4, 5, 6, 8 ou 10 de la présente loi sera punie d'une amende qui ne pourra excéder mille francs. Sont passibles de cette peine : 1° l'auteur du cours, dans le cas prévu par l'article 3 ; 2° les administrateurs, ou, à défaut des administrateurs régulièrement constitués, les organisateurs, dans les cas prévus par les articles 4, 6 et 10; 3° tout professeur qui aura enseigné malgré la défense de l'article 8 (art. 16). — En cas d'infraction aux prescriptions des articles 3, 4, 5, 6 ou 10, les tribunaux pourront prononcer la suspension du cours ou de l'établissement pour un temps qui ne devra pas excéder trois mois. En cas d'infraction aux dispositions de l'article 8, ils prononceront la fermeture du cours et pourront prononcer celle de l'établissement. Il en sera de même lorsqu'une seconde infraction aux prescriptions des articles 3, 4, 5, 6 ou 10 sera commise dans le courant de l'année qui suivra la première condamnation. Dans ce cas, le délinquant pourra être frappé, pour un temps n'excédant pas cinq ans, de l'incapacité édictée par l'article 8 (art. 17). — Tout jugement prononçant la suspension ou la fermeture d'un cours sera exécutoire par provision, nonobstant appel ou opposition (art. 18). — Tout refus de se soumettre à la surveillance, telle qu'elle est prescrite par l'article 7, sera puni d'une amende de mille à trois mille francs, et, en cas de récidive, de trois mille à six mille francs. Si la récidive a lieu dans le courant de l'année qui suit la première condamnation, le jugement pourra ordonner la fermeture du cours ou de l'établissement. Tous les administrateurs de l'établissement seront civilement et solidairement responsables du paiement des amendes prononcées contre l'un ou plusieurs d'entre eux (art. 19). — Lorsque les déclarations faites conformément aux articles 3 et 4 indiqueront comme professeur une personne frappée d'incapacité ou contiendront la mention d'un sujet contraire à l'ordre public ou à la morale publique et religieuse, le procureur de la République pourra former opposition dans les dix jours. L'opposition sera notifiée à la personne qui aura fait la déclaration. La demande en mainlevée pourra être formée devant le tribunal civil, soit par déclaration écrite au bas de la notification, soit par acte séparé, adressé au procureur de la République. Elle sera portée à la plus prochaine audience. En cas de pourvoi en cassation, le recours sera formé dans la quinzaine de la notification de l'arrêt, par déclaration au greffe de la cour; il sera notifié dans la huitaine, soit à la partie, soit au procureur général, suivant le cas, le tout à peine de déchéance. Le recours formé par le procureur général sera suspensif. L'affaire sera portée directement devant la chambre civile de la cour de cassation. Le cours ne pourra être ouvert avant la mainlevée de l'opposition, à peine d'une amende de seize francs à cinq cents francs, laquelle pourra être portée au double en cas de récidive dans l'année qui suivra la première condamnation. Si le cours est ouvert dans un établissement, les administrateurs seront civilement et solidairement responsables des amendes prononcées en vertu du présent article (art. 20). — En cas de condamnation pour délit commis dans un cours, les tribunaux pourront prononcer la fermeture du cours. La poursuite entraînera la suspension provisoire du cours; l'affaire sera portée à la plus prochaine audience (art. 21). — [Art. 22, n° 482.] — L'article 463 du Code pénal pourra être appliqué aux infractions prévues par la présente loi (art. 23).

469. Les grades universitaires sont au nombre de trois, *bacca-*

lauréat, *licence* et *doctorat*. L'État seul a le droit de les conférer. Jusqu'à la loi du 12 juillet 1875, les facultés de l'État, distribuant l'enseignement supérieur, étaient en outre exclusivement chargées de le représenter dans cette œuvre capitale de la collation des grades, liée aux intérêts publics de l'ordre le plus élevé : au maintien du niveau des hautes études, au recrutement des fonctions publiques et des professions auxquelles les citoyens sont appelés à confier le soin de leurs intérêts matériels et moraux, de leur honneur et de leur vie [nos 799]. Encore le droit de l'État est tellement absolu, que les facultés délivrent seulement les certificats d'aptitude, et le ministre de l'instruction publique, investi du pouvoir d'exiger de nouvelles épreuves, confère seul le diplôme [n° 478].

Cette situation est maintenue par la loi nouvelle en ce qui concerne le baccalauréat ès lettres et le baccalauréat ès sciences, et en ce qui concerne tous les autres grades pour tous les élèves des facultés de l'État, pour ceux des facultés libres ne formant pas universités, et pour ceux même des universités libres, c'est-à-dire des établissements d'enseignement supérieur libres réunissant au moins trois facultés (art. 5 § 2), qui se présenteront pour l'obtention des grades devant les facultés de l'État.

Le législateur de 1875 a cru sauvegarder encore ce principe tutélaire de tant d'intérêts sociaux, le droit exclusif de l'État de conférer les grades, dans les dispositions de la loi nouvelle permettant aussi aux étudiants de ces universités libres, de subir les épreuves devant un jury spécial, partiellement emprunté à l'ancien jury mixte de la Belgique, présidé par un professeur de l'enseignement public et dont tous les membres sont nommés par le ministre.

On peut remarquer qu'il résulte des dispositions de la loi qu'en fait l'institution nouvelle s'appliquera surtout aux examens des facultés de droit, qui, lors de leur réorganisation au commencement du siècle, avaient été considérées comme tellement liées aux cours et tribunaux et formant comme eux un corps de magistrature, qu'elles avaient été placées avec eux dans le ministère de la justice.

Les élèves des facultés libres pourront se présenter pour l'obtention des grades, devant les facultés de l'État, en justifiant qu'ils ont pris, dans la faculté dont ils ont suivi les cours, le nombre d'inscriptions voulu par les règlements. Les élèves des universités libres pourront se présenter, s'ils le préfèrent, devant un jury spécial formé dans les conditions déterminées par l'article 14. Toutefois le candidat ajourné devant une faculté de l'État ne pourra se présenter ensuite devant le jury spécial, et réciproquement, sans en avoir obtenu l'autorisation du ministre de l'instruction publique. L'infraction à cette disposition entraînerait la nullité du diplôme ou du certificat obtenu. Le baccalauréat ès lettres et le baccalauréat ès sciences resteront exclusivement conférés par les facultés de l'État (L. 12 juillet 1875, art. 13). — Le jury spécial sera formé de professeurs ou agrégés des facultés de l'État et de professeurs des universités libres, pourvus du diplôme de docteur. Ils seront désignés, pour chaque session, par le ministre de l'instruction publique, et si le nombre des membres de la commission d'examen est pair, ils seront pris en nombre égal dans les facultés de l'État et dans l'université libre à laquelle appartiendront les candidats à examiner. Dans le cas où le nombre est impair, la majorité sera du côté des membres de l'enseignement public. La présidence, pour chaque commission, appartiendra à un membre de l'enseignement public. Le lieu et les époques des sessions d'examen seront fixés chaque année, par un arrêté du ministre, après avis du conseil supérieur de l'instruction publique (art. 14). — Les élèves des universités libres seront soumis aux mêmes règles que ceux des facultés de l'État, notamment en ce qui concerne les conditions préalables d'âge, de grades, d'inscriptions, de stage dans les hôpitaux, le nombre des épreuves à subir devant le jury spécial pour l'obtention de chaque grade, les délais obligatoires entre chaque grade et les droits à percevoir. Un règlement délibéré en conseil supérieur de l'instruction publique déterminera les conditions auxquelles un étudiant pourra passer d'une faculté dans une autre (art. 15).

469 bis. Dès l'ouverture de la session législative de 1876, une déclaration du gouvernement, lue aux deux Chambres dans leurs séances du 14 mars, avait annoncé la présentation d'un projet de loi relatif à la collation des grades, destiné à concilier la liberté de l'enseignement supérieur, nouvellement proclamée par la loi du 12 juillet 1875, « avec les droits de l'État et les prérogatives néces-» saires du pouvoir exécutif ». Ce projet de loi présenté par le ministre de l'instruction publique, au nom du gouvernement, le 23 mars, a été voté par la Chambre des députés le 7 juin, à la majorité de 357 voix contre 123, dans les termes ci-dessous rapportés en note [1]. Il a été rejeté par le Sénat dans sa séance du 21 juillet 1876, à la majorité de 144 voix contre 139, avec 7 abstentions.

[1] « *Article unique.* Sont abrogées les dispositions des articles 13, 14, 15 de la loi du 12 juillet 1875, et ceux-ci remplacés par les suivants : — Art. 13. Tous les examens et épreuves préparatoires qui déterminent la collation des grades ne peuvent être subis que devant les facultés de l'État. — Art. 14. Les élèves des facultés libres qui voudront subir des examens tendant à l'obtention d'un grade, devront justifier qu'ils ont pris, dans la faculté dont ils ont suivi les cours, le nombre d'inscriptions voulu par les règlements et qu'ils se trouvent dans les conditions déterminées par l'article suivant. — Art. 15. Les élèves des facultés libres sont soumis aux mêmes règles que ceux des facultés de l'État, en ce qui concerne les conditions d'âge, de grades et d'inscriptions, de stage dans les hôpitaux, les délais obligatoires entre chaque grade et les droits à percevoir. Un règlement délibéré en conseil supérieur de l'instruction publique déterminera les conditions auxquelles un étudiant pourra passer d'une faculté dans une autre. »

470. Aux termes de la loi du 19 mars 1873 (art. 1ᵉʳ), qui est revenue au principe électif de la loi de 1850, le conseil supérieur de l'instruction publique est composé de 40 membres, savoir : le ministre président, 7 membres nommés par le pouvoir exécutif dans le corps universitaire, 4 de l'enseignement libre, laïque ou ecclésiastique, nommés par le conseil lui-même, et 28 membres élus par leurs corps respectifs dans les conditions déterminées par la loi nouvelle; tous sont nommés ou élus pour six ans et indéfiniment rééligibles. Un décret du 19 avril 1873 règle, en exécution de cet article, les formes de l'élection des membres du conseil supérieur de l'instruction publique.

La nouvelle chambre des députés, dans les premiers jours de sa première session, le 20 mars 1876, a été saisie, non par le gouvernement, mais par l'initiative législative individuelle, d'un projet de loi ayant pour but de modifier la composition du conseil supérieur de l'instruction publique dans un sens plus exclusivement universitaire, en maintenant le principe électif.

Le conseil supérieur institué près le ministre de l'instruction publique sera composé comme suit : le ministre président; trois membres du conseil d'État en service ordinaire, élus par le conseil d'État; un membre de l'armée nommé par le ministre de la guerre, le conseil supérieur de la guerre entendu ; un membre de la marine, nommé par le ministre de la marine, le conseil d'amirauté entendu ; quatre archevêques ou évêques élus par leurs collègues; un délégué de l'Église réformée, élu par les consistoires ; un délégué de l'Église de la confession d'Augsbourg, élu par les consistoires ; un membre du consistoire central israélite, élu par ses collègues ; deux membres de la cour de cassation, élus par leurs collègues ; cinq membres de l'Institut, élus par l'Institut en assemblée générale et choisis dans chacune des cinq classes ; un membre du Collège de France, élu par ses collègues; un membre d'une faculté de droit, élu par les professeurs des facultés de droit; un membre d'une faculté de médecine, élu par les professeurs des facultés de médecine ; un membre d'une faculté des lettres, élu par les professeurs des facultés des lettres ; un membre d'une faculté des sciences, élu par les professeurs des facultés des sciences ; un membre de l'Académie de médecine, élu par ses collègues ; un membre du conseil supérieur des arts et manufactures, élu par ses collègues; un membre du conseil supérieur du commerce, élu par ses collègues ; un membre du conseil supérieur de l'agriculture, élu par ses collègues; sept membres de l'enseignement public, nommés par le président de la République, en conseil des ministres, et choisis parmi les inspecteurs généraux, recteurs et anciens recteurs, professeurs et anciens professeurs des facultés, professeurs du collège de France, professeurs du Muséum d'histoire naturelle, directeur de l'École normale, proviseurs des lycées ; quatre membres de l'enseignement libre, élus par le conseil (Loi du 19 mars 1873, *relative au conseil supérieur de l'instruction publique*, art. 1ᵉʳ).— Les membres du conseil sont élus pour six ans et sont indéfiniment rééligibles (art. 2).

471. Le conseil supérieur de l'instruction publique n'est pas

permanent; il se réunit en sessions ordinaires ou extraordinaires. Les sessions ordinaires sont au nombre de deux par an ; ses sessions extraordinaires ont lieu en outre lorsque le besoin l'exige, sur la convocation du ministre, d'office ou lorsque dix de ses membres en font la demande. Dans l'intervalle des sessions, des commissions nommées par le conseil peuvent procéder à l'étude des questions sur lesquelles il doit délibérer sur leur rapport. Aucun traitement n'est attaché au titre et aux fonctions de membre du conseil supérieur de l'instruction publique.

Le conseil tient deux sessions par an. En dehors de ces deux sessions ordinaires, il peut être convoqué par le ministre. Le ministre doit, en outre, le convoquer chaque fois que dix de ses membres en font la demande. Le conseil peut choisir, dans son sein, des commissions chargées d'étudier, dans l'intervalle des sessions, les questions sur lesquelles il a à délibérer et de lui en faire rapport. Quand les questions à examiner seront exclusivement relatives aux établissements d'enseignement public, les commissions nommées devront être choisies en majorité parmi les membres du conseil appartenant à cet enseignement (L. 1873, art. 3).

472. Le dernier paragraphe de l'article 3 ci-dessus, a été ajouté par l'assemblée lors de la troisième lecture de la loi, à titre de compensation de la suppression de la *section permanente* que le projet avait proposé d'instituer dans le sein du conseil, et qui a donné lieu aux plus graves débats, tant au sujet de sa composition que de son existence même. Le projet de la commission faisait élire la section permanente par le conseil ; il fut rejeté par l'assemblée lors de la seconde lecture à la demande du ministre de l'instruction publique, insistant sur ce point principal « que » cette section permanente aurait sur l'administration une telle » influence, que la responsabilité du ministre disparaîtrait avec » son autorité » ; et l'assemblée, rejetant le mode de nomination proposé par la commission, vota une rédaction nouvelle[1] donnant au gouvernement l'influence prépondérante dans la composition de la section permanente. Mais à la troisième lecture, la commission prit, en raison de ce vote, l'initiative d'une demande de suppression de la section permanente, avec l'adhésion du mi-

[1] « Une section permanente sera composée de sept membres de l'enseignement public et de trois membres de l'Institut. Les membres de l'enseignement public seront désignés dans le sein du conseil par le gouvernement, les membres de l'Institut seront élus par le conseil. Les pouvoirs des membres de la section permanente, nommés par le gouvernement ou élus par le conseil, dureront deux ans. »

nistre de l'instruction publique. Dans ces nouveaux débats, le maintien de la section permanente fut demandé par quelques députés au nom des intérêts universitaires, soit selon le mode de nomination déjà voté par l'assemblée, soit en la composant des douze membres de l'enseignement public[1] faisant partie du conseil ; mais le ministre de l'instruction publique, concluant comme la commission de l'assemblée à la suppression de la section permanente, annonça la nomination prochaine, par décret, d'un *comité consultatif*, qui, en dehors du conseil supérieur « demeurant ainsi » un conseil unique, ayant des attributions uniques et composé » de membres ayant tous les mêmes droits et les mêmes fonc- » tions », remplirait, dit-il, près du ministre la mission que l'on voulait donner à la section permanente du conseil supérieur. C'est ainsi que la suppression de la section universitaire permanente fut votée par l'assemblée, peut-être à tort pour le bien de l'enseignement public et du pays.

Les fonctions de la section permanente étaient déterminées par l'article suivant du projet de la commission, supprimé avec celui relatif à la composition et à l'existence de la section permanente : « La section permanente est chargée de l'examen préparatoire des questions qui se rapportent à la police, à la comptabilité et à l'administration des écoles publiques. Elle donne son avis toutes les fois qu'il lui est demandé par le ministre sur les questions relatives aux droits et à l'avancement des membres de l'enseignement public. Elle présente annuellement au conseil un rapport sur l'état de l'enseignement dans les écoles publiques. »

473. Le *comité consultatif*, ainsi annoncé par le ministre de l'instruction publique dans la discussion qui vient d'être rappelée, et qu'il ne faut pas confondre avec le conseil supérieur de l'instruction publique, a été institué par un décret du 25 mars 1873, promulgué au *Journal officiel* en même temps que la loi sur le conseil supérieur ; il est conçu de la manière suivante :

Le président de la République française, sur le rapport du ministre de l'instruction publique, des cultes et des beaux-arts ; décrète : — Article 1er. Le comité des inspecteurs généraux constitué près le ministère de l'instruction publique prend le titre de comité consultatif de l'enseignement public. — Art. 2. Le comité consultatif, présidé par le ministre, est composé de douze inspecteurs généraux désignés par le ministre, du vice-recteur de l'Académie de

---

[1] « Les membres du conseil appartenant à l'enseignement public, et désignés » soit par l'élection du collège de France et des facultés, soit par la nomination » du président de la République, forment la section permanente ».

Paris, du directeur de l'école normale supérieure, d'un professeur de chacune des facultés de droit, de médecine, des sciences et des lettres, d'un professeur de l'école supérieure de pharmacie, d'un professeur du collége de France, et d'un professeur du muséum d'histoire naturelle, des directeurs de l'enseignement supérieur, secondaire et primaire au ministère de l'instruction publique, et du chef de division de la comptabilité centrale. — Art. 3. Le comité se divise en trois sections. Chaque section se réunit nécessairement une fois par mois. Le comité se réunit en assemblée générale une fois par trimestre. — Art. 4. Le comité donne son avis sur les projets de lois, de règlements et de programmes d'études, sur les questions de contentieux administratif et de discipline qui lui sont renvoyés par le ministre. Il est consulté sur les questions relatives à l'avancement des fonctionnaires et membres du corps enseignant. Il délibère sur les vœux émis dans les comités mensuels de perfectionnement, dans les assemblées de facultés et dans les réunions des professeurs des lycées et colléges. A la fin de chaque année scolaire, le comité consultatif tient une session spéciale pour dresser un tableau général d'avancement de tous les membres du corps enseignant, et proposer, s'il y a lieu, des mutations et des mesures disciplinaires. Pendant cette session, les présidents des jurys d'agrégation sont appelés dans le comité avec voix délibérative (D. 25 mars 1873).

474. Les attributions du conseil supérieur de l'instruction publique sont de deux sortes : les unes, administratives, font de lui un conseil administratif, dont l'avis *peut* toujours être demandé par le ministre et le gouvernement sur les questions relatives à l'enseignement, et *doit* l'être dans les cas déterminés par le texte suivant à peine d'illégalité et excès de pouvoir.

Le conseil supérieur peut être appelé à donner son avis sur les projets de lois, de règlements et de décrets relatifs à l'enseignement, et, en général, sur toutes les questions qui lui seront soumises par le ministre. Il est nécessairement appelé à donner son avis : sur les règlements relatifs aux examens, aux concours et aux programmes d'études dans les écoles publiques, à la surveillance des écoles libres, et en général sur tous les arrêtés portant règlement pour les établissements d'instruction publique ; sur la création des facultés, lycées et colléges ; sur les secours et encouragements à accorder aux établissements libres d'instruction secondaire ; sur les livres qui peuvent être introduits dans les écoles publiques et sur ceux qui doivent être défendus dans les écoles libres comme contraires à la morale, à la Constitution et aux lois... Le conseil présente chaque année au ministre un rapport sur l'état général de l'enseignement, sur les abus qui pourraient s'introduire dans les établissements d'instruction et sur les moyens d'y remédier (L. 19 mars 1873, art. 4 §§ 1 et 3).

475. Les autres attributions du conseil supérieur de l'instruction publique sont contentieuses et lui confèrent un pouvoir propre. Elles font de lui le tribunal administratif, supérieur, chargé de juger le contentieux de l'enseignement et les questions disciplinaires déférées par la loi au second degré de juridiction, par voie d'appel des décisions rendues, soit par les conseils académiques, soit par les conseils départementaux de l'instruction publique. Les décisions du conseil supérieur, comme celles de l'ancien conseil impérial, peuvent être déférées au conseil d'État pour excès de pouvoir et pour incompétence (c. d'Ét. 23 janvier 1864, *Petit-Colas*; 9 décembre 1864, *Leroy*; 14 août 1866, *Rey*).

Il prononce, en dernier ressort, sur les jugements rendus par les conseils départementaux ou académiques, dans les cas déterminés par les articles 14, 68 et 76 de la loi du 15 mars 1850; toutefois, il ne peut prononcer définitivement l'interdiction de l'enseignement libre que si sa décision est prise aux deux tiers des suffrages (L. 19 mars 1873, art. 4 § 2).

476. Les *conseils académiques* sont formés dans chaque académie par l'article 3 de la loi du 14 juin 1854. Un projet de loi soumis à l'assemblée nationale de 1871 pour en modifier la composition n'a pas abouti, et la loi de 1854 est toujours en vigueur. Le nouveau projet de loi présenté par l'initiative d'un de ses membres à la Chambre des députés, le 20 mars 1876, et dont il est parlé ci-dessus [n° 470], propose également des modifications à la composition des conseils académiques et des conseils départementaux de l'instruction publique (*Journal officiel* du 27 mars 1876, page 2167).

Bien qu'il puisse être à propos de mettre la composition des conseils académiques en harmonie avec celle du conseil supérieur, la loi de 1854 a eu le mérite de rendre à l'élément universitaire au sein des conseils académiques la légitime prépondérance que lui avait enlevée la législation de 1850. Il y est représenté par le recteur président, tous les inspecteurs d'académie de la circonscription (un par département), les doyens des facultés et les directeurs des écoles secondaires de médecine et pharmacie, tous désignés par leurs fonctions, et membres de droit du conseil académique. Un second élément, étranger au corps enseignant, est composé de sept membres nommés tous les trois ans par le ministre de l'instruction publique, un parmi les archevêques ou évêques de la circonscription, deux parmi les membres du clergé catholique ou parmi les ministres des autres cultes reconnus par l'État, deux dans la magistrature, et deux parmi les fonctionnaires ou autres personnes notables de la circonscription.

Chaque conseil académique se réunit deux fois par an, au mois de juin et au mois de novembre (D. réglem. 22 août 1854, art. 14), sur la convocation du recteur. Chacune de ses sessions dure huit jours au moins et un mois au plus. Il peut être convoqué en session extraordinaire, seulement par le ministre.

477. Les conseils académiques sont investis d'attributions qui font d'eux des conseils administratifs ; le décret réglementaire du 22 août 1854 les développe, et le principe en est posé comme il suit dans l'article 4 de la loi du 14 juin 1854, ainsi conçu :

Le conseil académique veille au maintien des méthodes d'enseignement prescrites par le ministre en conseil impérial de l'instruction publique, et qui doivent être suivies dans les écoles publiques d'instruction primaire, secondaire ou supérieure du ressort. Il donne son avis sur les questions d'administration, de finances ou de discipline, qui intéressent les colléges communaux, les lycées et les établissements d'enseignement supérieur.

478. Les conseils académiques sont, en outre, des tribunaux administratifs, investis d'attributions contentieuses et disciplinaires. En présence du silence absolu, à cet égard, de l'article 4 de la loi du 14 juin 1854, des propositions exclusives que l'on trouve dans les documents législatifs préparatoires de cette loi, et des changements de jurisprudence pratique sur ce point survenus au ministère de l'instruction publique, nous avons pu, avec d'autres auteurs, dans les deux premières éditions de cet ouvrage, contester sérieusement aux conseils académiques toute juridiction contentieuse ou disciplinaire.

En ce qui concerne la juridiction disciplinaire, nous disions dans la troisième édition de cet ouvrage : « Il ne faut rien moins, pour nous faire abandonner cette opinion, dans l'état actuel de la législation, que l'affirmation par la triple autorité du conseil académique de Paris (12 décembre 1865), du conseil impérial de l'instruction publique (26 décembre 1865), et du conseil d'État (14 août 1866 [1],

---

[1] Voici le texte de cet arrêt important et sans précédents:

« Considérant qu'en vertu des articles 18, 19 et 20 de l'ordonnance du 5 juillet 1820, 46 et 40 de l'ordonnance du 2 février 1823, et des dispositions de l'ordonnance du 2 février 1826, tout étudiant qui aurait, par ses discours ou par ses actes, outragé la religion, les mœurs ou le gouvernement, ou qui aurait pris une part active à des désordres soit à l'intérieur de l'école, soit au dehors, pouvait être exclu, à temps ou pour toujours, de la faculté, de l'académie ou de toutes les académies de France; et que, suivant que l'exclusion devait être prononcée de l'académie à laquelle l'étudiant était attaché, ou de toutes les académies, c'était au conseil académique, sauf recours devant la commission de l'instruction publique, ou à cette commission aujourd'hui remplacée par le conseil impérial de l'instruction publique, qu'il appartenait de prononcer disciplinairement cette exclusion ; — Considérant, d'une part, que les dispositions précitées des ordonnances de 1820, 1823 et 1826 n'ont jamais été abrogées; que spécialement ni la loi du 15 mars 1850, ni le décret du 9 mars 1852, ni la loi du 14 juin 1854, sur l'instruction publique, n'ont rapporté ces dispositions ; que la loi du 15 mars 1850, par son article 85, a, au contraire, décidé que,

Rey et autres) dans la même affaire, de la qualité de tribunaux administratifs appartenant aux conseils académiques ».

Au point de vue des attributions purement contentieuses des conseils académiques, par rapport à celles du ministre de l'instruction publique, nous nous exprimions encore ainsi dans notre troisième édition : « Le ministre de l'instruction publique, comme chaque ministre, est, en vertu du principe général ci-dessus établi [n°s 429 et 435 1°], le juge ordinaire et de droit commun du premier degré pour le contentieux administratif de son département, c'est-à-dire que c'est à lui qu'il appartient de juger, sauf recours au conseil d'État, tout le contentieux de l'instruction publique que des textes actuellement en vigueur n'attribueraient pas à d'autres juges, et notamment aux divers conseils de l'enseignement. L'article 14 de la loi du 15 mars 1850 attribuait aux conseils académiques permanents, institués par cette loi dans chaque département, d'une part, la connaissance des réclamations relatives aux concours pour l'agrégation des facultés et ayant pour objet les jugements de nullités de formes proposées à la suite de ces concours, et, d'autre part, le jugement des réclamations contentieuses relatives à l'obtention des grades universitaires. Or, la question est encore de savoir (comme pour la juridiction disciplinaire des conseils académiques admise par les décisions ci-dessus) si, sous cet autre rapport, la loi de 1850 aurait été abrogée par la loi de 1854 ? Ici la question se complique de cette circonstance que, tandis qu'un arrêté ministériel du 28 novembre 1864, rendu pour l'exécution du décret du

---

jusqu'à la promulgation de la loi sur l'enseignement supérieur, les conseils qui venaient d'être institués exerceraient à l'égard de cet enseignement les attributions des anciens conseils; que le décret du 9 mars 1852 et la loi du 14 juin 1854 ne contiennent aucune disposition relative à l'exercice du pouvoir disciplinaire à l'égard des étudiants, et qu'en se bornant à abroger les dispositions des lois, décrets, ordonnances et règlements antérieurs contraires à leurs prescriptions, le décret de 1852 et la loi de 1854 ont par cela même maintenu les autres dispositions de ces lois, décrets, ordonnances et règlements; — Considérant, d'autre part, qu'il est de l'essence de l'action disciplinaire de suivre ceux qui y sont assujettis, partout où les fautes qu'elle a pour but de réprimer ont pu être commises; qu'ainsi, en exerçant à l'égard des requérants, prévenus d'avoir, à Liége, en octobre et novembre 1865, publiquement outragé la religion et publiquement insulté le drapeau, les institutions et le gouvernement de leur pays, le droit de juridiction qu'ils tenaient des lois et ordonnances qui viennent d'être rappelées, le conseil académique de Paris et le conseil impérial de l'instruction publique n'ont pas excédé la limite de leurs pouvoirs... Notre conseil d'État au contentieux entendu, Avons décrété et décrétons ce qui suit:
— Art. 1er. La requête des sieurs Rey et consorts est rejetée ».

27 novembre 1864 supprimant l'ancien programme du baccalauréat ès lettres, dispose par son article 28 dans le sens de la compétence du conseil académique, le statut ministériel du 10 août 1857 relatif aux concours d'agrégation des facultés de droit, arrêté rendu à une époque où l'on tenait pour abrogées au ministère de l'instruction publique les dispositions de la loi de 1850, attribue la connaissance de ces recours au ministre de l'instruction publique. Mais étant admis, conformément à l'arrêt du conseil d'État, que la loi de 1854 a laissé subsister les textes antérieurs instituant les conseils académiques en qualité de tribunaux administratifs, il est certain que l'arrêté ministériel de 1857 n'aurait pas eu le pouvoir de déroger au texte législatif de 1850 (art. 14). Le ministre a toujours, en matière d'obtention des grades universitaires, le droit d'ordonner que le candidat subisse de nouveau les épreuves prescrites. Mais il s'agit là d'une mesure de haute police des études et non de contentieux administratif; dans cette hypothèse, le ministre ne procède pas comme juge, et sa décision échappe au recours au conseil d'État; ce pouvoir rentre dans l'ensemble de ses attributions d'administration pure. Il en est de même du droit exclusif qu'il a d'autoriser les établissements d'instruction supérieure, d'interdire l'ouverture ou de prescrire la fermeture de ceux qui seraient créés sans autorisation préalable (D. 17 mars 1808 ; c. d'Ét. 9 mars 1864, *Leroy*). »

Ces difficultés fort graves que nous exposions ainsi, sont aujourd'hui résolues par l'article 4 § 2 [n° 475] de la loi du 19 mars 1873, sur le conseil supérieur de l'instruction publique, qui ouvre l'appel au conseil supérieur contre les jugements rendus par les conseils académiques en cette matière, et par l'article 5 et dernier de la loi qui, corroborant l'article 4 § 2, remet formellement en vigueur l'article 14 de la loi du 15 mars 1850 (ainsi que les articles 68 et 76). Nous tenons à faire observer que la loi de 1873, en le remettant en vigueur, confirme ainsi l'opinion par nous professée dans nos éditions antérieures de l'abrogation de ce texte par la loi de 1854. Cette disposition nouvelle, en faisant revivre ces trois articles de la loi de 1850, et en abrogeant les dispositions indiquées du décret du 9 mars 1852, fait aussi disparaître, en matière disciplinaire, un contraste regrettable que nous avions également signalé. Un décret du 26 décembre 1875 a réglementé les voies de recours relativement à la collation des grades dans ses articles 8 et 9 ci-dessous reproduits.

Sont abrogés les articles 1 et 3 du décret du 9 mars 1852 dans leurs dispositions relatives à la révocation des membres de l'enseignement public. Les articles 14, 68 et 76 de la loi du 15 mars 1850, sont remis en vigueur (L. 19 mars 1873, art. 5).

Les certificats d'aptitude aux différents grades et les pièces à l'appui sont transmis par les soins du président de la commission d'examen au recteur de l'académie, qui les envoie au ministre revêtus de son visa. Dans les dix jours de la réception des certificats, le recteur peut se pourvoir, pour violation des formes légales, devant le conseil académique du ressort. De leur côté, les candidats, par application des dispositions de l'article 14 de la loi du 15 mars 1850, pourront aussi, dans le délai de dix jours, se pourvoir devant le même conseil contre les décisions des jurys d'examen pour violation des formes légales. Dans l'un et l'autre cas, il pourra être interjeté appel de la décision du conseil académique, devant le conseil supérieur de l'instruction publique. A l'égard des candidats, le délai ne court que du jour de la notification de la décision (Décret du 26 décembre 1875, *relatif aux jurys chargés de la collation des grades*, art. 8). — Le ministre, d'après les certificats d'aptitude visés par les recteurs, confère les grades au moyen de diplômes. Le ministre peut refuser le diplôme dans l'intérêt de l'ordre public ou de la morale publique, après avis du conseil supérieur de l'instruction publique (art. 9).

479. Dans chaque département il y a un *conseil départemental de l'instruction publique*, composé de treize membres, aux termes de la loi du 14 juin 1854 ; cette loi attend des modifications nécessaires dans le sens de l'élection par leurs corps respectifs, surtout en ce qui concerne le conseil général, de plusieurs membres, substitué à la nomination par le ministre sur les propositions du préfet. Ces treize membres sont : le préfet, président ; l'inspecteur de l'académie ; un inspecteur de l'instruction primaire, désigné par le ministre ; l'évêque ou son délégué ; un ecclésiastique désigné par l'évêque ; un ministre de l'une des deux églises protestantes, nommé par le ministre, dans les départements où il existe une église légalement établie ; un représentant du consistoire israélite, nommé par le ministre, dans les départements où il existe un consistoire légalement établi ; le procureur général près la cour d'appel, ou le procureur selon les villes et les départements ; un membre de la cour d'appel ou du tribunal de première instance, désigné par le ministre ; et quatre représentants du conseil général nommés par le ministre. Nous avons déjà dit [n° 476] que des modifications avaient été législativement proposées à cette organisation (*Journal officiel* du 27 mars 1876, page 2167).

Le conseil départemental se réunit au moins deux fois par mois (D. régl. 22 août 1854, art. 37), sauf du 15 août au 15 octobre ; il siége à la préfecture ; le jour de la réunion est fixé par le président ; il peut être convoqué extraordinairement.

480. Les conseils départementaux de l'instruction publique ont été créés dans chaque département par la loi du 14 juin 1854, pour remplacer les conseils académiques départementaux de la loi de 1850, en ce qui concerne l'enseignement secondaire libre et l'enseignement primaire public ou libre ; tandis que les nouveaux conseils académiques de 1854 ont reçu, sauf ce qui a été expliqué ci-dessus [n° 478], les attributions que possédaient ceux de la loi de 1850 en matière d'enseignement supérieur et en matière d'enseignement secondaire public.

C'est aussi la loi de 1854 qui, dans son article 8, souvent critiqué à la tribune et ailleurs, mais toujours maintenu sous les divers régimes politiques, a transféré au préfet les attributions du recteur départemental de 1850 en matière d'enseignement primaire public ou libre.

Comme conseil administratif, le conseil départemental de l'instruction publique exerce de très-nombreuses attributions administratives déterminées par les articles 15, 25, 31, 32, 34, 35, 36, 42, 46, 52, 53, 54 et 58 de la loi du 15 mars 1850, et 1, 2, 6, 7, 13, 20 et 21 de la loi du 10 avril 1867.

<small>Le conseil départemental de l'instruction publique exerce, en ce qui concerne les affaires de l'instruction primaire et les affaires disciplinaires et contentieuses relatives aux établissements particuliers d'instruction secondaire, les attributions déférées au conseil académique par la loi du 15 mars 1850. Les appels de ses décisions, dans les matières qui intéressent la liberté d'enseignement, sont portés directement devant le conseil impérial de l'instruction publique en conformité des dispositions de ladite loi (L. 14 juin 1854, *sur l'instruction publique*, art. 7). — Le préfet exerce, sous l'autorité du ministre de l'instruction publique, et sur le rapport de l'inspecteur de l'académie, les attributions déférées au recteur par la loi du 15 mars 1850, et par le décret organique du 9 mars 1852, en ce qui concerne l'instruction primaire publique et libre (art. 8).</small>

481. Le principe des attributions contentieuses et disciplinaires du conseil départemental de l'instruction publique, qui font de lui un tribunal administratif statuant à charge d'appel direct au conseil supérieur de l'instruction publique, est posé, avec le principe de ses attributions comme conseil administratif, dans cet article 7 de la loi du 14 juin 1854.

Ces affaires contentieuses sont : 1° le jugement à bref délai et sauf recours, dans le délai de dix jours à compter de la notification de la décision, au conseil supérieur de l'instruction publique, des oppositions formées, dans le mois qui suit la déclaration que tout instituteur qui veut ouvrir une école primaire libre doit leur adresser, par le préfet, dans l'intérêt des mœurs publiques, et par le maire à raison du local qu'il refuse d'approuver (Loi du 15 mars 1850, art. 28, modifié par la loi du 14 juin 1854, art. 8, et la loi du 10 avril 1867, art. 19) ; 2° l'interdiction à temps ou à toujours, prononcée, sur la plainte du ministère public ou du recteur, contre tout chef d'établissement libre d'instruction secondaire et toute personne attachée à l'enseignement ou à la surveillance d'une maison d'éducation, pour cause d'inconduite et d'immoralité, sans préjudice des peines édictées pour crime et délit par le Code pénal ; le droit d'appel au conseil est réciproque : il doit être exercé, dans ce cas, dans les quinze jours de la notification et n'est pas suspensif (L. 1850, art. 68) ; 3° l'interdiction absolue pour les mêmes causes contre les instituteurs primaires libres ou communaux, sauf le droit d'appel réciproque et non suspensif qui peut être exercé dans les dix jours de la notification (L. 15 mars 1850, art. 30 § 2 et 33 § 3).

En vertu de leur juridiction purement disciplinaire, les conseils départementaux peuvent prononcer : 1° la réprimande avec ou sans publicité, sans appel, contre tout chef d'établissement libre d'instruction secondaire en cas de désordre grave dans le régime intérieur de son établissement (art. 67) ; 2° la censure, la suspension pour un temps inférieur à six mois, l'interdiction de l'exercice de sa profession, dans la commune où il exerce, contre tout instituteur primaire libre pour faute grave dans l'exercice de ses fonctions, inconduite ou immoralité (art. 30 § 1).

Nous avons vu [n° 475] qu'aux termes de l'article 4 § 2 de la loi du 19 mars 1873, le conseil supérieur de l'instruction publique ne peut prononcer définitivement l'interdiction du droit d'enseigner que si sa décision est prise aux deux tiers des suffrages. Un député [1] dévoué aux intérêts de l'enseignement, à l'initiative duquel est due cette disposition protectrice des droits des citoyens, avait aussi proposé un amendement appliquant la même règle à la juridiction du premier degré ; « autrement, disait-il avec raison, » vous auriez cette anomalie étrange que des condamnations pour» raient être prononcées à la simple majorité par le conseil dé» partemental, tandis qu'il faudrait une majorité des deux tiers » devant le conseil supérieur ». Le rapporteur [2] déclara que « la » commission inclinait à partager cet avis sur le fond », mais qu'il

---

[1] M. Beaussire. — [2] M. le duc de Broglie.

convenait de l'ajourner à la discussion du projet de loi sur les conseils académiques, qui n'a pas été voté par l'assemblée [n° 476].

482. Nous rapportons ici l'article 22 de la loi du 12 juillet 1875 sur la liberté de l'enseignement supérieur, qui confère au conseil départemental, et en appel au conseil supérieur de l'instruction publique, l'attribution nouvelle ci-dessus annoncée [n° 468].

Indépendamment des pénalités ci-dessus édictées [*voir* n° 468], tout professeur pourra, sur la plainte du préfet ou du recteur, être traduit devant le conseil départemental de l'instruction publique pour cause d'inconduite notoire, ou lorsque son enseignement sera contraire à la morale et aux lois, ou pour désordre grave occasionné ou toléré par lui dans son cours. Il pourra, à raison de ces faits, être soumis à la réprimande avec ou sans publicité; l'enseignement pourra même lui être interdit à temps ou à toujours, sans préjudice des peines encourues pour crimes ou délits. Le conseil départemental devra être convoqué dans les huit jours, à partir de la plainte. Appel de la décision rendue pourra toujours être porté devant le conseil supérieur, dans les quinze jours à partir de la notification de cette décision. L'appel ne sera pas suspensif (L. 12 juillet 1875, art. 22).

§ III. — Conseils de révision; préfets maritimes.

483. *Conseils de révision.*
484. Leur composition.
485. Tournée de révision.
486. Leurs huit sortes d'attributions.
487. 1° Jugement des réclamations relatives aux opérations du recrutement.
488. 2° Causes d'exemption.
489. 3° Dispenses du service d'activité en temps de paix.
490. 4° Substitution de numéros.
491. 5° Dispenses du service militaire à titre conditionnel.
492. Élèves des écoles polytechnique et forestière.
493. 6° Le conseil de révision arrête la liste du recrutement cantonal.
494. Renvoi à l'autorité judiciaire des questions d'état préjudicielles.
495. Voies de recours ouvertes contre les décisions des conseils de révision.
496. Seconde partie de leur mission; différence d'organisation.
497. 7° Dispenses à titre provisoire comme soutiens de famille.
498. 8° Demandes de sursis d'appel d'un an.
499. Abolition de la *garde nationale*, et, par suite, de ses tribunaux.
500. *Préfets maritimes*; leurs attributions contentieuses.

483. Les conseils de révision sont des tribunaux administratifs chargés de statuer sur toutes les difficultés contentieuses relatives au recrutement de l'armée. La loi du 27 juillet 1872 sur le recru-

tement de l'armée a maintenu l'organisation de ces conseils, tout en modifiant leurs attributions. Plus loin, dans la partie de cet ouvrage consacrée à la réglementation administrative des principes du droit public français, nous traitons, en expliquant la loi du 27 juillet 1872 dans son ensemble, de l'obligation nationale au service militaire, des opérations du recrutement et de toutes les règles relatives à la formation de l'armée [n°⁸ 588 à 635]. Nous ne parlons ici que des conseils de révision et de leurs attributions, réglées par la 3ᵐᵉ section du titre II de la loi du 27 juillet 1872, intitulée : *Des conseils de révision et des listes du recrutement cantonal* (art. 27 à 32), et par la 2ᵐᵉ section du même titre intitulée : *Des exemptions, des dispenses et des sursis d'appel* (art. 16 à 26).

484. Il y a un conseil de révision par département; il est composé de cinq membres, quatre pris dans l'ordre civil, dont l'un, le préfet, est président, et un militaire; ils sont désignés par le texte, reproduit ci-dessous, de l'article 27 de la loi nouvelle. Cette disposition maintient l'organisation du conseil de révision telle qu'elle résultait déjà des lois du 21 mars 1832 (art. 15) et du 1ᵉʳ février 1868 (art. 1ᵉʳ). On peut observer que cette composition des conseils de révision qui donne aux populations plusieurs représentants de leurs intérêts dans le conseil, n'en donne en réalité qu'un seul à l'armée, et qu'elle n'est plus en harmonie avec le principe fondamental de la nouvelle loi ; l'obligation générale au service militaire personnel, soit dans le service actif, soit dans les services auxiliaires pour les hommes reconnus impropres au service actif, soulève, relativement à la possibilité d'utiliser les hommes dans ces divers et nombreux services auxiliaires, des difficultés plus particulièrement de la compétence des militaires, et une voix unique dans le conseil peut être impuissante pour le maintien des droits de l'armée.

Il ne faut pas confondre avec les cinq juges du conseil de révision, ayant seuls voix délibérative, les auxiliaires qui assistent aux séances. Un membre de l'intendance militaire est investi d'une mission analogue à celle du commissaire du gouvernement ou du ministère public près les tribunaux administratifs ou judiciaires ; seul il a le droit, dans l'intérêt de la loi, de faire consigner ses observations sur le registre des délibérations. Sont aussi présents : le sous-préfet qui a présidé le conseil de recensement, le commandant de recrutement, un médecin militaire ou civil désigné par l'autorité militaire, qui n'ont que voix consultative ; ce dernier peut seul être consulté sur les questions d'infirmités, à l'exclusion de tout autre homme de l'art.

Le dernier paragraphe de l'article 27 supplée au silence de la législation antérieure en autorisant le conseil de révision à statuer à quatre, ce qui prohibe tout jugement à trois ; d'autre part, ce texte exige toujours une majorité de trois voix, et, à son défaut, prescrit l'ajournement.

Il faut enfin remarquer qu'au cas de l'article 32 de la loi du 27 juillet 1872 [n° 496], le conseil de révision est composé de sept membres au lieu de cinq.

Les opérations du recrutement sont revues, les réclamations auxquelles ces opérations peuvent donner lieu sont entendues; les causes d'exemption et de dispense prévues par les articles 16, 17 et 20 de la présente loi sont jugées en séance publique par un conseil de révision composé : du préfet, président; ou, à son défaut, du secrétaire général ou du conseiller de préfecture délégué par le préfet ; d'un conseiller de préfecture désigné par le préfet ; d'un membre du conseil général du département autre que le représentant élu dans le canton où la révision a lieu ; d'un membre du conseil d'arrondissement également autre que le représentant élu dans le canton où la révision a lieu : tous deux désignés par la commission permanente du conseil général, conformément à l'article 82 de la loi du 10 août 1871 ; d'un officier général ou supérieur désigné par l'autorité militaire. Un membre de l'intendance, le commandant du recrutement, un médecin militaire ou, à défaut, un médecin civil désigné par l'autorité militaire, assistent aux opérations du conseil de révision. Le membre de l'intendance est entendu, dans l'intérêt de la loi, toutes les fois qu'il le demande, et peut faire consigner ses observations au registre des délibérations..... Le sous-préfet ou le fonctionnaire par lequel il aura été suppléé pour les opérations du tirage assiste aux séances que le conseil de révision tient dans son arrondissement. Il a voix consultative. Les maires des communes auxquelles appartiennent les jeunes gens appelés devant le conseil de révision assistent aux séances et peuvent être entendus. Si, par suite d'absence, le conseil de révision ne se compose que de quatre membres, il peut délibérer, mais la voix du président n'est pas prépondérante. La décision ne peut être prise qu'à la majorité de trois voix ; en cas de partage, elle est ajournée (Loi du 27 juillet 1872, *sur le recrutement de l'armée*, art. 27).

485. Le conseil de révision procède en séance publique. Pour l'accomplissement d'une partie de ses attributions, il se transporte au chef-lieu de chaque canton, suivant un itinéraire publié et fixé d'avance par arrêté préfectoral : c'est ce qu'on appelle, dans la pratique, la tournée de révision. Exceptionnellement plusieurs cantons peuvent être réunis dans le même lieu. Pour la seconde partie de ses attributions [n°^{os} 496 à 498], le conseil de révision se réunit au chef-lieu du département.

Le conseil de révision se transporte dans les divers cantons. Toutefois, suivant les localités, le préfet peut exceptionnellement réunir, dans le même lieu, plusieurs cantons pour les opérations du conseil (Loi du 27 juillet 1872, art. 27 § 3). — Les jeunes gens portés sur les tableaux de recensement, ainsi que ceux des classes précédentes qui ont été ajournés conformément à l'article 18 [n° 488], sont convoqués, examinés et entendus par le conseil de révision. Ils peuvent alors faire connaître l'arme dans laquelle ils désirent être placés. S'ils ne se rendent pas à la convocation, ou s'ils ne se font pas représenter, ou s'ils n'obtiennent pas un délai, il est procédé comme s'ils étaient présents (art. 28 §§ 1 et 2).

486. Les attributions du conseil de révision sont au nombre de huit; il statue : 1° sur toutes les difficultés ou réclamations auxquelles les diverses opérations du recrutement peuvent donner lieu ; — 2° sur les causes d'exemption (art. 16 et 27); — 3° sur les substitutions de numéros permises entre frères (art. 28 § 5) ; — 4° sur les causes de dispenses du service d'activité en temps de paix (art. 17); — 5° sur les dispenses du service militaire à titre conditionnel (art. 20) ; — 6° il arrête et signe la liste du recrutement cantonal (art. 31) ; — 7° il statue sur les dispenses du service d'activité en temps de paix, à titre provisoire, comme soutien indispensable de famille (art. 22) ; — et 8° sur les demandes de sursis d'appel d'un an autorisées par les articles 23 et 24.

487. 1° L'article 27 ci-dessus rapporté [n° 489] dispose que le conseil de révision statue sur toutes les réclamations auxquelles les opérations du recrutement peuvent donner lieu ; il en est donc ainsi, qu'il s'agisse de la partie de ces opérations relative aux tableaux de recensement [n° 600] sur lesquelles il est dit par l'article 13 que les jeunes gens, leurs parents ou ayants cause sont entendus dans leurs observations par le conseil de recensement, et que « le sous-préfet statue après avoir pris l'avis des maires », ou de la partie de ces opérations relative au tirage au sort et à la formation de la liste de tirage [n° 600].

488. 2° Les *causes d'exemption*, fort nombreuses dans la législation antérieure, sont actuellement réduites non pas aux infirmités qui rendent le jeune homme impropre au service militaire d'activité, mais seulement à celles qui le rendent impropre à *tout service auxiliaire dans l'armée*. C'est une des innovations les plus importantes et les plus rationnelles de la loi. L'article 16 est la mise en œuvre du principe posé dans l'article 1er, et des articles 3 [n° 595] et 36 [n° 602], qui soumettent aux appels « tout Français » qui n'est pas déclaré impropre à *tout* service dans l'armée ». Si la

mission du conseil de révision est, sous ce rapport, plus restreinte qu'autrefois, nous avons déjà dit [n° 484] qu'elle n'était ni moins grave ni moins délicate; il statue en cette matière après avoir entendu le médecin du conseil, sans que les intéressés puissent être autorisés à faire entendre d'autres hommes de l'art pour le contredire.

La loi a sagement prévu le cas où, impropre à tout service militaire à vingt ans, le jeune homme ne l'est plus à vingt-un et surtout à vingt-deux ans, et, par ce motif, elle permet d'ajourner deux années de suite les jeunes gens à un nouvel examen.

Sont exemptés du service militaire les jeunes gens que leurs infirmités rendent impropres à tout service actif ou auxiliaire dans l'armée (L. 27 juillet 1872, art. 16). — Dans le cas d'exemption pour infirmités, le conseil ne prononce qu'après avoir entendu le médecin qui assiste au conseil (art. 28 § 3). — Peuvent être ajournés deux années de suite à un nouvel examen les jeunes gens qui, au moment de la réunion du conseil de révision, n'ont pas la taille de 1^{m}54 ou sont reconnus d'une complexion trop faible pour un service armé. Les jeunes gens ajournés à un nouvel examen du conseil de révision sont tenus, à moins d'une autorisation spéciale, de se représenter au conseil de révision du canton devant lequel ils ont comparu. Après l'examen définitif, ils sont classés, et ceux des jeunes gens reconnus propres soit au service armé, soit à un service auxiliaire, sont soumis, selon la catégorie dans laquelle ils sont placés, à toutes les obligations de la classe à laquelle ils appartiennent (art. 18).

489. 3° Les causes de *dispenses du service d'activité en temps de paix*, énumérées dans l'article 17 de la loi, se distinguent des autres causes de dispenses sur lesquelles le conseil de révision est également appelé à statuer : 1° en ce qu'elles ne sont accordées ni *à titre conditionnel*, comme celles de l'article 20, ni *à titre provisoire*, comme celles de l'article 22 ; 2° en ce qu'elles sont accordées à des jeunes gens que la loi considère comme ne pouvant être enlevés à leur famille, quelle que soit sa position de fortune ; 3° en ce qu'elles constituaient dans la législation antérieure des causes d'exemption emportant libération du service militaire. Les trois sortes de dispenses admises par la loi nouvelle, celles non conditionnelles ni provisoires de l'article 17 ci-dessous, comme celles de l'article 20, et celles de l'article 22, sont toutes soumises à la règle générale écrite dans l'article 4 de la loi : « Les dispenses de » service ne sont pas accordées à titre de libération définitive ».

Enfin, dans le même ordre d'idées, il faut remarquer que les articles 17 et 26, en complète harmonie de rédaction, n'appliquent la dispense qu'au service de paix, et mettent les dispensés dont

SERVICE D'ACTIVITÉ EN TEMPS DE PAIX.

nous parlons ici, comme ceux de l'article 22 [n° 497], à la disposition du ministre de la guerre ; même en temps de paix, ils sont soumis par l'article 25 à certains exercices ; enfin la dispense, ainsi réduite dans ses effets, n'est que temporaire, et cesse avec la cause qui l'avait motivée.

Sont dispensés du service d'activité en temps de paix : 1° l'aîné d'orphelins de père et de mère ; 2° le fils unique ou l'aîné des fils, ou, à défaut de fils ou de gendre, le petit-fils unique ou l'aîné des petits-fils d'une femme actuellement veuve ou d'une femme dont le mari a été légalement déclaré absent, ou d'un père aveugle ou entré dans sa soixante-dixième année ; dans les cas prévus par les deux paragraphes précédents, le frère puîné jouira de la dispense, si le frère aîné est aveugle ou atteint de toute autre infirmité incurable qui le rende impotent ; 3° le plus âgé des deux frères appelés à faire partie du même tirage, si le plus jeune est reconnu propre au service ; 4° celui dont un frère sera dans l'armée active ; 5° celui dont un frère sera mort en activité de service ou aura été réformé ou admis à la retraite pour blessures reçues dans un service commandé ou pour infirmités contractées dans les armées de terre et de mer. La dispense accordée conformément aux §§ 4 et 5 ci-dessus ne sera appliquée qu'à un seul frère pour un même cas ; mais elle se répétera dans la même famille autant de fois que les mêmes droits s'y reproduiront. Le jeune homme omis, qui ne s'est pas présenté, par lui ou ses ayants cause, au tirage de la classe à laquelle il appartient ne peut réclamer le bénéfice des dispenses indiquées par le présent article, si les causes de ces dispenses ne sont survenues que postérieurement à la clôture des listes. Ces causes de dispenses doivent, pour produire leur effet, exister au jour où le conseil de révision est appelé à statuer. Néanmoins, l'appelé ou l'engagé qui, postérieurement soit à la décision du conseil de révision, soit au 1er juillet, soit à son incorporation, devient l'aîné d'orphelins de père et de mère, le fils unique ou l'aîné des fils, ou, à défaut du fils et du gendre, le petit-fils unique ou l'aîné des petits-fils d'une femme veuve, d'une femme dont le mari a été légalement déclaré absent, ou d'un père aveugle, est, sur sa demande, et pour le temps qu'il a encore à servir, renvoyé dans ses foyers en disponibilité, à moins qu'en raison de sa présence sous les drapeaux il n'ait procuré la dispense de service à un frère puîné actuellement vivant. Le bénéfice de la disposition du paragraphe précédent s'étend au militaire devenu fils aîné ou petit-fils aîné de septuagénaire, par suite du décès d'un frère. Les dispenses énoncées au présent article ne sont applicables qu'aux enfants légitimes (L. 1872, art. 17). — Les cas de dispenses sont jugés sur la production de documents authentiques et sur les certificats signés de trois pères de famille domiciliés dans le même canton, dont les fils sont soumis à l'appel ou ont été appelés. Ces certificats doivent, en outre, être signés et approuvés par le maire de la commune du réclamant (art. 28 § 4). — Les jeunes gens dispensés du service d'activité en temps de paix, aux termes de l'article 17 de la présente loi ; les jeunes gens dispensés à titre de soutiens de famille, ainsi que les jeunes gens auxquels il est accordé des sursis d'appel, sont astreints, par un règlement du ministre de la guerre, à certains exercices. Quand les causes de dispenses viennent à cesser, ils sont soumis à toutes les obligations de la classe à laquelle ils appartiennent (art. 25). — Les jeunes gens dispensés du service de l'armée active, aux termes de l'article 17 ci-dessus, les jeunes gens dispensés à titre de soutiens de famille, ainsi que ceux qui ont obtenu des sursis d'appel, sont appelés, en cas de guerre, comme les hommes de leur classe. L'autorité militaire en dispose alors selon les besoins des différents services (art. 26).

490. 4° La *substitution de numéros*, permise d'une manière absolue par la loi du 21 mars 1832, restreinte par la loi du 17 mars 1858 aux frères, beaux-frères et parents jusqu'au sixième degré concourant au tirage de la même classe et dans le même canton, permise derechef sans restriction en vertu de la loi du 1ᵉʳ février 1868 par un retour pur et simple à celle de 1832, ne peut plus être admise par le conseil de révision qu'entre frères.

La substitution de numéros peut avoir lieu entre frères, si celui qui se présente comme substituant est reconnu propre au service par le conseil de révision (L. 27 juillet 1872, art. 28 § 5).

491. 5° Les causes de *dispense du service militaire à titre conditionnel* sont les anciennes causes de *déduction* de l'article 14 de la loi du 21 mars 1832. Elles diffèrent des causes de dispenses de l'article 17 : 1° en ce qu'elles reposent, non sur la situation de famille du jeune homme, mais sur la nature de la carrière qu'il a embrassée et l'importance sociale qu'y attache la loi, de sorte que la condition de la dispense est l'accomplissement même de l'engagement contracté ou la présence dans cette carrière ; 2° en ce que tant que cette condition est remplie, la dispense conditionnelle s'applique au temps de guerre comme au temps de paix ; aussi l'article 26 [n° 489] n'embrasse-t-il pas dans ses dispositions les dispensés de cette catégorie, et l'article 20 les dispense-t-il d'une manière générale du *service militaire*, ce qui comprend toutes les phases du service. Mais s'ils cessent d'être dans une des positions donnant droit à la dispense, ils rentrent dans le droit commun de l'obligation personnelle au service militaire, et ils encourent des peines correctionnelles d'un mois à un an d'emprisonnement s'ils n'en font pas la déclaration dans les deux mois au maire de la commune.

Sont, à titre conditionnel, dispensés du service militaire : 1° les membres de l'instruction publique, les élèves de l'École normale supérieure de Paris, dont l'engagement de se vouer pendant dix ans à la carrière de l'enseignement aura été accepté par le recteur de l'académie, avant le tirage au sort, et s'ils réalisent cet engagement; 2° les professeurs des institutions nationales des sourds-muets et des institutions nationales des jeunes aveugles, aux mêmes conditions que les membres de l'instruction publique ; 3° les artistes qui ont remporté les grands prix de l'Institut, à condition qu'ils passeront à l'École de Rome les années réglementaires et rempliront toutes leurs obligations envers l'État ; 4° les élèves pensionnaires de l'École des langues orientales vivantes et les élèves de l'École des chartes nommés après examen, à condition de passer dix ans tant dans lesdites écoles que dans un service public; 5° les membres et novices des associations religieuses vouées à l'enseignement et reconnues comme établissements d'utilité publique, et les directeurs, maîtres adjoints, élèves-maîtres des écoles fondées ou entretenues par les associations laïques, lorsqu'elles remplissent les mêmes conditions; pourvu toutefois que les uns et les autres, avant le tirage au sort, aient pris devant le recteur de l'académie l'engagement de se consacrer pendant dix ans à l'enseignement, et s'ils réalisent cet engagement dans un des établissements de l'association religieuse ou laïque, à condition que cet établissement existe depuis plus de deux ans, ou renferme trente élèves au moins; 6° les jeunes gens qui, sans être compris dans les paragraphes précédents, se trouvent dans les cas prévus par l'article 79 de la loi du 15 mars 1850, et par l'article 18 de la loi du 10 avril 1867, et ont, avant l'époque fixée pour le tirage, contracté devant le recteur le même engagement et aux mêmes conditions; l'engagement de se vouer pendant dix ans à l'enseignement peut être réalisé par les instituteurs et par les instituteurs adjoints mentionnés au présent § 6, tant dans les écoles publiques que dans les écoles libres désignées à cet effet par le ministre de l'instruction publique, après avis du conseil départemental; 7° les élèves ecclésiastiques désignés à cet effet par les archevêques et par les évêques, et les jeunes gens autorisés à continuer leurs études pour se vouer au ministère des cultes salariés par l'État, sous la condition qu'ils seront assujettis au service militaire s'ils cessent les études en vue desquelles ils auront été dispensés ou si, à vingt-six ans, les premiers ne sont pas entrés dans les ordres majeurs, et les seconds n'ont pas reçu la consécration (Loi du 27 juillet 1872, art. 20). — Les jeunes gens liés au service dans les armées de terre ou de mer en vertu d'un brevet ou d'une commission, et qui cessent leur service; les jeunes marins portés sur les registres matricules de l'inscription maritime, conformément aux règles prescrites par les articles 1, 2, 3, 4 et 5 de la loi du 25 octobre 1795 (3 brumaire an IV), qui se font rayer de l'inscription maritime; les jeunes gens désignés en l'article 20 ci-dessus, qui cessent d'être dans une des positions indiquées audit article avant d'avoir accompli les conditions qu'il leur impose, sont tenus : 1° d'en faire la déclaration au maire de la commune dans les deux mois, et de retirer expédition de leur déclaration; 2° d'accomplir dans l'armée active le service prescrit par la présente loi, et de faire ensuite partie des réserves selon la classe à laquelle ils appartiennent. Faute par eux de faire la déclaration ci-dessus et de la soumettre au visa du préfet du département dans le délai d'un mois, ils sont passibles des peines portées par l'article 60 de la présente loi. Ils sont rétablis dans la première classe appelée après la cessation de leurs services, fonctions ou études; mais le temps écoulé depuis la cessation de leurs services, fonctions ou études, jusqu'au moment de la déclaration, ne compte pas dans les années de service exigées par la présente loi. Toutefois est déduit du nombre d'années pendant lesquelles tout Français fait partie de l'armée active le temps déjà passé au service de l'État par les marins inscrits et par les jeunes gens liés au service dans les armées de terre et de mer, en vertu d'un brevet ou d'une commission (art. 21).

492. Le projet primitif comprenait les élèves de l'École polytechnique et de l'École forestière dans l'énumération des dis-

pensés, à la condition de rester dix ans dans les services publics.

La loi du 21 mars 1832 (art. 14 § 3) en faisait aussi, pour les élèves de l'École polytechnique, un des cas de déduction. Dans sa rédaction définitive, l'article 19 de la loi nouvelle contient, relativement aux élèves de ces deux écoles, des dispositions particulières desquelles il résulte : que, pendant leur séjour à l'école, ils sont considérés comme présents sous les drapeaux ; que s'ils en sortent sans avoir subi les examens de sortie, ils suivent leur classe de recrutement d'après leur âge ; que ceux qui ont subi ces examens seront pourvus dans la disponibilité, la réserve de l'armée active, l'armée territoriale ou les services auxiliaires, d'emplois dont la détermination est faite par la loi d'organisation du 24 juillet 1873 (art. 36) pour ceux qui ne sont pas placés dans un service public, et renvoyée par elle à un règlement d'administration publique pour ceux placés à leur sortie de l'école dans un service public non militaire. En conséquence de cette disposition de l'article 36 de la loi du 24 juillet 1873, le ministre de la guerre a décidé « qu'à partir du concours de 1876, sauf des cas très-rares
» d'aptitudes scientifiques très-exceptionnelles, qui seraient si-
» gnalées par les préfets et qui deviendraient l'objet d'une auto-
» risation spéciale du ministre, les conditions à remplir sous le
» rapport de l'aptitude physique pour être admis à l'École poly-
» technique seront exactement les mêmes que pour le service de
» l'armée active ».

Les élèves de l'École polytechnique et les élèves de l'École forestière sont considérés comme présents sous les drapeaux dans l'armée active pendant tout le temps passé par eux dans lesdites écoles. Les lois d'organisation prévues par l'article 45 de la présente loi déterminent, pour ceux de ces jeunes gens qui ont satisfait aux examens de sortie et ne sont pas placés dans les armées de terre ou de mer, les emplois auxquels ils peuvent être appelés soit dans la disponibilité, soit dans la réserve de l'armée active, soit dans l'armée territoriale, ou dans les services auxiliaires. Les élèves de l'École polytechnique et de l'École forestière qui ne satisfont pas aux examens de sortie de ces écoles suivent les conditions de la classe de recrutement à laquelle ils appartiennent par leur âge ; le temps passé par eux à l'École polytechnique ou à l'École forestière est déduit des années de service déterminées par l'article 36 de la présente loi (L. 27 juillet 1872, *sur le recrutement de l'armée*, art. 19).

Les élèves de l'École polytechnique et les élèves de l'École forestière qui ont satisfait aux examens de sortie desdites écoles, et ne sont pas placés dans un service public, reçoivent un brevet de sous-lieutenant auxiliaire ou une commission équivalente au titre auxiliaire et restent dans la disponibilité, dans la réserve de l'armée active, dans l'armée territoriale, pendant le temps durant lequel ils y sont astreints, en conformité de l'article 36 de la loi du 27 juillet 1872. Toutefois est déduit, conformément à l'article 19 de la loi du 27 juillet 1872, le temps passé par eux dans ces écoles. Un règlement d'administration publique, rendu pour chacun des services dans lesquels sont placés les élèves sortant de l'École polytechnique qui ne font pas partie de l'armée de terre ou de mer, et les élèves de l'École forestière entrés dans le service forestier, détermine les assimilations de grades et les emplois qui peuvent, en cas de mobilisation, leur être donnés dans l'armée selon la position qu'ils occupent dans les services publics auxquels ils appartiennent (Loi du 24 juillet 1873, *relative à l'organisation générale de l'armée*, art 36).

493. 6° Le conseil de révision *arrête et signe la liste du recrutement cantonal* dans les conditions ci-dessous déterminées.

Après que le conseil de révision a statué sur les cas d'exemption et sur ceux de dispenses, ainsi que sur toutes les réclamations auxquelles les opérations doivent donner lieu, la liste du recrutement cantonal est définitivement arrêtée et signée par le conseil de révision. Cette liste, divisée en cinq parties, comprend : 1° par ordre de numéros de tirage, tous les jeunes gens déclarés propres au service militaire et qui ne doivent pas être classés dans les catégories suivantes; 2° tous les jeunes gens dispensés en exécution de l'article 17 de la présente loi; 3° tous les jeunes gens conditionnellement dispensés en vertu de l'article 20, ainsi que les jeunes gens liés au service en vertu d'un engagement volontaire, d'un brevet ou d'une commission, et les jeunes marins inscrits; 4° les jeunes gens qui, pour défaut de taille ou pour toute autre cause, ont été dispensés du service dans l'armée active, mais ont été reconnus aptes à faire partie d'un des services auxiliaires de l'armée; 5° enfin, les jeunes gens qui ont été ajournés à un nouvel examen du conseil de révision (L. 27 juillet 1872, *sur le recrutement de l'armée*, art. 31).

494. L'article 29 de la loi de 1872, reproduisant l'article 26 de la loi du 21 mars 1832, réserve aux tribunaux de l'ordre judiciaire la connaissance exclusive des questions d'état préjudicielles, de nationalité, d'âge, de jouissance des droits civils. C'est une application du principe de la séparation des autorités administratives et judiciaire [n° 648], analogue à celle déjà signalée en matière d'élections [n°⁵ 401 et 402], et à celle indiquée plus loin [n° 500].

Lorsque les jeunes gens portés sur les tableaux de recensement ont fait des réclamations dont l'admission ou le rejet dépend de la décision à intervenir sur des questions judiciaires relatives à leur état ou à leurs droits civils, le conseil de révision ajourne sa décision ou ne prend qu'une décision conditionnelle. Les questions sont jugées contradictoirement avec le préfet, à la requête de la partie la plus diligente. Les tribunaux statuent sans délai, le ministère public entendu (L. 27 juillet 1872, art. 29).

495. La loi du 21 mars 1832 se bornait à dire que les décisions des conseils de révision étaient définitives ; elle n'ouvrait aucune voie de recours. Il en résultait que ces décisions ne pouvaient être l'objet que du recours général devant le conseil d'État pour excès de pouvoir et pour incompétence [n°⁵ 252 et 253]. L'article 30 de la loi de 1872 confirme expressément le droit de former ce re-

cours ; en outre, comblant une lacune de l'ancienne législation, il confère au ministre de la guerre seul le droit d'attaquer les décisions du conseil de révision pour violation de la loi et dans l'intérêt de la loi, sauf le bénéfice de l'annulation pour les parties lésées ; mais celles-ci ne peuvent exercer le recours. Une proposition en ce sens a été formellement repoussée, dans la crainte de trop nombreuses entraves aux opérations du recrutement; mais les parties peuvent provoquer l'action du ministre.

Hors les cas prévus par l'article précédent, les décisions du conseil de révision sont définitives. Elles peuvent néanmoins être attaquées devant le conseil d'État pour incompétence et excès de pouvoir. Elles peuvent aussi être attaquées pour violation de la loi, mais par le ministre de la guerre seulement et dans l'intérêt de la loi. Toutefois l'annulation profite aux parties lésées (L. 27 juillet 1872, art. 30).

496. Lorsque les listes du recrutement ont été arrêtées comme il est dit ci-dessus [n° 493], la tournée de révision est achevée, mais la tâche du conseil de révision n'est pas terminée : il lui reste à accomplir la seconde partie de sa mission, consistant à statuer sur les demandes de dispenses pour soutiens de famille et sur les demandes de sursis d'appel. Le jugement de ces demandes forme la 7me et la 8me attribution du conseil de révision. Pour cette dernière partie de sa mission, le conseil de révision n'est plus composé de cinq membres mais de sept; il ne procède plus dans chaque canton, mais au chef-lieu du département.

Quand les listes du recrutement de tous les cantons du département ont été arrêtées conformément aux prescriptions de l'article précédent, le conseil de révision, auquel sont adjoints deux autres membres du conseil général également désignés par la commission permanente, et réuni au chef-lieu du département, prononce sur les demandes de dispenses pour soutiens de famille, et sur les demandes de sursis d'appel (L. 27 juillet 1872, art. 32).

497. 7° Le conseil de révision peut *dispenser, à titre provisoire, comme soutiens indispensables de famille*, les jeunes gens désignés par le conseil municipal de la commune où ils sont domiciliés jusqu'à concurrence de 4 % des jeunes gens compris dans la première partie des listes du recrutement cantonal [n° 608].

La dispense peut être retirée les années suivantes, si la situation de fortune de la famille vient à changer ou si le dispensé à titre de soutien n'en remplit pas effectivement les devoirs. Du reste, les articles 25 et 26 [n° 489] leur sont applicables.

Peuvent être dispensés à titre provisoire, comme soutiens indispensables de famille, et s'ils en remplissent effectivement les devoirs, les jeunes gens désignés par le conseil municipal de la commune où ils sont domiciliés. La liste est présentée au conseil de révision par le maire. Ces dispenses peuvent être accordées par département jusqu'à concurrence de 4 % du nombre des jeunes gens reconnus propres au service et compris dans la première partie des listes du recrutement cantonal. Tous les ans, le maire de chaque commune fait connaître au conseil de révision la situation des jeunes gens qui ont obtenu les dispenses à titre de soutiens de famille pendant les années précédentes (L. 27 juillet 1872, art. 22).

498. 8° Le conseil de révision statue, après l'avis des conseils municipaux, sur les demandes de sursis d'appel d'un an formées, avant le tirage au sort, par les jeunes gens qui établissent qu'il est indispensable, soit pour leur apprentissage, soit pour les besoins de l'exploitation agricole, industrielle ou commerciale à laquelle ils se livrent pour leur compte ou celui de leurs parents, qu'ils ne soient pas enlevés immédiatement à leurs travaux. Ce sursis peut être renouvelé pour une seconde année seulement; ceux qui l'obtiennent sont également soumis aux articles 25 et 26 [n° 489]. Il ne doit pas être confondu avec le sursis d'appel pour continuation d'études dans les Facultés ou écoles nationales déterminées par l'article 53, qui est de droit pour les engagés conditionnels d'un an [n° 648], et ne donne lieu à aucune appréciation par le conseil de révision. Il faut surtout bien remarquer que, par ce sursis d'appel, les jeunes gens n'obtiennent qu'un ajournement dans l'exécution de l'obligation du service imposée par le numéro de tirage, c'est-à-dire que le temps passé en sursis d'appel ne compte pas dans la durée du service militaire auquel les jeunes gens sont tenus.

En temps de paix, il peut être accordé des sursis d'appel aux jeunes gens qui, avant le tirage au sort, en auront fait la demande. A cet effet, ils doivent établir que, soit pour leur apprentissage, soit pour les besoins de l'exploitation agricole, industrielle ou commerciale à laquelle ils se livrent pour leur compte ou pour celui de leurs parents, il est indispensable qu'ils ne soient pas enlevés immédiatement à leurs travaux. Ce sursis d'appel ne confère ni exemption ni dispense. Il n'est accordé que pour un an, et peut être néanmoins renouvelé pour une seconde année. Le jeune homme qui a obtenu un sursis d'appel conserve le numéro qui lui est échu lors du tirage au sort, et, à l'expiration de son sursis, il est tenu de satisfaire à toutes les obligations que lui imposait la loi en vertu de son numéro (L. 1872, art. 23). — Les demandes de sursis adressées au maire sont instruites par lui ; le conseil municipal donne son avis. Elles sont remises au conseil de révision, et envoyées par duplicata au sous-préfet, qui les transmet au préfet, avec ses observations, et y joint tous les documents nécessaires. Il peut être accordé, pour tout le département et par chaque classe, des sursis d'appel jusqu'à concurrence de 4 % du nombre des jeunes gens reconnus propres au service militaire dans ladite classe et compris dans la première partie des listes du recrutement cantonal (art. 24).

499. Les conseils de recensement et jurys de révision de la

garde nationale sédentaire constituaient des tribunaux administratifs. Ils ont disparu, avec l'institution elle-même, heureusement abolie par la loi du 25 août 1871. L'article 1er de cette loi se bornait à ordonner la dissolution des gardes nationales *dans toutes les communes de France* (en exceptant de cette mesure les seules compagnies de sapeurs-pompiers [n° 151], dont l'organisation est soumise à un décret portant règlement d'administration publique du 29 décembre 1875).

L'article 2 de cette loi du 25 août 1871 sur la garde nationale ordonnait la remise des armes dans les arsenaux de l'État. L'article 3 et dernier de la loi est le plus important, en ce qu'il supprime l'institution elle-même en abrogeant comme suit ses lois organiques : « Sont et demeurent abrogées les lois du 22 mars » 1831, des 8 avril-22 mai-13 juin 1851, et du 12 août 1870 ». Cette dernière loi avait remplacé le décret-loi du 11 janvier 1852, qui laissait au gouvernement le droit d'organiser la garde nationale là où il le jugeait nécessaire. Les événements que la France venait de traverser éclairaient désormais l'assemblée nationale, qui avait pu constater que, pendant la guerre, les services de l'institution en face de l'ennemi avaient été presque nuls, et que pendant la paix, à l'intérieur, elle était un agent de désordre, de guerre civile et de guerre sociale [1]. L'article 6 de la loi du 27 juillet 1872 sur le recrutement de l'armée [n° 595] confirme définitivement cette suppression de la garde nationale, en soumettant tout corps armé aux lois militaires et à l'autorité du ministre de la guerre ou de la marine.

500. *Préfets maritimes*. — On appelle ainsi les hauts fonctionnaires de la marine placés à la tête de chacun des cinq arrondissements entre lesquels sont divisées les côtes maritimes de la

---

[1] Le gouvernement a été d'accord avec l'assemblée sur le principe de la loi, et M. Thiers a prononcé à la tribune ces paroles qui en forment, avec les événements, l'utile commentaire : « La vérité, c'est que la garde de la cité ne peut » pas appartenir à tout le monde indistinctement ; et l'erreur, c'est d'avoir » voulu donner des armes à tout le monde. Je conçois que tout le monde vote, » je ne conçois pas que tout le monde soit armé. La majorité est le correctif » des mauvais votes dans le suffrage universel, peut-être pas toujours pour- » tant ; mais il n'y a pas de correctif pour les armes mal placées dans les mains » qui ne sont pas dignes de les porter. » — Un second motif fut invoqué dans les termes suivants par le rapport qu'a présenté M. le général Chanzy au nom de la commission de l'assemblée, à savoir « que le système nouveau qu'on se » proposait d'adopter pour l'armée, et qui rendrait le service personnel obliga- » toire de vingt à quarante ans, ne laisserait à l'institution de la garde natio- » nale *ni place ni raison d'être* ».

France et qui ont leurs chefs-lieux à Cherbourg, Brest, Lorient, Rochefort et Toulon. Leur autorité embrasse tous les services administratifs de la marine (O. 14 juin 1844) ; indépendamment de ces vastes attributions administratives, les préfets maritimes exercent en matière d'inscription maritime [*voir* n°s 637 à 642] une juridiction contentieuse ; attribuée à l'autorité municipale par la loi du 3 brumaire de l'an IV (art. 24), elle leur a été implicitement transmise par l'arrêté du 7 floréal de l'an VIII qui, en créant ces hauts fonctionnaires, a placé dans leurs attributions ce mode de recrutement propre à l'armée de mer. Ils statuent sur ces réclamations, sauf appel au ministre de la marine [n° 435 2°], dont l'arrêté pourra lui-même être déféré au conseil d'État délibérant au contentieux ; ils renvoient, comme les conseils de révision [n° 494], aux tribunaux civils la solution des questions d'état qui s'élèvent incidemment au contentieux de l'inscription maritime.

Les préfets maritimes étaient étrangers au commandement des forces navales ; une décision du président de la République du 20 avril 1875 porte que désormais les préfets maritimes commandent en chef les corps militaires de la marine et les forces navales stationnées dans leur arrondissement, à l'exception de celles qui sont placées hors de leur dépendance par décision spéciale du ministre ; qu'ils sont exclusivement choisis parmi les vice-amiraux ; et que le vice-amiral commandant en chef, préfet maritime de l'arrondissement, a droit au rang et aux honneurs, et porte les insignes attribués aux vice-amiraux commandant en chef une escadre, conformément aux dispositions de l'article 3 de l'ordonnance du 14 août 1844 et de la décision ministérielle du 20 octobre 1853.

§ IV. — Administration des monnaies [1] et médailles [2].

501. Antiques origines de la *commission des monnaies* supprimée pendant le siège de Paris par décret du 10 janvier 1871.

---

[1] *Voir* notre brochure intitulée : *De la Monnaie au point de vue de l'économie politique et du droit, et du Service monétaire de la France comparé à celui des principaux Etats européens* (février 1865). Parmi les développements qui ne peuvent trouver place dans le *Cours de droit administratif*, cette publication comprend l'étude comparée des divers systèmes économiques considérés au point de vue de la notion et du rôle de la monnaie, et une critique étendue de l'article 1895 du Code civil, dont les dispositions sont en désaccord avec les lois administratives sur le régime et la fabrication monétaires et les notions d'économie politique exactes qui les ont inspirés.

[2] *Voir*, n°s 797 et 798 du présent ouvrage, les règles restrictives relatives à la fabrication des médailles, jetons et pièces de fantaisie.

502. Administration centrale et administration spéciale à chaque hôtel des monnaies.
503. Directeur et sous-directeur de l'administration des monnaies institués par les décrets du 10 janvier et du 25 juin 1871.
504. Leurs attributions administratives et contentieuses.
505. Hôtels des monnaies; leur administration; leurs *différents*.
506. Fabrication monétaire par le régime de l'entreprise au moyen des *directeurs de la fabrication*; bons du change ou bons de monnaie.
507. Juridiction de l'administration des monnaies; *jugement* des monnaies.
508. Quatre grandes règles économiques consacrées par la loi monétaire du 7 germinal de l'an XI.
509. 1° La monnaie est une marchandise et non un signe représentatif.
510. 2° Cours forcé sans limite dû à la monnaie-marchandise.
511. 3° Liberté du monnayage de la monnaie-marchandise.
512. 4° Cette liberté est et doit être illimitée.
513. Transformation des monnaies divisionnaires d'argent en monnaies d'appoint.
514. Théorie des monnaies d'appoint; quatre règles opposées à celles de la monnaie proprement dite ou monnaie-marchandise.
515. Convention monétaire du 23 décembre 1865; loi du 14 juillet 1866.
516. Conventions additionnelles et déclaration des 31 janvier 1874, 5 février 1875 et 3 février 1876.
517. Conférence monétaire internationale de 1867 et ses suites dans le sens de l'unification des monnaies.
518. Lois allemandes de 1871 et 1873 contraires à l'unification des monnaies.
519. Étalon monétaire; trois systèmes de législation.
520. Double étalon; dispositions de la loi du 7 germinal an XI.
521. Motifs de condamner le système du double étalon.
522. Motifs de préférer l'unité d'étalon d'or à l'unité d'étalon d'argent.
523. Commission française de 1869; discussion du Sénat de l'Empire en janvier 1870; enquête monétaire de 1870.
523 *bis*. Projets de lois, et discussion du Sénat de la République en 1876.

501. Comme le conseil d'État, et comme la cour des comptes dont elle fut, à l'origine, un démembrement, la *commission des monnaies* était une des plus anciennes institutions de la France. Dès le règne de Charles VI (Ordonnance du 18 septembre 1357) les généraux des monnaies formèrent une juridiction spéciale et indépendante. L'édit de Henri II, du mois de janvier 1551 les avait érigés en *cour des monnaies*, jugeant en dernier ressort et souveraineté tout le fait des monnaies, au civil et au criminel. La révolution avait supprimé la cour des monnaies; mais l'arrêté consulaire du 10 prairial an XI - 30 mai 1803 (contemporain de la reprise de la circulation et de la fabrication monétaires en France au sortir de la tourmente révolutionnaire, et du vrai code monétaire du pays, la loi du 7 germinal an XI - 28 mars 1803) avait institué une commission de trois membres nommés par le premier consul.

L'ordonnance royale du 26 décembre 1827 régissait en dernier lieu la *commission des monnaies et médailles*, toujours composée de trois membres : un président, nommé par décret et que l'on a vu choisi, notamment les deux derniers, parmi les plus illustres savants de la France, et deux commissaires généraux nommés par arrêtés du ministre des finances. Dans la commission des monnaies ainsi constituée, suivant la tradition et la double condition administrative et contentieuse de sa mission, on reconnaissait facilement un tribunal souverain. Telle fut l'institution, jusqu'au décret du gouvernement de la défense nationale qui, à la date du 10 janvier 1871, à la fin du siége de Paris par les Allemands, a supprimé *la commission des monnaies et médailles, et l'a remplacée par un directeur assisté d'un sous-directeur* [1]. En conséquence, un arrêté du gouvernement du 25 juin 1871 [2] est venu « mettre les » règlements en harmonie avec l'organisation nouvelle » ; il n'y a, du reste, rien de changé dans les attributions ; mais il est difficile de voir une amélioration et une augmentation de garanties dans le changement lui-même.

502. Il y a toujours dans le service administratif de la fabrication monétaire, à distinguer : d'une part, l'administration centrale qui exerce son autorité et sa juridiction sur les divers ateliers monétaires, et, d'autre part, l'administration spéciale à chaque hôtel des monnaies ; nous parlons d'abord de la première.

503. Un *directeur de l'administration des monnaies et médailles*,

---

[1-2] Nous avons vainement cherché ce premier décret au *Bulletin des lois* ; mais il est visé dans les termes que nous rapportons par l'arrêté du président du conseil, chef du pouvoir exécutif de la République, en date du 25 juin 1871, qui fait suivre ce visa d'un considérant ainsi conçu : « considérant qu'il importe » de mettre les règlements actuellement en vigueur en harmonie avec l'orga- » nisation nouvelle qui résulte de ce dernier décret ». Comme ce décret ne modifiait que l'arrêté consulaire de l'an XI et l'ordonnance royale de 1827, cette circonstance explique sans doute le silence que garde sur ce décret l'important rapport, déjà cité [n° 296], déposé dans la séance de l'Assemblée nationale du 24 février 1872, au nom de la commission chargée de l'examen des décrets *législatifs* du gouvernement de la défense nationale (M. Taillefer, rapporteur, *Journal officiel* du 18 avril 1872, pages 2606 à 2621). Mais, s'il est vrai que ce décret n'a modifié que des ordonnances, il est vrai aussi qu'il a plus d'importance que bien des décrets législatifs. — Il est très-regrettable qu'une matière aussi grave que celle de l'organisation de la juridiction qui préside à l'exécution des lois monétaires de la France ne soit pas réglée par la loi elle-même et formellement arrachée au domaine du décret.

assisté d'un *sous-directeur*, remplace désormais l'ancienne commission des monnaies. Il domine directement tout le service de l'administration centrale, dont les articles suivants de l'arrêté du 25 juin 1871 indiquent les divers éléments.

L'administration des monnaies et médailles est dirigée, sous l'autorité du ministre des finances, par un directeur, assisté d'un sous-directeur, conformément à l'article 2 du décret du 10 janvier 1871. Dans le cas où l'administration le jugerait utile, le vérificateur en chef des essais pourra être appelé à prendre part aux délibérations concernant les questions techniques (Arrêté du chef du pouvoir exécutif du 25 juin 1871, sur *l'organisation de l'administration des monnaies et médailles*, art. 1er). — Le service de l'administration centrale est composé: 1° des bureaux de l'administration, dirigés par un chef des bureaux; 2° du laboratoire chargé de l'essai des espèces monnayées, des médailles, des lingots et matières d'or et d'argent, etc., dirigé par un vérificateur en chef; 3° du musée monétaire et des médailles, sous la surveillance d'un conservateur; 4° du service de l'inspecteur des essais près les bureaux de garantie; 5° du service du contrôle de la fabrication des timbres-postes, composé d'un contrôleur et des agents placés sous ses ordres (art. 2). — Un comité consultatif des graveurs est établi auprès de l'administration des monnaies et médailles. Des règlements spéciaux déterminent sa composition et ses attributions (art. 3). — Un graveur général est attaché à l'administration des monnaies et médailles pour la fabrication des coins et poinçons qui est faite sous le contrôle direct de l'administration (art. 4).

504. Les attributions du directeur, assisté du sous-directeur, et pouvant appeler à délibérer le vérificateur en chef des essais dans les questions techniques (comme il est dit à l'article 1er de l'arrêté, d'après le décret du 10 janvier 1871, art. 1 et 2), sont énumérées dans l'article 11 ci-dessous de l'arrêté du 25 juin. La plupart sont des attributions administratives ; mais celles comprises sous les n°s 1, 3, 6 et 7 (et que nous reproduisons en italiques) sont contentieuses ; elles faisaient de la commission des monnaies, et font aujourd'hui du directeur de l'administration, un tribunal administratif jugeant souverainement. Elles seront expliquées plus loin [n°s 506, 507, 511].

L'administration des monnaies et médailles est chargée : 1° de diriger la fabrication des monnaies; *d'en juger, conformément au titre II de la loi du 7 germinal an XI, le poids et le titre*; d'en ordonner la délivrance et l'émission, ou d'en prescrire la refonte ; 2° de vérifier le titre des espèces étrangères et de proposer la rectification des tarifs qui règlent leur admission au change; *3° de statuer sur les difficultés qui pourraient s'élever entre les porteurs de matières et les directeurs de la fabrication* ; 4° de surveiller la fabrication des poinçons, matrices et coins des monnaies, et celle des poinçons et bigornes pour le service de la garantie; 5° de délivrer, conformément aux lois des 22 vendémiaire an VI et 19 brumaire an VI, aux essayeurs du commerce et aux essayeurs des bureaux de garantie les certificats dont ils doivent être pourvus avant d'entrer en fonctions; 6° *de statuer sur les difficultés relatives au titre et à la marque des lingots et des ouvrages d'or et d'argent ;* 7° *de la vérification des monnaies altérées ou arguées de faux ;* 8° de surveiller la fabrication des médailles, d'en autoriser la délivrance et de proposer au ministre des finances les tarifs de vente; 9° de la conservation des collections qui composent le musée monétaire et des médailles, et de l'exécution de toutes les mesures qu'elle juge utile de prendre ou de proposer au ministre des finances dans le but d'augmenter les collections; 10° de la direction, de la surveillance et du contrôle de la fabrication des timbres-postes; et enfin d'assurer l'exécution des lois et règlements sur les monnaies et sur la partie du service de la garantie réservée à l'administration des monnaies par l'ordonnance du 5 mai 1820 (A. 25 juin 1871, art. 11).

505. L'article 6 de l'arrêté du 25 juin 1871, reproduisant les textes antérieurs, fixe la composition de l'administration spéciale aux ateliers monétaires en activité, actuellement réduits à deux, Paris et Bordeaux [1], depuis la séparation de Strasbourg.

[1] Avant la Révolution, qui, en fait, les supprima tous, il y avait 30 hôtels des monnaies; l'arrêté du 10 prairial an XI en institua 16, qui, réduits à 13 en 1814, l'ont été à 7 par l'ordonnance royale du 16 novembre 1837; sur lesquels 4 ont été successivement fermés à titre temporaire, ce qui ne laissait plus en activité que les trois ateliers monétaires ci-dessus nommés.

Chaque pièce de monnaie française indique son origine de fabrication par les *différents monétaires* dont elle est revêtue. Dans le passé, et pour ne parler que des monnaies royales de France de la 3° race, on retrouve par les textes la clef de ces différents vers la fin du règne de Charles VI; l'atelier était désigné par un point, dit *point secret*, placé sous telle lettre des légendes déterminée par son rang d'ordre; ainsi les pièces frappées à Poitiers portaient le point sous la 8me lettre, Toulouse sous la 5me, Montpellier 4, Tours 6, Angers 7, La Rochelle 9, Limoges 10, Dijon 13, Troyes 14, Rouen 15, Paris 18. C'est une ordonnance de François Ier, du 14 janvier 1539, qui a prescrit, en place des points secrets, l'emploi de *lettres* ou *signes variés* ; et c'est depuis cette époque que les pièces françaises ont indiqué par les lettres ou signes suivants, soit les anciens ateliers fermés à la fin du dernier siècle: Poitiers G, Tours E, Montpellier N, Dijon P, Troyes puis Reims S, Orléans R, Bourges Y, Grenoble Z, Aix X (1542-1578), Amiens X (1578-1772), Rennes 9, Pau BD, Metz AA, Besançon CC, Arras AR; soit les ateliers supprimés par l'ordonnance de 1837 : Bayonne L, la Rochelle H, Limoges I, Nantes T, Perpignan Q, Toulouse M (de 1803 à 1810 U); soit les ateliers provisoirement fermés depuis 1855: Rouen B, Marseille AM liés, Lille W, Lyon D; soit ceux demeurés en activité : Paris A et Bordeaux K. Strasbourg avait reçu, comme Metz et les autres villes réunies à la France postérieurement à l'ordonnance de François Ier, une double lettre BB, et jusqu'à l'heure de la capture son atelier a pris, sous cette *signature*, une part importante à la fabrication monétaire de la France.

Toutes les pièces de monnaie française portent actuellement, et en outre, deux autres signes qui doivent être agréés par l'administration des monnaies : 1° la *marque* du directeur de la fabrication (celle du directeur actuel de Paris

Le service extérieur de l'administration comprend les fonctionnaires et agents chargés de diriger, contrôler et surveiller la fabrication des monnaies et médailles dans les établissements monétaires. Il y a dans chaque hôtel des monnaies : un commissaire des monnaies, *un directeur de la fabrication*, un contrôleur au change et un contrôleur au monnayage. Il y a en outre, à Paris, un commissaire adjoint, des contrôleurs adjoints au change et au monnayage, et un contrôleur à la fabrication des médailles (art. 6).

506. Pour comprendre le mécanisme du service administratif de la fabrication monétaire et les attributions contentieuses de l'administration des monnaies, il est utile de savoir (ce qui est une partie généralement ignorée de nos institutions administratives) que le régime de fabrication des monnaies en vigueur en France, n'est ni la régie de l'État fabriquant lui-même comme en Autriche et en Russie, ni la fabrication par la Banque de France, comme cela a lieu par la Banque d'Angleterre constituée sur d'autres bases que la nôtre, mais le *régime de l'entreprise* ; c'est le système de la fabrication par l'industrie privée, représentée dans chaque établissement monétaire par le *directeur de la fabrication*. Cet agent, nommé par décret, sur la présentation du ministre des finances, est surtout un entrepreneur ; c'est un industriel assujetti à la patente, susceptible d'être mis en faillite, salarié non par l'État, mais par le public, qui lui apporte, sur remise d'un *bon du change*, appelé aussi *bon de monnaie* [n°s 511, 512, 516 et 523 *bis*], les lingots et matières d'or et d'argent, afin qu'il les transforme en espèces monnayées, dans un délai fixé, aux prix et conditions des tarifs officiels [1] ; c'est lui qui entretient le matériel né-

figure une abeille) ; 2° le poinçon du graveur général plus particulièrement appelé le *différent* ou *déférent*, du latin *deferre* (celui du graveur actuel figure une ancre). — La place que ces trois *signatures* occupent sur la pièce a été fixée par des arrêtés de la commission des monnaies en date du 23 avril et du 15 mai 1865, et cette place varie suivant le métal et la valeur de chaque espèce ; elles ont une double raison d'être : la responsabilité du service de la fabrication et une précaution de plus contre les faux-monnayeurs. — Avant les événements de 1870 et 1871, il y avait une tendance réelle à concentrer tout le service de la fabrication monétaire dans l'atelier de Paris, dont l'outillage perfectionné peut satisfaire à tous les besoins ; mais les événements de ces deux années ont montré quels seraient d'ailleurs les dangers de cette mesure.

Si l'étude des *différents* et *signatures* montre le point de contact, en cette matière, de la numismatique et du droit administratif, nous verrons plus loin [n°s 508 à 514] les points de contact de l'économie politique et du droit administratif sur le même sujet, qui touche également au droit civil [n°s 509, 515, 520] et au droit des gens [n° 520 à 523].

[1] 1 fr. 50 cent. par kilogramme d'argent à 900 millièmes, et 6 fr. 70 cent. par kilogramme d'or au même titre.

cessaire en rapport avec les besoins du service ; il choisit les ouvriers, en détermine le nombre, et subit tous les frais de la fabrication, de même qu'il en perçoit les bénéfices ; il verse un cautionnement qui répond de sa gestion ; son véritable caractère est celui d'un chef d'usine métallurgique, opérant à ses risques et dans son intérêt personnel, sous la surveillance et le contrôle de l'État représenté par l'administration centrale et par les fonctionnaires de l'atelier monétaire.

507. Sur cette donnée, il est facile de comprendre en quoi consistent les attributions contentieuses de l'administration des monnaies : 1° elle est appelée à juger toutes les difficultés qui peuvent s'élever entre le public et les directeurs de la fabrication ; 2° elle est tenue de procéder à ce que les textes appellent avec raison le *jugement des monnaies*, dans des formes toujours étroitement déterminées et actuellement décrites par les articles 27 à 36, formant le titre III de l'arrêté du gouvernement du 25 juin 1871, sous cette rubrique : « *Du jugement du poids et du titre, et de la délivrance des espèces fabriquées* ». L'une des obligations légales du directeur de la fabrication, dans l'intérêt de l'État et des particuliers qui lui remettent les métaux précieux, consiste, en effet, à ne faire entrer dans la composition des pièces fabriquées qu'une portion déterminée de cuivre, afin que la valeur nominale de la pièce soit conforme à sa valeur intrinsèque et véritable : c'est ce qui forme le *titre* de la pièce. Une autre obligation consiste à fabriquer chaque pièce conforme au *poids* légal, sauf aussi, comme pour le titre, une tolérance très-restreinte en fort ou en faible, et déterminée par la loi, qui ne nuit ou qui ne profite qu'à l'État, et qui a pour limite et pour cause l'impossibilité d'atteindre une précision de titre et de poids absolument mathématique. C'est pour assurer la stricte régularité des fabrications monétaires que ce principe est posé, que : nulle pièce de monnaie ne peut être jetée dans la circulation sans avoir été préalablement *jugée* sur le procès-verbal des opérations du laboratoire des essais, faites sur échantillons prélevés et analysés dans les conditions prescrites par les règlements, avec les précautions les plus scrupuleuses. L'administration, en *prononçant le jugement* (art. 32), ordonne soit la refonte, aux frais du directeur de la fabrication, de la brève (masse de monnaies provenant de la même fonte), soit la délivrance des espèces.

508. Quatre grandes règles, faisant à la législation monétaire de

la France l'application des saines notions de l'économie politique, résultent de la loi du 7 germinal de l'an XI. Elles constituent la théorie économique et légale des monnaies dites courantes, ou de la véritable monnaie ; telles sont, dans l'état actuel de notre législation, toutes nos monnaies d'or et la pièce de 5 francs argent; telles étaient aussi d'après la loi de l'an XI nos autres monnaies d'argent. Voici ces règles :

509. 1° La monnaie doit avoir, en métal fin, une valeur réelle égale (et non pas inférieure) à la valeur nominale fixée sur son empreinte ; d'où suit que l'alliage, partie de la pièce sans valeur, ne doit s'y trouver que dans la proportion jugée scientifiquement nécessaire pour la rendre suffisamment résistante au frottement. C'est ce principe que proclame la loi de l'an XI dans sa disposition préliminaire : « Cinq grammes d'argent, au titre de neuf dixièmes » de fin, constituent l'unité monétaire, qui conserve (lois des 18 ger- » minal et 28 thermidor de l'an III) le nom de franc » ; elle l'applique sans distinction à toutes les monnaies françaises d'or et d'argent, toutes frappées, aux termes de cette loi, au titre de 900 millièmes. Les principes économiques veulent qu'il en soit ainsi. La monnaie n'est pas un simple *signe* représentatif de la valeur des marchandises, pouvant impunément n'avoir pas en elle-même cette valeur intrinsèque, et puisant toute sa vertu d'échange dans la seule empreinte de l'autorité publique. La monnaie est une *marchandise*, c'est-à-dire une chose utile et échangeable, servant de mesure aux valeurs, parce qu'elle est elle-même une valeur. De sorte que la mission de l'autorité publique en matière monétaire (ce qui condamne à la fois la doctrine du prétendu *droit de seigneuriage*, la pratique des anciennes altérations monétaires, la disposition regrettable de l'article 1895 du Code civil qui les suppose, et l'émission des papiers-monnaies conséquence extrême de la théorie de la monnaie-signe) consiste à certifier la valeur réelle de la pièce. Les pièces de monnaie ne sont donc que des lingots d'or ou d'argent certifiés par l'État quant à leur poids et à leur titre.

510. 2° La seconde règle, comme toutes les autres, découle logiquement de la première. La monnaie a le *cours forcé* sans limite (Code pénal, art. 475 n° 11 ; avis du conseil d'État du 14 germinal an XI). Le cours forcé illimité constitue la grande caractéristique de la monnaie ; il a sa raison d'être au point de vue économique

et juridique en ce qui concerne la monnaie-marchandise, puisque l'*accipiens* reçoit une valeur effective absolument égale à la valeur nominale des pièces. Mais en dehors de la monnaie-marchandise, le cours forcé, au point de vue des principes consacrés par la loi de l'an XI, ne peut être qu'un expédient; des circonstances diverses peuvent l'expliquer (notamment décret-loi du 15 mars 1848 et loi du 12 août 1870, qui ont décrété le cours forcé des billets de la Banque de France); mais ces actes consacrent au profit d'un signe, bien que le plus digne de confiance, une véritable usurpation du rôle de la monnaie ; il est grave d'en user, et dangereux d'en abuser.

511. 3° La *liberté du monnayage* est aussi la conséquence rationnelle de la monnaie-marchandise; les particuliers, les commerçants en métaux précieux, la Banque de France, tout le monde peut, comme l'État lui-même, apporter des lingots et matières d'or ou d'argent au bureau du change des ateliers monétaires, pour les faire transformer en espèces monnayées, remises en échange par le directeur de la fabrication, dans les délais fixés pour la fabrication par le *bon du change* ou *bon de monnaie* [n° 506].

512. Enfin 4° cette liberté du monnayage est *illimitée*. Cette règle est à la fois juste et sans danger, puisqu'il s'agit de monnaies-marchandises, et que c'est la même valeur (moins la *retenue du change* ou *prix de fabrication*) que l'on remet, sous la forme monétaire, aux porteurs des matières d'or et d'argent. Cette liberté illimitée est salutaire, puisqu'elle offre le meilleur moyen de proportionner la quantité de monnaie aux besoins des transactions, d'équilibrer l'offre et la demande. Elle trouve une garantie dans le système des directeurs entrepreneurs, et consacre heureusement l'une des applications du principe de la liberté commerciale. Il est bien entendu seulement que, dans notre approbation absolue de la liberté du monnayage, et de sa liberté illimitée, nous réservons tout ce qui est relatif à la question du double étalon et de la préférence méritée par l'unité d'étalon d'or [n°s 517 à 524]; et nous approuvons entièrement, en ne leur adressant que le reproche d'insuffisance, les limitations apportées à ce principe de la liberté illimitée du monnayage, en ce qui concerne la fabrication des pièces de 5 francs argent, par les conventions de 1874, 1875 et 1876 [n° 516].

513. Des nécessités particulières, surtout le besoin de porter re-

mède à la disparition des pièces divisionnaires d'argent, sont venues contraindre le législateur français, à la suite des législateurs des pays environnants, à déroger aux principes de la loi de l'an XI, pour les pièces d'argent de 20 cent., 50 c., 1 fr. et 2 fr., transformées en *monnaies d'appoint* avec un abaissement de titre à 835 millièmes. Une loi du 25 mai 1864 avait commencé l'œuvre pour les deux plus faibles de ces pièces. Nous n'eûmes pas de peine à prédire alors [1] qu'il faudrait bientôt comprendre les deux autres dans la mesure, et que l'expression matérielle du franc telle que le définit la loi de l'an XI pourrait être uniquement représentée dans son quintuple, c'est-à-dire la pièce de 5 francs. C'est ce qu'a fait la convention monétaire intervenue le 23 décembre 1865 entre la France, la Belgique, la Suisse et l'Italie, par laquelle ces quatre puissances, « animées du désir d'établir une plus complète
» harmonie entre leurs législations monétaires, de remédier aux
» inconvénients qui résultent pour les communications et les tran-
» sactions entre les habitants de leurs États respectifs de la diversité
» du titre de leurs *monnaies d'appoint en argent*, et de contribuer,
» en formant entre eux une union monétaire, aux progrès de
» l'uniformité des poids, mesures, et monnaies », s'engageaient notamment à frapper toutes leurs monnaies divisionnaires d'argent (2 fr., 1 fr., 50 et 20 cent.) au titre de 835 millièmes. Il résulte de la loi monétaire du 14 juillet 1866 qui a modifié dans ce sens la loi de l'an XI, qu'il n'y a plus en France, ainsi que dans les trois autres pays contractants, de véritable monnaie d'argent que la pièce de 5 francs ; les autres pièces d'argent ne sont plus que du billon d'argent.

514. Aussi cet acte international et la loi du 14 juillet 1866, se conformant aux principes économiques, se gardent bien de confondre avec les monnaies proprement dites ces pièces d'argent cessant d'être monnaies-marchandises ; elles suivent, en ce qui les concerne, quatre règles directement contraires à celles, ci-dessus exposées, édictées par la loi de l'an XI et qui ne s'appliquent plus qu'à nos pièces d'or et à la pièce de 5 francs d'argent.

1° Les pièces, réduites à 835 millièmes, n'ont plus une valeur réelle égale à leur valeur nominale ; la différence entre les deux

---

[1] Février 1865, *La Monnaie au point de vue de l'économie politique et du droit, et du Service monétaire de la France comparé à celui des principaux États européens*, page 26.

valeurs est des 65 millièmes de métal fin retirés ; — 2° en conséquence, ces pièces n'ont plus le cours forcé sans limite entre particuliers, et sont réduites, comme le billon de cuivre limité à 5 francs par le décret du 10 août 1810, bien que dans une limite plus large, au rôle de *monnaies d'appoint*, jusqu'à concurrence de 50 francs pour chaque paiement, sauf pour les caisses publiques ; la loi de 1864 fixait cette limite à 20 francs, et elle était préférable. L'exemple de l'Angleterre et les désirs des États contractants ont fait admettre en 1865 celle de 50 francs. — 3° La liberté du monnayage, qui permettrait aux porteurs de matières d'argent de bénéficier de la différence de 65 millièmes, est inconciliable avec le principe de cette fabrication ; aussi le droit de faire frapper ces pièces billonnées est-il réservé exclusivement à l'État. — Enfin, 4° l'État lui-même ne peut avoir pour ces pièces une faculté d'émission illimitée ; en conséquence la convention limite cette faculté, pour chaque gouvernement, à un chiffre dont le maximum est strictement déterminé sur la base de six francs par tête d'habitants. Cette base, qui n'est que suffisante pour la France, a été prouvée par l'expérience trop élevée pour certaine des puissances contractantes.

515. La loi du 14 juillet 1866 est venue, en conséquence de l'acte diplomatique de 1865, apporter à la législation antérieure les modifications résultant de la convention. L'article 9 et dernier de cette loi dispose qu' « il n'est pas dérogé aux dispositions de la loi » du 7 germinal an XI, en ce qui concerne la définition du franc » comme base du système monétaire de France ». Un décret impérial du 20 juillet 1866 a ensuite promulgué cette convention que nous reproduisons en entier, parce qu'elle renferme toutes les conditions législatives que doivent remplir nos monnaies d'or et d'argent, avec la distinction fondamentale que nous avons posée entre les monnaies proprement dites et les monnaies d'appoint.

Convention monétaire, conclue le 23 décembre 1865, entre la France, la Belgique, l'Italie et la Suisse. — Art. 1er. La France, la Belgique, l'Italie et la Suisse sont constituées à l'état d'Union pour ce qui regarde le poids, le titre, le module et le cours de leurs espèces monnayées d'or et d'argent. Il n'est rien innové, quant à présent, dans la législation relative à la monnaie de billon, pour chacun des quatre États. — Art. 2. Les hautes parties contractantes s'engagent à ne fabriquer, ou laisser fabriquer à leur empreinte, aucune monnaie d'or dans d'autres types que ceux des pièces de cent francs, de cinquante francs, de vingt francs, de dix francs et de cinq francs, déterminés, quant au poids, au titre, à la tolérance et au diamètre, ainsi qu'il suit :

NATURE des PIÈCES.	POIDS.		TITRE.		DIAMÈTRE.
	POIDS droit.	Tolérance de poids tant en dehors qu'en dedans.	TITRE droit.	Tolérance du titre tant en dehors qu'en dedans.	
francs.	grammes.	millièmes.	millièmes.	millièmes.	millimètres.
Or. 100	32,258 06	1	900	2	35
50	16,129 03				28
20	6,451 61	2			21
10	3,225 80				19
5	1,612 90	3			17

Elles admettront sans distinction dans leurs caisses publiques les pièces d'or fabriquées sous les conditions qui précèdent, dans l'un ou l'autre des quatre États, sous réserve, toutefois, d'exclure les pièces dont le poids aurait été réduit par le frai de demi pour cent au-dessous des tolérances indiquées ci-dessus, ou dont les empreintes auraient disparu. — Art. 3. Les gouvernements contractants s'obligent à ne fabriquer ou laisser fabriquer de pièces d'argent de cinq francs que dans les poids, titre, tolérance et diamètre déterminés ci-après :

POIDS.		TITRE.		DIAMÈTRE.
POIDS droit.	Tolérance de poids tant en dehors qu'en dedans.	TITRE droit.	Tolérance du titre tant en dehors qu'en dedans.	
grammes.	millièmes.	millièmes.	millièmes.	millimètres.
25	3	900	2	37

Ils recevront réciproquement lesdites pièces dans leurs caisses publiques, sous la réserve d'exclure celles dont le poids aurait été réduit par le frai de un pour cent au-dessous de la tolérance indiquée plus haut, ou dont les empreintes auraient disparu. — Art. 4. Les hautes parties contractantes ne fabriqueront désormais de pièces d'argent de deux francs, de un franc, de cinquante centimes et de vingt centimes, que dans les conditions de poids, de titre, de tolérance et diamètre déterminées ci-après :

NATURE des PIÈCES.	POIDS.		TITRE.		DIAMÈTRE.
	POIDS droit.	Tolérance de poids tant en dehors qu'en dedans.	TITRE droit.	Tolérance du titre tant en dehors qu'en dedans.	
fr. c.	grammes.	millièmes.	millièmes.	millièmes.	millimètres.
Argent. 2 00	10 00	5	835	3	27
1 00	5 00				23
0 50	2 50	7			18
0 20	1 00	10			16

Ces pièces devront être refondues par les gouvernements qui les auront émises, lorsqu'elles seront réduites par le frai de 5 °/₀ au-dessous des tolérances indiquées ci-dessus, ou lorsque leurs empreintes auront disparu. — Art. 5. Les pièces d'argent de deux francs, de un franc, de cinquante centimes et de vingt centimes, fabriquées dans des conditions différentes de celles qui sont indiquées en l'article précédent, devront être retirées de la circulation avant le 1ᵉʳ janvier 1869. Ce délai est prorogé jusqu'au 1ᵉʳ janvier 1878 pour les pièces de deux francs et de un franc émises en Suisse, en vertu de la loi du 31 janvier 1860. — Art. 6. Les pièces d'argent fabriquées dans les conditions de l'article 4 auront cours légal, entre les particuliers de l'État qui les a fabriquées, jusqu'à concurrence de cinquante francs pour chaque paiement. L'État qui les a mises en circulation les recevra de ses nationaux sans limitation de quantité. — Art. 7. Les caisses publiques de chacun des quatre pays accepteront les monnaies d'argent fabriquées par un ou plusieurs des autres États contractants, conformément à l'article 4, jusqu'à concurrence de cent francs pour chaque paiement fait auxdites caisses. Les gouvernements de Belgique, de France et d'Italie recevront dans les mêmes termes, jusqu'au 1ᵉʳ janvier 1878, les pièces suisses de deux francs et de un franc émises en vertu de la loi du 31 janvier 1860, et qui sont assimilées sous tous les rapports, pendant la même période, aux pièces fabriquées dans les conditions de l'article 4. Le tout sous les réserves indiquées en l'article 4, relativement au frai. — Art. 8. Chacun des gouvernements contractants s'engage à reprendre, des particuliers ou des caisses publiques des autres États, les monnaies d'appoint en argent qu'il a émises et à les échanger contre une égale valeur de monnaie courante (pièces d'or ou pièces de cinq francs d'argent), à condition que la somme présentée à l'échange ne sera pas inférieure à cent francs. Cette obligation sera prolongée pendant deux années à partir de l'expiration du présent traité. — Art. 9. Les hautes parties contractantes ne pourront émettre des pièces d'argent de deux francs, de un franc, de cinquante centimes et de vingt centimes, frappées dans les conditions indiquées par l'article 4, que pour une valeur correspondante à six francs par habitant. Ce chiffre, en tenant compte des derniers recensements effectués dans chaque État et de l'accroissement présumé de la population jusqu'à l'expiration du présent traité, est fixé : pour la France, à 239,000,000 de fr.; pour la Belgique, à 32,000,000 ; pour l'Italie, à 141,000,000 ; pour la Suisse, à 17,000,000. Sont imputées sur les sommes ci-dessus que les gouvernements ont le droit de frapper, les valeurs déjà émises : par la France, en vertu de la loi du 25 mai 1864, en pièces de 50 c. et de 20 c., pour environ seize millions ; par l'Italie, en vertu de la loi du 24 août 1862, en pièces de 2 fr., 1 fr., 50 c. et 20 c., pour environ cent millions ; par la Suisse, en vertu de la loi du 31 janvier 1860, en pièces de 2 fr. et de 1 fr., pour dix millions cinq cent mille francs. — Art. 10. Le millésime de fabrication sera inscrit désormais sur les pièces d'or et d'argent frappées dans les quatre États. — Art. 11. Les gouvernements contractants se communiqueront annuellement la quotité de leurs émissions de monnaies d'or et d'argent, l'état du retrait et de la refonte de leurs anciennes monnaies, toutes les dispositions et tous les documents administratifs relatifs aux monnaies. Ils se donneront également avis de tous les faits qui intéressent la circulation réciproque de leurs espèces d'or et d'argent. — Art. 12. Le droit d'accession à la présente convention est réservé à tout autre État qui en accepterait les obligations et qui adopterait le système monétaire de l'Union, en ce qui concerne les espèces d'or et d'argent. — Art. 13. L'exécution des engagements réciproques contenus dans la présente convention est subordonnée, en tant que de besoin, à l'accomplissement des formalités et règles établies par les lois constitutionnelles de celles des hautes parties contractantes qui sont tenues d'en provoquer l'application, ce qu'elles s'obligent à faire dans le plus bref délai possible. — Art. 14. La présente convention restera en vigueur jusqu'au 1er janvier 1880. Si, un an avant ce terme, elle n'a pas été dénoncée, elle demeurera obligatoire de plein droit pendant une nouvelle période de quinze années, et ainsi de suite, de quinze ans en quinze ans, à défaut de dénonciation.

516. Trois actes additionnels à la convention monétaire de 1865 sont intervenus à la suite de conférences internationales tenues à Paris entre les puissances contractantes. Ils ont pour objet de limiter la fabrication de la pièce de cinq francs argent en raison de la baisse croissante de l'argent, et par là se rattachent à la question du double étalon monétaire [nos 517 à 524].

Chacun de ces actes additionnels n'a été fait que pour une année.

Le premier est une convention additionnelle en date du 31 janvier 1874, ayant pour objet principal de réduire le contingent général de la fabrication des pièces de 5 francs argent, pour les quatre États contractants, à 120 millions pour 1874. Cette convention contenait cependant les articles 4 et 5 ci-dessous rapportés, dont la durée n'est pas soumise à cette limite annuelle ; elle a été approuvée par une loi du 18 juin 1874. Il faut remarquer toutefois que cette limitation légale à la liberté illimitée du monnayage en ce qui concerne l'argent [n° 512], a laissé subsister, dans cette mesure, le principe même de la liberté du monnayage [n° 511], en ce sens, qu'une autre disposition législative intérieure eût été, suivant nous, nécessaire en France, comme elle l'a été en Belgique, pour permettre au ministre des finances d'user du droit que lui laissait la convention au point de vue international, d'arrêter au-dessous de la limite conventionnelle la fabrication des pièces de 5 francs argent et l'émission des bons de monnaie.

Le second acte international, en date du 5 février 1875, prorogeait le précédent pour l'année 1875. Contrairement au précédent, il n'a pas été qualifié de *convention*, mais seulement de *déclaration*, comme prorogeant la convention de 1874, et n'a pas été soumis, à ce titre, à la ratification législative, nonobstant son caractère obligatoire. Par suite de faits propres à l'Italie, cette déclaration a porté la limite de fabrication des pièces de 5 francs argent de 120 à 150 millions pour 1875. En outre, comme la limitation de fabrication de l'argent en 1874 avait donné lieu à la remise de bons de monnaie [nos 506 et 511] d'argent anticipés, l'article 6 de cette déclaration du 5 février 1875 a eu pour but, mal atteint en France, de restreindre à l'avenir cette émission [*voir* n° 523 *bis*].

Le troisième acte est la convention intervenue pour l'année 1876, le 3 février 1876; comme les précédentes, elle décide (art. 5) qu'une nouvelle conférence monétaire aura lieu au commencement de l'année 1877 entre les délégués [1] des cinq gouvernements contractants. Nous la reproduisons en entier [*voir* aussi n° 523 *bis*].

La clause insérée dans l'article 12 de la convention du 23 décembre 1865, relativement au droit d'accession, est complétée par la disposition suivante : « L'accord des hautes parties contractantes est nécessaire pour que les demandes d'accession soient admises ou rejetées » (Convention du 31 janvier 1874, art. 4). — La stipulation contenue dans l'article 4 aura la même durée que la convention du 23 décembre 1865 (art. 5).

Il est entendu que, jusqu'après la réunion de la conférence prévue par l'article précédent, il ne sera délivré de bons de monnaie, pour l'année 1876, que pour une somme n'excédant pas la moitié du contingent fixé par l'article 1er de la présente déclaration (Déclaration du 5 février 1875, approuvée par décret du 26 avril 1875, art. 6).

Convention du 3 février 1876, approuvée par décret du 24 février 1876 :

Les soussignés, délégués des gouvernements de France, de Belgique, de Grèce, d'Italie et de Suisse, s'étant réunis en conférence, en exécution de l'article 5 de la déclaration monétaire du 5 février 1875, et dûment autorisés à cet effet, ont, sous réserve de l'approbation de leurs gouvernements respectifs, arrêté les dispositions suivantes : — Art. 1er. Les gouvernements contractants s'engagent, pour l'année 1876, à ne fabriquer ou à ne laisser fabriquer des pièces d'argent de 5 francs, frappées dans les conditions déterminées par l'article 3 de la convention du 23 décembre 1865, que pour une valeur n'excédant pas la somme de 120 millions de francs, fixée par l'article 1er de la convention additionnelle du 31 janvier 1874. — Art. 2. Ladite somme de 120 millions de francs est répartie ainsi qu'il suit : 1° pour la Belgique, 10,800,000 fr.; pour la France, 54,000,000 ; pour l'Italie, 36,000,000 ; pour la Suisse, 7,200,000 ; 2° en ce qui concerne la Grèce, qui a accédé à la convention du 23 décembre 1865 par une déclaration du 26 septembre 1868, le contingent fixé pour cet État, proportionnellement à ceux des autres gouvernements contractants, est arrêté à la somme de 3 millions 600,000 francs ; 3° en dehors du contingent fixé au paragraphe précédent, le gouvernement hellénique est exceptionnellement autorisé à faire fabriquer et à mettre en circulation sur son territoire, pendant l'année 1876, une somme de 8 millions 400,000 francs en pièces d'argent de 5 francs, cette somme étant destinée à faciliter le remplacement des diverses monnaies actuellement en circulation par des pièces de 5 francs frappées dans les conditions déterminées par la convention de 1865. — Art. 3. Sont imputés

---

[1] Les délégués du gouvernement français signataires de la déclaration de 1875 sont MM. Dumas, ancien ministre, ancien président de la commission des monnaies, E. de Parieu, ancien président du conseil d'État, et baron Georges de Soubeyran, sous-gouverneur du Crédit foncier de France, député de la Vienne; la convention de 1876 ne porte que les signatures de MM. Dumas et de Soubeyran, comme délégués présents du gouvernement français.

sur les contingents fixés au paragraphe premier de l'article précédent, les bons de monnaie délivrés jusqu'à la date de ce jour, dans les conditions déterminées par l'article 6 de la déclaration du 5 février 1875. Est également imputée sur la somme totale de 12 millions de francs attribuée à la Grèce par les paragraphes 2 et 3 de l'article précédent, celle de 2 millions 1/2 que le gouvernement hellénique avait été autorisé à faire fabriquer en 1876, comme équivalent des bons de monnaie que les autres gouvernements contractants ont eu la faculté de délivrer. — Art. 4. Une nouvelle conférence monétaire sera tenue à Paris, dans le courant du mois de janvier 1877, entre les délégués des gouvernements contractants. — Art. 5. Jusqu'après la réunion de la conférence prévue à l'article précédent, il ne sera délivré de bons de monnaie, pour l'année 1877, que pour une somme n'excédant pas la moitié des contingents fixés par les paragraphes 1 et 2 de l'article 2 de la présente déclaration. — Art. 6. L'article 11 de la convention du 23 décembre 1865, concernant l'échange des communications relatives aux faits et documents monétaires, est complété par la disposition suivante : « Les gouvernements contractants se donneront réciproquement avis des faits qui parviendraient à leur connaissance au sujet de l'altération et de la contrefaçon de leurs monnaies d'or et d'argent dans les pays faisant ou non partie de l'Union monétaire, notamment en ce qui touche aux procédés employés, aux poursuites exercées et aux répressions obtenues. Ils se concerteront sur les mesures à prendre en commun pour prévenir les altérations et contrefaçons, les faire réprimer partout où elles se seraient produites et en empêcher le renouvellement ». — Art. 7. La présente déclaration sera mise en vigueur dès que la promulgation en aura été faite d'après les lois particulières de chacun des cinq États. — En foi de quoi les délégués respectifs ont signé la présente déclaration et y ont apposé le cachet de leurs armes. — Fait en cinq expéditions, à Paris, le 3 février 1876.

517. La convention monétaire de 1865, confirmée par la loi française de 1866, pouvait, et pourrait encore être, malgré les événements, un premier pas vers la grande œuvre de l'unification monétaire. A l'occasion de l'exposition universelle de 1867, une *conférence monétaire internationale* s'est réunie à Paris du 18 juin au 8 juillet 1867, sous les auspices du gouvernement français, pour traiter cette grande question ; tous les États de l'Europe et les États-Unis d'Amérique y étaient représentés. Les membres de la conférence ne se sont séparés qu'après avoir émis, à l'unanimité, une série de vœux qui se résument dans les points suivants : « Im-
» possibilité d'arriver à un accord basé sur un système entière-
» ment nouveau [1], et convenance d'adopter comme point de rap-

[1] Ceci se réfère au système soutenu dans notre pays par l'illustre professeur d'économie politique au Collége de France, l'auteur de tant de grands travaux sur la monnaie et sur toutes les parties de la science économique, M. Michel Chevalier. Se plaçant dans la pure sphère des principes, il soutient qu'à tant faire que de changer, il n'y a nul motif de suivre le système monétaire français plutôt qu'un autre ; qu'il faut y substituer, pour arriver, au seul nom de la

» prochement, comme centre d'assimilation, sous réserve des
» perfectionnements dont il serait susceptible, le système de
» la convention du 23 décembre 1865 ; étalon unique d'or avec
» faculté de mesures transitoires pour les pays qui ont actuelle-
» ment l'étalon d'argent exclusif ou le double étalon ; titre de
» 9/10es de fin et pièce de 5 fr. d'or comme dénominateur com-
» mun de la monnaie universelle. La commission a exprimé, en
» outre, l'avis que les mesures qui seraient adoptées par les diffé-
» rents pays pour modifier les systèmes existants devraient être
» consacrées au moyen de conventions diplomatiques. »

Par déclaration du 26 octobre 1868, la Grèce [n° 516] a accédé purement et simplement à l'Union monétaire latine. Dès le 31 juillet 1867, fut signée entre la France et l'Autriche une convention préliminaire, dont serait depuis longtemps sorti un acte définitif, avec plus d'empressement de la part de la France ; néanmoins, une loi d'Autriche-Hongrie du 9 mars 1870 fait frapper sur les bases de cette convention des pièces d'or de 8 et 4 florins aux mêmes poids et titre que nos pièces de 20 fr. et 10 fr., avec l'inscription de la *valeur en francs*. La Suède frappe aussi des pièces d'or d'un carolin, portant également ces mots « 10 francs » et, de plus, amélioration fort digne d'éloges, l'indication du titre « 9/10es de fin ». Enfin des décrets du gouvernement provisoire espagnol en date du 19 octobre 1868, ont ordonné la frappe de nouvelles monnaies d'or et d'argent, suivant les principes et les types de l'Union monétaire latine ; l'unité monétaire espagnole devenant la *peseta*, équivalente à cent centimes. La Roumanie en a fait autant en frappant des pièces d'or de 20, 10 et 5 leys, et d'un ley en argent valant un franc. Les États-Unis d'Amérique considèrent comme étant un pas fait dans le sens de la monnaie internationale, la fabrication de pièces d'argent prescrite par un acte du congrès de juin 1873, dont il est parlé ci-dessous [n° 519], d'un demi-dollar représentant exactement en poids 2 fr. 50 c. en monnaie française, d'un quart de dollar égalant 1 fr. 25 c., et d'un dixième de dollar égalant 50 centimes.

518. Mais il faut avouer que des négociations entamées en 1867 avec l'Angleterre, relativement à l'adoption d'une nouvelle monnaie d'or destinée à devenir internationale, la pièce de 25 francs

---

science et des principes, à l'unification monétaire, un type absolument nouveau conforme au système métrique, le décagramme d'or ou pièce de dix grammes, qui se diviserait et se sous-diviserait décimalement.

(ne différant de la livre sterling que par un manquant d'or de 20 centimes), n'ont pas abouti ; reprises sur une base plus large, avec le simple étalon d'or, elles pourraient avoir plus de succès.

D'autre part, en vertu des lois du 4 décembre 1871 et de juin 1873 promulguées à Berlin, on fabrique très-activement des monnaies allemandes en or ; au point de vue de l'unification monétaire, elles ont bien pour effet de remplacer en Allemagne sept législations monétaires diverses, et aussi d'admettre trois des principes monétaires de la loi française : 1° l'alliage à 9/10es de fin ; 2° le rapport de 1 à 15 1/2 entre l'or et l'argent ; 3° la subdivision décimale de l'unité monétaire. Mais, à cet égard, cette monnaie d'or allemande s'écarte de la façon la plus fâcheuse (moins cependant que le système monétaire anglais) des bases arrêtées par la conférence internationale de 1867 (la pièce d'or de 20 marks valant 24 fr. 70 c., et celle de 10 marks, 12 fr. 25 c.); et il n'est pas difficile d'y voir la pensée de faire échec aux progrès internationaux du système français en continuant la guerre sur cet autre terrain. La France peut y lutter encore, malgré ses malheurs et la circulation du papier, à la condition d'agir promptement par l'adoption de l'unité d'étalon d'or.

519. Au point de vue de l'étalon monétaire, les peuples ont suivi trois régimes différents : — 1° l'unité d'étalon d'or, dans lequel les monnaies d'argent ne peuvent circuler que comme monnaies d'appoint. Dès 1815, l'Angleterre a consacré ce système, et aujourd'hui l'Europe bien inspirée va l'y suivre, le Portugal, l'empire allemand en vertu de la loi de juin 1873, les trois royaumes scandinaves; le storthing danois a également adopté en mars 1873 une loi dans ce sens, et les états généraux de Hollande sont saisis d'un projet de loi proposant le rétablissement de la monnaie d'or et la suspension de la fabrication des monnaies d'argent à la demande des particuliers. Enfin l'unité d'étalon d'or, qui, depuis 1850, était déjà en fait le système des États-Unis d'Amérique, l'est devenue en droit par l'adoption d'un nouveau système monétaire voté par le sénat et la chambre des représentants sous le nom de *Coinage act of* 1873, qui démonétise complètement l'ancien dollar d'argent, en crée un nouveau uniquement réservé aux relations extérieures pour les besoins du commerce avec l'Orient, et limite à 5 dollars le cours forcé du demi-dollar et de ses divisions réservées à la circulation intérieure. — 2° L'unité d'étalon d'argent a été le système des divers États de l'Allemagne avant la première loi

monétaire de l'empire allemand du 4 décembre 1871, du Danemark, de la Norwége et de la Suède jusqu'en 1867, de la Hollande de 1847 à 1873. Il n'a plus guère que les préférences de l'Orient, des Indes, de la Chine et du Japon — 3° Le système du double étalon d'or et d'argent a servi de transition momentanée aux États ci-dessus nommés, pour passer de l'unité d'étalon d'argent à l'unité d'étalon d'or. C'est aussi ce qui a lieu dans l'Autriche-Hongrie depuis la loi du 9 mars 1870. Mais ce système est celui de l'Espagne, et malheureusement (par le maintien de la pièce de 5 fr. argent) celui de la France et des États de l'Union monétaire dite latine.

520. C'est en fait que le système du *double étalon* s'est introduit en France. La loi du 18 germinal an XI n'a voulu établir que l'étalon d'argent dans la pièce d'un franc (5 grammes d'argent au titre de 9/10es); elle n'a considéré l'or que comme un métal subordonné, admis comme monnaie légale (art. 6), mais non comme étalon. En fixant la valeur de l'or à 15 fois 1/2 celle de l'argent, le législateur de l'an XI, tout en voulant maintenir parallèlement dans la circulation les deux métaux, n'entendait établir ce rapport qu'à titre temporaire, parce qu'il était alors vrai; il ne commettait pas l'erreur de le tenir pour un rapport fixe et permanent. Sa pensée était que les variations sensibles dans le rapport des deux métaux devaient être suivies par la loi, soit par la refonte de l'or, soit par la modification de la valeur en francs des pièces de 20 francs.

Mais le législateur français n'a point agi de la sorte; il a maintenu les pièces d'or et d'argent dans leur rapport légal de 1 à 15 1/2, bien qu'il ne fût plus vrai; de 1814 à 1849, l'or valant plus de 15 fois 1/2 le même poids d'argent, on n'a point élevé la valeur des pièces d'or; de 1849 à 1867, bien que la valeur respective de l'or ait diminué par rapport à l'argent par la découverte et l'exploitation des nouvelles mines d'or, le législateur n'a point abaissé la valeur des pièces d'or françaises; et nous assistons encore au même fait, bien que l'argent subisse depuis 1867 une dépréciation croissante qui, en 1876, atteint 13 % de différence de valeur par rapport à la valeur d'un poids égal d'or [n° 523 *bis*].

C'est ce fait, constaté par la convention de 1865, qui constitue en réalité la France sous le régime monétaire du double étalon, malgré la pensée contraire du législateur de l'an XI, qui n'a eu que le tort de ne pas assez voir que les remaniements de types monétaires sont contraires à l'opinion publique et au besoin de fixité dans les habitudes et le système monétaire des peuples.

521. Le système du double étalon, c'est-à-dire de deux unités monétaires, l'une d'argent, l'autre d'or, doit être condamné par les motifs suivants : 1° Il veut imposer deux mesures différentes pour une seule et même chose à mesurer. — 2° La proposition consistant à dire qu'un kilogramme d'or et 15 kilogrammes 1/2 d'argent font une équation stable et absolue est d'une fausseté évidente, démentie par l'histoire comme par les faits contemporains, qui prouvent que ce rapport de valeur est très-variable. En effet, un rapport fixe et invariable de la valeur, un rapport impératif, celui de 1 à 15 1/2 ou tout autre, est impossible entre deux marchandises, soumises comme toutes les autres, à la loi économique de l'offre et de la demande. — 3° Il se propose un but qui n'est pas au pouvoir des législateurs, celui de donner aux échanges la commodité plus grande de deux monnaies; or c'est une loi économique démontrée par l'expérience que *la monnaie la plus faible chasse la plus forte*; la monnaie qui a le plus de valeur disparaît du marché et devient presque introuvable, comme l'or avant et l'argent après 1851 ; de sorte qu'il n'y a jamais, en fait, dans un pays qu'une monnaie en circulation, et le double étalon se résout successivement dans un étalon prédominant mais changeant, et par conséquent *alternatif* et contraire au besoin de fixité du système monétaire. — 4° C'est donc à tort qu'en fait on allègue un prétendu droit acquis aux débiteurs, qui ont contracté leurs dettes sous le régime du double étalon, à les payer avec l'un des deux métaux, puisqu'un seul des deux métaux est en réalité dans la circulation. En droit, la prétention n'est pas sérieuse : le double étalon n'a pas été créé dans un intérêt privé ; si elle était fondée, elle eût dû faire obstacle aussi bien au billonnage des pièces divisionnaires qu'au billonnage de la pièce de cinq francs. — 5° Ce n'est pas aux débiteurs, mais bien seulement aux spéculateurs sur l'or et sur l'argent, que nuira la suppression du double étalon, qui ne profite qu'à eux seuls, et, par les fluctuations incessantes de valeur des deux métaux, leur fournit, au détriment du public, une source permanente de spéculation. — 6° L'expérience prouve, par la comparaison avec l'Angleterre, que l'existence du double étalon ne diminue pas l'intensité des crises monétaires.—7° Avec l'unité d'étalon monétaire, on ne compromet aucun avantage, et l'on échappe aux griefs ci-dessus; il y a plus de fixité, matérielle-

ment, dans la circulation avec un seul étalon qu'avec deux, et dans l'expression générale de la valeur avec un seul métal qu'avec deux métaux.

522. Après avoir ainsi conclu en faveur de l'étalon unique, il n'est plus difficile de choisir entre l'étalon d'or et l'étalon d'argent? Poser aujourd'hui la question, c'est la résoudre. L'or présente, bien plus que l'argent, les qualités monétaires, et surtout les trois suivantes : 1° la *portabilité*, car il offre toute la commodité désirable pour les petits et pour les gros paiements, et s'harmonise seul avec la facilité et la rapidité actuelle des relations ; 2° la *stabilité*, car le réservoir est plus grand ; et 3° la *sûreté*, car son poids et sa dureté en rendent le faux monnayage plus difficile.

C'est donc pour l'unité d'étalon d'or qu'il faut se prononcer, comme l'a fait la conférence internationale de 1867 [n° 517].

523. Le 5 mars 1869, une commission chargée d'étudier la question de l'étalon monétaire avait adopté les conclusions suivantes : « L'étalon unique d'or est plus favorable que le double étalon à l'unification monétaire. Il sera aussi plus avantageux pour notre commerce extérieur. Il est enfin plus propre à constituer une circulation intérieure à la fois stable et commode. Pour établir en France, sans dépense pour le Trésor, le régime complet de l'étalon unique d'or, il suffit de prendre les mesures suivantes : 1° modifier la convention de 1865, d'accord avec les États qui y sont compris, et présenter en France une loi approbative de cette modification, qui interdise désormais ou limite étroitement la fabrication de la pièce de 5 fr. d'argent, en bornant au maximum de 100 fr. le cours légal obligatoire de celles qui existent aujourd'hui ; modifier pareillement la convention de 1865, de manière à autoriser en France la fabrication d'une pièce de 25 fr., modification qu'un décret suffirait à légaliser. »

Un vote du Sénat dans la séance du 28 janvier 1870, rejetant le système du décagramme d'or, avait renvoyé au gouvernement des pétitions demandant l'émission de la pièce de 25 francs.

Enfin, dans l'enquête monétaire faite devant le conseil supérieur du commerce, du 9 décembre 1869 au 29 juillet 1870, l'idée de l'unité d'étalon s'est encore affirmée, et le résumé officiel de cette grande enquête constate ce qui suit : « Sur l'opportunité » d'adopter exclusivement l'étalon d'or, une grande majorité s'est » prononcée pour l'affirmative ».

Ainsi, la France peut revendiquer pour ses économistes et quelques-uns de ses administrateurs l'initiative de ces mesures d'adoption de l'unité d'étalon d'or que réalisent avant elle la plupart des autres États. Puisse la circulation du papier à cours forcé ne pas l'empêcher de voir que l'argent, nécessairement avili par son rejet des autres systèmes monétaires, va, si l'on ne se hâte, trouver dans notre pays et les États de l'Union monétaire dite [1] latine, devenant un danger après avoir été un progrès, une sorte d'exutoire au détriment de notre monnaie d'or et de l'intérêt public !

523 *bis.* Les numéros qui précèdent sont textuellement reproduits de la quatrième édition de cet ouvrage, mais des faits nouveaux et graves se sont accomplis depuis. Nous avons déjà signalé ci-dessus [n° 516] les conventions monétaires additionnelles à celle de 1865, intervenues en 1874, 1875 et 1876. Elles étaient provoquées par ce fait brutal et menaçant pour notre système monétaire, d'une dépréciation de l'argent, sans cesse croissante depuis 1867, à ce point que la baisse qui avait été de 3 pour cent en 1874, de 5 pour cent en 1875, était de 8 pour cent au commencement et de 13 pour cent au milieu de 1876. Le danger, d'une part, de la substitution, grâce au système du double étalon, de la monnaie encombrante d'argent à la monnaie d'or commode et entrée dans les habitudes du pays, et, d'autre part, de la perception facile, par la spéculation sur les métaux précieux, d'un pareil bénéfice, résultant de la différence de valeur intrinsèque des deux métaux, n'a été que partiellement évité et seulement tempéré par ces conventions.

Un membre [2] du nouveau Sénat, qui a pris une part considérable à la convention internationale de 1865 et à toutes les conférences monétaires nationales et internationales qui ont précédé et suivi, a publiquement exposé à la tribune du Sénat, par voie d'interpellation, dans la séance du 21 mars 1876 (*Journal officiel* du 22 mars 1876, p. 1988 et suiv.), l'imminence du péril couru par le régime monétaire de la France et l'insuffisance des conventions.

Cette interpellation du savant sénateur a obtenu un premier succès, en provoquant dès le début même de la séance, de la part de M. le ministre des finances, le dépôt d'un projet de loi ainsi conçu : « La fabrication des pièces de 5 fr. en argent pourra être

---

[1] Car les Suisses ne sont pas de race latine.
[2] M. E. de Parieu, membre de l'Institut, ancien ministre.

» limitée ou suspendue par décrets ». Elle a été suivie, dans la séance du 29 mars, d'une autre proposition de loi, émanée de l'auteur même de l'interpellation, et ainsi conçue : « A partir de la » promulgation de la présente loi, il ne sera plus délivré de bons » de monnaie pour la fabrication de la monnaie d'argent à 9/10es » de fin ». Ce serait la suppression du double étalon.

Les réponses faites, dans la séance du 21 mars 1876, par M. le sénateur gouverneur de la Banque de France et par M. le ministre des finances, sont loin d'être favorables au simple étalon monétaire d'or. Cependant la gravité de la crise est telle qu'ils se sont surtout bornés à solliciter le Sénat de conserver une attitude expectante, en présence des faits qui pourront imposer une solution.

§ V. — DES COMMISSIONS DE PLUS-VALUE ET AUTRES COMMISSIONS CONTENTIEUSES.

524. *Commissions de plus-value*. Indemnités de plus-value réclamées par voie d'action ou par voie d'exception.
525. Principe et textes en vigueur.
526. Nécessité d'un décret au cas de plus-value par voie d'action.
527. Organisation des commissions spéciales.
528. Limite et modes de libération de l'indemnité.
528 bis. Recouvrement ; privilége sur la plus-value.
529. *Commissions contentieuses de liquidation* ; commissions chargées de liquider les dédommagements de 1870-71.
530. *Conseils sanitaires*.
531. Les commissions de desséchement de marais et d'endiguement n'ont plus d'attributions contentieuses.
532. Le conseil des prises et le jury d'expropriation ne sont pas des tribunaux administratifs. Caractère commun à tous les tribunaux administratifs.

524. *Commissions de plus-value.* — Nous avons déjà vu que l'exécution des travaux publics a souvent pour conséquence indirecte d'augmenter la valeur des propriétés riveraines : de là les indemnités de plus-value que ces propriétaires peuvent devoir dans certains cas à l'État, au département ou à la commune, qui fait exécuter et qui paie ces travaux.

Cette indemnité de plus-value peut être réclamée *par voie d'exception*, lorsque l'exécuteur des travaux se trouve en présence d'une demande d'indemnité formée contre lui par le propriétaire, soit pour dommage causé à sa propriété par l'exécution des mêmes travaux, soit pour cause d'expropriation partielle de sa propriété ; dans ces deux cas, l'administration répond à cette demande en faisant valoir la plus-value créée par ces travaux, et en demandant que celle qui lui est réclamée soit diminuée d'autant. Nous avons indiqué la première hypothèse en traitant des travaux publics et de la compétence des conseils de préfecture [n° 329 3°]. La seconde hypothèse est réglée par l'article 51 de la loi du 3 mai 1841, sur l'expropriation pour cause d'utilité publique [n°s 806 à 831 et ci-dessous n° 525] ; ce texte fait au jury d'expropriation une obligation légale d'en tenir compte dans l'évaluation du montant de l'indemnité. Dans ces deux hypothèses, la juridiction compétente pour apprécier la plus-value résultant de l'exécution des travaux publics se trouve donc être le conseil de préfecture ou le jury d'expropriation.

Il en est autrement lorsque l'administration, en dehors de toute demande du propriétaire, est admise à réclamer l'indemnité de plus-value *par voie d'action* ; on constitue alors pour statuer une commission spéciale dite *de plus-value*.

525. Ce sont les articles 30, 31 et 32 de la loi du 16 septembre 1807, dite loi sur le desséchement des marais et dans laquelle on a pu trouver un Code des travaux publics, qui sont relatifs à la constitution et au fonctionnement de ces commissions, et qui posent le principe de l'indemnité de plus-value. Dans l'ancien droit, ce principe se trouve dans des arrêts du conseil des 31 décembre 1672 et 27 mai 1678. Malgré des assertions contraires, il faut tenir pour constant que ces dispositions de la loi de 1807 n'ont point été abrogées par les lois sur l'expropriation ; dans les discussions de 1833 et 1841, la déclaration en a été formellement faite, et le conseil d'État, dans un avis du 26 avril 1843 et par sa jurisprudence constante (14 juin 1851 et 17 février 1853, *Perrot* ; 16 janvier 1862, *comm. d'Issy* ; 2 juin 1870, *Morin*, etc.), les tient comme étant toujours en vigueur. L'article 51 de la loi du 7 juillet 1833, aujourd'hui remplacé par l'article 51 ci-dessus visé [n° 524] de la loi du 3 mai 1841, n'a abrogé que l'article 34 de la loi du 16 septembre 1807, relatif comme eux à l'indemnité de plus-value, au cas d'expropriation partielle et invoquée par voie d'exception. Mais c'est précisément lorsqu'il n'y a expropriation d'aucune portion de l'immeuble qui a acquis la plus-value, que celle-ci est réclamée par voie d'action, et les lois d'expropriation sont demeurées étrangères à cette situation.

Il est vrai que l'administration fait assez rarement usage de ce droit; il y a cependant des cas où la plus-value acquise par certains terrains est tellement *notable* que l'administration serait en défaut en n'usant pas de son droit dans l'intérêt public. Les décrets des 15 janvier 1853 et 15 juillet 1854 à l'occasion des travaux d'endiguement de la basse Seine, des 10 février et 4 juillet 1855 à l'occasion des travaux des quais de la Saône à Lyon, en offrent des exemples.

526. Un décret, rendu en assemblée générale du conseil d'État, après enquête, peut seul imposer aux propriétaires l'obligation de payer l'indemnité de plus-value réclamée par voie d'action. Ce décret peut intervenir soit avant le commencement des travaux, soit avant leur achèvement, soit même après cet achèvement (c. d'Ét. 15 mai 1856, *de l'Épine*).

Lorsque, par suite des travaux déjà énoncés dans la présente loi (ouvertures de canaux de navigation et de grandes routes), lorsque, par l'ouverture de nouvelles rues, par la formation de places nouvelles, par la construction de quais, ou par tous autres travaux publics généraux, départementaux ou communaux, ordonnés ou approuvés par le gouvernement, des propriétés privées auront acquis une notable augmentation de valeur, ces propriétés pourront être chargées de payer une indemnité qui pourra s'élever jusqu'à la valeur de la moitié des avantages qu'elles auront acquis; le tout sera réglé par estimation dans les formes déjà établies par la présente loi, jugé et homologué par la commission qui aura été nommée à cet effet (Loi du 16 septembre 1807, *sur le desséchement des marais, etc.*, art. 30).— Les indemnités ne seront dues par les propriétaires des fonds voisins des travaux effectués, que lorsqu'il aura été décidé, par un règlement d'administration publique rendu sur le rapport du ministre de l'intérieur, et après avoir entendu les parties intéressées, qu'il y a lieu à l'application des deux articles précédents (art. 32).

527. Ces commissions statuent, sauf recours au conseil d'État; elles sont composées de sept membres nommés par décret (art. 43 et 44 de la loi du 16 septembre 1807); le décret qui les institue pourvoit aux autres parties de leur organisation (art. 45). Leur décision est précédée d'une estimation des propriétés soumises au paiement de la plus-value, faite par trois experts qui doivent prêter serment à peine de nullité de leurs opérations et de la décision de la commission spéciale, ainsi que l'a jugé un arrêt du conseil du 16 août 1860, relatif à la ville de Toulouse, conforme à deux arrêts antérieurs des 20 avril 1854 et 15 mai 1856.

528. Non-seulement l'article 30 de la loi du 16 septembre 1807 fixe à la moitié de la plus-value le *maximum* de l'indemnité qui

peut être mise à la charge des propriétaires par la commission de plus-value, mais, en outre, elle a laissé au propriétaire le choix entre les quatre modes de libération déterminés par l'article 31, sans que la commission puisse lui en imposer un (C. d'Ét. avis du 26 avril 1843).

> Les indemnités pour paiement de plus-value seront acquittées, au choix des débiteurs, en argent, ou rentes constituées à quatre pour cent net, ou en délaissement d'une partie de la propriété si elle est divisible ; ils pourront aussi délaisser en entier les fonds, terrains ou bâtiments, dont la plus-value donne lieu à l'indemnité ; et ce, sur l'estimation réglée d'après la valeur qu'avait l'objet avant l'exécution des travaux desquels la plus-value aura résulté (L. 16 septembre 1807, art. 31).

528 *bis*. Si le propriétaire se refusait au paiement de l'indemnité fixée par la commission, ou en appel par le conseil d'État, le recouvrement en serait poursuivi comme celui de toute créance résultant de l'exécution de travaux publics, par le percepteur en vertu d'un mandat exécutoire délivré par le préfet, et conformément au décret du 27 mai 1854 ; les réclamations seraient jugées par le conseil de préfecture sans que le chiffre fixé par la commission puisse être remis en question devant lui (c. d'Ét. 1er juin 1870, *Morin*). Pour assurer le paiement de cette indemnité, les articles 21 et 31 de la loi de 1807 accordent à l'administration un privilége sur la plus-value, si le décret exigé par l'article 32 a été soumis à la formalité de la transcription ; en cas de difficulté relative au privilége avec les autres créanciers du propriétaire, les tribunaux civils pourraient seuls en connaître.

529. *Commissions contentieuses de liquidation*. — Ces commissions n'ont jamais qu'une existence provisoire ; elles ne sont formées qu'accidentellement en vertu de lois ou décrets qui les organisent, en les chargeant de liquider des droits privés à la répartition d'une indemnité allouée par une loi : telles ont été les commissions de liquidation instituées, en vertu de la loi du 27 avril 1825 qui accordait une indemnité d'un milliard aux émigrés dont les biens avaient été confisqués et vendus en vertu des lois révolutionnaires ; en vertu de la loi du 30 avril 1826 (art. 5), pour la répartition de l'indemnité de cent cinquante millions obtenue au profit des anciens colons de Saint-Domingue dépossédés ; et par le décret du 24 novembre 1849 pour la répartition de l'indemnité accordée aux habitants des colonies françaises par suite de l'affranchissement des esclaves.

Dans cette catégorie peuvent être placées les commissions administratives instituées par les lois des 6 septembre 1871, 7 juin 1873 (art. 2) et 28 juillet 1874 (art. 3 et 4) pour liquider les dédommagements alloués aux victimes de la guerre et des événements de 1870-71, l'article 4 de cette dernière loi donnant à la commission le droit de statuer « définitivement, souverainement et sans recours » [n°s 383 et 384].

530. *Conseils sanitaires.* — Ces conseils, institués par la législation relative à la police sanitaire, dont nous parlerons parmi les restrictions que comporte la liberté de circulation [n° 736], ont principalement des attributions consultatives en matière d'administration ; toutefois, ils statuent au contentieux et en dernier ressort dans les cas où ils sont appelés à rendre des décisions particulières pour l'application des règlements sanitaires aux diverses provenances.

531. Avant la loi du 21 juin 1865 sur les associations syndicales (art. 16 et 26 [n° 421]), il fallait, aux termes de l'article 46 de la loi du 16 septembre 1807, faire figurer parmi les commissions spéciales ayant des attributions contentieuses, les *commissions de dessèchement de marais* et les *commissions d'endiguement*; ces commissions sont désormais réduites à leurs attributions d'administration ; nous avons vu que les conseils de préfecture ont été dotés par la loi de 1865 des attributions contentieuses relatives à tous travaux de nature à être effectués par associations syndicales.

532. En dehors de ces dernières commissions, qui ne constituent plus des tribunaux administratifs, les conseils et commissions qui font l'objet de ce dernier paragraphe, au milieu de leurs spécialités si diverses, et pour quelques-uns si restreintes, ont, comme ceux des paragraphes précédents, ce caractère distinctif des tribunaux administratifs, que tous, même ceux qui statuent en dernier ressort, relèvent du conseil d'État délibérant au contentieux, également investi du pouvoir général de casser leurs décisions pour excès de pouvoir ou pour incompétence.

Aussi ne faut-il considérer comme tribunaux administratifs, ni le *jury d'expropriation* organisé par la loi du 3 mai 1841, qui relève de la cour de cassation [n°s 827 à 832, 846 à 848], ni le *conseil des prises*, institué seulement en temps de guerre et qui remplace alors, non l'assemblée du conseil d'État délibérant au contentieux, mais l'assemblée générale (D. 21 août 1872, art. 5 § 18 [n° 86]), dont le jugement des prises forme une des attributions normales étrangère au contentieux administratif ; les questions de validité des prises maritimes se rattachent, en effet, à des faits de guerre [n° 380] et aux relations diplomatiques de la France avec les pays étrangers [n° 248].

§ VI. — ORGANISATION ET TRIBUNAUX ADMINISTRATIFS DE L'ALGÉRIE ET DES COLONIES.

533. *Algérie*. Organisation des pouvoirs publics.
534. Décret du 10 juin 1873.
535. Organisation départementale et municipale.
536. Conseils de préfecture d'Alger, Oran et Constantine.
537. *Colonies*. Division des trois grandes colonies et des autres établissements coloniaux.
538. Organisation de la Martinique, la Guadeloupe, la Réunion.
539. Conseils privés de ces trois colonies.
540. Conseils d'administration des autres colonies.
540 *bis*. Élections de membres du Sénat et de la Chambre des députés de la métropole, par les 3 départements de l'Algérie et 4 colonies.
540 *ter*. Service militaire en Algérie ; exemption des colonies.

533. *Algérie*. — L'organisation des pouvoirs publics en Algérie a souvent été modifiée, et dans ces dernières années les changements ont été plus multipliés encore au cours des événements. Un décret impérial du 10 décembre 1860, dont le système est du reste actuellement rétabli, centralisait à Alger entre les mains d'un gouverneur général le gouvernement et la haute administration de toute l'Algérie, avec l'assistance d'un sous-gouverneur, d'un secrétaire général pour l'expédition des affaires civiles, d'un conseil de gouvernement et d'un conseil supérieur. Plusieurs décrets du gouvernement de la défense nationale ont voulu donner à l'Algérie une nouvelle constitution [1]. Notamment un décret du 24 octobre 1870 a supprimé les fonctions de gouverneur général de l'Algérie, de sous-gouverneur, de secrétaire général du gouvernement

---

[1] Le rapport fait à l'assemblée nationale sur les décrets législatifs du gouvernement de la défense nationale (séance du 24 février 1872), déjà cité [n°s 296 et 591], s'exprime ainsi relativement aux actes des délégations de Tours et de Bordeaux touchant l'Algérie : « C'est surtout en ce qui concerne la législation relative à l'Algérie que le gouvernement de la défense nationale s'est écarté, sans motifs plausibles, du rôle que lui-même il s'était assigné par le choix du nom qu'il a porté. Un grand nombre de décrets spéciaux à nos provinces algériennes a été promulgué.... »

pour l'expédition des affaires civiles, du conseil supérieur et du conseil du gouvernement de l'Algérie. Ce décret, créant une dualité de fonctions pleine d'inconvénients et de dangers, avait établi, d'une part, un gouverneur général civil de l'Algérie, et, d'autre part, un commandant des forces de terre et de mer ; et, en outre, un secrétaire général du gouvernement près le gouverneur général civil, un comité consultatif et un conseil supérieur du gouvernement. Après la réunion de l'assemblée nationale, un arrêté du chef du pouvoir exécutif du 29 mars 1871 a institué un gouverneur général civil de l'Algérie, un directeur général des affaires civiles et financières de la colonie ; un autre arrêté du 6 mai 1871 a rétabli le budget du gouverneur général de l'Algérie ; un décret du 7 octobre 1871 a institué : 1° un conseil consultatif qui assiste, sous sa présidence, le gouverneur général civil, composé de hauts fonctionnaires désignés par le décret, et dont les attributions sont déterminées par les décrets impériaux des 10 décembre 1860 (art. 10) et 30 avril 1861 ; — 2° un conseil supérieur de gouvernement composé des membres du conseil consultatif et de cinq délégués de chacun des conseils généraux des trois départements de l'Algérie ; ses attributions sont déterminées conformément à l'article 12 du décret du 10 décembre 1860.

534. Un décret du 10 juin 1873, par abrogation des dispositions principales de celui du 24 octobre 1870 [1], est revenu au principe du décret du 10 décembre 1860 en permettant la réunion dans les mêmes mains des fonctions d'administrateur civil et de commandant des forces militaires. Nous reproduisons ce décret du 10 juin 1873.

Vu le décret du gouvernement de la défense nationale en date du 24 octobre 1870 ; vu les arrêtés du président du conseil des ministres, chef du pouvoir exécutif de la République française, en date des 29 mars et 6 mai 1871, sur le gou-

---

[1] Le rapport du ministre de l'intérieur, sur lequel est rendu ce décret, s'explique comme suit sur le caractère non législatif du décret du 24 octobre 1870 : « Au point de vue légal, cette abrogation rentre évidemment dans l'ordre de vos pouvoirs, puisque, depuis l'ordonnance du 24 juillet 1834 et malgré les promesses déposées soit dans l'article 109 de la Constitution du 4 novembre 1848, soit dans l'article 27 de la Constitution du 14 janvier 1852, l'organisation administrative de l'Algérie n'a pas cessé d'être régie par des actes du pouvoir exécutif. La décision à prendre aujourd'hui est de la même nature que celle d'où procédait l'institution du gouvernement général avant le 4 septembre 1870 et que les arrêtés par lesquels le chef du pouvoir exécutif l'a rétabli à la date des 29 mars et 6 mai 1871. »

vernement et la haute administration de l'Algérie ; considérant que la réunion dans les mêmes mains des fonctions d'administrateur civil de l'Algérie et de commandant supérieur des forces de terre et de mer ne peut que contribuer au progrès de la colonisation et à la sécurité du pays ; considérant que le décret du 24 octobre 1870, susvisé, qui a séparé ces fonctions, constitue un acte du pouvoir exécutif susceptible d'être abrogé par un acte de même nature ; sur le rapport des ministres de l'intérieur, de la guerre, et de la marine et des colonies, décrète : Art. 1er. Le gouverneur général civil de l'Algérie pourra, lorsqu'il remplira les conditions voulues par la loi pour exercer un commandement militaire, recevoir, par délégation spéciale des ministres de la guerre et de la marine, le commandement supérieur des forces de terre et de mer. — Art. 2. Le décret du 24 octobre 1870 est abrogé dans ce qu'il a de contraire au présent décret. — Art. 3. Les ministres de l'intérieur, de la guerre, de la marine et des colonies sont chargés, chacun en ce qui le concerne, de l'exécution du présent décret. — Fait à Versailles, le 10 juin 1873.

535. L'Algérie comprend les trois départements, d'Alger, Constantine et Oran, ayant chacun un préfet, des sous-préfets divisés en quatre classes (un décret du 27 juillet 1875 ayant institué en Algérie une 4me classe de sous-préfets, par voie de transformation des commissariats civils de 1re classe créés en 1842) ; et un conseil général élu, organisé par un décret du 23 septembre 1875 sur le modèle de ceux de France, sauf la participation du général commandant la division aux travaux du conseil général pour les affaires concernant le territoire de commandement et la présence d'assesseurs musulmans, ayant voix délibérative, désignés par le gouverneur général civil. La loi du 14 avril 1871 sur l'organisation municipale de la métropole a maintenu en vigueur le décret du 27 décembre 1856 sur l'organisation municipale en Algérie ; et les élections pour le renouvellement intégral des conseils municipaux de l'Algérie ont eu lieu en exécution des décrets des 24 octobre 1870, 7 octobre et 12 octobre 1871.

536. Tandis que l'autorité judiciaire en Algérie est divisée en tribunaux français, relevant de la cour d'appel d'Alger et de la cour de cassation, et en tribunaux musulmans réorganisés par le décret du 13 décembre 1866, la juridiction administrative est confiée à des conseils de préfecture. Il y en a un dans chacun des trois départements. Ces conseils sont assimilés à ceux de la métropole, en ce sens qu'ils statuent sauf recours au conseil d'État et qu'ils exercent les mêmes attributions, indépendamment de celles que leur confère la législation spéciale à l'Algérie, telle que la vérification des titres de propriété (ch. civ. 24 déc. 1862 ; c. d'Ét. 20 janvier 1865, *Hadj-Mustapha*). Le décret du 7 juillet 1864 leur

confère toutes les attributions qui appartenaient aux anciens conseils, supprimés, des affaires civiles, institués par l'article 14 du décret du 27 octobre 1858. Une loi du 11 juin 1859 dispose que les délais à observer dans les instances devant le conseil d'État par les habitants des départements de l'Algérie, seront les mêmes que les délais réglés par le décret du 22 juillet 1806 pour les habitants de la France continentale. Un décret du 25 mars 1865 porte à cinq les membres du conseil de préfecture d'Alger, et à quatre ceux des conseils de préfecture d'Oran et de Constantine ; le même décret dispose qu' « un des membres du conseil de préfecture désigné à cet effet par le gouverneur général, sur la proposition du général commandant la province, remplira les fonctions de substitut du commissaire du gouvernement dans les affaires contentieuses où le secrétaire général ne pourra occuper le siége du ministère public ». La juridiction de chacun des trois conseils de préfecture de l'Algérie comprend tout le territoire de la province, le territoire militaire comme le territoire civil (D. 7 juillet 1864, art. 26 ; c. d'Ét. 26 mai 1866, *Frougny*).

537. *Colonies.* — Les colonies françaises autres que l'Algérie se divisent, au point de vue de leur régime légal et de la juridiction administrative, en deux catégories : d'une part, les trois principales ou grandes colonies ; d'autre part, les autres établissements coloniaux.

538. Un sénatus-consulte du 3 mai 1854 règle l'organisation des trois premières : la Martinique, la Guadeloupe, la Réunion. A la tête de chacune de ces colonies, sous l'autorité du ministre de la marine et des colonies (près duquel se trouve en France un comité consultatif composé de quatre membres nommés par décret et de délégués nommés par les conseils généraux des trois grandes colonies), est placé un gouverneur, assisté de l'ordonnateur, du directeur de l'intérieur, du procureur général, du contrôleur colonial, dont les attributions spéciales sont déterminées pour la Martinique et la Guadeloupe par les ordonnances royales des 9 février 1827 et 22 août 1833, et pour la Réunion par celles des 21 août 1825 et 22 août 1833.

Il y a des conseils municipaux nommés par le gouverneur, des conseils généraux nommés moitié par les conseils municipaux moitié par le gouverneur, et dont les attributions sont déterminées par le sénatus-consulte du 4 juillet 1866, suivi du règlement d'administration publique du 14 août 1866.

539. Le gouverneur et les fonctionnaires ci-dessus nommés forment, avec l'adjonction de deux conseillers, le *conseil privé* dans chacune de ces trois colonies. Le conseil privé est à la fois un conseil administratif et un tribunal administratif. Dans ce dernier cas, deux magistrats de l'ordre judiciaire délégués par le gouverneur lui sont adjoints, et le contrôleur colonial fait fonction de commissaire du gouvernement. Les ordonnances royales spéciales à chaque colonie déterminent les attributions du conseil privé, investi de la généralité du contentieux administratif de la colonie. Une ordonnance du 31 août 1828 contient, en ce qui les concerne, un règlement complet de procédure.

540. Un *conseil d'administration* ou conseil colonial est institué dans les établissements coloniaux de la France autres que les trois grandes colonies dont nous venons de parler : tels sont la Guyane, le Sénégal, Gorée, les établissements de l'Inde, de la Cochinchine et de l'Océanie. Il faut se reporter aux textes spéciaux à chacune de ces colonies pour leur organisation et celle des conseils d'administration ; en général, ils ont les mêmes fonctions que les conseils privés des trois grandes colonies.

Un décret du 12 décembre 1874 concernant le gouvernement de la Nouvelle-Calédonie, institue dans cette colonie un conseil privé, présidé par le gouverneur (art. 150), dont les fonctions comme conseil administratif sont réglées par les articles 164 à 167, et les attributions contentieuses administratives, sauf recours non suspensif au conseil d'État, par les articles 168 à 171.

540 bis. Il résulte de l'article 8, ci-dessus reproduit [n° 407], de la loi organique du 2 août 1875 sur les élections des sénateurs, une nouvelle attribution contentieuse des conseils de préfecture et des conseils privés des colonies. La loi constitutionnelle du 24 février 1875 sur l'organisation du Sénat (art. 2 § 5) appelle en effet les trois départements de l'Algérie et les quatre colonies de la Martinique, de la Guadeloupe, de la Réunion et des Indes françaises, à élire chacun un sénateur. L'article 11 de la loi du 2 août 1875 dispose que, « dans chacun des trois dépar-
» tements de l'Algérie, le collège électoral se compose : 1° des

» députés ; 2° des membres citoyens français du conseil général ;
» 3° des délégués élus par les membres citoyens français de chaque
» conseil municipal parmi les électeurs citoyens français de la
» commune ».

La loi organique sur l'élection des députés, du 30 novembre 1875, a réglé, après de vifs débats et des votes contraires, la représentation de l'Algérie et l'admission des quatre colonies ci-dessus à nommer chacune un membre de la chambre des députés ; un amendement donnant aussi un député au Sénégal et à la Guyane, qui étaient représentés à l'assemblée nationale de 1871-1876, a été rejeté.

Chaque département de l'Algérie nomme un député (Loi organique du 30 novembre 1875, *sur l'élection des députés*, art. 19). — Les électeurs résidant en Algérie dans une localité non érigée en commune seront inscrits sur la liste électorale de la commune la plus proche. Lorsqu'il y aura lieu d'établir des sections électorales, soit pour grouper des communes mixtes dans chacune desquelles le nombre des électeurs serait insuffisant, soit pour réunir les électeurs résidant dans des localités non érigées en communes, les arrêtés pour fixer le siége de ces sections seront pris par le gouverneur général, sur le rapport du préfet ou du général commandant la division (art. 20). — Les quatre colonies auxquelles il a été accordé des sénateurs par la loi du 24 février 1875, relative à l'organisation du Sénat, nommeront chacune un député (art. 21).

540 *ter*. Une loi du 6 novembre 1875 détermine les conditions suivant lesquelles les Français domiciliés en Algérie seront soumis au service militaire. Les habitants des colonies continuent à n'y pas être assujettis.

TITRE DEUXIÈME.

RÉGLEMENTATION ADMINISTRATIVE DES PRINCIPES DU DROIT PUBLIC FRANÇAIS.

541. Objet de ce titre second du Cours de droit administratif.
542. Comment il se rattache au premier.
543. Division du titre en trois chapitres.

541. Nous avons déjà signalé, dans les notions préliminaires de droit constitutionnel qui servent d'introduction à cet ouvrage, la relation qui existe entre le droit constitutionnel et le droit administratif, touchant les principes du droit public des Français : le premier détermine ces principes, les accepte ou les rejette, en donne la nomenclature en asseyant chacun d'eux sur ses bases historiques et légales ; le second en règle l'application, et cette réglementation fait l'objet d'un très-grand nombre de lois administratives, dont l'ensemble forme une partie notable du droit administratif, et qui la plupart (non pas toutes) ont l'heureuse fortune de survivre aux effondrements divers du droit constitutionnel de la France.

542. La partie du droit administratif comprise dans ce second titre se rattache aux matières du premier et vient naturellement après elles, parce qu'il était indispensable de bien connaître tout d'abord les agents de l'administration active, les conseils administratifs et les tribunaux administratifs, appelés à des titres divers à concourir à l'application des règles dont l'examen va remplir cette deuxième des trois grandes divisions du Cours de droit administratif.

543. Nous traiterons dans trois chapitres :
1° Des principes de droit public de l'ordre politique,
2° Des principes de droit public de l'ordre religieux,
3° Des principes de droit public de l'ordre naturel et civil.
Ces principes seront successivement considérés dans leur développement et leur réglementation par la législation administrative.

CHAPITRE PREMIER.

RÉGLEMENTATION DES PRINCIPES DE L'ORDRE POLITIQUE.

544. Énumération de ces principes et division du chapitre en cinq sections.

544. Les principes fondamentaux de cet ordre, avec le principe de la séparation des pouvoirs déjà expliqué, peuvent être ramenés à six : — le principe de la souveraineté nationale ; — celui du vote annuel de l'impôt par les représentants de la nation ; — celui de l'obligation nationale au service militaire ; — du droit de pétition ; — de la séparation de l'autorité administrative et de l'autorité judiciaire, sanctionné par l'institution des conflits et considérée en outre au point de vue des conséquences de l'abrogation de l'article 75 de la Constitution de l'an VIII. — Nous ne parlerons pas ici du principe de la séparation des pouvoirs législatif et exécutif, qui domine tous les autres principes de droit public comme embrassant l'ensemble de l'organisation constitutionnelle du pays ; nous l'avons exposé dans les notions préliminaires de droit constitutionnel qui forment l'introduction de cet ouvrage [n°s 6 à 60], et nous n'avons plus qu'à y renvoyer. Mais la réglementation des cinq autres principes de droit public de l'ordre politique, ci-dessus indiqués, fera l'objet des cinq sections comprises dans ce chapitre.

SECTION PREMIÈRE. — SOUVERAINETÉ NATIONALE.

545. Mise en œuvre du principe par les lois électorales de 1849, 1852, 1874 et 1875.
546. Conditions légales du droit électoral lié à la qualité de *citoyen*.
547. Des six conditions actuelles pour la jouissance du droit de suffrage.
548. Nationalité ; masculinité ; jouissance des droits civils et politiques.
549. Règle du suffrage universel sans condition de cens.
550. Règle du suffrage direct.
551. Règle relative à l'âge de l'électeur.
552. Conditions administratives de l'exercice du droit de suffrage.
553. Division, depuis 1871, de la liste électorale en deux parties relativement à la durée de la résidence exigée par la loi.
554. Deux listes électorales dans chaque commune.
555. Confection de la liste électorale municipale et départementale d'après la loi sur l'électorat municipal du 7 juillet 1874.

556. Confection et révision annuelle des listes électorales politiques, d'après la loi électorale du 30 novembre 1875.
557. Tableau des époques et délais des opérations et recours relatifs à la révision des deux listes électorales.
558. Électeurs devant être inscrits sur les listes électorales municipales et départementales.
559. Statistique des électeurs portés sur l'une et l'autre liste.
560. Formes et conditions de l'élection.
561. Loi organique sur l'élection des députés du 30 novembre 1875.
562. Éligibilité et incompatibilités parlementaires; fonctions publiques.
563. Éligibilité des étrangers naturalisés Français.
564. Vote par arrondissement et fraction d'arrondissement.
565. Élections sénatoriales.

545. La souveraineté se manifeste, dans les conditions déterminées par la loi, par le droit de suffrage ou d'élection dont nous devons ici déterminer les règles. Les origines et la formule de ce premier principe de droit public ont en effet été déjà données au cours des notions préliminaires de droit constitutionnel, principalement consacrées au principe fondamental de la séparation des pouvoirs. Il reste à exposer ici les conditions de sa mise en œuvre par la législation électorale. Nous allons le faire en exposant les règles écrites dans la loi organique sur l'élection des députés du 30 novembre 1875, combinée avec les dispositions non abrogées de la loi du 15 mars 1849 et des décrets organique et réglementaire du 2 février 1852. L'article 5 § 1 de la loi du 30 novembre 1875 porte en effet : « Les opérations du vote auront lieu conformément » aux dispositions des décrets organique et réglementaire du 2 fé- » vrier 1852 »; et l'article 22 § 5 de la même loi est ainsi conçu : « Continueront d'être appliquées les dispositions des lois et décrets » en vigueur auxquelles la présente loi ne déroge pas ».

En outre, ainsi que nous l'avons déjà dit en traitant du contentieux de certaines élections [nos 133, 400 à 405], il faut distinguer trois sortes d'élections, qui peuvent être soumises, soit aux mêmes règles, soit à des règles différentes : les élections communales, les élections départementales (aux conseils généraux et d'arrondissement), et les élections législatives ou parlementaires ; il faut aussi, sous l'empire de lois constitutionnelles rendant élective une chambre haute, distinguer les règles relatives à l'élection des sénateurs.

En traitant des conseils départementaux [nos 130 à 132, 179 et 188] et des conseils municipaux [nos 220 à 224], nous avons déjà fait connaître les règles relatives à l'éligibilité des membres de ces corps électifs ; il nous restera à faire connaître la loi du 7 juillet 1874 sur l'électorat municipal [n°s 555 et 558].

546. Les droits de suffrage et d'éligibilité constituent au premier chef la participation de ceux qui en sont investis aux manifestations de la puissance publique ; à ce titre, ils sont particulièrement désignés sous le nom de *droits civiques* ou *politiques*, et se distinguent des droits qui ont pour objet le libre développement des facultés individuelles dans l'ordre religieux ou civil. Aussi le droit de suffrage est-il l'apanage exclusif du *citoyen*.

Après la Constitution de 1791, distinguant la qualité de citoyen de celle de citoyen actif, qui seule exigeait des conditions spéciales, et, comme celle de l'an III, la Constitution du 22 frimaire de l'an VIII et l'article 7 du Code civil, qui s'y référait, ont distingué la qualité politique de *citoyen*, de la qualité civile de *Français*. En 1804, la loi constitutionnelle faisait dépendre la qualité de citoyen des conditions, réunies de l'âge de 22 ans, d'un domicile acquis par une année de résidence, et de l'inscription sur le registre civique. Aujourd'hui la règle en vigueur résulte de l'article 12 du décret législatif du 2 février 1852 organique des élections, ainsi conçu : « Sont électeurs, sans conditions de cens, tous les Français » âgés de vingt et un an, et jouissant de leurs droits civils et poli- » tiques ». Il résulte de ce texte que l'aptitude au droit électoral et la qualité de citoyen sont soumises aux quatre conditions de nationalité, de sexe, de majorité et de possession des droits civils et politiques, et sont indépendantes de l'inscription sur les listes électorales qui, contrairement au système de l'an VIII, se réfère non à la jouissance, mais à l'exercice du droit.

547. Jamais texte plus bref que celui que nous venons de citer n'a résolu en moins de mots des questions plus graves et plus fondamentales ; nous avons déjà dit qu'elles sont étroitement liées aux questions constitutionnelles. Cet article 12 du décret-loi de 1852 est emprunté au décret-loi du mois de mars 1848, reproduit par la loi du 15 mars 1849, et consacre après eux l'établissement du *suffrage universel*, « introduit chez nous, en 1848, sans être attendu, » par un coup soudain de révolution », suivant l'expression de deux illustres hommes d'État dans un document officiel [1].

---

[1] Exposé des motifs du projet de *loi électorale*, présenté par M. Thiers, président de la République française, et par M. Dufaure, garde des sceaux, ministre de la justice (Annexe à la séance de l'Assemblée du 20 mai 1873).

Ce texte pose à la fois les six règles suivantes : 1° l'universalité du suffrage sans condition de cens, 2° l'admission du suffrage direct et l'exclusion de l'élection à deux degrés, 3° la fixation de l'âge de l'électorat à la majorité ordinaire, 4° la condition de la nationalité française, 5° la nécessité de la jouissance des droits civils et politiques, et 6° la condition de sexe et de masculinité pour la jouissance du droit de suffrage.

548. Nous n'insistons pas sur ces trois dernières conditions, déjà relevées au numéro qui précède. Les femmes, en France, ne sont pas admises aux droits politiques; il ne peut y avoir que des citoyens; d'autre part, si tous les Français ne sont pas citoyens, tous les citoyens en France sont nécessairement Français. Ces règles ont toujours été considérées comme à l'abri de toute contestation sérieuse. Nous nous bornons à reproduire les articles 15 et 16 du décret organique du 2 février 1852, qui contiennent l'énumération des causes qui entraînent temporairement ou définitivement la perte du droit de suffrage ; la plupart ont pour motif des condamnations judiciaires et une pensée d'indignité ; l'une d'elles, relative aux interdits, est fondée sur leur incapacité naturelle.

Ne doivent pas être inscrits sur les listes électorales : 1° les individus privés de leurs droits civils et politiques par suite de condamnation soit à des peines afflictives ou infamantes, soit à des peines infamantes seulement; 2° ceux auxquels les tribunaux, jugeant correctionnellement, ont interdit le droit de vote et d'élection, par application des lois qui autorisent cette interdiction ; 3° les condamnés pour crime à l'emprisonnement, par application de l'article 463 du Code pénal; 4° ceux qui ont été condamnés à trois mois de prison, par application des articles 318 et 423 du Code pénal; 5° les condamnés pour vol, escroquerie, abus de confiance, soustraction commise par les dépositaires de deniers publics ou attentats aux mœurs, prévus par les articles 330 et 334 du Code pénal, quelle que soit la durée de l'emprisonnement auquel ils ont été condamnés ; 6° les individus qui, par application de l'article 8 de la loi du 17 mai 1819 et de l'article 3 du décret du 11 août 1848, auront été condamnés pour outrage à la morale publique et religieuse ou aux bonnes mœurs, et pour attaque contre le principe de la propriété et les droits de la famille ; 7° les individus condamnés à plus de trois mois d'emprisonnement en vertu des articles 31, 33, 34, 35, 36, 38, 39, 40, 41, 42, 45 et 46 de la présente loi; 8° les notaires, greffiers et officiers ministériels destitués en vertu de jugements ou décisions judiciaires ; 9° les condamnés pour vagabondage ou mendicité; 10° ceux qui auront été condamnés à trois mois de prison au moins, par application des articles 439, 443, 444, 445, 446, 447 et 452 du Code pénal ; 11° ceux qui auront été déclarés coupables des délits prévus par les articles 410 et 411 du Code pénal et par la loi du 21 mai 1836 portant prohibition des loteries ; 12° les militaires condamnés au boulet ou aux travaux publics; 13° les individus condamnés à l'emprisonnement, par application des articles 38, 41, 43 et 45 de la loi du 21 mars 1832 sur le recrutement de l'armée; 14° les individus condamnés à l'emprisonnement, par application de l'article 1ᵉʳ de la loi du 27 mars 1851 ; 15° ceux qui ont été condamnés pour délit d'usure ; 16° les interdits; 17° les faillis non réhabilités dont la faillite a été déclarée soit par les tribunaux français, soit par jugements rendus à l'étranger, mais exécutoires en France (Décret organique du 2 février 1852, art. 15). — Les condamnés à plus d'un mois d'emprisonnement pour rébellion, outrages et violences envers les dépositaires de l'autorité ou de la force publique, pour outrages publics envers un juré à raison de ses fonctions, ou envers un témoin à raison de sa déposition, pour délits prévus par la loi sur les attroupements et la loi sur les clubs, et pour infraction à la loi sur le colportage, ne pourront pas être inscrits sur la liste électorale pendant cinq ans, à dater de l'expiration de leur peine (art. 16).

549. Des trois premières règles ci-dessus [n° 547] dont nous avons à établir la portée, celle qui, dans la législation électorale, domine toutes les autres, est la règle de l'universalité du suffrage sans condition de cens. Nous avons déjà dit [n° 547], avec un document officiel du gouvernement républicain dont nous empruntons encore les expressions, que « le suffrage universel a été sou- » dainement, il y a vingt-cinq ans, érigé chez nous en dogme » politique ». C'est nier indirectement la théorie qui voit dans le droit de suffrage un droit naturel (ce que Robespierre a, le premier, soutenu à la tribune). En s'exprimant comme nous venons de le voir, MM. Thiers et Dufaure ont reconnu hautement, dans le droit de suffrage, un droit dérivant de la loi et que la loi peut régler ; il suffit de ce principe, le pouvoir du législateur de procéder à ce règlement sans violer aucun droit naturel, pour qu'il en résulte le rejet de ce qui a été appelé « le principe brutal et déma- » gogique de la souveraineté pure et absolue du nombre [1] ». C'est ainsi que l'entendaient en 1789 les législateurs du nouveau droit public de la France; et l'homme politique trop célèbre que nous avons nommé, dans sa dissidence avec eux, soutenait lui-même dans la séance de l'Assemblée nationale du 11 août 1791, que la loi pouvait exiger un cens électoral égal au prix de dix journées de travail pour les électeurs du second degré, tandis que les commissions de l'Assemblée en demandaient cinquante.

C'est donc en vertu de son pouvoir librement exercé que le législateur, rejetant tout système consistant à faire du droit de suffrage le privilège exclusif de la fortune par l'établissement d'un cens électoral élevé, comme sous les Chartes de 1814 et de 1830,

---

[1] Rapport de M. le duc de Broglie à l'assemblée nationale sur le projet devenu la loi du 13 mars 1873, article 5, portant que l'assemblée nationale ne se séparerait pas avant d'avoir statué : 1° sur l'organisation des pouvoirs, 2° la création d'une seconde chambre, et 3° la loi électorale.

ou même consistant à exiger simplement de l'électeur la participation aux charges nationales par l'inscription au rôle des contributions directes, pour une somme égale aux trois journées de travail exigées des citoyens actifs de la Constitution de 1791, a consacré de nouveau, comme les législateurs de 1848 et de 1852, la règle du suffrage universel sans condition de cens. Elle est écrite dans la loi du 10 août 1871 sur les conseils généraux (art. 5 [n° 130]), dans la loi du 7 juillet 1874 sur l'électorat municipal [n° 555], dans la loi constitutionnelle sur les pouvoirs publics du 25 février 1875 (art. 1 § 2), et dans la loi organique sur l'élection des députés du 30 novembre 1875 [n°s 556, 561, 562 et 564]. C'est en vertu du même principe que le législateur a pu introduire dans ces lois électorales une réglementation d'une autre nature, notamment en ce qui concerne les conditions de domicile ou de résidence [n°s 552 et 553], et d'inscription sur les listes électorales [n°s 554 et 558].

La loi constitutionnelle du 24 février 1875 sur la composition et l'organisation du Sénat, et la loi organique du 2 août 1875 sur les élections des sénateurs [n° 565], procèdent en outre à l'organisation d'un suffrage spécial et très-restreint, dans lequel il faut reconnaître trois degrés successifs d'élections [n° 550], pour rattacher au suffrage universel les élections sénatoriales organisées par les fondateurs de la république constitutionnelle.

550. La seconde règle, celle du suffrage *direct*, résulte des dispositions des lois électorales de 1849 et de 1852, mais non des textes constitutionnels qui étaient en vigueur avant 1870. Un éminent jurisconsulte [1], en commentant la Constitution du 14 janvier 1852, sur ce point, écrivait les lignes suivantes : « La Constitution
» du 14 janvier 1852 a maintenu le suffrage universel ; mais elle
» n'a pas maintenu le principe absolu de 1848 ; elle n'a pas re-
» produit, chose remarquable, la qualification de *suffrage direct*.
» L'article 36 porte : Les députés sont élus par le suffrage uni-
» versel et sans scrutin de liste. Sur le point si important de l'é-
» lection à *deux degrés*, la Constitution nouvelle a, par conséquent,
» réservé les droits de l'avenir et de la prudence humaine. Si le
» suffrage universel et *direct*, par l'effet des événements, mena-
» çait l'avenir et s'apprêtait à frayer la voie au socialisme, le germe
» de mort pourrait être détruit et le principe de vie conservé. »
La Constitution, monarchique en la forme, mais si républicaine

---

[1] Laferrière, *Cours de droit public et administratif*, 5me éd., t. I, p. 92.

au fond, de 1791, et la Constitution républicaine de l'an III, sans parler de celle de 1793, avaient elles-mêmes organisé l'élection à deux degrés par des assemblées primaires nommant les électeurs appelés à former les assemblées électorales chargées du choix des députés.

C'est non-seulement une élection à deux degrés, mais une élection à trois degrés, qui, d'après la loi constitutionnelle du 24 février 1875 sur l'organisation du Sénat, et la loi organique du 2 août 1875 sur l'élection des sénateurs, a été introduite pour l'élection des 225 sénateurs élus par les départements [nos 407, 549 et 565].

Comme la loi de 1849 et le décret organique du 2 février 1852, la loi électorale du 30 novembre 1875 a maintenu, pour l'élection des membres de la chambre des députés, la règle du suffrage direct; c'est ce qu'avait déjà fait la loi du 7 juillet 1874 sur l'électorat municipal.

551. La troisième règle ci-dessus posée [nos 546 et 547], la fixation de l'âge de l'électeur à 21 ans, a donné lieu, dans la discussion de la loi du 7 juillet 1874 sur l'électorat municipal, à de sérieux débats. On soutenait que l'obligation générale du service militaire et l'interdiction si rationnelle du vote sous les drapeaux écrite dans l'article 5 de la loi du 27 juillet 1872 [n° 389], et reproduite depuis par la loi électorale du 30 novembre 1875 (art. 2 [n° 561]), devaient, dans une pensée d'égalité entre les jeunes gens appelés ou non sous les drapeaux, avoir pour conséquence la fixation de l'âge de l'électeur à 25 ans; c'est ce que proposait le projet de loi sur l'électorat municipal arrêté par la commission de l'assemblée d'accord avec le gouvernement, et le rapport[1] faisait même pressentir son extension à toute la législation électorale; mais, contrairement à ces propositions, l'article 5 de la loi du 7 juillet 1874 [n° 558] a maintenu l'âge de l'électorat à 21 ans, et une consécration définitive a été donnée à cette règle par la loi organique sur l'élection des députés du 30 novembre 1875.

552. L'inscription sur la liste électorale d'une commune, et la résidence de six mois dans cette commune (D. 2 février 1852; Loi organique du 30 novembre 1875, art. 1er [n° 561]), nécessaire pour que cette inscription soit effectuée, sont des conditions administra-

[1] Rapport fait par M. de Chabrol, député, au nom de la commission de décentralisation, *sur l'électorat municipal*, pages 18 et 19; annexe au procès-verbal de la séance du 21 juillet 1873.

tives du droit électoral, tenant à l'exercice et non à la jouissance du droit. Nous allons parler d'abord de la condition de résidence et de la durée de cette résidence ; nous exposerons ensuite les règles relatives à la confection des listes électorales. Sur ces deux points, nous parlerons à la fois de l'électorat politique, et de l'électorat municipal et départemental.

553. De 1848 à 1871 la liste électorale permanente, dressée et révisée chaque année par les maires dans toutes les communes de France, contenant par ordre alphabétique la désignation de tous les électeurs résidant dans la commune depuis six mois au moins, a également servi aux trois sortes d'élections, politiques, départementales et communales.

A partir de 1871, cette liste a été divisée en deux parties (circulaire du ministre de l'intérieur du 30 décembre 1871), dont l'une comprenait tous les électeurs n'ayant que *six mois* de résidence admis à participer aux élections politiques. La jurisprudence de la cour de cassation exigeait avec raison, pour la condition légale des six mois de résidence, une habitation réelle dans la commune (ch. req. 27 avril 1869, *Prat*; 3 mai 1869, etc.); c'est, en effet, à dessein que la loi a évité l'expression de domicile. Mais elle admettait aussi que les fonctionnaires publics, quelle que soit la durée de leur habitation dans la commune, doivent être inscrits sur la liste électorale (ch. req. 11 mai 1858 ; 3 et 6 mai 1862 ; 30 avril 1866 ; 21 avril 1869, *Lissagaray*).

L'autre partie de la liste contenait tous les électeurs ayant une année de *domicile réel* dans la commune, en vertu de la loi d'organisation municipale provisoire du 14 avril 1871 (art. 4 [n° 220]) qui avait porté, pour les élections au conseil municipal, la durée du domicile réel à une année, et la loi du 10 août 1871 (art. 5) disposant que les élections aux conseils généraux ont lieu sur les listes dressées pour les élections municipales (les autres règles de l'électorat demeurant communes aux trois sortes d'élections).

554. Les lois du 7 juillet 1874 et du 30 novembre 1875 ont consacré cette division, et créé dans chaque commune deux listes électorales absolument distinctes, non-seulement en raison de la différence dans la durée de résidence exigée par ces lois pour l'exercice du droit de suffrage, mais encore en raison de la réglementation différente dont ce droit est l'objet au point de vue de ces conditions d'exercice.

Une de ces deux listes électorales est dite *liste électorale municipale*, et l'autre, *liste électorale politique*.

La première, dressée conformément à la loi du 7 juillet 1874 sur l'électorat municipal, est relative à toutes les élections locales : 1° aux élections municipales (en vertu de ladite loi), 2° aux élections aux conseils généraux (L. 10 août 1871, art. 5 [n° 130]), et 3° aux élections aux conseils d'arrondissement (L. 30 juillet 1874, art. 3 [n° 180]).

L'autre liste électorale, dressée conformément à la loi du 30 novembre 1875 [n° 556], est relative aux élections politiques, parlementaires ou législatives, pour les membres de la chambre des députés.

555. La loi du 7 juillet 1874 sur l'électorat municipal (suivie d'une circulaire adressée pour son exécution, le 12 juillet suivant, par le ministre de l'intérieur aux préfets) ne contient qu'un petit nombre d'articles qui se divisent naturellement, suivant leur objet, en deux parties. Les premiers organisent la confection de ces listes électorales destinées aux élections locales, en confiant cette mission, non plus au maire exclusivement comme dans la législation antérieure, mais à une commission où dominent les représentants de la commune à côté d'un représentant de l'État (il n'y a lieu de nommer plusieurs commissions dans une commune que lorsque le conseil général a usé de son droit de la diviser en sections [n° 153]). Le projet de loi électorale du 20 mai 1873 avait déjà reconnu la nécessité de ce changement quand il disait : « Les listes » actuelles, surtout dans les grandes villes, présentent de telles » irrégularités, qu'elles ne peuvent servir qu'à fournir d'utiles » renseignements ».

A partir de la promulgation de la présente loi, une liste électorale relative aux élections municipales sera dressée dans chaque commune par une commission composée du maire, d'un délégué de l'administration désigné par le préfet, et d'un délégué choisi par le conseil municipal. Dans les communes qui auront été divisées en sections électorales, la liste sera dressée dans chaque section par une commission composée : 1° du maire ou d'un adjoint, ou d'un conseiller municipal dans l'ordre du tableau ; 2° d'un délégué de l'administration désigné par le préfet ; 3° d'un délégué choisi par le conseil municipal [*voir* le § 3 au n° 153]. A Paris et à Lyon, la liste sera dressée dans chaque quartier ou section par une commission composée du maire de l'arrondissement ou d'un adjoint délégué, du conseiller municipal élu dans le quartier ou la section, et d'un électeur désigné par le préfet du département. Il sera dressé en outre, d'après les listes spéciales à chaque section ou quartier, une liste générale des électeurs de la commune, par ordre alphabétique. A Paris et à Lyon, cette liste générale sera dressée par arrondissement (L. 7 juillet 1874, *relative à l'électorat municipal*, art. 1ᵉʳ). — Les listes seront déposées au secrétariat de la mairie, communiquées et publiées conformément à l'article 2 du décret réglementaire du 2 février 1852. Les demandes en inscription ou en radiation devront être formées dans le délai de vingt jours, à partir de la publication des listes; elles seront soumises aux commissions indiquées dans l'article 1er, auxquelles seront adjoints deux autres délégués du conseil municipal. A Paris et à Lyon, deux électeurs domiciliés dans le quartier ou la section et nommés, avant tout travail de révision, par la commission instituée en l'article 1er, seront adjoints à cette commission (art. 2). — L'appel des décisions de ces commissions sera porté devant le juge de paix, qui statuera conformément aux dispositions du décret organique de 1852 (art. 3). — L'électeur qui aura été l'objet d'une radiation d'office de la part des commissions désignées à l'article 1er, ou dont l'inscription aura été contestée devant lesdites commissions, sera averti sans frais par le maire et pourra présenter des observations. Notification de la décision de la commission sera, dans les trois jours, faite aux parties intéressées, par écrit et à domicile, par les soins de l'administration municipale; elles pourront interjeter appel dans les cinq jours de la notification. Les listes électorales seront réunies en un registre et conservées dans les archives de la commune. Tout électeur pourra prendre communication et copie de la liste électorale (art. 4).

556. La loi organique du 30 novembre 1875, en ce qui concerne les procédés de confection des listes électorales politiques, a laissé subsister les prescriptions des décrets organique et réglementaire du 2 février 1852 [n° 545].

Aux termes de l'article 8 du décret réglementaire du 2 février 1852, la liste électorale close le 31 mars reste jusqu'au 31 mars de l'année suivante telle qu'elle a été arrêtée. L'article 19 du même décret porte que nul ne peut voter s'il n'est inscrit sur la liste, et, quand une élection a lieu du 1er janvier au 31 mars, la liste dont parle la loi est incontestablement celle qui a été close l'année précédente, puisque celle qui est en cours de préparation n'est qu'un projet qui n'aura d'existence légale qu'à partir du 1er avril.

Une circulaire du ministre de l'intérieur du 25 janvier 1876, adressée aux préfets pour l'exécution de la loi du 30 novembre 1875, a rappelé une règle [1] déjà fixée par de nombreuses circulaires antérieures mais souvent méconnues, bien que résultant du décret de 1852.

---

[1] « La disposition de l'article 8 du décret réglementaire du 2 février 1852, qui autorise à ajouter à la liste, après sa clôture, les électeurs porteurs d'une décision du juge de paix, avait été quelquefois interprétée en ce sens que les juges de paix pouvaient, après le 31 mars, être saisis, soit de demandes directes en inscription, soit d'appels contre des décisions des commissions chargées de la révision des listes. Il y avait là un double excès de pouvoir. D'une part, les juges de paix ne sont jamais, en matière d'inscription sur les listes électorales, juges du premier degré, et ne peuvent connaître que des demandes portées en première instance devant les commissions électorales; d'autre part, ils ne peuvent statuer que sur les appels formés, *au cours de la révision annuelle*, dans

557. Le *Bulletin officiel du ministère de l'intérieur* (1875, p. 49) a publié comme annexe à une circulaire du ministre du 21 décembre 1874, le tableau suivant des époques et délais, communs aux deux listes, des diverses opérations relatives à la révision des listes électorales. Le rapport de la commission de l'assemblée sur la loi de l'électorat municipal avait dit : « Rien n'est changé quant » au mode de publicité des listes et aux délais ouverts pour les » réclamations. Le juge de paix continuera à en connaître en » appel, selon les prescriptions du décret organique de 1852. Le » recours en cassation reste ouvert contre la décision du juge de » paix ». Le délai du recours en cassation est de dix jours. C'est à ce délai de dix jours que se réfère l'article 10 de la loi du 2 juin 1862 concernant les délais des pourvois devant la cour de cassation, ainsi conçu : « Il n'est pas dérogé aux lois spéciales qui régis- » sent les pourvois en matière électorale et d'expropriation pour » cause d'utilité publique ». L'article 1 § 4 de la loi organique du 30 novembre 1875 porte que « les pourvois relatifs à la formation » et à la révision de l'une et l'autre liste seront portés directement » devant la chambre civile de la cour de cassation ».

Époques et délais des diverses opérations relatives à la révision des listes électorales.

	NOMBRE de JOURS.	TERMES des DÉLAIS.
Préparation du tableau de rectifications..............	10	10 janvier.
Délai accordé pour dresser le tableau de rectifications.	4	14 janvier.
Publication du tableau de rectifications.............	1	15 janvier.
Délai ouvert aux réclamations.....................	20	4 février.
Délai pour les décisions des commissions chargées du jugement des réclamations............................	5	9 février.
Délai pour la notification des dernières décisions de ces commissions................................	3	12 février.
Délai d'appel devant le juge de paix...............	5	17 février.
Délai pour les décisions du juge de paix...........	10	27 février.
Délai pour les notifications des décisions du juge de paix...	3	2 mars.
Clôture définitive des listes......................	»	31 mars.

les délais spécifiés au décret organique du 2 février 1852 (art. 21) et à la loi du 7 juillet 1874 (art. 4), c'est-à-dire dans les cinq jours de la notification des décisions des commissions électorales. En conséquence, les seules décisions judiciaires qui pourraient modifier la liste électorale close le 31 mars 1875 sont celles qu'auraient rendues postérieurement à cette date les juges de paix ou la cour de cassation, mais sur des demandes en inscription ou en radiation formées devant les commissions *du 15 janvier au 4 février 1875* ».

558. La seconde partie de la loi sur l'électorat municipal du 7 juillet 1874 détermine ceux qui doivent être inscrits sur les listes électorales municipales et départementales, en faisant, au point de vue de la durée de la résidence et des conditions de l'inscription, de nombreuses distinctions. Il faut remarquer qu'il résulte du § 4 de l'article 5 que, pour qu'un citoyen soumis à deux années de résidence, puisse être inscrit en vertu de ce paragraphe, il est indispensable qu'il en fasse la demande personnelle par lui-même ou par mandataire; la demande d'un tiers sans procuration spéciale serait insuffisante (c. c. 1er octobre 1874, *Viaut*; cassation d'une décision du juge de paix de Lusignan); il en est de même de la déclaration exigée par le § 2, qui doit être faite ou par l'électeur en personne, ou par une lettre de lui au maire parvenue dans le délai, ou par un tiers nanti d'un mandat formel (c. cass. 16 et 18 novembre 1874).

Sont inscrits sur la liste des électeurs municipaux tous les citoyens âgés de vingt et un ans, jouissant de leurs droits civils et politiques, et n'étant dans aucun des cas d'incapacité prévus par la loi : 1° qui sont nés dans la commune ou y ont satisfait à la loi de recrutement, et, s'ils n'ont pas conservé leur résidence dans la commune, sont venus s'y établir de nouveau depuis six mois au moins. Sont réputés nés dans la commune ceux dont le père ou la mère est désigné, dans l'acte de naissance, comme ayant sa résidence dans la commune; 2° qui, même n'étant pas nés dans la commune, y auront été inscrits depuis un an au rôle d'une des quatre contributions directes ou au rôle des prestations en nature, et, s'ils ne résident pas dans la commune, auront déclaré vouloir y exercer leurs droits électoraux. Seront également inscrits, aux termes du présent paragraphe, les fils et gendres des mêmes électeurs, dispensés de la prestation en nature, et les habitants qui, en raison de leur âge ou de leur santé, auront cessé d'être soumis à cet impôt; 3° qui se sont mariés dans la commune et justifieront qu'ils y résident depuis un an au moins; 4° qui, ne se trouvant pas dans un des cas ci-dessus, demanderont, par eux-mêmes ou par mandataires, à être inscrits sur la liste électorale et justifieront d'une résidence de deux années consécutives dans la commune. Les électeurs appartenant à cette catégorie ne devront être inscrits ni d'office, ni sur la demande d'un tiers; ils devront déclarer le lieu et la date de leur naissance; 5° qui, en vertu de l'article 2 du traité de paix du 10 août 1871, ont opté pour la nationalité française et déclaré fixer leur résidence dans la commune, conformément à la loi du 19 janvier 1871; 6° qui sont assujettis à une résidence obligatoire dans la commune en qualité soit de ministres des cultes reconnus par l'État, soit de fonctionnaires publics. Seront également inscrits les citoyens qui, ne remplissant pas les conditions d'âge et de résidence ci-dessus indiquées lors de la formation des listes, les rempliront avant la clôture définitive. L'absence de la commune résultant du service militaire ne portera aucune atteinte aux règles ci-dessus édictées pour l'inscription sur les listes électorales (L. 7 juillet 1874, art. 5). — Ceux qui, à l'aide de déclarations frauduleuses ou de faux certificats, se seront fait inscrire ou auront tenté de se faire inscrire indûment sur une liste électorale; ceux qui, à l'aide des mêmes moyens, auront fait inscrire ou rayer, tenté de faire inscrire ou rayer indûment un citoyen, et les complices de ces délits, seront passibles d'un emprisonnement de six jours à un an, et d'une amende de 50 à 500 francs. Les coupables pourront, en outre, être privés pendant deux ans de l'exercice de leurs droits civiques. L'article 463 du Code pénal est, dans tous les cas, applicable (art. 6). — Les dispositions des lois antérieures ne sont abrogées qu'en ce qu'elles ont de contraire à la présente loi (art. 7).

559. Le *Bulletin du ministère de l'intérieur* (1875, p. 295) a publié un document statistique présentant par département l'état numérique des électeurs inscrits au 31 mars 1875 sur les listes politiques en vertu des lois alors en vigueur de 1849 et 1852, d'une part, et, d'autre part, sur les listes municipales et départementales en vertu de la loi du 7 juillet 1874. Ce document donne pour toute la France les totaux suivants :

Électeurs portés sur les listes électorales politiques, 9,872,739
— communales et départementales, 9,605,139
Différence, 267,600.

560. Les formes de l'élection sont soumises aux règles suivantes. Le vote a lieu à la commune (L. 30 novembre 1875, art. 4) ; c'est ce qu'avait décidé une loi du 10 avril 1871, revenant, dans un sentiment de justice pour les populations rurales, à la règle des décrets de 1852, contrairement à la loi de 1849 qui faisait voter au chef-lieu de canton, et qui avait été remise en vigueur par le décret du 29 janvier 1871 pour l'élection de l'assemblée nationale. Le scrutin ne dure qu'un seul jour ; il est secret.

Les opérations des assemblées électorales, soumises, par l'article 5 de la loi organique du 30 novembre 1875, aux dispositions des décrets de 1852, ont été l'objet d'une instruction ministérielle du 17 février 1852, qui règle dans les plus grands détails toute la mise en œuvre des élections, depuis l'ouverture de la séance et la formation du bureau jusques et y compris la rédaction du procès-verbal. Après la clôture du scrutin, il est procédé au dépouillement dans la forme déterminée. Le résultat est immédiatement proclamé ; et le recensement général des votes qui doit déterminer l'élection a lieu au chef-lieu du département (D. régl. art. 9, 25, 26, 27, 31 et 34).

Une circulaire du ministre de l'intérieur du 3 février 1876 a pourvu aussi, dans toutes ses parties, à l'exécution de la loi électorale du 30 novembre 1875.

Nul n'est élu au premier tour de scrutin s'il n'a réuni : 1° la majorité absolue des suffrages exprimés ; 2° un nombre de voix égal au quart de celui des électeurs inscrits sur la totalité des listes électorales. Au second tour de scrutin, l'élection a lieu à la majorité relative, quel que soit le nombre des votants; dans le cas où les candidats obtiendraient un nombre égal de suffrages, le plus âgé serait élu (L. 30 novembre 1875, art. 18).

561. Nous reproduisons les dispositions de la loi électorale organique de 1875 qui contiennent notamment les règles ci-dessus et forment l'ensemble de cette loi, avec celles rapportées aux numéros suivants. Ces dispositions réservées de la loi du 30 novembre 1875, sont relatives : 1° à l'éligibilité et aux incompatibilités [n° 562]; 2° au vote par arrondissement et fraction d'arrondissement [n° 564]; et 3° à la durée du mandat [n° 564]. Nous renvoyons, pour les élections des colonies et de l'Algérie, à la partie de l'ouvrage leur est consacrée [n°s 533 à 541].

Les députés seront nommés par les électeurs inscrits : 1° sur les listes dressées en exécution de la loi du 7 juillet 1874; 2° sur la liste complémentaire comprenant ceux qui résident dans la commune depuis six mois. L'inscription sur la liste complémentaire aura lieu conformément aux lois et règlements qui régissent actuellement les listes électorales politiques, par les commissions et suivant les formes établies dans les articles 1, 2 et 3 de la loi du 7 juillet 1874. Les pourvois en cassation relatifs à la formation de l'une ou l'autre liste seront portés directement devant la chambre civile de la cour de cassation. Les listes électorales arrêtées au 31 mars 1875, en exécution de ces lois, serviront jusqu'au 31 mars 1876 (Loi organique *sur l'élection des députés*, du 30 novembre 1875, art. 1er). — Les militaires et assimilés de tous grades et toutes armes des armées de terre et de mer ne prennent part à aucun vote quand ils sont présents à leur corps, à leur poste ou dans l'exercice de leurs fonctions. Ceux qui, au moment de l'élection, se trouvent en résidence libre, en non-activité ou en possession d'un congé régulier, peuvent voter dans la commune sur les listes de laquelle ils sont régulièrement inscrits. Cette dernière disposition s'applique également aux officiers et assimilés qui sont en disponibilité ou dans le cadre de réserve (art. 2). — Pendant la durée de la période électorale, les circulaires et professions de foi signées des candidats, les placards et manifestes électoraux signés d'un ou plusieurs électeurs, pourront, après dépôt au parquet du procureur de la République, être affichés et distribués sans autorisation préalable. La distribution des bulletins de vote n'est point soumise à la formalité du dépôt au parquet. Il est interdit à tout agent de l'autorité publique ou municipale de distribuer des bulletins de vote, professions de foi et circulaires des candidats. Les dispositions de l'article 19 de la loi organique du 2 août 1875 sur les élections des sénateurs [n° 565] seront appliquées aux élections des députés (art. 3). — Le scrutin ne durera qu'un seul jour. Le vote a lieu au chef-lieu de la commune; néanmoins chaque commune peut être divisée, par arrêté du préfet, en autant de sections que l'exigent les circonstances locales et le nombre des électeurs. Le second tour de scrutin continuera d'avoir lieu le deuxième dimanche qui suit le jour de la proclamation du résultat du premier scrutin, conformément aux dispositions de l'article 65 de la loi du 15 mars 1849 (art. 4). — Les opérations du vote auront lieu conformément aux dispositions des décrets organique et réglementaire du 2 février 1852. Le vote est secret. Les listes d'émargement de chaque section, signées du président et du secrétaire, demeureront déposées pendant la huitaine au secrétariat de la mairie, où elles seront communiquées à tout électeur requérant (art. 5). — Tout mandat impératif est nul et de nul effet (art. 13.) — Les députés sont élus pour quatre ans. La chambre se renouvelle intégralement (art. 15). — En cas de vacance par décès, démission ou autrement, l'élection devra être faite dans le délai de trois mois à partir du jour où la vacance se sera produite. En cas d'option, il sera pourvu à la vacance dans le délai d'un mois (art. 16). — Nul n'est élu au premier tour de scrutin s'il n'a réuni : 1° la majorité absolue des suffrages exprimés ; 2° un nombre de suffrages égal au quart des électeurs inscrits. Au deuxième tour, la majorité relative suffit ; en cas d'égalité de suffrages, le plus âgé est élu (art. 18). — Toute infraction aux dispositions prohibitives de l'article 3 § 3 de la présente loi sera punie d'une amende de 16 à 300 fr. Néanmoins, le tribunal correctionnel pourra faire application de l'article 463 du Code pénal. Les dispositions de l'article 6 de la loi du 7 juillet 1874 seront appliquées aux listes électorales politiques. Le décret du 29 janvier 1871 et les lois des 10 avril 1871, 2 mai 1871 et 18 février 1873 sont abrogés. Demeure également abrogé le paragraphe 11 de l'article 15 du décret organique du 2 février 1852, en tant qu'il se réfère à la loi du 21 mai 1836 sur les loteries, sauf aux tribunaux à faire aux condamnés l'application de l'article 42 du Code pénal. Continueront d'être appliquées les dispositions des lois et décrets en vigueur auxquelles la présente loi ne déroge pas (art. 22).

562. Sont actuellement éligibles aux élections législatives tous les électeurs âgés de vingt-cinq ans, sans conditions de cens ni de domicile, non frappés d'indignité comme se trouvant dans un des cas d'incapacité électorale perpétuelle ou temporaire.

L'article 29 du décret organique du 2 février 1852 déclarait toute fonction publique rétribuée incompatible avec le mandat de député. A l'assemblée nationale de 1871 à 1876, tous les fonctionnaires, excepté les préfets et sous-préfets dans les départements administrés par eux pendant la durée de leurs fonctions et six mois après leur cessation, ont été éligibles. Mais la loi du 25 avril 1872 a décidé qu'aucun membre de l'assemblée ne peut, pendant la durée de son mandat, être nommé ou promu dans la Légion-d'Honneur si ce n'est pour fait de guerre, être nommé à des fonctions publiques salariées, ni, s'il est déjà fonctionnaire, obtenir de l'avancement. Il n'y a d'exception que pour les fonctions données au concours ou à l'élection (sauf celles de conseiller d'État [n° 77]), et pour les fonctions de ministre, de sous-secrétaire d'État, d'ambassadeur, de ministre plénipotentiaire et de préfet de la Seine.

Une loi du 16 février 1872 a réglé aussi la situation des députés fonctionnaires au point de vue de l'interdiction du cumul de leur traitement avec l'indemnité de député, fixée à 9,000 fr. par an par la loi du 15 mars 1849 et le décret du 29 janvier 1871. La loi électorale du 30 novembre 1875 a supprimé cette règle de l'éligibilité presque absolue des fonctionnaires publics, et a fait retour à la règle contraire de la législation de 1852.

Tout électeur est éligible, sans condition de cens, à l'âge de vingt-cinq ans accomplis (Loi organique *sur l'élection des députés*, du 30 novembre 1875, (art. 6). — Aucun militaire ou marin faisant partie des armées actives de terre ou de mer ne pourra, quels que soient son grade ou ses fonctions, être élu membre de la chambre des députés. Cette disposition s'applique aux militaires et marins en disponibilité ou en non-activité ; mais elle ne s'étend ni aux officiers placés dans la seconde section du cadre de l'état-major général, ni à ceux qui, maintenus dans la première section comme ayant commandé en chef devant l'ennemi, ont cessé d'être employés activement, ni aux officiers qui, ayant des droits acquis à la retraite, sont envoyés ou maintenus dans leurs foyers en attendant la liquidation de leur pension. La décision par laquelle l'officier aura été admis à faire valoir ses droits à la retraite deviendra, dans ce cas, irrévocable. La disposition contenue dans le premier paragraphe du présent article ne s'applique pas à la réserve de l'armée active, ni à l'armée territoriale (art. 7). — L'exercice des fonctions publiques rétribuées sur les fonds de l'État est imcompatible avec le mandat de député. En conséquence, tout fonctionnaire élu député sera remplacé dans ses fonctions si, dans les huit jours qui suivront la vérification des pouvoirs, il n'a pas fait connaître qu'il n'accepte pas le mandat de député. Sont exceptées des dispositions qui précèdent les fonctions de ministre, sous-secrétaire d'État, ambassadeur, ministre plénipotentiaire, préfet de la Seine, préfet de police, premier président de la cour de cassation, premier président de la cour des comptes, premier président de la cour d'appel de Paris, procureur général près la cour de cassation, procureur général près la cour des comptes, procureur général près la cour d'appel de Paris, archevêque et évêque, pasteur président du consistoire dans les circonscriptions consistoriales dont le chef-lieu compte deux pasteurs et au dessus, grand-rabbin du consistoire central, grand-rabbin du consistoire de Paris (art. 8). — Sont également exceptés des dispositions de l'article 8 : 1° les professeurs titulaires de chaires qui sont données au concours ou sur la présentation des corps où la vacance s'est produite ; 2° les personnes qui ont été chargées d'une mission temporaire. Toute mission qui a duré plus de six mois cesse d'être temporaire et est régie par l'article 8 ci-dessus (art. 9). — Le fonctionnaire conserve les droits qu'il a acquis à une pension de retraite, et peut, après l'expiration de son mandat, être remis en activité. Le fonctionnaire civil qui, ayant vingt ans de service à la date de l'acceptation de son mandat de député, justifiera de cinquante ans d'âge à l'époque de la cessation de ce mandat, pourra faire valoir ses droits à une pension de retraite exceptionnelle. Cette pension sera réglée conformément au troisième paragraphe de l'article 12 de la loi du 9 juin 1853. Si le fonctionnaire était remis en activité après la cessation de son mandat, les dispositions énoncées dans les articles 3 § 2 et 28 de la loi du 9 juin 1853 lui seront applicables. Dans les fonctions où le grade est distinct de l'emploi, le fonctionnaire, par l'acceptation du mandat de député, renonce à l'emploi et ne conserve que le grade (art. 10). — Tout député nommé ou promu à une fonction publique salariée cesse d'appartenir à la chambre par le fait même de son acceptation; mais il peut être réélu si la fonction qu'il occupe est compatible avec le mandat de député. Les députés nommés ministres ou secrétaires d'État ne sont pas soumis à la réélection (art. 11). — Ne peuvent être élus par l'arrondissement ou la colonie, compris en tout ou en partie dans leur ressort, pendant l'exercice de leurs fonctions et pendant les six mois qui suivent la cessation de leurs fonctions par démission, destitution, changement de résidence, ou de toute autre manière : 1° les premiers présidents, les présidents et les membres des parquets des cours d'appel; 2° les présidents, les vice-présidents, les juges titulaires, les juges d'instruction et les membres des parquets des tribunaux de première instance; 3° le préfet de police, les préfets et les secrétaires généraux des préfectures ; 4° les ingénieurs en chef et d'arrondissement, les agents voyers en chef et d'arrondissement; 5° les recteurs et inspecteurs d'académie ; 6° les inspecteurs des écoles primaires; 7° les archevêques, évêques et vicaires généraux; 8° les trésoriers-payeurs généraux et les receveurs particuliers des finances; 9° les directeurs des contributions directes et indirectes, de l'enregistrement et des domaines, et des postes; 10° les conservateurs et inspecteurs des forêts. Les sous-préfets ne peuvent être élus dans aucun des arrondissements du département dans lequel ils exercent leurs fonctions (art. 12). — Les députés reçoivent une indemnité. Cette indemnité est réglée par les articles 96 et 97 de la loi du 15 mars 1849, et par les dispositions de la loi du 16 février 1872 (art. 17). — La disposition de l'article 12, par laquelle un délai de six mois doit s'écouler entre le jour de la cessation des fonctions et celui de l'élection, ne s'appliquera pas aux fonctionnaires, autres que les préfets et les sous-préfets, dont les fonctions auront cessé, soit avant la promulgation de la présente loi, soit dans les vingt jours qui la suivront (art. 23).

563. Les conditions d'éligibilité posées dans la loi du 30 novembre 1875 résolvent, conformément à la législation antérieure, quoique d'une manière implicite, la question de savoir si l'étranger naturalisé Français peut siéger dans les assemblées politiques, sans qu'une loi spéciale lui ait, aux termes de la loi de 1849, conféré l'éligibilité ou ce qu'une ordonnance du 4 juin 1814 appelait les lettres de grande naturalisation. Cette question était déjà résolue affirmativement par l'article 1 § 1 de la loi, *sur la naturalisation*, du 29 juin 1867 : Tout Français naturalisé peut devenir sénateur, député. C'est, suivant nous, la plus fâcheuse des exagérations que nous avons déjà signalées [n° 393, *en note*] dans les tendances trop favorables du législateur au profit de l'étranger; nous préférons de beaucoup la disposition de l'article 16 [n° 711] des articles organiques de la loi du 18 germinal an X, qui exige pour la nomination à l'épiscopat la qualité de Français par naissance.

Les articles 1 et 2 de la loi du 3 décembre 1849 sont remplacés par les dispositions suivantes : — Art. 1er. L'étranger qui, après l'âge de vingt et un ans accomplis, a, conformément à l'article 13 du Code Napoléon, obtenu l'autorisation d'établir son domicile en France, et y a résidé pendant trois années depuis cette autorisation, peut être admis à jouir de tous les droits de citoyen français. Est assimilé à la résidence en France le séjour en pays étranger pour l'accomplissement d'une mission ou l'exercice d'une fonction conférée par le gouvernement français. Il est statué sur la demande en naturalisation, après enquête sur la moralité de l'étranger, par un décret de l'empereur, rendu sur le rapport du ministre de la justice, le conseil d'État entendu. — Art. 2. Le délai de trois ans, fixé par l'article précédent, pourra être réduit à une seule année en faveur des étrangers qui auront rendu à la France des services importants, qui auront apporté en France soit une industrie, soit des inventions utiles, soit des talents distingués, qui auront formé de grands établissements ou créé de grandes exploitations agricoles (Loi du 29 juin 1867, *relative à la naturalisation*, art. 1er). — L'article 5 de la loi du 3 décembre 1849 est abrogé (art. 2).

564. L'élection de l'assemblée nationale de 1871 à 1876 a eu lieu par département au scrutin de liste, en vertu des décrets des 15 septembre 1870 et 29 janvier 1871. Le scrutin de liste, utile dans les élections communales [n°s 153, 222 à 224], peut paraître moins favorable à la sincérité des élections politiques que l'élection par chaque électeur d'un seul député, en divisant le département, au point de vue électoral, soit en arrondissements, soit en circonscriptions électorales plus étendues ou moindres.

Après un très-vif débat, la loi du 30 novembre 1875 s'est prononcée (art. 14) contre le scrutin de liste, et pour le scrutin individuel ou uninominal par arrondissement. Mais les arrondissements dont la population dépasse cent mille habitants nomment un député de plus par cent mille ou fraction de cent mille habitants. Ces arrondissements ont été divisés en autant de circonscriptions électorales qu'ils ont de députés à élire, par une loi du 24 décembre 1875.

Les membres de la chambre des députés sont élus au scrutin individuel. Chaque arrondissement administratif nommera un député. Les arrondissements dont la population dépasse cent mille habitants nommeront un député de plus par cent mille ou fraction de cent mille habitants. Les arrondissements, dans ce cas, seront divisés en circonscriptions dont le tableau sera établi par une loi et ne pourra être modifié que par une loi (Loi organique *sur l'élection des députés*, du 30 novembre 1875, art. 14).

565. Dans les prolégomènes de droit constitutionnel placés en tête de cet ouvrage, en traitant de l'organisation des pouvoirs, nous avons déjà fait connaître la composition du Sénat fixée par les lois constitutionnelles. Celle du 25 février 1875, article 1er, a posé le principe de l'exercice du pouvoir législatif par deux assemblées, la Chambre des députés et le Sénat ; celle du 24 février 1875 a fixé

le nombre des sénateurs à 300 (75 élus par l'assemblée et 225 par les départements), et déterminé la composition des colléges électoraux formés des députés, des membres des conseils généraux et d'arrondissement, et des délégués élus par les conseils municipaux. Nous avons en outre à parler, à d'autres points de vue, de ces élections sénatoriales [n°⁵ 407, 549 et 550]. Mais c'est la loi organique sur les élections des sénateurs, du 2 août 1875, qui règle la forme de ces élections et l'établissement de la liste des électeurs sénatoriaux, les réunions électorales, les pénalités, les inéligibilités, les incompatibilités, etc.

Nous reproduisons cette loi du 2 août 1875, en faisant observer qu'il résulte de l'article 2 § 4 que le conseil municipal peut choisir son délégué pour l'élection sénatoriale parmi tous les électeurs de la commune, portés soit sur la liste électorale municipale, soit sur la liste électorale politique, et parmi les conseillers municipaux alors même qu'ils ne sont pas inscrits sur les listes électorales de la commune.

Il a été rendu pour l'exécution de cette loi organique : 1° un décret portant règlement d'administration publique, en date du 26 décembre 1875, qui fixe le mode de paiement de l'indemnité de déplacement allouée aux délégués des conseils municipaux par l'article 17 de la loi ; 2° une circulaire du ministre de l'intérieur du 5 janvier 1876, relative à la composition et à la formation des colléges sénatoriaux ; 3° une circulaire du 19 janvier 1876 relative aux opérations de ces colléges, dont l'article 12 de la loi organique confère la présidence au président du tribunal civil du chef-lieu du département, et que l'article 27 soumet aux mêmes formalités que les élections législatives [n°ˢ 545, 556, 561], soumises elles-mêmes aux dispositions des décrets de 1852.

Un décret du Président de la République, rendu au moins six semaines à l'avance, fixe le jour où doivent avoir lieu les élections pour le Sénat, et en même temps celui où doivent être choisis les délégués des conseils municipaux. Il doit y avoir un intervalle d'un mois au moins entre le choix des délégués et l'élection des sénateurs (Loi organique du 2 août 1875, *sur les élections des sénateurs*, art. 1ᵉʳ). — Chaque conseil municipal élit un délégué. L'élection se fait sans débat, au scrutin secret, à la majorité absolue des suffrages. Après deux tours de scrutin, la majorité relative suffit, et, en cas d'égalité de suffrages, le plus âgé est élu. Si le maire ne fait pas partie du conseil municipal, il présidera, mais il ne prendra pas part au vote. Il est procédé le même jour et dans la même forme à l'élection d'un suppléant qui remplace le délégué en cas de refus ou d'empêchement. Le choix des conseils municipaux ne peut porter ni sur un député, ni sur un conseiller général, ni sur un conseiller d'arrondissement. Il peut porter sur tous les électeurs de la commune, y compris les conseillers municipaux, sans distinction entre eux (art. 2). — Dans les communes où il existe une commission municipale, le délégué et le suppléant seront nommés par l'ancien conseil (art. 3). — Si le délégué n'a pas été présent à l'élection, notification lui en est faite dans les vingt-quatre heures par les soins du maire. Il doit faire parvenir au préfet, dans les cinq jours, l'avis de son acceptation. En cas de refus ou de silence, il est remplacé par le suppléant, qui est alors porté sur la liste comme délégué de la commune (art. 4). — Le procès-verbal de l'élection du délégué et du suppléant est transmis immédiatement au préfet; il mentionne l'acceptation ou le refus des délégués et suppléants, ainsi que les protestations élevées contre la régularité de l'élection par un ou plusieurs membres du conseil municipal. Une copie de ce procès-verbal est affichée à la porte de la mairie (art. 5). — Un tableau des résultats de l'élection des délégués et suppléants est dressé dans la huitaine par le préfet; ce tableau est communiqué à tout requérant; il peut être copié et publié. Tout électeur a, de même, la faculté de prendre dans les bureaux de la préfecture communication et copie de la liste par commune des conseillers municipaux du département, et, dans les bureaux des sous-préfectures, de la liste par commune des conseillers municipaux de l'arrondissement (art. 6). — [*Voir* les articles 7 et 8 au n° 407.] — Huit jours au plus tard avant l'élection des sénateurs, le préfet et, dans les colonies, le directeur de l'intérieur, dresse la liste des électeurs du département par ordre alphabétique. La liste est communiquée à tout requérant et peut être copiée et publiée. Aucun électeur ne peut avoir plus d'un suffrage (art. 9). — Les députés, les membres du conseil général ou des conseils d'arrondissement qui auraient été proclamés par les commissions de recensement, mais dont les pouvoirs n'auraient pas été vérifiés, sont inscrits sur la liste des électeurs et peuvent prendre part au vote (art. 10). — [*Voir* l'article 11 au n° 540 *bis*.] — Le collège électoral est présidé par le président du tribunal civil du chef-lieu du département ou de la colonie. Le président est assisté des deux plus âgés et des deux plus jeunes électeurs présents à l'ouverture de la séance. Le bureau ainsi composé choisit un secrétaire parmi les électeurs. Si le président est empêché, il est remplacé par le vice-président, et, à son défaut, par le juge le plus ancien (art. 12). — Le bureau répartit les électeurs par ordre alphabétique en sections de vote comprenant au moins cent électeurs. Il nomme les présidents et scrutateurs de chacune de ces sections. Il statue sur toutes les difficultés et contestations qui peuvent s'élever au cours de l'élection, sans pouvoir toutefois s'écarter des décisions rendues en vertu de l'article 8 de la présente loi (art. 13). — Le premier scrutin est ouvert à huit heures du matin et fermé à midi. Le second est ouvert à deux heures et fermé à quatre heures. Le troisième, s'il y a lieu, est ouvert à six heures et fermé à huit heures. Les résultats des scrutins sont recensés par le bureau et proclamés le même jour par le président du collège électoral (art. 14). — Nul n'est élu sénateur à l'un des deux premiers tours de scrutin s'il ne réunit : 1° la majorité absolue des suffrages exprimés ; 2° un nombre de voix égal au quart des électeurs inscrits. Au troisième tour de scrutin, la majorité relative suffit, et, en cas d'égalité de suffrages, le plus âgé est élu (art. 15). — Les réunions électorales pour la nomination des sénateurs pourront avoir lieu en se conformant aux règles tracées par la loi du 6 juin 1868, sauf les modifications suivantes : 1° ces réunions pourront être tenues depuis le jour de la nomination des délégués jusqu'au jour du vote inclusivement; 2° elles doivent être précédées d'une déclaration faite la veille, ou plus tard, par sept électeurs sénatoriaux de l'arrondissement et indiquant le local, le jour et l'heure où la réunion doit avoir lieu, et les noms, profession et domicile des candidats qui s'y présenteront ; 3° l'autorité municipale veillera à ce que nul ne s'introduise dans la réunion s'il n'est député, conseiller général, conseiller d'arrondissement, délégué ou candidat. Le délégué justifiera de sa qualité par un certificat du maire de sa commune, le candidat par un certificat du fonctionnaire qui aura reçu la déclaration mentionnée au paragraphe précédent (art. 16). — Les délégués qui auront pris part à tous les scrutins recevront, sur les fonds de l'État, s'ils le requièrent, sur la présentation de leur lettre de convocation visée par le président du collège électoral, une indemnité de déplacement qui leur sera payée sur les mêmes bases et de la même manière que celle accordée aux jurés par les articles 35, 90 et suivants du décret du 18 juin 1811. Un règlement d'administration publique déterminera le mode de taxation et de paiement de cette indemnité (art. 17). — Tout délégué qui, sans cause légitime, n'aura pas pris part à tous les scrutins, ou, étant empêché, n'aura point averti le suppléant en temps utile, sera condamné à une amende de 50 fr. par le tribunal civil du chef-lieu, sur les réquisitions du ministère public. La même peine peut être appliquée au délégué suppléant qui, averti par lettre, dépêche télégraphique ou avis à lui personnellement délivré en temps utile, n'aura pas pris part aux opérations électorales (art. 18). — Toute tentative de corruption par l'emploi des moyens énoncés dans les articles 177 et suivants du Code pénal, pour influencer le vote d'un électeur ou le déterminer à s'abstenir de voter, sera punie d'un emprisonnement de trois mois à deux ans et d'une amende de 50 à 500 fr., ou de l'une de ces deux peines seulement. L'article 463 du Code pénal est applicable aux peines édictées par le présent article (art. 19). — Il y a incompatibilité entre les fonctions de sénateur et celles : de conseiller d'État et maître des requêtes, préfet et sous-préfet, à l'exception du préfet de la Seine et du préfet de police ; de membre des parquets des cours d'appel et des tribunaux de première instance, à l'exception du procureur général près la cour de Paris ; de trésorier-payeur général, de receveur particulier, de fonctionnaire et employé des administrations centrales des ministères (art. 20). — Ne peuvent être élus par le département ou la colonie compris en tout ou en partie dans leur ressort, pendant l'exercice de leurs fonctions et pendant les six mois qui suivent la cessation de leurs fonctions par démission, destitution, changement de résidence, ou de toute autre manière : 1° les premiers présidents, les présidents et les membres des parquets des cours d'appel ; 2° les présidents, les vice-présidents, les juges d'instruction et les membres des parquets des tribunaux de première instance ; 3° le préfet de police, les préfets et sous-préfets et les secrétaires généraux des préfectures ; les gouverneurs, directeurs de l'intérieur et secrétaires généraux des colonies ; 4° les ingénieurs en chef et d'arrondissement, et les agents voyers en chef et d'arrondissement ; 5° les recteurs et inspecteurs d'académie ; 6° les inspecteurs des écoles primaires ; 7° les archevêques, évêques et vicaires généraux ; 8° les officiers de tous grades de l'armée de terre et de mer ; 9° les intendants divisionnaires et les sous-intendants militaires ; 10° les trésoriers-payeurs généraux et les receveurs particuliers des finances ; 11° les directeurs des contributions directes et indirectes, de l'enregistrement et des domaines, et des postes ; 12° les conservateurs et inspecteurs des forêts (art. 21). — Le sénateur élu dans plusieurs départements doit faire connaître son option au président du Sénat dans les dix jours qui suivent la déclaration de la validité de ces élections. A défaut d'option dans ce délai, la question est décidée par la voie du sort et en séance publique.

Il est pourvu à la vacance dans le délai d'un mois et par le même corps électoral. Il en est de même dans le cas d'invalidation d'une élection (art. 22). — Si, par décès ou démission, le nombre des sénateurs d'un département est réduit de moitié, il est pourvu aux vacances dans le délai de trois mois, à moins que les vacances ne surviennent dans les douze mois qui précèdent le renouvellement triennal. A l'époque fixée pour le renouvellement triennal, il sera pourvu à toutes les vacances qui se seront produites, quel qu'en soit le nombre et quelle qu'en soit la date (art. 23). — L'élection des sénateurs nommés par l'assemblée nationale est faite en séance publique, au scrutin de liste, et à la majorité absolue des votants, quel que soit le nombre des épreuves (art. 24).— Lorsqu'il y a lieu de pourvoir au remplacement des sénateurs nommés en vertu de l'article 7 de la loi du 24 février 1875, le Sénat procède dans les formes indiquées par l'article précédent (art. 25). — Les membres du Sénat reçoivent la même indemnité que ceux de la chambre des députés (art. 26). — Sont applicables à l'élection du Sénat toutes les dispositions de la loi électorale relatives : 1° aux cas d'indignité et d'incapacité ; 2° aux délits, poursuites et pénalités ; 3° aux formalités de l'élection en tout ce qui ne serait pas contraire aux dispositions de la présente loi (art. 27).

SECTION II. — VOTE ANNUEL DES DÉPENSES ET DE L'IMPÔT.

566. Origines du principe.
567. Textes ; pratique constitutionnelle et jurisprudence.
568. Applications diverses du principe ; loi du budget ; loi des comptes.
569. Pluralité possible de lois du budget pour les recettes et les dépenses; leur réunion en une seule.
570. Division possible des budgets ordinaire et extraordinaire ; leur réunion en une même loi.
571. Définition des mots *exercice*, *budget*, etc.
572. Divers modes de voter les dépenses ; vote par chapitre.
573. Division des dépenses en quatre parties.
574. Des diverses espèces de crédits.
575. Législation de 1861 sur les crédits extraordinaires et supplémentaires, et droit de virement.
576. Législation actuelle ; loi du 16 septembre 1871.
577. Vote de l'impôt ; répartition ; évaluations.
578. Dispositions diverses de la loi du budget.
579. Sanction du principe.
580. Exception qu'il comporte en matière de droits de douanes.

566. La nation paie l'impôt [n° 1116] ; par suite, il lui appartient d'en consentir le paiement, d'en fixer le chiffre et de déterminer les bases principales de son emploi. L'impôt n'est pas un tribut qu'un gouvernement aurait le droit d'exiger en vertu d'un droit antérieur ou supérieur. C'est une contribution consentie, en raison des charges de la vie sociale, par les représentants de la nation qui la paie.

Le droit de voter les subsides dans les états généraux était une des franchises les plus anciennement revendiquées par la nation sous l'ancienne monarchie : aussi fut-il proclamé dans les articles 13 et 14 de la Déclaration des droits de l'homme et du citoyen du 26 août 1789, comme l'une des principales bases du nouveau droit public de la France. La Constitution de 1791 développait le principe dans des textes qu'il est utile de rappeler, parce que les règles qu'ils contiennent, conservées sous les Chartes et Constitutions ultérieures, sont restées dans la loi.

Pour l'entretien de la force publique et pour les dépenses d'administration, une contribution commune est indispensable ; elle doit être répartie entre tous les citoyens en raison de leurs facultés (Déclaration du 26 août 1789, art. 13). — Tous les citoyens ont le droit de constater, par eux-mêmes ou par leurs représentants, la nécessité de la contribution publique, de la consentir librement, d'en suivre l'emploi, et d'en déterminer la quotité, l'assiette, le recouvrement et la durée (art. 14).

La Constitution délègue exclusivement au Corps législatif les pouvoirs et fonctions ci-après :...; 2° de fixer les dépenses publiques ; 3° d'établir les contributions publiques, d'en déterminer la nature, la quotité, la durée et le mode de perception ; 4° de faire la répartition de la contribution directe entre les départements du royaume, de surveiller l'emploi de tous les revenus publics, et de s'en faire rendre compte (Constitution du 3 septembre 1791, titre III, chapitre III, section 1re, art. 1er). — Les contributions publiques seront délibérées et fixées *chaque année* par le Corps législatif, et ne pourront subsister au-delà du dernier jour de la session suivante, si elles n'ont pas été expressément renouvelées (titre V, art. 1er).

567. Ces règles, successivement consacrées par les diverses Constitutions de la France, l'étaient par les articles 1 et 39 de la Constitution de 1852, et par l'article 12 § 3 de celle du 21 mai 1870. Aujourd'hui l'article 8 de la loi constitutionnelle du 24 février 1875 sur le Sénat, les articles 30, 31 et 32 [rapportés n° 576] de la loi de finances du 16 septembre 1871, consacrent aussi le principe posé dans les textes de 1791, rapportés au numéro qui précède, et d'après lesquels le droit de voter l'impôt emporte celui de voter les dépenses qui rendent l'impôt nécessaire, en réglant le vote du budget et l'ouverture des crédits.

Ce principe que tout impôt doit être établi par une loi est consacré par ces lois, par la pratique constitutionnelle, par la jurisprudence administrative, et aussi par la jurisprudence judiciaire. Ainsi et seulement à titre d'exemple, un arrêt de la cour de cassation du 12 mai 1862 (ch. civ. *Enregistrement* c. *Stephens*) le proclame ainsi qu'il suit dans une espèce particulière : « Attendu qu'*aucun impôt, soit direct, soit indirect, ne peut être*

» *augmenté, diminué ou modifié qu'en vertu d'une loi*; que, dès
» lors, les droits d'enregistrement ne produisent point d'intérêts
» au profit de l'État, qui ne peut, de son côté, être condamné aux
» intérêts des sommes indûment perçues et dont la restitution
» est ordonnée »; un autre arrêt du 27 avril 1863 (ch. civ. *Postes
c. Lebigre*) l'applique à une autre branche d'impôts : « Attendu
» que les taxes postales, de même que les autres impôts, ne
» peuvent être augmentées, diminuées ou modifiées que par une
» loi formelle ». [*Voir*, n°s 1115 à 1327, l'étude générale des impôts.]

568. Ce principe reçoit son application, dans des conditions diverses, par des lois désignées sous la dénomination générique de *lois de finances*. D'une part, cette application est accidentelle dans toute loi spéciale qui introduit des impôts nouveaux ou élève des impôts anciens, dans les lois qui autorisent l'État à contracter des emprunts, dans celles qui ouvrent ou ratifient [n°s 574 à 576] des crédits supplémentaires ou extraordinaires. D'autre part, cette application est normale et régulière dans les lois annuelles du budget et des comptes. Chaque année il doit y avoir la *loi portant fixation du budget général des dépenses et des recettes du prochain exercice*, et la *loi portant règlement définitif du budget du dernier exercice clos*; nous avons déjà parlé [n° 462] de cette dernière loi, dite *loi des comptes*, ayant pour objet de contrôler l'exécution de la loi ou des lois du budget.

569. Les pratiques les plus diverses ont été usitées pour le vote du budget de l'État, au point de vue de sa division en plusieurs lois ou de sa réunion en une seule.

Pendant de longues années il y a eu une loi du budget des recettes et une loi distincte du budget des dépenses; dans cet ordre d'idées, il peut même y avoir des lois distinctes pour les dépenses de chaque ministère, et c'est ainsi, pour ne citer qu'un exemple, que l'assemblée nationale a voté, les 21, 22, 25, 27, 28 et 29 mars 1872, dix lois portant chacune fixation du budget des dépenses d'un ministère pour l'exercice 1872, toutes suivies de la loi du 30 mars 1872 *portant fixation du budget général des dépenses et des recettes de l'exercice 1872*. Cette loi unique, comprenant à elle seule tous les ministères et tous leurs chapitres, peut aussi se produire *a priori*, et telle a été la pratique pendant longtemps.

570. A un autre point de vue, une division est possible, en loi

du budget *ordinaire* et loi du budget *extraordinaire* ; à la suite d'un rapport présenté le 20 janvier 1862 par le ministre des finances, cette distinction des deux budgets avait été introduite dans le vote des dépenses et des recettes. Chacune de ces lois contenait deux parties essentielles : l'une relative aux dépenses, l'autre aux recettes ; et l'on disait le budget en équilibre lorsque les premières, représentant les charges de l'État, ne dépassaient pas le chiffre des recettes ou voies et moyens représentés par les diverses ressources de l'État, et surtout par le produit des impôts. Chacun des deux budgets ordinaire et extraordinaire, réunis dans la même loi ou séparés dans deux lois, a son caractère spécial et ses règles particulières. Les dépenses ordinaires ont pour objet de « pourvoir aux services obligatoires et permanents, assurer le paiement de la dette, l'exécution des lois, l'administration de la justice, la perception du revenu, la défense du territoire ». A côté de ces dépenses ordinaires, il faut assurer des recettes ordinaires, permanentes aussi, suffisantes pour en assurer intégralement le paiement. Les dépenses extraordinaires au contraire comprennent les grands travaux publics, les constructions nouvelles, les charges militaires exceptionnelles, « en un mot tout ce qui, répondant à des besoins momentanés et destinés à disparaître, ne doit pas figurer parmi les charges permanentes de l'État » ; quelque incontestable que soit l'utilité de ces dépenses, quel que soit le désir légitime de leur donner un prompt et grand développement, la loi du budget doit limiter ces dépenses extraordinaires au montant des ressources disponibles, soit à raison des circonstances, soit à raison des facultés contributives du pays.

En 1871 on a supprimé cette division des deux budgets ordinaire et extraordinaire. Mais la distinction a reparu sous une autre forme ; elle tient, comme on vient de le montrer, à la nature même de chaque catégorie de recettes et de dépenses, et, quel que soit le nom qu'on lui donne dans les lois du budget, *compte de liquidation*, ou *budget de liquidation*, ou *compte ouvert de liquidation*, ou *budget extraordinaire*, c'est toujours la même chose, c'est-à-dire l'ensemble des dépenses dues à des causes accidentelles, faisant antithèse aux dépenses ordinaires, annuelles et obligatoires.

571. Nous reproduisons les définitions des mots *budget, exercice, gestion,* telles que les donnent les dispositions réglementaires dont la teneur suit :

Les services financiers s'exécutent dans des périodes de temps dites de *ges-*

tion et d'*exercice* (Décret du 31 mai 1862, *portant règlement général sur la comptabilité publique*, art. 2). — La *gestion* embrasse l'ensemble des actes d'un comptable, soit pendant l'année, soit pendant la durée de ses fonctions; elle comprend, en même temps que les opérations qui se règlent par exercice, celles qui s'effectuent pour des services de trésorerie ou pour des services spéciaux (art. 3). — L'*exercice* est la période d'exécution des services d'un budget (art. 4). — Le *budget* est l'acte par lequel sont prévues et autorisées les recettes et les dépenses annuelles de l'État ou des autres services que les lois assujettissent aux mêmes règles (art. 5). — Sont seuls considérés comme appartenant à un exercice les services faits et les droits acquis du 1er janvier au 31 décembre de l'année qui lui donne son nom (art. 6). — Les délais nécessaires soit pour achever certains services du matériel, soit pour compléter le recouvrement des produits ainsi que la liquidation, l'ordonnancement et le paiement des dépenses, sont déterminés par des dispositions spéciales du présent décret (art. 7). — Les crédits ouverts pour les dépenses de chaque exercice ne peuvent être employés à l'acquittement des dépenses d'un autre exercice (art. 8).

572. La loi du budget, dans sa première partie, fixe les dépenses de l'exercice, en ouvrant des *crédits* correspondants à ces dépenses; on appelle crédit la somme allouée pour une dépense. Les ministres ne peuvent, sous leur responsabilité, dépenser au delà des crédits alloués à chacun d'eux, et le ministre des finances ne peut autoriser des paiements qui excèdent les crédits ouverts à chaque ministère.

Il existe, à la rigueur, cinq manières de voter les dépenses, mais les deux premières doivent être tenues pour constitutionnellement interdites : 1° le *vote en bloc*, qui n'offrirait aucune garantie sérieuse, n'a jamais été pratiqué depuis 1789, et serait la violation du principe de la séparation des pouvoirs au détriment de la puissance législative ; — 2° le vote des dépenses *par article*, c'est-à-dire dans tous leurs détails, qui aurait pour conséquence de porter encore atteinte au principe de la séparation des pouvoirs, mais en sens contraire, en plaçant l'administration dans les mains du pouvoir législatif ; — 3° le vote des dépenses *par ministère*, c'est-à-dire par divisions aussi larges que possible. Ce mode a été suivi pendant neuf années, en vertu de l'article 12 du sénatus-consulte du 25 décembre 1852, abrogé par le sénatus-consulte du 21 décembre 1861. — 4° *Par section* ; ce quatrième mode de voter les dépenses avait été mis en vigueur par le sénatus-consulte du 21 décembre 1861. On entendait par sections les grandes divisions qu'embrasse le budget de chaque ministère ; un tableau annexé au sénatus-consulte déterminait le nombre, l'objet et l'étendue des sections, et en donnait la nomenclature pour chaque ministère. — 5° Enfin le vote des dépenses *par chapitre* : c'était le mode suivi pendant une partie de la Restauration, sous le gouvernement de juillet 1830, sous la Constitution de 1848 ; il avait été rétabli par l'article 9 du sénatus-consulte du 8 septembre 1869 ; il est actuellement consacré par l'article 30 § 1 de la loi de finances du 16 septembre 1871, disposant également que « le budget est voté par chapitre ».

573. Depuis 1862, on suit, dans l'état général de la loi du budget qui présente le tableau des dépenses votées par le pouvoir législatif, une ancienne division synthétique et rationnelle des dépenses en quatre parties : *la dette publique et les dotations, les services généraux des ministères, les frais de régie et de perception des impôts, les remboursements.* Cette division a l'avantage de faire ressortir le caractère spécial et distinct qui appartient à chacune d'elles.

La dette publique et les dotations comprennent tout ce qui est nécessaire à l'acquittement des engagements souscrits par l'État et déjà sanctionnés par la loi. Bien que, par cette raison, ces crédits ne puissent être contestés, les formes constitutionnelles et législatives exigent qu'ils soient soumis annuellement au vote du pouvoir législatif.

Les services généraux des ministères forment la partie du budget qui doit appeler plus particulièrement l'examen et le contrôle ; ils concentrent tout ce qui est nécessaire à la défense ou à l'administration du pays ; si des économies sont possibles, c'est là seulement qu'elles peuvent être réalisées. C'est cette partie du budget des dépenses qui comprend les crédits nécessaires à la marche régulière de tous les services publics. Aussi, dans la loi du budget de l'exercice 1876, cette seconde partie du budget des dépenses embrasse-t-elle 268 chapitres répartis entre les dix ministères et le gouvernement général civil de l'Algérie, tandis que la première partie ne comprend que 34 chapitres, la troisième 29, et la quatrième 5 chapitres, appartenant tous au ministère des finances. De même, si l'on consulte les chiffres, la plus grande importance de cette partie du budget des dépenses ressort encore de la manière la plus frappante : ainsi, dans cette même loi du 3 août 1875, portant fixation du budget de l'exercice 1876, les crédits alloués pour les services généraux des ministères s'élèvent à 1,421,878,894 fr., tandis que les frais de régie et de perception sont de 249,014,338 fr., et les remboursements à 17,782,000 fr. Il est vrai que, par suite de nos désastres et des charges financières énormes qui en ont été la conséquence, la partie relative à la dette publique est montée, du chiffre de 515 millions avant 1871, à 1,181,830,284 fr.; ce qui donne pour le total du budget des dépenses de l'exercice 1876 la somme de 2,570,505,513 fr.

Les frais de régie et de perception des impôts constituent aussi des dépenses administratives qu'il est utile de ne pas confondre avec les précédentes. Ces frais dépendent nécessairement, dans une certaine mesure, du produit même des impôts à recouvrer, et s'accroissent naturellement avec lui. Il est bon que la somme à laquelle ils s'élèvent soit connue, pour qu'en la déduisant du *produit brut* des impôts porté en recette, il soit toujours facile de connaître leur *produit net*, qui seul constitue les ressources réelles et disponibles de l'État.

Il en est de même des *remboursements*, restitutions, non-valeurs, primes et escomptes, qui présentent, à vrai dire, une partie des impôts perçus par l'État à charge de restitution.

574. Les crédits ainsi ouverts par le pouvoir législatif dans la loi du budget sont les crédits *ordinaires*, par antithèse aux autres crédits qui se produisent ultérieurement en dehors des prévisions budgétaires : crédits *supplémentaires*, ouverts en cas d'insuffisance des fonds affectés à un département ministériel pour des services prévus au budget, et crédits *extraordinaires* ouverts en cas de besoins extraordinaires et urgents qui n'avaient pu être prévus au budget. Ces crédits sont ouverts par des lois forcément distinctes des lois du budget.

575. Le droit d'ouvrir les crédits supplémentaires et extraordinaires dans l'intervalle des sessions législatives, et en l'absence des assemblées, a varié. Sous tous les régimes antérieurs, et jusqu'en 1861, ces crédits pouvaient être ouverts par des ordonnances royales et par des décrets soumis plus tard à la sanction législative ; mais ce droit du pouvoir exécutif a l'inconvénient de placer le pouvoir législatif en présence d'un fait accompli. Le sénatus-consulte du 21 décembre 1861 avait supprimé cette faculté, en disposant par son article 3 : qu' « il ne pourrait être accordé de cré-
» dits supplémentaires ou de crédits extraordinaires qu'en vertu
» d'une loi », et en substituant à l'ancien droit du pouvoir exécutif le droit de *virement*, par l'article 2 ainsi conçu : « Des décrets
» spéciaux rendus en conseil d'État peuvent autoriser des vire-
» ments d'un chapitre à un autre dans le budget de chaque minis-

» tère ». Le sénatus-consulte du 8 septembre 1869, en prescrivant le vote du Budget par chapitre, avait laissé subsister cette faculté de virement (art. 9). Chacun des systèmes présente certains inconvénients, et la question législative consiste à déterminer celui qui en présente le moins. Quels que pussent être ceux propres aux virements, il faut remarquer, bien que le contraire ait été dit, qu'on n'avait pas le droit de faire porter les virements sur les sommes disponibles, c'est-à-dire non encore employées, et qu'ils ne devaient être opérés que sur les excédants de crédits réellement disponibles.

Un décret contemporain du sénatus-consulte de 1861, non abrogé et d'ailleurs reproduit par un décret de 1871, a prescrit une mesure d'ordre utile pour l'emploi de la fortune publique.

Considérant qu'il importe essentiellement à l'ordre des finances que les charges des budgets ne puissent être augmentées sans que notre ministre des finances ait été mis en mesure d'apprécier et de nous faire connaître s'il existe des ressources suffisantes pour y pourvoir, avons décrété et décrétons ce qui suit : — Art. 1er. A l'avenir, aucun décret autorisant ou ordonnant des travaux ou des mesures quelconques, pouvant avoir pour effet d'ajouter aux charges budgétaires, ne sera soumis à notre signature qu'accompagné de l'avis de notre ministre des finances. — Art. 2. Nos ministres sont chargés, chacun en ce qui le concerne, de l'exécution du présent décret, qui sera inséré au *Bulletin des lois* (Décret du 1er décembre 1861).

A partir de ce jour, aucune dépense de l'État ne devra être engagée et ne sera acquittée par le Trésor public qu'autant que le ministre des finances, préalablement consulté, aura reconnu la possibilité d'y pourvoir (D. 1er avril 1871).

576. La loi du 16 septembre 1871 a fait disparaître la faculté de virement et rétabli les règles antérieures à 1864, relatives à l'ouverture par une loi des crédits supplémentaires et extraordinaires, lorsque les assemblées législatives sont réunies, et par décret dans le cas de prorogation des assemblées.

Aucun virement de crédits ne peut avoir lieu d'un chapitre à un autre (Loi du 16 septembre 1871, *portant fixation du budget rectificatif de 1871*, art. 30 § 2). — Les suppléments de crédits nécessaires pour subvenir à l'insuffisance dûment justifiée des fonds affectés à un service porté au budget ne pourront être accordés que par une loi, sauf le cas de prorogation de l'assemblée nationale. La même disposition est applicable aux crédits extraordinaires. Ces derniers ne peuvent être demandés que pour des services qui ne pouvaient pas être prévus et réglés par le budget (art. 31). — Dans le cas de prorogation de l'assemblée nationale, les crédits supplémentaires et extraordinaires ne pourront être ouverts que par des décrets rendus en conseil d'État, après avoir été délibérés et approuvés en conseil des ministres. Ces décrets devront être soumis à la sanction de l'assemblée nationale dans la première quinzaine de la plus prochaine réunion (art. 32).

577. Après la fixation des dépenses sous forme de crédits accordés, la loi annuelle du budget contient la fixation des recettes nécessaires pour couvrir les dépenses. Cette partie de la loi de finances, que l'on appelle le budget des voies et moyens, contient un certain nombre d'éléments dont voici les principaux :

1° Le vote annuel des contributions directes, déterminées dans le *quantum* qu'elles devront atteindre pour les trois impôts directs de répartition, foncier, personnel et mobilier, des portes et fenêtres [*voir*, aux n°ˢ 1128 et suivants, les définitions et développements que comportent ces diverses sortes d'impôts] ; — 2° la répartition entre les départements du montant des contributions foncière, personnelle et mobilière, et des portes et fenêtres, voté pour toute la France ; cette répartition fixe le contingent ou part contributoire de chaque département dans le chiffre total de chacun de ces impôts ; — 3° l'énumération des taxes assimilées aux contributions directes et des impôts indirects, dont la perception, conformément aux lois existantes, est autorisée, pendant l'exercice, au profit de l'État. Cette autorisation est toujours formulée de la manière suivante dans un des articles de la loi : « Continuera d'être faite pour 1877 (par exemple) au profit de » l'État, la perception, conformément aux lois existantes, des di- » vers droits, produits et revenus énoncés dans le premier para- » graphe de l'état B annexé à la présente loi » ; — 4° l'évaluation des produits probables, pendant l'exercice, de tous les impôts de quotité, impôts indirects et contribution directe des patentes, et de toutes les taxes assimilées aux contributions directes ; — 5° l'évaluation du montant des ressources diverses du Trésor étrangères à l'impôt, qui consistent surtout dans le produit des domaines ; — 6° le budget dit *des dépenses sur ressources spéciales*, et là se trouve un article de la loi qui fait l'application du principe de droit public ici étudié, aux impôts qui n'entrent pas dans les caisses de l'État. Cet article est ainsi formulé : « Continuera d'être » faite pour 1877 (par exemple), au profit des départements, des » communes, des établissements publics et des communautés » d'habitants dûment autorisées, la perception, conformément » aux lois existantes, des divers droits, produits et revenus énoncés » dans le deuxième paragraphe de l'état B annexé à la présente » loi ».

578. Indépendamment de ces dispositions normales et nécessaires du budget des voies et moyens ou des recettes, il peut s'y

rencontrer des dispositions établissant de nouveaux impôts, abrogeant ou modifiant des impôts anciens, prescrivant des mesures de comptabilité, ajoutant à la législation financière, et qui pourraient former des lois distinctes de celle du budget. Un grand nombre de lois de finances contiennent des dispositions de cette nature ; quelques-unes sont transitoires, quelques autres sont permanentes et destinées à demeurer dans la législation financière de la France. Dans tous les cas, elles diffèrent des six sortes de dispositions ci-dessus sous deux rapports : en ce qu'elles sont des accessoires dans la loi du budget, qui peut ne contenir aucun texte de cette nature, et en ce que leur application n'est pas simplement annuelle et limitée à la durée de l'exercice. On peut signaler comme disposition de cette nature dans la loi du budget de l'exercice 1876, l'article qui approuve la convention passée avec la Banque de France le 6 mai 1875, aux termes de laquelle le Trésor pourra ne rembourser à la Banque que 110 millions au lieu de 200, échéant en 1876, et que, lorsque les avances faites à l'État par la Banque de France auront été réduites à 300 millions de francs, les billets de la Banque de France seront remboursables en espèces à présentation [*voir* n° 510].

579. Le principe que tout impôt doit être établi par une loi trouve sa sanction dans l'existence d'une action pénale *en concussion* (art. 174, C. pén.) et d'une action civile *en répétition* ; elles ont été toujours librement ouvertes par ces mots « *sans qu'il soit besoin d'une autorisation préalable* », que l'on s'étonne, depuis l'abrogation de l'article 75 de la Constitution de l'an VIII [n° 687], de retrouver encore dans les lois du 18 décembre 1871 art. 6, et 23 juillet 1872 art. 22 ; l'autorité judiciaire est seule compétente pour vérifier si l'imposition a été établie légalement ou non (c. d'Ét. 14 décembre 1862, *Grelleau c. Gerente*).

La disposition qui ouvre cette double action forme chaque année, depuis la loi de finances du 15 mai 1818, l'article final de la loi du budget, ainsi conçu :

Toutes contributions directes ou indirectes autres que celles autorisées par la présente loi, à quelque titre ou sous quelque dénomination qu'elles se perçoivent, sont formellement interdites, à peine, contre les autorités qui les ordonneraient, contre les employés qui confectionneraient les rôles et tarifs, et ceux qui en feraient le recouvrement, d'être poursuivis comme concussionnaires, sans préjudice de l'action en répétition, pendant trois années, contre tous receveurs, percepteurs ou individus qui auraient fait la perception, et *sans que*, pour exercer cette action devant les tribunaux, *il soit besoin d'une autorisation préalable*.

580. Les tarifs de douanes, se rattachant au système des impôts perçus en France [*voir* n°⁸ 1251 à 1271], ne peuvent, depuis le sénatus-consulte du 8 septembre 1869, comme tous autres impôts, être établis, modifiés ou supprimés que par une loi. Mais, dans cet ordre de faits, le principe comporte toujours une exception consacrée par le texte suivant, qui se réfère à une situation urgente et éminemment provisoire, et dont de fréquentes applications ont été faites de 1870 à 1872.

> Des ordonnances du roi pourront provisoirement, et en cas d'urgence : 1° prohiber l'entrée des marchandises de fabrication étrangère, ou augmenter à leur importation les droits de douane; et néanmoins, en cas de prohibition, les denrées et marchandises qui seront justifiées avoir été expédiées avant la promulgation desdites ordonnances seront admises moyennant l'acquit des droits antérieurs à la prohibition ; 2° diminuer les droits sur les matières premières nécessaires aux manufactures ; 3° permettre ou suspendre l'exportation des produits du sol et de l'industrie nationale, et déterminer les droits auxquels ils seront assujettis; 4° limiter à certains bureaux de douane l'importation ou l'exportation de certaines marchandises permises à l'entrée et à la sortie du royaume, de telle sorte que ladite importation ou exportation ne puisse s'en effectuer par aucun autre bureau. Toutes les dispositions ordonnées et exécutées en vertu du présent article seront présentées, en forme de projet de loi, aux deux Chambres, avant la fin de leur session, si elles sont assemblées; ou à la session la plus prochaine, si elles ne le sont pas (Loi du 17 décembre 1814, *relative aux douanes,* art. 34). — L'article 34 de la loi du 17 décembre 1814 n'est pas applicable aux grains, aux farines et aux autres denrées dénommées ci-dessus (Loi du 15 juin 1861, *relative aux droits de douane concernant les grains, farines et autres denrées alimentaires,* art. 4 § 2).

SECTION III. — Obligation nationale au service militaire.

581. Division de la section en cinq parties.

584. En raison de son étendue, et afin d'en présenter les développements sous une forme plus claire, nous divisons cette section en cinq parties consacrées : 1° aux dispositions générales qui consacrent dans le droit actuel le principe de l'obligation nationale au service militaire et à l'historique de ce principe ; 2° au service militaire et à la division de l'armée en quatre parties ; 3° aux engagements et rengagements volontaires ; 4° à l'organisation générale de l'armée ; 5° aux règles propres au recrutement de l'armée de mer.

A. *Historique et dispositions générales.*

582. Application actuelle du principe de l'obligation nationale au service militaire.

583. Historique; lois de 1791, 1793 et de l'an VI.
584. Historique (suite); loi du 10 mars 1818.
585. (Suite); loi du 21 mars 1832.
586. (Suite); loi du 26 avril 1855 sur la dotation de l'armée.
587. (Suite); loi du 1er février 1868, abrogeant celle de 1855 et modifiant celle de 1832, en créant la garde nationale mobile.
588. Loi actuelle du 27 juillet 1872 sur le recrutement de l'armée
589. Principes et système général de cette loi.
590. Exclusion des étrangers de l'armée française en raison du caractère national du service militaire; Code civil, article 9.
591. Du service à titre étranger dans le régiment étranger, en dehors de l'armée française.
592. Modifications souvent demandées relativement à la situation des individus nés en France d'étrangers qui eux-mêmes y sont nés.
593. Loi du 6 décembre 1874 qui modifie celle du 7 février 1851.
594. Des appels; renvoi pour l'organisation et les attributions des conseils de révision.
595. Tableaux de recensement; tirage au sort.
596. Registre matricule; déclarations de changement de domicile.

582. Ce principe fondamental de l'organisation militaire de la France depuis 1789, l'obligation nationale au service militaire, reçoit aujourd'hui, de la loi du 27 juillet 1872 sur le recrutement de l'armée, l'application la plus complète. Elle consacre l'obligation effective pour tous les Français de servir personnellement dans l'armée, pendant un temps plus ou moins long et d'une manière plus ou moins active, selon les circonstances déterminées par la loi, depuis l'âge de 20 ans jusqu'à l'âge de 40 ans. Entre ces deux limites d'âge, tout Français est soldat ou éventuellement obligé de l'être.

583. L'Assemblée constituante avait proclamé la première que le service de la patrie était un devoir *civique* et *général* (D. 4 mars 1791); mais la Constitution du 3 septembre 1791 portait délégation au Corps législatif « de statuer *annuellement*, après la proposi- » tion du roi, sur le nombre d'hommes dont les armées de terre » et de mer seront composées ». C'était la loi du contingent. La Convention ordonna des levées en masse d'abord par voie de réquisition (L. 24 février 1793), puis, en vertu de la loi du 19 fructidor an VI, par la *conscription*, qui produisit les grandes armées du Directoire et de l'Empire. L'article 1er de cette loi de l'an VI, présentée par le général Jourdan, et qui a été le point de départ de notre législation sur la formation de l'armée, disposait que : « tout » Français est soldat et se doit à la défense de la patrie ». C'était pour tous le service obligatoire personnel ; tous les conscrits pou-

vaient être appelés pendant cinq ans, en commençant par les plus jeunes, en vertu d'une loi de mise en activité ; ils obtenaient alors des congés absolus en temps de paix, mais étaient soumis en temps de guerre aux lois de circonstance sur les congés. Dès l'année suivante, la faculté de se faire remplacer apparaît dans la loi du 28 germinal an VII ; en l'an XIII, le tirage au sort entre les jeunes gens de la classe est substitué au mode d'appel de la loi de l'an VI qui, dans ses autres parties, subsiste jusqu'en 1814. A cette époque, l'abolition de la conscription laissa pour unique ressource à l'armée les enrôlements volontaires, insuffisants à combler ses vides.

584. La loi du 10 mars 1818 remplaça le mot de conscription par celui de *recrutement*, en faisant encore la promesse, impossible à réaliser, « que l'enrôlement volontaire serait considéré » comme le mode principal de formation de l'armée, et le recru- » tement par voie d'appels comme le mode accessoire en cas d'in- » suffisance ». Cette loi, à laquelle s'est attaché le nom du maréchal Gouvion-Saint-Cyr, n'en organisa pas moins le régime du recrutement sur les bases rationnelles qui ont été conservées par les lois ultérieures jusqu'en 1872.

585. La loi du 21 mars 1832 est rentrée dans la vérité des faits et des besoins d'un aussi grand pays que la France, en mettant en première ligne le recrutement par voie d'appels. Cette loi, présentée par le maréchal Soult, a modifié d'autres dispositions de la loi de 1818, et l'a remplacée ; mais le fond du système était le même. Voici les éléments principaux de la loi de 1832 : tous les Français soumis au recrutement ; une loi du contingent fixant chaque année le nombre des jeunes gens appelés au service militaire ; un tirage au sort désignant ceux qui devaient composer le contingent de l'année ; le remplacement permis ; la substitution de numéros permise ; de nombreux cas d'exemptions admis dans l'intérêt des familles ; la durée du service militaire fixée à sept ans ; le contingent divisé en deux portions, l'une composée de l'effectif entretenu sous les drapeaux, l'autre des hommes laissés ou envoyés en congé dans leurs foyers ; ces derniers restaient soumis à l'autorité militaire pouvant les appeler sous les drapeaux jusqu'à l'expiration des sept années, et constituaient ainsi indirectement une sorte de réserve.

586. L'augmentation continue du nombre des remplaçants et

les abus reprochés aux agences de remplacement amenèrent la loi du 26 avril 1855. En maintenant par ailleurs le régime de 1832, cette loi établit la caisse de la dotation de l'armée et substitua au remplacement un système d'exonération fonctionnant au moyen de prestations versées à la caisse de la dotation de l'armée, d'engagements et de rengagements avec primes. Ce système eut le résultat triplement fâcheux de donner trop peu d'hommes en temps de guerre, d'en donner trop en temps de paix, et d'arrêter l'avancement dans l'armée en perpétuant les sous-officiers et en immobilisant les cadres.

587. L'intention de constituer les forces militaires de la France en raison des dangers que créaient les événements de 1866 inspira le projet présenté l'année suivante par le maréchal Niel. La loi du 1er février 1868, s'écartant de la proposition du gouvernement, maintint le principe de la loi de 1832 sur le vote annuel du contingent divisé en deux parties. La loi de 1855 fut abrogée, l'exonération supprimée, le remplacement et la substitution de numéros rétablis. D'après cette loi de 1868, l'armée comprenait trois parties distinctes : l'armée active, dans laquelle la durée du service était de cinq ans ; la réserve, où elle était de quatre ans, comprenant tous les hommes ayant accompli leurs cinq années de service actif, soit dans la première, soit dans la seconde portion du contingent ; elle ne pouvait être appelée à l'activité qu'en temps de guerre, par décret. En troisième lieu, cette loi établit, comme l'avait demandé le projet, une garde nationale mobile, ne pouvant être appelée à l'activité qu'en vertu d'une loi spéciale, et composée des jeunes gens qui, à raison de leur numéro de tirage, n'étaient pas compris dans le contingent, des remplacés, et des exemptés. La durée du service dans la garde nationale mobile était de cinq ans, et la loi soumettait les jeunes gens devant en faire partie à des exercices et à des réunions beaucoup trop restreints. Cette organisation, qui rencontrait une vive opposition, était à peine ébauchée et les cadres faisaient défaut [1], lorsqu'en juillet 1870 la guerre éclata.

588. Le 21 mai 1871, l'assemblée nationale nomma dans son

---

[1] « Malheureusement pour la France, la mort ne permit pas au regretté maréchal Niel d'appliquer l'organisation militaire dont il avait jeté les bases et qui eût été peut-être le salut du pays (Rapport de M. le général Charreton sur le projet de loi relatif à l'organisation générale de l'armée; annexe de la séance de l'assemblée nationale du 9 juin 1873). »

sein une commission de réorganisation de l'armée, composée de quarante-cinq membres, chargée de préparer la loi nouvelle qui, après de longues discussions, a été votée le 27 juillet 1872 par 380 voix contre 208. Les articles dont la loi se compose sont au nombre de 80. Elle est intitulée : *Loi sur le recrutement de l'armée*; elle est divisée en cinq titres, suivis de dispositions particulières et de dispositions transitoires. Voici l'intitulé de chacun des titres : Titre Ier, *Dispositions générales* (art. 1 à 7); titre II, *Des appels* (art. 8 à 35), divisé en quatre sections, dont deux consacrées aux conseils de révision et à leurs attributions [n°s 483 à 500] ; titre III, *Du service militaire* (art. 36 à 45); titre IV, *Des engagements, des rengagements et des engagements conditionnels d'un an* (art. 46 à 58), divisé en trois sections ; titre V, *Dispositions pénales* (art. 59 à 68); ensuite les articles 69 à 73 sont placés sous cette rubrique : *Dispositions particulières*; et les articles 74 à 79 sous celle-ci : *Dispositions transitoires*. L'article 80 de la loi porte, suivant la formule consacrée, que « toutes les dispositions des lois et décrets anté-
» rieurs à la présente loi, relatifs au recrutement de l'armée, sont
» et demeurent abrogés ».

589. La loi du 27 juillet 1872, contrairement aux précédentes, n'admet plus ni contingent annuel ni loi du contingent, — ni tirage au sort ayant pour résultat la libération d'une partie de la classe, — ni remplacement, — ni substitution de numéros, si ce n'est entre frères [n° 490] ; — ni exemptions autres que celles résultant d'infirmités telles que l'homme qui en est atteint soit impropre à tout service militaire, même à l'un des nombreux services *auxiliaires* qui accompagnent une armée [n° 488] ; — ni dispenses admises à titre de libération définitive [n°s 489 et 491]. Le principe du nouveau régime militaire est donc l'obligation au service militaire personnel de tout Français de 20 à 40 ans. On a vu déjà et on verra plus loin comment le législateur a cherché par des dispenses temporaires, des sursis d'appel, des engagements conditionnels d'un an [n°s 489, 497, 498, 616 à 625], à concilier la rigueur du principe de la suppression du remplacement militaire avec ce que réclame l'état actuel de la société.

Tout Français doit le service militaire personnel (Loi du 27 juillet 1872, *sur le recrutement de l'armée*, titre Ier, *Dispositions générales*, art. 1er). — Il n'y a dans les troupes françaises ni prime en argent, ni prix quelconque d'engagement (art. 2). — Tout Français qui n'est pas déclaré impropre à tout service militaire peut être appelé, depuis l'âge de vingt ans jusqu'à celui de quarante ans, à faire partie de l'armée active et des réserves, selon le mode déterminé par la loi (art. 3). — Le remplacement est supprimé. Les dispenses de service, dans les conditions spécifiées par la loi, ne sont pas accordées à titre de libération définitive (art. 4). — Les hommes présents au corps ne prennent part à aucun vote (art. 5). — Tout corps organisé en armes est soumis aux lois militaires, fait partie de l'armée, et relève soit du ministre de la guerre, soit du ministre de la marine (art. 6). — Nul n'est admis dans les troupes françaises s'il n'est Français. Sont exclus du service militaire, et ne peuvent à aucun titre servir dans l'armée : 1° les individus qui ont été condamnés à une peine afflictive ou infamante; 2° ceux qui, ayant été condamnés à une peine correctionnelle de deux ans d'emprisonnement et au dessus, ont, en outre, été placés par le jugement de condamnation sous la surveillance de la haute police et interdits, en tout ou en partie, des droits civiques, civils ou de famille (art. 7).

Les ministres de la guerre et de la marine assureront, par des règlements, aux militaires de toutes armes, le temps et la liberté nécessaires à l'accomplissement de leurs devoirs religieux les dimanches et autres jours de fête consacrés par leurs cultes respectifs [1]. Ces règlements seront insérés au *Bulletin des lois* (art. 70). — Nul n'est admis, avant l'âge de trente ans accomplis, à un emploi civil ou militaire s'il ne justifie avoir satisfait aux obligations imposées par la présente loi (art. 72). — Chaque année, avant le 31 mars, il sera rendu compte à l'assemblée nationale, par le ministre de la guerre, de l'exécution de la présente loi pendant l'année précédente (art. 73).

590. D'après la loi de 1872, comme dans la législation antérieure, le service militaire, en dehors de la question du service personnel, constitue toujours un service national à un double titre, en ce que l'obligation de le remplir ne pèse que sur les Français, et que tous les étrangers en sont exclus. « Nul n'est » admis dans les troupes françaises s'il n'est Français », porte l'article 7 de la loi de 1872, comme l'article 2 de la loi du 21 mars 1832 ; l'exclusion frappe même l'étranger admis par le gouvernement à établir son domicile et à jouir des droits civils en France, aux termes de l'article 13 du Code civil. La naturalisation, en conférant la qualité de Français, donne seule, en principe, l'aptitude à servir dans l'armée française.

Toutefois, il en est de même, pour les individus nés en France d'un étranger, de la réclamation qu'ils peuvent faire de la qualité de Français dans l'année qui suit la majorité fixée par la loi étrangère, conformément à l'article 9 du Code civil. La loi du 29 mars 1849, qui a étendu la disposition de cet article 9 en permettant « à l'enfant né en France d'un étranger de réclamer la qualité de » Français en tout temps, s'il sert ou s'il a servi dans les armées » françaises de terre ou de mer, ou s'il a satisfait à la loi du recru-

---

[1] Une loi du 20 mai 1874 est relative à l'organisation du service religieux dans l'armée de terre.

» tement sans exciper de son extranéité », déroge au principe de 1832 en ce qu'elle admet implicitement cet étranger à contracter un engagement volontaire, mais n'autorise pas à le porter aux tableaux de recensement. Au contraire, l'enfant né en France d'un étranger né lui-même en France, que la loi du 7 février 1851 déclare Français, à moins qu'il ne réclame la qualité d'étranger dans l'année qui suit l'époque de sa majorité fixée par la loi française, pourra être compris dans les opérations du recrutement, mais seulement après l'époque où il ne lui sera plus permis de répudier la qualité de Français.

L'enfant de l'étranger naturalisé Français, que la même loi du 7 février 1851 autorise, quoiqu'il soit né en pays étranger, à obtenir la qualité de Français, lorsqu'il la réclame dans l'année de la naturalisation de son père s'il était majeur, ou dans l'année de sa propre majorité s'il était mineur à cette époque, doit, au moment où il devient Français, être soumis au recrutement; il en est de même des individus nés en pays étranger de Français qui ont perdu cette qualité, auxquels l'article 10 du Code civil permet de redevenir Français en la réclamant à quelque époque que ce soit. Toutefois ces divers individus ne seraient assujettis au recrutement qu'autant qu'ils deviendraient Français avant leur trentième année, par application de l'article 12 [n° 595] de la loi de 1872, qui fixe à trente ans l'âge, passé lequel on ne peut plus inscrire sur les tableaux de recrutement les jeunes gens omis jusquelà. Si ces questions de nationalité étaient soulevées, nous avons déjà dit [n° 494] que pour elles, comme pour toute question d'état, le conseil de révision devrait surseoir et attendre la décision des tribunaux judiciaires, sous peine de commettre un excès de pouvoir.

Les individus nés en France de parents étrangers et les individus nés à l'étranger de parents étrangers naturalisés Français, et mineurs au moment de la naturalisation de leurs parents, concourent, dans les cantons où ils sont domiciliés, au tirage qui suit la déclaration faite par eux en vertu de l'article 9 du Code civil, et de l'article 2 de la loi du 7 février 1851. Les individus déclarés Français en vertu de l'article 1er de la loi du 7 février 1851 concourent également, dans le canton où ils sont domiciliés, au tirage qui suit l'année de leur majorité s'ils n'ont pas réclamé leur qualité d'étrangers conformément à ladite loi. Les uns et les autres ne sont assujettis qu'aux obligations de service de la classe à laquelle ils appartiennent par leur âge (L. 27 juillet 1872, *sur le recrutement de l'armée*, art. 9).

591. Il faut remarquer que l'existence de corps spéciaux se recrutant exclusivement de volontaires, et dont la formation est autorisée sous le nom de *légion étrangère* par la loi du 9 mars

1831, ne porte aucune atteinte au principe de la nationalité du service militaire ; cette loi dispose en effet que ce corps, successivement réorganisé en vertu des décrets des 16 avril 1856, 30 juin 1859 et 14 décembre 1861 sous le nom de *régiment étranger*, ne peut être employé que hors du territoire continental de la France, et ne peut être incorporé aux troupes françaises.

592. Nous avons signalé [n° 590] la différence qui existe entre le cas de l'article 9 du Code civil et de la loi du 29 mars 1849, et le cas de la loi du 7 février 1851, au point de vue du recrutement. Il en est ainsi parce que, au cas de l'article 9 du Code civil et de la loi de 1849, le fils d'un étranger né hors de France est préjugé étranger avec faculté de se déclarer Français ; il est étranger sous condition résolutoire ; tandis qu'au cas de la loi de 1851, c'est le contraire : le fils d'un étranger qui lui-même est né en France, c'est-à-dire celui qui représente la seconde génération d'une famille d'individus nés en France, est déclaré Français, avec droit de réclamer la qualité d'étranger dans l'année qui suit sa majorité.

Cette restriction, introduite après coup dans un intérêt de réciprocité exagéré, en vue du sort de nos nationaux en pays étranger, avait détruit l'effet que le législateur de 1851 s'était promis de cette loi. Elle avait laissé subsister, surtout dans les départements frontières, le spectacle, irritant pour les populations, de familles qui de génération en génération habitent le pays, profitent de tous ses avantages, ne supportent ni en France ni dans leur pays d'origine les charges du service militaire et en réalité n'ont aucune patrie.

Aussi le Sénat et le Corps législatif avaient-ils fréqemment retenti sous l'Empire de ces réclamations, fondées sur une atteinte réelle au principe d'égalité, et dont s'est surtout fait l'organe la députation du département du Nord, qui compte à lui seul une population de 200,000 étrangers. La question, favorablement envisagée par le gouvernement impérial (déclaration du maréchal Niel au Corps législatif, du 30 décembre 1867), fut l'objet de graves études par des commissions de jurisconsultes, de militaires et de diplomates ; mais on était arrêté par la crainte soit d'admettre des étrangers dans l'armée française, contrairement au principe de l'article 7, soit de proclamer un individu Français malgré lui, et de provoquer des représailles internationales. Ces plaintes légitimes devaient se reproduire à l'occasion de la nouvelle loi militaire ; la question a été renvoyée à une loi spéciale qui est intervenue le 16 décembre 1874.

593. Cette loi cherche à résoudre la difficulté et à faire disparaître ce scandale, par deux moyens : 1° en exigeant de cet individu préjugé Français, lorsqu'il veut se déclarer étranger dans l'année qui suit sa majorité, la preuve très-facilitée qu'il a effectivement conservé cette nationalité étrangère; et 2° en l'admettant avant sa majorité aux avantages attachés, au point de vue du service militaire et de l'entrée dans les écoles publiques, à la qualité de Français, à la condition de renoncer, malgré son état de minorité, et avec le consentement exprès et spécial des père ou mère, ou l'autorisation du conseil de famille à leur défaut, à réclamer la qualité d'étranger dans l'année qui suivra sa majorité.

L'article 1er de la loi du 7 février 1851 est ainsi modifié : « Est Français tout individu né en France d'un étranger qui lui-même y est né, à moins que dans l'année qui suivra l'époque de sa majorité, telle qu'elle est fixée par la loi française, il ne réclame la qualité d'étranger par une déclaration faite soit devant l'autorité municipale du lieu de sa résidence, soit devant les agents diplomatiques et consulaires de France à l'étranger, et qu'il ne justifie avoir conservé sa nationalité d'origine par une attestation en due forme de son gouvernement, laquelle demeurera annexée à la déclaration. Cette déclaration pourra être faite par procuration spéciale et authentique (L. 16 décembre 1874, *qui modifie la loi du 7 février 1851*, art. 1er).— Les jeunes gens auxquels s'applique l'article précédent peuvent, soit s'engager volontairement dans les armées de terre et de mer, soit contracter l'engagement conditionnel d'un an, conformément à la loi du 27 juillet 1872 (titre IV, 3e section), soit entrer dans les écoles du gouvernement à l'âge fixé par les lois et règlements, en déclarant qu'ils renoncent à réclamer la qualité d'étranger dans l'année qui suivra leur majorité. Cette déclaration ne peut être faite qu'avec le consentement exprès et spécial du père, ou, à défaut du père, de la mère, ou, à défaut de père et de mère, qu'avec l'autorisation du conseil de famille. Elle ne doit être reçue qu'après les examens d'admission et s'ils sont favorables (art. 2). »

594. Le titre II de la loi du 27 juillet 1872, intitulé : *Des appels*, se divise de la manière suivante, en quatre sections : la première traite *du recensement et du tirage au sort* (art. 8 à 15) ; la seconde : *des exemptions, des dispenses et des sursis d'appel* (art. 16 à 26) ; la troisième, *des conseils de révision et des listes de recrutement cantonal* (art. 27 à 32) ; la quatrième, *du registre matricule*. Nous avons déjà expliqué les dispositions de la seconde et de la troisième section, en traitant [nos 483 à 498] des conseils de révision et de leurs attributions ; nous allons analyser ici les textes qui forment les sections 1re et 4me de ce titre II.

595. Les dispositions de la loi formant la première section du titre II, relatives aux opérations du recensement et du tirage au sort, sauf des diversités de rédaction nécessitées par les différences qui existent entre les systèmes de 1832 et de 1872, reproduisent en partie les prescriptions des articles 5 à 12 de la loi du 21 mars 1832, déjà maintenues par celle du 1er février 1868.

Les opérations du recrutement comprennent :

1° Confection et publication, du 1er au 15 janvier, par le maire, dans chaque commune, de la liste ou tableau de recensement, comprenant les noms des jeunes gens français ayant atteint l'âge de vingt ans révolus dans le courant de l'année précédente, et qui ont leur domicile légal dans le canton (art. 8, 9, 10 et 11); l'inscription sur ce tableau est faite soit sur la déclaration à laquelle sont tenus les jeunes gens, leurs parents ou tuteurs, mais dont l'omission n'est soumise à aucune pénalité; soit d'office, d'après les registres de l'état civil et de tous autres documents et renseignements. D'après la nouvelle loi (art. 12), comme d'après l'ancienne (art. 9), les jeunes gens omis les années précédentes sont inscrits sur les tableaux de recensement de la classe qui est appelée après la découverte de l'omission, à moins qu'ils n'aient 30 ans accomplis à l'époque de la clôture des tableaux ; et, ce qui est un renvoi aux dispositions de la nouvelle loi qui placent les hommes de 30 à 40 ans dans l'armée territoriale et dans la réserve de l'armée territoriale, le texte actuel ajoute *in fine* : « Après cet âge (30 ans), ils (les omis) sont soumis aux obligations de la classe à laquelle ils appartiennent ».

2° Examen du tableau de recensement, en séance publique, au chef-lieu de canton, par le conseil de recensement, composé du sous-préfet, président, et de tous les maires du canton (art. 13) ;

3° Confection de la liste de tirage, obtenue par le sort (art. 15), et qui détermine entre les jeunes conscrits leur ordre d'inscription sur la liste du recrutement cantonal (L. 1872, art. 31 [n° 493]). La stricte équité qui doit présider à cette opération, par laquelle est fixé le sort des jeunes gens, l'a fait garantir par cette règle ancienne, maintenue dans l'article 15 § 3 : « L'opération du tirage » achevée est définitive ; elle ne peut, sous aucun prétexte, être » recommencée, et chacun garde le numéro qu'il a tiré ou qu'on » aura tiré pour lui ». L'opération du tirage au sort avait néanmoins une importance beaucoup plus grande sous l'empire de la législation antérieure. Il s'agissait alors de fixer des contingents restreints, et le tirage au sort avait pour effet de distinguer ceux qui étaient appelés au service militaire de ceux qui en étaient libérés ; aujourd'hui il n'y a libération pour personne par l'effet du tirage au sort ; cette opération n'a plus, à ce point de vue, qu'une importance secondaire mais réelle encore, déterminée par les articles 40 à 42 de la loi [n°s 600 et 601] relativement à la durée du maintien effectif des hommes sous les drapeaux et de leur renvoi dans leurs foyers, en disponibilité de l'armée active, mais à la disposition du ministre de la guerre.

4° Confection de la liste du *recrutement cantonal* (art. 31) [n° 493], définitivement arrêtée et signée par le conseil de révision après qu'il a statué sur les questions et difficultés qui lui sont soumises [*voir* n°s 486 à 496].

596. La quatrième et dernière section du titre II de la loi nouvelle prescrit dans chaque département la tenue d'un registre matricule dressé au moyen des listes du recrutement cantonal arrêtées par le conseil de révision, en vertu de l'article 31 de la loi [n° 493]. Sur ce registre sont portés tous les hommes assujettis au service militaire, avec mention de leur incorporation ou position ; et la loi leur impose l'obligation de faire des déclarations de changement de domicile sous peine de condamnations correctionnelles.

Il est tenu, par département ou par circonscriptions déterminées dans chaque département, en vertu d'un règlement d'administration publique, un registre matricule, dressé au moyen des listes mentionnées en l'article 31 ci-dessus, et sur lequel sont portés tous les jeunes gens qui n'ont pas été déclarés impropres à tout service militaire ou qui n'ont pas été ajournés à un nouvel examen du conseil de révision. Ce registre mentionne l'incorporation de chaque homme inscrit, ou la position dans laquelle il est laissé, et successivement tous les changements qui peuvent survenir dans sa situation, jusqu'à ce qu'il passe dans l'armée territoriale (L. 27 juillet 1872, art. 33). — Tout homme inscrit sur le registre matricule, qui change de domicile, est tenu d'en faire la déclaration à la mairie de la commune qu'il quitte et à la mairie du lieu où il vient s'établir. Le maire de chacune des communes transmet, dans les huit jours, copie de ladite déclaration au bureau du registre matricule de la circonscription dans laquelle se trouve la commune (art. 34).— Tout homme inscrit sur le registre matricule, qui entend se fixer en pays étranger, est tenu, dans sa déclaration à la mairie de la commune où il réside, de faire connaître le lieu où il va établir son domicile, et, dès qu'il est arrivé, d'en prévenir l'agent consulaire de France. Le maire de la commune transmet, dans les huit jours, copie de ladite déclaration au bureau du registre matricule de la circonscription dans laquelle se trouve sa commune. L'agent consulaire, dans les huit jours de la déclaration, en envoie copie au ministre de la guerre (art. 35). — Tout homme inscrit sur le registre matricule, qui n'a pas fait les déclarations de changement de domicile prescrites par les articles 34 et 35 de la présente loi est déféré aux tribunaux ordinaires, et puni d'une amende de dix francs à deux cents francs; il peut en outre être condamné à un emprisonnement de quinze jours à trois mois. En temps de guerre la peine est double (art. 59).

B. *Service militaire.*

597. Division de l'armée en quatre parties, et durée du service dans chacune.
598. 1° Armée active.
599. Évaluation de l'effectif de l'armée active et de toutes les réserves.
600. Service effectif de l'armée active.
601. Disponibilité de l'armée active.
602. Point de départ des années de service.
603. 2° Réserve de l'armée active.
604. Première application faite en septembre 1875 aux réservistes de la classe de 1867 de l'article 43 *in fine* de la loi de 1872.
605. 3° Armée territoriale.
606. 4° Réserve de l'armée territoriale.
607. Organisation de l'armée territoriale et de sa réserve par le titre IV de la loi du 24 juillet 1873 sur l'organisation générale de l'armée ;
608. Et par le titre VII de la loi du 13 mars 1875 relative à la constitution des cadres et des effectifs de l'armée active et de l'armée territoriale.

597. Le titre III de la loi du 27 juillet 1872 est intitulé : *Du service militaire*, et c'est le premier article de ce titre, l'article 36, qui, mettant en œuvre le principe fondamental de l'article 3 [n° 589] que tout Français doit le service militaire de 20 à 40 ans, pose les trois règles : 1° de la division de l'armée française en quatre parties, *armée active*, *réserve de l'armée active*, *armée territoriale*, *réserve de l'armée territoriale* ; 2° de la composition de chacune d'elles ; 3° de la durée du service dans chacune.

Tout Français qui n'est pas déclaré impropre à tout service militaire fait partie : de l'armée active pendant cinq ans, de la réserve de l'armée active pendant quatre ans, de l'armée territoriale pendant cinq ans, de la réserve de l'armée territoriale pendant six ans. 1° L'armée active est composée, indépendamment des hommes qui ne se recrutent pas par les appels, de tous les jeunes gens déclarés propres à un des services de l'armée et compris dans les cinq dernières classes appelées ; 2° la réserve de l'armée active est composée de tous les hommes également déclarés propres à un des services de l'armée et compris dans les quatre classes appelées immédiatement avant celles qui forment l'armée active ; 3° l'armée territoriale est composée de tous les hommes qui ont accompli le temps de service prescrit pour l'armée active et la réserve ; 4° la réserve de l'armée territoriale est composée des hommes qui ont accompli le temps de service pour cette armée. L'armée territoriale et la deuxième réserve sont formées par régions déterminées par un règlement d'administration publique ; elles comprennent pour chaque région les hommes ci-dessus désignés aux paragraphes 3 et 4, et qui sont domiciliés dans la région (L. 27 juillet 1872, art. 36).

598. 1° *Armée active.* — Ce texte, comme l'article 1ᵉʳ de la loi du 1ᵉʳ février 1868, fixe la durée du service à cinq ans dans l'armée active et à quatre ans dans la réserve de l'armée active ; il a été voté après de longues discussions, une vive opposition, le rejet ou le retrait de nombreux amendements, et sur l'extrême insistance du gouvernement [1].

Tous les jeunes gens de la classe appelée qui ne sont pas exemptés pour cause d'infirmités, ou ne sont pas dispensés en application des dispositions de la présente loi, ou n'ont pas obtenu de sursis d'appel, ou ne sont pas affectés à l'armée de mer, font partie de l'armée active et sont mis à la disposition du ministre de la guerre. Ces jeunes soldats sont tous immatriculés dans les divers corps de l'armée et envoyés soit dans lesdits corps, soit dans les bataillons et écoles d'instruction (L. 1872, art. 39). — Les jeunes gens appelés à faire partie de l'armée, en exécution de la présente loi, outre l'instruction nécessaire à leur service, reçoivent dans leur corps, et suivant leurs grades, l'instruction prescrite par un règlement du ministre de la guerre (art. 69).

599. L'effectif de l'armée active, par l'application des textes qui précèdent, est évalué à 850,000 hommes. Ce chiffre a été établi de la manière suivante par les documents soumis en 1872 à l'assemblée nationale. Dans l'état actuel de la France, le nombre moyen des jeunes gens qui chaque année atteignent leur vingtième année est de 300,000. Mais il faut déduire de ce chiffre : 65,000 exemptés de tout service pour cause d'infirmités ; 9,000 pour défaut de taille ; 60,000 dispensés aux divers titres admis par la loi ; 6,000 laissés dans leurs foyers à titre de soutiens indispensables de famille ; 3,000 morts, réformés ou insoumis ; le contingent de la marine [n° 635] ; de sorte qu'après toutes ces déductions, chaque classe ne présente guère que 150,000 hommes mis à la disposition du ministre de la guerre. Les 150,000 hommes de chaque classe, restant pendant cinq ans sous les drapeaux, forment un total de 750,000 hommes. Il y a en outre dans l'armée active un effectif permanent de 100 à 120,000 hommes, qui ne se recrute pas par les appels, et se compose des officiers de troupe, d'administration, des états-majors du génie et de l'artillerie, ainsi que de la gendarmerie, des engagés, des rengagés et des corps étrangers. Déduction

---

[1] L'amendement proposé qui se rapprochait le plus du projet maintenait la durée du service à cinq ans dans l'armée active, tout en ajoutant que la durée de la présence sous les drapeaux ne pourrait durer plus de quatre ans et moins d'un an. M. Thiers, président de la République, a déclaré que si l'Assemblée ne votait pas les cinq ans « *il sortirait profondément affligé* » ; « J'ajoute même, » a-t-il dit, que je ne pourrais accepter la responsabilité d'appliquer la loi ».

faite des décès et des réformes, l'armée active obtenue par la loi est ainsi d'environ 850,000 hommes [1].

600. Le législateur de 1872 a eu la sagesse de reconnaître qu'il était impossible, sans écraser le budget, sans compromettre toutes les carrières intellectuelles, agricoles et commerciales, de conserver sous les drapeaux une armée active aussi nombreuse. Aussi la loi n'entend-elle pas que les jeunes soldats, même maintenus sous les drapeaux, doivent y rester effectivement pendant cinq années consécutives. Tous sont mis à la disposition du ministre de la guerre, doivent être immatriculés et envoyés dans les corps (art. 39). Mais après une année de service, on ne maintient plus dans les corps, et ce dans l'ordre de leurs numéros de tirage, que les hommes dont le chiffre est fixé *chaque année* par le ministre de la guerre aussitôt après que toutes les opérations du recrutement sont ter-

---

[1] Ces chiffres sont empruntés à l'exposé des motifs du projet de loi sur l'organisation générale de l'armée qui avait été proposé par M. Thiers, président de la République, et dont la loi du 24 juillet 1873 [nos 607, 626 à 630] s'écarte sur les points les plus importants. Le rapport présenté à l'assemblée nationale sur ce projet de loi par M. le général Charreton, après le décès de M. de Chasseloup-Laubat, premier rapporteur de la commission, présente le tableau suivant des ressources mises à la disposition du pays par la loi du recrutement du 27 juillet 1872; les données de ce tableau s'éloignent peu des calculs relatifs à l'armé active ci-dessus reproduits. « La loi du 27 juillet, porte ce rapport,
» met à la disposition du pays les ressources suivantes calculées sur un contin-
» gent annuel de 150,000 hommes et déduction faite des pertes évaluées à 4 %
» la 1re année, à 3 % la 2e année, et à 2 % pour les autres :

FORCES ACTIVES.		ARMÉE TERRITORIALE.	
Armée active (5 classes). . .	704,714	Les cinq classes organisées de l'armée territoriale.	582,523
Réserve de l'armée active (4 classes).	510,294	Réserves de l'armée territoriale non organisées (6 classes). . .	625,633
Dispensés rappelables. . . .	141,412	Total de l'armée territoriale.	1,208,156
Partie permanente de l'armée.	120,000		
Total des forces actives. .	1,476,420		

» Il ne faudrait pas croire cependant que toutes les forces actives puissent,
» en temps de guerre, être opposées à l'agression. Sur le chiffre de ces forces
» il faut déduire : 1° la dernière classe appelée, dont l'instruction n'est pas
» faite, soit 150,000 hommes ; 2° les dispensés rappelables, soit 141,412 ; total :
» 291,412, qui n'ont encore aucune instruction, et qui, par conséquent, ne pour-
» raient être incorporés dans les corps sans affaiblir leur constitution. Il faudra
» retrancher encore les non-valeurs organiques et le déficit permanent des
» corps..... Nous pourrons donc disposer, pour l'organisation de l'armée de
» campagne, d'un effectif réel de 1,090,000 hommes après avoir pourvu à tous
» les services de l'intérieur..., avec 291,412 hommes à l'instruction dans les dé-
» pôts, s'appuyant sur une armée territoriale organisée de 582,000 hommes,
» ayant elle-même une réserve de recrutement de 625,000 hommes... »

minées. Pour les autres, cette unique année à passer au corps, en temps de paix, peut être doublée pour ceux qui ne savent ni lire ni écrire et ne satisfont pas aux examens déterminés par le ministre de la guerre ; elle peut, au contraire, être réduite à six mois pour ceux qui, par l'instruction acquise antérieurement ou au corps, remplissent toutes les conditions exigées (art. 41).

Après une année de service des jeunes soldats dans les conditions indiquées en l'article précédent, ne sont plus maintenus sous les drapeaux que les hommes dont le chiffre est fixé chaque année par le ministre de la guerre. Ils sont pris par ordre de numéro sur la première partie de la liste du recrutement de chaque canton et dans la proportion déterminée par la décision du ministre : cette décision est rendue aussitôt après que toutes les opérations du recrutement sont terminées (art. 40). — Nonobstant les dispositions de l'article précédent, le militaire compris dans la catégorie de ceux ne devant pas rester sous les drapeaux, mais qui, après l'année de service mentionnée audit article, ne sait pas lire et écrire, et ne satisfait pas aux examens déterminés par le ministre de la guerre, peut être maintenu au corps pendant une seconde année. Le militaire placé dans la même catégorie, qui, par l'instruction acquise antérieurement à son entrée au service, et par celle reçue sous les drapeaux, remplit toutes les conditions exigées, peut, après six mois, à des époques fixées par le ministre de la guerre, et avant l'expiration de l'année, être envoyé en disponibilité dans ses foyers, conformément à l'article suivant (art. 41).

601. Cette distinction introduite dans l'armée active entre le service effectif et la disponibilité est, en réalité, quelque chose d'analogue à l'ancienne division du contingent ; c'est la division de chaque classe en deux portions, mais seulement après une année de service et sans libération, suivant l'ordre des numéros obtenus au tirage au sort, qui trouve là son intérêt actuel. La première portion de la classe demeure assujettie au service effectif et reste sous les drapeaux ; la seconde, renvoyée dans ses foyers en disponibilité, recouvre le droit de se marier sans autorisation, n'est soumise qu'à des revues et exercices, mais reste, que l'homme soit marié ou non, sauf pour ceux qui auraient quatre enfants vivants (art. 44), à la disposition du ministre de la guerre.

La différence est grande entre ces deux situations de l'armée active ; et pour ceux qui ne peuvent profiter des divers tempéraments apportés à la rigueur du principe du service personnel, la substitution de numéros demandée entre ces deux parties du contingent eût été pour eux un moyen d'obtenir, comme les autres, l'abréviation de leur service effectif ; la commission s'y est absolument refusée, en se fondant sur les dispositions des articles 23 et 34 de la loi ; l'avenir dira si elle a dépassé le but.

Les jeunes gens qui, après le temps de service prescrit par les articles 40 et

41, ne sont pas maintenus sous les drapeaux, restent en disponibilité de l'armée active dans leurs foyers et à la disposition du ministre de la guerre. Ils sont, par un règlement du ministre, soumis à des revues et exercices (L. 1872, art. 42). — Les hommes en disponibilité de l'armée active et les hommes de la réserve peuvent se marier sans autorisation. Les hommes mariés restent soumis aux obligations de service imposées aux classes auxquelles ils appartiennent. Toutefois, les hommes en disponibilité ou en réserve qui sont pères de quatre enfants vivants passent de droit dans l'armée territoriale (art. 44).

602. La loi du 21 mars 1832 (art. 30) faisait partir le service du 1er janvier ; la loi de 1868 fixait au contraire le point de départ au 1er juillet de l'année du tirage au sort. En plaçant ainsi au 1er juillet l'époque de l'entrée du soldat sous les drapeaux, au lieu du 1er janvier, la loi lui fait commencer le service à un âge plus rapproché de vingt-un ans que de vingt ans, et auquel il aura plus certainement atteint le complet développement de ses forces physiques ; elle le libère en outre du service actif, si l'on est en temps de paix, cinq ans après, à la fin de juin, c'est-à-dire à une époque utile aux travaux de l'agriculture, tout en permettant au gouvernement de le conserver en qualité d'homme de la réserve, si l'on est en temps de guerre ; elle assure en outre au pays la présence de ses cinq contingents sous les drapeaux au printemps, époque ordinaire des entrées en campagne. Aussi la loi du 27 juillet 1872 a-t-elle adopté cette seconde règle, en l'appliquant aux quatre parties de l'armée.

La durée du service compte du 1er juillet de l'année du tirage au sort. Chaque année, au 30 juin, en temps de paix, les militaires qui ont achevé le temps de service prescrit dans l'armée active, ceux qui ont accompli le temps de service prescrit dans la réserve de l'armée active, ceux qui ont terminé le temps de service prescrit pour l'armée territoriale, enfin ceux qui ont terminé le temps de service pour la réserve de cette armée, reçoivent un certificat constatant : pour les premiers, leur envoi dans la première réserve ; pour les seconds, leur envoi dans l'armée territoriale ; pour les troisièmes, leur envoi dans la deuxième réserve ; et, à l'expiration du temps de service dans cette réserve, les hommes reçoivent un congé définitif. En temps de guerre, ils reçoivent ces certificats immédiatement après l'arrivée au corps des hommes de la classe destinée à remplacer celle à laquelle ils appartiennent. Cette dernière disposition est applicable en tout temps aux hommes appartenant aux équipages de la flotte en cours de campagne (Loi du 27 juillet 1872, *sur le recrutement de l'armée*, art. 38).

603. 2° *Réserve de l'armée active.* — Les hommes de la réserve de l'armée active, ou première réserve, y restent immatriculés pendant quatre ans ; ils sont assujettis à deux manœuvres, la durée de chacune ne pouvant dépasser quatre semaines ; ils peuvent se

marier sans autorisation (art. 44 [n° 601]), comme les hommes en disponibilité de l'armée active, mais sans que le mariage diminue leurs obligations, à moins qu'ils ne soient pères de quatre enfants vivants ; dans ce cas, les uns et les autres passent de droit dans l'armée territoriale. La loi du 1ᵉʳ février 1868, modifiant l'article 30 de la loi de 1832, autorisait seulement les militaires de la réserve à se marier sans autorisation dans les trois dernières années de service de la réserve. L'appel de la réserve de l'armée active peut être faite par classe, en commençant par la moins ancienne.

Les hommes envoyés dans la réserve de l'armée active restent immatriculés d'après le mode prescrit par la loi d'organisation. Le rappel de la réserve de l'armée active peut être fait d'une manière distincte et indépendante pour l'armée de terre et pour l'armée de mer ; il peut également être fait par classe, en commençant par la moins ancienne. Les hommes de la réserve de l'armée active sont assujettis, pendant le temps de service de ladite réserve, à prendre part à deux manœuvres. La durée de chacune de ces manœuvres ne peut dépasser quatre semaines (L. 1872, art. 43).

604. Une première application de l'article 43 § 3 de la loi du 27 juillet 1872, relatif à l'instruction des réserves, a été faite en septembre 1875. Les réservistes de la classe de 1867, et les engagés volontaires devant passer dans l'armée territoriale du 1ᵉʳ juillet 1876 au 30 juin 1877, ont été appelés à l'activité, par ordre du ministre de la guerre du 3 août 1875, pour une période d'instruction de 28 jours. A cette occasion, le ministre de la guerre a adressé aux commandants de corps d'armée deux circulaires datées des 7 et 10 août, desquelles il résulte que tout réserviste ou assimilé devait répondre à aller, sans qu'aucune dispense fondée sur des motifs d'intérêt personnel pût être admise. Une circulaire du ministre de l'intérieur du 2 septembre 1875 constate avec raison que ces exercices, constituant une obligation normale, ne pouvaient pas plus que les autres portions du service militaire ouvrir aux familles un droit à une indemnité pécuniaire, et rappelle : que le ministre de la guerre avait déjà dispensé les soutiens de famille, que le décret du 9 novembre 1853 assurait le maintien du traitement des fonctionnaires et employés de l'État, que les directeurs d'administrations particulières, les chefs d'industries et patrons étaient invités à en faire autant, et qu'il ne restait plus alors qu'un petit nombre de réservistes malheureux, aux familles desquelles les communes, avec les secours de l'administration centrale pour les communes pauvres, pourraient venir en aide.

605. 3° *Armée territoriale.* — Tous les hommes de 29 à 34 ans,

après l'accomplissement de leur temps de service dans l'armée active et la réserve de l'armée active, font partie de l'armée territoriale pendant cinq ans. L'article 45 porte que des lois spéciales détermineront les bases de l'organisation de l'armée active, de l'armée territoriale, et des réserves. L'article 36 *in fine* [n° 597] pose seulement le principe que l'armée territoriale et sa réserve sont formées par région comprenant les hommes qui y sont domiciliés : de là la dénomination d'armée *territoriale* [n°ˢ 607 et 608].

606. *4° Réserve de l'armée territoriale.* — Tout homme de 34 ans libéré du service de l'armée territoriale, fait partie de la réserve de l'armée territoriale pendant six ans. Les articles 45 et 36 de la loi de 1872 sont également applicables à cette quatrième et dernière réserve de l'armée, dont nous avons déjà fait connaître l'effectif [n° 599 *note*].

607. La loi sur l'organisation générale de l'armée du 24 juillet 1873, à côté des dispositions organiques relatives à l'armée active [n°ˢ 626 à 630], a dû placer celles relatives à l'armée territoriale et à sa réserve ; c'est l'objet du titre IV (art. 29 à 35) de cette seconde loi. Elle fait de l'armée territoriale, dans l'esprit de la loi du recrutement du 27 juillet 1872, une armée spéciale, ayant sa classification numérique propre, ses corps spéciaux et son organisation indépendante de l'armée active. Son emploi n'est pas le même non plus ; tandis que l'armée active est destinée à la guerre mobile de campagne, l'armée territoriale est chargée de la garde et de la défense de points fixes du territoire : forteresses, points stratégiques, côtes, postes, lignes d'étapes. « Ce n'est qu'exceptionnellement, porte le rapport, que l'armée territoriale détachera des corps de troupes pour faire partie de l'armée active, et, si la loi a dû prévoir ces détachements, ce n'est en quelque sorte que comme des exceptions qu'elle les a mentionnés ». Si l'armée territoriale forme une armée distincte, toutefois elle n'est pas permanente ; elle n'a, en temps de paix, que le personnel nécessaire à l'administration, à la tenue des contrôles et à la comptabilité ; les cadres seuls sont organisés d'avance et d'une manière permanente. La réserve de l'armée territoriale, au contraire, n'est pas organisée en corps ; ce n'est qu'une réserve de recrutement qui est appelée par classe, en cas de besoin, pour combler les vides de l'armée territoriale ou pour en renforcer les corps.

L'armée territoriale a, en tout temps, ses cadres entièrement constitués. Sa composition sera déterminée par la loi spéciale mentionnée en l'article 6 de la présente loi. L'effectif permanent et soldé de l'armée territoriale ne comprend que le personnel nécessaire à l'administration, à la tenue des contrôles, à la comptabilité et à la préparation des mesures qui ont pour objet l'appel à l'activité des hommes de ladite armée (Loi du 24 juillet 1873, *sur l'organisation générale de l'armée*, art. 29).— L'armée territoriale est formée, conformément à l'article 36 de la loi du 27 juillet 1872, des hommes domiciliés dans la région. Les militaires de tous grades qui la composent restent dans leurs foyers et ne sont réunis ou appelés à l'activité que sur l'ordre de l'autorité militaire. La réserve de l'armée territoriale n'est appelée à l'activité qu'en cas d'insuffisance des ressources fournies par l'armée territoriale. Dans ce cas, l'appel se fait par classe et en commençant par la moins ancienne (art. 30). — Les cadres des troupes et des divers services de l'armée territoriale sont recrutés : 1° pour les officiers et fonctionnaires, parmi les officiers ou fonctionnaires démissionnaires ou en retraite des armées de terre ou de mer, parmi les engagés conditionnels d'un an qui ont obtenu des brevets d'officiers auxiliaires ou des commissions, conformément aux articles 36 et 38 de la présente loi; toutefois, les anciens sous-officiers de la réserve et les engagés conditionnels d'un an munis du brevet de sous-officier peuvent, après examen déterminé par le ministre de la guerre, être promus au grade de sous-lieutenant dans l'armée territoriale au moment où ils passent dans ladite armée, conformément à la loi du 27 juillet 1872; 2° pour les sous-officiers et employés, parmi les anciens sous-officiers et employés de la réserve et les engagés conditionnels d'un an munis d'un brevet de sous-officier, et parmi les anciens caporaux et brigadiers présentant les conditions d'aptitude nécessaires. Les nominations des officiers et des fonctionnaires sont faites par le président de la République, sur la proposition du ministre de la guerre. Les nominations des sous-officiers et des employés sont faites par le général commandant le corps d'armée de la région. L'avancement dans l'armée territoriale sera réglé par une loi spéciale. Un règlement d'administration publique déterminera les relations hiérarchiques entre l'armée active et l'armée territoriale (art. 31). — En cas de mobilisation, les corps de troupe de l'armée territoriale peuvent être affectés à la garnison des places fortes, aux postes et lignes d'étapes, à la défense des côtes, des points stratégiques ; ils peuvent être aussi formés en brigades, divisions et corps d'armée destinés à tenir campagne. Enfin, ils peuvent être détachés pour faire partie de l'armée active (art. 34). — L'armée territoriale, lorsqu'elle est mobilisée, est soumise aux lois et règlements qui régissent l'armée active, et lui est assimilée pour la solde et les prestations de toute nature. Tant que les troupes de l'armée territoriale sont dans la région de leur formation, sans être détachées pour faire partie de l'armée active, elles restent placées sous le commandement déterminé par les articles 14 et 16 de la présente loi. Lorsqu'elles sont constituées en divisions et en corps d'armée, elles sont pourvues d'états-majors, de services administratifs, sanitaires et auxiliaires spéciaux (art. 35).

608. Le titre III et dernier de la loi du 13 mars 1875, *relative à la constitution des cadres et des effectifs de l'armée active et de l'armée territoriale* (modifiée par la loi du 15 décembre 1875), est consacré à l'armée territoriale. Ce titre met en œuvre le principe posé dans l'article 32 de la loi du 24 juillet 1873, et son article 46

§ 1 dispose que « l'armée territoriale comprend des troupes de
» toutes armes ».

C. *Engagements et rengagements volontaires.*

609. Des cinq espèces d'engagements et rengagements volontaires.
610. 1° Engagements volontaires de cinq ans.
611. Acte d'engagement.
612. Demandes d'annulation.
613. 2° Engagement spécial aux militaires qui passent de la disponibilité à l'activité.
614. 3° Engagements en cas de guerre pour la durée la guerre.
615. 4° Rengagements.
616. 5° Engagements conditionnels d'un an, *dits* volontariat d'un an.
617. Différences entre les deux sortes d'engagements conditionnels d'un an.
618. Articles 53, 54 et 55 de la loi du 27 juillet 1872.
619. Décret du 1ᵉʳ décembre 1872 relatif aux engagements conditionnels d'un an.
620. Sursis d'appel pour continuation d'études des engagés conditionnels d'un an de la première catégorie.
621. Demandes d'admission à l'examen pour la seconde catégorie des engagés conditionnels d'un an.
622. Décret portant règlement d'administration publique du 31 octobre 1872 et programme de l'examen.
623. Assimilés aux engagés conditionnels d'un an ; loi du 31 décembre 1875.
624. Situation au corps des engagés conditionnels d'un an pendant l'année de leur engagement.
625. Disponibilité de ces engagés après l'expiration de leur année d'engagement ; brevets et commissions qu'ils peuvent recevoir.

609. Nous avons déjà dit [n° 599] qu'en outre des corps d'officiers, l'armée française empruntait à une autre source que les appels une certaine portion de son effectif; il s'agit, d'après le titre IV de la loi du 27 juillet 1872, divisé en trois sections, *des engagements, des rengagements, et des engagements conditionnels* (art. 46 à 58). De l'économie de ces dispositions il résulte que la nouvelle loi consacre cinq sortes d'engagements volontaires : 1° l'engagement de cinq ans contracté par un non-militaire ; 2° l'engagement spécial aux militaires qui passent de la disponibilité à l'activité ; 3° l'engagement en cas de guerre pour la durée de la guerre ; 4° le rengagement des militaires ; 5° l'engagement conditionnel d'un an. Un décret du 30 novembre 1872, inséré au *Bulletin des lois* en exécution de l'article 46, et suivi d'une instruction du ministre de la guerre du même jour, est venu réglementer les quatre premiers, relativement à l'armée de terre. Les

engagements conditionnels d'un an ont été, en exécution de l'article 53 *in fine* de la loi, l'objet d'un autre décret réglementaire du 1er décembre 1872, aussi inséré au *Bulletin des lois*, et d'une instruction ministérielle du même jour.

610. 1° *Engagement de cinq ans*.— Tout Français non lié au service militaire dans les armées de terre ou de mer peut contracter un engagement volontaire s'il remplit, d'une part, les trois conditions réglementaires prescrites par le décret du 30 novembre 1872 (art. 2) : de n'avoir pas plus de vingt-quatre ans, parce qu'il ne doit pas se trouver sous les drapeaux comme soldat ou caporal après l'âge de vingt-neuf ans accomplis; d'être sain, robuste et bien constitué ; d'avoir la taille et les aptitudes nécessaires pour le corps dans lequel il demande à entrer, et indiquées au tableau n° 1 joint au décret; et, d'autre part, les conditions diverses de minimum d'âge, de taille, d'état civil, d'instruction, de certificats, exigées par l'article 46 de la loi. Il faut toutefois remarquer que l'obligation de savoir lire et écrire n'était imposée qu'à partir du 1er janvier 1875, mais qu'une loi du 9 décembre 1875 a prorogé ce délai jusqu'au 1er janvier 1880 (art. 79). L'engagement ne peut être contracté que pour cinq années ; la durée de l'engagement compte du jour où il a été souscrit, et cette disposition est applicable aux jeunes gens qui, après s'être engagés, sont compris comme jeunes soldats dans une classe. Peuvent être reçus à contracter l'engagement volontaire (D. 30 novembre 1872, art. 8) : l'homme exempté par le conseil de révision pour inaptitude au service, s'il réunit plus tard les conditions d'aptitude prescrites par le décret, et l'homme réformé du service, si les causes qui ont motivé sa réforme ont cessé d'exister. Aux termes de l'article 9 du même décret, les jeunes gens continueront à être admis à contracter l'engagement volontaire, même après le tirage au sort de leur classe, mais seulement jusqu'à la veille du jour où le conseil de révision examine les jeunes gens du canton auquel appartient l'engagé, et non, comme précédemment, jusqu'à la veille du jour de la clôture du contingent cantonal ; passé cette époque, les jeunes gens ne peuvent plus que demander à devancer la mise en activité.

Un double avantage est accordé à l'engagé volontaire : 1° il a la liberté de choisir le corps dans lequel il veut servir (D. 30 novembre 1872, art. 3), sous cette triple restriction : de satisfaire aux conditions de taille et d'aptitude fixées pour chaque corps par un tableau joint au décret, de ne pouvoir faire choix d'un corps en garnison dans le département où il réside qu'en produisant le consentement du chef de corps, et de pouvoir être changé de corps et d'arme lorsque l'intérêt ou les besoins du service l'exigent ; 2° il ne peut être renvoyé dans ses foyers pendant la durée de l'engagement à moins qu'il n'y consente [n° 612].

Tout Français peut être autorisé à contracter un engagement volontaire, aux conditions suivantes. L'engagé volontaire doit : 1° s'il entre dans l'armée de mer, avoir seize ans accomplis, sans être tenu d'avoir la taille prescrite par la loi, mais sous la condition qu'à l'âge de dix-huit ans il ne pourra être reçu s'il n'a pas cette taille ; 2° s'il entre dans l'armée de terre, avoir dix-huit ans accomplis et au moins la taille de 1 mètre 54 centimètres ; 3° savoir lire et écrire ; 4° jouir de ses droits civils ; 5° n'être ni marié, ni veuf avec enfants ; 6° être porteur d'un certificat de bonnes vie et mœurs délivré par le maire de la commune de son dernier domicile ; et s'il ne compte pas au moins une année de séjour dans cette commune, il doit également produire un autre certificat du maire des communes où il a été domicilié dans le cours de cette année. Le certificat doit contenir le signalement du jeune homme qui veut s'engager, mentionner la durée du temps pendant lequel il a été domicilié dans la commune et attester qu'il jouit de ses droits civils, qu'il n'a jamais été condamné à une peine correctionnelle pour vol, escroquerie, abus de confiance ou attentat aux mœurs. Si l'engagé a moins de vingt ans, il doit justifier du consentement de ses père, mère ou tuteur. Ce dernier doit être autorisé par une délibération du conseil de famille. Les conditions relatives soit à l'aptitude militaire, soit à l'admissibilité dans les différents corps de l'armée, sont déterminées par un décret inséré au *Bulletin des lois* (L. 1872, art. 46). — La durée de l'engagement volontaire est de cinq ans. Les années de l'engagement volontaire comptent dans la durée du service militaire fixé par l'article 36 ci-dessus (art. 47 §§ 1 et 2). — L'obligation de savoir lire ou écrire pour contracter un engagement volontaire, ou pour être envoyé en disponibilité après une année de service, ne sera imposée qu'à partir du 1er janvier 1875 (art. 79). — L'article 79 de la loi du 27 juillet 1872 sur le recrutement de l'armée est modifié de la manière suivante : « L'obligation de savoir lire et écrire pour contracter un engagement volontaire dans les armés de terre et de mer ne sera imposée qu'à partir du 1er janvier 1880 » (Loi du 9 décembre 1875, article unique).

611. L'acte d'engagement volontaire doit être passé dans les formes des actes de l'état civil, devant le maire du chef-lieu de canton, conformément à un modèle déterminé par l'article 10 du décret réglementaire ; l'instruction ministérielle prescrit de n'y apporter aucune modification en rappelant que « les maires ne » doivent pas perdre de vue que l'article 65 de la loi punit des » peines portées dans l'article 185 du Code pénal tout fonction- » naire ou officier public, civil ou militaire qui aura donné arbi- » trairement une extension quelconque soit à la durée, soit aux » règles ou conditions des engagements ». Les prescriptions des

» deux derniers paragraphes de l'article 50 de la loi du 27 juillet 1872 ont également pour objet d'assurer l'entière sincérité de l'engagement et de mettre l'engagé à l'abri de toute surprise. Immédiatement après la signature de l'acte d'engagement, l'engagé reçoit (D. 30 novembre 1872, art. 12 à 14) une expédition de cet acte et du sous-intendant militaire un ordre de route pour se rendre immédiatement à son corps, sous peine d'être poursuivi comme insoumis (art. 61 de la loi).

612. L'article 15 du décret du 30 novembre 1872 prévoit le cas où les engagés volontaires ou leurs familles demandent l'annulation d'un acte d'engagement pour contravention aux conditions de la loi ou pour absence des formes qu'elle prescrit, ou en raison de l'état civil de l'engagé. Toutes ces questions sont de la compétence des tribunaux de l'ordre judiciaire; mais si la réclamation paraît fondée au ministre de la guerre, comme ce serait occasionner à l'État des dépenses en pure perte que de garder pendant ce temps sous les drapeaux des hommes illégalement admis dans les rangs de l'armée, il peut y faire droit sans débat judiciaire.

Les engagements volontaires sont contractés dans les formes prescrites par les articles 34, 35, 36, 37, 38, 39, 40, 42 et 44 du Code civil, devant les maires des chefs-lieux de canton. Les conditions relatives à la durée des engagements sont insérées dans l'acte même. Les autres conditions sont lues aux contractants avant la signature, et mention en est faite à la fin de l'acte, le tout sous peine de nullité (L. 27 juillet 1872, art. 50). — Tout engagé volontaire qui contesterait la légalité ou la régularité de l'acte qui le lie au service militaire adressera sa réclamation au préfet du département où l'acte a été contracté. Les préfets transmettront les demandes en annulation d'acte d'engagement volontaire au ministre de la guerre qui statuera, s'il y a lieu, ou renverra la contestation devant les tribunaux (D. 30 novembre 1872, *sur les engagements volontaires ou rengagements*, art. 15). — Les engagés volontaires, les hommes admis à rester dans l'armée active, ainsi que ceux qui, en disponibilité, ont été autorisés à compléter cinq années de service dans ladite armée, ne peuvent être envoyés en congé sans leur consentement (L. 27 juillet 1872, art. 49).

613. 2° *Engagement spécial aux militaires qui passent de la disponibilité à l'activité.* — Cet engagement volontaire diffère du précédent par la situation personnelle de ceux qui sont admis à le contracter et par sa durée; au lieu d'être du terme fixe de cinq années pour tous, il a pour durée le temps de service que chaque engagé devait passer dans la disponibilité, de manière à compléter pour lui cinq années de service sous les drapeaux. Il résulte de l'article 18 du décret du 30 novembre 1872, que peuvent seuls être admis à contracter cet engagement les militaires qui se trouvent dans les

situations suivantes : ceux qui accomplissent le temps de service prescrit par les articles 40 et 41 de la loi du 27 juillet 1872, lorsqu'ils comptent au moins trois mois de présence dans l'armée active ; les engagés conditionnels d'un an présents au corps ; les militaires en disponibilité, conformément à l'article 42 ou aux dispositions finales de l'article 17 [n° 489] de la loi, et qui ont encore au moins une année de service actif à faire, et ceux renvoyés dans leurs foyers, après le temps de service exigé des engagés conditionnels d'un an.

Les militaires choisissent le corps dans lequel ils veulent ainsi compléter cinq années de service actif, mais seulement dans l'arme où ils ont déjà servi ; leur engagement est contracté devant un fonctionnaire de l'intendance militaire, aux termes de l'article 52 de la loi, dans les formes ci-dessus prescrites par son article 50 ; l'acte doit être conforme au modèle prescrit par l'article 49 du décret réglementaire.

Les hommes qui, après avoir satisfait aux conditions des articles 40 et 41 de la présente loi, vont être renvoyés en disponibilité, peuvent être admis à rester dans ladite armée, de manière à compléter cinq années de service. Les hommes renvoyés en disponibilité peuvent être autorisés à compléter cinq années de service sous les drapeaux (L. 27 juillet 1872, art. 48).

614. 3° *Engagement en cas de guerre pour la durée de la guerre.* — Cet engagement diffère encore des précédents par sa durée, par les conditions moins rigoureuses exigées de l'engagé volontaire et par sa situation personnelle. L'idée de la loi, dont l'article 17 du règlement du 30 novembre 1872 s'est inspiré, est, en effet, que tout Français que la loi n'appelle ni dans l'armée active ni dans la réserve doit être admis à prendre les armes en temps de guerre, dès qu'il est apte à faire un bon service dans le corps pour lequel il s'engage, qu'il produit le consentement de ses père, mère ou tuteur s'il a moins de vingt ans, et qu'il n'est pas dans un des cas d'exclusion des rangs de l'armée déterminés par l'article 7 de la loi. Les autres conditions exigées des engagés volontaires ne lui sont pas imposées. Cet engagement volontaire pour la durée de la guerre est souscrit devant l'officier de l'état civil, comme l'engagement de cinq ans ; l'acte doit être conforme au modèle prescrit par le décret (art. 17).

En cas de guerre, tout Français qui a accompli le temps de service prescrit pour l'armée active et la réserve de ladite armée, est admis à contracter dans l'armée active un engagement pour la durée de la guerre. Cet engagement ne donne pas lieu aux dispenses prévues par le paragraphe 4 de l'article 17 de la présente loi (L. 27 juillet 1872, art. 47 §§ 3 et 4).

615. *4° Rengagements.* — Les militaires de l'armée active, dans leur dernière année de service actif, et les militaires de la réserve de l'armée active peuvent contracter, devant les sous-intendants militaires, des rengagements pour deux, trois, quatre ou cinq ans dans le corps de leur choix. Ils doivent, d'après le décret réglementaire du 30 novembre 1872 (art. 20 à 24), réunir les conditions suivantes : être aptes au service militaire, avoir tenu une bonne conduite sous les drapeaux, et depuis, pour ceux de la réserve, être acceptés par le chef du corps où ils veulent accomplir leur rengagement. L'instruction ministérielle s'explique comme il suit relativement à ces prescriptions : « L'aptitude physique ne saurait être » présumée par le fait que l'homme est présent au drapeau : de là » l'obligation de constater de nouveau cette aptitude au moment » où il demande à se rengager. — Il importe plus que jamais, en » présence des dispositions de la loi nouvelle, de ne conserver » comme rengagés que des hommes d'une moralité sûre, et ca- » pables de donner l'exemple des vertus militaires. La responsabi- » lité d'un chef de corps serait gravement compromise par l'accep- » tation, comme rengagé, d'un homme dont la conduite aurait » laissé à désirer. » Les articles 25 et 26 du décret fixent la haute paie journalière, et qui s'élève suivant qu'elle est du premier chevron, de deux ou trois chevrons, à laquelle ont droit les *rengagés* de toutes armes, après cinq années de service sous les drapeaux et pendant la durée du rengagement. La durée du rengagement du militaire dans l'armée active, présent au drapeau ou en disponibilité dans ses foyers, court du jour où cesse le service d'activité auquel est tenu le rengagé, tandis que la durée du rengagement du militaire de la réserve se confond avec le temps de réserve qu'il avait à accomplir. Les conditions d'âge sont réglées de manière que le caporal et le soldat ne soient pas maintenus dans le service actif au delà de vingt-neuf ans et le sous-officier au delà de trente-cinq ans accomplis. Une loi spéciale du 24 juillet 1873 a désigné les emplois réservés aux sous-officiers remplissant les conditions déterminées par l'article 74.

Des rengagements peuvent être reçus pour deux ans au moins et cinq ans au plus. Ces rengagements ne peuvent être reçus que pendant le cours de la dernière année de service sous les drapeaux. Ils sont renouvelables jusqu'à l'âge de vingt-neuf ans accomplis pour les caporaux et soldats, et jusqu'à l'âge de trente-cinq ans accomplis pour les sous-officiers. Les autres conditions sont déterminées par un règlement inséré au *Bulletin des lois*. Les rengagements après cinq ans de service sous les drapeaux donnent droit à une haute paie (L. 1872, art. 51). — Les engagements prévus à l'article 48 de la présente loi et les rengagements sont contractés devant les intendants ou sous-intendants militaires dans la forme prescrite par l'article 50 ci-dessus sur la preuve que le contractant peut rester ou être admis dans le corps pour lequel il se présente (art. 52). — Tout homme ayant passé sous les drapeaux douze ans, dont quatre au moins avec le grade de sous-officier, reçoit des chefs de corps un certificat en vertu duquel il obtient, au fur et à mesure des vacances, un emploi civil ou militaire en rapport avec ses aptitudes ou son instruction. Une loi spéciale [voir n° 633] désignera dans chaque service public la catégorie des emplois qui seront réservés en totalité ou dans une proportion déterminée aux candidats munis du certificat ci-dessus (art. 71).

616. 5° *Engagements conditionnels d'un an.* — L'engagement conditionnel ou volontariat d'un an a été introduit non sans contestation dans la loi, comme tempérament à la rigueur du principe du service personnel obligatoire et de la suppression du remplacement. C'est le remède aux dangers que ce principe ferait courir aux travaux de l'intelligence (art. 53) et à ceux de l'agriculture, du commerce et de l'industrie (art. 54).

Cet engagement est soumis aux conditions générales d'âge, d'aptitude physique et de moralité exigées pour les engagements volontaires de cinq ans ; en outre, il est subordonné aux quatre conditions spéciales qui suivent : — 1° il ne peut être reçu que pour l'armée de terre, et suivant les conditions de taille et d'aptitude déterminées au tableau (modèle n° 1) joint au décret du 1er décembre 1872 sur les engagements conditionnels d'un an ; — 2° il doit toujours être souscrit avant l'époque à laquelle les jeunes gens tirent au sort ; — 3° il ne peut être contracté que par un jeune homme porteur d'un des titres universitaires ou de l'un des certificats délivrés dans les écoles nationales déterminées d'une manière strictement limitative [1] par l'article 53 de la loi [n° 648],

---

[1] « En présence des termes formels de la loi, il n'est possible d'admettre de droit au bénéfice du volontariat d'un an que les jeunes gens porteurs des titres indiqués à l'article 2 du décret. C'est ainsi que le *baccalauréat ès sciences restreint* et le *certificat de capacité en droit* ne sauraient être considérés comme l'équivalent des titres dont il s'agit, et dispenser les jeunes gens de l'examen. Les diplômes de fin d'études et les brevets de capacité mentionnés dans le présent décret sont des titres spéciaux à l'enseignement professionnel. Ils ont été institués par les articles 4 et 6 de la loi du 21 juin 1865. Les écoles nationales des arts et métiers dont il est question à l'article 2 du décret sont celles d'Aix, d'Angers et de Châlons. Les écoles nationales des beaux-arts sont celles de Paris, de Dijon et de Lyon. Le Conservatoire de musique comprend celui de Paris et ses succursales, qui existent à Lille, à Toulouse, à Dijon et à Nantes. Les écoles nationales vétérinaires sont celles d'Alfort près Paris, de Lyon et de Toulouse. Les écoles nationales d'agriculture sont celles de Grignon (Seine-et-Oise), de

ou par un jeune homme qui a fait preuve de connaissances générales et professionnelles dans l'examen dont le programme a été déterminé par un décret portant règlement d'administration publique du 31 octobre 1872 [n° 622] ; — 4° enfin l'engagement conditionnel d'un an doit être précédé, si le contractant n'en a pas été dispensé comme il sera dit ci-après, du versement d'une prestation, déterminée par le ministre de la guerre, et qui représente les dépenses mises à la charge de l'engagé volontaire d'un an par l'article 55 de la loi portant que l'engagé volontaire d'un an « est habillé, monté, équipé et entretenu à ses frais ». Une décision du ministre de la guerre a fixé ce versement, pour l'année 1872-1873, à la somme de 1,500 francs.

Toutes les opérations relatives à l'engagement conditionnel d'un an, constatation de l'aptitude physique, examen, versement de la prestation, engagement, doivent se faire dans le département que le jeune homme a choisi pour contracter son engagement ; l'acte doit être passé devant l'officier de l'état civil du chef-lieu du département, « conformément, porte l'article 10 du décret du 1er décembre 1872, au modèle annexé au présent décret ».

617. Il existe trois différences importantes entre les engagements conditionnels d'un an contractés, d'une part, par les jeunes gens nantis des diplômes universitaires, brevets ou certificats d'études des écoles nationales déterminées par l'article 53 de la loi, et, d'autre part, ceux contractés, en vertu de l'article 54, par les jeunes gens des professions agricoles, industrielles et commerciales ayant subi l'examen prescrit. Voici en quoi consistent ces trois différences : — 1° Les premiers doivent être admis quel que soit leur nombre, lorsque ceux qui les réclament remplissent les conditions prescrites par l'article 53 ; le nombre des seconds est au contraire fixé chaque année par le ministre de la guerre (art. 54 § 2). Sa décision détermine pour chaque département les corps dans lesquels les engagés d'un an des diverses catégories seront reçus et le nombre d'hommes qui pourront être dirigés sur chaque corps (Décret du 1er décembre 1872, art. 9). — 2° L'article 55 § 2 de la loi autorise le ministre de la guerre à exempter de tout ou partie de la prestation « *les jeunes gens qui ont donné dans leur exa-*

Grandjouan (Loire-Inférieure) et de Montpellier (Hérault) (Instruction du ministre de la guerre du 1er décembre 1872, explicative des diverses dispositions *du décret du 1er décembre 1872 sur les engagements conditionnels d'un an*) ».

» *men des preuves de capacité* », et qui justifient être dans l'impossibilité de subvenir à cette dépense. Le décret du 1er décembre 1872 (art. 8) et l'instruction du ministre de la guerre du même jour [1] ont naturellement interprété ce texte dans ce sens que cette faculté d'exemption de la prestation ne pouvait s'appliquer qu'aux engagés de l'article 54 et non à ceux de l'article 53. L'assemblée nationale, saisie d'une proposition contraire par l'initiative d'un député, l'a rejetée dans sa séance du 3 février 1873. D'ailleurs, les jeunes gens auxquels s'applique l'article 53 peuvent profiter du bénéfice de l'article 55 en passant l'examen prescrit par l'article 54. — 3° Enfin les engagés conditionnels d'un an de la première catégorie, ceux de l'article 53, peuvent seuls demander le sursis d'appel pour continuation d'études autorisé par l'article 57 [n° 620].

648. La nouveauté de l'institution du volontariat d'un an, l'immense intérêt qui s'y attache pour les familles et spécialement pour la jeunesse des écoles, donnent une utilité particulière, en outre des explications qui précèdent, à la connaissance des textes mêmes qui prescrivent ces règles.

Les jeunes gens qui ont obtenu des diplômes de bacheliers ès lettres, de bacheliers ès sciences, des diplômes de fin d'études ou des brevets de capacité institués par les articles 4 et 6 de la loi du 21 juin 1865; ceux qui font partie de

---

[1] « Les jeunes gens qui ont obtenu le certificat d'admission à l'engagement, et qui sont hors d'état de satisfaire aux obligations déterminées au premier alinéa de l'article 55 de la loi, adressent au préfet, immédiatement après la délivrance dudit certificat, une demande d'exemption de ces obligations. Cette demande est accompagnée : 1° d'un certificat (modèle n° 2 annexé à la présente instruction) constatant la position de famille de l'intéressé; 2° d'un relevé du rôle des contributions à la charge de sa famille ou à la sienne. *La demande ne peut être reçue que si le postulant a été admis à l'examen avec la mention très-bien*, et si l'impossibilité de satisfaire aux obligations imposées par l'article 55 de la loi est établie par une délibération du conseil municipal, saisi d'urgence par le préfet. Les exemptions du versement peuvent être réparties sur deux, trois ou quatre candidats; mais il n'est pas accordé plus d'une exemption totale pour cent engagés. Le préfet soumet les demandes à la commission permanente du conseil général, instituée par la loi du 10 août 1871, et réunie extraordinairement à cet effet. Après que la commission a donné son avis, le préfet prononce au nom du ministre de la guerre. Le préfet fait connaître aux intéressés la décision qui les concerne. En échange du bulletin indicatif de la somme à verser qui leur avait été remis, il délivre à ceux qui ont obtenu l'exemption totale un certificat, et à ceux qui n'ont obtenu qu'une exemption partielle le même certificat et un nouveau bulletin indiquant la somme qu'ils ont à verser (Instruction du ministre de la guerre du 1er décembre 1872) ».

l'école centrale des arts et manufactures, des écoles nationales des arts et métiers, des écoles nationales des beaux-arts, du conservatoire de musique, les élèves des écoles nationales vétérinaires et des écoles nationales d'agriculture et de l'école des haras du Pin; les élèves externes de l'école des mines, de l'école des ponts et chaussées, de l'école du génie maritime, et les élèves de l'école des mineurs de Saint-Étienne, sont admis, avant le tirage au sort, lorsqu'ils présentent les certificats d'études émanés des autorités désignées par un règlement inséré au *Bulletin des lois,* à contracter dans l'armée de terre des engagements conditionnels d'un an, selon le mode déterminé par ledit règlement (L. 27 juillet 1872, art. 53 *modifié* par la loi du 31 décembre 1875). — Indépendamment des jeunes gens indiqués en l'article précédent, sont admis, avant le tirage au sort, à contracter un semblable engagement, ceux qui satisfont à un des examens exigés par les différents programmes préparés par le ministre de la guerre et approuvés par décrets rendus dans la forme des règlements d'administration publique. Ces décrets sont insérés au *Bulletin des lois.* Le ministre de la guerre fixe chaque année le nombre des engagements conditionnels d'un an spécifiés au présent article. Ce nombre est réparti par régions, déterminées conformément à l'article 36 ci-dessus, et proportionnellement au nombre des jeunes gens inscrits sur les tableaux de recensement de l'année précédente. Si, au moment où les jeunes gens mentionnés au présent article et à l'article précédent se présentent pour contracter un engagement d'un an, ils ne sont pas reconnus propres au service, ils sont ajournés, et ne peuvent être incorporés que lorsqu'ils remplissent toutes les conditions voulues. Si un jeune homme, s'étant présenté pour l'engagement conditionnel d'un an, a été reconnu impropre au service, et qu'ensuite, au moment de la révision de sa classe, il soit déclaré bon, il est admis à remplir dans l'année [n° 623] les conditions requises pour le volontariat d'un an (art. 54 *modifié* par la loi du 31 décembre 1875). — L'engagé volontaire d'un an est habillé, monté, équipé et entretenu à ses frais. Toutefois le ministre de la guerre peut exempter de tout ou partie des obligations déterminées au paragraphe précédent les jeunes gens qui ont donné dans leur examen des preuves de capacité, et justifient, dans les formes prescrites par le règlement, être dans l'impossibilité de subvenir aux frais résultant de ces obligations (art. 55).

649. Après les articles de la loi relatifs aux conditions, ci-dessus expliquées, de l'engagement conditionnel d'un an, nous croyons devoir donner aussi le texte des décrets des 1er décembre 1872 et 25 mai 1875 relatifs à cette sorte d'engagement.

Le président de la République française, vu la loi du 27 juillet 1872 sur le recrutement de l'armée; vu les art. 53, 54, 55, 56 et 57 de la même loi, relatifs aux engagements conditionnels d'un an; vu le décret du 31 octobre 1872, portant règlement d'administration publique sur les examens auxquels sont astreints les jeunes gens qui demandent à contracter l'engagement conditionnel d'un an; vu le décret du 30 novembre 1872 sur les engagements volontaires et les rengagements; sur le rapport du ministre de la guerre, décrète : — Art. 1er. Tout Français qui veut contracter un engagement conditionnel d'un an pour servir dans l'armée de terre doit : 1° réunir les conditions indiquées par les paragraphes numérotés 2°, 4°, 5° et 6° de l'article 46 de la loi du 27 juillet 1872; 2° être sain, robuste et bien constitué; 3° n'avoir pas concouru au tirage au sort ; 4° n'être pas lié au service dans les armées de terre ou de mer ; 5° avoir, selon le corps où il servira, la taille fixée dans le tableau n° 1 [1] joint au présent décret et réunir les conditions d'aptitude énoncées dans ledit tableau ; 6° se trouver dans un des cas mentionnés par l'article 53 de la loi du 27 juillet 1872 ou avoir satisfait aux examens prévus par l'article 54 ; 7° avoir rempli les obligations résultant du premier alinéa de l'article 55. — Art. 2. Les jeunes gens qui se trouvent dans l'un des cas mentionnés par l'article 53 de la loi en justifieront par la production de l'une des pièces indiquées ci-après : — Jeunes gens ayant obtenu des diplômes de bacheliers ès lettres, de bacheliers ès sciences, de fin d'études (art. 4 de la loi du 21 juin 1865), ou des brevets de capacité (art. 6 de la loi du 21 juin 1865) : certificat délivré par le recteur de l'Académie constatant qu'ils ont obtenu l'un des diplômes mentionnés ci-contre ou le brevet de capacité. — Jeunes gens faisant partie des écoles centrales des arts et manufactures et des écoles nationales des beaux-arts : certificat délivré par le directeur de ces établissements, constatant qu'ils en font partie et indiquant la date de leur admission. — Jeunes gens des écoles nationales des arts et métiers : certificat délivré par le directeur de l'école constatant qu'ils en font partie ou qu'ils ont obtenu, à leur sortie, le certificat réglementaire. — Jeunes gens du conservatoire de musique et de ses succursales : certificat délivré par le directeur de

[1] *TABLEAU indiquant la taille et les conditions spéciales d'aptitude à exiger des engagés conditionnels d'un an pour leur admission dans les différentes armes.*

ARMES.	TAILLE MINIMA.	CONDITIONS SPÉCIALES D'APTITUDE.	OBSERVATIONS.
Infanterie.	1m 54		Les connaissances en équitation seront constatées par une commission composée d'officiers de troupes à cheval.
Cavalerie. Cuirassiers.	1 68	Savoir bien monter à cheval.	
Cavalerie. Dragons.		Savoir bien monter à cheval.	
Cavalerie. Chasseurs.	1 60	Savoir bien monter à cheval.	
Cavalerie. Hussards.		Savoir bien monter à cheval.	
Artillerie. Batteries à pied.	1 64	Être habitué à monter à cheval.	
Artillerie. Batteries montées ou à cheval.	1 64	Être habitué à monter à cheval.	
Train d'artillerie.	1 64	Être habitué à monter à cheval ou à soigner les chevaux ou à conduire les voitures.	
Génie.	1 54	Satisfaire à l'une des conditions suivantes : être admis à l'engagement en vertu de l'article 53 de la loi du 27 juillet 1872, ou être dessinateur, ou avoir été soit ouvrier, soit contre-maître dans des ateliers ou des chantiers de construction, ou avoir été employé soit dans le service de la télégraphie, soit dans le service des chemins de fer, au matériel, à la traction ou à la voie.	
Équipages militaires.	1 64	Être habitué à monter à cheval ou à soigner les chevaux ou à conduire les voitures.	

l'établissement, constatant qu'ils en font partie ou, s'ils en sont sortis, qu'ils y ont obtenu des récompenses. — Élèves des écoles nationales vétérinaires, des écoles nationales d'agriculture, de l'école des mineurs de Saint-Étienne : certificat délivré par le directeur de ces écoles attestant leur présence comme élèves dans lesdites écoles. — Élèves externes de l'école des mines, de l'école des ponts et chaussées, de l'école du génie maritime : certificat délivré par le directeur de ces écoles, attestant qu'ils en sont élèves externes et qu'ils en suivent régulièrement les cours. — Art. 3. Les examens prescrits par l'article 54 de la loi du 27 juillet 1872 portent sur le programme approuvé par le règlement d'administration publique du 31 octobre 1872. — Art. 4. Les jeunes gens versent, en exécution de l'article 55 de la loi du 27 juillet 1872, avant de contracter l'engagement conditionnel d'un an, une somme qui est fixée par le ministre. Les versements sont reçus : dans le département de la Seine, à la direction générale de la caisse des dépôts et consignations ; dans les autres départements, chez les préposés de cette caisse (trésoriers-payeurs généraux et receveurs particuliers des finances). — Art. 5. Ces versements donnent lieu, de la part des préposés de la caisse des dépôts et consignations, à l'établissement : 1° de récépissés ; 2° de déclarations de versement, à la charge, par les parties versantes, de soumettre ces deux pièces, pour le département de la Seine, immédiatement au visa du contrôle placé près de la caisse des dépôts et consignations, et, pour les autres départements, dans les vingt-quatre heures de leur date, au visa du préfet. Les récépissés de versement des engagés conditionnels qui ont été définitivement incorporés sont adressés au ministre de la guerre. — Art. 6. Les sommes versées par les engagés ne sont plus remboursées dès que l'incorporation de ces engagés est devenue définitive. — Art. 7. Les jeunes gens retenus sous les drapeaux en exécution du troisième alinéa de l'article 56 de la loi du 27 juillet 1872 ne sont pas tenus à un nouveau versement. — Art. 8. Les préfets prennent l'avis des conseils municipaux sur les demandes que peuvent former les jeunes gens indiqués à l'article 54 de la loi du 27 juillet 1872, pour être exemptés de tout ou partie des obligations déterminées au premier paragraphe de l'article 55. Ils soumettent ces demandes à la commission permanente du conseil général instituée par la loi du 10 août 1871. — Art. 9. Les engagements d'un an sont contractés au chef-lieu de département devant l'officier de l'état civil. La décision du ministre, qui fixe le nombre des engagés d'un an, admis en vertu de l'article 54 de la loi du 27 juillet 1872, détermine, pour chaque département, les corps dans lesquels les engagés d'un an des diverses catégories seront reçus et le nombre d'hommes qui pourront être dirigés sur chaque corps. — Art. 10. L'acte d'engagement est conforme au modèle annexé au présent décret. — Art. 11. Avant la signature de l'acte, le maire donne lecture à l'engagé : 1° de l'article 1 du présent décret ; 2° des articles 7 et 56 de la loi du 27 juillet 1872 ; 3° des articles 13 et 14 du décret du 30 novembre 1872 sur les engagements volontaires et les rengagements ; 4° du dernier paragraphe de l'article 3 dudit décret ; 5° de l'acte d'engagement. Les certificats et autres pièces produites par l'engagé resteront annexés à la minute de l'acte. — [*Voir* les art. 12 au n° 623, 13 au n° 620, 14 au n° 624, 15 au n° 625.] — Art. 16. Les engagés conditionnels d'un an ne confèrent à leurs frères que la dispense prévue par le paragraphe numéroté 5° de l'article 17 de la loi du 27 juillet 1872. — Art. 17. Le ministre de la guerre est chargé de l'exécution du présent décret, qui sera inséré au *Bulletin des lois*. — Fait à Versailles, le 1er décembre 1872.

Considérant qu'il n'existe pas de bureau de recrutement au chef-lieu des départements suivants : Allier, Bouches-du-Rhône, Drôme, Gers, Meuse, Haute-Saône, Deux-Sèvres, Var et Vosges ; — Art. 1er. Par dérogation à l'article 9 du décret du 1er décembre 1872, les engagements d'un an pourront être contractés aux chefs-lieux des subdivisions régionales ci-après : Montluçon, Aix, Romans, Mirande, Verdun, Belfort (au lieu de Vesoul), Parthenay, Toulon et Neufchâteau (D. 25 mai 1875).

620. Lorsque les jeunes gens mentionnés dans l'article 53 de la loi, et qui ont contracté leur engagement conditionnel dans l'année qui précède l'appel de leur classe, n'ont pas terminé leurs études, ils peuvent obtenir un sursis avant de se rendre au corps ; le projet de loi ne permettait de leur accorder ce sursis de départ pour continuation d'études que jusqu'à l'âge de vingt-trois ans ; sur un remarquable discours d'un éminent prélat député du Loiret, l'Assemblée a prolongé le délai du sursis jusqu'à l'âge de vingt-quatre ans accomplis. Dans un autre ordre d'idées, il est bon de rappeler ici, d'une part, les avantages que peuvent obtenir, pour l'accomplissement de leurs obligations ultérieures de service militaire, les engagés conditionnels d'un an après l'accomplissement de leur année d'engagement (art. 58 [n° 625]), et, d'autre part, l'article 72 de la loi aux termes duquel « nul n'est admis, avant l'âge de trente » ans accomplis, *à un emploi civil ou militaire*, s'il ne justifie avoir » satisfait aux obligations imposées par la présente loi ». Il en résulte, pour les jeunes gens qui usent dans toute son étendue de la faculté de sursis, l'impossibilité légale d'entrer dans les carrières publiques avant vingt-cinq ans accomplis. Voici les dispositions de la loi, du décret réglementaire, et de la circulaire du ministre de la guerre, relatives à cette faculté de sursis d'appel, si importante pour les étudiants des facultés.

Dans l'année qui précède l'appel de leur classe, les jeunes gens mentionnés dans l'article 53, qui n'auraient pas terminé les études de la faculté ou des écoles auxquelles ils appartiennent, mais qui voudraient les achever dans un laps de temps déterminé, peuvent, tout en contractant l'engagement d'un an, obtenir de l'autorité militaire un sursis avant de se rendre au corps pour lequel ils se sont engagés. Le sursis peut leur être accordé jusqu'à l'âge de vingt-quatre ans accomplis. Jouiront du même privilége, sous la condition d'avoir contracté un engagement conditionnel d'un an : 1° les élèves des écoles supérieures d'agriculture subventionnées par l'État; 2° les élèves des écoles supérieures de commerce subventionnées par les chambres de commerce. Ces écoles devront avoir été agréées par le ministre de la guerre quant à l'application du présent article (L. 27 juillet 1872, art. 57 *modifié* par la loi du 31 décembre 1875). — Les engagés conditionnels d'un an mentionnés à l'article 53 de la loi qui ont obtenu l'autorisation de poursuivre les études de la faculté ou des écoles auxquelles ils appartiennent sont disponibles en cas de guerre (D. 1er décembre 1872, art. 13).

« En accordant des sursis aux engagés d'un an qui n'ont pas terminé leurs études, la loi exige que ces engagés se trouvent dans les conditions de l'article 53 de la loi et que leur engagement ne soit pas contracté avant l'année qui précède l'appel de leur classe. Les demandes de sursis doivent être adressées au général commandant la subdivision, immédiatement après l'engagement. Elles sont accompagnées d'un certificat délivré par le doyen de la faculté à laquelle les engagés apppartiennent, ou par le directeur des écoles dont ils suivent le cours. Ce certificat, outre l'attestation que les jeunes gens ont commencé leurs études, fait connaître la durée du sursis qui leur est nécessaire pour les achever. L'engagé qui a obtenu un sursis est tenu de produire chaque année, pendant le mois de novembre, au commandant du dépôt de recrutement, un certificat délivré par le doyen de la faculté ou par le directeur de l'école à laquelle il appartient, attestant qu'il est toujours en cours d'études. Faute d'avoir produit ce certificat, il est mis en route avec les engagés conditionnels de l'année. Les sursis mentionnés à l'article 13 du décret peuvent être renouvelés par l'autorité militaire jusqu'à ce que l'engagé ait accompli sa vingt-quatrième année, mais ils ne sauraient dépasser cette limite. L'engagé maintenu en sursis, qui a vingt-quatre ans, est mis en route avec les engagés conditionnels de l'année. Les engagés conditionnels qui ont obtenu un sursis peuvent être tenus, quel que soit leur âge, de rester une deuxième année sous les drapeaux, en conformité de l'article 56 de la loi. Si, par application du même article, ils viennent à être déchus des avantages réservés aux engagés conditionnels, ils accomplissent dans l'armée active le temps de service qui a été imposé aux hommes de la première partie de la classe à laquelle ils appartiennent par leur engagement. Cette obligation ressort d'ailleurs des termes de l'acte qu'ils ont souscrit (Instruction du ministre de la guerre du 1er décembre 1872) ».

624. Les jeunes gens mentionnés à l'article 54 de la loi du 27 juillet 1872, et qui, pour être admis à contracter l'engagement conditionnel d'un an, sont tenus de subir un examen, doivent adresser au préfet du département dans lequel ils veulent s'engager une demande d'admission à l'examen, sur papier timbré, dix jours au moins avant l'époque fixée pour l'ouverture de cet examen. Cette demande doit, comme celle d'engagement volontaire au cas de l'article 53, être accompagnée de l'acte de naissance, du certificat d'acceptation délivré par le commandant du dépôt de recrutement, et, si l'engagé a moins de vingt ans, du consentement des père, mère ou tuteur, ce dernier dûment autorisé par délibération du conseil de famille ; ces trois pièces sont affranchies du droit de timbre. La demande doit indiquer par la mention *agriculture, commerce,* ou *industrie,* dans quelle série, suivant que sa profession y rentre ou s'en rapproche le plus, le candidat désire être classé pour son examen. Les conditions et le programme de cet examen sont déterminés par un décret portant règlement d'administration publique du 31 octobre 1872. Il prescrit une épreuve

écrite, et une épreuve orale se divisant en deux parties, l'une comprenant les matières obligatoires pour tous les candidats (lecture, écriture, éléments de la langue française, calcul et système légal des poids et mesures, éléments de l'histoire et de la géographie de la France), l'autre comprenant les notions élémentaires et pratiques relatives à l'exercice de la profession. La circulaire du ministre de la guerre du 1er décembre 1872 porte qu' « il est tenu
» compte pour le classement du degré d'instruction que repré-
» sentent leurs titres, aux jeunes gens qui ont satisfait à un pro-
» gramme d'examen supérieur à celui de l'engagement condi-
» tionnel d'un an ».

622. Nous reproduisons le texte entier du décret portant règlement d'administration publique du 31 octobre 1872.

Vu la loi du 27 juillet 1872 sur le recrutement de l'armée; vu l'article 54, relatif aux examens auxquels sont astreints les jeunes gens qui demandent à contracter un engagement conditionnel d'un an et qui ne se trouvent point dans l'un des cas définis à l'article 53; sur le rapport du ministre de la guerre, le conseil d'État entendu; Décrète : — Art. 1er. Les jeunes gens qui demandent à contracter un engagement conditionnel d'un an en vertu de l'article 54 de la loi du 27 juillet 1872 subissent deux épreuves successives devant des examinateurs nommés par le ministre de la guerre, et choisis parmi des agriculteurs, industriels et commerçants, ou des citoyens ayant exercé l'une de ces professions. — Art. 2. La première épreuve consiste en une dictée écrite en français. — Art. 3. La seconde épreuve est un examen oral public. Les candidats sont rangés à l'avance en trois séries, correspondant respectivement à l'agriculture, au commerce, à l'industrie. Chacune de ces séries passe devant un examinateur différent. Cet examen se compose de deux parties. La première roule sur les matières composant l'enseignement que le candidat a dû recevoir à l'école primaire. La seconde partie porte spécialement sur les notions élémentaires et pratiques relatives à l'exercice même de ladite profession, suivant les indications du programme ci-annexé [1]. — Art. 4. Après l'achèvement des examens

---

[1] *Programme des examens professionnels auxquels sont astreints les jeunes gens qui demandent à contracter un engagement conditionnel d'un an en vertu de l'article 54 de la loi du 27 juillet 1872.*

Chaque candidat sera interrogé sommairement, selon sa profession et sa spécialité, d'après les indications générales qui suivent : — AGRICULTURE. Natures diverses des terrains au point de vue de la culture. Engrais et amendements. Climats, saisons, leurs rapports avec la culture. Moyens d'utiliser les eaux ou de s'en préserver. Instruments et machines et agricoles. Méthodes et procédés de culture. Conservation des récoltes. Bestiaux et animaux domestiques. Comptabilité agricole. Débouchés des principaux produits agricoles de la région. — COMMERCE. Marchandises qui font l'objet de la spécialité du candidat, leur provenance, leur emploi et leur prix de revient. Comptabilité et

oraux, les examinateurs des trois séries se réunissent sous la présidence du général commandant le département ou d'un officier supérieur délégué par lui, auquel est adjoint un membre du conseil général désigné par ce conseil, ou, à son défaut, par la commission permanente, et constituent ainsi une commission qui arrête la liste générale des candidats admissibles. — Art. 5. Le ministre de la guerre est chargé de l'exécution du présent décret, qui sera publié au *Journal officiel* et inséré au *Bulletin des lois*.

623. Dès 1873 on a assimilé aux engagés volontaires d'un an les jeunes gens qui, refusés comme engagés pour cause d'inaptitude au service militaire et n'ayant pu, par ce motif, contracter dans l'année qui précède le tirage au sort de leur classe l'engagement conditionnel d'un an, sont ensuite déclarés aptes au service par le conseil de révision. Ils adressaient leur demande d'assimilation au général commandant le département où ils avaient tiré au sort, lequel s'assurait des faits et leur délivrait un certificat leur conférant la qualité d'assimilés aux engagés volontaires d'un an, à la condition de satisfaire aux obligations imposées aux engagés conditionnels par l'article 55 de la loi, et par l'article 54 s'ils n'étaient pas pourvus des diplômes et titres exigés par l'article 53. Ces assimilés étaient tenus, bien que comptant leur service du 1ᵉʳ juillet de l'année où ils tirent au sort, de rester sous les drapeaux le temps qu'y passent les engagés conditionnels de l'année; ils sont renvoyés en même temps qu'eux dans la disponibilité. Le décret du 1ᵉʳ décembre 1872 avait déjà consacré cette disposition équitable dans son article 12 ci-dessous reproduit; une loi du 31 décembre 1875 a ajouté un nouveau paragraphe à l'article 54 de la loi de 1872, tel qu'il est reproduit ci-dessus [n° 618], pour admettre ces jeunes gens à l'engagement conditionnel.

Les jeunes gens qui, par suite d'inaptitude au service militaire, n'ont pu, dans l'année qui précède le tirage au sort de leur classe, contracter l'engagement conditionnel d'un an, sont susceptibles, s'ils sont déclarés aptes au service par le conseil de révision, d'être admis aux mêmes avantages que les engagés conditionnels d'un an (Décret du 1ᵉʳ décembre 1872, art. 12).

624. Les engagés volontaires d'un an sont mis en route pour

tenue des livres. Dénomination des livres de commerce. Principales opérations de commerce ou de banque. Formules usuelles du billet à ordre, de la lettre de change, du mandat, du chèque, etc. Signification des principaux termes de commerce ou de banque. — INDUSTRIE. Caractères et propriétés des matières premières ou matériaux. Leur extraction, leur préparation, leur transformation ou leur emploi. Moteurs, machines, instruments et outils dont le candidat fait habituellement usage. Procédés au moyen desquels il obtient les produits de son industrie spéciale. Nature de ces produits.

être incorporés, sauf ceux qui demandent des sursis d'appel, à la date fixée chaque année par le ministre. Ils doivent se rendre chez le sous-intendant militaire, qui leur délivre une feuille de route individuelle; tout engagé qui, sans cause légitime, ne se met pas en route de manière à être rendu à son corps dans le délai prescrit, peut être arrêté par la gendarmerie et conduit de brigade en brigade à sa destination. L'engagé volontaire d'un an est soumis à toutes les obligations de service imposées aux hommes présents sous les drapeaux et, en outre, aux examens et dispositions particulières prescrits par l'article 56 de la loi et une instruction ministérielle du 7 février 1873 [1], qui réglemente provisoirement la situation de ces militaires durant l'année qu'ils passent sous les drapeaux.

L'engagé volontaire d'un an est incorporé et soumis à toutes les obligations de service imposées aux hommes présents sous les drapeaux. Il est astreint aux examens prescrits par le ministre de la guerre. Si, après un an de service, l'engagé volontaire d'un an ne satisfait pas à ces examens, il est obligé de rester une seconde année au service, aux conditions déterminées dans le règlement prévu par l'article 53. Si, après cette seconde année, l'engagé volontaire ne satisfait pas à ces examens, il est, par décision du ministre de la guerre, déclaré déchu des avantages réservés aux volontaires d'un an, et il reste soumis aux mêmes obligations que celles imposées aux hommes de la première partie de la classe à laquelle il appartient par son engagement. Il en est de même pour le volontaire qui, pendant la première ou la seconde année, a commis des fautes

---

[1] Cette instruction est précédée de la lettre suivante du ministre de la guerre, adressée avec elle aux généraux commandant les corps d'armée, les divisions, les subdivisions territoriales ou actives, et aux chefs de corps de toutes armes : « Versailles, le 7 février 1873. Messieurs, les engagés conditionnels d'un an devant être mis en route le 10 mars prochain pour rejoindre leurs corps respectifs, j'ai l'honneur de vous adresser le règlement provisoire, applicable à ces militaires durant l'année qu'ils vont passer sous les drapeaux. Ce règlement a été rédigé de manière à donner place, dans les questions de détail, à l'initiative des chefs de corps. Je compte sur cette initiative pour l'application dudit règlement, mais je désire que l'on ne s'écarte pas, dans les points essentiels, des principes qu'il énonce. L'emploi du temps des volontaires devra être réglé avec le plus grand soin. Il conviendra de ne les astreindre qu'avec réserve aux corvées et services qui absorberaient leurs moments sans profit pour leur instruction militaire. J'attacherai une grande importance aux rapports qui me seront adressés à la suite de cette année d'expériences. Les résultats obtenus alors dans les régiments renseigneront sur la valeur des méthodes adoptées par chacun des colonels, et permettront d'apporter en parfaite connaissance de cause, au présent règlement, toutes les modifications et additions nécessaires. En terminant, je fais appel au zèle et au dévouement des chefs de corps pour obtenir de l'institution du volontariat, qui a une grande importance pour l'avenir de l'armée, tous les avantages qu'on est en droit d'en attendre. »

graves et répétées contre la discipline. Dans tous les cas, le temps passé dans le volontariat compte en déduction de la durée du service prescrite par l'article 36 de la présente loi. En temps de guerre, l'engagé volontaire d'un an est maintenu au service. En cas de mobilisation, l'engagé volontaire d'un an marche avec la première partie de la classe à laquelle il appartient par son engagement (L. 27 juillet 1872, art. 56). — Les engagés conditionnels d'un an sont mis en route à la date fixée par le ministre. Le temps qu'ils doivent passer dans le service actif ne court qu'à partir de cette date. Ceux qui ne se rendent pas à leurs corps dans les délais prescrits seront poursuivis pour insoumission, et, en cas de condamnation, déchus des avantages réservés aux volontaires d'un an (Décret du 1er décembre 1872, art. 14).

625. Les engagés conditionnels d'un an qui ont accompli leur année de service et satisfait aux conditions exigées par l'article 56 de la loi sont envoyés en disponibilité dans leurs foyers. « Ils sont, » porte l'instruction ministérielle du 1er décembre 1872, à la dis- » position du ministre de la guerre, et sont inscrits sur les con- » trôles du département où ils ont leur domicile légal. L'adminis- » tration devant toujours connaître le lieu où ils se trouvent, ils » sont soumis, quant aux déclarations à faire, aux obligations des » articles 34 et 35 [n° 607], s'ils veulent changer de domicile ». Aux termes de l'article 58 de la loi, qui renvoie à cet effet aux lois spéciales sur l'organisation de l'armée, les engagés volontaires qui ont satisfait à tous les examens prescrits par l'article 56 peuvent obtenir des brevets de sous-officiers ou des commissions au moins équivalentes. La loi du 24 juillet 1873 sur l'organisation générale de l'armée (art. 37 à 40 reproduits ci-dessous) en détermine les conditions.

Après que les engagés volontaires d'un an ont satisfait à tous les examens exigés par l'article 56, ils peuvent obtenir des brevets de sous-officiers ou des commissions au moins équivalentes. Les lois spéciales prévues par l'article 45 déterminent l'emploi de ces jeunes gens soit dans l'armée active, soit dans la disponibilité, soit dans la réserve de l'armée active, soit dans l'armée territoriale, ou dans les différents services auxquels leurs études les ont plus spécialement destinés (L. 27 juillet 1872, art. 58). — Lorsque les engagés conditionnels d'un an ont accompli leur temps de service, ils sont envoyés en disponibilité dans leurs foyers (D. 1er décembre 1872, art. 15).

Les engagés conditionnels d'un an qui, après l'année de service exigée par l'article 56 de la loi du 27 juillet 1872, ont satisfait à tous les examens prescrits et ont obtenu des brevets de sous-officiers ou une commission pour un des services de l'armée, restent en disponibilité, passent ensuite dans la réserve et dans l'armée territoriale, pendant le temps prescrit par la loi. Ils sont, à cet effet, d'avance immatriculés dans les corps ou affectés aux services auxquels ils sont destinés, et reçoivent, en entrant dans la disponibilité, un titre qui leur fait connaître le corps ou le service qu'ils devront rejoindre s'ils sont rappelés (Loi du 24 juillet 1873, sur *l'organisation générale de l'armée*, art. 37).— Les engagés conditionnels d'un an qui ont satisfait aux examens prescrits par l'article 56 de la loi du 27 juillet 1872 peuvent, en restant une année de plus, soit dans l'armée active, soit dans une école désignée par le ministre de la guerre, et après avoir subi les examens déterminés, obtenir un brevet de sous-lieutenant auxiliaire ou une commission équivalente et être placés, avec leur grade, selon les besoins de l'armée, dans la disponibilité ou la réserve de l'armée active, et, après le temps voulu par la loi, dans l'armée territoriale. Ils sont immatriculés comme officiers dans les corps ou services du corps d'armée auxquels ils sont attachés; mention en est faite sur leur brevet ou commission (art. 38). — Les engagés conditionnels d'un an qui ont satisfait aux examens prescrits par l'article 56 de la loi du 27 juillet 1872, et qui veulent compléter cinq années de service dans l'armée active, peuvent y être autorisés. Ceux qui, conformément à l'article 58 de ladite loi, ont obtenu un brevet de sous-officier, conservent alors, au titre de l'armée active, leur grade et concourent pour l'avancement dans les corps dont ils font partie (art. 39). — Les officiers auxiliaires, les officiers de l'armée territoriale sont, pendant la durée de leur présence sous les drapeaux, considérés comme étant en activité; mais ils ne peuvent se prévaloir des grades qu'ils ont occupés ou obtenus pendant ce temps, pour être maintenus dans l'armée active. Toutefois, ceux qui jouissaient d'une pension de retraite peuvent faire réviser leur pension. Sous le rapport de la médaille militaire, de la croix de la Légion-d'Honneur obtenues par eux pendant qu'ils sont sous les drapeaux, de même que sous le rapport de pensions pour infirmités et blessures, ils jouissent de tous les droits attribués aux militaires de même grade dans l'armée active (art. 40).

D. *Organisation de l'armée.*

626. Loi d'organisation générale de l'armée du 24 juillet 1873.
627. Division du territoire ; composition des corps d'armée.
628. Recrutement, national de l'armée active, régional de ses réserves.
629. Commandement; administration.
630. Réquisitions et dommages en cas de mobilisation et de manœuvres.
631. Loi du 13 mars 1875 relative à la constitution des cadres et des effectifs de l'armée, modifiée par la loi du 15 décembre 1875.
632. Lois de 1832 et 1834 relatives à l'avancement et à la conservation des grades dans l'armée; loi du 4 août 1869 sur l'état-major de l'armée.
633. Lois du 24 juillet 1873 et du 10 juillet 1874 relatives aux sous-officiers des armées de terre et de mer.

626. L'Assemblée nationale, après avoir, par la loi du recrutement du 27 juillet 1872, levé une force qui peut mettre au service du pays, au bout d'un certain laps d'années, le chiffre formidable de 2,600,000 hommes [n° 599], devait pourvoir à son organisation. C'est ce qu'a fait la loi du 24 juillet 1873 relative à *l'organisation générale de l'armée*, dont le principe était posé dans l'article 45

de la loi du 27 juillet 1872, ainsi conçu : « Des lois spéciales dé-
» terminent les bases de l'organisation de l'armée active et de
» l'armée territoriale, ainsi que des réserves ». Nous avons examiné déjà [n° 607] les parties de cette loi d'organisation générale du 24 juillet 1873 exclusivement relatives à l'armée territoriale et à sa réserve, mais nous avons ici à faire connaître l'ensemble des dispositions de cette loi formant ses trois premiers titres, qui concernent les diverses portions de l'armée. Cette loi a pour objet, comme son titre l'indique, de fixer *législativement*, afin de leur donner une stabilité nécessaire à la sûreté du pays, les principes de l'organisation générale de l'armée, « principes, dit le rapport
» déjà cité, qui devront servir ultérieurement de bases aux lois
» qui régleront la constitution intérieure des corps de troupes,
» celle des états-majors, des écoles, des divers services adminis-
» tratifs, ainsi que l'avancement et l'état des officiers ». Indépendamment du titre IV, spécial à l'armée territoriale [n° 607], et du titre V et dernier contenant des dispositions particulières [également rapportées n°s 492 et 625], la loi d'organisation du 24 juillet 1873 contient trois titres intitulés de la manière suivante : titre Ier, *Division du territoire, composition des corps d'armée* (art. 1 à 13) ; titre II, *Commandement, administration* (art. 14 à 19) ; titre III, *Incorporation, mobilisation* (art. 20 à 28).

627. Le législateur de 1873 a fixé, par son article 9, qui contient la base fondamentale de la loi nouvelle, le principe de l'organisation permanente des troupes en brigades, divisions et corps d'armée. Il a voulu que l'armée de combat fût en tout temps préparée pour la guerre, et toujours constituée en brigades, divisions et corps d'armée, pourvus du commandement, des états-majors, de tous les services administratifs et auxiliaires, et du matériel nécessaire, de manière à pouvoir entrer en campagne dans le plus bref délai possible, en passant du pied de paix au pied de guerre par un simple accroissement d'effectif. Les corps d'armée sont constitués normalement et uniformément, sauf le corps d'armée de l'Algérie, à deux divisions d'infanterie (une opinion contraire, vivement soutenue, en réclamait trois), une brigade de cavalerie, une brigade d'artillerie, un bataillon du génie, un bataillon du train des équipages avec les états-majors et les divers services nécessaires à son fonctionnement (art. 6). Les travaux préparatoires de la loi évaluent l'effectif de chaque corps d'armée active constitué sur ces bases, à 40,000 hommes, sur lesquels on ne compte

guère que 32,000 combattants. Le nombre de ces corps d'armée, formant ainsi l'armée de campagne, a été fixé à dix-huit (art. 2), suivant l'avis conforme de la commission législative et du gouvernement, et contrairement au projet émané de l'initiative du gouvernement précédent qui proposait douze corps d'armée à trois divisions de 50,000 hommes chacun. En conséquence, la loi (art. 1 et 2) pose le principe de la division du territoire continental de la France en dix-huit régions et en subdivisions de régions. Ces dix-huit régions militaires forment la base de l'organisation de l'armée territoriale [n°s 605 à 608], de son recrutement et de celui de toutes les réserves [n° 603], et de la répartition sur le territoire des corps d'armée ; « chaque région est occupée par un corps qui y tient » garnison (art. 2) », mais « en temps de paix, les corps d'armée » ne sont pas réunis en armées à l'état permanent (art. 7) ». Un décret du 6 août 1874 a fait la détermination des régions territoriales et des subdivisions de régions, et une loi du 5 janvier 1875 a pourvu à l'organisation des commandements supérieurs de Paris et de Lyon.

Le territoire de la France est divisé, pour l'organisation de l'armée territoriale et de sa réserve, en dix-huit régions et en subdivisions de régions. Ces régions et subdivisions de régions, établies d'après les ressources du recrutement et les exigences de la mobilisation, sont déterminées par décret rendu dans la forme des règlements d'administration publique et inséré au *Bulletin des lois* (Loi du 24 juillet 1873, *sur l'organisation générale de l'armée*, art. 1er). — Chaque région est occupée par un corps qui y tient garnison. Un corps d'armée spécial est, en outre, affecté à l'Algérie (art. 2). — Chaque région possède des magasins généraux d'approvisionnements, dans lesquels se trouvent les armes et munitions, les effets d'habillement, d'armement, de harnachement, d'équipement et de campement nécessaires aux diverses armes qui entrent dans la composition du corps d'armée (art. 3). — Chaque subdivision de région possède un ou plusieurs magasins munis des armes et munitions, ainsi que tous les effets d'habillement, d'armement, de harnachement, d'équipement et de campement nécessaires, et alimentés par les magasins généraux de la région (art. 4). — Dans chaque subdivision de région, il y a un ou plusieurs bureaux de recrutement. Dans chaque bureau est tenu le registre matricule prescrit par l'article 33 de la loi du 27 juillet 1872, pour les hommes appartenant à l'armée active et à la réserve de ladite armée. Ce bureau est chargé d'opérer l'immatriculation, dans les divers corps de la région, des hommes de la disponibilité et de la réserve, conformément aux paragraphes 2, 4, 5 et 6 de l'article 11 ci-après. Il est, en outre, chargé de la tenue des contrôles de l'armée territoriale pour les hommes domiciliés dans la subdivision, et de leur immatriculation dans les divers corps de l'armée territoriale de la région. Par ses soins, il est fait chaque année un recensement général des chevaux, mulets et voitures susceptibles d'être utilisés pour les besoins de l'armée. Ces chevaux, mulets et voitures sont répartis d'avance dans chaque corps d'armée et inscrits sur un registre spécial (art. 5). — Chacun des corps d'armée des dix-huit régions comprend deux divisions d'infanterie, une brigade de cavalerie, une brigade d'artillerie, un bataillon du génie, un escadron du train des équipages militaires, ainsi que les états-majors et les divers services nécessaires. La composition détaillée des corps d'armée, des divisions et des brigades, celle des cadres des corps de troupes et de toutes armes dont l'armée se compose, et les effectifs de ces corps de troupes, tant sur le pied de paix que sur le pied de guerre, seront déterminés par une loi spéciale (art. 6). — En temps de paix, les corps d'armée ne sont pas réunis en armées à l'état permanent (art. 7). — Les hommes appartenant à des services régulièrement organisés en temps de paix peuvent, en temps de guerre, être formés en corps spéciaux, destinés à servir soit avec l'armée active, soit avec l'armée territoriale. La formation de ces corps spéciaux est autorisée par décret. Ces corps sont soumis à toutes les obligations du service militaire, jouissent de tous les droits des belligérants, et sont assujettis aux règles du droit des gens (art. 8). — Chaque corps d'armée est organisé d'une manière permanente en divisions et en brigades. Le corps d'armée, ainsi que toutes les troupes qui le composent, sont pourvus en tout temps du commandement, des états-majors, et de tous les services administratifs et auxiliaires qui leur sont nécessaires pour entrer en campagne; le matériel de toute nature dont les troupes et les divers services du corps d'armée doivent être pourvus en temps de guerre est constamment organisé et emmagasiné à leur portée. Le matériel roulant est emmagasiné sur roues (art. 9). — A l'exception de ceux mentionnés à l'article 8, il ne peut être créé de nouveaux corps, ni apporté de changement dans la constitution normale de ceux qui existent, qu'en vertu d'une loi. Aucun changement dans l'équipement et dans l'uniforme, si ce n'est partiellement et à titre d'essai, ne pourra avoir lieu qu'après le vote d'un crédit spécial (art. 10).

628. La difficulté la plus grave que le législateur de 1873 avait à résoudre était celle de la répartition et de l'incorporation des contingents dans les divers corps de l'armée. Cette opération constitue le premier acte du fonctionnement de toute organisation militaire. Entre deux systèmes contraires, l'un appelé *national*, l'autre *régional*, le législateur s'est prononcé pour un système mixte appliquant à l'armée active le recrutement national, et à la disponibilité et à la réserve de l'armée active, comme à l'armée territoriale et à sa réserve, le recrutement régional. Ainsi tous les jeunes gens de la classe, sans distinction d'origine, sont répartis indistinctement sur tous les points du territoire dans tous les corps de l'armée active, en évitant d'incorporer, deux années de suite dans un même corps, des recrues provenant d'un même département. Les hommes qui font, au contraire, partie de la disponibilité et de la réserve de l'armée active, considérés comme troupes de remplacement et de dépôt, appelés à être versés dans les corps de l'armée de combat, sont tous incorporés dans ceux des corps de l'armée active qui tiennent garnison dans la région militaire, où ils sont eux-mêmes domiciliés; ils n'ont plus, comme on le vit malheureu-

sement en juillet 1870, à courir d'un bout de la France pour se rendre de leur domicile à leurs dépôts, puis à leurs corps, que beaucoup ne purent rejoindre qu'après la défaite, ou ne purent atteindre parce que déjà ils étaient investis. « Ce système mixte, dit
» le rapport, permet à la fois d'éviter les inconvénients et de réa-
» liser les avantages des deux autres ». Ce troisième système [1] applique à la disponibilité et à la réserve de l'armée active la règle écrite dans la loi de 1872 pour l'armée territoriale et la réserve [n°s 605 à 608]; en tenant compte des nécessités résultant de l'état politique de la France et de son caractère national dans la composition de l'armée active, il assure la mobilisation rapide des hommes de remplacement et de dépôt.

A ce titre, et malgré le caractère réglementaire de quelques-unes de leurs dispositions, auxquelles on a tenu à donner la fixité législative, les articles 11, 12 et 13 sont des plus importants de la loi d'organisation de l'armée. Les articles 20, 21 22 et 24, placés sous le titre III, intitulé : « *incorporation*, *mobilisation* », contiennent aussi des mesures d'exécution du même principe ; nous nous bornons à reproduire les premiers. L'article unique d'une loi du 19 mars 1875 a ajouté à l'article 22 un paragraphe qui permet, même en dehors des cas d'urgence, la mobilisation par voie d'affiches et de publications sur la voie publique, sans notification individuelle d'un ordre de route ou d'appel.

L'armée active se recrute sur l'ensemble du territoire de la France. En cas de mobilisation, les effectifs des divers corps de troupes et de divers services qui entrent dans la composition de chaque corps d'armée sont complétés avec les militaires de la disponibilité et de la réserve domiciliés dans la région, et, en cas d'insuffisance, avec les militaires de la disponibilité et de la réserve domiciliés dans les régions voisines. A cet effet, les jeunes gens qui, à raison de leur numéro de tirage, ont été compris dans la partie maintenue plus d'un an sous les drapeaux, sont, au moment où ils entrent dans la réserve, immatriculés dans un des corps de la région dans laquelle ils ont déclaré vouloir être domiciliés. Cette immatriculation est mentionnée dans une colonne spéciale, sur le certificat indiqué en l'article 38 de la loi du 27 juillet 1872, de sorte que le militaire faisant partie de la réserve sache toujours où il doit se rendre en cas de mobilisation. Les jeunes militaires qui, conformément aux articles 40, 41 et 42 de la loi du 27 juillet 1872, restent en disponibilité dans leurs foyers sont également immatriculés dans les divers corps de la région et reçoivent, au moment où ils sont envoyés en disponibilité, un certificat constatant leur immatriculation dans le corps qu'ils doivent rejoindre en cas de rappel. La même disposition

---

[1] C'est encore l'un des points sur lesquels la loi du 24 juillet 1873 est contraire au projet de M. Thiers, mais a réuni l'adhésion du gouvernement du maréchal de Mac-Mahon et de la commission législative.

est applicable aux engagés conditionnels d'un an, après leur année de service accomplie. Elle est également applicable aux soldats, caporaux, brigadiers et sous-officiers envoyés en disponibilité avant l'expiration des cinq années de service dans l'armée active, prévues par l'article 36 de la loi du 27 juillet 1872 (L. 24 juillet 1873, *sur l'organisation générale de l'armée*, art. 11). — Les jeunes gens qui se trouvent dans les diverses positions mentionnées en l'article 36 de la loi du 27 juillet 1872, et dont l'autorité militaire dispose conformément audit article, sont portés sur des états spéciaux ; en cas de mobilisation, ils sont versés dans les différents corps de la région, selon les besoins de l'armée (art. 12). — Les divers emplois dont la mobilisation de l'armée rend la création nécessaire ont en tout temps leurs titulaires désignés d'avance et tenus, autant que possible, au courant de la position qui leur est assignée en cas de mobilisation. Les officiers auxiliaires mentionnés aux articles 36, 38 et 41 de la présente loi, les sous-officiers qui, de l'armée active, sont passés dans la réserve, sont d'avance affectés aux divers corps de la région, et il leur est délivré un certificat constatant leur titre d'immatriculation (art. 13).

629. La loi du 24 juillet 1873 supprime, contrairement encore au projet primitif du gouvernement, les divisions et subdivisions territoriales qui existaient antérieurement; dans l'intérêt de l'unité du commandement et de la responsabilité, ainsi que dans un but d'instruction des chefs d'armée, de simplicité et de rapidité, la loi confère au commandant du corps d'armée l'intégralité de l'autorité sur toutes les troupes et sur tous les services de la région ; il n'y pas d'autre autorité militaire territoriale que la sienne; il n'y a plus de généraux de divisions ni de subdivisions territoriales, que l'on a comparés aux sous-préfets. Ainsi les responsabilités ne seront pas divisées, et la préparation à la guerre sera mieux assurée. Les ordres de mobilisation sont transmis par le général commandant le corps d'armée, directement et sans intermédiaires hiérarchiques aux divers bureaux de recrutement qui rappellent alors les réservistes. Ce service des opérations de recrutement et de mobilisation, directement centralisé entre les mains du commandant en chef du corps d'armée, possède un état-major spécial attaché à la région ; il constitue ainsi un service indépendant et distinct de celui des troupes actives, bien que sous les ordres du même chef. Cette loi décentralise en investissant chaque commandant de corps d'armée d'attributions administratives qui antérieurement appartenaient au ministre de la guerre. Le commandant du corps d'armée est donc à la fois l'administrateur de la région et le chef des troupes qui l'occupent, le commandant territorial et le général d'armée. Toutefois la délégation des crédits et l'ordonnancement des dépenses n'ont pas été ajoutés à son pouvoir, et les fonctions d'ordonnateurs de l'armée sont avec raison laissées au

ministre de la guerre et aux fonctionnaires de l'intendance militaire ; mais l'administration chargée d'assurer l'existence matérielle des troupes est subordonnée au commandement, en temps de paix comme en temps de guerre. Le projet de la commission proposait de dire qu'en temps de paix aucun commandant de corps d'armée ne pouvait conserver le commandement du même corps pendant plus de quatre années consécutives ; après une assez vive discussion, cette disposition a été atténuée (art. 14 § 4).

Dans chaque région, le général commandant le corps d'armée a sous son commandement le territoire, les forces de l'armée active, de la réserve, de l'armée territoriale et de sa réserve, ainsi que tous les services et établissements militaires qui sont exclusivement affectés à ces forces. Les établissements spéciaux destinés à assurer la défense générale du pays, ou à pourvoir aux services généraux des armées, restent sous la direction immédiate du ministre de la guerre dans les conditions de fonctionnement qui leur sont afférentes. Toutefois, le commandant du corps d'armée exerce une surveillance permanente sur ces établissements et transmet ses observations au ministre de la guerre. En temps de paix, le commandant d'un corps d'armée ne pourra conserver que pendant trois années au plus son commandement, à moins qu'à l'expiration de ce délai il ne soit maintenu dans ses fonctions par un décret spécial rendu en conseil des ministres. L'exercice de ce commandement ne crée d'ailleurs aux officiers généraux qui en ont été investis aucun privilége ultérieur de fonctions dans leur grade (L. 24 juillet 1873, sur *l'organisation de l'armée*, art. 14). — Des corps de troupes ou fractions de ces corps appartenant à un corps d'armée en peuvent être momentanément détachés et placés dans un autre corps d'armée. Ils sont alors sous le commandement du général commandant le corps d'armée auquel ils sont temporairement annexés (art. 15). — Le général commandant un corps d'armée a sous ses ordres un service d'état-major placé sous la direction de son chef d'état-major général et divisé en deux sections : 1° section active marchant avec les troupes en cas de mobilisation ; 2° section territoriale attachée à la région d'une manière permanente, chargée d'assurer en tout temps le fonctionnement du recrutement, des hôpitaux, de la remonte, et en général de tous les services territoriaux. Les états-majors de l'artillerie, du génie et les divers services administratifs et sanitaires du corps d'armée sont également divisés en partie active et en partie territoriale. Un règlement du ministre de la guerre détermine la composition et la répartition des états-majors et des divers services pour chaque corps d'armée. Un officier supérieur faisant partie de la section territoriale, et désigné par le ministre de la guerre, est chargé de centraliser le service du recrutement (art. 16). — Outre les états-majors dont il est parlé en l'article précédent, le commandant du corps d'armée a auprès de lui et sous ses ordres les fonctionnaires et les agents chargés d'assurer la direction et la gestion des services administratifs et du service de santé. Une loi spéciale sur l'administration de l'armée réglera les attributions de ces divers fonctionnaires et agents, et pourvoira à l'établissement d'un contrôle indépendant (art. 17). — Un officier supérieur est placé à la tête du service du recrutement de chaque subdivision. Tous les militaires de l'armée active, de la réserve et de l'armée territoriale qui se trouvent à un titre quelconque dans leurs foyers et sont domiciliés dans la subdivision, relèvent de cet officier supérieur. Il tient le général commandant le corps d'armée et les chefs des corps des troupes et des différents services au courant de toutes les modifications qui se produisent dans la situation des officiers, sous-officiers et hommes de la disponibilité et de la réserve, et qui sont immatriculés dans les divers corps de la région (art. 18). — Tous les six mois, il est dressé, par le service central du corps d'armée, un état des officiers auxiliaires, sous-officiers et hommes des cadres de la disponibilité et de la réserve, immatriculés dans les divers corps et les divers services de la région, et qui doivent être rappelés immédiatement, en cas de mobilisation, pour porter les cadres au pied de guerre. Le général commandant transmet cet état au ministre de la guerre et lui fait les propositions nécessaires pour que les cadres complémentaires soient toujours préparés pour la mobilisation (art. 19). — A dater du jour où il a reçu l'ordre de mobilisation, le général commandant le corps d'armée est assisté dans son commandement par l'officier général qui doit le remplacer, et qui est désigné d'avance par le ministre de la guerre. Cet officier général prend le commandement de la région, le jour où le corps d'armée mobilisé quitte la région (art. 23).

630. Indépendamment des articles déjà signalés [n° 628] ou reproduits (art. 23 [n° 629]), le titre III de la loi du 24 juillet 1873 contient quatre dispositions dignes d'être remarquées comme intéressant certaines branches des services publics ou les intérêts privés ; elles ont été pour la plupart développées ou confirmées par la loi sur les cadres de l'armée du 13 mars 1875 [n° 631] ; ce sont : — 1° l'obligation imposée à l'administration des lignes télégraphiques d'assurer le service de la télégraphie militaire (art. 27 ; L. 13 mars 1875, art. 20 et 21) ; — 2° l'obligation itérativement imposée aux compagnies de chemins de fer de mettre tous leurs moyens à la disposition du ministre de la guerre en cas de mobilisation ou de guerre, et l'organisation d'un service de marche ou d'étapes sur les lignes de chemins de fer (art. 26 ; L. 13 mars 1875, art. 22 à 27) ; — 3° la consécration et la réglementation (art. 25 ; L. 1er août 1874, *relative à la conscription des chevaux* ; D. 23 octobre 1874 ; circ. min. int. 22 novembre 1874, *Bull. off.* p. 642 ; L. 13 mars 1875, art. 18 § 1) du droit de réquisition, sauf juste indemnité, des chevaux, mulets et voitures recensés en exécution de l'article 5 *in fine* de la loi [n° 627] ; — et surtout 4° l'établissement d'une véritable servitude légale d'utilité publique, moyennant paiement des indemnités dues aux propriétaires [1], par l'as-

---

[1] La gravité de la disposition de l'article 28 de la loi du 24 juillet 1873, qui remet à un règlement d'administration publique le soin de statuer sur le mode d'évaluation des dommages causés aux propriétés par le fait des manœuvres des troupes, est reconnue par le rapport du général Charreton, déjà cité : «... Mais qui veut la fin, veut les moyens. Avec les formalités exigées par les lois

sujettissement de la propriété privée à l'obligation de subir les marches, manœuvres et opérations d'ensemble, de brigade, de division (même de corps d'armée quand les circonstances le permettent) qui doivent terminer chaque année l'instruction progressive et régulière des troupes (art. 28).

Un projet de loi *relatif à l'établissement des champs de tir*, déposé par les ministres de la guerre et de la marine sur le bureau de la Chambre des Députés le 24 mars 1876, propose d'établir, moyennant indemnité, sur la propriété privée, une autre servitude légale d'utilité publique destinée à assurer l'instruction de l'armée, au point de vue du tir (*Journal officiel* du 31 mars 1876, pages 2287 et suivantes).

En cas de mobilisation, la réquisition des chevaux, mulets et voitures recensés en exécution de l'article 5 de la présente loi, peut être ordonnée par décret du président de la République. Cette réquisition a lieu moyennant fixation et paiement d'une juste indemnité. Une loi spéciale déterminera le mode d'exécution de cette réquisition et celui d'après lequel cette indemnité est fixée et payée (Loi du 24 juillet 1873, *sur l'organisation générale de l'armée*, art. 25). — En cas de mobilisation ou de guerre, les compagnies de chemins de fer mettent à la disposition du ministre de la guerre tous les moyens nécessaires pour les mouvements et la concentration des troupes et du matériel de l'armée. Un service de marche ou d'étapes sera organisé sur les lignes de chemins de fer par un règlement ministériel (art. 26). — L'administration du télégraphe tient en tout temps à la disposition du ministre de la guerre le matériel et le personnel nécessaires pour assurer ou compléter le service de la télégraphie militaire (art. 27). — L'instruction progressive et régulière des troupes de toutes armes se termine chaque année par des marches, manœuvres et opérations d'ensemble, de brigade, de division et, quand les circonstances le permettent, de corps d'armée. Jusqu'à la promulgation d'une loi spéciale sur la matière, un règlement d'administration publique, inséré au *Bulletin des lois*, déterminera les conditions suivant lesquelles s'effectuera l'évaluation, ainsi que le paiement des indemnités dues aux propriétaires (art. 28).

631. En vertu de la disposition de l'article 6 de la loi du 24 juillet 1873 [n° 627], est intervenue la loi du 13 mars 1875 *rela-*

» existantes, il n'y a pas de manœuvres possibles; c'est ce que nos voisins les
» Allemands ont parfaitement compris, et les dispositions dont l'adoption vous
» est proposée leur ont été empruntées..... Il semble d'ailleurs préférable pour
» ces propriétaires qu'ils soient indemnisés séance tenante, plutôt que de pour-
» suivre devant les conseils de préfecture le règlement et le paiement des
» dommages qu'auraient soufferts leurs propriétés, en passant par des forma-
» lités plus protectrices peut-être, mais assurément toujours plus lentes, et sur-
» tout plus coûteuses. L'expérience prononcera sur la valeur de cette procé-
» dure nouvelle, et, s'il y a lieu de la fixer par une disposition législative, le
» règlement d'administration publique n'y fera pas obstacle. »

tive à la constitution des cadres et des effectifs de l'armée active et de l'armée territoriale, qui a fixé de nombreux points, dont la réglementation était considérée jusqu'alors comme étant dans le domaine du pouvoir exécutif. Cette loi contient trois titres ; le titre I (art. 1 à 36) est intitulé : *De l'armée active* ; le titre II (art. 37 à 45) : *Du cadre de réserve de l'état-major général et des officiers de réserve* ; nous avons déjà dit [n° 608] que le titre III (art. 46 à 69) est consacré à *l'armée territoriale*. L'article 13 renvoie à une loi ultérieure sur l'administration de l'armée, la détermination des cadres des services administratifs, intendance militaire, officiers de santé militaire, officiers d'administration des bureaux de l'intendance, des hôpitaux, des subsistances, de l'habillement, et du campement, sections d'administration et d'infirmiers militaires. Le gouvernement a déposé sur le bureau du Sénat, dans la séance du 14 mars 1876, un projet de loi *sur l'administration de l'armée*, qui a soulevé d'énergiques protestations, notamment dans le corps de l'intendance militaire.

Une loi du 15 décembre 1875 a apporté des modifications à celle du 13 mars 1875.

Il faut signaler aussi une loi du 18 novembre 1875 qui coordonne les lois des 27 juillet 1872, 24 juillet 1873, 13 mars, 19 mars et 6 novembre 1875 avec le Code de justice militaire.

632. Depuis longtemps le législateur a développé dans l'organisation de l'armée les garanties d'égalité et de justice qui président à sa formation. Après les lois des 16 ventôse et 16 fructidor an II, 6 brumaire an V, 21 décembre 1814, la loi du 13 janvier 1817, celle du 14 avril 1832 pour l'armée de terre, celle du 20 avril 1832 pour l'armée de mer, ont fixé les règles de l'avancement, de manière à ouvrir à tous l'accès des grades et à garantir leur conservation. Sur ce dernier point, ces lois ont concilié le droit individuel avec les nécessités de la discipline, par une distinction ingénieuse entre le *grade*, propriété de l'officier, dont il ne peut être privé que par un jugement, dans les cas et suivant les formes indiqués par la loi, et l'*emploi* dont le gouvernement dispose et qu'il peut retirer sans avoir à en rendre compte. Une loi du 19 mai 1834 spécifie les causes légales qui, seules, peuvent faire encourir à l'officier la perte de son grade. Cette loi de 1834 caractérise ainsi les cinq positions que peut occuper l'officier : l'activité, la disponibilité, la non-activité, la réforme et la retraite. La loi du 4 août 1839, sur l'état-major de l'armée, en a ajouté une sixième, la mise

au cadre de réserve, exclusivement applicable aux officiers généraux ; l'article 8 de la loi sur les cadres de l'armée du 13 mars 1875 a modifié l'article 5 de cette loi.

Des décrets du gouvernement de la défense nationale, pendant la guerre de 1870-71, avaient, celui du 13 octobre 1870, suspendu les règles sur l'avancement dans l'armée et permis de conférer des grades temporaires, et celui du 3 novembre 1870, établi des grades conférés en dehors des conditions réglementaires de l'avancement ; une loi du 17 août 1871 les a tous abrogés et a donné à une commission de quinze membres de l'Assemblée le pouvoir de *statuer souverainement* sur la position des officiers ainsi nommés. Une loi du 5 janvier 1872 a réglé les conditions de l'avancement sur toute l'arme dans les grades inférieurs pour l'infanterie et la cavalerie. Nous indiquerons [n°s 1089 et 1093] les règles relatives aux pensions de retraite des militaires et marins.

633. Deux lois de 1874 ont pour objet le sort des sous-officiers de l'armée.

La première, votée en exécution d'une promesse écrite dans l'article 71 [n° 615] de la loi du 27 juillet 1872, est la loi du 24 juillet 1873 *sur les emplois réservés aux anciens sous-officiers des armées de terre et de mer* ; un règlement d'administration publique du 28 octobre 1874 a déterminé, conformément à l'article 3 de cette loi, le mode d'examen destiné à constater pour chaque emploi l'aptitude professionnelle du candidat, et une instruction du ministre de la guerre du 25 mars 1875 (S. 1875, 3, 659) a pourvu à son fonctionnement immédiat.

La seconde est la loi du 10 juillet 1874 *relative aux améliorations à apporter à la situation des sous-officiers de l'armée active,* qui assure une haute paie aux sous-officiers en cas de rengagement (art. 1 et 5), une allocation journalière aux anciens sous-officiers se trouvant dans des conditions déterminées jusqu'à leur nomination à l'un des emplois civils réservés (art. 4), et une pension de retraite proportionnelle aux anciens sous-officiers se trouvant dans les conditions déterminées par la loi (art. 3 modifié par la loi du 19 mars 1875 et la résolution législative du 24 mai 1875).

Ces deux lois s'appliquent également aux sous-officiers des armées de terre et de mer, et il doit être rendu compte chaque année avant le 31 mars au pouvoir législatif de leur exécution (L. 10 juillet 1874, art. 7).

E. *Armée de mer.*

634. Modes divers de recrutement de l'*armée de mer*.
635. Modes communs à l'armée de terre et à l'armée de mer.
636. Inscription maritime; caisse des invalides de la marine.
637. Commissariat de la marine et de l'inscription maritime.
638. Décret du 8 septembre 1873.
639. Levées des inscrits maritimes.
640. Décret du 31 décembre 1872 apportant des modifications au fonctionnement de l'inscription maritime.
641. Loi du 4 juin 1864 concernant les ouvriers des professions maritimes.
642. La pêche maritime doit-elle rester le privilége des inscrits maritimes?

634. Il nous reste à traiter de la formation de l'armée navale. L'armée de mer a deux sortes d'éléments de recrutement : 1° ceux qui lui sont communs avec l'armée de terre ; 2° un mode qui lui est propre, la levée des marins immatriculés sur les registres de l'inscription maritime.

635. Les modes de recrutement de l'armée de mer qui lui sont communs avec l'armée de terre sont les engagements volontaires, les rengagements, et les appels.

Il faut, toutefois, remarquer : 1° que les engagements et rengagements pour les différents corps de l'armée de mer sont réglementés non par le décret du 1er décembre 1872, mais par celui du 10 août 1868, tant qu'il n'est pas remplacé par le règlement d'administration publique annoncé par la loi du 27 juillet 1872 (art. 37 § 2) ; 2° que les engagements conditionnels d'un an ne sont pas admis dans l'armée de mer ; et 3° que les jeunes gens qui, au moment des opérations du conseil de révision, demandent à entrer dans un corps de la marine et sont reconnus propres à ce service, y sont admis de droit. Ce n'est qu'à défaut d'un nombre suffisant d'hommes de cette catégorie, d'engagés et de rengagés, que l'on a recours au contingent [1] affecté à l'armée de mer sur l'ensemble de la classe (L. 1872, art. 37 § 3). Le temps de service actif dans

---

[1] Le contingent demandé pour l'armée de mer sur la classe de 1874 a été fixé ainsi qu'il suit, par décision du ministre de la guerre du 9 juillet 1875 :

Équipages de la flotte :		Artillerie de la marine :		Infanterie de marine :	
Mécaniciens.	135	Régiment.	691	Régiment.	5,524
Apprentis marins.	655	Compagnies d'ouvriers.	35	Total général.	7,040.
	790		726		

l'armée de mer est, pour les appelés et les engagés, le même que dans l'armée de terre ; d'après une loi du 4 décembre 1875, il en est de même du temps de service dans la réserve, après lequel l'homme passe dans la réserve de l'armée territoriale, aux termes de l'article 37 modifié comme ci-dessous de la loi du 27 juillet 1872 [*voir*, n°s 602, 603 et 610, les autres dispositions de cette loi relatives à l'armée de mer].

L'armée de mer est composée, indépendamment des hommes fournis par l'inscription maritime : 1° des hommes qui auront été admis à s'engager volontairement ou à se rengager dans les conditions déterminées par un règlement d'administration publique ; 2° des jeunes gens qui, au moment des opérations du conseil de révision, auront demandé à entrer dans un des corps de la marine et auront été reconnus propres à ce service ; 3° enfin, et à défaut d'un nombre suffisant d'hommes compris dans les deux catégories précédentes, du contingent du recrutement affecté par décision du ministre de la guerre à l'armée de mer. Ce contingent, fourni par chaque canton dans la proportion fixée par ladite décision, est composé de jeunes gens compris dans la première partie de la liste du recrutement cantonal, et auxquels seront échus les premiers numéros sortis au tirage au sort. Un règlement d'administration publique déterminera les conditions dans lesquelles pourront avoir lieu les permutations entre les jeunes gens affectés à l'armée de mer et ceux de la même classe affectés à l'armée de terre. Pour les hommes qui ne proviennent pas de l'inscription maritime, le temps de service actif dans l'armée de mer est de cinq ans, et de quatre ans dans la réserve. Après avoir accompli ces quatre ans dans la réserve, ces hommes passent immédiatement dans la réserve de l'armée territoriale, où ils restent jusqu'à l'âge de quarante ans (L. 27 juillet 1872, *sur le recrutement de l'armée*, art. 37 modifié par la loi du 4 décembre 1875).

636. L'*inscription maritime*, prise isolément, est l'enregistrement de tous les gens de mer sur des registres spéciaux ; c'est, aux termes de la loi du 3 brumaire de l'an IV, « une inscription particulière pour les Français qui se livrent à la navigation » ; c'est en quelque sorte l'état civil des marins. Son origine remonte à l'administration de Colbert et à Louis XIV ; elle est actuellement régie par la loi du 3 brumaire de l'an IV, par diverses lois accessoires en date du même jour et le décret du 24 février 1852. Elle consiste, comme son nom l'indique, dans l'inscription sur les registres matricules de la marine, de tout homme âgé de dix-huit à cinquante ans, qui se livre à la navigation ou à la pêche, soit en mer, soit dans les fleuves et rivières jusqu'aux limites déterminées pour chacun d'eux, par décrets rendus sur la proposition du ministre de la marine et insérés au *Bulletin des lois* [n° 961]. L'inscription des marins sur les registres matricules est subordonnée à des conditions parfaitement définies. Elle se fait d'abord à titre provi-

soire et ne devient définitive qu'après un certain temps. Elle n'a lieu qu'avec l'adhésion des personnes qu'elle concerne ; enfin, les marins inscrits peuvent toujours se faire rayer des matricules après qu'ils ont renoncé à la navigation.

Notre organisation maritime imposant des obligations aux inscrits [n° 639], des dispositions particulières ont été prescrites en leur faveur, tantôt pour les affranchir des charges imposées aux autres citoyens, tantôt pour accorder certains avantages soit à eux, comme le privilége de la pêche de mer [n° 642], soit à leurs enfants ou à leurs femmes (Édit du 21 mars 1778 sur les priviléges des gens de mer ; ordonnance du 1er novembre 1745 sur l'insaisissabilité des salaires ; arrêt du 2 prairial an XI ; décret du 4 mars 1852) ; soit, enfin, pour leur concéder des pensions de retraite, dites demi-soldes, alors même qu'ils n'auraient navigué que sur les navires du commerce, pensions que leur assure l'institution de la *Caisse des invalides de la marine*, qui, depuis deux siècles, remplit, à leur égard, le rôle d'une véritable caisse des invalides du travail maritime [n°s 1565 à 1569].

637. Des fonctionnaires dépendant du ministère de la marine sont placés à la tête des quartiers maritimes ; ils font partie du corps du *commissariat de la marine*, qui fournit les *commissaires de l'inscription maritime* [1], et a été réorganisé par le décret du 7 octobre 1863. Ces fonctionnaires tiennent les matricules des gens de mer et procèdent aux opérations relatives à l'appel au service ou levée des *inscrits maritimes* ; ils ont d'autres attributions importantes que leur confère la loi, soit dans un but de protection pour les marins et les personnes embarquées, soit dans l'intérêt de la police de la navigation et de la conservation du domaine public maritime. La constatation des engagements des marins avec les capitaines et armateurs, le décompte et le paiement des salaires, ont lieu devant eux, et ils délivrent les rôles d'armement, soit en vertu d'un pouvoir disciplinaire, soit comme présidents des tribunaux maritimes commerciaux ; ils sont chargés de la police des équipages, et ils contrôlent l'autorité des capitaines des navires de commerce, afin d'assurer à tous, matelots ou passagers, les garanties que l'administration territoriale ne peut leur donner une fois

---

[1] *Voir*, à la fin du tome II du présent ouvrage, l'appendice contenant les programmes des concours pour l'admission au grade d'aide commissaire de la marine et à l'emploi d'élève commissaire de la marine.

qu'ils sont embarqués. L'état civil, les successions de toutes personnes décédées à bord sont placés sous leur garde ; ils ont à s'occuper des naufrages, des épaves et de l'administration de la *Caisse des invalides de la marine* [n° 1568] ; ils sont chargés aussi de l'examen des demandes de concession sur le domaine public maritime et de la surveillance de la pêche côtière.

L'administration des quartiers a donc à satisfaire aux intérêts les plus divers des populations maritimes; et, si les fonctionnaires qui en sont chargés ont sous leurs ordres, pour les aider, des préposés, des syndics des gens de mer, des gendarmes maritimes, etc., ils sont placés à leur tour sous l'autorité des *préfets maritimes* (nous avons indiqué [n° 500] la triple mission des préfets maritimes comme commandants des forces navales de leur arrondissement, administrateurs, et juges du contentieux de l'inscription maritime) et des chefs du service de la marine, qui les surveillent, les contrôlent ; enfin ils sont soumis aux inspections ordonnées par le ministre.

638. Un décret du 8 septembre 1873 (art. 1er), modifiant les décrets des 1er juin 1867 et 20 mai 1868, fixe, au fur et à mesure que les ressources budgétaires le permettront (art. 3), les cadres de chacun des grades de sous-commissaires de la marine à 180 (90 de 1re et 90 de 2me classe), et d'aides commissaires de la marine à 150 ; il laisse au ministre de la marine et des colonies le soin de déterminer la répartition de ces officiers entre les ports militaires, les chefs-lieux des sous-arrondissements maritimes, l'Algérie, le service de l'inscription maritime, etc. L'article 2 de ce décret du 8 septembre 1873 est ainsi conçu :

A la mer, le service maritime est dirigé : dans une armée navale, par un commissaire général ou par un commissaire de la marine; dans une escadre, par un commissaire adjoint; dans une division navale, sous les ordres d'un officier général commandant en chef, par un commissaire adjoint; sur tout bâtiment monté par un officier général en sous-ordre ou par un chef de division, par un sous-commissaire pourvu d'une mission de sous-commissaire de division, et qui remplit en même temps les fonctions d'officier d'administration du bâtiment sur lequel il est embarqué. Sur tout autre bâtiment de la flotte, les fonctions d'officier d'administration sont remplies par un sous-commissaire ou par un aide commissaire. Elles sont remplies autant que possible par des sous-commissaires sur les bâtiments commandés par des capitaines de vaisseau. Il n'est point embarqué d'officier d'administration sur les bâtiments dont l'effectif est de 45 hommes et au-dessous. Les officiers du commissariat, employés à la mer, prennent, suivant leur position, les titres temporaires de : commissaire général ou commissaire d'armée, commissaire d'escadre, commissaire de division, sous-commissaire de division, et d'officier d'administration. Les commissaires d'armée choisissent un sous-commissaire pour les assister dans leurs fonctions. Les commissaires d'escadre et de division ont pour les assister dans leurs fonctions un sergent-major des équipages de la flotte. Aucun emploi autre que ceux énoncés au présent article ne peut être conféré à bord des bâtiments aux officiers du commissariat, si ce n'est en vertu d'une décision spéciale du ministre de la marine et des colonies.

639. Le service obligatoire dans les équipages de la flotte est imposé à l'inscrit maritime par voie d'appels ou de levées. A cet effet, tous les individus inscrits sont divisés en quatre classes : les célibataires, les veufs sans enfants, les mariés sans enfants, les pères de famille ; ils peuvent être requis pour le service des flottes, en commençant par l'appel de la première classe, et ainsi de suite.

Historiquement, la situation des populations maritimes au point de vue du service de l'État, a successivement reçu de notables adoucissements, et l'inscription maritime y a elle-même contribué. La création du système des *classes* des gens de mer, sous Louis XIV, fut en effet un progrès pour les populations maritimes, soumises à la *presse* lorsqu'on avait besoin de matelots pour le service de l'État. L'ordonnance du 31 octobre 1784 vint apporter de sérieuses améliorations au régime précédent, en constituant une organisation complète des gens de mer dans les quartiers et les syndicats qu'elle établit, en prescrivant que les levées se feraient par rôle individuel au moyen d'états nominatifs, enfin en déterminant que les contingents à fournir dans chaque quartier seraient proportionnels au nombre d'hommes propres au service portés sur les états. La loi du 4 brumaire an IV, après avoir posé le principe du service obligatoire pour le marin qui en était requis, introduisit des conditions plus favorables pour l'inscrit maritime. Les décrets impériaux des 22 octobre 1863 et 27 février 1866 ont soumis les obligations des inscrits maritimes à des règles précises qui, bien qu'elles conservent pour les gens de mer l'obligation du service à l'État, entourent du moins ce recrutement de toutes les garanties, et ne l'imposent plus aux marins qu'à une époque de leur existence où la charge est bien moins lourde ; leur laissant ensuite une entière liberté, elles ne les détournent plus de leur industrie que si des circonstances extraordinaires forcent l'État à faire appel à tous les dévouements.

D'après les décrets de 1863 et 1866, le marin inscrit, levé pour le service à l'âge de vingt et un ans, est, sauf les modifications apportées par le décret du 31 décembre 1872 [*voir* n° 640], si les besoins de l'État l'exigent, dirigé sur un port militaire et incorporé à la division ; mais si les besoins du service ne le réclament pas, c'est-à-dire *si l'appel n'est pas ordonné*, le marin qui s'est présenté au commissaire du quartier reçoit un certificat constatant la date de sa déclaration, et il lui est délivré un congé renouvelable, avec faculté de se livrer à toute espèce de navigation. Le temps passé dans cette situation lui est alors compté comme service à l'État, s'il s'engage à ne naviguer qu'au cabotage ou à la petite pêche pendant la durée du congé. Après six années révolues, à compter du jour de son incorporation ou du jour où il a fait sa déclaration, c'est-à-dire qu'il ait ou non servi sur les bâtiments de l'État, il ne peut plus être requis pour le service de la flotte qu'en cas d'armement extraordinaire et en vertu d'un décret. En d'autres termes, il ne fait plus pour ainsi dire partie que d'une réserve générale à laquelle des circonstances exceptionnelles seules pourraient contraindre l'État d'avoir recours. Pendant qu'il est au service, l'inscrit peut recevoir des congés renouvelables, et, après trois ans, il touche une haute paie ; à l'expiration de la sixième année, il est congédié et reçoit un certificat constatant qu'il a satisfait à l'appel et mentionnant la manière dont il a servi. Il devient alors entièrement libre de faire ce qu'il veut. D'après les mêmes décrets, l'inscrit maritime pouvait se faire remplacer.

640. « L'institution de l'inscription maritime est (*ou plutôt devrait être*) à l'abri de toute attaque, maintenant que ces dispositions essentielles sont devenues la base de la loi sur le recrutement de l'armée. » Ainsi s'exprime un rapport du ministre de la marine proposant d'apporter aux décrets des 5 juin 1856, 22 octobre 1863 et 27 février 1866 sur l'inscription maritime, les modifications qu'a consacrées le décret du 31 décembre 1872 ; elles ont pour objet d'assimiler les inscrits maritimes levés pour le service, aux jeunes soldats fournis à l'armée de mer par le recrutement aux termes de la loi du 27 juillet 1872. Ce décret du 31 décembre 1872 dispose (art. 1er) que les inscrits maritimes sont astreints au service de la flotte à l'âge de vingt ans révolus, et que, dès l'âge de dix-huit ans, ils peuvent être admis à devancer l'appel s'ils sont reconnus aptes à faire un bon service. Aux termes de l'article 2, la première période obligatoire de service exigée des inscrits maritimes est réduite de *six ans à cinq ans*, pendant lesquels peuvent leur être délivrés des congés renouvelables sans soldes, leur permettant de se livrer à toute espèce de navigation. Après l'accomplisement de cette période, ils demeurent (art. 3) pendant deux ans encore, et dans les mêmes conditions, en position du congé renouvelable. Le temps passé en congé renouvelable (art. 4) est compté comme service à l'État pour ceux d'entre eux qui, au moment de la délivrance de ces congés, s'engagent à ne naviguer qu'au cabotage, au bornage ou à la petite pêche pendant la durée de ces congés. Enfin l'article 5 de ce décret du 31 décembre 1872 enlève aux inscrits maritimes la faculté de se faire remplacer au service de l'État, qui ne pouvait leur être maintenue en présence des dispositions de la loi du 27 juillet 1872.

641. Un décret du 28 janvier 1857 a assujetti à l'inscription tous les individus attachés au service des machines à vapeur sur les bâtiments faisant la navigation maritime. Ainsi, l'inscription maritime assure aux navires de la marine nationale des marins, des mécaniciens et des chauffeurs expérimentés.

L'article 44 de la loi du 3 brumaire an IV donnait aussi au gouvernement le droit d'appeler dans les ports militaires les ouvriers propres aux travaux des ports, qui étaient enregistrés comme tels dans les bureaux de l'inscription; un décret du 19 mars 1808 n'avait laissé peser cette charge que sur quatre des huit catégories d'ouvriers auxquelles s'appliquait la loi de l'an IV, et la loi du 24 mars 1832 (art. 14 § 2) l'avait implicitement consacré. Le gouvernement ne jugeant plus nécessaire de retenir ces ouvriers dans les liens de l'inscription maritime, pouvant assurer les travaux des arsenaux par les moyens ordinaires et supprimer cet obstacle au développement des constructions navales du commerce, une loi du 4 juin 1864 a fait rentrer ces ouvriers dans le droit commun.

A partir de la promulgation de la présente loi, les charpentiers de navires, les perceurs, les voiliers et les calfats, auxquels s'applique l'article 44 de la loi du 3 brumaire an IV, ne seront plus compris dans l'inscription maritime..... A dater de la même époque, le paragraphe 2 de l'article 14 de la loi du 21 mars 1832 cessera d'être applicable aux jeunes gens exerçant ces diverses professions (Loi du 4 juin 1864, *concernant les ouvriers des professions maritimes*, art. 1er).

642. Parmi les privilèges des inscrits maritimes, nous avons indiqué [n° 636] l'exploitation de la pêche maritime. Ce monopole était une compensation des charges spéciales de l'inscription maritime : on a réservé au Français voué au service de mer l'exploitation des produits de la mer. On pouvait le comprendre, alors que

l'inscrit maritime supportait une charge publique non imposée au reste de la population ; mais ce privilége, déjà contestable depuis que tous ont été appelés, dans le nouveau droit public de la France, à concourir indistinctement au service militaire, semble n'avoir plus de raison d'être et inconciliable avec le principe d'égalité des citoyens devant la loi, depuis que la loi du 27 juillet 1872 a étendu à tous l'obligation du service militaire personnel. L'inscrit maritime, loin de subir une charge publique plus onéreuse que les autres citoyens, conserve, en servant sur la flotte, l'avantage de n'être jamais enlevé à la profession de son choix. Parmi les nombreuses restrictions auxquelles la pêche maritime est soumise [1], et qui ont été considérablement diminuées par les décrets du 10 mai 1862, 10 novembre 1862, 9 octobre 1863, 24 décembre 1864 et 23 juin 1866, le maintien de celle-ci semble désormais difficile à justifier, surtout depuis le décret du 31 décembre 1872 [n° 640] qui consacre l'assimilation des inscrits maritimes levés pour le service avec les soldats fournis par le recrutement.

SECTION IV. — Droit de pétition.

643. Caractères et conditions du droit de pétition; son application restreinte aux étrangers; il peut s'exercer auprès du pouvoir législatif et du pouvoir exécutif.
644. Pétitions au chef de l'État; juridiction gracieuse.
645. Pétitions au sénat sous la Constitution de 1852; son droit d'annulation des actes pour inconstitutionnalité.
646. Pétitions à l'assemblée nationale de 1871-1875; résolution du 3 juillet 1873 réglementant l'exercice du droit de pétition.
647. Pétitions au Sénat et à la Chambre des Députés sous les lois constitutionnelles de 1875 et d'après leurs règlements.

643. Le droit de pétition, consacré par toutes les constitutions qui se sont succédé depuis 1789, consiste dans la faculté d'adresser une demande ou une plainte aux autorités compétentes pour les recevoir. Les pétitions peuvent avoir pour objet soit des intérêts d'ordre public et constitutionnel, et, dans ce cas, le droit de pétition forme un droit politique, soit des intérêts privés, et, dans ce cas, il est un droit civil ou naturel. Dans l'un ou l'autre cas, l'exer-

---

[1] Un rapport du ministre de la marine, en date du 23 janvier 1867, résume la réglementation de la *pêche maritime*.

cice de ce droit est dégagé de toute condition de forme, et même offert à toute personne sans conditions de sexe et d'âge. Une loi de l'Assemblée constituante du 22 mai 1791 reconnaissait le droit de pétition à *tout individu* ; la Constitution du 22 frimaire de l'an VIII, article 83, l'accordait à *toute personne*.

Aucune disposition constitutionnelle ultérieure n'a restreint aux seuls nationaux cette généralité du droit de pétition, et le sénat, près duquel il était exclusivement exercé sous la Constitution de 1852, sur un rapport présenté dans sa séance du 28 avril 1863 (*Moniteur* du 29), avait même cru devoir maintenir sans aucune restriction l'exercice du droit de pétition aux étrangers domiciliés ou non en France. Nous avons dit [n°⁸ 393 note et 590] combien ces tendances de tous nos législateurs depuis 1814, à l'assimilation des étrangers aux nationaux, même en dehors du domaine du droit privé et dans celui du droit public, nous semblaient regrettables ; suivant nous, il n'est que juste et juridique d'admettre les étrangers, comme les Français, à pétitionner relativement aux questions d'intérêt privé qui leur sont personnelles ; mais là doit être rigoureusement limité le droit de pétition au profit des étrangers. En un mot, pour les étrangers, c'est un droit d'ordre purement privé ; pour les Français, c'est un droit d'ordre privé et d'ordre politique.

Les pétitions sont dispensées du timbre (L. 13 brumaire de l'an VII, art. 16). On admet, malgré l'opinion contraire de quelques jurisconsultes, qu'elles peuvent être collectives, la prohibition de l'article 83 de la Constitution de l'an VIII, qui exigeait qu'elles fussent signées individuellement, n'ayant été maintenue par aucun des textes actuellement en vigueur.

Le droit de pétition peut s'exercer soit auprès du pouvoir exécutif, soit auprès de toutes les assemblées investies de la totalité ou d'une partie de la puissance législative, à moins d'un texte constitutionnel qui, dans le système de pluralité des assemblées, réserve exclusivement cette attribution à l'une d'elles.

644. Le droit de pétition au pouvoir exécutif n'est soumis à aucune règle spéciale et restrictive; il constitue, en ce qui touche les intérêts privés, le recours par la voie gracieuse qui, avant d'arriver au chef de l'État, peut être préalablement, mais sur timbre, porté devant les autorités placées aux divers degrés de la hiérarchie administrative. Dans notre pays, les pétitions adressées au chef de l'État, sous tous les régimes, sont fort nombreuses. Nous citons à

titre d'exemple les chiffres donnés sur ce point par le rapport sur les travaux du conseil d'État publié le 30 mars 1862; il évalue à 209,457 les pétitions de toutes sortes qui, de 1852 à 1860, ont été adressées à l'empereur : sur lesquelles 1,356 ont été l'objet de rapports directs à lui personnellement soumis ; 6,223 renvoyées à son cabinet ; 78,406 renvoyées aux ministres compétents ; 10,328 au grand chancelier de la Légion-d'Honneur; 18,456 aux préfets, et 94,689 classées sans qu'il ait dû leur être donné suite. Cette statistique des pétitions adressées à une autre époque au chef de l'État, s'explique dans les comptes rendus des travaux du conseil d'État, par cette circonstance qu'une commission des pétitions, pour entourer ce droit de sérieuses garanties, avait été créée au sein du conseil d'État par un décret du 18 décembre 1852 ainsi conçu :

Considérant que, si l'organisation des pouvoirs publics offre à tous les citoyens les moyens de faire valoir leurs droits et d'obtenir justice, il importe que, dans certains cas exceptionnels, ils puissent, conformément à ce qui avait été réglé par le décret de 1806 (20 septembre), nous adresser directement leurs réclamations; voulant assurer à tous un libre et sérieux recours à notre sollicitude personnelle; avons décrété et décrétons ce qui suit: — Art. 1. Il sera formé dans le sein de notre conseil d'État une commission des pétitions présidée par un conseiller d'État, et composée de deux maîtres des requêtes et de six auditeurs. — 2. Toutes les pétitions à nous adressées, et ayant pour objet de recourir à notre autorité, seront transmises à la commission, et immédiatement examinées par elle. — 3. Chaque semaine, le président de la commission se rendra au palais des Tuileries pour nous remettre un rapport résumant les travaux de cette commission, et indiquant les propositions qu'elle aura cru devoir signaler à notre attention. — 4. La commission des pétitions sera renouvelée tous les trois ans.

645. Nous avons déjà dit que, sous la Constitution de 1852, le droit de pétition, en ce qui concerne les assemblées, s'exerçait exclusivement auprès du sénat (art. 45), chargé en outre de « maintenir ou annuler tous les actes qui lui étaient déférés comme » inconstitutionnels par le gouvernement ou dénoncés pour la » même cause par les pétitions des citoyens ». Ainsi le texte constitutionnel était général et absolu ; on agitait seulement la question de savoir si le sénat avait le droit d'annuler pour inconstitutionnalité les actes émanés des tribunaux judiciaires ou administratifs et les décrets rendus au contentieux; trois systèmes s'étaient produits : l'un refusait ce droit au sénat, le second l'accordait d'une manière absolue, le troisième admettait l'annulation de l'acte sous la réserve du maintien des droits acquis aux parties intéressées. Cette dernière opinion avait l'avantage de concilier le respect de la chose jugée avec la disposition générale de l'article 29

de la Constitution « *tous les actes* », et avec le précédent historique de l'article 21 de la Constitution du 22 frimaire de l'an VIII, interprété par l'article 55 du sénatus-consulte du 16 thermidor an X. Cette attribution exclusive du sénat se rattachait au pouvoir constituant dont la Constitution de 1852 investissait le sénat et que la Constitution du 21 mai 1870 avait fait disparaître.

646. Le droit de pétition, avant les lois constitutionnelles de 1875, s'exerçait auprès de l'assemblée nationale; les pétitions étaient adressées au président de l'assemblée, ou remises sur le bureau par un député tenu de signer en marge la mention du dépôt qu'il effectuait. Nulle personne ne faisant pas partie de l'assemblée ne pouvait être admise, ni en groupe, ni même isolément, à les apporter à la barre de l'assemblée. Celles même qui seraient transmises par un rassemblement extérieur ne pouvaient être reçues par le président ou déposées sur le bureau par un député, sous peine d'application des dispositions disciplinaires du règlement. Les pétitions étaient, dans l'ordre de leur arrivée, inscrites sur un rôle général qui était imprimé et distribué à l'assemblée, et aussitôt renvoyées à la commission des pétitions, sauf celles relatives à un objet soumis à une autre commission. Toute pétition était l'objet d'un rapport public d'après les règles antérieurement suivies; aux termes du règlement de l'assemblée, l'unanimité des membres présents pouvait décider qu'une pétition ne serait rapportée à la tribune que par l'indication du nom du pétionnaire et le numéro d'ordre du rôle général. Une importante modification votée le 3 juillet 1873, en maintenant la règle que chaque pétition est l'objet d'un rapport, disposait : qu'avis du rapport et de la résolution de la commission était donné au pétitionnaire, mais que la commission rapportait en séance publique les seules pétitions sur lesquelles elle concluait au renvoi à un ministre et celles qu'elle jugeait utile de soumettre à l'examen de l'assemblée, sauf le cas de demande écrite de rapport en séance publique adressée au président par un député.

647. Sous l'empire des lois constitutionnelles de 1875, le droit de pétition s'exerce également devant le Sénat et devant la Chambre des Députés. Au moment où s'impriment ces lignes, cette dernière n'est pas encore saisie de son projet de règlement. Le Sénat au contraire, dans sa séance du 10 mai 1876, a été saisi et a voté en première lecture le projet de *règlement du Sénat*. Le chapitre IX

est intitulé *Des pétitions* et comprend les articles 98 à 103 ; nous les reproduisons en faisant observer qu'ils diffèrent peu des articles des règlements des assemblées de 1849 et de 1871, analysés dans le numéro qui précède. Le rapporteur de la commission du Sénat s'en explique du reste de la manière suivante : « Les seuls changements
» que la commission ait jugé qu'il convenait d'introduire dans ce
» chapitre sont : une ordonnance plus méthodique des travaux qui
» amènent une pétition à l'état de rapport ; une classification plus
» nette des pétitions examinées selon la nature de la résolution
» adoptée pour chacune d'elles ».

Toute pétition doit être rédigée par écrit et signée ; elle doit en outre indiquer la demeure du pétitionnaire ou de l'un d'eux, si elle est revêtue de plusieurs signatures. Les signatures des pétitionnaires doivent être légalisées. Si la légalisation était refusée, le pétitionnaire ferait mention de ce refus à la suite de sa pétition. Les pétitions doivent être adressées au président du Sénat. Elles peuvent également être déposées par un sénateur qui fait, en marge, mention du dépôt et signe cette mention. Une pétition apportée ou transmise par un rassemblement formé sur la voie publique ne pourra être reçue par le président, ni déposé sur le bureau (Règlement du Sénat ; chapitre IX, *Des pétitions* ; art. 98). — Les pétitions, dans l'ordre de leur arrivée, sont inscrites sur un rôle général contenant le numéro d'ordre de la pétition, le nom et la demeure du pétitionnaire, ainsi que l'indication sommaire de l'objet de sa demande, et, lorsqu'elle n'aura pas été adressée directement au président, le nom du sénateur qui l'aura déposée. Ce rôle est imprimé et distribué au Sénat (art. 99). — Les pétitions inscrites sur le rôle sont renvoyées à la commission des pétitions. Néanmoins, celles relatives à une proposition actuellement soumise à l'examen d'une commission spéciale sont directement renvoyées à cette commission par le président du Sénat. Ce renvoi peut également être ordonné par la commission des pétitions. Tout membre du Sénat pourra prendre communication des pétitions en s'adressant au président de la commission chargée de leur examen (art. 100). — La commission, après examen de chaque pétition, les classe dans l'ordre suivant : celles sur lesquelles elle conclut au renvoi à un ministre ; celles qu'elle juge devoir être, indépendamment de ce renvoi, soumises à l'examen du Sénat ; celles qu'elle ne juge pas devoir être utilement soumises à cet examen. Avis est donné au pétitionnaire de la résolution adoptée, à l'égard de sa pétition, et du numéro qui lui est donné (art. 101). — Un feuilleton, distribué chaque mois aux membres du Sénat, mentionne le nom et le domicile du pétitionnaire, l'indication sommaire de l'objet de la pétition, le nom du rapporteur, enfin la résolution adoptée par la commission, avec le résumé succinct de ses motifs. Toutefois la commission, si, à l'unanimité de ses membres présents, elle l'a décidé, peut ne faire figurer la pétition au feuilleton que par son numéro d'ordre et par le nom de son auteur, avec indication de la résolution adoptée (art. 102). — Tout sénateur, dans le mois de la distribution du feuilleton, peut demander le rapport en séance publique d'une pétition, quel que soit le classement que la commission lui ait assigné. Sur sa demande, adressée par écrit au président du Sénat, le rapport devra être présenté au Sénat. Après l'expiration du délai ci-dessus indiqué, les résolutions de la commission deviennent définitives à l'égard des pétitions qui ne doivent pas être l'objet d'un rapport public, et elles sont mentionnées au *Journal officiel* (art. 103). — La commission rapporte les pétitions en séance publique. La priorité ou l'urgence peut être demandée pour l'examen d'une pétition. Sur cette demande, le Sénat décide par assis et levé, sans débat (art. 104). — Les commissions spéciales auxquelles des pétitions auront été renvoyées devront en faire mention dans leurs rapports. Dans un délai de six mois, les ministres feront connaître, par une mention portée au feuilleton distribué aux membres du Sénat, la suite qu'ils ont donnée aux pétitions qui leur ont été respectivement renvoyées (art. 105).

SECTION V. — Séparation de l'autorité administrative et de l'autorité judiciaire.

648. Objets et motifs du principe; division de la section en trois paragraphes.

648. Nous avons exposé, dans les notions préliminaires de droit constitutionnel placées en tête de cet ouvrage, le principe fondamental de notre public qui consacre la séparation des pouvoirs, et déterminé la place qui, dans la théorie des pouvoirs, appartient à l'autorité administrative et à l'autorité judiciaire. L'expérience du passé et la pratique de chaque jour démontraient au législateur du nouveau droit public de la France la nécessité de prévenir les abus de pouvoir dans les rapports inévitables entre ces deux autorités parallèles. L'exemple des envahissements des parlements pendant les derniers siècles de l'ancienne monarchie inspira la pensée, tout en établissant entre ces deux autorités une mutuelle indépendance, de protéger particulièrement l'autorité administrative contre les entreprises de l'autorité judiciaire, suffisamment garantie elle-même par son inamovibilité. Ce principe a reçu son développement successif de la législation et de la jurisprudence; il s'est complété par l'institution des conflits, qui forme sa plus efficace sanction.

Nous déterminerons, dans un premier paragraphe, les conséquences du principe de la séparation des deux autorités considéré en lui même, en reproduisant les textes qui le formulent; dans un second paragraphe, nous traiterons de sa sanction administrative par l'institution des conflits; dans un troisième paragraphe, nous parlerons du corollaire qu'il trouvait dans la garantie administrative des agents du gouvernement, consacrée par l'article 75 de la Constitution du 22 frimaire de l'an VIII, actuellement abrogé.

§ Ier. — Formule et conséquences du principe.

649. Textes qui consacrent le principe de la séparation de l'autorité administrative et de l'autorité judiciaire.
650. Des principales conséquences qui en découlent directement dans les relations de ces deux autorités ; 1re, 2e et 3e conséquences générales.
651. 4e conséquence générale.
652. Suite.
653. Exception en matière d'expropriation pour cause d'utilité publique.
654. 5e conséquence générale.
655. Suite.
656. Sanction pénale du principe; nécessité d'une autre sanction.

649. Les dispositions légales encore en vigueur, qui formulent la règle, élevée à la hauteur d'un principe de droit public, de l'indépendance de l'autorité administrative à l'encontre de l'autorité judiciaire et de leur séparation, émanent de l'Assemblée constituante, de la Convention et du Directoire ; par suite de leur importance doctrinale et pratique, elles doivent être connues dans leur texte même. Mais avant ces textes, le décret des 22 décembre 1789-8 janvier 1790, *relatif à la constitution des assemblées primaires et des assemblées administratives* (section III, art. 7), et l'instruction y annexée (§ VI), avaient déjà fait de ce principe une solennelle application.

Les fonctions judiciaires sont distinctes, et demeureront toujours séparées des fonctions administratives. Les juges ne pourront, à peine de forfaiture, troubler, de quelque manière que ce soit, les opérations des corps administratifs ou citer devant eux les administrateurs à raison de leurs fonctions (Loi des 16-24 août 1790, *sur l'organisation judiciaire*, titre II, art. 13).—Les tribunaux ne peuvent ni s'immiscer dans l'exercice du pouvoir législatif ou suspendre l'exécution des lois, ni entreprendre sur les fonctions administratives ou citer devant eux les administrateurs à raison de leurs fonctions (Constitution du 3 septembre 1791, titre III, chap. v, art. 3).— Défenses itératives sont faites aux tribunaux de connaître des actes d'administration de quelque espèce qu'ils soient, aux peines de droit (Décret de la Convention nationale du 16 fructidor an III, article unique § 2 [*voir* n° 680]). — Arrêté du Directoire exécutif du 2 germinal an V, qui ordonne la dénonciation au tribunal de cassation de deux jugements rendus par des tribunaux civils dans une affaire du ressort des autorités administratives.

650. Nous aurons à montrer, dans le cours de cet ouvrage, les conséquences pratiques, *spéciales* à diverses matières, du principe de la séparation des autorités administrative et judiciaire. Nous aurons notamment à exposer celle considérable que le conseil d'État et le tribunal des conflits en ont déduite au point de vue du droit

exclusif de l'autorité administrative de déclarer l'État débiteur, toutes les fois que sa responsabilité est engagée au point de vue des services publics, à moins d'un texte contraire [n°s 1055 à 1061]. Nous verrons aussi, en appréciant [n°s 960 à 968] les jurisprudences contraires de la cour de cassation, du conseil d'État et du tribunal des conflits, les conséquences de ce principe relatives à la délimitation du domaine public. Mais, en ce moment, nous devons déterminer les conséquences *générales* du principe, relatives à l'ensemble du droit. A ce point de vue, les principales conséquences pratiques et générales de ce principe, consacrées par la jurisprudence administrative et judiciaire, sont au nombre de cinq, et peuvent se résumer ainsi qu'il suit :

1° Les tribunaux de l'ordre judiciaire doivent s'abstenir de prescrire dans leurs jugements et arrêts aucune mesure du ressort de l'administration active, délibérante ou contentieuse [n°s 244 à 260]. Un grand nombre d'arrêts font l'application de chacune de ces règles, et ceux qui suivent ne sont cités qu'à titre d'exemples entre beaucoup d'autres (c. c. ch. crim. 17 décembre 1857, S. 57, 1, 880 ; Paris, 7 décembre 1861, S. 62, 1, 295 ; c. c. ch. crim. 15 juillet 1864, S. 65, 1, 100 ; ch. crim. 9 février 1865, *Paulin* ; ch. civ. 9 avril 1872, *d'Isoard c. de Clapiers*) ; — 2° l'administration active et les tribunaux administratifs doivent, de leur côté, s'abstenir de juger les questions d'intérêt privé de la compétence des tribunaux judiciaires, telles que les questions de propriété et les questions d'état [*voir* n°s 250, 401, 402, 494] ; — 3° les actes émanés de l'une des deux autorités doivent être respectés par l'autre, alors même qu'ils seraient entachés d'excès de pouvoir et d'incompétence ; ils ne peuvent être ni vérifiés, ni appréciés soit dans leur opportunité, soit dans leur légalité, ni blâmés par l'autre autorité, ni entravés dans leur exécution, ni annulés par elle ; ce pouvoir n'appartient qu'aux supérieurs hiérarchiques du même ordre (c. c. ch. req. 23 février 1847 ; c. c. ch. crim. 17 février 1865, *Augustin* ; Paris, 2 mars 1866, *fille Chopin* ; c. c. req. 2 mars 1869, *Michaelis c. Julien*).

Il faut tenir compte, non pas au point de vue de l'entrave ou de l'annulation, mais au point de vue de l'appréciation, du contre-coup que le décret du 19 septembre 1870, qui abroge l'article 75 de la Constitution de l'an VIII, fait éprouver au principe de la séparation des autorités administrative et judiciaire [*voir* n°s 670, 680, et surtout 689 et 689 *bis*].

651. 4° L'autorité judiciaire est tenue non-seulement de res-

pecter, mais encore d'*appliquer* les actes émanés de l'autorité administrative, lorsque leur sens est clair et non ambigu, sans pouvoir, suivant la règle précédente, apprécier leur justice ou leur *opportunité* (c. cass. 12 février 1862, 14 juillet 1862, 19 mars 1864, 15 novembre 1864, 8 mai 1865, 9 janvier 1866, 11 mars 1868, 2 décembre 1868, 18 janvier 1869, 26 juillet 1871). Il en est ainsi, qu'il s'agisse d'actes contractuels, dans leurs effets par rapport aux tiers (c. cass. 26 juillet 1871, *ville d'Avignon c. Locamus*; 30 juillet 1872, *Béal c. Kœnig*), et dans leurs effets entre les parties, les difficultés relatives à l'interprétation et à l'exécution des contrats administratifs appartenant de droit au contentieux judiciaire, ainsi que l'appréciation des conditions de leur validité (c. cass. 13 mai 1872), à moins d'un texte contraire [n°⁵ 245 et 250]; qu'il s'agisse d'actes administratifs proprement dits, ou d'actes réglementaires émanés du chef de l'État, des préfets ou des maires.

Mais, à ce point de vue, il y a entre ces trois sortes d'actes de l'administration cette différence : que les tribunaux ne doivent pas non plus apprécier la *légalité* des actes administratifs proprement dits ou actes de commandement, pour se refuser à les appliquer, tandis qu'ils le peuvent pour les actes contractuels et pour les décrets et arrêtés préfectoraux ou municipaux réglementaires [*voir*, n° 247, la distinction fondamentale des actes de l'administration en *actes administratifs proprement dits, actes réglementaires* et *actes contractuels*].

652. Ce droit d'apprécier la légalité des seuls actes réglementaires est expressément reconnu à l'autorité judiciaire, en matière répressive, par l'article 471 § 15 du Code pénal, qui punit d'une amende de simple police « ceux qui auront contrevenu aux » règlements *légalement* faits par l'autorité administrative »; ce droit existe également en matière civile, le Code pénal n'ayant fait que consacrer une règle préexistante et supérieure. C'est ainsi que la cour de cassation, autorité judiciaire, a été, sans violer le principe qui limite sa juridiction, appelée à connaître de la légalité des décrets rendus par l'empereur Napoléon Ier sur certaines matières réservées au pouvoir législatif, et dont l'exécution fut contestée après 1814 pour cause d'inconstitutionnalité; c'est en application de la même règle que la cour de cassation, par une solution opposée, a jugé (ch. réunies, 13 mars 1832) que le décret du 12 février 1814, rendu par l'impératrice régente Marie-Louise, à

l'effet de prescrire certaines formalités pour la publication des actes de sociétés commerciales, n'est pas obligatoire.

Il faut remarquer que, dans ces diverses hypothèses, l'autorité judiciaire n'annule pas l'acte réglementaire émané du gouvernement ou de l'administration ; elle se borne à ne pas en faire l'application et à lui refuser son concours, laissant à l'autorité dont elle émane le soin de pourvoir par elle-même, si elle le peut légalement et si bon lui semble, à l'exécution de son acte ; de sorte que le principe de la séparation des autorités administrative et judiciaire est respecté. Ce droit, ainsi déterminé et défini, aux mains des tribunaux de l'ordre judiciaire, existait sous la Constitution de 1852 parallèlement à celui que conférait au sénat son article 29 [n° 645] ; par le recours pour inconstitutionnalité, le sénat était investi du pouvoir d'annuler l'acte, ce que ne peuvent et n'ont jamais pu faire les tribunaux.

653. Il y a même certaines matières où des textes formels ont pu conférer exceptionnellement le droit d'apprécier la légalité des actes de l'administration, même en ce qui concerne des actes administratifs proprement dits. C'est ainsi que, pour la sauvegarde du droit de propriété, la loi du 3 mai 1841 (art. 3) n'oblige l'autorité judiciaire à rendre le jugement d'expropriation pour cause d'utilité publique, qu'autant que la déclaration d'utilité publique, la désignation des territoires, l'arrêté de cessibilité sont légalement intervenus ; sinon elle doit, non pas annuler ou réformer ces actes administratifs proprement dits, mais s'abstenir d'en faire l'application qui lui est demandée, en se refusant à rendre le jugement d'expropriation, tant que l'administration, qui requiert l'expropriation, ne justifie pas de l'accomplissement des formalités prescrites par la loi. L'autorité judiciaire procède, dans ce cas, comme en matière de règlements : elle délaisse l'administration à ses propres moyens d'action, ici paralysés par la loi. Seulement le droit de l'autorité judiciaire d'apprécier, pour les appliquer, la légalité des actes réglementaires forme la règle générale et le droit commun, tandis que, pour les actes administratifs proprement dits, la règle est contraire, et la faculté d'apprécier leur légalité est une exception très-rare qui doit être écrite dans un texte formel [*voir* la controverse reproduite aux n°ˢ 963 à 968].

654. 5° Les tribunaux de l'ordre judiciaire n'ont pas le droit

d'*interpréter* [1] les actes administratifs dont ils ont à faire l'*application* [2] : c'est à l'autorité dont l'acte émane qu'il faut demander son interprétation (c. c. 24 juin 1861 ; 24 février 1864, *Laumonier-Carriol* ; 12 août 1867, *Leblanc* ; 17 novembre 1869, *com. de Félines* ; 13 juillet 1870, *Javal*). Aussi les tribunaux doivent-ils surseoir jusqu'à ce que l'interprétation administrative intervienne (c. c. 22 août 1864, *Denis* ; 12 août 1867, *Leblanc* ; 28 déc. 1874, *Bazacle*), non pas chaque fois que les parties sont en désaccord sur le sens de l'acte, mais quand ce sens est douteux ou ambigu (c. c. ch. req. 14 décembre 1831 ; 2 décembre 1868, *Leblanc de Castillon c. ville de Nice* ; c. d'Ét. 3 avril 1865, *compagnie des mines d'Anzin*).

655. Toutefois cette défense d'interpréter n'est vraie que pour les actes administratifs proprement dits, essentiellement individuels, dont les tribunaux ne peuvent non plus apprécier la légalité. Elle ne l'est pas pour les actes contractuels, qui forment des actes de gestion et non des actes d'autorité, et dans lesquels l'administration figure comme partie contractante et non comme puissance publique. Elle ne l'est pas non plus pour les règlements administratifs faits par décrets, arrêtés préfectoraux ou arrêtés municipaux ; le principe de l'indépendance des deux autorités ne fait pas plus obstacle à ce que l'autorité judiciaire interprète les règlements, que celui de la séparation des pouvoirs législatif et exécutif ne s'oppose à ce que l'autorité judiciaire, branche distincte du pouvoir exécutif, interprète la loi qu'elle applique.

Mais, pour les règlements comme pour les lois, l'interprétation permise aux tribunaux est l'interprétation doctrinale fondée sur le raisonnement, et non l'interprétation par voie d'autorité, qui ne peut émaner que de l'auteur même de la disposition : *cujus est condere, ejusdem est interpretari* (Loi des 16-24 août 1790 sur l'organisation judiciaire, titre II, art. 12).

656. Ce principe a reçu sa sanction directe dans l'article 127 § 2 du Code pénal, qui déclare, comme la loi de 1790, coupables de forfaiture, et punit de la dégradation civique, les magistrats de

---

[1-2] *Voir* dans notre brochure intitulée : *Théorie de l'extradition*, une étude approfondie du principe de la séparation des deux autorités administrative et judiciaire dans son application directe en matière d'extradition ; théorie confirmée depuis par la cour de cassation, ch. crim. (arrêts du 4 juillet 1867, rendu sur un recours formé dans l'intérêt de la loi par ordre du ministre de la justice ; du 25, et du 26 juillet 1867 ; Sirey, 67, 1, 409) [*voir* aussi n° 378 2°].

l'ordre judiciaire qui porteraient atteinte à l'indépendance de l'administration. Les articles 130 et 131 du même Code, par réciprocité, répriment les entreprises des administrateurs, contre lesquelles, d'ailleurs, la révocation, toujours possible, de ces fonctionnaires est une première et sûre garantie. Contre les magistrats inamovibles de l'ordre judiciaire, au contraire, la sanction pénale de l'article 127, si elle eût été seule, serait demeurée complétement impuissante à protéger l'indépendance de l'administration ; il en est ainsi parce que l'application de cette peine suppose toujours la réunion des deux éléments constitutifs du crime, le fait et l'intention coupable, et que l'administration serait restée sans protection dans les seules hypothèses qui se réalisent, d'erreur et de fausse interprétation de la loi. Cette circonstance et l'inamovibilité des magistrats de l'ordre judiciaire ont rendu nécessaire une sanction du principe, plus pratique et plus sérieusement protectrice de l'administration que la menace d'une peine écrite dans la loi : c'est l'objet de l'institution et de la réglementation des conflits positifs d'attributions entre l'autorité administrative et l'autorité judiciaire.

§ II. — Des conflits.

657. Définition du conflit *positif* d'attributions.
658. Historique et législation de l'institution des conflits.
659. Du jugement du conflit à toutes les époques antérieures, sauf 1849.
660. Tribunal des conflits de 1849 à 1852.
661. Statistique des décisions rendues en matière de conflits de 1852 à 1865.
662. Nouveau tribunal des conflits institué par la loi du 24 mai 1872; ses différences d'organisation avec celui de 1849.
663. Différences d'attributions entre ces deux tribunaux des conflits.
664. Critique d'une attribution du tribunal des conflits de 1872.
665. Règles complémentaires de l'organisation du tribunal des conflits.
666. Débats publics et décision du tribunal des conflits.
667. Procédure du conflit devant l'autorité judiciaire ; ordonnance réglementaire du 1er juin 1828.
668. Devant quelles juridictions et dans quels cas le conflit peut être élevé.
669. Conséquences de l'article 9 de l'ordonnance de 1828 en matière de diffamation résultant de délibérations des conseils administratifs ;
670. — et de tout acte administratif; exemple d'un arrêté préfectoral rendu le 30 décembre 1870 par un préfet de Maine-et-Loire.
671. Pour quels motifs le conflit peut-il être élevé, aux termes de l'ordonnance du 1er juin 1828 ?
672. Procédure spéciale au conflit positif d'attributions.
673. Arrêté préfectoral de conflit.
674. Son contenu et ses effets.

675. Communication de l'arrêté de conflit aux parties; délai du jugement.
676. Conséquences légales du jugement du conflit.
677. Des conflits *négatifs*; historique et législation.
678. Compétence et procédure du tribunal des conflits relatives aux conflits négatifs d'attributions.

657. Un *conflit*, dans le langage du droit, est une lutte de compétence. — Si cette lutte se produit entre deux tribunaux de même ordre, il y a conflit *de juridiction*, *positif*, s'ils veulent statuer l'un et l'autre, *négatif*, s'ils se reconnaissent l'un et l'autre incompétents. Cette sorte de conflit donne lieu au règlement de juges, suivant les règles écrites aux Codes de procédure civile et d'instruction criminelle, par l'autorité judiciaire elle-même, lorsqu'il s'élève entre tribunaux de cet ordre ; et l'incompétence de celui des deux tribunaux indûment saisi est dite, dans ce cas, *ratione personæ*. De même, le règlement du conflit de juridiction qui s'élève entre deux tribunaux administratifs appartient naturellement à la juridiction administrative supérieure, et de tout temps elle a formé et forme toujours une des attributions du conseil d'État délibérant au contentieux [n° 272]. Dans les difficultés auxquelles les conflits de juridiction, positifs ou négatifs, peuvent donner lieu, le principe de la séparation des autorités administrative et judiciaire n'est pas engagé. — Si la lutte de compétence se produit entre deux tribunaux d'ordres différents, il y a *conflit d'attributions*, et l'incompétence de la juridiction indûment saisie est dite *ratione materiæ* ; alors ce n'est pas seulement l'ordre général des juridictions qui est intéressé au règlement de ces conflits, mais, en outre, le principe de la séparation des deux autorités administrative et judiciaire, lorsque ce conflit se produit entre l'autorité judiciaire saisie d'un litige et l'autorité administrative qui en revendique la connaissance, l'une et l'autre (ce qui constitue le conflit *positif* d'attributions) affirmant sa propre compétence.

Dans ce cas de *conflit positif d'attributions*, entre l'autorité administrative qui réclame la connaissance d'un litige dont les parties ont à tort saisi l'autorité judiciaire, et cette autorité qui prétend en conserver la connaissance et affirme sa propre compétence, la loi, en outre des exceptions d'incompétence dont le Code de procédure civile arme le défendeur, a donné à l'administration elle-même le moyen d'empêcher l'autorité judiciaire de juger. Cette arme défensive de l'administration contre les envahissements possibles de l'autorité judiciaire est l'*arrêté de conflit*, par lequel elle revendique pour elle-même le jugement du litige ; sans ce droit d'élever le conflit, le principe de l'indépendance de l'autorité administrative serait une lettre morte.

658. L'origine directe de cette institution se trouve dans l'article 27 de la loi organique du 24 fructidor de l'an III relative aux fonctions des corps administratifs, ainsi conçu : « En cas de conflit d'attri-
» butions entre les autorités judiciaire et administrative, *il sera*
» *sursis* jusqu'à la décision du ministre (de la justice), *confirmée*
» *par le Directoire exécutif* qui en référera, s'il est besoin, au Corps
» législatif ». En l'an VIII, le conseil d'État a reçu, au lieu et place des ministres, la mission de préparer ces décisions (règlement du 5 nivôse, art. 11). L'arrêté des consuls du 13 brumaire an X a investi les préfets du droit d'élever le conflit, et a donné de cette matière une réglementation qui est demeurée la base de la législation actuelle. L'administration ayant, à son tour, abusé de ce droit pour empiéter sur le domaine de l'autorité judiciaire, l'ordonnance royale du 1er juin 1828 est venue fixer dans de justes limites le droit de l'administration d'élever le conflit et réglementer l'institution ; cette ordonnance [n° 667] n'a pas cessé de régler le régime des conflits, et les modifications survenues au point de vue de la désignation de l'autorité compétente pour juger le conflit ne l'ont pas altérée.

Nous allons traiter d'abord du jugement du conflit au point de vue de son histoire et de sa réglementation actuelle par la loi du 24 mai 1872 [n°ˢ 659 à 666] ; nous traiterons ensuite du régime et de la procédure du conflit réglés par l'ordonnance du 1er juin 1828 [n°ˢ 667 à 675].

659. Le pouvoir de juger le conflit sous toutes les constitutions monarchiques a appartenu au chef de l'État, sous les deux Empires comme sous les Chartes de 1814 et de 1830 ; il en a même été ainsi au profit du pouvoir exécutif organisé par diverses constitutions républicaines, de sorte que le jugement des conflits par l'empereur ou par le roi en conseil d'État était conforme à la tradition historique, puisqu'à l'origine même de l'institution naissante nous venons de voir la décision, qui était attribuée au roi par la règle générale de la loi des 7-14 octobre 1790 [n° 272 2°], appartenir, en l'an III, au Directoire exécutif sur la proposition du ministre de la justice, puis en l'an VIII, au premier consul sur la proposition du conseil d'État. Ce droit était également conforme aux principes ; il s'agit en effet de faire cesser une lutte entre deux branches du

pouvoir exécutif; dès lors, il était logique que la décision fût demandée au chef de ce pouvoir, au supérieur commun des deux autorités, et qu'il y eût là *justice retenue*. Ainsi ce n'est pas comme administrateur suprême, et dans l'intérêt de l'administration, que le chef de l'État réglait ces conflits d'attributions : il statuait ici comme dépositaire du pouvoir exécutif, chargé de rétablir l'accord entre les deux autorités parallèles, administrative et judiciaire, qui relevaient de lui et ne procédaient l'une et l'autre qu'en vertu d'une délégation de la puissance exécutive. Comme il se joint, à la difficulté de droit public relative à l'ordre des juridictions et au principe de la séparation des deux autorités, une contestation d'intérêt privé qui est l'occasion de cette lutte, le règlement des conflits reçoit de cette circonstance un caractère contentieux. C'est pourquoi les conflits n'étaient pas portés à l'assemblée générale du conseil d'État, comme les recours pour abus et les demandes en autorisation de poursuites contre les fonctionnaires, mais à l'assemblée du conseil d'État délibérant au contentieux (D. org. 25 janvier 1852, art. 17); c'est ce que décidait un avis du conseil d'État du 19 janvier 1813, approuvé par décret impérial du 22, portant « que les conflits d'attributions entrent dans » le contentieux administratif dont l'examen et l'instruction sont » confiés à la commission du contentieux avant d'être portés au » conseil d'État ». Depuis 1831, cette règle avait, de plus qu'en 1813, l'avantage de donner au jugement des conflits les garanties résultant de la défense orale, de l'intervention d'un ministère public et de la publicité des audiences de l'assemblée délibérant au contentieux.

660. Mais cette matière est une de celles dont la réglementation peut varier avec les formes politiques du gouvernement; aussi la Constitution républicaine du 4 novembre 1848 (art. 89) et les lois du 9 mars 1849 (art. 64) et du 4 février 1850 avaient fait l'utile essai d'un tribunal mixte composé de quatre conseillers d'État et de quatre conseillers de la cour de cassation, sous la présidence du ministre de la justice et, à son défaut, du ministre de l'instruction publique; ce *tribunal des conflits* a fonctionné jusqu'en 1852, en rendant de sérieux services.

Toutefois il n'est que juste de constater que, dans le rapport publié le 30 mars 1862, sur les travaux du conseil d'État de 1852 à 1860, le ministre président du conseil d'État, comparant l'institution du tribunal des conflits à la législation qui l'avait précédé

et qui l'a suivi de 1852 à 1872, a pu dire : « Si l'on élevait des
» doutes sur l'efficacité des garanties que présente l'ordre de
» choses actuel, il me suffirait de rappeler que le tribunal des
» conflits, à l'exception de deux cas d'une importance secondaire,
» s'est conformé, dans le jugement des affaires qui lui ont été
» soumises, aux doctrines adoptées par le conseil d'État avant
» l'établissement de ce tribunal ».

Néanmoins la forme républicaine du gouvernement a eu de
nouveau pour effet, en 1872, la délégation au conseil d'État du
pouvoir propre de jugement comme en 1848 [n° 270], et par suite,
la création, qui est la conséquence logique de ce pouvoir, d'un
second tribunal des conflits.

661. Les comptes généraux des travaux du conseil d'État ci-
dessus cités donnent pour les deux périodes qu'ils embrassent les
résultats statistiques suivants. — « De 1852 à 1860, 190 conflits ont
» été élevés par les préfets ; c'est 20 en moyenne par année. Sur
» ce nombre, 71 seulement ont été confirmés intégralement ;
» 41 ne l'ont été que pour partie ; 78 ont été annulés, dont 15
» pour vice de forme ». — « Le conseil d'État apporte toujours un
» grand scrupule dans la solution des questions de compétence
» controversées entre l'autorité administrative et l'autorité judi-
» ciaire. Ainsi, sur les 78 conflits positifs élevés de 1861 à 1865,
» 25 seulement ont été confirmés en totalité, et 3 confirmés par-
» tiellement ; 38 ont été annulés au fond, et 7 pour vice de forme ».

De 1852 à 1860, 8 conflits *négatifs* ont été soumis au conseil
d'État ; sur les 8 contestations à l'occasion desquelles ils s'étaient
produits, 7 ont été renvoyées à l'autorité judiciaire. De 1861 à 1865,
sur 10 conflits négatifs soumis au conseil par les parties qui solli-
citaient un juge, 8 contestations ont été renvoyées à l'autorité judiciaire, 2 seulement à l'autorité administrative.

662. La loi du 24 mai 1872, portant réorganisation du conseil
d'État, a institué un nouveau *tribunal des conflits*, également composé de neuf membres ; mais il diffère, et de celui de 1849, que le
gouvernement proposait de reprendre en laissant au ministre de
la justice le pouvoir de désigner, en cas d'empêchement, celui de
ses collègues qui le remplacerait, et du projet primitif de la commission de 1872 qui proposait d'exclure tout élément ministériel
du tribunal de conflits, de réduire à six le nombre des membres
appartenant au conseil d'État et à la cour de cassation, et d'ajouter

trois membres élus par l'assemblée. La conciliation s'est faite entre ces deux projets par l'exclusion de l'intervention parlementaire, l'admission de la présidence du garde des sceaux, avec un vice-président élu dans le tribunal par ses collègues, et l'adjonction de deux autres juges et de deux suppléants élus par les autres membres du tribunal. Les plus sages raisons ont été données dans le rapport [1] de la commission de l'assemblée nationale pour rejeter le système de 1849.

[1] « Le projet du gouvernement proposait de revenir à la composition du tribunal telle qu'elle avait été adoptée en 1849 et d'y appeler, en nombre égal, des conseillers d'État et des conseillers à la cour de cassation, élus par leurs corps respectifs, avec le garde des sceaux pour président. Tandis que la loi de 1849 donnait, en l'absence du garde des sceaux, la présidence au ministre de l'instruction publique, le nouveau projet confiait au ministre de la justice le soin de désigner celui de ses collègues qui le remplacerait. La majorité de la commission n'a pas adopté sans modification les propositions du gouvernement. — Si, pendant sa courte durée, le tribunal des conflits a rendu de grands services pour la pacification des procès de compétence, il nous a paru que ce résultat devait être attribué plutôt à la prudence des personnes qu'à la perfection de l'institution. L'organisation du tribunal des conflits, telle que le gouvernement vous propose de le rétablir, est périlleuse parce qu'elle est de nature à produire fréquemment des changements de jurisprudence. Il est probable, en effet, que, sur plus d'une question, les conseillers d'État se porteront d'un côté et que les conseillers à la cour de cassation iront de l'autre. Ces deux fractions s'annulant, en ces cas, par leur opposition (il est naturel que, sur des questions de compétence, la divergence soit fréquente), la voix seule du président fera pencher la balance et la décision ne dépendra que de lui. Or, les ministres sont fragiles parce qu'ils sont exposés aux accidents de la politique, et comme leur choix est déterminé par des considérations autres que leurs opinions sur les questions de droit, une modification ministérielle pourrait être la cause d'un changement de jurisprudence sur plusieurs questions. Avons-nous besoin de dire quelles seraient les conséquences de ces revirements? Les procès qu'on pourrait croire les meilleurs seront perdus ; les plaideurs seront souvent trompés dans leur attente, et les parties dont l'humeur processive ne craint pas d'intenter des actions téméraires seront favorisées par cette incertitude. Nous avons pensé qu'entre les conseillers d'État et les conseillers à la cour de cassation il fallait placer un élément plus stable qu'un personnage politique, afin d'assurer, autant que possible, la permanence des solutions. La difficulté de remplacer le ministre de la justice, en cas d'absence, nous a confirmé dans notre opinion. Certes, la disposition de la loi du 3 mars 1849, qui appelait de droit le ministre de l'instruction publique à suppléer le garde des sceaux, n'était pas irréprochable; car la présidence pouvait être déférée, par l'effet de cet article, à un homme de lettres, à un journaliste, à un ministre purement politique et entièrement étranger aux questions de droit. La désignation par le garde des sceaux du ministre qui le remplacera ne nous paraît pas un moyen meilleur de résoudre la difficulté .... (Rapport de M. Batbie, député à l'Assemblée nationale)

Les conflits d'attributions entre l'autorité administrative et l'autorité judiciaire sont réglés par un tribunal spécial composé : 1° du garde des sceaux, président ; 2° de trois conseillers d'État en service ordinaire élus par les conseillers d'État en service ordinaire ; 3° de trois conseillers à la cour de cassation élus par leurs collègues ; 4° de deux membres et de deux suppléants qui seront élus par la majorité des autres juges désignés aux paragraphes précédents. Les membres du tribunal des conflits sont soumis à la réélection tous les trois ans et indéfiniment rééligibles. Ils choisissent un vice-président au scrutin secret et à la majorité absolue des voix. Ils ne pourront délibérer valablement qu'au nombre de cinq membres présents au moins (L. 24 mai 1872, *portant réorganisation du conseil d'État,* art. 25).

663. Ce n'est pas seulement au point de vue des conditions de son organisation que le tribunal des conflits diffère de celui de 1849. Il en diffère aussi, au point de vue de ses attributions, en ce sens que la loi du 24 mai 1872 s'est heureusement abstenue de lui rendre une attribution dont avait été doté le tribunal des conflits de 1848-49 par l'article 90 de la Constitution de 1848 qui lui attribuait la connaissance des recours pour incompétence, excès de pouvoir et violation de la loi contre les arrêts de la cour des comptes [*voir* n° 270 et 461]. Sous prétexte d'assurer le principe de la séparation des autorités administrative et judiciaire, c'était le méconnaître en soumettant à un tribunal composé en partie de magistrats de l'ordre judiciaire les décisions d'une juridiction de l'ordre administratif, sans qu'aucune question du domaine de l'autorité judiciaire s'y trouvât mêlée. La loi du 24 mai 1872 a donc été bien inspirée en ne reproduisant pas cette disposition.

664. Suivant nous, elle l'eût encore été en s'abstenant d'adopter la disposition qui forme son article 26. Ce texte ne se borne pas, comme le faisait l'article 47 de la loi du 3 mars 1849, à permettre, par une sorte de réciprocité, au ministre de la justice (pour lequel l'exercice de ce droit est, du reste, peu conciliable avec sa présence dans le tribunal des conflits) de revendiquer une affaire portée devant la section du contentieux du conseil d'État ; il confère ce droit à tous les ministres, sous la seule condition de soumettre, au préalable, à la section du contentieux une sorte de déclinatoire d'incompétence, et de ne saisir le tribunal des conflits qu'après le rejet de ce déclinatoire. Cet article 26 a été adopté sans discussion par l'assemblée, et le rapport de la commission ne s'explique pas à son égard. Cependant, le texte confère ce droit de revendication aux ministres, sans distinction, pour *les affaires portées à la section du contentieux et qui n'appartiendraient pas au con-*

tentieux administratif. Or, ce ne sont pas seulement des affaires de la compétence judiciaire qui peuvent se trouver dans ce cas ; ces expressions peuvent s'appliquer fort exactement à des affaires qui n'appartiendraient ni au contentieux administratif, ni au contentieux judiciaire ; celles-là, a-t-on entendu que les ministres pourraient les revendiquer, à leur profit ou au profit du pouvoir exécutif, au profit de la juridiction gracieuse et discrétionnaire, et non au profit de l'autorité judiciaire, devant le tribunal des conflits ? La lettre du texte permettrait cette interprétation ; mais nous ne pouvons croire, en l'absence de toute explication, que tel puisse être son esprit, en rapprochant cette disposition soit de l'heureuse omission, dans la loi de 1872, de l'article 90 de la Constitution de 1848, soit de l'article 47 de la loi de 1849. Dans le cas contraire, cet article 26 aurait le quadruple tort : d'assimiler un simple conflit de juridiction au conflit d'attribution, de dessaisir le conseil d'État de la connaissance de difficultés qui lui appartiennent naturellement, de soumettre aux conseillers de cassation membres du tribunal des conflits des affaires exclusivement administratives, et d'augmenter les attributions ministérielles d'une prérogative nouvelle au détriment du conseil d'État.

Les ministres ont le droit de revendiquer devant le tribunal des conflits les affaires portées à la section du contentieux et qui n'appartiendraient pas au contentieux administratif. Toutefois, ils ne peuvent se pourvoir devant cette juridiction qu'après que la section du contentieux a refusé de faire droit à la de-demande en revendication qui doit lui être préalablement communiquée (L. 24 mai 1872, *sur le conseil d'État*, art. 26).

665. L'article 27 de la loi du 24 mai 1872 dispose que « la loi » du 4 février 1850 et le règlement du 28[1] octobre 1849 sur le » mode de procéder devant le tribunal des conflits sont remis en » vigueur ». Les règles suivantes, qui complètent l'organisation du tribunal des conflits, résultent de cette loi et de ce règlement : — 1° le tribunal des conflits se réunit sous la convocation du ministre de la justice, son président (Règlement de 1849, art. 1) ; — 2° les décisions doivent être précédées d'un rapport écrit fait par l'un des membres du tribunal et des conclusions du ministère public (L. 1850, art. 4) ; — 3° dans aucune affaire, les fonctions de rapporteur et celle du ministère public ne peuvent être remplies par deux membres pris dans le même corps (L. 1850, art. 7) ; — 4° les rapporteurs sont désignés par le ministre de la justice, immédia-

---

[1] La date véritable est du 26 ; le 28 est celle de la promulgation.

tement après l'enregistrement des pièces au secrétariat du tribunal (Règl. 1849, art. 6), et les rapports écrits sont déposés par le rapporteur au secrétariat du tribunal (secrétaire nommé par le ministre de la justice ; Règl. art. 5), pour être transmis à celui des commissaires du gouvernement que le ministre de la justice a désigné pour chaque affaire (Règl. art. 7) ; — 5° les fonctions du ministère public sont remplies par deux commissaires du gouvernement, choisis tous les ans par le pouvoir exécutif, l'un, parmi les maîtres des requêtes au conseil d'État, l'autre, dans le parquet de la cour de cassation ; à chacun de ces commissaires il est adjoint un suppléant choisi de la même manière, et pris dans les mêmes rangs, pour le remplacer en cas d'empêchement ; ces nominations doivent être faites chaque année avant l'époque fixée pour la reprise des travaux du tribunal (L. 1850, art. 6) ; — 6° les avocats au conseil d'État et à la cour de cassation peuvent seuls être chargés par les parties intéressées de présenter devant le tribunal des conflits des mémoires et des observations (Règl. art. 4).

D'après les articles 1 et 2 de la loi du 4 février 1850, une autre règle fort importante obligeait le tribunal des conflits à rendre ses décisions au nombre de neuf juges ; à cet effet les suppléants, si un membre quelconque du tribunal était empêché, étaient appelés à faire le service dans l'ordre de leur nomination. Nous avons vu [n° 662] que l'article 25 de la loi du 24 mai 1872 permet au tribunal des conflits de délibérer valablement au nombre de cinq membres. Cette disposition nouvelle est sans doute de nature à rendre le service plus facile, mais elle a le grave inconvénient de pouvoir subordonner la solution des questions de compétence à la représentation plus ou moins complète dans chaque séance des éléments administratif et judiciaire du tribunal des conflits.

666. Les dispositions suivantes du règlement du 26 octobre 1849 sont plus particulièrement relatives à la procédure de l'audience publique et à la décision du tribunal des conflits. Mais il faut bien remarquer qu'en matière de conflit, contrairement aux règles du contentieux, les parties ne peuvent présenter que de simples observations, et que le règlement de 1849 (art. 4 [n° 665] et 8), comme l'ordonnance de 1828 [n° 675], ne les admet pas à prendre de conclusions ; c'est un point fréquemment consacré par la jurisprudence du conseil d'État (13 décembre 1861), et qui se rattache à l'absence de condamnation aux dépens en matière de conflit écrite dans l'article 7 de l'ordonnance du 12 décembre 1821 [n° 677].

Le rapport est lu en séance publique; immédiatement après le rapport, les avocats des parties peuvent présenter des *observations* orales. Le commissaire du gouvernement est ensuite entendu dans ses conclusions (Règlement d'administration publique du 26 octobre 1849, *déterminant les formes de procéder du tribunal des conflits*, art. 8). — Les décisions du tribunal des conflits portent en tête la mention suivante : « Au nom du peuple français, le » tribunal des conflits ». Elles contiennent les noms et conclusions des parties, s'il y a lieu, le vu des pièces principales et des dispositions législatives dont elles font l'application. Elles sont motivées. Les noms des membres qui ont concouru à la décision y sont mentionnés. La minute est signée par le président, le rapporteur et le secrétaire. L'expédition des décisions est délivrée aux parties intéressées par le secrétaire du tribunal. Le ministre de la justice fait transmettre administrativement aux ministres expédition des décisions dont l'exécution rentre dans leurs attributions (art. 9). — Les décisions du tribunal des conflits ne sont pas susceptibles d'opposition (art. 10). — Sont applicables au tribunal des conflits les articles 88 et suivants du Code de procédure civile sur la police des audiences (art. 11).

667. Tandis qu'il a fallu une disposition formelle de la loi du 24 mai 1872 pour remettre en vigueur les textes législatifs ou réglementaires relatifs à l'organisation et à la procédure propres au jugement des conflits, nulle disposition de la loi de 1872 n'était nécessaire relativement à la procédure et aux règles du conflit lui-même. Elles sont écrites dans l'ordonnance royale du 1er juin 1828 [n° 658], qui n'a jamais cessé, depuis sa promulgation, d'être en vigueur, nonobstant les changements survenus, de 1848 à 1852 et depuis 1872, en ce qui concerne la juridiction compétente pour juger le conflit. Nous allons analyser toutes les dispositions de cette importante ordonnance, dont on peut seulement dire, comme il fut dit à la tribune de la Chambre des pairs dans la séance du 31 mai 1828, que, dans une matière touchant d'aussi près à l'ordre des juridictions, il serait désirable que l'action de la loi fût substituée à celle du règlement.

668. L'ordonnance du 1er juin 1828 détermine, par ses quatre premiers articles, les cas dans lesquels le conflit peut être élevé. De ces textes il résulte : — 1° comme règle principale, que l'arrêté de conflit ne peut être pris que devant deux sortes de juridictions judiciaires, pendant qu'elles sont saisies, sauf le cas exceptionnel prévu par l'article 8 § 3 de l'ordonnance [n° 671] ; ces deux sortes de juridiction sont les tribunaux d'arrondissement jugeant, soit en appel, soit en première instance, comme tribunaux civils (et le président statuant en référé, comme investi de la juridiction du tribunal; C. d'Ét. avis du 3 mai 1844; 15 décembre 1858 ; 22 jan-

vier 1867, *Pajot*; trib. des conflits, 11 janvier 1873, *Coignet*) ou correctionnels (à l'exclusion des tribunaux de simple police, de justice de paix et de commerce), et les cours d'appel jugeant en matière civile, commerciale ou correctionnelle; — 2° que le conflit ne peut être élevé devant la cour de cassation, qui n'est jamais un degré de juridiction; mais qu'après la cassation qui renouvelle l'instance, le conflit peut être élevé [n° 673] devant le tribunal ou la cour de renvoi, en vertu de la règle précédente; — 3° que le droit d'élever le conflit, refusé devant les juridictions *criminelles*, est plus restreint devant les juridictions *correctionnelles* que devant les juridictions *civiles*.

Dans les affaires civiles, nous dirons plus loin qu'il suffit, pour que l'arrêté de conflit soit recevable, et sauf à examiner s'il est fondé, d'invoquer le principe de la séparation de l'autorité administrative et de l'autorité judiciaire et les dispositions générales des lois de 1790, de 1791 et de l'an III [rapportées au n° 649]. Dans les affaires de police correctionnelle, ce principe et ces textes ne suffisent pas à eux seuls pour permettre d'élever le conflit; il faut, en outre, aux termes de l'article 2 de l'ordonnance de 1828, ou que le jugement à rendre par le tribunal dépende d'une question préjudicielle dont la connaissance appartient à l'autorité administrative, ou que la répression du délit soit attribuée par un texte de loi à l'autorité administrative, ainsi que cela a lieu en matière de grande voirie et de servitudes militaires. Les affaires correctionnelles ne touchent pas seulement à l'intérêt pécuniaire des citoyens; c'est pour cela que l'ordonnance de 1828 a imposé des limites restreintes au droit d'élever le conflit en ce qui les concerne, bien que ces affaires puissent donner lieu à de véritables atteintes au principe de la séparation des deux autorités.

A l'avenir, le conflit d'attributions entre les tribunaux et l'autorité administrative ne sera jamais élevé en matière criminelle (Ord. 1er juin 1828, *relative aux conflits d'attributions entre les tribunaux et l'autorité administrative*, art. 1).— Il ne pourra être élevé de conflits en matière de police correctionnelle que dans les deux cas suivants : 1° lorsque la répression du délit est attribuée par une disposition législative à l'autorité administrative ; 2° lorsque le jugement à rendre par le tribunal dépendra d'une question préjudicielle dont la connaissance appartiendrait à l'autorité administrative en vertu d'une disposition législative : dans ce dernier cas, le conflit ne pourra être élevé que sur la question préjudicielle (art. 2).— Ne donneront pas lieu au conflit : 1° le défaut d'autorisation, soit de la part du gouvernement lorsqu'il s'agit de poursuites dirigées contre ses agents, soit de la part du conseil de préfecture lorsqu'il s'agira de contestations judiciaires dans lesquelles les communes ou les établissements publics seront parties ; 2° le défaut d'accomplissement des formalités à remplir devant l'administration préalablement aux poursuites judiciaires (art. 3). — Hors le cas prévu ci-après par le dernier paragraphe de l'article 8 de la présente ordonnance, il ne pourra jamais être élevé de conflits après des jugements rendus en dernier ressort ou acquiescés, ni après des arrêts définitifs. Néanmoins, le conflit pourra être élevé en cause d'appel, s'il ne l'a pas été en première instance, ou s'il l'a été irrégulièrement après les délais prescrits par l'article 8 de la présente ordonnance (art. 4).

669. L'article 2 de l'ordonnance de 1828 sert à résoudre une controverse qui a longtemps divisé la jurisprudence du conseil d'État et celle de la cour de cassation. Le conseil d'État, se fondant sur ce que le principe de la séparation des deux autorités pouvait être engagé dans les poursuites correctionnelles pour diffamation résultant des délibérations des conseils municipaux, se contentait, pour prononcer l'incompétence, de viser la disposition de l'article 60 de la loi des 14-22 décembre 1789, relative à la constitution des municipalités. Ce texte est ainsi conçu : « Si un » citoyen croit être personnellement lésé par quelque acte du » corps municipal, il pourra exposer ses sujets de plainte à l'ad» ministration ou au directoire du département, qui y fera droit, » sur l'avis de l'administration de district, qui sera chargée de vé» rifier les faits ». On objectait avec raison que cette disposition ne donne à l'administration, aujourd'hui représentée par le préfet, que le droit d'annuler la délibération du conseil municipal, et ne lui attribue pas la répression des délits contenus dans les actes des corps municipaux (c. d'Ét. 11 février 1842 ; 6 septembre 1842 ; 9 décembre 1842, *Mouret*; 18 mai 1854, *Lefrileux* ; 17 août 1866, *Benoît-d'Azy* ; 25 mai 1870, *Girod* ; — contra, c. cass. ch. crim. 22 août 1840 ; 17 mai 1845 ; 28 juin 1861 ; 30 novembre 1861, *de Rambourgt* ; 22 janvier 1863, *Ailhaud et Gauthier* c. *Pascal*). D'après la jurisprudence actuelle du conseil d'État (7 mai 1871, *Taxil* ; 18 mai 1872, *Bornier* c. *Maria*), cette dissidence a pris fin ; il résulte en effet de ces décisions que c'est devant le tribunal correctionnel, et non devant l'autorité administrative, que doit être portée l'action formée, soit contre les membres d'un conseil municipal, soit contre le maire, à raison d'imputations diffamatoires insérées dans une délibération de ce conseil [*voir* aussi n°s 229 et 693].

670. De même, et toujours par application de l'article 2 de l'ordonnance de 1828, l'autorité administrative ne peut élever le conflit, et par suite l'autorité judiciaire a le droit de connaître des actions en diffamation fondées sur les imputations insérées dans

un acte administratif quelconque. Surtout depuis que la garantie administrative des agents du gouvernement n'existe plus [*voir* n°s 687 à 690], les règles du droit commun conservent leur empire et, bien que le principe de la séparation des autorités puisse être engagé dans ces questions, les compétences déterminées par les articles 1, 3, 179 et suivants du Code d'instruction criminelle, 13 et 18 de la loi du 17 mai 1819, 10 de la loi du 20 avril 1810 [n° 746], doivent seules être suivies. C'est ce qui a été décidé par quatre arrêts rendus dans une même affaire, à l'occasion d'un arrêté pris le 30 décembre 1870, pendant l'invasion allemande, par un préfet de Maine-et-Loire (Comm. prov. faisant fonction de conseil d'État, 7 mai 1871, *de Cumont et Stofflet* c. *Engelhard*; Angers, 7 novembre 1871 ; Orléans, 28 juin 1872; c. cass. ch. crim. 25 janvier 1873 [1] [*voir* aussi n° 674]).

---

[1] Voici dans son ensemble le texte de ce dernier arrêt :

« La cour, vu le mémoire produit par le demandeur en cassation ; sur le premier moyen, pris de la violation prétendue du principe de la séparation des pouvoirs ; de la loi des 16-24 août 1790, des articles 114 et 190 du Code pénal, et des articles 13, 14 et 18 de la loi du 17 mai 1819 : — attendu, en fait, qu'un arrêté du sieur Engelhard, préfet de Maine-et-Loire, pris le 30 décembre 1870, à la suite de deux articles insérés dans l'*Union de l'Ouest*, a prononcé la suspension de ce journal pendant deux mois et ordonné que ledit arrêté serait affiché dans toutes les communes du département, en motivant cette mesure sur ce que ce journal avait excité à la guerre civile et s'était rendu coupable de connivence avec l'ennemi, et de trahison envers la patrie en danger ; attendu que, sur les plaintes des sieurs de Cumont et Stofflet, rédacteur et gérant de l'*Union de l'Ouest*, une poursuite pour délit de diffamation a été dirigée contre le sieur Engelhard, et que l'arrêt attaqué de la chambre civile de la cour d'Orléans, régulièrement saisie de cette poursuite, a déclaré celui-ci coupable de ce délit, pour avoir fait publier, avec les considérants qui le précèdent, ledit arrêté ; attendu, toutefois, que l'arrêt attaqué n'a ni interprété ni apprécié cet acte administratif, qui a reçu son entière exécution ; qu'il a seulement, étant saisi de la poursuite d'un délit, cherché les éléments de ce délit dans les motifs énoncés à l'appui de l'arrêté et dans la publicité qui lui a été donnée, et qu'il a trouvé dans ces deux éléments une atteinte portée à l'honneur et à la considération des plaignants ; attendu, en droit, que si la séparation des pouvoirs administratif et judiciaire est un principe essentiel de notre droit public, et si, aux termes des lois des 16-24 août 1790 et 16 fructidor an III, il est fait défense aux tribunaux de connaître des actes d'administration, il ne s'ensuit pas qu'ils ne puissent, lorsqu'ils sont saisis de la poursuite d'un délit, apprécier les faits qui se rattachent à ces actes, les motifs qui leur ont servi de base, et la responsabilité qui peut en résulter ; attendu que ce droit ne peut être dénié aux tribunaux sans rendre illusoire le recours des citoyens à la justice ; que ce droit leur appartenait même sous l'empire de l'article 75 de la Constitution du 22 frimaire an VIII, et qu'il n'en saurait être autrement dé-

671. Quoique l'article 6 de l'ordonnance de 1828 ne prévoie que l'hypothèse où « la connaissance d'une question portée devant un » tribunal de première instance est attribuée par une disposition » législative à l'autorité administrative », et que l'article 9 exige que, dans l'arrêté de conflit, « la disposition qui attribue à l'ad- » ministration la connaissance du point litigieux soit textuelle- » ment insérée », le conflit peut être élevé non-seulement par le motif qu'il existe un texte qui attribue l'affaire à l'administration, mais aussi parce que, en l'absence de texte, le litige appartient par sa nature au contentieux administratif. Nous avons dit [n° 246] que c'est la partie la plus considérable du contentieux administra-

puis que l'abrogation de cet article, prononcée par le décret du 19 septembre 1870, a eu pour effet de restituer aux citoyens le droit de saisir directement les tribunaux des demandes en réparation du préjudice que les procédés arbitraires ou excessifs des fonctionnaires, dans l'exercice de leurs fonctions, ont pu leur faire éprouver; attendu dès lors que l'arrêt attaqué n'a commis aucune violation des lois des 16-24 août 1790 et 16 fructidor an III, ni, par voie de conséquence, des autres textes invoqués; — sur le deuxième moyen, pris de la violation prétendue de l'article 20 de la loi du 26 mai 1819, et de la fausse application des articles 13 et 18 de la loi du 17 mai 1819 : attendu que ce moyen suppose que, M. de Cumont s'étant plaint d'une diffamation qui ne l'avait atteint que dans sa vie publique de journaliste, il s'agissait d'une imputation contre « une personne ayant agi dans un caractère public »; mais qu'il est impossible de reconnaître ce caractère à l'auteur d'un article de journal qui use du droit ouvert au profit de tous les citoyens, et publie à ses risques et périls son opinion sur des sujets d'intérêt public; qu'il reste évidemment un simple particulier, agissant dans un caractère privé; — sur le troisième moyen, pris de la violation prétendue des articles 1, 13, 14 et 18 de la loi du 17 mai 1819, de l'article 7 de la loi du 20 avril 1810 et de l'article 1 § 2 du Code pénal : attendu que ce moyen reproche sans fondement à l'arrêt attaqué de n'avoir pas constaté l'intention de nuire, nécessaire pour caractériser le délit; qu'en effet, cet arrêt déclare expressément : « qu'en accumulant sans » nécessité dans son arrêté des imputations blessantes contre de Cumont et » Stofflet et par la publicité extraordinaire donnée à son arrêté, Engelhard a » révélé son intention de nuire à MM. de Cumont et Stofflet » ; — sur le quatrième moyen, pris de la violation prétendue de l'article 1 § 2 du Code d'instruction criminelle, de l'article 1382 du Code civil, et des articles 13 et 18 de la loi du 17 mai 1819: attendu que ce moyen manque de base en fait; qu'il suppose que le sieur Stofflet n'aurait pas été personnellement diffamé, d'où la conséquence qu'il n'aurait eu aucun principe d'action; mais que l'arrêt attaqué déclare souverainement en fait, ainsi qu'il vient d'être dit, que les imputations blessantes ont été accumulées tant contre de Cumont que contre Stofflet; que le demandeur en cassation a révélé son intention de nuire à l'un et à l'autre, et que réparation leur en est due; et attendu, d'ailleurs, que l'arrêt est régulier dans la forme, rejette, etc. ». — *Sic*, sur ce dernier point, Trib. confl. 31 juillet 1875, *Mouley-Addou*.

tif; la jurisprudence du conseil d'État se contente alors de l'indication, dans l'arrêté de conflit, des textes généraux [ci-dessus rapportés n° 649] dans lesquels nous avons trouvé la formule du principe de la séparation et de l'indépendance respective de l'autorité administrative et de l'autorité judiciaire; souvent ces textes servent de base unique à l'arrêté qui soulève et à la décision qui confirme le conflit.

Le conflit ne pouvant être élevé que dans le but de revendiquer pour l'autorité administrative les affaires dont la connaissance lui appartient, il ne peut l'être pour demander le renvoi devant le jury d'expropriation pour cause d'utilité publique qui relève de l'autorité judiciaire [n° 532] et non de l'autorité administrative (c. d'Ét. 15 décembre 1853; 12 mars 1863, *Boyer* [voir 28 mars 1866, *Usines de Saint-Maur*]).

672. La procédure propre aux conflits positifs d'attributions, et qui s'accomplit devant le tribunal indûment saisi, présente ce trait distinctif : que l'acte de contrainte et d'autorité résultant de l'arrêté de conflit doit toujours être précédé d'un déclinatoire d'incompétence proposé par le préfet; il doit en être ainsi, même lorsque le tribunal aurait déjà rejeté le déclinatoire de l'une des parties ou du préfet lui-même partie dans l'instance comme représentant l'État, afin que le tribunal soit toujours mis à même de faire volontairement droit aux réclamations de l'administration. Cette procédure écrite dans l'article 6 de l'ordonnance, doit être observée pour élever utilement le conflit, devant le second degré de juridiction comme devant le premier. Mais il faut bien remarquer qu'il résulte de l'article 8 § 2 de l'ordonnance de 1828 que, lorsque le déclinatoire soumis au tribunal a été suivi d'un jugement d'incompétence, le préfet, dans ce seul cas, n'est pas tenu de renouveler ce déclinatoire devant la cour d'appel à laquelle ce jugement a été déféré, quand il élève le conflit dans la quinzaine qui suit la signification de l'acte d'appel (Trib. confl. 1er février 1873, *de Pomereu*). L'ordonnance du 1er juin 1828 a soigneusement déterminé les formes et les délais de rigueur (art. 5) de cette procédure exceptionnelle.

A l'avenir, le conflit d'attributions ne pourra être élevé que dans les formes et de la manière déterminées par les articles suivants (art. 5). — Lorsqu'un préfet estimera que la connaissance d'une question portée devant un tribunal de première instance est attribuée par une disposition législative à l'autorité administrative, il pourra, alors même que l'administration ne serait pas en cause, demander le renvoi devant l'autorité compétente; à cet effet, le préfet adressera au procureur du roi un mémoire dans lequel sera rapportée la disposition législative qui attribue à l'administration la connaissance du litige. Le procureur du roi fera connaître, dans tous les cas, au tribunal la demande formée par le préfet, et requerra le renvoi si la revendication lui paraît fondée (art. 6). — Après que le tribunal aura statué sur le déclinatoire, le procureur du roi adressera au préfet, dans les cinq jours qui suivront le jugement, copie de ses conclusions ou réquisitions et du jugement rendu sur la compétence; la date de l'envoi sera consignée sur un registre à ce destiné (art. 7). — Si le déclinatoire est rejeté, dans la quinzaine de cet envoi pour tout délai, le préfet du département, s'il estime qu'il y ait lieu, pourra élever le conflit. Si le déclinatoire est admis, le préfet pourra également élever le conflit dans la quinzaine qui suivra la signification de l'acte d'appel, si la partie interjette appel du jugement. Le conflit pourra être élevé dans ledit délai, alors même que le tribunal aurait, avant l'expiration de ce délai, passé outre au jugement du fond (art. 8). — Au cas où le conflit serait élevé dans les matières correctionnelles comprises dans l'exception prévue par l'article 2 de la présente ordonnance, il sera procédé conformément aux articles 6, 7 et 8 (art. 17).

673. Depuis l'arrêté des consuls du 13 brumaire an X, dont la disposition se trouve maintenue par l'article 8 ci-dessus de l'ordonnance de 1828, les préfets sont exclusivement investis du droit de représenter l'administration pour élever le conflit.

Dans chaque affaire, au premier comme au second degré de juridiction, l'arrêté préfectoral de conflit, aussi bien que le déclinatoire, ne peut émaner que du préfet du département dans lequel est situé le tribunal de première instance qui a été saisi du litige, même à l'exclusion du préfet dans le département duquel se trouvent les immeubles objet du titige (c. d'Ét. 28 juillet 1864, *Pollix*; trib. confl. 1er février 1873, *de Pomereu*).

Un arrêt du 15 mai 1858, au cas spécial de renvoi après cassation, avait admis que le conflit pût émaner indistinctement de ce préfet ou de celui du département dans lequel est situé le tribunal ou la cour de renvoi ; mais le conseil d'État, par un arrêt du 13 décembre 1861 (*Saint-Germain c. Thiboust*), est revenu sur cette jurisprudence, et a décidé que le conflit devant une cour d'appel, saisie par suite d'un renvoi après cassation, ne peut être élevé que par le préfet du département dans lequel se trouve le tribunal qui a rendu le jugement frappé d'appel. Un arrêt du conseil d'État du 12 août 1854, dont la doctrine n'est plus en harmonie avec la solution de l'arrêt du 13 décembre 1861, avait à tort jugé que, lorsque, sur l'appel d'un jugement de première instance, une cour d'appel avait renvoyé les parties devant un tribunal situé dans un département autre que celui où l'action judiciaire était intentée, le préfet du département dans lequel se trouvait le tribunal primitivement saisi n'était pas recevable à élever le conflit devant le tribunal de renvoi.

L'arrêté de conflit peut également émaner du préfet de police à Paris (Ord. 18 décembre 1822) et des préfets maritimes, pour les questions de leur compétence.

674. L'article 9 de l'ordonnance de 1828 détermine les parties substantielles de l'arrêté de conflit, dont le dispositif doit se borner à dire, sans que ces termes soient sacramentels, que *le conflit est élevé* dans telle affaire, et sur tels chefs s'il y a lieu, et que la connaissance *en est revendiquée* par l'autorité administrative. Les articles 10 et 11 déterminent les délais impartis à l'arrêté de conflit pour se produire par dépôt au greffe de la juridiction, et l'article 12, sa communication officielle par le ministère public en chambre du conseil et son effet légal, fixé par l'article 27 de la loi du 21 fructidor de l'an III [n° 658] et sanctionné par les articles 127 § 2 *in fine* et 128 du Code pénal. Cet effet n'est pas le dessaisissement du tribunal judiciaire, mais l'obligation de surseoir jusqu'à la décision, qui, en jugeant le conflit, dessaisira le tribunal si le conflit est confirmé, ou laissera la procédure reprendre son cours si l'arrêté de conflit est annulé. Cette obligation de surseoir immédiatement est tellement absolue, qu'elle dérive même de l'arrêté de conflit mal fondé et irrégulier, sans que le tribunal ait le droit, que lui accordent à tort quelques auteurs, mais qu'il ne pourrait exercer sans atteinte au principe de la séparation des autorités administrative et judiciaire [n° 650], d'en reconnaître l'illégalité et la nullité (Commission faisant fonction de conseil d'État, 7 mai 1871 ; annulation d'arrêt de la cour d'appel d'Angers du 3 mars 1871, *de Cumont et Stofflet* c. *Engelhard* [voir, n° 670, les autres décisions rendues dans la même affaire]).

Dans tous les cas, l'arrêté par lequel le préfet élèvera le conflit et revendiquera la cause devra viser le jugement intervenu et l'acte d'appel s'il y a lieu; la disposition législative qui attribue à l'administration la connaissance du point litigieux y sera textuellement insérée (art. 9.) — Lorsque le préfet aura élevé le conflit, il sera tenu de faire déposer son arrêté et les pièces y visées au greffe du tribunal ; il lui sera donné récépissé de ce dépôt sans délai et sans frais (art. 10). — Si, dans le délai de quinzaine, cet arrêté n'avait pas été déposé au greffe, le conflit ne pourrait plus être élevé devant le tribunal saisi de l'affaire (art. 11). — Si l'arrêté a été déposé au greffe en temps utile, le greffier le remettra immédiatement au procureur du roi, *qui le communiquera au tribunal réuni dans la chambre du conseil, et requerra que*, conformément à l'article 27 de la loi du 21 fructidor an III, *il soit sursis à toute procédure judiciaire* (art. 12).

675. Les quatre articles qu'il reste à faire connaître pour reproduire en entier cette importante ordonnance du 1er juin 1828 règlent la communication aux parties de l'arrêté de conflit, leur droit de produire leurs mémoires et observations (sans avoir le droit de conclure, qui leur est interdit devant le juge du conflit, ainsi que nous l'avons établi ci-dessus [n° 666] et que cela résulte des articles 13, 14 et 15 ci-dessous), le mode de transmission des pièces au juge du conflit, par l'intermédiaire du ministre de la justice, et le délai de rigueur dans lequel le jugement du conflit doit intervenir, sous peine de faire tenir l'arrêté de conflit pour non avenu. Les articles 15 et 16 qui déterminent ce délai ont reçu deux modifications : 1° par l'ordonnance du 12 mars 1831, dont le texte donne lieu à des difficultés d'application, en fixant à deux mois le délai normal et en exigeant que, dans le mois qui suit l'expiration de ce premier délai, notification du décret soit faite au tribunal ; 2° par l'ordonnance du 19 juin 1840 (art. 35), qui suspend ces délais pendant les mois de septembre et d'octobre. Toutes ces dispositions sont confirmées par les articles 12 à 16 du règlement d'administration publique du 26 octobre 1849, déterminant les formes de procéder du tribunal des conflits.

Après la communication ci-dessus, l'arrêté du préfet et les pièces sont rétablis au greffe, où ils resteront déposés pendant quinze jours. Le procureur du roi en préviendra de suite les parties ou leurs avoués, lesquels pourront en prendre communication sans déplacement et remettre dans le même délai de quinzaine, au parquet du procureur du roi, leurs *observations* sur la question de compétence, avec tous les documents à l'appui (art. 13). — Le procureur du roi informera immédiatement notre garde des sceaux, ministre secrétaire d'État au département de la justice, de l'accomplissement desdites formalités, et lui transmettra en même temps l'arrêté du préfet, ses propres *observations et celles des parties*, s'il y a lieu, avec toutes les pièces jointes. La date de l'envoi sera consignée sur un registre à ce destiné. Dans les vingt-quatre heures de la réception de ces pièces, le ministre de la justice les transmettra au secrétariat général du conseil d'État, et il en donnera avis au magistrat qui les lui aura transmises (art. 14). — Il sera statué sur le conflit au vu des pièces ci-dessus mentionnées, ensemble des *observations et mémoires* qui auraient pu être produits par les parties ou leurs avocats, dans le délai de quarante jours, à dater de l'envoi des pièces au ministère de la justice. Néanmoins, ce délai pourra être prorogé, sur l'avis du conseil d'État et la demande des parties, par notre garde des sceaux : il ne pourra en aucun cas excéder deux mois (art. 15). — Si les délais ci-dessus fixés expirent sans qu'il ait été statué sur le conflit, l'arrêté qui l'a élevé sera considéré comme non avenu, et l'instance pourra être reprise devant les tribunaux (art. 16).

Il sera statué sur le conflit dans le délai de deux mois, à dater de la réception des pièces au ministère de la justice; si, un mois après l'expiration de ce délai, le tribunal n'a pas reçu notification de l'ordonnance royale rendue sur le conflit, il pourra procéder au jugement de l'affaire (Ordonnance du 12 mars 1831, art. 7). — Il est statué par le tribunal des conflits dans les délais fixés par l'article 7 de l'ordonnance du 12 mars 1831 et l'article 15 de l'arrêté du 30 décembre 1848. Ces délais sont suspendus pendant les mois de septembre et octobre (Règl. 26 octobre 1849, art. 15).

676. Si l'arrêté de conflit est confirmé, toute la procédure suivie devant l'autorité judiciaire est réputée non avenue, et la juridiction judiciaire est dessaisie.

Si au contraire cet arrêté est annulé, il résulte de ce jugement du conflit que l'autorité judiciaire était compétente; dès lors, la procédure provisoirement interrompue reprend son cours, et l'autorité judiciaire ne peut plus désormais se déclarer incompétente (c. c. ch. req. 6 novembre 1867, *Rabier c. Gugniot*).

677. Nous n'avons parlé jusqu'ici (sauf en donnant [n° 661] la statistique des décisions rendues en matière de conflits de 1852 à 1865) que des conflits *positifs* d'attributions qui s'élèvent entre l'autorité judiciaire et l'autorité administrative. C'est qu'en effet le principe de la séparation des deux autorités n'est nullement menacé, lorsque le conflit d'attributions qui se produit entre elles est *négatif*, l'une et l'autre se déclarant également incompétentes. Comme cette situation produit pour les parties les mêmes effets qu'un déni de justice, il est nécessaire que ce conflit soit réglé, bien que l'autorité administrative n'ait pas à intervenir, et qu'il n'y ait lieu ni à l'arrêté de conflit, ni à l'application d'aucune des formes prescrites par l'ordonnance de 1828 pour le seul cas de conflit positif. C'était le chef de l'État en conseil d'État qui, sur requête de la partie la plus diligente et comme en matière contentieuse ordinaire, réglait ces conflits, à titre de supérieur commun des deux autorités parallèles, engagées dans cette lutte négative. La compétence du conseil d'État en matière de *conflit négatif* s'est établie de la manière suivante. Un arrêt du 24 décembre 1848 (Lebon, t. II, p. 441), après avoir annulé pour incompétence un arrêté de conseil de préfecture, a statué sur le conflit négatif qui résultait de cette déclaration d'incompétence, et annulé un arrêt de la cour de Poitiers du 20 juillet 1813. Puis intervint l'ordonnance royale du 12 décembre 1821 dont l'article 8 porte : « En ce » qui concerne les règlements de juges entre l'administration et » les tribunaux, qualifiés de conflits négatifs, il y sera procédé comme par le passé ». L'ordonnance du 1ᵉʳ juin 1828 sur les conflits ne s'occupa point des conflits négatifs, mais elle n'entendit

pas porter atteinte aux usages suivis à cet égard par le conseil d'État, car, au moment même où elle venait d'être promulguée, on voit le conseil d'État statuer sur des conflits négatifs : 2 juillet 1828, Lebon, p. 519; 13 juillet 1828, p. 521 ; 5 novembre 1828, p. 766. Depuis, cette pratique légale s'est toujours continuée, comme on peut le voir par la statistique [n° 661]; il faut signaler, entre autres, un arrêt du 26 février 1857, qui applique l'article 7, peu équitable surtout en matière de conflits négatifs, de l'ordonnance du 12 décembre 1821, d'après lequel le conseil d'État, *lorsqu'il statue sur les conflits, ne prononce pas de dépens, quelque jugement qui intervienne.*

678. De 1849 à 1852, et depuis 1872, le tribunal des conflits, appelé à statuer sur les conflits d'attributions *positifs* qui s'élèvent entre les deux autorités, devait naturellement être appelé à statuer également sur les conflits *négatifs* du même ordre. L'article 27 de la loi du 24 mai 1872 a fait aussi revivre les dispositions du règlement du 26 octobre 1849 relatives aux conflits d'attributions négatifs et qui forment son titre III.

Lorsque l'autorité administrative et l'autorité judiciaire se sont respectivement déclarées incompétentes sur la même question, le recours devant le tribunal des conflits, pour faire régler la compétence, est exercé directement par les parties intéressées. Il est formé par requête, signée d'un avocat au conseil d'État (Règlement d'administration publique du 26 octobre 1849, *déterminant les formes de procéder du tribunal des conflits*, art. 17).— Lorsque l'affaire intéressse directement l'État, le recours peut être formé par le ministre dans les attributions duquel se trouve placé le service public que l'affaire concerne (art. 18).— Lorsque la déclaration d'incompétence émane, d'une part, de l'autorité administrative, de l'autre d'un tribunal statuant en matière de simple police ou de police correctionnelle, le recours peut en outre être formé par le ministre de la justice (art. 19).— Le recours doit être communiqué aux parties intéressées (art. 20).— Lorsque le recours est formé par des particuliers, l'ordonnance de *soit communiqué* rendue par le ministre de la justice, président du tribunal des conflits, doit être signifiée, par les voies de droit, dans le délai d'un mois... (art. 21).— Lorsque le recours est formé par un ministre, il en est, dans le même délai, donné avis à la partie intéressée par la voie administrative... (art. 22).— La partie à laquelle la notification a été faite est tenue, si elle réside sur le territoire continental, de répondre et de fournir ses défenses dans le délai d'un mois à partir de la notification. A l'égard des colonies et des pays étrangers, les délais seront réglés, ainsi qu'il appartiendra, par l'ordonnance de *soit communiqué* (art. 23). — Les parties intéressées peuvent prendre, par elles-mêmes ou par leurs avocats, communication des productions au secrétariat, sans déplacement et dans le délai déterminé par le rapporteur (art. 24).

§ III. — Garantie administrative des agents du gouvernement supprimée.

679. Principe de la responsabilité des fonctionnaires publics.
680. Origines et motifs du principe de leur garantie administrative.
681. Article 75 de la Constitution de l'an VIII, actuellement abrogé.
682. Utilité actuelle de son étude, au point de vue historique et pratique.
683. Statistique des décisions du conseil d'État de 1852 à 1865.
684. Des trois conditions d'application de cet article 75.
685. Sanction de cet article 75 de la Constitution de l'an VIII.
686. Triple observation.
687. Décret-loi du 19 septembre 1870.
688. Article 1 § 1. Conséquences directes de l'abrogation de l'article 75.
689. Conséquences indirectes de cette abrogation par rapport au principe de la séparation des autorités administrative et judiciaire ; controverse.
689 bis. Suite de la controverse.
690. Article 1 § 2. Abrogation de toutes autres entraves à la mise en jugement des fonctionnaires publics.
691. — Relativement aux conseillers d'État.
692. — Relativement aux ministres du culte au cas de crime ou délit constituant un abus ecclésiastique ; controverse.
693. — Relativement aux ministres.
694. Maintien des règles relatives aux magistrats de l'ordre judiciaire et du privilége de juridiction.
695. Maintien des garanties et immunités politiques des membres du parlement, non applicables aux membres des conseils électifs.
696. Non-exécution de l'article 2 du décret du 19 septembre 1870.

679. L'Assemblée constituante de 1789 a proclamé en ces termes le principe de la responsabilité des fonctionnaires publics : « La société a le droit de demander compte à tout agent public de son administration ». Au point de vue répressif, cette responsabilité est réglée par les nombreux articles du Code pénal qui répriment, avec aggravation de peine, les crimes ou délits commis par les fonctionnaires dans l'exercice de leurs fonctions ; au point de vue du droit privé, cette responsabilité forme l'une des applications de l'article 1382 du Code civil et des articles 1 § 2 et 3 § 1 du Code d'instruction criminelle, qui, de droit commun, ouvrent aux citoyens l'action civile en dommages-intérêts à l'occasion des faits qui leur sont préjudiciables.

680. A côté de cette règle, et pour prévenir l'abus qui pourrait en être fait, la même assemblée avait placé cet autre principe : « Aucun administrateur ne peut être traduit devant les tri-

» bunaux pour raison de ses fonctions publiques, à moins qu'il
» n'y ait été renvoyé par l'autorité supérieure, conformément aux
» lois ». Ainsi s'exprime l'article unique § 2 de la loi des 7-14 octobre 1790, qu'il faut rapprocher des textes suivants, dont deux émanent aussi de l'Assemblée constituante et un de la Convention, et qui tous, exprimant la même idée, consacraient, comme corollaire du principe de la séparation des pouvoirs, et en même temps que lui, le principe de la garantie administrative des agents du gouvernement à l'occasion des faits relatifs à leurs fonctions.

Tout citoyen actif pourra signer et présenter contre les officiers municipaux la dénonciation des délits d'administration dont il prétendra qu'ils se seraient rendus coupables; mais, avant de porter cette dénonciation devant les tribunaux, il sera tenu de la soumettre à l'administration ou au directoire de département, qui, après avoir pris l'avis de l'administration du district ou de son directoire, renverra la dénonciation, s'il y a lieu, devant les juges qui en devront connaître (Loi des 14-22 décembre 1789, *relative à la constitution des municipalités*, art. 61). [*Voir* l'article 60 au n° 669]. — Les fonctions judiciaires sont distinctes et demeureront toujours séparées des fonctions administratives. Les juges ne pourront, à peine de forfaiture, troubler, de quelque manière que ce soit, les opérations des corps administratifs, ni citer devant eux les administrateurs pour raison de leurs fonctions (L. 16-24 août 1790, *sur l'organisation judiciaire*, titre II, art. 13). — [*Voir* aussi, n° 649, la constitution du 3 septembre 1791, tit. III, chap. v, art. 3.] — La Convention nationale décrète qu'elle annule toutes procédures et jugements intervenus, dans les tribunaux judiciaires, contre les membres des corps administratifs et comités de surveillance... Défenses itératives sont faites aux tribunaux de connaître des actes d'administration, de quelque espèce qu'ils soient, sauf aux réclamants à se pourvoir devant le comité des finances pour leur être fait droit, s'il y a lieu, en exécution des lois (Décret du 16 fructidor an III, *à l'occasion de poursuites dirigées contre des agents de l'administration des finances*).

681. C'est ce principe de la garantie administrative des agents du gouvernement qui, des lois de la révolution, avait passé dans la Constitution du 22 frimaire de l'an VIII, où il formait l'article 75 ainsi conçu : « Les agents du gouvernement, autres que les mi-
» nistres, ne peuvent être poursuivis, pour des faits relatifs à leurs
» fonctions, qu'en vertu d'une décision du conseil d'État. En ce
» cas, la poursuite a lieu devant les tribunaux ordinaires ». Le caractère exclusivement administratif de ce texte lui avait valu de survivre aux dispositions politiques de la Constitution de l'an VIII, et de traverser, malgré de nombreuses attaques, le régime républicain de 1848 à 1852, comme les divers régimes monarchiques. Après la révolution du 4 septembre 1870, il était naturel que les membres du gouvernement de la défense nationale, qui avaient souvent demandé l'abrogation de cet article 75 de la Constitution

de l'an VIII, s'empressassent, en prenant le pouvoir, d'y réaliser la doctrine par eux soutenue dans l'opposition, et ils rendirent le décret du 19 septembre 1870 qui a prononcé cette abrogation.

682. Bien que cet article 75 de la Constitution de l'an VIII soit ainsi abrogé, il est utile, non-seulement au point de vue historique, mais aussi pratiquement, avant d'examiner le décret du 19 septembre 1870, et pour en mieux déterminer la gravité et la portée, de faire connaître, d'une part, l'application que recevait le texte abrogé, et, d'autre part, le dernier état de la jurisprudence administrative et judiciaire relative à cette disposition. Dans ce but, nous allons donner l'explication de l'article 75 comme dans les premières éditions de cet ouvrage.

683. D'après le compte général des travaux du conseil d'État publié le 30 mars 1862, pendant la période de neuf années écoulées de 1852 à 1860, l'autorisation des poursuites à fins criminelles a été refusée à l'égard de 219 fonctionnaires; elle a été accordée à l'égard de 136; le résultat des poursuites a été 73 condamnations et 60 acquittements ou abandons de poursuites. Les demandes d'autorisation de poursuites à fins civiles se sont élevées, en moyenne, à 20 par année; la plupart ont été repoussées par le conseil. — Le compte général des travaux du conseil d'État publié en 1868 constate que, dans la période écoulée du 1er janvier 1864 au 31 décembre 1865, les demandes à fins de poursuites criminelles ont été au nombre de 154 (dont 82 dirigées contre des maires, 14 contre des adjoints); l'autorisation a été refusée pour 77 fonctionnaires, et accordée à l'égard de 53; le résultat des poursuites autorisées a été de 37 condamnations, 16 acquittements, 3 abandons de poursuites. Les demandes d'autorisation de poursuites à fins civiles ont été, dans cette période, de 150 (dont 81 contre des maires ou adjoints). Sur ces 150 demandes, 22 ont été l'objet d'autorisations, plus de 40 ont été l'objet de non-lieu à statuer, parce que l'autorisation n'était pas nécessaire; dans les autres, il y a eu refus.

684. Pour que l'article 75 de la Constitution de l'an VIII reçût son application et que l'autorisation préalable du conseil d'État fût nécessaire, il fallait la réunion de trois conditions :
1° Qu'il s'agît d'un acte de poursuite, par action publique ou par action civile, de la compétence non d'une juridiction administra-

tive (c. d'Ét. 3 février 1855, *Deliane*), mais d'un tribunal de l'ordre judiciaire, civil, correctionnel ou criminel; acte tel que mise en prévention ou en accusation, mandats à délivrer par le juge d'instruction, citation directe du ministère public, assignation et même citation en conciliation à la requête des particuliers; mais l'accomplissement sans autorisation préalable des simples actes d'instruction (procès-verbaux de constat, information par audition de témoins) était permis, et même exigé lorsque le ministère public requérait la mise en jugement (Décret du 9 août 1806, art. 3).

2° Il fallait que les faits donnant lieu à la poursuite fussent *relatifs aux fonctions*, c'est-à-dire qu'ils renfermassent une application quelconque du pouvoir qu'elles confèrent. Ainsi il ne suffisait pas qu'un agent du gouvernement fût l'auteur de l'acte incriminé pour que l'article 75 fût applicable. Il ne suffisait même pas que l'acte eût été accompli par le fonctionnaire dans l'exercice de ses fonctions; il fallait que ces faits « fussent un acte de la fonction » elle-même, avec laquelle ils s'identifient et dont ils constituent » un exercice, bien qu'abusif (ch. crim. 31 mars 1864, *Ché-* » *ronnet*) ». De même encore, il ne suffisait pas que le fait se rattachât par sa nature à l'exercice de la fonction; l'article 75 n'était pas applicable si, même dans ce cas, le fait incriminé sortait de la compétence du fonctionnaire et constituait, non plus un simple abus du pouvoir qu'il possédait, mais l'excès ou l'usurpation d'un pouvoir qu'il n'avait pas (c. cass. 11 septembre 1807; 2 mars 1834; 19 février 1863, *Sintas* c. *Nogent*). L'autorité judiciaire avait le droit et le devoir de vérifier le point de savoir si l'acte rentrait dans l'exercice des fonctions (c. cass. 16 avril 1858; 3 avril 1866; 15 mai 1866, *Sens* c. *Pinard*, *Coll* c. *Pinard*; — nonobstant 5 mai 1862, *Coll* c. *Ravier*).

Ces deux premières conditions, résultant de ces mots de l'article 75 « *ne peuvent être poursuivis pour des faits relatifs à leurs fonctions* », ne devaient s'entendre que de poursuites *personnelles* dirigées individuellement contre le fonctionnaire à l'effet de faire subir à lui-même la responsabilité et les conséquences dommageables de l'acte incriminé; et, suivant nous, l'article 75 cessait d'être applicable si l'administration, c'est-à-dire l'État, le département ou la commune, était poursuivie dans la personne de ses représentants légaux; ni l'esprit ni les termes de l'article 75 ne comportaient une telle extension (*sic* c. d'Ét. 5 août 1857, *Foucaud*, Lebon, p. 929; 11 décembre 1863, *Follin*, Lebon, p. 1011; — *contra*, Paris, 16 juillet 1864, *duc d'Aumale et Michel Lévy* c. *préfet de police*; ch. req. 15 novembre 1865, qui ne doit être considéré que comme un arrêt d'espèce; c. d'Ét. Ass. gén. 31 mars 1866, Lebon, p. 1373 [*voir* dans la même affaire, et dans un autre ordre d'idées, c. d'Ét. 9 mai 1867]).

3° Il fallait que la poursuite fût dirigée contre un fonctionnaire public ayant la qualité d'*agent du gouvernement*; la jurisprudence du conseil d'État et celle de la cour de cassation étaient d'accord pour décider « que les fonctionnaires couverts par la garantie administrative comme agents du gouvernement sont seulement les dépositaires d'une portion de l'autorité gouvernementale et administrative, qui, agissant au nom du gouvernement, sous sa direction médiate ou immédiate, font ainsi partie de la puissance publique [1] ». Une large exception relative à tous les agents des finances à l'occasion des perceptions illégales d'impôts était écrite, depuis 1816, dans l'article final de chaque loi du budget; nous nous sommes étonné [n° 579] que, depuis le décret du 19 décembre 1870, on ait continué à reproduire cette dispense d'autorisation, désormais sans objet.

---

[1] Cette définition des agents du gouvernement, empruntée aux textes mêmes des décisions, s'appliquait aux préfets, sous-préfets, secrétaires généraux de préfecture, conseillers de préfecture. La question, en ce qui concerne ces derniers, était controversée; mais il était naturel d'appliquer cette garantie aux magistrats amovibles des tribunaux administratifs privés de toute garantie, tandis que les magistrats de l'ordre judiciaire, indépendamment de leur inamovibilité, sont protégés contre la prise à partie et les poursuites relatives à leurs fonctions par les garanties décrites aux Codes de procédure civile, articles 510 à 516, et d'instruction criminelle, articles 483 à 504. Cette dénomination s'appliquait également aux commissaires de police pour leurs fonctions de police administrative seulement, aux ministres plénipotentiaires et agents diplomatiques, aux consuls, aux inspecteurs, ingénieurs et conducteurs des ponts et chaussées, aux directeurs des maisons centrales et gardiens chefs des maisons d'arrêt, etc. — Les maires, pour les actes relatifs à toutes leurs fonctions administratives indistinctement, ne pouvaient, sauf controverse, être poursuivis sans l'autorisation du conseil d'État, même lorsqu'ils avaient procédé en qualité de représentants de la commune. La cour de cassation a appliqué cette règle à l'action en restitution de deniers communaux détournés de leur destination, exercée contre un maire, même après la cessation de ses fonctions (7 avril 1852), et à l'action dirigée contre le maire pris comme président du bureau de bienfaisance (22 août 1861); mais le conseil d'État a statué différemment en ce qui concerne le maire assigné comme président du conseil de fabrique (14 avril 1860). Les maires ou adjoints, présidents des bureaux d'assemblées électorales, étaient des agents du gouvernement. L'article 110 de la loi électorale du 10 mars 1849 avait, dans ce cas, établi une

ABROGÉ DE LA CONSTITUTION DE L'AN VIII.   581

685. Le principe de la garantie administrative des agents du gouvernement recevait une double sanction.

La première sanction consistait dans la nullité absolue de tous actes judiciaires et décisions intervenues sans qu'il ait été satisfait à cette formalité d'ordre public; cette nullité devait être prononcée même d'office et en tout état de cause (c. cass. 30 juillet 1861), même pour la première fois, devant la cour de cassation (30 novembre 1858). Mais la cour de cassation décidait que l'assignation donnée sans l'autorisation du conseil d'État n'était pas nulle dans son principe, et que s'il apparaissait que le fait reproché au fonctionnaire était relatif à ses fonctions, la demande devait être déclarée recevable, sauf au tribunal à surseoir jusqu'à ce que l'autorisation fût rapportée (ch. civ. 5 mai 1862, *Coll* c. *Ravier*; 11 avril 1863, *Mireur* c. *Fouque*, S. 64, 1, 56 ; P. 64, 395 ; ch. crim. 15 mai 1868, *Lafranchi* c. *Peretti*, S, 69, 1, 389). Toutefois, les deux arrêts déjà cités du 15 mai 1866 (*Sens* c. *Pinard*; *Coll* c. *Pinard*) avaient décidé que, « s'il est vrai que la demande formée contre un agent du
» gouvernement pour un fait relatif à ses fonctions n'est pas nulle
» dans son principe, par cela seul que l'autorisation de pour-
» suivre n'a pas été accordée, un tribunal peut, en l'absence de

exception non existante sous l'empire du décret du 2 février 1852, et aujourd'hui sans objet.

Le conseil d'État et la cour de cassation étaient d'accord pour refuser, au contraire, la garantie administrative aux membres des conseils généraux, d'arrondissement et municipaux (c. d'Ét. 7 juin 1851 ; 8 novembre 1854; 6 mai 1863, *Messagier*; 30 juillet 1863, *Laffite*), parce qu'ils puisent leur mandat à une source autre que le pouvoir exécutif; — aux chefs de divisions et de bureaux des ministères et des préfectures, et aux secrétaires de mairie (c. d'Ét. 9 janvier 1856), qui ne sont tous que des agents auxiliaires, sans pouvoir propre; — aux militaires de tous grades, même aux gendarmes (c. d'Ét. 24 août 1857), aux gardes champêtres (c. d'Ét. 19 novembre 1855; 11 novembre 1864, *Armand*), aux sergents de ville ou agents de la police locale (c. d'Ét. 18 novembre 1854 ; 11 novembre 1864, *Armand*), ou inspecteurs de police de la ville de Paris (c. cass. ch. crim. 18 avril 1868, et ch. réunies 22 avril 1869, *Parent* c. *André*, S. 69, 1, 237), parce qu'ils sont tous des agents de la force publique et non les dépositaires de l'autorité administrative, sans les réquisitions de laquelle ils ne peuvent agir; il en serait autrement au cas d'état de siège pour l'officier qui réunirait à ce titre les pouvoirs militaires et administratifs. Les deux jurisprudences administrative et judiciaire étaient également d'accord, depuis plusieurs années, pour déclarer l'article 75 de la Constitution de l'an VIII non applicable aux ministres du culte, dont l'institution et le sacerdoce sont en effet antipathiques à toute délégation d'une portion quelconque de l'autorité comprise dans le pouvoir exécutif [mais *voir*, aux n°s 692, 728 et 729, la controverse relative à l'application de la loi sur l'appel comme d'abus].

» toute conclusion à fin de sursis, déclarer cette demande *non*
» *recevable* ; cette non-recevabilité, se référant nécessairement à
» l'état dans lequel se trouvait la cause en l'absence de toute de-
» mande de sursis, ne portait pas préjudice aux droits que les par-
» ties pourraient prétendre exercer en remplissant ultérieurement
» le vœu de la loi ».

La seconde sanction du principe de la garantie administrative était d'ordre pénal; la forfaiture et la dégradation civique sont prononcées par le texte [cité n° 656] de la loi des 16-24 août 1790 et par l'article 127 du Code pénal, et une amende de 100 à 500 francs par l'article 129 du même Code, contre chacun des officiers de police judiciaire ou du ministère public et des juges, qui, après réclamation de la partie poursuivie et avec volonté de violer la loi, auraient méconnu la prescription de l'article 75 de l'Acte constitutionnel du 22 frimaire de l'an VIII.

Il faut rappeler que l'article 3 de l'ordonnance du 1er juin 1828 [reproduit au n° 668] refuse expressément la sanction résultant pour l'administration de la faculté d'élever le conflit. Cette interdiction s'expliquait par ce motif, que le tribunal judiciaire devant lequel on poursuivait un fonctionnaire sans l'autorisation du conseil, quoique irrégulièrement saisi en l'état, était compétent au fond, circonstance qui écarte les éléments juridiques constitutifs du conflit d'attributions [1].

---

[1] Comme c'était par un motif d'ordre public et d'intérêt général que la garantie administrative était assurée par la loi aux agents du gouvernement, et non dans leur intérêt privé, l'agent du gouvernement poursuivi ne pouvait y renoncer ni formellement, ni tacitement en s'abstenant de s'en prévaloir. Dans ce cas, le ministère public et même les juges devaient suppléer d'office cette exception protectrice des fonctions administratives. Il en était encore ainsi, et l'autorisation du conseil d'État était nécessaire, même lorsqu'au moment de la poursuite le fonctionnaire avait cessé ses fonctions; la garantie n'abandonnait jamais l'acte auquel le fonctionnaire avait procédé en cette qualité. Un avis du conseil d'État du 16 mars 1807, approuvé par décret impérial, avait fait exception à cette dernière règle en ce qui concerne « les comptables rétentionnaires de deniers publics et passibles, à ce titre, de poursuites criminelles ». Nous décidions, conformément à la jurisprudence du conseil d'État, contraire en ce point à celle de la cour de cassation, que cette disposition de l'avis de 1807 constituait une dérogation au principe, et qu'elle devait être restreinte à l'espèce qu'il prévoit. En conséquence du même principe, la cour de cassation (ch. civ. deux arrêts du 15 mai 1866 : *Sens* c. *Pinard*; *Coll* c. *Pinard*) avait décidé que l'article 75 de la Constitution de l'an VIII était applicable en Algérie comme en France.— La demande d'autorisation de poursuivre était formée, soit par la partie, en forme de lettre ou de pétition au conseil d'État, soit par le mi-

686. Une triple observation découle de l'exposé qui précède :

1° En présence de la disposition si laconique de l'article 75 de la Constitution de l'an VIII, la jurisprudence avait, en cette matière, une mission très-étendue, aussi bien celle des tribunaux de l'ordre judiciaire que celle du conseil d'État ; de là, les difficultés d'application multiples dont ce texte était l'objet.

2° L'interdiction d'élever le conflit pour cause d'inobservation de ces prescriptions avait pour conséquence de laisser à l'autorité judiciaire le dernier mot sur la question d'application de l'article 75, et, s'il s'est produit sur certaines questions débattues [notamment n° 684 2°] une tendance à exagérer la portée de cet article, cette tendance se révèle plus dans la jurisprudence des cours d'appel et de la cour de cassation que dans celle du conseil d'État.

3° Enfin, au lieu d'un texte de trois lignes, il n'eût pas été trop d'une loi complète pour réglementer le principe de la garantie administrative, en déterminer d'une manière précise toutes les conditions d'application, en proscrire toute tentative d'emploi abusif, et, par là, prévenir ou empêcher une partie des attaques dont il a été l'objet. En 1835, un projet de loi destiné à remplacer l'article 75 avait été soumis à la chambre des pairs et à la chambre des députés ; il n'aboutit pas, et il est regrettable pour l'institution que l'idée n'ait pas été reprise.

nistère public. Si la partie demandait à poursuivre devant les tribunaux de répression, elle devait avoir préalablement déposé une plainte, et était tenue de faire parvenir sa requête par l'intermédiaire du ministère public et du ministre de la justice ; si elle voulait, au contraire, agir devant les tribunaux civils, elle pouvait adresser sa requête au secrétariat général du conseil d'État, par l'intermédiaire du préfet ou du ministère public. — L'instruction de l'affaire était confiée par l'ordonnance du 18 septembre 1839 à la section de législation à qui était remis l'avis du ministre au département duquel appartenait le fonctionnaire inculpé ; l'assemblée générale du conseil d'État, sur le rapport de la section, statuait comme toujours en la forme administrative, c'est-à-dire sans publicité ni débat oral ; les parties ou leurs avocats pouvaient seulement faire valoir leurs moyens par mémoires déposés au secrétariat du conseil d'État. Les décrets préparés par le conseil d'État en cette matière pouvaient contenir trois sortes de décisions : 1° *refus d'autorisation* ; 2° *autorisation accordée* ; 3° *non-lieu à statuer*. Cette dernière solution intervenait lorsque l'autorisation était demandée par un fonctionnaire ou à l'occasion d'un acte auquel l'article 75 de la Constitution de l'an VIII était inapplicable, ou lorsque les formalités voulues n'avaient pas été remplies, telles que la plainte préalable de la partie civile qui voulait poursuivre devant un tribunal correctionnel, ou l'instruction préalable (également exigée par interprétation du décret du 9 août 1806) lorsque c'était le ministère public qui sollicitait l'autorisation de mettre en jugement.

687. Le décret du gouvernement de la défense nationale du 19 septembre 1870 est ainsi conçu : « Art. 1. L'article 75 de la
» Constitution de l'an VIII est abrogé. Sont également abrogées
» toutes autres dispositions des lois générales ou spéciales, ayant
» pour but d'entraver les poursuites dirigées contre les fonction-
» naires publics de tout ordre. — Art. 2. Il sera ultérieurement
» statué sur les peines civiles qu'il peut y avoir lieu d'édicter dans
» l'intérêt public contre les particuliers qui auraient dirigé des
» poursuites téméraires contre les fonctionnaires ».

688. De l'abrogation de l'article 75, prononcée par le § 1 de l'article 1 du décret ci-dessus, il résulte, comme conséquence directe, que l'action publique, redevenue indépendante en cette matière, n'est plus soumise à aucun préalable, quand il s'agit de faits, réprimés par les lois pénales, commis par des agents du gouvernement en abusant de leurs fonctions. Toutes les dispositions du Code d'instruction criminelle, et l'article 11 de la loi du 20 avril 1810, en un mot le droit commun, deviennent absolument applicables. Il en est de même, pour l'action civile de la partie qui se prétend lésée, des dispositions soit du Code de procédure civile, soit du Code d'instruction criminelle. Enfin, la portion des articles 127 et 129 du Code pénal, relative à la mise en jugement des agents du gouvernement, et qui formait la sanction répressive de l'article 75, participe de son abrogation.

689. On a déjà pu voir ci-dessus, à propos de l'importante affaire de diffamation contre le préfet de Maine-et-Loire du gouvernement de la défense nationale [n° 670], certaines conséquences indirectes du décret du 19 septembre 1870 par rapport au principe de la séparation des autorités administrative et judiciaire. Ces conséquences se sont encore accentuées davantage dans la jurisprudence judiciaire. C'est ainsi que la cour de cassation (ch. req. 3 juin 1872, *Meyère* c. *Rollin)*, après et comme la cour d'appel de Dijon (9 août 1871), dans une affaire qui a divisé le ministre de la justice et le ministre de la guerre, a été amenée à décider que « l'abrogation, par le décret du 19 septembre 1870,
» de l'article 75 de la Constitution de l'an VIII, ainsi que de toutes
» les autres dispositions législatives qui entravaient les poursuites
» dirigées contre les fonctionnaires publics, a nécessairement
» pour effet de rendre les tribunaux compétents pour apprécier et
» qualifier les actes imputés aux agents du gouvernement et qui

» donnent lieu à une action en réparation ». Sans aucun doute, on aurait tort de prétendre qu'il suit de là que le principe de la séparation des deux autorités aurait cessé d'exister ; c'est ce qu'ont parfaitement démontré les conclusions (Sirey, 1872, 1, 186; Dalloz, 72, 1, 385), conformes à l'arrêt [1], données dans cette affaire par M. l'avocat général Reverchon, dont la parole toujours autorisée empruntait particulièrement, dans un débat de cette nature, une autorité considérable aux remarquables travaux qu'il a publiés sur le droit administratif, et spécialement sur ce sujet. Mais il faut aussi reconnaître que le savant magistrat disait vrai en tenant ce langage devant la cour suprême : « Oui, il (le décret
» du 19 septembre 1870) *a porté une atteinte incontestable au*
» *principe de la séparation des pouvoirs*, et l'on ne peut guère
» supposer que ses auteurs ne l'aient pas signé en pleine connais-
» sance de cause. Mais alors même qu'ils n'en auraient pas vu
» toute la gravité, l'autorité judiciaire n'a pas à le juger, et elle
» doit, comme le conseil d'État l'a déjà fait dans des circonstances

---

[1] Voici le texte entier de cet important arrêt de la chambre des requêtes du 3 juin 1872 :

« La Cour, — sur le moyen unique du pourvoi, tiré de la violation du principe de la séparation des pouvoirs, de l'article 10 de la loi du 10 juillet 1791, et de l'article 101 du décret du 24 décembre 1811 ; — attendu que le décret rendu par le gouvernement de la défense nationale le 19 septembre 1870, lequel abroge l'article 75 de la Constitution de l'an VIII, ainsi que toutes les autres dispositions des lois générales et spéciales ayant pour objet d'entraver les poursuites dirigées contre les fonctionnaires publics de tout ordre, a nécessairement pour effet d'appeler les tribunaux à apprécier et qualifier les actes imputés aux agents du gouvernement, et qui donnent lieu à une action en réparation civile ; — attendu que si les tribunaux saisis devaient surseoir à statuer sur le fond jusqu'à ce que l'acte imputé eût été soumis à l'examen de l'autorité administrative, ce serait faire revivre, sous une autre forme, en faveur des agents poursuivis, la garantie stipulée par l'article 75 de la Constitution de l'an VIII, que le décret du 19 septembre 1870 a eu pour but de faire entièrement disparaître ; — attendu, d'une part, qu'il appartenait à la cour d'appel de déterminer la qualité des parties en cause devant elle, et de déclarer si le demandeur originaire était militaire ou devait être assimilé à un militaire ; — attendu enfin que nul texte de loi ne donne à un général commandant une place en état de siège le droit de faire arrêter et incarcérer un simple citoyen sans le faire traduire devant la justice répressive ; — attendu dès lors qu'en statuant au fond sur l'action dirigée par Rollin contre Meyère, et en condamnant ce dernier à des dommages-intérêts pour avoir fait arrêter et détenir illégalement pendant quinze jours, dans la prison de Langres, le défendeur éventuel, l'arrêt attaqué n'a violé aucun des textes de loi invoqués par le pourvoi ; rejette..... »

» identiques, en assurer l'exacte et sincère application ». D'autres décisions de cours d'appel et de la cour de cassation ont également déduit du décret du 19 septembre 1870 certaines extensions de la compétence judiciaire (Lyon, 23 juillet 1872, *Valentin* ; Paris, 28 mars 1873, *Petit* ; c. c. ch. civ. février 1873, *Blanc c. faillite Beaucourt et fabrique d'Allanck* ; ch. req. 18 mars 1873, arrêt d'admission, *Héraud c. Beaupré-Fouché* ; ch. crim. 20 juin 1873 ; [*voir*, n° 670, arrêts de la chambre criminelle et du conseil d'État dans l'affaire *Engelhard*]).

C'est en s'inspirant de cette jurisprudence qu'un jugement du tribunal de Senlis du 7 mai 1873 s'était déclaré compétent, pour connaître d'une demande en dommages-intérêts à raison de saisie et interdiction de journal ordonnées par le général commandant l'état de siége et le préfet de l'Oise, et avait rejeté le déclinatoire proposé par le préfet. Mais, sur l'arrêté de conflit, le tribunal des conflits a rendu, le 30 juillet 1873 (*Pelletier c. de Ladmirault, Choppin et Leudot*), une décision [1] en sens contraire annulant ce

---

[1] Voici la partie essentielle de cette grave décision du tribunal des conflits du 30 juillet 1873 :

« Considérant que l'ensemble de ces textes [ceux rapportés n°s 680 et 681] établissait deux prohibitions distinctes qui, bien que dérivant l'une et l'autre du principe de la séparation des pouvoirs dont elles avaient pour but d'assurer l'exacte application, se référaient néanmoins à des objets divers et ne produisaient pas les mêmes conséquences au point de vue de la juridiction; que la prohibition faite aux tribunaux judiciaires de connaître des actes d'administration de quelque espèce qu'ils soient, constituait une règle de compétence absolue et d'ordre public, destinée à protéger l'acte administratif, et qui trouvait sa sanction dans le droit conféré à l'autorité administrative de proposer le déclinatoire et d'élever le conflit d'attributions, lorsque, contrairement à cette prohibition, les tribunaux judiciaires étaient saisis de la connaissance d'un acte administratif; que la prohibition de poursuivre les agents du gouvernement sans autorisation préalable, destinée surtout à protéger les fonctionnaires publics contre des poursuites téméraires, ne constituait pas une règle de compétence, mais créait une fin de non-recevoir formant obstacle à toutes poursuites dirigées contre ces agents pour des faits relatifs à leurs fonctions, alors même que ces faits n'avaient pas un caractère administratif et constituaient des crimes ou délits de la compétence des tribunaux judiciaires; que cette fin de non-recevoir ne relevait que des tribunaux judiciaires et ne pouvait jamais donner lieu, de la part de l'autorité administrative, à un conflit d'attributions; considérant que le décret, rendu par le gouvernement de la défense nationale, qui abroge l'article 75 de la Constitution de l'an VIII, ainsi que toutes les autres dispositions des lois générales et spéciales ayant pour objet d'entraver les poursuites dirigées contre les fonctionnaires publics de tout ordre, n'a eu d'autre effet que de supprimer la fin de non-recevoir résultant du défaut d'autorisation, avec toutes ses conséquences légales, et de

jugement. Inspirée par la sage pensée de sauvegarder, en le distinguant de celui de la garantie administrative, le principe ébranlé de la séparation de l'autorité administrative et de l'autorité judiciaire, cette décision, si elle fait jurisprudence, laissera peu de place au décret du 19 septembre 1870. On ne peut même pas dire, avec l'arrêt de la chambre des requêtes du 3 juin 1872, qu'elle se bornera « à faire revivre sous une autre forme la garantie stipulée « par l'article 75 » ; car, l'appréciation du conseil d'État étant désormais supprimée, il n'y aurait plus, d'après cette décision, aucune autorité ni administrative ni judiciaire compétente pour connaître des poursuites dirigées contre les agents du gouvernement pour des faits relatifs à leurs fonctions. Ce serait sans doute un effet bien imprévu de l'abrogation de cet article 75 de la Constitution de l'an VIII, dont on prouve d'autant mieux le lien étroit avec le principe de séparation des deux autorités, que l'on cherche davantage à les distinguer ; c'est ce que nous paraissent démontrer les louables efforts faits pour sauver ce principe de la destruction imprudente de son corollaire.

689 *bis*. Le numéro qui précède est textuellement reproduit de la dernière édition de cet ouvrage. Au moment où le premier volume venait d'en être publié, le journal *le Droit* du 14 novembre 1873 donnait le compte-rendu de l'audience de la chambre des requêtes du 11 août 1873, dans laquelle le rapporteur [1] et l'avocat général, tout en justifiant la doctrine de l'arrêt attaqué, concluaient, par déférence pour le tribunal des conflits, au renvoi devant la chambre civile du pourvoi formé contre l'arrêt de la cour de Lyon du 23 juillet 1872 (*Valentin c. Haas*) qui a condamné l'ancien

rendre ainsi aux tribunaux judiciaires toute leur liberté d'action dans les limites de leur compétence ; mais qu'il n'a pu avoir également pour conséquence d'étendre les limites de leur juridiction, de supprimer la prohibition qui leur est faite, par d'autres dispositions que celles spécialement abrogées par le décret, de connaître des actes administratifs, et d'interdire, dans ce cas, à l'autorité administrative le droit de proposer le déclinatoire et d'élever le conflit d'attributions ; qu'une telle interprétation serait inconciliable avec la loi du 24 mai 1872 qui, en instituant le tribunal des conflits, consacre à nouveau le principe de la séparation des pouvoirs et les règles de compétence qui en découlent. »

[1] « M. le conseiller Dagallier, rapporteur, s'est pleinement associé sur le » fond à la doctrine consacrée par l'arrêt attaqué ; mais il a pensé que celui » du tribunal des conflits, quelque erroné qu'il parût, devait déterminer la » chambre des requêtes à renvoyer le pourvoi devant la chambre civile (*Le* » *Droit* du 14 novembre 1873). »

préfet du Rhône à 4,000 francs de dommages-intérêts pour avoir prolongé une détention au-delà des conditions légales. Dans ses conclusions, qui s'y trouvent entièrement reproduites, M. l'avocat général Reverchon a présenté, au moment où nous la faisions également, la critique [1] de la décision du tribunal des conflits du 30 juillet 1873.

Depuis, ce tribunal a persévéré dans cette jurisprudence, par une décision, conçue en termes presque identiques, du 28 novembre 1874 (*Plasson c. général Lapasset*).

Mais jusqu'à ce jour, bien qu'une interprétation contraire ait été donnée à un arrêt de la chambre civile du 3 août 1874, la cour de cassation n'est pas entrée dans cette voie, et ses décisions ultérieures n'ont porté aucune atteinte à l'autorité de l'arrêt de la chambre des requêtes du 3 juin 1872. Cet arrêt de la chambre civile du 3 août 1874, que les recueils d'arrêts n'ont pas donné, sans doute parce qu'il n'est qu'un arrêt d'espèce, n'est, en ce moment, publié, à notre connaissance, que par le *Bulletin des arrêts de la cour de cassation, chambre civile*, année 1874, page 224. Il rejette le pourvoi, formé par l'ancien préfet du Rhône, contre l'arrêt de la cour de Lyon ci-dessus cité (*Valentin c. Haas*), et se fonde sur ce que, des circonstances de la cause « il résulte qu'il n'a été fait obs-
» tacle à aucun acte administratif, et que le moyen tiré de la viola-
» tion du principe de la séparation des pouvoirs publics manque
» en fait ». Or, notre doctrine, qui est celle de la chambre des requêtes, ne consiste pas à dire que le décret du 19 septembre 1870 permet à l'autorité judiciaire *de faire obstacle à aucun acte administratif*, mais seulement d'apprécier ces actes au point de vue de leurs conséquences dommageables. Ce pouvoir est moindre, mais

---

[1] « On comprend à merveille, dit M. Reverchon, qu'un journal judiciaire qui
» avait vivement critiqué le décret du 19 septembre 1870 ait reconnu, depuis
» lors, que la décision rendue le 30 juillet dernier par le tribunal des conflits
» *atténue singulièrement* la portée de ce décret (*Gazette des tribunaux* du
» 8 août 1873) ; elle l'atténue à ce point qu'elle le supprime ».

M. l'avocat général, qui veut bien citer en note la précédente édition du présent ouvrage comme conforme à sa doctrine, termine ses conclusions de la manière suivante : « Il nous est arrivé dernièrement d'assister à un débat dans
» lequel un ancien administrateur, sous l'impression de l'effroi que lui causait
» l'abrogation de l'article 75, exprimait le désir de voir prévaloir cette solution,
» et, lorsque son interlocuteur lui fit remarquer que, dans cette hypothèse, il ne
» resterait rien du décret du 19 septembre 1870, il répondit : *Moins il en res-*
» *tera, mieux cela vaudra.* A notre sens, ce commentaire anticipé de la décision
» du tribunal des conflits en révèle tout à la fois l'inspiration instinctive et le
» vice juridique (*Le Droit* du 14 novembre 1873) ».

il est également contraire au principe de la séparation des deux autorités [n° 650 3°] ; le tribunal des conflits le refuse aux tribunaux nonobstant le décret du 19 septembre 1870, la chambre des requêtes le leur reconnaît en vertu de ce décret. Avant le décret, ce pouvoir, alors interdit aux tribunaux en principe, par suite de la défense de juger les agents du gouvernement en raison de faits relatifs à leurs fonctions, leur appartenait exceptionnellement, lorsque le conseil d'État, en permettant les poursuites, leur donnait par là même la liberté d'appréciation des actes de la fonction. Ce qui était l'exception est devenu la règle par l'effet du décret du 19 septembre 1870. Il a donné aux tribunaux ce pouvoir d'appréciation dans tous les cas ; ou bien il faut reconnaître, non-seulement qu'il ne leur a rien donné, mais même qu'il leur a enlevé la faculté d'en user dans les hypothèses où le conseil d'État accordait l'autorisation de poursuivre.

Non-seulement, la chambre civile, par cet arrêt du 3 août 1874, rejetant d'ailleurs le pourvoi du préfet, n'a pas pris parti pour la doctrine du tribunal des conflits, mais en outre, dans un arrêt postérieur du 15 décembre 1874 (*Verlaguet c. Cazanova Roch*), elle se range implicitement à la doctrine de la chambre des requêtes, en admettant que le jugement attaqué ait pu faire et en faisant elle-même l'appréciation permise, suivant nous, à l'autorité judiciaire par le décret du 19 septembre 1870.

Quel que puisse être d'ailleurs, sur cette grave question, l'avenir de la jurisprudence, non armée par nos lois des mêmes attributs que le préteur romain, ayant mission de les appliquer, sans pouvoir comme lui les corriger, nous persistons. Nous croyons, sans nous en plaindre autrement que comme interprète d'une loi existante, que l'abrogation de l'article 75 de la Constitution de l'an VIII est un leurre pour le public et devient même, pour les agents du gouvernement, l'occasion d'une situation plus entièrement protégée que par le passé, si cette abrogation ne livre pas aux tribunaux judiciaires l'appréciation, si dangereuse qu'elle puisse être, des actes des administrateurs dont se plaignent les administrés.

690. On a vu, par le texte de l'article 1 § 2, que le décret du 19 septembre 1870 abroge non-seulement l'article 75 de la Constitution de l'an VIII, mais encore toutes les lois générales ou spéciales et, à plus forte raison, tous les règlements qui, fondés sur le même principe, avaient « pour objet d'entraver les poursuites di-
» rigées contre les fonctionnaires publics de tout ordre ».

Telles sont un certain nombre de lois spéciales qui, tout en maintenant la nécessité d'une autorisation pour la mise en jugement, conféraient, dans un but de rapidité et de simplification, à une autorité moins élevée que le pouvoir exécutif statuant en conseil d'État, le droit de la donner pour les agents de certaines administrations publiques relevant du ministère des finances : les agents des forêts (Ordonn. 1er août 1824, art. 7 et 39), ceux des postes (Arrêté du 9 pluviôse an X), ceux de l'enregistrement et des domaines (Arrêté du même jour que le précédent), les percepteurs des contributions directes (Arrêté du 10 floréal an X ; c. d'Ét. 29 déc. 1860 ; 19 mai 1861), les préposés d'octroi (Arrêté du 19 thermidor an X). Encore la dérogation ne s'appliquait-elle que dans le cas où l'autorisation était accordée ; le refus d'autorisation ne pouvait être fait que par le conseil d'État. Ces textes devaient avoir le même sort que l'article 75, dont ils étaient à la fois une dérogation partielle et une émanation.

691. Il faut aussi considérer comme n'existant plus depuis le décret de 1870, la garantie qui résultait pour les conseillers d'État de l'article 121 du Code pénal ; cet article n'avait, en ce qui concerne ces hauts fonctionnaires de l'ordre administratif, de corrélation qu'avec l'article 70 de la Constitution de l'an VIII, qui ne peut survivre à l'abrogation de son article 75.

692. Nous croyons aussi qu'il faut considérer comme éteinte par la disposition générale du § 2 de l'article 1 du décret de 1870, la controverse relative à la question de savoir si le ministre du culte auquel on impute un fait qualifié crime ou délit par la loi pénale et constitutif de l'abus ecclésiastique, ne peut être poursuivi devant les tribunaux judiciaires qu'après l'appréciation préalable de l'abus par le conseil d'État aux termes de l'article 8 de la loi organique du 18 germinal an X [nos 727 à 729]. On pourrait sans doute objecter avec raison que les ministres du culte ne sont pas des *fonctionnaires publics* [nos 684 3° et 777 *in fine*]. Mais à cette objection il y a lieu de répondre : 1° que le décret de 1870, en appliquant, dans sa rédaction hâtive, aux ministres du culte le mot de fonctions publiques, n'aurait fait qu'étendre une locution souvent employée par le législateur lui-même dans des lois en vigueur, ainsi que cela se voit notamment dans l'article 6 § 3 de la loi du 22 mars 1822 sur la presse, relatif à « l'outrage fait à un ministre de » l'une des religions légalement reconnues en France dans l'exer-

» cice même de ses fonctions », et même dans les articles 6 du concordat [n° 710] et 18 des articles organiques [n° 711] ; 2° que le mot « fonctionnaires *de tout ordre* » indique d'ailleurs que les auteurs du décret n'ont pas pris ici l'expression de fonctionnaires publics dans son sens technique ; et 3° que leur volonté de faire disparaître toute entrave à l'action judiciaire, surtout toutes celles résultant d'une appréciation émanant du conseil d'État, ne saurait être l'objet d'un doute [1].

693. D'après le texte même de l'article 75 de la Constitution de l'an VIII, la garantie administrative ne s'appliquait pas aux ministres ; mais, sous tous les régimes constitués, ils ont été couverts par une garantie constitutionnelle. L'article 13 de la Constitution de 1852 portait qu'ils ne pouvaient *être mis en accusation* que par le Sénat. Ces termes étant exclusivement applicables aux poursuites criminelles, il en résulte qu'ils pouvaient être actionnés civilement, pour faits relatifs à leurs fonctions, sans autorisation d'aucune sorte. Il ne saurait en être autrement depuis le décret du 19 septembre 1870 ; et même au criminel, on ne saurait actuellement trouver de base légale à une entrave quelconque à la mise en jugement des ministres. Elle ne résulte pas de l'article 9 de la loi constitutionnelle du 24 février 1875, qui ne déroge au droit commun qu'au point de vue des juridictions et seulement dans le

---

[1] Cette question a été incidemment examinée à propos d'une décision du tribunal des conflits du 1er mai 1875, dans laquelle du reste elle ne se présentait pas. Dans les notes qui accompagnent cette décision, il est dit dans l'un des recueils d'arrêts (Sirey, 1875, 2, 154) « qu'il est certain que l'article 6 du Con- » cordat (l'auteur a voulu dire des articles organiques) n'a pas été atteint par le » décret du 19 septembre 1870, et que l'objection *ne s'est pas encore produite* » ; on peut voir cependant les n°s 592 et 629 de notre précédente édition où nous tenons le même langage qu'ici. Dans un autre recueil (Dalloz, 1876, 3, 1) il est dit au contraire « que les doutes les plus sérieux peuvent s'élever sur la question de » savoir s'il y a lieu de maintenir une jurisprudence qui assurerait aux minis- » tres du culte une situation qui n'aurait plus d'analogue dans la législation ».

Plus récemment, dans la seconde édition du remarquable *Traité de l'action publique et de l'action civile en matière criminelle* de M. Mangin, donnée par lui en 1876, M. Alexandre Sorel, dans une des très-nombreuses notes dont il a enrichi cette œuvre, dit en nous citant (tome II, pages 27 et 28) qu'il « n'hésite » pas à partager cette manière de voir », et fait observer avec raison que c'est aussi l'opinion de M. Molinier (*De l'abrogation de l'article 75*, p. 36). Quant aux réserves de M. Sorel relativement à l'*ordre judiciaire*, nous nous empressons d'y souscrire, et nous avons toujours constaté [n° 594 de notre 4e édition, et n° 694 de la présente édition] que le décret du 19 septembre 1870 ne touche, ni dans son texte ni dans son esprit, aux garanties purement judiciaires.

cas où le Sénat est constitué en cour de justice pour juger les ministres [n° 747].

694. Il en est autrement, pour les magistrats des cours et tribunaux, des garanties d'un autre ordre et purement judiciaires, que leur procurent les règles tracées par le Code de procédure civile pour la *prise à partie*, et celles du Code d'instruction criminelle relatives à la poursuite des crimes et délits commis par des juges et par des officiers de police judiciaire. De même le décret du 19 septembre 1870 a laissé subsister le privilége de juridiction des articles 479 et 483 du Code d'instruction criminelle et 10 de la loi du 20 avril 1810 [*voir* les arrêts cités n° 746].

695. Enfin, le décret du 19 septembre 1870 n'a pu exercer aucune influence sur la garantie politique, et nullement administrative, qui protége en France les membres des assemblées législatives, en raison de la nature et comme conséquence de leur mandat. D'une part, ils ne peuvent être mis en jugement qu'après une autorisation de poursuites donnée par l'assemblée dont l'inculpé fait partie; d'autre part, ils jouissent de l'immunité absolue de toute action publique ou civile à l'occasion des opinions par eux formulées ou des votes par eux émis dans l'accomplissement de leur mandat. Cette immunité, constitutive de l'inviolabilité des membres du parlement, proclamée en 1789, est actuellement assurée par la loi du 17 mai 1819 (art. 21) : « aux discours tenus dans
» le sein de l'une des deux chambres, ainsi qu'aux rapports ou
» toutes autres pièces imprimées par ordre de l'une des deux
» chambres ». Ces dispositions ne peuvent être étendues, au delà de leurs termes, aux membres des conseils administratifs élus, conseils généraux, d'arrondissement et communaux (c. c. ch. cr. 22 janvier 1863 [n°ˢ 229 et 669]).

696. L'article 2 du décret du 19 septembre 1870 dispose qu' « il
» sera ultérieurement statué sur les peines civiles qu'il peut y
» avoir lieu d'édicter, dans l'intérêt public, contre les particuliers
» qui auraient dirigé des poursuites téméraires contre les fonc-
» tionnaires ». La commission de l'assemblée nationale chargée de l'examen des décrets législatifs du gouvernement de la défense nationale, dans son rappport [1] [déjà mentionné n°ˢ 296, 501, 533],

---

[1] « Y a-t-il lieu d'édicter des peines civiles contre les individus qui auraient dirigé des poursuites téméraires contre des fonctionnaires, et de se hâter de

s'est à bon droit refusée à entrer dans cette voie. Il faut, en effet, choisir entre le droit commun et le principe de l'Assemblée constituante de 1789 passé dans l'article 75 de l'acte de l'an VIII, et l'on ne comprendrait pas un moyen terme qui, après avoir découvert et compromis le principe même de la séparation des pouvoirs et des autorités, assurerait aux fonctionnaires témérairement poursuivis des avantages personnels autres que ceux de la loi commune ; ils y trouvent en effet le droit d'obtenir une condamnation à des dommages-intérêts, l'impression et l'affiche du jugement, et de provoquer une condamnation pénale pour dénonciation calomnieuse.

CHAPITRE DEUXIÈME.

RÉGLEMENTATION DES PRINCIPES DE L'ORDRE RELIGIEUX.

697. Division du chapitre.

697. Ce chapitre sera divisé en trois sections : la première contiendra l'exposé des principes de cet ordre considérés en eux-mêmes et la distinction capitale entre les cultes reconnus et ceux non reconnus par l'État ; la seconde, l'application de ces principes dans l'organisation des cultes reconnus par l'État ; et la troisième, leur sanction administrative par l'institution du recours pour abus.

SECTION PREMIÈRE. — PRINCIPES DE CET ORDRE CONSIDÉRÉS EN EUX-MÊMES.

698. Énumération de ces principes.
699. Liberté absolue de conscience ou liberté des cultes.

donner par là au décret le complément dont il fait pressentir le besoin ? Votre commission ne l'a point pensé. Elle est pénétrée de la pensée de ne pas laisser les fonctionnaires en butte aux attaques de la malveillance et aux hostilités des partis ; mais les garanties auxquelles ils ont droit pour la sauvegarde de leur honneur et de leur repos, elle a pensé qu'ils les trouveraient dans l'application des règles du droit commun, et si, comme nous le croyons, la protection du droit commun est suffisante, combien sa situation sera plus digne et son influence plus salutaire quand on verra que le fonctionnaire, pour obtenir le respect qui lui est dû, ne peut compter que sur son caractère et son mérite, et non sur l'abri d'une législation exceptionnelle ». (Rapport de M. Taillefert, séance du 24 février 1872. — *Journal officiel* du 18 avril 1872, p. 2614.)

700. Sécularisation de l'état des personnes.
701. Droit de police de l'État sur l'exercice public des cultes ou liberté limitée du culte extérieur.
702. Droit de l'État d'intervenir dans l'organisation des cultes reconnus par lui.
703. Cultes reconnus et cultes non reconnus; différence principale.
704. Autres différences entre ces deux sortes de cultes.
705. Autorisations nécessaires pour l'ouverture des temples.

698. Les principes de l'ordre religieux que consacre le droit public français et que développent nos lois administratives, sont au nombre de quatre : 1° liberté absolue de conscience ou liberté illimitée en matière de foi ; 2° sécularisation de l'état des personnes ; 3° droit de police de l'État sur l'exercice public des cultes ou liberté limitée du culte extérieur ; 4° droit de l'État d'intervenir dans l'organisation des cultes reconnus par lui et de leur accorder certains avantages.

699. 1° *Liberté absolue de conscience.* — Ce principe consiste dans le droit pour chaque individu de professer librement la religion de son choix ; c'est la liberté complète en matière de foi. Nul n'a de compte à rendre de ses croyances religieuses ; nul ne peut être recherché ou inquiété à cause d'elles ; la différence de culte n'engendre aucune inégalité ni prérogative entre les citoyens, qui n'en possèdent pas moins les mêmes droits civils et politiques et une même admissibilité à toutes les fonctions publiques. Tels sont les vrais caractères et les conséquences légales de cette liberté du for intérieur, des prières et des pratiques individuelles qui, sous le nom de liberté religieuse, fut proclamée en 1789.

La règle contraire, qui formait le droit public de l'ancienne monarchie, est le principe intolérant de l'unité religieuse ou de la religion d'État ; après avoir produit tour à tour le tribunal de l'inquisition, les guerres de religion, les persécutions contre les non-catholiques, leur mort civile, il laissait subsister encore, à l'heure même de la révolution française, leur incapacité légale pour tous les actes de la vie publique ; cette règle était écrite dans l'édit du 17 novembre 1787, par lequel le roi Louis XVI abolissait la mort civile des dissidents comme étant « une fiction inadmissible, une » contradiction dangereuse entre les droits de la nature et les » dispositions de la loi ». Le texte de cet édit, qui, cependant, était un progrès, montre tout ce qui restait à faire à l'Assemblée constituante et l'étendue du bienfait, parfois méconnu, que contient le principe de la liberté religieuse, même restreinte au domaine de

la conscience et des croyances personnelles : « La religion catho-
» lique, y est-il dit, jouira seule des droits et des honneurs du
» culte public, tandis que nos autres sujets non catholiques, privés
» de toute influence sur l'ordre établi dans nos États, décla-
» rés d'avance et à jamais incapables de faire corps dans notre
» royaume, ne tiendront de la loi que ce que le droit naturel ne
» nous permet pas de leur refuser ».

Les fondateurs du nouveau droit public de la France ont proclamé et mis en œuvre le principe de liberté religieuse, par une
série de textes qu'il convient de rappeler, parce que l'esprit de
toutes ces dispositions législatives a passé dans notre législation actuelle [*voir* notamment, n° 760, l'article 1 de la loi du 14 mars 1872
protégeant contre certaines attaques *la religion et le libre exercice
des cultes*] et que plusieurs sont en vigueur.

Un arrêt de la cour d'Aix du 15 mai 1866 (*Amiet*; S. 66, 2, 171)
a jugé avec raison que l'article 22 de la loi des 9-15 décembre 1790,
ci-dessous reproduit (dont l'application a été faite par l'une des
chambres de la Restauration à Benjamin Constant à qui ses adversaires contestèrent un jour la qualité de Français), est encore en
vigueur aujourd'hui ; que le bénéfice peut en être réclamé tout
aussi bien par les personnes qui descendent par les femmes d'un
Français expatrié pour cause de religion, que par celles qui en
descendent par les hommes; que le droit dérivant de cette loi de
1790 ne se perd pas par l'acceptation de fonctions publiques à
l'étranger, l'article 17 du Code civil étant inapplicable à cette hypothèse.

Nul ne doit être inquiété pour ses opinions, même religieuses, pourvu que
leur manifestation ne trouble pas l'ordre public établi par la loi (*Déclaration des droits de l'homme et du citoyen* du 26 août 1789, art. 10). — Les non-
catholiques qui auront les conditions prescrites pour être électeurs et éligibles
pourront être élus dans tous les degrés d'administration sans exception ; les
non-catholiques sont capables de tous les emplois civils et militaires comme
les autres citoyens (Décret du 24 décembre 1789).— Décret du 13 avril 1790,
rejetant une motion proposant de décréter que « le culte de la religion catholique serait seul autorisé ». — Les biens des non-catholiques, qui se trouvent
encore aujourd'hui entre les mains des fermiers de la régie aux biens des religionnaires, seront rendus aux héritiers, successeurs ou ayants droits desdits
fugitifs, à la charge par eux d'en justifier aux termes et selon les formes que
l'Assemblée nationale aura décrétés (Décret du 10 juillet 1790, *concernant les
biens des religionnaires fugitifs*). — Toutes personnes qui, nées en pays étranger, descendent, en quelque degré que ce soit, d'un Français ou d'une Française expatriés pour cause de religion, sont déclarées par la loi naturels français, et jouissent des droits attachés à cette qualité, si elles reviennent en
France, y fixent leur domicile et prêtent le serment civique (Loi des 9-15 dé-

cembre 1790, *ralative au mode de restitution des biens des religionnaires fugitifs*, art. 22). — Décret du 27 septembre 1791, *qui abroge les incapacités atteignant les juifs et les admet, pour l'avenir, à participer au droit commun des Français*).

700. 2° *Sécularisation de l'état des personnes*. — Avant 1789, il n'y avait d'autre officier de l'état civil que le prêtre ou, pour mieux dire, au lieu d'actes de l'état civil, il n'y avait que des actes de baptême, de bénédiction nuptiale, de sépulture. L'acte ou le contrat civil disparaissait dans le sacrement; l'ordre civil était absorbé par l'ordre religieux. Le nouveau droit public de la France, doublement fidèle au principe de liberté en matière de religion, laisse subsister le sacrement, sans l'imposer, et sécularise l'état des citoyens en créant des officiers publics chargés pour tous, sans distinction de culte, de constater le fait naturel de la naissance et du décès et le contrat civil de mariage. On comprend mieux toute la portée et la grandeur de ce principe, qu'une expérience de plus de trois quarts de siècle, non moins heureuse pour la religion que pour la liberté civile, a fait profondément entrer dans les mœurs de la France, lorsqu'on a vu les difficultés et les luttes qu'ont rencontrées de nos jours dans d'autres pays les propositions législatives de sécularisation du mariage. Ce principe constitue l'indépendance civile de l'État, comme le principe suivant protége son indépendance politique. Proclamé et organisé par l'Assemblée constituante, il est actuellement réglementé par le Code civil, et sanctionné par le Code pénal.

La loi ne considère le mariage que comme contrat civil. Le pouvoir législatif établira pour tous les habitants sans distinction le mode par lequel les naissances, mariages et décès seront constatés, et il désignera les officiers publics qui en recevront et conserveront les actes (Constitution du 3 septembre 1791, titre II, art. 7). — Les curés ne donneront la bénédiction nuptiale qu'à ceux qui justifieront, en bonne et due forme, avoir contracté mariage devant l'officier de l'état civil (Loi *organique des cultes* du 18 germinal an X, art. 54). — Les registres tenus par les ministres du culte, n'étant et ne pouvant être relatifs qu'à l'administration des sacrements, ne pourront, dans aucun cas, suppléer les registres ordonnés par la loi pour constater l'état civil des Français (*id.*, art. 55). — Code civil, livre I, titre II, *Des actes de l'état civil*, art. 34 à 101. — Code pénal, art. 199 et 200, *Des contraventions tendant à compromettre l'état civil des personnes*.

701. 3° *Droit de police de l'État sur l'exercice public des cultes* ou *liberté limitée du culte extérieur*. — Si les opinions religieuses jouissent d'une entière liberté, il ne peut en être ainsi de leur manifestation, qui intéresse non-seulement la conscience des particuliers, mais aussi l'ordre général du pays. Lorsque les citoyens se réunissent dans le but d'exercer ensemble et extérieurement les rites de leur culte, l'assemblée religieuse entre dans le domaine de la vie publique; elle contracte par ce seul fait l'obligation de ne jeter aucun trouble dans la société et de se soumettre aux règles de police établies par la loi. Il n'y a donc pour le culte extérieur qu'une liberté relative, dont la limite se trouve dans le droit de surveillance et de haute police de l'État; ce principe est aussi nécessaire à son indépendance politique et administrative, que le précédent à son indépendance civile. C'est avec cette réserve nécessaire que le législateur de 1789 a proclamé la liberté religieuse dans l'article 10, ci-dessus cité, de la Déclaration des droits de l'homme et du citoyen, qui consacre le principe en ces termes : « Nul ne doit être inquiété pour ses opinions même reli- » gieuses, *pourvu que leur manifestation ne trouble pas l'ordre* » *public établi par la loi* ».

Ce droit de police de l'État est reconnu et consacré, en ce qui concerne la religion catholique, dans le Concordat, dont l'article 1 porte que « la religion catholique sera *librement* exercée en » France, son culte sera public *en se conformant aux règlements* » *de police que le gouvernement jugera nécessaires pour la tranquil-* » *lité publique* ». Il existe à plus forte raison pour les autres cultes entre lesquels se partage la minorité des Français. L'organisation législative de tous ces cultes nous en présentera la constante application, principalement faite dans les *articles organiques* de la loi du 18 germinal de l'an X. Ce principe fondamental trouve sa sanction administrative et disciplinaire dans l'institution du recours pour abus, et sa sanction répressive dans les articles 204 à 208 du Code pénal, ainsi que dans les lois qui réglementent l'exercice du droit de réunion et d'association.

Ce principe, applicable à tous les cultes reconnus ou non reconnus par l'État, a été rappelé dans un document officiel dont l'extrait suivant résume ce point de droit avec autorité.

« Depuis soixante ans, les lois sur la police de l'exercice public des cultes ont constamment existé à côté du principe de liberté..... On peut résumer notre législation en disant qu'elle a créé la liberté absolue de conscience, mais qu'elle n'a pas admis la liberté illimitée de l'exercice public des cultes. Votre Majesté, Sire, apprécie trop bien la sagesse et l'utilité de cette législation pour jamais l'affaiblir ou l'abandonner. La liberté illimitée de l'exercice public de tout culte implique, pour l'élément religieux, bien au delà de la liberté de conscience; elle le suppose toujours irresponsable et supérieur, alors même qu'il se traduit en actes et réunions extérieures au milieu de la société.

L'État, même dans ce cas, devrait rester complétement subordonné. Cette théorie excessive n'a jamais été admise en France ; on y accorde respect et protection aux religions, qui, de leur côté, se soumettent aux lois et règlements sur la police des cultes, et on a toujours exercé le droit de surveillance entière sur toute espèce d'association..... » (Rapport de MM. Delangle, ministre de l'intérieur, et Rouland, ministre de l'instruction publique et des cultes, soumettant à l'approbation de l'Empereur le décret du 19 mars 1859 *concernant les autorisations demandées :* 1° *pour l'ouverture de nouveaux temples, chapelles ou oratoires, destinés à l'exercice public des cultes protestants organisés par la loi du 18 germinal an X ;* 2° *pour l'exercice public des cultes non reconnus par l'État*.)

702. 4° *Intervention de l'État dans l'organisation des cultes reconnus.* — L'État qui possède, en vertu de son droit de police, la surveillance de tous les cultes, intervient en outre dans l'organisation intérieure des cultes qu'il reconnaît : cette intervention se produit relativement à des matières mixtes, qui intéressent à la fois la religion et l'ordre public ; l'État, en retour de cette intervention, accorde aux cultes reconnus une protection particulière et des avantages spéciaux. Ce n'est pas à dire que la loi n'admette point l'existence des autres cultes ; un culte n'a point besoin d'être reconnu pour exister : il a par lui-même une existence qu'il ne peut tenir des lois. Ce n'est pas à dire non plus que les cultes non reconnus soient des cultes proscrits, puisque la liberté de conscience est absolue ; seulement les avantages spéciaux dont peut disposer la puissance publique, et qui sont énumérés plus loin [n° 704], ne leur sont pas dus en temps que cultes organisés. Il ne faut pas confondre non plus avec les cultes reconnus, les cultes dont le gouvernement autorise les réunions en vertu de son droit de police. En France tous les cultes non reconnus par l'État sont en réalité soumis au régime que, de la part de ceux qui veulent l'étendre à tous les cultes et ne plus admettre de cultes reconnus, l'on appelle « la séparation de l'État et de l'Église ».

703. L'État ne se borne pas à autoriser les cultes qu'il reconnaît : il intervient dans leur organisation et les protège d'une manière particulière ; son intervention est en quelque sorte la condition de cette protection : aussi, ce qui constitue la reconnaissance d'un culte, c'est cette sorte de sanction donnée par la loi à son organisation. En se plaçant à ce double point de vue, de la police du culte extérieur et de la sanction indirecte donnée par la loi du pays à son organisation intérieure, on peut observer que la théorie formulée sous le nom « d'alliance de l'Église et de l'État »,

vraie à certains égards, manque d'exactitude sous ce rapport, en paraissant établir une égalité incompatible avec le besoin de protection de l'une des parties et le droit de surveillance et de police de l'autre. — Il existe en France quatre cultes légalement reconnus : la religion Catholique, l'Église réformée ou calviniste, l'Église de la confession d'Augsbourg ou luthérienne, et le culte Israélite. Nous indiquerons dans la section suivante comment l'État est intervenu dans l'organisation de chacun d'eux.

704. Entre ces cultes et les cultes non reconnus, indépendamment de la différence capitale que nous venons d'établir en définissant la reconnaissance, il existe sept différences principales qui sont autant de conséquences, d'une part, de l'intervention de l'État dans l'organisation intérieure des cultes reconnus, et, d'autre part, de son abstention en ce qui concerne les autres. Voici les six premières :

1° Les cultes reconnus sont seuls salariés par l'État. Cette règle fut proclamée par l'Assemblée constituante. La loi du 2 novembre 1789, s'inspirant d'une doctrine attribuée à Louis XIV, d'après laquelle il y aurait « des cas où le roi peut ordonner de son au- » torité absolue l'aliénation des biens d'Église », avait mis à la disposition de la nation les biens ecclésiastiques comprenant, indépendamment d'une dîme de 130 millions payée au clergé, le cinquième du territoire de la France. Mirabeau avait ainsi formulé l'idée nouvelle de la transformation du clergé en clergé recevant un traitement de l'État : « comme le magistrat et le soldat, le prêtre est à la solde de la nation ». La même règle a été appliquée plus tard aux autres cultes reconnus.

2° Les priviléges accordés aux ministres du culte n'appartiennent pas plus que le salaire aux ministres des cultes non reconnus par l'État. Ces priviléges sont : la dispense, c'est même une incompatibilité, du service du jury en matière criminelle (Loi du 21 novembre 1872, sur le jury, art. 3); la dispense du service militaire à titre conditionnel, écrite dans l'article 20 § 7 de la loi du 27 juillet 1872 sur le recrutement de l'armée [n° 491]; la dispense de tutelle hors de leur résidence (C. civ., art. 427 *in fine* ; avis du conseil d'État du 4 novembre 1806); il y avait aussi la dispense du service de la garde nationale (c. c. cass. 23 décembre 1831 relatif à un prêtre saint-simonien). Toutefois la garantie résultant pour les cultes des peines qui répriment les entraves à leur libre exercice s'applique, d'après le texte formel des articles 260 à

264 du Code pénal, non-seulement aux cultes reconnus, mais aussi à ceux non reconnus dont les réunions sont autorisées.

3° Les incompatibilités applicables aux ministres des cultes reconnus par l'État ne s'étendent pas aux autres. Ainsi le pasteur d'une église protestante, indépendante des cultes protestants reconnus par la loi, peut être élu membre du conseil municipal de la commune où il exerce son ministère, nonobstant l'article 10 § 4 [n° 224] de la loi du 5 mai 1855 (c. d'Ét. 27 novembre 1874, *Rives*).

4° L'institution du recours pour abus s'applique à tous les cultes reconnus [n°⁸ 720 et 730], et ne s'étend pas aux cultes non reconnus.

5° L'État et les communes ne sont grevés d'aucune charge relative aux édifices des cultes non reconnus, tandis que des lois spéciales mettent, dans une mesure déterminée et à certaines conditions, les cathédrales [n° 956] et palais épiscopaux [n°⁸ 1024 et 1531] à la charge de l'État, les églises [n°⁸ 1401 à 1409] et presbytères [n° 1417] à la charge des communes. En outre, tandis que des édifices religieux affectés au service public des cultes reconnus par l'État peuvent faire partie du domaine public national ou communal [n° 922], les temples des cultes non reconnus sont toujours en dehors de la domanialité publique.

6° Aux termes de l'article 15 du décret du 23 prairial an XII sur les sépultures, dans les communes où l'on professe plusieurs religions, un lieu d'inhumation particulier doit être réservé à chaque culte légalement reconnu ; tandis que les sectateurs d'un culte non reconnu n'ont pas le droit d'obtenir un emplacement séparé dans les cimetières communaux, en ce sens que l'administration municipale chargée de la police des inhumations doit leur assigner un même cimetière ou emplacement affecté indistinctement à toutes les communions non reconnues (Décisions ministérielles rendues en 1857, 1861, etc. [*voir* n°⁸ 1418 à 1421].

705. 7° Une autre différence entre les cultes reconnus et les cultes non reconnus peut être indiquée ; elle tient à la limitation du droit de se réunir pour l'exercice public du culte¹ ; cette limitation

---

¹ L'assemblée nationale avait été saisie par cinq de ses membres, dans la séance du 6 juin 1873, d'un projet de loi ainsi conçu : « Les réunions qui auront » exclusivement pour objet la célébration d'un culte religieux seront dispensées » de toute formalité, hormis d'une simple déclaration faite à la municipalité » par les organisateurs de la réunion ». Cette proposition avait été, suivant le règlement de l'assemblée, renvoyée à la commission d'initiative parlementaire.

n'est pas complétement la même dans les deux cas ; elle ne diffère toutefois que par une nuance.

En ce qui concerne les cultes reconnus, il y a complète liberté de se réunir pour les besoins du culte dans les édifices consacrés ; mais les réunions qui pour cet objet ont lieu ailleurs que dans les temples publiquement fréquentés et consacrés sont passibles de l'application des articles 291, 292, 293 et 294 du Code pénal sur les associations et réunions illicites, de la loi du 10 avril 1834 et du décret 25 mars 1852 qui les complètent [n°s 748 à 761], si ces réunions n'ont pas été autorisées, qu'elles soient le fait d'un simple fidèle ou d'un ministre du culte. Cette règle résulte, en ce qui concerne le culte catholique, des articles 44 et 62 de la loi de l'an X et des déclarations solennelles qui en forment le commentaire : « L'État, disait Portalis en 1804, a le droit et le devoir d'empêcher » qu'il ne se fasse, sans son consentement, aucun rassemblement » de citoyens ou de fidèles hors des lieux régulièrement consacrés ». Un décret du 22 décembre 1812 détermine les règles pour la création des chapelles et oratoires catholiques ; le décret du 19 mars 1859, rendu sur le rapport dont nous avons cité un extrait [n° 701], détermine dans ses articles 1 et 2 les règles à suivre pour l'ouverture de nouveaux temples destinés à l'exercice des cultes protestants reconnus ; et toute réunion en dehors de ces édifices tombe sous l'application de la loi pénale (c. cass. 12 avril 1838, 22 avril 1843, 9 décembre 1854 ; S. 54, 1, 283).

L'autorisation pour l'ouverture de nouveaux temples, chapelles ou oratoires, destinés à l'exercice public des cultes protestants organisés par la loi du 18 germinal an X, sera, sur la demande des consistoires, donnée par nous, en notre conseil d'État, sur le rapport de notre ministre des cultes (Décret du 19 mars 1859, art. 1). — Nos préfets continueront de donner les autorisations pour l'exercice public temporaire des mêmes cultes. En cas de difficultés, il sera statué par nous en notre conseil d'État (art. 2).

Pour les cultes non reconnus il y a cette différence que la loi les saisit tous à l'état d'association, du moment qu'ils sortent du domaine de la conscience pour accomplir les actes du culte extérieur ; les textes cités du Code pénal et des lois postérieures sur les réunions illicites leur sont immédiatement applicables. De nombreux exemples de cette règle sont offerts par la jurisprudence (cour de cassation, arrêt du 19 août 1830, relatif au culte dissident

qui, dans sa réunion du 18 juin, avait voté des conclusions tendant à la prise en considération de cette proposition, sur laquelle néanmoins l'assemblée de 1871-76 s'est séparée sans avoir statué.

dit de la *Petite Église* dont les membres prennent le nom d'*anti-concordataires*; arrêt du 22 juillet 1837, relatif aux prêtres de la religion dite *Église catholique française*). Le même décret du 19 mars 1859 règle, ainsi qu'il suit, les formes de l'autorisation gouvernementale nécessaire aux cultes non reconnus par l'État, pour échapper aux dispositions répressives sur les réunions et autorisations illicites.

Si une autorisation est demandée pour l'exercice public d'un culte non reconnu par l'État, cette autorisation sera donnée par nous en conseil d'État, sur le rapport de notre ministre de l'intérieur, après avis de notre ministre des cultes. Les réunions ainsi autorisées pour l'exercice public d'un culte non reconnu par l'État sont soumises aux règles générales consacrées par les articles 4, 32 et 52 de la loi du 18 germinal an X (Articles organiques du culte catholique), et 2 de la même loi (Articles organiques des cultes protestants). Nos préfets continueront de donner, dans le même cas, les autorisations qui seront demandées pour des réunions accidentelles de ces cultes (art. 3). — Lorsqu'il y aura lieu de révoquer les autorisations données dans les cas prévus par les articles 1 et 3 § 1 du présent décret, cette révocation sera prononcée par nous en notre conseil d'État. Toutefois, les ministres compétents pourront, en cas d'urgence et pour cause d'inexécution des conditions ou de sûreté publique, suspendre provisoirement l'effet desdites autorisations. La suspension cessera de plein droit à l'expiration du délai de trois mois, si dans ce délai la révocation n'a été définitivement prononcée (art. 4).

SECTION II. — ORGANISATION DES CULTES RECONNUS DANS LEURS RAPPORTS AVEC L'ÉTAT.

Nous traiterons dans deux paragraphes : 1° de l'organisation du culte catholique; 2° de l'organisation des cultes protestants et du culte israélite.

§ Ier. — ORGANISATION DU CULTE CATHOLIQUE.

706. Concordat de 1801.
707. Loi organique des cultes du 18 germinal an X ; ses trois parties distinctes; étude des deux premières : 1° Concordat; 2° articles organiques du culte catholique ; leurs caractères légaux.
708. Rapports légaux de l'État et de l'Église catholique.
709. *Procemium* de la loi de l'an X.
710. 1° Texte du Concordat de 1801 promulgué comme loi de l'État.
711. 2° Texte des articles organiques du culte catholique.

706. L'histoire des relations légales de l'État et de l'Église sous l'ancienne monarchie forme, sous le titre d'histoire du droit public

ecclésiastique, une partie considérable de l'histoire de France. Nous devons seulement rappeler, qu'intervenu après les pragmatiques sanctions de saint Louis (1268) et plus tard de Charles VII (1438), le Concordat de 1516, passé entre François Ier et Léon X, réglait encore ces relations, lorsque la Constitution civile du clergé des 12 juillet-24 août 1790 vint l'anéantir imprudemment et amener la dispersion de l'Église de France. Ce fut l'une des gloires du premier Consul de relever les autels de la religion catholique, sans sacrifier ni le droit de police de l'État sur l'exercice extérieur de tous les cultes, ni son droit d'intervenir, suivant la mesure de ce qui est nécessaire à l'ordre public, dans l'organisation intérieure de ceux qu'il reconnaît et qu'il protége d'une façon particulière. Le Concordat de 1801 est la base fondamentale de l'organisation actuelle du culte catholique en France dans ses rapports avec l'État : il forme une convention diplomatique, un traité, un contrat synallagmatique passé entre le Saint-Siége dans la personne du pape Pie VII et le gouvernement français dans la personne du premier Consul. Des changements divers tentés, en 1813, sous le nom de Concordat de Fontainebleau, et en 1817, échouèrent, dans le premier cas, par l'opposition du pape, dans le second devant l'opposition de l'opinion publique et des chambres françaises.

707. Cette matière est, en effet, dans le domaine du pouvoir législatif ; le Concordat de 1801 a été publié et proclamé *loi de l'État*, en vertu de la loi du 18 germinal an X, votée par le Corps législatif sur l'exposé des motifs présenté par Portalis, qui, après la grande part prise par lui à la rédaction du Code civil, eut aussi l'honneur d'attacher son nom aux travaux préparatoires du Concordat et de la loi organique des cultes.

Cette loi, divisée en trois parties, avec trois séries d'articles distinctes, contient : 1° la promulgation du Concordat comme loi de l'État, 2° les articles organiques du culte catholique, et 3° les articles organiques des cultes protestants. Exclusivement relative aux trois cultes chrétiens reconnus par l'État [n° 703], elle ne contient aucune disposition relative au quatrième culte reconnu par l'État [n° 716].

Le Concordat contient principalement le règlement de certains points d'organisation intérieure du culte catholique, présentant un caractère mixte intéressant à la fois l'État et l'Église, tels que la détermination des circonscriptions ecclésiastiques et la nomination des ministres du culte ; les articles organiques contiennent principalement dans leurs titres II, III et IV des mesures d'exécution du Concordat, et, dans leur titre Ier, des prescriptions de police. Ils émanent exclusivement du législateur français en vertu de sa propre souveraineté ; ils sont, surtout dans le titre Ier, la réalisation pratique, en ce qui concerne le culte catholique, du droit de haute police de l'État sur l'exercice public des cultes [n° 701] ; ce droit est reconnu dans l'article 1 du Concordat ; mais, même en l'absence de cette reconnaissance, il pouvait être exercé par les pouvoirs publics de France sans l'intervention du Saint-Siège, comme les règles qu'ils reproduisent furent établies sous l'ancienne monarchie par les rois seuls et par les parlements.

708. Les relations de l'État et l'Église sont réglées par le Concordat et les articles organiques, dans les conditions différentes relatives à la nature propre de chacune de ces deux premières parties de la loi du 18 germinal de l'an X, telle qu'elle vient d'être déterminée. Ces relations portent sur six points principaux, qui peuvent être désignés de la manière suivante et sont réglés par les textes que nous indiquons à la suite.

1° Détermination des circonscriptions ecclésiastiques par le concours des deux puissances ecclésiastique et civile (Concordat, art. 2 et 9 ; articles organiques 60 à 62).

2° Nomination et institution des ministres du culte, par le concours des deux puissances, pour les archevêques et évêques (Concordat, art. 3, 4 et 5 ; articles organiques 16 et 18) et pour les curés (Concordat, art. 10 ; articles organiques, art. 19), avec l'inamovibilité de leurs sièges, et par l'évêque seul, avec droit de révocation *ad nutum*, pour les desservants ou succursalistes (articles organiques 31, 32 et 63).

3° Avantages particuliers stipulés au profit du culte catholique : remise des églises (Concordat, art. 12 ; articles organiques 75 à 77 [n° 704 1°]) ; faculté d'avoir un chapitre et un séminaire (Concordat, art. 11 ; art. org. 23), des vicaires généraux (art. org. 21) ; droit des fidèles de faire des fondations (Concordat, art. 15 [n°s 1513 à 1536]) ; traitement des ministres du culte (Concordat, art. 14) ; règlement des oblations ou casuel (art. org. 5 et 69) ; droit au logement (art. org. 71 et 72) ; exemptions diverses [n° 704 2°].

4° Obligation aux lois du pays particulièrement commandée au clergé (Concordat, art. 6 et 7, non exécutés lorsque la loi française supprime le serment politique, 8, 16 et 17 ; art. org. 22, 41 à 55).

5° Stipulation du respect des ventes nationales (art. 13 [n° 348]).

6° Droit de haute police de l'État (Concordat, art. 1 [n° 701]); nécessité de l'autorisation du gouvernement français pour les actes de l'autorité ecclésiastique qui peuvent intéresser l'ordre, la paix publique et les lois de l'État (articles organiques, titre Ier, art. 1 à 8).

Les deux prescriptions des articles organiques les plus importantes et, par suite, les plus combattues, sont : 1° celle de l'article 1 maintenant le droit d'*exequatur* ou d'annexe, droit de l'État de vérifier les actes du Saint-Siége, ainsi qu'il fut pratiqué de tout temps sous l'ancienne monarchie, et que le projet de loi présenté aux chambres en novembre 1817[1], avec le projet de Concordat de 1817,

---

[1] *Projet de loi présenté à la Chambre des Députés par M. Lainé, ministre de l'intérieur, le 28 novembre 1817, pour l'exécution de la Convention passée entre Sa Majesté Louis XVIII et Sa Sainteté le pape Pie VII, le 11 juin 1817.* — Art. 1er. Conformément au Concordat passé entre François Ier et Léon X, le roi seul nomme, en vertu du droit inhérent à la couronne, aux évêchés et archevêchés dans toute l'étendue du royaume. Les évêques et archevêques se retirent auprès du pape pour en obtenir l'institution canonique, suivant les formes anciennement établies. — Art. 2. Le Concordat de 1801 cesse d'avoir son effet à compter de ce jour, sans que néanmoins il soit porté aucune atteinte aux effets qu'il a produits et à la disposition contenue dans l'article 13 de cet acte, laquelle demeure dans toute sa force et vigueur. — Art. 3. Sont érigés sept nouveaux siéges archiépiscopaux et trente-cinq siéges épiscopaux. Deux des sept siéges épiscopaux actuellement existants sont érigés en archevêchés. La circonscription des cinquante siéges actuellement existants et celle des quarante-deux siéges nouvellement érigés sont déterminées conformément au tableau annexé à la présente loi. — Art. 4. Les dotations des archevêchés et des évêchés seront prélevées sur les fonds mis à la disposition du roi par l'article 43 de la loi du 25 mars dernier. — Art. 5. Les bulles, brefs, décrets et autres actes émanés de la cour de Rome, ou produits sous son autorité, excepté les indults de la pénitencerie en ce qui concerne le for intérieur seulement, ne pourront être reçus, imprimés, publiés et mis à exécution dans le royaume qu'avec l'autorisation donnée par le roi. — Art. 6. Ceux de ces actes concernant l'Église universelle ou l'intérêt général de l'État ou l'Église de France, leurs lois, leur administration ou leur doctrine, et qui nécessiteraient ou desquels on pourrait induire quelques modifications dans la législation actuellement existante, ne pourront être reçus, imprimés, publiés et mis à exécution en France qu'après avoir été dûment vérifiés par les deux chambres, sur la proposition du roi. — Art. 7. Lesdits actes seront insérés au *bulletin des lois* avec la loi ou ordonnance qui en aura autorisé la publication. — Art. 8. Les cas d'abus spécifiés par l'article 6 et ceux de troubles prévus par l'article 7 de la loi du 8 avril 1802, seront portés directement aux cours royales, première chambre civile, à la diligence de nos procureurs généraux ou sur la poursuite des parties intéressées. Les cours royales statueront dans tous les cas qui ne sont pas prévus par les Codes, conformément aux règles anciennes observées dans le royaume, sauf recours en cassation. — Art. 9. Il sera procédé conformément aux dispositions de l'article 10 de la loi du 20 avril 1810 et des articles 479 et 480 du Code

proposait de le faire ; il donne à l'État une arme défensive contre les abus pouvant venir de l'extérieur ; et 2° celle des articles 6, 7 et 8 relatifs aux recours pour abus, qui donnent à l'État une arme défensive contre les abus de l'intérieur.

Nous étudierons plus loin [n°⁵ 717 à 730] l'antique institution de l'appel comme d'abus ; nous nous bornons ici à reproduire, avec le *prœmium* [n° 709], les deux premières parties de la loi organique des cultes, à savoir le texte trop généralement ignoré du Concordat [n° 710], et les principales dispositions des articles organiques du culte catholique [n° 711], autres que celles relatives au recours pour abus [transcrites n° 720].

709. LOI RELATIVE A L'ORGANISATION DES CULTES DU 18 GERMINAL AN X (8 AVRIL 1802). — La convention passée à Paris le 26 messidor an IX entre le Pape et le Gouvernement français, et dont les ratifications ont été échangées à à Paris le 23 fructidor an IX (10 septembre 1801), ensemble les articles organiques de ladite convention, les articles organiques des cultes protestants dont la teneur suit, seront promulgués et exécutés comme des lois de la République.

710. *Convention entre le gouvernement français et Sa Sainteté Pie VII.* — Le gouvernement de la République française reconnaît que la religion catholique, apostolique et romaine est la religion de la grande majorité des citoyens français. Sa Sainteté reconnaît également que cette même religion a retiré et attend encore en ce moment le plus grand bien et le plus grand éclat

d'instruction criminelle, contre toutes personnes engagées dans les ordres sacrés, approuvées par leurs évêques, qui seraient prévenues de crimes ou délits, soit hors de leurs fonctions, soit dans l'exercice de leurs fonctions.— Art. 10. Les bulles données à Rome les 19 et 27 juillet 1817, la première contenant ratification de la convention passée le 11 juin dernier entre le roi et Sa Sainteté, la seconde concernant la circonscription des diocèses du royaume, sont reçues et seront publiées, sans approbation des clauses, formules et expressions qu'elles renferment et qui sont ou pourraient être contraires aux lois du royaume et aux libertés, franchises et maximes de l'Église gallicane. — Art. 11. En aucun cas lesdites réception et publication ne pourront préjudicier aux dispositions de la présente loi, aux droits publics des Français garantis par la Charte constitutionnelle, aux maximes, franchises et libertés de l'Église gallicane, aux lois et règlements sur les matières ecclésiastiques, et aux lois concernant l'administration des cultes non catholiques.

Extrait du Discours du trône, prononcé par le roi Louis XVIII à l'ouverture de la session des Chambres, le 5 novembre 1817 : — « Le traité avec le
» Saint-Siége, que je vous ai annoncé l'année dernière, a été conclu. J'ai
» chargé mes ministres, en vous le communiquant, de vous proposer un projet
» de loi nécessaire pour donner la sanction législative à celles de ses disposi-
» tions qui en sont susceptibles, et pour les mettre en harmonie avec la Charte,
» les lois du royaume, et ces libertés de l'Église gallicane, précieux héritage de
» nos pères, dont saint Louis et tous ses successeurs se sont montrés aussi
» jaloux que du bonheur même de leurs sujets ».

de l'établissement du culte catholique en France et de la profession particulière qu'en font les Consuls de la République. En conséquence, et d'après cette reconnaissance mutuelle, tant pour le bien de la religion que pour le maintien de la tranquillité intérieure, ils sont convenus de ce qui suit : — Art. 1. La religion catholique, apostolique et romaine sera librement exercée en France; son culte sera public, en se conformant aux règlements de police que le gouvernement jugera nécessaires pour la tranquillité publique. — 2. Il sera fait par le Saint-Siége, de concert avec le gouvernement, une nouvelle circonscription des diocèses français. — 3. Sa Sainteté déclarera aux titulaires des évêchés français qu'elle attend d'eux avec une ferme confiance, pour le bien de la paix et de l'unité, toute espèce de sacrifices, même celui de leurs siéges. D'après cette exhortation, s'ils se refusaient à ce sacrifice commandé par le bien de l'Église (refus néanmoins auquel Sa Sainteté ne s'attend pas), il sera pourvu par de nouveaux titulaires au gouvernement des évêchés de la circonscription nouvelle de la manière suivante. — 4. Le premier Consul nommera, dans les trois mois qui suivront la publication de la Bulle de Sa Sainteté, aux archevêchés et évêchés de la circonscription nouvelle. Sa Sainteté conférera l'institution canonique, suivant les formes établies par rapport à la France avant le changement de gouvernement. — 5. Les nominations aux évêchés qui vaqueront par la suite seront également faites par le premier Consul, et l'institution sera donnée par le Saint-Siége, en conformité de l'article précédent. — 6. Les évêques, avant d'entrer en fonctions, prêteront directement, entre les mains du premier Consul, le serment de fidélité qui était en usage avant le changement de gouvernement, exprimé dans les termes suivants : « Je jure et » promets à Dieu, sur les saints évangiles, de garder obéissance et fidélité au » gouvernement établi par la Constitution. Je promets aussi de n'avoir aucune » intelligence, de n'assister à aucun conseil, de n'entretenir aucune ligue, soit » au dedans, soit au dehors, qui soit contraire à la tranquillité publique; et si, » dans mon diocèse ou ailleurs, j'apprends qu'il se trame quelque chose au » préjudice de l'État, je le ferai savoir au gouvernement ». — 7. Les ecclésiastiques du second ordre prêteront le même serment entre les mains des autorités civiles désignées par le gouvernement. — 8. La formule de prière suivante sera récitée à la fin de l'office divin dans toutes les églises catholiques de France : *Domine, salvam fac rempublicam; Domine, salvos fac consules.* — 9. Les évêques feront une nouvelle circonscription des paroisses de leurs diocèses, qui n'aura d'effet qu'après le consentement du gouvernement. — 10. Les évêques nommeront aux cures : leur choix ne pourra tomber que sur des personnes agréées par le gouvernement. — 11. Les évêques pourront avoir un chapitre dans leur cathédrale, et un séminaire pour leur diocèse, sans que le gouvernement s'oblige à les doter. — 12. Toutes les églises métropolitaines, cathédrales, paroissiales et autres non aliénées, nécessaires au culte, seront remises à la disposition des évêques. — 13. Sa Sainteté, pour le bien de la paix et l'heureux rétablissement de la religion catholique, déclare que ni Elle ni ses successeurs ne troubleront en aucune manière les acquéreurs des biens ecclésiastiques aliénés, et qu'en conséquence, la propriété de ces mêmes biens, les droits et revenus y attachés, demeureront incommutables entre leurs mains ou celles de leurs ayants cause. — 14. Le gouvernement assurera un traitement convenable aux évêques et aux curés dont les diocèses et les paroisses seront compris dans la circonscription nouvelle. — 15. Le gouvernement prendra également des mesures pour que les catholiques français puissent, s'ils le veulent, faire en faveur des églises des fondations. — 16. Sa Sainteté reconnaît dans le premier Consul de la République française les mêmes droits et prérogatives dont jouissait auprès d'Elle l'ancien gouvernement. — 17. Il est convenu entre les parties contractantes que, dans le cas où quelqu'un des successeurs du premier Consul actuel ne serait pas catholique, les droits et prérogatives mentionnés dans l'article ci-dessus, et la nomination aux évêchés, seront réglés, par rapport à lui, par une nouvelle convention.

711. *Articles organiques de la Convention du 26 messidor an IX.* TITRE Ier. Du régime de l'Église catholique dans ses rapports généraux avec les droits et la police de l'État. — Art. 1. Aucune bulle, bref, rescrit, décret, mandat, provision, signature servant de provision, ni autres expéditions de la cour de Rome, même ne concernant que les particuliers, ne pourront être reçus, publiés, imprimés, ni autrement mis à exécution sans autorisation du gouvernement. (Les brefs de la pénitencerie, pour le for intérieur seulement, pourront être exécutés sans aucune autorisation. Décret du 28 février 1810.) — 2. Aucun individu se disant nonce, légat, vicaire, ou commissaire apostolique, ou se prévalant de toute autre dénomination, ne pourra, sans la même autorisation, exercer sur le sol français ni ailleurs aucune fonction relative aux affaires de l'Église gallicane.— 3. Les décrets de synodes étrangers, même ceux des conciles généraux, ne pourront être publiés en France avant que le gouvernement en ait examiné la forme, leur conformité avec les lois, droits et franchises de la République française, et tout ce qui, dans leur publication, pourrait altérer ou intéresser la tranquillité publique.— 4. Aucun concile national ou métropolitain, aucun synode diocésain, aucune assemblée délibérante, n'aura lieu sans la permission expresse du gouvernement.— 5. Toutes les fonctions ecclésiastiques seront gratuites, sauf les oblations qui seraient autorisées et fixées par les règlements. — [*Voir*, n° 720, les art. 6, 7 et 8 relatifs au recours pour abus.]

TITRE II. Des ministres. — Art. 9. Le culte catholique sera exercé sous la direction des archevêques et évêques dans leurs diocèses, et sous celle des curés dans leurs paroisses.— 10. Tout privilége portant exemption ou attribution de la juridiction épiscopale est aboli.— 16. On ne pourra être nommé évêque avant l'âge de trente ans, et si on n'est originaire français [*voir* n° 563].—18. Le prêtre nommé évêque par le premier Consul fera les diligences pour rapporter l'institution du Pape. Il ne pourra exercer aucune fonction avant que la Bulle portant son institution ait reçu l'attache du gouvernement et qu'il ait prêté en personne le serment prescrit par la convention passée entre le gouvernement français et le Saint-Siége. Ce serment sera prêté au premier Consul; il en sera dressé procès-verbal par le secrétaire d'État. — 19. Les évêques nommeront et institueront les curés. Néanmoins, ils ne manifesteront leur nomination et ils ne donneront l'institution canonique qu'après que cette nomination aura été agréée par le premier Consul. — 20. Ils seront tenus de résider dans leurs diocèses; ils ne pourront en sortir qu'avec la permission du premier Consul.— 21. Chaque évêque pourra nommer deux vicaires généraux, et chaque archevêque pourra en nommer trois ; ils les choisiront parmi les prêtres ayant qualités requises pour être évêques (art. 16).— 22. Ils visiteront annuellement et en personne une partie de leur diocèse, et, dans l'espace de cinq ans, le diocèse entier. En cas d'empêchement légitime, la visite sera faite par un vicaire général. — 23. Les évêques seront chargés de l'organisation de leurs séminaires, et les règlements de cette organisation seront soumis à l'approbation du premier Consul. — 24. Ceux qui seront choisis pour l'enseignement dans les séminaires souscriront la déclaration faite par le clergé de France en 1682, et publiée par un édit de la même année ; ils se soumettront à y enseigner la doctrine qui y est contenue, et les évêques adresseront une expédition conforme de cette soumission au ministre des cultes. — 27. Les curés ne pourront entrer en fonctions qu'après avoir prêté entre les mains du préfet le serment prescrit par la convention passée entre le gouvernement français et le Saint-Siége. — 31. Les vicaires et desservants seront approuvés par l'évêque et révocables par lui. 32. Aucun étranger ne pourra être employé dans les fonctions du ministère ecclésiastique sans la permission du gouvernement.

Titre III. Du culte. — Art. 41. Aucune fête, à l'exception du dimanche, ne pourra être établie sans la permission du gouvernement. — 44. Les chapelles domestiques, les oratoires particuliers, ne pourront être établis sans une permission expresse du gouvernement, accordée sur la demande de l'évêque. — 45. Aucune cérémonie religieuse n'aura lieu hors des édifices consacrés au culte catholique dans les villes où il y a des temples destinés à différents cultes. — 46. Le même temple ne pourra être consacré qu'à un même culte. — 47. Il y aura dans les cathédrales et paroisses une place distinguée pour les individus catholiques qui remplissent les autorités civiles et militaires. — 48. L'évêque se concertera avec le préfet pour régler la manière d'appeler les fidèles au service divin par le son des cloches. On ne pourra les sonner pour toute autre cause sans la permission de la police locale. — 49. Lorsque le gouvernement ordonnera des prières publiques, les évêques se concerteront avec le préfet et le commandant militaire du lieu, pour le jour, l'heure et le mode d'exécution de ces ordonnances. — 52. Les ecclésiastiques ne se permettront, dans leurs instructions, aucune inculpation directe ou indirecte soit contre les personnes, soit contre les autres cultes autorisés dans l'État. — 53. Ils ne feront au prône aucune publication étrangère à l'exercice du culte, si ce n'est celles qui seront ordonnées par le gouvernement. — [*Voir*, n° 700, les art. 54 et 55.]

Titre IV. De la circonscription des archevêchés, des évêchés et des paroisses; des édifices destinés au culte et du traitement des ministres. — Art. 60. Il y aura au moins une paroisse dans chaque justice de paix ; il sera en outre établi autant de succursales que le besoin pourra l'exiger. — 61. Chaque évêque, de concert avec le préfet, réglera le nombre et l'étendue de ces succursales; les plans arrêtés seront soumis au gouvernement et ne pourront être mis à exécution sans son autorisation. — 62. Aucune partie du territoire français ne pourra être érigée en cure ou en succursale sans l'autorisation expresse du gouvernement. — 63. Les prêtres desservant les succursales seront nommés par les évêques. — 69. Les évêques rédigeront les projets de règlements relatifs aux oblations que les ministres du culte sont autorisés à recevoir pour l'administration des sacrements. Les projets de règlements rédigés par les évêques ne pourront être publiés, ni autrement mis à exécution qu'après avoir été approuvés par le gouvernement. — 71. Les conseils généraux de département (*actuellement l'État*) sont autorisés à procurer aux archevêques et évêques un logement convenable. — 72. Les presbytères et les jardins attenants, non aliénés, seront rendus aux curés et aux desservants des succursales. A défaut de ces presbytères, les conseils généraux des communes sont autorisés à leur procurer un logement et un jardin. — 75. Les édifices anciennement destinés au culte catholique, actuellement dans les mains de la nation, à raison d'un édifice par cure et par succursale, seront mis à la disposition des évêques par arrêtés du préfet du département. Une expédition de ces arrêtés sera adressée au conseiller d'État chargé de toutes les affaires concernant les cultes. — 76. Il sera établi des fabriques pour veiller à l'entretien et à la conservation des temples et à l'administration des aumônes. — Art. 77 (et dernier). Dans les paroisses où il n'y aura point d'édifice disponible pour le culte, l'évêque se concertera avec le préfet pour la désignation d'un édifice convenable.

§ II. — Organisation des cultes non catholiques.

712. Dispositions générales communes aux deux communions protestantes.
713. Articles organiques des cultes protestants et décret du 26 mars 1852.
714. Église réformée.
715. Église luthérienne ou de la confession d'Augsbourg.
716. Culte israélite.

712. Les bases fondamentales de l'organisation des deux cultes protestants reconnus par l'État ont été déposées dans la troisième partie de la loi du 18 germinal de l'an X, sous le titre d'*articles organiques des cultes protestants*, formant une troisième série de numéros. Depuis lors et à diverses époques, l'autorité administrative et les protestants eux-mêmes élevèrent des réclamations à l'occasion des lacunes considérables qui existaient dans cette partie de l'acte législatif de l'an X. Divers décrets et ordonnances royales avaient pourvu aux besoins les plus urgents, mais une réglementation plus complète a été donnée par le décret législatif du 26 mars 1852 sur l'organisation des cultes protestants, avec lequel doivent être combinées les dispositions de la loi du 18 germinal an X ; il faut y ajouter les articles 1, 2 et 4 [ci-dessus reproduits n° 703] du décret du 19 mars 1859 sur les autorisations et révocations relatives à l'ouverture de nouveaux temples, chapelles ou oratoires destinés à l'exercice public des cultes protestants organisés par la loi de l'an X.

Il résulte de l'ensemble de cette législation que la condition de nationalité et l'obligation de fidélité au gouvernement imposées aux ministres du culte sont les mêmes que pour les prêtres catholiques ; qu'ils ont le même droit au salaire de l'État ; que les règles relatives à l'ouverture des lieux consacrés sont analogues. Mais la surveillance du gouvernement est plus grande et son intervention plus caractérisée, sans doute parce que la discipline du protestantisme est moins étroite et que les églises protestantes, au lieu d'avoir un chef éloigné, sont souverainement gouvernées par leurs assemblées, dont la présence sur le territoire même pourrait créer plus d'obstacles à l'action gouvernementale.

713. Nous reproduisons quelques-uns de ces *articles organiques des cultes protestants* qui forment la troisième partie de la loi du 18 germinal de l'an X [n° 707] et certaines dispositions du décret-loi du 26 mars 1852 qui les a complétés.

Nul ne pourra exercer les fonctions du culte s'il n'est Français (*Articles organiques des cultes protestants* de la loi du 18 germinal an X, art. 1). — Aucune décision doctrinale ou dogmatique, aucun formulaire sous le titre de confession ou sous tout autre titre, ne pourront être publiés ou devenir la matière de l'enseignement avant que le gouvernement en ait autorisé la publication ou promulgation (art. 4). — Aucun changement dans la discipline n'aura lieu sans la même autorisation (art. 5). — Il sera pourvu au traitement des églises consistoriales (art. 7). — Les professeurs de toutes les académies ou séminaires seront nommés par le premier Consul (art. 11).

Chaque paroisse ou section d'église consistoriale a un conseil presbytéral, composé de quatre membres laïques au moins, de sept au plus, et présidé par le pasteur ou par l'un des pasteurs ; il y a une paroisse partout où l'État rétribue un ou plusieurs pasteurs. Les conseils presbytéraux administrent les paroisses sous l'autorité des consistoires ; ils sont élus par le suffrage paroissial et renouvelés par moitié tous les trois ans ; sont électeurs les membres de l'église portés sur le registre paroissial (Décret du 26 mars 1852, art. 1). — Les conseils presbytéraux des chefs-lieux de circonscriptions consistoriales recevront du gouvernement le titre de consistoires et les pouvoirs qui y sont attachés. Dans ce cas, le nombre des membres du conseil presbytéral sera doublé ; tous les pasteurs du ressort consistorial seront membres du consistoire, et chaque conseil presbytéral y nommera un délégué laïque (art. 2). — Les protestants des localités où le gouvernement n'a pas encore institué de pasteur seront rattachés administrativement au consistoire le plus voisin (art. 4).

714. Des deux cultes protestants reconnus, le premier, d'après l'ordre suivi dans les lois de l'an X et de 1852, l'Église réformée, a pour caractère essentiel d'être régi par le gouvernement presbytérien synodal, comprenant des pasteurs, des consistoires locaux et des synodes. Le décret législatif du 26 mars 1852 (art. 6 et 7) a complété ce régime par l'institution à Paris d'un conseil central des églises réformées de France, destiné à servir d'intermédiaire influent entre l'administration et le synode, d'organe sincère et efficace des intérêts collectifs. L'autorité publique, par un arrêté ministériel du 10 septembre 1852, a déterminé les conditions civiles et administratives de l'électorat ; mais c'est aux églises seules qu'il appartient de régler et de reconnaître les justifications et les garanties religieuses exigées pour l'exercice du droit électoral des membres de l'Église réformée (c. d'Ét. 3 août 1866, *Hachette*, *Legrand, Lecoq de Boisbaudran, etc.*).

Un décret du 28 février 1874, très-débattu, a autorisé la publication d'une déclaration de foi votée par le synode général des églises réformées de France et d'Algérie.

Les consistoires veilleront au maintien de la discipline, à l'administration des biens de l'église et à celle des deniers provenant des aumônes (*Articles organiques des cultes protestants* de l'an X, art. 20). — Les assemblées extraordinaires des consistoires ne pourront avoir lieu sans l'autorisation du sous-préfet, ou du maire en l'absence du sous-préfet (art. 22). — Les membres des consistoires seront élus par la réunion de vingt-cinq chefs de famille protestants les plus imposés au rôle des contributions directes ; cette réunion n'aura lieu qu'avec l'autorisation et en présence du préfet ou du sous-préfet (art. 24). — Les pasteurs ne pourront exercer qu'après avoir prêté entre les mains du préfet le serment exigé des ministres du culte catholique (art. 26). — Les synodes veilleront sur tout ce qui concerne la célébration du culte, l'enseignement de la doctrine et la conduite des affaires ecclésiastiques ; toutes les décisions qui émaneront d'eux, de quelque nature qu'elles soient, seront soumises à l'approbation du gouvernement (art. 30). — Les synodes ne pourront s'assembler que lorsqu'on en aura rapporté la permission du gouvernement ; l'assemblée sera tenue en présence du préfet ou du sous-préfet... (art. 31). Les pasteurs de l'Église réformée sont nommés par le consistoire ; le conseil presbytéral de la paroisse intéressée pourra présenter une liste de trois candidats classés par ordre alphabétique (Décret du 26 mars 1852, art. 7).

715. L'Église luthérienne ou de la confession d'Augsbourg suit, relativement à la circonscription et au régime des églises et des consistoires, les mêmes règles que celles prescrites pour les églises réformées ; ce sont les bases presbytériennes communes aux deux cultes protestants reconnus par l'État. Mais au-dessus des églises et des consistoires locaux, cette confession a pour caractère particulier de posséder une hiérarchie mixte où se trouvent combinés les principes d'élection et d'autorité ; cette hiérarchie comprend des inspections, un consistoire supérieur qui, avant les mutilations imposées à la France en 1871, siégeait à Strasbourg et à Colmar, et un directoire entre les mains duquel se concentrent les pouvoirs de toutes les églises. Le décret du 26 mars 1852 a eu pour objet, dans ses dispositions spéciales à ce culte, de donner au principe d'autorité sur le principe électif une action plus forte et plus soutenue que ne l'avait fait la loi de l'an X.

Les églises et les consistoires de la confession d'Augsbourg sont placés sous l'autorité du consistoire supérieur ou général et du directoire (Décret du 26 mars 1852, art. 8). — Le consistoire supérieur est convoqué par le gouvernement, soit sur la demande du directoire, soit d'office ; il se réunit au moins une fois par an (art. 10). — Le directoire est composé du président, d'un membre laïque et

d'un inspecteur ecclésiastique nommés par le gouvernement, de deux députés nommés par le consistoire supérieur. Le directoire exerce le pouvoir exécutif; il nomme les pasteurs et soumet leur nomination au gouvernement... (art. 11).
— Les inspecteurs ecclésiastiques sont nommés par le gouvernement, sur la présentation du directoire (art. 12).

716. L'organisation du culte israélite dans ses rapports avec l'État a pour point de départ un règlement délibéré par les juifs eux-mêmes en assemblée générale à Paris le 10 décembre 1806, approuvé par décret impérial du 17 mars 1808. Il a été d'abord modifié, en ce qui concerne les mesures prises pour subvenir au traitement des rabbins, par la loi du 8 février 1831, qui leur applique le principe du salaire par l'État des ministres des cultes reconnus. En second lieu, une ordonnance royale du 25 mai 1844, rendue conformément à un règlement élaboré avec la participation de tous les consistoires israélites de France, est venue régir d'une manière plus complète cette organisation; elle comprend : 1° un consistoire central résidant à Paris, et un grand rabbin du consistoire central, seul chef suprême de la religion juive, désigné par l'élection soumise à l'approbation du gouvernement; 2° des consistoires départementaux et des grands rabbins des consistoires départementaux; 3° des rabbins communaux, des ministres officiants; et 4° un corps de notables.

La composition de ce corps de notables est actuellement réglée par un décret du 29 août 1872; il est chargé d'élire : 1° le grand rabbin consistorial; 2° quatre membres laïques du consistoire départemental; 3° un membre laïque du consistoire central; 4° deux délégués pour participer à l'élection du grand rabbin du consistoire central.

Aux termes des articles 7 et 24 de l'ordonnance de 1844, l'élection du grand rabbin et des membres laïques des consistoires central et départementaux est soumise à l'agrément du pouvoir exécutif; mais s'il s'élève des réclamations touchant les opérations électorales, elles sont portées, par la voie administrative, devant le ministre des cultes, qui prononce définitivement, en vertu de l'article 34 de l'ordonnance. Le conseil d'État a décidé, par application de ces textes, dans un arrêt du 5 juin 1862, que les nominations ne peuvent être soumises à l'agrément du chef de l'État tant que les opérations électorales, dont la régularité est contestée, n'ont pas été déclarées valables, et, par suite, que le décret qui agrée ces nominations avant que le ministre ait statué, est irrégulièrement rendu et doit être rapporté.

Un décret du gouvernement de la défense nationale du 11 novembre 1870 sur l'élection des rabbins, a modifié quelques-unes des règles relatives à l'élection des grands rabbins des consistoires départementaux et des rabbins communaux.

SECTION III. — Recours pour abus.

717. Nature, origines de cette institution et conséquences pratiques de son histoire.
718. Législation actuelle.
719. Applications qui en ont été faites depuis l'an X contre les prélats.
720. Articles 6, 7 et 8 des articles organiques du culte catholique.
721. Explication des trois premiers cas d'abus déterminés par la loi.
722. 4ᵉ cas d'abus.
723. Suite.
724. 5ᵉ cas d'abus.
725. 6ᵉ cas d'abus.
726. Formes de l'instruction.
727. Effets du recours et de l'attribution du conseil d'État, selon que le fait ne constitue qu'un abus ou qu'il est à la fois constitutif d'un abus et d'un crime ou délit.
728. Grave controverse, relative à l'effet de l'article 8 sur le droit d'action.
729. Est-elle éteinte par le décret-loi du 19 septembre 1870 ? autre controverse.
730. Du recours pour abus relativement aux deux cultes protestants reconnus et au culte israélite.

717. Le recours pour abus au conseil d'État forme la sanction administrative du droit de police de l'État sur l'exercice extérieur des cultes et de son droit d'intervention dans l'organisation intérieure des cultes reconnus. Pasquier, Dumoulin, l'abbé Fleury font remonter l'origine de cette institution au quatorzième siècle et la rattachent à la plainte formée, en 1329, contre les empiétements des juridictions ecclésiastiques par Pierre de Cugnières, chevalier ès lois et conseiller du roi, devant l'assemblée des barons, seigneurs et prélats que présidait, à Vincennes, Philippe de Valois. L'exorde de son discours caractérise l'institution naissante : « *Jésus-Christ Notre-Seigneur a dit : Rendez à César ce qui est à* » *César, et à Dieu ce qui est à Dieu ; or, la temporelle puissance ap-* » *partient au roi, et la spirituelle aux évêques* ».

Le droit d'appeler comme d'abus de la juridiction ecclésiastique à la juridiction temporelle, qui a fait naître le nom d'*appellation* ou d'*appel comme d'abus*, conservé par l'usage, même après avoir cessé d'être exact, s'est généralisé dès le xvıᵉ siècle ; ce ne fut plus seulement un véritable appel porté contre des sentences émanant des tribunaux ecclésiastiques, ce devint un moyen de réprimer tous les excès de la puissance ecclésiastique contraires aux lois du royaume et préjudiciables soit à l'intérêt public, soit aux intérêts particuliers. Divers édits des rois de France ont fixé les règles, les formes et les effets des appels comme d'abus ; l'action était exercée par le ministère public, l'abus était jugé par les parlements.

Ces notions historiques ont une importance pratique immédiate ; elles répondent à l'exception soulevée devant le conseil d'État pour contester la légalité des dispositions des articles organiques en vertu d'une protestation du pape Pie VII. Or la loi du 18 germinal de l'an X, en ce qui concerne le recours pour abus, comme en ce qui concerne le droit de vérification des actes du Saint-Siége, n'a fait que conserver une institution qui comptait déjà près de cinq siècles d'existence, et pour laquelle les rois de France n'avaient jamais eu à solliciter l'adhésion de la cour de Rome et du clergé ; le projet de loi de 1817 [n° 708] en faisait autant. La loi de l'an X n'a apporté à l'ancien état de choses que des différences secondaires : le jugement de l'abus confié à d'autres juges laïques, au conseil d'État au lieu des parlements, et l'exercice de l'action remis aux citoyens lésés ou aux fonctionnaires administratifs, au lieu de l'être aux magistrats du ministère public. L'article 1 du Concordat [reproduit n° 710 et cité n°ˢ 704 et 708], en reconnaissant le droit de surveillance et de police de l'État sur l'exercice public du culte, n'aurait-il pas d'ailleurs consacré au profit du gouvernement le droit de créer, si cela eût été nécessaire, une institution dont le véritable caractère est d'être une mesure de police gouvernementale dans l'intérêt de la paix publique ? et tous les citoyens français, si haut placés qu'ils soient, ne sont-ils pas également soumis aux lois ?

748. Le recours pour abus relatif aux ministres de la religion catholique est actuellement régi par les articles 6, 7 et 8 des articles organiques de la Convention du 26 messidor an IX. L'antique dénomination d'appel comme d'abus devait disparaître de la loi, et a fait place à celle plus exacte de *recours pour abus*. C'est le conseil d'État qui en est saisi ; ce n'est pas une réformation qui lui est demandée ; il est juge de l'abus comme unique degré de juridiction ; il le déclare, et sa décision est souveraine ; ou plutôt le conseil d'État, suivant le principe général de son organisation, n'a pas plus de pouvoir propre en cette matière qu'en toute autre matière administrative, il ne fait que préparer

le projet de décret; c'est le pouvoir exécutif qui statue en conseil d'État.

719. Les déclarations d'abus contre les ecclésiastiques de second ordre sont les plus fréquentes. Contre les archevêques et évêques, on trouve insérées au *Bulletin des lois* depuis l'an X douze déclarations d'abus relatives aux diocèses qui font actuellement partie de la France : 1° contre l'évêque de Poitiers, 23 décembre 1820 ; 2° contre le cardinal-archevêque de Toulouse, 10 janvier 1825 ; 3° contre l'évêque de Moulins, 4 mars 1835 [n° 1223] ; 4° contre l'archevêque de Paris, 21 mars 1837 [n° 1222]; 5° contre l'évêque de Clermont, 30 décembre 1838 ; 6° contre l'évêque de Châlons, 8 novembre 1843 ; 7° contre le cardinal-archevêque de Lyon, 9 mars 1845 ; 8° contre l'évêque de Moulins, 6 avril 1857 ; 9° contre l'évêque de......., 30 mars 1861 ; 10° contre les archevêques de Tours, Cambrai et Rennes, et les évêques de Nantes, Orléans et Chartres, 15 août 1863 ; 11° contre l'évêque de Moulins, 8 février 1865 ; 12° contre le cardinal-archevêque de Besançon, 8 février 1865.

720. Voici les textes qui régissent le recours pour abus contre les prêtres catholiques, et dont l'application a été faite dans les espèces indiquées :

Il y aura recours au conseil d'État dans tous les cas d'abus de la part des supérieurs et autres personnes ecclésiastiques. Les cas d'abus sont l'usurpation ou l'excès de pouvoir, la contravention aux lois et règlements de la République, l'infraction des règles consacrées par les canons reçus en France, l'attentat aux libertés, franchises et coutumes de l'Église gallicane, et toute entreprise ou tout procédé qui, dans l'exercice du culte, peut compromettre l'honneur des citoyens, troubler arbitrairement leur conscience, dégénérer contre eux en oppression, ou en injure, ou en scandale public (Loi du 18 germinal an X, *articles organiques du Concordat*, art 6.) — Il y aura pareillement recours au conseil d'État, s'il est porté atteinte à l'exercice public du culte et à la liberté que les lois et règlements garantissent à ses ministres (art. 7). — Le recours compétera à toute personne intéressée ; à défaut de plainte particulière, il sera exercé d'office par les préfets; le fonctionnaire public, l'ecclésiastique ou la personne qui voudra exercer ce recours adressera un mémoire détaillé et signé au conseiller d'État chargé de l'administration des cultes, lequel sera tenu de prendre dans le plus court délai tous les renseignements convenables ; et, sur son rapport, l'affaire sera suivie et définitivement terminée dans la forme administrative, ou renvoyée, selon l'exigence des cas, aux autorités compétentes (art. 8).

721. Il résulte de ces textes qu'il existe six cas d'abus, dont les

cinq premiers sont énumérés par l'article 6 de la loi de germinal, et le dernier par l'article 7. Nous allons les expliquer dans l'ordre du texte. Voici les trois premiers :

1° *L'usurpation ou l'excès de pouvoir* : l'usurpation est l'invasion de l'autorité spirituelle dans le domaine du pouvoir temporel ou d'une autre autorité spirituelle ; l'excès est le fait de l'autorité qui dépasse la limite de son pouvoir sans sortir cependant de son propre domaine.

2° *La contravention aux lois et règlements de la République* est toujours comprise dans l'excès de pouvoir, mais peut exister sans qu'il y ait excès de pouvoir ; ainsi, tandis qu'une censure de la politique du gouvernement est un excès de pouvoir, des allusions offensantes pour le chef de l'État constituent une contravention aux lois de la République, article 86 du Code pénal (9ᵉ des déclarations d'abus ci-dessus énumérées). Les 4ᵉ, 5ᵉ, 11ᵉ et 12ᵉ déclarations d'abus ci-dessus indiquées contiennent aussi des applications de ce cas d'abus.

3° *L'infraction des règles consacrées par les canons reçus en France.* — Un exemple frappant de ce cas d'abus se trouve dans la 8ᵉ décision mentionnée au numéro précédent ; un des chefs de condamnation qu'elle contient est la violation des canons relatifs à l'inamovibilité des curés dont l'évêque avait exigé, au moment de leur nomination, des démissions écrites qui les transformaient en simples desservants révocables *ad nutum*. C'est aussi ce cas d'abus qui est allégué par les prêtres frappés de peines ecclésiastiques ; le recours n'est ouvert alors que s'il s'agit de peines de la discipline extérieure, telles que déposition d'un curé inamovible, interdiction *a sacris* contre un simple prêtre, interdiction du port du costume ecclésiastique ; le conseil d'État, sans s'occuper du fond, n'examine que la question de savoir si la peine est canonique ou rendue dans les formes voulues par les canons. On entend par *canons reçus en France* ceux qui ont été régulièrement publiés sur le sol français, soit dans l'ancien, soit dans le nouveau droit public, en vertu des règles anciennement admises en France et consacrées par les articles 1, 2, 3 et 4 des articles organiques [*voir* nᵒˢ 707 à 711].

722. Le 4ᵉ cas d'abus est, d'après le texte de l'article 6, dont nous suivons l'énumération, *l'attentat aux libertés, franchises et coutumes de l'Église gallicane*. On désigne sous ce nom les maximes de droit public ecclésiastique gardées en France sous l'an-

cienne monarchie. Elles sont mentionnées et confirmées dans la pragmatique sanction de saint Louis du mois de mars 1268, et dans une ordonnance du même roi de l'année 1228. Pierre Pithou, avocat au parlement, en publia, en 1594, une sorte de formulaire sous le titre de *Libertés de l'Église gallicane rédigées en 83 articles.* Leur rédaction officielle se trouve dans la célèbre *Déclaration faite par le clergé de France de ses sentiments touchant la puissance ecclésiastique*, du 19 mars 1682, rédigée par Bossuet en quatre articles, publiée par l'édit de Louis XIV, enregistré au parlement de Paris le 23 mars 1682. Louis XV, par un arrêt du conseil du 24 mai 1766, et Louis XVI, par une déclaration du 7 juin 1777, ont confirmé l'édit de 1682. La loi du 18 germinal de l'an X, en rétablissant en France le culte catholique, s'en est référée à la déclaration de 1682, par cette disposition de l'article 6 de la loi de l'an X formulant le cas d'abus qui nous occupe, et par celle de l'article 24 relatif à l'enseignement dans les séminaires. A une époque ultérieure, elle a été solennellement reproduite par le décret impérial du 25 février 1810, « qui déclare *loi générale de l'Empire* » l'édit du mois de mars 1682 » ; c'est le même jour, 25 février 1810, qu'était promulgué le chapitre du Code pénal qui contient les articles 201, 202, 203 et 204, qui peuvent être considérés comme contenant, dans l'ordre pénal, le corollaire effectif du recours pour abus.

Ces maximes ont toujours été considérées par les pouvoirs publics de France comme ayant un caractère politique, en tant que se rattachant au principe fondamental de l'indépendance de l'État, ainsi formulé dans le premier des quatre articles de la Déclaration de 1682 : « Le chef de l'Église et l'Église même n'ont reçu de puis- » sance que sur les choses spirituelles et qui concernent le salut, » et non pas sur les choses temporelles et civiles ». On retrouve ce principe confirmé par une déclaration solennelle des évêques de France du 3 avril 1826.

Ce cas d'abus est un de ceux relevés dans la 7ᵉ des décisions ci-dessus énumérées ; on y lit que « le cardinal-archevêque de » Lyon, en attaquant l'autorité de l'édit de mars 1682, de l'ar- » ticle 24 de la loi du 18 germinal an X, et du décret du 25 fé- » vrier 1810, a commis un attentat aux libertés, franchises et » coutumes de l'Église gallicane consacrées par ces actes de la » puissance publique ». Ce grief est aussi relevé dans la 8ᵉ et la 10ᵉ des déclarations d'abus mentionnées ci-dessus, et le principe en est rappelé dans les considérants de la 9ᵉ.

Il faut remarquer que, sous tous les régimes politiques, tous les actes du pouvoir exécutif portant réception, soit des bulles d'institution des évêques, soit des autres actes du Saint-Siége, ont contenu et contiennent toujours un article ainsi conçu : « Ladite bulle » est reçue sans approbation des clauses, formules ou expressions » qu'elle renferme, et qui sont ou pourraient être contraires à la » Constitution, aux lois de l'État, et aux franchises, libertés et » maximes de l'Église gallicane ». [*Voir* p. 606 *note* art. 10 et 11.]

L'autorité judiciaire a eu parfois l'occasion de constater, comme l'autorité administrative, le caractère de loi de l'État appartenant à la Déclaration de 1682 : tel est le célèbre arrêt de la cour royale de Paris du 3 décembre 1825 (*Aff. du Constitutionnel*, Sirey, 26, 2, 78, et Collection nouvelle, 8, 2, 153).

723. Ce dernier numéro, comme tous ceux de ce chapitre, se trouvait dans la précédente édition de cet ouvrage. On ne doit y voir que l'explication purement juridique et historique des dispositions de lois précitées, sans immixtion dans le domaine théologique et dogmatique, que l'auteur (voué à la tâche laborieuse d'exposer les innombrables lois administratives de son pays, quelques-unes trop mobiles au vent des bouleversements politiques) n'a jamais eu et qu'il aurait aujourd'hui moins que jamais la pensée d'aborder. Aussi est-ce toujours à ce point de vue exclusif du jurisconsulte, traitant uniquement de l'histoire, du sens et de l'application des lois séculières existantes, que nous devons faire observer, d'une part, que les pouvoirs publics de France n'ont apporté, ni avant ni depuis 1870, aucune modification à ces lois, et, d'autre part, que le pouvoir exécutif chargé de leur exécution n'a jamais cessé d'insérer la clause, ci-dessus rapportée [numéro précédent *in fine*], dans tous les décrets [1] portant réception en France

---

[1] Trois de ces décrets (Quimper, Limoges, Belley, 3 avril 1872) contiennent même, relativement à l'expression *nobis præsentaverit*, accidentellement employée par la cour de Rome dans ces trois bulles d'institution, une observation qui ajoute un second intérêt juridique à la reproduction de ces décrets, tous les trois insérés dans les mêmes termes au *Bulletin des lois*, 1872, n°s 942, 943, 944.

« Le président de la République, sur le rapport du ministre de l'instruction publique et des cultes; vu les articles 1 et 18 de la loi du 18 germinal an X; vu le décret en date du 16 octobre 1871, qui a nommé M... à l'évêché de Quimper, vacant par le décès de...; vu la bulle d'institution canonique accordée par Sa Sainteté le pape Pie IX audit évêque nommé; vu notamment le passage de la bulle ainsi conçu : « Cum... ipse dilectus filius noster Adulphus te nobis ad

des bulles du Saint-Père qui confèrent l'institution canonique aux archevêques et évêques nommés par le gouvernement français, et des autres actes du Saint-Siége [1].

» hoc per suas patentes litteras nominaverit, te *nobis* per suas patentes litteras » *præsentaverit* »; vu les dépêches de M. l'ambassadeur de France à Rome, analysées ou transcrites dans les dépêches du ministre des affaires étrangères au ministre des cultes, en date des 2 octobre et 7 novembre 1871 ; vu la lettre adressée par le ministre des cultes au ministre des affaires étrangeres le 30 décembre ; vu la réponse du ministre des affaires étrangères en date du 6 janvier, et portant que le mot *præsentare* n'a été employé que par inadvertance dans la bulle d'institution canonique destinée à M... pour l'évêché de Quimper, et que le cardinal Antonelli se propose de constater l'erreur dans une communication officielle adressée à M. l'ambassadeur de France; vu la lettre, en date du 7 janvier 1872, adressée par le cardinal Antonelli à M. l'ambassadeur de France, confirmant les assurances données dans ladite dépêche ; considérant que la réserve insérée à l'article 2 de tous les décrets de publication de bulles, brefs et autres actes de la cour de Rome, permet de recevoir et publier la bulle d'institution canonique de M... pour l'évêché de Quimper ; la commission provisoire chargée de remplacer le conseil d'État entendue ; décrète : — Art. 1. La bulle donnée à Rome le 11 d'avant les calendes de janvier de l'an de l'Incarnation 1871 (22 décembre 1871), portant institution canonique de M... pour l'évêché de Quimper, est reçue et sera publiée en France en la forme ordinaire. — Art. 2. Ladite bulle d'institution canonique est reçue sans approbation des clauses, formules ou expressions qu'elle renferme et qui sont ou pourraient être contraires aux lois du pays, aux franchises, libertés et maximes de l'Église gallicane. — Art. 3. Ladite bulle sera transcrite, en français et en latin, sur les registres du conseil d'État. Mention de ladite transcription sera faite sur l'original par le secrétaire général du conseil. »

Trois autres décrets du 27 septembre 1872 (*Bulletin des lois*, 1872, n°s 1474 à 1476), portant réception des bulles d'institution canonique pour les évêchés de de Saint-Denis (île de la Réunion), Constantine et Ajaccio, s'expliquent sur une autre difficulté relative au mot *nobis* de la bulle, placé avant le mot *nominavit*, que l'on aurait pu considérer comme réduisant encore le droit du gouvernement français à une simple présentation. Ces décrets portent :... « Considérant que les explications fournies par la chancellerie pontificale ont suffisamment éclairci l'incident qui avait provoqué les observations du gouvernement français; qu'il résulte de ces explications que le droit du pouvoir civil n'est nullement contesté, et que la formule *nobis nominavit* est employée dans un sens qui ne peut y préjudicier en rien; considérant d'ailleurs que la réserve insérée à l'article 2 de tous les décrets de publication de bulles, brefs et autres actes de la cour de Rome, sauvegarde tous les droits et permet de recevoir et publier la bulle d'institution canonique de M... pour l'évêché de ....; le conseil d'État entendu ; décrète : — Art. 1. La bulle donnée à Rome le..... est reçue et sera publiée en France en la formule ordinaire. — Art. 2. Ladite bulle d'institution canonique est reçue sans approbation des clauses..... (le reste du décret entièrement semblable aux décrets ci-dessus) ».

[1] Voir notamment le décret du 6 août 1875, portant réception de la bulle d'institution canonique de Msgr Richard comme coadjuteur, avec future succession,

724. Le dernier cas d'abus prévu par l'article 6 est : 5° *Toute entreprise ou tout procédé qui, dans l'exercice du culte, peut compromettre l'honneur des citoyens, troubler arbitrairement leur conscience, dégénérer contre eux en oppression ou en injure ou en scandale public.* Cette définition, si large, de ce dernier des cas d'abus prévus par l'article 6, a pour but de protéger les particuliers contre toutes les atteintes injustes dont ils pourraient être l'objet de la part des ministres du culte ; le fait de diffamation s'y trouve compris, et le recueil des décisions du conseil d'État contient de nombreuses applications de cette disposition contre des curés et surtout des desservants. Le refus de sacrement rentre aussi dans les termes de ce cinquième cas, non lorsqu'il est pur et simple, parce que « le refus tout nu de prières est un cas spirituel », selon l'expression de M. de Cormenin, mais lorsque les circonstances qui l'accompagnent constituent l'injure, l'oppression ou le scandale public, comme dans la 5ᵉ des déclarations d'abus, prononcée contre l'évêque de Clermont pour refus de sépulture au comte de Montlosier. Ce cas d'abus peut aussi se rencontrer lorsque le procédé, sans atteindre directement un citoyen déterminé, « est de nature à semer l'alarme dans les âmes catholiques par des rapprochements propres à inquiéter leurs croyances (9ᵉ déclaration) » ; de sorte que cette disposition protége, comme les précédentes, les intérêts généraux, tout en réprimant les actes contraires aux droits privés des citoyens.

725. Enfin 6° *l'atteinte à l'exercice public du culte et à la liberté que les lois et règlements garantissent à ses ministres*, forme un sixième cas d'abus, prévu non plus par l'article 6, mais par l'article 7 de la loi organique. Il se réfère moins aux troubles apportés par les simples particuliers, lesquels sont réprimés par le Code pénal, qu'à ceux qui seraient l'œuvre des fonctionnaires publics abusant de leur autorité pour entraver le ministère ecclésiastique ou envahir le domaine des choses spirituelles. Cette disposition démontre péremptoirement l'inexactitude de l'idée souvent émise, que le recours pour abus, dans la pensée du législateur de l'an X, serait exclusivement dirigé contre les ecclésiastiques, sans jamais être pour eux une protection.

726. Les recours pour abus n'appartiennent pas au contentieux

---

de Mgr Guibert, cardinal-archevêque de Paris, sous le titre d'archevêque *in partibus* de Larisse (*Bulletin des lois*, et Duvergier, 1875, p. 403).

administratif; aussi sont-ils jugés par l'assemblée générale du conseil d'État (Décret portant règlement intérieur du conseil d'État du 24 août 1872, art. 5, § 2 [n° 86]), sur le rapport de la section de l'intérieur, justice, instruction publique, cultes et beaux-arts (D. 1872, art. 6 [n° 84]), chargée de l'instruction de ces sortes d'affaires. L'assemblée est saisie par un rapport du ministre des cultes agissant d'office, ou en vertu du recours formé, soit par le préfet, soit par un simple citoyen. Les parties sont admises à produire des mémoires; on sait que la procédure, devant l'assemblée générale du conseil, a lieu sans frais, sans constitution obligatoire d'avocat au conseil, sans plaidoirie et sans publicité.

727. Les effets du recours pour abus et de l'attribution dont le conseil d'État est investi varient selon les hypothèses, qui peuvent se produire au nombre de quatre.

1° L'acte reproché au ministre du culte est un abus sans être une infraction à la loi pénale. Dans ce cas, le conseil *termine définitivement l'affaire dans la forme administrative* par une déclaration d'abus. Cette déclaration n'entraîne aucune conséquence répressive; elle n'est qu'un blâme public infligé à l'auteur de l'acte abusif; la suppression de l'acte est ordonnée, s'il y a lieu.

2° L'acte reproché au ministre du culte constitue à la fois un abus et une infraction à la loi pénale, crime ou délit. Dans ce cas, le conseil d'État peut terminer *administrativement* l'affaire comme dans l'hypothèse précédente, ou renvoyer aux autorités compétentes, *selon l'exigence des cas*, ce qui permet au conseil d'apprécier non-seulement la nature du fait délictueux et une question de droit, mais l'ensemble des circonstances et l'opportunité de la décision, toutes choses qui constituent une question de fait. Le conseil ne doit pas, quoique quelques auteurs pensent le contraire, faire les deux choses, déclarer l'abus et renvoyer aux tribunaux la connaissance du crime ou du délit.

3° Le fait reproché au ministre du culte constitue un crime ou un délit, mais il ne rentre pas dans les cas d'abus, et il a été accompli dans l'exercice des fonctions sacerdotales. Dans ce cas, quelques auteurs exigent le recours au conseil d'État préalablement à la poursuite, et il existe quelques arrêts du conseil qui ont statué dans cette hypothèse sans déclarer le non-lieu. Nous avons toujours cru, avec la majorité des auteurs et toute la jurisprudence judiciaire, que, dans ce cas, le texte de la loi organique faisant défaut, le droit commun reprend son empire (Bordeaux,

27 mars 1862, *Poitevin* c. *Thory* ; Toulouse, 18 novembre 1862).

4° Le fait délictueux non constitutif d'abus a été accompli en dehors des fonctions sacerdotales : c'est le seul cas dans lequel tout le monde soit d'accord pour reconnaître qu'il n'y a nullement lieu au recours au conseil d'État. Encore certains doutes se sont-ils élevés lorsqu'il s'agit du 5ᵉ cas d'abus, le même fait étant ou non constitutif de ce cas d'abus, suivant qu'il est ou non accompli *dans l'exercice du culte* ; en cas de négative, nulle intervention du conseil d'État ne saurait être admise (c. cass. c. crim. 8 mai 1869, *abbé Constance*, S. 69, 1, 434).

728. Dans la seconde hypothèse, c'est-à-dire lorsque l'acte est à la fois constitutif d'un cas d'abus et d'une infraction à la loi pénale, et qu'au lieu de saisir le conseil d'État de l'abus, on a tout d'abord saisi l'autorité judiciaire de la connaissance de l'infraction commise à la loi pénale, on devait se demander, avant que le décret du 19 septembre 1870 ait jeté dans ce débat une complication nouvelle [nᵒˢ 692 et 729], s'il était permis de poursuivre l'ecclésiastique devant les tribunaux sans l'avoir déféré préalablement au conseil d'État pour abus ? Cette question a toujours été l'objet d'une vive controverse divisant les auteurs et la jurisprudence. — Un premier système exige le recours préalable au conseil d'État, soit que la poursuite émane du ministère public, soit qu'elle émane d'une partie civile : c'était la jurisprudence constante du conseil d'État ; elle a été formellement consacrée par un arrêt du conseil du 27 août 1839, et le recueil des arrêts du conseil en a contenu jusqu'à ce jour d'assez nombreuses applications. — Un second système admet la poursuite immédiate, sans recours au conseil d'État, dans les deux cas ; c'est la doctrine qui résulte des motifs de trois arrêts de la cour de Poitiers (4 juillet 1861, *Lhémau* ; 18 juillet 1861, *Bigarré* ; 16 août 1861, *Amelineau*), statuant du reste sur l'action du ministère public ; ce système, comme le premier, compte également dans la doctrine des autorités considérables. — Enfin, un troisième système soumet l'action civile à la nécessité du recours, et en dispense l'action publique ; la cour de cassation (chambre criminelle), dont la jurisprudence, sur cette question, a présenté de grandes incertitudes, a, dans les considérants d'un arrêt du 10 août 1861 (qui rejette le pourvoi formé contre l'arrêt rendu par la cour de Poitiers dans l'affaire *Lhémau*), consacré formellement ce troisième système, créé par elle dans des arrêts antérieurs.

La décision radicale du second système peut paraître plus logique, en présence des textes cités de la loi organique, dans la disposition desquels il nous est impossible de voir aucune distinction entre l'action publique et l'action civile ; aussi nous préférerions le second système à la solution mixte de la cour de cassation, qui nous paraît une création législative plutôt qu'une interprétation des textes existants. Mais la doctrine suivie jusqu'à ce jour par le conseil d'État et par les auteurs qui professent le premier système, n'est-elle pas la plus conforme au texte et à l'esprit de la loi de l'an X ? Convient-il d'assimiler le conseil d'État, ou plutôt le pouvoir exécutif en conseil d'État, aux juridictions simplement disciplinaires, et de lui appliquer les règles qui régissent ces dernières dans leurs rapports avec les tribunaux répressifs ? N'est-ce pas porter atteinte, en l'amoindrissant, à l'attribution dont il est investi en cette matière, que de permettre qu'un fait constitutif de l'abus ecclésiastique puisse, sans que le conseil d'État l'ait d'abord apprécié, être jugé par un autre tribunal sous l'un des divers aspects que ce fait peut présenter ? N'était-il pas dans l'esprit de la législation de l'an X, et n'était-ce pas une grande idée digne du premier Consul, de concentrer dans les mains du chef de l'État tout ce qui tient à la police des cultes, non dans un but de privilège pour une classe de citoyens, mais dans un intérêt de haute police gouvernementale ? Si chaque magistrat du ministère public peut exercer librement en ce cas l'action publique, que devient ce passage de l'exposé des motifs de Portalis : « Le gouvernement ne doit pas abandonner aux auto-
» rités locales des objets sur lesquels il importe qu'il y ait unité
» de conduite et de principe » ?

Quoi qu'il en soit, la jurisprudence de la cour de cassation et des tribunaux judiciaires est complétement indépendante, sur cette question, de celle du conseil d'État, le conflit ne pouvant être élevé en cette matière, par argument d'analogie tiré de l'article 3 de l'ordonnance du 1er juin 1828 [*voir* nos 668 et 685 *in fine*].

729. Nous venons de reproduire le numéro précédent tel qu'il était écrit dans les éditions antérieures de cet ouvrage, et nos convictions sur la portée, à ce point de vue, des articles 6, 7 et 8 de la loi du 18 germinal an X, sont restées ce qu'elles ont toujours été. Mais aussitôt la publication du décret-loi du 19 septembre 1870, nous avons pensé et nous avons déjà dit dans notre précédente édition qu'en présence des termes formels et généraux de l'ar-

ticle 1 de ce décret, le droit commun recouvrait son empire ; en faisant le commentaire de ce décret-loi, nous nous sommes déjà [ci-dessus n° 692] prononcé sur cette question ; il nous paraît impossible de méconnaître la volonté de ses auteurs de supprimer toute appréciation préalable du conseil d'État pouvant faire obstacle à une action quelconque, privée ou publique, de la compétence des tribunaux de l'ordre judiciaire.

730. L'institution du recours pour abus, née en France des rapports du culte catholique avec l'État, ne lui est pas, dans la législation actuelle, exclusivement restreinte ; elle est étendue aux autres cultes reconnus, par les textes suivants.

Le conseil d'État connaîtra de toutes les entreprises des ministres du culte et de toutes les dissensions qui pourront s'élever entre ses ministres (Loi du 18 germinal an X, *articles organiques des cultes protestants*, art 6). — Toutes entreprises des ministres du culte israélite, toutes discussions qui pourront s'élever entre les ministres, toute atteinte à l'exercice du culte et à la liberté garantie à ses ministres, nous seront déférées en notre conseil d'État, sur le rapport de notre ministre des cultes, pour être par nous statué ce qu'il appartiendra (Ordonnance du 25 mai 1844, *portant règlement pour l'organisation du culte israélite*, art. 55).

CHAPITRE TROISIÈME.

RÉGLEMENTATION DES PRINCIPES DE DROIT PUBLIC DE L'ORDRE NATUREL OU CIVIL.

731. Objet et division de ce chapitre.

731. Les principes de droit public qui appartiennent à l'ordre naturel se réfèrent aux droits individuels ou civils, distincts des droits politiques, en ce que ceux-ci sont subordonnés à la condition de sexe et d'âge et n'appartiennent qu'aux citoyens français, tandis que la jouissance des premiers est indépendante de toute condition d'aptitude. Ce chapitre comprendra six sections dans lesquelles nous traiterons successivement de la réglementation des principes de droit public de cet ordre par les lois administratives : — 1° liberté individuelle ; — 2° égalité civile ; — 3° droit de réunion et d'association ; — 4° liberté de la presse ; — 5° liberté du travail,

du commerce et de l'industrie ; — 6° inviolabilité de la propriété et restrictions diverses que ce principe comporte.

SECTION PREMIÈRE. — Liberté individuelle.

732. Définition, origine et sanction du principe de la liberté individuelle.
733. Principales restrictions du principe.
734. Relativement aux aliénés,
735. — aux passeports,
736. — à la police sanitaire,
737. — et autres matières.
738. Son application relativement au séjour des étrangers en France.
739. Conséquences diverses de la liberté individuelle et exceptions au cas d'état de siége ; inviolabilité du domicile ; juridiction des juges naturels.
740. Proscription de l'esclavage.
741. Autres conséquences de la liberté individuelle.

732. Le principe de la liberté individuelle est, en France, ce qu'est l'*habeas corpus* en Angleterre ; il a détruit, en 1789, le droit de recourir aux lettres de cachet que s'était réservé l'ancienne monarchie. Le principe de la liberté individuelle, défini d'une manière générale par l'article 4 de la Déclaration des droits de l'homme et du citoyen du 26 août 1789, a été formulé d'une manière précise par l'article 7 de cette même déclaration dans les termes suivants : « Nul homme ne peut être accusé, arrêté ou » détenu que dans les cas déterminés par la loi et selon les formes » par elle prescrites ». En outre, la Constitution de 1791 portait dans son titre premier : « La Constitution garantit, comme droit » naturel et civil, la liberté à tout homme d'aller, de rester, de » partir, sans être arrêté, ni détenu, que selon les formes déter- » minées par la Constitution ». Ces formes sont tracées par le Code d'instruction criminelle, et le Code pénal sanctionne le principe de la liberté individuelle, en punissant les violations dont il est l'objet de la part des fonctionnaires publics par les articles 114 et suivants, placés sous la rubrique *Attentats à la liberté*, et de la part des simples particuliers par les articles 341 et suivants, placés sous la rubrique *Arrestations illégales et séquestrations de personnes.*

733. De nombreuses lois administratives, se rattachant à la réglementation du principe de la liberté individuelle, l'ont, par des motifs d'ordre et de sécurité publique, soumis à certaines restrictions dont il convient d'indiquer les principales.

734. 1° L'état d'*aliénation mentale* donne lieu à des mesures contraires à la liberté individuelle autorisées par la loi du 30 juin 1838, relative aux individus placés dans les établissements d'aliénés. Cette loi contient deux sortes de dispositions : les unes, ayant pour but de pourvoir aux intérêts privés de l'aliéné, appartiennent au droit civil et forment le complément du titre de l'interdiction au Code civil ; les autres, ayant pour but de garantir les grands intérêts de la société, appartiennent au droit administratif. Quelques-uns des articles de cette seconde catégorie font exception au principe de la liberté individuelle, en ce qu'ils confèrent dans chaque commune au maire, et dans chaque département au préfet, à l'égard de l'aliéné dangereux, les pouvoirs nécessaires pour sauvegarder l'ordre social, les personnes et les biens, par des mesures provisoires de la part des maires, définitives de la part des préfets. D'autres articles, plus nombreux, ont au contraire pour objet de sauvegarder la liberté individuelle, soit qu'il s'agisse de placements ordonnés par l'autorité publique ou de placements volontaires faits par les familles, soit qu'il s'agisse d'aliénés dont la présence dans la société serait un péril ou d'aliénés inoffensifs. La loi du 30 juin 1838 (art. 4) charge les préfets, les présidents de tribunaux, les chefs des parquets et les juges de paix de visiter les asiles publics ou privés d'aliénés. Mais il a été constaté, qu'en fait, ces visites n'avaient pas lieu, et le sénat (séances du 2 juillet et du 12 décembre 1867) a renvoyé une pétition aux ministres de la justice et de l'intérieur, en exprimant le vœu qu'un décret vînt ajouter à l'ordonnance portant règlement d'administration publique du 18 décembre 1839 une disposition destinée à rendre plus obligatoire l'accomplissement des visites dont il s'agit, à en fixer le nombre et à en prescrire le procès-verbal ou rapport envoyé au supérieur hiérarchique. L'assemblée nationale a été saisie d'un projet de loi destiné à modifier la loi de 1838 en cherchant à donner satisfaction aux nombreuses réclamations dont elle a été l'objet.

735. 2° L'obligation de se munir d'un *passeport* pour voyager à l'intérieur ou à l'étranger est une condition limitative du droit de libre circulation compris dans la liberté individuelle ; introduite provisoirement par le décret du 1er février 1792, elle est devenue permanente par celui du 18 septembre 1807. Il y a quatre sortes de passeports délivrés en France : ceux de la première catégorie par les maires, ceux des trois autres par les sous-préfets, depuis le décret du 13 avril 1861, article 6 2° [*voir* n° 177] : passeports à l'intérieur, passeports d'indigents passeports à l'étranger, passeports pour les colonies ou l'Algérie. L'état de la circulation en France et la puissance des moyens protecteurs de l'ordre social dont disposait la police administrative semblaient rendre possible une modification de la législation en cette matière. [Relativement au passeport à l'étranger, qui touche aux rapports internationaux, *voir* le n° 738.]

736. 3° La *police sanitaire* [n° 530], destinée à prévenir l'invasion des maladies contagieuses et des épidémies, impose un obstacle momentané à la liberté de locomotion, par les conditions qui environnent l'introduction sur le territoire des provenances de mer, marchandises ou personnes. Le règlement du service sanitaire a pour base la loi du 3 mars 1822, relative à la police sanitaire ; jusqu'en 1876, cette loi devait être combinée avec les décrets du 24 décembre 1850, du 4 juin 1853, rendus pour l'exécution de la convention et du règlement sanitaire international du 27 mai précédent, avec les décrets du 7 septembre 1863 et du 23 juin 1866, portant modification du régime sanitaire concernant le choléra. Un décret du 22 février 1876 a abrogé et remplacé ces cinq règlements, dans le double but d'établir dans un règlement unique et nouveau la règle uniforme du service sanitaire basée sur la loi de 1822, et de donner satisfaction aux réclamations du commerce maritime, tout en protégeant le pays, surtout contre l'invasion des trois grandes maladies contagieuses, la peste, le choléra et la fièvre jaune. Nous reproduisons un extrait du rapport [1] dans lequel le ministre de l'agriculture et du commerce justifie et analyse les dispositions de ce décret du 22 février 1876 sur le service sanitaire.

---

[1] « On s'est demandé si, en face du développement considérable des relations commerciales entre les divers peuples par la voie maritime, de la rapidité plus grande des transports due à la substitution progressive de la vapeur à la voile et surtout de l'extension des communications télégraphiques, il ne serait pas possible, sans compromettre la santé publique, d'apporter dans les mesures successivement édictées depuis un demi-siècle des modifications qui rendissent l'application des règlements moins préjudiciable aux intérêts de la navigation. Les chambres de commerce de nos principaux ports se sont faites les interprètes de ces réclamations, et la commission de la marine marchande en a signalé la sérieuse importance au gouvernement. Un de mes honorables prédécesseurs, frappé de ces considérations, a chargé une commission, dans laquelle, à côté d'administrateurs et de médecins les plus autorisés, les chambres de commerce de Marseille, Bordeaux, Nantes et le Havre, et les grandes compagnies de transports maritimes étaient représentées, d'étudier les différents points de vue de la ques-

La loi du 3 mars 1822 n'a soumis à aucune restriction permanente les provenances de terre, personnes ou choses, mais elle autorise le chef de l'État à ordonner par décret l'établissement d'un *cordon sanitaire*, lorsque les circonstances l'exigent.

737. 4° La condamnation pour cause de *mendicité*, indépendamment des peines correctionnelles prononcées, donne lieu à l'envoi du condamné au dépôt de mendicité par mesure purement administrative (Code pénal, art. 269 à 282; décrets du 30 mai 1790 et du 5 juillet 1808).— 5° La loi du 9 juillet 1852 permet au préfet de police à Paris et au préfet du Rhône à Lyon, de prononcer administrativement l'*interdiction de séjour* dans le département de la Seine et dans l'agglomération lyonnaise pendant deux années, avec faculté de renouvellement à l'expiration des deux années, contre certaines catégories d'individus, ceux non domiciliés qui ont subi une condamnation ou qui n'ont pas de moyens suffisants d'existence. La contravention à l'arrêté préfectoral d'interdic-

tion et d'indiquer les conditions générales qui, conciliant tous les intérêts, et plaçant néanmoins au premier rang ceux de la santé publique, sembleraient pouvoir guider le gouvernement dans une révision complète des règlements en vigueur. La commission s'est acquittée de la tâche qui lui était confiée..... Ses propositions étaient évidemment avantageuses au commerce : j'ai dû les soumettre au comité consultatif d'hygiène publique, institué auprès de mon département et spécialement proposé à la garde des intérêts sanitaires, lui demandant s'il pouvait y être donné suite sans compromettre la santé publique et, dans ce cas, lui confiant le soin de préparer le texte du nouveau règlement. Le comité consultatif s'est animé du même esprit qui avait inspiré la commission; il a inséré dans le règlement nouveau toutes les dispositions jugées par lui essentielles en vue de protéger notre pays contre les invasions des trois grandes maladies contagieuses et de celles dont l'apparition peut, à raison de leur caractère transmissible, nécessiter l'application de mesures préventives. Les prescriptions préservatrices nettement établies, le règlement donne au commerce et à la navigation toutes les satisfactions compatibles avec les exigences de la santé : simplification des formalités d'arraisonnement, admission de la reconnaissance de nuit, dispense de la patente, en temps ordinaire, pour les provenances du nord de l'Europe et de certaines parties du littoral de la Méditerranée, abréviation de la durée des quarantaines, amélioration dans le service des lazarets, réduction des droits de séjour pour les passagers des classes inférieures. Telles sont les principales modifications apportées aux prescriptions des règlements antérieurs. Le règlement détermine, en outre, les mesures qui doivent être prises au point de départ du navire, pendant la traversée et au port d'arrivée ; il précise les attributions des autorités sanitaires, afin d'éviter tout conflit, et donne aux conseils placés, dans les principaux ports, près de ces autorités, par leur composition plus élevée et leur action régulière, une influence justement invoquée dans tous les intérêts..... »

donne lieu à des poursuites devant les tribunaux de police correctionnelle ; il est regrettable que cette loi, en chargeant les tribunaux de réprimer ces contraventions et de prononcer des condamnations à l'emprisonnement, leur ait cependant refusé le pouvoir de vérifier si l'arrêté préfectoral concernait bien réellement un individu sans domicile et sans moyens d'existence (Paris, 2 mars 1866, *Choppin*). — 6° La condamnation prononcée aux termes de l'article 3 § 2 de la loi du 14 mars 1872 soumet les Français aux mesures de police applicables aux étrangers [*voir* n°^{s} 738 et 760].

738. Le droit de libre séjour et de libre circulation qui résulte du principe de la liberté individuelle n'existe pas en France d'une manière aussi complète au profit des étrangers qu'au profit des Français ; il en est ainsi parce qu'un peuple a le droit de ne permettre l'entrée et le séjour de son territoire aux individus de nationalité étrangère que sous les conditions qu'il lui plaît de déterminer. Ces conditions, indépendamment de la règle écrite dans l'article 3 § 1 du Code civil, sont au nombre de deux :

1° Obligation pour l'étranger d'être muni d'un passeport émané de l'autorité dont il dépend, et visé par un agent diplomatique ou un consul français ; ces passeports étrangers ne doivent pas être confondus avec les quatre sortes de passeports délivrés en France [énumérées n° 735]. Cette obligation, encore régie par un décret de la Convention du 23 messidor an III et une loi, rendue sous le Directoire, du 28 vendémiaire an VI, semblait aussi, avant 1870, destinée à disparaître dans un avenir prochain. Une décision du gouvernement français, prise en décembre 1860, a dispensé, à partir du 1er janvier 1861, les sujets anglais voyageant en France, de cette obligation du passeport délivré par les autorités anglaises, sous la condition de réciprocité au profit de nos nationaux voyageant en Angleterre ; des conventions analogues sont intervenues avec d'autres puissances.

2° La seconde condition sous laquelle la France accorde l'hospitalité aux étrangers est plus grave, car elle confère à l'administration, dans un intérêt de police et d'ordre public, le droit d'expulser l'étranger quand bon lui semble. Cette condition générale, à laquelle est subordonné le séjour de tout étranger en France, ne doit pas être confondue avec les mesures intérieures prises par l'ordonnance ministérielle du 9 avril 1853, concernant les réfugiés politiques, à l'effet de leur interdire, sauf permission du ministre de l'intérieur, le séjour dans le département de la Seine, l'agglomération lyonnaise et la ville de Marseille.

Il ne faut pas non plus confondre le droit d'expulser l'étranger avec l'*extradition* [1], qui consiste à le remettre entre les mains de son gouvernement, lorsque celui-ci le réclame. L'extradition n'a jamais lieu en matière politique, mais seulement pour les infractions de droit commun ; elle n'est obligatoire que lorsqu'il existe des traités d'extradition, mais elle est toujours facultative pour le gouvernement. L'extradition et le droit d'expulsion n'ont de caractère commun que leur application exclusive aux étrangers et jamais aux nationaux, sauf la disposition de la loi du 14 mars 1872 [n°^{os} 737 6° et 760].

Le droit d'expulsion existait en vertu de l'article 7 de la loi du 28 vendémiaire an VI ; il est aujourd'hui réglementé par les articles suivants de la loi du 3 décembre 1849 sur la naturalisation et le séjour des étrangers en France.

> Le ministre de l'intérieur pourra, par mesure de police, enjoindre à tout étranger voyageant ou résidant en France de sortir immédiatement du territoire français et de le faire conduire à la frontière. Il aura le même droit à l'égard de l'étranger qui aura obtenu l'autorisation d'établir son domicile en France ; mais, après un délai de deux mois, la mesure cessera d'avoir effet, si l'autorisation n'a pas été révoquée suivant la forme indiquée dans l'article 3. Dans les départements frontières, le préfet aura le même droit à l'égard de l'étranger non résidant, à la charge d'en référer immédiatement au ministre de l'intérieur (art. 7). — Tout étranger qui se serait soustrait à l'exécution des mesures énoncées en l'article précédent ou dans l'article 272 du Code pénal, ou qui, après être sorti de France par suite de ces mesures, y serait rentré sans la permission du gouvernement, sera traduit devant les tribunaux et condamné à un emprisonnement d'un mois à six mois. Après l'expiration de sa peine, il sera conduit à la frontière (art. 8). — Tant que la naturalisation n'aura pas été prononcée [*voir* n° 563], l'autorisation accordée à l'étranger d'établir son domicile en France pourra toujours être révoquée ou modifiée par décision du gouvernement, qui devra prendre l'avis du conseil d'État (art. 3).

739. Le principe de la liberté individuelle produit dans le droit administratif, le droit pénal et le droit civil, de notables conséquences dont quelques-unes doivent être signalées.

1° L'*inviolabilité du domicile*, réglementée par le texte en vigueur de l'article 76 de la Constitution du 22 frimaire an VIII, auquel il n'est fait exception que par l'article 10 de la loi du 9 août 1849 sur l'état de siège. Le décret réglementaire sur la gendarmerie

---

[1] *Voir* n° 654 *note*, et notre brochure intitulée : *Théorie de l'extradition*.

contient une disposition ci-dessous reproduite, qu'a inspirée le respect dû à l'inviolabilité du domicile.

La maison de toute personne habitant le territoire français est un asile inviolable. Pendant le jour on peut y entrer pour un objet spécial, déterminé par une loi ou par un ordre émané d'une autorité publique. Pendant la nuit, nul n'a le droit d'y entrer que dans le cas d'incendie, d'inondation ou de réclamation faite de l'intérieur de la maison (Constitution de l'an VIII, art. 76).— Lorsqu'il y a lieu de supposer qu'un individu déjà frappé d'un mandat d'arrestation ou prévenu d'un crime ou délit pour lequel il n'y aurait pas encore de mandat décerné, s'est réfugié dans la maison d'un particulier, la gendarmerie peut seulement garder à vue cette maison ou l'investir, en attendant les ordres nécessaires pour y pénétrer, ou l'arrivée de l'autorité qui a le droit d'exiger l'ouverture de la maison pour y faire l'arrestation de l'individu réfugié (Décret du 1er mars 1854, *portant règlement sur l'organisation et le service de la gendarmerie*, art. 293).

2° Le *droit à la juridiction de ses juges naturels*, proclamé par l'Assemblée constituante de 1789, consacré par nos lois d'instruction criminelle, ne subit également d'exception qu'au cas d'état de siége, comme cela résultait de la suspension de l'empire de la constitution sous la Constitution de l'an VIII, aux termes du décret du 24 décembre 1811, article 103.

L'ordre constitutionnel des juridictions ne pourra être troublé, ni les justiciables distraits de leurs juges naturels..... (Loi des 16-24 août 1790, *sur l'organisation judiciaire*, titre II, art. 17). — Les citoyens ne peuvent être distraits des juges que la loi leur assigne par aucune commission, ni par d'autres attributions et évocations que celles qui sont déterminées par la loi (Constitution de 1791, titre III, ch. v, art. 4). — Les tribunaux militaires peuvent être saisis de la connaissance des crimes et délits contre la sûreté de l'État, contre la Constitution, contre l'ordre et la paix publique, quelle que soit la qualité des auteurs principaux et complices (Loi du 9 août 1849, *sur l'état de siége*, art. 8).

740. 3° L'*abolition de l'esclavage* sur toute terre française, relativement aux étrangers comme aux nationaux, et la défense de posséder des esclaves en pays étranger, sous peine de perdre la qualité de Français.

Le principe que le sol de la France affranchit l'esclave qui le touche est applicable aux colonies et possessions de la République (Décret-loi du 27 avril 1848, *relatif à l'abolition de l'esclavage dans les colonies françaises*, art. 7). — A l'avenir, même en pays étranger, il est interdit à tout Français de posséder, d'acheter ou de vendre des esclaves, et de participer, soit directement, soit indirectement, à tout trafic ou exploitation de ce genre ; toute infraction à ces dispositions emportera la perte de la qualité de citoyen français. Néanmoins, les Français qui se trouveront atteints par ces prohibitions, au moment de la promulgation du présent décret, auront un délai de trois ans pour s'y conformer. Ceux qui deviendront possesseurs d'esclaves en pays étranger, par héritage, don ou mariage, devront, sous la même peine, les affranchir ou les aliéner dans le même délai, à partir du jour où leur possession aura commencé (Même décret, art. 8). — Le délai que l'article 8 du décret du 27 avril 1848 accorde aux Français établis à l'étranger, pour affranchir ou aliéner les esclaves dont ils sont possesseurs, est fixé à dix ans (Loi du 11 février 1851, art. unique). — L'article 8 du décret du 27 avril 1848 n'est pas applicable aux propriétaires d'esclaves dont la possession est antérieure à ce décret, ou résulterait soit de succession, soit de donation entre vifs ou testamentaire, soit de conventions matrimoniales (Loi du 28 mai 1858, art. unique).

741. 4° L'absence de toute obligation extérieure et civile résultant des *vœux religieux*, perpétuels ou temporaires, contractés par les religieux, et même par les religieuses appartenant aux congrégations autorisées en vertu du décret du 18 février 1809 et de la loi du 24 mai 1825 (Loi du 13 février 1790; lettre du garde des sceaux du 14 mars 1838). — 5° L'interdiction de toute *servitude personnelle* entachée de féodalité et pouvant présenter les caractères des anciennes corvées, du servage ou de la vassalité (D. 4 août 1789; Code rural des 28 septembre-6 octobre 1791, art. 1; Code civil, art. 638 et 1780).

SECTION II. — ÉGALITÉ CIVILE.

742. Origine et qualification du principe d'égalité.
743. Maintien des distinctions purement honorifiques, et prohibition des changements arbitraires de noms.
744. *Conseil du sceau des titres* remplacé en vertu du décret du 10 janvier 1872 par le conseil d'administration du ministère de la justice.
745. Applications du principe de l'égalité devant la loi dans le droit administratif, dans le droit civil et dans le droit criminel.
746. Exception dans les priviléges de juridiction.

742. De tous les principes proclamés par l'Assemblée constituante, c'est celui de l'égalité civile, mieux appelée, à cause de son extension à toutes les parties du droit, *l'égalité légale* ou *l'égalité des citoyens devant la loi*, qui a reçu la réalisation la plus absolue, et l'on a pu dire de la France qu'elle est « de tous les pays de l'Europe celui où il y a le plus d'égalité ». Ce principe est écrit dans l'article 1 de la Déclaration des droits de l'homme et du citoyen du 26 août 1789 : « Les hommes naissent et demeurent » libres et *égaux en droits*; les distinctions sociales ne peuvent

» être fondées que sur l'utilité commune »; et dans l'article 6 :
« La loi doit être la même pour tous, soit qu'elle protége, soit
» qu'elle punisse ». Mais il faut bien se garder de confondre l'égalité civile ou égalité des citoyens devant la loi, avec ce qu'on
appelle l'égalité des conditions[1].

743. L'Assemblée constituante, en détruisant, le 17 juin 1789, l'ancienne division des trois ordres, noblesse, clergé, tiers état, qui formaient jusque-là autant de corps dans l'État, et en abolissant les priviléges dans la nuit du 4 août 1789, réalisait l'égalité, tout en laissant subsister les titres et dénominations nobiliaires. Supprimés plus tard par le décret du 19 juin 1790, rétablis par celui du 1er mars 1808, supprimés de nouveau en 1848, ces titres et dénominations, actuellement reconnus par le décret législatif du 24 janvier 1852, n'emportent aucune prérogative; la loi ne les admet et ne les protége qu'au point de vue de la propriété du nom patronymique. C'est dans ce but que la loi du 28 mai 1858 a remis en vigueur, avec certaines modifications, l'article 259 du Code pénal de 1810, destiné à réprimer les usurpations nobiliaires, lequel avait été abrogé par la loi du 28 avril 1832 portant révision de ce code.

Dans le même ordre d'idées, cette loi protége l'intégrité de l'état civil en cherchant à mettre un terme à la modification arbitraire et illicite des noms de famille, que le décret du 6 fructidor an II ne protégeait plus. Cette loi laisse subsister celle du 11 germinal an XI et l'ordonnance du 25 juin 1828, relatives aux formalités nécessaires pour obtenir du gouvernement les modifications ou changements de noms [voir n° 249].

Sera puni d'une amende de 500 à 10,000 francs, quiconque, sans droit et en vue de s'attribuer une distinction honorifique, aura publiquement pris un titre, changé, altéré ou modifié le nom que lui assignent les actes de l'état civil. Le tribunal ordonnera la mention du jugement en marge, des actes authentiques ou des actes de l'état civil, dans lesquels les titres auront été pris indûment ou le nom altéré. Dans tous les cas prévus par le présent article, le tribunal pourra ordonner l'insertion intégrale ou par extrait du jugement dans les

---

[1] « Ce ne serait pas l'égalité, dit excellemment Rossi (Cours de droit constitutionnel, t. I, p. 249), ce serait l'inégalité au profit des moins actifs, des moins énergiques..... Le pouvoir social ne peut avoir le droit de distribuer d'une manière arbitraire ce qui ne lui appartient pas..... Ainsi l'égalité civile et l'égalité des conditions sont deux idées tout à fait différentes : l'inégalité des conditions est un fait, et, il faut le dire, un fait général qui a toujours existé et qui existe partout à des degrés divers; l'autre est un principe et un droit. »

journaux qu'il désignera : le tout aux frais du condamné (C. P. art. 259 §§ 2 et 3, ajoutés par la loi du 28 mai 1858).

744. Le *conseil du sceau des titres* n'existe plus. Créé par les statuts du 1er mars 1808, rétabli, sous la présidence du ministre de la justice, par décret impérial délibéré en conseil d'État du 8 janvier 1859, complété par celui du 22 du même mois, il devait donner son avis : 1° sur les demandes en collation, confirmation et reconnaissance de titres que le gouvernement renvoie à son examen ; 2° sur les demandes en changement ou addition de noms ayant pour effet d'attribuer une distinction honorifique ; 3° sur les demandes en vérification de titres dont il était permis à toute personne de le saisir. Un décret du 10 janvier 1872 a attribué ces fonctions au conseil d'administration du ministère de la justice. L'article 5 de ce décret dispose que les fonctions de commissaire au sceau de France seront remplies par le secrétaire général du ministère de la justice, sans traitement supplémentaire. Aux termes de l'article 6, les *référendaires aux sceaux* institués par les ordonnances royales du 15 juillet 1814, du 11 décembre 1815 et du 31 octobre 1830, continueront d'être seuls chargés de la poursuite des affaires sur lesquelles le conseil du sceau était appelé à délibérer.

Mais les tribunaux de l'ordre judiciaire ont toujours été seuls compétents pour statuer sur la propriété et la transmission des noms patonymiques, alors même que l'une des parties prétendrait au nom contesté comme constituant une qualification nobiliaire (c. ch. civ. 15 juin 1863, *Hibon c. consorts de Brancas* [*voir* nos 248 et 249]).

745. On trouve l'application du principe de l'égalité des citoyens devant la loi, dans toutes les parties de la législation.

Dans le droit administratif, il se produit par l'égalité, proportionnelle aux facultés imposables, des charges de l'impôt ; par les règles du droit électoral ; par l'égale admissibilité à tous les emplois et dignités ; par l'institution de la décoration nationale de la Légion-d'Honneur, créée pour récompenser tous les services civils ou militaires aux termes de la loi du 29 floréal an X (19 mai 1802) et de la loi votée par l'assemblée nationale le 25 juillet 1873 ; par l'institution des écoles du gouvernement, polytechnique, militaire (L. 13 mars 1875 sur les cadres, art. 28), normale supérieure, navale, forestière ; par l'institution des concours publics de l'enseignement universitaire, et des divers concours qui ouvrent certaines carrières administratives ; par les règles relatives à la composition de l'armée et à l'avancement militaire [n°s 589, 597 et 632].

Le principe d'égalité domine aussi la réglementation de certaines matières soumises avant 1789 au privilége : — Le droit *de port d'armes* qui existe actuellement pour tous, sans être subordonné à aucune autorisation (Avis du conseil d'État du 10 mai 1811 approuvé par décret impérial du 17), pourvu qu'il ne s'agisse d'aucune des armes *prohibées*, dont l'énumération se trouve, dans la déclaration du 23 mars 1728 que maintient le décret du 12 mars 1806, dans le décret du 2 nivôse an XIV pour les fusils et pistolets à vent, dans l'ordonnance du 23 février 1837 pour les pistolets de poche, la décision ministérielle du 29 juin 1858 relative aux revolvers, etc. ; — le droit de chasse et la délivrance par l'autorité administrative, actuellement les sous-préfets (D. 13 avril 1861, art. 6 3°), du *permis de chasse* (L. 3 mai 1844 sur la police de la chasse, et L. 22 janvier 1874 qui modifie les articles 3 et 9 de la précédente) ; — le droit de pêche (L. 15 avril 1829 sur la pêche fluviale ; D. 9 janvier 1852 sur la pêche côtière ; D. 4 juillet 1853 et L. 28 juillet 1860 sur la grande pêche maritime ; D. 10 mai 1862 sur la pêche côtière ; D. 24 septembre 1864 et D. 23 juin 1866 sur la pêche du hareng et du maquereau [*voir* n° 642] ; L. 31 mai 1865 sur la pêche ; D. 10 août 1875 [n° 422]).

Dans le droit civil, c'est le principe de l'égalité qui préside à l'organisation de la famille française, par l'abolition du *droit d'aînesse*, comprenant les droits de primogéniture et de masculinité, par tout le titre des successions au Code civil, par l'article 896 prohibitif des substitutions fidéicommissaires, et par l'abolition des majorats prononcée par les lois du 12 mai 1835 et du 7 mai 1849. Nous disions dans nos premières éditions que l'article 1781 du Code civil portait à l'égalité devant la loi une atteinte aujourd'hui injustifiable ; une loi du 2 août 1868 en a prononcé l'abrogation.

Dans le droit criminel, le Code pénal réalise la règle de la Constitution de 1791, que « les mêmes délits seront punis des mêmes » peines, sans aucune distinction de personnes » ; et le Code d'instruction criminelle soumet tous les inculpés aux mêmes formes de procédure et aux mêmes juridictions.

746. Toutefois, dans l'intérêt de certaines fonctions, le législateur a conservé quelques *priviléges de juridiction*, écrits : 1° dans l'article 479 du Code d'instruction criminelle, qui investit la cour

d'appel, chambre civile, du droit de juger en premier et en dernier ressort les délits de police correctionnelle commis par les juges de paix, juges des tribunaux de première instance et officiers du ministère public près ces tribunaux, etc.; 2° dans l'article 10 de la loi du 20 avril 1810 sur l'organisation judiciaire, qui attribue également à la première chambre civile des cours d'appel une compétence *ratione dignitatis*, en ce qui concerne les personnages qu'elle énumère. Il faut remarquer que, d'après l'article 479 du Code d'instruction criminelle, au cas de cet article, comme au cas de l'article 10 de la loi de 1810, la première chambre d'une cour jugeant correctionnellement ne peut être saisie par la citation directe de la partie civile, et qu'au procureur général seul appartient le droit de saisir cette juridiction; que son action tient à l'ordre public, et que la nullité de la poursuite peut être invoquée pour la première fois devant la cour de cassation; qu'enfin le décret-loi du 19 septembre 1870, qui a prononcé l'abrogation de l'article 75 de la Constitution du 22 frimaire de l'an VIII, n'a point abrogé ces dispositions, qui ne peuvent être considérées comme constituant une entrave aux poursuites (c. ch. crim. 10 février 1872, *Engelhard*; 5 novembre 1874, *proc. gén. de Bastia*; 24 décembre 1874, *Parent* [voir aussi n°s 670 et 694]).

<small>Lorsque de grands officiers de la Légion-d'Honneur, des généraux commandant une division ou un département, des archevêques, des évêques, des présidents de consistoire, des membres de la cour de cassation, de la cour des comptes et des cours impériales, et des préfets, seront prévenus de délits de police correctionnelle, les cours impériales en connaîtront de la manière prescrite par l'article 479 du Code d'instruction criminelle (Loi du 20 avril 1810, *sur l'organisation de l'ordre judiciaire et l'administration de la justice*, art. 10).</small>

747. Les Constitutions qui avaient organisé de *hautes cours de justice*, et les Chartes de 1814 et 1830 qui avaient investi de cette attribution la chambre des pairs, leur avaient donné, avec leur compétence *ratione materiæ* pour connaître des attentats commis contre la sûreté de l'État, une compétence *ratione personæ*, consacrant un véritable privilége de juridiction. L'article 9 de la loi constitutionnelle du 24 février 1875, en disant que « le Sénat peut être » constitué en cour de justice pour juger soit le président de la » République, soit les ministres », ne leur confère pas le droit de se prévaloir de cette disposition purement facultative, pour décliner la compétence des juridictions de droit commun.

SECTION III. — Droit de réunion et d'association.

748. Historique; définitions; assimilation des associations et des réunions publiques par le décret-loi du 25 mars 1852.
749. Trois règles communes d'après la législation de 1852.
750. Des autorités compétentes pour autoriser.
751. Application de la loi sur les associations aux sociétés de bienfaisance.
752. Exception relative aux associations formées dans un dessein d'enseignement supérieur.
753. Loi du 6 juin 1868 sur les réunions publiques.
754. Quatre sortes de réunions publiques d'après cette loi.
755. Droit de réunion substitué sous certaines conditions à la nécessité d'une autorisation pour les réunions non politiques ni religieuses.
756. Réunions électorales.
757. Conditions et réglementation du droit.
758. Réunions pour l'élection des sénateurs.
759. Projets de loi proposés en 1871 et 1872 par l'initiative de députés.
760. Loi du 14 mars 1872 relative à l'*Internationale* et autres associations menaçant les principes sociaux.
761. Lois prohibitives des attroupements sur la voie publique.

748. De tous les principes de droit public proclamés en 1789, il n'en est pas qui présente le droit individuel plus intimement lié à un système de réglementation restrictive, jugé nécessaire par tous les gouvernements, que le droit de réunion et d'association; ceux-là mêmes qui avaient tenté d'établir sur des bases plus larges l'exercice de ce droit se sont vus contraints, dans l'intérêt de l'ordre public, de le faire rentrer dans de plus étroites limites. L'Assemblée constituante avait le sentiment de la nécessité de cette réglementation, lorsqu'elle écrivait dans l'acte constitutionnel du 3 septembre 1791 : « La Constitution garantit, comme droit naturel ou » civil, la liberté aux citoyens de s'assembler *paisiblement* et sans » armes, en *satisfaisant aux lois de police* ». Mais l'abus du droit et l'impuissance des mesures de police marquèrent les mauvais jours de la révolution française.

La *réunion* et l'*association* diffèrent, en ce que la première est le concours accidentel de plusieurs personnes dans le même lieu, et la seconde ce concours permanent et à époques fixes ; aussi l'association a-t-elle été l'objet d'une réglementation plus rigoureuse, d'abord par le Code pénal (art. 291, 292 et 294), et plus tard par la loi du 10 avril 1834, qui l'a complétée en obviant à l'insuffisance de ses dispositions. Le décret législatif du 25 mars 1852, en appliquant ces textes à l'exercice public du droit de réunion, avait prononcé l'assimilation légale de l'association et de la réunion.

La loi sur les réunions publiques du 6 juin 1868 rétablit la distinction, en élargissant l'application du droit de réunion et en laissant subsister la législation restrictive en matière d'association. Un décret du gouvernement de la défense nationale du 22 janvier 1871 avait prononcé dans Paris la suppression des clubs jusqu'à la fin du siége; l'insurrection communale et le maintien de l'état de siége qui en a été la conséquence nécessaire, ont prorogé cette interdiction.

749. Trois règles communes aux réunions publiques et aux associations résumaient l'ensemble de la législation de 1852 : — 1° interdiction absolue des associations politiques, secrètes ou non (L. 28 juillet 1848, art. 13 ; D. 8 décembre 1851), et des clubs ou réunions publiques politiques (L. 19 juin 1849 ; D. 25 mars 1852); — 2° liberté de toutes autres associations et de toutes autres réunions publiques, pourvu qu'elles soient composées de moins de vingt membres [*voir* la législation spéciale aux congrégations religieuses n°s 1537 à 1548, aux sociétés de secours mutuels n°s 1588 à 1593] ; — 3° nécessité d'une autorisation préalable pour toutes associations et pour toutes réunions publiques de plus de vingt membres, quel que soit leur objet, religieux, économique, scientifique, littéraire, ou même électoral (Paris, 7 décembre 1864, et c. c. ch. crim. 11 février 1865, *procès des treize*, S. 65, 1, 145 ; ch. crim. 4 février 1865, *Barthélemy et autres*, S. 65, 1, 149). La prohibition, dans ce cas de réunion de plus de vingt personnes, ne cessait, en ce qui concerne, non les associations, mais les réunions, que lorsque, au lieu d'être publiques, c'est-à-dire ouvertes à tous, elles ne l'étaient qu'à certaines personnes déterminées : telles sont les réunions dans les maisons particulières sur invitations ou convocations personnelles, et aussi les réunions d'actionnaires des compagnies industrielles, établissements de crédit, sociétés commerciales ou civiles, convoqués par la voie de la presse, dans des salles quelconques, avec ou sans désignations nominatives.

Nulle association de plus de vingt personnes, dont le but sera de se réunir tous les jours ou à certains jours marqués pour s'occuper d'objets religieux, littéraires, politiques ou autres, ne pourra se former qu'avec l'agrément du *gouvernement* et sous les conditions qu'il plaira à l'autorité publique d'imposer à la société. Dans le nombre des personnes indiquées par le présent article ne sont pas comprises celles domiciliées dans la maison où l'association se réunit (Code pénal, art. 291). — Les dispositions de l'article 291 du Code pénal sont applicables aux associations de plus de vingt personnes, alors même que ces associations seraient partagées en sections d'un nombre moindre et qu'elles ne se réuniraient pas tous les jours ou à des jours marqués. L'autorisation du *gouvernement* sera toujours révocable (Loi du 10 avril 1834, art. 1). — Tout individu qui, sans la permission de l'*autorité municipale*, aura accordé ou consenti l'usage de sa maison ou de son appartement, en tout ou partie, pour la réunion des membres d'une association même autorisée, ou pour l'exercice d'un culte, sera puni d'une amende de seize francs à deux cents francs (C. P. art. 294). — Les articles 291, 292, 294 du Code pénal, et les articles 1, 2 et 3 de la loi du 10 avril 1834, seront applicables aux réunions publiques, de quelque nature qu'elles soient (Décret du 25 mars 1852, art. 2). — Les objets de police confiés à la vigilance et à l'autorité des corps municipaux sont... 3° le maintien du bon ordre dans les endroits où il se fait de grands rassemblements d'hommes, tels que les foires, marchés, réjouissances et cérémonies publiques, spectacles, jeux, cafés, églises et *autres lieux publics* (Loi des 16-24 août 1790, titre XI, art. 3 [n° 203]).

750. Il résulte des textes qui viennent d'être reproduits, que le troisième point d'assimilation signalé au numéro précédent laissait subsister, seulement au point de vue de l'autorité compétente pour autoriser, une certaine différence entre l'association et la réunion publique. L'association ne peut se former qu'avec l'agrément du *gouvernement*, aux termes de l'article 291 C. p. et de l'article 1 de la loi de 1834 ; ces textes ayant été rendus applicables aux réunions publiques par le décret de 1852, on pouvait s'adresser directement au gouvernement, ou au préfet qui le représente, pour faire autoriser ces réunions. Mais l'autorité municipale pouvait également accorder l'autorisation nécessaire : son droit résulte formellement de l'article 294 du Code pénal que maintenait le décret de 1852 ; il résulte aussi, d'une manière plus générale, de la loi des 16-24 août 1790, qui étend la surveillance de la police municipale sur tous les lieux publics. C'est ainsi que le maire pouvait autoriser des réunions électorales et celles qui auraient pour but l'exercice exceptionnel d'un culte hors des édifices consacrés, sauf la disposition des articles 2 et 3 § 2 du décret du 19 mars 1859 [n° 605]. L'article 7 de la loi de 1868 maintient les droits qui appartiennent aux maires en vertu des lois existantes.

751. L'exposé et les textes ci-dessus démontrent que la réglementation légale du droit d'association est manifestement applicable aux sociétés de bienfaisance, comprises dans les définitions de l'article 291 du Code pénal et de l'article 1 de la loi du 10 avril 1834 ; et nul texte de loi n'y a dérogé en ce qui concerne ces associations. Si la charité privée est digne de tous les encouragements

du législateur, l'intérêt qui s'y attache ne pouvait toutefois soustraire au droit commun les associations qui se forment dans le but de l'exercer; la loi ne pouvait, sans danger pour l'ordre public, admettre une exception dont l'effet eût été de paralyser l'action du gouvernement, incontestablement intéressé à ce que nulle association ne puisse, s'écartant de son but apparent et avoué, dégénérer en société politique et devenir une occasion de trouble pour la paix publique. Une circulaire ministérielle du 16 octobre 1861 a fait aux associations de bienfaisance l'application de ces textes et de ces principes. A plus forte raison s'appliquent-ils en toute autre matière, même d'enseignement, à moins d'exception formellement écrite dans la loi.

752. Une disposition législative formelle est venue déroger à ces règles au profit des seules associations formées, aux termes de la loi du 12 juillet 1875 [n°ˢ 468, 469, 1579 et 1580], dans un dessein d'enseignement supérieur.

L'article 291 du Code pénal n'est pas applicable aux associations formées pour créer et entretenir des cours ou établissements d'enseignement supérieur dans les conditions déterminées par la présente loi. Il devra être fait une déclaration indiquant les noms, professions et domiciles des fondateurs et administrateurs desdites associations, le lieu de leurs réunions et les statuts qui doivent les régir. Cette déclaration devra être faite, savoir : 1° au recteur ou à l'inspecteur d'académie, qui la transmettra au recteur ; 2° dans le département de la Seine, au préfet de police, et, dans les autres départements, au préfet ; 3° au procureur général de la cour du ressort, en son parquet, ou au parquet du procureur de la République. La liste complète des associés, avec indication de leur domicile, devra se trouver au siège de l'association et être communiquée au parquet à toute réquisition du procureur général (L. 12 juillet 1875, *relative à la liberté de l'enseignement supérieur*, art. 10).

753. La loi *sur les réunions publiques* du 6 juin 1868 laisse entièrement subsister la législation antérieure sur les *associations*; elle est exclusivement relative aux réunions publiques, et s'éloigne de l'assimilation créée par le décret de 1852.

Toutefois la loi de 1868 ne détruit pas entièrement cette assimilation; elle maintient la nécessité d'une autorisation lorsqu'il y a plus de vingt membres, aussi bien pour les réunions publiques que pour les associations qui ont un objet, soit religieux, soit politique, sauf pour les réunions électorales politiques [n° 756]. Mais, en ce qui concerne toutes autres réunions publiques, la nécessité d'une autorisation est supprimée par la loi du 6 juin 1868, qui laisse au contraire subsister l'interdiction relative à toutes les associations non autorisées.

Loi du 6 juin 1868 sur les réunions publiques. — Titre I. *Des réunions publiques non politiques.* — Art. 1. Les réunions publiques peuvent avoir lieu sans autorisation préalable, sous les conditions prescrites par les articles suivants. Toutefois, les réunions publiques ayant pour objet de traiter de matières politiques ou religieuses continuent à être soumises à cette autorisation. — Art. 2. Chaque réunion doit être précédée d'une déclaration signée par sept personnes domiciliées dans la commune où elle doit avoir lieu, et jouissant de leurs droits civils et politiques. Cette déclaration indique les noms, qualités et domiciles des déclarants, le local, le jour et l'heure de la séance, ainsi que l'objet spécial et déterminé de la réunion. Elle est remise, à Paris, au préfet de police; dans les départements, au préfet ou au sous-préfet. Il en est donné immédiatement un récépissé, qui doit être représenté à toute réquisition des agents de l'autorité. La réunion ne peut avoir lieu que trois jours francs après la délivrance du récépissé. — Art. 3. Une réunion ne peut être tenue que dans un local clos et couvert. Elle ne peut se prolonger au-delà de l'heure fixée par l'autorité compétente pour la fermeture des lieux publics. — Art. 4. Chaque réunion doit avoir un bureau composé d'un président et de deux assesseurs au moins, qui sont chargés de maintenir l'ordre dans l'assemblée et d'empêcher toute infraction aux lois. Les membres du bureau ne doivent tolérer la discussion d'aucune question étrangère à l'objet de la réunion. — Art. 5. Un fonctionnaire de l'ordre judiciaire ou administratif, délégué par l'administration, peut assister à la séance. Il doit être revêtu de ses insignes et prend une place à son choix. — Art. 6. Le fonctionnaire qui assiste à la réunion a le droit d'en prononcer la dissolution : 1° si le bureau, bien qu'averti, laisse mettre en discussion des questions étrangères à l'objet de la réunion ; 2° si la réunion devient tumultueuse. Les personnes réunies sont tenues de se séparer à la première réquisition. Le délégué dresse procès-verbal des faits et le transmet à l'autorité compétente. — Art. 7. Il n'est pas dérogé par les articles 5 et 6 aux droits qui appartiennent aux maires en vertu des lois existantes. — Titre II. *Des réunions publiques électorales.* — Art. 8. Des réunions électorales peuvent être tenues à partir de la promulgation du décret de convocation d'un collège pour l'élection d'un député au Corps législatif, jusqu'au cinquième jour avant celui fixé pour l'ouverture du scrutin. Ne peuvent assister à cette réunion que les électeurs de la circonscription électorale et les candidats . . . . . . Ils doivent, pour y être admis, faire connaître leurs nom, qualité et domicile. La réunion ne peut avoir lieu qu'un jour franc après la délivrance du récépissé, qui doit suivre immédiatement la déclaration. Toutes les autres prescriptions des articles 2, 3, 4, 5 et 6 sont applicables aux réunions électorales. — Titre III. *Dispositions générales.* — Art. 9. Toute infraction aux prescriptions des articles 2, 3 et 4 et des paragraphes 1, 2 et 4 de l'article 8 constitue une contravention punie d'une amende de 100 fr. à 3,000 fr. et d'un emprisonnement de six jours à six mois. Sont passibles de ces peines : 1° ceux qui ont fait une déclaration ne remplissant pas les conditions prescrites par l'article 2, si cette déclaration a été suivie d'une réunion ; 2° ceux qui ont prêté ou loué le local pour une réunion, si la déclaration n'a pas été faite, ou si le local n'est pas conforme aux prescriptions de l'article 3 ; 3° les membres du bureau ou, si aucun bureau n'a été formé, les organisateurs de la réunion, en cas d'infraction aux articles 2, 3; 4 et 8 §§ 1 et 4; 4° ceux qui se sont introduits dans une réunion électorale en contravention au deuxième paragraphe de l'article 8, sans préjudice des poursuites qui peuvent être exercées pour tous crimes ou délits commis dans ces réunions publiques et de l'application des dispositions pénales relatives aux associations ou réunions non autorisées. — Art. 10. Tout membre du bureau ou de l'assemblée qui n'obéit pas à la réquisition faite à la réunion par le représentant de l'autorité d'avoir à se disperser, est puni d'une amende de 300 fr. à 6,000 fr. et d'un emprisonnement de quinze jours à un an, sans préjudice des peines portées par le Code pénal pour résistance, désobéissance et autres manquements.

754. On peut, dans ce système de la loi du 6 juin 1868, distinguer quatre catégories de réunions : 1° les réunions particulières, c'est-à-dire non publiques, qui restent absolument libres de toute autorisation et de toute mesure préventive pouvant entraver leur marche ; 2° les réunions publiques ayant pour objet de traiter des matières politiques ou religieuses, qui sont soumises au système préventif, c'est-à-dire à la nécessité d'une autorisation ; 3° toutes autres réunions publiques, quel que soit le nombre de leurs membres, qui peuvent avoir lieu sans autorisation préalable, en tout temps, sous les conditions prescrites par la loi ; 4° les réunions publiques électorales, également dispensées de l'autorisation, mais pendant un temps limité et à des conditions déterminées.

C'est en ce qui concerne ces deux dernières sortes de réunions que la loi de 1868 a modifié la législation de 1852.

755. La disposition de l'article 1 de la loi du 6 juin 1868, en permettant les réunions publiques (moins les réunions politiques et religieuses), se proposait de servir principalement aux réunions publiques ayant pour objet de traiter des questions économiques. Le ministre de l'intérieur, dans la séance du 19 mars, a rattaché la loi du 6 juin 1868 à la loi du 25 mai 1864 sur les coalitions, qui permet aux ouvriers et aux patrons de discuter les conditions du travail [n° 789], et à la loi du 24 juillet 1867 sur les sociétés, qui règle les associations coopératives : « La loi des réunions, au point de » vue économique, n'est, a dit le ministre, que la sanction de cette » loi des coalitions et de cette loi des sociétés ». Le rapport de la commission législative avait inspiré à divers députés la crainte qu'au nombre des questions politiques interdites, on pût ranger les questions d'*économie sociale ;* elle a été formellement dissipée par les explications données dans la séance du 15 mars par le ministre d'État, disant que ces mots ont été rayés du projet primitif

par le gouvernement lui-même comme étant trop compréhensifs [1]. Pour ces réunions, pour les réunions littéraires, scientifiques, et toutes autres non politiques ni religieuses, le droit de se produire, sous les conditions déterminées par la loi et à charge de poursuite devant les tribunaux en cas de contravention, est substitué à la nécessité de l'autorisation administrative préalable ; c'est le système répressif substitué au système préventif.

756. Il en est de même des réunions publiques *électorales*, sauf qu'en ce qui les concerne, le droit est restreint, par l'article 8, au point de vue du temps de son exercice et au point de vue des personnes qui, électeurs ou éligibles de la circonscription, peuvent faire partie de la réunion.

Si l'article 1 a surtout une réelle importance économique, cet article 8 résume, au contraire, l'intérêt politique de la loi, comme se rattachant au fonctionnement du droit de suffrage [n°s 545 à 565].

Sans cette disposition expresse, les questions politiques et reli-

___

[1] M. Rouher, ministre d'État, ajoute ensuite : « Est-ce à dire que le mot « politique » ne comprend pas certaines doctrines qui sont pour ainsi dire communes à la politique et à l'économie sociale ? Je ne le nie pas ; je crois que c'est discuter une grande question politique que de discuter l'organisation de la famille dans ses éléments intimes ; je crois que c'est aborder une grande question politique que de mettre en échec le principe même de la propriété ; oui, nous sommes d'accord avec le rapport sous ce point de vue ; il y a là des questions politiques qui ne doivent pas être traitées dans les réunions publiques. Mais toutes les questions industrielles, mais toutes les questions commerciales, toutes les questions de salaires, toutes les questions, en un mot, moins les questions politiques, que j'ai définies, pourront y être discutées ».— Puis, répondant aux explications demandées par un membre de la Chambre, M. Jules Favre, qui sollicitait l'extension la plus complète de ce droit dangereux, et, après avoir dit, avec l'assentiment du rapporteur de la commission législative, qu'il n'entendait exclure par le mot « d'organisation du travail » que la thèse professée en 1848 au Luxembourg sous le nom de *droit au travail*, le ministre ajoute : « Nous ne l'appliquerons, à aucun degré, à la discussion des rapports entre le patron et l'ouvrier ; nous ne l'appliquerons, à aucun degré, aux questions de bienfaisance dont on a parlé ; nous ne l'appliquerons pas à la question de l'interdiction de la mendicité, ni même à la question des subsistances, à moins que, dans un moment donné, cette question ne puisse devenir dangereuse pour la sécurité publique. Oui, on peut discuter tous ces sujets ; mais, je le répète, les questions de subsistances, dans les temps de famine, sont si voisines de l'agitation et de l'émeute, que l'article 13 du projet de loi qui vous est soumis pourrait trouver naturellement son application (Marques d'assentiment) ». — (*Moniteur* du 15 mars 1868, page 390.)

gieuses exerçant une influence considérable sur la solution électorale, les réunions de cette catégorie eussent été interdites par l'article 1, et, de ce chef, l'article 8 déroge aux interdictions du § 2 de l'article 1. Mais il résulte du texte même que cette dérogation n'est écrite que pour les élections législatives ou politiques ; des propositions faites depuis, pour étendre cette disposition aux élections communales et départementales, ont été rejetées avec raison par l'assemblée nationale.

757. Les réunions publiques électorales, comme les autres réunions dispensées de l'autorisation par l'article 1 de la loi, sont soumises à un système de garanties et de surveillance, consistant dans la remise aux préfets ou sous-préfets d'une déclaration faite par sept personnes domiciliées dans la commune où la réunion doit avoir lieu, le choix d'un local clos et couvert, l'organisation d'un bureau, la présence facultative d'un fonctionnaire de l'ordre administratif ou judiciaire ayant le droit de dissoudre la réunion dans les cas déterminés par l'article 6, un système répressif établi par les articles 9 à 12, et surtout par le droit que l'article 13 de la loi, constituant une de ses dispositions essentielles, confère au préfet d'ajourner et au ministre de l'intérieur d'interdire « toute réunion » qui leur paraît de nature à troubler l'ordre ou à compromettre » la sécurité publique ».

758. La loi organique du 2 août 1875 sur les élections des sénateurs [n° 565], sous des conditions déterminées par son article 16, a appliqué à ces élections la loi de 1868.

Les réunions électorales pour la nomination des sénateurs pourront avoir lieu en se conformant aux règles tracées par la loi du 6 juin 1868, sauf les modifications suivantes. 1° Ces réunions pourront être tenues depuis le jour de la nomination des délégués jusqu'au jour du vote inclusivement. 2° Elles doivent être précédées d'une déclaration faite la veille, au plus tard, par sept électeurs sénatoriaux de l'arrondissement et indiquant le local, le jour et l'heure où la réunion doit avoir lieu et les noms, professions et domiciles des candidats qui s'y présenteront. 3° L'autorité municipale veillera à ce que nul ne s'introduise dans la réunion s'il n'est député, conseiller général, conseiller d'arrondissement, délégué ou candidat. Le délégué justifiera de sa qualité par un certificat du maire de sa commune, le candidat par un certificat du fonctionnaire qui aura reçu la déclaration mentionnée au paragraphe précédent (Loi organique du 2 août 1875, *sur les élections des sénateurs*, art. 16).

759. En 1871 et 1872, l'assemblée nationale a été saisie de nombreuses propositions ayant pour objet le remaniement de la légis-

lation sur le droit de réunion et d'association ; elles émanaient non de l'initiative du gouvernement, mais de celle de divers députés. Aucune d'elles n'a abouti jusqu'à ce jour. Y a-t-il lieu de le regretter dans l'intérêt du repos de notre pays ? Y a-t-il lieu de souhaiter des modifications à cette législation dans le sens de l'extension d'un tel droit ?

760. Sans attendre cette révision éventuelle de la législation sur le droit de réunion et d'association, une loi du 14 mars 1872 a disposé, avec une sanction pénale justement sévère (art. 2 à 6), et publicité dans toutes les communes (art. 7), que « toute association
» internationale qui, sous quelque dénomination que ce soit, et
» notamment sous celle d'association internationale des travail-
» leurs, aura pour but de provoquer à la suspension du travail, à
» l'abolition du droit de propriété, de la famille, de la patrie, de
» la religion ou du libre exercice des cultes, constituera, par le
» seul fait de son existence et de ses ramifications sur le territoire
» français, un attentat contre la paix publique (art. 1) ». Cette loi, intitulée *loi relative à l'association internationale des travailleurs*, est destinée à sauvegarder les grands intérêts et les principes sociaux menacés par les associations de cette nature. L'action de cette société dans l'insurrection de la *Commune de Paris* et ses criminels excès, avait été telle, que M. Jules Favre, alors ministre des affaires étrangères, avait adressé à tous les agents diplomatiques de la France, une circulaire dans laquelle on lit notamment ces paroles, rappelées à la tribune dans la discussion de la loi, qui l'expliquent et la justifient : « L'Internationale est une société de
» guerre et de haine ; elle a pour base : l'athéisme et le commu-
» nisme ; pour but : la destruction du capital, l'anéantissement de
» ceux qui possèdent ; pour moyen : la force brutale du grand
» nombre qui écrasera tout ce qui essaiera de résister. L'Europe
» est en face d'une œuvre de destruction systématique, dirigée
» contre chacune des nations qui la composent et contre les prin-
» cipes sur lesquels reposent toutes les civilisations ».

Pour constituer le délit de concours au développement de cette association internationale, par la propagation d'une de ses circulaires, par exemple, en la reproduisant dans un journal, délit prévu par l'article 3 de cette loi du 14 mars 1872, il faut la réunion de deux éléments essentiels : 1° la volonté de concourir au développement de cette société ; 2° le fait extérieur de propagation (Agen, 21 février 1873, et c. c. ch. crim. 16 mai 1873, journal *l'Union du Sud-Ouest* ; autre arrêt du même jour de la chambre criminelle cassant un arrêt en sens contraire de la cour de Paris du 15 mars 1873, *Gazette de France*).

Il y a constatation suffisante de l'intention coupable dans la déclaration faite par l'arrêt : « que les opinions émises et propagées habituellement par le journal prouvent que c'est intentionnellement qu'il a publié une lettre, et qu'il a ajouté l'adresse du conseil fédéral, adresse que ses relations avec ceux qui le composent ont pu seules lui procurer (c. c. ch. crim. 21 juin 1873, journal *le Corsaire*).

761. A la réglementation du droit de réunion, se rattache la législation relative aux *attroupements* ; ces rassemblements de citoyens sur la voie publique pouvant être un obstacle à la circulation, un motif d'inquiétude pour la population, un danger pour la sécurité générale, réclamaient des règles particulières ; c'est ce qu'avait compris, dès les premiers mois de son existence, l'Assemblée constituante en proclamant la loi martiale du 21 octobre 1789. La législation actuelle se trouve dans la loi du 7 juin 1848, dont l'article 1 pose le principe en ces termes : « Tout attroupement » armé formé sur la voie publique est interdit. Est également » interdit sur la voie publique tout attroupement non armé qui » pourrait troubler la tranquillité publique ». Les maires et adjoints, et, à leur défaut seulement, le commissaire de police ou tout autre agent du pouvoir exécutif, sont chargés de disperser l'attroupement, avec faculté d'employer la force après deux sommations si l'attroupement est armé, après trois sommations dans le cas contraire. De cette loi, combinée avec celle, toujours en vigueur, du 27 juillet 1791 relative à la réquisition et à l'action de la force publique contre les attroupements, il résulte que la force armée, même commandée par un officier supérieur, n'a pas le droit par elle-même de disperser un attroupement ; elle ne doit agir que sur les réquisitions de l'autorité civile. [*Voir*, n°ˢ 1482 et 1483, la loi du 10 vendémiaire de l'an IV sur la police intérieure des communes].

SECTION IV. — LIBERTÉ DE LA PRESSE.

762. Formule du principe par les lois de 1789 et 1791.
763. Distinction fondamentale entre la presse non périodique et la presse périodique ; législation de 1819.

764. Régime de la presse non périodique.
765. Exceptions au droit commun.
766. Historique et vicissitudes du régime de la presse périodique depuis 1800.
767. Régime de la presse périodique d'après la législation de 1852.
768. Nouveau régime de la presse périodique depuis 1868.
769. Loi du 11 mai 1868 dans ses parties non abrogées.
770. Suite ; articles en vigueur.
771. Loi du 21 juillet 1870 relative aux mouvements de troupes.
772. Historique et législation relative au cautionnement des journaux et des publications périodiques.
773. Décret législatif du 5 septembre 1870, portant abolition du timbre.
774. Loi du 15 avril 1871 relative aux juridictions en matière de délits de presse, et à la preuve des faits diffamatoires relatifs aux fonctions publiques.
775. Questions relatives à la détermination des fonctions publiques et des faits y relatifs.
776. Autres conséquences pratiques de ces lois, et loi du 12 février 1872.
777. Dérogations aux lois sur la presse, résultant de l'état de siège.
778. Analyse de la loi du 29 décembre 1875 relative à la répression des délits de presse et à la levée de l'état de siège.
779. Texte des dispositions du titre II de cette loi.
780. Réglementation des professions d'imprimeur et de libraire jusqu'en 1870.
781. Question de la liberté de l'imprimerie et de la librairie posée en 1868 et réservée à cause de la question d'indemnité.
782. Décret législatif du 10 septembre 1870 et ses effets.
783. Loi du 27 juillet 1849 sur le colportage, art. 6. ; loi du 29 décembre 1875, art. 2 et 3.
784. Loi du 10 décembre 1830 sur l'affichage ; affiches politiques.
785. Affiches non politiques ; droits de la police municipale.
786. Afficheurs, crieurs, vendeurs sur la voie publique.

762. Le principe de l'ancien régime en matière de presse, écrit dans l'arrêt du conseil du 23 février 1723, étendu de Paris aux provinces à la date du 24 mars 1734, consistait dans l'interdiction d'imprimer aucun écrit, livre ou journal, sans l'autorisation préalable de censeurs délégués par le chancelier et procédant au nom du roi. L'Assemblée constituante proclama la liberté de la presse dans le texte suivant : « La libre communication des pensées et des
» opinions est un des droits les plus précieux de l'homme ; tout
» citoyen peut donc parler, écrire, imprimer librement, sauf à
» répondre de l'abus de cette liberté dans les cas déterminés par
» la loi (Déclaration des droits de l'homme et du citoyen du 26 août
1789, art. 11) » ; et dans cet autre texte : « La Constitution garantit
» comme droit naturel et civil la liberté à tout homme de parler,
» d'écrire, d'imprimer et publier ses pensées, sans que ses écrits
» puissent être soumis à aucune censure ni inspection avant leur

» publication (Constitution du 3 septembre 1791) ». Les abus et les excès du droit pendant les années qui ont suivi produisirent la réaction, et l'Empire rétablit la censure, organisée par le décret du 5 février 1810 ; elle a été réglée par la Restauration dans la loi du 21 octobre 1814, dite *loi relative à la liberté de la presse* [n⁰ˢ 766 et 772]; depuis 1824, la censure a disparu.

763. La législation administrative en cette matière a pour base une distinction fondamentale, introduite par la loi du 9 juin 1849, entre deux ordres distincts de publications : 1° les livres et brochures de quelque nature qu'ils soient, formant la *presse non périodique*, qui a toujours été en possession plus entière du principe de liberté proclamé en 1789 ; 2° les journaux et revues paraissant, soit à jour fixe, soit par livraisons et irrégulièrement, qui forment la *presse périodique*, toujours soumise à un régime de restrictions plus ou moins importantes, suivant les époques et le courant des idées politiques ; est périodique toute feuille qui paraît régulièrement ou irrégulièrement, mais plus d'une fois par mois.

764. Tout individu peut faire imprimer et publier un livre ou une brochure sur le sujet de son choix ; son droit n'est limité que par les condamnations judiciaires qu'il encourt lorsque ses écrits contiennent des crimes ou délits prévus par la loi pénale : telle est la règle constitutive de la liberté de la presse non périodique. L'impression et la publication de ces ouvrages sont toutefois soumises à l'accomplissement de certaines formalités de police administrative, qui ont seulement pour objet de mettre l'administration et la justice à même, en cas d'infraction, de poursuivre devant les tribunaux l'écrivain, qui ne relève que d'eux dans l'exercice de son droit. Ces formalités, au nombre de six, sont exigées, les quatre premières s'appliquant à toutes sortes d'ouvrages, par la loi du 21 octobre 1814 sur la presse (art. 14, 15, 16 et 17), les deux autres, ne s'appliquant qu'à certaines brochures, par la loi du 27 juillet 1849 sur la presse (art. 7). Elles sont directement imposées à l'imprimeur, seul responsable de leur inaccomplissement devant les tribunaux de police correctionnelle, sans que la responsabilité de l'auteur soit aucunement engagée.

Ces six formalités sont : 1° déclaration préalable du livre à imprimer, au ministère de l'intérieur à Paris, au secrétariat général de la préfecture dans les départements; 2° dépôt aux mêmes lieux, et avant toute mise en vente ou distribution, de deux exemplaires;

3° indication du nom et de la demeure de l'imprimeur sur tout exemplaire ; 4° inscription du titre de l'ouvrage sur un registre coté et paraphé par le maire ; 5° dépôt au parquet du tribunal du lieu de l'impression, vingt-quatre heures avant la publication, d'un exemplaire de tout écrit traitant de matières politiques ou d'économie sociale, et ayant moins de dix feuilles d'impression ; 6° déclaration au parquet, au moment du dépôt, du nombre des exemplaires tirés.

765. Le droit commun tel qu'il résulte de cet exposé, ne reçoit que de rares exceptions. — Par suite des privilèges attachés à la liberté de la défense, les mémoires et consultations d'avocats produits devant les tribunaux sont dispensés des formalités de la déclaration et du dépôt. — Les exigences de la discipline militaire ont au contraire imposé une restriction particulière : « Il est for-
» mellement interdit aux militaires de tous grades et de toutes
» armes, en activité de service, de publier leurs idées ou leurs
» réclamations soit dans les journaux, soit dans les brochures, sans
» la permission de l'autorité supérieure (Décret du 1er mars 1854
sur la gendarmerie, art. 642) ». — Enfin, dans l'intérêt de la discipline ecclésiastique, « les livres d'église, les heures et prières ne
» peuvent être imprimés ou réimprimés que d'après la permission
» donnée par les évêques diocésains, laquelle permission doit être
» textuellement rapportée et imprimée en tête de chaque exem-
» plaire (Décret du 7 germinal an XIII, art. 1) ».

766. La presse périodique a été soumise aux régimes les plus divers depuis le commencement du siècle. L'arrêté des consuls du 27 nivôse de l'an VIII, les décrets des 5 février, 3 août, 14 décembre 1810, et les lois du 21 octobre 1814 et du 28 février 1817, soumettaient les journaux et publications périodiques de toute nature à l'autorisation préalable pour leur fondation et même à la censure pour leur publication. Les lois des 17, 24 mai et 9 juin 1819 substituaient le cautionnement et la responsabilité du gérant devant le jury, sans préjudice de celle de l'auteur et de l'imprimeur, à l'autorisation préalable et à la censure abolies, mais rétablies moins d'une année après par la loi du 31 mai 1820, et en partie confirmées par celles des 17 et 25 mars 1822. La loi du 18 juillet 1828 avait aboli l'autorisation préalable, que voulut rétablir l'ordonnance royale du 25 juillet 1830, vainement rapportée par l'ordonnance du 29 pour arrêter les progrès de l'insurrection.

La Charte de 1830 (art. 7), les lois du 14 décembre 1830 et du 8 avril 1831 revinrent, en réduisant le cautionnement, au régime de 1819 ; la loi du 9 septembre 1835 éleva le cautionnement et organisa un système répressif compliqué et rigoureux. Les lois du 9 et du 11 août 1848 ont adouci ce système en le conservant, jusqu'aux lois du 27 juillet 1849 et du 16 juillet 1850 qui revinrent pour la grande partie à la loi du 9 septembre 1835, et qui ont été remplacées par le décret législatif du 17 février 1852, modifié seulement dans quelques-unes de ses dispositions par un décret également législatif du 28 mars 1852 et une loi du 2 mai 1861. Ce dernier régime de la presse périodique a subsisté jusqu'à la loi sur la presse du 11 mai 1868.

767. Voici quels étaient les traits distinctifs de ce régime restrictif de la liberté de la presse consacré par le décret du 17 février 1852 : — 1° Nécessité de l'autorisation préalable du gouvernement pour créer et publier tout journal ou écrit périodique, traitant de matières politiques ou d'économie sociale, et pour tous changements opérés dans le personnel des gérants, rédacteurs en chef, propriétaires ou administrateurs d'un journal (art. 1). — 2° Obligation de verser préalablement dans les caisses du Trésor un cautionnement en numéraire, dont le chiffre variait en raison du lieu de publication et en raison de la périodicité de l'écrit, plus élevé si celui-ci paraissait plus de trois fois par semaine, moins élevé s'il ne paraissait que trois fois par semaine ou à des intervalles plus éloignés (art. 3, 4 et 5). — 3° Assujettissement à un droit de timbre proportionnel à la grandeur des feuilles, et plus élevé dans les départements de la Seine et de Seine-et-Oise que partout ailleurs (art. 6); cette disposition avait été restreinte dans son application par le décret du 28 mars 1852, article 1, aux termes duquel, étaient « exempts du droit de timbre les journaux et écrits périodiques » exclusivement relatifs aux lettres, aux sciences, aux arts et à » l'agriculture », et par la loi du 2 mai 1861. — 4° Formalités de police destinées à assurer la constatation et la répression des infractions : dépôt de chaque numéro du journal au parquet du procureur impérial du lieu de l'impression, et, dans les villes où ne siège pas le tribunal d'arrondissement, à la mairie (loi du 18 juillet 1828, art. 8); signature en minute de chaque numéro du journal par le propriétaire ou l'un des gérants responsables (*id.*); signature de tout article de discussion philosophique, politique ou religieuse par son auteur (lois de juillet 1849 et 1850). — 5° Assujettissement des

journaux politiques à deux sortes de répression, judiciaire et administrative ; la première, exercée par les tribunaux de police correctionnelle ; la seconde, la seule appartenant au droit administratif, résultait de l'article 32 du décret législatif du 17 février 1852, atténué par la loi du 2 juillet 1861 dans ses dispositions les plus rigoureuses, et portait : suppression de plein droit du journal après une condamnation pour crime, suspension administrative par décision ministérielle après deux avertissements administratifs motivés, sauf péremption de tout avertissement par deux ans, et suppression facultative par décret inséré au *Bulletin des lois*, soit après une suspension judiciaire ou administrative, soit par mesure de sûreté générale.

768. Tout s'enchaînait dans cette législation restrictive de 1852 sur la presse périodique ; le droit de l'administration d'*avertir, suspendre* ou *supprimer*, dérivait logiquement de son droit absolu d'*autoriser* ; la suspension et la suppression étaient le retrait momentané ou définitif de l'autorisation administrative.

A ce régime préventif et administratif, la loi du 11 mai 1868 a substitué le régime répressif ou judiciaire ; toute juridiction administrative disparaît dans cette loi et fait place à l'action exclusive de l'autorité judiciaire ; l'autorisation préalable est supprimée et remplacée par la nécessité d'une simple déclaration ; il n'y a plus contravention à paraître sans autorisation, mais à paraître sans déclaration, l'infraction à la loi ne consistant plus, pour le journal, à paraître sans l'agrément de l'administration, mais seulement à cacher à l'administration son existence. C'est le droit substitué au régime purement administratif ; c'est la liberté de publier un écrit périodique, sauf (suivant le texte de 1789 ci-dessus rapporté [n° 762] et quelle que soit l'énergie de la répression et des garanties conservées) l'obligation de répondre de l'abus de cette liberté devant les tribunaux.

L'exposé des motifs résumait le projet de loi en disant : « Il
» trace au journal une loi civile et une loi pénale. La loi civile se
» résume dans la déclaration préalable, le cautionnement et le
» timbre. La loi pénale détermine les faits punissables, les péna-
» lités, la juridiction, la procédure. Le projet fait cesser pour le
» journal la tutelle administrative et ne lui donne d'autres juges
» que la loi et le magistrat : la loi qui fixe le droit, le magistrat
» qui en punit la violation ».

769. La loi du 11 mai 1868 sur la presse, forme encore, sauf les dispositions relatives au timbre et autres formellement abrogées, la législation en vigueur. La loi du 6 juillet 1871, dans son article 6, déclare même, surabondamment (car elles n'avaient pas été abrogées), en vigueur les dispositions relatives à la déclaration préalable et au dépôt, et l'article 7 de la même loi leur donne en outre la sanction de l'amende et de l'emprisonnement, avec extension de la solidarité légale écrite dans l'article 55 du Code pénal. La cour de cassation juge en effet qu'en déclarant le gérant et l'imprimeur d'un journal ou écrit périodique *solidairement responsables*, l'article 7 de la loi du 6 juillet 1871 a entendu établir par là une responsabilité pénale entraînant pour l'un et l'autre les mêmes peines ; en sorte qu'il n'est pas permis aux juges, lorsqu'ils condamnent le gérant pour contravention aux formalités soit du dépôt des exemplaires (ch. crim. 26 février 1675, *Martinet*), soit du cautionnement (ch. crim. 9 avril 1875, *Cochet*), de se borner à déclarer l'imprimeur seulement responsable de l'amende.

770. Nous reproduisons le texte de la loi du 11 mai 1868 sur la presse.

Art. 1er. Tout Français majeur et jouissant de ses droits civils et politiques peut, sans autorisation préalable, publier un journal ou écrit périodique paraissant soit régulièrement et à jour fixe, soit par livraisons et irrégulièrement. — Art. 2. Aucun journal ou écrit périodique ne peut être publié s'il n'a été fait, à Paris à la préfecture de police, et dans les départements à la préfecture, et quinze jours au moins avant la publication, une déclaration contenant : 1° le titre du journal ou écrit périodique et les époques auxquelles il doit paraître ; 2° le nom, la demeure et les droits des propriétaires autres que les commanditaires ; 3° le nom et la demeure du gérant ; 4° l'indication de l'imprimerie où il doit être imprimé. Toute mutation dans les conditions ci-dessus énumérées est déclarée dans les quinze jours qui la suivent. Toute contravention aux dispositions du présent article est punie des peines portées dans l'article 4 du décret du 17 février 1852. — (*Nota*. Les articles 3 à 6 relatifs au timbre sont abrogés [n° 773].) — Art. 7. Au moment de la publication de chaque feuille ou livraison de journaux ou écrits périodiques, il sera remis à la préfecture pour les chefs-lieux de département, à la sous-préfecture pour ceux d'arrondissement, et pour les autres villes à la mairie, deux exemplaires signés du gérant responsable ou de l'un d'eux s'il y plusieurs gérants responsables. Pareil dépôt sera fait au parquet du procureur impérial ou à la mairie dans les villes où il n'y a pas de tribunal de première instance. Ces exemplaires sont dispensés du droit de timbre. — Art. 8. Aucun journal ou écrit périodique ne pourra être signé par un membre du Sénat ou du Corps législatif en qualité de gérant responsable. En cas de contravention, le journal sera considéré comme non signé, et la peine de 500 à 3,000 fr. d'amende sera prononcée contre les imprimeurs et propriétaires. — Art. 9. La publication par un journal ou écrit périodique d'un article signé par une personne privée de ses droits civils et politiques, ou à laquelle le territoire de la France est interdit, est punie d'une amende de 1,000 fr. à 5,000 fr., qui sera prononcée contre les éditeurs ou gérants dudit journal ou écrit périodique. — Art. 10. En matière de poursuites pour délits et contraventions commis par la voie de la presse, la citation directe devant le tribunal de police correctionnelle ou la cour impériale sera donnée conformément aux dispositions de l'article 184 du Code d'instruction criminelle. Le prévenu qui a comparu devant le tribunal ou devant la cour ne peut plus faire défaut. — Art. 11. Toute publication dans un écrit périodique relatif à un fait de la vie privée constitue une contravention punie d'une amende de 500 francs. La poursuite ne pourra être exercée que sur la plainte de la partie intéressée. — Art. 12. Une condamnation pour crime commis par la voie de la presse entraîne de plein droit la suppression du journal dont le gérant a été condamné. Pour le cas de récidive dans les deux années à partir de la première condamnation pour délit de presse autre que ceux commis contre les particuliers, les tribunaux peuvent, en réprimant un nouveau délit de même nature, prononcer la suspension du journal ou écrit périodique pour un temps qui ne sera pas moindre de quinze jours, ni supérieur à deux mois. Une suspension de deux à six mois peut être prononcée pour une troisième condamnation dans le même délai. Elle peut l'être également par un premier jugement ou arrêt de condamnation, si la condamnation est encourue pour provocation à l'un des crimes prévus par les articles 86, 87 et 91 du Code pénal, ou pour le délit prévu par l'article 9 de la loi du 17 mai 1819. Pendant toute la durée de la suspension, le cautionnement demeurera déposé au Trésor, et ne pourra recevoir une autre destination. — Art. 13. L'exécution provisoire du jugement ou de l'arrêt qui prononce la suspension ou la suppression d'un journal ou écrit périodique pourra, par une disposition spéciale, être ordonnée nonobstant opposition ou appel en ce qui touche la suspension et la suppression. Il en sera de même pour la consignation de l'amende, sans préjudice des dispositions des art. 29, 30 et 31 du décret du 17 février 1852. Toutefois l'opposition ou l'appel suspendront l'exécution, s'ils sont formés dans les vingt-quatre heures de la signification du jugement ou arrêt par défaut ou de la prononciation du jugement contradictoire. L'opposition ou l'appel entraîneront de plein droit citation à la plus prochaine audience. Il sera statué dans les trois jours. Le pourvoi en cassation n'arrêtera en aucun cas les effets des jugements et arrêts ordonnant l'exécution provisoire. — Art. 14. Les gérants de journaux seront autorisés à établir une imprimerie exclusivement destinée à l'impression du journal. — Art. 15. L'article 463 est applicable aux crimes, délits et contraventions commis par la voie de la presse, sans que l'amende puisse être inférieure à 50 francs. — Art. 16. Sont abrogés les articles 1 et 32 du décret du 17 février 1852 et généralement les dispositions des lois antérieures contraires à la présente loi. La suspension prévue par l'article 19 du décret du 17 février 1852 ne pourra être prononcée que par l'autorité judiciaire.

771. Au moment de la déclaration de guerre en 1870, on s'aperçut que la plus indispensable des prescriptions faisait défaut dans la législation actuellement en vigueur sur la presse, comme dans les législations antérieures, et il y fut pourvu par une loi du 24 juillet 1870. Cette loi permet d'interdire, par arrêté ministériel, de

rendre compte des mouvements de troupes, sous peine d'amende et de suspension de quinze jours à six mois. Cette disposition est reproduite dans l'article 15 de la loi allemande du 7 mai 1874.

772. La loi du 11 mai 1868, en gardant le silence relativement au cautionnement des journaux, maintenait à cet égard le décret-loi du 17 février 1852 et conservait le cautionnement au double titre, de moyen d'assurer le paiement des amendes et condamnations civiles qui pourraient être prononcées par les tribunaux, et de garantie pécuniaire et morale de la situation sociale du journaliste. L'existence et le chiffre du cautionnement sont une des plus graves questions que soulève le régime de la presse périodique. Le taux du cautionnement a été à Paris de 140,000 fr. d'après les lois de 1819, de 50 à 60,000 fr. d'après la loi du 8 avril 1831, de 100,000 fr. d'après la loi du 9 septembre 1835, de 24,000 fr. d'après celle d'août 1848. Mais les lois du 27 juillet 1849 et du 16 juillet 1850, pour suppléer à son insuffisance, obligeaient dans certains cas le journal poursuivi à consigner au greffe une somme égale à la moitié de l'amende encourue. Le décret de 1852 fixe pour Paris à 30,000 fr. le cautionnement des journaux quotidiens, maintenu par la loi de 1868.

Un décret du gouvernement de la défense nationale du 10 octobre 1870, par son article 1 avait aboli le cautionnement, et par son article 2 en avait ajourné le remboursement aux journaux existants jusqu'à la fin de la guerre ; et l'un de ses auteurs (M. Ernest Picard) a donné de cet étrange décret, dans la séance de l'assemblée nationale du 3 juillet 1871, toute l'explication dont il paraît susceptible, en disant : « Nous retenions le cautionnement » de ceux des journaux qui nous l'avaient versé, *en sorte que nous* » *avons aboli le cautionnement sans, pour ainsi dire, l'abolir* ».

Une loi de l'assemblée nationale du 6 juillet 1871 a prononcé l'abrogation de ce décret (art. 1) et rétabli le cautionnement pour tous les journaux politiques sans exception et pour les journaux et écrits périodiques non politiques paraissant plus d'une fois par semaine (art. 2 § 1). Sont seules exceptées, les feuilles quotidiennes ou périodiques ayant pour unique objet la publication des avis, annonces, affiches judiciaires, arrivages maritimes, mercuriales et prix courants, les cours de la Bourse et des halles et marchés (art. 2 § 2). L'article 3 fixe le chiffre du cautionnement pour le département de la Seine à 24,000 fr. et 18,000 fr. si la publication n'a lieu que trois fois par semaine au plus ; pour les autres départements, à 12,000 fr. dans les villes de 50,000 âmes et au dessus, et 6,000 fr. dans les autres villes, avec réduction de moitié dans l'un et l'autre cas, si le journal ou écrit périodique paraît trois fois par semaine seulement ou à des intervalles plus éloignés. Cet article 3 ajoute que : « La publication d'un journal est censée faite au lieu où siége l'administration, quel que soit le lieu de l'impression » ; cette disposition n'est pas applicable au dépôt du journal, qui, conformément à l'article 8 de la loi du 18 juillet 1828, doit être fait au parquet du lieu où s'imprime le journal au moment même de sa publication. L'article 8 de cette loi de 1828, loin d'avoir été abrogé à cet égard, a été, au contraire, formellement maintenu par l'article 7 de la loi du 11 mai 1868 et par l'article 6 de la loi du 6 juillet 1871 (c. c. ch. crim. 5 avril 1873, portant cassation d'un arrêt de la cour de Paris du 7 décembre 1872, *Journal le Rentier*).

Les autres dispositions de la loi du 6 juillet 1871 règlent l'affectation du cautionnement, les conditions de sa libération et la répression des contraventions. Nous avons déjà signalé [n° 769] les prescriptions de son article 6.

773. Dès le lendemain de la révolution qui l'amena au pouvoir, le gouvernement de la défense nationale rendit un décret du 5 septembre 1870, ainsi conçu : « L'impôt du timbre sur les journaux » et autres publications est aboli ». Un autre décret du jour suivant en prescrivit même la promulgation extraordinaire, conformément aux ordonnances des 27 novembre 1816 et 18 janvier 1817. Le sort de ce décret relatif au timbre a été différent de celui du même gouvernement, relatif au cautionnement des journaux ; l'assemblée nationale n'en a pas prononcé l'abrogation, et il subsiste. Le rapport fait à l'assemblée nationale par l'une de ses commissions sur les décrets législatifs de ce gouvernement [1], et auquel nous avons déjà fait plusieurs emprunts, donne de ce fait l'explication suivante : « Votre commission ne vous propose pas de re-
» venir sur cette mesure. Le régime fiscal auquel la presse peut
» être justement soumise a été examiné avec soin par des commis-
» sions spéciales de l'assemblée, qui ont pensé que, malgré les
» difficultés financières auxquelles nous devons faire face, il ne
» convenait pas de rétablir le timbre sur les journaux qui allaient
» être atteints par la taxe sur le papier [n°ˢ 1240 et 1241] ».

[1] *Journal officiel* du 18 avril 1872, p. 2621.

774. La partie répressive de la législation sur la presse ne tient qu'indirectement au droit administratif, par les graves questions de compétence, de juridiction et de procédure qu'elle soulève. Nous devons toutefois mentionner, d'une part, un troisième décret du gouvernement de la défense nationale, celui-ci rendu par la délégation de Tours le 27 octobre 1870, relativement à la juridiction du jury en matière de délits de presse, décret gravement critiqué au point de vue juridique par le document parlementaire qui vient d'être cité [1], et, d'autre part, la loi du 15 avril 1871 et celle du 29 décembre 1875, relatives aux poursuites à exercer en matière de délits commis par la voie de la presse ou par tout autre moyen de publication. Ces lois touchent en effet par plusieurs de leurs dispositions aux matières et aux fonctions administratives.

L'article 1er de la loi du 15 avril 1871 a remis en vigueur les articles 16 à 29 de la loi du 27 juillet 1849, et consacré ainsi en matière de presse la juridiction du jury et des cours d'assises. Elle disposait toutefois que les tribunaux correctionnels continueront de connaître : 1° des délits contre les mœurs par la publication, l'exposition, la distribution et la mise en vente de dessins, gravures, lithographies, peintures et emblèmes; 2° des délits de diffamation et d'injures publiques contre les particuliers; 3° des délits d'injure verbale contre toute personne; 4° des infractions purement matérielles aux lois, décrets et règlements sur la presse. Les articles 3 et 4, avec certaines règles nouvelles, telles que le droit de citation directe également donné au ministère public, l'obligation posée en principe d'exercer l'action civile concurremment avec l'action publique, ont fait revivre les articles 20 à 25 de la loi du 26 mai 1849 ; en conséquence, la loi du 15 avril 1871 (art. 3) dispose « qu'en cas d'imputation contre les dépositaires ou agents de
» l'autorité publique, à l'occasion de faits relatifs à leurs fonctions
» ou contre toute personne ayant agi dans un caractère public, à
» l'occasion de ces actes, la preuve de la vérité des faits diffama-
» toires pourra être faite devant le jury ».

775. Les dispositions qui viennent d'être analysées de cette loi du 15 avril 1871 étaient de nature à faire naître d'assez nombreuses difficultés concernant soit la détermination des agents publics, soit la détermination des faits relatifs aux fonctions.

Un arrêt de la cour de cassation du 5 septembre 1872, portant

---

[1] *Journal officiel* du 18 avril 1872, page 2614.

rejet d'un pourvoi formé contre un arrêt de la cour d'Orléans du 15 juillet 1872, a résolu les points suivants : Les diffamations commises envers les particuliers, même par la voie de la presse, sont de la compétence du tribunal correctionnel ; l'article 2 de la loi du 15 avril 1871 n'a rien innové quant à la compétence ; cette loi, dans son article 3, n'a entendu déférer au jury que les diffamations envers les fonctionnaires ou autres agents et dépositaires de l'autorité, et toute personne ayant agi dans un caractère public, à l'occasion d'actes relatifs aux fonctions ; la personne signalée par l'article diffamatoire comme négociant est nécessairement un particulier : cette qualité même à lui donnée par l'article incriminé est exclusive de toute fonction publique ; un mobile politique prêté à cette personne est insuffisant pour lui donner un caractère public qui la rendrait justiciable du jury ; la circonstance que le même article comprendrait avec ce négociant des fonctionnaires publics auxquels on imputerait les mêmes faits, ne modifie pas la compétence relative au particulier, dès que les fonctionnaires n'ont pas formé de plainte, ou qu'il n'est même pas allégué qu'un concert aurait existé entre eux et ce particulier ; de cet état de choses constaté ne résulte aucune indivisibilité qui rende nécessaire de saisir la juridiction des assises, en admettant même que l'imputation envers les fonctionnaires fût relative à leurs fonctions ; est souveraine la déclaration de l'arrêt qui, en reconnaissant le prévenu coupable de diffamation, exclut nécessairement sa bonne foi (ch. crim. 5 septembre 1872, *Desseaux c. Progrès du Loiret*).

Dans le même ordre d'idées, un autre arrêt de la chambre criminelle du 15 mai 1873 a résolu les questions suivantes : Lorsqu'une série d'articles de journaux, constituant une polémique unique, contient des imputations diffamatoires contre une personne considérée à la fois comme homme public et comme homme privé, le juge correctionnel peut, sans violer les articles 2 et 3 de la loi du 15 avril 1871, et les articles 226 et 227 du Code d'instruction criminelle, se dessaisir des articles qu'il regarde comme atteignant la vie publique et retenir ceux qui s'attaquent à la vie privée ; il en est ainsi même lorsque la personne diffamée a compris dans une même citation ces deux ordres de faits, et que, loin de restreindre sa plainte à ceux qui sont de la compétence du tribunal correctionnel, elle a demandé une condamnation unique au sujet de cet ensemble d'imputations, qu'elle déclare elle-même atteindre à la fois l'homme public et l'homme privé ; il appartient, dans ce cas, au juge de faire la distinction que le plaignant n'a pas faite et de scinder la compétence. La connexité même établie entre les divers articles incriminés ne serait pas suffisante pour lui enlever ce droit, qu'il ne perdrait que si les différentes imputations diffamatoires formaient un tout indivisible. Le juge peut également, en présence d'une citation qui défère à la police correctionnelle un article distinct comme attaquant le diffamé « dans son honneur militaire et dans sa considération privée », examiner l'article au fond et se déclarer compétent. Il n'est pas lié à cet égard par l'appréciation émanée de l'intéressé dans sa plainte (ch. crim. 15 mai 1873, *Anterrieu et Pagès* c. *Fabre de Montvaillant*).

Un arrêt de la cour de Paris du 20 juillet 1872 (*abbé Rivière* c. le journal *l'Union agricole* de Chartres *et autres*) a jugé que « les ministres du culte ne peuvent être assimilés aux fonctionnaires publics dans le sens des lois des 26 mars 1819, 17 mai 1819, 15 avril 1871, et qu'en conséquence la diffamation commise à leur égard rentre dans la compétence des tribunaux correctionnels ». Nous avons également établi ailleurs que les ministres du culte ne sont pas des fonctionnaires publics [n° 684 3° et note] ; il y a toutefois à tenir compte de l'article 6 § 3 de la loi du 22 mars 1822 [n° 692] et de l'arrêt de la cour de cassation du 4 avril 1874.

776. Les trois règles suivantes résultent de la combinaison des différentes lois sur la presse, ci-dessus analysées, et d'une loi du 12 février 1872. — L'article 1 de la loi du 15 avril 1871, qui défère aux cours d'assises les délits commis par la voie de la presse, ne leur attribue pas la connaissance de la poursuite dirigée contre un citoyen pour déclaration fausse et frauduleuse relativement à la fondation d'un journal, ce fait ne constituant qu'une infraction matérielle aux formalités prescrites pour la déclaration. La circonstance que, pour avoir fait une déclaration fausse et frauduleuse, l'auteur doit avoir agi sciemment, n'altère pas le caractère juridique du fait et ne le transforme point en un délit intentionnel. On ne saurait opposer le § 4 de l'article 2 de la loi du 15 avril 1871, qui maintient au juge correctionnel la connaissance « *des infractions purement matérielles aux lois, décrets et règlements sur la presse* » ; cette disposition, ne faisant que reconnaître et confirmer une compétence qui n'a jamais été contestée, n'a point dérogé à l'article 179 du Code d'instruction criminelle, qui attribue aux tribunaux correctionnels la répression des délits. — Le décret du 17 février 1852, en soumettant les journaux au régime de l'autorisation préalable, ne les avait point affranchis de la formalité de la

déclaration préalable prescrite par la loi de 1828. De même la loi de 1868, en changeant le caractère pénal des infractions à la formalité de la déclaration, tel qu'il résultait des articles 10 et 11 de la loi de 1828, n'a point abrogé ces articles ; elle y a seulement ajouté une disposition nouvelle qui peut se combiner avec eux (ch. crim. 8 mars 1873, portant rejet du pourvoi d'*Armand Duportal et autres* contre arrêt de Toulouse, ch. corr., du 26 décembre 1872). — Une loi du 12 février 1872 a prononcé l'abrogation de l'article 17 du décret-loi du 17 février 1852, qui interdisait de rendre compte des procès de presse ; et cette loi justifie la solution précédente sur le maintien des dispositions non formellement abrogées du décret-loi de 1852.

777. Nous avons indiqué ci-dessus [n° 739] les dérogations qu'apporte au principe de la liberté individuelle la législation sur l'état de siége ; nous signalons ici les dérogations qu'elle apporte également aux lois sur la presse. Non-seulement l'article 8 [cité n° 739] de la loi du 9 août 1849 sur l'état de siége attribue indirectement aux conseils de guerre la connaissance de certains délits de presse ; en outre l'article 9 permet à l'autorité militaire d'interdire, dans le territoire soumis à l'état de siége, les feuilles périodiques et toutes publications qu'elle juge de nature à exciter le désordre. Ce régime, dans les cinq années 1871 à 1876, a été en France celui de la presse périodique dans quarante départements comprenant les centres les plus importants ; c'est à ce titre qu'un arrêté du commandant de l'armée de Paris du 11 mars 1871 a interdit la publication sans autorisation préalable de tous nouveaux journaux ou écrits périodiques traitant de matières politiques ou d'économie sociale, jusqu'à la levée de l'état de siége par l'assemblée.

778. Les observations contenues dans le numéro qui précède expliquent comment c'est dans la même loi du 29 décembre 1875 que se trouvent les dispositions relatives à la levée de l'état de siége, qui a été le régime d'une partie de la France pendant cinq années, et celles qui régissent actuellement la presse au point de vue répressif. Bien que l'abrogation immédiate d'une partie de cette loi et la remise en vigueur des lois antérieures et ci-dessus analysées, soient déjà réclamées (*Journal officiel* du 21 juillet 1876, p. 5393), bien que la Chambre des députés (*id.*, p. 5392) ait nommé une commission de révision et de codification des lois de la presse composée

de vingt-deux membres, il est essentiel d'ajouter l'étude de cette loi à celle des précédentes avec lesquelles elle se combine. De ses trois titres, le titre I (art. 1, 2 et 3) contient des dispositions spéciales étudiées ailleurs [n°s 37, 38, et 783], le titre III (art. 10 et 11) est relatif à la levée de l'état de siége, et le titre II (art. 4 à 9) à la répression des délits commis par la voie de la presse ou par tout autre moyen de publication. Ce dernier titre a donné lieu à de vives discussions; il maintient le principe de la loi du 15 avril 1871 qui a rendu au jury la connaissance des délits de presse, sauf certaines exceptions; mais il augmente ces exceptions dans une large mesure. La commission de l'assemblée l'a combattu, en déclarant qu'à ses yeux la loi supprimait le principe en paraissant le maintenir ; « Il » eût mieux valu, dit le rapport, demander nettement la suppression » du jury que d'en proclamer le principe pour le reprendre aussi- » tôt par voie d'exception ». Il faut remarquer la grave innovation de l'article 6 et l'utile commentaire qui lui a été donné, au nom du gouvernement, par le garde des sceaux, dans la discussion de cet article qui supprime la nécessité d'une plainte préalable dans le cas d'offense envers les Chambres ou l'une d'elles, de diffamation ou d'injures envers les cours, tribunaux ou autres corps constitués, et envers les fonctionnaires publics. L'article 7 a maintenu au seul prévenu de diffamation contre la vie publique d'un fonctionnaire [n° 774 *in fine*] le droit de faire la preuve devant le tribunal correctionnel, comme il l'eût fait devant la cour d'assises. Les articles 8 et 9 sont inspirés par le désir de hâter la solution des procès de presse ; mais le premier de ces articles peut avoir le très-grave inconvénient d'enlever l'inculpé à ses juges naturels, sans l'intervention de la cour de cassation, et de vicier en réalité, dans son application en ces matières, l'institution du jury.

779. Nous reproduisons les dispositions de la loi du 29 décembre 1875 dont nous venons de présenter l'analyse.

La poursuite en matière de délits commis par la voie de la presse ou par les moyens de publicité prévus par l'article 1er de la loi du 17 mai 1819, continuera d'avoir lieu conformément au chapitre III, articles 16 à 23, de la loi du 27 juillet 1849, sauf les restrictions suivantes (Loi du 29 décembre 1875, *sur la répression des délits qui peuvent être commis par la voie de la presse ou par tout autre moyen de publication, et sur la levée de l'état de siége*, art. 4). — Les tribunaux correctionnels connaîtront : 1° des délits de diffamation, d'outrage et d'injure publique, contre toute personne et tout corps constitué ; 2° du délit d'offense envers le président de la République ou l'une des deux Chambres, ou envers la personne d'un souverain ou du chef d'un gouvernement étranger ; 3° de tous délits de publication ou reproduction de nouvelles fausses, de pièces fabriquées, falsifiées ou mensongèrement attribuées à des tiers ; 4° du délit de provocation à commettre un délit, suivie ou non suivie d'effet (art. 3 de la loi du 17 mai 1819); 5° du délit d'apologie de faits qualifiés crimes ou délits par la loi (art. 5 de la loi du 27 juillet 1849) ; 6° des délits commis contre les bonnes mœurs par la publication, l'exposition, la distribution et la mise en vente d'écrits, dessins ou images obscènes ; 7° des cris séditieux publiquement proférés; 8° des infractions purement matérielles aux lois, décrets et règlements sur la presse (art. 5). — Dans le cas d'offense envers les Chambres ou l'une d'elles, et de diffamation ou d'injures contre les cours, tribunaux ou autres corps constitués, la poursuite aura lieu d'office ; elle aura lieu pour diffamation ou injures contre tous dépositaires ou agents de l'autorité publique, soit sur la plainte de la partie offensée, soit d'office sur la demande adressée au ministre de la justice par le ministre dans le département duquel se trouve le fonctionnaire diffamé ou injurié. En cas d'offense contre la personne des souverains ou chefs des gouvernements étrangers, la poursuite aura lieu soit à la requête des souverains ou chefs des gouvernements étrangers, soit d'office sur leur demande adressée au ministre des affaires étrangères et par celui-ci au ministre de la justice (art. 6). — La preuve des faits diffamatoires, dans le cas où elle autorisée par la loi, aura lieu devant le tribunal correctionnel, conformément aux articles 20 à 25 de la loi du 26 mai 1819. Les délais prescrits par ces articles courront à partir du jour où la citation aura été donnée (art. 7). — Tout crime ou délit commis par la voie de la presse sera porté devant la cour d'assises du département où le dépôt de l'écrit doit être effectué, si la session est ouverte et si les délais permettent de donner la citation en temps utile. Dans le cas contraire, les crimes et délits seront déférés à la cour d'assises du ressort de la cour d'appel qui sera ouverte ou qui s'ouvrira le plus prochainement, et si deux cours d'assises sont ouvertes en même temps dans le même ressort, à la cour d'assises la plus rapprochée. En cas de défaut, la compétence sur opposition sera réglée conformément aux dispositions qui précèdent (art. 8). — L'appel contre les jugements ou le pourvoi contre les arrêts des cours d'appel et des cours d'assises qui auront statué tant sur des questions de compétence que sur tous autres incidents, ne seront formés, à peine de nullité, qu'après le jugement ou l'arrêt définitif et en même temps que l'appel ou le pourvoi contre lesdits jugements ou arrêts. Les tribunaux et les cours passeront outre au jugement du fond, sans s'arrêter ni avoir égard aux appels ou pourvois formés contrairement aux prescriptions du présent article (art. 9).

780. A la réglementation de la presse se rattache le régime particulier auquel, avant le décret du gouvernement de la défense nationale du 10 septembre 1870, était soumis l'exercice des professions d'imprimeur et de libraire, par le décret du 5 février 1810 et la loi du 21 octobre 1814. Leur nombre, relativement aux imprimeurs, était limité et déterminé par décret pour la ville de Paris, par arrêtés ministériels pour les départements ; ils étaient tous soumis, imprimeurs et libraires, à la délivrance par l'administration, d'un brevet ne pouvant servir qu'à celui qui l'avait obtenu, et ne pouvant être exploité hors du lieu pour lequel il

avait été délivré. Le brevet pouvait être vendu, sauf au successeur à se faire agréer par l'administration, à qui une condamnation encourue pour contravention aux lois et règlements conférait le droit de retirer le brevet.

Ceux qui imprimaient sans brevet étaient coupables du délit de possession d'imprimerie clandestine, puni par la loi de 1814 (art. 13) ; le décret du 17 février 1852 (art. 24) avait également réprimé l'exercice illégal de la librairie, demeuré impuni jusque-là, malgré l'interdiction de la loi de 1814.

Les imprimeurs-lithographes et en taille-douce étaient assimilés aux imprimeurs, par l'ordonnance du 8 octobre 1817 et le décret du 22 mars 1852, et les loueurs de livres aux libraires par la jurisprudence.

781. Le projet de loi sur la presse, discuté en 1868 par le Corps législatif et devenu la loi du 11 mai 1868, proposait de revenir, pour les libraires et imprimeurs, au principe de la liberté professionnelle [n° 787]. Il supprimait pour eux, comme pour le journal, la nécessité du brevet et ne leur imposait plus que la déclaration préalable. Mais, des difficultés s'étant produites sur le principe même du droit à une indemnité pour les imprimeurs et libraires, une proposition d'enquête sur la question fut agréée, et l'article du projet remplacé par la disposition de l'article 14 de la loi de 1868, qui assurait aux gérants de journaux « l'autorisation d'établir une » imprimerie exclusivement destinée à l'impression du journal ». On ne voulut résoudre la question de liberté industrielle qu'en même temps que la question d'indemnité.

782. Un décret du gouvernement de la défense nationale du 10 septembre 1870 a cru devoir, au contraire, s'empresser de résoudre la première question en réservant la seconde. Il proclame la liberté absolue des professions d'imprimeur et de libraire, en soumettant à une simple déclaration, dépourvue même de sanction pénale, l'exercice de ces professions ; et il dispose qu'il sera ultérieurement statué sur les conséquences de cette mesure à l'égard des titulaires actuels des brevets. Le rapport à l'assemblée nationale cité ci-dessus [n°⁵ 773, 774, etc.] se prononce pour le droit à indemnité des imprimeurs porteurs de brevets, et il décrit en outre d'une façon fort remarquable les difficultés de la situation créée par le décret du 10 septembre 1870[1]. Dans sa session de 1876, le

---

[1] « Nous venons de constater le droit des imprimeurs ; il nous reste à signaler la situation dans laquelle ces industriels ont été placés par le décret du 10 sep-

Sénat a été saisi par un de ses membres d'une proposition ainsi conçue : « Le gouvernement est invité à présenter sans retard au » Sénat un projet de loi statuant sur les conséquences du décret » du 10 septembre 1870, à l'égard des imprimeurs et libraires dé- » possédés de leurs brevets, et réglant le montant de l'indemnité » qui devra leur être allouée en vertu de l'article 4 dudit décret. »

Les professions d'imprimeur et de libraire sont libres (Décret du 10 septembre 1870, art. 1). — Toute personne qui voudra exercer l'une ou l'autre de ces professions sera tenue à une simple déclaration faite au ministère de l'intérieur (art. 2). — Toute publication portera le nom de l'imprimeur (art. 3). — Il sera ultérieurement statué sur les conséquences du présent décret à l'égard des titulaires actuels de brevets (art. 4).

783. La loi sur le colportage du 27 juillet 1849 (art. 6), a soumis tous distributeurs ou colporteurs de livres à l'obligation de se pourvoir d'une autorisation préfectorale. La prohibition s'applique aussi

---

tembre 1870. Le gouvernement de la défense nationale a tranché d'un trait de plume la question de la liberté de l'imprimerie et de la librairie. Mais il a, dans cette circonstance, comme dans d'autres cas analogues, renvoyé à une date ultérieure le complément de la mesure édictée. Ici il laisse espérer aux imprimeurs et aux libraires une indemnité qu'il s'abstient de promettre en termes précis. Il eût été pourtant bien nécessaire de régler sans retard le mode de dédommagement à accorder, et de dire par qui, dans quelle mesure, par quel moyen, et dans quel délai l'indemnité serait payée. L'absence de tout règlement sur ce point a amené un état de choses qui s'aggrave chaque jour. Pendant que ni les droits des anciens imprimeurs, ni les obligations des nouveaux ne sont déterminés, des établissements se fondent. La dépréciation des brevets ne permet ni leur cession, ni leur estimation dans l'actif des successions. Les imprimeurs anciens s'alarment ou pétitionnent ; ils réclament ou les prérogatives qu'on leur a enlevées, ou une indemnité. Il y a là des doutes et des inquiétudes auxquels il est urgent de mettre fin, et la question qui s'agite est de celles qui doivent, pour ainsi dire, être résolues presque en même temps qu'elles sont officiellement posées.. Dans ce long exposé consacré aux effets produits par le décret du 10 septembre, nous nous sommes presque exclusivement occupés de l'imprimerie. La librairie cependant est aussi atteinte, mais dans une mesure restreinte. Comme les imprimeurs, les libraires étaient assujettis au brevet par le décret du 5 février 1810 et la loi du 21 octobre 1814. Mais, leur nombre n'ayant jamais été limité, on ne peut les considérer comme ayant joui des privilèges d'un monopole. La valeur vénale de leurs brevets a toujours été de peu d'importance, et l'on peut affirmer que, pour eux, le régime de la liberté ne soulève, au point de vue de la dépréciation de ces brevets, que des difficultés d'un minime intérêt. La situation des libraires ne nous paraît devoir être assimilée à celle des imprimeurs qu'en ce qui a trait à la surveillance de l'autorité et aux mesures de police (Rapport de M. Taillefert au nom de la commission chargée de l'examen des décrets législatifs du gouvernement de la défense nationale, *Journal officiel* du 18 avril 1872, pages 2615 et 2616) ».

à une distribution accidentelle, même gratuite et faite à domicile (c. cass. 29 avril 1859, 17 août 1860, 7 mars 1863); même à celle faite par l'auteur de l'écrit (ch. crim. 12 décembre 1862, *Guibouin*); même à celle d'un mémoire sur procès, nonobstant la protection donnée par la loi du 17 mai 1819, art. 23, aux écrits produits en justice dans le seul intérêt de la libre défense des parties, si l'écrit n'a pas trait direct à une instance pendante (c. cass. 7 mars 1863, *Mirès*), si la distribution a eu lieu dans le public avant l'introduction de l'action en justice (c. cass. 25 juin 1852), ou dans le public après le prononcé du jugement (ch. crim. 14 mars 1874, *Lorbaud*), ou même d'après la cour de Douai (1er décembre 1872) pendant l'instance, mais en dehors des juges et des parties en cause, ce qui serait excessif en l'absence de circonstances particulières dont l'appréciation appartient aux tribunaux; même à la distribution faite par l'auteur de l'écrit lorsqu'il la considère comme rentrant dans l'exercice de ses fonctions de ministre d'un culte reconnu par l'État, comme la distribution d'une brochure contre l'ivrognerie faisant appel aux sentiments religieux et chrétiens (Lyon, 14 janvier 1873, *pasteur Dardier*). Cette dernière application d'un texte absolu peut, en même temps, en être la satire.

Ce texte avait été étendu par la jurisprudence à la distribution des bulletins électoraux; la loi du 30 novembre 1875 sur l'élection des députés, par son article 3 [n° 564], impose une solution contraire.

Les cours de Toulouse et de Douai avaient aussi interprété cet article 6 de la loi du 27 juillet 1849, par deux arrêts de 1873, comme s'appliquant à de simples porteurs de journaux faisant le service du journal aux abonnés; ces arrêts ont été cassés par un arrêt de la cour suprême du 5 février 1874.

La loi ci-dessus analysée [n°s 778 et 779] du 29 décembre 1875 a très-largement interprété aussi cet article 6 de la loi du 27 juillet 1849, en considérant qu'il fallait un texte pour retirer à l'autorité administrative le droit d'interdire la vente et la distribution d'un journal déterminé sur la voie publique (art. 3); en outre elle a étendu les règles du droit commun en matière de complicité, des cas de crimes et délits, à ceux de simples contraventions à la législation sur le colportage (art. 2).

De ces textes que nous reproduisons avec l'article 6 de la loi du 27 juillet 1849, il résulte : qu'en supposant que ce célèbre article 6 fût applicable aux journaux et que l'autorité préfectorale eût le droit d'interdire la vente sur la voie publique d'un journal déterminé, ce droit a cessé de lui appartenir; que le colportage des journaux ne peut avoir lieu que par des vendeurs et distributeurs pourvus de l'autorisation ordinaire de colportage exigée par l'article 6 ; que la règle s'applique à tous les journaux sans exception (circulaires du ministre de l'intérieur des 2 avril et 5 mai 1876) ; que la simple distribution des journaux aux abonnés ou souscripteurs ne constitue pas le fait de colportage ; mais l'interdiction générale de toute vente de journaux quelconques sur la voie publique reste dans le droit de l'administration [*voir* n° 785].

Tous distributeurs ou colporteurs de livres, écrits, brochures, gravures et lithographies, devront être pourvus d'une autorisation, qui leur sera délivrée, pour le département de la Seine, par le préfet de police, et, pour les autres départements, par les préfets. Ces autorisations pourront toujours être retirées par les autorités qui les auront délivrées. Les contrevenants seront condamnés par les tribunaux correctionnels à un emprisonnement de un mois à six mois et à une amende de 25 fr. à 500 fr., sans préjudice des poursuites qui pourraient être dirigées pour crimes ou pour délits, soit contre les auteurs ou éditeurs de ces écrits, soit contre les distributeurs ou colporteurs eux-mêmes (L. 27 juillet 1849, art. 6). — Quiconque se sera rendu complice, par l'un des moyens énoncés en l'article 60 du Code pénal, des infractions prévues par l'article 6 de la loi du 27 juillet 1849, sera puni des peines portées en cet article (L. 29 décembre 1875, art. 2). — L'interdiction de vente et de distribution sur la voie publique ne pourra plus être édictée par l'autorité administrative comme mesure particulière contre un journal déterminé (art. 3).

784. La loi du 10 décembre 1830, portant abrogation de l'article 290 du Code pénal, prohibe toute publication politique par la voie de l'affichage, sauf en ce qui concerne les affiches de l'autorité publique, qui seules, aux termes de la loi des 22-28 juillet 1791, peuvent être imprimées sur papier blanc [n° 1292 3°], et sauf, pour les particuliers, les périodes électorales dont l'époque et la durée sont déterminées par la loi du 16 juillet 1850, art. 10. Par suite, et en dehors de ces exceptions strictement limitées, aucun écrit contenant des nouvelles politiques ou traitant d'objets politiques ne peut être affiché ou placardé dans les rues, places ou autres lieux publics ; la règle est générale et absolue ; elle s'applique à tout écrit rentrant dans la définition de la loi, tel qu'un avis donné aux citoyens d'avoir à réclamer leur inscription sur la liste électorale (Paris, 1ᵉʳ octobre 1874, *Germinet et Maurice*), et quel qu'en soit le signataire, simple particulier ou membre d'un conseil électif, même député ou sénateur. Mais comme il s'agit dans l'espèce d'une contravention et que les articles 59 et 60 du Code pénal sur la complicité ne s'étendent pas de plein droit aux contraventions [n° 783], dans le silence de la loi de 1830, l'afficheur seul, et non l'auteur de l'écrit qui est resté étranger à l'affichage,

peut être poursuivi (arrêt ci-dessus). On peut supposer que dans l'espèce l'auteur a payé les 500 fr. d'amende; ce n'en est pas moins une lacune peu équitable, surtout depuis la loi du 29 décembre 1875, art. 2 [n° 783].

785. La loi du 10 décembre 1830, n'étant relative qu'aux matières politiques, n'a aucunement modifié ni restreint le droit, que l'autorité municipale tient des lois antérieures, de subordonner à son autorisation préalable les publications et affiches de tous placards et annonces relatifs à d'autres objets, les actes de l'autorité publique exceptés (ch. crim. 19 juillet 1862, *Lemille*; [*voir*, n° 203, la loi des 16-24 août 1790, titre XI, art. 3, et, n° 202, la loi du 18 juillet 1837, art. 10 § 1]).

Il en résulte qu'en vertu de ces lois sur la police municipale, l'administration a toujours, nonobstant l'article 3 de la loi du 29 décembre 1875 [n° 783], le droit d'interdire par mesure générale la vente de tous les journaux sur la voie publique; mais, dans ce cas, l'infraction aux arrêtés ne serait punissable que des peines de simple police.

786. Cette même loi du 10 décembre 1830 oblige, en outre, quiconque voudra exercer, même temporairement, le métier d'afficheur ou crieur, de vendeur ou distributeur, sur la voie publique, d'écrits quelconques, à en faire préalablement la déclaration devant l'autorité municipale et à indiquer son domicile. La loi du 16 février 1834 est venue transformer la simple déclaration exigée par la loi précédente, en la nécessité d'une autorisation préalable de l'autorité municipale pour les crieurs (jugé qu'un seul fait de criage sur la voie publique sans autorisation préalable constitue le délit; Colmar, 2 oct. 1866), vendeurs et distributeurs, sur la voie publique, d'écrits, dessins ou emblèmes; les chanteurs sur la voie publique sont compris dans cette disposition.

SECTION V. — Liberté du travail, du commerce et de l'industrie.

787. Origine et formule du principe.
788. Son développement favorisé par la législation relative à l'uniformité des poids et mesures; loi du 16 décembre 1875 : bureau international.
789. Réglementation des rapports entre les maîtres et les ouvriers; livrets; coalitions; loi du 25 mai 1864 sur la liberté de coalition.

790. Conseil supérieur du commerce, de l'agriculture et de l'industrie, et conseils inférieurs.
791. Lois du 30 juillet 1875 sur l'enseignement élémentaire pratique de l'agriculture et du 9 août 1876 sur l'institut agronomique.
792. Restrictions apportées par de nombreuses lois administratives :
1° et 2° Dans l'intérêt de l'ordre et de la sécurité publique ;
793. 3° et 4° — de l'hygiène et de l'alimentation publiques ;
794. 5° et 6° — de la morale publique et religieuse ;
795. 7° et 8° Dans un intérêt d'ordre et d'humanité ; lois protectrices de l'enfance, et surtout loi du 19 mai 1874 sur le travail des enfants dans l'industrie ;
796. 9° Dans un intérêt financier ; monopoles de l'État ; renvoi ;
797. 10° — monétaire ; fabrication des médailles ;
798. — — (suite) ; circulaire du 10 avril 1873 ;
799. 11° Dans l'intérêt de la fortune et de l'honneur des citoyens ; avocats ;
800. 12° — lois relatives aux officiers ministériels.
801. Du droit de présentation conféré aux officiers ministériels par l'article 91 de la loi du 28 avril 1816.
802. Caractères et effets du droit de présentation.
803. Loi du 18 juillet 1866 portant suppression des offices de courtiers de marchandises.

787. Le principe de la liberté du travail professionnel ou agricole, commercial ou industriel, dérive de la liberté individuelle et de l'égalité des citoyens devant la loi, et il serait difficile de lui porter atteinte sans violer l'une ou l'autre. Il a remplacé, depuis 1789, les entraves que subissaient le commerce et l'industrie, par suite du monopole assuré par l'ancien régime aux corporations d'arts et métiers, formées en *maîtrises* et en *jurandes*. Turgot avait vainement tenté de les détruire par le remarquable édit de février 1776 (révoqué aussitôt après la retraite forcée du grand ministre), et la révolution put seule les briser. L'Assemblée constituante a soumis le principe nouveau qu'elle proclamait, à des conditions justes et nécessaires qui n'altèrent en rien la liberté, dans les termes suivants :

A compter du 1er avril prochain, il sera libre à toute personne de faire tel négoce, et d'exercer telle profession, art ou métier qu'elle trouvera bon ; mais elle sera tenue de se pourvoir auparavant d'une patente [n°s 1144 *et suivants*], d'en acquitter le prix suivant les taux déterminés, et de se conformer aux règlements de police qui sont ou pourront être faits (L. 2-17 mars 1791, *portant suppression de tous les droits d'aides et de toutes les maîtrises et jurandes, et établissement des patentes*, art. 7).

788. Au principe de liberté de la production et des transactions se rattache, comme mesure protectrice de leur développement, l'établissement du système métrique décimal des poids et mesures, qui eut pour point de départ le décret de l'Assemblée constituante

du 26 mars 1791, relatif aux moyens d'établir l'uniformité des mesures, et qui reçut sa consécration de la loi du 18 germinal an III (7 avril 1795). Par suite de longues concessions faites aux anciennes habitudes, l'application générale du système n'a été rigoureusement prescrite que par la loi du 4 juillet 1837 et les ordonnances réglementaires du 17 avril 1839 et du 16 juin 1839. Des agents spéciaux, sous le nom de *vérificateurs des poids et mesures*, sont chargés d'exercer en cette matière la surveillance la plus active [voir, n° 1171, la taxe assimilée aux contributions directes établie pour les droits de vérification périodique des poids et mesures].

Une loi du 16 décembre 1875 a approuvé une convention diplomatique signée à Paris entre la France et 17 autres États pour la création à Paris d'un bureau international des poids et mesures, entretenu à frais communs par les hautes parties contractantes. Le bureau international fonctionne sous la direction et la surveillance exclusives d'un comité international des poids et mesures, composé de 14 membres appartenant à des États différents, placé lui-même sous l'autorité d'une conférence générale des poids et mesures formée de délégués de tous les gouvernements contractants. La présidence de la conférence générale des poids et mesures est attribuée au président en exercice de l'académie des sciences de Paris. Le bureau international des poids et mesures est chargé : 1° de toutes les comparaisons et vérifications des nouveaux prototypes du mètre et du kilogramme ; 2° de la conservation des prototypes internationaux ; 3° des comparaisons périodiques des étalons nationaux avec les prototypes internationaux et avec leurs témoins, ainsi que celles des thermomètres-étalons.

789. Parmi les lois d'organisation intérieure ayant pour objet de protéger l'industrie privée, se trouvent celles qui règlent les rapports des maîtres avec les apprentis et les ouvriers : loi du 11 février 1851, relative aux contrats d'apprentissage; loi du 14 mai 1851, qui modifie l'arrêté du 9 frimaire an XII, en ce qui concerne les avances aux ouvriers ; loi du 7 mars 1850 et décrets du 20 juillet 1853 et du 21 juillet 1856, relatifs au livret de compte exigé dans certaines industries ; loi du 9 septembre 1848, relative à l'organisation du travail dans les manufactures [n° 795 8°] ; loi du 1er juin 1853, décrets du 16 novembre 1854 et du 8 septembre 1860, et loi du 4 juin 1864 sur les conseils de prud'hommes. Il faut signaler aussi les dispositions fort critiquées de la loi du 22 juin 1854 sur les livrets d'ouvriers, et du décret réglementaire du

30 avril 1855 ; il a été procédé en 1868 à une grande enquête sur les conseils de prud'hommes et les livrets d'ouvriers ; tous les tribunaux de commerce, conseils de prud'hommes, chambres de commerce et chambres consultatives des arts et manufactures ont été appelés à donner leur avis ; dans sa séance du 15 décembre 1868, la commission d'enquête, sous la présidence du ministre de l'agriculture et du commerce, a émis l'avis « qu'il y avait lieu de modifier la loi de 1854, sans qu'il puisse résulter de cette modification l'établissement du livret facultatif ».

Les articles 414, 415 et 416 du Code pénal, modifiés par une loi du 27 novembre 1849, réprimaient toute coalition des patrons pour faire baisser les salaires, des ouvriers pour les élever ; une loi du 25 mai 1864 est venue faire subir une modification nouvelle et radicale à ces mêmes articles du Code pénal en réglementant la liberté de coalition. Toutefois, si le droit de se coaliser accordé par la loi du 25 mai 1864 implique le droit de se concerter, il n'implique pas celui de former des associations de plus de vingt personnes dans le but d'organiser et de diriger la coalition (ch. crim. 23 février 1866, *Dupin et autres*).

790. De nombreuses institutions ont été créées pour veiller aux intérêts de ces trois éléments de la fortune publique et privée, l'agriculture, le commerce et l'industrie : chambres consultatives et conseil général de l'agriculture (D. 25 mars 1852); chambres de commerce et conseil général du commerce (D. 3 septembre 1851; D. 30 août 1852); chambres consultatives et comité consultatif des arts et manufactures (O. 29 avril 1831 ; D. 20 mai 1857). Au sommet de la hiérarchie, près du gouvernement, pour éclairer directement son action sur ce qui touche à ces graves intérêts, le décret du 2 février 1853 a placé le *conseil supérieur du commerce, de l'agriculture et de l'industrie* ; des décrets des 13 mars et 6 mai 1872 l'avaient modifié ; un décret du 5 juin 1873, ci-dessous reproduit, a réorganisé ce conseil, en abrogeant les deux décrets de 1872 et en ajoutant au décret de 1853 la division du conseil en trois sections (1° *section du commerce*, 2° *section de l'agriculture*, 3° *section de l'industrie*), en dehors desquelles restent neuf chefs de service désignés par leurs fonctions et membres de droit, ainsi que deux conseillers d'État et les ministres. Ce conseil est présidé par le ministre de l'agriculture et du commerce; deux vice-présidents sont choisis parmi les autres membres du conseil.

Un second décret du 13 juin 1873 a décidé que le nombre des

membres de chacune des trois sections peut être porté de quinze à seize.

L'article 1 du décret du 2 février 1853 est modifié ainsi qu'il suit : Le conseil supérieur du commerce, de l'agriculture et de l'industrie, placé sous la présidence du ministre de l'agriculture et du commerce, se composera : de deux vice-présidents ; de trois sections comprenant chacune quinze membres choisis parmi : 1° les députés de l'assemblée nationale ; 2° les présidents de chambres de commerce ; 3° les hommes les plus versés dans les matières commerciales, agricoles, financières et industrielles. Sont, en outre, membres de droit du conseil supérieur : les membres du conseil des ministres ; le gouverneur de la Banque de France ; deux membres du conseil d'État ; le secrétaire général du ministre de l'agriculture et du commerce ; le directeur général des ponts et chaussées et des chemins de fer ; le directeur général des douanes ; le directeur général des contributions indirectes ; le directeur des consulats et affaires commerciales ; le directeur des colonies ; le directeur de l'agriculture, le directeur du commerce intérieur (Décret du 5 juin 1873, art. 1). — Les autres dispositions du décret susvisé du 2 février 1853 sont maintenues (art. 2). — Sont et demeurent abrogés les décrets des 13 mars 1872 et 6 mai 1872 relatifs à la composition du conseil supérieur (art. 3).

791. Dans le même ordre d'idées se placent : 1° la loi du 30 juillet 1875 sur l'enseignement élémentaire pratique de l'agriculture, qui accorde dans ses articles 10 et 11 d'importants avantages aux professeurs et aux élèves des fermes-écoles et à ceux des écoles pratiques d'agriculture qu'elle crée à titre d'institutions départementales ; 2° la loi du 9 août 1876 ayant pour objet de pourvoir à l'enseignement supérieur de l'agriculture par la création d'un institut agronomique ; 3° l'institution d'un comité consultatif des épizooties près du ministère de l'agriculture et du commerce ; 4° les lois et décrets relatifs aux expositions universelles et autres concours, etc.

792. L'Assemblée constituante, en proclamant le principe de la liberté du travail, réservait [dans le texte cité n° 787] la condition de se conformer aux lois de police ; en conséquence de cette réserve, d'assez nombreuses restrictions (dont plusieurs, dans l'ordre économique, ont déjà disparu, dont d'autres du même ordre doivent encore disparaître), la plupart dans un intérêt de haute police et de protection sociale, ont été successivement apportées au principe. Nous allons en énumérer douze catégories.

1° Dans l'intérêt de l'ordre social : la prohibition de fabriquer et vendre des armes, poudre et munitions de guerre, écrite dans la loi du 24 mai 1834 et le décret du 22 décembre 1852, combinés avec les lois du 27 février 1858 et du 14 juillet 1860 sur la fabrication et le commerce des armes de guerre, suivies du règlement d'administration publique du 6 mars 1861. Un décret du gouvernement de la défense nationale du 4 septembre 1870 avait déclaré absolument libres le commerce et la fabrication des armes de guerre ; la loi du 19 juin 1871 l'a abrogé, et a remis en vigueur les lois antérieures.

2° Dans un double intérêt industriel et surtout de sécurité publique : loi du 21 juillet 1856, et décret du 25 janvier 1865 sur les machines à vapeur ; décret du 19 mai 1873 relatif à la fabrication, l'emmagasinage et la vente du pétrole et de ses dérivés, rapportant un précédent décret du 27 janvier 1872 ; loi du 18 juin 1870 sur le transport des marchandises dangereuses par eau et par voie de terre ; décret du 12 août 1874 qui détermine la nomenclature des matières considérées comme pouvant donner lieu soit à des explosions, soit à des incendies, modifié par celui du 15 janvier 1875 ; décrets des 2 septembre 1874 et 31 juillet 1875 qui prescrivent les mesures à prendre pour l'embarquement et le débarquement des matières dangereuses ; législation, déjà exposée, sur les établissements dangereux [n°s 353 à 364], et même insalubres et incommodes, qui sert de transition naturelle entre cette deuxième sorte de restriction et la troisième à laquelle elle se rattache également.

793. 3° Dans l'intérêt de l'hygiène publique : la réglementation du débit des substances vénéneuses (L. 19 juillet 1845 ; O. 29 octobre 1846) ; celle des professions de pharmaciens (D. 23 août 1873 ; D. 14 juillet 1875) et droguistes (L. 21 germinal an XI [n° 1173]), d'herboristes (D. 22 août 1854), de sages-femmes (L. 29 ventôse an XI ; D. 22 août 1854) ; celle des professions de médecins, chirurgiens et officiers de santé (L. 19 ventôse an XI ; D. 22 août 1854 ; avis du conseil d'État du 28 vendémiaire an XIV qui excepte de l'application des règles sur l'exercice illégal de la médecine les soins et les conseils gratuits).

4° Mesures ayant pour but d'assurer l'alimentation des citoyens par la faculté laissée aux administrations municipales d'établir une taxe des subsistances que limite au pain et à la viande la loi des 19-22 juillet 1791, article 30 [n° 204]. Dans cet ordre d'idées, des décrets et règlements généraux apportaient de graves et nombreuses limitations au commerce de la boucherie et de la boulangerie. Un décret du 24 février 1858 a proclamé à Paris la liberté de la boucherie ; un décret portant règlement d'administration publique du 22 juin 1863 a proclamé pour toute la France la liberté du commerce de la boulangerie.

Sont abrogées, à partir du 1ᵉʳ septembre 1863, les dispositions des décrets, ordonnances ou règlements généraux ayant pour objet de limiter le nombre des boulangers, de les placer sous l'autorité des syndicats, de les soumettre aux formalités des autorisations préalables pour la fondation ou la fermeture de leurs établissements, de leur imposer des réserves de farines ou de grains, des dépôts de garanties ou des cautionnements en argent, de réglementer la fabrication, le transport ou la vente du pain, autres que les dispositions relatives à la salubrité et à la fidélité du débit du pain mis en vente (D. 22 juin 1863, art. 1.)

794. 5° Dans l'intérêt de la morale publique : nécessité d'une autorisation de l'autorité administrative pour ouvrir cafés, cabarets ou débits de boissons à consommer sur place, et le droit de fermeture appartenant à l'administration (D. 29 décembre 1851; loi sur l'ivresse publique du 23 janvier 1873). Une proposition de loi d'initiative parlementaire et le rapport de la commission de la Chambre des députés déposé dans la séance du 19 mai 1876 demandent l'abrogation du décret de 1851 en invoquant le principe de la liberté commerciale et le droit de propriété. Le mérite et le succès de cette proposition sont également douteux.

Règles de même nature sur les bureaux de placement (D. 25 mars 1852); prohibitions relatives à la mise en vente des dessins, gravures, lithographies, médailles (D. 17 février 1852, art. 22). — Dans le même ordre d'idées, les entreprises théâtrales étaient soumises à la nécessité d'une autorisation et réglementées (D. 8 juin 1806); un décret du 6 janvier 1864 a proclamé la liberté des théâtres; il se combine avec le décret du 8 juin 1806, dont l'article 11 notamment, protecteur des auteurs et compositeurs dramatiques, est toujours en vigueur (circ. min. 30 mars 1867 [*voir* n°ˢ 889 à 893]), et avec la loi du 20 juillet 1850 et le décret du 30 décembre 1852 relatifs à la censure théâtrale.

6° Dans un intérêt religieux en contradiction avec les principes de droit public de cet ordre admis en France [n°ˢ 698 à 703], et, par suite, avec les articles des lois et constitutions qui depuis 1789 ont consacré ces principes et la liberté religieuse, une loi du 18 décembre 1814 interdit de travailler le dimanche et les jours fériés. La cour de cassation continue à juger que cette loi est toujours en vigueur (c. c. ch. crim. 19 décembre 1872, *Théroulde*), et par suite applicable même aux non-catholiques (ch. crim. 20 avril 1866, *Paris*; Sirey, 67, 1, 45).

795. 7° Dans un intérêt d'ordre et d'humanité, sont exigées

l'autorisation et les conditions auxquelles sont soumises les entreprises d'engagements ou de transports d'émigrants pour le Nouveau-Monde (L. 18 juillet 1860; D. 15 mars 1861; D. 15 janvier 1868).

8° C'est aussi dans un intérêt d'ordre et d'humanité, pour assurer la protection due à l'enfance, que le législateur a dû soumettre à un régime restrictif, à ce point de vue, un grand nombre de professions et d'industries. Tel est le but des lois suivantes : — Loi du 23 décembre 1874, relative à la protection des enfants du premier âge, et en particulier des nourrissons (« les mois de nourrice font » partie des créances privilégiées et prennent rang entre les §§ 3 » et 4 de l'article 2101 du Code civil ; art. 14 »); — loi du 7 décembre 1874, relative à la protection des enfants employés dans les professions ambulantes ; — surtout la loi du 19 mai 1874, sur le travail des enfants et des filles mineures employés dans l'industrie, qui modifie et complète la loi du 22 mars 1841 dont l'expérience avait montré l'insuffisance ; et les nombreux décrets rendus pour son exécution : décret du 9 juin 1874 portant nomination des membres de la commission supérieure instituée par l'article 23 de la loi, tandis qu'aux termes des articles 20 à 22 il doit être institué une commission locale au moins par arrondissement, dont les membres sont nommés par le préfet sur une liste de présentation arrêtée par le conseil général [1]; décret du 15 février 1875 qui détermine les quinze circonscriptions territoriales des inspections divisionnaires instituées par la loi ; règlements d'administration publique (*Bul. off. min. int.* 1875, p. 370 à 386) du 27 mars 1875 (emploi des enfants de dix à douze ans, art. 2 de la loi), du 12 mai 1875 (travail des enfants dans les mines, art. 7), du 13 mai 1875 (travaux fatigants ou dangereux, art. 12), du 14 mai 1875 (travaux relatifs aux enfants dans les établissements classés comme insalubres, dangereux ou incommodes, art. 13 de la loi).

Dans le cours de la session de 1876, un sénateur et plusieurs députés du département du Nord ont saisi leurs chambres respectives d'une proposition ayant pour objet de suspendre l'application de l'article 9 de cette loi « jusqu'à ce qu'une loi ait rendu obliga- » toire l'instruction des enfants âgés de six à sept ans ». Au Sénat cette proposition a été retirée par son auteur ; la Chambre des députés, dans sa séance du 20 juillet 1876, a refusé de la prendre en considération.

---

[1] L'auteur a l'honneur d'être l'un des membres de cette commission dans l'arrondissement de Poitiers compris dans l'inspection de Limoges.

Aucun enfant ne pourra, avant l'âge de quinze ans accomplis, être admis à travailler plus de six heures chaque jour, s'il ne justifie, par la production d'un certificat de l'instituteur ou de l'inspecteur primaire, visé par le maire, qu'il a acquis l'instruction primaire élémentaire. Ce certificat sera délivré sur papier libre et gratuitement (Loi du 19 mai 1874, *sur le travail des enfants et des filles mineures employés dans l'industrie*, art. 9).

796. 9° Dans un intérêt financier auquel se joignent diverses considérations secondaires d'utilité publique, l'État s'est réservé différents monopoles, autres que celui de la fabrication des poudres et salpêtres [n⁰ˢ 792 et 1229] dans lequel ces considérations sont au contraire dominantes. Nous parlerons de ces monopoles en traitant des impôts [n⁰ˢ 1227 à 1238], monopoles de la fabrication, de l'importation et de la vente des tabacs, des allumettes chimiques, des cartes à jouer ; du transport des lettres par l'administration des postes [n° 1314] ; de l'expédition des dépêches par celle des lignes télégraphiques [n° 1325].

797. 10° Afin de protéger la circulation monétaire de la France contre les tentatives de faux monnayage, et en dehors des règles relatives à la fabrication des monnaies ci-dessus exposées [n⁰ˢ 501 à 524] et qui n'ont pu admettre en cette matière l'application absolue du principe de la liberté industrielle, des restrictions sévères à cette liberté ont été apportées relativement à la fabrication des médailles et à l'emploi des presses et balanciers, par les arrêtés du 3 germinal an IX et du 5 germinal an XII. Des considérations de police, au point de vue de la morale publique et de la politique, motivent, avec l'intérêt monétaire, ces restrictions. Elles sont au nombre de quatre : 1° défense expresse de faire frapper des médailles, jetons ou pièces de fantaisie, ailleurs que dans les ateliers de l'hôtel des monnaies de Paris (A. 5 germinal an XII, art. 1) ; 2° nécessité d'une autorisation délivrée dans les bureaux du ministère des finances pour y faire frapper lesdites médailles, jetons ou pièces de fantaisie (O. 24 mars 1832 ; D. 17 février 1852, art. 22) ; 3° droit du ministre des finances d'accorder des permissions spéciales à des industriels de fabriquer des médailles dans leurs ateliers [n° 798] ; 4° obligation imposée aux industriels qui font usage de balanciers pour leur industrie, d'obtenir, pour posséder ces machines (A. 3 germinal an IX), l'autorisation des préfets, qui peuvent la refuser, et, dans tous les cas, doivent, dans leurs arrêtés de permissions, interdire par clause spéciale la fabri-

cation des médailles sans autorisation du ministre des finances, en visant l'article 3 de l'arrêté du 5 germinal de l'an XII.

798. Une circulaire du ministre de l'intérieur du 10 avril 1873 [1] porte que les permissions du ministre des finances, dont il vient d'être parlé, sans lesquelles nul industriel ne peut frapper des médailles dans ses ateliers, « ont été jusqu'à présent constamment refusées », mais constate l'existence de trop nombreuses contraventions.

[1] Voici le texte de cette importante circulaire : — « Paris, le 10 avril 1873. — Monsieur le préfet, depuis quelques années, certains industriels détiennent des balanciers et frappent illégalement des médailles et des jetons d'or, d'argent ou de cuivre. Quelques-uns se sont même permis de répandre dans le commerce des pièces offrant une grande analogie avec notre monnaie courante. M. le ministre des finances me signale les graves inconvénients qui résultent de cette fabrication, au double point de vue du préjudice causé à l'État et du danger qui menace l'ordre public. En présence des nombreuses infractions aux lois qui régissent la matière, mon département a le devoir de prêter le concours le plus actif à l'administration des finances, pour faire promptement cesser cet état de choses par un énergique retour à la légalité. L'article 1 de l'arrêté du 5 germinal an XII, qui n'est pas abrogé, contient deux dispositions principales : la première est une défense expresse de faire frapper des médailles, jetons ou pièces de fantaisie, ailleurs que dans les ateliers de l'hôtel de la Monnaie à Paris. L'autorisation, dont les industriels sont obligés de se pourvoir en exécution de l'arrêté du 5 germinal an XII et de l'ordonnance du 24 mars 1832, pour faire frapper des médailles, est délivrée dans les bureaux de mon ministère, à Paris ; elle tient lieu de l'autorisation exigée par l'article 22 du décret du 17 février 1852, et doit mentionner les peines encourues en cas d'infraction. La seconde disposition de l'article 1 de l'arrêté du 5 germinal an XII est relative à l'autorisation spéciale que les fabricants doivent obtenir du gouvernement, pour pouvoir frapper légalement des médailles dans leurs ateliers. Les permissions de cette nature ont été, jusqu'à présent, constamment refusées par M. le ministre des finances qui, seul, a le droit de les accorder. Toute contravention à ces deux dispositions légales devra être, à l'avenir, rigoureusement déférée aux tribunaux. Dans l'intérêt d'une prompte répression, je crois devoir, monsieur le préfet, rappeler à votre attention les termes de l'arrêté du 3 germinal an IX, dont l'exécution est plus spécialement confiée aux fonctionnaires de mon ministère. L'arrêté précité impose aux industriels qui font usage de balanciers l'obligation d'obtenir la permission de posséder ces machines. Quant aux personnes qui en détiennent sans autorisation, elles doivent en faire la déclaration à la préfecture de leur département. L'administration, ayant le droit incontestable d'accorder aux particuliers la faveur de se servir de balanciers pour leur industrie, peut, par contre, leur refuser cette permission, lorsque la demande n'est justifiée ni par la moralité du pétitionnaire, ni par les besoins réels de son exploitation. Quand vous jugerez à propos d'accueillir des instances de cette nature, vous viserez dans l'autorisation l'article 3 de l'arrêté du 5 germi-

799. 11° Pour assurer la défense des droits, des intérêts moraux et pécuniaires, du patrimoine, de la liberté et de l'honneur des citoyens et des familles, une autre sorte de restriction au principe de la liberté des professions a pour objet de soumettre à des garanties spéciales, mais en y admettant, sous le contrôle des conseils de l'Ordre et de l'autorité judiciaire, quiconque en remplit les conditions morales et légales, la profession libérale des avocats près les cours d'appel et les tribunaux (Ordonnance royale du 20 novembre 1822; O. 17 août 1830; D. 22 mars 1852; Décret impérial du 10 mars 1870 ; [*voir* n° 1146]).

800. 12° Enfin nous avons à signaler, dans un ordre d'idées analogue et d'étroits rapports avec le droit administratif, la législation relative aux *officiers ministériels*; elle leur attribue le monopole de certaines professions. On appelle ainsi : les avocats au conseil d'État et à la cour de cassation (O. 13 novembre 1816 ; O. 10 septembre 1817 [n°⁸ 265 à 286]); les notaires (L. 25 ventôse an XI; O. 4 janvier 1843); les avoués près les cours d'appel et les tribunaux (L. 27 ventôse an VIII ; arr. 13 frimaire an XI) ; les huissiers (D. 4 juin 1813; O. 26 août 1822); les commissaires-priseurs (L. 27 ventôse an IX ; L. 28 avril 1816, art. 89 ; O. 26 juin 1816) ;

nal an XII, et vous interdirez formellement et par clause spéciale la fabrication des médailles, à moins que l'on n'ait obtenu du ministre des finances l'autorisation exigée par l'article 1 de l'arrêté précité. Dans ce cas, c'est-à-dire lorsque cette faveur exceptionnelle aura été concédée, vous délivrerez à l'intéressé, conformément à l'article 22 du décret du 17 février 1852, une autorisation pour chaque spécimen soumis à votre examen. Si les médailles présentées offrent des inconvénients au point de vue moral, politique ou religieux, vous n'hésiterez pas à en défendre la publication, et même à poursuivre les délinquants, dans le cas de distribution ou de mise en vente sans autorisation. J'attache, monsieur le préfet, la plus grande importance à la stricte exécution des arrêtés du 3 germinal an IX et du 5 germinal an XII. L'administration arrivera ainsi à tarir, à leur source, les abus qui ont lieu dans la fabrication des médailles et qui, en se perpétuant, pourraient causer les plus grands dommages au Trésor de l'État et à la confiance publique. Telles sont, monsieur le préfet, les instructions que j'ai cru nécessaire de vous transmettre sur une question qui touche à de graves intérêts. Grâce à votre concours empressé sur lequel je compte, elles produiront, j'en ai l'assurance, les meilleurs résultats. Je ne dois pas vous laisser ignorer, d'ailleurs, que, de son côté, M. le ministre des finances doit prescrire à ses agents des mesures de surveillance et de contrôle qui contribueront à faire rentrer dans le devoir ceux qui se sont permis d'usurper un des priviléges de l'État. Recevez, monsieur le préfet, etc. *Le ministre de l'intérieur*, E. DE GOULARD. »

les agents de change (D. 15 septembre 1862 ; D. 1ᵉʳ octobre 1862) et les courtiers (art. 76 et 78 du Code de commerce), etc.

Ces professions, indépendamment des garanties d'aptitude exigées de ceux qui les exercent et de la nécessité du dépôt d'un cautionnement en numéraire (L. 25 nivôse an XIII modifiée par l'art. 97 de la loi du 28 avril 1816), ont pour caractère distinctif de constituer en même temps des fonctions publiques auxquelles s'applique le droit général de nomination à tous les emplois appartenant au pouvoir exécutif [n° 50].

801. Cette situation se combine avec le droit de *présenter des successeurs à l'agrément du chef de l'État*, concédé aux officiers ministériels par la loi de finances du 28 avril 1816 (art. 91), en compensation d'une augmentation de cautionnement exigée d'eux, afin de pourvoir aux sept cents millions de l'indemnité de guerre et aux autres charges pécuniaires (le tout s'élevant à deux milliards environ) imposées à la France dans le traité et les conventions annexes du 20 novembre 1815, auquel se rattache l'article 91 de la loi de 1816.

Les avocats de la cour de cassation, notaires, avoués, greffiers, huissiers, agents de change, courtiers, commissaires-priseurs, pourront présenter à l'agrément de Sa Majesté des successeurs, pourvu qu'ils réunissent les qualités exigées par les lois. Cette faculté n'aura pas lieu pour les titulaires destitués. Il sera statué par une loi particulière sur l'exécution de cette disposition et sur tous les moyens d'en faire jouir les héritiers ou ayants cause desdits officiers. Cette faculté de présenter des successeurs ne déroge point, au surplus, au droit de Sa Majesté de réduire le nombre desdits fonctionnaires, notamment celui des notaires, dans les cas prévus par la loi du 25 ventôse an XI sur le notariat (Loi *sur les finances* du 28 avril 1816, art. 91). — A compter de la promulgation de la présente loi, tout traité ou convention ayant pour objet la transmission à titre onéreux ou gratuit, en vertu de l'article 91 de la loi du 28 avril 1816, d'un office, de la clientèle, des minutes, répertoires, recouvrements et autres objets en dépendant, devra être constaté par écrit et enregistré avant d'être produit à l'appui de la demande de nomination du successeur désigné. Les droits d'enregistrement seront perçus selon les bases et quotités ci-après déterminées (Loi *du budget des recettes*, 25 juin 1841, art. 6).

802. Cette disposition de la loi de 1816 a consacré législativement l'usage, simplement toléré jusque-là par le gouvernement, des cessions d'offices à prix d'argent ; c'est une atteinte au principe de l'abolition de la vénalité des offices proclamé par l'article 7 de la loi du 4 août 1789 et par les lois des 30 octobre et 10 décembre 1790. Le gouvernement de la Restauration pro-

testa toutefois contre l'intention de constituer un véritable droit de propriété entre les mains des détenteurs d'offices; et une instruction ministérielle de M. Pasquier, garde des sceaux, en date du 24 février 1847, a fait connaître la véritable interprétation de la loi en répudiant les souvenirs de l'ancien régime.

L'état de choses créé par la loi de 1816 diffère de l'ancienne vénalité des charges, sous les rapports suivants : 1° le droit de présentation ne s'applique qu'aux offices ministériels et non à toutes les charges vénales avant 1789 ; 2° le gouvernement peut créer de nouvelles charges, mais n'a pas le droit de les vendre ; 3° il n'est jamais collateur obligé, et peut refuser son agrément au successeur présenté ; 4° le titulaire destitué perd son droit de présentation ; 5° les offices, fictivement considérés comme immeubles avant 1789, ne peuvent plus être l'objet d'une fiction de cette nature, ne sont plus soumis au droit de propriété, constituent des fonctions publiques, et ne doivent pas être confondus avec le droit de présentation, qui seul appartient au titulaire et ne peut constituer évidemment qu'un droit mobilier.

Ainsi il résulte de la situation créée en 1816 qu'à côté de la fonction publique qui n'est pas dans le commerce, existe le droit de présentation, qui constitue au profit du titulaire, ses héritiers et sa veuve, et non au profit de ses créanciers (c. cass. 23 mai 1854), une véritable propriété soumise à une réglementation et à des causes de résolutions particulières. De sorte que, si un jour la question du rachat des offices passait de la théorie dans la loi, sa réalisation imposerait à l'État la condition d'indemniser les titulaires de ce droit légitimement acquis, du préjudice que leur causerait cette véritable espèce d'expropriation pour cause d'utilité publique. Cette condition, acceptée en 1789 par l'Assemblée constituante, l'a été également par le législateur de 1866 dans la loi relative aux courtiers de marchandises.

803. Cette loi du 18 juillet 1866 a supprimé l'une des catégories d'offices publics auxquels s'appliquait l'article 91 de la loi de 1816, en proclamant la liberté de la profession de *courtier de marchandises*. Contrairement à l'opinion d'abord exprimée par la majorité de la commission du Corps législatif, le législateur a refusé de comprendre dans cette mesure les courtiers d'assurances maritimes et les courtiers interprètes conducteurs de navires, dont le commerce sollicitait le maintien, tandis qu'il résultait d'une enquête solennelle et approfondie que l'institution des courtiers de

marchandises était non-seulement inutile, mais dommageable au commerce. Malgré la gravité de ce précédent, il faut constater que l'exposé des motifs, le rapport de la commission, et la discussion de la loi (déclaration du ministre d'État, à la séance du 28 juin 1866 au Corps législatif), établissent que, dans la pensée du législateur de 1866, il n'y avait aucune assimilation à faire entre les 628 courtiers de marchandises supprimés et les 27,614 autres officiers ministériels.

La loi du 18 juillet 1866 est divisée en deux titres : le titre I est intitulé *De l'exercice de la profession de courtier de marchandises*; le titre II, *De l'indemnité à payer aux courtiers de marchandises actuellement en exercice*, indemnité dont l'État a fait l'avance et dont il se rembourse par voie de taxes sur ceux appelés à profiter de la suppression des offices. Deux règlements d'administration publique en date du 22 décembre 1866 ont pourvu à l'exécution des articles 2 et 9 de cette loi, conformément à leurs prescriptions.

FIN DU TOME I.

TABLE ANALYTIQUE

DU TOME PREMIER[1].

INTRODUCTION.

NOTIONS PRÉLIMINAIRES DE DROIT CONSTITUTIONNEL.

Numéros.	Pages.
1. Définition et division du droit public ; ses rapports avec le droit privé.	9
2. Droit public externe; droit public interne.	10
3. Droit constitutionnel ; définition et domaine du Droit administratif.	10
4. Plan du *Cours de Droit administratif*; sa division en trois parties ou titres.	11
5. Rapport général entre ces deux branches du droit public interne, le droit constitutionnel et le droit administratif.	12
6. Fixation des principes du droit public par la première; leur application par la seconde; renvoi à la deuxième partie du Cours.	13
7. Autre point de contact : principe de la séparation des pouvoirs.	14
8. Triple point de vue de l'étude de ce principe; points de vue rationnel ou spéculatif, et historique réunis; point de vue du droit positif actuel.	15

I. Principe de la séparation des pouvoirs considéré aux points de vue spéculatif et historique.

9. Idée de pouvoir inhérente à celle de société.	16
10. Pouvoir constituant.	17
11. Pouvoirs constitués; ils doivent être séparés.	17
12. Origines du principe de la séparation des pouvoirs constitués.	18
13. Onze Constitutions ou Chartes qui ont successivement en France organisé et réparti les pouvoirs, de 1789 à 1871.	19
14. Éclipses du principe de séparation des pouvoirs : décrets-lois.	21
15. *Pouvoir législatif*; participation possible du pouvoir exécutif à l'œuvre législative; diverses phases de la confection des lois.	21
16. Initiative des lois; intervention du conseil d'État.	22
17. Discussion et vote des lois; amendements.	22
18. Examen de la constitutionnalité des lois admis par certaines constitutions, avec division des actes législatifs en lois et sénatus-consultes.	24
19. Sanction des lois, admise ou rejetée selon les constitutions.	24
20. De la date des lois.	25
21. Promulgation des lois.	25
22. Transition naturelle de la théorie du pouvoir législatif à l'étude du pouvoir exécutif, également faite au point de vue spéculatif.	26
23. *Pouvoir exécutif*; éléments d'une étude rationnelle de ce pouvoir.	26
24. Division du pouvoir exécutif en trois branches.	26
25. 1re branche : le gouvernement.	27
26. Ses règles diverses au point de vue de sa composition.	27
27. — — de sa durée et de sa transmission.	28
28. — — des conditions constitutionnelles de son fonctionnement.	28

[1] Une table alphabétique des matières se trouve, pour l'ensemble de l'ouvrage, à la fin du tome second, en outre de sa table analytique.

Numéros.		Pages.
29.	Responsabilité ministérielle.	29
30.	Suite; régime parlementaire; participation du pouvoir législatif à l'œuvre du pouvoir exécutif.	29
31.	Observations relatives à cette première branche du pouvoir exécutif.	31
32.	2me branche : l'administration.	31
33.	3me branche : la justice : justice retenue ou déléguée; juridiction judiciaire ou administrative; séparation des autorités administrative et judiciaire.	32
34.	L'autorité judiciaire ne constitue pas un troisième pouvoir, appelé pouvoir judiciaire; elle est une des trois branches du pouvoir exécutif distincte des deux autres.	34
35.	Suite de la démonstration de ce principe.	36
36.	Tableau historique des diverses solutions données par les constitutions successives de la France aux questions d'organisation du pouvoir législatif et du pouvoir exécutif.	37

II. Principe de la séparation des pouvoirs considéré au point de vue du droit positif.

37.	Lois constitutionnelles de la République française, du 25 février 1875 relative à l'organisation des pouvoirs publics, du 24 février 1875 sur l'organisation du Sénat, et du 16 juillet 1875 sur les rapports des pouvoirs publics.	40
38.	A ces lois seules s'applique l'article 8 de la première de ces trois lois; clause de révision; organisation constitutionnelle du pouvoir constituant.	45
39.	Répartition du pouvoir législatif entre deux assemblées et le président de la République; mode de confection des lois; leur date.	46
40.	Composition et organisation du Sénat.	48
41.	Sa durée et son mode de renouvellement; il ne peut être dissous.	49
42.	Composition et organisation de la Chambre des députés; règles relatives à son renouvellement et à sa dissolution.	49
43.	Attributions, règles et prérogatives communes aux deux Chambres.	50
44.	Attributions spéciales au Sénat, et règles qui lui sont propres.	51
45.	Ses attributions comme cour de justice.	52
46.	Attributions spéciales à la Chambre des députés.	52
47.	Pouvoir exécutif remis au président de la République; formes de son élection; durée de son pouvoir.	53
48.	Attributions constituantes et législatives du président de la République.	53
49.	Promulgation et publication des lois.	53
50.	Attributions gouvernementales du président de la République; intervention des Chambres dans l'action du pouvoir exécutif.	55
51.	Suite; responsabilité ministérielle.	55
52.	Siége des pouvoirs publics à Versailles.	56

TITRE PREMIER. — AUTORITÉS, CONSEILS ET TRIBUNAUX ADMINISTRATIFS.

53.	Division du titre en deux chapitres.	57

CHAPITRE PREMIER. — AUTORITÉS ET CONSEILS ADMINISTRATIFS.

54.	Anciennes divisions territoriales et administratives de la France.	57
55.	Systèmes d'administration des pays d'élections et des pays d'états.	58

Numéros. — Pages.

56. Division administrative de la France depuis 1789 ; circonscription et unités administratives. — 58
57. Organisation administrative de 1790 et de l'an III. — 59
58. Organisation administrative de la France depuis l'an VIII ; séparation de l'*action* et de la *délibération* au sein de chaque unité administrative ; renvoi pour la *juridiction* administrative. — 59
59. Division du chapitre en deux sections. — 60

SECTION PREMIÈRE. — ADMINISTRATION CENTRALE.

60. Objet et division de la section en trois paragraphes. — 60

§ Ier. — *Le chef de l'État considéré comme administrateur suprême du pays.*

61. Nature et divers modes d'exercice de l'autorité administrative dans la personne du chef de l'État ; division des décrets. — 61
62. Décrets généraux ou actes réglementaires du chef de l'État ; décrets portant règlement d'administration publique. — 61
63. Décrets spéciaux : leur division en deux classes. — 62
64. Décrets gouvernementaux ; renvois. — 62
65. Décrets spéciaux administratifs. — 63
66. Voies de recours ouvertes contre les décrets. — 64

§ II. — *Des ministres.*

67. Triple rôle des ministres. — 65
68. Départements ministériels. — 65
69. Composition de l'administration centrale de chaque ministère. — 66
70. Diverses attributions administratives des ministres. — 67
71. Du contre-seing. — 67
72. Des attributions d'administration proprement dites et des actes des ministres. — 67
73. De leur droit de contrôle sur les arrêtés réglementaires des préfets. — 68

§ III. — *Conseil d'État.*

74. Définition, rôle et attributions générales du conseil d'État. — 69
75. Ses origines : ancien conseil du roi ; conseil d'État de l'an VIII. — 70
76. Son histoire de 1814 à 1872 ; comparaison avec l'institution actuelle. — 71
77. Sa composition en vertu des lois du 24 mai 1872 et du 25 février 1875. — 73
78. Conditions d'âge et incompatibilités. — 74
79. Président, vice-président, et présidents de sections. — 74
80. Nomination et situation des auditeurs au conseil d'État (*voir* 1er appendice). — 75
81. Concours pour l'auditorat de 2me classe. — 76
82. Concours pour l'auditorat de 1re classe. — 78
83. Organisation du conseil d'État en sections, assemblée générale, et assemblée du contentieux. — 79
84. Des sections ; leur division et leurs attributions. — 81
85. Statistique des travaux des sections, de 1852 à 1865. — 83
86. De l'assemblée générale ; son organisation ; ses attributions : article 5 du décret du 21 août 1872. — 84
87. Statistique des travaux de l'assemblée générale, de 1852 à 1865. — 87
88. Dispositions générales communes à l'ensemble du conseil d'État. — 88

SECTION II. — ADMINISTRATION DÉPARTEMENTALE.

89. Caractères du département. — 89

Numéros.		Pages
90.	Divers éléments de l'administration départementale; division de la section en sept paragraphes.	89
91.	Loi du 28 pluviôse de l'an VIII.	90
92.	Centralisation et décentralisation administrative.	93
93.	Première période importante de décentralisation de 1831 à 1838.	94
94.	On peut distinguer, depuis 1852, trois autres périodes de décentralisation.	94
95.	Généralisation des neuf règles principales résultant des textes décentralisateurs de 1852, 1861, 1866, 1867 et 1871.	95
96.	1re règle : maintien de l'unité administrative et des créations de l'an VIII.	95
97.	2me, 3me et 4me règles : mesures de déconcentration.	96
98.	5me règle : maintien du droit de recours hiérarchique et d'annulation d'office par l'administration centrale.	96
99.	6me et 7e règles : extension des attributions des conseils électifs.	97
100.	8me règle : maintien du droit de contrôle du gouvernement sur les délibérations des conseils généraux et municipaux.	98
101.	9me règle : création de la commission départementale.	98
102.	Résumé.	99
103.	Titre Ier de la loi du 10 août 1871 sur les conseils généraux.	99

§ Ier. — *Préfets.*

104.	Nomination, remplacement et classement des préfets.	100
105.	Exceptions aux règles de l'organisation préfectorale dans le département de la Seine.	102
106.	Caractères légaux du préfet.	102
107.	Du préfet agent du gouvernement.	103
108.	Du préfet représentant du gouvernement et de l'administration centrale, administrateur *jure proprio* du département.	103
109.	Arrêtés préfectoraux *spéciaux*.	104
110.	Arrêtés préfectoraux *réglementaires*.	104
111.	Du préfet représentant des intérêts départementaux, au point de vue de l'instruction préalable des affaires départementales et de l'exécution des décisions du conseil général et de la commission départementale.	105
112.	Du préfet considéré comme juge; renvoi.	106
113.	Décret législatif du 25 mars 1852 sur la décentralisation administrative et décret réglementaire du 13 avril 1861, toujours en vigueur dans leur ensemble, malgré certaines abrogations implicites et partielles.	106
114.	Différence de nature légale entre ces deux décrets.	107
115.	Articles 1 des deux décrets et tableau A; affaires départementales et communales.	108
116.	Articles 2 et tableau B; police agricole, industrielle et sanitaire.	111
117.	Articles 3 et tableau C; affaires commerciales et financières.	112
118.	Articles 4 du décret de 1852 et 2 du décret de 1861, tableau D; affaires relatives aux cours d'eau et aux travaux publics.	113
119.	Article 4 du décret de 1861 et décret du 15 février 1862; matières relatives à l'administration et à la police des cultes; affaires connexes et mixtes.	114
120.	Article 5 de chaque décret; extension du droit de nomination des préfets à divers emplois.	116
121.	Article 6 du décret de 1861 relatif à l'extension de la décentralisation administrative au profit des sous-préfets; renvoi.	117
122.	Articles 6 du décret de 1852 et 7 du décret de 1861; maintien du droit de contrôle et de réformation de l'administration supérieure sur toutes les affaires décentralisées par les deux décrets.	117
123.	Abrogation de l'article 7 du décret du 25 mars 1852, qui exceptait de ses dispositions le département de la Seine.	118

§ II. — *Secrétaires généraux de préfecture.*

124. Institution. 118
125. Attributions. 119

§ III. — *Conseils de préfecture.*

126. Le caractère de conseil administratif n'est que secondaire dans les conseils de préfecture. 120
127. Leurs attributions consultatives en matière d'administration; arrêtés du préfet en conseil de préfecture. 120
128. Les conseils de préfecture procèdent aussi comme conseils administratifs, mais avec un pouvoir propre, lorsqu'ils statuent sur les demandes en autorisation de plaider. 121

§ IV. — *Conseils généraux de département.*

129. Définition des conseils généraux; loi du 10 août 1871; et division du paragraphe en trois parties. 121

A. Composition et organisation des conseils généraux.

130. Composition des conseils généraux. 122
131. Exception dans le département de la Seine. 123
132. Conditions d'éligibilité; incompatibilités. 124
133. Contentieux des élections des conseils généraux; loi du 31 juillet 1875. 126
134. Loi du 7 juin 1873 relative à un cas de démission déclarée par le conseil d'État. 128
135. Démissions déclarées par le conseil général; option au cas de double élection. 129
136. Sessions ordinaires et extraordinaires des conseils généraux (*voir aussi* 17ᵉ appendice). 12
137. Du bureau et des séances des conseils généraux. 130

B. Attributions des conseils généraux.

138. Divisions des attributions des conseils généraux, d'après l'étendue de leur pouvoir. 133
139. Division de ces attributions, d'après la nature de leur mission. . 133
140. 1º Attributions de répartition de l'impôt appartenant au conseil général, comme *délégué du pouvoir législatif*. 134
141. 2º Attributions de *contrôle de l'administration départementale* (et de représentant du département) par l'apurement des comptes d'administration du préfet et le vote du budget départemental. . 135
142. 3º Attributions du conseil général comme *représentant le département*; étendue de cette classe d'attributions du conseil général sous l'empire de la loi du 10 mai 1838. 136
143. Division des délibérations prises à ce titre par les conseils généraux, en deux classes, d'après la loi du 18 juillet 1866. . . . 138
144. Économie de la loi du 10 août 1871 à ce point de vue; division actuelle de ces délibérations des conseils généraux en trois classes. 138
145. Délibérations par lesquelles les conseils généraux *statuent définitivement*, sauf annulation par le pouvoir exécutif pour violation de la loi. 139
146. Délibérations du conseil général soumises au droit de *veto* suspensif du pouvoir exécutif. 141
147. Délibérations, au nombre de trois, soumises à la nécessité de l'*autorisation*, l'une gouvernementale et les deux autres législatives. 142
148. De certaines attributions nouvelles des conseils généraux. . . . 142
149. Entente entre plusieurs conseils généraux sur des objets d'utilité commune à plusieurs départements. 143

Numéros.		Pages.
150.	4° Attributions du conseil général comme *chargé du contrôle de la situation et de l'administration financière des communes*..	144
151.	Autre attribution de cette nature d'après une loi du 5 avril 1851.	145
152.	Autres attributions de même nature.	146
153.	Extension de ce contrôle relativement aux sections électorales.	146
154.	5° Attributions du conseil général comme *comité consultatif* de l'administration centrale.	147
155.	Avis; loi de 1871, article 50.	147
156.	Vœux; loi de 1871, article 51.	148
157.	6° Attributions relatives *au rôle éventuel des conseils généraux dans des circonstances exceptionnelles*; loi du 15 février 1872.	149

C. Sanction des règles précédentes.

158.	Sanction des règles relatives à l'organisation et aux attributions des conseils généraux.	150
159.	Application aux délibérations des conseils généraux du recours pour excès de pouvoir.	152
160.	Réglementation du droit de dissolution.	152

§ V. — *Commissions départementales.*

161.	Institution de la commission départementale élue par chaque conseil général de département.	154
162.	Division : règles d'organisation; règles d'attributions.	155
163.	Composition de la commission départementale (17ᵉ appendice).	155
164.	Présidence; délibérations.	155
165.	Séances de la commission.	156
166.	Des quatre sortes de fonctions de la commission départementale; examen de celles qu'elle exerce comme comité consultatif du préfet et comme chargée de soulever toute question d'intérêt départemental.	158
167.	Affaires déléguées à la commission par le conseil général; étendue et conditions du droit de délégation.	159
168.	Affaires déférées à la commission par la loi.	160
169.	Difficultés et jurisprudence relatives à la répartition des subventions départementales et des secours individuels ou gratifications.	161
170.	Autres affaires déférées à la commission par la loi.	163
171.	Dispositions écartées du projet primitif relatives à la soi-disant tutelle administrative des communes et des établissements publics.	164
172.	Règlement, par le conseil général, des conflits entre la commission départementale et le préfet.	165
173.	De l'application du recours pour excès de pouvoir et de l'article 33 de la loi de 1871 aux décisions des commissions départementales.	165
174.	Applications diverses du droit d'annulation.	167

§ VI. — *Sous-préfets.*

175.	Nomination et classement.	167
176.	Caractères légaux du sous-préfet et de l'arrondissement.	168
177.	Cas exceptionnels, augmentés par le décret du 13 avril 1861, dans lesquels le sous-préfet est investi d'un pouvoir propre.	168

§ VII. — *Conseils d'arrondissement.*

178.	Projets divers de suppression des conseils d'arrondissement.	169
179.	Organisation de ces conseils; conditions d'éligibilité.	170
180.	Loi du 30 juillet 1874.	171
181.	Leurs attributions de répartition de l'impôt.	171
182.	Avis et vœux.	172

DU TOME PREMIER.

Numéros. Pages.

SECTION III. — Administration communale.

183. Caractères distinctifs de la commune............................. 173
184. Dispositions des lois de 1837, 1867 et 1871 relatives à la détermination et à la modification des circonscriptions communales.... 174
185. Solution des difficultés que présente la combinaison de ces textes.. 174
186. Composition du corps municipal; division de la section en quatre paragraphes... 175

§ Ier. — *Maires.*

187. Importance et difficulté de la question de nomination des maires... 176
188. Exposé de douze systèmes légalement appliqués ou proposés.... 177
189. Loi du 20 janvier et circulaire du 23 janvier 1874................. 181
190. Loi du 12 août 1876 sur la nomination des maires et adjoints.... 181
191. Révocation et suspension des maires et adjoints................. 183
192. Conditions d'aptitude et incompatibilités........................ 183
193. Gratuité des fonctions municipales.............................. 183
194. Exceptions aux règles d'organisation et d'attributions du maire et des adjoints dans la ville de Paris............................ 184
195. .... dans la ville de Lyon.................................. 184
196. Exception relative à la police dans les villes chefs-lieux de département dont la population excède 40,000 âmes................. 185
197. Règlement des attributions de police municipale dans les autres communes.. 186
198. Attributions non administratives des maires..................... 186
199. Attributions administratives des maires; leurs caractères légaux.. 186
200. Du maire considéré comme représentant de l'administration centrale.. 187
201. Du maire considéré comme chef de l'association communale; subdivision de ses attributions à ce titre.......................... 188
202. Attributions du maire en qualité de magistrat municipal......... 188
203. Attributions de police municipale............................... 189
204. Suite.. 189
205. Attributions de police rurale; bans de vendanges et autres; Code rural de 1791.. 190
206. (Suite.) Glanage, râtelage et grappillage........................ 191
207. Projet de Code rural de 1868.................................. 191
208. Du maire considéré comme représentant la personnalité civile de la commune; il préside le conseil municipal et toutes ses commissions... 192
209. Des divers actes des maires, et principalement de leurs actes d'autorité.. 193
210. Arrêtés municipaux individuels et spéciaux..................... 194
211. Arrêtés municipaux réglementaires.............................. 195
212. Règlements permanents.. 195
213. Règlements temporaires.. 196
214. Arrêtés portant publication des anciens règlements............. 196

§ II. — *Adjoints.*

215. Nomination et nombre des adjoints............................. 197
216. Adjoints spéciaux.. 197
217. Attributions des adjoints...................................... 198

§ III. — *Conseils municipaux.*

218. Composition des conseils municipaux........................... 199
219. Statistique des communes..................................... 199
220. Conditions d'éligibilité.. 200
221. Causes d'incapacité et d'incompatibilité........................ 200
222. Élection au scrutin de liste; sections électorales................ 201

Numéros.		Pages.
223.	Exceptions relatives au conseil municipal de Paris.	201
224.	— — au conseil municipal de Lyon.	202
225.	Renouvellement des conseils municipaux.	203
226.	Situation actuelle; conseils municipaux élus en conséquence de la loi du 25 mars 1874.	204
227.	Suspension et dissolution de ces conseils.	204
228.	Leurs sessions, et interdiction des commissions permanentes.	205
229.	Séances et votes.	205
230.	Non-publicité des séances; communication des délibérations.	206
231.	Législation relative aux attributions des conseils municipaux; lois de 1837 et de 1867; circulaire du 3 août 1867.	206
232.	Diverses sortes d'attributions des conseils municipaux.	208
233.	1° Délibérations réglementaires d'après la loi de 1837.	208
234.	2° Délibérations réglementaires d'après la loi de 1867.	209
235.	3° Délibérations proprement dites.	211
236.	4° Avis.	213
237.	5° Vœux; et certaines fonctions spéciales des conseils municipaux.	213
238.	Sanction et prescriptions diverses.	214
239.	Jurisprudence administrative, gouvernementale et parlementaire.	215
240.	Jurisprudence judiciaire.	216

§ IV. — *Commissaires de police.*

241.	Fonctions des commissaires de police.	217
242.	Leur répartition.	217

CHAPITRE DEUXIÈME. — TRIBUNAUX ADMINISTRATIFS.

243.	Division du chapitre.	218

SECTION PREMIÈRE. — DU CONTENTIEUX ADMINISTRATIF
ET DU CONSEIL D'ÉTAT DÉLIBÉRANT AU CONTENTIEUX.

§ Ier. — *Du contentieux administratif.*

244.	Définition et domaine du contentieux administratif.	219
245.	1° Affaires placées par un texte dans le contentieux administratif.	219
246.	2° Affaires appartenant par leur nature au contentieux administratif.	220
247.	Division en trois classes des actes de l'administration.	220
248.	Les actes gouvernementaux ne rentrent pas dans le contentieux administratif et sont distincts des actes de l'administration.	220
249.	Distinction entre le droit acquis violé et l'intérêt lésé.	222
250.	Comment le contentieux administratif se distingue du contentieux judiciaire.	223
251.	Comment il se distingue des matières du ressort de la juridiction gracieuse administrative.	223
252.	3° Des recours pour incompétence ou excès de pouvoir devant le conseil d'État délibérant au contentieux.	224
253.	Suite.	225
254.	4° Interprétation par la voie contentieuse des actes administratifs.	226
255.	Statistique, du 25 janvier 1852 au 31 décembre 1865, relative à ces deux dernières classes de recours.	226
256.	Motifs de la juridiction contentieuse administrative, instituée parallèlement à la juridiction judiciaire.	226
257.	Ses origines et son institution; exclusion de la dénomination de juridiction d'exception appliquée aux tribunaux administratifs.	227
258.	Amovibilité, sauf une exception, des juges administratifs; motifs.	228
259.	Insuccès successifs et mérités, des attaques dirigées contre la juridiction administrative.	229
260.	Division des tribunaux administratifs.	231

§ II. — *Conseil d'État délibérant au contentieux.*

261. Organisation de l'assemblée du conseil d'État délibérant au contentieux. 232
262. Origines et précédents historiques. 233
263. Présidence de cette assemblée. 234
264. Commissaires du gouvernement et débats publics. 234
265. Jugement par la section du contentieux seule. 235
266. Des huit classes d'affaires dispensées de la constitution d'avocat au conseil. 235
267. Caractère facultatif de la dispense et du renvoi à l'assemblée du contentieux. 236
268. Affaires jugées par l'assemblée du contentieux et par la section du contentieux, du 25 janvier 1852 au 31 décembre 1865. ... 236
269. Absence de pouvoir propre du conseil d'État avant la loi de 1872.. 237
270. Pouvoir propre du conseil d'État en matière contentieuse, en vertu de la loi du 24 mai 1872. 238
271. Des six classes d'affaires contentieuses de la compétence du conseil. 239
272. Affaires qu'il juge comme régulateur des compétences administratives et tribunal de cassation. 239
273.   —   comme tribunal d'appel. 241
274.   —   comme unique degré de juridiction. 241
275. Statistique des décisions rendues au contentieux de 1852 à 1860. . 242
276.   —   —   —   de 1861 à 1865. . 243
277. Code de procédure du conseil d'État; décret du 22 juillet 1806. .. 243
278. Formes du recours au conseil d'État délibérant au contentieux. .. 244
279. Délais du recours. 244
280. Effets du recours. 245
281. Instruction de l'affaire; ordonnance de soit communiqué; requêtes. 246
282. Formes de l'arrêt. 247
283. Voies de recours. 248
284. Arrêt revêtu de la formule exécutoire. 248
285. Autres effets de l'arrêt du conseil d'État. 249
286. Des condamnations aux dépens. 249

SECTION II. — TRIBUNAUX ADMINISTRATIFS GÉNÉRAUX.

287. Division de la section en trois paragraphes. 250

§ Ier. — *Conseils de préfecture.*

288. Objet et subdivision de ce paragraphe en trois parties. . 250
289. Critique du projet de 1872 relatif à la suppression des conseils de préfecture. 251
290. Défense de l'institution des conseils de préfecture. 251
291. Statistique des décisions des conseils de préfecture de 1867 à 1875. 254

1° Organisation et procédure des conseils de préfecture.

292. Décret du 30 décembre 1862; loi du 21 juin 1865. 256
293. Composition et organisation des conseils de préfecture. . 256
294. De la suppléance. 257
295. De la présidence. 258
296. Organisation du conseil de préfecture du département de la Seine.. 258
297. Amovibilité et traitement des conseillers de préfecture. . 259
298. Parallèle entre la juridiction des conseils de préfecture et celle des tribunaux d'arrondissement. 260
299. Règles du débat public devant les conseils de préfecture. 261
300. État de la législation relativement à leur procédure. ... 261
301. Projet de loi du 10 juin 1870, *relatif à la procédure devant les conseils de préfecture.* 262
302. Économie de ce projet. 262
303. Objet du décret du 12 juillet 1865. 262

T. I.   44

Numéros.		Pages.
304.	Divisions des affaires soumises aux conseils de préfecture au point de vue de leur procédure.	263
305.	Caractères de cette procédure.	263
306.	Introduction des instances et règles diverses.	263
307.	Mesures d'ordre prescrites par le décret du 12 juillet 1865.	264
308.	Texte du décret.	264
309.	Circulaire ministérielle du 21 juillet 1865 relative à son exécution.	266
310.	Formes des arrêtés des conseils de préfecture.	268
311.	Leurs effets.	268
312.	Voies de recours.	268

2° Compétence des conseils de préfecture en vertu de la loi du 28 pluviôse de l'an VIII.

313.	Texte de l'article 4 de la loi du 28 pluviôse de l'an VIII.	269
314.	Renvoi relatif au contentieux des contributions directes. Division du sujet en trois parties.	270

A. Travaux publics.

315.	Définition des *travaux publics*.	270
316.	Division du contentieux et de la législation des travaux publics en deux catégories.	271
317.	Modes d'exécution des travaux publics : diverses régies; concessions; marchés de travaux publics.	272
318.	Des formes diverses des marchés : adjudication; traité de gré à gré.	272
319.	Des différentes espèces de marchés de travaux publics.	274
320.	Des diverses pièces constitutives du marché.	275
321.	Cahiers des clauses et conditions générales; cahier du 16 novembre 1866.	275
322.	Devis ou cahier des charges; bordereau des prix; sous-détail; détail estimatif; avant-métré.	276
323.	Caractères généraux et règles de ces marchés.	276
324.	Origine de la compétence administrative en cette matière.	277
325.	Étendue de la compétence du conseil de préfecture en vertu du § 2.	278
326.	Étendue de cette compétence en vertu des §§ 3 et 4.	279
327.	Suite. Difficultés relatives aux dommages causés aux personnes.	280
328.	Caractères du dommage donnant lieu à indemnité.	281
329.	Règles relatives à l'indemnité.	282
330.	Indemnités pour fouilles, extractions et occupations temporaires.	282
331.	Expertises.	283
332.	Modifications proposées par le projet de loi de 1870.	284

B. Grande voirie.

333.	Définitions; *petite* et *grande* voirie; renvois.	284
334.	Attributions de l'administration active en matière de voirie.	285
335.	Son pouvoir d'ordonner la démolition des constructions menaçant ruine.	286
336.	Voies de recours; compétence administrative et judiciaire.	288
337.	Juridiction contentieuse et répressive relativement à la grande voirie.	289
338.	— relativement à la voirie urbaine et aux chemins vicinaux.	289
339.	— relativement aux rues traverses des routes.	290
340.	Nature de la contravention au cas de construction empiétant sur le sol de la voie publique; prescription; controverse.	291
341.	Juridiction relative aux contraventions de grande voirie; loi de l'an X; décrets de 1811 sur les routes; de 1812 sur les canaux, fleuves et ports; loi de 1845 sur les chemins de fer.	291
342.	Loi des 19-22 juillet 1791 qui maintient en vigueur les anciens règlements touchant la voirie.	293
343.	Pénalités de ces anciens règlements.	293
344.	Édit de décembre 1607.	294
345.	Loi du 23 mars 1842.	296
346.	Juridiction relative à la police du roulage.	297

C. Domaines nationaux.

347. Contentieux administratif des *domaines nationaux*. 298
348. Sens spécial du mot. 299
349. Sens général. 299
350. Affaires domaniales de la compétence des tribunaux judiciaires. . . 300
351. Compétence attribuée aux conseils de préfecture par le Code forestier. 300

3° Compétence des conseils de préfecture en vertu de lois autres que celle du 28 pluviôse de l'an VIII.

352. Division de ces attributions en cinq groupes. 301

A. Lois relatives à un intérêt de sûreté et de salubrité publiques.

353. *Établissements dangereux, insalubres ou incommodes*. Division de ces établissements en trois classes. 302
354. Leur classement par le décret et le tableau du 31 décembre 1866. . 303
355. Décrets spéciaux du 31 janvier 1872 et du 19 mai 1873. 304
356. Autorisation nécessaire aux établissements classés. 304
357. Établissements de 1re classe; instruction des demandes. 304
358. Compétences administratives diverses relativement au recours contre l'arrêté qui accorde ou refuse l'autorisation. 305
359. Établissements de 2e classe. 306
360. Établissements de 3e classe. 306
361. Droit de police appartenant à l'administration. 307
362. Droit de suppression par décret. 308
363. Compétence des tribunaux de simple police en cette matière. . . . 308
364. Compétence des tribunaux civils et de justice de paix. 309
365. *Logements insalubres*. 310

B. Lois relatives à un intérêt de défense nationale.

366. *Servitudes militaires ou défensives; défense des places de guerre; faits de guerre*. 312
367. Définition et législation des servitudes militaires ou défensives. . 312
368. Du pouvoir de faire construire, de classer et déclasser les places de guerre. 312
369. Zones des servitudes militaires; objet de la servitude. 313
370. Compétence contentieuse et répressive des conseils de préfecture. . 315
371. Défaut de droit à indemnité pour l'établissement des servitudes militaires ou défensives. 315
372. Cas d'ouverture à indemnité écrits dans la législation relative aux places fortes; caractères du décret du 10 août 1853. 316
373. Quatre états des places de guerre relativement aux questions d'indemnité. 317
374. État de paix. 317
375. État de guerre. 317
376. État de siége *fictif*. 318
377. État de siége effectif. 319
378. Compétence des tribunaux civils et de simple police. 320
379. Compétence de l'autorité administrative pour déclarer si une ville est classée comme place de guerre; difficulté relative à la place de Paris. 321
380. Autres questions de la compétence de l'autorité administrative. . . 322
381. Défaut de droit à indemnité contre l'État, le département et la commune, pour tous faits de guerre dommageables provenant de la défense nationale ou de l'ennemi. 323
382. Action de gestion d'affaires pouvant être exercée dans certains cas contre les communes. 324
383 et 383 *bis*. Lois spéciales du 6 septembre 1871 et du 7 avril 1873 qui accordent un dédommagement aux victimes des événements de 1870-71. 326-327

Numéros.	Pages.
384. Loi du 28 juillet 1874 accordant un dédommagement en raison des travaux militaires de la défense.	328
385. *Servitudes autour des magasins à poudre de la guerre et de la marine*; indemnité due seulement pour suppression de l'état de choses antérieur.	330
386. Compétence contentieuse et répressive du conseil de préfecture.	330
387. *Zone frontière; travaux mixtes.*	331
388. Compétence du conseil de préfecture.	332
389. *Lignes télégraphiques.*	333

C. Lois relatives à un intérêt communal.

390. Compétence des conseils de préfecture en matière de *biens communaux*.	335
391. Contentieux des biens communaux usurpés de 1793 à l'an XII.	335
392. Contentieux des partages actuels de biens communaux, et particulièrement en matière d'affouages.	337
393. Ancienne controverse relative à la participation des étrangers aux affouages; loi du 25 juin 1874.	337
394. Autres attributions des conseils de préfecture touchant les bois communaux d'après le Code forestier.	338
395. *Chemins vicinaux.* Cinq attributions du conseil de préfecture.	339
396. Subventions spéciales pour dégradations extraordinaires.	340
397. *Baux administratifs des halles appartenant à des particuliers.*	341
398. *Comptabilité* des communes et établissements publics.	342
399. Décret du 31 mai 1862 sur la comptabilité publique.	342
400. *Élections aux conseils d'arrondissement et municipaux.*	343
401. Compétence judiciaire relative aux questions d'état préjudicielles.	344
402. Procédure exceptionnelle pour le renvoi et le jugement de ces questions.	345
403. Formes et délais des protestations.	346
404. Délai imparti au conseil de préfecture et recours au conseil d'État.	347
405. Recours divers au conseil de préfecture en matière électorale.	348
406. Recours des conseillers municipaux déclarés démissionnaires.	348
407. Recours contre l'élection des délégués sénatoriaux.	348

D. Lois relatives aux mines.

408. Renvoi pour diverses parties de la législation des mines.	349
409. Trois sortes de difficultés de la compétence du conseil de préfecture.	349
410. Quatrième sorte de litiges; article 46 de la loi du 10 avril 1810.	350
411. Du droit d'occupation de la surface conféré aux explorateurs et aux concessionnaires de mines.	350
412. Règles du droit d'occupation communes aux uns et aux autres.	351
413. Règles différentes pour les explorateurs et les concessionnaires.	353

E. Lois relatives à des matières diverses.

414. Compétence du conseil de préfecture en matière de *menses curiales et épiscopales*.	355
415. — *Pompes funèbres.*	355
416. — *Marchés pour le travail et le service des prisons.*	356
417. — *Droit des pauvres.*	356
418. — *Aliénés.*	358
419. — *Desséchement de marais et endiguement.*	359
420. — *Curage des rivières.*	359
421. — *Associations syndicales.*	359
422. — *Pêche.*	361
423. — *Culture du tabac.*	361
424. — *Taxes diverses assimilées aux contributions directes.*	362
425. Autres matières de la compétence des conseils de préfecture.	363
426. Transport aux conseils de préfecture de la connaissance des affaires contentieuses que devait juger le préfet en conseil de préfecture.	363

§ II. — *Ministres considérés comme juges au contentieux.*

427. Trois controverses relatives à la juridiction des ministres. 364
428. 1° Ils ont une juridiction contentieuse. 364
429. 2° Ils sont juges de droit commun du contentieux administratif au premier degré de juridiction; controverse relative aux ministres et aux conseils de préfecture. 365
430. 3° Quelle est l'étendue de leur juridiction? troisième controverse. . 366
431. Opinion générale, et principales matières expressément soumises à la juridiction des ministres d'après cette opinion. 367
432. Suite; leur compétence en matière de *marchés de fournitures*. . . 367
433. Dans une nouvelle opinion, déjà adoptée par l'auteur, les actes des ministres en ces matières ne constituent pas des actes de juridiction. 369
434. Il refuse également ce caractère aux décisions des ministres sur les recours dirigés contre les arrêtés non contentieux des préfets. . 370
435. Seules attributions des ministres en qualité de juges, dans ce système. 370
436. Formes de l'instruction et du jugement. 371
437. Dispositions du décret du 2 novembre 1864 relatives aux décisions contentieuses et non contentieuses des ministres. 372

§ III. — *Préfets, sous-préfets et maires juges au contentieux.*

438. Attributions contentieuses des préfets. 372
439. Devant quelle autorité et dans quel délai l'appel contre leurs décisions doit être formé. 373
440. Attributions contentieuses des sous-préfets. 373
441. Attribution contentieuse des maires relative au logement des gens de guerre. 374
442. Autres attributions contentieuses des maires, dont l'une relative aux courses de chevaux. Règle commune. 374

SECTION III. — TRIBUNAUX ADMINISTRATIFS SPÉCIAUX.

443. Division de cette section en six paragraphes. 375

§ Ier. — *Cour des comptes.*

444. Origines de la cour des comptes. 376
445. Anciennes chambres des comptes; chambre des comptes de Paris. . 376
446. Commissions de comptabilité nationales. 377
447. Création de la cour des comptes en 1807; son caractère et sa mission. 378
448. Législation qui la régit. 379
449. Composition de la cour des comptes. 380
450. Son organisation en trois chambres. 380
451. Référendaires. 380
452. Auditeurs et auditeurs-rapporteurs. 381
453. Juridiction et institution de la cour, comme tribunal administratif. . 382
454. Elle ne juge ni les comptes d'administration des ordonnateurs, ni les comptes de gestion des comptables de matières. 383
455. Elle juge les comptes de gestion des comptables de deniers; leur énumération. 383
456. Comptables de fait; gestions occultes. 384
457. Textes qui consacrent le principe fondamental, en matière de comptabilité publique, de la séparation des ordonnateurs et des comptables. 384
458. Obligations principales et responsabilité des comptables. 385
459. Règles de procédure de la cour des comptes. 386
460. Des diverses sortes d'arrêts. 387
461. Des voies de recours. 389
462. La cour des comptes, comme corps politique, rend des déclarations de conformité, et fait un rapport au pouvoir exécutif. . . . 390

463. Attributions de contrôle de la cour des comptes sur les comptables de matières. 391

§ II. — *Conseil supérieur de l'instruction publique, conseils académiques, et conseils départementaux de l'instruction publique.*

464. Législation sur l'enseignement.. 394
465. Trois ordres d'enseignement, supérieur, secondaire et primaire; enseignement public ou de l'État; enseignement libre.. 394
466. Administration; académies; surveillance.. 395
467. Trois sortes de conseils fonctionnant à titre de conseils administratifs et à titre de tribunaux administratifs. 395
468. Loi du 12 juillet 1875 relative à la liberté de l'enseignement supérieur.. 395
469. Grades et collation des grades. 398
469 *bis*. Projet de loi de 1876 relatif à l'abrogation des articles 13, 14 et 15 de la loi du 12 juillet 1875.. 400
470. Organisation du *conseil supérieur de l'instruction publique*, en vertu de la loi du 19 mars 1873. 401
471. Règles relatives à ses sessions et à ses commissions. 401
472. Suppression de la section permanente proposée au projet primitif.. 402
473. Comité consultatif institué par le décret du 25 mars 1873. 403
474. Attributions du conseil supérieur comme conseil administratif.. .. 404
475. Ses attributions contentieuses et disciplinaires comme tribunal. .. 404
476. Organisation des *conseils académiques*.. 405
477. Leurs attributions comme conseils administratifs. 406
478. Leurs attributions disciplinaires et contentieuses et celles du ministre, comme tribunaux administratifs; loi du 19 mars 1873.. .. 406
479. Organisation des *conseils départementaux de l'instruction publique*. 409
480. Leurs attributions comme conseils administratifs. 410
481. Leurs attributions comme tribunaux administratifs. 410
482. Leurs attributions à ce titre sur l'enseignement supérieur libre. .. 412

§ III. — *Conseils de révision; préfets maritimes.*

483. *Conseils de révision*. 412
484. Leur composition. 413
485. Tournée de révision. 414
486. Leurs huit sortes d'attributions. 415
487. 1° Jugement des réclamations relatives aux opérations du recrutement.. 415
488. 2° Causes d'exemption. 415
489. 3° Dispenses du service d'activité en temps de paix. 416
490. 4° Substitution de numéros. 418
491. 5° Dispenses du service militaire à titre conditionnel.. 418
492. Élèves des écoles polytechnique et forestière.. 419
493. 6° Le conseil de révision arrête la liste du recrutement cantonal. . 421
494. Renvoi à l'autorité judiciaire des questions d'état préjudicielles. .. 421
495. Voies de recours ouvertes contre les décisions des conseils de révision.. 421
496. Seconde partie de leur mission; différence d'organisation.. 422
497. 7° Dispenses à titre provisoire comme soutiens de famille. 422
498. 8° Demandes de sursis d'appel d'un an.. 423
499. Abolition de la *garde nationale*, et, par suite, de ses tribunaux. .. 423
500. *Préfets maritimes*; leurs attributions contentieuses. 424

§ IV. — *Administration des monnaies et médailles.*

501. Antiques origines de la *commission des monnaies* supprimée pendant le siége de Paris par décret du 10 janvier 1871. 426
502. Administration centrale et administration spéciale à chaque hôtel des monnaies. 427
503. Directeur et sous-directeur de l'administration des monnaies institués par les décrets du 10 janvier et du 25 juin 1871. 427

Numéros.		Pages.
504.	Leurs attributions administratives et contentieuses.	428
505.	Hôtels des monnaies; leur administration; leurs *différents*.	429
506.	Fabrication monétaire par le régime de l'entreprise au moyen des *directeurs de la fabrication*; bons du change ou bons de monnaie.	430
507.	Juridiction de l'administration des monnaies; *jugement* des monnaies.	431
508.	Quatre grandes règles économiques consacrées par la loi monétaire du 7 germinal de l'an XI.	431
509.	1° La monnaie est une marchandise et non un signe représentatif.	432
510.	2° Cours forcé sans limite dû à la monnaie-marchandise.	432
511.	3° Liberté du monnayage de la monnaie-marchandise.	433
512.	4° Cette liberté est et doit être illimitée.	433
513.	Transformation des monnaies divisionnaires d'argent en monnaies d'appoint.	433
514.	Théorie des monnaies d'appoint; quatre règles opposées à celles de la monnaie proprement dite ou monnaie-marchandise.	434
515.	Convention monétaire du 23 décembre 1865; loi du 14 juillet 1866.	435
516.	Conventions additionnelles et déclaration des 31 janvier 1874, 5 février 1875 et 3 février 1876.	438
517.	Conférence monétaire internationale de 1867 et ses suites dans le sens de l'unification des monnaies.	440
518.	Lois allemandes de 1871 et 1873 contraires à l'unification des monnaies.	441
519.	Étalon monétaire; trois systèmes de législation.	442
520.	Double étalon; dispositions de la loi du 7 germinal an XI.	443
521.	Motifs de condamner le système du double étalon.	444
522.	Motifs de préférer l'unité d'étalon d'or à l'unité d'étalon d'argent.	445
523.	Commission française de 1869; discussion du Sénat de l'Empire en janvier 1870; enquête monétaire de 1870.	445
523 *bis*.	Projets de lois, et discussion du Sénat de la République en 1876.	446

§ V. — *Des commissions de plus-value et autres commissions contentieuses.*

524.	*Commissions de plus-value*. Indemnités de plus-value réclamées par voie d'action ou par voie d'exception.	447
525.	Principe et textes en vigueur.	448
526.	Nécessité d'un décret au cas de plus-value par voie d'action.	449
527.	Organisation des commissions spéciales.	449
528.	Limite et modes de libération de l'indemnité.	449
528 *bis*.	Recouvrement; privilège sur la plus-value.	450
529.	*Commissions contentieuses de liquidation*; commissions chargées de liquider les dédommagements de 1870-71.	450
530.	*Conseils sanitaires*.	451
531.	Les commissions de desséchement de marais et d'endiguement n'ont plus d'attributions contentieuses.	451
532.	Le conseil des prises et le jury d'expropriation ne sont pas des tribunaux administratifs. Caractère commun à tous les tribunaux administratifs.	451

§ VI. — *Organisation et tribunaux administratifs de l'Algérie et des colonies.*

533.	*Algérie*. Organisation des pouvoirs publics.	452
534.	Décret du 10 juin 1873.	453
535.	Organisation départementale et municipale.	454
536.	Conseils de préfecture d'Alger, Oran et Constantine.	454
537.	*Colonies*. Division des trois grandes colonies et des autres établissements coloniaux.	455
538.	Organisation de la Martinique, la Guadeloupe, la Réunion.	455
539.	Conseils privés de ces trois colonies.	456
540.	Conseils d'administration des autres colonies.	456

Numéros.　　　　　　　　　　　　　　　　　　　　　　　　　　Pages.

540 bis. Élections de membres du Sénat et de la Chambre des députés de la métropole, par les 3 départements de l'Algérie et 4 colonies.　456
540 ter. Service militaire en Algérie ; exemption des colonies. . . . .　457

TITRE DEUXIÈME. — Réglementation administrative
des principes du droit public français.

541. Objet de ce titre second du Cours de droit administratif. . . . .　458
542. Comment il se rattache au premier. . . . .　458
543. Division du titre en trois chapitres. . . . .　458

CHAPITRE PREMIER. — Réglementation des principes de l'ordre politique.

544. Énumération de ces principes et division du chapitre en cinq sections. . . . .　459

SECTION PREMIÈRE. — Souveraineté nationale.

545. Mise en œuvre du principe par les lois électorales de 1849, 1852, 1874 et 1875. . . . .　460
546. Conditions légales du droit électoral lié à la qualité de *citoyen*. . .　461
547. Des six conditions actuelles pour la jouissance du droit de suffrage.　461
548. Nationalité; masculinité; jouissance des droits civils et politiques.　462
549. Règle du suffrage universel sans condition de cens. . . . . .　463
550. Règle du suffrage direct. . . . .　464
551. Règle relative à l'âge de l'électeur. . . . .　465
552. Conditions administratives de l'exercice du droit de suffrage. . .　465
553. Division, depuis 1871, de la liste électorale en deux parties relativement à la durée de la résidence exigée par la loi. . . . . .　466
554. Deux listes électorales dans chaque commune. . . . .　466
555. Confection de la liste électorale municipale et départementale d'après la loi sur l'électorat municipal du 7 juillet 1874. . . . . .　467
556. Confection et révision annuelle des listes électorales politiques, d'après la loi électorale du 30 novembre 1875. . . . . . .　468
557. Tableau des époques et délais des opérations et recours relatifs à la révision des deux listes électorales. . . . .　469
558. Électeurs devant être inscrits sur les listes électorales municipales et départementales. . . . .　470
559. Statistique des électeurs portés sur l'une et l'autre liste. . . . .　471
560. Formes et conditions de l'élection. . . . .　471
561. Loi organique sur l'élection des députés du 30 novembre 1875. . .　471
562. Éligibilité et incompatibilités parlementaires; fonctions publiques..　473
563. Éligibilité des étrangers naturalisés Français. . . . .　475
564. Vote par arrondissement et fraction d'arrondissement. . . . .　476
565. Loi organique sur les élections sénatoriales du 2 août 1875. . . .　476

SECTION II. — Vote annuel des dépenses et de l'impôt.

566. Origines du principe. . . . .　480
567. Textes; pratique constitutionnelle et jurisprudence. . . . . .　481
568. Applications diverses du principe ; loi du budget ; loi des comptes..　482
569. Pluralité possible de lois du budget pour les recettes et les dépenses; leur réunion en une seule. . . . .　482
570. Division possible des budgets ordinaire et extraordinaire ; leur réunion en une même loi. . . . .　482
571. Définition des mots *exercice*, *budget*, etc. . . . .　483

Numéros.		Pages.
572.	Divers modes de voter les dépenses; vote par chapitre.	484
573.	Division des dépenses en quatre parties.	485
574.	Des diverses espèces de crédits.	486
575.	Législation de 1861 sur les crédits extraordinaires et supplémentaires, et droit de virement.	486
576.	Législation actuelle; loi du 16 septembre 1871 (*voir* 17° appendice).	487
577.	Vote de l'impôt; répartition; évaluations.	488
578.	Dispositions diverses de la loi du budget.	488
579.	Sanction du principe.	489
580.	Exception qu'il comporte en matière de droits de douanes.	490

SECTION III. — OBLIGATION NATIONALE AU SERVICE MILITAIRE.

581.	Division de la section en cinq parties.	490

A. Historique et dispositions générales.

582.	Application actuelle du principe de l'obligation nationale au service militaire.	491
583.	Historique; lois de 1791, 1793 et de l'an VI.	491
584.	Historique (suite); loi du 10 mars 1818.	492
585.	(Suite); loi du 21 mars 1832.	492
586.	(Suite); loi du 26 avril 1855 sur la dotation de l'armée.	492
587.	(Suite); loi du 1er février 1868, abrogeant celle de 1855 et modifiant celle de 1832, en créant la garde nationale mobile.	493
588.	Loi actuelle du 27 juillet 1872 sur le recrutement de l'armée.	493
589.	Principes et système général de cette loi.	494
590.	Exclusion des étrangers de l'armée française en raison du caractère national du service militaire; Code civil, article 9.	495
591.	Du service à titre étranger dans le régiment étranger, en dehors de l'armée française.	496
592.	Modifications souvent demandées relativement à la situation des individus nés en France d'étrangers qui eux-mêmes y sont nés.	497
593.	Loi du 6 décembre 1874 qui modifie celle du 7 février 1851.	498
594.	Des appels; renvoi pour l'organisation et les attributions des conseils de révision.	498
595.	Tableaux de recensement; tirage au sort.	499
596.	Registre matricule; déclarations de changement de domicile.	500

B. Service militaire.

597.	Division de l'armée en quatre parties, et durée du service dans chacune.	501
598.	1° Armée active.	502
599.	Evaluation de l'effectif de l'armée active et de toutes les réserves.	502
600.	Service effectif de l'armée active.	503
601.	Disponibilité de l'armée active.	504
602.	Point de départ des années de service.	505
603.	2° Réserve de l'armée active.	505
604.	Première application faite en septembre 1873 aux réservistes de la classe de 1867 de l'article 43 *in fine* de la loi de 1872.	506
605.	3° Armée territoriale.	506
606.	4° Réserve de l'armée territoriale.	507
607.	Organisation de l'armée territoriale et de sa réserve par le titre IV de la loi du 24 juillet 1873 sur l'organisation générale de l'armée;	507
608.	Et par le titre VII de la loi du 13 mars 1875 relative à la constitution des cadres et des effectifs de l'armée active et de l'armée territoriale.	508

C. Engagements et rengagements volontaires.

609.	Des cinq espèces d'engagements et rengagements volontaires.	509
610.	1° Engagement volontaire de cinq ans.	510
611.	Acte d'engagement.	511
612.	Demandes d'annulation.	512

Numéros.		Pages.
613.	2º Engagement spécial aux militaires qui passent de la disponibilité à l'activité.	512
614.	3º Engagement en cas de guerre pour la durée de la guerre.	513
615.	4º Rengagement.	514
616.	5º Engagement conditionnel d'un an, *dit* volontariat d'un an.	515
617.	Différences entre les deux sortes d'engagements conditionnels d'un an.	516
618.	Articles 53, 54 et 55 de la loi du 27 juillet 1872.	517
619.	Décret du 1er décembre 1872 relatif aux engagements conditionnels d'un an.	518
620.	Sursis d'appel pour continuation d'études des engagés conditionnels d'un an de la première catégorie.	521
621.	Demandes d'admission à l'examen pour la seconde catégorie des engagés conditionnels d'un an.	522
622.	Décret portant règlement d'administration publique du 31 octobre 1872 et programme de l'examen.	523
623.	Assimilés aux engagés conditionnels d'un an; loi du 31 décembre 1875.	524
624.	Situation au corps des engagés conditionnels d'un an pendant l'année de leur engagement.	524
625.	Disponibilité de ces engagés après l'expiration de leur année d'engagement; brevets et commissions qu'ils peuvent recevoir.	526

D. Organisation de l'armée.

626.	Loi d'organisation générale de l'armée du 24 juillet 1873.	527
627.	Division du territoire; composition des corps d'armée.	528
628.	Recrutement, national de l'armée active, régional de ses réserves.	530
629.	Commandement; administration.	532
630.	Réquisitions et dommages en cas de mobilisation et de manœuvres.	534
631.	Loi du 13 mars 1875 relative à la constitution des cadres et des effectifs de l'armée, modifiée par la loi du 15 décembre 1875.	535
632.	Lois de 1832 et 1834 relatives à l'avancement et à la conservation des grades dans l'armée; loi du 4 août 1869 sur l'état-major de l'armée.	536
633.	Lois du 24 juillet 1873 et du 10 juillet 1874 relatives aux sous-officiers des armées de terre et de mer.	537

E. Armée de mer.

634.	Modes divers de recrutement de l'*armée de mer*.	538
635.	Modes communs à l'armée de terre et à l'armée de mer.	538
636.	Inscription maritime; caisse des invalides de la marine.	539
637.	Commissariat de la marine et de l'inscription maritime.	540
638.	Décret du 8 septembre 1873.	541
639.	Levées des inscrits maritimes.	542
640.	Décret du 31 décembre 1872 apportant des modifications au fonctionnement de l'inscription maritime.	543
641.	Loi du 4 juin 1864 concernant les ouvriers des professions maritimes.	544
642.	La pêche maritime doit-elle rester le privilège des inscrits maritimes?	544

SECTION IV. — Droit de pétition.

643.	Caractères et conditions du droit de pétition; son application restreinte aux étrangers; il peut s'exercer auprès du pouvoir législatif et du pouvoir exécutif.	545
644.	Pétitions au chef de l'État; juridiction gracieuse.	546
645.	Pétitions au Sénat sous la Constitution de 1852; son droit d'annulation des actes pour inconstitutionnalité.	547
646.	Pétitions à l'assemblée nationale de 1871-1875; résolution du 3 juillet 1873 réglementant l'exercice du droit de pétition.	548
647.	Pétitions au Sénat et à la Chambre des Députés sous les lois constitutionnelles de 1875 et d'après leurs règlements.	548

SECTION V. — Séparation de l'autorité administrative et de l'autorité judiciaire.

648. Objets et motifs du principe ; division de la section en trois paragraphes. ... 550

§ Iᵉʳ. — *Formule et conséquence du principe.*

649. Textes qui consacrent le principe de la séparation de l'autorité administrative et de l'autorité judiciaire. ... 551
650. Des principales conséquences qui en découlent directement dans les relations de ces deux autorités ; 1ʳᵉ, 2ᵉ et 3ᵉ conséquences générales. ... 551
651. 4ᵉ conséquence générale. ... 552
652. Suite. ... 553
653. Exception en matière d'expropriation pour cause d'utilité publique. ... 554
654. 5ᵉ conséquence générale. ... 554
655. Suite. ... 555
656. Sanction pénale du principe ; nécessité d'une autre sanction. ... 555

§ II. — *Des conflits.*

657. Définition du conflit *positif* d'attributions. ... 557
658. Historique et législation de l'institution des conflits. ... 558
659. Du jugement du conflit à toutes les époques antérieures, sauf 1849. ... 558
660. Tribunal des conflits de 1849 à 1852. ... 559
661. Statistique des décisions rendues en matière de conflits de 1852 à 1865. ... 560
662. Nouveau tribunal des conflits institué par la loi du 24 mai 1872 ; ses différences d'organisation avec celui de 1849. ... 560
663. Différences d'attributions entre ces deux tribunaux des conflits. ... 562
664. Critique d'une attribution du tribunal des conflits de 1872. ... 562
665. Règles complémentaires de l'organisation du tribunal des conflits. ... 563
666. Débats publics et décision du tribunal des conflits. ... 564
667. Procédure du conflit devant l'autorité judiciaire ; ordonnance réglementaire du 1ᵉʳ juin 1828. ... 565
668. Devant quelles juridictions et dans quels cas le conflit peut être élevé. ... 565
669. Conséquences de l'article 9 de l'ordonnance de 1828 en matière de diffamation résultant de délibérations des conseils administratifs. ... 567
670. — et de tout acte administratif ; exemple d'un arrêté préfectoral rendu le 30 décembre 1870 par un préfet de Maine-et-Loire. ... 567
671. Pour quels motifs le conflit peut-il être élevé, aux termes de l'ordonnance du 1ᵉʳ juin 1828 ? ... 569
672. Procédure spéciale au conflit positif d'attributions. ... 570
673. Arrêté préfectoral de conflit. ... 571
674. Son contenu et ses effets. ... 572
675. Communication de l'arrêté de conflit aux parties ; délai du jugement. ... 573
676. Conséquences légales du jugement du conflit. ... 574
677. Des conflits *négatifs* ; historique et législation. ... 574
678. Compétence et procédure du tribunal des conflits relatives aux conflits négatifs d'attributions. ... 575

§ III. — *Garantie administrative des agents du gouvernement supprimée.*

679. Principe de la responsabilité des fonctionnaires publics. ... 576
680. Origines et motifs du principe de leur garantie administrative. ... 576
681. Article 75 de la Constitution de l'an VIII, actuellement abrogé. ... 577
682. Utilité actuelle de son étude, au point de vue historique et pratique. ... 578
683. Statistique des décisions du conseil d'État de 1852 à 1865. ... 578
684. Des trois conditions d'application de cet article 75. ... 578
685. Sanction de cet article 75 de la Constitution de l'an VIII. ... 581

Numéros.	Pages.
686. Triple observation.	583
687. Décret-loi du 19 septembre 1870.	584
688. Article 1 § 1. Conséquences directes de l'abrogation de l'article 75.	584
689. Conséquences indirectes de cette abrogation par rapport au principe de la séparation des autorités administrative et judiciaire ; controverse.	584
689 bis. Suite de la controverse.	587
690. Article 1 § 2. Abrogation de toutes autres entraves à la mise en jugement des fonctionnaires publics.	589
691. — Relativement aux conseillers d'État.	590
692. — Relativement aux ministres du culte au cas de crime ou délit constituant un abus ecclésiastique ; controverse.	590
693. — Relativement aux ministres.	591
694. Maintien des règles relatives aux magistrats de l'ordre judiciaire et du privilége de juridiction.	592
695. Maintien des garanties et immunités politiques des membres du parlement, non applicables aux membres des conseils électifs.	592
696. Non-exécution de l'article 2 du décret du 19 septembre 1870.	592

CHAPITRE DEUXIÈME. — Réglementation des principes de l'ordre religieux.

697. Division du chapitre.	593

SECTION PREMIÈRE. — Principes de cet ordre considérés en eux-mêmes.

698. Énumération de ces principes.	594
699. Liberté absolue de conscience ou liberté des cultes.	594
700. Sécularisation de l'état des personnes.	596
701. Droit de police de l'État sur l'exercice public des cultes ou liberté limitée du culte extérieur.	596
702. Droit de l'État d'intervenir dans l'organisation des cultes reconnus par lui.	598
703. Cultes reconnus et cultes non reconnus ; différence principale.	598
704. Autres différences entre ces deux sortes de cultes.	599
705. Autorisations nécessaires pour l'ouverture des temples.	600

SECTION II. — Organisation des cultes reconnus dans leurs rapports avec l'État.

§ Ier. — *Organisation du culte catholique.*

706. Concordat de 1801.	602
707. Loi organique des cultes du 18 germinal an X ; ses trois parties distinctes ; étude des deux premières : 1° Concordat ; 2° articles organiques du culte catholique ; leurs caractères légaux.	603
708. Rapports légaux de l'État et de l'Église catholique.	604
709. *Proœmium* de la loi de l'an X.	606
710. 1° Texte du Concordat de 1801 promulgué comme loi de l'État.	606
711. 2° Texte des articles organiques du culte catholique.	608

§ II. — *Organisation des cultes non catholiques.*

712. Dispositions générales communes aux deux communions protestantes ; 3e partie de la loi organique du 18 germinal an X.	610
713. Articles organiques des cultes protestants et décret du 26 mars 1852.	611
714. Église réformée.	611
715. Église luthérienne ou de la confession d'Augsbourg.	612
716. Culte israélite ; actes de 1806 et 1844.	613

SECTION III. — Recours pour abus.

717. Nature, origines de cette institution et conséquences pratiques de son histoire. 614
718. Législation actuelle. 615
719. Applications qui en ont été faites depuis l'an X contre les prélats. . 616
720. Articles 6, 7 et 8 des articles organiques du culte catholique. . . 616
721. Explication des trois premiers cas d'abus déterminés par la loi. . . 616
722. 4ᵉ cas d'abus. 617
723. Suite. 619
724. 5ᵉ cas d'abus. 621
725. 6ᵉ cas d'abus. 621
726. Formes de l'instruction. 621
727. Effets du recours et de l'attribution du conseil d'État, selon que le fait ne constitue qu'un abus ou qu'il est à la fois constitutif d'un abus et d'un crime ou délit. 622
728. Grave controverse, relative à l'effet de l'article 8 sur l'exercice de l'action publique et de l'action civile. 623
729. Cette controverse est-elle éteinte par le décret-loi du 19 septembre 1870? autre controverse. 624
730. Du recours pour abus relativement aux deux cultes protestants reconnus et au culte israélite. 625

CHAPITRE TROISIÈME. — Réglementation des principes de droit public de l'ordre naturel ou civil.

731. Objet et division de ce chapitre. 625

SECTION PREMIÈRE. — Liberté individuelle.

732. Définition, origine et sanction du principe de la liberté individuelle. 626
733. Principales restrictions du principe. 626
734. — Relativement aux aliénés. 627
735. — — aux passeports. 627
736. — — à la police sanitaire. 628
737. — — et autres matières. 629
738. Son application relativement au séjour des étrangers en France. . 630
739. Conséquences diverses de la liberté individuelle et exceptions au cas d'état de siége; inviolabilité du domicile; juridiction des juges naturels. 631
740. Prohibition de l'esclavage. 632
741. Autres conséquences de la liberté individuelle. 633

SECTION II. — Égalité civile.

742. Origine et qualification du principe d'égalité. 633
743. Maintien des distinctions purement honorifiques, et prohibition des changements arbitraires de noms. 634
744. *Conseil du sceau des titres* remplacé en vertu du décret du 10 janvier 1872 par le conseil d'administration du ministère de la justice. 635
745. Applications du principe de l'égalité devant la loi dans le droit administratif, dans le droit civil et dans le droit criminel. . . . 635
746. Exception dans les priviléges de juridiction. 636
747. Hautes cours de justice; chambre des pairs; sénat. 637

SECTION III. — Droit de réunion et d'association.

748. Historique; définitions; assimilation des associations et des réunions publiques par le décret-loi du 25 mars 1852. 638
749. Trois règles communes d'après la législation de 1852. 639
750. Des autorités compétentes pour autoriser. 640

Numéros.		Pages.

751. Application de la loi sur les associations aux sociétés de bienfaisance. 640
752. Exception relative aux associations formées dans un dessein d'enseignement supérieur. 641
753. Loi du 6 juin 1868 sur les réunions publiques. 641
754. Quatre sortes de réunions publiques d'après cette loi. 643
755. Droit de réunion substitué sous certaines conditions à la nécessité d'une autorisation pour les réunions non politiques ni religieuses. 643
756. Réunions électorales. 644
757. Conditions et réglementation du droit. 645
758. Réunions pour l'élection des sénateurs. 645
759. Projets de loi proposés en 1871 et 1872 par l'initiative de députés. 645
760. Loi du 14 mars 1872 relative à l'*Internationale* et autres associations menaçant les principes sociaux. 646
761. Lois prohibitives des attroupements sur la voie publique. . . . 647

SECTION IV. — LIBERTÉ DE LA PRESSE.

762. Formule du principe par les lois de 1789 et 1791. 648
763. Distinction fondamentale entre la presse non périodique et la presse périodique ; législation de 1819. 649
764. Régime de la presse non périodique. 649
765. Exceptions au droit commun. 650
766. Historique et vicissitudes du régime de la presse périodique depuis l'année 1800. 650
767. Régime de la presse périodique d'après la législation de 1852. . . 651
768. Nouveau régime de la presse périodique depuis 1868. 652
769. Loi du 11 mai 1868 dans ses parties non abrogées. 653
770. Suite ; articles en vigueur. 653
771. Loi du 21 juillet 1870 relative aux mouvements de troupes. . . 654
772. Historique et législation relative au cautionnement des journaux et des publications périodiques. 655
773. Décret législatif du 5 septembre 1870, portant abolition du timbre. 656
774. Loi du 15 avril 1871 relative aux juridictions en matière de délits de presse, et à la preuve des faits diffamatoires relatifs aux fonctions publiques. 657
775. Questions relatives à la détermination des fonctions publiques et des faits y relatifs. 657
776. Autres conséquences pratiques de ces lois, et loi du 12 février 1872. 659
777. Dérogations aux lois sur la presse, résultant de l'état de siége. . 660
778. Analyse de la loi du 29 décembre 1875 relative à la répression des délits de presse et à la levée de l'état de siége. 660
779. Texte des dispositions du titre II de cette loi. 661
780. Réglementation des professions d'imprimeur et de libraire jusqu'en 1870. 662
781. Question de la liberté de l'imprimerie et de la librairie posée en 1868 et réservée à cause de la question d'indemnité. 663
782. Décret législatif du 10 septembre 1870 et ses effets. 663
783. Loi du 27 juillet 1849 sur le colportage, art. 6 ; loi du 29 décembre 1875, art. 2 et 3. 664
784. Loi du 10 décembre 1830 sur l'affichage ; affiches politiques. . . 666
785. Affiches non politiques ; droits de la police municipale. 667
786. Afficheurs, crieurs, vendeurs sur la voie publique. 667

SECTION V. — LIBERTÉ DU TRAVAIL, DU COMMERCE ET DE L'INDUSTRIE.

787. Origine et formule du principe. 668
788. Son développement favorisé par la législation relative à l'uniformité des poids et mesures ; loi du 16 décembre 1875 : bureau international. 668
789. Réglementation des rapports entre les maîtres et les ouvriers : livrets ; coalitions ; loi du 25 mai 1864 sur la liberté de coalition. 669

Numéros.	Pages.
790. Conseil supérieur du commerce, de l'agriculture et de l'industrie, et conseils inférieurs.	670
791. Lois du 30 juillet 1875 sur l'enseignement élémentaire pratique de l'agriculture et du 9 août 1876 sur l'institut agronomique. . . .	671
792. Restrictions apportées par de nombreuses lois administratives : 1° et 2° Dans l'intérêt de l'ordre et de la sécurité publique. . . .	671
793. 3° et 4° — de l'hygiène et de l'alimentation publiques. .	672
794. 5° et 6° — de la morale publique et religieuse.	673
795. 7° et 8° Dans un intérêt d'ordre et d'humanité; lois protectrices de l'enfance et surtout loi du 19 mai 1874 sur le travail des enfants et des filles mineures dans l'industrie.	673
796. 9° Dans un intérêt financier; monopoles de l'État; renvoi.	675
797. 10° — monétaire; fabrication des médailles.	675
798. (suite); circulaire du 10 avril 1873.	676
799. 11° Dans l'intérêt de la fortune et de l'honneur des citoyens; avocats.	677
800. 12° — lois relatives aux officiers ministériels.	677
801. Du droit de présentation conféré aux officiers ministériels par l'article 91 de la loi du 28 avril 1816.	678
802. Caractères et effets du droit de présentation.	678
803. Loi du 18 juillet 1866 portant suppression des offices de courtiers de marchandises.	679

FIN DE LA TABLE ANALYTIQUE DU TOME PREMIER.

TABLE DES CHAPITRES.

	Pages.
Avertissement de l'éditeur pour la 5ᵉ édition.	1
Extrait de l'Avertissement de la 4ᵉ édition.	4
Extrait de l'Avertissement de la 3ᵉ édition.	5
Extrait de la Préface de la 1ʳᵉ édition.	6
Explication des abréviations.	8
Introduction. — Notions préliminaires de droit constitutionnel ; principe de la séparation des pouvoirs ; lois constitutionnelles.	9
TITRE PREMIER. — Autorités, conseils et tribunaux administratifs.	57
CHAPITRE Iᵉʳ. Autorités et conseils administratifs.	57
Section 1. Administration centrale.	60
Section 2. Administration départementale.	89
Section 3. Administration communale.	173
CHAPITRE II. Tribunaux administratifs.	218
Section 1. Du contentieux administratif et du conseil d'État délibérant au contentieux.	218
Section 2. Tribunaux administratifs généraux.	250
Section 3. Tribunaux administratifs spéciaux.	375
TITRE II. — Réglementation administrative des principes du droit public français.	458
CHAPITRE Iᵉʳ. Principes de l'ordre politique.	459
Section 1. Souveraineté nationale ; législation électorale.	459
Section 2. Vote annuel des dépenses et de l'impôt.	480
Section 3. Obligation nationale au service militaire dans les armées de terre et de mer.	490
Section 4. Droit de pétition.	545
Section 5. Séparation de l'autorité administrative et de l'autorité judiciaire ; conflits et tribunal des conflits.	550
CHAPITRE II. Principes de l'ordre religieux.	593
Section 1. Principes de cet ordre considérés en eux-mêmes.	593
Section 2. Organisation des cultes reconnus dans leurs rapports avec l'État.	602
Section 3. Recours pour abus.	614
CHAPITRE III. Principes de l'ordre naturel ou civil.	625
Section 1. Liberté individuelle.	626
Section 2. Égalité civile.	633
Section 3. Droit de réunion et d'association.	638
Section 4. Liberté de la presse.	647
Section 5. Liberté du travail, du commerce et de l'industrie.	667
Table analytique des matières du tome premier.	681

POITIERS. — TYPOGRAPHIE DE A. DUPRÉ.

www.ingramcontent.com/pod-product-compliance
Lightning Source LLC
Chambersburg PA
CBHW050320020526
44117CB00031B/1293